RUSSIAN-
ENGLISH
IDIOM
DICTIONARY

RUSSIAN-ENGLISH IDIOM DICTIONARY

by

ALEXANDER J. VITEK

Wayne State University

edited by

HARRY H. JOSSELSON

Wayne State University

Wayne State University Press
Detroit, 1973

Published by Wayne State University Press,
Detroit, Michigan 48202.

Published simultaneously in Canada
by the Copp Clark Publishing Company
517 Wellington Street, West
Toronto 2B, Canada.

Library of Congress Cataloging in Publication Data

Vitek, Alexander.
  Russian-English idiom dictionary.

1. Russian language—Idioms, corrections, errors.
2. English language—Idioms, corrections, errors.
3. Russian language—Dictionaries—English. I. Title.
PG2640.V5   491.7'3'21   72-14076
ISBN 0-8143-1497-X

The work reported herein was performed pursuant to a
contract with the United States Department of Health,
Education, and Welfare, Office of Education, Institute of
International Studies.

CONTENTS

ACKNOWLEDGEMENTS

An undertaking of this scope represents not only cooperative efforts of a number of people, but also an example *par excellence* of symbiosis between man and machine, since this dictionary was produced by a combination of manual labor and computer processing. Human beings did the coding, provided Russian language examples and English equivalents of the idioms, proofread the text, and devised the elaborate programming for the whole compilative computer processing involved in this publication, including the formating.

I express herewith my thanks to the following: Nina Andersen for coding and providing Russian language illustrations of the idioms; Assya K. Humesky, Vera S. Dunham, Immo Knoff, and Amelia Steiger for providing English language equivalents of the Russian idioms; Joan McLetchie and Vera Pereshluha for coding, proofreading, and providing English equivalents; Larissa Prychodko and Grazyna Sandel for coding and proofreading; Andrew Przekop, Nina Samus, and Lynda Zentman for proofreading. My very special thanks go to Ronald Stauffer for his magnificent job of writing the sophisticated programs involved in this undertaking and for helping out with providing English equivalents.

All of us who participated in this undertaking honor as posthumous author my dear colleague Alexander Vitek who established the coding system, organized and supervised the research, and provided most of the English equivalents.

I should like to express my gratitude also to Julia A. Petrov, Chief of the Language and Area Research Division of Foreign Studies, of the Institute of International Studies, of the Department of Health, Education, and Welfare, Office of Education, whose office provided the generous financial assistance to carry out this work.

September 1972   HARRY H. JOSSELSON
                                 Wayne State University

INTRODUCTION

This dictionary is an outgrowth of a research project, sponsored for four years by the National Science Foundation, which has produced a collection of coded linguistic information compiled from two authoritative Russian lexicons, i.e., the *Толковый словарь русского языка* [*Tolkovyj slovar' russkogo jazyka*], edited by D. N. Usakov, published in Moscow in 1935; and the *Словарь русского языка* [*Slovar' russkogo jazyka*], published in 1957 by the Academy of Sciences of the U.S.S.R. in Moscow. Among the coded linguistic information now on tape for each entry in the two source lexicons mentioned above is an indication of its participation in an idiom. Each lexical entry which had been marked for participation in an idiom was subjected to a combination of computer and human processing. Due to the dissimilarities among word sequences marked as idioms by the source lexicons, a classification system was established to distinguish between true idioms and complex lexical entries, e.g., железная дорога (railroad). This list contains word sequences of the first type only, i.e., true idioms.

The two lexicons cited above were the only source of the Russian idioms included here and of the indication of their grammatical and stylistic properties. However, the information concerning the Russian language examples and the English equivalents was drawn from several sources. The language examples were taken from the source lexicon whenever they were provided. Where the source lexicon did not show a language example for a given idiom, members of the research staff with a native competency in Russian provided a language example of their own composition.

Appropriate English idiomatic equivalents or explanations for each Russian idiom were selected by a more eclectic and less systematic procedure, and were provided by several members of the research staff, including Dr. Alexander Vitek, Joan McLetchie, Ronald Stauffer, Immo Knoff, Amelia Steiger, and by educated native speakers of Russian with a high degree of competency in literary English: Dr. Vera S. Dunham and Dr. Assya K. Humesky.

Based on the lexical content of the idioms, there are two basic types: (1) absolutely constant idioms; and (2) partially constant idioms.

The first type of idioms may be illustrated by the idiom держать камень за пазухой (to hold a grudge) which does not permit any lexical variants ("lexical variants" implies replacement of lexical constituents).

The second type is represented by such idioms as держать камень шире ('don't hold your breath', literally 'to hold the pocket wider') in which the last constituent, i.e., шире ('wider') permits the variant по-шире ('a little wider') without any change in the meaning of the idiom. Another example of the latter type is the idiom прижать к стене и стенке ('to back someone against the wall'), in which the variable constituents are freely interchangeable without any influence on the semantic value of the idiom. This type of lexical variation is symbolized in the following way: прижать к $стене/стенке$.

The idiom прижать к $стене/стенке$ may be used to exemplify another type of lexical variation. The verb *прижать* is transitive and requires a complement in the accusative case. The semantics of the idiom прижать к $стене/стенке$ restricts the lexical items capable of functioning as complements of прижать to substantives containing the meaning "person." For example, this restriction is symbolized by placing the interrogative кто (who) in brackets in the appropriate case form: [кого]. In instances where any lexical item belonging to a specific word class can fill a given slot in an idiom, this is symbolized by placing the appropriate interrogative pronoun (or pronouns) in brackets. Thus, words in brackets represent "replacive" words; that is, in the actual usage of a given idiom, a word which appears in the idiom list in brackets will be replaced by another word belonging to the same word class and in the same inflectional form. For example, in the idiom прижать [кого] к $стене/стенке$, [кого] might be replaced by студента and the actual idiom might be: Учитель прижал студента к стене. (The teacher backed the student against the wall.)

A third type of lexical variation is exemplified in the idiom по (мере) возможности ('as far as possible'; 'as much as one can'; literally, 'according to the degree of possibility'). Wherever a lexical constituent of an idiom is optional (can be omitted without altering the meaning of the idiom), that lexical constituent is placed in parentheses. Thus, in the given idiom, the lexical constituent мере (degree) is optional.

Another type of partially constant idiom is one containing a grammatical variation; that is, the inflectional form of a specific lexical constituent of a given idiom may vary without altering the semantic content of the idiom. As with lexical variation, this is expressed by enclosing the variables in dollar signs. However, the relation between the two forms, that of grammatical variability, is indicated by a left arrow <, e.g.: вилами $на воде <по воде$ $писано/написано$ ('it's still up in the air'; literally, 'it is written/written down in the water/along the water by a pitchfork'). As is exemplified here, more than one type of variation can occur within a given idiom.

The English equivalents of Russian idioms are of two basic types:
  a) English idioms
  b) English explanations

In most instances, one or more English idioms were found which corresponded in meaning to a given Russian idiom. Sometimes the English equivalent not only corresponded in meaning to the Russian, but corresponded to it almost word for word, e.g., по сердцу [кому] ('after one's own heart'). In other instances there was no literal correspondence between the Russian and the English, e.g., Ни в сказке сказать, ни пером описать; (literally 'you can't tell it in a story,' 'you can't describe it with a pen'). The English equivalents for this idiom are ('out of this world'; 'like nothing you've ever seen'; 'words can't describe it'; 'beyond description').

Where no corresponding English idiom was found, an English explanation of the Russian idiom was supplied in brackets, e.g. (Всегда) виноват стрелочник; (literally 'the switchman is always guilty'). [Refers to situations in which an underling is blamed and becomes the scapegoat.]

To sum up, each entry in the *Russian-English Idiom Dictionary* contains, first of all, the head word from the lexicons, printed in capital Cyrillic letters. Next follows a two-digit code, which precedes each idiom and which refers to the stylistic markers derived from both lexicons (see *Stylistic Evaluation Code*), such as 'argot', 'colloquial', 'obsolete', etc. Also included, wherever they were available, are English equivalents or explanations of the Russian idioms, and Russian language examples.

STYLISTIC EVALUATION CODE
(code derived from both lexicons)

ABBREVIATION used in source lexicon	CODE	EXPANDED TERM
None	00	————————
арго	01	арго
бран.	02	бранное
вульг.	03	вульгарное
высок.	04	высокого стиля
газет.	05	газетное
груб., прост.	06	грубо-просторечное слово/выражение
детск.	07	детское
дореволюц.	08	дореволюционное
загр.	09	за границей
иностр.	10	иностранное
ирон.	11	ироническое
сатир.	12	сатирическое
канц.	13	канцелярское
книжн.	14	книжное
ласкат.	15	ласкательное
моск.	16	московское
нар.	17	народное
нар.-поэт.	18	народнопоэтическое
неодобрит.	19	неодобрительное
неправ.	20	неправильное
неприл.	21	неприличное
нов.	22	новое
обл.	23	областное
офиц.	24	официальное
перен.	25	переносное
поэт.	26	поэтическое
презрит.	27	презрительное
пренебр.	28	пренебрежительное
простореч.	29	просторечие
публиц.	30	публицистика
разг.	31	разговорное
ритор.	32	риторическое
уничижит.-ласк.	33	уничижительно-ласкательное
старин.	34	старинное
торж.	35	торжественное
увелич.	36	увеличительное
укор.	37	укоризненное
уменьш.	38	уменьшительное
уменьш.-ласк.	39	уменьшительно-ласкательное
уничижит.	40	уничижительное
усил.	41	усилительное
устар.	42	устарелое
устар.-поэт.	43	устарелое поэтическое слово/выражение
уступит.	44	уступительное
утвердит.	45	утвердительная (частица)
фам.	46	фамильярное
уменьш.-уничижит.	47	уменьшительно-уничижительное
церк.-книжн.	48	церковно-книжное
школьн.	49	школьное
шутл.	50	шутливое
эвф.	51	эвфемистическое
ласк.-фам.	52	ласкательно-фамильярное
увелич.-уничижит.	53	увеличительно-уничижительное
уменьш.-пренебр.	54	уменьшительно-пренебрежительное
журнал.	55	журнальное
церк. слав.	56	церковно-славянское
прост., ирон.	57	просторечие, ироническое
разг.-устар.	58	разговорное, устарелое
устар.-порст.	59	устарелое, просторечие
книж.-ирон.	60	книжное, ироническое
книж.-устар.	61	книжное, устарелое
шутл., ирон.	62	шутливое, ироническое
высок., шутл.	63	высокого стиля, шутливое
прост., бран.	64	просторечие, бранное
прост., шутл.	65	просторечие, шутливое
устар., обл.	66	устарелое, областное
нар.-поэт., бран.	67	народнопоэтическое, бранное
устар., теперь ирон.	68	устар., теперь ироническое
прост., устар.	69	просторечие, устарелое
прост. с оттенком пренебрежения	70	просторечие с оттенком пренебрежения
устар., шутл.	71	устарелое, шутливое
разг., шутл.	72	разговорное, шутливое
разг., устар., обл.	73	разговорное, устарелое, областное
высок., устар.	74	высокого стиля, устарелое
прост., обл.	75	просторечие, областное
устар., теперь шутл., ирон.	76	устарелое, теперь шутливое, ироническое
шутл., бран.	77	шутливое, бранное
нар.-поэт., устар.	78	народнопоэтическое, устарелое
нар.-поэт., прост.	79	народнопоэтическое, просторечие
нар.-поэт., обл.	80	народнопоэтическое, областное
обл., шутл.	81	областное, шутливое
книжн., шутл.	82	книжное, шутливое
разг., ирон.	83	разговорное, ироническое
книжн., устар., высок.	84	книжное, устарелое, высокого стиля

SYMBOLS AND ABBREVIATIONS

I. *Russian Idioms*: The following symbols and abbreviations are used:

a) *Parentheses* ( ) signal optional constituents, e.g., под (са'мым) но'сом.

b) *A solidus* / separates mutually exclusive lexical variants, e.g., наставить/натянуть.

c) *A left arrow* < separates mutually exclusive grammatical variants, e.g., но'са<но'су.

d) *Dollar signs* $ . . . $ indicate the left and right boundaries of a sequence of lexical and/or grammatical variants, e.g., $наста'вить/натяну'ть$ нос из-под (са'мого) $но'са<но'су$.

e) *Equal signs* = . . . = signal an element or elements with which a given idiom usually occurs, but which are not part of the idiom, e.g., с ми'ром =иди'/поезжа'й=.

f) INF. = infinitive
V. = verb
ETC. = et cetera

g) *Brackets* [ ] enclose the following elements:

  1. pronouns, including prepositional phrases, e.g., каки'м, у кого', чей
  2. INF., V.
  3. conjunctions plus ellipsis mark . . ., e.g., что . . .; чтобы . . . These elements, when enclosed in brackets, are "replacive" words, i.e., they indicate that a given slot in an idiom may be filled by any lexical item of a given word class or any given syntagma or clause having a specific syntactic construction, e.g., $наста'вить/натяну'ть$ нос [кому']. Where two or more such elements occur in a given idiom, a left arrow is used to indicate that they are mutually exclusive, and a plus sign + is used to indicate they are used together, e.g., не ме'сто [чему' < INF]; кровь [кого' + на ком].

h) R signals a cross-reference, i.e., the reader is referred to the head word following R, e.g., нали'ться кро'вью R нали'ться.

II. *Idioms and examples*: The following symbols occur in the idioms and the examples and are to be interpreted thus:

a) *An apostrophe* ' indicates stress and immediately follows the stressed element in a word or prepositional phrase, e.g., наста'вить; на' душу.

b) *The letter e followed by a period* (e.) indicates the Russian letter ё, e.g., в че.м.

c) *Punctuation*: standard punctuation marks are used: period, semicolon, comma, question mark, exclamation point, and hyphen (. ; , ? ! -) with one exception, i.e., quoted speech in the examples is indicated by en dashes: – . . . –.

III. *English equivalents*: The following symbols occur in English equivalents and are to be interpreted thus:

a) A *semicolon* ; separates alternate English equivalents, e.g., Отвести' ду'шу To get something off one's chest; to unburden oneself.

b) A *solidus* / indicates mutually exclusive elements, e.g., Чужи'ми рука'ми жар загреба'ть To make a cat's paw/a dupe of someone.

c) *Brackets* [ ] indicate that an explanation rather than an equivalent is given for a specific idiom, e.g. (Всегда') винова'т стре'лочник [Refers to situations in which an underling is blamed and becomes the scapegoat.] Brackets may also enclose a comment used to specify the context in which an idiom is used; e.g., Есть про'сит Ragged; worn-out; in need of repair [about clothing].

d) *Parentheses* ( ) signal "replacive" or optional elements, e.g., туда' и доро'га [кому] It serves (him) right.

A
  00
  А (не) то ...
  OTHERWISE; OR ELSE
  1. —На'до гляде'ть в о'ба, —сказа'л он себе', —а не то
  как раз пропаде.шь! 2. —Замолчи', а то я подстрелю'
  тебя' из пога'ного ружья', как куропа'тку!
  00
  От а до зет
  FROM A TO Z; EVERYTHING; FROM BEGINNING TO END
  Ка'ждому граждани'ну ну'жно знать от а до ЗЕТ
  конститу'чию свое'й страны'.
АБОНЕМЕ'НТ
  00
  Сверх абонеме'нта
  EXTRA; IN EXCESS [OF WHAT WAS AGREED UPON]
АБОРДА'Ж
  00
  $Брать/взять$ на аборда'ж
  TO TAKE ON BOARD; TO HELP
  Ста'рший брат взял на абораа'ж мла'дшего, помога'я ему'
  по матема'тике.
АБСОЛЮ'ТНЫЙ
  00
  Абсолю'тное большинство'
  THE OVERWHELMING MAJORITY
  Оди'н из кандида'тов в губерна'торы получи'л абсолю'тное
  большинство' голосо'в.
А'БУГ
  42
  $С пе'рвого а'буга<по пе'рвому а'бугу$
  RIGHT FROM THE START; FROM THE VERY BEGINNING; IMMEDIATELY
АВАНГА'РД
  00
  В аванга'рде
  IN THE FOREFRONT/VANGUARD
  Сове'тский Сою'з иде.т в аванга'рде наро'дов в борьбе'
  за мир.
А'ВГИЕВ
  00
  Авги'евы коню'шни R коню'шня
АВО'СЬ
  00
  Аво'сь-либо R -либо
  00
  На аво'сь
  ON THE OFF-CHANCE; BY GUESS-WORK
  Доро'ги [че'рез ре'ку] не'чего бы'ло иска'ть: ее. во'все
  не' было ви'дно; сле'довало идти' на аво'сь:... .
АГА'ТОВЫЙ
  00
  Ага'товые глаза'
  DARK, SHINING EYES
  Пел он [Дени'сов] стра'стным го'лосом, блестя' ...
  свои'ми ага'товыми че.рными глаза'ми.
АД
  00
  Исча'дие а'да R исча'дие
  00
  Кроме'шный ад R кроме'шный
АДМИНИСТРАТИ'ВНЫЙ
  00
  Администрати'вный восто'рг R восто'рг
АДМИРА'ЛЬСКИЙ
  71
  Адмира'льский час
  LUNCHTIME/DINNERTIME
  Тем вре'менем наступи'л адмира'льский час;... .
А'ДРЕС
  29
  в а'дрес [кого']
  TO (SOMEONE); ADDRESSED TO (SOMEONE)
  Еше. шли по железнодоро'жным магистра'лям гру'зы в
  а'дрес "Азовста'ли".
  00
  Не по а'дресу
  TO THE WRONG PERSON
  Отве'т на ре'плику был не по а'дресу: он каса'лся не

сказа'вшего ее., а всех собра'вшихся.
  00
  По а'дресу [чьему']
  IN REGARD TO (SOMEONE); CONCERNING (SOMEONE)
  —Прошу' без наме.ков по моему' а'дресу, —оби'дчиво
  прерва'л Жма.кин.
  00
  $Пройти'сь/прое'хаться$ по а'дресу [кого'<чьему'] R
  пройти'сь
А3
  00
  Ни аза' (в глаза') не $знать/понима'ть/ETC$
  NOT TO KNOW/UNDERSTAND A THING
  1. —А как вести' сче.ты да расче.ты, да управля'ть
  име'нием, я аза' в глаза' не зна'ю. 2. Ру'дин ни аза'
  в цветово'дстве не смы'слит.
  00
  От аза' до и'жицы
  FROM BEGINNING TO END; FROM A TO Z
  Пре'жде чем сде'лать просту'ю и поле'зную нау'чную
  рабо'ту, на'до ей само'й пройти' от аза' до и'жицы все'
  ви'ды труда'.
АЙ
  00
  Ай да ...
  WHAT (EYES; ETC)!
  Да'ша до глаз заку'талась в мехово'й воротни'к. Кто-то,
  перегоня'я, проговори'л ей над у'хом: —Ай да гла'зки!
АККО'РД
  00
  $Брать/взять$ акко'рд<акко'рды R брать
  00
  Заключи'тельный акко'рд
  FINALE
  Заключи'тельным акко'рдом к 1903 го'ду прогреме'ли по
  всему' рабо'чему ю'гу Росси'и ию'льские ста'чки.
  42
  На акко'рд =брать/отда'ться/ETC=
  BY AGREEMENT
  Три неде'ли тому' наза'д ру'сские войска' взя'ли на
  акко'рд ... земляну'ю кре'пость Ни'еншанц.
АККУРА'Т
  29
  В аккура'т
  PRECISELY; EXACTLY; JUS<
  В аккура'т перед наступле'нием был я в разве'дке.
  29
  В аккура'те
  PROPERLY; AS IT SHOULD BE; ACCURATELY
  —Как сде'лаешь все. в аккура'те, тако'й тебе', Сысо'й
  Псо'ич, магары'ч поста'влю, про'сто сказа'ть, угори'шь.
АКЦЕ'НТ
  00
  Де'лать акце'нт [на че.м]
  TO EMPHASIZE (SOMETHING); TO ACCENTUATE (SOMETHING); TO TURN
  PARTICULAR ATTENTION TO (SOMETHING); TO LAY SPECIAL STRESS
  ON (SOMETHING)
А'КЦИЯ
  00
  А'кции [чьи] па'дают
  (SOMEONE'S) INFLUENCE IS DIMINISHING
  А'кции полити'ческих де'ятелей то па'дают, то
  повыша'ются, как на фина'нсовой би'рже.
  00
  А'кции [чьи] повыша'ются
  (SOMEONE'S) INFLUENCE IS INCREASING
АЛЛА'Х
  00
  Алла'х $зна'ет/ве'дает$
  GOD ONLY KNOWS; WHO KNOWS
  Алла'х зна'ет, что' у нача'льника на уме'.
  00
  Одному' алла'ху изве'стно
  GOD ONLY KNOWS; WHO KNOWS
  —Э'то' он де'лает по кра'йней ме'ре? —Э'то уж одному'
  алла'ху изве'стно.
АЛТА'РЬ
  00
  $Возложи'ть/принести'$ [что] на алта'рь $оте'чества/

АЛТА'РЬ CONT'D.
    иску'сства/нау'ки/любви'/ETC$
    TO LAY(SOMETHING) ON THE ALTER OF (ONE'S COUNTRY/ART/
    SCIENCE/LOVE/ETC.); TO SACRIFICE (SOMETHING) TO (SOMETHING)
    Уче.ный прине.с свой тала'нт на алта'рь нау'ки.
АЛТЫ'Н
    42
    Ни алты'на
    NONE AT ALL
    -Де'нег у нас - ни у него' ..., ни у меня' не' было ни
    алты'на.
АЛФАВИ'Т
    00
    По алфави'ту
    IN ALPHABETICAL ORDER
    Идио'мы располо'жены в словаре' не по алфави'ту.
А'ЛЬФА
    00
    А'льфа и оме'га
    THE ALPHA AND THE OMEGA; THE BEGINNING AND THE END; THE
    BASIC/MAIN THING
    -Энерге'тика, -сказа'л строи'тель, -э'то осно'ва осно'в,
    а'льфа и оме'га наро'дной жи'зни.
    00
    От а'льфы до оме'ги
    FROM BEGINNING TO END; FROM A TO Z
    Повтори'в от а'льфы до оме'ги курс хи'мии, студе'нт
    уве'ренно поше.л на экза'мен.
АМБИ'ЦИЯ
    00
    $Вломи'ться/уда'риться/войти'/ETC$ в амби'цию
    TO TAKE OFFENSE; TO BE DEEPLY OFFENDED
    Не поня'в шу'тки, он вошо.л в амби'цию и весь ве'чер
    молча'л.
АМЕ'РИКА
    00
    Откры'ть Аме'рику R откры'ть
АНА'ФЕМА
    00
    Преда'ть ана'феме
    TO ANATHEMIZE; TO PRONOUNCE AN ANATHEMA AGAINST
    Лев Толсто'й был пре'дан ана'феме в ца'рской Росси'и.
А'НГЕЛ
    00
    А'нгел-храни'тель R храни'тель
АНТИМО'НИЯ
    29
    Разводи'ть $антимо'нии<антимо'нию$
    TO SHOOT THE BREEZE
    Он всегда'. разво'дит антимо'нии вме'сто кра'ткого и
    я'сного изложе'ния мы'сли.
АНТРАША'
    00
    $Выде'лывать/выки'дывать$ антраша'
    TO CUT A CAPER
АНШЛА'Г
    00
    Пройти' с аншла'гом
    TO BE A SELL-OUT [ABOUT THEATRICAL PERFORMANCES]; TO BE A
    BOX-OFFICE SUCCESS
    Выступле'ния певцо'в наро'дных пе'сен прошли' с
    аншла'гом.
АПЕЛЬСИ'Н
    00
    Как свинья' в апельси'нах $разбира'ться/смы'слить/
    понима'ть/ETC$ [в че.м] R свинья'
АПЛОДИСМЕ'НТ
    00
    Покры'ть аплодисме'нтами [что] R покры'ть
АППЕТИ'Т
    00
    Во'лчий аппети'т R во'лчий
АПТЕ'КА
    50
    Как в апте'ке
    JUST RIGHT; TO A T; EXACTLY
    В инстру'кции к выпускны'м экза'менам все. бы'ло
    предусмо'трено и определено', как в апте'ке.

АРИА'ДНИНА
    00
    Ариа'днина нить R нить
А'РМИЯ
    00
    А'рмия труда' R труд
АРХИ'В
    00
    Сдать в архи'в [кого'<что]
    TO CONSIGN TO OBLIVION; TO SHELVE
    1. Церко'вно - славя'нские назва'ния букв ру'сского
    алфави'та давно' сданы' в архи'в. 2. Алхи'мики давно'
    сданы' в архи'в.
АРШИ'Н
    00
    Ви'деть на два арши'на $под земле.й<в зе'млю$
    TO HAVE KEEN INSIGHT
    Быва'лый стари'к ви'дел на два арши'на под земле.й,
    уга'дывая скры'тую мысль собесе'дника.
    00
    $Как/сло'вно/бу'дто$ арши'н проглоти'л
    AS STIFF AS A POKER
    Он то молча'л, бу'дто арши'н проглоти'л, то односло'жно
    отвеча'л.
    00
    Ме'рить [кого'<что] $обыкнове'нным/о'бщим$ арши'ном
    TO MEASURE/JUDGE (SOMEONE/SOMETHING) BY ORDINARY STANDARDS;
    TO CONSIDER (SOMEONE/SOMETHING) ORDINARY
    -Подо'бных ему' люде'й не прихо'дится ме'рить
    обыкнове'нным арши'ном.
    00
    Ме'рить на свой арши'н
    TO MEASURE/JUDGE BY ONE'S OWN STANDARDS
    Нече'стные лю'ди не доверя'ют други'м, ме'ряя всех на
    свой арши'н.
АСТРОНОМИ'ЧЕСКИЙ
    00
    Астрономи'ческие $чи'сла/ци'фры$
    AN ASTRONOMINAL NUMBER
    В бюдже'те госуда'рства бы'ли астрономи'ческие ци'фры по
    оборо'не страны' и межплане'тному тра'нспорту.
АТМОСФЕ'РА
    00
    Атмосфе'ра сгусти'лась [где] R сгусти'ться
    00
    Сгусти'ть атмосфе'ру [где] R сгусти'ть
АТТЕСТОВА'ТЬ
    00
    Аттестова'ть себя'
    TO SHOW ONESELF IN A(CERTAIN) LIGHT
    Но'вый сотру'дник отрица'тельно аттестова'л себя'.
АТТИ'ЧЕСКИЙ
    00
    Атти'ческая соль
    ATTIC SALT; ATTIC WIT
    Серге'й Ива'нович, уме'вший, как никто', для оконча'ния
    са'мого отвлече.нного и серье.зного спо'ра неожи'данно
    поасыпа'ть атти'ческой со'ли и э'тим изменя'ть
    настрое'ние собесе'дников, сде'лал э'то и тепе'рь.
АХ
    00
    Ах да!
    OH, MY GOD [I JUST REMEMBERED]
    -Ах да! -вдруг хло'пнул себя' по' лбу Свеже'вский, -я
    вот болта'ю, а са'мое ва'жное позабы'л вам сказа'ть.
    00
    Увы' и ах R увы'
АХИЛЛЕ'СОВ
    00
    Ахилле'сова пята'
    ACHILLES HEEL
АХТИ'
    29
    Не ахти' как
    NOT VERY WELL
    -Жаль, живе.тся нам с тобо'й не ахти' как.
    29
    Не ахти' како'й

2

АХТИ' CONT'D.
    NOT VERY GOOD
    Во всех деревня'х, да'же там, где зе'мли бы'ли не ахти'
    каки'е, колхо'зники обеща'ли собра'ть неви'данные урожа'и.
БА'БА
    00
    Бой-ба'ба
    A HEADSTRONG WOMAN
    Неве'стка, бой ба'ба, управля'ется с хозя'йством.
БА'БИЙ
    00
    Ба'бье ле'то
    INDIAN SUMMER; OLD WIVES' SUMMER
    Стоя'ли прозра'чно-я'сные дни ба'бьего ле'та.
    00
    Ба'бье сосло'вие R сосло'вие
    00
    Ба'бьи ска'зки
    OLD WIVES' TALES
БА'БУШКА
    00
    Ба'бушка ворожи'т [кому'] R ворожи'ть
    00
    Ба'бушка на'двое сказа'ла
    THAT REMAINS TO BE SEEN
    -Мы по'сле обе'да зася'дем в ерала'ш, и я его' обыгра'ю.
    -Хе-хе-хе, посмо'трим! Ба'бушка на'двое сказа'ла.
    00
    Вот тебе', ба'бушка, (и) Ю'рьев день R Ю'рьев
БАЗА'Р
    00
    Пти'чий база'р
    SEASHORE COLONY OF BIRDS
БАЛ
    00
    Ко'нчен бал
    IT'S ALL OVER; THAT'S IT; IT'S FINISHED
    Бо'льше туда' я ни ного'й. Ко'нчен бал.
БАЛАЛА'ЙКА
    00
    Бесстру'нная балала'йка R бесстру'нный
БАЛЛ
    00
    Вы'вести [како'й] балл R вы'вести
БАЛЬЗА'М
    42
    Проли'ть бальза'м [на что]
    TO POUR BALSAM ON (SOMETHING); TO SOOTHE/EASE
    "Про'шка но'лки!" ... Э'тот во'зглас проли'л
    успокои'тельный бальза'м на мое. крутого'рское се'рдце.
БАЛЯ'СЫ
    00
    Точи'ть баля'сы
    TO JOKE
БАМБУ'КОВЫЙ
    29
    Бамбу'ковое положе'ние
    AN UNPLEASANT, DIFFICULT SITUATION; A REAL FIX
    Он вы'слушал мой возмуще.нный расска'з о Во'лкове и
    сказа'л, прищу'рившись: -Бамбу'ковое бы'ло, вида'ть, у
    вас положе'ние.
БАНК
    00
    Держа'ть банк
    TO KEEP THE BANK
    Хозя'ин до'ма, держа' банк, осо'бенно при'стально
    следи'л за игро'ком - уда'чником.
    00
    Мета'ть банк
    TO KEEP THE BANK
    00
    Сорва'ть банк R сорва'ть
БА'ННЫЙ
    29
    Как ба'нный лист =приста'ть/привяза'ться=
    TO BADGER (SOMEONE); TO BE CONSTANTLY UNDER FOOT; TO STICK
    TO (SOMEONE) LIKE GLUE; TO BE A THORN IN THE SIDE
    -Ах, не пристава'й ко мне с глу'пыми вопро'сами!

    -се'рдится За'йкин. -Приста'л, как ба'нный лист!
БА'НТИК
    00
    $Гу'бки/гу'бы$ ба'нтиком
    CUPID'S BOW LIPS
    Сложи'в гу'бы ба'нтиком, ... она' сади'тся за накры'тый
    стол, к самова'ру.
БАРАБА'ННЫЙ
    00
    Шку'ра бараба'нная R шку'ра
БАРАБА'НЩИК
    00
    Отставно'й козы' бараба'нщик
    [AN UNIMPORTANT OFFICIAL WHO HAS LOST HIS JOB OR GONE
    INTO RETIREMENT]
БАРА'Н
    29
    Как бара'н на но'вые воро'та =уста'виться/смотре'ть/
    ETC=
    TO BE OUT OF ONE'S ELEMENT; TO BE ALL AT SEA; TO BE LIKE
    A FISH OUT OF WATER
    -Что уста'вились на бре.вна как бара'н на но'вые
    воро'та! Сбра'сывайте их под отко'с! -крича'л спла'вщик
    ле'са.
    57
    Ста'до бара'нов
    A HERD OF SHEEP [ABOUT PEOPLE]
    -На'до ду'мать за себя', а не сле'довать сле'по за
    кем-то, как ста'до бара'нов! -дед ча'сто говори'л нам.
    00
    Упе.рся как бара'н R упере'ться
БАРА'НИЙ
    00
    $Гнуть/согну'ть/скрути'ть$ в бара'ний рог R гнуть

БА'РИН
    00
    Жить $ба'рином/па'ном$
    TO LIVE LIKE A KING/A LORD
    -Вот вы'играю в ка'рты и заживу' пото'м па'ном,
    -мелька'ло в голове' игрока'.
    00
    Сиде'ть ба'рином
    NOT TO PULL ONE'S OWN WEIGHT
    Вы'ехав в по'ле, крестья'нин рабо'тает, а не сиди'т
    ба'рином.
БАРО'Н
    00
    Фон-баро'н R фон
БА'РХАТНЫЙ
    00
    Ба'рхатный сезо'н
    [THE FALL MONTHS IN THE SOUTH]
    Э'то не' был ба'рхатный сезо'н - осе'нний ме'сяц, когда'
    в Крым приезжа'ли столи'чные го'сти.
БА'РЫШНЯ
    00
    Кисе'йная ба'рышня R кисе'йный
БА'СНЯ
    42
    $Стать/сде'латься$ ба'сней
    TO BECOME THE TALK OF THE TOWN/THE NEIGHBORHOOD/ETC.
    Те.мное про'шлое дельца' раскры'лось, и он стал ба'сней
    го'рода.
БА'ТЮШКА
    00
    Ба'тюшки $(мои')/све'ты$!
    GOOD HEAVENS!; GOOD GRIEF!
    1. -Ба'тюшки мои'! что э'то за свет? -с трево'гой
    произнесла' она', ... 2. -Ба'тюшки! -изуми'лся
    то'нкий. -Ми'ша! Друг де'тства!
    58
    По ба'тюшке =звать/велича'ть=
    TO CALL (SOMEONE) BY HIS PATRONYMIC
    -Тебя' зва'ть-то как? -Ни'коном, а по ба'тюшке Зо'тыч.
БАШКА'
    00
    Дубо'вая башка' R дубо'вый

БАШКА' CONT'D.
00
Ду'рья башка' R ду'рий
БАШМАКИ'
00
Под башмако'м [(у) кого']
[TO BE] UNDER SOMEONE'S HEEL
Он под башмако'м у свое'й жены'.
БЕ
29
Ни бе ни ме
UNABLE TO SAY A WORD; TONGUE-TIED
29
Ни бе ни ме не $зна'ет/понима'ет/ETC$
TO KNOW/UNDERSTAND NOTHING
Мно'гие лю'ди, ни бе ни ме не понима'я в опера'циях
фина'нсовой би'ржи, покупа'ют а'кции.
БЕГ
00
Бег на ме'сте
MARKING TIME
00
В бега'х
ON THE RUN
Населе'ние окре'стности бы'ло предупреждено', что
изве'стный уби'йца был в бега'х.
БЕ'ГАТЬ
00
Мура'шки бе'гают по $спине'/те'лу/ETC$ R мура'шка
БЕГО'М
00
Бежа'ть бего'м
TO HURRY; TO FLY; TO RUN VERY FAST
БЕ'ГСТВО
00
Обрати'ть в бе'гство R обрати'ть
00
Обрати'ться в бе'гство R обрати'ться
БЕДА'
00
Беда' как ...
VERY; LIKE CRAZY; MADLY; REALLY
Шма'рин беда' как люби'л расска'зывать небыли'цы.
00
До'лго ли до беды' R до'лго
00
Лиха' беда' $нача'ло/нача'ть$ R лихо'й
00
На беду' =мою'/твою'/свою'/ETC=
TO (MY) MISFORTUNE
-На беду' мою', оте'ц его' во время' бу'нта спас мне
жизнь.
00
(Не) велика' беда' R вели'кий
00
Недо'лго и до беды' R недо'лго
00
$Помо'чь/пособи'ть$ беде' R помо'чь
00
Что за беда'!
WHAT DOES IT MATTER?; WHAT THE HECK?; WHO CARES? SO WHAT!
-Нет мя'са? Что за беда'! Бу'дем есть ры'бу, -бодри'л
муж жену'.
БЕ'ДНО
00
Ху'до-бе'дно R ху'до
БЕ'ДНЫЙ
00
Бе'ден как церко'вная $мышь/кры'са$ R церко'вный
БЕЖА'ТЬ
00
Бежа'ть бего'м R бего'м
00
Бежа'ть как че.рт от ла'дана [от кого'<от чего'] R
ла'дан
00
Как угоре'лый бежа'ть R угоре'лый
00
У'хо $в у'хо<к у'ху$ бежа'ть [с кем] R у'хо

БЕЗ
00
Не без того' (что'бы)
PROBABLY; MOST LIKELY
00
Не без [чего']
NOT WITHOUT
Не без сожале'ния.
БЕ'ЗДНА
50
Бе'здна прему'дрости
A WEALTH OF KNOWLEDGE; THE SOURCE OF ALL KNOWLEDGE
Ста'рый матро'с был живы'м воплоще'нием бе'зды
прему'дрости.
БЕЗДО'ННЫЙ
50
Бездо'нная бо'чка
1.(HE HAS) A WOODEN LEG: [SOMEONE WHO CAN DRINK A LOT WITHOUT
GETTING DRUNK] 2. IT'S LIKE POURING WATER IN A SIEVE
1. Он пье.т как в бездо'нную бо'чку. 2. -Ско'лько
им не помога'ли, все. ушло' как в бездо'нную бо'чку,
-говори'ли сосе'ди.
БЕЗРАЗЛИ'ЧНО
00
Безразли'чно $кто<что$
ANYONE/ANYTHING; NO MATTER WHO/NO MATTER WHAT
1. Апати'чному челове'ку безразли'чно: пла'кать и'ли
смея'ться. 2. -Найти' вино'вника исчезнове'ния
кру'пной су'ммы из се'йфа, безразли'чно кто им ока'жется!
-распоряди'лся банки'р.
БЕЗРЫ'БЬЕ
00
На безры'бье
IN A PINCH [I.E. WHEN SOMETHING IS LACKING]
БЕЗУ'МИЕ
00
До безу'мия
EXTREMELY; TO DISTRACTION
Люби'ть до безу'мия.
БЕЗУ'МНЫЙ
00
С безу'мных глаз R глаз
БЕЗЫМЯ'ННЫЙ
00
Безымя'нный па'лец
FOURTH FINGER; RING FINGER
БЕЛЕНА'
06
Белены' объе'лся
OFF (HIS) ROCKER
-Что ты белены' объе'лся - го'лыми рука'ми хвата'ть
раскале.нное желе'зо из го'рна! -кри'кнул кузне'ц
ученику' - новичку'.
БЕ'ЛКА
00
Как бе'лка в колесе' $верте'ться/кружи'ться/ETC$
TO BE ON A TREADMILL; TO GO AROUND IN CIRCLES; IN A
SQUIRREL CAGE
Мать как бе'лка в колесе' верте'лась в ку'хне, занята'я
варе'ньем и пече'ньем.
БЕЛО'К
00
Враща'ть белка'ми R враща'ть
БЕЛУ'ГА
00
Реве'ть белу'гой
TO HOWL; TO WAIL; TO SCREAM ONE'S HEAD OFF
-Не реви' белу'гой, а дай вы'нуть зано'зу! -сказа'л он
свое'й сестре.нке.
БЕ'ЛЫЙ
00
Бе'лая воро'на
RARA AVIS
Он был бе'лой воро'ной среди' сослужи'вцев, бра'вших
взя'тки.
00
Бе'лые $места'/пя'тна$
1. VIRGIN LAND; UNEXPLORED TERRITORY 2. UNEXPLORED

БЕ'ЛЫЙ CONT'D.
    TERRITORY [FIGURATIVELY]
    -Како'е у вас дано' реше'ние по рытью' транше'и на э'том
    уча'стке? -Реше'ния по существу' нет. Э'то бе'лое
    пятно' в прое'кте, -отве'тил Ко'бзев.
    00
    Бе'лые му'хи R му'ха
    00
    Бе'лый как ки'пень R ки'пень
    00
    Бе'лый свет
    THE WORLD; THE EARTH
    [Литви'нов] производи'л впечатле'ние че'стного и
    де'льного, не'сколько самоуве'ренного ма'лого, каки'х
    дово'льно мно'го быва'ет на бе'лом све'те.
    00
    Бе'лыми ни'тками ши'то R ни'тка
    00
    Дела'-как са'жа бела' R са'жа
    00
    До бе'лых мух R му'ха
    00
    Довести' до бе'лого кале'ния [кого'] R кале'ние
    00
    Дойти' до бе'лого кале'ния R кале'ние
    00
    Называ'ть бе'лое че.рным R че.рный
    00
    Не жиле'ц (на бе'лом све'те) R жиле'ц
    00
    Принима'ть бе'лое за че.рное
    TO SEE JUST THE OPPOSITE
    -Э'тот челове'к прише.л узна'ть в че.м мы нужда'емся, а
    не описа'ть на'ше иму'щество, -говори'л муж жене', -ты
    приняла' бе'лое за че.рное.
    00
    Ска'зка про бе'лого бычка' R ска'зка
    00
    $Среди'/средь$ бе'ла дня
    IN BROAD DAYLIGHT
    Кварти'ра огра'блена средь бе'ла дня.
    00
    Че.рным по бе'лому =напи'сано= R че.рный
БЕЛЬЕ'
    00
    $Ры'ться/копа'ться$ в гря'зном белье' [чье.м] R
    гря'зный
БЕЛЬМЕ'С
    00
    Ни бельме'са не смы'слить
    NOT TO KNOW/UNDERSTAND A THING
БЕЛЬМО'
    00
    Как бельмо' на глазу'
    A NUISANCE
    -Не меша'й мне как бельмо' на глазу', а де'лай свое.!
    -серди'лся ста'рший брат.
БЕНЕФИ'С
    00
    Устро'ить бенефи'с [кому']
    TO SET A TRAP FOR (SOMEONE)
    Нелюби'мому учи'телю был устро'ен бенефи'с: оди'н
    учени'к утвержда'л, что накану'не от него' па'хло
    алкого'лем.
БЕ'РЕГ
    00
    Вступи'ть в берега' R вступи'ть
    00
    Вы'йти из берего'в R вы'йти
    00
    Моло'чные ре'ки и кисе'льные берега' R моло'чный
БЕРЕ.ЗОВЫЙ
    00
    Накорми'ть бере.зовой ка'шей R ка'ша
БЕРЕ'ЧЬ
    00
    Бере'чь де'ньги в кубы'шке R кубы'шка
    00
    Бере'чь как зени'цу о'ка R зени'ца

    00
    Бере'чь пу'ще гла'за R пу'ще
БЕС
    00
    Бе'са лы'сого R лы'сый
    00
    Ме'лким бе'сом $рассыпа'ться/верте'ться/ETC$ [перед
    кем]
    TO FAWN ON(SOMEONE); TO FLATTER (SOMEONE); TO KOWTOW TO
    (SOMEONE)
    Ма'клер ме'лким бе'сом рассыпа'лся перед покупа'телем,
    хваля' прише'дший в упа'док дом.
    00
    Одержи'мый бе'сом R одержи'мый
БЕСИ'ТЬСЯ
    29
    С жи'ру беси'ться
    TO HAVE IT TOO GOOD; TOO MUCH OF A GOOD THING
БЕСКОНЕ'ЧНОСТЬ
    00
    До бесконе'чности
    FOREVER
    Разгово'р был тако'го ро'да, что мог продолжа'ться до
    бесконе'чности.
БЕСПОРЯ'ДОК
    00
    Лири'ческий беспоря'док R лири'ческий
    00
    Поэти'ческий беспоря'док R поэти'ческий
    00
    Худо'жественный беспоря'док R худо'жественный
БЕССТРУ'ННЫЙ
    02
    Бесстру'нная балала'йка
    A WINDBAG; A BABBLER
БЕ'СТИЯ
    00
    Продувна'я бе'стия R продувно'й
БЕ'ШЕНЫЙ
    42
    Бе'шеные де'ньги
    EASY MONEY
    -У кого' ж э'то таки'е бе'шеные де'ньги, чтоб за тебя'
    три'ста ты'сяч да'ли.
БИВУА'К
    00
    Жить (как) на бивуа'ках
    TO LIVE LIKE GYPSIES
    Семья' жила' как на бивуа'ках, части'чно распакова'в
    ве'щи.
БИРЮ'К
    00
    Бирюко'м $смотре'ть/сиде'ть$
    TO LOOK MOROSE/SULLEN
    -Что бирюко'м смо'тришь? Бери' и ты лапту'! -зва'ли
    де'ти ма'льчика, сиде'вшего в стороне'.
БИРЮ'ЛЬКИ
    00
    Игра'ть в бирю'льки
    TO WASTE ONE'S TIME ON TRIFLES
    Вме'сто подгото'вки к экза'мену друзья' игра'ли в
    бирю'льки, расска'зывая анекдо'ты, о свои'х побе'дах и
    тому' подо'бном.
БИ'СЕР
    00
    Мета'ть би'сер пе'ред сви'ньями
    TO CAST PEARLS BEFORE SWINE
    Говори'ть невежда'м о высо'ких мате'риях зна'чит мета'ть
    би'сер перед сви'ньями.
БИ'СЕРНЫЙ
    00
    Би'серный по'черк
    SMALL HANDWRITING
    У ма'тери был би'серный по'черк, но че.ткий.
БИ'ТВА
    00
    В пылу' би'твы R пыл
    00
    По'ле би'твы R по'ле

БИТКО'М
00
Битко'м $наби'ть/наби'ться$
TO FILL (SOMETHING) TO OVERFLOWING; TO FILL (SOMETHING) CHOCK-FULL
1. Теа'тр был битко'м наби'т люби'телями о'перы "Князь Игорь." 2. В се'льский клуб битко'м наби'лось наро'ду.
БИ'ТЫЙ
00
Би'тый час
A FULL HOUR; A LONG TIME
Пассажи'ры би'тый час ожида'ли авто'буса.
БИТЬ
00
Бить баклу'ши R баклу'ши
00
$Бить<бить в$ наба'т R наба'т
00
Бить в глаза'
TO DRAW ATTENTION TO ONESELF; TO CATCH (SOMEONE'S) EYE
1. Он проснулся от я'ркого све'та, би'вшего в глаза'. 2. Необыча'йная красота' молодо'й же'нщины би'ла в глаза'. 3. Ра'зница в хара'ктерах супру'гов би'ла в глаза'.
00
Бить $в ладо'ши<ладо'шами$ R ладо'ши
00
Бить в ладо'шки R ладо'ши
00
Бить в (одну') то'чку
TO CONCENTRATE ON ONE THING
00
Бить в цель
TO ACHIEVE ONE'S GOAL; TO SECURE ONE'S OBJECTIVE
00
Бить $ка'рту/ста'вку$
TO COVER A CARD
По ме'ре того' как но'вый игро'к бил ста'вку за ста'вкой на'ши ли'ца все. больше и бо'льше вытя'гивались.
00
Бить ключо'м R ключ
00
Бить ми'мо це'ли
TO MISS THE MARK
00
Бить наверняка'
TO ACT WITH CERTAINTY; TO ACT ON A SURE THING
Он бил наверняка', повыша'я це'ну на страдива'риуса.
00
Бить [на что]
TO STRIKE FOR (SOMETHING); TO AIM AT; TO ACHIEVE
1. Бить на эффе'кт. 2. Ка'ждая страни'ца бье.т на то, что'бы вразуми'ть чита'теля.
00
Бить отбо'й R отбо'й
00
Бить по карма'ну
TO HIT (SOMEONE) IN (HIS) POCKETBOOK; TO SET (SOMEONE) BACK; TO COST A PRETTY PENNY
42
Бить покло'ны
TO GENUFLECT
00
Бить по морда'сам R морда'сы
00
Бить по рука'м R рука'
00
Бить трево'гу R трево'га
00
Бить фонта'ном R фонта'н
00
Бить чело'м [кому'] R чело'
00
Бить че'рез край R край
00
Из пу'шки по воробья'м (бить) R пу'шка
00
Ка'рта би'та [чья] R ка'рта

БИ'ТЬСЯ
00
Би'ться как ры'ба об ле.д
TO STRUGGLE (ESPECIALLY TO MAKE A LIVING)
Пло'тник би'лся как ры'ба об ле.д, не име'я постоя'нной рабо'ты.
42
Би'ться об закла'д
TO MAKE A BET
—Бьюсь об закла'д, что ты и э'ту рабо'ту потеря'ешь из-за опозда'ний! —предупреди'л меня' брат.
00
До после'дней ка'пли кро'ви би'ться R ка'пля

БИШЬ
42
То бишь
THAT IS; RATHER
—Пода'й у'ксус! —прика'зывал он. —То бишь не у'ксус, а прова'нское ма'сло!
БЛА'ГО
00
Всех благ
BEST WISHES!; ALL THE BEST!
До'брые хозя'ева пожела'ли всех благ уезжа'вшему квартира'нту.
00
Ни за каки'е бла'га
NOT FOR ANYTHING; NOT FOR THE WORLD
Ни за каки'е бла'га не променя'ет он игру' в ша'хматы на игру' в ка'рты.
БЛАГОДАРИ'ТЬ
00
Благодарю' поко'рно R поко'рно
00
Благодарю' $тебя'/вас/ETC$
THANK YOU
—Благодарю' тебя' за кни'гу, —сказа'л мне друг по телефо'ну.
00
Поко'рнейше благодарю' R поко'рнейше
00
Чувстви'тельно благодари'ть [кого'] R чувстви'тельный
БЛАГОДА'РНОСТЬ
00
$Свидете'льствовать/засвиде'тельствовать$ [кому'] благода'рность R свиде'тельствовать
БЛАГОДА'РНЫЙ
00
О'чень $благода'рен<благода'рна$
THANK YOU; I'M VERY GRATEFUL
"О'чень благода'рна за при'сланные вы'резки из газе'т и журна'лов", —стоя'ло на почто'вой ка'рточке.
БЛАГОДА'РСТВОВАТЬ
42
$Благода'рствую<благода'рствуй<благода'рствуйте$
THANK YOU
Старушо'нка хлеб пойма'ла: —Благода'рствую, —сказа'ла.
БЛАГОДАРЯ'
00
Благодаря' тому' что
THANKS TO ...
Благодаря' тому' что ле'то бы'ло о'чень жа'ркое и сухо'е, пона'добилось полива'ть ка'ждое де'рево.
БЛАГОДА'ТЬ
00
Благода'ть в $до'ме/хозя'йстве/ETC$
AFFLUENCE; BLISS; PLENTY
Благода'ть в до'ме когда' любо'вь и согла'сие госпо'дствуют в не.м.
БЛАГО'Й
00
Благу'ю часть избра'ть R часть
00
$Крича'ть/ора'ть/вопи'ть/ETC$ благи'м ма'том R мат
БЛАГОНАДЕ.ЖНЫЙ
42
Бу'дьте благонаде.жны

БЛАГОНАДЕ.ЖНЫЙ CONT'D.
    BE ASSURED
    -Так я могу' на вас наде'яться? -кри'кнул я ему' вслед.
    -Бу'дьте благонаде.жны!- разда'лся его' самоуве'ренный
    го'лос.
БЛАГОПОЛУ'ЧНЫЙ
    00
    Все. благополу'чно [где<у кого']
    ALL IS WELL
БЛАГОРАСТВОРЕ'НИЕ
    50
    Благораствоpе'ние возду'хов
    BALMY WEATHER
    -Како'е благораствоpе'ние возду'хов! -воскли'кнул
    дя'дюшка, вдыха'я арома'т бе'лой ака'ции.
БЛАГОРО'ДНЫЙ
    00
    Благоро'дный свиде'тель R свиде'тель
БЛАЖЕ'ННЫЙ
    00
    Блаже'нной па'мяти R па'мять
    00
    В блаже'нном неве'дении =быть/пребыва'ть/ETC= R
    неве'дение
БЛАЖЕ'НСТВО
    00
    Быть на верху' блаже'нства R верх
БЛАТНО'Й
    00
    Блатна'я му'зыка
    THIEVES' JARGON
БЛЕ'ДНЫЙ
    00
    Как смерть бле'дный R смерть
БЛЕСК
    00
    Во все.м бле'ске
    IN ALL ITS SPLENDOR
    А'рия царя' Бори'са испо'лнена во все.м бле'ске
    вока'льного иску'сства.
    00
    С бле'ском
    SPLENDIDLY; BRILLIANTLY
    Ко'нчились перехо'дные экза'мены ... . Сдал я их с
    бле'ском.
БЛИЖА'ЙШИЙ
    00
    При ближа'йшей возмо'жности R возмо'жность
БЛИ'ЖНИЙ
    00
    Не бли'жний свет R свет(2)
БЛИ'ЗКИЙ
    00
    Бли'же к де'лу R де'ло
    00
    Бли'зкие отноше'ния
        TO BE INTIMATE (WITH SOMEONE); TO BE CLOSE FRIENDS
    00
    Бли'зок к гро'бу R гроб
    00
    Не бли'зкий<бли'зок свет R свет(2)
БЛИ'ЗКО
    00
    Стоя'ть бли'зко [к кому'<о'коло кого'] R стоя'ть
БЛИН
    00
    Пе'рвый блин ко'мом
    PRACTISE MAKES PERFECT
    -Пе'рвый блин ко'мом, -сказа'л пло'тник, согну'в гвоздь
    в нача'ле рабо'ты.
    29
    Печь как блины'
    TO GRIND OUT ... ; TO TURN OUT QUICKLY; TO WHIP UP A BATCH OF
    О плодотво'рном репорте.ре шутли'во говори'ли в
    реда'кции газе'ты: -Он пече.т как блины' свои' статьи'.
БЛИСТА'ТЬ
    11
    Блиста'ть отсу'тствием

TO BE CONSPICUOUSLY ABSENT
    При'ма - балери'на блиста'ла отсу'тствием на банке'те.
БЛУ'ДНЫЙ
    50
    Блу'дный сын
    A PRODIGAL SON
    О блу'дном сы'не ре'дко говори'ли в семье', а когда' он
    появля'лся, то сло'вно пра'здник настава'л.
БЛЮ'ДЕЧКО
    00
    Как на блю'дечке R блю'до
БЛЮ'ДО
    00
    Как на $блю'де/блю'дечке$
    AS IF ON DISPLAY
    Парохо'д подходи'л к Я'лте; краса'вица ю'га,
    освеще.нная восходя'щим со'лнцем, была' как на блю'де.
БОБ
    29
    Бобы' разводи'ть
    TO BEAT AROUND THE BUSH
    Так за каки'м де'лом-то прие'хала? Говори' уж пря'мо,
    не разводи' бобо'в-то.
    00
    Гада'ть на боба'х R гада'ть
    29
    $Оста'ться/сиде'ть$ на боба'х
    TO BE LEFT WITH NOTHING; TO GET NOTHING FOR ONE'S TROUBLE
    Дя'дя оста'лся на боба'х: племя'нник отби'л у него'
    неве'сту.
БОБР
    00
    Уби'ть бобра'
    TO BE TAKEN/CHEATED; TO HIT THE JACKPOT
    Он уби'л бобра': откры'л универса'льный магази'н в
    неда'вно заселе.нной ме'стности.
БОГ
    00
    $Бог/госпо'дь$ $зна'ет/весть<ве'дает$
    [кто<что'<како'й<куда'<ETC]
    GOD KNOWS WHO/WHAT/ETC.!
    1. -А я, -промо'лвила А'нна Серге'евна, -сперва'
    хандри'ла бог зна'ет отчего'. 2. Опя'ть мы сбива'лись
    с доро'ги, е'хали бог весть куда'.
    00
    Бо'гом $уби'тый<уби'тая$ R уби'тый
    00
    Бог по'мочь R по'мочь
    00
    Бог посла'л R посла'ть
    00
    Бог прибра'л [кого'] R прибра'ть
    00
    $Бо'же (мой)<бог мой$!
    MY GOD!
    1. И ны'нче - бо'же! - сты'нет кровь, Как то'лько
    вспо'мню взгляд холо'дный И э'ту про'поведь. 2. -Ах,
    бо'же мой, каки'е ты, Анто'ша, слова' отпуска'ешь!
    00
    (Все) под бо'гом хо'дим R ходи'ть
    00
    Дава'й бог но'ги R нога'
    00
    Дай бог
    GOD GRANT
    Я вас люби'л так и'скренно, так не'жно, Как дай вам бог
    люби'мой быть други'м.
    00
    Дай бог $па'мять<па'мяти$ R па'мять
    00
    $Заста'вь<заста'вьте$ (ве'чно) бо'га моли'ть R моли'ть
    00
    $Изба'ви/сохрани'/упаси'/не дай$ $бог/бо'же$
    GOD FORBID THAT ...
    -Сохрани' бо'же от насле'дников, ожида'ющих твое'й
    сме'рти, и ло'жных друзе'й, -сказа'л он, очну'вшись
    по'сле мно'гих дней летарги'ческого сна.
    00
    Как бог на' душу поло'жит

БОГ CONT'D.
   WHATEVER COMES INTO (HIS) HEAD
   Его' реше'ния зави'сели от того' как бог на' душу
   поло'жит.
   00
   Как бог свят R свято'й
   00
   Не бог $весть/зна'ет$ [како'й<что]
   GOD KNOWS WHAT KIND OF/WHAT
   Акте.ры то'же не бог весть каки'е бы'ли.
   00
   Одному' бо'гу изве'стно
   GOD ONLY KNOWS
   -Одному' бо'гу изве'стно когда' даду'т свет с
   электроста'нции, -отве'тил оте'ц нетерпели'вым де'тям.
   00
   Отда'ть бо'гу ду'шу R душа'
   00
   Побе'й (меня') бог R поби'ть
   00
   $Побо'йся<побо'йтесь$ бо'га
   HAVE A HEART; TAKE PITY
   00
   Приведе.т бог R привести'
   00
   $Пусть/пуска'й/да$ разрази'т бог [кого'] R разрази'ть
   00
   Ра'ди бо'га
   FOR GOD'S SAKE
   -Не пуга'йтесь, ра'ди бо'га, не пуга'йтесь!-сказа'л он...
   00
   Разрази' бог [кого'] R разрази'ть
   42
   С бо'гом!
   GOD BLESS YOU!
   00
   Сла'ва (тебе') $бо'гу/го'споди$
   (EVERYTHING) IS IN ORDER/ALRIGHT, THANK GOD;
   Матери'нские пи'сьма...состоя'ли из ро'дственных
   покло'нов и успокои'тельных завере'ний в том, что до'ма
   все. сла'ва бо'гу.
   00
   Чем бог посла'л =угости'ть/покорми'ть/ETC= R посла'ть
БОГА'ТЫЙ
   00
   Чем бога'ты, тем и ра'ды
   MAKE YOURSELF AT HOME!; HELP YOURSELF (TO WHATEVER WE
   HAVE)
   Хозя'ева пригласи'ли нежда'нных госте'й к столу',
   пригова'ривая: -Чем бога'ты, тем и ра'ды!-
БОГАТЫ'РСКИЙ
   50
   Богаты'рский сон
   A SOUND/DEEP SLEEP
   Охо'тники, утоми'вшись за' день, спа'ли богаты'рским
   сном.
БОЕВО'Й
   00
   Боево'е креще'ние R креще'ние
БО'ЖЕ
   00
   $Изба'ви/сохрани'/упаси'/не дай$ бо'же R бог
БО'ЖЕСКИЙ
   59
   $Яви'<яви'те$ бо'жескую ми'лость
   FOR GOD'S SAKE; FOR PITY'S SAKE; HAVE MERCY!
   -Анти'п, яви' бо'жескую ми'лость, отда'й самова'р!
БО'ЖИЙ
   00
   Бо'жий свет R свет(2)
   00
   Бо'жий челове'к R челове'к
   00
   Бо'жья коро'вка
   1. LADY-BUG 2. A MEEK, MILD-MANNERED MAN
   1. Де'вочка при'стально рассма'тривала пя'тнышки
   бо'жьей коро'вки. 2. Мой друг изве'стный за бо'жью
   коро'вку, ре'зко отказа'лся от уча'стия в пиру'шке.

   00
   В стра'хе (бо'жием) =держа'ть/воспита'ть/ETC= R страх
   00
   Извле'чь на (бо'жий) свет R свет(2)
   00
   И'скра (бо'жья) [у кого'<в ком] R и'скра
   00
   Ка'ждый бо'жий день
   EVERY SINGLE DAY
   1. Ка'ждый бо'жий день стари'к выходи'л на доро'гу,
   наде'ясь встре'тить сы'на - солда'та. 2. Мать
   поправля'лась в санато'рии с ка'ждым бо'жьим дне.м.
   00
   Ма'терь бо'жия! R ма'терь
   00
   Ми'лостью бо'жьей R ми'лость
   00
   Раб бо'жий R раб
   00
   Я'сно как бо'жий день
   AS PLAIN AS DAY; QUITE CLEAR; OBVIOUS
   Нам да'вно ста'ло я'сно как бо'жий день, что нет
   возвра'та к про'шлому.
БОЙ
   00
   Бой-ба'ба R ба'ба
   00
   $Брать/взять$ с бо'ю
   TAKE BY FORCE OF ARMS; TAKE BY STORM
   1. Бы'ло я'сно, что укрепле'ние мо'жет быть взя'то
   то'лько с бо'ю. 2. Все. - кем я стал и что есть у
   меня' - я брал с бо'ю.
   00
   По'ле бо'я R по'ле
   00
   Приня'ть бой R приня'ть
БО'ЙКИЙ
   00
   $Бо'йкий<бо'ек$ на язы'к
   TO BE WITTY; (HE) HAS A QUICK TONGUE; (HE) DOES NOT HAVE
   TO LOOK/SEARCH FOR WORDS
   1. Слы'шался смех ю'ношей, окружи'вших бо'йкого на
   язы'к дру'га. 2. Мне прия'тна всегда' бесе'да с
   бо'йкой на язы'к молоде.жью. 3. Оте'ц ду'мал: -Он
   бо'ек на язы'к, постои'т за себя'.-
   00
   Бо'йкое перо' [у кого']
   HE WRITES WITH A WITTY, INCISIVE PEN.
   Уже' на шко'льной скамье' он показа'л, что у него'
   бо'йкое перо'.
БОК
   00
   Бок о' бок
   SIDE BY SIDE
   Живя' бок о' бок, ра'дость и го'ре дели'ли они'.
   29
   $Взять/брать/схвати'ть$ за бока'
   TO PUT THE SCREWS TO (SOMEONE); TO CALL (SOMEONE) TO ACCOUNT;
   TO PUT THE HEAT ON (SOMEONE)
   00
   Лежа'ть на боку'
   TO SIT ON ONE'S HANDS; TO LOAF; TO LET THE GRASS GROW
   UNDER ONE'S FEET
   Неради'вый хозя'ин лежи'т весь день на боку'.
   29
   $Намя'ть/налома'ть/облома'ть$ бока'
   TO BEAT THE HELL OUT OF (SOMEONE); TO THRASH (SOMEONE); TO
   GIVE A SOUND THRASHING TO (SOMEONE)
   1. Схвати'вшись врукопа'шную, проти'вники намя'ли друг
   дру'гу бока'. 2. Во'ру так налома'ли бока', что он
   скры'лся навсегда' из села'. 3. -Пока' мы не облома'ем
   бока' э'тому зади'ре и хвастуну', он бу'дет надоеда'ть.-
   00
   Облома'ть бока' R облома'ть
   00
   Отдува'ться свои'ми бока'ми
   TO BE LEFT HOLDING THE BAG; TO PAY FOR (SOMEBODY ELSE'S)
   DOINGS/ERRORS/MISTAKES; TO PAY FOR ONE'S ERRORS

БОК CONT'D.
  1. За дру'жбу с вора'ми он тепе'рь отдува'лся свои'ми
  бока'ми, сто'я пе'ред судо'м. 2. Ча'сто быва'ет, что
  за оши'бки в мо'лодости, мы отдува'емся свои'ми бока'ми
  всю жизнь.
  29
  По' боку
  PUT AN END TO IT; TO HELL WITH IT
  Моя' жизнь не удала'сь, по' боку ее..
  00
  $По'д боком<под бо'ком$
  SIDE BY SIDE; NEXT; IN THE IMMEDIATE PROXIMITY
  Диви'зию распуска'ть немы'слимо – враг под са'мым
  бо'ком, бли'зко враг.
  00
  Помя'ть бока' [кому'] R помя'ть
  00
  С бо'ку припе.ка R припе.ка
БОКА'Л
  00
  Поднима'ть бока'л [за кого'<за что]
  TO DRINK TO (SOMETHING/SOMEONE); TO DRINK A TOAST TO
  (SOMEONE/SOMETHING)
  1. Го'сти по'дняли бока'лы за сча'стье новобра'чных.
  2. Атле'ты по'дняли бока'лы за чемпио'на.
БОКОВО'Й
  00
  Отпра'виться на бокову'ю
  TO GO TO SLEEP; TO GO TO BED; TO HIT THE SACK
  Охо'тники ра'но отпра'вились на бокову'ю.
  00
  Пора' на бокову'ю
  TIME TO GO TO SLEEP!; IT'S TIME TO GO TO BED!; IT'S TIME
  TO HIT THE SACK!
  Взгляну'в на часы', оте'ц сказа'л: –Пора' на бокову'ю,
  а то не вы'спимся пе'ред отье'здом!–
БО'КОМ
  29
  Вы'йти бо'ком
  (SOMETHING) CAME OUT COCKEYED; (IT) DID NOT WORK OUT
  Аза'ртная игра' в ка'рты вы'шла ему' бо'ком – он
  проигра'л име'ние.
БОЛВА'Н
  00
  Болва'н стоеро'совый R стоеро'совый
БО'ЛЕЕ
  00
  ^ .о'лее/бо'льше$ чем ...
  IN COMPLETE (E.G. SERIOUSNESS, SINCERITY, ETC.); VERY;
  MORE THAN ...;
  Все., что я говорю' о шестидеся'тых года'х, я говорю'
  бо'лее чем се'рье.зно.
  00
  Бо'лее и'ли ме'нее
  MORE OR LESS
  Из всего' взво'да то'лько два челове'ка бы'ли ему'
  [Ме'чику] бо'лее и'ли ме'нее бли'зки – Пи'ка и Чиж.
  00
  Бо'лее не'жели R не'жели
  00
  $бо'льше того'/бо'лее того'<тем бо'лее$
  MOREOVER; ESPECIALLY SINCE
  1. Хозя'ин тре'бователен и, бо'лее того', справедли'в.
  2. –Пора' на о'тдых, тем бо'лее, что за'втра экза'мен
  у тебя'! –сказа'л оте'ц. 3. –Выбира'й профе'ссию по
  дохо'дности, но бо'лее того', по твоему' интере'су!–
  00
  Да'лее-бо'лее R да'льше
  00
  Не $бо'лее/бо'льше$ $и<,$ не $ме'нее/ме'ньше$ как ...
  NO LESS THAN; NO MORE THAN; NO MORE NO LESS
  1. Э'та ссо'ра друзе'й была' не бо'лее и не ме'нее как
  недоразуме'ние. 2. За ста'рый автомоби'ль мы мо'жем
  проси'ть не бо'льше и не ме'ньше как три'дцать до'лларов.
  00
  Ни $бо'лее/бо'льше$ $и<,$ ни $ме'нее/ме'ньше$ как ...

NO LESS THAN; NO MORE THAN; NO MORE NO LESS
Пронесли'сь слу'хи, что он [Чи'чиков] ни бо'лее, ни
ме'нее как миллио'нщик.

БОЛЕ'ЗНЬ
  00
  Боле'зни ро'ста
  GROWING PAINS
  –Самоизоля'ция молоде.жи и ее. критици'зм всего' укла'да
  на'шей жи'зни явля'ются боле'знями ро'ста, –говоря'т
  одни'. –Э'то дух перехо'дного вре'мени, –утвержда'ют
  други'е.
  00
  Медве'жья боле'знь R медве'жий
БОЛЕ'ТЬ
  00
  Боле'ть $душо'й/се'рдцем$
  TO BE ANXIOUS ABOUT (SOMETHING); TO BE FILLED WITH ANXIETY
  ABOUT (SOMETHING)
  1. Не боле'л он [Штольц] душо'й, не те..лся никогда'
  в' сло'жных, тру'дных и'ли но'вых обстоя'тельствах. 2.
  Стари'к-ко'нюх боле'ет душо'ю за разруша'ющуюся
  хозя'йственную жизнь. 3. Я не о себе' душо'й боле'ю, а
  об наро'де.
  00
  $Душа'/се'рдце$ $боли'т/щеми'т/но'ет/сжа'лось/ETC$
  TO BE EATING ONE'S HEART OUT; TO BE UPSET ABOUT
  (SOMETHING); TO BE ANXIOUS ABOUT (SOMETHING); ONE'S HEART
  ACHES
  И между тем душа' в ней ны'ла, И сле'з был по'лон
  то'мный взор.
  00
  Под ло'жечкой боли'т R ло'жечка
БОЛТА'ТЬ
  00
  Болта'ть на ве'тер R ве'тер
  00
  Болта'ть языко'м R язы'к
БОЛЬНИ'ЧНЫЙ
  00
  Больни'чный листо'к R листо'к
БО'ЛЬНО
  00
  Сде'лать бо'льно [кому']
  TO HURT (SOMEONE); TO CAUSE HARM TO (SOMEONE)
БОЛЬНО'Й
  00
  Больно'е ме'сто
  A SORE SPOT
  Слова' Воскресе'нского заде'ли его' за са'мое больно'е
  ме'сто.
  00
  Больно'й вопро'с
  A TOUCHY QUESTION
  Паде'ние дисциплины у уча'щихся явля'ется больны'м
  вопро'сом на'шего вре'мени.
  00
  С больно'й головы' на здоро'вую =сва'лить/перекла'дывать/
  вали'ть/ETC=
  TO PASS THE BUCK; TO LAY THE BLAME AT SOMEBODY ELSE'S
  DOOR (STEP)
  1. –Не сва'ливай с больно'й головы' на здоро'вую, а
  про'ще созна'йся, что ты сам вы'пустил лошаде'й из
  заго'на, –говори'л хозя'ин рабо'тнику. 2. По'йманный
  вори'шка опра'вдывался. –Не вали' с больно'й головы' на
  здоро'вую; у тебя' и отмы'чка-то еще. в рука'х, –говори'л
  ла'вочник.
  00
  $Тро'нуть/заде'ть/ETC$ больну'ю струну' [кого'] R
  струна'
БО'ЛЬШЕ
  00
  Бо'льше никаки'х! R никако'й
  00
  Бо'льше того' R бо'лее
  00
  Бо'льше чем ... R бо'лее

9

БО'ЛЬШЕ CONT'D.
00
Да'льше-бо'льше R да'льше
00
Не бо'льше $и<,$ не ме'ньше как ... R бо'лее
00
Ни бо'льше $и<,$ ни ме'ньше как ... R бо'лее
БО'ЛЬШИЙ
00
$Бо'льшей ча'стью<по бо'льшей ча'сти$
USUALLY; FOR THE MOST PART
1. Избавле'ние от хрони'ческого воспале'ния гланд возмо'жно по бо'льшей ча'сти то'лько путе.м их удале'ния. 2. Эмигра'нты оседа'ли бо'льшей ча'стью в порто'вых города'х их прибы'тия в С.Ш.А.
00
Са'мое бо'льшее
AT THE MOST; NO MORE THAN; AT THE UTMOST
Заседа'ние продли'тся са'мое бо'льшее два часа'.
БОЛЬШИНСТВО'
00
Абсолю'тное большинство' R абсолю'тный
БОЛЬШО'Й
00
Больша'я доро'га
1. A MAIN ROAD; A TRUNKLINE 2. THE RIGHT PATH; THE RIGHT DIRECTION [IN SOME DEVELOPMENT, ENDEAVOUR]
Через Каналы' до проведе'ния сиби'рской магистра'ли шел гужево'й тракт - больша'я доро'га.
00
Больша'я мошна' R мошна'
00
Больша'я ра'зница R ра'зница
00
Большо'е се'рдце [у кого'] R се'рдце
00
Большо'й руки' [что] R рука'
42
Большо'й свет
HAUTE MONDE; HIGH SOCIETY; THE JET SET
Расска'зы те.тушки о большо'м све'те в столи'це бы'ли чу'жды нам - жи'телям прови'нции.
00
$Де'лать больши'е глаза'/смотре'ть больши'ми глаза'ми$ R глаз
00
$Игра'ть/вести'$ большу'ю игру' R игра'
00
На большу'ю но'гу R нога'
00
Не больша'я хи'трость [INF] R хи'трость
00 •
$От<с$ большо'го ума' [V] R ум
00
Под (больши'м) вопро'сом =быть/остава'ться/находи'ться= R вопро'с
42
Сам большо'й
(TO BE) ONE'S OWN BOSS
Мой идеа'л тепе'рь-хозя'йка, Мои' жела'ния - поко'й, Да щей горшо'к, да сам большо'й.
БО'МБА
00
Влете'ть $бо'мбой<как бо'мба$
TO BURST IN; TO FLY INTO [E.G. THE ROOM]
1. Влете'вши бо'мбой в ко'мнату, де'ти наперепы'в говори'ли о шарма'нщике и его' дрессиро'ванной обезья'нке. 2. Разве'дчик, влете'в в кре'пость как бо'мба, име'л донесе'ние о бли'зости неприя'теля.
БОР
00
С бо'ру да с со'сенки
ACCIDENTLY; INDISCRIMINATELY; AT RANDOM
При избе'-чита'льне был хор, со'бранный с бо'ру да с со'сенки.
00
Сыр-бо'р $загоре'лся/гори'т$ [отку'да<из-за чего'] (BECAUSE OF ...) THE FEATHERS BEGAN TO FLY; (AND) THE

TROUBLE STARTED; (AND) THINGS REALLY GOT HOT; THE FAT IS IN THE FIRE; ALL HELL BROKE LOOSE
1. Поко'йный оте'ц не оста'вил завеща'ния, и сыр-бо'р загоре'лся при деле'же' насле'дства ме'жду ма'чехой и детьми'. 2. Сыр-бо'р гори'т: ребя'та нала'живают са'нки и коньки', и'щут затеря'вшуюся ва'режку.
БОРМОТА'ТЬ
00
По'д нос бормота'ть R нос
БОРОДА'
00
Борода' $лопа'той/в лопа'ту/с лопа'ту$ R лопа'та
00
Носи'ть бо'роду R носи'ть
00
Смея'ться в бо'роду
TO LAUGH IN/UP ONE'S SLEEVE; TO LAUGH TO ONESELF; TO LAUGH INWARDLY
1. Слу'шая рассужде'ния сынове'й-студе'нтов о права'х и обя'занностях ка'ждого челове'ка, оте'ц дово'льно смея'лся в бо'роду. 2. Но'вый переселе'нец оживле.нно говори'л о бу'дущем, а сторожи'л то'лько смея'лся в бо'роду. 3. Малы'ш иска'л игру'шку, а оте'ц смея'лся в бо'роду, ви'дя ее. под столо'м.
БОРО'ТЬСЯ
00
Боро'ться с (сами'м) собо'й
TO BE ENGAGED IN AN INNER STRUGGLE; TO STRUGGLE WITH ONESELF
1. Вса'дник боро'лся с сами'м собо'й, не реша'ясь застрели'ть дру'га - коня', находи'вшегося в аго'нии. 2. Бы'вший кокаини'ст до'лго смотре'л на предло'женную до'зу ядови'того порошка', боря'сь с сами'м собо'й.
00
До после'дней ка'пли кро'ви боро'ться R ка'пля
БОРТ
00
Борт о' борт
SIDE BY SIDE
У пи'рса стоя'ла борт о' борт пяте.рка торпе'дных катеро'в.
00
$Брать/взять$ на борт
TO TAKE ON BOARD; TO TAKE ABOARD
1. Тра'нспорные суда' бра'ли на борт эмигра'нтов из Евро'пы в С.Ш.А. 2. Па'русник взял на борт часть пострада'вших при кораблекруше'нии.
00
$Вы'кинуть/вы'бросить$ за' борт
TO THROW OVERBOARD; TO REJECT
00
За' борт
OVERBOARD [E.G. TO THROW, PUT, ETC.]; ABANDON SHIP!
Раздала'сь кома'нда с капита'нского мо'стика тону'вшего корабля': -За' борт!-
00
За' бортом
(TO BE) OVERBOARD
Челове'к за' бортом.
00
За' бортом оста'ться
TO BE LEFT OUT OF (SOMETHING) TO BE TURNED DOWN; TO BE ABANDONED
1. Бу'дущий свети'ла нау'ки Менделе'ев был оста'влен за' бортом Моско'вского университе'та из-за своего' сиби'рского го'вора. 2. За' бортом оста'лись мечты' ю'ности.
00
На борту'
ON BOARD; ABOARD
1. На борту' самоле.та мое. ме'сто бы'ло у окна'. 2. Два бра'та поги'бли на борту' затону'вшего корабля'.
БОСО'Й
00
На бо'су' но'гу
(TO PUT SHOES, ETC.) ON BARE/STOCKINGLESS FEET
Оде'т он [Заха'р] был в ста'рые сто'птанные гало'ши на бо'су' но'гу.

БОСОТА'
00
Нагота' и босота' R нагота'
БОТИ'НКИ
00
Про'сят ка'ши боти'нки R ка'ша
БО'ЧКА
00
Бездо'нная бо'чка R бездо'нный
00
Как се'льди в бо'чке R сельдь
00
Ло'жка $де.гтю<де.гтя$ (в бо'чке ме.да) R ло'жка
29
Пить как бо'чка
TO DRINK LIKE A FISH
Я'швин мог пить как бо'чка,....
БОЯ'ТЬСЯ
00
Бою'сь $сказа'ть/назва'ть/ETC$
I AM NOT (QUITE) SURE; I DON'T KNOW FOR SURE BUT ...; I
AM AFRAID TO SAY SO BUT ...
1. Боя'сь назва'ть масть ка'рты, вы'скользнувшей из
рука'ва моего' партне.ра, я уве'рился, что он шу'лер.
2. Бою'сь сказа'ть, что э'та дипло'мная рабо'та –
плагиа'т, но ее. ле'ксика и стиль так чу'жды а'втору –
моему' однокурсснику.
00
Боя'ться дохну'ть R дохну'ть
00
Боя'ться как огня' R ого'нь
00
Боя'ться как че.рт ла'дана [кого'<чего'] R ла'дан
БРАЗДЫ'
04
Бразды' правле'ния
THE REINS OF GOVERNMENT; THE REINS OF POWER
БРАК
00
Вступи'ть в брак R вступи'ть
БРАНИ'ТЬ
00
На че.м свет стои'т =брани'ть= R свет(2)
БРАНИ'ТЬСЯ
00
Кру'пно брани'ться R кру'пный
БРАНЬ
00
Забо'рная брань R забо'рный
04
На по'ле бра'ни
ON THE FIELD OF BATTLE
Сыновья' и бра'тья, мужья' и отцы' отдава'ли свои'
жи'зни на по'ле бра'ни про'тив враго'в отчи'зны.
00
По'ле бра'ни R по'ле
00
Препоя'саться на брань R препоя'саться
БРАТ
00
$Ваш<наш$ брат
YOU AND THE LIKES OF YOU/HE AND THE LIKES OF HIM, ETC.;
SOMEBODY LIKE (YOU, ME, HIM, ETC.), [E.G. HE WOULD NEVER
INVITE SOMEBODY LIKE ME]
00
Кресто'вый брат R кресто'вый
00
На бра'та
... PER HEAD; PER CAPITA; ... A PERSON; ... A HEAD
[Де'вушки] доста'ли воды' и бе'режно ро'здали ее., по
кру'жке на бра'та.
00
Свой брат
ONE LIKE HIM; THE LIKES OF HIM; A CRONY OF HIS
Судья' никогда' не затрудня'лся "для своего'
бра'та-дворяни'на одолже'ние сде'лать".
00
Че.рт не брат [кому']

ONE WHO DOES NOT GIVE A DAMN ABOUT OTHERS; A STUCK-UP PERSON;
(HE) CONSIDERS (HIMSELF) TO BE SOMETHING SPECIAL; A POMPOUS ASS
–Зна'ете, э'дакой купе'ческий сыни'шка, фра'нтик, ...
слу'шал где-то ле'кции и уж ду'мает, что ему' че.рт не
брат.
БРА'ТСКИЙ
00
Бра'тская моги'ла
A COMMON GRAVE; A MASS GRAVE
БРАТЬ
00
Брать верх R верх
00
$Брать/взять$ $акко'рд<акко'рды$
TO STRIKE UP A TUNE; TO SET A PITCH; TO STRIKE A KEY [ON
THE PIANO]
1. В за'ле все прити'хли, как то'лько пиани'ст взял
пе'рвый акко'рд. 2. Он и'здали любова'лся свои'м
пито'мцем, уве'ренно бра'вшим акко'рды.
00
$Брать/взять$ быка' за рога'
TO GRAB THE BULL BY THE HORNS;
1. Что'бы име'ть успе'х в де'ле, на'до де'йствовать
энерги'чно, брать быка' за рога', как говори'тся. 2.
Взяв быка' за рога', ковбо'й свали'л его' на зе'млю.
00
$Брать/взять$ всем
TO HAVE ALL THE GOOD QUALITIES; TO HAVE EVERYTHING
[REFERRING TO GOOD QUALITIES]
1. Новичо'к взял всем: приве'тливостью, зна'ниями и
гото'вностью помо'чь однокла'ссникам. 2. Э'та де'вушка
брала' всем: красото'й, жи'востью ума' и мане'рами.
00
$Брать/взять$ но'ту
TO HIT A NOTE
Брать ве'рхнее до.
00
$Брать/взять/хвата'ть$ $за' сердце/за' душу/за живо'е$
TO PULL AT ONE'S HEARTSTRINGS; TO TOUCH A SORE SPOT; TO
TOUCH (SOMEONE'S) HEART
00
Брать в кле'щи' R кле'щи'
00
Брать $оборо'т/перепле.т$ R оборо'т
00
Брать в обрабо'тку R обрабо'тка
00
Брать во'лю R во'ля
00
Брать в перепле.т R оборо'т
00
Брать в рабо'ту R рабо'та
00
Брать го'лыми рука'ми R го'лый
00
Брать за гло'тку R го'рло
00
Брать за го'рло R го'рло
00
Брать за жа'бры R жа'бры
00
Брать за живо'е R живо'й
00
Брать за'муж R за'муж
00
Брать $измо'ром<на измо'р$ R измо'р
00
Брать [кого'] на испу'г R испу'г
00
Брать [кого'<что'] на му'шку R му'шка
00
Брать на аборда'ж R аборда'ж
00
Брать на борт R борт
00
Брать на букси'р [кого'] R букси'р
00
Брать на заме'тку R заме'тка

11

58087

00
Брать на замеча'ние R замеча'ние
00
Брать на о'ткуп R о'ткуп
00
Брать на прице'л [кого'<что] R прице'л
00
Брать на себя' сме'лость [INF] R сме'лость
00
Брать на себя' [что] R себя'
00
Брать под защи'ту [кого'<что] R защи'та
00
Брать под козыре.к R козыре.к
00
Брать под сомне'ние [что] R сомне'ние
00
Брать приме'р [с кого'] R приме'р
00
Брать с бо'ю R бой
00
Брать свое. R свой
00
Брать свои' слова' обра'тно R сло'во
00
Брать себя' в ру'ки R рука'
00
Брать сто'рону [чью] R сторона'
00
Брать уро'ки [чего'] R уро'к
00
Брать [что] $на' душу/на свою' ду'шу$ R душа'
00
Зави'дки беру'т R зави'дки
00
Ка'пли в рот не брать R ка'пля
00
На $чай/чае.к$ брать R чай
00
Не брать в рот [чего'] R рот
00
$Твоя'<на'ша<ва'ша$ $бере.т/возьме.т<взяла'$
(OUR/YOUR) SIDE IS WINNING/WON; (WE/YOU) WON;
БРА'ТЬСЯ
00
Бра'ться за ум R ум
БРЕ'МЯ
00
Разреши'ться от бре'мени R разреши'ться
00
Све'ргнуть бре'мя [чего'] R све'ргнуть
БРЕШЬ
00
Проби'ть брешь
TO STRIKE A HARD BLOW TO(SOMETHING); TO CAUSE SERIOUS
DAMAGE TO(SOMETHING);
1. Торпе'дой была' проби'та брешь во дне корабля'.
2. Че'рез проби'тую брешь во фро'нте неприя'теля на'ша
диви'зия нанесла' ему' си'льный уда'р. 3. Неурожа'й
проби'л значи'тельную брешь в пло'хо организо'ванном
хозя'йстве.
БРОВЬ
00
Бро'вью не шевельну'ть R шевельну'ть
00
(И) бро'вью не повести' R повести'
00
Не в бровь, а (пря'мо) в глаз
IT'S A BON MOT; TO HIT THE BULL'S EYE; TO HIT THE NAIL ON
THE HEAD; YOU SAID IT!
БРОДИ'ТЬ
00
Броди'ть в поте.мках
TO GROPE ABOUT; TO GROPE IN THE DARK [ABOUT SOMEONE'S
KNOWLEDGE OF SOMETHING]; NOT TO KNOW TOO MUCH (ABOUT A
THING)
00
Кровь бро'дит R кровь

БРОСА'ТЬ
00
Броса'ть гря'зью [в кого'] R грязь
00
$Броса'ть де'ньги/броса'ть деньга'ми/броса'ться
деньга'ми$
TO THROW MONEY AROUND; TO WASTE ONE'S MONEY
00
Броса'ть де'ньги на ве'тер R ве'тер
00
Броса'ть $ка'мень/ка'мнем$ [в кого'] R ка'мень
00
Броса'ть ка'мешки в [чей] огоро'д R ка'мешек
00
$Броса'ть/кида'ть/мета'ть$ жре'бий
TO CAST THE DIE; TO FLIP A COIN
1. Пе'ред нача'лом игры' в жму'рки де'ти мета'ли
жре'бий. 2. Уча'стники соревнова'ния в стрельбе' по
мише'ни бро'сили жре'бий.
00
Броса'ть кровь [кому'] R кровь
00
Броса'ть на произво'л судьбы' R произво'л
00
Броса'ть ору'жие
TO THROW/LAY DOWN ARMS
Отря'д, окруже.нный неприя'телем, бро'сил ору'жие и
сда'лся.
00
Броса'ть па'лки $в<под$ коле.са [кому'<кого'] R па'лка
00
Броса'ть перча'тку
TO THROW DOWN THE GLOVE; TO CHALLENGE
Атле'т, подня'в бро'шенную перча'тку – вы'зов на
состяза'ние, вмиг положи'л проти'вника на лопа'тки.
00
Броса'ть свет [на что] R свет(1)
00
Броса'ть слова' на ве'тер R ве'тер
00
Броса'ть тень [на кого'<на что] R тень
БРОСА'ТЬСЯ
00
Броса'ться деньга'ми R броса'ть
00
$Броса'ться/кида'ться/мета'ться$ в глаза'
TO CATCH THE/(SOMEONE'S) EYE; TO BE CONSPICUOUS
1. Отсу'тствие карти'ны на стене' броса'лось в глаза'.
2. Необыча'йные разме'ры секво'й кида'лись в глаза'.
3. Соба'ка мета'лась в глаза', прося' спусти'ть с
це'пи.
00
Броса'ться на ше'ю [кому'] R ше'я
00
Броса'ться $слова'ми/обеща'ниями$
1. TO SPEAK IRRESPONSIBLY; (HE) DOES NOT KNOW WHAT (HE) IS
TALKING ABOUT 2. TO PROMISE THE MOON
00
Броса'ться со всех ног R нога'
00
$Вино'/хмель$ $броса'ется/кида'ется$ в го'лову
THE WINE/THE DRINK WENT TO(SOMEONE'S) HEAD
1. Я почу'вствовал, что вино' бро'силось мне в
го'лову, и отказа'лся от предло'женного бока'ла. 2.
Хмель бро'сился в го'лову, и я бы'стро вы'шел на во'здух.
00
Ко'ршуном броса'ться [на кого'] R ко'ршун
00
Кра'ска броса'ется в лицо' R кра'ска
00
Кровь броса'ется в $го'лову/лицо'$ R кровь
БРО'СИТЬ
00
Бро'сить на произво'л судьбы' R произво'л
00
Бро'сить свет [на что] R свет(1)
00
Бро'сить упре.к [кому'] R упре.к

БРО'СИТЬ CONT'D.
00
Жре'бий бро'шен R жре'бий
29
Хоть брось
NOT WORTH A DAMN/DIME
БРО'СИТЬСЯ
00
Кра'ска бро'силась в лицо' R кра'ска
00
Кровь бро'силась в $го'лову/лицо'$ R кровь
БРУДЕРША'ФТ
00
Пить (на) брудерша'фт [с кем]
TO DRINK BRUDERSCHAFT
Подвы'пивши, неда'вние проти'вники пи'ли на бру'дершафт друг с дру'гом.
БРЮНЕ'Т
00
Жгу'чий брюне'т R жгу'чий
БРЮНЕ'ТКА
00
Жгу'чая брюне'тка R жгу'чий
БРЮ'ХО
29
По'лзать на брю'хе [пе'ред кем]
TO BROWN-NOSE; TO LICK (SOMEONE'S) BOOTS
Проти'вны лю'ди, по'лзающие на брю'хе пе'ред власть иму'щими или де'ньги иму'щими.
БРЯЧА'ТЬ
14
Бряча'ть ору'жием
TO RATTLE ONE'S SWORD
БУ'БНЫ
00
Сла'вны бу'бны за гора'ми R сла'вный
БУДИ'ТЬ
00
Буди'ть [в ком] зве'ря R зверь
БУ'ДТО
00
Как бу'дто
APPARENTLY
00
$Как<бу'дто$ бы
APPARENTLY
Говоря'т, что он бу'дто бы отказа'лся от свое'й ча'сти насле'дства в по'льзу мла'дших бра'тьев.
БУ'ДУ
00
$Я не бу'ду<не я бу'ду$
I'LL BET THAT ...; I BET YOU THAT ...; WHAT DO YOU WANT TO BET THAT ...
—А где ж она', роди'тельница-то? али' спря'талась? Не я бу'ду, е'сли не сиди'т где'-нибудь там, за ши'рмами.
БУ'ДУЩИЙ
00
В бу'дущем
IN THE FUTURE; AFTERWARDS
Де'вушки оживле'нно говори'ли о том, что' они' бу'дут де'лать в бу'дущем.
БУ'ЙНЫЙ
00
Бу'йная голо'вушка
A MADCAP; A DAREDEVIL
А како'й я был сорване'ц, бу'йная голо'вушка, вы и предста'вить себе' не мо'жете.
БУ'КА
00
Смотре'ть $бу'кой<бу'ка-бу'кой$
TO LOOK SURLY, SULLEN
1. Малы'ш, по'йманный на ша'лости, смотре'л бу'ка-бу'кой. 2. Де'вочка смотре'ла бу'кой; она' не хоте'ла идти' спать.
БУ'КВА
00
Бу'ква в бу'кву
WORD FOR WORD; TO THE LETTER

1. Э'тот чино'вник сле'довал пра'вилам делопроизво'дства бу'ква в бу'кву. 2. Учи'тель бы'стро догада'лся, что доказа'тельство теоре'мы спи'сано, так как оно' совпада'ло бу'ква в бу'кву у двух ученико'в.
00
$Быть/остава'ться$ ме.ртвой бу'квой
TO BE/REMAIN A DEAD LETTER
В его' голове' носи'лась мысль о противоре'чиях жи'зни, о высо'ком уче'нии нра'вственности, кото'рое остае.тся ме.ртвой бу'квой.
БУКСИ'Р
00
$Брать/взять$ на букси'р [кого']
TO TAKE (SOMEONE) IN TOW; TO ASSIST (SOMEONE); TO TAKE (SOMEONE) UNDER ONE'S WING
1. Дру'жная жизнь была' в де'тской коло'нии: ста'ршие воспи'танники бра'ли мла'дших на букси'р, помога'я в шко'льных рабо'тах. 2. Узна'в в незнако'мце земляка', ста'рые эмигра'нты взя'ли его' на букси'р: помогли' найти' рабо'ту и друзе'й.
БУЛА'ВКА
42
Де'ньги на була'вки
PIN MONEY; POCKET MONEY
Оте'ц дава'л ей дово'льно мно'го де'нег на була'вки.
БУМ
29
Ни бум-бум =не знать/не понима'ть=
NOT TO KNOW/UNDERSTAND A THING
1. —За'втра контро'льная рабо'та по а'лгебре, а я ни бум-бум не зна'ю э'того разде'ла! —ду'малось мне. 2. Мы не сове'товали ему' покупа'ть фе'рму, зна'я что он ни бум-бум не понима'ет в се'льском хозя'йстве.
БУМА'ГА
00
Бума'га все. те'рпит R терпе'ть
00
Класть под сукно' =делову'ю бума'гу- R сукно'
00
Мара'ть бума'гу R мара'ть
00
На бума'ге =быть/остава'ться=
TO REMAIN ON PAPER; NEVER TO COME INTO FORCE; PURELY THEORETICAL
БУМА'ЖНЫЙ
00
Бума'жная душа' R душа'
БУ'РЯ
00
Бу'ря в стака'не воды'
TEMPEST IN A TEACUP
Спор из-за пустяка' оте'ц называ'л бу'рей в стака'не воды'.
БУТЫ'ЛКА
00
Лезть в буты'лку R лезть
БУ'ХТЫ-БАРА'ХТЫ
29
С бу'хты-бара'хты
ALL OF A SUDDEN; SUDDENLY; OFF THE TOP OF ONE'S HEAD
—Удиви'тельная же'нщина! Полюби'ла так, с бу'хты-бара'хты, да'же не познако'мившись и не узна'вши, что я за челове'к.
БЫ
00
Е'сли бы R е'сли
00
Еще. бы R еще.
00
$Как<бу'дто$ бы R бу'дто
00
Как бы R как
00
Хоть бы R хоть
00
Хотя' бы R хотя'
00
Что' бы ни ... R что(1)
00
Что бы ... R что(1)

БЫВА'ТЬ
00
Быва'ть на во'здухе R во'здух
00
Дыма без огня' не быва'ет R дым
00
Как не быва'ло
WITHOUT A TRACE; YOU COULD NOT TELL THAT (E.G. IT HAD RAINED)
Дождя' как не быва'ло.
00
Как ни в че.м не быва'ло
AS IF NOTHING HAD HAPPENED
Спи'цын с у'жасом погля'дывал на учи'теля, кото'рый тут же сиде'л, как ни в че.м не быва'ло.
00
Не быва'ть [чему']
THIS CAN'T/WON'T HAPPEN!
Э'тому не быва'ть.
00
$Ничу'ть/ничего'$ не быва'ло R ничу'ть
БЫ'ВШИЙ
00
Бы'вшие лю'ди R лю'ди
БЫК
00
$Брать/взять$ быка' за рога' R брать
00
Здоро'в как бык
TO BE FIT AS A FIDDLE/IN PERFECT HEALTH
Здоро'в как бык, а лени'в к рабо'те, - бы'ло о'бщее мне'ние о но'вом дво'рнике.
Упе.рся как бык R упере'ться
БЫЛЬЕ.
$Былье.м/траво'й$ поросло'
IT'S GONE AND FORGOTTEN; THAT'S ANCIENT HISTORY
БЫСТРОТА'
00
С быстрото'й мо'лнии R мо'лния
БЫ'СТРЫЙ
00
Быстре'е обыкнове'нного R обыкнове'нный
БЫТ
00
Войти' в быт R войти'
БЫТОВО'Й
00
Бытово'е явле'ние
A COMMON PHENOMENON; A COMMON OCCURRENCE
БЫТЬ
00
Без ума' (быть) [от кого'<от чего'] R ум
00
Бу'дет и на $на'шей/мое'й/твое'й/ETC$ у'лице пра'здник R пра'здник
00
$Будь добр<бу'дьте добры'$ R до'брый
00
Будь $дру'гом<друг$ R друг
00
$Будь здоро'в<бу'дьте здоро'вы$ R здоро'вый
00
$Будь любе'зен<бу'дьте любе'зны$ R любе'зный
00
$Будь ми'лостив<бу'дьте ми'лостивы$ R ми'лостивый
00
Будь $он нела'ден<она' нела'дна< оно' нела'дно$ R нела'дный
Бу'дьте благонаде.жны R благонаде.жный
00
Бу'дьте поко'йны R поко'йный
00
Будь (ты) $про'клят<про'клята$! R прокля'сть
00
Будь уве'рен<бу'дьте уве'рены R уве'ренный

00
Будь что бу'дет
NO MATTER WHAT; IN ANY CASE
-Будь что бу'дет, а я Бори'са уви'жу!
00
Была' бы честь предло'жена R честь
00
Была' не была'
I'LL STICK MY NECK OUT; I'LL RISK IT; I'LL TRY IT (AND SEE); I'M WILLING TO GAMBLE; WELL, HERE GOES
Иногда' при уда'ре карт по столу' вырыва'лись выраже'ния:-А! была' не была', не' с чего, так с бубе.н!
00
$Был да сплыл<была' да сплыла'<бы'ло да сплы'ло$ R сплыть
00
Быть бычку' на вере.вочке R бычо'к
00
Быть в вы'игрыше R вы'игрыш
00
Быть в дозо'ре R дозо'р
00
(Быть) в долгу' [у кого'<перед кем] R долг
00
Быть в до'ле R до'ля
00
Быть в когтя'х [кого'] R ко'готь
00
Быть в кураже' R кура'ж
00
Быть в ку'рсе [чего'] R курс
00
Быть в ла'пах [у кого'] R ла'па
00
Быть $в<на$ карау'ле R карау'л
00
Быть в $нали'чии/нали'чности$ R нали'чие
00
Быть в оби'де [на кого'] R оби'да
00
Быть в $облака'х/эмпире'ях$ R вита'ть
00
Быть в обо'зе R обо'з
00
Быть в одно'й шере'нге [с кем] R шере'нга
00
Быть в оппози'ции [к кому'<к чему'] R оппози'ция
00
(Быть) в отве'те R отве'т
00
Быть в отъе'зде R отъе'зд
00
Быть впереди' [кого'<чего'] R впереди'
00
Быть в по'лном рассу'дке R рассу'док
00
Быть в предме'те [у кого'] R предме'т
00
Быть в прете'нзии [на кого'<на что] R прете'нзия
00
(Быть) в $си'лах<си'ле$ [INF] R си'ла
00
(Быть) в слеза'х R слеза'
00
Быть в слу'чае R слу'чай
00
Быть в состоя'нии [INF] R состоя'ние
00
Быть в тени' R тень
00
Быть в тя'гость [кому'] R тя'гость
00
Быть в упря'жке R упря'жка
00
Быть в $фаво'ре R фаво'р
00
Быть в фарва'тере [кого'<чего'] R фарва'тер
00
Быть в хвосте' R хвост

БЫТЬ CONT'D.

00
Быть в це'нтре внима'ния R внима'ние

00
Быть в ча'сти [с кем] R часть

00
Быть в [чьей] шку'ре R шку'ра

00
Быть высо'кого мне'ния [о ком<о че.м] R высо'кий

00
Быть $господи'ном/хозя'ином$ $своего' сло'ва<своему' сло'ву$ R сло'во

00
Быть живы'м свиде'телем [чего'] R свиде'тель

00
Быть [за кого']
TO STAND BEHIND (SOMEONE); TO BE FOR (SOMEONE); TO SUPPORT (SOMEONE); TO BACK (SOMEONE)
Весь че.рный наро'д был за Пугаче.ва.

00
Быть за'мужем R за'мужем

00
Быть заодно' [с кем]
TO BE IN AGREEMENT WITH (SOMEONE); TO BE OF ONE MIND WITH (SOMEONE)
1. Чле'ны собра'ния бы'ли заодно' с председа'телем в вопро'се оказа'ния по'мощи же'ртвам наводне'ния. 2. Э'тот инжене'р все'гда был заодно' с рабо'чими.

00
Быть за $[чьей] спино'й/[чьим] хребто'м$ R спина'

00
Быть как на иго'лках R иго'лка

00
Быть ме'жду мо'лотом и накова'льней R мо'лот

00
Быть между Сци'ллой и Хари'бдой R Сци'лла

00
Быть ме.ртвой бу'квой R бу'ква

00
Быть на верху' блаже'нства R верх

00
Быть на взво'де R взвод

00
Быть на виду' R вид

00
Быть на во'здухе R во'здух

Быть на высоте' =положе'ния/тре'бований/ETC= R высота'

00
(Быть) $на го'лову<голово'й$ вы'ше [кого'] R голова'

00
Быть на $дру'жеской/коро'ткой$ ноге' [с кем] R нога'

00
Быть на $замеча'нии/заме'тке$ R замеча'ние

00
Быть $на замке'<под замко'м$ R замо'к

00
Быть на запо'ре R запо'р

00
(Быть) на [каком] счету' R сче.т

00
Быть на кону' R стоя'ть

00
Быть на краю' ги'бели R ги'бель

00
Быть на краю' $гро'ба/моги'лы$ R край

00
Быть на нату'ре R нату'ра

00
Быть на ножа'х [с кем] R нож

00
Быть на о'череди R о'чередь

00
Быть на $плеча'х/хребте'$ [у кого'] R плечо'

00
Быть на побегу'шках R побегу'шки

00
Быть на поводу' [у кого'] R по'вод

00
Быть на $поко'е/споко'е$ R поко'й

00
Быть на по'мочах [у кого'] R по'мочи

00
Быть на посы'лках R посы'лка

00
Быть на пути' [к чему'] R путь

00
Быть на ра'вной ноге' [с кем] R нога'

00
Быть на (свое'м) посту' R пост

00
Быть на содержа'нии [у кого'] R содержа'ние

00
Быть на спако'е R поко'й

00
Быть на стороне' [чьей] R сторона'

00
Быть на стра'же [чего'] R стра'жа

(Быть) на счету' R сче.т

00
Быть на у'ровне R у'ровень

00
Быть на хвосте' [кого'] R хвост

00
Быть на $хоро'шем/дурно'м/ETC$ замеча'нии [у кого'] R замеча'ние

00
Быть на хребте' [у кого'/чье.м] R плечо'

00
Быть на [чьей] стороне' R сторона'

00
Быть на ше'е [у кого'] R ше'я

00
Быть на шко'льной скамье' R скамья'

00
Быть не в настрое'нии R настрое'ние

00
Быть не в свое'й таре'лке R таре'лка

00
Быть отре'занным от ми'ра R мир(1)

00
Быть под запре'том R запре'т

00
Быть под $каблуко'м/каблучко'м$ [у кого'] R каблу'к

00
Быть под карау'лом R карау'л

00
Быть $под подозре'нием<на подозре'нии$ R подозре'ние

00
Быть под ружье.м R ружье.

00
Быть под сле'дствием R сле'дствие

(Быть) $под<с$ му'хой R му'ха

00
Быть под стра'жей R стра'жа

00
Быть при' смерти R смерть

00
Быть сами'м собо'й R себя'

00
Быть с визи'том R визи'т

00
Быть [с кем] на вы R вы

00
Быть [с кем] на ты R ты

00
Быть со'зданными друг для дру'га R созда'ть

00
Быть с почте'нием R почте'ние

42
Быть так
SO BE IT
Со'вестно рассужда'ть о таки'х незамыслова'тых веща'х; но быть так: нача'в, на'до ко'нчить.

БЫТЬ CONT'D.
00
Быть те'нью [кого'] R тень
00
Быть [чему']
(SOMETHING) IS BOUND TO HAPPEN; THERE IS BOUND TO BE ...
(E.G. RAIN; TROUBLE, ETC.)
-Быть сего'дня над Перебро'дом грозе', -сказа'ла она'
[стару'ха] убеди'тельным то'ном.
00
В го'лосе (быть) R го'лос
00
В де'ле быть R де'ло.
00
В долга'х $по' уши/по го'рло$ быть R долг
00
В живы'х (быть) R живо'й
00
В убы'тке быть R убы'ток
00
В чина'х быть R чин
00
Где-где не быть R где
00
Должно' быть R до'лжен.
00
(Живо'го) лица' $нет<не' было$ [на ком] R лицо'
00
Жи'рно бу'дет R жи'рный
00
(И) был тако'в R таково'й
00
И в уме' $нет<не' было$ R ум
00
И $разгово'ра<разгово'ру$ быть не мо'жет [о че.м] R
разгово'р
00
Как быть?
(AND) WHAT NOW? WHAT TO DO NOW? WHAT NEXT?
А мы лежи'м да слу'шаем и ду'маем: как быть?
00
Како'й бы то ни' был<было R како'й
00
Како'й бы то ни' было чено'й $дости'гнуть/доби'ться/
ETC$ [чего'] R цена'
00
К ма'сти быть R масть
00
$Ма'ковой/ни$ роси'нки во рту' не' было R роси'нка
00
$Мо'жет быть<быть мо'жет$ R мочь
00
$На/в$ уме' быть R ум
00
На'до быть R на'до
00
На седьмо'м не'бе быть R не'бо
00
Не будь $дуре.н<дурна'$ R дурно'й
00
Не' было забо'ты! R забо'та
00
Не' было печа'ли, (так) че'рти накача'ли R накача'ть
00
Не во гнев будь ска'зано R гнев
00
Не в уко'р (будь) ска'зано [кому'] R уко'р
00
Не в упре.к [кому'] (будь ска'зано) R упре.к
00
Не к ма'сти быть R масть
00
Не к но'чи будь $ска'зано/помя'нут$ R ночь
00
Не мо'жет быть! R мочь
00
Не по нутру' (быть) R нутро'
00
Не тем будь помя'нут R помяну'ть

00
$Нет<не до'лжно быть$ ме'ста [кому'<чему'] R ме'сто
00
Не ту'т-то бы'ло R тут
00
Ни при че.м (быть) R что(1)
00
Ноги' [чьей] не бу'дет [у кого'<где] R нога'
00
Переме'лется - мука' бу'дет R перемоло'ться
00
По нра'ву быть [кому'] R прийти'сь
00
Сме'ху бы'ло<бу'дет R смех
00
Сравне'ния не мо'жет быть [с кем<с чем] R сравне'ние
00
Ста'ло быть R стать
00
Так и быть
AGREED; LET IT BE SO
Но, так и быть: прости'мся дру'жно, О ю'ность ле.гкая
моя'!
00
Чей бы то ни' был R чей
00
Чем могу' бы'ь поле'зен? R поле'зный
00
Чтоб $тебе'/ему'/вам/им$ пу'сто бы'ло R пу'сто
00
Что бу'дет, то бу'дет
WHAT WILL BE WILL BE; JUST (DO THIS OR THAT) AND SEE WHAT
WILL HAPPEN
-Де'лать не'чего: уж покори'сь во'ле роди'тельской, а
что бу'дет, то бу'дет.
00
Что'бы бы'ло непова'дно [INF+ кому'] R непова'дно
00
Что'бы ду'ху [чьего'] не' было [где] R дух
00
Что'бы не' было пова'дно R пова'дно
00
Что'бы ноги' [чьей] не' было [у кого'<где] R нога'
00
Что $есть<бы'ло$ $си'лы<сил$ R си'ла
00
Чуть бы'ло ... R чуть
БЫТЬЕ.
00
Житье.-бытье. R житье.
БЫЧО'К
00
Быть бычку' на вере.вочке
THAT'S HOW THE COOKIE CRUMBLES; THAT'S HOW IT GOES
00
Ска'зка про бе'лого бычка' R ска'зка
БЮДЖЕ'Т
00
Вы'йти из бюдже'та
TO EXCEED THE BUDGET
1. Забасто'вка рабо'чих заво'да затяну'лась, и мно'гие
из них вы'шли из бюдже'та. 2. Э'тот торго'вец вы'шел
из бюдже'та, потому' что перерасхо'довал креди'ты.
ВА-БА'НК
00
$Идти'/пойти'$ ва-ба'нк
TO RISK ALL/EVERYTHING
Почему' Арту'рская эска'дра в после'дний моме'нт не
пошла' ва-ба'нк и не дала' генера'льного сраже'ния?
ВАВИЛО'НСКИЙ
00
Вавило'нское столпотворе'ние R столпотворе'ние
ВАВИЛО'НЫ
00
$Выде'лывать/выводи'ть/писа'ть$ $вавило'ны/вензеля'/
мысле'те$
TO STAGGER/WEAVE (ALONG) [ABOUT A DRUNK PERSON]
1. Челове'к выводи'л вавило'ны, бредя' по у'лице. 2.

Посети'тели ба'ра писа'ли вавило'ны по улице ослабе'вшими нога'ми.

ВА'ЖНО
00
Не суть ва'жно R суть
ВА'ЖНОСТЬ
00
Для пу'щей ва'жности R пу'щий
00
(Не) велика' ва'жность R вели'кий
00
$(Не) велика'/э'ка$ ва'жность R вели'кий
00
Э'ка ва'жность R вели'кий
ВАЛ
00
Девя'тый вал R девя'тый
ВАЛАА'МОВ
00
Валаа'мова осли'ца (заговори'ла)
BALAAM'S ASS
ВАЛИ'ТЬ
00
Вали'ть все. в одну' ку'чу
TO GENERALIZE; TO LUMP (EVERYTHING) TOGETHER
00
Вали'ть с больно'й головы' на здоро'вую R бо'льной
00
Вали'ть с ног R нога'
00
(Вали'ть) че'рез пень коло'ду R коло'да
00
Ва'лом вали'ть R ва'ло'м
ВАЛИ'ТЬСЯ
00
Вали'ться из рук
1. (IT) WON'T WORK OUT   2. (I) DON'T FEEL LIKE DOING IT
00
Вали'ться с ног R нога'
00
Все ши'шки ва'лятся [на кого'] R ши'шка
ВА'ЛКИЙ
00
Ни ша'тко ни ва'лко
JUST SO-SO
1. -Как иду'т дела'? -Ни ша'тко ни ва'лко! Убы'тка нет, но и при'были ма'ло. 2. Каковы' твои' успе'хи в те'хникуме? -Ни ша'тко ни ва'лко! Не в голове' ку'рса и не в хвосте' его'.
ВА'ЛОМ
00
Ва'лом вали'ть
LIKE A HERD; EN MASS; IN A MASS
1. ... навстре'чу мне буква'льно ва'лом вали'л наро'д, - мужчи'ны, же'нщины, де'ти. 2. Вали' ва'лом - по'сле разбере.м.
ВАЛЯ'ТЬ
00
Валя'ть дурака' R дура'к
ВАЛЯ'ТЬСЯ
00
Валя'ться в нога'х
TO FALL ON ONE'S KNEE (BEFORE SOMEONE); ON BENDED KNEE
Мать валя'лась в нога'х поме'щика, умоля'я о проще'нии сы'на-пастуха', не догляде'вшего коро'в.
00
Конь (еще.) не валя'лся R конь
00
На $доро'ге/у'лице/полу'/ETC$ не валя'ется [что]
(IT) DOES NOT GROW ON TREES
ВА'ННА
00
Возду'шная ва'нна
A BREATH OF FRESH AIR
ВАР
29
$Как<сло'вно<то'чно$ ва'ром обда'ть

(MY) HEART SKIPS A BEAT; BLOOD RUSHES TO (MY) HEAD (A SENSATION ACCOMPANYING AN EMBARRASSING RECOLLECTION)
-Как вспо'мню я свои' ста'рые-то поня'тия, меня' вдруг сло'вно кто ва'ром обда'ст. Нет,сты'дно мне взя'тки брать.
ВАРИ'ТЬ
29
$Голова'/котело'к$ ва'рит
(HE) HAS A GOOD HEAD ON HIS SHOULDERS
Голова' у Ларио'на ши'бко ва'рит.
00
Мозги' не ва'рят [у кого'] R мозг
ВАРИ'ТЬСЯ
00
Вари'ться в со'бственном соку'
TO GO IT ALONE; TO WORK BY ONESELF WITHOUT CONTACT WITH OTHERS
-Мно'го сро'чных зака'зов, а помо'щников нет. Вот и варю'сь тепе'рь в со'бственном соку', -жа'ловался портно'й.
00
(Как) в котле' вари'ться R коте.л
ВАРФОЛОМЕ'ЕВСКИЙ
00
Варфоломе'евская ночь R ночь
ВАШ
00
Ваш ...
YOURS ... (E.G. TRULY, SINCERELY, AT THE CONCLUSION OF A LETTER)
ВАШ ПОКО'РНЫЙ СЛУГА' - бы'ло обы'чным заключе'нием в ча'стных пи'сьмах в ца'рской Росси'и.
00
Ва'ша $бере.т/взяла'$ R брать
00
Ва'ша сестра' R сестра'
00
Ваш брат R брат
00
Ва'ше де'ло
IT'S YOUR PROBLEM; IT'S UP TO YOU TO ...
00
В $на'ших<ва'ших$ края'х R край
00
Во'ля ва'ша R во'ля
00
И на'шим и ва'шим
TO SIT ON/STRADDLE THE FENCE
-На ма'стера нельзя' положи'ться, -говори'ли рабо'чие - уча'стники ста'чки. -Он и на'шим и ва'шим.-
00
Не ва'ше де'ло
THAT'S NONE OF YOUR BUSINESS; THIS DOES NOT CONCERN YOU
1. Мы напо'мнили охмеле'вшему това'рищу, что ему' предстои'т пра'вить автомоби'лем, на что он отве'тил: -Не ва'ше де'ло!- 2. Я пыта'лся помири'ть поссо'рившихся друзе'й и услы'шал в отве'т: -Не Ва'ше де'ло!-
00
По-ва'шему
AS YOU WANT/WISH
-Пусть бу'дет по-ва'шему.
ВБИТЬ
00
Вбить в го'лову [кому']
TO POUND (SOMETHING) INTO ONE'S HEAD [SO HE/SHE WOULD REMEMBER, KNOW IT FROM THEN ON]
00
Вбить оси'новый кол R кол
00
Вбить себе' в го'лову [что] R голова'
ВВЕРХ
00
Вверх $дном/нога'ми$
UPSIDE DOWN; TOPSY TURVY
1. В голове' начина'ющей хори'стки переверну'лись вверх дном все поня'тия о жи'зни, добре' и зле. 2. В кварти'ре все. бы'ло по'днято вверх дном. На полу'

валя'лись раски'данные ве'щи и би'тая посу'да.
00
Вверх $торма'шками/торма'шки$ =поста'вить/опроки'нуть/
ETC= R торма'шки
00
Вверх $торма'шками/торма'шки$ =полете'ть/спусти'ть/
ETC= R торма'шки
00
Ру'ки вверх! R рука'
00
Смотре'ть [на кого'] сни'зу вверх R сни'зу
ВВЕСТИ'
00
Ввести' в дом
TO INTRODUCE; TO RECOMMEND
Он вве'л в дом своего' сотру'дника.
00
Ввести' в $курс де'ла/суть вопро'са$
TO ACQUAINT (SOMEONE) WITH A PROBLEM/THE ESSENCE OF THE WORK
1. Нас ввели' в курс де'ла сортиро'вки и упако'вки веще'й, поже'ртвованных в по'льзу пострада'вших от наводне'ния. 2. Докла'дчик вве'л слу'шателей в суть вопро'са повыше'ния эффекти'вности ме'тодов преподава'ния в шко'лах.
00
Ввести' $во владе'ние/в насле'дство$
TO HAND OVER THE POSSESSION OF (SOMETHING); TO BEQUEATH
1. Насле'дники бы'ли введены' судо'м во владе'ние иму'ществом. 2. Забо'тливые роди'тели во'время вво'дят дете'й в насле'дство.
00
Ввести' в расхо'д R расхо'д
00
Ввести' в строй R строй
ВВОД
00
Ввод $во владе'ние/в насле'дство$
THE HAND-OVER OF A POSSESSION; A TRANSFER OF POSSESSION
ВДА'ТЬСЯ
00
Вда'ться в кра'йности
TO GO TO THE EXTREMES
00
Вда'ться в обма'н
TO ERR; TO FALL INTO ERROR
00
Вда'ться в подро'бности
TO GO INTO DETAILS
1. Прохо'жий объясни'л нам дальне'йший путь, вда'вшись в подро'бности. 2. Продаве'ц вда'лся в подро'бности, говоря' о вы'годности поку'пки до'ма.
ВДОВА'
00
Соло'менная вдова' R соло'менный
ВДОЛЬ
00
Вдоль и попере.к
1. ALL OVER (THE PLACE) 2. INSIDE OUT; THOROUGHLY
ВДОХНУ'ТЬ
00
Вдохну'ть ду'шу [во что] R душа'
ВЕ'ДАТЬ
00
Алла'х ве'дает R алла'х
00
$Бог/госпо'дь$ $весть<ве'дает$
[кто<что'<како'й<куда'<ETC] R бог
00
Ни сном ни ду'хом не ве'дать [чего'] R сон
ВЕ'ДОМЫЙ
42
Без ве'дома [чьего']
WITHOUT (SOMEONE'S) KNOWLEDGE; WITHOUT (THE) AUTHORIZATION (OF ...)
Без ве'дома гла'вного инжене'ра она' [Та'ня] впервы'е наде'ла водола'зный костю'м.
42
С ве'дома [чьего']

WITH (SOMEONE'S) KNOWLEDGE; HAVING NOTIFIED (SOMEONE)
фа'брика счита'лась закры'той, но рабо'тала та'йно, с ве'дома станово'го при'става и уе'здного врача'.
ВЕДРО'
00
Лье.т как из ведра'
IT RAINS CATS AND DOGS; IT'S POURING
1. Ученики', столпи'вшись у двере'й шко'лы, говори'ли: -Лье.т как из ведра'! -2. В до'ме стано'вится вдвойне' ую'тно, когда' на дворе' лье.т как из ведра'.
ВЕЗТИ'
00
Везе.т как уто'пленнику [кому'] R уто'пленник
ВЕК
00
Век векова'ть R векова'ть
00
Ве'ки ве'чные
FOR EVER AND EVER
1. В тот моме'нт мы о'бе зна'ли, что расстае.мся на ве'ки ве'чные. 2. Молодоже.ны кляли'сь в любви' на ве'ки ве'чные, а че'рез год уж развели'сь.
00
В ко'и ве'ки
ONCE IN A BLUE MOON; IN AGES; IN A MONTH OF SUNDAYS
42
Во ве'ки веко'в
FOR EVER; ALWAYS
Связь с ро'диной остае.тся во веки' веко'в в ви'де ли возвраще'ния, перепи'ски и'ли да'же воспомина'ний.
00
До сконча'ния ве'ка R сконча'ние
00
Загуби'ть век [чей] R загуби'ть
00
$Испоко'н/споко'н$ $ве'ка/ве'ку/веко'в$
SINCE THE BEGINNING OF TIME; FROM TIME IMMEMORIAL

00
Ко'нчить век R ко'нчить
00
Мафусаи'лов век жить R Мафусаи'лов
00
Мы'кать век R мы'кать
00
На ве'ки ве'чные
FOR EVER AND EVER
00
Не знать ве'ку R знать
00
От ве'ка (веко'в)
SINCE THE BEGINNING OF TIME; FROM TIME IMMEMORIAL

ВЕКОВА'ТЬ
18
Век векова'ть
TO LIVE OUT ONE'S LIFE
Ах, то'шно мне и в родно'й стороне'; Все. в нево'ле, В тя'жкой до'ле, Ви'дано, век векова'ть.
ВЕЛЕ'НИЕ
00
(Как) по щу'чьему веле'нью R щу'чий
ВЕЛЕ'ТЬ
00
Веле'ть до'лго жить R жить
ВЕЛИ'КИЙ
00
Вели'кие ми'ра сего' R мир(1)
00
Вели'кое мно'жество
A HOST OF ... VERY MANY; VERY MUCH
На э'том островке' отдыха'ет вели'кое мно'жество переле.тных птиц.
00
К (вели'кому) сожале'нию R сожале'ние
00
$(Не) велика' ва'жность/(не) велика' беда'/э'ка

ВЕЛИ'КИЙ CONT'D.
ва'жность$
NO BIG DEAL; IT'S A MINOR THING
00
Не велика' хи'трость [INF] R хи'трость
00
От ма'ла до вели'ка
EVERYBODY; MEN, WOMEN AND CHILDREN
В стани'че его' жда'ли все – от ма'ла до вели'ка.
ВЕЛИ'ЧИЕ
00
Во все.м (свое.м) вели'чии
IN ALL (HIS) (MIGHT AND) GLORY
Тут Сере.жка явля'ет себя' перед неве'жественным
Матве'ем во все.м вели'чии своего' тала'нта.
11
С высоты' своего' вели'чия
(TO LOOK) DOWN ONE'S NOSE
Э'то ла'вочники из одного' францу'зского магази'на.
Посмотри', как ва'жно они' погля'дывают на всех с
высоты' своего' вели'чия.
ВЕНЕ'Ц
42
Идти' под вене'ц
TO GET MARRIED; TO TIE THE KNOT
Роди'тели благослови'ли дочь, иду'щую под вене'ц.
00
Терно'вый вене'ц R терно'вый
ВЕ'НЗЕЛЬ
00
$Выде'лывать/вы'водить/писа'ть$ вензеля' R вавило'ны

ВЕНО'К
00
Лавро'вый вено'к R ла'вро'вый
ВЕНЧА'ТЬ
00
Венча'ть на ца'рство
TO CROWN
Царе'вна Елизаве'та была' ве'нчана на ца'рство.
ВЕНЧА'ТЬСЯ
00
Венча'ться на ца'рство
TO BE CROWNED; TO PLACE THE CROWN ON ONE'S HEAD
Пе'рвый царь из дина'стии Рома'новых венча'лся на
ца'рство по'сле Сму'тного вре'мени на Руси'.
ВЕ'РА
42
Ве'рой и пра'вдой =служи'ть=
TO SERVE FAITHFULLY; TO PERFORM FAITHFUL SERVICE
Доброво'льцы, вступи'вшие в а'рмию, да'ли кля'тву
служи'ть стране' ве'рой и пра'вдой.
00
Дать ве'ру [чему'] R дать
00
Приня'ть на ве'ру
TO TAKE ON FAITH
ВЕРЕ.ВКА
00
Вить вере.вки [из кого'] R вить
ВЕРЕ.ВОЧКА
00
Быть бычку' на вере.вочке R быч'к
00
Зави'ть го'ре вере.вочкой R зави'ть
ВЕ'РИТЬ
00
Ве'рить на' слово
TO TAKE SOMEONE AT HIS WORD; NOT TO QUESTION
Де'ти ве'рили на' слово расска'зам отца' о приключе'ниях
на охо'те.
00
Не ве'рить ни в чох, ни в сон R чох
00
Не ве'рить свои'м $глаза'м/уша'м$
(I) COULD NOT BELIEVE (MY) (OWN) EYES/EARS
1. Оте'ц не ве'рил свои'м глаза'м, смотря' на дочь,

вы'росшую за вре'мя его' отсу'тствия. 2. Я не ве'рил
свои'м уша'м, услы'шав о возвраще'нии дру'га из пле'на.
ВЕРНЕ'Е
00
Верне'е сказа'ть R сказа'ть
ВЕРНУ'ТЬСЯ
00
Верну'ться к разби'тому коры'ту R коры'то
00
Из госте'й верну'ться R гость
00
На щите' верну'ться R щит
00
Ни с чем верну'ться R что(1)
00
Со щито'м верну'ться R щит
ВЕРОЯ'ТИЕ
00
По $всему' вероя'тию/ всем вероя'тиям$ R вероя'тность
00
Сверх вся'кого вероя'тия
AGAINST ALL EXPECTATIONS
При земляны'х рабо'тах на о'строве бы'ли обнару'жены
сверх вся'кого вероя'тия сокро'вища инде'йцев.
ВЕРОЯ'ТНОСТЬ
00
По $всей вероя'тности/всему' вероя'тию<всем вероя'тиям$
EVIDENTLY; BY ALL APPEARANCES
1. По всей вероя'тности за'втра бу'дет хоро'шая
пого'да. 2. По'езд опа'здывает по всему' вероя'тию
из-за сне'жных зано'сов. 3. Э'ти лю'ди по всем
вероя'тиям бе'женцы из полосы' вое'нных де'йствий.
ВЕРСТА'
00
За' версту
AT A GREAT DISTANCE; AT LENGTH
–Что' же бу'дет вам уго'дно-с? –Не могу' же я с тобо'й
за' версту разгова'ривать
00
За семь ве.рст киселя' хлеба'ть R кисе'ль
00
$Коло'менская верста'<с коло'менскую версту'$ R
коло'менский
00
Ме'рить ве.рсты R ме'рить
ВЕРТЕ'ТЬ
29
Верте'ть хвосто'м
1. TO WAG ITS TAIL [ABOUT A DOG] 2. TO BEAT AROUND THE
BUSH; TO TRY TO CONFUSE THE ISSUE
1. Хозя'ина встре'тил у воро'т пе.с, вертя' хвосто'м.
2. –Ты не верти' хвосто'м, а укажи' нам путь и'з лесу
на доро'гу! –говори'ли разбо'йники леснику'.
00
Как ни верти'
NO MATTER WHAT
–Что'бы око'нчить отче.т на'до порабо'тать и в
воскресе'нье, как ни верти'! – сказа'л бухга'лтер.
ВЕРТЕ'ТЬСЯ
00
Верте'ться волчко'м R волчко'м

00
Верте'ться вьюно'м [о'коло кого'] R вьюн
00
Верте'ться как бе'лка в колесе' R бе'лка
00
Верте'ться колесо'м R колесо'
00
Верте'ться ме'лким бе'сом R бес
00
Верте'ться $нога'/на глаза'х<пе'ред глаза'ми$
TO GET ON (SOMEONE'S) NERVES
1. Де'ти беспреста'нно верте'лись перед глаза'ми,
меша'я мне сосредото'читься на чте'нии интере'сной
кни'ги. 2. –Что ве'ртишься на глаза'х без де'ла!
–укори'зненно говори'л ста'рший брат свое'й сестре.нке.

VERTE'TЬCЯ CONT'D.
00
Верте'ться под нога'ми R нога'
00
Ве'ртится $в голове'/на языке'$
IT'S ON THE TIP OF MY TONGUE
1. Напряга'я па'мять, мне удало'сь вспо'мнить стишо'к, верте'вшийся в голове'. 2. У ма'льчика вертело'сь на языке' сказа'ть секре'т.
00
Как ни верти'сь
NO MATTER WHAT YOU MAY DO; NO MATTER HOW YOU LOOK AT IT
1. -Взя'тые в зае.м де'ньги сле'дует отдава'ть в срок, как ни верти'сь, -поуча'л оте'ц сы'на. 2. -Хоте'лось бы смотре'ть футбо'льный матч, но подгото'вка к экза'мену, как ни верти'сь, сейча'с важне'е -ду'мал студе'нт, выключа'я телеви'зор.
00
$Как/то'чно$ соро'ка на колу' верте'ться R соро'ка
00
Лисо'й верте'ться R лиса'
00
Ме'лким бе'сом верте'ться [перед кем] R бес
ВЕРХ
00
$Брать/взять$ верх
TO GET THE UPPER HAND; TO OVERCOME
В хозя'йственных дела'х мно'гих семе'й же'нщина бере.т верх.
00
Быть на верху' блаже'нства
TO BE IN SEVENTH HEAVEN; TO BE IN ONE'S GLORY
1. Ма'льчик был на верху' блаже'нства, получи'в люби'мого коня' в свое. распоряже'ние. 2. Ску'льптор был на верху' блаже'нства по'сле всео'бщего призна'ния его' творе'ний.
00
Одержа'ть верх R одержа'ть
ВЕРХО'М
00
Е'здить верхо'м [на ком] R е'здить
ВЕС
00
Держа'ть на весу'
TO SUSPEND; TO HOLD SUSPENDED
1. Соба'ка стоя'ла перед хозя'ином, держа' пере'дние ла'пы на весу'. 2. Охо'тник держа'л ружье. на весу', гото'вясь стреля'ть по перепела'м.
00
На вес зо'лота
(IT) IS WORTH (ITS) WEIGHT IN GOLD
1. Све'жие о'вощи и фру'кты на вес зо'лота на да'льнем се'вере. 2. Че'стность на вес зо'лота во все времена'.
00
Согна'ть вес R согна'ть
ВЕСЕ.ЛЫЙ
00
Де'лать весе.лую ми'ну при плохо'й игре' R ми'на
ВЕСТИ'
00
Вести' большу'ю игру' R игра'
00
Вести' нача'ло [от кого'<от чего']
(IT) HAS (ITS) BEGINNING IN; (IT) BEGAN WITH ...; (IT) STARTED FROM ...
1. Дру'жба ю'ношей веде.т нача'ло от встреч на катке'. 2. Его' род ве.л нача'ло от пра'деда - запоро'жца.
00
Вести' по'д руки R рука'
00
Вести' (речь) [к чему']
(IT) LEADS TO (SOMETHING); (IT) RESULTS IN (SOMETHING); TO SPEAK WITH THE AIM OF (ACCOMPLISHING SOMETHING)
00
Вести' свой род [от кого']
TO TRACE ONE'S LINEAGE TO (SOMEONE); TO BE THE DESCENDANT OF (SOMEONE)
Э'тот уче.ный веде.т свой род от не'мцев - колони'стов

Пово'лжья.
00
Вести' свою' ли'нию R ли'ния
00
Зести' себя' как ...
TO BEHAVE LIKE (SOMEONE); TO BEHAVE (IN A CERTAIN WAY) TO CONDUCT ONESELF LIKE (SOMEONE)
Я, ка'юсь, ве.л себя' наи'вно, как гимнази'ст.
00
$И/да'же$ у'хом не вести' R у'хо
ВЕСТЬ
00
Бе'з вести пропа'сть
TO DISAPPEAR/BE LOST WITHOUT A TRACE
В спи'сках поги'бших на войне' бы'ли и бе'з вести пропа'вшие.
00
(Не) бог ве'сть [како'й<что] R бог
ВЕСЬ
00
Без всего' =оста'ться/уйти'/уе'хать/ETC=
LEAVING EVERYTHING BEHIND; TO BE LEFT WITH NOTHING
00
$Брать/взять$ всем R брать
00
Весь в =мать/де'душку/ETC=
(HE/SHE)IS JUST LIKE SOMEONE, [E.G. MOTHER, GRANDFATHER]; (HE/SHE) IS THE SPIT AND IMAGE OF ...
1. Подро'сток был весь в мать. 2. Оте'ц предприи'мчив - весь в де'душку.
00
Во весь скок R скок
00
Во всей (свое'й) красе' R краса'
00
Во все.м пара'де R пара'д
00
Во все неле.гкие R тя'жкий
00
Во всю ива'новскую R ива'новский
00
Во всю ширь =откры'ть/разверну'ть/ETC= R ширь
00
Вот и все.
AND THAT'S THAT; AND THAT'S ALL THERE IS TO IT; THERE IS NOTHING ELSE TO SAY (ABOUT IT).
-Прое'кт жили'щного строи'тельства в посе.лке ну'жно зако'нчить. Вот и все.! -сказа'л председа'тель коми'ссии.
00
Вот (тебе') и весь сказ R сказ
00
$Все<все.$ и вся
EVERYTHING WITHOUT EXCEPTION; THE WHOLE LOT; EVERY TOM, DICK AND HARRY
В дни спла'ва по воде' желе'за все. и вся на заво'дах прихо'дит в волне'ние.
00
Всего' до'брого R до'брый
00
Всего' хоро'шего
ALL THE BEST!; GOOD LUCK!
1. Он всю жизнь жела'л лю'дям всего' хоро'шего. 2. Расстава'ясь, мы сказа'ли: -Всего' хоро'шего!-
00
Все до одного'
EVERYONE TO A MAN; EVERYONE WITHOUT EXCEPTION; EVERY SINGLE ONE
1. Окса'на обвела' нас всех до'лгим взгля'дом, всех до одного'. 2. Сте.кла вы'биты все до одного'.
00
Все и все.
EVERYONE; EVERYTHING; EACH AND EVERY
Перед грозо'й все и все. пря'чется.
00
Все'ми си'лами R си'ла
00
Всем се'рдцем R се'рдце
00
Всем ско'пом R скоп

20

ВЕСЬ CONT'D.

00
(Все) на одну' коло'дку сши'ты R коло'дка
00
Все. на све'те R свет(2)
29
Все. $одно'/еди'но$
IT MAKES NO DIFFERENCE; IT'S ALL THE SAME
1. Преда'телю все. одно': вы'дать ли сооте'чественника
и'ли чужестра'нца. 2. —Мне все. еди'но: борщ со
смета'ной и'ли без нее., —сказа'л я, бу'дучи го'лоден.
00
Все. прило'жится R приложи'ться
00
Все. равно'
IT DOES NOT MATTER; IT MAKES NO DIFFERENCE
00
Всех благ R бла'го
00
$Всех и ка'ждого<всем и ка'ждому$
TO EACH AND EVERYONE
Беспреста'нно по ко'мнатам оте'ля прохо'дят испа'нцы,
америка'нцы ....францу'зы, по обыкнове'нию, кла'няются
всем и ка'ждому.
00
Всех масте'й R масть
00
(Да) и все. тут R тут
00
И все. тако'е (про'чее) R тако'й
00
$Идти'/отправля'ться/убира'ться/ETC$ на все четы'ре
сто'роны R сторона'
00
$Ме'нее/ме'ньше$ всего' R ме'нее
00
(а всех и на вся
.AT) EVERYONE
За ло'жное обвине'ние в подли'зывании к учи'телю ю'ноша
рассерди'лся на всех и на вся.
00
На всех пара'х R пар
00
На всех паруса'х =нести'сь/лете'ть/ETC= R па'рус
00
$На<за$ все. про все.
EVERYTHING
1. Они' пла'тят ничто'жную су'мму приходя'щей ня'не за
все. про все.. 2. За'работной пла'ты едва' хвата'ло
ему' на все. про все..
00
Не все до'ма [у кого'] R до'ма
00
От всего' се'рдца R се'рдце
00
По всем статья'м<во всех статья'х R статья'
00
По всему'
TAKING EVERYTHING INTO ACCOUNT
По всему' ви'дно, что отъе'зд приде.тся отложи'ть.
00
Пре'жде всего' R пре'жде
00
$При все.м том<со всем тем$
NEVERTHELESS; ALL THE SAME; IN SPITE OF EVERYTHING
1. Утомле.нный за' день, те'хник рабо'тал сверхуро'чно
при все.м том. 2. Мно'гие из них небога'ты, и со всем
тем они' помога'ют еще. и други'м.
00
Пусти'ться во все тя'жкие<вся тя'жкая/все неле.гкие$
R пусти'ться
00
Разверну'ться во всю ширь R ширь
00
Скоре'е всего' R скоре'е
00
$Смотре'ть/гляде'ть$ во все глаза' R глаз
00
$Со всей полното'й<во всей полноте'$ R полнота'

00
Треща'ть по всем швам R шов
00
Уда'рить во все колокола' R уда'рить
ВЕ'ТЕР
00
$Броса'ть/кида'ть/швыря'ть/ETC$ де'ньги на ве'тер
TO THROW MONEY TO THE WIND; TO SPEND MONEY LIKE CRAZY
00
$Броса'ть слова'/говори'ть/болта'ть$ на ве'тер
1. NOT TO CARE WHAT ONE SAYS; TO SPEAK AT RANDOM/ IDLY 2.
IT'S LIKE TALKING TO A WALL
Сове'ты люде'й, обогаще.нных о'пытом, ча'сто остаю'тся
бро'шенными слова'ми на ве'тер.
00
Ве'тер в голове' [у кого']
TO BE FRIVOLOUS/EMPTY-HEADED
Не бери' в серье.з всего'. о че.м он говори'т, – у него'
ве'тер в голове'.
00
$Ве'тер зане.с<ве'тром занесло'$
(IT) GOT HERE BY CHANCE
Меня' ве'тром занесло' в э'тот городо'к, и я оста'лся в
не.м навсегда'.
29
Ве'тер свисти'т в карма'нах
NOT TO HAVE A PENNY; TO BE BROKE
Хоте'лось бы пойти' в теа'тр, да то'лько ве'тер свисти'т
в карма'нах.
00
Держа'ть нос по ве'тру
TO TRIM ONE'S SAILS TO THE WIND; TO ADJUST ONESELF TO THE
SITUATION
1. Держи' нос по ве'тру, что'бы быть в ку'рсе
теку'щего моме'нта. 2. Он де'ржит нос по ве'тру, и не
отстае.т от жи'зни.
00
Идти', куда' ве'тер ду'ет
TO GET ON THE BANDWAGON; TO FOLLOW THE TREND
Он не иде.т, куда' ве'тер ду'ет, а сле'дует свои'м
при'нципам.
00
$Ищи'/догоня'й$ ве'тра в по'ле
TO LOOK FOR A NEEDLE IN A HAYSTACK; TO GO ON A WILD GOOSE CHASE
00
Подби'тый ве'тром
1. LIGHT, FLIMSY [ABOUT CLOTHING] 2. TO BE
SCATTERBRAINED; A FEATHERBRAIN
Пальто', подби'тое ве'тром, не гре'ет.
00
$То'чно/сло'вно/как/ETC$ ве'тром сду'ло R сдуть
ВЕТ�еРО'К
00
$Подби'тый/с$ ветерко'м
FEATHERBRAINED; SCATTERBRAINED
1. Супру'ги представля'ли собо'ю противополо'жность:
жена' – серье.зная, а муж – подби'тый ветерко'м. 2.
Го'ды ее. не измени'ли – она' все. та' же с ветерко'м.
00
С ветерко'м =прокати'ть/прокати'ться/ETC=
FAST; SPEEDILY; FASTER THAN THE WIND
1. Са'ни прокати'ли с ветерко'м. 2. Смею'щиеся
седоки' тро'йки прокати'лись с ветерко'м.
ВЕТРИ'ЛО
00
Без руля' и без ветри'л R руль
ВЕ'ТРЯНЫЙ
00
$Сража'ться/воева'ть$ с ветряны'ми ме'льницами R
ме'льница
ВЕ'ЧЕР
00
В оди'н прекра'сный ве'чер R прекра'сный
00
У'тро ве'чера мудрене'е R мудре.ный
ВЕЧЕ'РНИЙ
00
Вече'рняя тень R тень

ВЕ'ЧНОСТЬ
    00
    Каза'ться ве'чностью
    (IT) SEEMS LIKE AN ETERNITY; (IT) TAKES FOREVER
    Ермола'й не возвраща'лся бо'лее ча'су. Э'тот ча'с нам
    показа'лся ве'чностью.
    00
    Ка'нуть в ве'чность R ка'нуть
    00
    Отойти' в ве'чность R отойти'
    00
    Це'лая ве'чность
    AN ETERNITY; FOREVER
    Еще. шесть часо'в лежа'ть в воро'нке. Шесть часо'в -
    це'лая ве'чность.
ВЕ'ЧНЫЙ
    00
    Ве'ки ве'чные R век
    00
    Ве'чная исто'рия R исто'рия
    00
    Ве'чная па'мять [кому'] R па'мять
    00
    Ве'чный $поко'й/спокой$ R поко'й
    00
    Ве'чный споко'й R поко'й
    00
    На ве'ки ве'чные R век
    00
    $Спать/засну'ть/усну'ть/ETC$ ве'чным сном R сон
ВЕ'ШАТЬ
    00
    Ве'шать го'лову R голова'
    00
    Ве'шать нос R нос
    00
    Ве'шать (себе') на ше'ю хому'т R хому'т
    00
    Ве'шать соба'к [на кого']
    TO ACCUSE (SOMEONE) UNJUSTLY; TO HANG A RED HERRING ON
    (SOMEONE)
    00
    (Хоть) топо'р ве'шай R топо'р
ВЕ'ШАТЬСЯ
    00
    Ве'шаться на ше'ю [кому'] R ше'я
ВЕШЬ
    00
    В поря'дке веще'й R поря'док
    00
    В $приро'де/нату'ре$ веще'й R приро'да
    00
    Есте'ственная вещь R есте'ственный
    00
    Называ'ть ве'щи $свои'ми/со'бственными/настоя'щими$
    имена'ми R и'мя
    00
    Поня'тная вещь R поня'тный
ВЗАД
    31
    Взад и впере.д
    BACK AND FORTH
    Соба'ка бе'гала взад и впере.д по тротуа'ру и
    беспоко'йно огля'дывалась по сторона'м.
    31
    Ни взад ни впере.д
    NOT TO BUDGE; NOT TO MOVE
    -Ста'рые кавка'зцы засе'ли, как барсуки' в но'рах, и ни
    взад ни впере.д.
ВЗАИМОПО'МОЩЬ
    00
    Ка'сса взаимопо'мощи R ка'сса
ВЗАТЯ'ЖКУ
    29
    Кури'ть взатя'жку
    TO INHALE [ABOUT SMOKING]
ВЗБРЕСТИ'
    00
    Взбрести' $на ум<в ум/в го'лову$ [кому'+что<INF] R ум

ВЗВАЛИ'ТЬ
    00
    Взвали'ть на плечи' [чьи] R плечо'
ВЗВОД
    00
    Быть на взво'де
    TO BE TIPSY; TO HAVE ONE TOO MANY
    Пору'чик был пьян, но не как сте'лька, а так, чуть-чуть
    на пе'рвом взво'де.
ВЗГАДА'ТЬ
    18
    Ни взду'мать, ни взгада'ть, ни перо'м описа'ть
    IT'S BEYOND DESCRIPTION!; IT'S OUT OF THIS WORLD!; [ABOUT
    SOMETHING GOOD, BEAUTIFUL]
    -Ни взду'мать, ни взгада'ть, ни перо'м описа'ть, -бы'ли
    его' восто'рженные слова' об о'пере "Князь И'горь."
ВЗГЛЯД
    00
    Взгляд с прищу'ркой R прищу'рка
    00
    Глубо'кий взгляд R глубо'кий
    00
    Задержа'ть взгляд [на ком<на че.м] R задержа'ть
    00
    Изме'рить взгля'дом R изме'рить
    00
    Ко'свенный взгляд R ко'свенный
    00
    Лови'ть взгляд $[чей]<[чьих] глаз$ R лови'ть
    00
    Лови'ть на себе' [чей] взгляд R лови'ть
    00
    Ме'рить взгля'дом R ме'рить
    00
    На взгляд
    AS FAR AS ONE CAN JUDGE; BY ALL APPEARANCES
    Она' сча'стлива на взгляд.
    00
    На $мой<твой<его'<ETC$ взгляд
    AS FAR AS (I/YOU/ETC) CAN TELL; IN (MY/YOUR) OPINION
    На его' взгляд не сле'дует храни'ть оби'ды, а обходи'ть
    оби'дчиков.
    00
    На пе'рвый взгляд
    AT FIRST SIGHT; ON THE FACE OF IT
    На пе'рвый взгляд он ка'жется холо'дным.
    00
    Низа'ть взгля'дом [кого'<что] R низа'ть
    00
    Обда'ть [каки'м] взгля'дом R обда'ть
    00
    Обежа'ть взгля'дом R обежа'ть
    00
    Оки'нуть взгля'дом R оки'нуть
    00
    Охвати'ть взгля'дом R охвати'ть
    00
    Пожира'ть взгля'дом R пожира'ть
    00
    Приче'литься взгля'дом R приче'литься
    00
    Проводи'ть взгля'дом R проводи'ть
    00
    Пронзи'ть взгля'дом R пронзи'ть
    00
    Пря'тать взгляд R пря'тать
    00
    Склони'ть взгляд R склони'ть
    00
    Скрести'ть взгля'ды R скрести'ть
    00
    С пе'рвого взгля'да
    AT FIRST SIGHT
ВЗГЛЯНУ'ТЬ
    00
    Взгляну'ть с прищу'ркой R прищу'рка
    00
    Взгляну'ть с прищу'ром R прищу'р

ВЗГЛЯНУ'ТЬСЯ
   29
   Как взгля'нется [кому']
   TO SUIT ONE'S FANCY; AS ONE WISHES
   Как взгля'нется ей, так она' и одева'ется, и всегда'
очарова'тельна.
ВЗДЕ.РНУТЬ
   29
   Взде.рнуть нос
   TO TURN UP ONE'S NOSE AT (SOMETHING); TO HAVE A SWELLED
HEAD; TO HAVE ONE'S HEAD TURNED (BY SOMETHING)
   00
   Взде.рнуть плеча'ми
   TO SHRUG ONE'S SHOULDERS
   В отве'т на тре'бование отца' во'-время приходи'ть
домо'й, сын то'лько взде.рнул плеча'ми.
ВЗДОР
   00
   Поро'ть вздор R поро'ть
ВЗДОХ
   00
   Испусти'ть после'дний вздох R испусти'ть
ВЗДОХНУ'ТЬ
   00
   Вздохну'ть $свобо'дно<свобо'днее$ R свобо'дный
ВЗДУ'МАТЬ
   00
   Не $взду'май<взду'майте$ [INF]
   DON'T EVEN THINK ABOUT (DOING SOMETHING); YOU BETTER NOT
(DO SOMETHING); DON'T EVEN GIVE IT A THOUGHT
   -Не взду'май уходи'ть перед у'жином! -предупреди'л меня'
друг.
ВЗДУ'МАТЬ,
   00
   Ни взду'мать, ни взгада'ть, ни перо'м описа'ть R
взгада'ть
ВЗИРА'ТЬ
   00
   Не взира'я на ли'ца R лицо'
   00
   $Не взира'я/невзира'я$ [на кого'<на что]
   NOT PAYING ATTENTION TO (SOMETHING); DISREGARDING (SOMETHING)
   1. Солда'т стоя'л на посту', не взира'я на мете'ль.
   2. Не взира'я на скупо'го отца', мать купи'ла но'вое
пла'тье.
ВЗЛЕТЕ'ТЬ
   00
   Взлете'ть на во'здух
   1. TO BLOW UP 2. TO BE GONE; TO BE GIVEN UP
   1. Склад авиацио'нных бомб взлете'л на во'здух. 2.
Како'е-то иска'ние не перестава'ло трево'жить люде'й, и
вот кака'я-нибудь пуста'я случа'йность,... - и все.
взволно'вано и идеа'л непреры'вной тишины' взлете'л
пра'хом на во'здух.
ВЗОБРА'ТЬСЯ
   00
   Взобра'ться на своего' конька' R коне.к
ВЗОР
   00
   Глубо'кий взор R глубо'кий
   00
   Изме'рить взо'ром R изме'рить
   00
   Клони'ть взор R клони'ть
   00
   Ко'свенный взор R ко'свенный
   00
   Лови'ть взор $[чей]<[чьих] глаз$ R лови'ть
   00
   Ме'рить взо'ром R ме'рить
   00
   Не спуска'ть взо'ра [с кого'<с чего'] R спуска'ть
   00
   Оки'нуть взо'ром R оки'нуть
   00
   Оскорби'ть [чей] взор R оскорби'ть
   00
   Охвати'ть взо'ром R охвати'ть

   00
   Подня'ть взор R подня'ть
   00
   Поту'пить взор R поту'пить
   00
   Проводи'ть взо'ром R проводи'ть
   00
   Склони'ть взор R склони'ть
   00
   Скрести'ть взо'ры R скрести'ть
   00
   Ша'рить взо'ром R ша'рить
   00
   Щу'пать взо'ром [кого'<что] R щу'пать
ВЗЫГРА'ТЬ
   00
   $Взыгра'ла душа'/взыгра'ло се'рдце$
   (HIS) HEART LEAPT WITH JOY
   Пове'ришь ты: как зави'дел я твой огоне.к, се'рдце во
мне взыгра'ло.
ВЗЫСКА'ТЬ
   00
   Не $взыщи'<взыщи'те$
   NO OFFENCE MEANT!
ВЗЯ'ТКА
   00
   Взя'тки гла'дки [с кого'] R гла'дкий
ВЗЯТЬ
   00
   Взять $акко'рд<акко'рды$ R брать
   00
   Взять быка' за рога' R брать
   00
   Взять верх R верх
   00
   Взять в кле'щи' R кле'щи'
   00
   Взять в $оборо'т/перепле.т$ R оборо'т
   00
   Взять в обрабо'тку R обрабо'тка
   00
   Взять во'лю R во'ля
   00
   Взять в рабо'ту R рабо'та
   00
   Взять в расче.т [кого'<что] R расче.т
   00
   Взять всем R брать
   00
   Взять в соображе'ние R соображе'ние
   00
   Взять в тиски' R тиски'
   00
   Взять в толк R толк
   00
   Взять в шо'ры [кого'] R шо'ры
   00
   Взять го'лыми рука'ми R го'лый
   00
   Взять за $гло'тку/го'рло$ R го'рло
   00
   Взять за жа'бры R жа'бры
   00
   Взять за живо'е R живо'й
   00
   Взять за'муж R за'муж
   00
   Взять $за' сердце/за' душу/за живо'е$ R брать
   00
   Взять $измо'ром<на измо'р$ R измо'р
   00
   Взять [кого'] в свиде'тели R свиде'тель
   00
   Взять [кого'] на испу'г R испу'г
   00
   Взять на аборда'ж R аборда'ж
   00
   Взять на борт R борт

ВЗЯТЬ CONT'D.
00
Взять на букси'р [кого'] R букси'р
00
Взять на заме'тку R заме'тка
00
Взять на замеча'ние R замеча'ние
00
(Взять) на каранда'ш R каранда'ш
00
Взять на карау'л R карау'л
00
Взять на му'шку [кого'<что'] R му'шка
00
Взять на о'ткуп R о'ткуп
00
Взять на прице'л [кого'<что] R прице'л
00
Взять на пу'шку R пу'шка
00
Взять на себя' сме'лость [INF] R сме'лость
00
Взять на себя' труд [INF] R труд
00
Взять на себя' [что] R себя'
00
Взять на шпа'гу R шпа'га
00
Взять но'гу R нога'
00
Взять но'ту R брать
00
Взять под защи'ту [кого'<что] R защи'та
00
Взять под карау'л R карау'л
00
Взять под козыре.к R козыре.к
00
Взять под отче.т R отче.т
00
Взять под сомне'ние [что] R сомне'ние
00
Взять под стра'жу R стра'жа
00
Взять приме'р [с кого'] R приме'р
00
Взять ружье. на изгото'вку R изгото'вка
00
Взять с бо'ю R бой
00
Взять свое. R свой
00
Взять свои' слова' обра'тно R сло'во
00
Взять себя' в ру'ки R рука'
00
Взять си'лу R си'ла
00
Взять сто'рону [чью] R сторона'
00
Взять [что] $на' душу/на свою' ду'шу$ R душа'
00
В рот не возьме.шь R рот
00
$На'ша<ва'ша$ $возьме.т<взяла'$ R брать
00
Не до'рого возьме.т
(HE) WON'T HESITATE
-Ну, э'тот царь, слы'шно, и прибье.т - не до'рого возьме.т.
00
Ни дать ни взять R дать
00
$С чего'<отку'да$ $он<она'<ETC$взял<взяла'<ETC$
WHERE DID YOU GET IT?; HOW DID YOU FIND OUT?; WHO SAYS?
1. -С чего' ты взял, что нас уво'лят? -Предстои'т сокраще'ние шта'тов.- 2. -Отку'да он взял, что не сле'дует ехать в Ту'рцию? -Там свире'пствует холе'ра.-
00
Че.рт ([кого'<что']) возьми'! R че.рт
00
Чья взяла'<возьме.т R чей
ВЗЯ'ТЬСЯ
00
Взя'ться за ум R ум
00
Отку'да ни возьми'сь
FROM NOWHERE; ALL OF A SUDDEN; OUT OF THE BLUE
Как вдруг, отку'да ни возьми'сь, в окно' влета'ет змий крыла'тый.
00
Отку'да прыть взяла'сь R прыть
00
Отку'да (то'лько) но'ги взя'лись R нога'
ВИД
00
Быть на виду'
TO BE CONSPICUOUS; TO DRAW ATTENTION; TO BE IN THE PUBLIC EYE; TO BE PROMINENT; TO STAND OUT
00
В ви'де [чего']
IN THE SHAPE OF; IN THE FORM OF ...; AS IF IT WERE (SOMETHING)
1. Я вы'нул из чемода'на и показа'л золото'й медальо'н в ви'де серде'чка. 2. Сло'во "поэ'зия" вам смешно', вы употребля'ете его' в ви'де насме'шливого упре.ка.
00
Вида'ть ви'ды
TO SEE A LOT; (HE) HAS BEEN AROUND; TO EXPERIENCE A LOT/A GREAT DEAL
1. Писа'тель вида'л ви'ды и увекове'чил их в свои'х произведе'ниях. 2. У люде'й, вида'вших ви'ды, есть чему' поучи'ться.
00
В лу'чшем ви'де R лу'чший
00
В христиа'нский вид привести' [кого'<что] R христиа'нский
00
Де'лать вид
TO PRETEND THAT ...
1. На звоно'к брат не подня'лся, дела'я вид, что не слы'шит. 2. Хи'трый ма'льчик дела'л вид, что то'лько забы'л, а учи'тель знал, что он не учи'л.
00
Для ви'да
FOR APPEARANCES
Стари'нные часы' на ками'не бы'ли для ви'да - они' не шли.
00
Име'ть в виду' [кого'<что]
1. TO BE THINKING OF (SOMEONE/SOMETHING); TO HAVE (SOMEONE) IN MIND; TO MEAN 2. TO BEAR (SOMEONE/SOMETHING) IN MIND
00
Име'ть ви'ды [на кого'<на что]
TO HAVE (SOMEONE/SOMETHING) IN VIEW; TO HAVE DESIGNS ON (SOMEONE/SOMETHING)
1. Я име'л ви'ды на дочь сосе'да, но мой това'рищ переби'л. 2. -Я име'ю ви'ды на ле'тний о'тдых в гора'х Кавка'за, -сказа'л учи'тель.
00
Име'ться в виду' R име'ться
00
$На вид<по ви'ду<с ви'ду$
IN APPEARANCE; BY APPEARANCE
1. О приго'дности ры'бы в пи'щу на'до суди'ть не по ви'ду ее., а по све'жести. 2. -Он здоро'в на вид, но подозри'телен мне его' лихора'дочный румя'нец, -говори'л оте'ц до'ктору обо мне. 3. С ви'ду я'блоко краси'во, а внутри' червь источи'л его'.
00
Не $пода'ть/показа'ть$ ви'ду
NOT TO SHOW; NOT TO LET ON
1. Ма'льчик уши'бся, но не показа'л ви'ду, что ему' бо'льно. 2. -Иди' на экза'мен, не пода'й ви'ду, что тру'сишь! -бодри'л меня' брат.

ВИД CONT'D.
00
Ни под каки'м ви'дом
UNDER NO CONDITIONS; NOT FOR ANYTHING; ON NO ACCOUNT; BY NO MEANS
Ни под каки'м ви'дом не сле'дует изоли'ровать себя' от окружа'ющих.
00
Под ви'дом [чего']
UNDER THE PRETENSE OF ...
Под ви'дом за'нятости он удали'лся в свою' ко'мнату.
00
Поиме'ть в виду' R поиме'ть
00
Показа'ть вид R показа'ть
00
Ста'вить на вид [кому']
TO REPROVE (SOMEONE)
За опозда'ние на уро'ки ученика'м ста'вили на вид.
00
Теря'ть из ви'ду
TO LOSE SIGHT OF (SOMEONE); TO LOSE TRACK OF (SOMEONE)
В тече'ние вре'мени мы нахо'дим друзе'й и теря'ем их из ви'ду.
00
У всех на виду'
IN SIGHT OF EVERYONE; IN FULL VIEW
Влюбле.нная па'ра шла рука' о'б руку у всех на виду'.
00
Христиа'нский вид прида'ть [кому'<чему'] R христиа'нский
ВИ'ДАННЫЙ
31
Ви'данное ли э'то де'ло?
HAVE YOU EVER HEARD OF SUCH A THING!; IT'S UNHEARD OF!
А э'то на что похо'же, что вчера' то'лько во'семь фу'нтов пшена' отпусти'ла, опя'ть спра'шивают! ...а я пшена' не отпущу'. ... Ну ви'данное ли э'то де'ло - во'семь фу'нтов?
ВИДА'ТЬ
00
В глаза' не вида'ть [кого'] R глаз
00
Вида'ть ви'ды R вид
00
Где э'то ви'дано [, чтоб ...<INF]
WHO EVER HEARD OF ...!
1. -Где э'то ви'дано за'втракать перед са'мым обе'дом?
2. -Где э'то ви'дано, чтоб но'чью в го'сти ходи'ли?
00
Глаза' б (мои') не вида'ли [кого'<чего'] R глаз
00
Не вида'ть как свои'х уше'й [кого'<чего'] R у'хо
00
(Ни) зги не вида'ть R зги
00
От земли' не вида'ть
KNEE-HIGH TO A GRASSHOPPER
-От земли' не вида'ть, а уже' корми'лец семьи'!
-говори'ли в селе' о подро'стке - сы'не вдовы'.
ВИ'ДЕТЬ
00
Ви'деть в ра'дужном све'те R ра'дужный
00
Ви'деть [кого'] наскво'зь R наскво'зь
00
Ви'деть на два арши'на $под земле.й<в зе'млю$ R арши'н
00
Ви'деть не $могу'<мо'жет<ETC$
(HE) CAN'T STAND THE SIGHT OF
Он ви'деть не мо'жет отцо'в, подверга'ющих се'мьи нужде' из-за ле'ни.
00
$Ви'дишь<ви'дите$ (ли)
DO YOU SEE; DO YOU UNDERSTAND
-Сокраще'ние бюдже'та, ви'дите ли, влече'т за собо'й сокраще'ние шта'тов, -сказа'л заве'дующий конто'ры.
00
В ро'зовом $све'те/цве'те$ ви'деть [кого'<что] R

ро'зовый
00
$Гляде'ть/смотре'ть$ в кни'гу и ви'деть фи'гу R фи'га
00
Да'льше (своего') но'са не ви'деть R нос
00
До то'чки =ви'деть= R то'чка
00
$За дере'вьями<из-за дере'вьев$ ле'са не ви'деть R де'рево
00
Как ви'дите
..., AS YOU CAN SEE, ...
-В магази'не залежа'лись, как ви'дите, не'которые това'ры; на'до измени'ть ассортиме'нт, -предложи'л оди'н из компаньо'нов.
00
Не ви'деть све'та (во'льного)
1. TO BE VERY BUSY; NOT TO HAVE A MOMENT OF PEACE 2. TO SUFFER VERY MUCH
Наро'ду не ви'деть све'та во'льного при любо'й диктату'ре.
00
Рад ви'деть (вас)
IT'S GOOD TO SEE YOU [A GREETING]
-Рад ви'деть Вас! -приве'тствовал хозя'ин го'стя.
00
Спать и (во сне) ви'деть R спать
00
То'лько и ви'дели [кого']
(HE) SIMPLY DISAPPEARED
То'лько и ви'дели певца' - самоу'чку по'сле спекта'кля в городке'.
ВИ'ДЕТЬСЯ
29
Как ви'дится
APPARENTLY
Ту'чи заволокли' не'бо; как ви'дится, быть дождю'.
ВИ'ДИМО-НЕВИ'ДИМО
00
Ви'димо-неви'димо
A GREAT QUANTITY OF; VERY MANY
Ви'димо - неви'димо собра'ло'сь ла'сточек для отле.та на юг.
ВИ'ДИМОСТЬ
29
Для ви'димости
FOR APPEARANCES
Проигра'вшись в ка'рты, он, для ви'димости, беспе'чно улыба'лся.
00
По (всей) ви'димости
BY ALL APPEARANCES
По всей ви'димости, действи'тельно случи'лось что'-то из ря'да вон выходя'щее.
ВИ'ДИМЫЙ
29
Ви'димое де'ло
1. IT IS CLEAR; IT IS WELL KNOWN 2. IN ALL PROBABILITY
Ви'димое де'ло - автомоби'ль не дви'нется с ме'ста без газоли'на.
ВИ'ДНО
00
(Ни) зги не ви'дно R зги
ВИ'ДНЫЙ
00
Ви'ден<видна'<ви'дно $как<бу'дто$ на ладо'ни R ладо'нь
ВИЗЖА'ТЬ
00
Визжа'ть дурны'м го'лосом R дурно'й
ВИЗИ'Т
00
Нанести' визи'т [кому'] R нанести'
00
Отда'ть визи'т R отда'ть
00
$Прийти'/прие'хать/быть/ETC$ с визи'том
TO PAY A VISIT

ВИЗИ'Т CONT'D.
    В воскресе'нье он [Обло'мов] был с визи'том у хозя'йки, пил ко'фе, ел горя'чий пиро'г.
ВИ'ЛЫ
    00
    Ви'лами $на воде'<по воде'$ $пи'сано/напи'сано$
    IT'S STILL UP IN THE AIR
    -Ви'лами по воде' пи'сано - пое'дем ли мы на юг, потому' что мой о'тпуск отло'жен, -сказа'л муж.
ВИЛЯ'ТЬ
    29
    Виля'ть хвосто'м
    1. TO CURRY FAVOR WITH (SOMEONE); TO FAWN ON (SOMEONE) 2. TO BE CUNNING, SLY
    -Что же заставля'ет всех э'тих люде'й так уни'женно виля'ть хвосто'м перед челове'ком, кото'рый да'же и не взгля'нет на них никогда' внима'тельно.
ВИНА'
    00
    Вмени'ть в вину' [кому'] R вмени'ть
    00
    Отда'ть вину' R отда'ть
    00
    По вине' [кого'<чего']
    BECAUSE OF (SOMEONE); AS A RESULT OF (SOMETHING); DUE TO (SOMETHING)
    ...за просто'й по вине' непого'ды парохо'ды не получа'ли ни це'нта.
ВИНО'
    00
    Вино' $броса'ется/кида'ется$ в го'лову R броса'ться
    00
    Вино' сту'кнула в го'лову [кому'] R сту'кнуть
    00
    Глуши'ть вино' R глуши'ть
ВИНОВА'ТЫЙ
    00
    $Винова'т<винова'та$
    PARDON ME; EXCUSE ME
    Студе'нт нереши'тельно поле'з за ним [ямщико'м] и, толкну'в его' неча'янно ло'ктем, сказа'л ро'бко и ве'жливо:-Винова'т!
    00
    (Всегда') винова'т стре'лочник R стре'лочник
    00
    Ни сном ни ду'хом не винова'т [в че.м] R сон
ВИ'НТИК
    29
    $Ви'нтиков<ви'нтика$ не хвата'ет (в голове') [у кого']
ВИНТО'ВКА
    00
    $Соста'вить/поста'вить$ винто'вки в ко'злы R ко'злы
ВИ'СЕЛЬНИК
    00
    Ю'мор ви'сельника R ю'мор
ВИСЕ'ТЬ
    29
    Висе'ть в во'здухе
    1. TO BE UP IN THE AIR; TO BE HANGING [I.E. TO BE IN AN UNCERTAIN POSITION] 2. TO BE GROUNDLESS
    Поку'пка но'вого до'ма висе'ла в во'здухе, потому' что ста'рый не' был про'дан.
    00
    Висе'ть на $волоске'/ни'точке$ R волосо'к
    29
    Висе'ть на телефо'не
    TO SPEND HOURS ON THE TELEPHONE
    Домохозя'йки подо'лгу вися'т на телефо'не, сообща'я друг дру'гу теку'щие но'вости.
    00
    Висе'ть на хвосте' [кого'] R хвост
    00
    Висе'ть на че'стном сло'ве R че'стный
    00
    Висе'ть на ше'е [у кого'] R ше'я
ВИ'СНУТЬ
    00
    Ви'снуть на ше'е [у кого'] R ше'я

ВИТА'ТЬ
    00
    $Вита'ть/быть/находи'ться$ в $облака'х/эмпире'ях$
    TO LIVE IN A DREAM WORLD; TO BE A DREAMER
    Мечта'тель - челове'к вита'ющий в облака'х, не придава'я значе'ния реа'льности.
    00
    Вита'ть ме'жду не'бом и земле.й
    TO LIVE IN A DREAM WORLD; TO BE A DREAMER
    -Мы навсегда' полюби'ли друг дру'га; роди'тели гото'вят сва'дьбу, а мы, вита'я ме'жду не'бом и земле.й, жде.м не дожде.мся э'того дня, -сообщи'л он друзья'м.
ВИТЬ
    00
    Вить вере.вки [из кого']
    TO TWIST (SOMEONE) AROUND ONE'S FINGER
ВИ'ТЬСЯ
    00
    Ви'ться вьюно'м [о'коло кого'] R вьюн
ВИШЬ
    00
    Ви'шь ты
    DON'T YOU SEE!; LOOK AT THAT!
    -Ви'шь ты, -сказа'л оди'н мужи'к друго'му, -во'н како'е колесо'!
ВКОЛОТИ'ТЬ
    00
    Вколоти'ть в гроб R гроб
    00
    Вколоти'ть себе' в го'лову [что] R голова'
ВКОПА'ТЬ
    00
    $Как/сло'вно/то'чно$ вко'панный
    AS IF ROOTED TO THE SPOT
    Тро'йка вы'летела из ле'са на просто'р, кру'то поверну'ла напра'во и...останови'лась, как вко'панная.
ВКОСЬ
    00
    $Вкось и вкривь<вкривь и вкось$
    AT RANDOM; EVERY WHICH WAY
    1. Граф Х. двух нот разобра'ть не мо'жет, не ты'кая вкось и вкривь указа'тельным па'льцем по кла'вишам. 2. Рассужда'ют, сообража'ют вкривь и вкось, а сами'м ску'чно.
ВКРА'СТЬСЯ
    00
    Вкра'сться в $дове'рие/ми'лость$
    TO WORM ONE'S WAY INTO (SOMEONE'S) CONFIDENCE
    -Он недо'лго рабо'тает на стро'йке, а уже' вкра'лся в ми'лость у прора'ба, -говори'ли рабо'чие.
ВКРИВЬ
    00
    $Вкривь и вкось <вкось и вкривь$ R вкось
ВКУС
    00
    Войти' во вкус
    TO TAKE TO (SOMETHING); TO ACQUIRE A TASTE FOR (SOMETHING);
    Войдя' во вкус просто'й жи'зни рыбако'в, он посели'лся у них.
    00
    Входи'ть во вкус
    TO BEGIN TO ENJOY (SOMETHING)
    Молоде.жь легко' вхо'дит во вкус но'вой мо'ды.
    00
    На вкус [чей]
    TO (SOMEONE'S) TASTE; ACCORDING TO (SOMEONE'S) TASTE/OPINION.
    Ли'за, на вкус А'нны, была' гора'здо привлека'тельнее.
    00
    $Прийти'сь/быть$ [кому'] по вку'су R прийти'сь
    00
    Угоди'ть на [чей] вкус R угоди'ть
ВКУША'ТЬ
    00
    Вкуша'ть плоды' [чего']
    TO TASTE THE FRUITS OF (E.G. ONE'S LABOR)
    68
    Вкуша'ть сон

ВКУША'ТЬ CONT'D.
    TO SLEEP
    Ба'рин вкуша'л сон по'сле сы'тного обе'да.
ВЛАДЕ'НИЕ
    00
    Ввести' во владе·ние R ввести'
    00
    Ввод во владе'ние R ввод
ВЛАДЕ'ТЬ
    00
    Владе'ть перо'м
    TO WRITE WELL; TO HAVE LITERARY TALENT; ABLE TO EXPRESS
    ONESELF WELL IN WRITING; TO BE A MASTER OF THE WRITTEN
    WORD
    Кри'тики говори'ли о но'вом писа'теле, что он владе'ет
    перо'м.
    00
    Владе'ть собо'й
    TO MAINTAIN ONE'S COMPOSURE; TO CONTROL ONESELF
ВЛАДЫ'КА
    00
    Своя' рука' влады'ка R рука'
ВЛАСТИ'ТЕЛЬ
    00
    Власти'тель дум
    A MASTER MIND; A LEADING/GUIDING LIGHT
    Пу'шкин - власти'тель дум мно'гих поколе'ний.
ВЛАСТЬ
    00
    Ва'ша власть
    IT'S UP TO YOU; AS YOU PLEASE
    -Счастли'вые часо'в не наблюда'ют-Не наблюда'йте, ва'ша
    власть.
    00
    Власть реши'ть и вяза'ть R реши'ть
    00
    В $мое'й<твое'й<его'<ETC$ вла'сти
    IN (MY) POWER
    1. -Не ду'мать! Да ра'зве э'то в мое'й вла'сти! 2.
    Мы б хоте'ли то'же ве'рить,... бу'дто сча'стье в на'шей
    вла'сти.
    00
    $Во вла'сти<под вла'стью$ [кого'<чего']
    IN THE POWER OF (SOMEONE/SOMETHING); UNDER THE INFLUENCE OF
    (SOMEONE/SOMETHING)
    1. Сего'дня с са'мого утра' я чу'вствую себя' во
    вла'сти прошлого'дних воспомина'ний. 2. Дней пройде.т
    гряда', и бу'дут жить под вла'стью труда' все стра'ны и
    все города'. 3. Деле'сов посмотре'л в глаза'
    А'льберта и вдруг сно'ва почу'вствовал себя' во вла'сти
    его' улы'бки.
    00
    $Отда'ться/преда'ться$ $вла'сти/во вла'сть$ [кого'<чего']
    TO GIVE ONESELF UP TO (SOMEONE/SOMETHING); TO SUCCUMB/YIELD
    TO (SOMEONE/SOMETHING)
    1. Друго'й в чужи'х зе'млях Преда'вшися поро'ка
    вла'сти За ро'скошь, не'гу и за стра'сти Здоро'вьем, а
    пото'м и жи'знью заплати'л. 2. Ле'жа в посте'ли...,
    она' [мать], ... отдала'сь во власть трево'г.
    00
    Предержа'щая власть R предержа'щий
    00
    Стать у вла'сти R стать
    00
    Стоя'ть у вла'сти R стоя'ть
    00
    Теря'ть власть над собо'й
    TO LOSE CONTROL OF ONESELF
    Потеря'в над собо'й власть, Алексе'й зарыда'л.
ВЛЕЗТЬ
    00
    Влезть в $долг<долги'$ R долг
    00
    Влезть в ду'шу [кому'] R душа'
    00
    Влезть в $копе'ечку/копе'йку$ R копе'ечка
    00
    Влезть в пе'тлю R пе'тля

    00
    Влезть в [чью] ко'жу R ко'жа
    00
    Влезть в [чью] шку'ру R шку'ра
    29
    Не вле'зешь [в кого']
    HE IS INSCRUTABLE; HE IS A DEEP ONE
    -В него' не вле'зешь! То' ли он согла'сен переe'хать с
    на'ми в го'род, то' ли он оста'нется оди'н на хозя'йстве,
    -говори'ли сыновья' об отце'.
    00
    Ско'лько вле'зет R ско'лько
ВЛЕТЕ'ТЬ
    00
    Влете'ть $бо'мбой<как бо'мба$ R бо'мба
    00
    Влете'ть в $копе'ечку/копе'йку$ R копе'ечка
ВЛЕЧЬ
    00
    Влечь за собо'й [что]
    TO CARRY (SOMETHING) WITH IT; TO INVOLVE/ENTAIL (SOMETHING)
    -Преступле'ние влече.т за собо'й тяже.лую ка'ру.
ВЛИТО'Й
    00
    $Как/сло'вно/то'чно$ влито'й (сиди'т)
    (IT) FITS LIKE A GLOVE; (IT) LOOKS LIKE (SHE) WAS POURED
    INTO (IT)
    Варва'ра Серге'евна наде'ла пла'тье, кото'рое до войны'
    сиде'ло сло'вно "влито'е".
ВЛИТЬ
    00
    Влить живу'ю струю' [во что] R струя'
ВЛОЖИ'ТЬ
    00
    Вложи'ть в уста' [чьи] =мы'сли/слова'/ETC=
    TO PUT WORDS/THOUGHTS INTO (SOMEONE'S) MOUTH
    -Он сло'вно вложи'л в уста' мои' слова' отве'та,
    -восто'рженно сказа'л студе'нт о молодо'м профе'ссоре.
    00
    Вложи'ть ду'шу [во что] R душа'
    00
    Вложи'ть меч в но'жны R меч
ВЛОМИ'ТЬСЯ
    00
    Вломи'ться в амби'цию R амби'ция
ВЛЮБИ'ТЬСЯ
    00
    По' уши влюби'ться R у'хо
ВМЕНИ'ТЬ
    00
    Вмени'ть в вину' [кому']
    TO CHARGE (SOMEONE) WITH (SOMETHING)
    Води'телю автомоби'ля вмени'ли в вину' незако'нную
    скоро'сть езды'.
    00
    Вмени'ть в обя'занность
    TO IMPOSE AN OBLIGATION ON (SOMEONE); TO MAKE IT (SOMEONE'S)
    DUTY TO DO (SOMETHING)
    Мы вмени'ли себе' в обя'занность дава'ть ей горя'чие
    кре'ндели.
ВМЕ'СТЕ
    00
    Вме'сте с тем
    AT THE SAME TIME; SIMULTANEOUSLY
    Тру'дно предста'вить себе' бо'лее отве'тственную, но
    вме'сте с тем и бо'лее счастли'вую эпо'ху, чем ту, в
    кото'рой мы с ва'ми живе.м и бо'ремся.
ВНЕ
    00
    Вне вре'мени и простра'нства
    IGNORING REALITY
    -Мы провели' ле'то на ло'не приро'ды, живя' вне вре'мени
    и простра'нства, -сообщи'л учи'тель свои'м колле'гам.
    00
    Вне себя'
    BESIDE ONESELF
    Люби'тели футбо'ла бы'ли вне себя' от восто'рга, следя'
    за хо'дом игры'.

ВНЕСТИ'
00
Внести' живу'ю струю' [но что] R струя'
00
Внести' предложе'ние
TO MAKE A SUGGESTION; TO SUBMIT A PROPOSAL
Бы'ло внесено' предложе'ние о переры'ве в заседа'нии.
00
Внести' я'сность =в де'ло/ETC=
TO BRING SOME CLARITY INTO A SITUATION; TO EXPLAIN (SOMETHING); TO MAKE (SOMETHING) CLEAR; TO SHED SOME LIGHT ON A SITUATION
ВНИЗ
00
$Идти'/кати'ться/опуска'ться/ETC$ вниз
TO GO DOWN; TO PLUMMET; TO DROP [ABOUT PRODUCTION, THE ECONOMY]
00
Смотре'ть [на кого'] све'рху вниз R све'рху
ВНИМА'НИЕ
00
Быть в це'нтре внима'ния
TO BE THE CENTER OF ATTENTION
00
Внима'ние!
ATTENTION!
-Внима'ние! -обрати'лся председа'тель собра'ния к прису'тствующим. -На пове'стке дня неотло'жные вопро'сы.-
00
Внима'нию [кого']
ATTENTION (SHOPPERS, ETC.)!
Внима'нию покупа'телей!
00
Заостри'ть внима'ние [на че.м] R заостри'ть
00
Мину'ту внима'ния R мину'та
00
Ноль внима'ния R ноль
00
Обрати'ть внима'ние [на кого'<на что]
TO TURN ONE'S ATTENTION TO (SOMEONE/SOMETHING)
Хабло' снача'ла как бу'дто не обрати'л внима'ния на Миро'на и ра'за два проше.л ми'мо него'.
00
Обрати'ть на себя' внима'ние
TO DRAW ATTENTION TO ONESELF
Иногда' он как бы неча'янно да'же задева'л помо'щника капита'на ло'ктем. Специа'льно, что'бы обрати'ть на себя' внима'ние.
00
Обрати'ть чье. внима'ние [на кого'<на что]
TO TURN (SOMEONE'S) ATTENTION TO (SOMEONE/SOMETHING)
Проезжа'я по у'лице, Кривцо'в обрати'л внима'ние го'стя на но'вое зда'ние.
00
Оста'вить без внима'ния
TO DISREGARD (SOMETHING); TO LEAVE (SOMETHING) UNATTENDED
Ора'тор оста'вил без внима'ния ре'плики из толпы'.
00
Приня'ть во внима'ние
TO TAKE INTO ACCOUNT/CONSIDERATION
Тре'бования рабо'чих об улучше'нии усло'вий труда' при'няты во внима'ние.
00
Удели'ть (осо'бое) внима'ние
TO SHOW A PARTICULAR INTEREST IN (SOMETHING); TO DEVOTE PARTICULAR ATTENTION TO (SOMETHING)
Прави'тельство удели'ло осо'бое внима'ние национа'льным меньшинства'м.
ВНУТРИ'
00
$Оборва'ло'сь/оторва'ло'сь$ внутри' [у кого'] R оборва'ться
ВОБРА'ТЬ
00
Вобра'ть го'лову в пле'чи

TO DRAW ONE'S HEAD IN

Визжа'щие бо'мбы, каза'лось, лете'ли пря'мо к ней в я'му. Она' вобра'ла го'лову в пле'чи и присе'ла, зажму'ря глаза'.
ВОГНА'ТЬ
00
Вогна'ть в гроб R гроб
00
Вогна'ть в кра'ску
TO MAKE (SOMEONE) BLUSH
Похвала' роди'телей за уче'бные успе'хи вогнала' в кра'ску ю'ношу.
00
Вогна'ть в пот
TO BE A SLAVE-DRIVER; TO MAKE (SOMEONE) SWEAT
Сам челове'к работя'щий, он не выноси'л ле'ни во всех ее. ви'дах и вогня'л в пот свои'х сапе.ров...
ВОДА'
00
Бу'ря в стака'не воды' R бу'ря
00
Ви'лами $на воде'<по воде'$ $пи'сано/напи'сано$ R ви'лы
00
В му'тной воде' ры'бу лови'ть R лови'ть
00
В ого'нь и во'ду =гото'в/пойду'/ETC= R ого'нь
00
Водо'й не $разли'ть/разолье.шь$ [кого']
(THEY) ARE INSEPARABLE/THICK AS THIEVES
Друзе'й, испы'танных жи'знью, водо'й не разли'ть.
00
Воды' не замути'т
BUTTER WOULDN'T MELT IN (HIS) MOUTH; (HE) IS GENTLE AS A LAMB
Каза'лось, он воды' не замути'т, а тепе'рь вот в тю'рьме за подло'ги сиди'т.
00
Вози'ть во'ду [на ком] R вози'ть
00
Вы'вести на $чи'стую/све'жую$ во'ду [кого'] R вы'вести
00
Вы'йти сухи'м из воды'
TO COME OUT SMELLING LIKE A ROSE; TO COME THROUGH UNSCATHED
00
$Как/бу'ато/сло'вно$ в во'ду $гляде'л/смотре'л$
AS THOUGH HE GUESSED/SAW IT IN A CRYSTAL BALL
Владе'лец магази'на бу'дто в во'ду смотре'л, подобра'в товары по вку'су покупа'телей.
00
$Как/бу'ато/сло'вно$ в во'ду опу'щенный
DEJECTED; DOWNCAST
Не находя' рабо'ты, он хо'дит как в во'ду опу'щенный.
00
$Как/бу'ато/сло'вно$ в во'ду ка'нул R ка'нуть
00
Как (водо'й) смы'ло R смыть
00
Как две ка'пли воды' (похо'ж [на кого']) R ка'пля
00
Как ры'ба в воде' R ры'ба
00
Как с гу'ся вода' [кому'] R гусь
00
Кончы' в во'ду R коне'ц
00
Лить во'ду на [чью] ме'льницу
(IT) IS GRIST TO (SOMEONE'S) MILL; TO PLAY INTO (SOMEONE'S) HANDS
-Наш разла'д лье.т воду на ме'льницу конкуре'нта, -сказа'л оди'н из компаньо'нов.
00
$Мно'го/нема'ло/сто'лько/ETC$ воды' утекло'
A LOT OF WATER HAS FLOWED UNDER THE BRIDGE; THAT WAS LONG AGO; THAT WASN'T SO LONG AGO
Нема'ло воды' утекло' со дня оконча'ния Второ'й мирово'й войны', а в ми'ре все. нет ми'ра.
00
Мути'ть во'ду R мути'ть

ВОДА' CONT'D.
00
Набра'ть воды' в рот
TO REMAIN SILENT; NOT TO UTTER A WORD
Он не принима'л уча'стия в разгово'ре, сло'вно набра'л воды' в рот.
00
Носи'ть решето'м во'ду
TO WASTE TIME; TO (DO SOMETHING) USELESS
00
Пройти' ого'нь и во'ду (и ме'дные тру'бы) R ого'нь
00
$Седьма'я/деся'тая$ вода' на киселе'
DISTANT RELATIVES
На'ше родство' с дя'дей в Аме'рике – деся'тая вода' на киселе': он пото'мок прие.много сы'на о'тчима.
00
Темна' вода' во о'блачех R те.мный
00
Ти'ше воды', ни'же травы'
MEEK AND MILD; QUIET AS A MOUSE
По'сле того' как оте'ц побрани'л дете'й за изли'шне шу'мную игру', они ста'ли ти'ше воды', ни'же травы'.
00
Толо'чь во'ду (в сту'пе)
TO WASTE TIME; TO DO (SOMETHING) USELESS
–Нам на'до обсуди'ть пути' устране'ния недоста'тков на произво'дстве, а не толо'чь во'ду в сту'пе, повто'рно говоря' о них, –сказа'л оди'н из рабо'чих.
00
Холо'дной водо'й $окати'ть/обли'ть$
TO THROW COLD WATER ON (SOMEONE); TO DAMP (SOMEONE'S) ARDOR
Сообще'ние об увольне'нии с рабо'ты как холо'дной водо'й окати'ло его'.
00
Ча'ющие движе'ния воды' R ча'ять
00
$Чи'стой/чисте'йшей$ воды' [кто<что]
OF THE FIRST WATER
Ге'гель назва'л бы их [славянофи'лов] метафи'зиками чисте'йшей воды'.
ВОДИ'ТЬ
00
Води'ть за' нос
TO PULL THE WOOL OVER (SOMEONE'S) EYES
00
Води'ть компа'нию [с кем] R компа'ния
00
Води'ть на помоча'х [кого'] R по'мочи
00
Води'ть хлеб-соль [с кем] R хлеб
00
Води'ть хорово'ды
TO WALK IN A CIRCLE, HOLDING HANDS AND SINGING
В наро'де по ста'рому обы'чаю во'дят хорово'ды.
ВОДИ'ТЬСЯ
00
В ти'хом о'муте че'рти во'дятся R о'мут
00
Как во'дится
..., AS USUAL, ...; ..., AS ALWAYS, ...
Меще'рский вы'шел к медсестре' за перегоро'дку и, как во'дится, вполго'лоса спроси'л о самочу'вствии гва'рдии майо'ра.
ВО'ДКА
CO
Во'дка сту'кнула в го'лову [кому'] R сту'кнуть
00
Глуши'ть во'дку R глуши'ть
ВОЕВА'ТЬ
00
Воева'ть с ветряны'ми ме'льничами R ме'льница
ВОЕ'ННЫЙ
00
На вое'нную но'гу
ON A MILITARY FOOTING
Жизнь в их семье' постро'ена на вое'нную но'гу.
ВО'ЖЖИ
29
Вожжа' под хвост попа'ла [кому']

SOMETHING GOT INTO (HIM); (HE) FLEW OFF THE HANDLE
00
Дать во'жжи R дать
00
Держа'ть во'жжи в рука'х
TO HOLD THE REINS IN ONE'S HANDS; TO HOLD ALL THE POWER
Оте'ц э'той семьи' де'ржит во'жжи в рука'х: де'ти послу'шны, хорошо' у'чатся и помога'ют по до'му.
00
Прибра'ть во'жжи к рука'м
TO TAKE THE REINS; TO GATHER THE POWER INTO ONE'S OWN HANDS
Де'ло нала'дилось, когда' он прибра'л во'жжи к рука'м.
ВОЗВЕСТИ'
00
Возвести' в куми'р [кого'<что] R куми'р
00
Возвести' в перл созда'ния R перл
00
Возвести' на $престо'л/трон$
TO PLACE (SOMEONE) ON THE THRONE
00
Возвести' на ступе'нь [чего']
TO PLACE (SOMETHING) ON THE LEVEL OF (SOMETHING)

ВОЗВРА'Т
00
Без возвра'та
FOREVER; FINALLY; IRREVOCABLY
–Я все. разби'л в прах, без сожале'ния и без возвра'та.
ВОЗВРАТИ'ТЬ
00
Возврати'ть к жи'зни
TO BRING BACK TO LIFE; TO BRING AROUND
1. Своевре'менная по'мощь врача' возврати'ла его' к жи'зни. 2. Све'жий во'здух из откры'того окна' возврати'л к жи'зни де'вушку, лежа'вшую в о'бмороке.
ВОЗДВИ'ГНУТЬ
00
Воздви'гнуть на костя'х R кость
ВО'ЗДУХ
00
Благораствоpе'ние возду'хов R благораствоpе'ние
00
$Быть/быва'ть$ на во'здухе
TO TAKE SOME FRESH AIR; TO STROLL
Он совсе'м не быва'ет на во'здухе.
00
В во'здухе $но'сится/чу'вствуется$
YOU COULD FEEL IT IN THE AIR
–В во'здухе чу'вствуется, что мы стои'м пе'ред ва'жными собы'тиями, –говори'ли мно'гие в Росси'и пе'ред револю'цией.
00
Взлете'ть на во'здух R взлете'ть
00
Висе'ть в во'здухе R висе'ть
00
Вы'йти на во'здух
TO GO OUTSIDE; TO GO OUT IN THE FRESH AIR
Разгорячи'вшись от та'нцев, де'вушки и ю'ноши вы'шли на во'здух.
00
Глота'ть во'здух R глота'ть
00
Дыша'ть [каки'м] во'здухом
TO LIVE IN A CERTAIN ATMOSPHERE/SURROUNDINGS; TO LIVE IN A CERTAIN WAY
–Вы еще. бли'же уви'дите на'ших, на'ше о'бщество.... На'добно ж вам знать, каки'м я во'здухом дышу'.
00
На во'льном во'здухе
1. IN THE OPEN AIR 2. IN THE COUNTRY
–Хорошо' у вас на во'льном во'здухе!– сказа'л нам гость из це'нтра го'рода.
00
На (откры'том) во'здухе =быть/находи'ться/ETC=

ВО'ЗДУХ CONT'D.
   (TO BE/ETC.) OUT OF DOORS
   Заня'тия гимна'стикой на откры'том во'здухе.
00
   На чи'стом во'здухе R чи'стый
00
   Пови'снуть в во'здухе R пови'снуть
00
   Подня'ть на во'здух R подня'ть
00
   Хвата'ть во'здух R хвата'ть
ВОЗДУ'ШНЫЙ
00
   Возду'шная ва'нна R ва'нна
00
   Возду'шные за'мки
   CASTLES IN THE AIR
00
   Возду'шный поцелу'й
   A KISS BLOWN FROM THE HAND
   По'езд тро'нулся. в окне' мелькну'ло лицо' молодо'й
   же'нщины, посла'вшей возду'шный поцелу'й.
00
   Стро'ить возду'шные за'мки R стро'ить
ВОЗДЫХА'НИЕ
00
   Ни гла'са, ни воздыха'ния R глас
ВОЗИ'ТЬ
00
   Вози'ть во'ду [на ком]
   TO WORK (SOMEONE) TOO HARD; TO BE A SLAVE DRIVER
   –Недо'лго оста'лось ему' вози'ть во'ду на мне – я
   подыска'л рабо'ту поле'гче, –сказа'л землеко'п.
ВОЗЛАГА'ТЬ
00
   Возлага'ть наде'жды [на кого'<на что]
   TO SET ONE'S HOPES ON (SOMEONE/SOMETHING)
   Старики' возлага'ли наде'жды на еди'нственного сы'на.
00
   Возлага'ть отве'тственность [на кого'<на что]
   TO SADDLE (SOMEONE/SOMETHING) WITH THE RESPONSIBILITY
   Обще'ственное мне'ние возлага'ет отве'тственность на
   роди'телей за де'йствия их дете'й.
ВОЗЛОЖИ'ТЬ
00
   Возложи'ть [что] на алта'рь $оте'чества/иску'сства/
   нау'ки/любви'/ETC$ R алта'рь
ВОЗМО'ЖНОСТЬ
00
   До после'дней возмо'жности
   TO THE BITTER END; AS LONG AS ONE CAN; TO THE END OF
   ONE'S STRENGTH
   Осажде.нная кре'пость держа'лась до после'дней
   возмо'жности.
00
   Нет возмо'жности
   IT'S IMPOSSIBLE
   Нет возмо'жности дыша'ть в наку'ренном помеще'нии.
00
   По (ме'ре) возмо'жности
   AS FAR AS POSSIBLE; AS MUCH AS ONE CAN
   Больно'й, оставля'я костыли', про'бует, по ме'ре
   возмо'жности, ходи'ть по ко'мнате.
00
   По си'ле возмо'жности R си'ла
00
   При $пе'рвой/ближа'йшей$ возмо'жности
   AT THE FIRST OPPORTUNITY
   Он верну'л долг при пе'рвой возмо'жности.
ВОЗНЕСТИ'
00
   До небе'с вознести' R не'бо
ВОЗНЯ'
00
   Мыши'ная возня' R мыши'ный
ВО'ЗРАСТ
00
   Войти' в во'зраст R войти'

00
   Вы'йти из во'зраста R вы'йти
00
   На во'зрасте
   FULL-GROWN; MATURE [USUALLY ABOUT WOMEN]
   –Ты, ка'жется, и забы'л, что у тебя' сестра' де'вка на
   во'зрасте.
ВОЗЫМЕ'ТЬ
00
   Возыме'ть де'йствие
   TO TAKE EFFECT; TO HAVE AN EFFECT
   Замеча'ние учи'теля возыме'ло де'йствие – учени'к стал
   усе'рдно занима'ться.
ВОЙ
00
   Хоть во'лком вой R волк
ВОЙНА'
00
   Развяза'ть войну' R развяза'ть
ВОЙТИ'
00
   Войти' в амби'цию R амби'ция
00
   Войти' в быт
   TO BECOME CUSTOMARY/A CUSTOM
   Медо'вый ме'сяц воше.л в быт мно'гих наро'дов.
00
   Войти' в го'лову R прийти'
00
   Войти' в $дове'рие/ми'лость$ [к кому']
   TO GAIN (SOMEONE'S) CONFIDENCE/FAVOR
   Войдя' в ми'лость к нача'льству, он бы'стро сде'лал
   карье'ру.
00
   Войти' в $долг<долги'$ R долг
00
   Войти' в до'лю R до'ля
00
   Войти' в дру'жбу
   TO BECOME FRIENDS
   Де'ти сосе'дей вошли' в дру'жбу к удово'льствию
   роди'телей.
00
   Войти' в жизнь
   1. TO BECOME CUSTOMARY/A CUSTOM 2. TO TAKE TO A (CERTAIN)
   WAY OF LIFE
00
   Войти' в исто'рию
   TO GO DOWN IN HISTORY
   Примене'ние а'томных бомб вошло' в исто'рию.
00
   Войти' в $колею'/ру'сло$
   TO SETTLE DOWN [INTO AN ORDINARY WAY OF LIFE]; TO GET
   INTO THE GROOVE
   Верну'вшись с войны', оте'ц вско'ре воше.л в колею'
   гражда'нской жи'зни.
42
   Войти' в $лета'/года'/во'зраст$
   TO GROW UP
   –Не беспоко'йтесь, ма'менька, –сказа'л Алекса'ндр,
   –э'то так, ничего'! Я воше.л в лета', стал
   рассуди'тельнее, оттого' и заду'мчив.
00
   Войти' в мо'ду R мо'да
00
   Войти' в но'рму R но'рма
00
   Войти' во вкус R вкус
00
   Войти' в плоть и кровь R плоть
00
   Войти' в подро'бности
   TO GO INTO DETAILS
   Изуча'я исто'рию своего' наро'да, студе'нт воше.л в
   подро'бности, дото'ле ему' неизве'стные.
00
   Войти' в положе'ние [кого']
   TO PUT ONESELF IN SOMEONE ELSE'S PLACE; TO SYMPATHIZE

ВОЙТИ' CONT'D.
    WITH (SOMEONE)
    Прави'тельства не'которых стран вошли' в положе'ние
    пострада'вших от землетрясе'ния в Перу', оказав. пе'рвую
    по'мощь.
    00
    Войти' в посло'вицу
    TO BECOME PROVERBIAL
    Бога'ч, скупо'й до кра'йности, воше.л в посло'вицу в
    го'роде, как наибо'лее нужда'ющийся.
    00
    Войти' в раж R раж
    00
    Войти' в роль R роль
    00
    Войти' в си'лу
    TO COME INTO FORCE/EFFECT
    Зако'н о социа'льном обеспече'нии воше.л в си'лу во
    мно'гих стра'нах.
    00
    Войти' в си'лу R си'ла
    00
    Войти' в строй R строй
    00
    Войти' в часть [с кем] R часть
ВОКРУ'Г
    00
    Вокру'г да о'коло R о'коло
    00
    Вокру'г па'льца обвести' R обвести'
ВОЛ
    00
    $Рабо'тать/труди'ться$ как вол
    TO WORK LIKE A HORSE
    Со'сланной на ве'чное поселе'ние, он труди'лся как вол,
    создава'я за'ново хозя'йство.
ВО'ЛЕЙ-НЕВО'ЛЕЙ
    00
    Во'лей-нево'лей
    LIKE IT OR NOT
ВОЛК
    00
    Волк в ове'чьей шку'ре
    A WOLF IN SHEEP'S CLOTHING
    Кум оказа'лся во'лком в ове'чьей шку'ре, вы'манив у
    отца' сбереже'ния и скры'лся.
    00
    Во'лком смотре'ть
    TO SCOWL
    Неприя'тно име'ть де́ло с челове'ком, во'лком
    смотря'щим; чу'вствуется, бу'дто он ви'дит враго'в в
    други'х лю'дях.
    00
    Морско'й волк
    A SEA WOLF
    Капита'н корабля', морско'й волк, бесстра'шно смотре'л
    на бушу'ющее мо'ре.
    00
    Отольью'тся во'лку ове'чьи сле.зки R отли'ться
    00
    Тра'вленый волк R тра'вленый
    00
    Хоть во'лком вой
    YOU CAN'T DO ANYTHING ABOUT IT!; NO MATTER WHAT YOU DO,
    IT ... ; TO HOWL IN VAIN
    Весна' нужна' крестья'нину И ра'нняя и дру'жная, А тут
    - хоть во'лком вой! Не гре'ет зе'млю со'лнышко.
ВОЛО'ВИЙ
    00
    Воло'вьи глаза'
    BOVINE EYES; AN EXPRESSIONLESS LOOK
    На скаме'йке в па'рке сиде'ла по'лная же'нщина с
    воло'вьими глаза'ми, равноду'шно смотре'вшими на
    проходи'вших ми'мо.
    00
    Воло'вья ше'я
    BULL-NECK
    У борца' с воло'вьей ше'ей и могу'чей гру'дью был

    ма'ленький лоб.
ВО'ЛОС
    00
    Во'лосы ды'бом $встаю'т/стано'вятся/ста'ли$ R ды'бом
    00
    До седы'х воло'с (дожи'ть)
    (TO LIVE) TO A RIPE OLD AGE
    Бу'дучи хи'лым ребе.нком, она' дожила' до седы'х воло'с.
    00
    Копна' воло'с<во'лосы копно'й R копна'
    00
    $Красне'ть/покрасне'ть$ до корне'й воло'с R красне'ть
    00
    Ни на' волос
    NOT A BIT; NOT A HAIR; NOT·AT ALL
    -Ты ни на' волос не измени'лся по'сле сто'льких лет!
    -приве'тствовал он ста'рого дру'га.
    00
    Носи'ть во'лосы R носи'ть
    00
    Притяну'ть за' волосы [что] R притяну'ть
    00
    $Рвать/драть$ на себе' во'лосы
    TO TEAR ONE'S HAIR; TO BE DESPERATE
ВОЛОСО'К
    00
    $Висе'ть/держа'ться$ на $волоске'/ни'точке$
    TO BE HANGING BY A THREAD; TO BE TOUCH AND GO
    Ро'ды бы'ли тру'дные, ... и жизнь О'льги Серге'евны
    висе'ла на волоске'.
    00
    На $волосо'к<волоске'$ [от чего']
    TO BE CLOSE TO (SOMETHINGУ A HAIR'S BREADTH FROM (SOMETHING)
    TO HAVE A BRUSH WITH (DEATH, ETC.)
    Два'дцать раз он был на волоске' от сме'рти.
    00
    Не тро'нуть волоска' [у кого']
    NOT TO HARM A HAIR ON (SOMEONE'S) HEAD
    Де'ти поба'ивались сосе'да, хотя' он не тро'нул волоска'
    у них; его' холо'дный взгляд отпу'гивал их.
ВОЛОЧИ'ТЬ
    00
    $Е'ле/едва'/наси'лу/ETC$ но'ги волочи'ть R нога'
    00
    $Е'ле/едва'$ но'ги $волочи'ть/тяну'ть$
    TO BE BARELY DRAGGING ONE'S FEET
    Крестья'не шли с по'ля, е'ле но'ги волоча' от уста'лости.
ВО'ЛЧИЙ
    00
    Во'лчий аппети'т
    (TO BE) HUNGRY AS A WOLF
    По'сле физи'ческой рабо'ты и'ли до'лгой ходьбы' у
    здоро'вых люде'й быва'ет во'лчий аппети'т: они' едя'т
    бо'льше и все. вку'сно им.
ВОЛЧКО'М
    00
    Верте'ться волчко'м
    1. TO SPIN LIKE A TOP 2. TO WORK ONE'S HEAD OFF
    Что'бы не упусти'ть рабо'ты и спра'виться с дома'шним
    хозя'йством, же'нщинам прихо'дится верте'ться волчко'м.
ВОЛШЕ'БНИК
    00
    Маг и волше'бник R маг
ВОЛШЕ'БНЫЙ
    00
    $Бу'дто/как/сло'вно/то'чно$ по манове'нию волше'бной
    па'лочки R манове'ние
    00
    $Бу'дто/как/сло'вно/то'чно$ по манове'нию волше'бного
    жезла' R манове'ние
    00
    Волше'бный фона'рь R проекцио'нный
ВО'ЛЬНЫЙ
    00
    $Во'льный каза'к/во'льная пти'ца$
    A FREE MAN; (TO BE) FREE AS A BIRD
    -С ним [му'жем] я свобо'дна, соверше'нно свобо'дна....
    Я зна'ла, что с ним я бу'ду во'льный каза'к!

ВО'ЛЬНЫЙ CONT'D.
00
На во'льном во'здухе R во'здух
00
Не ви'деть све'та (во'льного) R ви'деть
ВО'ЛЯ
00
$Брать/взять$ во'лю
TO HAVE ONE'S WAY; TO DO WHAT ONE WANTS
14
Во'лею суде'б
BY CHANCE; AS FATE WOULD HAVE IT
Пото'мок раба' во'лею суде'б стал изве'стным уче.ным.
00
Во'ля $ва<ша<твоя$
AS YOU WISH; AS YOU WANT; IT'S UP TO YOU
-Де'ло что-то не ла!дно. Во'ля твоя', су'дарь, а
де'нег я не вы'дам.
00
Дать во'лю кулака'м R кула'к
00
Дать во'лю рука'м
1. TO TOUCH (SOMETHING) BY IMPULSE; 2. TO GET IN A FIGHT;
TO USE ONE'S FISTS
Пья'ный дал во'лю рука'м, уда'рив смея'вшегося ю'ношу.
00
Дать $во'лю/свобо'ду$ [кому'<чему']
TO GIVE A FREE HAND TO (SOMEONE); TO GIVE WAY TO (TEARS,
IMAGINATION, ETC.)
1. Дать во'лю слеза'м. 2. Дать во'лю языку'. 3.
Дать во'лю чу'вствам. 4. Дать во'лю фанта'зии.
00
Лю'ди до'брой во'ли R до'брый
29
На во'ле
OUTSIDE; IN THE FRESH AIR; IN THE OPEN; OUTDOORS
[Го'сти] сиде'ли за столо'м, ... поста'вленным на
"во'ле" таки'м о'бразом, что'бы сидя'щие за ним свобо'дно
могли' любова'ться на Во'лгу.
29
На во'лю
OUTSIDE; OUT OF DOORS (DIRECTIONAL)
[Стари'к] обра'довался гостя'м, как был в руба'хе, так и
вы'скочил на во'лю.
00
Отойти' на во'лю R отойти'
00
Отойти' от госпо'д (на во'лю) R отойти'
00
По до'брой во'ле R до'брый
29
С во'ли
FROM THE OUTSIDE
Гуде'ли му'хи, ны'ли комары', где'-то треща'л сверчо'к,
а с во'ли доноси'лось ква'канье лягу'шек.
ВОН
00
Во'н (оно') $что<как$!
WELL, LOOK AT THAT!; I'LL BE A SON OF A GUN!
-Семья'-то больша'я, да два челове'ка всего'
мужико'в-то: оте'ц мой да я...-Так во'н оно' что!
00
Гляде'ть вон R гляде'ть
00
Дух вон [у кого'] R дух
00
Из рук вон (пло'хо) R рука'
00
Из ря'да вон (выходя'щий) R ряд
00
Из $ума'/головы'/па'мяти$ вон
IT SLIPPED MY MIND
От волне'ния перед экза'меном из па'мяти вон, каза'лось,
основны'е положе'ния диалекти'ческого материали'зма.
00
Лезть вон из ко'жи R ко'жа
ВООБРАЖА'ТЬ
29
Вообража'ть о себе'

TO THINK (MUCH) OF ONESELF; TO BE CONCEITED
Он сли'шком мно'го о себе' вообража'ет.
ВООБРАЖЕ'НИЕ
00
Игра' воображе'ния R игра'
00
Трево'жить воображе'ние [чье.] R трево'жить
ВООБЩЕ'
00
Вообще' $говоря'/сказа'ть$
GENERALLY SPEAKING
Живя' в нужде' на ро'дине, лю'ди стреми'лись в страну'
изоби'лия; пожи'в в ней, они' ста'ли ви'деть то'лько
недоста'тки; вообще' говоря', челове'к - неблагода'рное
существо'.
ВООРУЖЕ.ННЫЙ
00
Вооруже.нный до зубо'в R зуб
ВООРУЖИ'ТЬСЯ
00
Вооружи'ться $терпе'нием/тве.рдостью$
TO RESOLVE TO BE PATIENT/FIRM; TO ARM ONESELF WITH
PATIENCE/FIRMNESS
Вооружи'вшись тве.рдостью, он доказа'л необходи'мость
введе'ния мер предупрежде'ния престу'пности молоде.жи.
ВОПИ'ТЬ
00
Вопи'ть благи'м ма'том R мат
ВОПИЮ'ЩИЙ
00
Глас вопию'щего в пусты'не R глас
ВОПИЯ'ТЬ
00
$Де'ло вопие'т/фа'кты вопию'т$
THE CASE/FACTS SPEAK(S) FOR ITSELF/THEMSELVES
Фина'нсовые манипуля'ции осо'бого ро'да дельцо'в есть
подры'в госуда'рственных дохо'дов; де'ло вопие'т
строжа'йших мероприя'тий.
00
Ка'мни вопию'т
THE STONES WOULD IMMEDIATELY CRY OUT; IT'S ENOUGH TO MAKE
THE ANGELS WEEP
Ка'мни вопию'т о подавле'нии восста'ния наро'дности,
стремя'щейся к незави'симости.
ВОПЛОТИ'ТЬ
00
Воплоти'ть в жизнь
TO REALIZE; TO GIVE LIFE TO (SOMETHING); TO BRING TO
REALIZATION
00
Воплоти'ть в себе'
TO BE THE VERY INCARNATION OF (SOMETHING); TO TRULY
REPRESENT (SOMETHING)
Он воплоти'л в себе' мно'гие ка'чества иссле'дователя:
любозна'тельность, инициати'ву, упо'рство и
после'довательность в рабо'те.
ВОПРО'С
00
Больно'й вопро'с R больно'й
00
Ввести' в суть вопро'са R ввести'
00
Вопро'с жи'зни и'ли сме'рти
A QUESTION OF LIFE OR DEATH
Отыска'ть его' - э'то сде'лалось для меня' вопро'сом
жи'зни и'ли сме'рти!
00
Жгу'чий вопро'с R жгу'чий
00
Зада'ть вопро'с [кому'] R зада'ть
00
Откры'тый вопро'с R откры'тый
00
Под (больши'м) вопро'сом =быть/остава'ться/находи'ться=
THAT REMAINS TO BE SEEN; IT IS STILL DOUBTFUL
Произво'дство аэропла'нов колосса'льных разме'ров и
ско'рости нахо'дится под больши'м вопро'сом.
00
Прокля'тый вопро'с R прокля'тый

ВОПРО'С CONT'D.
  00
  Ста'вить вопро'с ребро'м R ребро'
  00
  Ста'вить под вопро'с [что]
  TO QUESTION (SOMETHING)
  Экономи'сты ста'вят под вопро'с увеличе'ние э'кспорта.
  00
  $Ста'вить/поста'вить$ вопро'с ребро'м R ребро'
  00
  Что за вопро'с?
  OF COURSE!; THERE IS NO QUESTION ABOUT IT; DO YOU HAVE ANY DOUBTS ABOUT IT?
  -Госуда'рь мой! куда' вы бежи'те?-В канцеля'рию; что за вопро'с?
ВОР
  00
  На во'ре ша'пка гори'т R ша'пка
ВОРОБЕ'Й
  00
  Из пу'шки по воробья'м (стреля'ть/пали'ть/бить/ETC)
  R пу'шка

  00
  $Стре'ляный/ста'рый$ воробе'й R стре'ляный
ВОРОБЬИ'НЫЙ
  00
  Воробьи'ная ночь
  [A NIGHT OF A SUMMER STORM WITH FLASHES OF LIGHTNING ON THE HORIZON AND A DISTANT ROLL OF THUNDER]
  Быва'ют стра'шные но'чи с гро'мом, мо'лнией, дожде.м и ве'тром, кото'рые в наро'де называ'ются воробьи'ными.
  00
  Коро'че воробьи'ного но'са
  TINY; TEENY-WEENY
  Пове'стушка моя' коро'че воробьи'ного но'са - и называ'ется: "Коне'ц Чертопха'нова".
ВОРОЖИ'ТЬ
  00
  Ба'бушка ворожи'т [кому']
  1. (HE) CAN'T LOSE; EVERYTHING IS EASY FOR (HIM) 2. TO HAVE FRIENDS IN HIGH PLACES
  1. Ему' ба'бушка ворожи'т - он уда'чник. 2. Ему' сто'ит захоте'ть ви'дного ме'ста, как тотча'с же найду'тся покрови'тели; что и говори'ть, ба'бушка ворожи'т счастли'вцу.
ВО'РОН
  00
  Куда' во'рон косте'й не занесе.т
  IN THE BOONDOCKS; IN THE STICKS
  Защи'тники прав челове'ка в Росси'и попада'ли туда', куда' во'рон косте'й не занесе.т - Сиби'рь.
ВОРО'НА
  00
  Бе'лая воро'на R бе'лый
  00
  Воро'на в павли'ньих пе'рьях
  A FOURFLUSHER; A PHONY
  00
  Ни па'ва ни воро'на R па'ва
  29
  Счита'ть воро'н
  TO BE DISTRACTED/INATTENTIVE; TO BE BORED
  Узна'в вре'мя отье'зда авто'буса на аэродро'м, пассажи'ры счита'ли воро'н в незнако'мом го'роде, находя' мно'го о'бщего со свои'м го'родом.
ВО'РОНОВ
  00
  $Цве'та во'ронова крыла'/как во'роново крыло'$
  RAVEN BLACK
  Тяже.лые во'лосы цве'та во'ронова крыла'....
ВОРОНО'Й
  71
  Прокати'ть на вороны'х
  TO BLACKBALL
  Э'того кандида'та в городску'ю упра'ву во второ'й раз прокати'ли на вороны'х; несмотря' на его' бога'тство у

него', очеви'дно, бы'ли та'йные недоброжела'тели.
ВО'РОТ
  00
  $Схвати'ть/держа'ть$ за' ворот
  TO HAVE (SOMEONE) BY THE THROAT; TO HAVE (SOMEONE) AGAINST THE WALL
  -Чего' сто'нешь на чужби'не? Кто держа'л за' ворот тебя'? Ты сам поше.л с отступа'ющими не'мцами, -говори'л оди'н эмигра'нт друго'му.
ВОРО'ТА
  00
  Как бара'н на но'вые воро'та =уста'виться/смотре'ть/ETC= R бара'н
  00
  От воро'т поворо'т =получи'ть/указа'ть/ETC= R поворо'т
  00
  Стоя'ть у воро'т R стоя'ть
  00
  У воро'т (го'рода)
  AT THE DOOR; AT THE GATES; CLOSE BY; NEAR
  Я на'чал пе'сню в тру'дный год, Когда' зимо'й студе.ной Война ' стоя'ла у воро'т Столи'цы осажде.нной.
ВОРОТИ'ТЬ
  29
  Вороти'ть $нос/мо'рду/ры'ло$ [от кого'<от чего']
  TO TURN UP ONE'S NOSE AT (SOMETHING)
  -Воро'тишь нос от на'шей еды'. Ты же вы'рос на ней! Смотри' како'й плечи'стый да румя'ный! -с упре.ком сказа'ла стару'ха го'стю из го'рода.
  29
  С души' воро'тит
  (I) CAN'T STAND IT ANYMORE; IT'S DISGUSTING
  -Как вспо'мню о черепа'шьих я'йчах, так с души' воро'тит! -расска'зывал па'рень, побыва'вший в Баку'.
ВОРОТНИ'К
  00
  Воротни'к (сиди'т) хомуто'м R хому'т
ВОСКЛИЦА'ТЬ
  00
  Восклица'ть оса'нну [кому'] R оса'нна
ВОСКУРЯ'ТЬ
  00
  Воскуря'ть фимиа'м [кому'] R фимиа'м
ВОСПАРИ'ТЬ
  76
  Воспари'ть $ду'хом/мы'слью$
  TO BE INSPIRED
  -Как то'лько воспари'шь ду'хом - так сейча'с и слог явля'ется возвы'шенный.
ВОСПИТА'ТЬ
  00
  В стра'хе (бо'жием) =воспита'ть= R страх
ВОСПОМИНА'НИЕ
  00
  Отойти' в о'бласть воспомина'ний R о'бласть
ВОСПРЯ'НУТЬ
  00
  Воспря'нуть ду'хом
  TO TAKE HEART
  При ви'де жертв многоле'тней войны', он востря'нул ду'хом от иде'и: созда'ть организа'цию по'мощи э'тим лю'дям.
  00
  Воспря'нуть $ото сна<от сна$ R сон
  42
  Воспря'нуть от сна
  TO RISE/WAKE UP/GET UP
  -Я воспря'нул от сна, окрыле.нный иде'ей..., -на'чал говори'ть, по обыкнове'нию, в высокопа'рном сти'ле наш престаре'лый дя'дюшка.
ВОССТА'ТЬ
  00
  Восста'ть $ото сна<от сна$ R сон
  42
  Восста'ть от сна
  TO RISE/WAKE UP/GET UP
  -Восста'в от сна, труди'сь в по'те лица'! -гова'ривал

ВОССТА'ТЬ CONT'D.
наш дед.
ВОСТО'РГ
11
Администрати'вный восто'рг
BUREAUCRATIC ECSTASY [SAID OF A BUREAUCRAT'S ENTHUSIASM FOR BUREAUCRATIC PROCESSES]
00
Теля'чий восто'рг R теля'чий
ВОСТРИ'ТЬ
00
Востри'ть зу'бы [на что]
TO YEARN FOR; TO SET ONE'S HEART ON (SOMETHING)
-А тепе'рь - спусти'л де'нежки, да и востри'шь зу'бы на Ли'зонькино прида'ное?
ВОСТРО'
00
Держа'ть у'хо востро'
TO BE ON ONE'S GUARD; TO KEEP ONE'S EYES PEELED
Что'бы идти' в но'гу со вре'менем, на'до держа'ть ухо' востро'.
ВОСХОДЯ'ЩИЙ
00
$Восходя'щее свети'ло/восходя'щая звезда'$
A RISING STAR [ABOUT A SUCCESSFUL MAN]
Знатоки' ру'сской литерату'ры угада'ли восходя'щее свети'ло в Алекса'ндре Солжени'цыне.
ВОТ
00
Вот еще!
WHAT NEXT!; HECK NO!
Па'па сказа'л: -Обяза'тельно подстриги'сь. -Ну, па'па, вот еще..! С како'й ста'ти!
00
Во'т (оно') $что<как$!
YOU DON'T SAY!; REALLY?
-Оста'вьте нас на не'которое вре'мя одни'х. -Во'т как! Ста'ло быть, ме'жду ва'ми та'йна?
00
Во'т так ...
WHAT A ...! [EXPRESSES DISDAIN]; YOU SURE ARE A ...!
Во'т так хозя'ин!
00
Во'т $тебе<вам$!
TAKE THAT!
-Во'т тебе'! -сказа'ла мать, шле.пнув малыша' по мя'гкой ча'сти те'ла.
00
Вот тебе' и ...
THERE IS YOUR ...!; THAT'S A ... FOR YOU!
Вот тебе' и выходно'й!
00
$Вот тебе' (и) на'/вот так та'к/(вот) поди' ж ты$!
THAT'S A FINE KETTLE OF FISH!; WELL, WELL, SOMETHING LIKE THAT!; WHO WOULD THINK THAT!; WOW; JUST IMAGINE
1. -Во'т так так! Ва'ше знако'мство - неожи'данность для меня', а я намерева'лся предста'вить вас друг дру'г -проговори'л мой колле'га. 2. -Тебе' ниче'м не угоди'ть! Вспо'мни - кто' ты сам!- -Во'т поди' ж ты!-
29
Вот те на
WELL, I'LL BE!; WHAT DO YOU KNOW!; WOW
29
Вот те ра'з!
WHO WOULD THINK THAT!; SOMETHING LIKE THAT!
-Во'т те раз! Я то'лько упомяну'л о беспоря'дке в кварти'ре, к сло'ву пришло'сь, а ты поняла' э'то как наме.к, -останови'л он жену', приня'вшуюся за убо'рку.
00
Во'т я $тебя'<его'<их<ETC$
I'LL SHOW (YOU/HIM/ETC)!
Узна'в о кра'же арбу'зов, сто'рож бахчи' грози'л: -Во'т я их!-
ВОШЬ
00
Корми'ть вшей R корми'ть
ВПАДА'ТЬ
00
Впада'ть в исте'рику R исте'рика

ВПАСТЬ
00
Впасть в де'тство R де'тство
00
Впасть в неми'лость
TO FALL OUT OF FAVOUR; TO INCUR SOMEONE'S DISFAVOUR
Впав в неми'лость, неда'вний фавори'т власти'теля страны' лиши'лся жи'зни, бу'дучи объя'влен враго'м наро'да.
00
Впасть в противоре'чие
TO CONTRADICT ONESELF

ВПЕРЕ.Д
00
Взад и впере.д R взад
00
$Гига'нтскими/семими'льными$ шага'ми $идти'/дви'гаться$ впере.д R шаг
00
Забежа'ть впере.д R забежа'ть
00
Загляну'ть впере.д R загляну'ть
00
Ни взад ни впере.д R взад
00
Ни ша'гу впере.д R шаг
00
Уйти' впере.д R уйти'
00
Черепа'шьим ша'гом $идти'/дви'гаться$ впере.д R шаг
00
Шаг впере.д
A STEP FORWARD
ВПЕРЕДИ'
00
Быть впереди' [кого'<чего']
TO LEAD; TO BE AHEAD; TO HAVE OVERTAKEN (SOMEONE)
Студе'нт был впереди' одноку'рсников благодаря' своему' о'бщему образова'нию и большо'й любозна'тельности.
ВПИСА'ТЬ
00
Вписа'ть но'вую страни'цу [во что] R страни'ца
ВПРА'ВИТЬ
00
Впра'вить мозги' R мозг
ВПРЕДЬ
00
Впредь [до чего']
PENDING (SOMETHING); UNTIL
Впредь до оконча'тельного утвержде'ния.
ВПРИГЛЯ'ДКУ
65
Пить впригля'дку =чай/ко'фе/ETC=
TO DRINK TEA/COFFEE WITHOUT SUGAR [JOKINGLY IMPLYING THAT ONE SWEETENS THE TEA, COFFEE, BY JUST LOOKING AT THE SUGAR ON THE TABLE]
Са'хару по ка'рточкам бы'ло так ма'ло, что чай из суше.ной морко'ви, мя'ты и'ли рома'шки приходи'лось пить, что называ'ется, впригля'дку.
ВПРИКУ'СКУ
31
Пить вприку'ску =чай/ко'фе/ETC=
TO DRINK TEA OR COFFEE WHILE HOLDING A PIECE (LUMP) OF SUGAR BETWEEN ONE'S TEETH OR UNDER ONE'S TONGUE AND THUS SOMEWHAT SWEETENING IT
Стари'к люби'л пить чай в прику'ску, поса'сывая кусо'чек са'хару за щеко'й.
ВПРОК
00
Идти' впрок
TO SUIT/SERVE RIGHT; TO BE PROPER FOR (SOMETHING)
Безде'лье, да'же вы'нужденное, никогда' не иде.т лю'дям впрок.
ВПРОСА'К
31
$Попа'сть/попа'сться$ впроса'к

ВПРОСА'К CONT'D.
TO BE IN A FIX; TO BE IN AN EMBARRASSING SITUATION; TO BE
UP A CREEK
—На слу'жбе де'йствуй по инста'нции, ина'че попаде.шь
впроса'к, сове'товал мне дя'дя, бы'вший уже' на пе'нсии.
ВРАГ
00
Кро'вный враг R кро'вный
00
$Смерте'льный/сме'ртный$ враг R смерте'льный
00
Сме'ртный враг R смерте'льный
ВРАЖДА'
00
Кро'вная вражда' R кро'вный
00
Смерте'льная вражда' R смерте'льный
ВРАЗРЕ'З
00
Идти' вразре'з
(IT) DOES NOT JIBE; TO BE CONTRARY TO (SOMETHING)
На'ши жела'ния ча'сто иду'т вразре'з с возмо'жностями их
выполне'ния.
ВРАСТИ'
00
Врасти' корня'ми R ко'рень
ВРАТЬ
00
Вре.т, как си'вый ме'рин R ме'рин
ВРАЩА'ТЬ
00
Враща'ть $глаза'ми/белка'ми$
TO ROLL ONE'S EYES
—Како'й челове'к? —гро'зно спроси'л Алекса'ндр
Ива'ныч, стра'шно враща'я глаза'ми.
ВРЕ'ЗАТЬСЯ
00
По' уши вре'заться R у'хо
ВРЕ'МЯ
00
Вне вре'мени и простра'нства R вне
00
Во вре'мя о'но<во времена' о'ны R о'ный
00
Во все времена'
ALWAYS
Во все времена' бы'ло так, что то'т прав кто' силе.н.
00
В одно' прекра'сное вре'мя R прекра'сный
00
(В) пе'рвое вре'мя
ORIGINALLY; AT FIRST
Пе'рвое вре'мя тру'дно бы'ло молодо'й же'нщине,
вы'шедшей за'муж за иностра'нца: язы'к, нра'вы и обы'чаи
бы'ли чу'жды ей.
00
(В) после'днее вре'мя
RECENTLY
После'днее вре'мя он был мра'чен и рассе'ян;
ока'зывается, его' же'на была' неизлечи'мо больна'.
00
Вре'мя де'тское R де'тский
00
Вре'мя идти' на споко'й R споко'й
00
Вре'мя не жде.т R ждать
00
Вре'мя не те'рпит R терпе'ть
00
$Вре'мя от вре'мени/от вре'мени до вре'мени/по времена'м$
FROM TIME TO TIME; SOMETIMES; NOW AND THEN
На скаме'йке в па'рке сиде'л челове'к, по времена'м
погля'дывая на ручны'е часы'.
00
Вре'мя те'рпит R терпе'ть
00
В свое. вре'мя
IN ITS OWN TIME; SOME TIME AGO; IN GOOD TIME

Чте'ние бы'ло развлече'нием в свое. вре'мя; тепе'рь на
сме'ну прише.л телеви'зор.
00
Все. вре'мя
ALL THE TIME; CONSTANTLY
Мой сосе'д все. вре'мя смотре'л в окно', пови'димому,
же'лая с пти'чьего поле.та различи'ть предме'ты на земле'.
00
В ско'ром вре'мени
SHORTLY; SOON
В ско'ром вре'мени по'сле возду'шной трево'ги появи'лись
неприя'тельские самоле.ты
00
В то вре'мя как ...
WHEN; WHILE
В то вре'мя как мать одева'ла малыше'й оте'ч нала'живал
са'нки для них.
00
Вы'играть вре'мя R вы'играть
42
До вре'мени
UNTIL THEN; MEANWHILE; IN TIME
Го'ре не кра'сит, а до вре'мени ста'рит.
00
До поры' до вре'мени
UNTIL THEN
—Мои' роди'тели не говори'ли мне до поры' до вре'мени,
что я их прие.мный сын, —расска'зывал изда'тель
многотира'жной газе'ты.
00
До сего' вре'мени
UP TO NOW; SO FAR
Сотру'дники иссле'довательского институ'та до сего'
вре'мени вне'сли мно'го улучше'ний в нефтяну'ю
промы'шленность.
00
Засе'чь вре'мя R засе'чь
00
Зна'чение вре'мени R зна'чение
00
Золото'е вре'мя $теря'ть/упуска'ть$ R золото'й
00
Ко вре'мени
ON TIME; AT THE RIGHT MOMENT; BY THE TIME
Ко вре'мени поступле'ния в университе'т она' ста'ла
серье.зной де'вушкой из бы'вшей попрыгу'ньи и хохоту'ньи.
00
На вре'мя
TEMPORARILY; FOR THE TIME BEING
—Одолжи'те, пожа'луйста, на вре'мя Ваш каранда'ш!— —С
удово'льствием!—
00
Одно' вре'мя
FOR A WHILE
—Одно' вре'мя бы'ло ти'хо в на'ших края'х, а тепе'рь
опя'ть пошли' кра'жи да уби'йства, —говори'ли сторожи'лы.
00
Оттяну'ть вре'мя R оттяну'ть
00
После'дние времена' =наста'ли/наступи'ли= R после'дний
00
Ра'ньше вре'мени
AHEAD OF TIME
—Младе'нец хи'ленький у неве'стки — ра'ньше вре'мени
роди'лся, —сказа'ла свекро'вь.
29
Са'мое вре'мя
AT THE RIGHT MOMENT; PROPITIOUSLY
00
Со вре'менем
IN DUE COURSE; SUBSEQUENTLY
—Мой сын был бу'йная голо'вушка, а со вре'менем, как
ви'дите, остепени'лся,— говори'л обо мне оте'ч.
00
С тече'нием вре'мени
IN TIME; EVENTUALLY; IN ITS OWN GOOD TIME
Нача'ло жи'зни молодо'й па'ры бы'ло тру'дно, но они' не
па'дали ду'хом; с тече'нием вре'мени оправда'лись их

ВРЕ'МЯ CONT'D.
    наде'жды.
    00
    Тем вре'менем
    MEANWHILE; AT THAT TIME
    Пока' го'сти сообща'ли друг дру'гу после'дние но'вости,
    хозя'йка тем вре'менем накры'ла стол.
    00
    Тяну'ть вре'мя R тяну'ть
    00
    Уби'ть вре'мя R уби'ть
ВРО'ДЕ
    29
    Вро'де $как/бы$ ...
    AS IF; ONE CAN SAY
    1. -У вас у само'й, извини'те, хара'ктер серье.зный,
    вро'де бы - мужско'й. 2. -Там, ва'ше
    превосходи'тельство, бо'льно жа'рко. -А старику' в
    са'мый раз. Вро'де как на пе'чке.
ВРОЗЬ
    00
    Врозь $иде.т/пошло'/ETC$ [что]
    (IT) DOES NOT JIBE; IT DOES NOT GO RIGHT; THINGS WERE OUT
    OF JOINT
    Пови'димому, их жизнь врозь иде.т: их не ви'дят вме'сте
    и о'тпуск взя'ли они' в ра'зное вре'мя.
ВСЕ.
    00
    $Все. ж<все. же$
    ALL THE SAME; NEVERTHELESS
    Ты узна'ла ль дру'га? Он не то', что был; Но тебя',
    подру'га, Все. ж не позабы'л.
ВСЕГО'
    42
    Всего'-на'все
    ONLY; ALL TOLD; NO MORE THAN ...
    -Он сказа'л всего'-на'все: -Прости', е'сли когда'
    оби'дел! -вспомина'ла стару'шка о ра'но уме'ршем му'же.
    00
    Всего'-на'всего
    ONLY; ALL TOLD
    Де'нег оста'лось у него' всего'-на'всего то'лько на
    прое'зд.
    00
    Всего' ничего'
    PRACTICALLY NOTHING; HARDLY ANYTHING
ВСЕОРУ'ЖИЕ
    00
    Во всеору'жии.
    FULLY ARMED; FULLY PREPARED; AT THE PEAK
    1. Встре'тить врага' во всеору'жии. 2. Вы'ступить
    во всеору'жии зна'ний.
ВСЕУСЛЫ'ШАНИЕ
    14
    Во всеуслы'шание =сказа'ть/заяви'ть/объяви'ть/ETC=
    OPENLY; PUBLICLY
    -Позво'лю себе' во всеуслы'шание вы'сказать то, что у
    всех у нас давно' уже' в уме'.
ВСКИ'НУТЬ
    00
    Вски'нуть $глаза'<глаза'ми$
    TO LOOK UP AT (SOMEONE; TO CAST A GLANCE AT
    1. Бродя'га вски'нул на него' свои'ми заду'мчивыми
    глаза'ми. 2. Жо'ра бы'стро вски'нул на Воло'дю свои'
    че.рные о'гненные глаза'.
ВСКОЧИ'ТЬ
    00
    Вскочи'ть в $копе'ечку/копе'йку$ R копе'ечка
ВСКРИ'КИВАТЬ
    00
    Вскри'кивать дурны'м го'лосом R дурно'й
ВСКРУЖИ'ТЬ
    00
    Вскружи'ть го'лову [кому']
    TO TURN SOMEONE'S HEAD
ВСКРУЖИ'ТЬСЯ
    00
    Вскружи'тся $голова'/ум$

IT MAY TURN YOUR HEAD; ONE MAY BECOME CONCEITED
1. -Куда' как чу'ден со'здан свет! Пофилосо'фствуй -
ум вскружи'тся. 2. -Гляди', чтоб от тех похва'л да не
вскружи'лась голова'.
ВСЛЕД
    00
    Вслед за тем
    AFTER THAT; AFTERWARDS
    Вслед за тем он встал с посте'ли, взял скри'пку и на'чал
    стро'ить.
ВСМЯ'ТКУ
    29
    Сапоги' всмя'тку
    THAT'S SOME NONSENSE!; WHAT NONSENSE
    Кака'я же причи'на в ме.ртвых ду'шах? да'же и причи'ны
    нет. Э'то, выхо'дит, про'сто: Андро'ны е'дут, чепуха',
    белиберда', сапоги' всмя'тку!
ВСОСА'ТЬ
    00
    Всоса'ть с молоко'м (ма'тери)
    (I) DRANK IT IN WITH (MY) MOTHER'S MILK
    [Ле'вин] жил...те'ми духо'вными и'стинами, кото'рые он
    всоса'л с молоко'м.
ВСПАСТЬ
    78
    Вспасть на $ум/мысль$
    TO TAKE IT INTO ONE'S HEAD; TO GET AN IDEA THAT ...
    1. На мы'сли Во'лку вспа'ло, Что Лев, коне'чно, не
    силе.н, Коль так смире.н. 2. Де'ду вспа'ло на ум, что
    у него' нет ни огни'ва, ни табаку' нагото'ве.
ВСПЛЕСНУ'ТЬ
    00
    Всплесну'ть рука'ми
    TO CLASP ONE'S HANDS [AN EXPRESSION OF PLEASURE, SURPRISE]
    Куха'рка Акси'нья, уви'дев меня', всплесну'ла рука'ми и
    почему'-то запла'кала.
ВСПО'МНИТЬ
    42
    Не вспо'мнить себя' [от чего']
    TO FORGET ONESELF
    Не вспо'мнил себя' прави'тель от гне'ва. Забы'л он, что
    наг и безору'жен, и бро'сился на пастуха'.
ВСПРЯ'НУТЬ
    00
    Вспря'нуть от сна R сон
ВСПЯТЬ
    00
    Пыта'ться поверну'ть колесо' исто'рии вспять R колесо'
ВСТАВА'ТЬ
    00
    Во'лосы ды'бом встаю'т R ды'бом
    00
    Не встава'я
    WITHOUT INTERRUPTION; WITHOUT A BREAK
    Писа'ть не встава'я.
ВСТАВЛЯ'ТЬ
    00
    Вставля'ть па'лки $в<под$ коле.са [кому'<кого'] R
    па'лка
ВСТАТЬ
    00
    Встать в по'зу [кого'] R по'за
    00
    Встать в строй R строй
    00
    Встать гру'дью R грудь
    00
    Встать лицо'м [к чему'] R лицо'
    00
    Встать на дыбки' R дыбки'
    00
    Встать на коле'ни
    TO GET DOWN ON ONE'S KNEES; TO KNEEL
    Войдя' в це'рковь, же'нщина вста'ла на коле'ни у вхо'да.
    00
    Встать на' ноги R нога'
    00
    Встать на стра'жу [чего'] R стра'жа

ВСТАТЬ CONT'D.
00
Встать на уче.т R уче.т
00
Встать на [чью] сто'рону
TO TAKE THE SIDE OF ...; TO TAKE (SOMEONE'S) SIDE
Встать на чью'-либо сто'рону на'до по со'вети, а не по
расче.ту.
00
Встать на [чью] сто'рону R сторона'
00
Встать под $зна'мя<знаме.на$ [кого'<чего'<чье.] R
зна'мя
00
Встать попере.к доро'ги
TO BE AN OBSTACLE; TO HINDER (SOMEONE); TO BE IN THE WAY
-Мне бы'ло обе'щано ме'сто секретаря' у инспе'ктора
наро'дных учи'лищ, да то'лько его' племя'нник встал
попере.к доро'ги, -говори'л учи'тель, потеря'вший го'лос.
00
Встать $с ле'вой/не с той$ ноги' R нога'
00
$Встать/стать$ на кварти'ру [к кому']
TO RENT A ROOM FROM (SOMEONE); TO ROOM WITH (SOMEONE)
-Где бы нам на кварти'ру встать к подходя'щему
челове'ку? -спра'шивал Огне.в у Кудря'я.
00
$Встать/стать$ на путь [чего'<како'й]
TO TAKE THE PATH OF (SOMETHING); TO ACT (IN A CERTAIN WAY)
00
Встать стено'й R стена'
00
Попере.к го'рла встать [кому'] R го'рло
ВСТРЕ.ПАННЫЙ
00
Как встре.панный =вскочи'л/бро'сился/ETC=
BOLDLY; WITHOUT ANY HESITATION [TO JUMP UP, THROW ONESELF
AT ...]
Оте'ч останови'л расшуме'вшихся дете'й и дал
наставле'ние, а они' по'сле того' как встре.панные
бро'сились вдого'нку за дворня'жкой.
ВСТРЕ'ТИТЬ
00
Встре'тить в штыки' [кого'<что'] R штык
00
Встре'тить с распросте.ртыми объя'тиями [кого'] R
объя'тие
ВСТРЕ'ТИТЬСЯ
00
Встре'титься на у'зкой $доро'ге/доро'жке$ R у'зкий
ВСТРЕ'ЧА
00
Встре'ча Но'вого го'да
A NEW YEAR'S EVE CELEBRATION
ВСТРЕ'ЧНЫЙ
00
Встре'чный и попере'чный
EVERYBODY; EVERY TOM, DICK AND HARRY
00
Пе'рвый встре'чный
ANYONE; THE FIRST ONE WHO COMES ALONG
ВСТУПИ'ТЬ
00
Вступи'ть в берега'
THE WATER RECEDED; THE RIVER RETURNED TO ITS NORMAL LEVEL
Река' вступи'ла в берега' по'сле весе'ннего полово'дья.
00
Вступи'ть в брак
TO GET MARRIED
Он вступи'л в брак с да'мой своего' се'рдца ю'ных лет.
00
Вступи'ть в до'лжность
TO ASSUME ONE'S POST
Но'вый дире'ктор шко'лы вступи'л в до'лжность)'ред
нача'лом уче'бного го'да.
00
Вступи'ть в (зако'нную) си'лу
TO BECOME LAW; THE LAW BECAME EFFECTIVE; TO GO INTO FORCE

Зако'н об избира'тельных права'х гра'ждан, дости'гших
восемнад'чати лет, вступи'л в си'лу.
00
Вступи'ть в зако'н R зако'н
00
Вступи'ть в свои' права'
TO APPEAR IN FULL FORCE
Зима' вступи'ла в свои' права'.
00
Вступи'ть в строй R строй
00
Вступи'ть в часть [с кем] R часть
00
Вступи'ть на престо'л
TO ASCEND THE THRONE
Пе'рвый чарь до'ма Рома'новых вступи'л на престо'л в
1613 году.
00
Вступи'ть на путь [чего']
TO TAKE THE PATH OF ...
Адвока'т вступи'л на путь поли'тики.
ВСУХОМЯ'ТКУ
00
$Пита'ться/есть$ всухомя'тку
NOT TO HAVE SOUP OR WARM FOOD; TO EAT ONLY A SANDWICH
Обе'да в э'тот день не гото'вили, е'ли всухомя'тку.
ВСЫ'ПАТЬ
29
Всы'пать горя'чих
TO GIVE (SOMEONE) HELL; TO TELL (SOMEONE) OFF
-Поста'вьте сту'лья на места', не то всы'плю горя'чих!
-пригрози'л нам оте'ч.
ВСЯ'КИЙ
00
Без (вся'кого) прекосло'вия R прекосло'вие
00
Во вся'ком слу'чае
IN ANY CASE; NO MATTER WHAT
[Госуда'рь] писа'л ге'рчогу, что он ни в че.м нево'лить
Ибраги'ма не наме'рен, ... но что во вся'ком слу'чае он
никогда' не оста'вит пре'жнего своего' пито'мца.
00
Вся'кая вся'чина R вся'чина
00
Вся'кая соба'ка R соба'ка
00
Вся'кими мане'рами R мане'ра
00
Вся'кой тва'ри по па'ре R тварь
00
На вся'кие мане'ры R мане'ра
00
На вся'кий пожа'рный слу'чай R пожа'рный
00
На вся'кий слу'чай
JUST IN CASE; JUST TO HAVE IT IN RESERVE; IN CASE OF
EMERGENCY
Захвати'ть с собо'ю де'ньги на вся'кий слу'чай.
00
На вся'кое чиха'нье не наздра'вствуешься R
наздра'вствоваться
00
На вся'ком шагу' R шаг
00
Не вся'кое лы'ко в стро'ку R лы'ко
00
Ни'же вся'кой кри'тики R кри'тика
00
Отсу'тствие вся'кого прису'тствия [у кого'] R
отсу'тствие
00
Под вся'кими со'усами R со'ус
00
Про'тив вся'кого ча'яния R ча'яние
00
Сверх вся'кого вероя'тия R вероя'тие
00
Ста'вить вся'кое лы'ко в стро'ку R лы'ко

ВСЯ'ЧИНА
 31
 Вся'кая вся'чина
 ANYTHING; WHATEVER YOU WANT
 С са'мого де'тства она' проводи'ла дни свои' в
 гости'ной, си'дя во'зле ма'меньки и слу'шая вся'кую
 вся'чину.
ВСЯ'ЧИНКА
 31
 Со вся'чинкой
 THE GOOD WITH THE BAD; THIS AND THAT; ONE HAS TO TAKE THE
 GOOD WITH THE BAD
 1. Жить приходи'лось со вся'чинкой. Узна'л я ход в
 ночле'жки. 2. -Ма'ло ли како'й грех мо'жет быть...
 Наро'д-то вы то'же со вся'чинкой, мастера' на все ру'ки.
ВТЕРЕ'ТЬ
 00
 Втере'ть очки' [кому']
 TO PULL THE WOOL OVER (SOMEONE'S) EYES; TO TRICK (SOMEONE)
 Диссерта'нт вте.р очки' чле'нам коми'ссии, предста'вив
 рабо'ту, совпада'ющую с иссле'дованием в вое'нном
 министе'рстве.
ВТЕРЕ'ТЬСЯ
 00
 Втере'ться в дове'рие
 TO WORM ONESELF INTO (SOMEONE'S) CONFIDENCE; TO GAIN
 (SOMEONE'S) TRUST/CONFIDENCE
 Аге'нт иностра'нной разве'дки вте.рся в дове'рие
 попу'тчика на океа'нском парохо'де и ко'е-что вы'ведал от
 него'.
ВТОПТА'ТЬ
 00
 Втопта'ть в грязь R грязь
ВТОРО'Й
 00
 Втора'я мо'лодость
 SECOND YOUTH; RENEWED STRENGTH AND ENERGY IN AN ELDERLY PERSON
 -Жени'х годи'тся в де'душки неве'сте!- -Ничего' не
 поде'лаешь – втора'я мо'лодость!-
 00
 Втора'я нату'ра R нату'ра
 00
 Второ'е прише'ствие R прише'ствие
 00
 До вторы'х петухо'в =проговори'ть/просиде'ть=
 TILL THE WEE HOURS OF THE MORNING
 Друзья' де'тства, ра'дые встре'че по'сле мно'гих лет,
 проговори'ли до вторы'х петухо'в, не заме'тив вре'мени.
 00
 Игра'ть втору'ю скри'пку R игра'ть
 00
 Из вторы'х рук =узна'ть/получи'ть=
 TO FIND OUT/TO RECEIVE SECONDHAND
 О заму'жестве свое'й подру'ги он узна'л из вторы'х рук –
 от знако'мого.
 00
 Из вторы'х уст =узна'ть/услы'шать= R уста'
 00
 По сче'ту второ'й R сче'т
ВУЛКА'Н
 00
 Жить (как) на вулка'не
 TO SIT ON A VOLCANO
 Род челове'ческий живе.т как на вулка'не: во'йны и
 восста'ния возника'ют во всех уголка'х земно'го ша'ра.
ВХОДИ'ТЬ
 00
 В одно' у'хо вхо'дит, в друго'е выхо'дит [у кого'] R
 у'хо
 00
 Входи'ть во вкус R вкус
ВЧЕРА'ШНИЙ
 00
 Иска'ть вчера'шнего дня
 TO GO ON A WILD-GOOSE CHASE
ВЫ
 00
 Быть [с кем] на вы

 TO BE ON FORMAL TERMS WITH (SOMEONE)
 Молоды'е лю'ди чу'вствовали взаи'мную симпа'тию, но
 бы'ли друг с дру'гом на вы.
 00
 Зна'ем мы вас R знать
 00
 На'ше вам! R наш
 00
 Что вы! R что(1)
 00
 Я вас R я
ВЫБИВА'ТЬ
 00
 Выбива'ть такт R такт
 00
 Клин кли'ном выбива'ть R клин
ВЫ'БИТЬ
 00
 Вы'бить доро'гу
 TO WEAR OUT A ROAD
 00
 Вы'бить дурь [из кого'] R дурь
 00
 Вы'бить дурь из [чьей] головы' R дурь
 00
 Вы'бить из колеи' R колея'
 00
 Вы'бить из седла' [кого'] R седло'
 00
 Вы'бить из стро'я R строй
ВЫ'БИТЬСЯ
 00
 $Вы'биться в лю'ди/вы'йти в лю'ди/вы'биться на доро'гу$
 TO HAVE MADE THE GRADE; TO HAVE FINALLY ARRIVED; TO BE
 FINALLY SETTLED IN ONE'S CAREER; TO MAKE ONE'S WAY IN THE
 WORLD
 Он, вы'ходец из бе'дной среды', со'бственными си'лами
 вы'бился в лю'ди, став писа'телем.
 00
 Вы'биться в лю'ди R вы'биться
 00
 Вы'биться из колеи' R колея'
 00
 Вы'биться из сил
 TO BE WORN OUT; TO BECOME EXHAUSTED
 Мете'ль засти'гла пу'тников; ло'шади, вы'бившись из сил,
 застря'ли в сугро'бе.
ВЫ'БОР
 00
 Без вы'бора
 INDISCRIMINATELY; HAPHAZARDLY; AT RANDOM
 Чита'ть без вы'бора.
 00
 На вы'бор
 AS A CHOICE; AS AN OPTION
 Генера'л предложи'л ей [Ви'ке] на вы'бор: жить ли'бо в
 реда'кции дивизио'нной газе'ты, ли'бо в шта'бе ты'ла.
 00
 По $своему'<твоему'<ETC$ вы'бору
 IT'S UP TO (ME); (WORK, ETC.) OF (MY) CHOICE
 Мне предлага'ли рабо'ту на одно'й из поля'рных ста'нций
 – по моему' вы'бору.
ВЫ'БРОСИТЬ
 00
 $Вы'бросить/вы'кинуть$ из $головы'/се'рдца/па'мяти$
 TO DISMISS FROM ONE'S MIND; TO PUT OUT OF ONE'S HEAD
 Компаньо'ны торго'вого де'ла вы'кинули из головы' план
 его' расшире'ния.
 00
 Вы'бросить дурь из головы' R дурь
 00
 Вы'бросить за' борт R борт
 00
 Вы'бросить $ло'зунг/призы'в$
 TO ISSUE A CALL; TO PROCLAIM
 Студе'нты вы'бросили ло'зунг "охраня'йте лесонасажде'ния".
 00
 $Вы'кинуть/вы'бросить$ на у'лицу [кого']

ВЫ'БРОСИТЬ CONT'D.
TO PUT (SOMEONE) OUT ON THE STREET; TO TURN (SOMEONE) OUT IN THE COLD
Домовладе'лец вы'бросил на у'лицу квартира'нта за неплате.ж.
ВЫ'БЫТЬ
00
Вы'быть из стро'я R строй
ВЫ'ВЕЗТИ
42
Вы'везти в свет
TO GIVE A COMING OUT PARTY FOR (SOMEONE) (A GIRL); TO INTRODUCE (A GIRL) TO SOCIETY
-Дочь уже' взро'слая у вас; пора' вы'везти в свет ее., -сове'товала те.тя.
00
Вы'везти $на себе'/на свои'х плеча'х/ETC$ R плечо'
00
Крива'я вы'везет R криво'й
00
Куда' крива'я $не/ни$ вы'везет R криво'й
ВЫ'ВЕСТИ
00
Вы'вести в лю'ди [кого']
TO INTRODUCE (SOMEONE) TO SOCIETY
Семья' приняла' безро'дного ю'ношу и вы'вела в лю'ди.
00
Вы'вести в расхо'д [кого'] R расхо'д
00
Вы'вести из равнове'сия R равнове'сие
00
Вы'вести из себя'
TO DRIVE (SOMEONE) OUT OF (HIS) MIND
Продолжи'тельные разгово'ры по телефо'ну сы'на - подро'стка вы'вели из себя' отца'.
00
Вы'вести из стро'я R строй
00
Вы'вести из терпе'ния
TO EXASPERATE; TO MAKE (SOMEONE) LOSE (HIS) PATIENCE
-Надое'ли твои' жа'лобы. Возьми'сь за де'ло, и ску'ка пройде.т! -сказа'ла вы'веденная из терпе'ния жена' му'жу-пенсионе'ру.
00
Вы'вести [како'й] балл
TO MARK/TO GRADE (STUDENTS); TO EVALUATE
Преподава'тель вы'вел высо'кий балл студе'нту за оригина'льный азбо'р произведе'ния.
00
Вы'вести [каку'ю] отме'тку
TO MARK/TO GRADE (STUDENTS); TO EVALUATE
Учи'тель вы'вел плоху'ю отме'тку ученику' за незна'ние ка'рты.
00
Вы'вести на $доро'гу/путь$
TO SHOW (SOMEONE) THE WAY (IN THE WORLD); TO HELP (SOMEONE) IN MAKING A CAREER
Профе'ссор физики вы'вел на путь молодо'го ассисте'нта.
00
Вы'вести нару'жу [что]
TO BRING (SOMETHING) TO LIGHT
Подде'лка по'дписи на че'ке была' вы'ведена нару'жу.
00
Вы'вести на $чи'стую/све'жую$ во'ду [кого']
TO UNMASK (SOMEONE); TO SHOW (SOMEONE) IN (HIS) TRUE COLORS
ВЫВОДИ'ТЬ
00
Выводи'ть $вавило'ны/вензеля'/мысле'те$ R вавило'ны
ВЫ'ГЛЯДЕТЬ
00
Фе'ртом вы'глядеть R ферт
ВЫ'ГНАТЬ
00
В толчки' =вы'гнать= R толчо'к
ВЫ'ГОДНЫЙ
00
В вы'годном $све'те/освеще'нии$
IN A FAVOURABLE LIGHT
Вы'ставка карти'н молодо'го худо'жника опи'сана в вы'годном освеще'нии.
00
$Сде'лать/соста'вить$ вы'годную па'ртию R па'ртия
ВЫ'ДАТЬ
00
Вы'дать голово'й R голова'
00
Вы'дать за'муж [за кого'] R за'муж
00
Вы'дать себя'
TO GIVE ONESELF AWAY
На'чав жить не по сре'дствам, он вы'дал себя': у него' были незако'нный дохо'д - взя'тки.
00
Вы'дать (себя') с голово'й R голова'
00
Не $вы'дай<вы'дайте$!
DO NOT BETRAY (ME)!; DON'T FAIL (ME)!
У'мный коне.к поверну'л к нему' го'лову и заржа'л. -Ну ла'дно, ла'дно! -сказа'л Васи'лий ла'сково - ...
Смотри', Серко', за'втра не вы'дай!
ВЫ'ДАТЬСЯ
59
Вы'даться [в кого']
TO TURN OUT JUST LIKE (FATHER, MOTHER, ETC.); TO COME TO RESEMBLE (SOMEONE)
Лицо'м он походи'л на свою' ... ба'бушку Я'дю, а хара'ктером вы'дался в де'да.
ВЫ'ДЕЛКА
00
Овчи'нка вы'делки не сто'ит R овчи'нка
ВЫДЕ'ЛЫВАТЬ
00
Выде'лывать антраша' R антраша'
00
Выде'лывать $вавило'ны/вензеля'/мысле'те$ R вавило'ны
00
Выде'лывать мысле'те R вавило'ны
00
Выде'лывать (нога'ми) $кренделя'<кре'ндели$ R кре'ндель
ВЫ'ДЕРЖАТЬ
00
Вы'держать па'узу
TO PAUSE; TO STOP TALKING FOR A WHILE
-А председа'телем колхо'за бу'дет ... -Ду'ся вы'держала для бо'льшей значи'тельности па'узу и отчека'нила:
-Фе.дор Васи'льевич Бубенцо'в!
00
Вы'держать роль
TO KEEP UP ONE'S ROLE
00
Вы'держать хара'ктер
TO STAND FIRM; TO KEEP IT UP
Его'р Семе.ныч снача'ла ходи'л ва'жный, наду'тый, ... но ско'ро не вы'держал хара'ктера и пал ду'хом.
ВЫДЕ'РЖИВАТЬ
00
Выде'рживать ма'рку R ма'рка
00
Не выде'рживает (никако'й) кри'тики
(IT) CAN'T STAND CRITICISM; (IT) DOESN'T HOLD WATER
Его' поведе'ние в о'бществе не выде'рживает кри'тики.
ВЫ'ДЕРЖКА
00
На вы'держку
(AS) A RANDOM SELECTION; (PICKED) AT RANDOM
Вот на вы'держку день из его' жи'зни, соверше'нно похо'жий на все други'е.
ВЫ'ДУМАТЬ
00
Не $вы'думай/вы'думайте$ [INF]
DON'T EVEN THINK ABOUT (DOING SOMETHING)
Смотри' не вы'думай купа'ться.
00
$По'роха<по'роху$ не вы'думает
(HE) WILL NEVER SET THE THAMES ON FIRE; (HE) WON'T SET THE WORLD ON FIRE

ВЫ'ДУТЬ
    29
    Вы'дуть ого'нь
    TO BLOW ON LIVE COALS CAUSING THEM TO BURST INTO
    FLAMES
ВЫЕЗЖА'ТЬ
    00
    Выезжа'ть на [чьей] спине' R спина'
ВЫ'ЕСТЬ
    00
    Вы'еденного яйца' не сто'ит
    IT IS NOT WORTH A DIME; IT IS NOT WORTH A PLUGGED NICKEL
    План ремо'нта полусгоре'вшего до'ма вы'еденного яйца' не
    сто'ит; постро'йка но'вого и тако'го же деше'вле
    обойде.тся.
ВЫ'ЖАТЫЙ
    00
    Вы'жатый лимо'н R лимо'н
ВЫ'ЖЕЧЬ
    00
    Кале.ным желе'зом вы'жечь [что] R кале.ный
ВЫЖИМА'ТЬ
    00
    Выжима'ть $сок<со'ки$ [из кого'] R сок
ВЫ'ЖИТЬ
    00
    Вы'жить из $ума'/па'мяти$
    TO ENTER ONE'S SECOND CHILDHOOD; TO GO INTO ONE'S DOTAGE
    -Ты вы'жил из ума', отправля'ясь в кругосве'тное
    путеше'ствие!- -Хочу' уви'деть свет хотя' бы на
    ста'рости лет.-
ВЫ'ЗВАТЬ
    00
    Вы'звать к жи'зни
    TO CALL (SOMETHING) TO LIFE; TO CALL (SOMETHING) INTO BEING
    Говори'ть в ри'фму вы'звало к жи'зни поэти'ческий
    тала'нт.
ВЫ'ЗОВ
    00
    С вы'зовом
    CHALLENGINGLY; PROVOCATIVELY; DEFIANTLY
    Илья' и де'вушка смотре'ли друг на дру'га с вы'зовом и
    чего'-то жда'ли.
ВЫ'ИГРАТЬ
    00
    Вы'играть вре'мя
    TO GAIN TIME
    Проти'вник вы'играл вре'мя зати'шья на фро'нте,
    продви'нув подкрепле'ние.
    00
    Вы'играть пари' R пари'
ВЫ'ИГРЫШ
    00
    Быть в вы'игрыше
    TO BE A WINNER
ВЫ'ЙТИ
    00
    В одно' у'хо вошло', в друго'е вы'шло [у кого'] R у'хо
    00
    Вы'йти бо'ком R бо'ком
    00
    Вы'йти в лю'ди R лю'ди
    00
    Вы'йти $в отста'вку/на пе'нсию$
    TO RETIRE; TO GO INTO RETIREMENT
    Вы'йдя в отста'вку, бы'вший полко'вник стал
    путеводи'телем в национа'льном па'рке.
    00
    Вы'йти в тира'ж R тира'ж
    00
    Вы'йти за'муж [за кого'] R за'муж
    00
    Вы'йти за преде'лы [чего']
    TO EXCEED THE LIMITS
    Семья' вы'шла за преде'лы бюдже'та.
    00
    Вы'йти из берего'в
    TO FLOOD; TO OVERFLOW; TO REACH A FLOODSTAGE

Река' вы'шла из берего'в и залила' луга'.
    00
    Вы'йти из бюдже'та R бюдже'т
    00
    Вы'йти из $во'зраста/лет$
    TO EXCEED THE AGE LIMIT; TO BE TOO OLD
    -Вы'звать и демобилизова'ть [до'ктора]. Он из во'зраста
    вы'шел.
    00
    Вы'йти из $головы'/па'мяти/ума'$
    TO SLIP ONE'S MIND; TO FORGET
    Пра'вила правописа'ния мо'гут вы'йти из па'мяти, но
    на'выки их употребле'ния оста'нутся на всю жизнь.
    00
    Вы'йти из дове'рия
    TO LOSE (SOMEONE'S) CONFIDENCE
    Уличе.нный во лжи, ма'льчик вы'шел из дове'рия сестры'.
    00
    Вы'йти из долго'в
    TO PAY OFF ONE'S DEBTS; TO GET OUT OF DEBT
    На'до эконо'мно расхо'довать де'ньги, что'бы вы'йти из
    долго'в.
    00
    Вы'йти из колеи' R колея'
    00
    Вы'йти из пеле.нок R пеле.нка
    00
    Вы'йти из печа'ти R печа'ть
    00
    Вы'йти из-под ки'сти [кого']
    TO BE THE WORK OF (AN ARTIST, PAINTER); FROM THE BRUSH OF
    ...
    Мно'гие карти'ны истори'ческого хара'ктера вы'шли из-под
    ки'сти Ре'пина.
    00
    Вы'йти из-под пера' [кого']
    FROM THE PEN OF (A WRITER); TO BE THE WORK OF (A WRITER)
    Рома'н "До'ктор Жива'го" вы'шел из-под пера'
    Пастерна'ка.
    00
    Вы'йти из положе'ния
    TO GET OUT OF A SITUATION; TO FIND A WAY OUT
    00
    Вы'йти из $преде'лов/грани'ц/ETC$ [чего']
    TO EXCEED THE LIMITS OF (SOMETHING)
    Вы'йти из грани'ц благопристо'йности.
    00
    Вы'йти из ро'ли R роль
    00
    Вы'йти из себя'
    TO LOSE ONE'S TEMPER
    Мать вы'шла из себя' из-за капри'зов до'чери.
    00
    Вы'йти из стро'я R строй
    00
    Вы'йти на во'здух R во'здух
    00
    Вы'йти нару'жу
    TO BECOME KNOWN; THE CAT IS OUT OF THE BAG
    Пра'вда о подде'лках карти'н знамени'того худо'жника
    вы'шла нару'жу.
    00
    Вы'йти сухи'м из воды' R вода'
    00
    Вы'йти с че'стью [из чего'] R честь
    00
    Вы'йти фу'ксом R фукс
    00
    Года' вы'шли [кому'<чьи]
    1. TO REACH THE AGE OF MATURITY 2. TO EXCEED THE AGE LIMIT
    1. -Девчо'нка я была' прово'рная и ро'стом ма'хонькая,
    хотя' и года' мне вы'шли. 2. Когда' на'чалась война',
    ... лесни'к, хоть года' его' уже' и вы'шли, доброво'льно
    поше.л в а'рмию.
    00
    Не вы'шел [чем]
    HIS (FACE, NOSE, ETC) DID NOT TURN OUT SO GOOD; (IT) DID
    NOT DEVELOP TOO WELL

ВЫ'ЙТИ CONT'D.
1. Лицо'м не вы'шел. 2. Ро'стом не вы'шел. 3.
Умо'м не вы'шел.
00
Ро'жей не вы'шел R ро'жа
00
Ры'лом не вы'шел R ро'жа

00
Вы'йти в свет R свет(2)
00
Вы'йти из мо'ды R мо'да
ВЫКИ'ДЫВАТЬ
00
Выки'дывать антраша' R антраша'
ВЫ'КИНУТЬ
00
Вы'кинуть дурь из головы' R дурь
00
Вы'кинуть за' борт R борт
00
Вы'кинуть из $головы'/се'рдца/па'мяти$ R вы'бросить
00
Вы'кинуть на у'лицу [кого'] R вы'бросить
00
Вы'кинуть флаг R флаг
ВЫ'КОЛОТИТЬ
00
Вы'колотить дурь [из кого'] R дурь
ВЫ'КОЛОТЬ
00
(Темно',) хоть глаз вы'коли
IT'S PITCH DARK; ONE CAN'T SEE ONE'S HAND BEFORE ONE'S
FACE
В ко'мнате темно', хоть глаз вы'коли; о'щупью наше.л он
хала'т и ту'фли.
ВЫ'ЛЕЗТИ
00
Вы'лезти из ко'жи (вон) R ко'жа
ВЫ'ЛЕТЕТЬ
00
$Вы'йти/вы'лететь$ из головы' R голова'
00
Вы'лететь в трубу'
TO GO BANKRUPT; TO LOSE ONE'S SHIRT
-Е'сли я за'втра не заплачу' проце'нтов, то до'лжен
бу'ду вы'лететь в трубу' вверх нога'ми. У меня' опи'шут
име'ние!
00
Вы'лететь из $головы'/па'мяти$
(I) PLUMB FORGOT
-Вы'летело из головы' что' я обеща'л привезти' де'тям из
го'рода, -ду'мал оте'ц.
29
Вы'лететь пу'лей
TO TAKE OFF LIKE A SHOT; TO BEAT IT
Проигра'вшись в ка'рты, он вы'летел пу'лей из до'ма.
00
Вы'лететь стрело'й
TO TAKE OFF LIKE A SHOT; TO BEAT IT
Скакуны' вы'летели стрело'й из-за загоро'дки.
ВЫ'МОТАТЬ
00
Вы'мотать (все) кишки' [кому'] R кишка'
29
Вы'мотать (всю) ду'шу
TO WEAR (SOMEONE) OUT; TO EXASPERATE
-Постоя'нные жа'лобы жены' на недоста'тки вы'мотали всю
ду'шу.
ВЫ'МЫТЬ
00
Вы'мыть [кому'] го'лову R голова'
00
Вы'мыть [кому'] ко'сточки R ко'сточка
ВЫ'НЕСТИ
00
Вы'нести на свои'х плеча'х R плечо'

00
Вы'нести сор из избы' R сор
00
Крива'я вы'несет R криво'й
00
Куда' крива'я $не/ни$ вы'несет R криво'й
ВЫ'НОСИТЬ
75
Вы'носить на свои'х рука'х
TO BRING UP; TO RAISE (CHILDREN)
-..На то ль я тебя' вы'ходила да вы'нянчила, 'а свои'х
рука'х вы'носила.
ВЫНОСИ'ТЬ
00
Выноси'ть сор из избы' R сор
00
Не выноси'ть [кого'<чего']
(I) CAN'T STAND (HIM/IT); (I) CAN'T TOLERATE (HIM/IT)
1. Больно'й не выно'сит духоты'. 2. Ученики' не
выноси'ли фи'зика из-за его' приди'рчивости.
00
Хоть святы'х (вон) вwhicosи' R свято'й
ВЫ'НУТЬ
23
Вы'нуть $ду'шу/дух$
TO BE THE DEATH OF (SOMEONE)

42
Вы'нуть $ду'шу/се'рдце$
TO BREAK (SOMEONE'S) HEART
-Изму'чилась я! Все. се'рдце он из меня' вы'нул!
29
Вынь да поло'жь
[(I) MUST HAVE IT] HERE AND NOW/ON THE SPOT/RIGHT AWAY
1. От отца' не скрыть пра'вды, - ему' вынь да поло'жь.
2. -Хозя'ин не жде.т пла'ты, а вынь да поло'жь ее..
00
Из-под спу'да вы'нуть R спуд
ВЫ'ПАСТЬ
00
Вы'пасть на до'лю [чью<кому']
(IT) FELL TO (MY) LOT; TO BE FATED TO ...
На мою' до'лю вы'пало быть свиде'телем и уча'стником
завоева'ния э'тих ме.ртвых простра'нств.
00
На $мою'<твою'<его'<ETC$ до'лю вы'пало R до'ля
ВЫ'ПИТЬ
00
Вы'пить го'рькую ча'шу [чего'] R ча'ша
00
Вы'пить на ты R ты
ВЫ'ПЛАКАТЬ
00
Вы'плакать (все) глаза'
TO CRY ONE'S EYES OUT
1. Дитя' гото'во вы'плакать все глаза' из-за
сло'манной игру'шки. 2. Мать вы'плакала глаза' у
посте'ли больно'го ребе.нка.
ЗЫ'ПРЯМИТЬСЯ
00
В стру'нку =вы'прямиться= R струна'
ВЫ'ПУСТИТЬ
00
Вы'пустить в свет [что]
TO PUT ON THE MARKET [ABOUT BOOKS]; TO PUBLISH
1. Но'вое уче'бное руково'дство вы'пущено в свет. 2.
"До'ктор Жива'го" Пастерна'ка вы'пущен в свет
заграни'цей.
00
Вы'пустить в трубу' [кого'<что] R труба'
00
Вы'пустить из ви'ду R вид
00
Вы'пустить из па'мяти
(IT) SLIPPED (MY) MIND
Он вы'пустил из па'мяти день визи'та к до'ктору.
00
Вы'пустить из рук

ВЫ'ПУСТИТЬ CONT'D.
(IT) SLIPPED THROUGH (MY) FINGERS; (YOU) LET IT SLIP
THROUGH YOUR FINGERS; (YOU) MISSED (YOUR) CHANCE
00
Вы'пустить кишки' R кишка'
00
Вы'пустить потроха' [кому'] R потроха'
00
Вы'пустить $снаря'д/заря'д/пу'лю/ETC$
TO FIRE A SHELL/BULLET/ETC.
1. Но'чью бы'ло ти'хо, -ни оди'н снаря'д не' был
вы'пущен. 2. Охо'тник вы'пустил заря'д по убега'ющей
лисе'. 3. Неча'янно вы'пущенная пу'ля застря'ла в
стене'.
ВЫ'ПУЧИТЬ
29
Вы'пучить глаза'
(HIS) EYES POPPED (FROM FEAR, SURPRISE); (HIS) EYES GREW
BIG
1. Ма'льчики смотре'ли, вы'пучив глаза', на пры'гавшую
лягу'шку. 2. Рыбаки' вы'пучили глаза' при ви'де
большо'го уло'ва.
ВЫ'ПЯЛИТЬ
29
Вы'пялить глаза'
(HIS) EYES POPPED; (HIS) EYES GREW BIG
-Что вы'пялили глаза' на се'но! Укла'дывайте в ски'рды!
-прикри'кнул отец.
ВЫРАЖА'ТЬСЯ
00
Мя'гко выража'ясь R мя'гкий
ВЫРАЖЕ'НИЕ
00
Без выраже'ния =говори'ть/чита'ть/ETC=
(TO SPEAK/READ) MONOTONOUSLY/WITHOUT EXPRESSION
1. -Ты говори'шь без выраже'ния, - сказа'л мне
учи'тель. 2. Мно'гие студе'нты говоря'т и чита'ют без
выраже'ния.
00
$Извини'<извини'те$ за выраже'ние R извини'ть
00
Крыла'тые выраже'ния R крыла'тый
00
С выраже'нием =чита'ть/петь/ETC=
(TO READ/SING) WITH FEELING
1. Сле'дует учи'ть дете'й чита'ть с выраже'нием. 2.
Хор люби'телей пел с выраже'нием.
00
Си'льные выраже'ния R си'льный
ВЫ'РАЗИТЬСЯ
00
Си'льно вы'разиться R си'льно
ВЫРАСТА'ТЬ
00
Выраста'ть как грибы' (после дождя') R гриб
ВЫ'РАСТИ
00
Вы'расти в глаза'х [чьих]
TO RISE IN (SOMEONE'S) ESTIMATION
Но'вый врач вы'рос в на'ших глаза'х по'сле того' как мы
узна'ли, что он беспла'тно лечи'л бе'дных.
00
Сло'вно $из<из-под$ земли' вы'расти R земля'
ВЫ'РВАТЬ
00
Вы'рвать из зубо'в R зуб
00
Вы'рвать из конте'кста R конте'кст
00
Вы'рвать из се'рдца [кого'<что]
TO TEAR (SOMEONE/SOMETHING) OUT OF ONE'S HEART; TO ERASE
FROM ONE'S MEMORY; TO BLOT (SOMETHING) OUT OF ONE'S MIND
00
Вы'рвать с ко'рнем [что] R ко'рень

00
С мя'сом вы'рвать =пу'говицу/крючо'к/ETC= R мя'со
ВЫ'РОВНЯТЬ
00
Вы'ровнять шаг
TO GET IN STEP
Споткну'вшись о ка'мень, солда'т вско'ре вы'ровнял шаг.
ВЫ'РОСТ
29
Шить на вы'рост
[IN SEWING] TO PROVIDE FOR CHANGE IN SIZE AND LENGTH

Все пла'тья де'вочек бы'ли ши'ты на вы'рост.
ВЫ'РУБИТЬ
00
Вы'рубить $ого'нь/и'скру$ R вы'сечь
ВЫ'РУЧКА
00
На вы'ручку =идти'/прийти'/спеши'ть/ETC=
(TO COME/GO) TO THE RESCUE; TO SAVE
1. Мне на вы'ручку опя'ть пришё.л счастли'вый слу'чай.
2. Вдруг он реша'ется, бежи'т к ло'дке,....
отта'лкиваясь шесто'м от льдин, торо'пится на вы'ручку.
ВЫРЫВА'ТЬ
00
Вырыва'ть из конте'кста R конте'кст
ВЫ'СЕЧЬ
00
$Вы'сечь/вы'рубить$ $ого'нь/и'скру$
TO STRIKE FIRE/SPARKS
1. Заночева'в в лесу', охо'тники собра'ли сушняку',
вы'секли ого'нь и усе'лись вокру'г костра'. 2. Он
вы'сек и'скру из кремня', и трут затле'л.
ВЫ'СКОЧИТЬ
00
Вы'скочить за'муж
TO RUSH INTO A MARRIAGE [ABOUT A WOMAN]
Моя' подру'га вы'скочила за'муж, едва' око'нчив шко'лу.
00
Вы'скочить из $головы'/па'мяти$
(IT) SLIPPED MY MIND
Всё. тяже.лое, что бы'ло в его' [Вро'нского]
отноше'ниях к А'нне..., всё. вы'скочило из его' головы'.
00
Вы'скочить из головы' R голова'
ВЫ'СЛУГА
42
За вы'слугой лет
BY SENIORITY; DUE TO ONE'S SENIORITY
Оте'ц получа'ет пе'нсию за вы'слугой лет.
ВЫ'СМОРКАТЬ
00
Вы'сморкать нос
TO BLOW ONE'S NOSE
ВЫ'СМОТРЕТЬ
29
Вы'смотреть глаза'
TO STRAIN ONE'S EYES
-Ждала' вас, все глаза' вы'смотрела.
ВЫСО'КИЙ
00
Быть высо'кого мне'ния [о ком<о чё.м]
TO HAVE A HIGH OPINION OF (SOMEONE/SOMETHING)
00
Высо'кий лоб
A HIGH FOREHEAD
1. У незнако'мца был высо'кий лоб. 2. Из-под
высо'кого лба старика' приве'тливо смотре'ли голубы'е
глаза'.
00
Высо'кой ма'рки R ма'рка
00
Высо'кой про'бы R про'ба
00
Пти'ча высо'кого поле.та R поле.т
ВЫСО'КО
00
Высо'ко мнить о себе' R мнить

42

ВЫСО'КО'
00
Высо'ко' нести'. го'лову R нести'
ВЫСОКО'
00
Высоко' держа'ть зна'мя [чье.<чего'] R зна'мя
00
Высоко' носи'ть го'лову R нести'
ВЫ'СОСАТЬ
00
Вы'сосать $все со'ки/(всю) кровь$ [из кого'<из чего']
TO WEAR (SOMEONE) OUT; TO DRAIN (SOMEONE'S) STRENGTH; TO SAP (SOMEONE'S) STRENGTH
1. Неда'ром он нажи'л бога'тство, вы'сосав все со'ки из рабо'тавших. 2. Пау'к вы'сосал все со'ки из по'йманной му'хи.

00
Вы'сосать из па'льца [что]
TO PULL (SOMETHING) OUT OF THIN AIR; TO SUCK IT OUT OF ONE'S THUMB
ВЫСОТА'
00
$Быть/оказа'ться$ на высоте' =положе'ния/тре'бований/ETC=
TO BE AT THE PEAK OF ONE'S PERFORMANCE; TO FULFILL EXPECTATIONS (OF PERFORMANCE)
1. Говоря' на друго'й день об исполне'нии, все ви'дные кри'тики сошли'сь на том, что арти'сты...бы'ли на высоте' положе'ния. 2. Убеди'вшись, что мы ма'ло успева'ем под руково'дством на'шей гуверна'нтки, роди'тели реши'ли пригласи'ть еще. одного' преподава'теля... Но... он та'кже оказа'лся не на высоте'.
00
Свести' с высоты' [кого'<что] R свести'
00
С высоты' пти'чьего поле.та R поле.т
00
С высоты' своего' вели'чия R вели'чие
ВЫ'СТРЕЛ
00
Без вы'стрела =взять/сдать=
(TO TAKE/SURRENDER) WITHOUT A SHOT
Непристу'пная Ма'льта сдае.тся без вы'стрела.
00
На вы'стрел
[YOU CAN'T COME] WITHIN FIRING RANGE
-Строжа'йше б запрети'л я э'тим господа'м На вы'стрел подъезжа'ть к столи'цам.
ВЫСТУПА'ТЬ
00
Выступа'ть в фу'нкции [кого'<чего'] R фу'нкция
00
Выступа'ть го'голем R го'голь
ВЫ'СУНУТЬ
00
Нельзя' но'су вы'сунуть (и'з дому)
ONE CAN'T EVEN STICK (HIS) NOSE OUT (OF THE HOUSE); ONE CAN'T EVEN SHOW ONE'S FACE OUTSIDE
ВЫ'СШИЙ
00
В вы'сшей сте'пени R сте'пень
00
Вы'сшей ма'рки R ма'рка
00
Вы'сшей про'бы R про'ба
ВЫТА'ЛКИВАТЬ
00
Выта'лкивать $в ше'ю/в три ше'и/взаше'й$ R ше'я
ВЫ'ТАЩИТЬ
00
ВЫ   Вы'тащить из гря'зи R грязь
00
Клеща'ми не вы'тащить [чего'] R кле'щи'

ВЫ'ТОЛКАТЬ
00
Вы'толкать в ше'ю R ше'я
ВЫ'ТОЧИТЬ
00
$Сло'вно/бу'дто/как$ вы'точенный
AS IF CHISELLED/CARVED
ВЫ'ТРЯСТИ
29
Вы'трясти ду'шу
1. TO BE SHAKEN UP [FROM RIDING ON A BUMPY ROAD] 2. TO SHAKE UP (SOMEONE); TO FRIGHTEN (SOMEONE)
29
Вы'трясти карма'н [чей]
TO CLEAN (SOMEONE) OUT; TO SPEND ALL ONE'S MONEY
1. Я вы'тряс свои' карма'ны и посчита'л ме'лочь. 2. Он сам издержа'лся и вы'тряс мои' карма'ны.
ВЫТЯ'ГИВАТЬ
00
Клеща'ми вытя'гивать =сло'во/отве'т/призна'ние/ETC= [из кого'] R кле'щи'
ВЫ'ТЯНУТЫЙ
00
$Вы'тянутое лицо'/вы'тянутая физионо'мия$
(TO HAVE) A LONG FACE; WITH A GAPING MOUTH
физионо'мии у всех вы'тянутые, глаза' широко' откры'тые.
ВЫ'ТЯНУТЬ
00
Вы'тянуть $(всю) ду'шу/(все) жи'лы$
TO TORMENT (SOMEONE); TO WEAR (SOMEONE) OUT
Плач ма'тери по поги'бшему бра'ту вы'тянул всю ду'шу из меня'.
00
Вы'тянуть но'ги R протяну'ть
00
Клеща'ми не вы'тянешь [чего'] R кле'щи'
ВЫ'ТЯНУТЬСЯ
00
Вы'тянуться во фронт R фронт
00
Вы'тянуться в стру'нку R струна'
00
$Лицо' вы'тянулось/физионо'мия вы'тянулась$ [у кого']
TO PULL A LONG FACE; TO GAPE
1. Лицо' вы'тянулось у незнако'мца при взгля'де на лотере'йный биле'т. 2. Физионо'мии вы'тянулись у всех при изве'стии о сокраще'нии шта'тов.
ВЫ'ХОД
00
$Дать/найти'/ETC$ вы'ход [чему']
TO GIVE VENT TO
Распла'кавшись, де'вочка дала' вы'ход огорче'нию.
00
Знать все хо'ды и вы'ходы
TO KNOW ONE'S WAY AROUND; TO KNOW (SOMETHING) INSIDE OUT; TO KNOW THE ROPES
1. Москви'ч зна'ет все хо'ды и вы'ходы в столи'це.
2. Бухга'лтер бы'стро наше.л оши'бку, зна'я все хо'ды и вы'ходы в сче.тном де'ле.
ВЫХОДИ'ТЬ
00
Из ря'да вон выходя'щий R ряд
00
Не $выходи'ть/идти'$ из $головы'/ума'$
TO STICK IN ONE'S MIND; TO PREY ON ONE'S MIND; NOT TO BE ABLE TO GET (SOMETHING) OFF ONE'S MIND
ВЫ'ЧЕРКНУТЬ
00
Вы'черкнуть из па'мяти
TO ERASE FROM ONE'S MEMORY
1. И'мя преда'теля вы'черкнуто из па'мяти. 2. Я вы'черкнул из па'мяти неприя'тное знако'мство.
00
Вы'черкнуть из [чьей] жи'зни
(IT) CEASED TO EXIST FOR (ME)
ВЫ'ЧЕТ
00
За вы'четом

ВЫ'ЧЕТ CONT'D.
EXCLUDING ...; EXCEPT ...; WITH THE EXCEPTION OF ...
Про'житое, за вы'четом бед и неуда'ч,
вспомина'ется с те.плым чу'вством
хоро'шими людьми'.
ВЫ'ШЕ
00
Вы'ше сре'днего R сре'дний
00
Подыма'й вы'ше! R подыма'ть
00
Стоя'ть вы'ше [кого'] R стоя'ть
00
Стоя'ть вы'ше [чего'] R стоя'ть
00
То'ном вы'ше =говори'ть/сказа'ть/ETC= R тон
ВЫШИБА'ТЬ
00
Клин кли'ном вышиба'ть R клин
ВЫ'ШИБИТЬ
00
Вы'шибить $дух/ду'шу$ [из кого']
TO BEAT (SOMEONE) TO DEATH
00
Вы'шибить из седла' [кого'] R седло'
00
Кли'ном не вы'шибешь R клин
ВЬЮН
00
$Ви'ться/верте'ться$ вьюно'м [о'коло кого']
TO HOVER AROUND (SOMEONE); TO DANCE ATTENDANCE ON (SOMEONE)
1. Де'ти верте'лись вьюно'м о'коло отца, обеща'вшего
пода'рки с я'рмарки. 2. Молодо'й муж ви'лся вьюно'м
о'коло жены'.
ВЯЗА'ТЬ
00
Власть реши'ть и вяза'ть R реши'ть
00
Лы'ка не вя'жет [кто] R лы'ко
ВЯЗА'ТЬСЯ
00
Не вя'жется =де'ло/разгово'р=
(IT) DID NOT JELL; THE CONVERSATION PETERED OUT
1. Заме'тив, что разгово'р у госте'й не вя'жется,
хозя'ин пригласи'л их в столо'вую. 2. Любо'е де'ло не
вя'жется без ду'ха предприи'мчивости.
ВЯ'НУТЬ
00
У'ши вя'нут
(I) DO NOT WANT TO HEAR ANOTHER WORD (ABOUT IT); I'VE
HEARD ENOUGH ABOUT IT
ГАДА'ТЬ
00
Гада'ть на $боба'х/кофе'йной гу'ще$
TO READ (SOMETHING) IN TEA LEAVES
1. -Я всегда' гада'ю на боба'х перед нача'лом де'ла,
-шути'во проговори'л изве'стный предпринима'тель. 2.
-Ты здра'во рассужда'й, а не гада'й на кофе'йной гу'ще!
-прерва'л меня' собесе.дник.
00
Не ду'мано, не га'дано R ду'мать
00
Не ждать, не гада'ть R ждать
ГАЗ
29
Дать газ
TO GIVE IT GAS; TO ACCELERATE; TO STEP ON THE GAS
Шофе.р дал газ, и маши'на дви'нулась, поднима'я сне'жную
пыль.
29
На по'лном $га'зе<газу'$
AT FULL SPEED; WITH THE THROTTLE OPEN
Маши'на, пройдя' на по'лном газу' дере'вню, при
вы'езде...сбавля'ет ход.
29
Сба'вить газ
TO REDUCE SPEED
Маши'на догна'ла пехо'тную коло'нну и, сба'вив газ,

обходи'ла ее..
ГАЗЕ'ТА
00
$Жива'я/ходя'чая$ газе'та
A LIVING/WALKING NEWSPAPER; A NEWSMONGER
00
На столбца'х газе'т R столбе'ц
00
На страни'цах газе'ты R страни'ца
ГА'ЙКА
29
Га'йка слаба' [у кого']
NOT TO BE UP TO (SOME JOB, WORK); NOT TO BE BIG ENOUGH TO
(DO SOMETHING); (IT IS) BEYOND (YOU);
-Шути'ть-то ты уме'ешь, факт, а вот рабо'ту поста'вить -
га'йка у тебя' слаба'!
29
Подкрути'ть $га'йку/га'йки$
TO PUT THE SCREWS TO (SOMEONE); TO PUT PRESSURE ON (SOMEONE)
Но'вый прора'б подкрути'л га'йки всем на строи'тельстве.
ГАК
29
С га'ком
A BIT MORE (THAN ...)
1. С тех пор прошло' два'дцать лет с га'ком. 2.
...-Ход был хоро'ший. Кило'метра полтора' с га'ком
отхвати'ли.
ГА'ЛКА
00
Счита'ть га'лок
TO TWIDDLE ONE'S THUMBS; TO SIT ON ONE'S HANDS
1. На убо'рке урожа'я на'до рабо'тать, а не счита'ть
га'лок. 2. Ви'дано, пасту'х счита'л га'лок, коли'
коро'вы потрави'ли посе'в.
ГАЛО'П
00
Подня'ть в гало'п =коня'/ло'шадь=
TO BRING ONE'S HORSE TO A GALLOP
Вса'дник по'днял коня' в гало'п, пришпо'рив его'.
ГА'ЛСТУК
29
$Заложи'ть/зали'ть/ETC$ за га'лстук
TO TIE ONE ON; TO PUT AWAY A LOT OF BOOZE
1. Мой собесе'дник заложи'л за га'лстук, и его' речь
ста'ла непоня'тной. 2. Когда' он залье.т га'лстук, то
ле'зет в дра'ку.
ГВОЗДЬ
00
Гвозде.м $засе'сть/сиде'ть/ETC$
(IT) STUCK IN (MY) MIND
Я ви'дел, что мысль замани'ть меня' на слу'жбу гвозде.м
засе'ла у него' в голове'.
29
Никаки'х гвозде'й
THAT'S ALL THERE'S TO IT!; (AND) THAT'S IT!
Свети'ть всегда', свети'ть везде', до дней после'дних
до'нца, свети'ть - и никаки'х гвозде'й! Вот ло'зунг мой
- и со'лнца!
ГДЕ
00
Вот где сиди'т [кто<что] R сиде'ть
00
Где бы [INF]
RATHER THAN
-Где бы нам пла'кать - пе'сни пое.м.
58
Где-где
HERE AND THERE; IN SOME PLACES
[Мерзляко'в] написа'л мно'жество од, в ко'их где-где
блиста'ют и'скры могу'чего тала'нта.
00
Где-где не $быть/находи'ться/ETC$
EVERYWHERE; THE PLACES (I) WAS!
-Уж я где-где не' был. И по моско'вской маши'не
езжа'л...., и из Кра'сного по петерго'фской, - везде' в
тех края'х харче'вни ху'же зде'шней.
00
$Где/где уж/где уж то'лько$ не [INF]

THE PLACES (HE) WAS!; EVERYWHERE; WHERE HASN'T HE BEEN!
Жизнь Евти'шки пе.страя.... Где то'лько не быва'л: ма'льчиком у лаба'зника, половы'м в тракти'ре,... да'же с цыга'нами броди'л.
00
Где како'й R како'й
00
Где попа'ло R попа'сть
00
Кто где R кто
00
Хоть где R хоть
ГДЕ'-НИБУДЬ
00
Хоть где'-нибудь R хоть
ГЕ'НИЙ
00
До'брый ге'ний [чей]
THE GOOD GENIUS; THE GOOD GENIE
00
Злой ге'ний [чей]
THE EVIL GENIUS; THE BAD GENIE
Новичо'к, злой ге'ний кла'сса, ча'сто вовлека'л нас в непрости'тельные ша'лости.
ГЕРКУЛЕ'СОВ
00
Геркуле'совы $столбы'/столпы'$
THE PILLARS OF HERCULES
То число', в кото'рое он вы'слушал после'днюю ле'кцию, и бы'ло геркуле'совыми столпа'ми его' уче.ности.
00
Дойти' до геркуле'совых $столбо'в/столпо'в$
TO REACH THE LIMITS

ГИ'БЕЛЬ
00
$быть/находи'ться$ на краю' ги'бели
TO BE IN MORTAL DANGER
00
Гляде'ть ги'бели в глаза' R смотре'ть
00
$Смотре'ть/гляде'ть$ ги'бели в глаза' R смотре'ть
ГИ'БЛЫЙ
00
Ги'блое де'ло
A PERIL; A HOPELESS SITUATION; A BLIND ALLEY
—Плута'ть сейча'с в тайге' - ги'блое де'ло: не ви'дно ни ме'сяца, ни звезд.
ГИГА'НТСКИЙ
00
Гига'нтскими шага'ми $идти'/дви'гаться$ впере.д R шаг
ГЛАВА'
00
Во главе' [кого'<чего'] =быть/находи'ться/идти'/стоя'ть=
AT THE HEAD OF ...; LEADING (SOMETHING); IN THE FOREFRONT OF ...
Идти' во главе' коло'нны демонстра'нтов.
00
Во главе' [с кем]
UNDER THE LEADERSHIP OF; HEADED BY ...
Штаб отря'да но'чью вы'слал разве'дку во главе' с комисса'ром отря'да.
00
Главу' приклони'ть [где<куда'] R приклони'ть
00
$Не'где/не'куда/ETC$ главу' приклони'ть R приклони'ть
00
Посы'пать пе'плом главу' R пе'пел
00
Ста'вить [что] во главу' угла'
TO ASSIGN PRIMARY IMPORTANCE TO (SOMETHING); TO CONSIDER (SOMETHING) TO BE INDISPENSIBLE
Изве'стный педаго'г ста'вил самодисципли'ну во главу' угла' в де'ле воспита'ния дете'й.
00
Стать во главе' [чего'] R стать

00
Стоя'ть во главе' [кого'<чего'] R стоя'ть
ГЛА'ВНЫЙ
00
Гла'вное де'ло
(AND) THE MAIN THING ...; PRIMARILY ... ; THE FIRST THING ...
1. Ме'стность незнако'ма; гла'вное де'ло - найти' доро'гу в го'род. 2. Не сле'дует спеши'ть с отве'том, а пре'жде, гла'вное де'ло, обду'мать его'.
00
Гла'вным о'бразом
ABOVE ALL; MAINLY; PRIMARILY
Косьме' Васи'льичу чрезвыча'йно нра'вился Никола'й, то есть гла'вным о'бразом нра'вилось простоду'шное благогове'ние Никола'я ... перед тем, что он говори'л ему'.
ГЛА'ДИТЬ
00
Гла'дить по голо'вке [кого']
TO PAT (SOMEONE) ON THE BACK
00
Гла'дить про'тив ше'рсти
TO RUB THE WRONG WAY
Мы не люби'ли э'того ске'птика; он гла'дил про'тив ше'рсти всех.
ГЛА'ДКИЙ
00
Взя'тки гла'дки [с кого']
(YOU) ARE WASTING (YOUR) TIME WITH (ME)!; (YOU) WON'T GET ANYTHING OUT OF (ME)
ГЛАДЬ
00
Тишь да гладь
PEACE AND TRANQUILITY
В до'мике старико'в цари'ли тишь да гладь.
ГЛАЗ
00
Ага'товые глаза' R ага'товый
00
Бере'чь пу'ще гла'за R пу'ще
00
Бить в глаза' R бить
00
$Броса'ться/кида'ться/мета'ться$ в глаза' R броса'ться
00
В глаза' не вида'ть [кого']
NOT TO EVEN LOOK AT (SOMEONE/SOMETHING); THERE ISN'T EVEN A TRACE OF ...; NOT TO SEE HIDE OR HAIR OF ...
1. Нача'льник мо'лча проше.л в кабине'т, сло'вно в глаза' не вида'л сотру'дников. 2. Жи'тели дере'вни уверя'ли, что в глаза' не вида'ли партиза'н.
00
В глаза' $сказа'ть/назва'ть/ETC$
(I WILL) TELL (HIM) TO (HIS) FACE; (I WILL) MAKE NO BONES ABOUT (IT)
1. Мы в глаза' назва'ли его' лгуно'м. 2. Ма'льчики в глаза' сказа'ли пра'вду о разби'том окне'.
00
В глаза'х двои'т R двои'ть
00
В глаза'х двои'тся R двои'ться
00
В глаза'х зелене'ет R зелене'ть
00
В глаза'х мелька'ет R мелька'ть
00
$В глаза'х<пе'ред глаза'ми$ стоя'ть
TO SEE IN ONE'S MIND'S EYE
1. Па'мять сохрани'ла о'бразы мно'гих люде'й, стоя'щих перед глаза'ми как живы'е. 2. Опа'сности бе'гства из пле'на все. еще. стоя'т в мои'х глаза'х.
00
В глаза'х ряби'т R ряби'ть
00
В глаза'х темне'ет R темне'ть
00
В глаза'х трои'т R трои'ть
00
В глаза'х [чьих]

ГЛАЗ CONT'D.
1. IN (MY) OPINION; AS FAR AS (I AM) CONCERNED 2. BEFORE
(MY) VERY EYES; (I) SAW (IT) WITH MY OWN EYES
1. Хала'т име'л в глаза'х Обло'мова тьму неоче.нных
досто'инств. 2. -Ваш сын, в мои'х глаза'х,... со
зна'менем в рука'х, впереди' полка' пал геро'ем.
00
Верте'ться на глаза'х<пе'ред глаза'ми R верте'ться
00
Воло'вьи глаза' R воло'вий
00
Враща'ть глаза'ми R враща'ть
00
(Все) глаза' $просмотре'ть/прогляде'ть$ R просмотре'ть
00
Вски'нуть $глаза'<глаза'ми$ R вски'нуть
00
Вы'плакать (все) глаза' R вы'плакать
00
Вы'пучить глаза' R вы'пучить
00
Вы'пялить глаза' R вы'пялить
00
Вы'расти в глаза'х [чьих] R вы'расти
00
Вы'смотреть глаза' R вы'смотреть
00
Глаза' б (мои') не вида'ли [кого'<чего']
(I) DON'T WANT TO SEE (YOU/IT); (I) DON'T WANT TO SET
EYES ON (SOMETHING)
1. -Глаза' б мои' не вида'ли э'того дру'га,
разори'вшего отца'! - возмуще.нно сказа'л оди'н из
сынове'й. 2. Глаза' б не вида'ли мест, где стоя'л
веково'й кра'сный лес, сру'бленный ра'ди шоссе'йных
доро'г.
00
Глаза' бы (мои') не $смотре'ли/гляде'ли$ [на кого'<на
что']
(I) DON'T WANT TO SEE (YOU/IT); (I) DON'T WANT TO
SET EYES ON (SOMETHING)
1. Глаза' бы мои' не смотре'ли на изме'нника. 2.
Глаза' бы не гляде'ли на э'ти руи'ны, напомина'ющие
у'жасы войны'.
00
Глаза' горя'т [на что]
TO HAVE ONE'S HEART SET ON ...
Глаза' горя'т на э'ту брошь.
00
Глаза' закати'лись R закати'ться
00
Глаза' (и зу'бы) разгоре'лись [на что] R разгоре'ться
00
Глаза' $навы'кат/навы'кате$ R навы'кат
29
Глаза' на лоб ле'зут
(HIS) EYES POPPED; (HIS) EYES GREW WIDE; TO LOOK AT
(SOMETHING) WITH ONE'S MOUTH OPEN
1. У э'того огоро'дника таки'е большу'щие ты'квы, что
глаза' на лоб ле'зут. 2. -Глаза' на лоб ле'зут,
слу'шая твои' вы'думки! -прерва'ли мы болтуна'.
00
Глаза' на мо'кром ме'сте [у кого'] R мо'крый
00
Глаза' откры'лись [у кого'] R откры'ться
00
Глаза' разбежа'лись R разбежа'ться
00
Глаза' слипа'ются R слипа'ться
00
Глаза' с поволо'кой R поволо'ка
00
Глаза' с прищу'ром R прищу'р
00
Глаз не $каза'ть/пока'зывать$ R каза'ть
00
Гла'зом не моргну'ть [V] R моргну'ть
00
Глубо'кие глаза' R глубо'кий

Гляде'ть $сме'рти/опа'сности/ги'бели/ETC$ в глаза' R
смотре'ть
00
Двои'ться в глаза'х R двои'ться
00
$Де'лать больши'е глаза'/смотре'ть больши'ми глаза'ми$
(HIS) EYES GREW LARGE; (HIS) EYES POPPED; TO BE SURPRISED
1. Зри'тели смотре'ли больши'ми глаза'ми на движе'ния
фо'кусника. 2. Оте'ц де'лал больши'е глаза', чита'я
на'ши спи'ски жела'нных веще'й к Рождеству'.
00
Де'лать кру'глые глаза' R кру'глый
00
Для отво'да глаз R отво'д
00
Досту'пный гла'зу R досту'пный
00
Есть глаза'ми R есть
00
За глаза' =говори'ть/руга'ть/называ'ть/ETC=
(TO CALL (SOMEONE) NAMES/TO TALK) BEHIND (HIS) BACK
1. Но'вый рабо'чий за глаза' руга'л ма'стера, а при
встре'че льстил ему'. 2. Рабо'тник за глаза' называ'л
хозя'ина непеча'тными слова'ми, а при ви'де его'
унижа'лся.
00
За глаза' =доста'точно/хва'тит=
(IT IS) MORE THAN ENOUGH; (IT IS) FULLY SUFFICIENT
1. -За глаза' доста'точно! -останови'ли мы
расска'зчика, напере.д зна'я хара'ктер его' остро'т. 2.
Всы'пав овса' в то'рбу, ко'нюх пробормота'л: -За глаза'
хва'тит!
00
$Закати'ть/подкати'ть/завести'$ глаза' R закати'ть
00
Закры'ть глаза' [на что] R закры'ть
00
Зама'зать глаза' [кому'] R зама'зать
00
Запусти'ть глаза' [куда'] R запусти'ть
00
Засма'тривать [кому'] в глаза' R засма'тривать
00
(И) гла'зом не повести' R повести'
00
Игра'ть глаза'ми R игра'ть
00
Из глаз =скры'ться/изче'знуть/пропа'сть/ETC=
(TO DISAPPEAR/TO HIDE) FROM VIEW/FROM SIGHT
1. Революционе'ры скры'лись из глаз, уйдя' в
подпо'лье. 2. Но'вый жиле'ц пропа'л из глаз вско'ре
по'сле о'быска у него'.
00
Изме'рить глаза'ми R изме'рить
00
Иска'ть глаза'ми [кого'<что] R иска'ть
00
И'скры из глаз посы'пались R и'скра
00
Как бельмо' на глазу' R бельмо'
00
Коло'ть глаза' [кому'] R коло'ть
00
Круги' перед глаза'ми<в глаза'х =плыву'т/стоя'т/
мелька'ют/ETC= R круг
00
Круги' под глаза'ми R круг
00
Куда' глаза' гляди'т =идти'/брести'/бежа'ть/ETC=
(I'LL GO) WHEREVER (MY) FEET WILL CARRY (ME)
1. Бы'вший ка'торжник бре.л куда' глаза' гляди'т по
забы'тым места'м. 2. Испу'ганная соба'ка бежа'ла куда'
глаза' гляди'т. 3. Я ше.л по' полю куда' глаза'
гляди'т, наслажда'ясь све'жестью ра'ннего у'тра.
00
Куда' ни кинь гла'зом
WHEREVER ONE LOOKS; EVERYWHERE

46

ГЛАЗ CONT'D.
1. Вокру'г парохо'да расстила'лось куда' ни кинь гла'зом беспреде'льное, каза'лось, мо'ре. 2. На све'жей траве' поля'ны сиде'ли куда' ни кинь гла'зом уча'стники пикника'.
00
Лезть $в<на$ глаза' R лезть
00
Лови'ть $взгляд/взор$ $[чей]<[чьих] глаз$ R лови'ть
00
Ло'пни (мои') глаза' R ло'пнуть
00
Лупи'ть глаза' R лупи'ть
00
Ме'рить глаза'ми R ме'рить
00
Мешки' под глаза'ми R мешо'к
00
$Мозо'лить/намозо'лить$ глаза' [кому'] R мозо'лить
00
На глаза' $пока'зываться/попада'ться/ETC$
TO COME INTO SIGHT/INTO VIEW; TO BE IN FRONT OF ONE'S EYES
1. При приближе'нии к ру'сским се.лам пре'жде всего' пока'зывались на глаза' колоко'льни церкве'й. 2. На просе.лочной доро'ге попада'лись на глаза' возы' с се'ном. 3. То'лько телегра'фные столбы' попада'лись на глаза'.
00
На глаза'х [чьих<у кого']
IN PLAIN VIEW; IN FRONT OF ...; OPENLY
Надзира'тели у всех на глаза'х обма'нывают свое. нача'льство.
00
На глаза' [чьи]
IN (MY) OPINION; AS FAR AS (I AM) CONCERNED; AS FAR AS (I KNOW)
На глаза' Ната'ши, все бы'вшие на ба'ле бы'ли одина'ково до'брые, ми'лые, прекра'сные лю'ди.
00
На глаз =определя'ть/прики'дывать/ETC=
  TO MEASURE   APPROXIMATELY;   TO ESTIMATE ; ROUGHLY   ABOUT MEASURING
1. О'пытный ску'пщик скота' на глаз прики'дывает вес его'. 2. Портно'й на глаз определи'л сто'имость костю'ма, да'нного для переде'лки. 3. Крестья'нин, на глаз прики'нув расстоя'ние от избы' до приуса'дебного огоро'да, стал копа'ть зе'млю.
00
Наплева'ть в глаза' R наплева'ть
00
$Напусти'ть/нанести'$ тума'ну (в глаза') R тума'н
00
$Наско'лько хвата'ет/куда' достае.т$ глаз
AS FAR AS ONE CAN SEE; AS FAR AS THE EYE CAN SEE
1. По'ле подсо'лнухов простира'лось наско'лько хвата'л глаз. 2. Вдали' от бе'рега куда' то'лько достае.т глаз мо'ре бы'ло беспоко'йно.
00
Не в бровь, а (пря'мо) в глаз R бровь
00
Не ве'рить свои'м глаза'м R ве'рить
00
Невооруже.нным гла'зом R невооруже.нный
00
Не знать, куда' глаза' деть R деть
00
Не каза'ться на глаза' R каза'ться
00
Не моргну'в гла'зом [V] R моргну'ть
00
Не своди'ть глаз [с кого'<с чего'] R своди'ть
00
Не сморгну'в (гла'зом) [V] R сморгну'ть
00
Не сомкну'ть глаз R сомкну'ть
00
Не спуска'ть глаз [с кого'<с чего'] R спуска'ть
00
Не спуска'ть [кого'<что] с глаз R спуска'ть

00
Не успе'ть гла'зом моргну'ть R моргну'ть
00
Не успе'ть (и) (гла'зом) мигну'ть R мигну'ть
00
Ни аза' в глаза' не $знать/понима'ть/ETC$ R аз
00
Ни в одно'м $глазу'<гла'зе$
(TO BE/STAY) SOBER; SOBER AS A JUDGE
00
Низа'ть глаза'ми [кого'<что] R низа'ть
00
Обежа'ть глаза'ми R обежа'ть
00
Оки'нуть глаза'ми R оки'нуть
00
$Опусти'ть/поту'пить$ глаза' до'лу R до'лу
00
Осуши'ть глаза' R осуши'ть
00
Отвести' глаза' [кому'] R отвести'
00
$Откры'ть/раскры'ть$ глаза' [кому'] [на кого'<на что'] R откры'ть
00
Подня'ть глаза' R подня'ть
00
Пожира'ть глаза'ми R пожира'ть
00
Попа'сть на глаза' R попа'сть
00
Попа'сться на глаза' [кому'] R попа'сться
00
Поту'пить глаза' в зе'млю R поту'пить
00
Пра'вда глаза' ко'лет R коло'ть
00
Приче'литься гла'зом R приче'литься
00
Проводи'ть глаза'ми R проводи'ть
00
Прогляде'ть глаза' R прогляде'ть
00
Продра'ть глаза' R продра'ть
00
Пропла'кать (все) глаза' R пропла'кать
00
Просты'м гла'зом R просто'й
00
Протере'ть глаза' R протере'ть
00
Протере'ть глаза' [чему'] R протере'ть
00
Пря'тать глаза' R пря'тать
00
Пыль в глаза' пусти'ть R пыль
00
Пя'лить глаза' [на кого'<на что] R пя'лить
00
Ра'ди прекра'сных глаз<за прекра'сные глаза' [V] R прекра'сный
00
Разре'з глаз R разре'з
00
Ре'зать $глаза'<глаз$ R ре'зать
29
С безу'мных глаз
(TO BE) OUT OF ONE'S MIND/CRAZY
1. Ревни'вица с безу'мных глаз наговори'ла мно'го де'рзостей. 2. Больна'я с безу'мных глаз не узна'ла свои'х родны'х.
00
Сверкну'ть глаза'ми R сверкну'ть
00
С глаз доло'й =уйти'/убра'ться=
(TO GET) OUT OF (SOMEONE'S) SIGHT; TO GET LOST
1. -Уйди'те с глаз доло'й! -сказа'л нам ста'рший брат, гото'вившийся к экза'мену. 2. -Убира'йся с глаз

ГЛАЗ CONT'D.
доло'й, а то прибью'! -пригрози'л карау'льщик бахчи'
по'йманному вори'шке.
00
С гла'зу на глаз
PRIVATELY; IN PRIVATE
1. Оста'вшись с гла'зу на глаз с учи'телем, он
созна'лся, что вы'рвал лист из кла'ссного журна'ла. 2.
Бра'тья с гла'зу на глаз обсужда'ли, что де'лать с
доста'вшимся насле'дством.
00
Сде'лать стра'шные глаза' R стра'шный
00
С закры'тыми глаза'ми R закры'тый
00
Синева' под глаза'ми R синева'
00
Синяки' под глаза'ми R синя'к
00
С каки'ми глаза'ми $появи'ться/показа'ться$ [куда']
NOT TO KNOW WHAT TO DO WITH ONESELF (DUE TO
EMBARRASSMENT, SHAME); HOW CAN ONE FACE UP TO ...
1. Подвы'пивший муж ду'мал, с каки'ми глаза'ми
поя'вится он домо'й. 2. -С каки'ми глаза'ми покажу'сь
я на ве'чере в старомо'дном пла'тье? -ду'мала де'вушка.
00
(Сло'вно/то'чно) пелена' (с глаз) $упа'ла/спа'ла$ R
пелена'
00
$Смотре'ть/гляде'ть$ $пря'мо/сме'ло$ в глаза' [чему']
TO LOOK STRAIGHT IN THE EYE (OF DANGER, TROUBLE, ETC.);
TO HAVE THE GUTS TO DO (SOMETHING); NOT TO BE AFRAID OF
(SOMETHING)
1. Что'бы быть победи'телем в жи'зни, на'до сме'ло
смотре'ть пря'мо в глаза' опа'сности. 2. -Гляди' пря'мо в
глаза' всему', что встре'тится тебе' в жи'зни!
-вспо'мнились ему' слова' умира'вшего отца'.
00
$Смотре'ть/гляде'ть$ $во все глаза'/в о'ба (гла'за)$
TO STARE; TO FIX ONE'S EYES ON; TO BE ALL EYES
1. Де'ти во все глаза' смотре'ли на игру'шечный
по'езд. 2. -Гляди' в о'ба на я'рмарке, - как бы не
проторгова'ться! -ду'мал торго'вец.
00
$Смотре'ть/гляде'ть$ в глаза' [кому']
TO CATER TO (SOMEONE); TO (TRY) TO PLEASE (SOMEONE)
1. -Не гляди'те в глаза' хозя'ину, а тре'буйте
надба'вки к за'работной пла'те! -говори'л агита'тор
рабо'чим заво'да. 2. -Она' смотре'ла в глаза' му'жу
всю жизнь, -шепта'ли сосе'дки, гля'дя на уме'ршую.
00
$Смотре'ть/гляде'ть$ [на что] [чьи'ми] глаза'ми
TO SEE (SOMETHING)/LOOK AT (SOMETHING) THROUGH (SOMEONE ELSE'S)
EYES
00
$Смотре'ть/гляде'ть/ETC$ пра'вде в глаза' R пра'вда
00
$Смотре'ть/гляде'ть$ $сме'рти/опа'сности/ги'бели$ в
глаза' R смотре'ть
00
Смотре'ть други'ми глаза'ми R друго'й
00
Сна ни в одно'м глазу' (нет) R сон
00
С откры'тыми глаза'ми [INF] R откры'тый
29
С пья'ных глаз R пья'ный

00
Стреля'ть глаза'ми R стреля'ть
00
(Темно',) хоть глаз $вы'коли/коли'$ R вы'колоть
00
Те'ни $под глаза'ми<вокру'г глаз$ [у кого'] R тень
00
Трои'тся в глаза'х R трои'ться
00
Тума'н в глаза'х [у кого'] R тума'н

00
Ты'кать в глаза' [что<чем] R ты'кать
00
Улыба'ться (одни'ми) глаза'ми R улыба'ться
00
Хло'пать глаза'ми R хло'пать
00
Чернота' под глаза'ми R чернота'
00
Чертеня'та в глаза'х [у кого'] R черте.нок
00
Ша'рить глаза'ми R ша'рить
00
$Шныря'ть/шмы'гать$ глаза'ми R шныря'ть
00
Шу'пать глаза'ми [кого'<что] R шу'пать
ГЛАЗО'К
00
На глазо'к =определя'ть/прики'дывать/ETC= R глаз
00
Протере'ть гла'зки [чему'] R протере'ть
00
Протере'ть гла'зки R протере'ть
00
$Стро'ить/де'лать$ гла'зки [кому']
TO MAKE EYES AT (SOMEONE); TO FLIRT
00
(Хоть) одни'м глазко'м =взгляну'ть/посмотре'ть=
(JUST TO TAKE) A PEEK/A LOOK
1. -Хоть одни'м глазко'м посмотре'ть на пода'рок ко
дню рожде'ния, -верте'лось в голове' ребе.нка. 2.
Одни'м глазко'м взгляну'в на группово'й сни'мок,
ма'льчик узна'л своего' отца'.
ГЛАС
14
Глас вопию'щего в пусты'не
THE VOICE OF ONE CRYING IN THE WILDERNESS
14
Ни гла'са, ни воздыха'ния
ABSOLUTE SILENCE; THERE WASN'T A SOUND
В э'том до'ме, пови'димому, никто' не живе.т: ни гла'са,
ни воздыха'ния.
ГЛА'СНОСТЬ
00
Преда'ть гла'сности
TO MAKE (SOMETHING) PUBLIC/KNOWN
Растра'ту обще'ственных де'нег преда'ли гла'сности.
ГЛИ'НЯНЫЙ
00
Коло'сс на гли'няных нога'х R коло'сс
ГЛОТА'ТЬ
00
Глота'ть во'здух
TO GASP
00
Глота'ть сле.зы
TO CHOKE BACK ONE'S TEARS
Заму'жняя дочь расска'зывала роди'телям о свое'й жи'зни,
глота'я сле.зы.
00
Глота'ть слова'
TO SWALLOW ONE'S WORDS; TO MUMBLE
1. Е'сли бы говоря'щие не глота'ли слов, бы'ло бы
ле'гче понима'ть их. 2. -Не глота'й слов, а говори'
разде'льно! -прерва'л учи'тель расска'з ученика'.
00
Глота'ть $слю'ни/слю'нки$
TO DROOL OVER (SOMETHING); TO LICK ONE'S CHOPS
ГЛО'ТКА
00
$Взять/брать/схвати'ть$ за гло'тку R го'рло
00
Во всю гло'тку =ора'ть/крича'ть/петь/ETC= R го'рло
00
$Драть/рвать$ гло'тку R драть
00
Заткну'ть [кому'] гло'тку R рот
00
Луже.ная гло'тка [у кого'] R луже.ный

ГЛО'ТКА CONT'D.
  00
    Надрыва'ть гло'тку R надрыва'ть
  00
    Распусти'ть гло'тку R распусти'ть
  00
    Смочи'ть гло'тку R смочи'ть
  00
    Сорва'ть гло'тку R сорва'ть
ГЛУБИНА'
  00
    $В глубине'/на дне$ $души'/се'рдца$
    IN ONE'S HEART OF HEARTS
    $От<до$ глубины' $души'/се'рдца$
    FROM THE BOTTOM OF ONE'S HEART; WITH ALL
    ONE'S HEART
    1. -От глубины' души' жела'ем вам сча'стья, -говори'ли
    го'сти новобра'чным. 2. Весть о траги'ческой ги'бели
    сы'на потрясла' старико'в до глубины' се'рдца.
ГЛУБО'КИЙ
  00
    Глубо'кие глаза'
    1. DEEP, PENSIVE EYES 2. DARK/BLACK EYES
    1. [Ле.нька] зашевели'лся и по'днял на него' [де'да]
    голубы'е глаза', больши'е, глубо'кие, не по-де'тски
    вду'мчивые. 2. И'горь серди'лся, смотре'л на То'ню
    че.рными глубо'кими глаза'ми, кото'рые под высо'ким
    больши'м лбом каза'лись еще. глу'бже.
  00
    Глубо'кий $взгляд/взор$
    A PENSIVE LOOK; A SERIOUS LOOK
    1. Полко'вник устреми'л глубо'кий взгляд на воше'дшего
    лейтена'нта. 2. Во вне'шности ю'ноши броса'лся в
    глаза' его' глубо'кий взор.
  00
    Глубо'кий го'лос
    A DEEP VOICE
    В глубо'ком го'лосе певца' чу'вствовалась тоска'.
  00
    Глубо'кий покло'н
    A LOW BOW
    Моля'щийся поста'вил с глубо'ким покло'ном горя'щую
    све'чку пе'ред ико'ной
  00
    $Глубо'кий стари'к/глубо'кая стару'ха$
    A VERY OLD MAN/WOMAN; AN ANCIENT MAN/WOMAN
  00
    К (глубо'кому) приско'рбию R приско'рбие
  00
    К (глубо'кому) сожале'нию R сожале'ние
  00
    С глубо'ким почте'нием R почте'ние
  00
    С (глубо'ким) приско'рбием R приско'рбие
ГЛУ'ПЫЙ
  00
    Глуп<глупа', как си'вый ме'рин R ме'рин
  00
    Глуп как про'бка R про'бка
ГЛУШИ'ТЬ
  29
    Глуши'ть $во'дку/вино'/ETC$
    TO GUZZLE VODKA/WINE
    1. -Запо'й начина'ется, -объясни'л он. -Ско'ро я
    начну' во'дку глуши'ть. 2. [Жу'ков] во'дку глуши'л
    стака'нами.
ГЛЯДЕ'ТЬ
  00
    В упо'р гляде'ть R упо'р
  00
    Глаза' бы (мои') не гляде'ли [на кого'<на что] R глаз
  00
    Гляде'ть в глаза' [кому'] R глаз
  00
    Гляде'ть в $гроб/моги'лу$ R гроб
  00
    Глядеть в зу'бы [кому'] R зуб

00
Гляде'ть в кни'гу и ви'деть фи'гу R фи'га
00
Гляде'ть в ко'рень R ко'рень
00
Гляде'ть в лес R лес
00
Гляде'ть в лицо' [чему'] R лицо'
25
Гляде'ть в о'ба
TO KEEP ONE'S EYES PEELED; TO BE ALERT
-На'до гляде'ть в о'ба, -сказа'л он себе', -а не то как
раз пропаде.шь!
00
Гляде'ть $во все глаза'/в о'ба (гла'за)$ R глаз
00
Гляде'ть в одну' то'чку R то'чка
00
Гляде'ть вон
TO TRY TO GET AWAY; TO BE READY TO LEAVE
Все заключе.нные гляди'т вон.
00
Гляде'ть в рот [кому'] R рот
00
Гляде'ть из [чьих] рук R рука'
00
Гляде'ть ко'со [на кого'<на что]
TO LOOK DISAPPROVINGLY
00
Гляде'ть медве'дем R медве'дь
00
Гляде'ть [на что'] сквозь па'льцы R па'лец
00
Гляде'ть [на что] [чьи'ми] глаза'ми R глаз
00
Гляде'ть не' на что
NOTHING TO LOOK AT; NOTHING SPECIAL
-У сосе'да не конь - ого'нь, карти'на, а у отца' - так
себе', гляде'ть не' на что.
00
Гляде'ть по сторона'м R сторона'
00
Гляде'ть пра'вде в $глаза'/лицо'$ R пра'вда
00
Гляде'ть $пря'мо/сме'ло$ в глаза' [чему'] R глаз
00
Гляде'ть $сме'рти/опа'сности/ги'бели/ETC$ в глаза' R
смотре'ть
00
Гляде'ть с прищу'ркой R прищу'рка
00
Гляде'ть с прищу'ром R прищу'р
00
Гля'дя [по кому'<по чему']
DEPENDING ON ...; TAKING (SOMETHING) INTO CONSIDERATION
[Демья'н Ильи'ч] не оби'дит расче.том, зна'ет це'ну
челове'ку,... це'ну назнача'ет ра'зную, "гля'дя" по
челове'ку".
00
Гля'дя' по обстоя'тельствам R обстоя'тельство
00
$Как/бу'дто/сло'вно$ в во'ду гляде'л R вода'
00
Куда' глаза' гляди'т =идти'/брести'/бежа'ть/ETC= R
глаз
00
На' ночь гля'дя'
SO LATE AT NIGHT
-Э'то вы куда' собра'лись, на' ночь гля'дя'?
00
На свет не гляде'л бы
I SHOULDN'T HAVE BEEN BORN; THERE IS NOTHING TO LIVE FOR
-На свет не гляде'л бы! -ре'зко сказа'л солда'т,
никогда' не получа'вший ни пи'сем, ни посы'лок.
00
$Сычо'м<как сыч$ гляде'ть R сыч
00
Того' и $гляди'/смотри'$

ГЛЯДЕ'ТЬ CONT'D.
    MARK MY WORDS; WAIT AND SEE
    -А тут того' и гляди', что он прие'дет и заста'нет нас
    оде'тыми бог зна'ет как.
    00
    Фе'ртом гляде'ть R ферт
ГНАТЬ
    00
    Гнать $в ше'ю/в три ше'и/взаше'й$ R ше'я
    00
    Гнать (и) в хвост и в гри'ву R хвост
ГНА'ТЬСЯ
    00
    Гна'ться за двумя' за'йцами R за'яц
    00
    Гна'ться по пята'м R пята'
ГНЕВ
    00
    Ло'пнуть от гне'ва R ло'пнуть
    00
    Не во гнев будь ска'зано
    PLEASE DON'T TAKE OFFENSE (BUT ... OR IF I SAY SOMETHING);
    IF YOU DON'T MIND; PARDON MY SAYING ...
    -Не во гнев будь ска'зано, ба'рин: ва'ши ко'ни
    потрави'ли наш посе'в, -говори'ли крестья'не поме'щику.
    00
    $Положи'ть/смени'ть$ гнев на ми'лость
    TO FORGIVE AND FORGET
    1. Оте'ц смени'л гнев на ми'лость, пожела'в мне
    успе'ха на литерату'рном по'прище. 2. Учи'тель
    разреши'л опозда'вшему ученику' войти', положи'в гнев на
    ми'лость.
ГНЕЗДО'
    00
    Наси'женное гнездо' R наси'женный
    00
    Оси'ное гнездо' R оси'ный
    00
    Свить (себе') гнездо'
    1. TO BUILD A NEST FOR ONESELF; TO SETTLE DOWN AND HAVE A
    FAMILY 2. TO TAKE ROOT [ABOUT THOUGHTS, EMOTIONS]
    1. [Тит Ни'коныч] вы'шел в отста'вку,... купи'л
    ма'ленький се'ренький до'мик,... и свил себе' тут ве'чное
    гнездо'.
    00
    Сиде'ть на гне.здах R сиде'ть
ГНИЛЬЦА'
    00
    С гнильцо'й
    ROTTEN
    Я'блоки с гнильцо'й.
ГНУТЬ
    00
    $Гнуть/лома'ть$ $горб/спи'ну/хребе'т$
    TO BREAK ONE'S BACK [ABOUT HEAVY WORK]
    -Плати'ли ей [кухa'рке] господа' в ме'сяц четы'ре
    челко'вых с харча'ми, и гну'ла она' горб от зари' до
    но'чи.
    00
    Гнуть $свою'/одну'/ETC$ ли'нию R ли'ния
    00
    $Гнуть/согну'ть/скрути'ть$ в $дугу'/три дуги'/три
    поги'бели/бара'ний рог$
    TO OPPRESS; TO SUPPRESS; TO MAKE (SOMEONE) KNUCKLE UNDER
    00
    Гнуть спи'ну в кольцо' R кольцо'
    00
    Гнуть $ше'ю/спи'ну/хребе'т$ [пе'ред кем]
    TO BOW TO (SOMEONE); TO BOW AND SCRAPE TO (SOMEONE)
    Нево'ля заста'вила его' жени'ться, нево'ля заста'вила
    гнуть ше'ю перед ба'тюшкой, перед всем прихо'дом, перед
    ка'ждым мироe'дом.
ГОВОРИ'ТЬ
    00
    В нос говори'ть R нос
    00
    Вообще' говоря' R вообще'
    00
    $В су'щности/по существу'$ (говоря') R су'щность

00
В тон =говори'ть= R тон
00
В тре'тьем лице' =говори'ть= R тре'тий
00
Говори'ть в по'льзу [кого'<чего'] R по'льза
00
Говори'ть зага'дками R зага'дка
00
Говори'ть [кому'] ты R ты
00
Говори'ть на ве'тер R ве'тер
00
Говори'ть на всех перекре.стках R перекре.сток
00
Говори'ть речитати'вом R речитати'в
00
$Говоря'т<говорю'$ $вам<тебе'$
MIND WHAT I TELL YOU; BE SURE (TO DO THAT); CAN'T YOU
HEAR/UNDERSTAND?!
-Говоря'т вам, закла'дывайте сейча'с с лошаде'й и вези'те
меня' отсю'да.
00
И не $говори'<говори'те$!
YOU SAID IT!
-Из го'да в год трудне'е стано'вится жизнь, -проговори'л
со взло'хом оте'ц. -И не говори'! -согласи'лся дя'дя.
00
$Ко'ротко'<коро'че$ говоря' R коро'ткий
00
К приме'ру (говоря') R приме'р
00
Красно' говори'ть R кра'сный
00
Кровь говори'т [в ком] R кровь
00
Между на'ми (говоря') R ме'жду
00
На' ухо говори'ть R у'хо
00
Не говоря' $худо'го/дурно'го$ сло'ва
WITHOUT A WORD (HE WENT AND DID IT); WITHOUT MUCH ADO`
1. Не говоря' худо'го сло'ва, мы попроси'ли сосе'дку
води'ть соба'ку на прогу'лку пода'льше от жилы'х домо'в.
2. Не говоря' дурно'го сло'ва, пассажи'р уступи'л мне
ме'сто у окна'.
00
По'д нос говори'ть R нос
00
$По пра'вде<пра'вду$ говоря' R пра'вда
00
По со'вести говоря' R со'весть
00
По угла'м говори'ть R у'гол
00
Пра'вду-ма'тку говори'ть R пра'вда
00
Ру'сским языко'м говори'ть R ру'сский
00
Сам за себя' говори'т<сама' за себя' говори'т<само' за
себя' говори'т<са'ми за себя' говоря'т R сам
00
Со'бственно говоря' R со'бственно
00
Стро'го говоря' R стро'го
00
С чужо'го го'лоса говори'ть R го'лос
00
То'ном вы'ше =говори'ть= R тон
00
Уста'ми [чьи'ми] говори'ть R уста'
00
Что вы говори'те?
WELL, WHAT DO YOU KNOW!; YOU DON'T SAY!
-Перевы'боры завко'ма отло'жены.- -Что' вы говори'те?-
00
Что говори'ть R что(1)
00
Что и говори'ть!

50

ГОВОРИ'ТЬ CONT'D.
IT GOES WITHOUT SAYING
А ведь жа'лко ба'бу, что и говори'ть! Ско'ро ей
приде.тся П'о миру ходи'ть.
00
$Что<как$ ни говори'
NO MATTER WHAT; IN ANY CASE; NO MATTER WHAT ONE SAYS, ...
Что ни говори', Жуко'вский име'л реши'тельное влия'ние
на дух на'шей слове'сности.
ГОВОРИ'ТЬСЯ
00
Как говори'тся
AS THEY SAY
Я чу'вствовал себя' до тако'й сте'пени счастли'вым, что,
как говори'тся, в ус не дул и в грош не ста'вил ничьи'х
насме'шек.
ГОГ
00
$Гог и маго'г<гог-маго'г/го'га и маго'га<го'га-маго'га$
A KINGPIN [ABOUT A PERSON OF IMPORTANCE AND INFLUENCE];
THE KINGMAKER;   GOG AND MAGOG
1. -Э'то о'чень ва'жно, что вы тепе'рь познако'мились
с Сави'нским; э'то го'га и маго'га всего' поляко'вского
де'ла. 2. Управля'ющий тру'ппой был "гог и маго'г": от
него' зави'село приглаше'ние и увольне'ние акте.ров и
распределе'ние роле'й.
ГО'ГА
00
$Го'га и маго'га<го'га-маго'га$ R гог
ГО'ГОЛЬ
00
$Ходи'ть/выступа'ть/ETC$ го'голем
TO STRUT (ABOUT); TO WALK 'ABOUT HAUGHTILY
1. [Чартко'в] проше.лся по тротуа'ру го'голем, наводя'
на всех лорне'т. 2. Оса'дчий ходи'л по коло'нии
го'голем и вызыва'юще посма'тривал на меня' и на
воспита'телей.
ГОД
50
Бе'з году неде'ля
JUST RECENTLY; THE OTHER DAY
Бе'з году неде'ля, как он око'нчил полите'хникум и уже
нача'льник стро'йки!
00
В года'х
MIDDLE-AGED
[Незнако'мец] был уже' в года'х, но еще. далеко' не стар.
00
Войти' в года' R войти'
00
В о'ны го'ды R о'ный
00
В тре'тьем году' R.тре'тий
00
Года' вы'шли [кому'<чьи] R вы'йти
00
Год на' год не прихо'дится
THINGS DO CHANGE; YOU CAN'T TELL WHAT WILL HAPPEN; EVERY
YEAR IS DIFFERENT
1. -Неизбе'жна ли Тре'тья мирова'я война'? -Год на'
год не прихо'дится! 2. Год на' год не прихо'дится,
-сто'ит то'лько заду'ть сухове'ю и хлеба' пострада'ют.
00
$Год от го'да<год о'т году$
YEAR BY YEAR
А бе'дный Пруд год о'т году все. глох, ... Зачве'л,
заро'с осо'кой И, наконе'ц, совсе'м иссо'х.
00
До'лгие го'ды R до'лгий
00
Зве.здный год R зве.здный
00
Из го'да в год
YEAR IN, YEAR OUT
Из го'да в год он ве.л метеорологи'ческие наблюде'ния.
00
Кру'глый год
YEAR ROUND

Преподава'ние в о'пытной шко'ле происхо'дит кру'глый год.
00
Мафусаи'ловы го'ды жить R Мафусаи'лов
00
Не по года'м
(HE IS TOO ...) FOR HIS AGE
[Лука'шин] был не по года'м соли'ден; люби'л чита'ть
наставле'ния молоды'м бойца'м, и они' в шу'тку называ'ли
его' "папа'ша".
00
С года'ми
IN TIME; WITH YEARS; WITH TIME
С года'ми сгла'дилась острота' го'ря, и в семье' ста'ли
дово'льно ча'сто вспомина'ть о Заха'ре.
ГОДИ'ТЬСЯ
00
В подме.тки не годи'тся [кто+кому'] R подме.тка
00
Годи'ться в $отцы'/ма'тери/сыновья'/ETC$
TO BE OLD/YOUNG ENOUGH TO BE(SOMEONE'S) FATHER/SON, ETC
1. -Я зна'ю, что я гожу'сь ему' в те.тки, но я не
хочу' скрыва'ть от вас, что я ста'ла ча'ще ду'мать о
не.м. 2. Чуви'лов хоть и годи'лся в сыновья' мно'гим
свои'м учени'чам, все.-таки обуча'л их, пожа'луй, без
конфли'ктов.
00
Куда' э'то годи'тся?
THAT'S NOT VERY GOOD
-Опя'ть опозда'л на рабо'ту! Куда' э'то годи'тся?-
00
Никуда' не годи'тся
IT'S GOOD FOR NOTHING; IT IS NOT WORTH ANYTHING
Пла'тье укоро'чено, и никуда' не годи'тся.
ГО'ДНЫЙ
00
Никуда' не го'дный R никуда'
ГОЛОВА'
00
Без головы'
STUPID
На'до быть без голо'вы, что'бы выходи'ть в откры'тое
мо'ре во вре'мя урага'на.
00
Без царя' в голове' R царь
00
(Быть) $на го'лову<голово'й$ вы'ше [кого']
TO BE HEAD AND SHOULDERS ABOVE(SOMEONE)(IN ...)
Но'вый учени'к был голово'й вы'ше нас по матема'тике.
00
Вбить в го'лову [кому'] R вбить
00
$Вбить/вколоти'ть/забра'ть/ETC$ себе' в го'лову [что]
TO HAVE· A FIXED IDEA THAT ... ; (HE) TOOK IT INTO (HIS)
HEAD THAT ... (HE) CAN'T GET IT OUT OF (HIS) HEAD THAT
...
1. Он вбил себе' в го'лову, что бога'тство прино'сит
сча'стье. 2. Она' вколоти'ла себе' в го'лову, что
весну'шки - больша'я поме'ха в жи'зни. 3. Сле'дователь
забра'л себе' в го'лову, что несча'стный слу'чай был
замаскиро'ванным уби'йством, и оказа'лся пра'вым.
00
В голова'х
AT THE HEAD OF THE BED
Перед ним на сто'лике лежа'ли его' пистоле'ты, а са'бля
висе'ла в голова'х.
00
В го'лову не иде.т [кому'+что] R идти'
00
В го'лову сту'кнуло [кому'] R сту'кнуть
00
Ве'ртится в голове' R верте'ться
00
Ве'тер в голове' [у кого'] R ве'тер
00
$Ве'шать/пове'сить$ го'лову
TO HANG ONE'S HEAD; TO BE DEPRESSED; TO BE IN LOW SPIRITS
Узна'в об увольне'нии с рабо'ты, он пове'сил го'лову и
не зна'ет что' де'лать.

ГОЛОВА' CONT'D.
00
$Вино'/хмель$ $броса'ется/кида'ется$ в го'лову R
броса'ться
00
$Ви'нтиков<ви'нтика$ не хвата'ет (в голове') [у кого']
R ви'нтик
00
$Во'дка/вино'/ETC$ сту'кнула в го'лову [кому'] R
сту'кнуть
00
Войти' в го'лову R прийти'
00
В пе'рвую го'лову
FIRST OF ALL; BEFORE ANYTHING ELSE
-Пуска'ем в пе'рвую го'лову дроби'лку.
00
Вскружи'тся голова' R вскружи'ться
00
Вскружи'ть го'лову [кому'] R вскружи'ть
00
Вы'бить дурь из [чьей] головы' R дурь
00
$Вы'бросить/вы'кинуть$ из головы' R вы'бросить
00
$Вы'бросить/вы'кинуть$ дурь из головы' R дурь
42
Вы'дать голово'й
TO HAND (SOMEONE) OVER FOR PUNISHMENT; TO TURN (SOMEONE) IN
Уби'йца был вы'дан голово'й шофе.ром такси', обрати'вшим
внима'ние на возбужде.нность пассажи'ра и его'
запя'тнанный кро'вью костю'м.
00
Вы'дать (себя') с голово'й
TO GIVE ONESELF AWAY
Живя' не по сре'дствам, он вы'дал себя' с голово'й: по
доно'су поли'ция напа'ла на след его' свя'зей с
престу'пным ми'ром.
00
$Вы'йти/вы'лететь/вы'скочить$ из головы'
TO SLIP ONE'S MIND; (I) PLUMB FORGOT
Все. тяже.лое, что бы'ло в его' [Вро'нского]
отноше'ниях к А'нне..., все. вы'скочило из его' головы'.
00
$Вы'мыть/намы'лить/ETC$ [кому'] го'лову
TO CHEW (SOMEONE) OUT
Прора'б стро'йки - до'брый ма'лый: намы'лит го'лову
винова'тому, а с рабо'ты не сни'мет.
00
$Высо'ко'/го'рдо$ нести' го'лову R нести'
00
Голова' ва'ри'т R вари'ть
00
Голова' гори'т R горе'ть
00
Голова' ело'вая R ело'вый
00
Голова' $иде.т/пошла'$ круго'м [у кого'] R круг
00
Голова' как решето' R решето'
00
Голова' $как/сло'вно/то'чно$ свинцо'м нали'.а' R свине'ц
00
Голова' $кру'жи'тся/закружи'лась$
TO BE DIZZY; (MY) HEAD WAS SPINNING
У меня' кружи'лась голова', в уша'х стоя'л звон.
00
Голова' пу'хнет R пу'хнуть
00
Голова' садо'вая R садо'вый
00
Го'лову $дава'ть/дать$ на отсече'ние
TO BET ONE'S LIFE; (I'LL) STAKE (MY) LIFE ON IT
-Даю' го'лову на отсече'ние, что я то'лько что ви'дел
чье.-то лицо' в окне'! -воскли'кнул оди'н из игроко'в в
ка'рты.
00
Го'лову приклони'ть [где<куда'] R приклони'ть

00
Го'лову $прозакла'дываю/гото'в прозакла'дывать$ R
прозакла'дывать
00
Держа'ть в голове' R держа'ть
00
Дубо'вая голова' R дубо'вый
00
Дури'ть го'лову [кому'] R дури'ть
00
Ду'рья голова' R ду'рий
00
Дыря'вая голова' R дыря'вый
00
(Есть) голова' на плеча'х
TO HAVE A HEAD ON ONE'S SHOULDERS
00
Заби'ть го'лову [кому'+чем] R заби'ть
00
Заби'ть себе' в го'лову [что] R заби'ть
00
Забубе.нная голова' R забубе.нный
00
Задури'ть го'лову [кому'] R задури'ть
00
Закружи'лось в голове'
TO BECOME DIZZY; ONE'S HEAD BEGAN TO SPIN
00
Заплати'ть голово'й
TO PAY (FOR SOMETHING) WITH ONE'S HEAD
-Ты смел писа'ть к ним? Ты на царя' смел У'глич
подыма'ть? Ты голово'й за то' запла'тишь!
00
Из головы' вон R вон
00
Име'ть го'лову на плеча'х R плечо'
00
Как снег на' голову =упа'сть/свали'ться/ETC= R снег
00
$Как<то'чно<бу'дто$ о'бухом по голове' R о'бух
00
Кача'ть голово'й R кача'ть
00
Ка'ша в голове' [у кого'] R ка'ша
00
Клони'ть го'лову R клони'ть
00
Кровь $кида'ется/бро'силась/ки'нулась/уда'рила/
броса'ется$ в го'лову R кровь
00
Кружи'ть го'лову R кружи'ть
00
Крути'ть го'лову [кому'] R крути'ть
00
Лезть в го'лову R лезть
00
Лома'ть го'лову [над чем] R лома'ть
00
Ме.ртвая голова' R ме.ртвый
00
Моро'чить го'лову R моро'чить
00
Мяки'нная голова' R мяки'нный
00
Навяза'ться на (мою') го'лову R навяза'ться
00
На го'лову [чью] =обру'шиться/посы'паться/ETC=
[IT WILL BE] ON (HIS) HEAD
Но е'сли не случи'тся лошаде'й? .. бо'же! каки'е
руга'тельства, каки'е угро'зы посы'плются на его' го'лову!
00
На све'жую го'лову
WITH A FRESH MIND; RESTED
00
На свою' го'лову
AT ONE'S OWN RISK
Писа'тель, на свою' го'лову изобрази'в действи'тельную
жизнь в свое'й стране', подве'ргся пресле'дованию.

00
Не $выходи'ть/идти'$ из головы' R выходи'ть
00
$Не'где<не'куда<ETC$ голову приклони'ть R приклони'ть
00
Не $сноси'ть/снести'$ головы' [кому']
TO PAY DEARLY FOR (SOMETHING); TO LOSE ONE'S HEAD

-По'мни: не всегда' сме'лость города' бере.т, осо'бенно на слу'жбе. Мо'жно и головы' не сноси'ть!
00
Не $хвата'ет/недостае.т$ (одно'й) кле.пки в голове' R кле.пка
00
О двух голова'х
A DAREDEVIL
-Он сло'вно о двух голова'х, затева'я де'ло, по'лное ри'ска, -говори'ли они' о предприи'мчивом прия'теле.
00
$Отвеча'ть/руча'ться$ голово'й [за кого'< за что]
TO BE FULLY RESPONSIBLE FOR (SOMEONE/SOMETHING)
Владе'лец магази'на руча'лся голово'й за высо'кое ка'чество това'ра.
00
Очертя' го'лову R очерти'ть
00
Подня'ть го'лову R подня'ть
00
Прийти' в го'лову R прийти'
00
$Прийти'/приходи'ть/взбрести'$ в го'лову R ум
00
$Прийти'/яви'ться$ с пови'нной (голово'й) R пови'нный
00
Сам себе' голова' R сам
00
С больно'й головы' на здоро'вую =сва'ливать/перекла'дывать/вали'ть/ETC= R больно'й
00
Сверну'ть го'лову [кому'] R сверну'ть
00
Сверну'ть го'лову себе' R сверну'ть
00
С голово'й
A CLEVER/SENSIBLE MAN
Проща'ясь, Кра'син успе'л шепну'ть мне: -С голово'й мужи'к!
00
С голово'й $погрузи'ться/окуну'ться/уйти'/ETC$ [во что]
TO BE FULLY ABSORBED IN (SOMETHING); TO BE LOST IN (WORK, ETC.)
С голово'й уйти' в рабо'ту.
00
С головы'
PER CAPITA; ... A HEAD; ... A PERSON
Гуса'ры ... да'ли обе'д Росто'ву, сто'ивший с головы' по пятна'дцати рубле'й подпи'ски.
00
С головы' до ног<с ног до головы'<от головы' до ног R пята'
00
С головы' до пят<от головы' до пят R пята'
00
Склони'ть го'лову R склони'ть
00
Сложи'ть го'лову R сложи'ть
00
Слома'ть го'лову R слома'ть
00
$Слома'ть/сломи'ть$ (себе') го'лову R слома'ть
00
Сломи'ть (себе') го'лову R слома'ть
00
Сломя' го'лову =бежа'ть/мча'ться/ETC= R сломи'ть
00
Снять го'лову [с кого'] R снять

00
Сова'ть го'лову в пе'тлю R сова'ть
00
Сорва'ть го'лову [с кого'] R сорва'ть
00
$С<от$ головы' до пят $с головы' до ног<с ног до головы'$
Он переоде'лся с ног до головы'.
00
Схвати'ться за' голову R схвати'ться
00
$Теря'ть/потеря'ть$ го'лову R теря'ть
00
Тума'н в голове' [у кого'] R тума'н
00
Тяже.лая голова' [у кого'] R тяже.лый
00
Уложи'ться в голове' R уложи'ться
00
У'мная голова' R у'мный
00
Ходи'ть на голове'
TO HORSE AROUND; TO CUT UP; TO ROUGHHOUSE
У его' дете'й неограни'ченная во'ля, и они' хо'дят на голове'.
00
Хоть кол на голове' теши' [кому'] R кол
00
Че'рез го'лову [чью]
(TO GO) OVER (SOMEBODY ELSE'S) HEAD; WITHOUT (SOMEONE'S) KNOWLEDGE
-Ты не должна' приглаша'ть госте'й че'рез го'лову роди'телей! -наставля'ла ста'ршая сестра' мла'дшую.
00
Шальна'я голова' R шально'й
00
$Шуми'т/шум$ в голове' [у кого'] R шуме'ть

00
Согну'ть го'лову [пе'ред кем] R согну'ть
ГОЛО'ВКА
00
Гла'дить по голо'вке [кого'] R гла'дить
ГОЛОВНО'Й
00
Головно'й убо'р R убо'р
ГОЛО'ВУШКА
00
Бу'йная голо'вушка R бу'йный
ГО'ЛОД
75
Сиде'ть го'лодом
TO GO HUNGRY
-Нам не привыка'ть сиде'ть го'лодом, -сказа'л рабо'чий.
00
$Терпе'ть/испыта'ть/пережива'ть/ETC$ хо'лод и го'лод R хо'лод
ГОЛОДА'ТЬ
00
Холода'ть и голода'ть R холода'ть
ГО'ЛОС
00
В го'лосе (быть)
TO BE IN (GOOD) VOICE
-Певи'ца в го'лосе, -поду'мал театра'л, наслажда'ясь ее. пе'нием.
00
$В го'лос/не свои'м го'лосом$ $крича'ть/пла'кать/ETC$
(TO BE CRYING/SHOUTING) ONE'S HEAD OFF
Она' не свои'м го'лосом пла'кала над те'лом му'жа.
00
Во весь го'лос
SO THAT EVERYONE CAN HEAR; LOUDLY; AT THE TOP OF ONE'S LUNGS
Кто'-то в толпе' кри'кнул во весь го'лос: "Доло'й его'!"
00
(Все) в оди'н го'лос
WITH ONE VOICE; IN UNISON
00
Глубо'кий го'лос R глубо'кий

ГО'ЛОС CONT'D.
00
Го'лос сорва'лся R сорва'ться
00
Гробово'й го'лос R гробово'й
00
Грудно'й го'лос R грудно'й
00
$Крича'ть/визжа'ть/вскри'кивать/ETC$ дурны'м го'лосом
R дурно'й
00
Повы'сить го'лос R повы'сить
00
Пода'ть го'лос R пода'ть
00
Подня'ть го'лос R подня'ть
00
По'лным го'лосом =сказа'ть [что]/заяви'ть [что]= R
по'лный
00
Пони'зить го'лос R тон
00
$Сба'вить/сни'зить/пони'зить$ го'лос R тон
00
С го'лоса $учи'ть/запомина'ть$
   TO LEARN/REMEMBER BY EAR
-С го'лоса запомина'ть ле'гче, -сказа'л учени'к, вслух
чита'я стихотворе'ние.
00
Сорва'ть го'лос R сорва'ть
00
Спасть с го'лоса<го'лосу R спасть
00
С чужо'го го'лоса говори'ть
   TO PARROT SOMEONE; TO REPEAT SOMEONE ELSE'S WORDS
Си'дя с на'ми подо'лгу, он и'ли с чужо'го го'лоса
говори'л и'ли молча'л.
ГОЛУБО'Й
42
Голуба'я кровь
BLUE BLOOD
ГО'ЛЫЙ
00
Го'лая $са'бля/ша'шка/ETC$
A NAKED SWORD
00
Гол как соко'л R со'кол
00
Го'лые сте'ны
BARE WALLS
Одино'к я - нет отра'ды: С,е'ны го'лые круго'м.
00
Го'лыми рука'ми
WITH ONE'S BARE HANDS
ГОЛЬ
00
Голь перека'тная R перека'тный
ГОМЕРИ'ЧЕСКИЙ
00
Гомери'ческий $смех/хо'хот$
HOMERIC LAUGHTER
Ско'ро весь теа'тр был охва'чен гомери'ческим сме'хом:
смея'лись все до одного' челове'ка, ... все хохота'ли,
как сумасше'дшие, пла'кали от сме'ха, хвата'лись от бо'ли
за бока'.
ГОМО'РРА
00
Содо'м и гомо'рра R содо'м
ГО'НОР
00
$Сбить/сшиби'ть$ го'нор [с кого'] R сбить
ГОНЯ'ТЬ
00
Гоня'ть чаи' R чай
00
Куда' Мака'р теля'т не гоня'л R куда'
00
$Ло'дыря/соба'к$ гоня'ть

.O GOOF OFF; TO LOAF
-Дово'льно ло'дыря гоня'ть когда' рабо'ты - непоча'тый
край! -сказа'л крестья'нин сыновья'м.
ГОНЯ'ТЬСЯ
00
Гоня'ться за двумя' за'йцами R за'яц
ГОРА'
00
В го'ру $идти'/поднима'ться/ETC$
TO CLIMB THE LADDER [I.E. TO ADVANCE IN THE HIERARCHY,
PROMOTIONS]
-Благодаря' зна'нию де'ла и многоле'тней пра'ктике, он
иде'т в го'ру, -говори'ли сослужи'вцы об инжене'ре.
00
Гора' на душе' =лежи'т=
(HIS) HEART IS HEAVY; TO BE BURDENED (BY SORROW, WORRIES)
-Живе'м мы в тру'дные времена', и не ди'во, что гора' на
душе' у ка'ждого, -сокруше.нно бесе'довали прия'тели.
00
Гора' с плеч (свали'лась)
(IT) TAKES A WEIGHT OFF MY MIND; IT'S A LOAD OFF MY BACK
-Гора' с плеч - годово'й отче.т зако'нчен! -проговори'л
ста'рший бухга'лтер.
00
Го'ру $свороти'ть/сдви'нуть$
TO MOVE MOUNTAINS ; TO TACKLE ANYTHING
-По'сле о'тпуска я гото'в го'ру сдви'нуть, -шутли'во
заяви'л он.
00
Дви'гаться в го'ру R дви'гаться
00
Дуй $тебя'<его'<ETC$ горо'й R дуть
00
За гора'ми, за дола'ми R дол
00
Золоты'е го'ры $сули'ть/обеща'ть$ R золото'й
00
$Наде'яться/положи'ться$ как на ка'менную $го'ру/сте'ну$
TO RELY FULLY ON (SOMEONE/SOMETHING)
Ю'ноша наде'ялся как на ка'менную го'ру на знако'мого,
обеща'вшего дать рабо'ту.
00
Не за гора'ми
NOT SO FAR AWAY/OFF
Э'тот день не за гора'ми.
00
Пир горо'й
A (REAL) FEAST
На сва'дьбе был пир горо'й.
00
По гора'м, по дола'м R дол
00
По'д гору $идти'/кати'ться/ETC$
TO GO DOWNHILL; TO HIT THE SKIDS
-Он стал попива'ть, потеря'л рабо'ту, в о'бщем по'д гору
ка'тится, - расска'зывал муж о сослужи'вце.
00
Сла'вны бу'бны за гора'ми R сла'вный
00
(Стоя'ть) горо'й [за кого'<за что]
TO BE WITH (SOMEONE) ALL THE WAY; TO STAND FULLY BEHIND
(SOMEONE)
Рабо'чие стоя'ли горо'й за ка'ждого в коллекти'ве перед
нача'льством.
ГОРА'ЗД
00
Кто во что гора'зд
(TO FOLLOW) ONE'S OWN WISHES; WHATEVER ONE WANTS; (TO DO)
ONE'S OWN THING
На пи'книке все бы'ли ве'селы, де'лая кто' во что'
гора'зд.
ГОРБ
00
$Гнуть/лома'ть$ горб R гнуть
00
Испыта'ть на $свое.м/со'бственном$ горбу'
TO HAVE FIRSTHAND EXPERIENCE OF (SOMETHING); TO EXPERIENCE
(SOMETHING) ONESELF

54

ГОРБ CONT'D.
00
$Свои'м/со'бственным$ горбо'м =зараба'тывать/добыва'ть/
ETC=
(TO EARN, ACQUIRE) BY THE SWEAT OF ONE'S BROW/BY ONE'S
OWN LABOR
ГО'РДИЕВ
00
Го'рдиев у'зел
GORDIAN KNOT
00
$Рассе'чь/разруби'ть$ го'рдиев у'зел
TO CUT THE GORDIAN KNOT
ГО'РДО
00
Го'рдо нести' го'лову R нести'
00
Го'рдо носи'ть го'лову R нести'
ГО'РЕ
00
Го'ре горева'ть R горева'ть
00
Го'ре го'рькое R го'рький
00
Го'ре лу'ковое R лу'ковый
00
Го'ре мы'кать R мы'кать
00
Зави'ть го'ре вере.вочкой R зави'ть
00
Зали'ть го'ре R зали'ть
00
И $го'ря/го'рюшка$ ма'ло [кому']
(HE/SHE) COULD NOT CARE LESS; (IT) DOES NOT MAKE ANY
DIFFERENCE TO (HIM/HER)
Быва'ло, что ни случи'тся – ... вы'йдет ли нару'жу
кака'я-нибудь дрянна'я спле'тня, поссо'рятся ли го'сти –
она' то'лько ... ска'жет: пустяки'! – и го'ря ей ма'ло.
00
(И) смех и го'ре R смех
00
На го'ре [чье.]
TO ONE'S MISFORTUNE; UNFORTUNATELY FOR (SOMEONE)
На го'ре экскурса'нтов ше.л дождь не'сколько дней
подря'д; э'то вре'мя они' провели' в ла'гере.
00
Намы'каться го'ря R намы'каться
00
$Помо'чь/пособи'ть$ го'рю R помо'чь
00
С го'рем попола'м
WITH A GREAT EFFORT
00
Тя'пнуть го'ря R тя'пнуть
00
$Хлебну'ть/хвати'ть$ го'ря
(HE) HAD (HIS) SHARE OF TROUBLES/GRIEF
О молчали'вом старике' говори'ли, что он нема'ло хвати'л
го'ря в жи'зни.
ГО'РЕ!
00
Унеси' ты мое. го'ре! R унести'
ГОРЕВА'ТЬ
79
Го'ре горева'ть
TO BE CRUSHED BY GRIEF; TO EXPERIENCE DEEP SORROW
Старики' го'ре горева'ли, потеря'в еди'нственную
ра'дость и опо'ру – сы'на.
ГОРЕ'ТЬ
00
Глаза' горя'т [на что] R глаз
00
$Голова'/душа'/се'рдце$ гори'т
TO BE EXCITED/AGITATED
Голова' гори'т от дум.
00
$Де'ло/рабо'та/ETC$ гори'т в рука'х [у кого']
TO BE A GOOD/FAST WORKER
–А рабо'тник-то был како'й! Так все. у него' и горе'ло
в рука'х.
00
Земля' гори'т под нога'ми [у кого']
TO GO LIKE THE WIND
Земля' гори'т под нога'ми у коня', унося'щего вса'дника.
00
Кровь гори'т R кровь
00
На во'ре ша'пка гори'т R ша'пка
00
Не гори'т
THERE'S NO RUSH!
–Пора' на рабо'ту идти'!- –Не гори'т! Успе'ется!-
00
Сыр-бо'р гори'т [отку'да<из-за чего'] R бор
ГОРИЗО'НТ
00
Исче'знуть с [чьего'] горизо'нта
TO DISAPPEAR; NOT TO SEE (SOMETHING/SOMEONE) ANY MORE
–По'сле того' как мы уличи'ли его' в нече'стном
посту'пке, он исче'з с на'шего горизо'нта, –вспо'мнили
они' оди'н из эпизо'дов на слу'жбе.
00
Появи'ться на [чье.м] горизо'нте
TO ENTER (SOMEONE'S) SOCIAL GROUP/CIRCLE OF ACQUAINTANCES
На на'шем горизо'нте появи'лась но'вая ли'чность. К
бра'ту Ариа'дны прие'хал погости'ть его'
университе'тский това'рищ ...
ГО'РЛО
00
В долга'х по го'рло $быть/сиде'ть/ETC$ R долг
00
$Взять/брать/схвати'ть$ за $го'рло/гло'тку$
TO GRAB/HAVE (SOMEONE) BY THE THROAT; TO FORCE (SOMEONE) TO
(DO SOMETHING)
00
Во все. $го'рло/гло'тку$ =крича'ть/петь/ора'ть/ETC=
(TO SHOUT/SING) AT THE TOP OF ONE'S VOICE
С друго'го бе'рега кто'-то во всю гло'тку крича'л
паро'мщику.
00
$Драть/рвать$ го'рло R драть
00
Застря'ть в го'рле R застря'ть
00
Заткну'ть [кому'] го'рло R рот
00
$Клубо'к/комо'к$ в го'рле =стои'т/застря'л/ETC= R
клубо'к
00
$Клубо'к/комо'к/ком$ $подступи'л/подкати'.ся/ETC$ к
го'рлу R клубо'к
00
Коло'м стоя'ть в го'рле R кол
00
Ком $подступи'л/подкати'лся/ETC$ к го'рлу R клубо'к
00
Кусо'к в го'рло не иде.т R кусо'к
00
Надрыва'ть го'рло R надрыва'ть
00
Надса'живать го'рло R надса'живать
00
Наступи'ть [кому'] на го'рло
TO HAVE (SOMEONE) BY THE THROAT
С кредито'рами шу'тки плохи' – насту'пят тебе' на
го'рло, а свое. возьму'т.
00
Не ле'зет [что] в го'рло R лезть
00
По го'рло
UP TO ONE'S NECK; UP TO ONE'S EARS
Рабо'ты по го'рло.
00
Попере.к го'рла $стать/встать/ETC$ [кому']
TO BE FED UP WITH (SOMETHING)
–Ва'ша ложь во все де'вять лет стои'т у меня' попере.к

ГО'РЛО CONT'D.

го'рла.

00

Промочи'ть го'рло

TO WET ONE'S WHISTLE; TO HAVE A DROP

Он не пья'ница, а лю'бит промочи'ть го'рло.

00

Распусти'ть го'рло R распусти'ть

00

$Сле.зы/рыда'ния$ подступи'ли к го'рлу

TO BE CHOKED UP; TO BE ON THE VERGE OF TEARS

Сле.зы подступи'ли к го'рлу жены' при ви'де
искале'ченного войно'й му'жа.

00

Смочи'ть го'рло R смочи'ть

00

С ножо'м к го'рлу приста'ть

WITH A KNIFE AT (SOMEONE'S) THROAT (TO DEMAND, ASK FOR
SOMETHING)

Хозя'ин ночле'жки как с ножо'м к го'рлу приста'л,
тре'буя упла'ты.

00

Сорва'ть го'рло R сорва'ть

00

Стоя'ть ко'стью в го'рле R кость

00

Стоя'ть попере.к го'рла

00

Сыт по го'рло

TO BE FULL; NOT TO BE ABLE TO EAT ANYMORE

—Сыт по го'рло, —сказа'л он, встава'я из-за стола'.

00

Сыт по го'рло [чем]

TO BE FED UP WITH (SOMETHING); TO HAVE A BELLYFUL OF
(SOMETHING)

По го'рло сыт приключе'ниями.

ГО'РОД

00

За' городом =жить/находи'ться/быть располо'женным/ETC=

(TO LIVE/TO BE) IN THE SUBURBS; (TO LIVE) IN THE COUNTRY

Скотобо'йня находи'лась за' городом.

00

Ни к селу' ни к го'роду

NEITHER HERE NOT THERE; NOT TO MAKE ANY SENSE; (TO BE)
BESIDE THE POINT

00

У воро'т (го'рода) R воро'та

ГОРОДИ'ТЬ

00

Огоро'д городи'ть

TO COOK UP/DREAM UP A SCHEME

Сего'дня он опя'ть огоро'д городи'л: купи'ть на вы'плату
большо'й дом и сдать в аре'нду отде'льные кварти'ры, и с
того' жить; а сам уже' тепе'рь в долга'х.

ГОРО'Х

00

Горо'хом $сы'пать/рассыпа'ться/ETC$

TO RATTLE (OFF) [ABOUT A MANNER OF SPEAKING OR A RAPID
SUCCESSION OF SOUNDS]

1. Ники'та встал, мучи'тельно помо'рщившись, взгляну'л
наве'рх, отку'да горо'хом сы'палась бараба'нная дробь.
2. Когда' говоря'т по-францу'зски ме'дленно, я почти'
все. понима'ю, когда' же сы'плют так горо'хом, да еще. с
тако'й стра'стью, я понима'ю с пя'того на деся'тое.

00

Как $об сте'ну<о'б стену<в сте'ну<от стены'/об сте'нку<в
сте'нку<от сте'нки$ горо'х

LIKE WATER OFF A DUCK'S BACK

—Опя'ть нет молотка' на ме'сте! Ско'лько ни говорю'
тебе' — как об сте'ну горо'х! —упрека'л оте'ц сы'на.

50

При царе' Горо'хе

AGES AGO

Еще. при царе' Горо'хе был обы'чай привя'зывать
коло'дки молоды'м мужчи'нам, не жени'вшимся до Вели'кого
поста'.

ГОРО'ХОВЫЙ

00

$Чу'чело горо'ховое/шут горо'ховый$

(LIKE) A SCARECROW; (LIKE) A CLOWN

Он оде'т во что' попа'ло, и вы'глядит как чу'чело
горо'ховое.

ГОРТА'НЬ

00

Язы'к прили'п к горта'ни [у кого'] R язы'к

ГО'РЬКИЙ

00

$Вы'пить/испи'ть/пить/ETC$ го'рькую ча'шу [чего'] R
ча'ша

00

Го'ре го'рькое

A GREAT SORROW; GRIEF

Го'ре го'рькое согну'ло и соста'рило ее. — когда'-то
пе'рвую пе'сенницу в селе'.

00

Го'рькая пилю'ля R пилю'ля

00

$Го'рький<го'рькая$ пья'ница

AN ALCOHOLIC; A DRUNKARD

Знамени'тый врач был го'рький пья'ница; он
преждевре'менно у'мер.

00

Го'рьким о'пытом $прийти' [к чему']/узна'ть [что]/ETC$

BY BITTER EXPERIENCE TO FIND OUT (SOMETHING)

00

Пить го'рькую

TO GET STONE DRUNK; TO DRINK A LOT

00

Ху'же го'рькой ре'дьки (надое'сть) R ре'дька

ГО'РЮШКО

00

И го'рюшка ма'ло [кому'] R го'ре

ГОРЯ'ЧИЙ

00

Всы'пать горя'чих R всы'пать

00

Горя'чая кровь [у кого']

TO BE HOT-TEMPERED/QUICK-TEMPERED

—Не любе'зничай чрезме'рно с хозя'йкой до'ма: у ее.
му'жа горя'чая кровь, как бы не приревнова'л,
—предупреди'л меня' друг.

59

Горя'чие напи'тки

ALCOHOLIC BEVERAGES; HARD DRINKS

Среди' заку'сок стоя'ли графи'ны с горя'чими напи'тками:
коньяко'м и во'дкой.

00

Куй желе'зо, пока' горячо' R кова'ть

00

По $горя'чим следа'м<горя'чему сле'ду$

IN HOT PURSUIT; WHILE THE TRAIL IS WARM

1. Ра'неный жура'вль убежа'л в лес .... Метну'лась
моя' соба'ка по горя'чему сле'ду. 2. —С-ий, что'бы
раскры'ть э'то преступле'ние по горя'чим следа'м, то'тчас
же поскака'л в аи'л.

00

Под горя'чую ру'ку =попа'сть/подверну'ться/ETC=

AT THE WRONG TIME [WHILE (SOMEONE) IS STILL ANGRY,
DISTURBED ABOUT (SOMETHING)]

—Сего'дня нача'льник серди'т; стара'йся не попа'сть под
горя'чую ру'ку! —шепта'ли друг дру'гу сотру'дники
конто'ры.

ГОРЯ'ЧКА

00

Поро'ть горя'чку

IN GREAT HASTE; IN A BIG HURRY

Он поро'л горя'чку, собира'ясь в отъе'зд: ве'щи не
укла'дывались в чемода'н, а сбра'сывались и вта'лкивались
в него'.

ГОРЯЧО'

00

Куй желе'зо, пока' горячо' R кова'ть

ГОСПОДИ'Н

00

Быть господи'ном $своего' сло'ва<своему' сло'ву$ R
сло'во

00

Господи'н положе'ния R положе'ние

56

ГОСПОДИ'Н CONT'D.
00
Отойти' от госпо'д (на во'лю) R отойти'
00
Сам себе' господи'н R сам
00
Служи'ть двум господа'м
TO SERVE TWO MASTERS
Служа' двум господа'м, легко' попа'сть в неми'лость у обо'их.
ГОСПО'ДЬ
00
(Ах ты,) го'споди!
GOOD GOD!; OH, MY GOD!
–Ах ты, го'споди! ... Что э'то за муче'нье? Хоть бы смерть скоре'е пришла'.
00
Госпо'дь $зна'ет/ве'дает/весть$ [кто<что<како'й<куда'<ETC] R бог
00
$Изба'ви/сохрани'/упаси'/не да'й/не приведи'/оборони'$ госпо'дь R бог
00
Приведе.т госпо'дь R привести'
42
Прости' го'споди
(I) MUST SAY (SO); GOD FORGIVE ME FOR SAYING BUT ...
00
$Пусть/пуска'й/да$ разрази'т госпо'дь [кого'] R разрази'ть
00
Сла'ва (тебе') го'споди R бог
ГОСТЬ
00
В го'сти $пойти'/пое'хать/ETC$
TO GO VISITING
Вся семья' пое'хала в го'сти, оста'вив дом на попече'ние сосе'дей.
00
В гостя'х =быть/обе'дать/ETC=
TO BE A GUEST (SOMEWHERE, AT A DINNER, ETC.)
00
Из госте'й $прийти'/верну'ться/ETC$
TO RETURN FROM A VISIT
Когда' роди'тели верну'лись из госте'й, де'ти уже' спа'ли.
ГОСУДА'РСТВО
00
Тридевя'тое госуда'рство R тридевя'тый
00
Тридеся'тое госуда'рство R тридеся'тый
ГОСУДА'РЬ
42
Госуда'рь мой SIRE; MY LORD
42
Ми'лостивый госуда'рь SIR
ГОТО'ВО
00
Раз-два и гото'во R раз
ГОТО'ВЫЙ
00
Го'лову гото'в прозакла'дывать R прозакла'дывать
00
Гото'в (сквозь зе'млю) провали'ться R провали'ться
42
Гото'вый к услу'гам
AT (YOUR) SERVICE; YOUR OBEDIENT SERVANT [IN LETTERS];
READY TO OBLIGE
К нам' подоше.л гото'вый к услу'гам официа'нт.
00
На все.м гото'вом =жить=
TO HAVE FREE ROOM AND BOARD; TO BE FULLY SUPPORTED BY (SOMEONE)
Дома'шнее хозя'йство вела' одино'кая ро'дственница, жи'вшая у них на все.м гото'вом.
ГРА'ДУС
42
В после'днем гра'дусе

IN THE LAST STAGES
Чахо'тка в после'днем гра'дусе.
00
Под гра'дусом
(TO BE) IN ONE'S CUPS/TIPSY
По'сле слу'жбы он заходи'л в бар и домо'й приезжа'л уже' под гра'дусом.
ГРАЖДА'НСТВО
00
Дать $права'<пра'во$ гражда'нства
TO RECOGNIZE
Жаль мне, что сло'во "вольнолюби'вый" ей [цензу'ре] не нра'вится! ... оно' пря'мо ру'сское, и ве'рно почте'нный А. С. Шишко'в дае.т ему' пра'во гражда'нства в свое.м словаре'.
00
$Получи'ть/приобрести'/ETC$ $права'<пра'во$ гражда'нства
TO BE RECOGNIZED
Сло'во "большеви'к" приобрело' пра'во гражда'нства не то'лько в полити'ческой жи'зни Росси'и, но и во всей заграни'чной пре'ссе ...
ГРА'МОТА
00
Знать гра'моте R знать
00
Кита'йская гра'мота R кита'йский
00
Тараба'рская гра'мота R тараба'рский
ГРАН
00
Нет ни гра'на
THERE IS NOT A GRAIN (OF TRUTH, ETC.)
В э'том нет ни гра'на и'стины.
ГРАНИ'ТЬ
00
Грани'ть мостову'ю
TO POUND THE PAVEMENT
ГРАНИ'ЦА
00
Вы'йти из грани'ц [чего'] R вы'йти
00
За грани'цей
ABROAD [LOCATION]
Мно'гие ру'сские писа'тели жи'ли за грани'цей.
00
За грани'цу
ABROAD [DIRECTION]
Мно'гие стремя'тся за грани'цу из-за любопы'тства.
00
Из-за грани'цы
FROM ABROAD
Заказно'е письмо' бы'ло из-за грани'цы.
ГРЕБЕ.НКА
00
Под гребе.нку стричь
TO GIVE/GET A SHORT HAIRCUT/BRUSHCUT
Мой оте'ц, ветера'н Пе'рвой мирово'й войны', под гребе.нку стри'жен.
00
Стричь (всех) под одну' гребе.нку
TO TREAT EVERYONE IN THE SAME WAY/EQUALLY
Бу'дучи рассе'ржен детьми', чего'-то не подели'вшими, оте'ц стриг всех под одну' гребе.нку: и пра'вых и винова'тых одинаково нака'зывал, лиша'я чего'-нибудь.
ГРЕСТИ'
00
Грести' лопа'той $де'ньги/серебро'$ R лопа'та
ГРЕТЬ
00
Греть ру'ки
TO LIVE ON THE WRONG SIDE OF THE LAW; TO LINE ONE'S POCKETS [BY DISHONEST OR ILLEGAL MEANS]
ГРЕХ
00
До'лго ли до греха' R до'лго
00
$Ду'рен<дурна'<ду'рно$ как сме'ртный грех

ГРЕХ CONT'D.
    UGLY AS SIN
    -Ду'рен как сме'ртный грех, а мудр как змей! -говори'л
    дед о вну'ке, им воспи'танном.
    00
    (И) смех и грех R смех
    00
    Как на грех
    AS FATE WOULD HAVE IT; AS IF TO SPITE (SOMEONE)
    В окне' он уви'дел полоса'тый бок ти'гра. ... Как на
    грех, он испо'ртил замо'к своего' ружья' и оста'вил его'
    в селе'нии.
    00
    Недо'лго и до греха' R недо'лго
    00
    От греха' (пода'льше)
    ... BETTER ... [AS IN: WE HAD BETTER LEAVE]
    -Уйде.м, Степа'н, от греха' пода'льше. Что тебе'
    дало'сь э'то ме'сто?
    00
    С грехо'м попола'м
    BARELY; BY THE SKIN OF ONE'S TEETH; WITH A GREAT EFFORT
    Ко'е-ка'к, хотя' и с грехо'м попола'м, На'дя сдала'
    экза'мен во второ'й класс.
    00
    Сме'ртный грех R сме'ртный
    00
    Хвати'ть греха' на' душу R хвати'ть
    00
    $Что/не'чего$ греха' таи'ть
    IT'S POINTLESS/USELESS TO DENY IT; NO USE DENYING IT
    -Идти' бу'дет нелегко', не'чего греха' таи'ть, но что'
    на войне' дае.тся легко'?
ГРЕ'ЧЕСКИЙ
    00
    Гре'ческий нос
    A GREEK NOSE
    00
    Отложи'ть до гре'ческих кале'нд R кале'нды
ГРЕ'ЧКА
    00
    В $гре'чку<гре'чке$
    DAPPLED
    Влеза'ть в седло' бы'ло нетру'дно: ста'рый си'вый, в
    гре'чку, ме'рин стоя'л сми'рно.
ГРЕ'ШНЫЙ
    42
    Гре'шный челове'к
    SORRY, MY FAULT
    Гре'шный челове'к, я вообрази'л, что Пу'нин прише.л с
    наме'рением заня'ть деньжо'нок.
    00
    Гре'шным де'лом
    SORRY TO SAY; REGRETFULLY
    -Мы, гре'шным де'лом, мо'жем и побрани'ться, и
    поссо'риться, - но с большо'го на'шего пути' нас не
    собье.шь.
ГРИБ
    00
    $Расти'/выраста'ть$ как грибы' (после дождя')
    (THEY'RE) POPPING UP ALL OVER
ГРИ'ВА
    00
    (И) в хвост и в гри'ву $гнать/бить/погоня'ть/ETC$ R
    хвост
ГРИМА'СА
    00
    $Ко'рчить/де'лать/стро'ить$ грима'сы R ко'рчить
ГРОБ
    00
    Бли'зок к гро'бу
    (TO BE) CLOSE TO DEATH/AT DEATH'S DOOR
    Опера'ция удала'сь, одна'ко состоя'ние больно'го вско'ре
    уху'дшилось, и он был бли'зок к гро'бу.
    00
    Быть на краю' гро'ба R край
    00
    $В гроб/в моги'лу$ $гляде'ть/смотре'ть$

    TO BE ON ONE'S LAST LEGS; TO BE NEAR DEATH
    Больно'й не при'нял пи'щи - он уже' гляде'л в
    гроб.
    00
    В гроб $вогна'ть/вколоти'ть/свести'/ETC$
    (YOU) WILL DRIVE (ME) TO (MY) GRAVE; (YOU) WILL BE THE
    DEATH OF (ME)
    00
    Гроб пова'пленный R пова'пленный
    00
    До $гро'ба/гробово'й доски'$
    TO (MY) DYING DAY
    00
    Идти' за гро'бом
    TO BE/PARTICIPATE IN A FUNERAL PROCESSION/CORTEGE
    За гро'бом шли родны'е и бли'зкие друзья' уме'ршего.
    00
    Кра'ше в гроб кладу'т R кра'ше
    00
    Лечь в гроб R лечь
    00
    $Переверне.тся<переверну'лся бы$ в гробу' [кто] R
    переверну'ться
    29
    По гроб (жи'зни)
    UNTIL DEATH; TO ONE'S DYING DAY
    00
    $(Стоя'ть) одно'й ного'й<одна' нога'$ в гробу' R нога'
    00
    Уложи'ть в гроб R уложи'ть
    00
    Хоть в гроб ложи'сь
    TO BE IN A DESPERATE SITUATION
    -Тру'дно бы'ло внача'ле на чужби'не без семьи' и
    друзе'й, хоть в гроб ложи'сь, -вспомина'л эмигра'нт.
ГРОБОВО'Й
    00
    $Гробова'я тишина'/гробово'е молча'ние$
    DEATHLY SILENCE
    Сообще'ние о закры'тии предприя'тия бы'ло встре'чено
    гробовы'м молча'нием слу'жащих.
    00
    Гробово'й го'лос
    (LIKE) A VOICE FROM THE GRAVE; A VERY DEEP VOICE
    По хара'ктеру ро'ли арти'ст до'лжен говори'ть гробовы'м
    го'лосом.
    00
    До гробово'й доски' R гроб
ГРОМ
    00
    Как гро'мом $порази'ть/ошеломи'ть/оглуши'ть/ETC$
    AS IF STRUCK BY LIGHTNING; THUNDER-STRUCK; DUMBFOUNDED
    Уби'йство президе'нта С.Ш.А. как гро'мом порази'ло
    мир.
    00
    (Как) гром среди' я'сного не'ба
    LIKE A THUNDERCLAP; LIKE A BOLD FROM A CLEAR BLUE SKY
    00
    Мета'ть гро'мы и мо'лнии
    TO THUNDER [ABOUT SOMEONE'S SPEAKING WITH THREATS AND
    ANGER]
    Владе'лец ко'нного заво'да мета'л гро'мы и мо'лнии за
    недосмо'тр за скакуно'м, взя'вшим пе'рвый приз.
    00
    Пока' гром не гря'нет
    UNTIL THE AXE FALLS; WHILE IT'S SAFE
    Он всегда' тя'нет с отче.том пока' гром не гря'нет -
    напоми-а'ние о сро'ке пода'чи его'.
    00
    Разрази' гром [кого'] R разрази'ть
ГРО'МЧЕ
    00
    Гро'мче обыкнове'нного R обыкнове'нный
ГРОШ
    00
    Гроша' $ме'дного/ло'маного$ не сто'ит
    IT'S NOT WORTH A (PLUGGED) NICKEL
    00
    Грош цена' [кому'<чему']

ГРОШ CONT'D.
  (IT) COSTS JUST A PENNY; (IT) IS VERY INEXPENSIVE
  Грош цена' гру'бо сколо'ченным са'нкам, де'ти же
  сча'стливы, ката'ясь на них.
  00
  Ни в грош не ста'вить [кого'<что]
  NOT TO HAVE A HIGH OPINION OF (SOMEONE); NOT TO GIVE A DAMN
  ABOUT (SOMEONE); NOT TO THINK MUCH OF (SOMEONE); TO DISREGARD
  (SOMEONE)
  00
  (Ни) гро'ша нет
  NOT TO HAVE A PENNY TO ONE'S NAME; TO BE BROKE
  00
  Ни за грош =пропа'сть/поги'бнуть/ETC=
  (TO PERISH) IN VAIN; ALL FOR NOTHING
  -Ни за грош поги'бли лю'ди: дом загоре'лся от
  неосторо'жного куре'ния папиро'сы в посте'ли.
  00
  Ни на грош нет [чего']
  THERE IS NOT A DROP/BIT OF (SOMETHING); THERE ISN'T ANY
  TO BE HAD
  В его' болтовне' ни на грош нет смы'сла.
ГРУ'БЫЙ
  00
  Гру'бая пи'ща
  RUDE FARE
ГРУДНО'Й
  00
  Грудно'й го'лос
  A DEEP VOICE
  У певи'цы был прия'тный грудно'й го'лос.
ГРУДЬ
  00
  Грудь колесо'м R колесо'
  00
  Грудь $с гру'дью<на грудь$ =би'ться/сража'ться/сойти'сь/
  ETC=
  FACE TO FACE; IN HAND TO HAND COMBAT
  Ско'ро вы'йдем из лесо'в и бу'дем би'ться в чи'стом
  по'ле, грудь с гру'дью.
  00
  Гру'дью проложи'ть себе' доро'гу
  TO ACQUIRE/ACCOMPLISH (SOMETHING) BY HARD WORK; TO MOVE
  MOUNTAINS TO ACCOMPLISH (SOMETHING); TO GET THROUGH WITH
  GREAT DIFFICULTY
  Отря'д солда'т гру'дью проложи'л себе' доро'гу из
  окруже'ния неприя'теля.
  00
  Змею' на груди' $отогре'ть/пригре'ть/ETC$ R змея'
  00
  Корми'ть гру'дью R корми'ть
  00
  Надса'живать грудь R надса'живать
  00
  $Оборва'ло'сь/оторва'ло'сь$ в груди' [у кого'] R
  оборва'ться
  00
  Отня'ть от груди' R отня'ть
  00
  $Стоя'ть/встать/стать/ETC$ гру'дью
  TO DEFEND/GUARD (SOMETHING) WITH ONE'S OWN LIFE/TO THE LAST
  DROP OF ONE'S BLOOD
ГРУЗ
  00
  Лежа'ть ме.ртвым гру'зом R ме.ртвый
ГРЯДУ'ЩИЙ
  00
  На сон гряду'щий
  BEFORE GOING TO SLEEP; AT BEDTIME
ГРЯ'ЗНЫЙ
  00
  $Ры'ться/копа'ться$ в гря'зном белье' [чье.м]
  TO STICK ONE'S NOSE IN (SOMEONE ELSE'S) BUSINESS; TO GOSSIP
  ABOUT (SOMEONE)
  Спле'тницы лю'бят копа'ться в гря'зном белье' други'х,
  каса'ясь отрица'тельной стороны' их ли'чной жи'зни.
ГРЯЗЬ
  42
  Вы'ташить из гря'зи

TO HELP (SOMEONE) OUT OF THE GUTTER
  00
  Зарасти' гря'зью R зарасти'
  00
  $Кида'ть гря'зью [в кого']/броса'ть гря'зью [в кого']/
  закида'ть гря'зью [кого']/заброса'ть гря'зью [кого]$
  TO SLING MUD AT (SOMEONE); TO SULLY (SOMEONE'S) NAME OR
  REPUTATION
  00
  Меси'ть грязь
  TO WADE/WALK THROUGH MUD
  Незнако'мые пу'тники меси'ли грязь по доро'ге к го'роду;
  неподалеку' ви'ден был завя'зший в грязи' грузови'к.
  00
  Не уда'рить лицо'м в грязь R лицо'
  00
  Обли'ть гря'зью R обли'ть
  00
  Смеша'ть с гря'зью
  TO SULLY (SOMEONE'S) NAME OR REPUTATION
  Из за'висти и недоброжела'тельства он гото'в смеша'ть с
  гря'зью любо'го.
  00
  $Топта'ть/втопта'ть/затопта'ть$ в грязь
  TO SLING MUD AT (SOMEONE/SOMETHING); TO SULLY (SOMEONE'S) NAME
ГРЯ'НУТЬ
  00
  Пока' гром не гря'нет R гром
ГУБА'
  29
  Гу'ба не ду'ра [у кого']
  TO KNOW WHAT SIDE ONE'S BREAD IS BUTTERED ON
  -А у тебя', Ми'ша, гу'ба не ду'ра. Прекра'сное ме'сто
  вы'брал ты себе' для рабо'ты.
  00
  Гу'бы ба'нтиком R ба'нтик
  00
  Гу'бы серде'чком R серде'чко
  00
  Дуть гу'бы R дуть
  00
  Жева'ть губа'ми R жева'ть
  00
  Молоко' на губа'х не обсо'хло [у кого']
  (TO BE) WET BEHIND THE EARS

  -Молоко' на губа'х не обсо'хло у него', а уже'
  распоряжа'ется, -говори'л нача'льник брига'ды
  ка'меньщиков о молодо'м прора'бе стро'йки.
  00
  Наду'ть гу'бы R наду'ть
  29
  Не по $губе'<губа'м$ [что+кому']
  NOT TO ONE'S TASTE
  У нас вино' мужи'чкое, Просто'е, не замо'рское - не по
  твои'м губа'м!
  29
  По губа'м пома'зать
  TO TEASE/TEMPT (SOMEONE)
  -Обеща'ниями приба'вки к зарпла'те хозя'ин то'лько по
  губа'м пома'зал: ее. все. еще. нет, -говори'ли между
  собо'й рабо'чие.
ГУБЕРНА'ТОРСКИЙ
  50
  Положе'ние ху'же губерна'торского
  TO BE UP A CREEK
ГУБЕ'РНИЯ
  71
  Пошла' писа'ть губе'рния
  EVERYTHING WAS TOPSY-TURVY
  Обе'щанный сюрпри'з отца' - ра'нний перее'зд на да'чу
  приве.л дете'й в восто'рг. -Пошла' писа'ть губе'рния!
  -поду'мал он, смотря' на подня'вшуюся сумато'ху.
ГУ'БКА
  00
  Гу'бки ба'нтиком R ба'нтик
  00
  Дуть гу'бки R дуть

ГУГУ'
00
Ни гугу'
NOT TO SAY A WORD; TO BE MUM; MUM'S THE WORD
1. Повари'ха и ткачи'ха Ни гугу' - но Бабари'ха,
Усмехну'вшись, говори'т: -Кто нас э'тим удиви'т? 2.
О мои'х о'тзывах о Пи'тере и его' литера'торах -
никому' ни гугу'. 3. -Но то'лько смотри', что'бы
впредь ни гугу' ... Не болта'й, а то попаде.шь под суд и
пропаде.шь.
ГУ'ЛЬКИН
29
С гу'лькин нос
A TINY BIT
ГУЛЯ'ТЬ
00
Гуля'ть с кистене.м R кисте'нь
00
По рука'м гуля'ть R рука'
ГУ'СТО,
Ра'зом гу'сто, ра'зом пу'сто R пу'сто
ГУСЬ
00
Гусе'й дразни'ть
TO IRRITATE (SOMEONE) WITHOUT ANY PURPOSE OR REASON
Критикова'ть преподава'ние иностра'нных языко'в то'же
что' гусе'й дразни'ть: столпы' педагоги'ческого ми'ра
сочту'т э'то за подры'в их авторите'та.
00
Гусь ла'пчатый R ла'пчатый
00
Как с гу'ся вода' [кому']
LIKE WATER OFF A DUCK'S BACK
-Замеча'ния и угро'зы-ему' как с гу'ся вода',
-жа'ловался ста'рший брат на мла'дшего.
ГУ'ША
00
Гада'ть на кофе'йной гу'ше R гада'ть
ДА
00
Ай да ... R ай
29
(Вот) э'то да!
THAT'S IT!; THAT'S BEAUTIFUL!
-Э'то да! -восхище.нно шепну'л мой сосе'д, слушая
знамени'того барито'на.
00
Да и ...
... AND ...; ... AND BESIDES ...; ... BUT ...
1. -Прие'хал [Не'лькин]. Что' же вы ду'маете? зале'з
в у'гол да и торчи'т там ... 2. -Вот поше.л он в лес
да и заблуди'лся. 3. Ната'ша говори'ла ше.потом, да и
дед и лесни'чий то'же говори'ли вполго'лоса. 4. -Оди'н
там то'лько и есть поря'дочный челове'к: прокуро'р; да и
тот, е'сли сказа'ть пра'вду, свинья'.
00
Да и то'лько
(TO DO) NOTHING BUT ...; THAT'S NOTHING BUT ...
1. Пла'чет, да и то'лько. 2. -Что' э'то за го'род,
э'та Вене'ция - поэ'зия, да и то'лько!
00
Нет-нет да и ... R нет
29
Ну да!
THAT'S FOR SURE!; SURE!
1. -В конце' концо'в - все. на све'те реша'ется
соотноше'нием чи'сел ... - Те'хникой ... -Те'хника? Ну
да ... 2. -А хо'чешь, я на Гнедке' верхо'м пое'ду
...?! -Ну да! Тебя' Гнедко' сбро'сит.-
ДАВА'ТЬ
00
Го'лову дава'ть на отсече'ние R голова'
00
Дава'й бог но'ги R нога'
00
Дава'ть пи'щу [чему'<для чего'] R пи'ща
00
Дава'ть себя' чу'вствовать R чу'вствовать

00
Дава'ть уро'ки R уро'к
00
Дава'ть чу'вствовать [кому'] R чу'вствовать
00
Ла'вры [чьи] не даю'т спать R лавр
00
На $чай/чае.к$ дава'ть R чай
00
Не дава'ть $поко'я/споко'я$ [кому'] R поко'й
00
Не дава'ть споко'я [кому'] R поко'й
00
Не дава'ть $спу'ска<спу'ску$ [кому'] R спуск
00
Ни о'тдыху, ни сро'ку не дава'ть [кому'] R о'тдых
00
$Прохо'да<прохо'ду$ не дава'ть R прохо'д
00
Шагну'ть не даю'т R шагну'ть
00
Ша'гу $сде'лать/ступи'ть$ не даю'т R шаг
ДАВЛЕ'НИЕ
00
Под давле'нием
UNDER THE PRESSURE OF ...
Под давле'нием обще'ственного мне'ния.
ДА'ВНИЙ
00
С да'вних пор R пора'
ДАВНО'
00
Давно' бы так
THAT'S A BOY!; THAT'S THE SPIRIT!
ДА'ЖЕ
00
Да'же и ...
WITHOUT ...; NOT EVEN ...
Но без войны' и вели'кий полково'дец прживе.т весь свой
век, да'же и не подозрева'я, что он - вели'кий
полково'дец. -Жить, - да'же и не бу'дучи влюбле.нным, -
сла'вное заня'тие!
ДА'ЛЕЕ
00
Да'лее-бо'лее R да'льше
00
$И так да'лее<и т. д.$
AND SO FORTH; ETC.
В огоро'дике за до'мом бы'ли гря'дки с лу'ком,
чеснако'м, петру'шкой, морко'вью и так да'лее - в о'бщем
со все'ми овоща'ми.
00
Не да'лее $как<чем$ ... R да'льше
ДАЛЕ.КО'
00
Дале.ко' за ...
WAY BEYOND ... (E.G. MIDNIGHT, FORTY YEARS OF AGE)
1. Вечера'ми подру'ги собира'лись друг к дру'гу с
пря'лками, с вяза'ньем, заси'живались далеко' за'
полночь. 2. Ему' далеко' за со'рок.
00
Дале.ко' зайти'
(THIS) GOES TOO FAR; (YOU) WENT TOO FAR
00
Дале.ко' не ...
FAR FROM ...; BY FAR (E.G. HE IS FAR FROM STUPID)
1. Далеко' не глуп. 2. Вро'нченко далеко' не' был
так уда'члив в фина'нсовых опера'циях, как Кра'нкин.
00
Дале.ко' не $уе'дешь/уйде.шь/уска'чешь$ [с чем<на че.м]
(WE) WON'T GO FAR WITH ...
-Я тогда' так и сказа'л: хоти'те жить в доста'тке -
сде'лайте весь колхо'з бога'тым, а на индивидуа'льных
посе'вах мы далеко' не уе'дем.
00
Дале.ко' пойти'
(HE) WILL GO FAR (IN HIS PROFESSION, CAREER)
00
Дале.ко' уйти' [в че.м+от кого'] R уйти'

ДАЛЕ.КО' CONT'D.
    00
    Дале.ко' $ходи'ть/иска'ть$ не $ну'жно/прихо'дится/ETC$
YOU DON'T HAVE TO LOOK FAR FOR ...
    Далеко' ходи'ть за э'тими зага'дками нам не прихо'дится,
так как ... зага'док э'тих у нас с ва'ми ежедне'вно, как
говори'тся, по'лны ру'ки, дева'ть не'куда.
ДАЛЕКО'
    00
    Де'ло зашло' далеко' R зайти'
ДАЛЬ
    00
    $Така'я<таку'ю$ даль
A LONG WAY; A GREAT DISTANCE
    У мно'гих от слов до дел така'я даль!
ДАЛЬНЕ'ЙШИЙ
    00
    В дальне'йшем
FROM NOW ON; IN THE FUTURE; IN FURTHER REFERENCES
    1. В дальне'йшем мы обо все.м договори'мся подро'бнее.
    2. Слова'рь ру'сского языка' под реда'кцией Я К
Гро'та, в дальне'йшем имену'емый про'сто Слова'рь
Гро'та.
ДА'ЛЬНИЙ
    00
    Без да'льних $слов/разгово'ров$ R
    разгово'р
ДА'ЛЬШЕ
    00
    $Да'льше-бо'льше/да'лее-бо'лее$
MORE AND MORE; DEEPER AND DEEPER
    Чем да'льше - бо'льше вника'л он в де'ло, тем ясне'е
станови'лось, что его' подзащи'тный - же'ртва
обстоя'тельств.
    29
    Да'льше (е'хать) не'куда
THIS IS THE LIMIT; THAT'S THE END (OF IT)
    -Недоро'ды ка'ждый год .... - ... да'льше е'хать
не'куда, а на'до что'-то де'лать! -говори'ли крестья'не
на се'льском собра'нии.
    00
    Да'льше (своего') но'са не ви'деть R нос
    00
    Не $да'льше/да'лее$ $как<чем$ ...
IT WAS JUST (E.G. YESTERDAY THAT I ...); IT IS EXACTLY
(E.G. HERE THAT I MUST ...)
    1. Не да'льше как на днях встреча'ю уже' здесь, на
Не'вском, одного' из пари'жских та'йных сове'тников.
    2. -Не да'льше как в э'той ко'мнате бы'ло у меня'
э'такое де'ло.
    00
    Не идти' да'льше [чего'] R идти'
    00
    Ни ша'гу да'льше R шаг
ДА'МА
    50
    Да'ма се'рдца
(ONE'S) LADYLOVE
    Ю'ноши танцева'ли с да'мами се'рдца на выпускно'м
ве'чере.
ДАМО'КЛОВ
    14
    Дамо'клов меч
SWORD OF DAMOCLES; A SWORD HANGING OVER ONE'S HEAD; AN
EVER-PRESENT DANGER
ДА'МСКИЙ
    00
    Да'мский уго'дник
A LADY'S (LADIES') MAN
    Он -, да'мский уго'дник то'лько не до'ма, где тре'бует
для себя' услу'г.
    00
    Да'мское сосло'вие R сосло'вие
ДА'ННЫЙ
    00
    В да'нный моме'нт R моме'нт
ДАНЬ
    00
    $Плати'ть/отда'ть/заплати'ть/ETC$ дань [кому'<чему']

TO PAY TRIBUTE TO; TO RENDER HOMAGE TO
    Держа'вин заплати'л большу'ю дань сати'ре.
    00
    $Плати'ть/отда'ть/заплати'ть/ETC$ дань [чему']
TO GIVE IN
    Не ду'майте, что одни' ограни'ченные умы' пла'тят дань
предрассу'дкам свое'й ка'сты.
ДАР
    00
    Дар $сло'ва/ре'чи$
A GIFT FOR WORDS
    1. Ни с того' ни с сего' возьме.т и расска'жет Се'ня
каку'ю-нибудь исто'рию, до того' невероя'тную, что
ребя'та от изумле'ния пе'рвое вре'мя лиша'лись да'ра
сло'ва. 2. -Ваш муж облада'ет да'ром сло'ва, как
никто'.
ДАРЕ.НЫЙ
    00
    Даре.ному коню' в зу'бы не смо'трят R конь
ДАРМОВЩИ'НА
    00
    На дармовщи'ну R даровщи'на
ДАРМОВЩИ'НКА
    00
    На дармовщи'нку R даровщи'на
ДАРОВА'ТЬ
    00
    Дарова'ть жизнь
TO GRANT (SOMEONE)(HIS) LIFE
    Приговоре.нному была' даро'вана жизнь по высоча'йшему
прика'зу.
    00
    Дарова'ть свобо'ду
TO GRANT (SOMEONE)(HIS) FREEDOM
    Полити'ческим заключе.нным даро'вана свобо'да.
ДАРОВЩИ'НА
    29
    На $даровщи'ну/даровщи'нку/дармовщи'нку/дармовщи'ну$
(TO EAT, DRINK) FOR FREE [IN THE MEANING: TO SPONGE OFF]
    -Зна'ю я твой обы'чай: на даровщи'ну то'лько и пье.шь!
ДАРОВЩИ'НКА
    00
    На даровщи'нку R даровщи'на
ДА'РОМ
    00
    Да'ром не $пройде.т/обойде.тся/ETC$ [что+кому']
(YOU) WILL NOT GET OFF SCOT-FREE; (IT/THIS) WILL NOT GO
UNPUNISHED
    Зна'я, что подло'г да'ром не пройде.т ему', он
своевре'менно сказа'л пра'вду.
    29
    Да'ром что
IN SPITE OF THE FACT THAT ...; DESPITE THE FACT THAT. ...
    Он весь был я'сно ви'ден, весь, до запла'ты на плече',
да'ром что е'хал в тени'.
    00
    Пропа'сть да'ром R пропа'сть
    00
    $Тра'тить/теря'ть/изводи'ть/ETC$ по'рох да'ром R
    по'рох
ДАТЬ
    00
    Го'лову дать на отсече'ние R голова'
    00
    Дай бог $па'мять<па'мяти$ R па'мять
    00
    Дай бог R бог
    00
    Дай<да'йте срок R срок
    00
    Дать ве'ру [чему']
TO GIVE CREDENCE TO (SOMETHING); IF ONE IS TO ACCEPT
(SOME OPINION, ETC.)
    Е'сли дать ве'ру общепри'знанному мне'нию, то нет
во'зраста бо'лее счастли'вого, не'жели де'тский.
    00
    Дать $во'жжи/поводо'к/ETC$
TO GIVE FREE REIN TO ...

Оте'ц дал поводо'к сыновья'м, и они' во'-время
прекрати'ли сомни'тельное знако'мство.
00
Дать во'лю кулака'м R кула'к
00
Дать во'лю рука'м R во'ля
00
$во'лю/свобо'ду$ [кому'<чему'] R во'ля
00
Дать в у'хо [кому'] R у'хо
00
Дать вы'ход [чему'] R вы'ход
00
Дать газ R газ
00
Дать де.ру R де.р
00
Дать де.ру R де.ра
00
Дать $де'сять/два'дцать/ETC$ очко'в впере.д R очко'
00
Дать доро'гу [кому'] R доро'га
00
Дать дра'ла R дра'ла
00
Дать жизнь [кому'] R жизнь
00
Дать заме'тить R заме'тить
00
Дать за'навес
TO LOWER THE CURTAIN
00
Дать знать
TO LET (SOMEONE) KNOW; TO GIVE (SOMEONE) TO KNOW; TO INFORM
Евсюко'в спеши'л дать знать о себе' в штаб фро'нта.
00
Дать исхо'д [чему'] R исхо'д
00
Дать киселя' [кому'] R кисе'ль
00
Дать круг R круг
00
Дать крю'ку R крюк
00
Дать леща' [кому'] R лещ
00
Дать ма'ху R мах
00
Дать нача'ло [чему']
TO START (SOMETHING); TO BE THE SOURCE/ORIGINATOR/INITIATOR
OF (SOMETHING)
00
Дать но'гу R нога'
00
Дать пить R пить
00
Дать по'вод [кому'] R по'вод
00
Дать поня'тие [о ком<о че.м] R поня'тие
00
Дать поня'ть R поня'ть
00
Дать по рука'м [кому'] R рука'
00
Дать по ша'пке [кому'] R ша'пка
00
Дать $по ше'е<в ше'ю<по шея'м$ R ше'я
00
Дать $права'<пра'во$ гражда'нства R гражда'нство
00
Дать представле'ние [о че.м] R представле'ние
00
Дать про'мах R про'мах
00
Дать раза' R раз
00
Дать ру'ку на отсече'ние R рука'

00
Дать свет
TO TURN ON THE LIGHT
Он дал свет, поверну'в включа'тель.
00
Дать себе' отче.т [в че.м] R отче.т
00
Дать себе' труд
TO TAKE THE TROUBLE TO ...; TO MAKE THE EFFORT TO ...
Не дал себе' труда' поду'мать.
00
Дать себя' знать
TO LET ITSELF BE KNOWN/FELT
Уста'лость дала' себя' знать.
00
Дать сло'во
1. TO YIELD THE FLOOR TO (SOMEONE)
2. TO GIVE ONE'S WORD TO (SOMEONE); TO PROMISE
1. Представи'телю сою'за учителе'й бы'ло дано' сло'во
на съе'зде. 2. Де'ти ве'рили да'нному сло'ву отца',
ожида'я обе'щанного сюрпри'за.
00
Дать стрекача' R стрека'ч
00
Дать стречка' R стречо'к
00
Дать те.ку R те.к
00
Дать тон R тон
00
Дать тя'гу R тя'г
00
Дать уро'к [кому'] R уро'к
00
Дать фо'ру R фо'ра
00
Дать ход [чему'] R ход
00
Дать цвет R цвет
00
Дать шпо'ры
TO SPUR (A HORSE)
Вса'дник дал шпо'ры коню' и бы'стро ускака'л.
00
До'рого бы дал R до'рого
00
И поню'хать не дать R поню'хать
00
Как пить $дать<даду'т$ R пить
00
$Ку'киш/Фи'гу$ с ма'слом дать R ку'киш
00
На сча'стье =дать= R сча'стье
00
(Не) дать в оби'ду [кого'] R оби'да
00
Не дать $спу'ска<спу'ску$ [кому'] R спуск
00
Не дать хо'ду [кому'] R ход
00
Ни дать ни взять
EXACTLY THE SAME; EXACTLY LIKE ...; JUST LIKE ...
А на'добно тебе' знать, что M-LLE PAJA'RSKY ни
дать ни взять M-ME GEO'RGE, то'лько немно'го
поста'ре.
00
Хо'ду (дать) R ход
00
Шиш с ма'слом дать R шиш
00
$Я тебе' дам<я те дам<он тебе' даст<он те даст<ETC$
I'LL SHOW YOU!; I'LL GIVE YOU (DOING, TAKING ETC.)
-А ты, Заха'рка, постреле.нок, куда' опя'ть бежи'шь? -
... Вот я тебе' дам бе'гать!
ДА'ТЬСЯ
00
Ди'ву да'ться R ди'во
00
(Не) да'ться [кому'] в оби'ду R оби'да

ДВА
29
В два сче.та
VERY FAST; QUICKLY; IN A JIFFY; ONE, TWO
1. -В два сче.та собра'ться! -был прика'з по ро'те.
2. -Я в два сче.та догада'лся к чему' сосе'д клони'л речь, говоря' о почи'нке забо'ра, -сказа'л он жене'. 3. Учени'к в два сче.та реши'л зада'чу.
00
В двух слова'х R сло'во
00
В двух шага'х R шаг
00
Ви'деть на два арши'на $под земле.й<в зе'млю$ R арши'н
00
$Гоня'ться/гна'ться/погна'ться$ за двумя' за'йцами R за'яц
00
Два сапога' па'ра R па'ра
00
$Два-три<две-три<ETC$
A FEW; ONE OR TWO
Две-три весны', младе'нцем, мо'жет быть, я сча'стлив был.
00
Де'йствовать на два ла'геря R ла'герь
00
Как два'жды два (четы'ре) R два'жды
00
Как две ка'пли воды' R ка'пля
00
Между двух огне'й R ого'нь
00
На два фро'нта R фронт
00
Не $мочь/уме'ть$ связа'ть двух слов R связа'ть
00
Ни два ни полтора'
NEITHER ONE THING NOR THE OTHER; NEITHER THIS NOR THAT
Его' отве'ты - ни два ни полтора': выража'ют они' согла'сие и'ли отка'з?
00
О двух голова'х R голова'
00
Па'лка о двух конца'х R коне'ц
00
Раз-два и гото'во R раз
00
Раз, два и обче.лся R обче'ться
00
Сиде'ть между двух сту'льев R стул
00
Служи'ть двум господа'м R господи'н
00
Содра'ть (по) две шку'ры R содра'ть
00
Уби'ть двух за'йцев R уби'ть
29
Че.рта с два!
THE HELL (HE/SHE DID!); LIKE FUN!; NO SIRREE!
-Ду'маешь, чита'ла она'? Че.рта с два! -
ДВА'ДЦАТЬ
00
Дать два'дцать очко'в впере.д R очко'
00
Два'дцать раз =говори'ть/де'лать/ETC=
OVER AND OVER; A HUNDRED TIMES (TO DO SOMETHING)
Ибраги'м два'дцать раз перече.л э'то письмо'.
ДВА'ЖДЫ
00
Как два'жды два (четы'ре)
EASY AS PIE; LIKE TWO TIMES TWO
Я'ков Ильи'ч, как два'жды два, доказа'л мне до чего' наи'вны и вре'дны э'ти фанта'зии.
ДВЕРЬ
00
Дверь в дверь
NEXT DOOR

Жить дверь в дверь.
00
Закры'ть две'ри до'ма [пе'ред кем<для кого'] R закры'ть
00
$Ломи'ться/стуча'ться$ в откры'тую дверь
TO TRY TO PROVE THE OBVIOUS
00
Откры'ть дверь [куда']
TO OPEN THE DOOR TO (SOMETHING); TO GIVE ACCESS TO ...
Археологи'ческие нахо'дки откры'ли дверь в про'шлое челове'чества.
00
$Показа'ть/указа'ть$ на дверь [кому']
TO SHOW (SOMEONE) THE DOOR
00
При закры'тых дверя'х
BEHIND CLOSED DOORS
Пригово'р был вы'несен при закры'тых дверя'х.
00
При откры'тых дверя'х
PUBLIC, OPEN [ABOUT CONFERENCES, HEARINGS, TRIALS, ETC.]
Суде'бный проце'сс происходи'л при откры'тых дверя'х.
00
Стуча'ться в дверь R стуча'ться
00
У двере'й
AT THE DOOR; HARD UPON US; NOT FAR OFF
Зима' у двере'й.
ДВИ'ГАТЬ
00
$Е'ле/с трудо'м/ETC$ дви'гать нога'ми
(HE) BARELY DRAGS (HIS) FEET
Землеко'пы с трудо'м дви'гали нога'ми в конце' рабо'чего дня.
ДВИ'ГАТЬСЯ
00
$Гига'нтскими/семими'льными$ шага'ми дви'гаться впере.д R шаг
00
Дви'гаться в го'ру
(IT; THE BUSINESS) IS PROGRESSING/MOVING AHEAD
00
Дви'гаться по слу'жбе
TO GO UP THE LADDER; TO GO UP THE RANKS
Зна'я де'ло и добросо'вестно относя'сь к свои'м обя'занностям, он дви'гался по слу'жбе.
00
Черепа'шьим ша'гом дви'гаться впере.д R шаг
ДВИЖЕ'НИЕ
00
Прийти' в движе'ние R прийти'
00
Ча'ющие движе'ния воды' R ча'ять
ДВИ'НУТЬ
00
Па'льцем дви'нуть R па'лец
00
Па'льцем не дви'нуть R па'лец
ДВО'Е
50
На свои'х (на) двои'х
(TO RIDE) SHANK'S MARE
-Продвига'ться бу'дете от уча'стка к уча'стку. Где позво'лит доро'га - на маши'не, где - на свои'х двои'х.
ДВОИ'ТЬ
00
В глаза'х двои'т
TO SEE DOUBLE
ДВОИ'ТЬСЯ
00
Двои'ться в глаза'х
TO SEE DOUBLE
Глаза'м сде'лалось бо'льно, пото'м в них ста'ли двои'ться все предме'ты.

ДВОР
00
Идти' на попя'тный двор R попя'тный
00
Ко двору' =быть/прийти'сь=
(IT) FITS THE OCCASION
-Перее'зд к нам те.щи прише.лся ко двору': свой челове'к до'ма с детьми', когда' я и жена' на рабо'те, -сообщи'л сле'сарь.
00
На дворе'
OUTSIDE; OUT OF DOORS; OUTDOOR(S); IN THE OPEN AIR
1. На дворе' бушева'ла непого'да. 2. -Нет, како'й тепе'рь сон, когда' еще. восьмо'й час на дворе'?
00
Не ко двору' =быть/прийти'сь=
TO BE UNSUITABLE; TO BE UNWANTED; (I DON'T) NEED (IT/YOU)!; THERE IS NO PLACE FOR (YOU/IT) HERE!
-Не ко двору' ты нам, па'рень! Сканда'лы нам не на'добны.
00
Ни кола' ни двора' [у кого'] R кол
42
$По<ко$ двора'м
(TIME TO GO) HOME
1. -Э, ма'тушка, и мы с тобо'й пойде.м. Уж нам и ко двора'м пора'. 2. Ночь бли'зко .... Дете'й расташи'ли по двора'м - спать.
42
Со двора'
FROM THE HOUSE
По'вар уше.л еще. вчера' со двора'.
ДВОРЯ'НСТВО
00
Мещани'н во дворя'нстве R мещани'н
ДВУЛИ'КИЙ
00
Двули'кий Я'нус
TWO-FACED JANUS; A TWO-FACED/DECEITFUL PERSON
ДЕ'ВА
00
Ста'рая де'ва
AN OLD MAID; A SPINSTER
Анастаси'я Дми'триевна была' ста'рая де'ва, вздо'рная, с капри'зами и причу'дами.
ДЕВА'ТЬСЯ
00
Не знать, куда' дева'ться =от смуще'ния/от стыда'/ETC=
NOT TO KNOW WHAT TO DO (FROM EMBARASSMENT, SHAME, ETC.)
Па'влик смути'лся и не знал, куда' дева'ться.
ДЕ'ВИЧА
00
В деви'чах
IN (HER) MAIDEN YEARS
Ро'дственница, в деви'чах, присма'тривала за детьми'.
ДЕ'ВИЦА
00
Кра'сная $де'вица/де'вушка$
A MILKSOP; MILK-TOAST; MILQUETOAST
Меня' пригласи'л к себе' обе'дать оди'н мой пансио'нский това'рищ, слы'вший в мо'лодости за кра'сную де'вицу ....
ДЕВИ'ЦА
00
Засиде'ться в деви'цах R засиде'ться
ДЕВИ'ЧЕСТВО
00
В деви'честве
IN (HER) MAIDEN YEARS
1. Мно'го покло'нников бы'ло у ней в деви'честве. 2. Мечты' в деви'честве ре'дко стано'вятся реа'льностью.
ДЕ'ВИЧИЙ
50
Де'вичья па'мять
A SHORT/BAD MEMORY
У нее. де'вичья па'мять - всегда' что'-либо и'щет, забы'в где оста'вила.
ДЕ'ВКА
00
Засиде'ться в де'вках R засиде'ться

75
$Засиде'ться/сиде'ть$ в де'вках
TO PROCRASTINATE/POSTPONE MARRIAGE [ABOUT WOMEN]
75
Оста'ться в де'вках
TO STAY/REMAIN UNMARRIED
Она' оста'лась в де'вках по'сле изме'ны дру'га се'рдца.
06
(У'личная) де'вка
A STREETWALKER; A SPORTING GIRL
О молодо'й же'нщине ходи'ли слу'хи, что в го'роде она' была' де'вкой.
00
У'хо-де'вка R у'хо
ДЕ'ВУШКА
00
Кра'сная де'вушка R де'вица
ДЕВЯ'ТЫЙ
00
Девя'тый вал
THE NINTH WAVE
По кипе'вшему мо'рю ... шли, па'дали и поднима'лись седы'е от пе'ны валы', и ... са'мый седо'й и высо'кий - дви'гался над ни'ми девя'тый вал.
ДЕ.ГОТЬ
00
Ло'жка $де.гтю<де.гтя$ (в бо'чке ме.да) R ло'жка
ДЕД
00
$Де'ды и пра'деды/отцы' и де'ды$
THE FOREFATHERS
ДЕ'ЙСТВИЕ
00
Возыме'ть де'йствие R возыме'ть
00
Оскорби'ть де'йствием R оскорби'ть
ДЕЙСТВИ'ТЕЛЬНОСТЬ
00
В действи'тельности
ACTUALLY; REALLY; IN REALITY
Со стороны' мо'жно бы'ло поду'мать, что челове'к скрыва'лся от пого'ни. Так оно' и бы'ло в действи'тельности.
ДЕ'ЙСТВОВАТЬ
00
Де'йствовать без отка'за R отка'з
00
Де'йствовать на два ла'геря R ла'герь
00
Де'йствовать на не'рвы [кому'] R нерв
ДЕ'ЙСТВУЮЩИЙ
00
Де'йствующее лицо'
1. A CHARACTER IN A LITERARY WORK; DRAMATIS PERSONAE 2. A PARTICIPANT IN AN EVENT/ENTERPRIZE/UNDERTAKING
1. Основна'я иде'я рома'на развита' в гла'вном де'йствующем лице' - Печо'рине. 2. -Дуэ'ли в на'шем полку' случа'лись поминутно: я на всех быва'л и'ли свиде'телем, и'ли де'йствующим лицо'м.
ДЕКОРА'ЦИЯ
00
$Переме'на декора'ций/измени'ть декора'ции/декора'ции перемени'лись/ETC$
A CHANGE OF SCENE
-У нас перемени'лись декора'ции: перее'хали в но'вое зда'ние, получи'ли но'вую ме'бель, а сотру'дников ме'ньше, чем бы'ло, -слы'шалось из телефо'нной бу'дки.
ДЕ'ЛАТЬ
00
Де'лать ава'нсы R ава'нс
00
Де'лать акце'нт [на че.м] R акце'нт
00
Де'лать больши'е глаза' R глаз
00
Де'лать $весе.лую/хоро'шую$ ми'ну при плохо'й игре' R ми'на
00
Де'лать вид R вид

ДЕ'ЛАТЬ CONT'D.
00
Де'лать гла'зки [кому'] R глазо'к
00
Де'лать грима'сы R ко'рчить
00
Де'лать из му'хи слона' R му'ха
00
Де'лать [како'е] де'ло
TO BE BUSY WITH (SOMETHING); TO BUSY ONESELF WITH (SOMETHING)
Дне.м Ма'рюшка де'лала обы'чное де'ло, пекла' лепе.шки, вари'ла очерте'вший балы'к.
00
Де'лать $[каку'ю] ми'ну/[како'е] лицо'/[каку'ю] физионо'мию$
TO MAKE FACES; TO SHOW SOME EMOTION OR EXPRESSION IN ONE'S FACE (E.G. PUZZLEMENT, REVULSION, ETC.)
-Но я во'все не хочу' разво'да! -жи'во сказа'ла О'льга Дми'триевна, де'лая удивле.нное лицо'.
00
Де'лать кру'глые глаза' R кру'глый
00
Де'лать крюк R крюк
00
$Де'лать не'чего<не'чего де'лать$
WHAT CAN ONE DO?!; NOTHING TO BE DONE (BUT ...); ONE CAN'T DO ANYTHING (BUT ...)
Все зна'ли, что до воды' мы дойде.м то'лько к су'меркам. Де'лать не'чего, остава'лось запасти'сь терпе'нием.
00
Де'лать пого'ду R пого'да
00
Де'лать под козыре.к R козыре.к
00
Де'лать под себя'
TO WET/SOIL THE BED
Младе'нцы де'лают под себя'.
00
Де'лать предложе'ние R предложе'ние
00
Де'лать $ро'жу<ро'жи$ R ро'жа
00
Де'лать траге'дию [из чего'] R траге'дия
00
Де'лать честь [кому']
1. TO HONOR (SOMEONE) 2. (THIS) IS TO (HIS) CREDIT; (IT) SPEAKS WELL OF (HIM)
1. Тара'нтьев как бу'дто дава'л чу'вствовать, что, загова'ривая с челове'ком, да'же обе'дая и'ли у'жиная у него', он де'лает ему' большу'ю честь. 2. Э'тот посту'пок не де'лает вам че'сти.
00
Де'ло де'лать R де'ло
00
Не де'лать секре'та [из чего'] R секре'т
00
От не'чего де'лать
OUT OF BOREDOM; HAVING NOTHING ELSE TO DO
Так лю'ди ... От де'лать не'чего друзья'.
00
Упо'р де'лать [на кого'<на что<на ком<на че.м] R упо'р
ДЕ'ЛАТЬСЯ
00
Что $ему'<тебе'<мне<ETC$ де'лается
WHAT COULD HAPPEN TO (HIM, YOU, ETC.)?!; WHAT COULD BE THE MATTER WITH (HIM, YOU, ETC.) [WITH THE IMPLICATION THAT NOTHING COULD HAPPEN, THAT THE CIRCUMSTANCES ARE AS NORMAL AS COULD BE EXPECTED].
-Я забра'л свой пай, уйдя' из компа'нии. Что' мне де'лается от того', что она' обанкро'тилась по'сле? -беспе'чно заключи'л он.
ДЕЛИКА'ТНЫЙ
00
$Тро'нуть/заде'ть/ETC$ делика'тную струну' [кого'] R струна'
ДЕЛИ'ТЬ
00
Дели'ть не'чего [кому']

NO NEED TO ARGUE/WORRY ABOUT (SOMETHING)
Пусть хозя'ева грызу'тся, а рабо'чим дели'ть не'чего.
00
Дели'ть шку'ру неуби'того медве'дя
TO COUNT ONE'S CHICKENS BEFORE THEY ARE HATCHED; TO BE DISPOSING OF ONE'S PROFIT OR INCREMENT BEFORE IT IS REALIZED
-...Ку'пим зе'млю, ока'жется на ней кака'я-либо руда', ста'нем па'йщиками де'ла по добы'че ее. и заживе.м припева'ючи!- -Вы де'лите шку'ру неуби'того медве'дя.-
ДЕ'ЛО
(Бли'же) к де'лу!
TO THE POINT!; DON'T GET OFF THE SUBJECT!
-Бли'же к де'лу! -была' ре'плика из за'ла ора'тору, уклони'вшемуся от те'мы.
00
Ва'ше де'ло R ваш
00
Ввести' в курс де'ла R ввести'
00
В де'ле быть
TO BE OPERATIONAL; TO BE WORKING [ABOUT INSTRUMENTS, MACHINES]
-Е'сли че'рез два часа' парово'зы не бу'дут в де'ле, по телегра'фу вы'требую резе'рвные брига'ды!
00
Ви'данное ли э'то де'ло? R ви'данный
00
Ви'димое де'ло R ви'димый
00
(Вот еще.) но'вое де'ло! R но'вый
00
В са'мом де'ле R са'мый
00
В чем де'ло?
WHAT HAPPENED?; WHAT'S THE PROBLEM?
00
Ги'блое де'ло R ги'блый
00
Гла'вное де'ло R гла'вный
00
Гре'шным де'лом R гре'шный
00
Дела'-как са'жа бела' R са'жа
00
Де'лать [како'е] де'ло R де'лать
00
Де'ло вопие'т R вопия'ть
29
Де'ло в шля'пе
EVERYTHING IS ALRIGHT!; THAT'S SETTLED!; IT'S IN THE BAG!
Дом сдан в аре'нду, магази'н откры'т на хо'дком ме'сте; де'ло в шля'пе - знай то'лько управля'й и де'ньги получа'й.
00
Де'ло гори'т в рука'х [у кого'] R горе'ть
00
Де'ло де'лать
TO BE WORKING; TO BE BUSY; TO BUSY ONESELF
Он не мог жа'ловаться на свои'х дете'й - они' всегда' де'ло де'лали.
00
Де'ло $дошло'/дохо'дит$ [до кого'<до чего']
(WHEN) IT CAME TO (DOING SOMETHING) ... ; (WHEN) IT WAS (MY) TURN TO (DO SOMETHING) ...; NOW IT (IS/WAS) TIME TO (DO SOMETHING)
1. Когда' де'ло дошло' почти' до банкро'тства, компаньо'ны, забы'в разногла'сия, дру'жно взя'лись за рабо'ту. 2. Де'ти писа'ли семе'йную хро'нику; когда' де'ло дошло' до роди'телей, то число' стате'й умно'жилось.
00
Де'ло жите'йское R жите'йский
00
Де'ло [за кем<за чем]
IT DEPENDS ON (SOMEONE/SOMETHING); IT RESTS WITH (SOMEONE/SOMETHING)
00
(Де'ло) иде.т [к чему'<на что] R ити'

ДЕ'ЛО CONT'D.
00
    Де'ло иде.т [о ком<о че.м] R идти'
00
    Де'ло каса'ется [кого'<чего']
    IT PERTAINS TO (SOMEONE/SOMETHING)
00
    Де'ло на мази' R мазь
00
    Де'ло не жде.т R ждать
00
    Де'ло не ста'нет [за кем<за чем]
    (HE/IT) WON'T CAUSE ANY TROUBLE/PROBLEM; (HE/IT) WILL NOT
    SLOW THINGS DOWN
    1. -Де'ло не ста'нет за на'ми; скоре'й бы начина'ть
    ремо'нт шко'лы, -говори'ли селя'не. 2. -Де'ло не
    ста'нет за ле'сом, -доба'вил владе'лец би'ржи.
00
    Де'ло не те'рпит R терпе'ть
00
    Де'ло пошло' в ход R ход
00
    Де'ло про'шлое R про'шлый
00
    Де'ло рук [чьих] R рука'
00
    Де'ло сде'лано R сде'лать
00
    Де'ло ста'ло [за кем<за чем]
    (HE/IT) IS THE WHOLE PROBLEM; (HE/IT) IS THE CAUSE OF ALL
    THE TROUBLE
    1. -Все бы'ли бы уже' на да'че, да де'ло ста'ло за
    мной - у меня' сви'нка, -жа'ловался внук де'ду. 2.
    Са'нки гото'вы, де'ло ста'ло за сне'гом.
00
    Де'ло таба'к R таба'к
00
    Де'ло те'рпит R терпе'ть
00
    Де'ло труба' R труба'
00
    Де'ло хозя'йское R хозя'йский
00
    $Друго'е/ино'е$ де'ло
    (THAT'S) SOMETHING ELSE; (IT'S) NOT SO; A HORSE OF A
    DIFFERENT COLOR
00
    Есте'ственное де'ло R есте'ственный
00
    Есть тако'е де'ло R есть
00
    За де'ло =наказа'ть/наградить'=
    ACCORDING TO ONE'S MERIT; TO GET ONE'S JUST DESERTS
00
    За $ма'лым/небольши'м/немно'гим$ де'ло ста'ло
    THE PROBLEM/TROUBLE IS REALLY SMALL; WHAT IS HOLDING
    THINGS UP IS A TRIFLE/A SMALL THING
    -За ма'лым де'ло ста'ло с маши'ной - на'до регуля'рно
    сма'зывать ее..
00
    Зна'мо де'ло R зна'мо
29
    (И) $де'ло с концо'м<де'лу коне'ц$
    (AND) THAT'S IT!; (AND) THERE YOU ARE! [ABOUT THE RESULTS
    OF SOME SITUATION, CONSEQUENCES OF SOME ACTION]
    -Еще. два платежа' за дом оста'лось и де'лу коне'ч - он
    ста'нет на'шей по'лной со'бственностью, -сообщи'ли они'
    роди'телям.
00
    Идти' к де'лу R идти'
00
    $Идти'/пойти'$ в де'ло
    TO PUT INTO OPERATION; TO GET (SOMETHING) WORKING; TO USE
    (SOMETHING)
    1. Все обре'зки ка'феля иду'т в де'ло у люби'телей
    моза'ики. 2. Прика'з по предприя'тию поше.л в де'ло -
    проду'кция улу'чшилась.
00
    Изве'стное де'ло R изве'стный

00
    Име'ть де'ло [с кем<с чем]
    TO BE DEALING WITH (SOMEONE); TO HAVE BUSINESS WITH
    (SOMEONE); TO HAVE DEALINGS WITH (SOMEONE)
    -Мой аге'нт, с кото'рым вы до сих пор име'ли де'ло,
    уверя'л, что ва'шу мастерску'ю найти' вообще' невозмо'жно.
00
    $Ле.гкое<легко'$ ли де'ло R ле.гкий
00
    Мавр сде'лал свое. де'ло, мавр мо'жет уйти' R ма'вры
00
    Ма'стер своего' де'ла R ма'стер
00
    Ме'жду де'лом
    IN BETWEEN; IN THE COURSE OF ...; IN THE SLACK PERIODS OF
    ...
    Она', мать четыре.х дете'й и домохозя'йка, посеща'ет
    ме'жду де'лом вече'рние ку'рсы.
00
    Ми'ленькое де'ло R ми'ленький
00
    Ми'лое де'ло R ми'лый
00
    Мину'тное де'ло R мину'тный
00
    $Мое.<твое.<ETC$ де'ло ма'ленькое
    (IT'S) NOT (MY/YOUR) RESPONSIBILITY; (IT'S) NOT UP TO (ME/
    YOU)!
    -Твое. де'ло ма'ленькое в зака'захе - шей как я
    ука'зываю! -сказа'л портно'й помо'щнику.
00
    $Мое.<твое.<ETC$ де'ло сторона'
    (IT'S) NOT (MY/YOUR) PROBLEM!; (IT'S) NOT UP TO (ME/YOU)!;
    (IT) HAS NOTHING TO DO WITH (ME/YOU)!
    -Хотя' мое. де'ло сторона', но все. же не сле'дует так
    бить мальчи'шку -сказа'л сосе'д сосе'ду.
00
    Мы'слимо ли де'ло R мы'слимый
00
    На де'ле
    BY PRACTICE; BY DOING; BY EXPERIENCE
    Дороже'й погна'л лошаде'й, как бы жела'я на де'ле
    убеди'ться, хороша' ли в э'том го'роде мостова'я.
00
    На са'мом де'ле R са'мый
00
    На'ше де'ло R наш
00
    Не $моего'/твоего'/на'шего/ETC$ ума' де'ло R ум
00
    Не на'ше де'ло R наш
00
    Не твое. де'ло R твой
00
    Не у дел
    OUT OF WORK; UNEMPLOYED; NOT PRACTICING
    Се'льский учи'тель не у дел, Кири'лл Яросла'вчев, ...
    смотре'л тупы'ми глаза'ми на рассы'панные пред ним
    статисти'ческие ка'рточки.
00
    Обверте'ть (де'ло) $вокру'г/о'коло$ па'льца R
    обверте'ть
00
    Облома'ть де'ло<дела' R облома'ть
00
    Пе'рвое де'ло R пе'рвый
00
    Пе'рвым де'лом
    FIRST OF ALL; ... TO START
    Пе'тя пе'рвым де'лом стал присма'триваться к следа'м.
00
    Пока' суд да де'ло R суд
00
    Поня'тное де'ло R поня'тный
00
    По пья'ному де'лу R пья'ный
00
    Пореши'ть де'ло R пореши'ть

ДЕ'ЛО CONT'D.
00
   По су'ти де'ла R суть
00
   Пусти'ть в де'ло
   TO USE/APPLY (SOMETHING); PUT (SOMETHING) INTO OPERATION; TO GET (SOMETHING) GOING
   1. Но'вое сма'зочное сре'дство пу'щено в де'ло в маши'нном отделе'нии заво'да. 2. Стано'к отремонти'рован и пу'щен в де'ло.
00
   Сбы'точное ли (э'то) де'ло? R сбы'точный
00
   $Слы'ханное<слы'хано$ ли де'ло R слыха'ть
00
   Ста'точное ли де'ло R ста'точный
00
   Стра'нное де'ло R стра'нный
00
   Твое. де'ло R твой
00
   То и де'ло
   ON AND ON; VERY FREQUENTLY; (IT) KEEPS ON(DOING SOMETHING) HAPPENING; OVER AND OVER AGAIN
   Но'вый сотру'дник то и де'ло спра'шивал сове'та.
00
   То ли де'ло
   ISN'T IT BETTER? IS (SOMETHING) NOT BETTER? WOULD YOU NOT PREFER (SOMETHING)?
   То ли де'ло рю'мка ро'ма, Но'чью сон, поу'тру чай; То ли де'ло, бра'тцы, до'ма!
00
   Ходи'ть по дела'м R ходи'ть
00
   Хоро'шее де'ло R хоро'ший
00
   Чудно'е де'ло R чудно'й
00
   Э'то де'ло деся'тое R деся'тый
00
   Я'сное де'ло R я'сный
ДЕЛОВО'Й
00
   Класть под сукно' =делову'ю бума'гу= R сукно'
ДЕМЬЯ'НОВ
00
   Демья'нова уха' R уха'
ДЕ'НЕЖКИ
00
   Пла'кали [чьи] де'нежки
   (YOU) CAN KISS (YOUR) MONEY GOOD-BY; (YOU) CAN WHISTLE FOR (YOUR) MONEY
   Карти'на оказа'лась не оригина'льной рабо'ты. -Пла'кали твои' де'нежки, -сказа'л он сам себе'.
ДЕ'НЕЖНЫЙ
00
   Де'нежный мешо'к R мешо'к
ДЕ'ННО
00
   Де'нно и но'чно
   DAY AND NIGHT
   Пе'сня была' о'чень гру'стная и звуча'ла за перебо'ркой де'нно и но'чно.
ДЕНЬ
00
   В оди'н прекра'сный день R прекра'сный
00
   В о'ны дни R о'ный
00
   Вот тебе', ба'бушка, (и) Ю'рьев день R Ю'рьев
00
   День в день
   PRECISELY ON (SOME DATE); ... TO THE DAY
   Строи'тельство электроста'нции зако'нчено день в день.
00
   Ден-деньско'й R деньско'й
00
   День за' день

DAY IN DAY OUT; DAY AFTER DAY AFTER DAY
Вдали' от городско'й суеты' жизнь в дере'вне проходи'ла день за' день.
00
День ото дня'
FROM DAY TO DAY
Я одного' жела'ю вновь, Сильне'й день ото дня', Жела'ю, чтоб твоя' любо'вь Пережила' меня'.
29
Дне.м с огне.м не $найти'/сыска'ть$
YOU CAN'T GET IT FOR LOVE OR MONEY; YOU CAN WHISTLE FOR IT
Дне.м с огне.м не найти' челове'ка, у кото'рого хоть на миг не вскружи'лась бы голова' от успе'хов.
00
Дни [чьи] сочтены'
(HIS) DAYS ARE NUMBERED
Партиза'н был ра'нен в мозг навы'лет. Дни его' бы'ли сочтены'.
00
Жить сего'дняшним дне.м R сего'дняшний
00
За'втрашний день R за'втрашний
00
Зло'ба дня R зло'ба
00
(И) день и ночь
DAY AND NIGHT
Все. ду'мать, ду'мать об одно'м И день и ночь до но'вой встре'чи.
00
Изо дня в день
FROM DAY TO DAY; DAY IN DAY OUT
Изо дня в день де'лать одно' и то' же.
00
Иска'ть вчера'шнего дня R вчера'шний
00
Ка'ждый бо'жий день R бо'жий
00
Навести' тень на я'сный день R тень
42
На дню'
IN A DAY; DURING THE DAYTIME
По це'лым часа'м она' игра'ла в те'ннис, по два ра'за на дню' купа'лась.
00
На днях
1. RECENTLY; A FEW DAYS AGO 2. SOON; IN A FEW DAYS
1. На днях пришло' изве'стие, что их сын жив. 2. В клу'бе состои'тся на днях ша'хматный турни'р.
00
На зака'те дней R зака'т
00
На зло'бу дня R зло'ба
00
$На пове'стке<на пове'стку$ дня R пове'стка
00
На скло'не дней R склон
00
Невзви'деть дня R невзви'деть
00
Не по дням, а по часа'м =расти'/возраста'ть/ETC=
BY THE MINUTE; BY THE HOUR
-Ты расте.шь не по дням, а по часа'м! -сказа'л гость подро'стку, откры'вшему ему' дверь.
00
$Пове'стка/поря'док$ дня
THE ORDER OF THE DAY; AN AGENDA
Председа'тель собра'ния объяви'л пове'стку дня.
00
Со дня на' день
FROM ONE DAY TO THE NEXT
1. Со дня на' день откла'дывать что'-либо. 2. Ждать кого'-либо со дня на' день.
00
$Среди'<средь$ бе'ла дня R бе'лый
00
Счи'танные дни
A LIMITED TIME (ONLY); NOT MUCH TIME IS LEFT

ДЕНЬ CONT'D.
    Счи'танные дни оста'лись до сро'ка пода'чи фина'нсового
    отче.та.
    00
    Счита'ть дни R счита'ть
    00
    Тре'тьего дня
    THE DAY BEFORE YESTERDAY
    Тре'тьего дня мы слы'шали по ра'дио сообще'ние о ги'бели
    подво'дной ло'дки.
    00
    Тяже.лый день R тяже.лый
    00
    Че.рный день
    HARD TIMES; A RAINY DAY
    Откла'дывать де'ньги на че.рный день.
    00
'   Я'сно как бо'жий день R бо'жий
ДЕНЬГА
    00
    Загна'ть деньгу' R загна'ть
ДЕ'НЬГИ
    00
    Без копе'йки (де'нег) R копе'йка
    00
    Бе'шеные де'ньги R бе'шеный
    00
    $Броса'ть де'ньги<броса'ть деньга'ми/броса'ться
    деньга'ми$ R броса'ть
    00
    $Броса'ть/кида'ть/швыря'ть/ETC$ де'ньги на ве'тер R
    ве'тер
    00
    Де'нег куры' не клюю'т [у кого'] R клева'ть
    00
    Де'нег сто'ит [кто<что] R сто'ить
    00
    Де'ньги на була'вки R була'вка
    00
    $Загреба'ть/грести'$ де'ньги лопа'той R лопа'та
    00
    За чи'стые де'ньги<чи'стыми деньга'ми R чи'стый
    00
    Знать сче.т деньга'м R сче.т
    00
    Карма'нные де'ньги R карма'нный
    00
    Класть де'ньги в кубы'шку R кубы'шка
    00
    Кова'ть де'ньги R кова'ть
    00
    Кру'пные де'ньги R кру'пный
    00
    Ме'лкие де'ньги R ме'лкий
    00
    На ме'дные де'ньги =учи'ться/быть воспи'танным=
    ON A SHOE STRING; FOR PEANUTS
    Знамени'тый врач лечи'л беспла'тно бе'дных студе'нтов,
    зна'я на о'пыте, как учи'ться на ме'дные де'ньги.
    00
    Не при деньга'х =быть=
    (TO BE) OUT OF MONEY; (TO BE) BROKE; NO MONEY TO SPARE
    Он ча'сто был не при деньга'х.
    00
    Не спра'вился с деньга'ми R спра'виться
    00
    Не счита'ть де'нег R счита'ть
    00
    При деньга'х =быть=
    TO HAVE MONEY; TO BE FLUSH
    Он был при деньга'х, когда' продава'лось э'то име'ние -
    его' со'бственность тепе'рь.
    00
    $Сори'ть/сы'пать$ деньга'ми R сори'ть
    00
    Хоро'шие де'ньги R хоро'ший
    00
    $Храни'ть/бере'чь/держа'ть$ де'ньги в кубы'шке R

    кубы'шка
    00
    Шальны'е де'ньги R шально'й
    00
    Швыря'ть деньга'ми R швыря'ть
    00
    Швыря'ть де'ньги R швыря'ть
    00
    Швыря'ться деньга'ми R швыря'ть
    00
    Шевеля'тся де'ньги [у кого'] R шевели'ться
ДЕНЬСКО'Й
    00
    День-деньско'й
    ALL DAY LONG
    День - деньско'й гне.т сапо'жник свою' спи'ну над
    коло'дкой.
ДЕ.Р
    29
    $Зада'ть/дать$ де.ру
    TO BEAT IT; TO SCRAM; TO RUN AWAY; TO TAKE OFF (LIKE A
    BIRD)
    -Он попрово'рнее всех оказа'лся. Тако'го де.ру дал, что
    то'лько его' и ви'дели.
ДЕ.РА
    29
    $Зада'ть/дать$ де.ру
    TO WHIP (SOMEONE)

ДЕ.РГАТЬ
    29
    Де.ргать но'сом
    TO SNIFFLE
    Руководи'тель гру'ппы - угрю'мый, де.ргающий но'сом,
    капита'н Само'йленко.
ДЕ'РЕВО
    00
    $За дере'вьями<из-за дере'вьев$ ле'са не ви'деть
    (HE) CANNOT SEE THE FOREST FOR THE TREES
    -Углуби'вшись в ме'лочи повседне'вной жи'зни и в пого'не
    за материа'льными це'нностями, мы не заме'тили как
    распа'лась семья'.- -Выхо'дит, что из-за дере'вьев ле'са
    не ви'дели.-
ДЕРЖА'ТЬ
    00
    В стра'хе (бо'жием) =держа'ть= R страх
    00
    Высоко' держа'ть зна'мя [чье.<чего'] R зна'мя
    00
    Держа'ть банк R банк
    00
    Держа'ть в ежо'вых рукави'цах R ежо'вый
    00
    Держа'ть в когтя'х [кого'] R ко'готь
    00
    Держа'ть в кулаке' [кого'] R кула'к
    00
    Держа'ть в ку'рсе [чего'] R курс
    00
    Держа'ть во'жжи в рука'х R во'жжи
    00
    Держа'ть в решпе'кте [кого'<что] R решпе'кт
    00
    Держа'ть в (свои'х) рука'х [что] R рука'
    00
    Держа'ть в струне' [кого'] R струна'
    00
    Держа'ть в узде' [кого'<что] R узда'
    00
    Держа'ть в шо'рах [кого'] R шо'ры
    00
    Держа'ть де'ньги в кубы'шке R кубы'шка
    00
    Держа'ть за' ворот R во'рот
    00
    Держа'ть ка'мень за па'зухой [на кого'<про'тив кого']
    R ка'мень

ДЕРЖА'ТЬ CONT'D.
00
Держа'ть [кого'] в ежо'вых рукави'чах R ежо'вый
00
Держа'ть [кого'] в рука'х
TO KEEP (SOMEONE) UNDER CONTROL
00
Держа'ть [кого'] в че.рном те'ле R те'ло
00
Держа'ть [кого'] на $изве'стном/почти'тельном$
расстоя'нии R расстоя'ние
00
Держа'ть ма'рку R ма'рка
00
Держа'ть на весу' R вес
00
Держа'ть нос по ве'тру R ве'тер
00
Держа'ть отве'т
TO BE RESPONSIBLE (FOR); TO RESPOND (TO)
1. Он держа'л отве'т за пропа'вший велосипе'д. 2.
Студе'нт держа'л отве'т экзамена'торам.
00
Держа'ть пари' R пари'
00
Держа'ть под замко'м R замо'к
00
Держа'ть под каблучко'м R каблу'к
00
Держа'ть под $каблуко'м/каблучко'м$ R каблу'к
00
Держа'ть под карау'лом R карау'л
00
Держа'ть под стекля'нным колпако'м R колпа'к
00
Держа'ть по'рох сухи'м R по'рох
00
Держа'ть при себе' =взгля'ды/мне'ния/ETC=
TO KEEP ONE'S OPINION TO ONESELF
Прису'тствуя при на'ших спо'рах, он держа'л при себе'
мне'ния.
00
Держа'ть $путь/курс$
TO KEEP/FOLLOW A (SPECIFIC) COURSE/DIRECTION
Она' всегда' держа'ла курс нейтралите'та и ли'чной
незави'симости в отноше'ниях с окружа'ющими.
00
Держа'ть речь
TO BE DELIVERING A SPEECH
00
Держа'ть (свое.) сло'во
TO KEEP ONE'S WORD
-Держи' сло'во, дав его'! -говори'л нам оте'ц.
00
Держа'ть себя' ...
TO BEHAVE (IN A CERTAIN WAY); TO KNOW HOW TO ACT (IN
CERTAIN CIRCUMSTANCES)
-Вы не уме'ете держа'ть себя' в же'нском о'бществе.
00
Держа'ть себя' в ра'мках (прили'чия) R ра'мка
00
Держа'ть себя' в рука'х
TO CONTROL ONESELF; TO HOLD ONESELF IN CHECK
Молодо'й учи'тель держа'л себя' в рука'х, не смотря' на
очеви'дные попы'тки наруши'телей дисципли'ны вы'вести
его' из терпе'ния.
00
Держа'ть се'рдце [на кого'] R се'рдце
00
Держа'ть $сто'рону/ру'ку$ [чью]
TO SIDE WITH (SOMEONE); TO BE ON (SOMEONE'S) SIDE; TO BE A
SUPPORTER/PARTISAN OF (SOMEONE)
Бога'тый всегда' де'ржит сто'рону бога'того.
00
Держа'ть сто'рону [чью] R сторона'
00
Держа'ть у'хо востро' R востро'
00
Держа'ть фасо'н R фасо'н

00
Держа'ть [что] в $уме'/голове'/мы'слях$
TO KEEP IN MIND; TO REMEMBER
00
Держа'ть [что] на $отле.те<отле.т$ R отле.т
00
Держа'ть экза'мен
TO TAKE AN EXAMINATION
Вчера' он держа'л вступи'тельный экза'мен в университе'т.
00
Держа'ть язы'к $за зуба'ми/на при'вязи$ R язы'к
29
Держи' карма'н (ши'ре)
DON'T HOLD YOUR BREATH!; DON'T COUNT ON IT!
-Собира'ют де'ньги для поку'пки пода'рка нача'льнику.
Ты то'же поже'ртвуешь?- -Держи' карма'н ши'ре - без
меня' обойде.тся!-
00
Держу' пари', что ... R пари'
00
На приме'те держа'ть [кого'<что] R приме'та
00
Но'ги не де'ржат
(HIS) LEGS ARE GIVING OUT; (HE) BARELY STAYS ON (HIS)
FEET; (HE) CAN HARDLY STAND
00
Чин держа'ть R чин
ДЕРЖА'ТЬСЯ
00
В че.м душа' (то'лько) де'ржится R душа'
00
Держа'ться в тени' R тень
00
Держа'ться за ю'бку [чью] R ю'бка
00
Держа'ться на $волоске'/ни'точке$ R волосо'к
00
Держа'ться на че'стном сло'ве R че'стный
00
$Едва'/с трудо'м$ держа'ться на нога'х
(HE) CAN HARDLY STAND; (HE) BARELY CAN STAY ON HIS FEET
Лавре'чкий едва' держа'лся на нога'х, те'ло его'
изнемога'ло.
00
Зуба'ми держа'ться [за что] R зуб
00
То'лько держи'сь!
WATCH OUT!; BE READY FOR ANYTHING
-У, како'й [Тряпи'чкин] подле'ц!.. и наду'ть та'к
наду'ет, что то'лько держи'сь!
ДЕ'РЗКИЙ
00
Де'рзкий на язы'к R язы'к
ДЕ.РНУТЬ
29
$Де.рнуло<де.рнет$ [кого'+INF]
WHAT POSSESSED (YOU) TO(DO SOMETHING)?
-И заче'м тебя' де.рнуло говори'ть непра'вду.
29
Де.рнуло за язы'к [кого']
WHAT POSSESSED (ME) TO SAY (THAT)?
Де.рнуло за язы'к меха'ника сказа'ть, что дета'ли для
трактора'в подновле.нные; начало'сь рассле'дование.
29
Че.рт де.рнул за язы'к [кого']
(I) DON'T KNOW WHAT POSSESSED (ME) TO SAY (THAT)
Че.рт меня' де.рнул за язы'к. Заче'м я бу'ду отнима'ть
у генера'ла вре'мя исто'риями из свое'й жи'зни.
29
$Че.рт де.рнул/неле.гкая де.рнула/че.рт де.рнет/
неле.гкая де.рнет$ [кого'+INF]
SOMETHING POSSESSED (HIM) TO(DO IT)
-Да и соба'к тут неле.гкая де.рнула зала'ять.
ДЕСЯ'ТОК
00
Не из хра'брого деся'тка R хра'брый
00
Не $ро'бкого/трусли'вого$ деся'тка

ДЕСЯ'ТОК CONT'D.
    ONE WHO DOES NOT SCARE EASILY/EASY; ONE WHO IS NOT EASILY FRIGHTENED
    Ма'льчики, бу'дучи но трусли'вого деся'тка, бро'сились спаса'ть пастушо'нка, кото'рого бода'ла коро'ва.
ДЕСЯ'ТЫЙ
    00
    Деся'тая вода' на киселе' R вода'
    00
    До деся'того $по'та<по'ту$ =рабо'тать/труди'ться/ETC= R пот
    00
    $Из пя'того в деся'тое<с пя'того на деся'тое<пя'тое че'рез деся'тое$ =говори'ть/расска'зывать/ETC=
    (HE) JUMPS FROM ONE THING TO ANOTHER (ABOUT THE MANNER OF SPEAKING)
    У не'которых люде'й есть особа'я манера' говори'ть из пя'того в деся'тое, а не после'довательно.
    00
    Пя'тое-деся'тое R пя'тый
    29
    Э'то де'ло деся'тое
    THAT'S THE LAST THING (TO WORRY ABOUT, IN IMPORTANCE); IT'S OF SMALL IMPORTANCE
ДЕ'СЯТЬ
    00
    Дать де'сять очко'в впере.д R очко'
    00
    За десятью' $замка'ми/запо'рами$ R замо'к
ДЕ'ТИ
    00
    Не дете'й крести'ть [кому'+с кем] R крести'ть
ДЕТИ'ШКИ
    00
    Дети'шкам на молочи'шко =проси'ть/получи'ть/ETC= R молочи'шко
ДЕ'ТСКИЙ
    00
    Вре'мя де'тское
    THE EVENING IS STILL YOUNG; IT'S TOO EARLY!
    -Не пора' ли нам домо'й е'хать? Уже' 2 часа' но'чи.- -Вре'мя де'тское! Ве'чер как раз в разга'ре.-
    00
    Де'тские игру'шки
    A TRIFLE; A MERE PLAYTHING
    00
    Де'тский ле'пет R ле'пет
ДЕ'ТСТВО
    00
    Впасть в де'тство
    TO GROW SENILE; TO GO INTO ONE'S SECOND CHILDHOOD
    Не'которые лю'ди впада'ют в де'тство в ста'рости.
ДЕТЬ
    00
    Деть не'куда
    THERE IS PLENTY OF; (IT) OVERFLOWS
    Урожа'й э'того го'да деть не'куда: поло'женное для госуда'рства свезено' на элева'тор, семенно'й фонд ссы'пан в амба'ры, ме'шки полны' зерна' у ка'ждого крестья'нина.
    00
    Не знать, куда' глаза' деть
    NOT TO KNOW WHERE TO LOOK (FROM EMBARRASSMENT, SHAME)
    Уличе.нный в хвастовстве' о бога'тстве, он не знал, куда' глаза' деть.
    00
    Не знать, куда' деть себя'
    NOT TO KNOW WHAT TO DO WITH ONESELF; NOT TO KNOW WHAT TO DO
    Попа'в впервы'е в столи'цу, внача'ле он не знал, куда' деть себя'.
    00
    Не знать, куда' ру'ки деть
    NOT TO KNOW WHAT TO DO WITH ONE'S HANDS; TO FIDGET AROUND (FROM SHYNESS, EMBARRASSMENT)
    Оказа'вшись перед лицо'м знамени'тости, смуще.нный инжене'р не знал, куда' ру'ки деть.

    00
    Э'того никуда' не де'нешь
    YOU CAN'T DENY THAT!; THAT'S A FACT!; THAT'S FOR SURE!
    Кто таи'т то'лько не'нависть к дру'гим, тот не встреча'ет любви' к себе', - э'того никуда' не де'нешь.
ДЕ.ШЕВО
    00
    Деше'вле па'реной ре'пы R па'реный
    00
    Де.шево и серди'то
    CHEAP BUT GOOD; A GOOD BARGAIN
    Он предпочита'ет авто'бус со'бственному автомоби'лю для езды' на слу'жбу - так де.шево и серди'то.
    00
    Де.шево отде'латься
    TO GET OFF EASY
    Лабири'нт, заро'сший траво'й, оста'лся тепе'рь назади', и мы могли' ра'доваться, что отде'лались так де.шево.
    00
    Де.шево сто'ить
    1. (IT) DOES NOT COST MUCH; 2. (IT'S) UNIMPORTANT; (IT) DOES NOT MATTER
    Поку'пки това'ров по опто'вым це'нам де.шево сто'ят.
ДИАГОНА'ЛЬ
    00
    По диагона'ли =идти'/дви'гаться/быть располо'женным/ETC=
    DIAGONALLY
    Заключе.нный дви'гался по диагона'ли одино'чной ка'меры.
ДИ'ВО
    00
    Ди'ву да'ться
    TO BE AMAZED
    00
    На ди'во
    SPLENDIDLY; MARVELOUSLY
    Ника'нар забежа'л в свою' камо'рку, что'бы взять пла'тье и на ди'во вы'чищенные сапоги' адмира'ла.
ДИКО'ВИНА
    00
    В дико'вину =быть/оказа'ться/ETC= R дико'винка
ДИКО'ВИНКА
    00
    В дико'винку =быть/оказа'ться/ETC=
    TO BE A RARITY; TO BE STRANGE
ДИКТО'ВКА
    00
    Под дикто'вку [чью]
    AT (SOMEONE'S) BEHEST
    -Ты позволя'ешь себе' под дикто'вку Пе'льчера наноси'ть мне тя'жкие оскорбле'ния!
ДИТЯ'
    71
    Дитя' приро'ды
    A CHILD OF NATURE
ДИФИРА'МБ
    00
    Петь дифира'мбы
    TO SING THE PRAISES OF ...; TO PRAISE TO THE SKIES
    Не так давно' э'той актри'се пе'ли дифира'мбы, а сего'дня она' все'ми забы'та.
ДИЧЬ
    00
    Поро'ть дичь R поро'ть
ДЛИ'ННЫЙ
    29
    Дли'нный рубль
    A FAST BUCK
    Гна'ться за дли'нным рубле.м.
    00
    Дли'нный язы'к [у кого']
    (TO HAVE) A WAGGING TONGUE
    Дли'нный язы'к у нее., да ум ко'ро'ток.
ДЛЯ
    00
    Для ви'да R вид
    80
    Для-ра'ди

ДЛЯ CONT'D.
  FOR; FOR THE SAKE OF
  —Он поше.л на военну'о слу'жбу для — ра'ди меня',
  —расска'зывал жена'тый брат о бра'те — холостяке'.
  00
  Не' для чего
  THERE'S NO NEED; THERE IS NO PURPOSE (TO IT)
  —Не' для чего са'нки гото'вить — вме'сто сне'га дождь
  поше.л —сказа'л оте'ц де'тям.
ДНЕВА'ТЬ
  00
  Днева'ть и ночева'ть
  TO STAY (SOMEWHERE) DAY AND NIGHT; TO BOARD
  Как и все ради'сты узла', он днева'л и ночева'л на
  радиоста'нции.
ДНО
  00
  Вверх дном R вверх
  00
  До дна
  FULLY; COMPLETELY; TO THE BITTER END
  00
  Доста'ть со дна мо'ря R мо'ре
  00
  Золото'е дно
  A GOLD MINE
  Литви'нов понима'л, что...в о'пытных и зна'ющих рука'х
  оно' [име'ние] преврати'лось бы в золото'е дно.
  00
  Идти' ко дну
  TO BE DROWNING; TO GO TO THE BOTTOM
  Ба'ржа пошла' ко дну во вре'мя што'рма.
  00
  На дне $души'/се'рдца$ R глубина'
  00
  Найти на дне морско'м R мо'ре
  00
  Найти' на дне мо'ря R мо'ре
  29
  Ни дна ни покры'шки [кому']
  I HOPE (HE) DROPS DEAD!
  00
  Опусти'ться на дно R опусти'ться
  00
  $Пусти'ть/отпра'вить$ на дно
  TO SINK (A SHIP); TO DROWN SOMEONE
  Пира'ты пусти'ли на дно капита'на захва'ченного су'дна.
  00
  Сыска'ть на дне мо'ря R мо'ре
  00
  Сыска'ть на дне морско'м R мо'ре
  00
  Уйти' на дно R уйти'
ДО
  00
  До каки'х пор R пора'
  00
  (До поры') до вре'мени R вре'мя
  00
  До свида'ния R свида'ние
  00
  До сих пор R пора'
  00
  До тех пор R пора'
  00
  Не до [кого'+кому'<чего'+кому']
  I'VE GOT OTHER THINGS ON MY MIND; THIS IS NO TIME FOR
  1. —Ступа'йте! отдохни'те с доро'ги! не до разгово'ров
  тепе'рь, за'втра поговори'м. 2. —Хоте'лось Твое. мне
  слы'шать мне'ние; но тепе'рь Тебе' не до меня'.—
  00
  От вре'мени до вре'мени R вре'мя
  00
  От доски' до доски' R доска'
  00
  От сло'ва до сло'ва R сло'во
  00
  Что до [кого'<чего']

AS FAS AS ... IS CONCERNED
  1. Что до меня' — я безу'мно обожа'ю приро'ду. 2.
  Что до рома'на..., — осно'ва его' неле'па, но
  подро'бности бо'льшею ча'стью о'чень занима'тельны.
ДОБИ'ТЬСЯ
  00
  Доби'ться то'лку R толк
  00
  $Любо'й/како'й бы то ни' было$ ценой доби'ться [чего']
  R цена'
  00
  Не доби'ться $сло'ва/отве'та$
  ONE CAN'T GET A WORD OUT OF (HIM)
  —Быва'ло, по це'лым часа'м сло'ва не добье.шься, зато'
  уж иногда' как начне.т расска'зывать, так живо'тики
  надорве.шь со' смеха.
  00
  Не доби'ться то'лку
  NOT TO BE ABLE TO MAKE SENSE OUT OF (SOMETHING); NOT TO BE
  ABLE TO FIND OUT ANYTHING
  От бра'та получа'ла я пи'сьма, в кото'рых то'лку
  невозмо'жно бы'ло доби'ться.
ДОБРО'
  00
  Добро' пожа'ловать
  1. WELCOME! 2. IF YOU PLEASE [AN INVITATION]
  —Добро' пожа'ловать, господа', ка'рты на столе'.
  00
  Не к добру'
  NO GOOD WILL COME OF IT; IT MAY BACKFIRE; IT'S A BAD SIGN
  00
  Не приведе.т к добру' R привести'
  00
  Помина'ть добро'м R помина'ть
ДО'БРЫЙ
  00
  $Будь добр<бу'дьте добры'$
  BE SO KIND!
  1. —Будь добр не перебива'ть разгово'р други'х!
  —учи'ла меня' мать. 2. Бу'дьте добры' повтори'те
  но'мер телефо'на! —сказа'л секрета'рь.
  00
  В до'брую мину'ту R мину'та
  00
  В до'брый час! R час
  00
  Всего' до'брого
  ALL THE BEST LUCK!; GOOD LUCK!; I WISH YOU WELL!
  1. Мы жела'ли всего' до'брого уходя'щим гостя'м. 2.
  —Всего' до'брого! —пожела'ли нам провожа'вшие.
  00
  До'брой но'чи! R ночь
  00
  До'брый ге'ний [чей] R ге'ний
  00
  До'брый ма'лый
  A GOOD GUY; A HAIL-FELLOW
  Се'ничка был про'сто до'брый ма'лый...
  00
  Лю'ди до'брой во'ли
  MEN OF GOOD WILL
  Филантро'пы — лю'ди до'брой во'ли.
  00
  По до'брой во'ле
  WILLINGLY; OF ONE'S OWN VOLITION
  1. Уче.ный по до'брой во'ле оста'лся на о'строве для
  изуче'ния его' населе'ния. 2. Заселе'ние Калифо'рнии
  происходи'ло по до'брой во'ле.
  00
  Помина'ть до'брым сло'вом R помина'ть
  00
  С до'брым у'тром<до'брое у'тро R у'тро
  00
  Чего' до'брого
  PERHAPS; VERY LIKELY [AN EXPECTATION OF SOMETHING
  UNPLEASANT]
  Уезжа'ть Серге'ю не хоте'лось. Чего' до'брого, стари'к
  мо'жет поду'мать, что Серге'й и в са'мом де'ле на него'

71

ДО'БРЫЙ CONT'D.
оби'делся.
ДОВЕ'РИЕ
00
Вкра'сться в дове'рие R вкра'сться
00
Войти' в дове'рие [к кому'] R войти'
00
Втере'ться в дове'рие R втере'ться
00
Вы'йти из дове'рия R вы'йти
00
Обле'чь дове'рием R обле'чь
ДО'ВЕРХУ
00
Сни'зу до'верху R сни'зу
ДОВЕРШЕ'НИЕ
00
$В доверше'ние<к доверше'нию$ $[чего']/всего'$
AND MOREOVER; ON TOP OF EVERYTHING; TO TOP IT ALL OFF
42
Для доверше'ния [чего']
AND MOREOVER
Когда' Чи'чиков взгляну'л и'скоса на Собаке'вича, он
ему'...показа'лся весьма' похо'жим на сре'дней величины'
медве'дя. Для доверше'ния схо'дства фрак на не.м был
соверше'нно медве'жьего цве'та.
ДОВЕСТИ'
00
Довести' до бе'лого кале'ния [кого'] R кале'ние
00
Довести' до кра'йности R кра'йность
00
Довести' до све'дения
TO BRING TO (SOMEONE'S) KNOWLEDGE/ATTENTION/AWARENESS
1. Опозда'ние по'езда бы'ло доведено' до све'дения
пассажи'ров. 2. Городско'е управле'ние довело' до
све'дения населе'ния об эконо'мии электри'ческой эне'ргии.
00
До то'чки =довести'= R то'чка
ДОВЛЕ'ТЬ
61
Довле'ть себе'
THIS IS SIGNIFICANT IN ITSELF
ДОГА'ДКА
00
Теря'ться в дога'дках
TO BE AT A LOSS; NOT TO KNOW WHAT TO DO; [WHAT NOW?]
ДОГОНЯ'ТЬ
00
Догоня'й ве'тра в по'ле R ве'тер
ДОЖДА'ТЬСЯ
00
Ждать не дожда'ться R ждать
ДО'ЖДИЧЕК
29
По'сле до'ждичка в четве'рг
GOD KNOWS WHEN
—Когда' ты опя'ть загля'нешь к нам? —По'сле до'ждичка в
четве'рг!
ДОЖДЬ
00
Золото'й дождь
A WINDFALL; GOOD FORTUNE
1. Неожи'данное насле'дство подо'бно золото'му дождю'.
2. Вы'игрыш в лотере'ю ка'жется золоты'м дожде.м для
новичка'.
00
Окладно'й дождь R окладно'й
00
$Расти'/выраста'ть$ как грибы' (после дождя') R гриб
00
Слепо'й дождь R слепо'й
ДОЖИ'ТЬ
00
Дожи'ть до седи'н R седина'

00
До седы'х воло'с (дожи'ть) R во'лос
ДО'ЗА .
00
Лошади'ная до'за R лошади'ный
ДОЗО'Р
00
$Быть/находи'ться/ETC$ в дозо'ре
TO STAND GUARD; TO STAND WATCH
1. Молодо'й солда'т находи'лся в дозо'ре, когда'
неприя'тель пыта'лся прорва'ться. 2. Оди'н учени'к был
в дозо'ре, а други'е бе'гали по кла'ссу.
42
$Обходи'ть/объезжа'ть/ETC$ дозо'ром
TO MAKE A TOUR OF INSPECTION
Моро'з-воево'да дозо'ром Обхо'дит владе'нья свои'.
ДО'ЙНЫЙ
29
До'йная коро'ва
A MILCHCOW, A SUCKER; A SOFT TOUCH
—Я — не до'йная коро'ва, что'бы дава'ть това'р в
бессро'чный креди'т! —сказа'л владе'лец мага'зина.
ДОЙТИ'
00
Де'ло дошло' [до кого'<до чего'] R де'ло
00
Дойти' до бе'лого кале'ния R кале'ние
00
Дойти' до геркуле'совых $столбо'в/столпо'в$ R
геркуле'сов
00
Дойти' до све'дения [кого']
TO COME TO (SOMEONE'S) ATTENTION; TO REACH (SOMEONE) [ABOUT
NEWS, INFORMATION]
Ибраги'м чу'вствовал, что судьба' его' должна' была'
перемени'ться, и что связь его' ра'но и'ли по'здно могла'
дойти' до све'дения гра'фа D.
00
Дойти' до то'чки R то'чка
00
Дойти' до [чьих] уше'й R у'хо
00
Ру'ки не $дошли'/дохо'дят$
THERE IS NO TIME TO (DO SOMETHING)
В дома'шнем хозя'йстве так мно'го рабо'ты, что до всего'
ру'ки не дохо'дят.
ДОЛ
18
За гора'ми, за дола'ми
FAR, FAR AWAY
За гора'ми, за дола'ми Уж греме'л об не.м расска'з, И
поме'ряться глава'ми захоте'лось им хоть раз.
18
По гора'м , по дола'м
EVERYWHERE; (IN THE MOUNTAINS, IN THE VALLEYS)
Иль пре'дан ле.гкому разду'мью и мечта'м, Гуля'ю
наобу'м по дола'м и гора'м.
ДОЛГ
00
(Быть) в долгу' [у кого'<перед кем]
TO BE INDEBTED TO (SOMEONE); TO BE BEHOLDEN TO (SOMEONE)
00
В долг
AS A LOAN; TO BORROW MONEY; TO LOAN
1. Взять де'ньги в долг. 2. Дать в долг.
29
В долга'х $по' уши/по го'рло$ $быть/сиде'ть/ETC$
TO BE IN DEBT UP TO ONE'S EARS
1. Живя' не по сре'дствам, они' тепе'рь сидя'т в
долга'х по' уши. 2. Дела' шли пло'хо, и он был в
долга'х по го'рло.
00
$Войти'/влезть/зале'зть$ в $долг/долги'$
TO GET IN DEBT; TO GO INTO DEBT
00
Вы'йти из долго'в R вы'йти
00
Жить в долг

ДОЛГ CONT'D.
　　TO LIVE ON BORROWED MONEY; TO LIVE ON CREDIT
　　1. Они' живу'т в долг. 2. Он ни в че.м себе' не
　　отка'зывает, живя' в долг.
　　00
　　Не оста'ться в долгу' [у кого'<перед кем]
　　TO PAY (SOMEONE) BACK IN HIS OWN COIN
　　1. Он не оста'лся в долгу' у зади'ры, нанеся' ему'
　　отве'тный уда'р. 2. Беспризо'рник не оста'лся в долгу'
　　перед приюти'вшей его' семье.й, помога'я в хозя'йстве.
　　00
　　Отда'ть после'дний долг [кому']
　　TO PAY ONE'S LAST RESPECTS TO (SOMEONE)
　　За гро'бом шло мно'го люде'й, отдава'я после'дний долг
　　уме'ршему.
　　29
　　Пе'рвым до'лгом
　　FIRST OF ALL
　　00
　　По до'лгу [чего']
　　(TO DO SOMETHING) AT THE CALL OF DUTY; DUTYBOUND
　　По до'лгу слу'жбы.
　　00
　　Челове'к до'лга
　　A CONSCIENTIOUS MAN; A MAN BOUND BY HIS DUTY
　　1. Э'тот учи'тель - челове'к до'лга: владе'ет
　　предме'том, ме'тодом и всегда' гото'в помо'чь. 2.
　　Бу'дучи челове'ком до'лга, врач не смее'т отказа'ть
　　больно'му в по'мощи.
ДО'ЛГИЙ
　　00
　　До'лгая пе'сня
　　A DRAWN-OUT AFFAIR
　　00
　　До'лгие го'ды
　　A LONG TIME; AGES
　　Прошли' до'лгие го'ды.
　　42
　　На до'лгих =е'хать/путеше'ствовать/ETC=
　　TO TRAVEL A LONG DISTANCE WITHOUT A CHANGE OF HORSES
　　00
　　Отложи'ть в до'лгий я'щик
　　TO POSTPONE INDEFINITELY; TO POSTPONE FOREVER
　　1. Составле'ние катало'га дома'шней библиоте'ки
　　отло'жено в до'лгий я'щик. 2. Мы отложи'ли в до'лгий
　　я'щик кругосве'тное путеше'ствие.
ДО'ЛГО
　　00
　　$Веле'ть/приказа'ть$ до'лго жить R жить
　　00
　　До'лго ли до $греха'/беды'$
　　IT IS NOT HARD TO DO; IT CAN EASILY HAPPEN; IT DOES NOT
　　TAKE MUCH
　　-До'лго ли до греха'! -вздохну'л Влас. -Так бы и
　　пропа'л парене.к!
　　00
　　До'лго ли [INF]
　　IT DOES NOT TAKE MUCH TO (DO SOMETHING); IT IS NOT HARD
　　TO (DO SOMETHING)
　　-Вот хоть бы тепе'рь: вре'мя студе.ное, несно'сное ... а
　　ты все. в воде' мо'чишься ... - до'лго ли застуди'ться.
　　18
　　До'лго ли, ко'ротко ли
　　IN/FOR A WHILE; FOR SOME TIME
　　Шли до'лго ли, ко'ротко ли, Шли бли'зко ли, дале.ко ли,
　　Вот, наконе'ч, и Клин.
　　00
　　Как до'лго
　　FOR HOW LONG
　　К ве'черу он переста'л стона'ть и соверше'нно зати'х.
　　Он не знал, как до'лго продолжа'лось его' забытье..
　　00
　　Не до'лго ду'мая R ду'мать
ДО'ЛЖЕН
　　75
　　Должно'
　　OBVIOUSLY; EVIDENTLY
　　-Голова' у меня' что-то разболе'лась... Должно', к.

непого'де...
　　00
　　Должно' быть
　　OBVIOUSLY; EVIDENTLY
　　И'здали, должно' быть, из сте'пи дохо'дят перебива'ющие
　　друг дру'га голоса'.
　　66
　　Должно' $ста'ться/полага'ть$
　　EVIDENTLY; OBVIOUSLY
　　Ла'сточки ни'зко лета'ют, - должно' полага'ть, дождь
　　пойде.т.
ДО'ЛЖНО
　　00
　　$Нет<не до'лжно быть$ ме'ста [кому'<чему'] R ме'сто
ДО'ЛЖНОСТЬ
　　42
　　В до'лжность =идти'/е'хать/ETC=
　　(TO GO) TO THE OFFICE; (TO GO) TO WORK
　　"Значи'тельное лицо'" заве.л, что'бы ни'зшие чино'вники
　　встреча'ли его' еще. на ле'стниче, когда' он приходи'л в
　　до'лжность.
　　00
　　Вступи'ть в до'лжность R вступи'ть
　　42
　　Из до'лжности =приходи'ть/приезжа'ть/ETC=
　　(TO RETURN) FROM THE OFFICE/FROM WORK
　　В четы're часа' чино'вники вы'шли из до'лжности и ти'хо
　　побрели' по дома'м.
ДОЛОЖИ'ТЬ
　　00
　　Доложу' (я) $вам<тебе'$
　　YOU'LL NEVER BELIEVE (IT) BUT ...; WHAT HAPPENED); LISTEN
　　TO THIS: ...; GUESS WHAT ...
　　Вдруг бугоро'к под ного'й стал дви'гаться и оказа'лся,
　　доложу' я вам, огро'мной черепа'хой.
ДОЛО'Й
　　00
　　Отзвони'л и с колоко'льни доло'й R колоко'льня
　　00
　　С глаз доло'й =уйти'/убра'ться= R глаз
　　00
　　С косте'й доло'й R кость
　　00
　　С $плеч/рук$ доло'й
　　(TO BE) RID OF (SOMETHING); (TO HAVE) (SOMETHING) OFF ONE'S
　　BACK/NECK
　　1. Отда'ть долг - зна'чит снять тя'жесть с плеч
　　доло'й. 2. Дополю' полосу', и рабо'та с рук доло'й.
ДО'ЛУ
　　14
　　$Опусти'ть/поту'пить$ $глаза'/о'чи$ до'лу
　　TO LOWER ONE'S EYE; WITH DOWNCAST EYES
　　Сухоба'ев смотре'л на люде'й поджа'в гу'бы, а говори'л с
　　ни'ми всегда' опусти'в глаза' до'лу.
ДО'ЛЯ
　　00
　　Быть в до'ле
　　TO BE A PARTICIPANT IN ...; TO BE INVOLVED IN ...
　　1. Меха'ник ремо'нтной ста'нции был в до'ле с ее.
　　владе'льцем. 2. Не'сколько челове'к бы'ло в до'ле в
　　уво'де табуна' лошаде'й.
　　00
　　$Войти'/приня'ть$ в до'лю
　　TO GET INVOLVED IN ...; TO BECOME A PARTICIPANT IN ...;
　　TO TAKE PART IN ...
　　Золотоиска'тели приня'ли в до'лю своего' земляка'.
　　00
　　Льви'ная до'ля R льви'ный
　　00
　　На $мою'<твою'<его'<ETC$ до'лю $вы'пало/доста'лось/
　　ETC$
　　IT FELL TO MY LOT (TO ...); IT BECAME MY LOT (TO ...)
　　На мою' до'лю вы'пало быть свиде'телем и уча'стником
　　завоева'ния э'тих ме.ртвых простра'нств.
ДОМ
　　00
　　Благода'ть в до'ме R благода'ть
　　00
　　Ввести' в дом R ввести'

ДОМ CONT'D.
     00
     Воспита'тельный дом R воспита'тельный
     00
     Мир до'му сему' R мир(2)
     00
     На' дом
     HOME; (TO PLAN TO DO THINGS) AT HOME; TO TAKE WORK HOME
     Брать рабо'ту на' дом.
     00
     На дому'
     AT HOME; TO WORK AT ONE'S HOME
     Ники'тину ча'сто приходи'лось рабо'тать на дому' у
     зака'зчиков.
     00
     Нельзя' но'су вы'сунуть (и'з дому) R вы'сунуть
     00
     Ночле'жный дом R ночле'жный
     00
     Отби'ться от до'ма R отби'ться
     42
     Отказа'ть от $до'му<до'ма$ [кому']
     TO BREAK OFF WITH (SOMEONE)
ДО'МА
     00
     Как до'ма =быть/чу'вствовать себя'/ETC=
     TO FEEL AT HOME; TO BE COMFORTABLE
     00
     Не все до'ма [у кого']
     (HE IS) NOT ALL THERE; (HE IS) OFF HIS ROCKER
     Посмотре'в вслед Па'влу Семе.новичу,... он... покача'л
     голово'й и, помота'в па'льцем о'коло своего' лба,
     сказа'л: -Всегда' был чуда'к... А тепе'рь, ка'жется, не
     все до'ма.
ДОМА'ШНИЙ
     00
     Дома'шний оча'г R оча'г
     00
     К дома'шним пена'там R пена'ты
ДО'МИК
     00
     Карто'нный до'мик R ка'рточный
     00
     $Ка'рточный/карто'нный$ до'мик R ка'рточный
ДО'НИЗУ
     00
     Све'рху до'низу R све'рху
ДОПИ'ТЬСЯ
     00
     Допи'ться до че.ртиков R че.ртик
ДОПОЛНЕ'НИЕ
     00
     В дополне'ние
     IN ADDITION TO ...
     1. В дополне'ние к со'бранным веща'м для нужда'ющихся
     был чек на большу'ю су'мму де'нег. 2. В дополне'ние к
     ска'занному о по'двиге солда'та генера'л приколо'л о'рден
     к его' гимнасте.рке.
ДОПОЛНЯ'ТЬ
     00
     Дополня'ть друг дру'га
     TO COMPLEMENT ONE ANOTHER
     Лю'бо смотре'ть на э'тих супру'гов, - они' дополня'ют
     друг дру'га.
ДОПРО'С
     00
     Допро'с с пристра'стием R пристра'стие
     00
     Снять допро'с R снять
ДОПУСКА'ТЬ
     00
     Не допуска'ть мы'сли [о че.м] R мысль
ДОРАСТИ'
     50
     Нос не доро'с
     TO BE TOO YOUNG (FOR SOMETHING)
     Де'тям не сле'дует брать ору'жие в ру'ки, - их нос не
     доро'с.

ДОРО'ГА
     00
     Без доро'ги
     AIMLESSLY; WITHOUT ANY SPECIFIC GOAL, DESTINATION
     Я ча'сто без доро'ги отправля'лся ходи'ть по поля'м и
     леса'м...
     00
     Больша'я доро'га R большо'й
     00
     Встать попере'к доро'ги R встать
     00
     $Встре'титься/столкну'ться$ на у'зкой доро'ге R у'зкий
     00
     Вы'бить доро'гу R вы'бить
     00
     Вы'биться на доро'гу R вы'биться
     00
     Вы'вести на доро'гу R вы'вести
     00
     Гру'дью проложи'ть себе' доро'гу R грудь
     00
     $Дать/уступи'ть/ETC$ доро'гу [кому']
     TO GIVE WAY TO (SOMEONE); TO YIELD TO (SOMEONE)
     00
     Желе'зная доро'га R желе'зный
     00
     Забы'ть доро'гу [куда'] R забы'ть
     00
     Заказа'ть [кому'] доро'гу [куда'] R заказа'ть
     00
     Заступи'ть доро'гу [кому'] R заступи'ть
     00
     Знать доро'гу
     TO KNOW ONE'S WAY AROUND
     Быва'лый челове'к зна'ет доро'гу в жи'зни.
     00
     Идти' свое'й доро'гой R свой
     00
     Кругова'я доро'га R кругово'й
     00
     На доро'ге не валя'ется [что] R валя'ться
     00
     $Переби'ть/перейти'/перебежа'ть/ETC$ доро'гу
     TO BEAT (SOMEONE) TO THE PUNCH
     1. Он переби'л доро'гу сопе'рнику, получи'в э'ту
     рабо'ту. 2. Деле'ч переше.л доро'гу в на'ших
     перегово'рах о постро'йке, и нам не удало'сь заключи'ть
     контра'кта.
     00
     По доро'ге
     1. ON THE WAY (TO); 2. ON THE WAY WE HAVE
     TO STOP AT ...; THEY WERE GOING THE SAME WAY
     1. Но пре'жде чем к кня'зю, по доро'ге на'до зае'хать
     к И'виным. 2. Кружа'н и Ряби'нин вме'сте вы'шли на
     у'лицу. Им бы'ло по доро'ге.
     25
     По доро'ге [с кем]
     TO BE IN THE SAME BOAT WITH (SOMEONE); HAVE THE SAME
     OBJECTIVES
     1. Мне бы'ло по доро'ге со случа'йным сосе'дом в
     аэропла'не. 2. Роди'телям по доро'ге с кри'тиками
     устаре'вшей систе'мы образова'ния.
     00
     Пойти' по дурно'й доро'ге R плохо'й
     00
     Пойти' по плохо'й доро'ге R плохо'й
     00
     Проби'ть доро'гу R проби'ть
     00
     Проложи'ть доро'гу [куда'<к чему'<чему'] R проложи'ть
     00
     Проложи'ть себе' доро'гу R проложи'ть
     00
     Пряма'я доро'га R прямо'й
     00
     Путь-доро'га R путь
     00
     Ска'тертью доро'га R ска'терть

00
$Стать/стоя'ть$ $на доро'ге [чьей]<попере.к доро'ги
[кому']/на пути' [чье.м]<попере.к пути' [кому']$
TO STAND IN SOMEONE'S WAY; TO BLOCK SOMEONE; TO INTERFERE
1. Долг за полу'ченный това'р стоя'л ему' на пути' к
но'вой заку'пке в креди'т. 2. Недоста'ток в
образова'нии стал попере.к его' пути' в жи'зни.

00
Столбова'я доро'га R столбово'й
00
Стоя'ть на дурно'й доро'ге R стоя'ть
00
Стоя'ть на плохо'й доро'ге R стоя'ть
00
Стоя'ть на пра'вильной доро'ге R стоя'ть
00
Стоя'ть на хоро'шей доро'ге R стоя'ть
00
То'рная доро'га R то'рный
00
Туда' и доро'га [кому']
IT SERVES (HIM) RIGHT; (HE) GOT WHAT (HE) DESERVED
-Но'вый сле'сарь уво'лен за брак в рабо'те.- -Туда'
ему' и доро'га!-
ДО'РОГО
00
До'рого бы $дал/заплати'л$
(I) WOULD GIVE MY RIGHT ARM/MY EYE TEETH TO ...; I WOULD
DO ANYTHING TO ...
1. До'рого бы дал за секре'т Ва'шего успе'ха в
жи'зни! -воскли'кнул мой собесе'дник. 2. До'рого бы
заплати'л за та'йны подзе'много хо'да! -сказа'л тури'ст,
покида'я за'мок.
00
До'рого $отда'ть/прода'ть$ свою' жизнь
TO SELL ONE'S LIFE DEAR
00
Лю'бо-до'рого R лю'бо
00
Не до'рого возьме.т R взять
00
Себе' доро'же (сто'ит)
IT IS NOT WORTH THE PRICE; IT'S TOO MUCH TO ASK FOR IT
Шитье. сапо'г неуме'лыми рука'ми себе' доро'же сто'ит.
ДОРОГО'Й
00
Дорого'й цено'й
(TO PAY) DEARLY
И ра'неный со'кол воскли'кнул:-Пусть я погиба'ю в бою',
- Они' дорого'ю цено'ю Запла'тят за ги'бель мою'!
00
Мал золотни'к, да до'рог R золотни'к
ДОРО'ЖЕ
00
Себе' доро'же сто'ит R до'рого
ДОРО'ЖКА
00
$Встре'титься/столкну'ться$ на у'зкой доро'жке R у'зкий
00
По проторе.нной доро'жке =идти'/ETC= R проторе.нный
ДОСКА'
00
До гробово'й доски' R гроб
00
Как доска' =худо'й/ETC=
THIN AS A RAIL;
В ко'мнату воше.л челове'к как доска' худо'й.
00
От доски' до доски' =прочита'ть/вы'учить=
FROM COVER TO COVER
1. Я прочита'л от доски' до доски' но'вую кни'гу. 2.
Вы'учив от доски' до доски' конститу'цию стра'ны,
студе'нт сме'ло поше.л на экза'мен.
00
Ста'вить на одну' до'ску [с кем] R оди'н

00
Стать на одну' до'ску [с кем] R оди'н
ДОСТАВА'ТЬ
00
Куда' достае.т глаз R глаз
ДОСТА'ТЬ
00
Доста'ть $со дна мо'ря/со дна морского/из-под земли'$
R мо'ре
00
Руко'й не $доста'ть<доста'нешь$ R рука'
ДОСТА'ТЬСЯ
00
На калачи' $доста'лось<доста'нется$ [кому'] R кала'ч
00
На $мою'<твою'<его'<ETC$ до'лю доста'лось R до'ля
00
Со'лоно доста'ться R со'лоно
ДОСТИ'ГНУТЬ
00
$Любо'й/како'й бы то ни' было$ цено'й дости'гнуть [чего']
R цена'
ДОСТО'ИНСТВО
00
Ни'же досто'инства [чьего'] R ни'же
00
Оцени'ть по досто'инству [кого'<что]
TO CORRECTLY EVALUATE (SOMEONE) (ACCORDING TO HIS QUALITIES);
TO KNOW THE VALUE OF (SOMEONE/SOMETHING)
ДО'СТУП
00
Найти' до'ступ к [чьему'] се'рдцу
TO KNOW THE WAY TO SOMEONE'S HEART; TO GAIN SOMEONE'S
FAVOR
Учи'тельница нашла' до'ступ к се'рдцу ученика', оцени'в
его' стара'ния испра'виться.
ДОСТУ'ПНЫЙ
42
Досту'пная же'нщина
A WOMAN OF EASY VIRTUE
-Ты не зна'ешь, э'то пра'вда, что Али'на поступи'ла в
опере'тку и что она' вообще' ста'ла досту'пной же'нщиной.
00
Досту'пный $зре'нию/гла'зу/ETC$
CAN BE SEEN BY THE NAKED EYE; VISIBLE TO THE NAKED EYE
1. Все., что здесь досту'пно о'ку, Спит, поко'й
меня'. 2. С по'ля ме'дленно поднима'ется тума'н и
ма'товой пелено'й застила'ет все., досту'пное для гла'за.
ДОСУ'Г
00
На досу'ге
AT ONE'S LEISURE
На досу'ге он пи'шет воспомина'ния.
ДОТАЩИ'ТЬ
00
$Е'ле/едва'$ дотащи'ть но'ги
TO BARELY MAKE IT (SOMEWHERE)
ДО'ХНУТЬ
00
Му'хи до'хнут R му'ха
ДОХНУ'ТЬ
00
Дохну'ть $не'где/нельзя'$
ONE CAN HARDLY BREATHE [ABOUT A SMALL, CROWDED ROOM]
1. На собра'нии дохну'ть не'где бы'ло из-за мно'жества
люде'й. 2. Ко'мната так нато'плена, что дохну'ть
нельзя'.
00
Дохну'ть не'когда
(SO BUSY THAT) ONE CAN'T EVEN CATCH ONE'S BREATH
У меня' сто'лько дел, что дохну'ть не'когда.
00
$Не сметь/боя'ться$ дохну'ть
TO BE AFRAID TO BREATHE
ДОХОДИ'ТЬ
00
Де'ло дохо'дит [до кого'<до чего'] R де'ло
00
Ру'ки не дохо'дят R рука'

ДО'ЧКА
00
Ма'менькина до'чка R ма'менькин
00
Ма'тушкина до'чка R ма'менькин
ДОЧЬ
82
Дочь Е'вы
A DAUGHTER OF EVE
Она' - и'стинная дочь Е'вы, бу'дучи беспреде'льно
любопы'тной.
00
Оте'чкая дочь R оте'чкий
ДРАЖА'ЙШИЙ
50
Дража'йшая полови'на
ONE'S BETTER HALF
-Разреши'те предста'вить Вам мою' дража'йшую полови'ну!
-проговори'л хозя'ин до'ма, ведя' по'д руку же'ну.
ДРАЗНИ'ТЬ
00
Гусе'й дразни'ть R гусь
ДРАКО'НОВСКИЙ
00
Драко'новские зако'ны
DRACONIAN LAWS
ДРА'ЛА
29
$Дать/зада'ть$ дра'ла
TO RUN AWAY; TO BEAT IT
1. Случа'йно разби'в окно' у сосе'да, ма'льчики да'ли
дра'ла. 2. -А ты не зада'шь дра'ла, когда' уви'дишь
медве'дя? -шути'ли охо'тники над новичко'м.
ДРА'НЫЙ
06
Дра'ная ко'шка
(SHE LOOKS LIKE) A DROWNED CAT; BEDRAGGLED
-Она' худа'я как дра'ная ко'шка, -злосло'вили толсту'хи.
ДРАТЬ
00
Драть как си'дорову ко'зу R коза'
00
Драть козла' R козе.л
00
Драть на себе' во'лосы R во'лос
00
Драть нос R нос
29
Драть (по) $две/три/ETC$ шку'ры
TO SKIN (SOMEONE) ALIVE; TO OVERCHARGE; TO TAKE (SOMEONE) TO
THE CLEANERS
Спекуля'нты деру'т по три шку'ры во времена' наро'дных
бе'дствий.
29
Драть шку'ру
TO SKIN (SOMEONE) ALIVE; TO OVERCHARGE; TO TAKE (SOMEONE) TO
THE CLEANERS
Э'тот кредито'р дере.т шку'ру с любо'го, беря' высо'кие
проце'нты.
00
Моро'з дере.т по $ко'же/спине'$ R моро'з
29
$Рвать/драть$ $го'рло/гло'тку$
AT THE TOP OF ONE'S VOICE; (THEY WERE SHOUTING, SINGING)
THEIR HEADS OFF
-А ребя'та на'ши смею'тся. Ра'ды гло'тки драть; им что?
00
$У'хо<у'ши$ дере.т R у'хо
00
Че.рт $тебя'<его'<их<ETC$ дери' R че.рт
ДРЕ'БЕЗГИ
00
В ме'лкие дре'безги =разби'ть/разби'ться=
TO SMITHEREENS (BREAK SOMETHING)
1. На полу' бы'ли оско'лки в ме'лкие дре'безги
разби'той ва'зы. 2. Стака'н разби'лся в ме'лкие
дре'безги.
ДРЕМА'ТЬ
00
Не дрема'ть

TO KEEP ONE'S EYES OPEN; TO BE ALERT; TO BE READY
На то и щу'ка в мо'ре, что'бы кара'сь не дрема'л.
Воево'ды не дрема'ли, Но ника'к не успева'ли. Жаут
быва'ло с ю'га, - Ан с восто'ка ле'зет рать.
ДРЕМО'ТА
00
Чу'ткая дремо'та R чу'ткий
ДРОВА'
00
Кто в лес, кто по дрова' R лес
00
Налома'ть дров R налома'ть
ДРО'ГНУЛО
00
Се'рдце дро'гнуло [у кого'] R се'рдце
ДРО'ГНУТЬ
00
Рука' не дро'гнет [у кого'] R рука'
ДРОЖА'ТЬ
00
Дрожа'ть как оси'новый лист R оси'новый
00
Дрожа'ть над ка'ждой копе'йкой R копе'йка
00
Дрожмя' дрожа'ть R дрожмя'
ДРО'ЖЖИ
00
Как на дрожжа'х =расти'/поднима'ться=
LIKE A WEED
Ма'льчик рос как на дрожжа'х по'сле кани'кул на берегу'
мо'ря.
ДРОЖМЯ'
31
Дрожмя' дрожа'ть
TO QUAKE, TREMBLE
Больно'й дрожмя' дрожа'л в при'ступе лихора'дки.
ДРОЖЬ
00
Кру'пная дрожь R кру'пный
ДРУГ
00
Будь $дру'гом<друг$
BE SO KIND; BE A PAL
-Будь дру'гом доста'нь и для меня' биле'т в теа'тр!
-проси'л он сотру'дника.
00
Быть со'зданными друг для дру'га R создa'ть
00
Дополня'ть друг дру'га R дополня'ть
50
Друг до'ма
FRIEND OF THE FAMILY
00
Друг $дру'га<дру'гу<дру'гом<о дру'ге<на дру'га/
дру'жку<дру'жке<дру'жкой<о дру'жке<на дру'жку<ETC$
EACH OTHER; ONE ANOTHER
1. Вспомина'ть друг о дру'ге. 2. Забы'ть друг
дру'га. 3. Оста'лись дово'льны друг дру'гом. 4.
Друг дру'гу, ви'жу, мы чужи'е... 5. Они взгляну'ли
друг на дру'га... 6. Проти'вники стоя'ли шага'х в
сорока' друг от дру'га. 7. Мы шли гусько'м друг за
дру'гом. 8. Бойцы' кури'ли и хвали'лись друг перед
дру'гом: кто ору'жием..., - кто донски'м скакуно'м.
00
Друг си'тный R си'тный
ДРУГО'Й
00
В одно' у'хо вхо'дит, в друго'е выхо'дит [у кого'] R
у'хо
00
Друга'я му'зыка R му'зыка
00
Друга'я сторона' меда'ли R меда'ль
00
Други'ми слова'ми
IN OTHER WORDS
Закры'ть дверь за собо'й зна'чит, други'ми слова'ми, -
вы'йти из ко'мнаты.

76

ДРУГО'Й CONT'D.
00
Друго'е де'ло R де'ло
00
Друго'й коленко'р R коленко'р
00
Друго'й раз
NOW AND THEN; SOMETIME; ANOTHER TIME
1. Сего'дня он спеши'л домо'й, обеща'я друго'й раз зайти'. 2. Вообще' он разгово'рчив, но друго'й раз еди'ного сло'ва от него' не услы'шишь.
00
И тот и друго'й
BOTH OF THEM; EITHER ONE; NEITHER ONE
И тот и друго'й га'лстук не по вку'су мне.
00
Никто' друго'й R никто'
00
Оди'н, друго'й и обче.лся R обче'сться
00
Оди'н за други'м R оди'н
00
Одна' нога' здесь, (а) друга'я там R нога'
00
Раз-друго'й R раз
00
Смотре'ть други'ми глаза'ми
TO TAKE ANOTHER LOOK; TO LOOK AT (SOMETHING) DIFFERENTLY
00
Совсе'м друга'я исто'рия R исто'рия
00
С одно'й стороны' ... , с друго'й стороны' ... R сторона'
00
Тот и'ли друго'й R тот
00
$Уйти'/пересели'ться$ в друго'й мир R мир(1)
ДРУ'ЖБА
00
Войти' в дру'жбу R войти'
00
Не в слу'жбу, а в дру'жбу R слу'жба
ДРУ'ЖЕСКИЙ
00
Быть на дру'жеской ноге' [с кем] R нога'
00
С (дру'жеским) приве'том R приве'т
00
Стать на дру'жескую но'гу [с кем] R нога'
ДРУ'ЖКА
00
Друг $дру'жку<дру'жке<дру'жкой/о дру'жке<на дру'жку<ETC$ R друг
ДУБИ'НА
00
Дуби'на стоеро'совая R стоеро'совый
ДУБО'ВЫЙ
64
Дубо'вая $голова'/башка'/ETC$
A BLOCKHEAD; A DUNCE
-Пойми' ты, дубо'вая голова', как на'до по'льзоваться ручно'й грана'той, не то сам себя' взорве.шь! -волнова'лся сержа'нт.
ДУВА'Н
66
Дува'н дува'нить
TO SPLIT THE LOOT
ДУГА'
00
Гнуть в $дугу'<три дуги'$ R гнуть
00
Согну'ться в дугу' R согну'ться
00
Согну'ться в три дуги' R согну'ться
ДУДА'
00
В одну' дуду'<ду'дку дуде'ть R дуде'ть
00
И швец, и жнец, и в дуду' игре'ч R игре'ч

ДУДЕ'ТЬ
00
В одну' $дуду'<ду'дку$ дуде'ть
TO BE OF ONE MIND; TO SPEAK WITH ONE VOICE
Да и Ага'фья с То'нькой в одну' дуду' дудя'т: в теа'тр без га'лстука нельзя'; раз в полго'да собра'лся, покажи'сь лю'дям в досто'йном ви'де.
ДУ'ДКА
00
В одну' $дуду'<ду'дку$ дуде'ть R дуде'ть
00
Пляса'ть $под [чью] ду'дку<по [чьей] ду'дке$
TO DANCE TO (SOMEBODY ELSE'S) TUNE
ДУ'МА
00
Власти'тель дум R власти'тель
00
Ду'мать ду'му R ду'мать
ДУ'МАТЬ
00
Ду'мать ду'му
TO BE PENSIVE; TO BE IN A BROWN STUDY; TO BE LOST IN THOUGHT
Кре'пко ду'мал он ду'му: как го'рю помо'чь?
18
Ду'мать ду'мушки
TO BE PENSIVE; TO BE LOST IN THOUGHT
Крестья'нин ду'мал ду'мушки: как вы'йти из беды'?
00
(И) ду'мать забы'ть [о ком<о че.м] R забы'ть
00
Мно'го ду'мать о себе'
TO THINK HIGHLY OF ONESELF; TO HAVE A HIGH OPINION OF ONESELF
00
На'до ду'мать R на'до
00
Не до'лго ду'мая
WITHOUT A SECOND THOUGHT; WITHOUT MUCH THOUGHT
Предви'дя круше'ние поездо'в, навстре'чу друг дру'гу иду'щих, стре'лочник переве.л стре'лку, не до'лго ду'мая.
00
Не ду'мано, не га'дано
UNEXPECTEDLY; WHO WOULD THINK THAT ... ; WHO WOULD HAVE THOUGHT; OUT OF THE BLUE
1. Не ду'мано, не га'дано я получи'л путе.вку в дом о'тдыха! -ра'довался сле'сарь. 2. Не ду'мано, не га'дано нагря'нула реви'зия, но все. оказа'лось в поря'дке, -расска'зывал бухга'лтер.
00
Я ду'маю!
I WOULD SAY SO!; I SHOULD THINK SO!
Ты стара'йся здесь, я ду'маю! Вме'сто того' что'бы иска'ть друго'го ме'ста рабо'ты. -сказа'л мне ма'стер це'ха.
ДУ'МУШКА
00
Ду'мать ду'мушки R ду'мать
ДУ'РА
00
Гу'ба не ду'ра [у кого'] R губа'
00
Наби'тая ду'ра R наби'тый
00
Не на ду'ру напа'л R напа'сть
00
Пе'тая ду'ра R пе'тый
ДУРА'К
29
$Валя'ть/лома'ть/ко'рчить$ дурака'
1. TO TWIDDLE ONE'S THUMBS; TO LOAF 2. TO PLAY THE FOOL
00
Дура'к дурако'м
1. A COMPLETE FOOL; A REAL FOOL 2. TO MAKE A FOOL OF ONESELF; TO COME OUT LOOKING LIKE A FOOL
Я всегда' был ро'бок и засте'нчив с да'мами..., а тут,

ДУРА'К CONT'D.
как предста'вили меня' э'той краса'вице, я и совсе'м...
смеша'лся и был дура'к дурако'м.
00
Дура'к стоеро'совый R стоеро'совый
00
Как дура'к с пи'саной то'рбой носи'ться [с кем<с чем]
R то'рба
00
Наби'тый дура'к R наби'тый
11
$Наше.л<нашли'$ дурака'!
GO AND FIND YOURSELF ANOTHER SUCKER!
—Доста'нь сам би'лет в теа'тр, а не посыла'й меня'!
Наше.л дурака'! —де'рзко отве'тил мой брати'шка.
00
Не на дурака' напа'л R напа'сть
00
Оста'вить в $дурака'х<дурако'м$
1. TO WIN AT A CARD GAME CALLED "DURAKI" 2. TO MAKE A
FOOL OF (SOMEONE)
1. Оста'вленный в дурака'х не'сколько раз, он
отказа'лся да'льше игра'ть. 2. Его' не оста'вишь
дурако'м — он смека'листый челове'к.
00
Оста'ться в $дурака'х<дурако'м$
1. TO LOSE IN A CARD GAME CALLED "DURAKI" 2. TO BE MADE A
FOOL OF; TO BE ON THE SPOT
1. Он проигра'лся, па'ру раз оста'вшись в дурака'х.
2. Обнару'жив него'дность ку'пленной ве'щи, он поня'л,
что оста'лся дурако'м.
00
Пе'тый дура'к R пе'тый
00
Разыгра'ть дурэка' R разыгра'ть
29
Сваля'ть дурака'
TO DO A FOOLISH THING; TO DO SOMETHING WRONG
Он сваля'л дурака', закупи'в в креди'т нехо'дкий това'р.
ДУ'РЕНЬ
00
Как ду'рень с пи'саной то'рбой носи'ться [с кем<с чем]
R то'рба
ДУ'РИЙ
29
Ду'рья $голова'/башка'$
A DUMBBELL; A DIMWIT
—Налей' воды' в коте.л, ду'рья голова', а то он ло'пнет!
—кри'кнул кочега'р помо'щнику.
ДУРИ'ТЬ
29
Дури'ть го'лову [кому']
TO CONFUSE, MISLEAD (SOMEONE); TO MIX (SOMEONE) UP
ДУ'РНО
00
Ко'нчить ду'рно R ко'нчить
ДУРНО'Й
00
Быть на дурно'м замеча'нии [у кого'] R замеча'ние
00
Ду'рен<дурна'<ду'рно как сме'ртный грех R грех
29
$Крича'ть/визжа'ть/вскри'кивать/ETC$ дурны'м го'лосом
TO SCREAM/SQUEAL HYSTERICALLY
29
Не будь $дуре.н<дурна'$
NOT BEING A FOOL; KNOWING THE SCORE; KNOWING WHAT TO DO;
KNOWING WHAT'S RIGHT
Анто'шка, не будь дуре.н, умы'лся, оде'лся, схвати'л
па'лку в ру'ки и с дьячко'м побре.л.
00
Не говоря' дурно'го сло'ва R говори'ть
00
Пойти' по дурно'й доро'ге R плохо'й
00
Пойти' по дурно'му пути' R плохо'й
00
Стоя'ть на дурно'й доро'ге R стоя'ть

00
Стоя'ть на дурно'м пути' R стоя'ть
ДУРЬ
29
$Вы'бить/вы'колотить$ дурь [из кого']
TO POUND SOME SENSE INTO(SOMEONE'S)HEAD;   TO MAKE(SOMEONE)
SEE THE LIGHT
29
Вы'бить дурь из [чьей] головы'
TO POUND SOME SENSE INTO(SOMEONE'S)HEAD
29
$Вы'бросить/вы'кинуть$ дурь из головы'
I (FINALLY) DECIDED TO FORGET THE NONSENSE
Он вы'бросил дурь из головы' — поку'пку за глаза' да'чи.
ДУТЬ
29
Дуй $тебя'<его'<ETC$ горо'й
WHAT ARE YOU TALKING ABOUT?; DON'T BE A FOOL!
—Поми'луйте, отвеча'ет: я ни в чем не винова'т! —Да,
дуй тебя' горо'ю: кто тебе' говори'т, что ты в
че.м-нибудь винова'т!
00
Дуть в у'ши [кому'] R у'хо
00
Дуть $гу'бы/гу'бки$
TO BE ANGRY WITH(SOMEONE$ TO BE MAD AT (SOMEONE)
И она' [О'ля] ду'ла на него' це'лый ве'чер гу'бки.
29
И в ус (себе') не дуть
NOT TO GIVE A HANG; NOT TO GIVE A TINKER'S DAMN; NOT TO
CARE
Дождь лил, а прохо'жий, и в ус себе' не ду'я, ше.л с
откры'той голово'й.
00
Идти', куда' ве'тер ду'ет R ве'тер
ДУХ
00
В ду'хе
IN GOOD SPIRITS
—Хозя'ин сего'дня в ду'хе и, пожа'луй, не отка'жет дать
пла'ту впере.д.
00
$Во весь дух/что есть ду'ху$ =бежа'ть/мча'ться/ETC=
AS FAST AS (HE) CAN
Ма'льчики во весь дух бежа'ли с но'востью о нахо'дке в
лесу'.
00
Воспари'ть ду'хом R воспари'ть
00
Воспря'нуть ду'хом R воспря'нуть
00
Вы'нуть дух R вы'нуть
00
Вы'шибить дух [из кого'] R вы'шибить
29
Дух вон [у кого']
(HE) GAVE UP THE GHOST
—Я притвори'лся, что дух вон у меня', когда' услы'шал
чужу'ю речь надо мно'й, — расска'зывал выздора'вливающий
солда'т.
00
Дух занима'ется R заня'ться
00
Дух $за'няло/занима'ет$ R заня'ть
00
Дух занялся' R заня'ться
00
Дух $захвати'ло/захва'тывает$ R захвати'ть
00
Дух заше.лся R зайти'сь
00
Дух спе.рло R спере'ть
00
(Еди'ным/одни'м) ду'хом
FAST; IN ONE GULP; IN A JIFFY
00
Живы'м ду'хом R живо'й
00
За'перло дух R запере'ть

78

ДУХ CONT'D.

00
Испусти'ть дух R испусти'ть

59
Как на духу'
OPENLY; WITHOUT SECRETS OR RESERVATIONS; (TO MAKE) A
CLEAN BREAST OF ...
-Говорю' Вам как на духу', что я взял из ка'ссы де'сять
рубле'й, а не сто', - призна'лся продаве'ц хозя'ину
ла'вки.

00
Набра'ться ду'ху R набра'ться

59
На духу'
AT CONFESSION
На духу' он пока'ялся, что оста'вит пья'нство.

00
Не в ду'хе
IN A BAD MOOD; OUT OF SORTS
Не вы'спавшись, оте'ц был не в ду'хе.

00
Не в ду'хе [INF]
(I'M) NOT IN THE MOOD FOR
Я не в ду'хе расска'зывать.

00
Нечи'стый дух R нечи'стый

00
Ни слу'ху ни ду'ху [о ком<о че.м]
(THERE HAS BEEN) NO WORD ABOUT (SOMEONE/SOMETHING); (THERE
IS) NO NEWS ABOUT (SOMEONE/SOMETHING)
1. Ни слу'ху ни ду'ху о пропа'вшей ле.тчице. 2. Ни
слу'ху ни ду'ху о це'нном гру'зе давно' затону'вшего
корабля'.

00
Ни сном ни ду'хом $не знать/не ве'дать$ [чего'] R сон

00
Ни сном ни ду'хом не винова'т [в че.м] R сон

00
Пасть ду'хом
TO LOSE HEART; TO BE CRESTFALLEN
1. Мно'гие па'ли ду'хом во вре'мя безрабо'тицы. 2.
Обвиня'емый пал ду'хом, не ви'дя гла'вного свиде'теля в
за'ле суда'.

00
Перевести' дух R перевести'

00
Пони'кнуть ду'хом R пони'кнуть

00
Присут'ствие ду'ха R присут'ствие

00
$Расположе'ние/состоя'ние$ ду'ха
(ONE'S) DISPOSITION
1. Расположе'ние ду'ха отца' предвеща'ло прия'тный
день. 2. Состоя'ние ду'ха больно'го озабо'тило врача'.

50
Святы'м ду'хом (узна'ть)
TO DIVINE (SOMETHING)
-Вы сло'вно святы'м ду'хом узна'ли судьбу' э'того
аэропла'на - он разби'лся, едва' подня'вшись, -говори'ли
опозда'вшему пассажи'ру.

00
Собра'ться с ду'хом R собра'ться

00
Что'бы ду'хом [чьим]<ду'ху [чьего'] не па'хло R
па'хнуть

00
Что'бы ду'ху [чьего'] не' было [где]
BEAT IT!
-Что'бы ду'ху э'того чи'ника не' было в на'шем до'ме!
-сказа'ла сестра' бра'ту.

ДУША'

42
Без души'
1. BESIDE ONESELF (WITH JOY, ENTHUSIASM) 2. OUT OF ONE'S
MIND; BESIDE ONESELF (WITH FEAR)
1. Энтузиа'сты футбо'ла бы'ли без души' от восто'рга.
2. Ночу'я в пусто'м до'ме, он без души' прислу'шивался
к таи'нственным шо'рохам.

00
Боле'ть душо'й R боле'ть

00
$Брать/взять/приня'ть/ETC$ [что] $на' душу/на свою'
ду'шу$
TO ACCEPT/TAKE RESPONSIBILITY FOR (SOMETHING); TO TAKE
UPON ONESELF
Ста'рый солда'т, охраня'вший дом с пле'нными, вы'пустил
неви'нного ю'ношу, приня'в отве'тственность на свою'
ду'шу.

00
$Брать/взять/хвата'ть$ за' душу R брать

00
Бума'жная душа'
A PAPER SHUFFLER; BUREAUCRAT
В комите'те по оказа'нию по'мощи безрабо'тным засе'ли
бума'жные ду'ши: они' за'няты бо'льше составле'нием
сво'док, чем рассмотре'нием просьб.

00
$В глубине'/на дне$ души' R глубина'

00
Вдохну'ть ду'шу [во что]
TO REJUVENATE;; TO GIVE INSPIRATION TO; TO GIVE A NEW
LIFE TO; TO BREATHE NEW LIFE INTO

00
В душе'
SUBCONSCIOUSLY; PRIVATELY; IN SPIRIT; AT HEART
1. Лени'сов в душе' (скрыва'я э'то от други'х) боя'лся
суда'. 2. Поэ'т в душе'.

00
Взыгра'ла душа' R взыгра'ть

00
$Влезть/зале'зть/ETC$ в ду'шу [кому']
Вкра'дчивыми реча'ми он влез в ду'шу бе'женцу, что'бы
по'сле преда'ть его'.

00
Вложи'ть ду'шу [во что]
TO PUT ONE'S HEART AND SOUL INTO (SOMETHING)
Изве'стный педаго'г вложи'л ду'шу в прое'кт
реабилита'чии беспризо'рных.

00
$(Всей) душо'й/все'ми фи'брами души'/от всей души'$
WITH ALL ONE'S HEART (AND SOUL)
1. Цветы', любо'вь, дере'вня, пра'здность, Поля'! я
пре'дан вам душо'й. 2. Гарку'ша, как и огро'мное
большинство' рабо'чих, всей душо'й на стороне' кра'сных.

00
В че.м душа' (то'лько) де'ржится
(HE) LOOKS AS IF (HE) WERE ABOUT TO GIVE UP THE GHOST;
(HE) LOOKS LIKE A GHOST
В прие.мной до'ктора сиде'л челове'к тако'й худо'й, что
спра'шивалось: в че.м душа' то'лько де'ржится?

00
Вы'мотать (всю) ду'шу R вы'мотать

00
Вы'нуть ду'шу R вы'нуть

00
Вы'трясти ду'шу R вы'трясти

00
Вы'тянуть (всю) ду'шу R вы'тянуть

00
Вы'шибить ду'шу [из кого'] R вы'шибить

00
Гора' на душе' =лежи'т= R гора'

00
Для души'
FOR ONE'S OWN SATISFACTION; SOUL-PLEASING; FOR THE
PLEASURE OF IT
Она' де'лает пода'рки без по'вода, а для души'.

00
Душа' боли'т R боле'ть

00
Душа' гори'т R горе'ть

00
Душа' надрыва'ется =гру'стью/тоско'й/ETC= R
надрыва'ться

00
Душа' нараспа'шку

ДУША' CONT'D.
  AN OPEN-HEARTED MAN
  Мой друг - душа' нараспа'шку.
  00
  Душа' не лежи'т [к кому'<к чему'] R лежа'ть
  00
  Душа' не на ме'сте R ме'сто
  29
  Душа' не принима'ет
  (I) CAN'T TAKE IT; NOT TO BE TO ONE'S LIKING/TASTE; TO
  HAVE NO HEART FOR (SOMETHING); IT TURNS (ME) OFF
  00
  Душа' но'ет R боле'ть
  00
  Душа' переверну'лась [у кого'<в ком] R переверну'ться
  00
  Душа' перевороти'лась [у кого'<в ком] R переверну'ться
  00
  Душа' разрыва'ется R разрыва'ться
  00
  Душа' $ушла'/ухо'дит$ в пя'тки
  TO HAVE ONE'S HEART IN ONE'S BOOTS; (MY) HEART SANK TO MY
  BOOTS; TO HAVE ONE'S HEART IN ONE'S THROAT
  Не'рвы натя'нуты; душа' ухо'дит в пя'тки от мале'йшего
  шо'роха.
  00
  Душо'й и те'лом
  WITH HEART AND SOUL; TOTALLY
  00
  Е'ле-е'ле душа' в те'ле R е'ле
  00
  (Жить) душа' в ду'шу
  TO LIVE IN PEACE AND HARMONY WITH (SOMEONE); TO LIVE
  AMICABLY WITH (SOMEONE)
  00
  Загляну'ть в ду'шу [кому']
  TO KNOW WHAT IS IN SOMEBODY ELSE'S HEART; TO SEE THROUGH
  SOMEONE
  00
  Загуби'ть (свою') ду'шу R загуби'ть
  00
  За душо'й [у кого'] $есть/име'ется$
  TO OWN/HAVE   [IN SOME CONTEXTS: WHAT DO
  (I) HAVE TO SHOW FOR IT?]
  -Хорошо' тебе' говори'ть: оста'вил муж земли'шку.... А
  у меня' что' за душо'ю? Есть, пожа'луй, две тысчо'нки,
  да надо'лго ли их хва'тит?
  00
  За душо'й [у кого'] нет [чего']
  (HE) DOES NOT HAVE (SOMETHING) TO HIS NAME; NOT TO HAVE
  (SOMETHING) TO CALL ONE'S OWN
  У Жива'хова бы'ло три'ста ты'сяч до'лгу и ни
  копе'йки за душо'й.
  00
  За ми'лую ду'шу
  WITH PLEASURE; WITHOUT HESITATION; GLADLY
  Зна'я толк в коня'х, он за ми'лую ду'шу поменя'л
  ломовика' на рысака'.
  00
  За'ячья душа'
  (HE IS) A CHICKEN; A YELLOW BELLY; (A COWARDLY, FEARFUL
  PERSON)
  Как мо'жно положи'ться на э'ту за'ячью ду'шу? Ведь он
  со'бственной те'ни пуга'ется!
  00
  Изли'ть ду'шу
  TO POUR OUT ONE'S SOUL; TO BARE ONE'S HEART
  00
  Как бог на' душу поло'жит R бог.
  00
  Ко'шки скребу'т на душе' R ко'шка
  00
  Криви'ть душо'й
  TO PRETEND; TO BE INSINCERE; TO BE TWO-FACED
  00
  Лезть [в чью] ду'шу R лезть
  00
  Лечь свинцо'м на ду'шу [у кого'] R свине'ц

  00
  На душе' ко'шки скребу'т
  TO SING THE BLUES; TO FEEL BLUE; TO FEEL/BE DEPRESSED
  На душе' ко'шки скребу'т от накопи'вшихся огорче'ний.
  00
  На пропо'й души' R пропо'й
  00
  Не ча'ять души' [в ком]
  TO BE INFATUATED WITH (SOMEONE); TO BE CRAZY ABOUT (SOMEONE)
  Оте'ц не ча'ял души' в де'тях, посвяща'я им свобо'дное
  вре'мя.
  00
  Ни душо'й, ни те'лом =не винова'т=
  COMPLETELY (INNOCENT)
  00
  Ни живо'й души' R живо'й
  00
  Отвести' ду'шу
  TO GET (SOMETHING) OFF ONE'S CHEST; TO UNBURDEN ONESELF
  Она' позвони'ла прия'тельнице и
  в разгово'ре отвела' ду'шу, по'лную
  то'ски одино'чества.

  00
  Отда'ть бо'гу ду'шу
  TO GIVE UP THE GHOST
  Опера'ция не помогла' - больно'й о'тдал Бо'гу ду'шу.
  00
  $От<до$ глубины' души' R глубина'
  00
  Отдохну'ть душо'й R отдохну'ть
  00
  Откры'ть ду'шу
  TO POUR OUT ONE'S SOUL; TO BARE ONE'S HEART
  Муж откры'л ей ду'шу, призна'вшись в уча'стии в
  подпо'льной рабо'те.
  50
  Отпусти'ть ду'шу на покая'ние
  TO LEAVE (SOMEONE) ALONE
  00
  Переболе'ть душо'й R переболе'ть
  00
  По $душа'м<душе'$ =поговори'ть/разговори'ться/ETC=
  TO HAVE A HEART TO HEART TALK
  1. Я по душе' поговори'л со ста'рым дру'гом. 2.
  Оказа'вшись колле'гами по профе'ссии, они по душа'м
  разговори'лись.
  00
  По душе' [кому']
  (TO BE) AFTER (SOMEONE'S) OWN HEART; TO ONE'S LIKING
  1. Но'вый сотру'дник по душе' всем. 2. О'тпуск
  о'сенью по душе' мно'гим.
  00
  Положи'ть ду'шу [за кого'<за что]
  TO LAY DOWN ONE'S LIFE FOR (SOMEONE/SOMETHING); TO GIVE
  ONE'S LIFE FOR (SOMEONE/SOMETHING)
  00
  Положи'ть ду'шу [на что]
  TO PUT ONE'S HEART INTO (DOING SOMETHING); TO GIVE (IT)
  EVERYTHING IT HAS
  Уче'ный положи'л ду'шу для нахожде'ния но'вой вакци'ны.
  65
  По [чью] ду'шу
  (TO COME) FOR (SOMEONE)/AFTER (SOMEONE)
  -Аге'нты секре'тной поли'ции пришли' но'чью по его'
  ду'шу -расска'зывала жена' аресто'ванного.
  00
  $Прийти'сь/быть$ [кому'] по душе' R прийти'сь
  00
  Пронзи'ть ду'шу R пронзи'ть
  00
  Проси'ться из души' R проси'ться
  00
  Свине'ц на душе' [у кого'] R свине'ц
  00
  С души' воро'тит R вороти'ть
  00
  Ско'лько душе' уго'дно

ДУША' CONT'D.
    TO ONE'S HEART'S CONTENT
    Земляни'ки бы'ло ско'лько душе' уго'дно.
    00
    Скребе.т на душе' R скрести'
    00
    Стоя'ть над $[чьей] душо'й<[кем]$ R стоя'ть
    $Стоя'ть/торча'ть$ над [чьей] душо'й
    TO BUG (SOMEONE); TO GET ON (SOMEONE'S) NERVES (ASKING OR
    ASKING FOR SOMETHING); NOT TO GIVE (SOMEONE) A MOMENT'S
    PEACE
    1. Когда' никто' не стои'т над твое'й душо'й,
    свобо'днее ду'мать. 2. —Не торчи' над мое'й душо'й с
    вопро'сами: ЧТО, КАК да ПОЧЕМУ', а возьми'сь
    за де'ло —сказа'л мне ста'рший брат.
    00
    Тяну'ть ду'шу [из кого'] R тяну'ть
    00
    Тяну'ть за' душу R тяну'ть
    00
    Хвати'ть греха' на' душу R хвати'ть
    00
    Черни'льная душа'
    AN OFFICE CLERK; A BUREAUCRAT
    Степа'н всю доро'гу ве'село руга'л себя': —Чино'вник
    ты! Цыпляко'ву пове'рил, а в наро'де усомни'лся,
    черни'льная твоя' душа'?... Бюрокра'т ты!
    00
    Чита'ть в душе' R чита'ть
ДУШЕ'ВНЫЙ
    00
    В простоте' душе'вной R простота'
    00
    По простоте' душе'вной R простота'
ДУШИ'ТЬ
    00
    Души'ть $в объя'тиях/поцелу'ями$
    1. TO EMBRACE WARMLY   2. TO SMOTHER WITH KISSES
    1. Все в семье' души'ли в объя'тиях сы'на - солда'та.
    2. Подру'ги души'ли поцелу'ями победи'телей в
    футбо'льном ма'тче.
ДУШО'К
    00
    С душко'м
    FISHY(ADJ.); (IT) SMELLS FISHY
ДЫБКИ'
    29
    Встать на дыбки'
    TO GET TO ONE'S FEET; TO RAISE ONESELF [OFTEN ABOUT A
    CHILD JUST BEGINNING TO WALK]
    Дед счастли'во улыба'лся, держа' на коле'нях внучо'нка,
    вста'вшего на дыбки'.
ДЫ'БОМ
    00
    Во'лосы ды'бом $встаю'т/стано'вятся/ста'ли$
    (HIS) HAIR STOOD/STANDS ON END
    —Солда'тская слу'жба была' така'я, что во'лосы ды'бом
    стано'вятся, как вспо'мнишь!
ДЫБЫ'
    00
    На дыбы' =встать/подня'ться/ETC=
    TO REAR UP
    1. Испу'ганные ло'шади храпе'ли, взвива'лись на дыбы'
    и не дава'лись зану'здывать. 2. Ваго'н со снаря'дами
    был взо'рван, он встал на дыбы' попере.к пути'. 3.
    —Отчего' э'то во всех москвича'х... есть что'-то
    ре'зкое. Что-то они' все. на дыбы' стано'вятся,
    се'рдятся.
ДЫМ
    29
    В дым
    TILL THE SPARKS FLEW; STRONGLY
    Поруга'лся я в дым.
    00
    Дым $коромы'слом/столбо'м$
    BEDLAM; (AND) THE SPARKS WERE FLYING
    Незнако'мец отве'тил оби'дчику по заслу'гам, други'е

вмеша'лись, и дым коромы'слом пошло' все. круго'м.
    00
    $Нет ды'ма без огня'/ды'ма без огня' не быва'ет$
    THERE IS NO SMOKE WITHOUT A FIRE; WHERE THERE'S SMOKE,
    THERE'S FIRE
    Мы досажда'ли неприве'тливому учи'телю чем могли'; как
    говори'тся, ды'ма без огня' не быва'ет.
ДЫМОВО'Й
    00
    Дымова'я заве'са R заве'са
ДЫРА'
    00
    Заткну'ть дыру'
    TO PATCH UP (SOMETHING); TO FIX (SOMETHING) TEMPORARILY
    —Мы заткне.м дыру' в дохо'дах вре'менной поде.нной
    рабо'той, —утеша'ли сыновья' отца'.
ДЫРЯ'ВЫЙ
    00
    Дыря'вая голова'
    AN ABSENT-MINDED MAN
    —Пра'во, у тебя' дыря'вая голова': ты уже' подме.л двор
    и сно'ва бере.шься за метлу'! —сказа'л хозя'ин рабо'тнику.
    00
    Дыря'вая па'мять
    POOR MEMORY; ABSENT-MINDEDNESS
    —У меня' дыря'вая па'мять на да'ты, – призна'лся
    студе'нт.
ДЫХА'НИЕ
    00
    До после'днего $дыха'ния/издыха'ния$
    TO ONE'S DYING DAY; TO THE LAST
    —Долг наш защища'ть кре'пость до после'днего на'шего
    издыха'ния.
    00
    Дыха'ние занима'ется R заня'ться
    00
    Дыха'ние $за'няло/занима'ет$ R заня'ть
    00
    Дыха'ние заняло'сь R заня'ться
    00
    Дыха'ние $захвати'ло/захва'тывает$ R захвати'ть
    00
    Дыха'ние спе.рло R спере'ть
    00
    Дыха'ние спе.рлось R спере'ть
    00
    За'перло дыха'ние R запере'ть
    00
    Затаи'ть дыха'ние R затаи'ть
    00
    Не переводя' дыха'ния R переводи'ть
    00
    Перевести' дыха'ние R перевести'
    00
    Притаи'ть дыха'ние R притаи'ть
ДЫША'ТЬ
    00
    Дыша'ть [каки'м] во'здухом R во'здух
    00
    Дыша'ть на ла'дан
    AT DEATH'S DOOR; ON ONE'S LAST LEG; TO HAVE ONE FOOT IN
    THE GRAVE
    Бы'ло ма'ло наде'жды на выздоровле'ние больно'го, — он
    дыша'л на ла'дан.
    00
    Дыша'ть $свобо'дно/свобо'днее$ R свобо'дный
    00
    $Е'ле/чуть$ дыша'ть
    1. AT DEATH'S DOOR; TO HAVE ONE FOOT IN THE GRAVE; ON
    ONE'S LAST LEG 2. ON (ITS) LAST LEG; ABOUT TO FALL APART
    Все. покоси'лось... Сара'й, как стари'к, сго'рбился,
    дом е'ле ды'шит... на'до бы чини'ть, да где' уж!
    00
    Не дыша'ть
    TO HOLD ONE'S BREATH; HOLDING ONE'S BREATH; BREATHLESSLY;
    WITH BAITED BREATH
    Куту'зов слегка' улыбну'лся, в то вре'мя, как... он
    опуска'л но'гу с подно'жки, то'чно как бу'дто и не' было

ДЫША'ТЬ CONT'D.
э'тих двух ты'сяч люде'й, кото'рые не дыша' смотре'ли на
него'.
ДЬЯ'ВОЛ
29
$(Для) како'го дья'вола<за каки'м дья'волом<на кой
дья'вол$
WHAT THE HELL FOR
На кой дья'вол купи'л он кало'ши, когда' у него' то'лько
ва'ленки?
00
На кой дья'вол R кой
00
Что за дья'вол!
WHAT THE HELL!
Что за дья'вол! Тра'ктор то'лько что из ремо'нта, и
опя'ть ни с ме'ста.
ДЮ'ЖИНА
00
Че.ртова дю'жина
A BAKER'S DOZEN; A DEVIL'S DOZEN
Бе'дного ро'дственника пригласи'ли на зва'нный обе'д
то'лько пото'му, что госте'й оказа'лось че.ртова дю'жина.
Е'ВА
00
Дочь Е'вы R дочь
ЕГИ'ПЕТСКИЙ
42
$Еги'петская казнь<казнь еги'петская$
SEVERE PUNISHMENT
Наро'д страны' Уто'пия подве'ргся еги'петской ка'зни.
00
$Еги'петская рабо'та/еги'петский труд$
HARD LABOR
Добыва'ние не'фти в А'рктике подо'бно еги'петскому
труду'.
42
$Еги'петская тьма<тьма еги'петская$
EGYPTIAN DARKNESS; PITCH DARKNESS
-Да и но'чка же вы'далась! Еги'петская тьма, прости'
го'споди!
ЕДВА'
00
Едва' держа'ться на нога'х R держа'ться
00
Едва'-едва'
BARELY; HARDLY; JUST BARELY
Гу'бы едва'-едва' заме'тно шевеля'тся.
00
Едва' ли
HARDLY; (IT'S) HARDLY POSSIBLE; SCARCELY
-Меня' не напеча'тают. Но и вас с Лучи'ниным то'же
едва' ли. Не' за что пока'.
00
Едва' ли не ...
ALMOST; JUST ABOUT; VERY LIKELY
В нача'ле войны' они' [подво'дники] сде'лали о'чень
мно'го, едва' ли не бо'льше всех на Се'верном Фло'те.
00
Едва' не ...
ALMOST
Зи'на едва' не столкну'лась с корена'стым челове'ком в
си'нем ки'теле и ке'пке блино'м.
00
Едва' но'ги $волочи'ть/таска'ть/тащи'ть$ R нога'
00
Едва' но'ги унести' R унести'
ЕДИ'НСТВЕННЫЙ
00
Оди'н-еди'нственный
ONE AND ONLY; THE ONLY (ONE)
Из Ленингра'да пришло' письмо' - одно-еди'нственное за
все. вре'мя.
ЕДИ'НЫЙ
00
Все до еди'ного
TO A MAN; EVERY SINGLE ONE
Пассажи'ры, разби'вшегося аэропла'на, поги'бли все до

еди'ного.
00
Все. еди'но R весь
00
Еди'ным ду'хом R дух
00
Еди'ным ма'хом R мах
00
С (еди'ного) ма'ху R мах
ЕДУ'Н
00
Еду'н напа'л
(I) COULD EAT A BEAR!; (I AM) HUNGRY AS A WOLF!
-На дете'й еду'н напа'л по'сле ката'ния на конька'х -
они' сье'ли все ола'дьи.
ЕЖО'ВЫЙ
00
Держа'ть [кого'] в ежо'вых рукави'цах
TO HOLD (SOMEONE) IN A MAILED FIST
1. Пира'ты держа'ли кома'нду захва'ченного корабля' в
ежо'вых рукави'цах, следя' за ка'ждым в отде'льности.
2. Сыновья' ра'ды бы'ли отдели'ться от отца',
держа'вшего их в ежо'вых рукави'цах.
Е'ЗДИТЬ
00
Е'здить (верхо'м) [на ком]
TO EXPLOIT (SOMEONE); TO BE CARRIED ON (SOMEONE'S) BACK
На бе'дной ро'дственнице е'здили все в э'той семье':
она' была' и ня'ней, и куха'ркой, и пра'чкой.
00
Е'здить на коле.сах R колесо'
00
Е'здить на [чьей] спине' R спина'
ЕЗДО'К
00
Не ездо'к [куда']
(I WILL NOT) SET FOOT IN (SOME PLACE)
-Вон из Москвы'! сюда' я бо'льше не ездо'к.
ЕЙ-Е'Й
29
Е'й-же-е'й
MARK MY WORDS; WAIT AND SEE; REALLY AND TRULY
-Не сдобро'ва'ть Кро'ликову! вот попо'мните мое. сло'во,
вы'летит в трубу'... е'й-же-е'й вы'летит!
Е'ЛЕ
00
Е'ле дви'гать нога'ми R дви'гать
00
Е'ле-е'ле
BARELY; HARDLY
Дря'хлая, слабоси'льная кобы'лка плете.тся е'ле-е'ле.
По'дписи е'ле-е'ле на четыре.х страни'цах умести'лись.
29
Е'ле-е'ле душа' в те'ле
ON ONE'S LAST LEG; ABOUT TO FALL APART
1. У него' по ви'ду е'ле-е'ле душа' в те'ле по'сле
боле'зни. 2. Шу'ба так изно'шена, что у нее. е'ле-е'ле
душа' в те'ле.
00
Е'ле но'ги $волочи'ть/таска'ть/тащи'ть$ R нога'
00
Е'ле но'ги унести' R унести'
ЕЛО'ВЫЙ
29
Голова' ело'вая
A BLOCKHEAD; A DUMBBELL
-А ты-то где' был, голова' ело'вая?-
ЕРУНДА'
00
Ерунда' на по'стном ма'сле R ма'сло
Е'СЛИ
50
Е'сли бы да кабы'
IF "IFS" AND "ANS" WERE POTS AND PANS, THERE'D BE NO WORK
FOR TINKERS. IF WISHES WERE HORSES, BEGGARS WOULD RIDE.
00
Е'сли (и) не ..., $то<так$ ...
IF NOT ..., THEN ...

Тума'ны быва'ют, е'сли не ка'ждый день, то через день непреме'нно.
00
Е'сли (уж) на то пошло'
SINCE WE'RE ALREADY ON THAT TRACK ...
-Впро'чем, е'сли уж на то пошло', я расскажу' вам трагикоми'ческую исто'рию моего' пе'рвого увлече'ния.
00
Е'сли $хоти'те<хо'чешь$
..., IF YOU WISH, ...; PERHAPS; POSSIBLY
-Он не горд?- -Он? Нима'ло. То есть, е'сли хоти'те, он горд, то'лько не в том смы'сле, как вы понима'ете.
00
Что, е'сли (бы) ...?
WHAT IF ...?; SUPPOSE ...?
-Что, е'сли в са'мом де'ле он [городни'чий] пота'щит меня' в тюрьму'?
ЕСТЕ'СТВЕННЫЙ
00
$Есте'ственное де'ло/есте'ственная вещь/есте'ственным о'бразом$
NATURALLY
ЕСТЬ
00
(Вот) то'-то и есть R то'-то
00
Есть всухомя'тку R всухомя'тку
00
Есть глаза'ми
TO STARE AT/TO FIX ONE'S EYES UPON (SOMEONE/SOMETHING); TO DEVOUR WITH ONE'S EYES; NOT TO BE ABLE TO TAKE ONE'S EYES OFF (SOMEONE)
1. Мо'дницы ели' глаза'ми пла'тье необыча'йного фасо'на. 2. Донжуа'н ел глаза'ми молоду'ю краса'вицу.
00
(Есть) голова' на плеча'х R голова'
00
Есть еще. по'рох в пороховни'цах R пороховни'ца
00
Есть поедо'м [кого'] R поедо'м
50
Есть про'сит
RAGGED; WORN-OUT; IN NEED OF REPAIR [ABOUT CLOTHING]
Пиджа'к есть про'сит, - на'до наложи'ть запла'ты на ло'кти.
29
Есть тако'е де'ло
LET IT BE SO; IF THAT'S THE CASE
-Здесь набере.м газоли'ну!- -Есть та'кое де'ло!-
00
Есть чужо'й хлеб
TO LIVE OFF (SOMEONE); TO LIVE AT (SOMEONE ELSE'S) EXPENSE; TO BE A DEPENDENT; TO SPONGE OFF (SOMEONE)
Безде'льники едя'т чужо'й хлеб.
29
Ешь-не хочу'
MORE THAN YOU COULD EAT
Сва'дебный стол ломи'лся от изоби'лия разнообра'зных ку'шаний, - ешь - не хочу'!
00
За душо'й [у кого'] есть R душа'
29
... И есть
YES; IT IS ...; THAT'S RIGHT
Неу'жто ж я его' [письмо'] оброни'ла? Оброни'ла и есть.
00
(И) у стен есть у'ши R у'хо
00
Как есть R как
00
$Како'й/како'в$ ни (на) есть R како'й
00
$Ка'пля/части'ца$ $моего'<ва'шего<ETC$ ме.ду есть [в че.м] R ме.д
00
Кто ни на есть R кто
00
Ма'ло ка'ши ел R ка'ша

00
Так и есть R так
00
То'лько и есть R то'лько
00
Что ни на есть R что(1)
Е'ХАТЬ
00
Да'льше (е'хать) не'куда R да'льше
00
Е'хать $на покло'н<с покло'ном$ [к кому'] R покло'н
00
Стре'мя в стре'мя =е'хать= R стре'мя
00
У'хо $в у'хо<к у'ху$ е'хать [с кем] R у'хо
ЕЩЕ.
00
А еще. ...
TO BOOT
-До чего' же вы пугли'вы!... А еще. де'вушек бере.тесь провожа'ть!
00
Вот еще.! R вот
00
Все. еще. ...
STILL; EVEN NOW
Киломе'тра два проше.л я вдоль прича'лов, а все. еще. не' было конца' подъе.мным кра'нам.
00
Еще. бы
1. YES; OF COURSE; I SHOULD SAY SO 2. IT WOULD BE BAD IF ...; IT WOULDN'T BE RIGHT IF ...
-Да захо'чет ли он прийти' к нам? -Еще. бы! Он о'чень бу'дет рад.
00
Еще. и еще.
MORE AND MORE; AGAIN AND AGAIN; ON AND ON
Река' в верхо'вьях состои'т из двух ре'чек, ка'ждая из них в свою' о'чередь разбива'ется на два ручья', пото'м еще. и еще..
00
Э'того еще. не хвата'ло! R хвата'ть
ЖА'БРЫ
29
$Брать/взять$ за жа'бры
TO PUT THE SCREWS TO (SOMEONE); TO PUT THE HEAT ON (SOMEONE)
-Хозя'ин все. тя'нет с упла'той за рабо'ту, - хоть бери' за жа'бры!-
ЖА'ДНОСТЬ
00
С жа'дностью
EAGERLY; WITH EAGERNESS
1. Жа'дов с жа'дностью, не отрыва'ясь от бино'кля, следи'л за бо'ем. 2. Пего'в с жа'дностью схвати'л заса'ленный конве'рт...
ЖАЛЕ'ТЬ
00
Не жале'ть кулако'в R кула'к
00
Не жале'я сил =рабо'тать/труди'ться=
(TO WORK/ETC) WITHOUT SPARING ONESELF
Переселе'нцы труди'лись, не жале'я сил.
ЖА'ЛКИЙ
00
Жа'лкие слова'
HEART-RENDING WORDS
-Ма'стер жа'лкие-то слова' говори'ть: так по се'рдцу то'чно ножо'м и ре'жет.
ЖА'ЛОСТЬ
00
Кака'я жа'лость!
WHAT A PITY!
Опозда'ли на по'езд, кака'я жа'лость! -А ведь э'то кака'я жа'лость-то! Отказа'ться от неве'сты с таки'м состоя'нием!
ЖАР
00
Зада'ть жа'ру [кому'] R зада'ть

ЖАР CONT'D.
 00
 Подда'ть жа'ру R подда'ть
 00
 С жа'ром
 PASSIONATELY; ARDENTLY
 Влади'мир с жа'ром о'бнял отца' своего'.
 00
 С пы'лу, с жа'ру R пыл
 00
 Чужи'ми рука'ми жар загреба'ть
 TO MAKE A CAT'S-PAW/A DUPE OF (SOMEONE)
 Он всегда' чужи'ми рука'ми жар загреба'л: в его'
 портня'жной мастерско'й рабо'тают за ни'зкую пла'ту
 змигра'нты, не зна'ющие ни языка', ни зако'на о труде'.
ЖА'РКО
 00
 Не'бу жа'рко =бу'дет/ста'нет/ETC= R не'бо
 00
 Ни жа'рко ни хо'лодно [кому'+от чего'] R хо'лодно
ЖАТЬ
 00
 Жать $сок<со'ки$ [из кого'] R сок
ЖВА'ЧКА
 00
 $Жева'ть/переже.вывать$ жва'чку
 TO BE LIKE A BROKEN RECORD; TO BE REHASHING THE SAME
 THING OVER AND OVER
 -Всем я'сно, что доро'ги плохи'; чем жева'ть жва'чку,
 повторя'ясь, не лу'чше ли приступи'ть к их ремо'нту?!
 -сказа'л оди'н из прису'тствовавших.
ЖГУ'ЧИЙ
 00
 $Жгу'чий брюне'т/жгу'чая брюне'тка$
 A BRUNET/A BRUNNETTE
 Жгу'чий брюне'т мастерски' танцева'л лезги'нку.
 00
 Жгу'чий вопро'с
 A BURNING QUESTION
ЖДАТЬ
 00
 $Вре'мя/де'ло$ не жде.т
 THERE IS/WAS NO TIME TO WASTE
 -Не зна'ю, что с ним [ста'ло] пото'м - вре'мя не жда'ло,
 на'до бы'ло е'хать.
 00
 Ждать не дожда'ться
 TO WAIT IMPATIENTLY; TO BE ON PINS AND NEEDLES
 -Быва'ло, сиди'шь в ла'вке, ве'чера-то жде.шь не
 дожде.шься, вся душа' изомре.т.
 00
 Ждать-пожда'ть R пожда'ть
 00
 Ждать у мо'ря пого'ды R мо'ре
 00
 Не ждать, не гада'ть
 ONE WOULD NEVER IMAGINE; ONE WOULD NEVER DREAM
 -Сам ви'дишь, де'ло како'е: не ждал, не гада'л, что
 тако'й дорого'й гость е'дет.
 00
 Не заста'вить себя' ждать
 NOT TO WAIT; TO COME RIGHT OVER
 Я, не заста'вив себя' ждать, сел за ка'рточный стол.
 00
 Того' и жди
 MARK MY WORDS; WAIT AND SEE
 Ме'жду тем на'чали ходи'ть слу'хи, что... семья' его' -
 того' и жди - с го'лоду помре.т.
ЖЕ
 00
 $Все. же<все. ж$ R все.
ЖЕВА'ТЬ
 00
 Жева'ть губа'ми
 TO MOVE ONE'S LIPS AS IF CHEWING
 -По ста'тской? - повтори'л Плю'шкин и стал жева'ть
 губа'ми, как бу'дто что'-нибудь ку'шал.
 00
 Жева'ть жва'чку R жва'чка

 00
 Жева'ть $моча'лку/моча'ло$ R моча'лка
ЖЕЗЛ
 00
 $Бу'дто/как/сло'вно/то'чно$ по манове'нию волше'бного
 жезла' R манове'ние
ЖЕЛА'ТЬ
 00
 Здра'вия жела'ю<жела'ем! R здра'вие
 00
 Оставля'ет жела'ть $мно'гого/лу'чшего$
 LEAVES MUCH TO BE DESIRED
 -Сочине'ния на во'льные те'мы оставля'ют жела'ть
 лу'чшего! -проговори'л учи'тель.
ЖЕЛЕ'ЗО
 00
 Кале.ным желе'зом вы'жечь [что] R кале.ный
ЖЕЛЕ'ЗО,
 00
 Куй желе'зо, пока' горячо' R кова'ть
ЖЕЛТОРО'ТЫЙ
 00
 Желторо'тый птене'ч R птене'ч
ЖЕЛУ'ДОК
 00
 Желу'док подвело' R подвести'
 00
 На то'щий желу'док R то'щий
ЖЕНА'
 00
 Му'жняя жена' R му'жний
ЖЕНА'ТЫЙ
 00
 $Жена'тая жизнь/жена'тое положе'ние$
 MARRIED LIFE; (TO BE) MARRIED
 -Я тепе'рь на жена'том положе'нии.
ЖЕНИ'ТЬ
 00
 Без меня' меня' жени'ли
 THEY (DID SOMETHING) BEHIND MY BACK/WITHOUT CONSULTING ME
 -Без меня' меня' жени'ли, загла'зно вы'брав в чле'ны
 местко'ма, -сказа'л учи'тель, отсу'тствовавший на
 собра'нии.
ЖЕНИ'ТЬСЯ
 00
 Жени'ться уво'зом R уво'з
ЖЕНИ'Х
 00
 Смотре'ть женихо'м R имени'нник

ЖЕ'НСКИЙ
 62
 Же'нская ло'гика
 FEMININE LOGIC
 00
 Же'нский пол
 WOMEN
 Ива'н Петро'вич ве.л жизнь са'мую уме'ренную, избега'л
 вся'кого ро'да изли'шеств;... к же'нскому же по'лу име'л
 он вели'кую скло'нность.
 00
 Же'нский элеме'нт R элеме'нт
 00
 Же'нское сосло'вие R сосло'вие
ЖЕ'НЩИНА
 00
 Досту'пная же'нщина R досту'пный
 00
 Же'нщина ле.гкого поведе'ния R ле.гкий
 00
 Не знать же'нщин<же'нщины R знать
ЖЕРЕ'БЧИК
 42
 Мыши'ный жере'бчик
 AN OLD SKIRT CHASER
 По нару'жному ви'ду, прие.мам и привы'чкам э'то был

   са'мый зауря'дный бонвива'н и да'же немно'жко мыши'ный
   жере'бчик.
ЖЕ'РТВА
   00
   Пасть же'ртвой [чего']
   1. TO FALL VICTIM TO 2. TO BE SACRIFICED TO
   00
   Принести' в же'ртву [что]
   TO SACRIFICE SOMETHING
   00
   Принести' же'ртву [чему']
   TO MAKE A SACRIFICE TO (SOMETHING)
ЖЕСТ
   00
   Сде'лать широ'кий жест R широ'кий
ЖЕЧЬ
   00
   Жечь корабли' R кора'бль
   00
   Жечь Фимиа'м [кому'] R Фимиа'м
ЖИ'ВМЯ
   23
   Жи'вмя жить
   TO PRACTICALLY LIVE (SOMEWHERE); TO CONSTANTLY BE
   (SOMEWHERE); TO SPEND ALL ONE'S TIME (SOMEWHERE); TO SPEND
   ALL ONE'S LIFE (SOMEWHERE)
   Жи'вмя живя' за поля'рным кру'гом, они' с интере'сом
   слу'шали на'ши расска'зы о Колхи'де.
ЖИВО'Й
   00
   $Брать/взять/хвата'ть$ за живо'е R брать
   00
   $Быть/ служи'ть/ETC$ живы'м свиде'телем [чего'] R
   свиде'тель
   00
   В живы'х (быть/заста'ть/оста'ться/ETC)
   (TO BE) AMONG THE LIVING; (STILL) ALIVE
   00
   $Взять/брать/забра'ть/заде'ть/затро'нуть/ETC$ за живо'е
   TO TOUCH A SORE SPOT; TO TOUCH A NERVE
   00
   $Влить/внести'$ живу'ю струю' [во что] R струя'
   00
   Жива'я газе'та R газе'та
   00
   Жива'я ле'топись R ле'топись
   00
   Жива'я о'чередь
   A QUEUE
   У магази'на моло'чных проду'ктов стоя'ла жива'я о'чередь
   домохозя'ек.
   00
   Жива'я ра'на
   1. AN OPEN WOUND (LITERALLY) 2. A SORE SPOT; AN OPEN WOUND
   00
   Жива'я связь
   1. A LIVING LINK 2. A DIRECT LINK; A CLOSE CONNECTION
   1. Радиосвя'зь не освобожда'ла нас от живо'й свя'зи с
   перифери'ей. 2. Други'е го'сти заходи'ли неча'сто, на
   мину'ту...; с ни'ми со все'ми все. бо'лее и бо'лее
   порыва'лись живы'е свя'зи.
   00
   $Жив-здоро'в<жив и здоро'в$
   ALIVE AND WELL/KICKING
   Все пи'сьма солда'та начина'лись: "Я жив и здоро'в,
   чего' и вам жела'ю."
   00
   Жив кури'лка! R кури'лка
   00
   (Живо'го) лица' $нет<не' было$ [на ком] R лицо'
   00
   Живо'го ме'ста $нет/не остае.тся$
   TO BE HURT ALL OVER; TO BE COVERED WITH WOUNDS/BRUISES
   По'сле Физи'ческой рабо'ты без привы'чки живо'го ме'ста
   не остае.тся.
   00
   Живо'го сло'ва не услы'шишь

   1. THERE IS NO ONE TO TALK TO 2. YOU WON'T HEAR ANYTHING
NEW FROM THEM
   1. В э'той глуши' живо'го сло'ва не услы'шишь -
   ка'ждый ду'мает про себя'. 2. Он был оби'телен
   пре'жде, а тепе'рь живо'го сло'ва не услы'шишь от него'.
   00
   Живо'е преда'ние R преда'ние
   00
   Живо'е сло'во
   POWERFUL WORDS
   Живо'е сло'во пресле'дуется в Росси'и - уче.ные и
   писа'тели попада'ют за э'то в опа'лу.
   00
   Живо'й портре'т [чей]
   THE VERY IMAGE OF
   Сын - живо'й портре'т отца'.
   00
   $Живо'й руко'й/живы'м мане'ром/живы'м ду'хом$
   VERY FAST; QUICKLY; LIVELY; ALERTLY
   Ма'льчики живы'м ду'хом расчи'стили доро'жки от сне'га.
   00
   Живо'й уко'р
   A LIVING REPROACH
   -Я знал, отчего' ты уше.л! Ты не хоте'л нам меша'ть и
   быть нам живы'м уко'ром.
   00
   Живо'й ум
   A SHARP WIT; A KEEN, QUICK MIND
   Соль, эпигра'мма, сати'ра, э'тот разгово'рный стих,
   ка'жется, никогда' не умру'т, как и сам рассы'панный в
   них о'стрый и е'дкий, живо'й ру'сский ум.
   00
   Живы'е карти'ны
   (LIVING) TABLEAU; LIVING PICTURE; TABLEAU VIVANT
   00
   Живы'е мо'щи R мо'щи
   00
   Живы'е цветы'
   NATURAL, REAL FLOWERS
   На столе' была' ва'за с живы'ми цвета'ми,
   распространя'вшими арома'т.
   00
   На живу'ю ни'тку
   MINDLESSLY; HASTILY; ANYHOW
   Статья', напи'санная на живу'ю ни'тку, тре'бовала
   переде'лки.
   00
   На живу'ю ру'ку
   CARELESS; SLIPSHOD
   Убо'рка ко'мнаты была' на живу'ю ру'ку - ве'щи бы'ли
   рассо'ваны куда' попа'ло.
   00
   Ни жив ни ме.ртв
   PETRIFIED [WITH FEAR]
   -При ви'де медве'дя пе'ред собо'й я был ни жив ни
   ме.ртв, -расска'зывал дровосе'к.
   00
   Ни живо'й души'
   NOT A LIVING SOUL
   Го'род объя'влен на оса'дном положе'нии, - на у'лицах ни
   живо'й души'.
   00
   По живо'му ре'зать
   TO CUT (SOMEONE) TO THE QUICK
   00
   Смета'ть на живу'ю ни'тку R смета'ть
ЖИВО'Т
   00
   Живо'т подвело' R подвести'
   00
   Надорва'ть $живо'т<животы'$ $со' смеху/от хо'хота$ R
    надорва'ть
   00
   Не на живо'т, а $на' смерть<на смерть$ R жизнь
ЖИВО'ТИК
   00
   Надорва'ть живо'тики $со' смеху/от хо'хота$ R
    надорва'ть

ЖИ'ЗНЕННЫЙ
    00
    Жи'зненный путь R путь
ЖИЗНЬ
    00
    В $жизнь<жи'зни$ не ...
    NEVER (IN ONE'S LIFE)
    1. -Э'то чтоб он сам в по'ле с сохо'й вы'ехал - ни в
    жизнь никогда'! 2. Са'нин... в жи'зни не ви'дывал
    подо'бной краса'вицы.
    00
    Возврати'ть к жи'зни R возврати'ть
    00
    Войти' в жизнь R войти'
    00
    Воплоти'ть в жизнь R воплоти'ть
    00
    Вопро'с жи'зни и'ли сме'рти R вопро'с
    00
    Вы'звать к жи'зни R вы'звать
    00
    Вы'черкнуть из [чьей] жи'зни R вы'черкнуть
    00
    Дарова'ть жизнь R дарова'ть
    00
    Дать жизнь [кому']
    TO BRING INTO THE WORLD; TO GIVE BIRTH TO
    На па'перти це'ркви на'йден подки'дыш; бы'ло неизве'стно
    кто дал жизнь ему'.
    00
    До'рого $отда'ть/прода'ть$ свою' жизнь R до'рого
    00
    Жена'тая жизнь R жена'тый
    00
    Жи'зни не рад
    TO BE SORRY ONE IS ALIVE; TO WISH ONE WERE DEAD
    На его' го'лову свали'лось сто'лько неприя'тностей, что
    он жи'зни не рад.
    00
    Жизнь моя'
    MY LIFE [TERM OF ENDEARMENT]
    -Голу'бка! Жизнь моя'! Съешь еще. кусо'чек куря'тины!
    -угова'ривала мать выздора'вливавшую дочь.
    00
    Жизнь нараспа'шку R нараспа'шку
    00
    Загуби'ть жизнь [чью] R загуби'ть
    00
    Ко'нчить жизнь R ко'нчить
    00
    Лиши'ть жи'зни R лиши'ть
    00
    Мая'чить жизнь R мая'чить
    00
    Ме'жду жи'знью и сме'ртью
    TO BE IN MORTAL DANGER; A MATTER OF LIFE AND DEATH
    -Мне каза'лось, что я был ме'жду жи'знью и сме'ртью,
    ожида'я отве'та коми'ссии! -возбужде.нно говори'л
    эмигра'нт.
    00
    Мы'кать жизнь R мы'кать
    00
    На скло'не жи'зни R склон
    00
    Не на $жизнь/живо'т$, а $на' смерть<на смерть$
    TO THE DEATH; TO THE BITTER END; LIFE AND DEATH (E.G.
    LIFE AND DEATH STRUGGLE)
    Прия'тельницы поссо'рились не на жизнь, а на' смерть.
    00
    Ни в жизнь
    NEVER; NEVER IN ONE'S LIFE
    -Я ни в жизнь не переступлю' поро'га твоего' до'ма!
    -серди'то сказа'л проигра'вшийся в ка'рты.
    00
    $Отда'ть/положи'ть$ жизнь [за кого'<за что]
    TO LAY DOWN ONE'S LIFE FOR (SOMEONE/SOMETHING)
    00
    По гроб (жи'зни) R гроб

    00
    Подава'ть при'знаки жи'зни R подава'ть
    50
    Подру'га жи'зни
    THE COMPANION OF ONE'S LIFE [I.E. ONE'S WIFE]
    00
    Поко'нчить жизнь самоуби'йством R поко'нчить
    00
    Поко'нчить с жи'знью R поко'нчить
    00
    Пра'во жи'зни и сме'рти
    THE POWER OF LIFE AND DEATH (OVER SOMEONE)
    У дикта'торской вла'сти пра'во жи'зни и сме'рти.
    00
    Провести' в жизнь [что] R провести'
    00
    Прожига'тель жи'зни R прожига'тель
    00
    Прожига'ть жизнь
    TO LIVE FAST; TO BURN THE CANDLE AT BOTH ENDS
    У бога'тых насле'дников, зачасту'ю, одна' цель -
    прожига'ть жизнь.
    00
    Пройти' в жизнь R пройти'
    00
    Путе.вка в жизнь R путе.вка
    00
    Расти'тельная жизнь R расти'тельный
    00
    Реши'ть жи'зни R реши'ть
    00
    Реши'ться жи'зни R реши'ться
    00
    Свет [чьей] жи'зни R свет(1)
    00
    Уйти' из жи'зни R уйти'
    00
    Цыга'нская жизнь R цыга'нский
ЖИ'ЛА
    00
    Вы'тянуть (все) жи'лы R вы'тянуть
    00
    Кровь засты'ла в жи'лах R кровь
    00
    Кровь [кака'я<чья] тече.т $[в ком]<в [чьих] жи'лах$ R
    кровь
    00
    Кровь $сты'нет/ледене'ет/холоде'ет$ (в жи'лах) R кровь
    00
    Станова'я жи'ла R станово'й
    00
    Тяну'ть жи'лы [из кого'] R тяну'ть
ЖИЛЕ'ТКА
    00
    $Пла'кать/пла'каться$ в жиле'тку R пла'каться
ЖИЛЕ'Ц
    00
    Не жиле'ц (на бе'лом све'те)
    (HE'S) NOT LONG FOR THIS WORLD
ЖИ'ЛКА
    42
    Попа'сть в жи'лку
    TO STRIKE A VEIN; TO HIT THE NAIL ON THE HEAD
ЖИР
    00
    Заплы'ть жи'ром R заплы'ть
    00
    Ло'паться $от<с$ жи'ру R ло'паться
    00
    Сбро'сить жир R сбро'сить
    00
    С жи'ру беси'ться R беси'ться
    00
    Спусти'ть жир<жиры' R спусти'ть
ЖИ'РНЫЙ
    29
    Жи'рно бу'дет
    THAT'S TOO MUCH/TOO GOOD

-Ну, э'то сли'шком жи'рно бу'дет для прокуро'ра, чтоб я ему' кла'нялась.
00
Жи'рный кусо'к
TO GRAB A BIG CHUNK OF (SOMETHING); TO GET A BIG SLICE OF THE PIE; (TO HAVE) A GOOD THING GOING FOR ONESELF
-Жени'тьбой он отхвати'л жи'рный кусо'к - сто ты'сяч прида'ного, -с за'вистью говори'ли друзья' жениха'.
ЖИРО'К
00
Сбро'сить жиро'к R сбро'сить
ЖИТЕ'ЙСКИЙ
00
Де'ло жите'йское
(THAT'S) AN EVERYDAY OCCURRENCE; (THAT'S) NOTHING UNUSUAL
00
Жите'йское мо'ре R мо'ре
ЖИ'ТЕЛЬСТВО
00
Вид на жи'тельство R вид
ЖИТЬ
00
$Веле'ть/приказа'ть$ до'лго жить
TO DIE; TO DEPART FROM THIS LIFE
-Мой друг приказа'л до'лго жить; пора' и мне оста'вить э'тот мир! -споко'йно сказа'л глубо'кий стари'к.
00
В четыре.х стена'х жить R стена'
00
Жи'вмя жить R жи'вмя
00
Жить $ба'рином/па'ном$ R ба'рин
00
Жить в долг R долг
00
Жить в зако'не R зако'н
00
Жить в лю'дях R лю'ди
00
Жить в свое. удово'льствие R удово'льствие
00
Жить в созна'нии [чье.м] R созна'ние
00
Жить в шабра'х R шабе.р
00
Жить душа' в ду'шу R душа'
00
Жить за $[чьей] спино'й/[чьим] хребто'м$ R спина'
00
Жить (как) на бивуа'ках R бивуа'к
00
Жить (как) на вулка'не R вулка'н
00
Жить как пти'ца небе'сная R пти'ца
00
Жить мину'той R мину'та
00
Жить на $поко'е/споко'е$ R поко'й
00
Жить нараспа'шку R нараспа'шку
00
Жить на со'бственный сче.т R со'бственный
00
Жить на содержа'нии [у кого'] R содержа'ние
00
Жить на уро'ке R уро'к
00
Жить на хлеба'х [у кого'] R хлеб
00
Жить на ше'е [у кого'] R ше'я
00
Жить откры'то R откры'тый
00
Жить под [чьей] кро'влей R кро'вля
00
Жить-пожива'ть R пожива'ть
00
Жить припева'ючи R припева'ючи

00
Жить свои'м $умо'м/ра'зумом$
TO HAVE A MIND OF ONE'S OWN
Того', кто живе.т свои'м умо'м, тру'дно сбить с пути'.
00
Жить сего'дняшним дне.м R сего'дняшний
00
Жить Хри'ста ра'ди R Христо'с
00
(За) здоро'во живе.шь R здоро'во
00
Здоро'во живе.шь<живе.те! R здоро'во
00
Как живе.те-мо'жете R мочь
00
Как ко'шка с соба'кой (живу'т) R ко'шка
00
Как у Христа' за па'зухой (жить) R па'зуха
00
$Мафусаи'лов век/Мафусаи'ловы лета'/Мафусаи'ловы го'ды$ жить R Мафусаи'лов
00
$Сычо'м<как сыч$ жить R сыч
ЖИТЬЕ.
00
Житье.-бытье.
WAY OF LIFE; LIFE; LIVING
-Тако'е на'ше житье.-бытье.: ле'том в по'ле рабо'таем, а зимо'й к ле'ту гото'вимся, -говори'л крестьянин го'стю из го'рода.
00
Житье. нараспа'шку R нараспа'шку
00
Нет житья' [кому'+от кого']
TO BE HARASSED BY (SOMEONE)
-Нет житья' нам от соба'к сосе'да; они' всегда' в по'исках еды', -с доса'дой сказа'л оте'ц.
ЖНЕЦ,
00
И швец, и жнец, и в дуду' игре'ч R игре'ч
ЖРЕ'БИЙ
00
Жре'бий бро'шен
THE DIE IS CAST!
-Жре'бий бро'шен! -поду'мал бе'женец, та'йно переходя' грани'цу.
ЖРЕБИЙ
00
$Броса'ть/кида'ть/мета'ть$ жребий R броса'ть
ЖУРНА'Л
00
На столбца'х журна'лов R столбе'ц
00
На страни'цах журна'ла R страни'ца
00
Пожира'ть журна'лы R пожира'ть
ЖУ'ТКОСТЬ
00
До жу'ткости R жуть
ЖУТЬ
29
До $жу'ти/жу'ткости$
TERRIBLY; VERY
Але.ша почу'ял како'й-то пря'ный, до жу'ти знако'мый за'пах.
ЗА
00
Ни за что ни про что R что
00
Что за ... R что
ЗАБВЕ'НИЕ
00
Преда'ть забве'нию [что]
TO PUT (SOMETHING) OUT OF ONE'S MIND; TO CONSIDER (SOMETHING) FORGOTTEN; TO BURY THE MEMORY OF (SOMETHING); TO BURY (SOMETHING) IN OBLIVION
43
Река' забве'ния

ЗАБВЕ'НИЕ CONT'D.
THE RIVER OF OBLIVION
ЗАБЕЖА'ТЬ
00
Забежа'ть впере.д
1. TO FORESTALL EVENTS; TO PUT THE CART BEFORE THE HORSE
2. TO OVERTAKE (SOMEONE); TO PASS (SOMEONE)
Ива'н Ильи'ч ждал ме'ста председа'теля в университе'тском го'роде, но Го'ппе забежа'л как-то впере.д и получи'л э'то ме'сто.
00
Забежа'ть на огоне.к R огоне.к
ЗАБИ'ТЬ
00
Заби'ть го'лову [кому'+чем]
TO FILL (SOMEONE'S) HEAD WITH RUBBISH, NONSENSE, TRIVIA
00
Заби'ть себе' в го'лову [что]
TO HAVE/GET A FIXED IDEA/NOTION THAT ...
Де'вушка заби'ла себе' в го'лову неизбе'жность одино'чества до конца' жи'зни.
ЗАБЛУДИ'ТЬСЯ
00
Заблуди'ться в тре.х со'снах
(HE) COULDN'T FIND (HIS) WAY OUT OF A PAPER BAG; TO LOSE ONE'S WAY IN BROAD DAYLIGHT
-От ра'дости, что ты при'нят в столи'чный университе'т, ты сло'вно заблуди'лся в тре.х со'снах, не зна'я что де'лать, -говори'л мне дя'дя.
ЗАБЛУ'ДШИЙ
00
Заблу'дшая овца'
A LOST SHEEP
Он чу'вствовал себя' как заблу'дшая овца' в большо'м го'роде без семьи' и друзе'й.
ЗАБО'РНЫЙ
00
Забо'рная $литерату'ра/брань/ру'гань/ETC$
GUTTER LANGUAGE
Люби'телей так называ'емой забо'рной литерату'ры мно'го и на во'ле, но на ка'торге цини'зм превосхо'дит вся'кую ме'ру.
ЗАБО'ТА
00
Без забо'т
CARELESSLY; RECKLESSLY; THOUGHTLESSLY
Не у всех прохо'дят без забо'т де'тство и ю'ность.
00
Не' было забо'ты!
THAT'S ALL WE NEED!; AS IF WE DIDN'T HAVE ENOUGH TROUBLE!
-Знако'мый пи'шет, что прие'дет с семье.й на ме'сяц; не до госте'й при сбо'ре урожа'я. Не' было забо'ты! -серди'то сказа'л крестья'нин жене'.
00
Не $моя'<твоя'<его'<ETC$ забо'та
(THAT'S) NONE OF MY/YOUR/ETC. BUSINESS; IT'S NO SKIN OFF (MY) BACK/NOSE
-Говоря'т, что це'ны на предме'ты ро'скоши бу'дут повы'шены. - -Не моя' забо'та!-
ЗАБРА'ЛО
00
С $откры'тым/по'днятым$ забра'лом
OPEN AND ABOVE BOARD
-Я с откры'тым забра'лом и без щита' гото'в приня'ть ваш вы'зов.
ЗАБРА'ТЬ
00
Забра'ть в ру'ки
TO TAKE IN HAND; TO TAKE OVER
Мно'гие же.ны забра'ли в ру'ки дома'шнее хозя'йство.
00
$Забра'ть/забра'ло$ за живо'е R живо'й
00
Забра'ть себе' в го'лову [что] R голова'
00
Забра'ть си'лу
TO ACQUIRE STRENGTH/INFLUENCE
Кру'пные предпринима'тели забра'ли си'лу в эконо'мике страны'.
ЗАБРИ'ТЬ
42
Забри'ть лоб [кому']
TO BE DRAFTED (INTO THE ARMY)
-Ребя'та,... вы зна'ете Фому', Ведь в ны'нешний набо'р забре'ют лоб ему'.
ЗАБРО'С
00
В забро'се
NEGLECTED
Интере'с к со'бственному изобрете'нию насто'лько поглоти'л его', что рабо'та друго'го челове'ка оказа'лась в забро'се.
ЗАБРОСА'ТЬ
00
Заброса'ть гря'зью R грязь
00
Заброса'ть камня'ми [кого'] R ка'мень
ЗАБУБЕ.ННЫЙ
29
Забубе.нная голова'
A DARE-DEVIL; A DISSOLUTE MAN
Все его' сыновья' - де'льные ребя'та, кро'ме мла'дшего: он - беззабо'тный гуля'ка, что называ'ется, забубе.нная голова'.
ЗАБЫ'ТЬ
00
Забы'ть $доро'гу/путь$ [куда']
TO STOP GOING (SOMEWHERE); NOT TO GO (SOMEWHERE) ANYMORE
00
Забы'ть [чью<каку'ю] хлеб-со'ль
TO SHOW INGRATITUDE FOR (SOMEONE'S) HOSPITALITY
-Пойдя' в го'ру при мое.м соде'йствии, он забы'л ста'рую хлеб-соль, -огорче.нно говори'л он о бы'вшем сотру'днике.
00
(И) $ду'мать забы'ть<забы'ть ду'мать$ [о ком<о че.м]
TO FORGET ABOUT (SOMEONE/SOMETHING)
Из-за сро'чной рабо'ты он и ду'мать забы'л об усло'вленном визи'те к врачу'.
00
Не забы'ть [кого']
TO REPAY (SOMEONE); TO DO (SOMEONE) A GOOD TURN
00
Не забы'ть [кому'+чего']
NOT TO FORGIVE (SOMEONE) FOR (SOMETHING)
00
Себя' не забы'ть
TO LOOK AFTER ONE'S OWN INTERESTS; TO LOOK OUT FOR ONESELF
Он всем поно'г найти' рабо'ту и себя' не забы'л - у него' хоро'шее ме'сто.
00
Что' $я<ты<он<ETC$ $там<тут<ETC$ забы'л?
WHAT COULD I DO THERE/HERE?; WHY SHOULD I GO THERE
ЗАБЫТЬЕ.
00
Чу'ткое забытье. R чу'ткий
ЗАВАЛИ'ТЬСЯ
29
(Хоть) завали'сь
PACKED WITH; FULL OF; OVERFLOWING WITH
В магази'нах хоть завали'сь това'ров.
ЗАВАРИ'ТЬ
00
Завари'ть ка'шу R ка'ша
ЗАВАРИ'ТЬСЯ
00
Завари'лась ка'ша R ка'ша
ЗАВЕ.РТКА
65
Храпе'ть во все носовы'е заве.ртки
TO SNORE LOUDLY
Уста'лый бое'ц храпе'л во все носовы'е заве.ртки, раски'нув ру'ки.
ЗАВЕ'СА
00
Дымова'я заве'са
A SMOKE SCREEN

ЗАВЕ'СА CONT'D.
   00
      $Приподня'ть/приоткры'ть/ETC$ заве'су
      TO LIFT THE CURTAIN ON
      -Господи'н Досу'жев, бо'йтесь разорва'ть заве'су,
      скрыва'ющую э'ту та'йну.
   00
      $Упа'ла/спа'ла/ETC$ заве'са
      THE VEIL WAS LIFTED
ЗАВЕСТИ'
   00
      Завести' глаза' R закати'ть
   00
      Завести' шарма'нку R шарма'нка
      $Как/сло'вно/то'чно$ $заведе.нный/заведе.нная маши'на$
      CONTINUOUSLY, INCESSENTLY
      1. Шарма'нщик ми'лостыни проси'ть не хо'чет; зато' он
      для удово'льствия людско'го тру'дится, как заведе.нная
      маши'на. 2. Жеребе.нок, как заведе.нный, без у'стали
      кружи'лся, взбры'кивал нога'ми, задира'л свои'х
      това'рищей.
ЗАВИ'ДКИ
   75
      Зави'дки беру'т
      TO BE ENVIOUS; TO ENVY; TO FEEL ENVY
      -Вот переда'йте-ка ему', сестри'чка, пи'сьма. Везе.т
      челове'ку, да'же меня' зави'дки беру'т: сто'лько пи'сем
      сра'зу!
ЗАВИ'СИМОСТЬ
   00
      В зави'симости [от чего']
      DEPENDING ON
      Речники' поража'лись тому', что глаз камбалы' спосо'бен
      перемеща'ться в зави'симости от того', на како'м боку'
      она' обы'чно лежи'т.
ЗА'ВИСТЬ
   00
      Ло'пнуть от за'висти R ло'пнуть
   00
      На за'висть
      ENOUGH TO MAKE ONE ENVIOUS/JEALOUS
      Е'сли он врал, то на за'висть хорошо'.
ЗАВИ'ТЬ
   65
      Зави'ть го'ре вере.вочкой
      TO STOP GRIEVING; TO FORGET ONE'S TROUBLES
      -Заве'й го'ре вере.вочкой! На себя' огляни'сь!
      -бодри'ли подру'ги молоду'ю вдову'.
ЗАВО'Д
   29
      (И) в заво'де нет
      NEVER HEARD ABOUT IT
      Заплати'в за прию'т и еду', охо'тник спроси'л прода'ть
      ему' во'дки. -И в заво'де нет! -отве'тил гостеприи'мный
      хозя'ин.
   00
      $На заво'д<для заво'да$
      FOR BREEDING PURPOSES
      -Вам... для чего' тре'буется лоша'дка: для езды' и'ли
      для заво'да?
ЗА'ВТРА
   00
      До за'втра!
      TILL TOMORROW!; SEE YOU TOMORROW!
      -До за'втра! -сказа'ли друзья', расстава'ясь.
   00
      Не $сего'дня/ны'нче$ - за'втра
      ANY MOMENT; AT ANY MOMENT
      -Я убежде.н,...., что не ны'нче - за'втра господи'н
      Сипя'гин мне сам отка'жет от до'ма.
ЗА'ВТРАК
   00
      Корми'ть за'втраками
      TO FEED (SOMEONE) WITH PROMISES [TO CONTINUALLY PROMISE TO
      DO SOMETHING IN THE NEAR FUTURE AND NEVER FULFILL ONE'S
      PROMISE]
      -Опя'ть сказа'ли придти' за'втра.- -Пря'мо не

отка'зывают, а ко'рмят за'втраками.-
   00
      Накры'ть за'втрак R накры'ть
ЗА'ВТРАКАТЬ
   00
      Накры'ть за'втракать R накры'ть
ЗА'ВТРАШНИЙ
   00
      За'втрашний день
      ONE'S TOMORROW/FUTURE
      Великоле'пно, когда' име'ешь возмо'жность бесстра'шно
      смотре'ть в свой за'втрашний день и в за'втрашний день
      твое'й страны'.
ЗАВЯЗА'ТЬ
   00
      Завяза'ть узело'к (на па'мять) R узело'к
   00
      Завяза'ть $узло'м<в у'зел$ [кого'] R у'зел
ЗАГА'ДКА
   00
      Говори'ть зага'дками
      TO SPEAK IN RIDDLES; TO HINT
   00
      Игра'ть в зага'дки R игра'ть
ЗАГЛЯДЕ'НЬЕ
   00
      На загляде'нье
      (SO AS) TO MAKE (SOMEONE'S) EYES POP
      -Я сама' хозя'йством займу'сь. ...Ты не меша'й мне
      то'лько, во'лю дай. Заживе.м на загляде'нье други'м!
ЗАГЛЯНУ'ТЬ
   00
      Загляну'ть в ду'шу [кому'] R душа'
   00
      Загляну'ть впере.д
      TO LOOK INTO THE FUTURE
ЗАГНА'ТЬ
   29
      Загна'ть $копе'йку/деньгу'$
      TO MAKE/EARN A BUCK
      -Е'сли удало'сь па'ру раз загна'ть копе'йку, зна'чит
      мое. де'ло не та'к уж пло'хо, -ду'мал молодо'й рабо'чий.
ЗАГНУ'ТЬ
   29
      Загну'ть сала'зки [кому']
      [TO RAISE THE FEET OF SOMEONE LYING ON HIS BACK TO HIS
      HEAD]
      На дворе' игра'ли ма'льчики: загну'т сала'зки лежа'щему
      на спине' и отбега'ют.
ЗАГОВА'РИВАТЬ
   29
      Зу'бы загова'ривать
      TO DISTRACT PURPOSELY BY TALKING
ЗА'ГОВОР
   00
      За'говор молча'ния
      A CONSPIRACY OF SILENCE
      Рабо'чие бы'ли в за'говоре молча'ния про'тив доно'счика.
ЗАГОВОРИ'ТЬ
   00
      Валаа'мова осли'ца (заговори'ла) R валаа'мов
ЗАГО'Н
   00
      В заго'не
      TO BE NEGLECTED
      Я ви'дела, что ему' про'сто жа'лко бы'ло меня' за то',
      что я у ба'бушки в тако'м заго'не.
ЗАГОРЕ'ТЬСЯ
   00
      Сыр-бо'р загоре'лся ([отку'да<из-за чего']) R бор
ЗАГРЕБА'ТЬ
   00
      Загреба'ть $де'ньги/серебро'$ лопа'той R лопа'та
   00
      Чужи'ми рука'ми жар загреба'ть R жар
ЗАГУБИ'ТЬ
   00
      Загуби'ть $век [чей]/жизнь [чью]$

ЗАГУБИ'ТЬ CONT'D.
TO RUIN (SOMEONE'S) LIFE
00
Загуби'ть (свою') ду'шу
TO BURDEN ONE'S CONSCIENCE
ЗАДАВА'ТЬ
00
Задава'ть тон R тон
00
Задава'ть $шик<ши'ку$ R шик
ЗАДАВИ'ТЬ
00
Му'ху задави'ть R му'ха
ЗАДА'ТЬ
00
Зада'ть вопро'с [кому']
TO ASK (SOMEONE); TO POSE A QUESTION TO (SOMEONE)
00
Зада'ть де.ру R де.р
00
Зада'ть де.ру R де.ра
00
Зада'ть дра'ла R дра'ла
00
Зада'ть $жа'ру/па'ру$ [кому']
1. TO TAKE, CALL, RAKE, HAUL, DRAG (SOMEONE) OVER THE
COALS; TO CHEW (SOMEONE) OUT; TO GIVE (SOMEONE) THE BUSINESS
2. TO HARASS (SOMEONE); TO CHASE (SOMEONE) ROUND WITH
NONSENSICAL REQUESTS OR COMMANDS
-Учи'тель зада'ст жа'ру нам за э'то, -говори'ли
учени'ки, наводя' поря'док в кла'ссе.
00
Зада'ть лататы' R лататы'
00
Зада'ть пе'рцу [кому']
TO GIVE (SOMEONE) THE BUSINESS; (I'LL) SHOW (YOU/THEM); TO
GIVE (SOMEONE) HELL
-Посто'й же, тепе'рь же я зада'м пе'рцу всем э'тим
охо'тникам подава'ть про'сьбы и доно'сы.
00
Зада'ть стрекача' R стрека'ч
00
Зада'ть стречка' R стречо'к
00
Зада'ть тон R тон
00
Зада'ть $трезво'н<трезво'ну$ [кому'] R трезво'н
00
Зада'ть тря'ску [кому'] R тря'ска
00
Зада'ть тя'гу R тя'г
00
Зада'ть Фе'Феру R Фе'Фер
00
Зада'ть храпови'чкого R храпови'чкий
00
Зада'ть че.су [кому'] R че.с
00
Зво'ну зада'ть R звон
ЗАДА'ЧА
00
Име'ть зада'чу<зада'чей R име'ть
ЗАДВО'РКИ
00
На задво'рках [чего']
IN THE BACKGROUND
Мно'жество безымя'нных сотру'дников рабо'тает на
задво'рках ми'ра уче.нных.
ЗАДЕРЖА'ТЬ
00
Задержа'ть взгляд [на ком<на че.м]
TO FIX ONE'S EYE ON (SOMEONE)
Го'сти нево'льно задержа'ли взгляд на воше'дшей до'чери
хозя'ина до'ма.
ЗАДЕ'ТЬ
00
Заде'ть за живо'е R живо'й
00
Заде'ть $чувстви'тельную/больну'ю/делика'тную$ струну'

[кого'] R струна'
ЗА'ДНИЙ
00
Без за'дних ног R нога'
00
За'дним умо'м кре'пок
MONDAY MORNING QUARTERBACK; HINDSIGHT IS BETTER THAN
FORESIGHT
00
За'дним число'м
1. ANTEDATE/PREDATE [ACTUALLY CORRESPONDS TO THE PREFIX
ANTE-, PRE-, I.E. MUST COMBINE WITH SOME VERB] 2. AS AN
AFTERTHOUGHT
1. Поме'тить запи'ску за'дним число'м. 2. За'дним
число'м Трегу'бов сообрази'л, что кры'са появи'лась в
кла'ссе неспроста'.
00
За'дняя мысль
A HIDEN/SECRET THOUGHT
00
$Стоя'ть/ходи'ть$ на за'дних ла'пках [пе'ред кем] R
ла'пка
00
Уйти' на $поко'й/споко'й$ R поко'й
ЗАДОЛБИ'ТЬ
00
Задолби'ть себе' [что]
TO HAVE/GET A FIXED IDEA/NOTION THAT ... ; TO STUBBORNLY
BELIEVE (SOMETHING)
Она' задолби'ла себе', что красиве'е всех свои'х подру'г.
ЗА'ДОМ
00
За'дом напере.д
BACKWARD
Наде'ть ша'пку за'дом напере.д.
ЗАДО'РИНКА
00
$(Без сучка',) без задо'ринки<ни сучка', ни задо'ринки$
WITHOUT A HITCH; SMOOTHLY; LIKE CLOCKWORK
Удиви'тельно ли по'сле э'того, что дела' шли без
задо'ринки.
ЗАДРА'ТЬ
00
Задра'ть нос R нос
00
Задра'ть хвост R хвост
ЗАДУРИ'ТЬ
00
Задури'ть го'лову [кому']
TO CONFUSE (SOMEONE)
Постоя'нные замеча'ния и упре.ки мо'гут задури'ть
го'лову хоть кому'.
ЗАЕ'ХАТЬ
00
Зае'хать в у'хо [кому'] R у'хо
ЗАЖА'ТЬ
00
Зажа'ть в кула'к R кула'к
00
Зажа'ть в тиски' R тиски'
00
Зажа'ть рот [кому'] R рот
ЗА'ЖИВО
42
За'живо похорони'ть себя'
TO BURY ONESELF ALIVE; TO SHUN PEOPLE; TO BECOME A RECLUSE
-Я должна' пря'таться от всех, за'живо похорони'ть
себя', а я еще. молода', мне жить хо'чется.
ЗАЖИ'ТЬ
00
До сва'дьбы заживе.т R сва'дьба
ЗАЗРЕ'НИЕ
00
Без зазре'ния со'вести R со'весть
ЗАЙТИ'
00
Далеко' зайти' R далеко'
00
Де'ло зашло' далеко'

ЗАЙТИ' CONT'D.
   THINGS WENT TOO FAR!; NOW THAT'S TOO MUCH!
   Гри'шка бил и колоти'л его' ча'сто да'же без вся'кой
   причи'ны и у'держа. Раз де'ло зашло' так далеко', что
   Ва'ня пожа'ловался ма'тери.
   00
   Зайти' в тупи'к R тупи'к
   00
   Зайти' на огоне.к R огоне.к
   00
   Ум за ра'зум заше.л [у кого'] R ум
ЗАЙТИ'СЬ
   00
   Дух заше.лся
   TO GIVE A GASP; TO GASP
   -Дух заше.лся, когда' узна'л о внучо'нке, -с ра'достью
   расска'зывал стари'к.
   00
   Се'рдце зашло'сь
   (HIS) HEART SKIPPED A BEAT
   При изве'стии о нача'ле войны' не у одно'й ма'тери и'ли
   жены' се'рдце зашло'сь от предчу'вствия го'ря.
ЗАКА'З
   00
   На зака'з
   MADE TO ORDER; CUSTOM-MADE
   1. Под вла'стью дикта'тора мно'гие литерату'рные
   произведе'ния напи'саны на зака'з. 2. О'бувь э'того
   велика'на сде'лана на зака'з.
   00
   По зака'зу
   BY (SOMEONE'S) COMMAND/WISH/REQUEST
   -Пра'во,... ужа'сно тру'дно говори'ть по зака'зу.
ЗАКАЗА'ТЬ
   00
   Заказа'ть [кому'] $путь/доро'гу$ [куда']
   TO BAR (SOMEONE'S) WAY/PATH (SOMEWHERE); TO SHUT THE DOOR IN
   (SOMEONE'S) FACE; TO MAKE (SOMEONE) UNWELCOME (SOMEWHERE)
   Стихи' Маяко'вского ста'ли появля'ться в журна'ле
   "Ле'топись", до э'того поэ'ту бы'ли зака'заны пути' в
   то'лстые журна'лы.
ЗАКА'Л
   00
   $Челове'к/лю'ди$ [како'го] зака'ла
   A CREATURE OF (SOME) HABIT
   Челове'к кре'пкого зака'ла предприи'мчив, на'чатое
   дово'дит до конца' и от своего' мне'ния ре'дко отступа'ет.
   00
   $Челове'к<лю'ди$ ста'рого зака'ла R ста'рый
ЗАКА'Т
   00
   На зака'те дней
   IN THE TWILIGHT OF ONE'S LIFE
   Отсу'тствие того', что това'рищи-фило'софы называ'ют
   о'бщей иде'ей, я заме'тил в себе' то'лько незадо'лго
   перед сме'ртью, на зака'те свои'х дней.
ЗАКАТИ'ТЬ
   00
   $Закати'ть/подкати'ть/завести'$ глаза'
   TO ROLL ONE'S EYES
   1. А'нна Миха'йловна завела' глаза', и на лице' ее.
   вы'разилась глубо'кая скорбь. 2. Пота'п Макси'мыч,
   как заве.л глаза', так и пусти'л храп и свист на всю
   го'стиную.
ЗАКАТИ'ТЬСЯ
   00
   Глаза' закати'лись
   (HE) ROLLED HIS EYES
ЗАКА'ТЫВАТЬ
   00
   Зака'тывать исте'рику R исте'рика
ЗАКИДА'ТЬ
   00
   Закида'ть гря'зью [кого'] R грязь
   00
   Закида'ть камня'ми [кого'] R ка'мень
   00
   Ша'пками закида'ть R ша'пка

ЗАКИ'НУТЬ
   00
   $Заки'нуть/запусти'ть$ у'дочку
   TO HINT AT (SOMETHING); TO FISH AROUND (ABOUT SOMETHING)
   Говоря' о вы'годе домовладе'ния и сда'че кварти'р в
   аре'нду, он заки'нул у'дочку о поку'пке в скла'дчину
   тако'го до'ма.
   00
   $Заки'нуть/запусти'ть$ слове'чко
   TO DROP A WORD; TO GIVE/DROP A HINT
   А'нна Андре'евна уже' заки'нула мне вчера'
   удиви'тельное слове'чко, что, мо'жет быть, ста'рый князь
   остано'вится на мое'й кварти'ре.
ЗАКЛА'Д
   00
   $Би'ться/поби'ться/уда'риться$ об закла'д
   TO MAKE A BET
ЗАКЛЕ.ПКА
   29
   Закле.пок не хвата'ет [у кого']
   (HE) ISN'T TOO BRIGHT; (HE) DOESN'T HAVE TOO MUCH ON THE
   BALL
   Де'вушка игра'ла с детьми' в пря'тки. -Закле.пок не
   хвата'ет у нее., -говорили сосе'ди, пока'зывая на лоб.
ЗАКЛЮЧЕ'НИЕ
   00
   В заключе'ние
   IN CONCLUSION
   ... В заключе'ние он [Мещеряко'в] отме'тил, что ...
   су'точная добы'ча составля'ла сто'лько-то тонн.
   00
   Ме'сто заключе'ния R ме'сто
ЗАКЛЮЧИ'ТЕЛЬНЫЙ
   00
   Заключи'тельный акко'рд R акко'рд
ЗАКЛЮЧИ'ТЬ
   00
   Заключи'ть пари' R пари'
   00
   Заключи'ть под стра'жу R стра'жа
ЗАКОЛДО'ВАННЫЙ
   00
   $Заколдо'ванный/маги'ческий$ круг
   1. THE MAGIC CIRCLE 2. A HOPELESS SITUATION
ЗАКО'Н
   00
   Вне зако'на
   OUTSIDE THE LAW
   59
   $Вступи'ть в зако'н/приня'ть зако'н$
   TO GET LEGALLY MARRIED
   00
   Драко'новские зако'ны R драко'новский
   00
   Зако'н не пи'сан [для кого'<кому']
   THE LAW WAS NOT WRITTEN FOR (HIM)
   Мсье. Вольдема'р с на'ми в пе'рвый раз, и сего'дня для
   него' зако'н не пи'сан.
   59
   $Состоя'ть/жить$ в зако'не
   TO LIVE IN MATRIMONY
ЗАКО'ННЫЙ
   00
   Вступи'ть в (зако'нную) си'лу R вступи'ть
ЗАКОПА'ТЬ
   00
   Закопа'ть тала'нт (в зе'млю) R тала'нт
ЗАКРУЖИ'ТЬСЯ
   00
   В голове' закружи'лось R голова'
   00
   Голова' закружи'лась R голова'
ЗАКРЫВА'ТЬ
   00
   Закрыва'ть ла'вочку R ла'вочка
ЗАКРЫ'ТЫЙ
   00
   В закры'том помеще'нии

ЗАКРЫ'ТЫЙ CONT'D.
  INDOORS; INSIDE
  Зимо'й лю'ди бо'льшею ча'стью нахо'дятся в закры'том
  помеще'нии.
  00
  При закры'тых дверя'х R дверь
  00
  С закры'тыми глаза'ми
  (TO DO/GO INTO SOMETHING) BLINDFOLDED
  -Ты живе.шь с закры'тыми глаза'ми - оста'вил рабо'ту
  когда' ее. вообще' тру'дно найти'.- -Она' надое'ла мне.-
ЗАКРЫ'ТЬ
  00
  Закры'ть глаза' [на что]
  TO SHUT/CLOSE ONE'S EYES TO (SOMETHING)
  Закры'ть глаза' на тру'дности.
  00
  Закры'ть две'ри до'ма [перед кем<для кого']
  TO MAKE (SOMEONE) UNWELCOME
  Мно'гие неме'для и благоразу'мно закры'ли две'ри домо'в
  свои'х пред оско'лками гру'ппы геро'ев, кото'рые еще.
  вчера' вызыва'ли восхище'ние.
  00
  Закры'ть $кавы'чки/ско'бки$
  TO CLOSE PARENTHESES
  Перечи'тывая свою' рабо'ту, он закры'л кавы'чки в одно'м
  ме'сте и ко'е-где поста'вил запяты'е.
  00
  Закры'ть рот [кому']
  TO SHUT UP (SOMEONE); TO SILENCE (SOMEONE)
  Представи'тель фина'нсового управле'ния о'бласти на'чал
  говори'ть о стро'гой эконо'мии, но ему' закры'ли рот
  вопро'сом: -Ско'лько нену'жных командиро'вок Вы
  сде'лали?-
  00
  Закры'ть сче.т
  1. TO CLOSE AN ACCOUNT (AT THE BANK) 2. TO STOP PAYMENT
  3. TO MAKE A FINAL ACCOUNTING; FIGURE OUT THE TOTALS
  Он закры'л сче.т в Национа'льном ба'нке.
ЗАКУСИ'ТЬ
  00
  Закуси'ть язы'к
  TO FALL SILENT; [DID THE CAT GET YOUR TONGUE?]; TO LOSE
  ONE'S TONGUE
  Тут Ива'н Игна'тьич заме'тил, что проговори'лся, и
  закуси'л язы'к.
ЗАКУ'СКА
  00
  На заку'ску
  FOR DESSERT [A FINAL TIDBIT OF INFORMATION, GOSSIP]
  -Погоди', я приберегла' тебе' ве'сточку на заку'ску.
ЗАЛА'ДИТЬ
  00
  Зала'дила соро'ка Я'кова (одно' про вся'кого) R
  соро'ка
ЗАЛЕ'ЗТЬ
  00
  Зале'зть в $долг<долги'$ R долг
  00
  Зале'зть в ду'шу [кому'] R душа'
ЗАЛИВА'ТЬСЯ
  00
  Залива'ться соловье.м R солове'й
ЗАЛИ'ТЬ
  00
  Зали'ть $го'ре/тоску'/ETC$
  TO DROWN ONE'S SORROWS
  00
  Зали'ть за га'лстук R га'лстук
  00
  Зали'ть шары' R шар
ЗАЛИ'ТЬСЯ
  00
  Зали'ться соловье.м R солове'й
ЗАЛОЖИ'ТЬ
  00
  Заложи'ть за га'лстук R га'лстук
  00
  Заложи'ть $осно'ву/фунда'мент$ [чего']

  TO LAY THE FOUNDATION OF (SOMETHING)
  00
  Заложи'ть $скла'дку<скла'дки$
  TO FOLD (SOMETHING); TO CREASE
  Она' показа'ла письмо' подру'ге, предвари'тельно
  заложи'в скла'дку на ме'сте по'дписи.
ЗАЛОМИ'ТЬ
  00
  Заломи'ть ру'ки
  TO TWIST (SOMEONE'S) ARMS BEHIND (HIS/HER) BACK
  Ру'ки ее. зало'млены за спи'ну, руба'ха изо'рвана в
  кло'чья.
  00
  Заломи'ть ша'пку
  TO COCK ONE'S CAP (BACK OR SIDEWAYS)
  Заломи'в ша'пку, он ше.л насви'стывая.
ЗАМА'ЗАТЬ
  29
  Зама'зать глаза' [кому']
  TO PULL THE WOOL OVER (SOMEONE'S) EYES
  -Ему' не уда'стся зама'зать глаза' мне похва'лами: у
  него' на уме' не я, а что'-то друго'е, -мелькну'ло у
  меня' в голове'.
  00
  Зама'зать рот [кому'] R рот
ЗАМАНИ'ТЬ
  00
  Калачо'м не зама'нишь [кого'] R кала'ч
ЗАМЕРЗА'НИЕ
  00
  На то'чке замерза'ния
  AT A STANDSTILL
  Перегово'ры о ми'ре на то'чке замерза'ния - ни одна'
  сторона' не иде.т на усту'пки.
ЗАМЕСТИ'
  00
  Замести' $след<следы'$
  TO COVER ONE'S TRACKS
  Ненадо'лго удало'сь замести' следы' преступле'ния;
  неосторо'жность одного' загово'рщика вы'дала всех.
ЗАМЕ'ТИТЬ
  42
  Дать заме'тить
  TO LET IT BE KNOWN
  [Юрисконсульт] дал то'же иску'сно заме'тить, что
  жура'вль в не'бе ничего' не зна'чит, а ну'жно сини'цу в
  ру'ку.
  00
  Заме'тить в ско'бках R ско'бка
ЗАМЕ'ТКА
  00
  $Брать/взять$ на заме'тку
  TO MARK DOWN (SOMETHING); TO NOTE DOWN; TO NOTICE WELL
  Мале'йший недоста'ток в рабо'те был взят на заме'тку
  ревизио'нной коми'ссией.
  00
  Быть на заме'тке R замеча'ние
ЗАМЕЧА'НИЕ
  00
  $Брать/взять$ на замеча'ние
  TO GIVE SPECIAL, PERSONAL ATTENTION TO (SOMETHING); TO
  PERSONALLY ATTEND TO (SOMETHING); TO KEEP AN EYE ON (SOMEONE)
  Спосо'бности инжене'ра бы'ли взя'ты на замеча'ние: он
  получи'л бо'лее отве'тственную рабо'ту.
  00
  Быть на $замеча'нии/заме'тке$
  TO HAVE (SOMEONE'S) SPECIAL/PERSONAL ATTENTION
  Бы'вшие ссы'льные всегда' бы'ли на замеча'нии у поли'ции.
  42
  Быть на $хоро'шем/дурно'м/ETC$ замеча'нии [у кого']
  TO HAVE A GOOD/BAD REPUTATION WITH (SOMEONE)
  -Ты у нее. на дурно'м замеча'нии.
  00
  Попа'сть на замеча'ние
  TO DRAW ATTENTION TO ONESELF; TO BE WATCHED
  Из-за свое'й словоохо'тливости он попа'л на замеча'ние
  как опа'сный вольноду'мец.
ЗАМИРА'НИЕ
  00
  С замира'нием се'рдца

ЗАМИРА'НИЕ CONT'D.
    WITH A BEATING HEART
    -Что же тако'е случи'лось? -прошепта'л я, входя' с
    замира'нием се'рдца в се'ни.
ЗАМКНУ'ТЬСЯ
    00
    Замкну'ться в себе'
    TO RETREAT WITHIN ONESELF; TO SHUT ONESELF OFF [FROM
    OTHERS]
    -Напра'сно, Алексе'й, так замкну'лся в себе' - одному'
    трудне'е справля'ться с го'рем.
ЗА'МОК
    00
    Возду'шные за'мки R воздушный
    00
    Стро'ить возду'шные за'мки R стро'ить
ЗАМО'К
    00
    Быть $на замке'<под замко'м$
    TO BE UNDER LOCK AND KEY
    -Да'ром, что молода'я ба'рыня, а ху'же ста'рой: в до'ме
    все. на замке'.
    00
    Держа'ть под замко'м
    TO KEEP UNDER LOCK AND KEY
    00
    За $семью'/десятью'$ $замка'ми/запо'рами$
    (TO BE) KEPT UNDER LOCK AND KEY; (TO BE) SEALED UP [IN
    ORDER TO SAFEGUARD SOMETHING]
    У скупо'го богача' де'ньги за семью' замка'ми, а сам он
    хо'дит в отре'пьях.
ЗАМО'ЛВИТЬ
    00
    Замо'лвить $сло'во/слове'чко$ [у кого'<перед кем] [за
    кого'<о ком]
    TO PUT IN A GOOD WORD ABOUT (SOMEONE) TO (SOMEBODY); TO SPEAK
    UP FOR (SOMEONE) BEFORE (SOMEONE)
    -Замо'лви сло'во за нас! -проси'ли слесаря' ма'стера,
    ше'дшего в конто'ру фа'брики.
ЗАМОЛЧА'ТЬ
    00
    На полусло'ве замолча'ть R полусло'во
ЗАМОРИ'ТЬ
    00
    Замори'ть $червячка'/червяка'$
    TO TAKE A BITE; TO TAKE THE EDGE OFF ONE'S HUNGER
    Ме'жду за'втраком и обе'дом он лю'бит замори'ть
    червячка' ле.гкой заку'ской.
ЗА'МУЖ
    59
    $Брать/взять$ за'муж
    TO MARRY; TO TAKE FOR A HUSBAND
    Дружи'ли смо'лоду, с тех пор, Как взя'ли за'муж двух
    сесте.р.
    00
    $Вы'дать/отда'ть$ за'муж [за кого']
    TO MARRY OFF [A WOMAN]
    Он вы'дал сестру' за'муж за своего' дру'га.
    00
    $Вы'йти/пойти'$ за'муж [за кого']
    TO MARRY; TO ENTER A MARRIAGE [ABOUT A WOMAN]
    Лизаве'та Ива'новна вы'шла за'муж за о'чень любе'зного
    молодо'го челове'ка.
    Вы'скочить за'муж R вы'скочить
ЗА'МУЖЕМ
    00
    Быть за'мужем
    TO BE MARRIED [ABOUT A WOMAN]
    Она' когда'-то была' за'мужем, но ско'ро овдове'ла.
ЗАМУТИ'ТЬ
    00
    Воды' не замути'т R вода'
ЗАМУТИ'ТЬСЯ
    00
    В $глаза'х/голове'$ замути'лось R помути'ться
ЗАМЫКА'ТЬСЯ
    00
    Замыка'ться в свою' скорлупу' R скорлупа'

ЗА'НАВЕС
    00
    Дать за'навес R дать
    00
    Под за'навес
    AT THE CONCLUSION; AT THE VERY END
    Мы слу'шали его' мо'лча, за'нятые мы'слью: что' он
    ска'жет под за'навес?
ЗАНЕСТИ'
    00
    Ве'тер зане.с<ве'тром занесло' R ве'тер
    00
    Куда' во'рон косте'й не занесе.т R во'рон
    00
    Неле.гкая занесла' [кого'] R неле.гкий
ЗАНИМА'ТЬ
    00
    Занима'ть си'льные пози'ции [где] R си'льный
ЗАНИМА'ТЬСЯ
    00
    Дух занима'ется R заня'ться
    00
    Дыха'ние занима'ется R заня'ться
ЗАНЯ'ТЬ
    00
    $Дух/дыха'ние$ $за'няло/занима'ет$
    ONE'S HEART SKIPPED A BEAT; (HE/SHE) COULD BARELY CATCH
    (HIS/HER) BREATH
    Дух за'няло у него' от люби'мого напе'ва, напо'мнившего
    дале.кую ро'дину.
ЗАНЯ'ТЬСЯ
    00
    $Дух занима'ется/дыха'ние занима'ется/дух занялся'/
    дыха'ние заняло'сь$
    ONE'S HEART SKIPPED A BEAT; (HE/SHE) COULD BARELY CATCH
    (HIS/HER) BREATH
    -Дух занялся', когда' я узна'л об обвине'нии меня' в
    кра'же, -сказа'л ста'рый касси'р, прослужи'вший бо'лее
    двадцати' лет на одно'м ме'сте.
ЗАОДНО'
    00
    Быть заодно' [с кем] R быть
ЗАОСТРИ'ТЬ
    00
    Заостри'ть внима'ние [на че.м]
    TO FOCUS ONE'S ATTENTION ON (SOMETHING)
    Заостри'ть внима'ние на ка'честве проду'кции.
ЗАПА'Л
    29
    Под запа'л
    IMPULSIVELY; RASHLY
    Немно'го утоли'в го'лод под запа'л, он стал выбира'ть
    еду' по ви'ду и предполага'емому вку'су.
ЗАПА'С
    00
    В запа'се
    IN RESERVE; TO HAVE LEFT OVER
    По сравне'нию с "Са'го-Ма'ру" у нас под ки'лем бы'ло в
    запа'се два-три фу'та воды'.
    00
    Про запа'с
    AS A RESERVE; TO MAKE SURE; IN CASE OF NEED
    [Нахи'мов] перепра'вился через Ю'жную бу'хту по
    второ'му мо'сту', устро'енному на бо'чках, про запа'с.
ЗАПАСТИ'СЬ
    00
    Запасти'сь терпе'нием
    TO BEAR (SOMETHING) WITH PATIENCE; TO BE PATIENT WITH
    (SOMETHING)
    Мы забра'ли всех соба'к к себе' в пала'тку. Пра'вда,
    э'то доставля'ло нам мно'жество неудо'бств, но мы реши'ли
    запасти'сь терпе'нием.
ЗАПЕРЕ'ТЬ
    29
    За'перло $дух/дыха'ние$
    IT BECAME HARD TO BREATHE; TO BE CHOKING
ЗАПЕЧАТЛЕ'ТЬ
    00
    Запечатле'ть почелу'й [на че.м] R напечатле'ть

ЗАПЛАТИ'ТЬ
    00
    До'рого бы заплати'л R до'рого
    00
    Заплати'ть голово'й R голова'
    00
    Заплати'ть дань [кому'<чему'] R дань
ЗАПЛЫ'ТЬ
    00
    Заплы'ть жи'ром
    TO BECOME FAT
    От оби'лия пи'щи и безде'лья легко' заплы'ть жи'ром.
ЗАПО'Р
    00
    Быть на запо'ре
    TO BE LOCKED UP [ABOUT DOORS, GATES, ETC.]
    -Чтоб день и ночь воро'та на запо'ре! Чтоб день и ночь
    круг до'ма сторожа'.
    00
    За $семью'/десятью'$ запо'рами R замо'к
ЗАПРА'ВИТЬ
    00
    Запра'вить $ко'йку/крова'ть$
    TO MAKE A BED
    Крова'ть запра'влена с утра'.
ЗАПРЕ'Т
    00
    $Находи'ться/быть$ под запре'том
    TO BE FORBIDDEN
    Прода'жа без реце'пта врача' кокаи'на, мо'рфия и други'х
    наркоти'ческих средств нахо'дится под запре'том.
ЗАПРЕ'ТНЫЙ
    00
    Запре'тный плод
    FORBIDDEN FRUIT
ЗА'ПРОСТО
    00
    Про'сто-за'просто R про'сто
ЗАПУСТЕ'НИЕ
    00
    Ме'рзость запусте'ния R ме'рзость
ЗАПУСТИ'ТЬ
    29
    Запусти'ть глаза' [куда']
    TO PEEK INTO
    Ма'льчик запусти'л глаза' в охо'тничью су'мку отца'.
    00
    Запусти'ть $ру'ку/ла'пу$ [во что]
    TO GRAB (SOMETHING) FOR ONESELF ; TO LAY HANDS ON
    (SOMETHING)
    1. Коте.нок запусти'л ла'пку в корзи'ну, привлече.нный
    шо'рохом в ней, и с жа'лобным мяу'каньем вы'дернул ее. с
    вися'щим на ней ра'ком. 2. Опеку'н запусти'л ру'ку в
    насле'дство сиро'т, оста'вив их ни'щими.
    00
    Запусти'ть слове'чко R заки'нуть
    00
    Запусти'ть у'дочку R заки'нуть
ЗАРАСТИ'
    00
    Зарасти' гря'зью
    TO FALL INTO NEGLECT; TO GO TO POT
    00
    Мо'хом зарасти' R мох
ЗАРЕ'З
    00
    До заре'зу
    TO THE EXTREME; TO BEAT THE BAND
ЗАРЕ'ЗАТЬ
    00
    Без ножа' заре'зать
    TO HAVE (SOMEONE) AGAINST THE WALL; YOU WILL BE THE DEATH
    OF ME!
    00
    Хоть $заре'жь<заре'жьте$
    NO MATTER WHAT; DESPERATELY; FOR THE LIFE OF ME
    1. -Ты до'лжен мне дать три ты'сячи взаймы'. Ну'жны,
    брат, хоть заре'жь! 2. -Нет, господа', хоть заре'жьте,

-сказа'л он и встряхну'л голово'й, -не понима'ю, почему'
вы про'тив любви'!
ЗАРЕКОМЕНДОВА'ТЬ
    00
    Зарекомендова'ть себя'
    TO SHOW ONESELF [IN SOME ASPECT OF ONE'S CHARACTER OR AS
    BEING SOMEONE]
    1. Зарекомендова'ть себя' с плохо'й стороны'. 2.
    [Лука'шин] сра'зу зарекомендова'л себя'
    дисциплини'рованным и стара'тельным рабо'чим.
ЗАРО'ДЫШ
    00
    В заро'дыше
    IN THE BUD
    Но нам мо'гут сказа'ть, что сати'ра должна' поража'ть
    зло уже' разви'вшееся ..., а нето', кото'рое нахо'дится
    еще. в заро'дыше.
ЗАРОНИ'ТЬ
    00
    Зарони'ть $и'скру/се'мя$ [чего']
    TO PLANT A SEED; TO STRIKE A SPARK [OF A THOUGHT,
    PHILOSOPHY]
    1. -Помя'нем тех, кто в на'ши молоды'е ду'ши се'мя
    добра' зарони'л! 2. Э'ти да'вние ска'зки отца', быть
    мо'жет, зарони'ли в меня' пе'рвую и'скру стра'сти к
    скита'ниям.
ЗАРУБИ'ТЬ
    00
    Заруби'ть в па'мяти [что]
    TO ENGRAVE IN ONE'S MEMORY
    -Заруби'те слова' мои' в па'мяти, что'бы пото'м...
    никто' не мог сказа'ть: не зна'ю, да не слыха'л!
    00
    Заруби'ть на $носу'/лбу$
    MARK [MY WORDS] WELL! TO ENGRAVE IN ONE'S MEMORY
ЗАРЫ'ТЬ
    00
    Вот где соба'ка зары'та R соба'ка
    00
    Зары'ть тала'нт (в зе'млю) R тала'нт
ЗАРЯ'
    00
    Ни свет ни заря' R свет(1)
    00
    От зари' до зари'
    FROM DAWN TO DUSK; FROM SUNSET TO SUNRISE
    Что за зву'ки, за пе'сни полью'тся День-деньско'й, от
    зари' до зари'!
ЗАРЯ'Д
    00
    Вы'пустить заря'д R вы'пустить
ЗАСВИДЕ'ТЕЛЬСТВОВАТЬ
    00
    Засвиде'тельствовать [кому'] $почте'ние/уваже'ние/
    благода'рность/ETC$ R свиде'тельствовать
ЗАСЕ'СТЬ
    00
    Гвозде.м засе'сть R гвоздь
ЗАСЕ'ЧЬ
    00
    Засе'чь вре'мя
    TO MARK DOWN THE TIME; TO RECORD THE TIME
    Хозя'ин мастерско'й засе.к вре'мя нача'ла рабо'ты.
ЗАСИДЕ'ТЬСЯ
    29
    Засиде'ться в $де'вках/деви'чах/неве'стах$
    TO REMAIN UNMARRIED [ABOUT A WOMAN]
    Еди'нственная дочь губерна'тора засиде'лась в деви'чах;
    она' была' не в ме'ру разбо'рчива в жениха'х.
    00
    Засиде'ться в де'вках R де'вка
ЗАСЛУ'ГА
    00
    По заслу'гам
    ACCORDING TO MERIT; TO ONE'S DESERT(S)
    Получи'ть по заслу'гам.
ЗАСМА'ТРИВАТЬ
    00
    Засма'тривать [кому'] в $глаза'/личо'$

ЗАСМА'ТРИВАТЬ CONT'D.
  TO TRY TO READ (SOMEONE'S) MIND; TO GIVE A QUESTIONING LOOK
  TO (SOMEONE)
  О'ба мину'ту молча'т и засма'тривают друг дру'гу в
  глаза'.
ЗАСНУ'ТЬ
  00
  Засну'ть $ве'чным/после'дним/моги'льным/ETC$ сном R
  сон
  00
  Засну'ть $ме.ртвым сном/мертве'цки/мертве'цким сном$ R
  ме.ртвый
ЗАСТА'ВИТЬ
  00
  Заста'вь<заста'вьте (ве'чно) бо'га моли'ть R моли'ть
  00
  Не заста'вить себя' ждать R ждать
ЗАСТА'ТЬ
  00
  В живы'х (заста'ть) R живо'й
ЗАСТРЯ'ТЬ
  00
  Застря'ть в го'рле
  TO STICK IN ONE'S THROAT [ABOUT WORDS, STATEMENTS]
  Гото'вые сорва'ться упре.ки, да'же руга'тельства
  застря'ли у него' в го'рле.
ЗАСТУПИ'ТЬ
  00
  Заступи'ть доро'гу [кому']
  TO BAR (SOMEONE'S) WAY/PATH
  Неожи'данно верну'вшийся хозя'ин заступи'л доро'гу во'ру
  с добы'чей из до'ма.
ЗАСТЫ'ТЬ
  00
  Кровь засты'ла в жи'лах R кровь
ЗАТАИ'ТЬ
  00
  Затаи'ть дыха'ние
  TO HOLD ONE'S BREATH
  -Фу ты, па'кость кака'я, -пробормота'л Ива'н Ильи'ч,
  все э'ти мину'ты стоя'вший, затаи'в дыха'ние.
ЗАТЕРЯ'ТЬСЯ
  00
  Как иго'лка в стогу' се'на =затеря'ться= R иго'лка
ЗАТЕ'Я
  00
  Без зате'й
  SIMPLY; WITHOUT MUCH ADO
  Так и жи'ли му'хины лет сто, коли' не бо'льше,
  по'просту, без зате'й.
ЗАТКНУ'ТЬ
  00
  Заткну'ть дыру' R дыра'
  29
  Заткну'ть за' пояс
  TO BE ABLE TO RUN CIRCLES AROUND (SOMEONE); TO SURPASS
  (SOMEONE); TO EXCEL (SOMEONE)
  -[Да'ша] любо'го па'рня за по'яс заткне.т.
  00
  Заткну'ть $рот/го'рло/гло'тку$ [кому'] R рот
ЗАТОПТА'ТЬ
  00
  Затопта'ть в грязь R грязь
ЗАТРО'НУТЬ
  00
  Затро'нуть за живо'е R живо'й
ЗАТРУДНИ'ТЬ
  00
  Е'сли вас не затрудни'т
  IF IT'S NOT TOO MUCH BOTHER/TROUBLE
  Е'сли Вас не затрудни'т, то, пожа'луйста, пришли'те
  его' дома'шний а'дрес.
ЗАТЫ'ЛОК
  00
  В заты'лок =идти'/стоя'ть/шага'ть/ETC=
  (TO GO) ONE AFTER ANOTHER; SINGLE FILE
  Покупа'тели стоя'ли в заты'лок у продово'льственного
  магази'на.

  00
  Чеса'ть заты'лок<в заты'лке R чеса'ть
ЗАТЫ'ЧКА
  06
  На заты'чку
  AS A STOP-GAP
  -Надо'лго твоя' рабо'та?- -Я то'лько на заты'чку пока'
  попра'вится тот, кого' я замеща'ю.-
ЗАТЯ'ГИВАТЬСЯ
  00
  Пе'тля затя'гивается R пе'тля
ЗАУ'ТРЕНЯ
  00
  Стоя'ть зау'треню R стоя'ть
ЗАХВАТИ'ТЬ
  00
  $Дух/дыха'ние$ $захвати'ло/захва'тывает$
  (HE/SHE) COULD BARELY CATCH (HIS/HER) BREATH
  От бы'строго бе'га дух захва'тывает.
ЗАХЛЕСТНУ'ТЬ
  29
  Захлестну'ло $па'мять<в па'мяти$
  IT SKIPPED (MY) MIND; (I) PLUMB FORGOT
  -От волне'ния захлестну'ло па'мять, но ненадо'лго,
  -расска'зывал он по'сле экза'мена.
ЗАХОДИ'ТЬ
  00
  Ум за ра'зум захо'дит [у кого'] R ум
ЗАЧЕ.Т
  42
  В заче.т
  IN PAYMENT
  -Я брал [де'ньги] у кня'зя в заче.т его' до'лга Андре'ю
  Петро'вичу.
ЗАШИБИ'ТЬ
  00
  Му'ху зашиби'ть R му'ха
ЗАЩИ'ТА
  00
  $Брать/взять$ под защи'ту [кого'<что]
  TO TAKE (SOMEONE) UNDER ONE'S PROTECTION
  Нача'льство го'рода взя'ло ее. под свою' защи'ту.
ЗАЯВЛЕ'НИЕ
  00
  Класть под сукно' =заявле'ние= R сукно'
ЗА'ЯЦ
  00
  $Гоня'ться/гна'ться/погна'ться$ за двумя' за'йцами
  TO HAVE TOO MANY IRONS IN THE FIRE
  00
  Уби'ть двух за'йцев R уби'ть
ЗА'ЯЧИЙ
  00
  За'ячья душа' R душа'
ЗВА'НИЕ
  00
  И зва'ния нет [кого'<чего'<кому'<чему']
  AND (IT) WAS/IS GONE;
  -Оберну'лись мы на "Ча'йку" взгляну'ть, а ее. и зва'ния
  нет... то'лько обло'мки пове'рх воды' пла'вают.
  00
  Носи'ть зва'ние R носи'ть
  00
  Одно' зва'ние оста'лось
  ONLY THE NAME IS LEFT
  От пре'жнего рестора'на, изве'стного Казими'ру
  Станисла'вовичу, оста'лось то'лько одно' зва'ние.
  12
  $Одно'/то'лько$ зва'нье
  IN NAME ONLY
  1. -Кака'я э'то я'рмарка!... Зва'нье одно', что
  я'рмарка.... 2. -Где вы там, в Сиби'ри, жи'ли-то?
  -мра'чно спроси'л дед. -В го'роде Колы'ми... То'лько
  зва'нье, что го'род, а на са'мом де'ле - дыра'!...
ЗВАТЬ
  00
  Помина'й как зва'ли R помина'ть
ЗВЕЗДА'
  00
  Восходя'щая звезда' R восходя'щий

ЗВЕЗДА' CONT'D.
00
До звезды'
TILL NIGHTFALL
[В соче'льник] никто', не исключа'я и дете'й, до звезды' не ел.
00
Зве.зды с не'ба хвата'ть
(HE) IS AS GOOD AS THEY COME; [IN THE NEG. FORM] (HE) WON'T SET THE WORLD ON FIRE; (HE) IS NOT SUCH A BIG DEAL
На слова'х - он зве.зды с не'ба хвата'ет, а на де'ле - не спосо'бен спра'виться с просто'й рабо'той его' же профе'ссии.
00
Путево'дная звезда' R путево'дный
00
Роди'ться под счастли'вой звездо'й
TO BE BORN UNDER A LUCKY STAR
-Я, пови'димому, роди'лся под счастли'вой звездо'й, оста'вшись в живы'х, -говори'л пассажи'р разби'вшегося самоле.та.
00
Счита'ть зве.зды R счита'ть
ЗВЕНЕ'ТЬ
00
В голове' $звени'т/шуми'т$ R шуме'ть
00
В уша'х звени'т<в у'хе звени'т [у кого'] R у'хо
ЗВЕРЬ
00
Буди'ть [в ком] зве'ря
TO BRING OUT THE BEAST IN (SOMEONE)
Война' бу'дит зве'ря в челове'ке.
00
Смотре'ть зве'рем
TO LOOK DAGGERS; TO GIVE BLACK LOOKS
-Ты вот что скажи': с чего' э'то оте'ц твой на меня' зве'рем смо'трит?
00
Ста'рый зверь R стре'ляный
00
Стре'ляный зверь R стре'ляный
00
Тра'вленый зверь R тра'вленый
ЗВОН
29
Зво'ну зада'ть
TO GIVE (SOMEONE) HELL
Гла'вный бухга'лтер зада'л зво'ну счетово'ду за оши'бки в исчисле'нии зарпла'ты.
00
Мали'новый звон R мали'новый
ЗВОНИ'ТЬ
29
Звони'ть во все колокола'
TO SHOOT ONE'S MOUTH OFF; TO BROADCAST
О побе'де футбо'льной кома'нды звони'ли во все колокола' в ме'стной и областно'й печа'ти.
ЗВО'НКИЙ
00
Зво'нкая фра'за
HIGH-FALUTING
Ра'венство всех перед зако'ном явля'ется зво'нкой фра'зой до те'х пор пока' не стано'вится реа'льностью.
ЗВУК
14
Звук пусто'й
A MEANINGLESS WORD/PHRASE
00
Ни зву'ка
NOT A PEEP; ONE COULD HEAR A PIN DROP
На стук в дверь - ни зву'ка в отве'т; оказа'лось, что в до'ме никого' не' было.
ЗВУЧА'ТЬ
00
Звуча'ть в $уша'х/па'мяти/се'рдце$
(IT) STICKS IN ONE'S MIND/MEMORY
ЗГИ
00
(Ни) зги не $ви'дно/вида'ть$

ONE CAN'T SEE (HIS/HER) HAND BEFORE (HIS/HER) FACE; IT'S PITCH-DARK
-А ночь, изво'лю вам доложи'ть, те.мная-прете.мная - про'сто зги не вида'ть.
ЗДЕСЬ
00
Одна' нога' здесь, (а) друга'я там R нога'
ЗДОРО'ВО
29
(3а) здоро'во живе.шь
NEITHER HERE NOR THERE; FOR NO GOOD REASON
1. Все им помыка'ли:... и за де'ло, и так, здоро'во живе.шь, руга'ли и би'ли Про'шку. 2. -Легкове'рный вы челове'к, Богда'н Саве'льич. Все. у вас как-то вдруг, за здоро'во живе.шь, а поли'тика вещь серье.зная и тре'бует стро'гого размышле'ния.
29
Здоро'во $живе.шь<живе.те$!
HI!; HOWDY!; HOW ARE YOU!
-Здоро'во живе.те, ба'боньки! -сказа'л мужчи'на, сняв фура'жку и поклони'вшись нале'во, где о'коло одного' до'ма разгова'ривали шесть же'нщин.
00
Сно'ва-здоро'во R сно'ва
ЗДОРО'ВЫЙ
00
$Будь здоро'в<бу'дьте здоро'вы$ GOOD-BY
1. В сосе'днем купэ' кто'-то чихну'л; слышны' голоса': -Бу'дьте здоро'вы!- -Спаси'бо!- 2. -Проща'й, сын! Будь здоро'в и не забыва'й писа'ть о свое'й жи'зни в столи'це!
00
Жив-здоро'в<жив и здоро'в R живо'й
00
Здоро'в как бык R бык
00
С больно'й головы' на здоро'вую =сва'лить/перекла'дывать/вали'ть/ETC= R больно'й
ЗДОРО'ВЬЕ
00
(3а) $ва'ше<твое'$ здоро'вье
TO YOUR HEALTH! (A TOAST)
На (до'брое) здоро'вье
1. HELP YOURSELF (WHEN OFFERING HOSPITALITY) [LITERALLY: EAT AND MAY IT BRING YOU GOOD HEALTH] 2. YOU ARE WELCOME (IN RESPONSE TO AN EXPRESSION OF GRATITUDE FOR HOSPITALITY)
1. Ку'шайте на здоро'вье. 2. -Ну, за хлеб за соль, -сказа'л прохо'жий, вылеза'я из-за стола'. -На здоро'вье, -отве'тила хозя'йка.
00
Припада'ть здоро'вьем R припада'ть
ЗДРА'ВИЕ
42
Во здра'вие
TO YOUR HEALTH!; HELP YOURSELF!
И, по'лно, что за сче'ты: Лишь ста'ло бы охо'ты, А то во здра'вие: ешь до дна!
00
Здра'вия $жела'ю<жела'ем$!
[A FORM OF GREETING] GOOD DAY, SIR!
00
Нача'ть за здра'вие, а $ко'нчить/свести'$ за упоко'й
TO START (SOMETHING) WITH LAUGHTER AND END WITH TEARS
-Че'рт зна'ет, из-за чего' мы спор по'дняли На'чали о здра'вии, а ко'нчили за упоко'й!
ЗДРА'ВСТВОВАТЬ
04
Да $здра'вствует<здра'вствуют$ ...!
LONG LIVE. ...!
Да здра'вствует мир во все.м ми'ре!
ЗДРА'ВЫЙ
00
В здра'вом уме' R ум
00
Здра'вый смысл R смысл
ЗЕЛЕНЕ'ТЬ
00
В глаза'х зелене'ет

ЗЕЛЕНЕ'ТЬ CONT'D.
TO FEEL DIZZY; TO SEE SPOTS BEFORE ONE'S EYES
По времена'м меня' клони'л сон, в глаза'х зелене'ло, голова' шла кру'гом.

ЗЕЛЕ.НЫЙ
00
До зеле.ного зми'я =допи'ться= R змий
00
Зеле.ная $ску'ка/тоска'$
THE BLUES; DEEP DEPRESSION
-Ну что, ве'село тебе' бы'ло вчера'? он отве'тил с угрю'мым раздраже'нием: -Тоска' зеле.ная! Я лу'чше уди'ть ры'бу бу'ду.
00
Зеле.ная у'лица
1. AN OPEN THOROUGHFARE; GO-SIGNAL (TRAFFIC) 2. THERE IS NOTHING STANDING IN ONE'S WAY 3. GAUNTLET (AS IN: TO RUN THE GAUNTLET
Сего'дня мы е'хали по зеле.ной у'лице, не сде'лав ни одно'й остано'вки по сигна'лу кра'сного све'та.
00
Мо'лодо-зе'лено R молодо'й

ЗЕМЛЯ'
00
Ви'деть на два арши'на $под земле.й<в зе'млю$ R арши'н
00
Вита'ть между не'бом и земле.й R вита'ть
00
Доста'ть из-под земли' R мо'ре
00
$Зары'ть/закопа'ть$ тала'нт (в зе'млю) R тала'нт
00
За три'девять земе'ль R три'девять
00
Земли' под собо'й не $слы'шать/чу'ять/чу'вствовать/ ETC.$ R слы'шать
00
Зе'млю ро'ет! R рыть
00
Земля' гори'т под нога'ми [у кого'] R горе'ть
00
Земля' не кли'ном сошла'сь ([на ком<че.м]) R клин
00
(Как/то'чно/ETC) сквозь зе'млю провали'лся R провали'ться
00
Между не'бом и земле.й =жить/находи'ться/ETC= R не'бо
00
На край земли' R край
00
На краю' земли' R край
00
Не'бо и земля'<земля' и не'бо R не'бо
00
Низвести' (с неба') на зе'млю [кого'] R низвести'
00
Ни пя'ди (земли' не отда'ть) R пядь
00
Обетова'нная земля' R обетова'нный
00
От земли' не вида'ть R вида'ть
00
$(Отлича'ться) как не'бо от земли'<не'бо и земля'$ R не'бо
00
Посади'ть [кого'] на зе'млю R посади'ть
00
Поту'пить глаза' в зе'млю R поту'пить
00
Преда'ть земле' [кого'] R преда'ть
00
Пуп земли' R пуп
00
Сло'вно $из<из-под$ земли' вы'расти
(AS IF) TO FALL FROM THE SKY; TO DROP FROM THE SKY
Ро'дственник, давно' уе'хавший за грани'цу, сло'вно из-под земли' вы'рос, навсегда' прие'хав к нам.
00
Соль земли' R соль

00
Сровня'ть с земле.й R сровня'ть
00
$Стере'ть/смести'$ [кого'] с лица' земли' R стере'ть
00
Уйти' в зе'млю R уйти'
00
$Упа'сть/сойти'$ с не'ба на зе'млю R не'бо

ЗЕМНО'Й
42
Земно'й покло'н
A DEEP BOW; GENUFLECTION
Крестья'нка сде'лала земно'й покло'н пе'ред ико'ной Спаси'теля.

Земно'й рай<рай земно'й R рай

ЗЕНИ'ЦА
00
$Бере'чь/храни'ть$ как зени'цу о'ка
TO GUARD (SOMETHING) LIKE A TREASURE; TO TAKE EXTREME CARE OF (SOMETHING)
Да сказа'ть ле'карю, чтоб он перевяза'л ему' ра'ну и бере.г его' как зени'цу о'ка.

ЗИМА'
00
Зи'му и ле'то
ALL YEAR ROUND
Зи'му и ле'то ходи'л он в одно'м дубле.ном полушу'бке и в серова'той бара'ньей ша'пке.
00
Сиро'тская зима' R сиро'тский
00
Ско'лько лет, ско'лько зим =не вида'лись= R ле'то

ЗИМОВА'ТЬ
00
Знать, где ра'ки зиму'ют R рак
00
Показа'ть, где ра'ки зиму'ют R рак

ЗЛАТО'Й
00
Злато'й теле'ц R теле'ц

ЗЛА'ЧНЫЙ
62
Зла'чное ме'сто
A HANG-OUT, A TROUBLE SPOT
До'ма он почти' не' жил, потому' что ве.л са'мую цыга'нскую жизнь, посеща'я я'рмарки, клу'бы, иго'рные прито'ны и тому' подо'бные зла'чные места'.

ЗЛО
00
Ко'рень зла R ко'рень
00
$На' зло/на'зло$ [кому'] =поступи'ть [как]/ETC=
TO DO (SOMETHING) TO SPITE (SOMEONE)
00
Непротивле'ние злу (наси'лием) R непротивле'ние
00
Сорва'ть зло [на ком] R сорва'ть
00
Употреби'ть во зло
TO ILL-USE; TO ABUSE (SOMETHING)
Я зна'ю, вы не употреби'те во зло мое'й открове'нности и подади'те мне дру'жеский сове'т.

ЗЛО'БА
00
Зло'ба дня
THE TOPIC OF THE DAY
Зло'бою дня тогда' был бе'шеный волк, забежа'вший в столи'цу.
00
Ло'пнуть от зло'бы R ло'пнуть
00
На зло'бу дня
DEALING WITH THE TOPIC OF THE DAY; TOPICAL
Стихотворе'ние на зло'бу дня.

ЗЛОЙ
00
Злой ге'ний [чей] R ге'ний

ЗЛОЙ CONT'D.
00
Злой дух R дух
00
Злы'е языки'
EVIL TONGUES; GOSSIPERS
Злы'е языки' объясня'ли ла'сковость мое'й ма'тери тем, что она' хоте'ла сбыть с рук золо'вку.
ЗЛОСТЬ
00
$Ло'пнуть/тре'снуть$ со зло'сти R тре'снуть
ЗМЕИ'НЫЙ
00
Змеи'ная му'дрость
CLEVERNESS; CUNNING; FOXINESS
Здра'вый смысл свое'й те.щи зять в шу'тку называ'л змеи'ной му'дростью.
ЗМЕЯ'
00
Змею' на груди' $отогре'ть/пригре'ть/ETC$
TO NOURISH A VIPER IN ONE'S BOSOM
00
Змея' подколо'дная R подколодный
ЗМИЙ
00
До зеле.ного зми'я =допи'ться=
TO SEE PINK ELEPHANTS; TO BE STONE DRUNK
В кана'ве при доро'ге лежа'л пья'ный, до зеле.ного зми'я допи'вшийся и да'же не шевельну'вшийся на о'крик.
ЗНАК
00
В знак па'мяти
AS A MEMENTO
Лиле'йная рука' тебя' мне поднесла' В знак па'мяти, в мину'ту расстава'нья.
00
В знак [чего']
AS PROOF OF ..., AS A SIGN THAT ...
1. -Ну, в знак, что ты совсе'м уж не серди'та, Лау'ра, спой еше.. 2. Лузги'н в знак согла'сия с Михаи'лом Ива'новичем кивну'л голово'й.
00
Пода'ть знак
TO SIGNAL; TO GIVE A SIGN; TO GIVE A HIGH SIGN
-Вы должны' пода'ть мне знак ... Звон меча' - не бо'льше ... Ры'царь!
00
Под зна'ком [чего']
UNDER THE BANNER OF ...
Под зна'ком борьбы' за мир.
00
Ста'вить знак ра'венства [между кем<между чем] R ста'вить
ЗНАКО'МСТВО
00
По знако'мству =сде'лать/устро'ить=
TO (DO SOMETHING) FOR OLD TIMES' SAKE; THROUGH CONNECTIONS
Владе'лец магази'на ме'бели по знако'мству сде'лал усту'пку в цене'.
00
С пе'рвого знако'мства
SINCE FIRST (WE) MET; FROM THE FIRST ENCOUNTER; AT FIRST SIGHT
Па'вел Петро'вич начина'ет чу'вствовать к База'рову сильне'йшую антипа'тию с пе'рвого знако'мства.
00
Ша'почное знако'мство R ша'почный
ЗНАКО'МЫЙ
00
Ша'почный знако'мый R ша'почный
ЗНАМЕНА'ТЕЛЬ
50
Привести' к $одному'/о'бщему$ знамена'телю
TO REDUCE TO THE COMMON DENOMINATOR
ЗНА'МЕНИЕ
14
Зна'мение вре'мени
THE MARK/SIGN OF (OUR) TIME;

00
Осени'ть кре'стным зна'мением R осени'ть
00
Осени'ться кре'стным зна'мением R осени'ться
ЗНА'МО
23
Зна'мо де'ло
OBVIOUSLY; CLEARLY; IT IS OBVIOUS ...
... -хорошо' я вам отре'зал земе'льку-то? ... Коли'чество десяти'н не от меня' зави'сит ... -Зна'мо де'ло: ва'шей ми'лости что прика'жут, то и есть.
ЗНА'МЯ
04
Высоко' держа'ть зна'мя [чье.<чего']
TO HOLD HIGH THE BANNER OF ...
00
Под зна'менем [чего']
UNDER THE BANNER OF ...
Под зна'менем дру'жбы мы преодоле'ем все препя'тствия
04
Подня'ть зна'мя [чье.<чего']
TO RAISE THE BANNER OF ...
И во'льности подня'ть не сме'ли зна'мя.
00
Склони'ть зна'мя R склони'ть
00
$Стать/встать$ под $зна'мя<знаме.на$ [кого'<чего'<чье.]
TO JOIN THE RANKS OF ...; TO RALLY TO THE BANNER OF ...
Я не заду'мываясь то'тчас же стал под знаме.на романти'зма, представи'телями кото'рого у нас счита'ли Полево'го, Пу'шкина и его' шко'лу.
ЗНАТЬ
00
Алла'х зна'ет R алла'х
00
$Бог/госпо'дь$ зна'ет $кто/что/како'й/куда'/ETC$ R бог
00
Дать знать R дать
00
Дать себя' знать R дать
00
До то'чки =знать= R то'чка
00
Зна'ем мы вас
WE KNOW THE LIKES OF YOU! YOU CAN'T KID US!
-Зна'ем мы вас, как вы пло'хо игра'ете!- сказа'л Ноздре.в, выступа'я ша'шкой.
00
Зна'ет ко'шка, чье. мя'со съе'ла R ко'шка
29
Знай на'ших
HOW ABOUT THAT!; WHAT DO YOU SAY TO THAT!; SEE WHAT I CAN DO! [EXPRESSION OF SATISFACTION WITH ONE'S PERFORMANCE, ETC.]
Дя'дя Са'ша брал на гита'ре удало'й акко'рд и посме'ивался, бу'дто говоря': -Знай на'ших!-
00
Знай (себе') [V]
AND (HE) KEPT ON (DOING SOMETHING) UNCONCERNED WITH EVERYTHING ABOUT (HIM)
Все. сиди'т в хала'те да тру'бку знай себе' поку'ривает.
00
Знать в лицо' [кого'] R лицо'
00
Знать все хо'ды' и вы'ходы R вы'ход
00
Знать, где ра'ки зиму'ют R рак
42
Знать гра'моте
TO BE LITERATE; TO KNOW HOW TO READ AND WRITE
Пе.тр был челове'к не ста'рый, лет тридцати' .... Он знал хорошо' гра'моте, ду'мал попа'сть в Петербу'рг в арте'льщики.
00
Знать доро'гу R доро'га
00
Знать как облу'пленного R облу'пленный

ЗНАТЬ CONT'D.

00
Знать [кого'] наскво'зь R наскво'зь

00
Знать $ме'ру/со'весть$
TO BE MODERATE; TO BE A MAN OF CONSCIENCE
По до'лжности он не име'л дохо'дов; по до'му – име'л, но
уме'ренные: друго'й получа'л бы гора'здо бо'льше, а
Па'вел Константи'ныч, как сам говори'л, знал со'весть.

00
Знать не $зна'ю<зна'ешь<ETC$
WHAT ARE YOU TALKING ABOUT?; (I) HAVE NO IDEA WHAT YOU
ARE TALKING ABOUT!
–За огоро'д и продово'льствие из оного' капу'стой,
ре'пой и про'чими овоша'ми, ... Како'й огоро'д? Кака'я
капу'ста? Я и знать не зна'ю, что вы!– почти' гро'зно
возража'л Обло'мов.

42
Знать $прок/толк$ [в че.м]
TO BE KNOWLEDGEABLE IN (SOMETHING); TO BE WELL VERSED IN
(SOMETHING); TO BE AN OLD HAND AT (DOING SOMETHING)
1. Говори'ли об вы'делке горя'чего вина', и в горя'чем
вине' знал он прок. 2. [Ари'на Вла'сьевна] в
хозя'йстве, суше'нье и варе'нье зна'ла толк.

29
Знать про себя'
TO KEEP SOMETHING TO ONESELF

00
Знать свое. ме'сто
TO KNOW ONE'S PLACE

00
Знать сче.т деньга'м R сче.т

00
Знать (тако'е) сло'во R сло'во

00
Знать толк [в че.м] R толк

00
Знать це'ну' [кому'<чему']
TO KNOW THE VALUE OF (SOMETHING); TO KNOW THE WORTH OF
(SOMETHING); TO APPRECIATE (SOMETHING)
–За А'ночку мо'жете быть споко'йны. Я зна'ю ей це'ну',
зна'ю ее. недоста'тки и бу'ду к ней всегда' тре'бователен.

00
Как $зна'ешь<зна'ет<зна'ете<зна'ют$
AS YOU WISH
–Как мне поступи'ть? Согласи'ться ли на слу'жбу в
отъе'зд с бо'льшей зарпла'той и'ли оста'ться здесь?–
–Ка'к зна'ешь; мне все. равно'.–

00
Как знать
HOW CAN ONE BE SURE?; HOW IS ONE TO KNOW?; ARE YOU SURE?
–Мно'го путе'й в жи'зни; как знать – како'й из них
ве'рный?– спра'шивал внук де'да.

00
Как свои' пять па'льцев (знать) R па'лец

00
Кто его' зна'ет
WHO IS TO KNOW?; WHO KNOWS?
–Уби'йство и'ли са'моубийство – кто его' зна'ет? С
пе'рвого взгля'да нея'сно, –говори'ли в поли'ции.

00
$На'до/пора'$ и $со'весть/честь$ знать
IT'S TIME (TO GO, TO LEAVE); ONE MUST KNOW WHEN (TO
LEAVE, STOP DOING SOMETHING)
–Ну, ба'тюшка, ... бу'дет тебе' прохлажда'ться.
Напи'лся води'чы, поговори'л, да пора' и честь знать.

00
Не бог зна'ет [како'й<что] R бог

29
Не знать $ве'ку/изно'су$
MADE TO LAST FOREVER; TO BE SOLIDLY BUILT/MADE TO STAND
UP TO WEAR AND TEAR
На старике' была' не зна'вшая изно'су шу'ба на
медве'жьем меху'.

00
Не знать $же'нщин<же'нщины$
TO HAVE NO KNOWLEDGE OF WOMEN
–Я люблю' тебя', я, кото'рый до си'х пор и не люби'л, и

не знал ни одно'й же'нщины.

00
Не знать, куда' глаза' деть R деть

00
Не знать, куда' дева'ться =от смуще'ния/от стыда'/ETC=
R дева'ться

00
Не знать, куда' деть себя' R деть

00
Не знать, куда' ру'ки деть R деть

00
Не знать $сна/поко'я/о'тдыха/ETC$
TO KNOW NO PEACE/NO REST
Роди'тели не зна'ли сна и поко'я во вре'мя боле'зни
сы'на.

00
Не знать у'держу R у'держ

00
Не знать у'йму R уйм

00
Не знать у'стали R у'сталь

42
Не могу' знать
I DON'T KNOW; I HAVE NO IDEA
–Я его' [щенка'] выче.сывал. –А отчего' же бло'хи? –Не
могу' знать.

00
Ни аза' (в глаза') не знать R аз

00
Ни бе ни ме не зна'ет R бе

00
Ни сном ни ду'хом не знать [чего'] R сон

00
Пе.с $его'<ее.<их<ETC$ зна'ет
WHO KNOWS?; WHO IS TO KNOW?; GOD KNOWS
–Конь ви'дно захвора'л – ни ест и ни пье.т!– –Пе.с его'
зна'ет! Отдохне.т – тогда' узна'ем.–

00
Поче.м знать R поче.м

00
Прах $меня'/тебя'/ETC$ зна'ет $кто/что/како'й/ETC$
R прах

00
$Сам зна'ю/про э'то я' зна'ю$
THAT'S MY BUSINESS; THAT'S UP TO ME!
–Причени'сь снача'ла, а пото'м покупа'й!– –Про э'то я'
знаю.–

00
Так и знай<зна'йте R так

00
То и знай [V]
ALL THE TIME; CONTINUOUSLY; (SOMEBODY/SOMETHING) KEEPS ON
(DOING SOMETHING)
От него' и к нему' то и знай по утра'м Все. курье'ры с
бума'гами ска'чут.

00
То'лько и $зна'ет<зна'ю<зна'ешь<ETC$ что ...
(HE/SHE) DOES NOT DO ANYTHING BESIDES ...
–Доктора' то'лько и зна'ют, что вон отсю'да шлют:
дала'сь им э'та сидя'чая жизнь – все бе'ды в ней ви'дят!

00
Че.рт зна'ет $кто/что/како'й/куда'/ETC$ R че.рт

00
Шут его' зна'ет R шут

ЗНА'ЧИТЬ

00
Ничего' не зна'чить
(IT) DOES NOT MEAN A THING; (IT) MEANS NOTHING; (IT'S)
IRRELEVANT
Благодарю' и Одое'вского за его' типографи'ческие
хло'поты. Скажи' ему', чтоб он печа'тал как взду'мает –
поря'док ничего' не зна'чит.

00
Что зна'чит [кто<что]
THAT'S (SOMETHING) FOR YOU!
Арка'дий бро'сился на ше'ю к своему' бы'вшему
наста'внику и дру'гу, и сле.зы так и бры'знули у него' из
глаз. –Что зна'чит мо'лодость!– произне.с споко'йно

ЗНА'ЧИТЬ CONT'D.
  База'ров.
ЗОЛОТИ'ТЬ
  00
  Золоти'ть пилю'лю R пилю'ля
ЗОЛОТНИ'К
  00
  Мал золотни'к, да до'рог
  IT'S WORTH ITS WEIGHT IN GOLD.
ЗО'ЛОТО
  00
  На вес зо'лота R вес
  00
  Ходи'ть в зо'лоте R ходи'ть
ЗОЛОТО'Й
  00
  Золота'я молоде.жь
  GILDED YOUTH [THE OFFSPRING OF THE WEALTHY OR NOBILITY
  WHO LIVE TO HAVE A GOOD TIME] JEUNESSE DOREE
  00
  Золота'я о'сень
  INDIAN SUMMER; AUTUMN COLORS; [THE TIME OF AUTUMN WHEN
  THE CHANGING LEAVES ARE BRIGHTEST]
  59
  Золота'я ро'та
  VAGABONDS; TRAMPS; RAGAMUFFINS
  00
  Золота'я середи'на
  THE GOLDEN MEAN
  00
  Золото'е вре'мя $теря'ть/упуска'ть$
  TO WASTE PRECIOUS TIME
  00
  Золото'е дно R дно
  00
  Золото'й дождь R дождь
  00
  Золото'й мешо'к R мешо'к
  00
  Золото'й теле'ч R теле'ч
  00
  Золото'й фонд
  1. GOLD RESERVE 2. (HE/IT) IS WORTH (HIS/ITS) WEIGHT IN
  GOLD
  00
  Золоты'е ру'ки [у кого']
  (HE) IS A HANDY MAN
  00
  $Сули'ть/обеща'ть$ золоты'е го'ры
  TO PROMISE THE MOON
  Влюбле.нные суля'т золоты'е го'ры.
ЗОНДИ'РОВАТЬ
  00
  Зонди'ровать по'чву
  TO EXPLORE THE GROUND; TO SOUND OUT; TO PUT OUT FEELERS
  Он брал взаймы' не у всех сотру'дников, а зонди'ровал
  по'чву, узнава'я хара'ктер их.
ЗРЕ'НИЕ
  00
  Досту'пный зре'нию R досту'пный
  00
  Обрати'ться в зре'ние R обрати'ться
  00
  Оскорби'ть [чье.] зре'ние R оскорби'ть
  00
  Под угло'м зре'ния [каки'м]
  FROM (A CERTAIN) POINT OF VIEW; FROM (A CERTAIN)
  STANDPOINT; IF (THIS) IS TAKEN INTO CONSIDERATION
  00
  По'ле зре'ния
  FIELD OF VISION
  О'стрые глаза' его' схва'тывали все., что попада'ло в
  по'ле их зре'ния из окна' на чердаке' ....
  00
  С то'чки зре'ния [како'й<кого']
  FROM (A CERTAIN) POINT OF VIEW
  -С теорети'ческой то'чки зре'ния дуэ'ль - неле'пость;
  ну, а с практи'ческой то'чки зре'ния - э'то де'ло друго'е.

  00
  То'чка зре'ния
  A POINT OF VIEW
  Изложи'ть свою' то'чку зре'ния.
ЗРЯ
  06
  Поче.м зря
  ANYTHING; WHATEVER COMES TO MIND
  Вра'ли нам, гре'шным, поче.м зря, кому' что взду'мается.
  00
  Тра'тить слова' зря R сло'во
ЗУБ
  00
  Вооруже.нный до зубо'в
  ARMED TO THE TEETH
  [Полице'йский надзира'тель] располага'л тепе'рь ...
  отря'дом ко'нных, вооруже.нных до зубо'в стра'жников.
  00
  Востри'ть зу'бы [на что] R востри'ть
  00
  Вы'рвать из зубо'в
  IT TOOK SOME DOING TO (GET SOMETHING); TO (GET SOMETHING)
  WITH GREAT EFFORT/DIFFICULTY
  -Э'того коня' я, что называ'ется, вырва'л из зубо'в
  переку'пщика, -говори'л он, ра'дуясь поку'пке.
  00
  $Глаза' (и зу'бы)/зу'бы$ разгоре'лись [на что] R
  разгоре'ться
  29
  $Гляде'ть/смотре'ть$ в зу'бы [кому']
  NO NEED MAKE A FUSS OVER (HIM)!; TO HECK WITH (HIM)!
  -Пожа'луй, гляди' ему' в зу'бы-то ... Пусть оди'н е'дет.
  00
  Даре.ному коню' в зу'бы не смо'трят R конь
  00
  Держа'ть язы'к за зуба'ми R язы'к
  00
  Загова'ривать зу'бы R загова'ривать
  29
  Зуба'ми $держа'ться/ухвати'ться$ [за что]
  TO STICK TO ONE'S GUNS; NOT TO GIVE GROUND; TO HOLD ONE'S
  GROUND
  -Ой, брось дурь,- сказа'л Я'ков, -найми'сь куда' ни на
  есть да зуба'ми, к приме'ру, держи'сь за ме'сто.
  00
  Зуб за' зуб =спо'рить/брани'ться/ETC=
  TO ARGUE VEHEMENTLY; TO EXCHANGE WORDS; TO CUSS EACH OTHER
  -Над учителя'ми я смея'лся и прока'зил; с А'нной
  Петро'вной брани'лся зуб за' зуб.
  00
  Зуб на' зуб не попада'ет
  (HIS) TEETH WERE CHATTERING
  Он так заме.рз, что у него' зуб на' зуб не попада'л, а
  но'ги совсе'м одеревене'ли.
  00
  Зу'бы на по'лку (класть)
  TO TIGHTEN ONE'S BELT; TO GO WITHOUT
  00
  Зу'бы облома'ть [обо что] R облома'ть
  29
  Зу'бы $съесть/прое'сть$ [на че.м]
  TO CUT ONE'S TEETH ON (SOMETHING)
  -А наш-то [ре'гент] ведь о'пытен по ча'сти голосо'в,
  зу'бы на э'том съел.
  00
  Име'ть зуб [на кого'<про'тив кого']
  TO HAVE IT IN FOR (SOMEONE); TO BEAR A GRUDGE AGAINST
  (SOMEONE)
  Капито'н хоть и говори'т свои' ре'чи улыба'ясь, но
  очеви'дно име'ет про'тив него' зуб, неудово'льствие.
  00
  Лома'ть [на че.м] зу'бы
  TO SUFFER DEFEAT (DOING SOMETHING); NOT TO SUCCEED; TO
  COME A CROPPER
  Не оди'н завоева'тель лома'л на покоре'нии ми'ра зу'бы.
  00
  Навя'зло в зуба'х
  TO BE SICK AND TIRED OF (SOMETHING); (I) HAVE HAD ENOUGH OF

ЗУБ CONT'D.
  (IT)
  -Навя'зла она' у меня' в зуба'х, дере'вня-то э'та.
00
Настря'ть в зуба'х R настря'ть
00
Не по зуба'м [что]
1. IT IS HARD TO CHEW; IT IS TOO TOUGH [ABOUT FOOD] 2.
NOT TO BE UP TO IT; (SOMETHING) IS BEYOND (SOMEONE'S)
CAPABILITY
1. Е'ли [те.теньки] то'лько суп и п纪риро'жное, так как
остально'е ку'шанье бы'ло не по зуба'м. 2. [Кожемя'кин]
  про'бовал чита'ть оста'вшиеся по'сле дя'ди Ма'рка
  кни'ги .... -Нет, э'то мне не по зуба'м,- сказа'л он сам
  себе'.
29
Ни в зуб (толкну'ть)
TO HAVE NO IDEA ABOUT (SOMETHING); NOT TO HAVE THE FAINTEST
IDEA ABOUT (SOMETHING)
  -Опя'ть вы не вы'учили!- говори'т Зибе'ров, встава'я.
  -В шесто'й раз задаю' вам четве.ртое склоне'ние, и вы ни
  в зуб толкну'ть.
00
О'ко за о'ко, зуб за' зуб R о'ко
00
Пока'зывать зу'бы
TO SNARL AT (SOMEONE); TO SHOW ONE'S TEETH
00
Ска'лить зу'бы R ска'лить
00
Сквозь зу'бы =говори'ть/бормота'ть/ETC=
TO MUMBLE
[Макси'м Макси'мыч] проворча'л что'-то сквозь зу'бы и
на'чал ры'ться в чемода'не.
00
Слома'ть зу'бы [на че.м] R слома'ть
00
Сти'снув зу'бы R сти'снуть
00
Точи'ть $зуб<зу'бы$ [на что]
TO WANT (SOMETHING) BADLY; TO SET ONE'S HEART ON (SOMETHING)
Все зна'ли про э'тот тра'нспорт и, как говори'л
Дени'сов, точи'ли на него' зу'бы.
00
Точи'ть $зуб<зу'бы$ [на кого']
TO HAVE IT IN FOR (SOMEONE); TO BEAR A GRUDGE AGAINST
(SOMEONE)
  -Пойма'ть бы э'того Ды'гена, -вздохну'л Ива'н .... -Я
давно' на него' зуб точу'.
29
Чеса'ть зу'бы
TO WAG ONE'S TONGUE; TO GOSSIP
Чеса'ть зу'бы за сче.т други'х - заня'тие мно'гих:
всегда' нахо'дится предме'т осужде'ния.
00
Ше.лкать зуба'ми R ше.лкать
ЗУБО'ВНЫЙ
  00
  Скре'жет зубо'вный
  GNASHING OF TEETH
  00
  Со скре'жетом зубо'вным
  WITH GNASHING OF TEETH
ЗУБО'К
  00
  На зубо'к =подари'ть/принести'=
  TO BRING A GIFT FOR A NEW BABY
  Дед на зубо'к подари'л вну'ку золоту'ю моне'ту и
  музыка'льный я'щик.
  00
  Попа'сть на зубо'к [кому']
  TO BECOME THE BUTT OF (CRITICISM, RIDICULE)
  Хоро'шенькая же'нщина, неда'вно посели'вшаяся в э'том
  райо'не, попа'ла на зубо'к досу'жим сосе'дкам: и
  вертля'вая-то она', и гу'бы-то кра'сит, и глаза'-то
  подво'дит.
И
  00
  Да и R да

00
И так R так
00
И то R то
00
Ну и R ну
00
Ста'вить $то'чку<то'чки$ $над<на$ "И" R то'чка
ИВА'НОВСКИЙ
00
Во всю ива'новскую
WITH ALL ONE'S MIGHT; TO BEAT THE BAND
1. Крича'ть во всю ива'новскую. 2. Ковале.в сел в
дро'жки и то'лько покри'кивал изво'зчику: -Валя'й во всю
ива'новскую!
И'ГО
00
Све'ргнуть и'го [чего'] R све'ргнуть
ИГО'ЛКА
00
$Быть/сиде'ть/ETC$ как на иго'лках
TO BE ON PINS AND NEEDLES
Молоды'е хозя'ева сиде'ли как на иго'лках: пора' идти'
на о'тдых (за'втра их пе'рвый день на рабо'те), а гость
засиде'лся.
42
До иго'лки
TO THE LAST DETAIL
И пти'чьи ну'жды все сочту' вам до иго'лки.
42
Иго'лки не $подпусти'ть/подточи'ть$
ONE CAN'T NEEDLE (HIM); ONE CAN'T MAKE (HIM) MAD/ANGRY
У Васи'лия хара'ктер тако'й, что иго'лки не подпу'стишь.
00
Как иго'лка в стогу' се'на =исче'знуть/затеря'ться=
IT'S LIKE LOOKING FOR A NEEDLE IN A HAYSTACK
00
Не иго'лка
IT COULD NOT HAVE DISAPPEARED INTO THIN AIR! IT MUST BE
SOMEWHERE!; IT'S NOT SOMETHING YOU CAN MISS
1. Экспеди'ция в Япо'нию - не иго'лка: ее. не
спря'чешь, не потеря'ешь.
00
С иго'лки R иго'лочка
ИГО'ЛОЧКА
00
С $иго'лочки/иго'лки$
BRAND-NEW; JUST FINISHED [ABOUT A NEWLY SEWN GARMENT]
1. На кавале'рах бы'ли сюртуки' с иго'лочки. 2. Под
окно'м стро'йными назе'мными сооруже'ниями красова'лась
но'венькая, с иго'лочки, ша'хта.
ИГРА'
00
Де'лать $весе.лую/хоро'шую$ ми'ну при плохо'й игре' R
ми'на
00
Игра' воображе'ния
A FIGMENT OF THE IMAGINATION; A FANTASY
00
Игра' не сто'ит свеч
IT'S NOT WORTH THE EFFORT; THE GAME IS NOT WORTH THE
CANDLE
Не возьму' на себя' труда' разуверя'ть вас в проти'вном.
Ей-бо'гу, игра' не сто'ит свеч.
00
Игра' приро'ды
A FREAK OF NATURE
00
Игра' слов
A PLAY ON WORDS
Выраже'ние: что в лоб - что по' лбу, явля'ется игро'й
слов.
00
Игра' $слу'чая/судьбы'$
A FREAK OF CHANCE; AN UNFORESEEN OCCURRENCE
00
$Игра'ть/вести'$ большу'ю игру'
TO PLAY WITH FIRE; TO PLAY A DANGEROUS GAME

101

ИГРА' CONT'D.
00
Игра' [чья] сы'грана R сыгра'ть
00
Раскры'ть [чью] игру' R раскры'ть
ИГРА'ТЬ
00
Игра'ть большу'ю игру' R игра'
00
Игра'ть в бирю'льки R бирю'льки
00
Игра'ть в зага'дки
TO SPEAK IN RIDDLES
Не дав това'рищу зако'нчить говори'ть, он прерва'л: -Не игра'й в зага'дки, а скажи' пря'мо в че.м де'ло!
00
Игра'ть в молча'нку R молча'нка
00
Игра'ть в пря'тки R пря'тки
00
Игра'ть втору'ю скри'пку
TO PLAY SECOND FIDDLE
00
Игра'ть в четы'ре руки' (на роя'ле) R рука'
00
Игра'ть глаза'ми
TO FLIRT WITH ONE'S EYES; TO MAKE EYES
Игра'ть глаза'ми - вид коке'тства.
00
Игра'ть коме'дию R коме'дия
00
Игра'ть на не'рвах
TO GET ON (SOMEONE'S) NERVES
00
Игра'ть на' руку [кому']
TO ACT IN (SOMEONE'S) FAVOR; TO PLAY INTO (SOMEONE'S) HANDS
-Небольшо'е упуще'ние по слу'жбе и моя' прямота' игра'ют на' руку но'вому секретарю', ме'тящему в нача'льники, -расска'зывал счетово'д до'ма.
00
Игра'ть на сче'не R сче'на
00
Игра'ть пе'рвую скри'пку
TO PLAY FIRST STRING
23
Игра'ть пе'сни
TO SING SONGS
Анфи'са посмотре'ла на бра'та свои'ми весе.лыми глаза'ми. -Слы'шишь, како'е выде'лывают на'ши старики'! Тепе'рь до утра' бу'дут пе'сни игра'ть.
00
Игра'ть роль [кого'<чего'<каку'ю] R роль
00
Игра'ть роль R роль
66
Игра'ть сва'дьбу
TO CELEBRATE A MARRIAGE
Помо'лвка состоя'лась с ме'сяц наза'д, но сва'дьбу игра'ть не торопи'лись.
00
Игра'ть слова'ми
1. TO PLAY WITH WORDS; TO PUN 2. TO TRY TO HIDE THE TRUTH WITH WORDS
Игра'я слова'ми, наш собесе'дник говори'л до'лго и пу'танно.
00
Кровь игра'ёт R кровь
00
Не в тон =игра'ть= R тон
00
По ма'ленькой игра'ть R ма'ленький
ИГРЕ'Ч
00
И швец, и жнец, и в дуду' игре'ч
A JACK OF ALL TRADES
Он не чужда'лся рабо'ты и бра'лся за вся'кую; он был, как говори'тся: и швец, и жнец, и в дуду' игре'ч.
ИГРУ'ШЕЧКА
00
$Как/сло'вно$ игру'шечка R игру'шка

ИГРУ'ШКА
00
Де'тские игру'шки R де'тский
00
$Как/сло'вно$ $игру'шка/игру'шечка$
LIKE A LITTLE DOLL; LIKE A TOY
го'спиталь вы'шел хоро'шенький и чи'стенький, как игру'шка.
ИДЕ'Я
00
Напа'сть на иде'ю R напа'сть
00
Схвати'ть за хвост иде'ю R хвост
И'ДОЛ
00
$Стоя'ть/сиде'ть$ и'долом
TO STAND STOCK-STILL/MOTIONLESS/LIKE A STATUE
-Не стой и'долом, а возьми' лопа'ту да расчи'сть от сне'га доро'жку! -серди'то сказа'л оте'ч сы'ну.
ИДТИ'
00
В го'ру идти' R гора'
00
Врозь иде.т [что] R врозь
$Гига'нтскими/семими'льными$ шага'ми идти' впере.д R шаг
00
Голова' иде.т кру'гом [у кого'] R круг
00
(Де'ло) иде.т [к чему'<на что]
THE MATTER/AFFAIR IS COMING TO/NEARING A CERTAIN POINT
Де'ло иде.т к концу' - на стро'йке оста'лось ма'ло рабо'ты.
00
$Де'ло/речь/ETC$ иде.т [о ком<о че.м]
IT IS A QUESTION OF; THE QUESTION CONCERNS; IT IS A MATTER OF
-Де'ло иде.т о сча'стии все'й мое'й жи'зни.
00
(Еще.) куда' ни шло
ALRIGHT; VERY WELL; IF IT HAS TO BE
1. -Вам пришла' фанта'зия испыта'ть на мне сво'й ры'чарский дух. Я бы мог отказа'ть вам в э'том удово'льствии, да уж куда' ни шло! 2. -Про него' да'же штаб-ро'тмистр Ивано'в 1-й говори'л иногда', в до'брую мину'ту: -Вот э'тот мальчи'шка ... еще. куда' ни шло .... Э'тот не вы'даст.
29
Иде.т
GOOD; AGREED
00
Иде.т как (к) коро'ве седло' R седло'
00
Иди' к ля'ду R ляд
00
Идти' ва-ба'нк R ва-ба'нк
00
Идти' в го'ру R гора'
00
Идти' в де'ло R де'ло
00
Идти' вниз R вниз
00
Идти' в но'гу R нога'
00
Идти' впрок R впрок
00
Идти' вразре'з R вразре'з
00
Идти' в фарва'тере [кого'<чего'] R фарва'тер
00
Идти' в хвосте' R хвост
00
Идти' за гро'бом R гроб
00
Идти' [за кем] как тень R тень
00
Идти' к де'лу

ИДТИ', CONT'D.
　　TO HAVE SOMETHING TO DO WITH/TO BE INVOLVED IN(A CERTAIN
　　MATTER)
　　00
　　Идти' ко дну R дно
　　00
　　Идти', куда' ве'тер ду'ет R ве'тер
　　00
　　Идти' на все четы'ре сто'роны R сторона'
　　00
　　Идти' навстре'чу [кому'<чему'] R навстре'чу
　　00
　　Идти' на лад R лад
　　00
　　Идти' $на покло'н<с покло'ном$ [к кому'] R покло'н
　　00
　　Идти' на по'льзу R по'льза
　　00
　　Идти' на $попя'тный<попя'тную/попя'тный двор$ R
　　попя'тный
　　00
　　Идти' напроло'м R напроло'м
　　00
　　Идти' напропалу'ю R напропалу'ю
　　00
　　Идти' насма'рку R насма'рку
　　00
　　Идти' на сме'ну [кому'<чему']
　　TO SUPPLANT/REPLACE (SOMEONE/SOMETHING)
　　На сме'ну крепостно'й Росси'и шла Росси'я
　　капиталисти'ческая.
　　00
　　Идти' на у'дочку R у'дочка
　　00
　　Идти' на ура' R ура'
　　00
　　Идти' на хлеба' [к кому'] R хлеб
　　00
　　Идти' [на что]
　　TO BE PREPARED FOR (SUMETHING)\ TO AGREE TO (SOMETHING)
　　Идти' на усту'пки.
　　00
　　Идти' (нога') в но'гу R нога'
　　00
　　Идти' под вене'ц R вене'ц
　　00
　　Идти' под суд R суд
　　00
　　(Идти') по ли'нии [чего'] R ли'ния
　　00
　　Идти' по ло'жному пути' R ло'жный
　　00
　　Идти' по' миру R мир(1)
　　00
　　Идти' по [чьим] следа'м R след
　　00
　　Идти' про'тив (свое'й) со'вести R со'весть
　　00
　　Идти' $свое'й доро'гой/свои'м путе.м$ R свой
　　00
　　Идти' свои'м хо'дом R ход
　　00
　　Идти' $свои'м чередо'м/свое'й чередо'й$ R чере.д
　　00
　　Идти' шаг в шаг [с кем] R шаг
　　00
　　Из $головы'/ума'$ не идти' R выходи'ть
　　00
　　Как по ма'слу идти' R ма'сло
　　00
　　Кусо'к в го'рло не иде.т R кусо'к
　　00
　　Ле'сенкой идти' R ле'сенка
　　00
　　На у'быль идти' R у'быль
　　00
　　$На ум/в го'лову$ не иде.т [кому'+что]
　　(I) CAN'T BEAR TO THINK ABOUT (IT)/DO (IT)

　　00
　　Недалеко' идти' R недале.ко'
　　00
　　Не идти' в сче.т R сче.т
　　00
　　Не идти' да'льше [чего']
　　TO GO NO FURTHER THAN ...
　　Н. И. Нау'мов никогда' не ше.л да'льше про'поведи
　　са'мой элемента'рной гума'нности.
　　00
　　$Ни в како'е<в$ сравне'ние не иде.т [с кем<с чем] R
　　сравне'ние
　　00
　　Нога' за' ногу идти' R нога'
　　00
　　По'д гору идти' R гора'
　　00
　　Под укло'н идти' R укло'н
　　00
　　По проторе.нной доро'жке =идти'= R проторе.нный
　　00
　　$Пора'/вре'мя$ идти' на споко'й R споко'й
　　00
　　Свои'м хо'дом идти' R ход
　　00
　　Стон иде.т R стон
　　00
　　У'хо $в у'хо<к у'ху$ идти' [с кем] R у'хо
　　00
　　Хи'нью иде.т R хинь
　　00
　　Ходуно'м идти' R ходу'н
　　00
　　Черепа'шьим ша'гом идти' впере.д R шаг
ИЕРИХО'НСКИЙ
　　00
　　Иерихо'нская труба'
　　A STENTORIAN VOICE
И'ЖЕ
　　11
　　И и'же с $ним<ни'ми$
　　AND THOSE LIKE (HIM/THEM)
И'ЖИЦА
　　00
　　От аза' до и'жицы R аз
　　42
　　Прописа'ть [кому'] и'жицу
　　TO REPRIMAND SEVERELY/TO WHIP
ИЗБА'
　　00
　　$Выноси'ть/вы'нести$ сор из избы' R сор
ИЗБА'ВИТЬ
　　00
　　Изба'ви $бог/бо'же/госпо'дь/го'споди$ R бог
ИЗБЕЖА'НИЕ
　　00
　　Во избежа'ние [чего']
　　IN ORDER TO AVOID (SOMETHING)/PREVENT (SOMETHING)
ИЗБИЕ'НИЕ
　　50
　　Избие'ние младе'нцев
　　SLAUGHTER OF THE INNOCENTS
ИЗБРА'ТЬ
　　00
　　Благу'ю часть избра'ть R часть
ИЗБУ'ШКА
　　00
　　Избу'шка на ку'рьих но'жках R ку'рий
ИЗБЫ'ТОК
　　00
　　$В избы'тке<с избы'тком$
　　IN VAST QUANTITIES; IN ABUNDANCE
　　1. Гарнизо'н кре'пости все'м был снабже.н в избы'тке.
　　2. Се'на загото'вили с избы'тком.
ИЗВЕ'СТИЕ
　　00
　　После'дние изве'стия
　　THE LATEST NEWS

ИЗВЕ'СТНО
00
Как изве'стно
AS IS WELL KNOWN
00
Одному' алла'ху изве'стно R алла'х
00
Одному' бо'гу изве'стно R бог
00
Одному' че.рту изве'стно R че.рт
ИЗВЕ'СТНОСТЬ
00
Привести' в изве'стность R привести'
00
Ста'вить в изве'стность [кого'] R ста'вить
ИЗВЕ'СТНЫЙ
00
Держа'ть [кого'] на изве'стном расстоя'нии R расстоя'ние
00
$До<в$ изве'стной сте'пени R сте'пень
00
Изве'стное де'ло
NATURALLY; OF COURSE
ИЗВИВА'ТЬСЯ
00
Извива'ться ужо'м R уж
ИЗВИНИ'ТЬ
00
$Извини'<извини'те$ за выраже'ние
EXCUSE MY SAYING SO
-Слу'шай, Матве'й, договори'шься ты до того', что тебя', извини' за выраже'ние, в же.лтый' дом свезу'т.
00
(Нет), $извини'<извини'те$
EXCUSE ME (BUT YOU ARE WRONG)
-Ты ду'маешь, что я молча'ла-то почти' год, так и все. бу'ду молча'ть? Нет, извини'!
00
Нет, уж (э'то) $извини'<извини'те$
EXCUSE ME (BUT YOU ARE WRONG)
-Нет, уж извини'те! Вы пришли' по'зже, а стано'витесь впереди'! -слы'шалось в о'череди у магази'на.
ИЗВЛЕ'ЧЬ
00
Извле'чь на (бо'жий) свет R свет(2)
00
Из-под спу'да извле'чь R спуд
ИЗВОДИ'ТЬ
00
Изводи'ть по'рох $да'ром/напра'сно/по-пусто'му/ETC$ R по'рох
ИЗВО'ЛИТЬ
42
Чего' изво'лите?
WHAT WOULD YOU LIKE?; WHAT CAN I DO FOR YOU?
-Ми'ша! -Чего' изво'лите?
ИЗГЛА'ДИТЬ
00
Изгла'дить из па'мяти
TO ERASE FROM ONE'S MEMORY
А'нна вспо'мнила о проше'дшем с Алексе'ем Алекса'ндровичем, о том, как она' изгла'дила его' из свое'й па'мяти.
ИЗГЛА'ДИТЬСЯ
00
Изгла'диться из па'мяти
TO BE ERASED FROM ONE'S MEMORY; TO BE FORGOTTEN
ИЗГОТО'ВИТЬ
00
Изгото'вить ружье. R изгото'вка
ИЗГОТО'ВКА
00
$Взять ружье. на изгото'вку/изгото'вить ружье.$
TO HOLD ONE'S GUN AT THE READY
По кома'нде солда'т взял ружье. на изгото'вку.
ИЗДАЛЕ.КА'
00
Нача'ть издале.ка'

TO BEAT AROUND THE BUSH
Ва'ня начина'ет говори'ть о не.м - сперва' осторо'жно, издалека'.
ИЗДЫХА'НИЕ
00
До после'днего издыха'ния R дыха'ние
00
При после'днем издыха'нии
AT ONE'S LAST GASP
Два казака' ... по'дняли ра'неного, но он был уже' при после'днем издыха'нии.
ИЗЖИ'ТЬ
00
Изжи'ть себя'
TO OUTLIVE ONESELF; TO OUTLIVE ONE'S USEFULNESS
Мой друг Сельви'нский говори'т, что ямб изжи'л себя'.
ИЗЛИ'ТЬ
00
Изли'ть ду'шу R душа'
ИЗЛИ'ШЕК
00
С изли'шком
MORE THAN NECESSARY
Продаве'ц с изли'шком отме'рил материа'л чем о'чень обра'довал покупа'тельницу.
ИЗЛИ'ШНИЙ
00
Коммента'рии изли'шни R коммента'рий
ИЗМЕНИ'ТЬ
00
Измени'ть декора'ции R декора'ция
00
Измени'ть себе'
TO ACT OUT OF CHARACTER
Горде'й Андре'евич со сти'снутыми зуба'ми мета'лся в посте'ли. Обы'чно терпели'вый, ... на э'тот раз он измени'л себе'.
ИЗМЕНИ'ТЬСЯ
00
$Меня'ться/измени'ться$ в лице'
TO CHANGE COUNTENANCE
При изве'стии о ги'бели ее. дете'й при пожа'ре, мать измени'лась в лице' и за'мертво упа'ла.
ИЗМЕ'РИТЬ
00
Изме'рить $взгля'дом/взо'ром/глаза'ми$
TO MEASURE (SOMEONE) WITH ONE'S EYES
Да'ма вели'чественно изме'рила его' взо'ром - и, не сказа'в сло'ва, пошла' да'льше.
ИЗМО'Р
00
$Брать/взять$ $измо'ром/на измо'р$
1. TO STARVE (SOMEONE) OUT; TO STARVE (SOMEONE) INTO SUBMISSION/SURRENDER 2. TO GET WHAT ONE WANTS OUT OF (SOMEONE) BY WEARING HIM DOWN
1. Полови'ну стани'чы за'няли партиза'ны, другу'ю полови'ну - каза'ки .... Тогда' реши'ли вы'йти вон, обложи'ть на'глухо, взя'ть измо'ром. 2. -Ну, уж как надое'л,, ба'тюшка, ваш просла'вленный Ива'шков. Он измо'ром бере.т: говори'т и говори'т без конца'.
ИЗНА'НКА
00
С изна'нки
FROM THE INSIDE
Ли'стья его' [па'поротника] с изна'нки покры'ты спо'рами, похо'жими на краснова'тую пыль.
ИЗНО'С
00
До $изно'су<изно'са$
UNTIL IT WEARS OUT
Шу'ба была' до изно'са хоро'шая.
00
Не знать $изно'су<изно'са$ R знать
00
Нет $изно'су<изно'са$ [чему']
(IT) WILL NEVER WEAR OUT
ИЗОБИ'ЛИЕ
00
Как из ро'га изоби'лия R рог

ИЗ-ПОД
   00
   Доста'ть из-под земли' R доста'ть
   00
   Из-под па'лки R па'лка
   00
   Из-под полы' R пола'
   00
   Из-под (са'мого) $но'са<но'су$ [у кого'] R нос
   00
   Сло'вно из-под земли' вы'расти R земля'
ИЗРЕКА'ТЬ
   00
   Уста'ми [чьи'ми] изрека'ть R уста'
ИЗРУБИ'ТЬ
   00
   Изруби'ть в капу'сту R капу'ста
ИЗЮ'М
   29
   Не Фунт изю'му
   NOT A TRIFLE; NOTHING TO BE SNEEZED AT
   -Ру'сский солда'т э'то, брат, не Фунт изю'му!
   -воскли'кнул хри'пло Ры'бников.
ИМЕНИ'ННИК
   29
   Сиде'ть как имени'нник
   TO GOOF OFF (WHILE OTHERS WORK); NOT TO PULL ONE'S OWN
   WEIGHT
   -Не сиди' как имени'нник, а помоги' накры'ть стол!
   -сказа'ла она' бра'ту.
   00
   Смотре'ть $имени'нником/женихо'м$
   TO LOOK HAPPY; TO BE BEAMING
   -Не понра'вилось Фоме' Фомичу', что я рад и смотрю'
   имени'нником!
ИМЕ'ТЬ
   00
   Име'ть в виду' [кого'< что] R вид
   00
   Име'ть ви'ды [на кого'<на что] R вид
   00
   Име'ть в мы'слях [что] R мысль
   00
   Име'ть в предме'те [кого'<что] R предме'т
   00
   Име'ть в рука'х [что] R рука'
   00
   Име'ть го'лову на плеча'х R плечо'
   00
   Име'ть де'ло [с кем<с чем] R де'ло
   00
   Име'ть зуб [на кого'<про'тив кого'] R зуб
   00
   Име'ть ме'сто
   TO TAKE PLACE
   Суд над вино'вниками Второ'й мирово'й войны' име'л
   ме'сто в Ню'рнберге.
   00
   Име'ть под $рука'ми<руко'й$ R рука'
   00
   Име'ть ру'ку [где] R рука'
   00
   Име'ть сбыт R сбыт
   00
   Име'ть се'рдце [на кого'] R се'рдце
   00
   Име'ть си'льную ру'ку [где] R си'льный
   00
   Име'ть си'льные пози'ции [где] R си'льный
   00
   Име'ть сча'стье [INF] R сча'стье
   00
   Име'ть тве.рдую по'чву под нога'ми R стоя'ть
   00
   Име'ть хожде'ние R хожде'ние
   00
   Име'ть $це'лью<цель/зада'чу<зада'чей$
   TO HAVE AS AN OBJECT; TO STRIVE/ASPIRE TOWARD

   1. Блаже'н ..., - Кто цель име'л и к ней стреми'лся,
   Кто знал, заче'м он в свет яви'лся. 2. Уда'р до'лжен
   был быть нанесе.н с за'пада на ю'го-восто'к ... и име'л
   це'лью перере'зать желе'зную доро'гу.
   00
   Име'ть честь [INF] R честь
   00
   На приме'те име'ть [кого'<что] R приме'та
   00
   Не име'ть ничего' о'бщего [с кем<с чем] R о'бщий
   00
   (Не) име'ть [что<чего'] в мы'слях R мысль
   00
   Ничего' не име'ть [про'тив чего']
   TO HAVE NOTHING AGAINST SOMETHING
   00
   Честь име'ю кла'няться R кла'няться
ИМЕ'ТЬСЯ
   00
   За душо'й [у кого'] име'ется R душа'
   00
   Име'ться в виду'
   TO BE TAKEN INTO CONSIDERATION
   У него' име'лась в виду' возмо'жность рабо'тать по
   профе'ссии.
И'МУТ
   74
   Ме.ртвые сра'му не и'мут
   SPEAK WELL OF THE DEAD
   Хорошо' вам. Ме.ртвые сра'му не и'мут. Зло'бу к
   уме'ршим уби'йцам туши'.
И'МЯ
   04
   Во и'мя [кого'<чего']
   IN (SOMEONE'S) NAME; IN THE NAME OF (SOMETHING); IN (SOMEONE'S)
   HONOR; FOR (SOMEONE/SOMETHING)
   1. Во и'мя ми'ра во все.м ми'ре. 2. В би'тве
   вели'кой не сги'нут бессле'дно Па'вшие с че'стью во и'мя
   иде'й.
   00
   И'менем [кого'<чего']
   IN (SOMEONE'S) NAME; IN THE NAME OF (SOMETHING); BY RIGHT OF
   BEING (SOMEONE)
   1. И'менем зако'на. 2. [Пи'сарь] тре'бовал, и'менем
   испра'вника, лу'чших лошаде'й.
   00
   И'мени [кого'<чего']
   NAMED FOR/NAMED IN HONOR OF (SOMEONE/SOMETHING)
   Шко'ла и'мени М. Го'рького.
   00
   Называ'ть ве'щи $свои'ми/со'бственными/настоя'щими$
   имена'ми
   TO CALL THINGS BY THEIR RIGHT/PROPER NAMES; TO CALL A
   SPADE A SPADE
   -Позво'льте мне называ'ть ве'щи настоя'щими их имена'ми.
   00
   На и'мя [чье.]
   ADDRESSED TO (SOMEONE)
   1. Заявле'ние на и'мя дире'ктора. 2. Се'ня, зайдя'
   к сестре', наше.л на столе' телегра'мму на свое. и'мя.
   00
   Носи'ть и'мя R носи'ть
   00
   От и'мени [кого']
   ON BEHALF OF (SOMEONE)
   1. Мы бу'дем его' [Фомина'] суди'ть от и'мени
   наро'да. 2. -... я взял маши'ны от ва'шего и'мени...
   00
   Па'чкать и'мя [чье.] R па'чкать
   00
   С и'менем
   WELL-KNOWN
   Он - молодо'й иеромона'х-миссионе'р, а'втор с и'менем.
   00
   Скрыва'ться под [чьим] и'менем R скрыва'ться
   00
   То'лько по и'мени
   IN NAME ONLY

И'МЯ CONT'D.
00
Христо'вым и'менем $жить/перебива'ться/ETC$ R
Христо'в
И'НА'ЧЕ
00
И'на'че говоря'
IN OTHER WORDS
Он был вольноопределя'ющимся и'ли, ина'че говоря',
доброво'льцем в ца'рской а'рмии.
00
И'на'че говоря' R и'на'че
29
Не и'на'че
NONE OTHER THAN
Тут не и'на'че Я'шкино де'ло.
00
Так и'ли и'на'че
ONE WAY OR ANOTHER
Как он проше.л че'рез ми'нные поля', бы'ло соверше'нно
непоня'тно, но, так и'ли и'на'че, он внеза'пно появи'лся
пе'ред на'шим бру'ствером.
ИНЕ'РЦИЯ
00
По ине'рции
FROM HABIT; AUTOMATICALLY; MECHANICALLY
Лицо' мое. все. еще. продолжа'ло улыба'ться, должно'
быть, по ине'рции.
ИНО'Й
00
Ино'е де'ло R де'ло
00
Ино'й коленко'р R коленко'р
00
Ино'й раз
SOMETIMES; AT TIMES
—Челове'к он сми'рный, а то'лько ино'й раз, как начне.т
говори'ть, ничего' не пойме.шь.
00
Не $кто ино'й<что ино'е$, как ...
NONE OTHER THAN
Эконо'мия у'мственных сил есть не что ино'е, как
стро'гий и после'довательный реали'зм.
00
Тот и'ли ино'й R тот
00
$Уйти'/пересели'ться$ в ино'й мир R мир(1)
ИНОРО'ДНЫЙ
00
Иноро'дное те'ло
SOMETHING ALIEN; A FOREIGN BODY
Пе.тр Васи'льевич все. вре'мя чу'вствовал его'
обруча'льное кольцо' на свое'й просто'й руке' как не'кое
иноро'дное те'ло.
ИНТЕРЕ'С
00
Из спорти'вного интере'са [V] R спорти'вный
00
$Оста'ться/оказа'ться$ при пи'ковом интере'се R
пи'ковый
ИНТЕРЕ'СНЫЙ
42
В интере'сном положе'нии
IN AN INTERESTING CONDITION; PREGNANT
Бу'дучи в интере'сном положе'нии, она' тепе'рь была'
занята' шитье.м распашо'нок и че'пчиков и вяза'ньем
ко'фточек и башмачко'в.
ИНТЕРЕСОВА'ТЬ
00
Как прошлого'дний снег интересу'ет R снег
ИРО'НИЯ
14
Иро'ния судьбы'
THE IRONY OF FATE
ИСКА'ТЕЛЬ
00
Иска'тель приключе'ний
AN EXPLORER; AN ADVENTURER

1. У него' был о'пытный, пронича'тельный глаз
иска'теля приключе'ний. 2. В Белогли'нский заво'д
приезжа'ли издалека' ра'зные проходи'мцы и иска'тели
приключе'ний...
ИСКА'ТЬ
00
Далеко' иска'ть не $ну'жно/прихо'дится/ETC$ R
далеко'
00
Иска'ть вчера'шнего дня R вчера'шний
00
Иска'ть глаза'ми [кого'<что]
TO SEARCH WITH ONE'S EYES; TO TRY TO CATCH SIGHT OF
Но в толпе' не ви'дит он Еле'ны, Как ни и'щет он ее.
глаза'ми.
42
Иска'ть [чьей] руки'
TO SEEK (SOMEONE'S) HAND IN MARRIAGE
—Говори'л же он [муж] вам, почему' иска'л ва'шей руки',
что его' привлекло' к вам.
00
Ищи' ве'тра в по'ле R ве'тер
00
Ищи' свищи' R свиста'ть
ИСКЛЮЧЕ'НИЕ
00
За исключе'нием [кого'<чего']
EXCLUDING (SOMEONE/SOMETHING)
Расска'з о'чень понра'вился мне, за исключе'нием
не'которых дета'лей.
И'СКРА
00
$Вы'сечь/вы'рубить$ и'скру R вы'сечь
00
Зарони'ть и'скру [чего'] R зарони'ть
42
И'скра (бо'жья) [у кого'<в ком]
(HE) IS GIFTED/TALENTED
1. У нас в семье' то'лько на Ми'шу мо'жно наде'яться,
у него' и'скра есть. 2. Он ... о'чень хоро'ший
литерату'рный кри'тик, у него' есть и'скра бо'жья.
00
И'скры из глаз посы'пались
TO SEE STARS [FROM A HARD BLOW ON THE HEAD, ETC.]
Дьячи'ха так сту'кнула его' ло'ктем в перено'сицу, что
из глаз его' посы'пались и'скры.
ИСКУ'ССТВО
00
Из любви' к иску'сству
FOR THE LOVE OF IT
—Ты не оста'вил своего' сарка'зма! —Он у меня' из
любви' к иску'сству.
00
По всем пра'вилам иску'сства R пра'вило
ИСКУССТВО
00
$Возложи'ть/принести'$ [что] на алта'рь иску'сства R
алта'рь
ИСКУША'ТЬ
00
Искуша'ть судьбу'
TO TEMPT FATE
ИСКУШЕ.ННЫЙ
00
Искуше.нный о'пытом
EXPERIENCED; HAVING PRACTICAL KNOWLEDGE
Руководи'ть движе'нием должно' возмо'жно ме'ньшее число'
возмо'жно бо'лее одноро'дных групп, искуше.нных о'пытом
профессиона'льных революционе'ров.
ИСПЕ'ЧЬ
50
Вновь испече.нный
FLEDGLING
Прие'хали к ба'тюшке ... его' два сы'на: оди'н вновь
испече.нный врач ...
ИСПИ'ТЬ
00
Испи'ть го'рькую ча'шу [чего'] R ча'ша

ИСПОКО'Н
    00
    $Испоко'н/споко'н$ $ве'ку<веко'в<ве'ка$ R век
ИСПО'РТИТЬ
    00
    Испо'ртить (всю) обе'дню [кому'] R обе'дня
    00
    $Испо'ртить/перепо'ртить$ мно'го кро'ви [кому']
    TO CAUSE (SOMEONE) A LOT OF TROUBLE; TO CREATE A LOT OF
    UNPLEASANTNESS FOR (SOMEONE)
    Одно' пла'тье на Та'ню, кото'рое взяла'сь шить
    англича'нка, испо'ртило мно'го кро'ви Да'рье
    Алекса'ндровне.
    00
    Ка'шу ма'слом не испо'ртишь R ма'сло
ИСПО'РЧЕННЫЙ
    00
    Испо'рченный до мо'зга косте'й R мозг
ИСПРА'ВИТЬСЯ
    00
    Из кулька' в рого'жку (испра'виться) R куле.к
ИСПУ'Г
    29
    $Брать/взять$ [кого'] на испу'г
    TO PUT THE FEAR OF GOD INTO (SOMEONE); TO COW (SOMEONE) INTO
    OBEDIENCE
    Когда' мы приступи'ли к вы'борам делега'тов в ста'чечный
    комите'т, администра'ция попыта'лась бы'ло взять рабо'чих
    и осо'бенно рабо'тниц на испу'г, но э'то не удало'сь ...
ИСПУСТИ'ТЬ
    68
    Испусти'ть $дух/после'дний вздох$
    TO BREATHE ONE'S LAST
    Жена' титуля'рного сове'тника А'нна Льво'вна
    Кува'лдина испусти'ла дух.
ИСПЫТА'ТЬ
    00
    Испыта'ть на $свое'й/со'бственной$ шку'ре [что] R
    шку'ра
    00
    Испыта'ть на $свое.м/со'бственном$ горбу' R горб
    00
    Испыта'ть хо'лод и го'лод R хо'лод
ИСТЕРЕ'ТЬ
    00
    Истере'ть в порошо'к [кого'] R порошо'к
ИСТЕ'РИКА
    00
    $Впада'ть в/зака'тывать$ исте'рику
    TO GO INTO HYSTERICS; TO BECOME HYSTERICAL
    Е'сли что'-либо бы'ло не по ее. жела'нию, она'
    зака'тывала исте'рику му'жу.
И'СТИНА
    00
    $Напра'вить/наста'вить/обрати'ть$ [кого'] на путь
    и'стины R путь
И'СТИННЫЙ
    00
    $Напра'вить/наста'вить/обрати'ть$ [кого'] на и'стинный
    путь R путь
    00
    Соврати'ть с пути' (и'стинного) R соврати'ть
    00
    Соврати'ться с пути' (и'стинного) R соврати'ться
ИСТО'РИЯ
    00
    $Ве'чная/обы'чная$ исто'рия
    THE SAME OLD STORY
    За за'втраком обы'чная исто'рия. Те.ма почти' ничего'
    не ест.
    00
    Войти' в исто'рию R войти'
    50
    Исто'рия с геогра'фией
    THAT'S A FINE KETTLE OF FISH

Вот так исто'рия с геогра'фией! —воскли'кнул изда'тель
...
    50
    Исто'рия ума'лчивает [о че.м]
    NOTHING IS KNOWN ABOUT (IT); IT'S HUSH-HUSH; IT'S BETTER
    LEFT UNSAID
    —Как удало'сь ему' бежа'ть из тюрьмы'? —Исто'рия
    ума'лчивает об э'том!
    00
    Пыта'ться поверну'ть колесо' исто'рии $вспять/наза'д$
    R колесо'
    00
    Совсе'м друга'я исто'рия
    THAT'S A DIFFERENT STORY; THAT'S A HORSE OF A DIFFERENT
    COLOR
    Маши'ны должны' составля'ть для челове'чества исто'чник
    дово'льства и сча'стья, а на пове'рку выхо'дит совсе'м
    друга'я исто'рия: маши'ны родя'т паупери'зм.
ИСТРЕПА'ТЬ
    00
    Истрепа'ть не'рвы
    TO SHATTER SOMEONE'S NERVES
    К концу' уче'бного го'да у учителе'й истре.паны не'рвы.
ИСТУКА'Н
    00
    $Стоя'ть/сиде'ть$ $истука'ном<как истука'н$
    1. TO SIT/STAND LIKE A STATUE/PERFECTLY STILL 2. TO
    UNDERSTAND NOTHING OF WHAT'S GOING ON
    1. —Два часа' до'лжен провини'вшийся солда'т стоя'ть,
    как истука'н, винто'вку держа'ть на карау'л. 2. Ма'ша
    стоя'ла как истука'н перед тем же око'шком, не в си'лах
    еще. поня'ть всего', что случи'лось.
ИСХО'Д
    00
    В исхо'де
    TOWARD THE END/CLOSE
    В исхо'де четве.ртого ча'са в за'ле и в гости'ной
    начина'ется движе'ние.
    00
    $Дать/найти'/ETC$ исхо'д [чему']
    TO PROVIDE/FIND AN OUTLET FOR
    Э'то после'днее обстоя'тельство ... оконча'тельно
    взорва'ло меня' и да'ло исхо'д той дави'вшей зло'бе,
    кото'рая весь ве'чер собира'лась во мне.
    00
    На исхо'де
    AT THE END/CLOSE
    1. Съестны'е запа'сы бы'ли на исхо'де. 2. ... На
    исхо'де вторы'х су'ток ве'тер ... на'чал слабе'ть.
ИСЧА'ДИЕ
    00
    Исча'дие а'да
    A FIEND
ИСЧЕ'ЗНУТЬ
    00
    Исче'знуть с [чьего'] горизо'нта R горизо'нт
    00
    Как иго'лка в стогу' се'на =исче'знуть= R иго'лка
ИТО'Г
    00
    В ито'ге
    AS A RESULT; IN THE END
    А в ито'ге я расстро'ил себе' не'рвы и дал себе' сло'во
    бо'льше на Сахали'н не е'здить.
    00
    В $коне'чном/после'днем$ ито'ге R коне'чный
ИШЬ
    00
    И'шь ты
    SEE!; LISTEN!; LOOK; DON'T YOU SEE
    1. —Ба'тюшки, ско'ро рассвета'ть ста'нет. Ишь ты,
    ночи-то ны'нче коро'че воробьи'ного но'су. 2. —Нет,
    от чего' же мне бы'ло уста'ть? ... Я и не' был нигде',
    то'лько на совеща'нии сиде'л. —И'шь ты, сиде'л. Э'то
    ра'зве не рабо'та?
ЙО'ТА
    00
    Ни на йо'ту

107

ЙО'ТА CONT'D.
NOT AN IOTA; NOT A JOT/WHIT
К
00
К приме'ру R приме'р
00
К чему' R что
00
Не' к чему R что
00
Ни к чему' R что
КАБАРО'ЖИЙ
00
Кабаро'жья струя' R кабарго'вый
КАБЛУ'К
00
Быть под $каблуко'м/каблучко'м$ [у кого']
TO BE UNDER (SOMEONE'S) THUMB
Нере'дко быва'ет, что муж под каблучко'м у жены'.
00
Держа'ть под $каблуко'м/каблучко'м$
TO KEEP (SOMEONE) UNDER ONE'S THUMB
КАБЛУЧО'К
00
Быть под каблучко'м [у кого'] R каблу'к
00
Держа'ть под каблучко'м R каблу'к
КАБЫ'
00
Е'сли бы да кабы' R е'сли
КАВАЛЕ'РИЯ
00
Ле.гкая кавале'рия R ле.гкий
КАВЫ'ЧКА
00
Закры'ть кавы'чки R закры'ть
КАВЫ'ЧКИ
11
В кавы'чках
QUOTE ... UNQUOTE; SO-CALLED
КАДИ'ЛО
29
$Разду'ть/раздува'ть$ кади'ло
1. TO RAISE A LOT OF FUSS 2. TO GET (SOMETHING) GOING
1. -Разглася'т о твое.м посту'пке повсю'ду, узна'ют о
не.м в завко'ме, в партко'ме в многотира'жке, гляди',
пропеча'тают ... Все. Нечпору'к бу'дет кади'ло
раздува'ть? 2. -Бу'дем рабо'тать вме'сте, как два
компаньо'на ... Подбере.м о'пытных слу'жащих и разду'ем
кади'ло так, что ваш Гро'мов тре'снет от за'висти.
КА'ЖДЫЙ
00
Всем и ка'ждому R весь
00
Всех и ка'ждого R весь
00
Ка'ждая соба'ка R соба'ка
00
Ка'ждый бо'жий день R бо'жий
00
На ка'ждом шагу' R шаг
КАЗА'К
00
Во'льный каза'к R во'льный
КАЗА'НСКИЙ
00
$Каза'нский/каза'нская$ сирота'
A CRYBABY
-Не'чего Ла'заря-то петь! ... -переби'ла его'
фле.нушка. -Как есть настоя'щий каза'нский сирота'!...
КАЗА'ТЬ
00
Не $каза'ть/пока'зывать$ $глаз/но'су$
NOT TO SHOW ONE'S FACE (SOMEWHERE); NOT TO SET FOOT
(SOMEWHERE)
-Забы'л ста'рых друзе'й? Когда' верну'лся, а глаз не
ка'жешь, - забы'л!
КАЗА'ТЬСЯ
00
Каза'ться ве'чностью R ве'чность

Не каза'ться на глаза'
NOT TO SHOW ONE'S FACE (SOMEWHERE); NOT TO SET FOOT
SOMEWHERE
КАЗНА'
00
Не счита'ть казны' R счита'ть
КАЗНИ'ТЬ
00
Казни'ть сме'ртью [кого'] R смерть
КАЗНЬ
00
$Казнь еги'петская<еги'петская казнь$ R еги'петский
КА'ЗОВЫЙ
00
Ка'зовый коне'ц
THE BEST PART; THE GOOD/ADVANTAGEOUS SIDE; THAT WHICH IS
STRICTLY FOR SHOW
[Жизнь] э'то мудре.ная исто'рия, е'сли осо'бенно взять
не ка'зовые концы' и не ее. пара'дную пра'здничную
сто'рону, а настоя'щую суть.
КА'ИНОВ
$Ка'инова печа'ть/ка'иново клеймо'$
THE MARK OF CAIN
Лю'ди с ка'иновой печа'тью спосо'бны преда'ть и'ли да'же
уби'ть любо'го из-за национа'льно - религио'зного
фанати'зма и'ли материа'льного расче.та.
КАК
00
Бежа'ть как че.рт от ла'дана [от кого'<чего'] R ла'дан
00
Боя'ться как че.рт ла'дана [кого'<чего'] R ла'дан
00
Везе.т как уто'пленнику [кому'] R уто'пленник
00
Вот (оно') как R вот
00
Как бу'дто R бу'дто
00
Как бы
AS IF
29
Как (бы) не так
NOT LIKELY!; NOT AT ALL!
-Да, че'рта с два, как бы не так!
00
Как бы не [V]
LEST
-Страх был - как бы вот за того' и'ли э'того за'муж не
вы'дали.
00
Как бы то ни' было
IN ANY CASE; NO MATTER WHAT; BE THAT AS IT MAY
Как бы то ни' было, но ви'девший в пе'рвый раз
Лизаве'ту Алекса'ндровну, не за'метил бы в ней
никако'го расстро'йства.
00
Как быть? R быть
00
Как в те.мном лесу' R лес
00
(Как) в тума'не =жить/ходи'ть/ETC= R тума'н
29
Как есть
COMPLETELY; ABSOLUTELY; POSITIVELY
-Как есть я! -ду'мал Васи'лий. -В то'чности мой
хара'ктер.
00
Как же
OF COURSE
-Вы зна'ете, что мы прие'хали с тем, что'бы сей же час
на'чали с нее. портре'т. -Как же, я гото'в сию' мину'ту.
00
$Как когда'<когда' как$
IT DEPENDS WHEN AND HOW
00
$Как кому'<кому' как$

108

KAK CONT'D.
    IT DEPENDS ON THE PERSON
    —И что ж, э'то хорошо'? —переби'л Па'вел Петро'вич.
    —Смотря' как кому', дя'дюшка. Ино'му от э'того хорошо',
    а ино'му о'чень ду'рно.
    00
    Как мо'жно
    AS ... AS POSSIBLE
    Ему' захоте'лось как мо'жно скоре'е добра'ться ... до
    Во'лги.
    00
    Как не быва'ло R быва'ть
    00
    Как нельзя' =лу'чше/ху'же/ETC=
    AS GOOD/BAD/ETC. AS POSSIBLE
    Весь э'тот день проше.л как нельзя' лу'чше.
    00
    Как ни
    ALTHOUGH; NO MATTER HOW [E.G. HE HURRIED]
    1. То'лько как он ни торопи'лся – она' шла прово'рнее
    его'. 2. Как ни зауря'дна была' его' нару'жность, но
    во все.м ... чу'вствовалось созна'ние си'лы и привы'чной
    вла'сти над сте'пью.
    00
    Как ни в че.м не быва'ло R быва'ть
    00
    Как-ника'к
    ANYHOW; ANYWAY
    [Воло'дя] чу'вствовал уже' уста'лость – как-ника'к, он
    не спал вторы'е су'тки.
    00
    Как пить дать R пить
    00
    Как попа'ло R попа'сть
    00
    Как раз
    1. EXACTLY; JUST 2. JUST RIGHT; JUST THE TICKET 3. RIGHT
    AWAY; IN A JIFFY
    1. Как раз пе'ред воро'тами на доро'ге стоя'ли возы'.
    2. Э'ти боти'нки мне как раз.
    00
    Как сказа'ть R сказа'ть
    42
    Как ско'ро
    1. AS SOON AS; WHEN 2. IF; PROVIDED
    1. Как ско'ро графи'ня уе'дет, ее. лю'ди, вероя'тно,
    разойду'тся. 2. Как ско'ро тре'бование иску'сственно,
    мы его' признае.м дурны'м, вре'дным и'ли смешны'м, как бы
    оно' ни' было прекра'сно и вели'чественно.
    00
    Как таково'й R таково'й
    00
    Как $хо'чешь<хоти'те$ R хоте'ть
    00
    Кто как R кто
    00
    Куда' как R куда'
    00
    Не так стра'шен че.рт, как его' малю'ют R малева'ть
    00
    Нет как нет R нет
    00
    Потому' как R потому'
    00
    Тут как тут R тут
    00
    $Ходи'ть/идти'/сле'довать/ETC$ [за кем] как тень R
    тень
KAKO'B
    00
    Како'в ни на есть R како'й
    00
    Како'в $собо'й/из себя'$ R како'й
KAKO'ВСКИЙ
    29
    По-како'вски
    IN WHAT LANGUAGE
    —Э'то по-како'вски, Фе.дор Ильи'ч? —спроси'л Матве'й.

    —Францу'зы так говоря'т, —отве'тил Соколо'вский.
KAKO'Й
    00
    $В сти'ле [кого'<чего']<в [како'м] сти'ле$ R стиль
    00
    Где како'й
    IT DEPENDS WHAT KIND
    Урожа'й в э'том году', но то'лько где како'й: он вы'ше
    на чернозе.ме не'жели на песча'ной и'ли солончако'вой
    по'чвах.
    42
    Из каки'х
    FROM WHAT SOCIAL CLASS
    —Сам-то' из каки'х бу'дешь, из крестья'н али' еще. из
    каки'х?
    00
    Кака'я ра'зница? R ра'зница
    00
    Каки'ми судьба'ми? R судьба'
    00
    Како'й (бы) ни [V]
    NO MATTER WHAT KIND OF; WHATEVER
    1. —Нигили'ст, э'то челове'к ... , кото'рый не
    принима'ет ни одного' при'нципа на ве'ру, каки'м бы
    уваже'нием ни' был окруже.н э'тот при'нцип. 2. Каку'ю
    ни пока'жет ему' рабо'ту Семе.н, все. сра'зу пойме.т.
    00
    Како'й бы то ни' $был<было$
    ANY; ANY KIND OF
    Ма'ша Шу'бина до конца' отрица'ла каку'ю бы то ни' было
    свя'зь с подпо'льем и никого' не вы'дала.
    00
    $Како'й/како'в$ $из себя'<собо'й$
    WHAT DOES (HE) LOOK LIKE?
    —Како'й он из себя'? —Како'й? Призе'мистый, гру'зный,
    черня'вый.
    00
    $Како'й/како'в$ ни (на) есть
    ANY; WHATEVER YOU LIKE
    —Впиши'те меня' в каку'ю ни на е'сть брига'ду.
    00
    Когда' како'й
    SOMETIMES OF ONE KIND SOMETIMES OF ANOTHER
    Хлеб удае.тся когда' како'й, смотря' по муке': мука'
    све'жего помо'ла дае.т бо'льший припе.к чем лежа'лая.
    00
    Кому' како'й
    WHO NEEDS/DESERVES/GETS/ETC. WHAT
    —Кому' кака'я ло'шадь нужна': ино'му на'ша ло'шадь
    пока'жется, а нам – его'.
    00
    На каки'е шиши' =жить/покупа'ть/приобрета'ть/ETC= R
    шиш
    00
    На како'й предме'т? R предме'т
    00
    Ни в како'й сте'пени R сте'пень
    29
    Ни в каку'ю
    NOT FOR ANYTHING; ON NO ACCOUNT
    —Пригляну'лась Ната'лья, стал ее. сва'тать. Она' же –
    ни в каку'ю.
    00
    Ни за каки'е коври'жки R коври'жка
    00
    Ни под каки'м ви'дом R вид
    00
    С каки'х пор R пора'
    00
    $Со стороны' [чего']<с [како'й] стороны'$ R сторона'
    00
    $Хоть како'й<како'й хоти'те<како'й хо'чешь$
    ANY; WHATEVER YOU LIKE
    1. Но и то сказа'ть: го'ды хоть каку'ю красоту'
    исказя'т! 2. —Да неуже'ли же ты разлюби'л меня'? —Да
    не разлюби'л; а с э'такой-то нево'ли от како'й хо'чешь
    краса'вицы-жены' убежи'шь!
KAKO'Й-НИБУДЬ
    00
    Хоть како'й-нибудь

ANY KIND OF
Ску'ка бы'ла в дере'вне стра'шная, и Ави'лов постоя'нно и уси'ленно иска'л хоть какого'-нибудь развлече'ния.

КАЛА'Ч
00
Калачо'м не зама'нишь [кого']
YOU CAN'T GET (HIM) (SOMEWHERE) FOR LOVE OR MONEY
00
На калачи' $доста'лось<доста'нется$ [кому']
(HE) REALLY GOT IT; (WE WILL) CATCH HELL
00
Те.ртый кала'ч
AN OLD HAND; (HE'S) BEEN AROUND; A SLICK CUSTOMER
Э'то челове'к о'пытный, себе' на уме', не зло'й и не до'брый, а бо'лее расче.тливый; э'то те.ртый кала'ч, кото'рый зна'ет люде'й и уме'ет и'ми по'льзоваться.

КАЛЕ'НДЫ
60
Отложи'ть до гре'ческих кале'нд
TO PUT OFF INDEFINITELY; TO NEVER GET AROUND TO DOING SOMETHING

КАЛЕ'НИЕ
00
Довести' до бе'лого кале'ния [кого']
TO DRIVE (SOMEONE) CRAZY/BATTY; TO INFURIATE (SOMEONE)
Мно'го раз доводи'ли они' Плато'на до бе'лого кале'ния сожале'ниями и расспро'сами.
00
Дойти' до бе'лого кале'ния
TO BECOME FURIOUS
Ви'дя лаке'йство колле'г, он доше.л до бе'лого кале'ния и сказа'л им об э'том в глаза'.

КАЛЕ.НЫЙ
00
Кале.ным желе'зом вы'жечь [что]
TO ERADICATE/DESTROY (SOMETHING)
Очи'ститься от ло'дырей, туне'ядцев, прихлеба'телей и парази'тов, кале.ным желе'зом вы'жечь хище'ния, растра'ты, воровство' - в э'том, това'рищи, заключа'ется сейча'с одна' из важне'йших зада'ч.

КАЛИ'Ф
11
Кали'ф на час
KING FOR A DAY
-Я все. гото'в для тебя' сде'лать, - ... сказа'л Масле'нников, ... -но, ви'дишь ли, я, кали'ф на час.

КАЛО'ШИ
00
Посади'ть в кало'шу [кого']
TO PUT (SOMEONE) ON THE SPOT; TO GET (SOMEONE) INTO A FIX
00
Сесть в кало'шу
TO BE IN A SPOT; TO GET INTO A FIX

КА'МЕННЫЙ
00
Как за ка'менной стено'й =быть/находи'ться/ETC= R стена'
00
Как на ка'менную $го'ру/сте'ну$ $наде'яться/положи'ться/ETC$ [на кого'<на что'] R гора'
00
Ка'менная ба'ба R ба'ба
00
Ка'менный мешо'к
PRISON; A LOW PRISON CELL
-Ну, и спря'тал он меня' в ка'менный мешо'к, что остро'гом зову'т.

КА'МЕНЬ
00
А'дский ка'мень R а'дский
00
Броса'ть $ка'мень<ка'мнем$ [в кого'] R броса'ть
00
Ви'нный ка'мень R ви'нный
00
Держа'ть ка'мень за па'зухой [на кого'<про'тив кого']
TO SECRETLY BEAR A GRUDGE AGAINST (SOMEONE); TO HAVE IT IN

FOR (SOMEONE)
00
Ди'кий ка'мень R ди'кий
00
Драгоце'нные ка'мни R драгоце'нный
00
$Заброса'ть/закида'ть$ камня'ми [кого']
TO THROW STONES AT (SOMEONE)
00
Ка'мень преткнове'ния R преткнове'ние
00
Ка'мнем $па'дать/упа'сть/ETC$
TO DROP LIKE A ROCK
Ко'ршун ка'мнем упа'л на зе'млю.
00
Ка'мни вопию'т R вопия'ть
00
Ка'мня на ка'мне не оста'вить
1. TO RAZE TO THE GROUND 2. TO TAKE (IT) TO PIECES [ABOUT CRITICISM]
Полу'чен прика'з: во что' бы то' ни ста'ло взять кре'пость и ка'мня на ка'мне не оста'вить в ней.
00
Краеуго'льный ка'мень [чего'] R краеуго'льный
00
Нашла' коса' на ка'мень R коса'
00
Подво'дный ка'мень R подво'дный
00
$Про'бный/проби'рный$ ка'мень R про'бный

КА'МЕШЕК
00
$Ка'мешки<ка'мешек$ в [чей] огоро'д =броса'ть/кида'ть=
TO DROP A HINT TO (SOMEONE)
-В мое.м ста'ром автомоби'ле расстрясе.т нас. Друго'е де'ло - е'хать в но'вом. -Броса'ешь ка'мешек в мой огоро'д? Ла'дно! Пое'дем в мое.м.
00
Подво'дный ка'мешек R подво'дный

КАНА'ТНЫЙ
00
Кана'тная доро'га R доро'га

КАНИТЕ'ЛЬ
00
$Тяну'ть/разводи'ть$ каните'ль
TO DRAG (SOMETHING) OUT
Вся'кий раз Иу'душка начина'л тяну'ть каку'ю-то посторо'ннюю каните'ль, так что А'ннинька не ра'да была', что и возбуди'ла разгово'р.

КА'НУТЬ
00
$Как<бу'дто<сло'вно$ в во'ду ка'нул
(HE) DISAPPEARED WITHOUT A TRACE; AS IF THE GROUND SWALLOWED (HIM) UP; (HE) VANISHED INTO THIN AIR
1. Подозри'тельные ли'чности так и ка'нули в во'ду - а вме'сте с ни'ми исче'зли и похи'щенные казе.нные де'ньги. 2. Ба'бушка и остальны'е ребяти'шки начина'ют вме'сте иска'ть пальто', и'щут до'лго, но пальто' как в во'ду ка'нуло.
00
Ка'нуть в $ве'чность/про'шлое$
TO VANISH INTO THIN AIR

КАНЦЕЛЯ'РСКИЙ
00
Канцеля'рская кры'са R кры'са

КА'ПАТЬ
00
Не ка'плет [над кем]
THERE'S NO HURRY; (WE) CAN TAKE OUR TIME
-Что ж не сва'таетесь? -Говорю', тоски' еще. не чу'вствую. Над на'ми не ка'плет.

КА'ПЕЛЬКА
00
До (после'дней) ка'пельки
ALL; EVERY BIT
-Я чита'ю с жа'дностью и уже' изучи'ла в тео'рии все. до ка'пельки.
00
Ни $ка'пельки/ка'пли$

КА'ПЕЛЬКА CONT'D.
NOT A BIT
1. -Нет, нет! Не раска'ивайтесь! -вскри'кнула
А'ночка .... -Мне не стра'шно, пра'вда, пра'вда. Я ни
ка'пельки не боя'лась. 2. -Коры'тин ни одного' сло'ва
пра'вды не сказа'л.... Он - трус. Я ему' ни ка'пли не
ве'рю.
КАПИТА'Л
00
Ме.ртвый капита'л R ме.ртвый
00
Шевеля'тся капита'л [у кого'] R шевели'ться
КА'ПЛЯ
04
До после'дней ка'пли кро'ви =би'ться/боро'ться=
TO FIGHT TO THE LAST; TO FIGHT TO THE LAST MAN
Отря'д солда'т би'лся до после'дней ка'пли кро'ви,
отста'ивая за'нятую пози'цию.
00
До (после'дней) ка'пли
ALL; COMPLETELY; EVERY BIT/DROP
Больно'й вы'пил во'ду до ка'пли.
00
Как две ка'пли воды' (похо'ж [на кого'])
AS LIKE AS TWO PEAS IN A POD
Близнецы' как две ка'пли воды' похо'жи друг на дру'га;
то'лько мать уме'ет различи'ть их.
00
Ка'пли в рот не брать
TO BE A TEE-TOTALER
00
Ка'пля в мо'ре
A DROP IN THE BUCKET
00
Ка'пля $за ка'плей<по ка'пле$
BIT BY BIT; LITTLE BY LITTLE
00
Ка'пля $моего'<ва'шего<ETC$ ме.ду есть [в че.м] R
ме.д
00
Ни ка'пли R ка'пелька
КАПУ'СТА
00
Изруби'ть в капу'сту
TO CUT (SOMEONE) TO RIBBONS (WITH A SWORD)
Эскадрон каза'ков изруби'л в капу'сту неме'цкий отря'д.
КАРА'КУЛЕВЫЙ
00
Кара'кулевая овца' R караку'льский
КАРАНДА'Ш
00
(Взять) на каранда'ш
TO JOT (SOMETHING) DOWN; TO MAKE A NOTE FOR ONESELF
00
В карандаше' [V]
(TO DRAW SOMETHING) IN PENCIL
КАРАУ'Л
00
Быть под карау'лом
TO BE UNDER GUARD/ARREST
Заподо'зренный в уби'йстве, он был под карау'лом.
00
$Быть/стоя'ть$ $в<на$ карау'ле
TO STAND GUARD
Совершено' нападе'ние на солда'т, стоя'вших на карау'ле
у вое'нного скла'да.
00
$Взять/посади'ть$ под карау'л
TO PUT UNDER GUARD/UNDER ARREST
Пья'ный солда'т поса'жен под карау'л.
00
$Взять/сде'лать$ на карау'л
TO PRESENT ARMS
Солда'т сде'лал на карау'л.
00
Держа'ть под карау'лом
TO HOLD (SOMEONE) UNDER GUARD/ARREST
00
Хоть карау'л кричи'

THE SITUATION IS DESPERATE
Отойдя' от лесно'й каби'ны, все заме'тили, что ляга'вого
нет. Зва'ли, иска'ли. Хоть карау'л кричи'!
КАРМА'Н
00
Бить по карма'ну R бить
00
Ве'тер свисти'т в карма'нах R ве'тер
00
Вы'трясти карма'н [чей] R вы'трясти
00
Держи' карма'н (ши'ре) R держа'ть
00
Карма'н трещи'т [у кого'] R треща'ть
00
Класть (себе') в карма'н R класть
00
Наби'ть карма'н R наби'ть
00
Не $лезть/ходи'ть$ за сло'вом в карма'н R лезть
00
Не по карма'ну
OUT OF ONE'S REACH; MORE THAN ONE CAN AFFORD
Конько'в у него' не' было. Ма'тери коньки' бы'ли не по
карма'ну.
00
(Показа'ть) ку'киш в карма'не R ку'киш
00
$Положи'ть/класть$ в карма'н
TO POCKET (SOMETHING)
00
$То'лстый/туго'й/по'лный$ карма'н
WELL-HEELED; WELL-OFF
У скря'ги то'лстый карма'н.
00
$То'щий/пусто'й$ карма'н
AN EMPTY PURSE; POOR
У студе'нта то'щий карма'н.
00
Уда'рить по карма'ну R уда'рить
КАРМА'ННЫЙ
00
Карма'нная чахо'тка R чахо'тка
00
Карма'нные де'ньги
POCKET MONEY
00
Карма'нные расхо'ды
MINOR EXPENSES
КА'РТА
00
Бить ка'рту R бить
00
Ка'рта $би'та/уби'та$ [чья]
(HIS) PLANS FELL THROUGH; (HIS) GAME IS UP
-На'ша ка'рта би'та: вме'сто разворо'та торго'вли
приде.тся сверну'ть ее. до ми'нимума, -сказа'л
председа'тель объедине'ния ме'лких торго'вцев.
00
Ка'рты в ру'ки [кому']
(HE) IS AN EXPERT; (HE) KNOWS THE ROPES
00
Ка'рты на стол
ONE'S CARDS ARE ON THE TABLE
00
После'дняя ка'рта
THE LAST CHANCE; ONE'S LAST CARD
00
$Раскры'ть/откры'ть$ свои' ка'рты
TO SHOW ONE'S CARDS; TO SHOW ONE'S HAND
00
$Смеша'ть/спу'тать$ [чьи] ка'рты
TO UPSET (SOMEONE'S) PLANS; TO THWART (SOMEONE'S) PLANS; TO
KNOCK (SOMEONE'S) PLANS INTO A COCKED HAT
-Револю'ция смеша'ла на'ши ка'рты, и мы оказа'лись за
грани'цей, -говори'ли ру'сские эмигра'нты.
00
Смеша'ть [чьи] ка'рты R смеша'ть

КА'РТА CONT'D.
00
Ста'вить на ка'рту [что]
TO RISK IT ALL; TO PUT ALL ONE'S EGGS IN ONE BASKET
00
Стоя'ть на ка'рте
TO BE AT STAKE
00
Стоя'ть на ка'рте R стоя'ть
КАРТИ'НА
00
Живы'е карти'ны R живо'й
00
Тума'нные карти'ны R тума'нный
КАРТИ'НКА
00
Зага'дочная карти'нка R зага'дочный
00
$Как карти'нка/как на карти'нке$
PRETTY AS A PICTURE
42
Мо'дная карти'нка
FASHION-PLATE
42
$Оде'т<оде'тый$ по карти'нке
LOOK LIKE A FASHION-PLATE
На дива'не лежа'л... ма'льчик..., оде'тый по карти'нке в
ба'рхатную ку'рточку и дли'нные че.рные чулки'.
00
Переводны'е карти'нки R переводно'й
КАРТО'ННЫЙ
00
Карто'нный до'мик R ка'рточный
КА'РТОЧНЫЙ
00
$Карто'нный/карто'чный$ до'мик
A HOUSE OF CARDS
У'зкие те.мные у'лицы, ка'рточные до'мики, почти'тельно
приседа'ющие япо'нцы, все. э'то бы'ло похо'же на
стра'нный вы'мысел.
КАРТО'ШКА
00
Карто'шка в мунди'ре R мунди'р
00
Нос карто'шкой
A BULBOUS NOSE
КАРЬЕ'Р
00
С ме'ста в карье'р
RIGHT OFF THE BAT
Хозя'ин пло'тно закры'л за собо'й дверь и с ме'ста в
карье'р на'чал выкла'дывать свои' но'вости.
КАСА'ТЬСЯ
00
Де'ло каса'ется [кого'<чего'] R де'ло
00
Что каса'ется [кого'<чего'<до кого'<до чего'], то...

CONCERNING ...
Что каса'ется Па'влика, то с ним пришло'сь-таки
повози'ться.
КАТА'НЬЕ
23
Не мытье.м так ка'таньем
BY HOOK OR BY CROOK; ONE WAY OR ANOTHER
КАТА'ТЬСЯ
00
Как сыр в ма'сле ката'ться R сыр
00
Ката'ться со' смеху
TO SPLIT ONE'S SIDES LAUGHING
КАТИ'ТЬСЯ
00
Как по ма'слу кати'ться R ма'сло
29
Кати'сь $колбасо'й/колба'ской$
CLEAR OUT!
1. Бюрокра'т подны'мет глаза' от бума'жных копа'ний и

ска'жет вня'тно: -Кати'сь колбасо'й! 2. -Кати'сь
колба'ской! ... -проводи'л их [дозо'рную сме'ну]
Моро'зка и с за'вистью посмотре'л вслед.
00
Кати'ться вниз R вниз
00
Кати'ться по'д гору R гора'
00
Кати'ться по накло'нной пло'скости R накло'нный
КА'ТОРГА
00
Ве'чная ка'торга R ве'чный
КАФТА'Н
00
Три'шкин кафта'н R три'шкин
КАЧА'ТЬ
00
Кача'ть голово'й
TO SHAKE ONE'S HEAD
Профе'ссор на ка'ждый мой вопроси'тельный взгляд кача'л
голово'й и, вздыха'я, отвеча'л то'лько "нет".
КА'ЧЕСТВО
00
В ка'честве [кого'<чего']
IN THE CAPACITY OF (SOMEONE/SOMETHING); AS (SOMEONE/SOMETHING)
1. Пандале'вский и тепе'рь жил у бога'той поме'щицы...
в ка'честве прие.мыша и'ли нахле'бника. 2. Зе'мство
расше'дрилось и постанови'ло выдава'ть три'ста рубле'й
ежего'дно в ка'честве посо'бия на усиле'ние медици'нского
персона'ла в городско'й больни'це.
КА'ЧКА
00
$Бортова'я/бокова'я$ ка'чка R бортово'й
00
Килева'я ка'чка R килево'й
КА'ША
00
Завари'лась ка'ша
THAT'S A FINE KETTLE OF FISH; IT'S A FINE MESS
-На э'тих пора'х оте'ц мой... возьми' да и умри'.
Пошли' векселя' ко взыска'нию.... Завари'лась ка'ша.
00
Завари'ть ка'шу
TO STIR UP TROUBLE
00
Ка'ша в голове' [у кого']
A MUDDLEHEAD
У него' ка'ша в голове' от беспоря'дочного чте'ния.
00
Ка'ша во рту [у кого']
(HE) MUMBLES
Де'вушка сказа'ла что'-то о'чень невня'тно, сло'вно
ка'ша во рту у нее. была'.
00
Ка'ши не сва'ришь [с кем] R свари'ть
00
Ка'шу ма'слом не испо'ртишь R ма'сло
00
Ма'ло ка'ши ел
A GREENHORN; WET BEHIND THE EARS
Хоть он и не мо'лод, а, ви'дно по рабо'те, что ма'ло
ка'ши ел - ру'ки у него' неуме'лые.
00
Накорми'ть бере.зовой ка'шей
TO WHIP/FLOG
00
Про'сят ка'ши =сапоги'/боти'нки/ETC=
WORN-OUT; RAGGED; IN NEED OF REPAIR
Изно'шенные сапоги' про'сят ка'ши.
00
Расхле.бывать ка'шу
TO GET TO THE BOTTOM OF (SOMETHING); TO DISENTANGLE
(SOMETHING)
КАШТА'Н
00
Таска'ть кашта'ны из огня' [для кого'] R таска'ть
КВАДРАТУ'РА
00
Квадрату'ра кру'га

КВАДРАТУ'РА CONT'D.
   SQUARING A CIRCLE
   -Я стара'юсь предста'вить себе' бу'дущего зя'тя, но
   соверше'нно напра'сно: э'то кака'я-то квадрату'ра кру'га.
КВАРТИ'РА
   00
   $Встать/стать$ на кварти'ру [к кому'] R встать
КВАС
   00
   Перебива'ться с хле'ба на квас R хлеб
КВАСНО'Й
   00
   Квасно'й патриоти'зм
   JINGOISM
КВИ'НТА
   00
   Пове'сить нос на кви'нту
   TO BE CRESTFALLEN; TO LOOK DEJECTED
КИДА'ТЬ
   00
   Кида'ть гря'зью [в кого'] R грязь
   00
   Кида'ть де'ньги на ве'тер R ве'тер
   00
   Кида'ть жре'бий R броса'ть
   00
   Кида'ть $ка'мень<ка'мнем$ R ка'мень
   00
   Кида'ть ка'мешки в [чей] огоро'д R ка'мешек
   00
   Кида'ть кровь [кому'] R кровь
   00
   Кида'ть тень [на кого'<на что] R тень
КИДА'ТЬСЯ
   00
   $Вино'/хмель$ кида'ется в го'лову R броса'ться
   00
   Кида'ться в глаза' R броса'ться
   00
   Кида'ться на ше'ю [кому'] R ше'я
   00
   Кра'ска кида'ется в лицо' R кра'ска
   00
   Кровь кида'ется в $го'лову/лицо'$ R кровь
   00
   Со всех ног кида'ться R нога'
КИЛЬВА'ТЕР
   00
   В $кильва'тере<кильва'тер$ =идти'/сле'довать/ETC=
   TO FOLLOW IN THE WAKE OF
   На корме' ка'ждого корабля' горе'л... Фона'рь.... Э'тим
   све'том мы и руково'дствовались, идя' в кильва'тер
   головно'му.
КИ'НУТЬ
   00
   Ки'нуть кровь [кому'] R кровь
   00
   Куда' ни кинь - все. клин R клин
   00
   Куда' ни кинь гла'зом R глаз
КИ'НУТЬСЯ
   00
   Кра'ска ки'нулась в лицо' R кра'ска
   00
   Кровь ки'нулась в $го'лову/лицо'$ R кровь
КИ'ПЕНЬ
   00
   Бе'лый как ки'пень
   WHITE AS SNOW
   -А за кормо'й, над пучи'ной, ча'йки лета'ют, бе'лые, как
   ки'пень.
КИПЕ'ТЬ
   00
   (Как) в котле' кипе'ть R коте.л
   00
   Кипе'ть ключо'м R ключ
   00
   Кровь кипи'т R кровь

   00
   Сле.зы кипя'т
   TEARS WELL IN (HIS) EYES
   Хоте'лось пла'кать, сле.зы кипе'ли в груди'.
КИСЕ'ЙНЫЙ
   00
   Кисе'йная ба'рышня
   A REFINED YOUNG LADY; A FINISHING SCHOOL GIRL
   На'денька то'лько что око'нчила епархиа'льное учи'лище,
   хоро'шенькая, наи'вная, кисе'йная ба'рышня.
КИСЕ'ЛЬ
   29
   $Дать/подда'ть$ киселя' [кому']
   TO SLAP (SOMEONE) ON THE KNEE
   Го'сти гоня'лись друг за дру'гом..., бесцеремо'нно
   поддава'я оди'н друго'му коле'ном киселя'.
   29
   За семь ве.рст киселя' хлеба'ть
   TO GO A LONG WAY FOR NOTHING; TO GO ON A WILD-GOOSE
   CHASE; TO GO ON A FOOL'S ERRAND
   -Пое'дем в кино'!- -Иде.т сто'ящее смотре'ть? А то и в
   пра'вду за семь ве.рст киселя' хлебать!-
   00
   $Седьма'я/деся'тая$ вода' на киселе' R вода'
КИСЕ'ЛЬНЫЙ
   00
   Моло'чные ре'ки, кисе'льные берега' R моло'чный
КИСТЕ'НЬ
   42
   $Гуля'ть/ходи'ть$ с кистене.м
   TO BE A ROBBER
   Не гуля'л с кистене.м я в дрему'чем лесу', Не лежа'л я
   во рву' в непрогля'дную ночь.
КИСТЬ
   00
   Вы'йти из-под ки'сти [кого'] R вы'йти
КИТА'ЙСКИЙ
   00
   Кита'йская гра'мота
   IT'S GREEK TO (ME)
   За кни'гой с де'тства, кро'ме ску'ки, Он ничего' не
   ощуща'л, Кита'йской гра'мотой-нау'ки,
   Иску'сство-бре'днями счита'л.
   00
   Кита'йская стена'
   AN IVORY TOWER
   Ни посторо'нний челове'к, ни посторо'нняя кни'га не
   могли' проби'ться сквозь ту кита'йскую сте'ну, кото'рою
   г-жа' Ельцо'ва отдели'ла свою' Ве'рочку от всего'
   живо'го ми'ра.
   62
   Кита'йские церемо'нии
   EXCESSIVE COURTESY
КИШЕ'ТЬ
   00
   Кишмя' кише'ть R кишмя'
   00
   Так и $киши'т<киша'т$
   SWARMING; TEEMING; ALIVE WITH
   Пришё'л генера'л к ручью', ви'дит: ры'ба там, сло'вно в
   садке' на фонта'нке, так и киши'т.
КИШКА'
   29
   Вы'мотать (все) кишки' [кому']
   TO DRIVE (SOMEONE) CRAZY; TO EXASPERATE (SOMEONE); TO EXHAUST
   (SOMEONE)
   29
   Вы'пустить кишки'
   TO RIP SOMEONE'S GUTS OUT
   29
   Кишка' тонка' [у кого']
   (HE) DOESN'T HAVE THE GUTS FOR (SOMETHING); (HE) DOESN'T
   HAVE WHAT IT TAKES FOR (SOMETHING)
   -Купи' мне кара'кулевую шу'бку!- -Кишка' тонка' у нас -
   де'нег едва' ли хва'тит на кро'личью!-
   29
   Надорва'ть кишки' (со' смеху)
   TO BE HELPLESS WITH LAUGHTER; TO SPLIT ONE'S SIDES

КИШКА' CONT'D.
  LAUGHING
КИШМЯ'
  00
  Кишмя' кише'ть
  TO SWARM; TO TEEM
КЛА'ДЕЗЬ
  63
  Кла'дезь $му'дрости/прему'дрости$
  A FOUNT OF WISDOM; THE SOURCE OF ALL WISDOM
  63
  Кла'дезь уче.ности
  A FOUNT OF KNOWLEDGE
КЛА'НЯТЬСЯ
  00
  Кла'няться в но'ги [кому'] R нога'
  42
  Честь име'ю кла'няться
  I HAVE THE HONOR TO BID YOU FAREWELL [AN EXTREMELY POLITE FAREWELL]
  -О'чень жале'ю, что напра'сно обеспоко'ил... Честь име'ю кла'няться.
КЛАСТЬ
  00
  Зу'бы на по'лку (класть) R зуб
  00
  Класть в карма'н R карма'н
  00
  Класть в осно'ву R осно'ва
  00
  Класть в рот [кому']
  TO GIVE A DETAILED EXPLANATION
  У о'пытного учи'теля легко' понима'ть - он сло'вно кладе.т в рот вам.
  00
  Класть де'ньги в кубы'шку R кубы'шка
  00
  Класть (земны'е) покло'ны
  TO GENUFLECT DURING PRAYER
  Моля'шиеся кла'ли земны'е покло'ны перед алтаре.м.
  00
  Класть на му'зыку
  TO SET TO MUSIC
  Слага'я стихотворе'ния, он клал их на му'зыку.
  00
  Класть на о'бе лопа'тки [кого'] R лопа'тка
  00
  Класть ору'жие
  TO SURRENDER; TO GIVE UP; TO LAY DOWN ONE'S ARMS
  00
  Класть под сукно' =заявле'ние/про'сьбу/делову'ю бума'гу/ETC= R сукно'
  00
  Класть пятно' на [кого'<что]
  TO SULLY/TO PUT A BLOT ON (SOMEONE/SOMETHING)
  00
  Класть (себе') в карма'н
  TO POCKET (SOMEONE ELSE'S) MONEY
  00
  Кра'ше в гроб кладу'т R кра'ше
  00
  Оху'лки на' $руки<руку$ не класть R оху'лка
  00
  Па'льца в рот не клади' [кому'] R па'лец
  00
  Под спуд класть R спуд
КЛЕВА'ТЬ
  00
  Де'нег куры' не клюю'т [у кого']
  (HE'S) LOADED; (HE'S) FILTHY RICH
  00
  Клева'ть но'сом
  TO NOD [DOZING WHILE SITTING UP]
  Не'которые пассажи'ры клева'ли но'сом, други'е смотре'ли на ландша'#т, мелька'ющий в окне' по'езда.
  00
  Ты'каться но'сом
  TO NOD; TO BE DROWSY

КЛЕЙМО'
  00
  Ка'иново клеймо' R ка'инов
КЛЕ.ПКА
  29
  Не $хвата'ет/недостае.т$ (одно'й) кле.пки в голове'
  TO HAVE A SCREW LOOSE; NOT ALL THERE
  -У ба'рина не хвата'ет кле.пки в голове': выезжа'ть на' ночь гля'дя и в мете'ль, -ду'мал рабо'тник, гото'вя са'ни.
КЛЕ'ЩИ
  00
  $Брать/взять$ в кле'щи'
  TO HAVE/CATCH IN A VICE
  00
  Клеща'ми не $вы'тянешь/вы'тащить/ETC$ [чего']
  YOU CAN'T GET A WORD OUT OF (SOMEONE)
  То'нька замкну'лась, ушла' в себя': клеща'ми сло'ва не вы'тянешь.
  00
  Клеща'ми $тащи'ть/вытя'гивать$ =сло'во/отве'т/призна'ние/ETC= [из кого']
  TO GET AN ANSWER, ETC. FROM (HIM) IS LIKE PULLING TEETH
  -Наси'лу-то! Вишь, рот раскры'ть боя'тся! Из них слова' тащи'ть клеща'ми на'до!
КЛИ'КНУТЬ
  00
  Кли'кнуть клич R клич
КЛИ'МАТ
  00
  Океани'ческий кли'мат R морско'й
КЛИН
  00
  Земля' не кли'ном сошла'сь ([на ком<че.м])
  THERE ARE OTHER FISH IN THE SEA; THERE'S MORE THAN ONE WAY TO SKIN A CAT
  -Куда' [е'дешь]? -спроси'л Малю'та.... -Куда' глаза' гляди'т, ба'тюшка; земля' не кли'ном сошла'сь, ме'ста дово'льно!
  00
  Клин кли'ном $вышиба'ть/выбива'ть$
  TO FIGHT FIRE WITH FIRE
  00
  Кли'ном не вы'шибешь
  (I) CAN'T GET (SOMETHING) OUT OF (MY) HEAD
  00
  Куда' ни кинь - все. клин
  YOU CAN'T WIN; THERE'S NO WAY OUT
  Неуже'ли вы не зна'ете, что в жи'зни быва'ют таки'е положе'ния, в кото'рых... реши'тельно ничего' нельзя' сде'лать пу'тного? Куда' ни кинь, все. клин.
  00
  Свет не кли'ном соше.лся ([на ком<че.м])
  THERE ARE OTHER FISH IN THE SEA; THERE'S MORE THAN ONE WAY TO SKIN A CAT
  -Как ты ду'маешь жить без постоя'нного дохо'да и друзе'й, покида'я отчи'зну?- -Была' бы охо'та, а рабо'та найде.тся, бу'дут и друзья'-ведь свет не кли'ном соше.лся на пре'жних.
КЛИЧ
  00
  Кли'кнуть клич
  TO CALL TO (SOMEONE); TO APPEAL TO (SOMEONE)
КЛОНИ'ТЬ
  14
  Клони'ть $го'лову/ше'ю/спи'ну$
  TO BOW TO; TO SUBMIT TO
  Он - челове'к, клоня'щий го'лову перед людьми', име'ющими де'ньги и'ли положе'ние.
  42
  Клони'ть $о'чи/взор$
  TO LOWER ONE'S EYES/GAZE
  Тоска' любви' Татья'ну го'нит, И в сад иде.т она' грусти'ть, И вдруг недви'жны о'чи кло'нит, И лень ей да'лее ступи'ть.
КЛОП
  00
  Корми'ть клопо'в R корми'ть
КЛУБО'К
  00
  $В клубо'к<клубко'м/в ком<ко'мом/в комо'к<комко'м$

КЛУБО'К CONT'D.
$сверну'ться/сжа'ться/сье.житься$
TO CURL UP INTO A BALL
00
$Клубо'к/комо'к$ в го'рле =стои'т/застря'л/ETC=
TO HAVE A LUMP IN ONE'S THROAT
-От чте'ния письма' сы'на клубо'к застря'л в го'рле у
меня', а жена' смотре'ла затума'ненным слеза'ми
взгля'дом, -расска'зывал он.
00
$Клубо'к/комо'к/ком$ $подступи'л/подкати'лся/ETC$ к
го'рлу
A LUMP COMES TO ONE'S THROAT
Опя'ть он ощути'л, как от ра'дости поднима'ется в груди'
и подка'тывается к го'рлу клубо'к.
КЛЮ'КВА
    29
    Вот так клю'ква!
    THAT'S JUST GREAT!; THAT'S ALL WE NEEDED!; THAT'S A FINE
    KETTLE OF FISH
    -Всем хоро'ш челове'к, но одна' беда': пья'ница! -"Вот
    так клю'ква!"
КЛЮЧ
    00
    $Бить/кипе'ть$ ключо'м
    1. TO BOIL; TO BUBBLE [ABOUT LIQUIDS] 2. TO BE IN FULL
    SWING; TO BOIL OVER
    Зло'ба ключо'м кипе'ла в его' се'рдце.
КЛЯ'ТВА
    00
    Сдержа'ть кля'тву R сдержа'ть
    00
    Сме'ртная кля'тва R сме'ртный
КНИ'ГА
    00
    $Гляде'ть/смотре'ть$ в кни'гу и ви'деть фи'гу R фи'га
    00
    И кни'ги в ру'ки [кому']
    (HE) KNOWS THE ROPES; (HE) IS AN EXPERT
    14
    Кни'га за семью' печа'тями
    IT IS A SEALED BOOK
    Закули'сные перегово'ры власть иму'щих - кни'га за
    семью' печа'тями для просты'х сме'ртных.
    00
    На страни'цах кни'ги R страни'ца
    00
    Пожира'ть кни'ги R пожира'ть
КНО'ПКА
    00
    Нажа'ть (на все) кно'пки R нажа'ть
КОБЫ'ЛА
    00
    (Не) пришё'й кобы'ле хвост R хвост
КОВА'ТЬ
    00
    Кова'ть де'ньги
    TO RAKE IN MONEY
    00
    Куй желе'зо, пока' горячо'
    STRIKE WHILE THE IRON IS HOT
КОВЕ.Р
    00
    У ковра' =рабо'тать/выступа'ть/ETC=
    TO BE A CIRCUS CLOWN
КОВРИ'ЖКА
    00
    Ни за каки'е коври'жки
    NOT FOR ANYTHING; NOT FOR THE WORLD
    Ма'ленькая де'вочка, как ули'тка, ушла' в себя' и
    начина'ет стро'ить себе' свой миро'к, в кото'рый она' ни
    за каки'е коври'жки не пу'стит ни мама'шу, ни
    гуверна'нтку.
КОВЧЕ'Г
    00
    Но'ев ковче'г R но'ев
КОГДА'
    29
    Есть когда'!

THERE'S NO TIME FOR IT
-Пойде.м в кино'!- -Есть когда'! Годово'й отче.т еще.
не ко'нчен.-
00
Как когда'<когда' как R как
00
Когда' (бы) еще.
SOME TIME AGO; SOME TIME IN THE FUTURE; SOME TIME TO COME
1. -Да ведь у нас десятиле'тка еще. когда' откры'та.
2. -Спаси'бо, Та'ня, что вы согласи'лись пойти' со
мной. Оди'н я когда' бы еще. собра'лся!
00
Когда' бы ни ...
WHENEVER
И когда' бы я ни откры'л глаза', ты [мать] была' всегда'
во'зле меня'.
00
Когда' како'й R како'й
00
Когда'-когда'
RARELY; HARDLY EVER; NOW AND THEN
И ничего' она' для него' из прови'зии не ута'ивает...
Когда'-когда' оста'вит ему' кусо'к посла'ще.
00
Когда'-никогда'
RARELY; HARDLY EVER; NOW AND THEN
-Так бери', Стака'ныч, и мундшту'к. Все.-таки
когда'-никогда' вспо'мнишь това'рища.
00
Ре'дко-когда'
VERY RARELY
-Как с твое'й сло'манной ного'й?- -Сросла'сь,
ре'дко-когда' зано'ет и то к непого'де.-
КОГОТО'К
    00
    Показа'ть (свои') коготки' R ко'готь
КО'ГОТЬ
    00
    Быть в когтя'х [кого']
    TO BE IN (SOMEONE'S) CLUTCHES
    Нео'пытный торго'вец был в когтя'х кредито'ров,
    грози'вших предъяви'ть счета' к и'ску.
    00
    Держа'ть в когтя'х [кого']
    TO HAVE (SOMEONE) IN ONE'S CLUTCHES
    Страсть к алкого'лю держа'ла в когтя'х его' до сме'рти
    от бе'лой горя'чки.
    00
    Облома'ть ко'гти [кому']
    TO PULL (SOMEONE'S) CLAWS; TO RENDER (SOMEONE) HARMLESS
    00
    Показа'ть (свои') $ко'гти/коготки'$
    TO SHOW ONE'S TEETH
    [Тюфя'ев] знал свои'х госте'й наскво'зь, презира'л их,
    пока'зывал им иногда' ко'гти...
    00
    Попа'сть в ко'гти [к кому']
    TO FALL INTO (SOMEONE'S) CLUTCHES
    Бегле'ц из пле'на попа'л в ко'гти к банди'там.
КО'ЖА
    00
    Влезть в [чью] ко'жу
    TO PUT ONESELF IN (SOMEONE ELSE'S) SKIN/SHOES
    00
    Из ко'жи (вон) $лезть/вы'лезти$
    TO BEND OVER BACKWARDS; TO GO OUT OF ONE'S WAY
    Стари'к лез из ко'жи, что'бы угоди'ть.
    00
    Ко'жа да ко'сти
    SKIN AND BONES
    -Како'й ты ходо'к? Погляди' на себя': ко'жа да ко'сти.
    Умре.шь, брат.
    00
    Моро'з $дере.т/подира'ет/пробега'ет/ETC$ по ко'же R
    моро'з
    29
    Ни ко'жи ни ро'жи
    (HE) LOOKS AWFUL; (HE) IS ALL SKIN AND BONES

КО'ЖА CONT'D.
-У ба'бы ни ро'жи ни ко'жи, на всех звере'й похо'жа...
КОЗА'
29
$Драть/лупи'ть$ как си'дорову ко'зу
TO BEAT MERCILESSLY
00
На козе' не объе'дешь [кого']
YOU CAN'T FOOL (HIM); YOU CAN'T PULL THE WOOL OVER (HIS)
EYES; (HE'S) NOBODY'S FOOL
29
На козе' не подье'дешь [к кому']
STUBBORN AS A MULE

00
Отставно'й козы' бараба'нщик R бараба'нщик
КОЗЕ.Л
00
Драть козла'
TO SING BADLY; TO BRAY LIKE A DONKEY
00
Как от козла' молока'
LIKE GETTING BLOOD FROM A TURNIP
По'льзы как от козла' молока' от того', кто занима'ет ме'сто, не зна'я де'ла.
00
Как от козла'-ни ше'рсти, ни молока'
LIKE GETTING BLOOD FROM A TURNIP
00
Козе.л отпуще'ния
A SCAPE-GOAT
00
Козло'м петь
TO SING BADLY; TO BRAY LIKE A DONKEY
Пу'блика освиста'ла певца', козло'м пе'вшего.
00
Пусти'ть козла' в огоро'д
TO SET A WOLF TO KEEP THE SHEEP
-Начни' бо'льшее де'ло с компаньо'ном!- -Пусти'ть козла' в огоро'д? Лу'чше откры'ть ма'ленькое да самому' быть хозя'ином!-
КО'ЗИЙ
00
$Ко'зья но'жка/соба'чья нога'/соба'чья но'жка$
A HAND-ROLLED CIGARETTE
1. Фе.дор Фе.дорович сверну'л "ко'зью но'жку", кото'рую тут же наби'л махо'ркой из табаке'рки, и закури'л. 2. -Зу'бы ра'зные быва'ют. Оди'н рве.шь щипца'ми, друго'й ко'зьей но'жкой, тре'тий ключо'м.

КО'ЗЛЫ
00
$Соста'вить/поста'вить$ $ру'жья/винто'вки$ в ко'злы
TO STACK/PILE ARMS
Поста'вив винто'вки в ко'злы, солда'ты расположи'лись на о'тдых.
КОЗЫРЕ.К
00
$Взять/брать$ под козыре.к
TO SALUTE
Солда'т взял под козыре.к перед проходя'щим офице'ром.
00
$Сде'лать/де'лать$ под козыре.к
TO SALUTE
Офице'р сде'лал под козыре.к в отве'т на приве'тствие солда'т.
КО'ЗЫРЬ
29
Ходи'ть ко'зырем
TO STRUT; TO SWAGGER
Па'рень хо'дит ко'зырем по селу', едва' кива'я голово'й бы'вшим това'рищам по и'грам.
КОЙ
00
В ко'и ве'ки R век
64
Кой че.рт

LIKE HELL!; THE HELL WITH THAT
64
На кой $че.рт/дья'вол/ле'ший/ETC$
WHAT THE HELL FOR?
-На кой ле'ший, извини'те за выраже'ние, сда'лся мне ваш прика'зчик!
00
Ни в ко'ем $слу'чае/ра'зе$
NEVER; UNDER NO CIRCUMSTANCES
Как окли'кнуть его' [Полево'го]? Сказа'ть: "дя'дя Полево'й"? Нет, ни в ко'ем слу'чае!
КО'ЙКА
00
Запра'вить ко'йку R запра'вить
КОЛ
00
Вбить оси'новый кол
TO SLAY A DRAGON; TO PULL (SOMEONE'S) CLAWS
00
$Как<то'чно$ соро'ка на колу' =верте'ться/крути'ться/ETC= R соро'ка
00
Коло'м стоя'ть
TO STAND UP BY ITSELF [LIKE FROZEN LINEN]
Белье., принесе.нное с моро'зу, коло'м стоя'ло.
00
Коло'м стоя'ть в го'рле
TO STICK IN ONE'S THROAT [ABOUT DISTASTEFUL FOOD]
Мамалы'га без припра'вы коло'м стои'т в го'рле.
00
Ни кола' ни двора' [у кого']
NEITHER HOUSE NOR HOME; NOT TO HAVE A ROOF OVER ONE'S HEAD
Ни земли', ни хозя'йства я никогда' не име'л, ... и в Кандала'х у меня' не' было ни кола' ни двора'...
00
Посади'ть на' кол
TO IMPALE
29
Хоть кол на голове' теши' [кому']
(HE) IS PIG-HEADED/STUBBORN AS A MULE
-И смешно'й же э'то челове'к, бра'тцы, бродя'га: ну ничего' не по'мнит, хоть ты кол ему' на голове' теши', все. забы'л, ничего' не зна'ет.
КОЛБАСА'
00
Кати'сь колбасо'й R кати'ться
КОЛБА'СКА
00
Кати'сь колба'ской R кати'ться
КОЛЕНКО'Р
29
$Друго'й/ино'й$ коленко'р
THAT'S ANOTHER STORY; THAT'S A HORSE OF A DIFFERENT COLOR
Когда' Рома'н, вы'пив из рю'мки са'мую ма'лость, хоте'л поста'вить ее. на подно'с, Гурья'н схвати'л его' ру'ку. -Нет, брат, всю да'вай, всю... Вот э'то друго'й коленко'р...- сказа'л он, когда' Рома'н осуши'л рю'мку до дна.
КОЛЕ'НО
00
Встать на коле'ни R встать
00
Мо'ре по $коле'но<коле'на$ [кому']
DEVIL MAY CARE
-Тепе'рь мо'ре по коле'но на'шему сы'ну. Не беда'! С года'ми да с о'пытом ста'нет осмотри'тельнее, -бодри'л он озабо'ченную жену.
04
Поста'вить [кого'] на коле'ни
TO FORCE (SOMEONE) TO HIS KNEES
Война' зако'нчена; победи'тели поста'вили захва'тчиков на коле'ни.
00
Преклони'ть коле'на<коле'ни R преклони'ть
КОЛЕ'НОПЕРЕД
00
Склони'ть коле'ни[пе'ред кем] R склони'ть
КОЛЕСНИ'ЦА
00
$После'дняя/пя'тая$ спи'ца в колесни'це R спи'ца

КОЛЕСО'
  00
  Верте'ться колесо'м
  TO RUN AROUND IN CIRCLES; TO RUN AROUND LIKE A CHICKEN
  WITH ITS HEAD CUT OFF
  Молодо'й вдове' пришло'сь верте'ться колесо'м:
  зараба'тывать де'ньги, де'лать все. по до'му и
  воспи'тывать дете'й.
  00
  $Вставля'ть/ста'вить/броса'ть$ па'лки $в<под$ коле.са
  [кому'<кого'] R па'лка
  00
  Грудь колесо'м
  A BARREL CHEST
  У боксе.ра грудь колесо'м.
  00
  Е'здить на коле.сах
  [TO RIDE IN A CARRIAGE WITH WHEELS RATHER THAN IN A
  SLEIGH]
  00
  Как бе'лка в колесе' $верте'ться/кружи'ться/ETC$ R
  бе'лка
  00
  Как $нема'заное/несма'занное/неподма'занное$ колесо'
  =скрипе'ть/ETC=
  1. TO SQUEAK LIKE AN UNGREASED WHEEL 2. THINGS ARE AT A
  STANDSTILL; IT'S GOING BADLY; THINGS ARE BARELY MOVING
  —На'ше хозя'йство бу'дет как нема'занное колесо'
  скрипе'ть до тех пор, пока' мы дру'жно не возьме.мся за
  де'ло, —рассужда'ли бра'тья.
  42
  Колесо' $форту'ны/сча'стья$
  THE WHEEL OF FORTUNE
  1. Форту'ны колесо' Пленя'ет то'лько мла'дость. 2. Колесо'
  сча'стья по слу'жбе ... поверну'лось в его' по'льзу.
  00
  На коле.сах
  ON THE MOVE
  Из-за разъе'здов по слу'жбе он, как говори'тся, был на
  коле.сах.
  00
  Но'ги колесо'м
  BOW-LEGGED
  У рахити'чных дете'й но'ги колесо'м.
  00
  Подма'зать коле.са R подма'зать
  00
  $Подпусти'ть/разводи'ть$ туру'сы на коле.сах R туру'сы
  00
  Пыта'ться поверну'ть колесо' исто'рии $вспять/наза'д$
  TO TRY TO TURN BACK THE WHEEL OF TIME; TO TRY TO TURN THE
  CLOCK BACK
  Фра'нция пыта'ется поверну'ть колесо' исто'рии наза'д,
  но ей не верну'ть вре'мени Наполео'на.
  00
  Пя'тое колесо' в теле'ге
  A FIFTH WHEEL
  Положе'ние ма'тери в семье' жена'того сы'на подо'бно
  пя'тому колесу' в теле'ге.
  00
  Ходи'ть колесо'м
  TO TURN A CARTWHEEL
  Де'ти поочере.дно ходи'ли колесо'м пе'ред роди'телями,
  пока'зывая свое. иску'сство.
КОЛЕЯ'
  00
  Войти' в колею'
  TO SETTLE DOWN; TO RETURN TO NORMAL; TO GET BACK INTO THE
  GROOVE
  Профессиона'лу нетру'дно войти' в колею' по'сле
  переры'ва в де'ятельности.
  00
  Войти' в колею' R войти'
  00
  Вы'бить из колеи'
  TO UNSETTLE/DISTURB; TO GET OUT OF THE GROOVE
  00
  $Вы'биться/вы'йти$ из колеи'
  TO GET OUT OF A RUT
  Во вре'мя вы'нужденной безрабо'тицы мно'гие лю'ди
  чу'вствуют себя' вы'шедшими из колеи' повседне'вной
  жи'зни.
КОЛО'ДА
  00
  Через пень коло'ду (вали'ть)
  ANY WHICH WAY; IN A SLIPSHOD MANNER
  —Рабо'тайте как сле'дует, а не так, что'бы через пень
  коло'ду вали'ть.
КОЛО'ДКА
  00
  (Все) на одну' коло'дку =скро'ены/сши'ты/сде'ланы/ETC=
  BIRDS OF A FEATHER; ALL OF THE SAME ILK
  —У э'тих Кустовы'х вся семья' така'я. Все на одну'
  коло'дку. Не лю'ди, а чи'стые во'лки.
КО'ЛОКОЛ
  00
  Звони'ть во все колокола' R звони'ть
  00
  Уда'рить во все колокола' R уда'рить
КОЛОКО'ЛЬНЯ
  20
  Отзвони'л и с колоко'льни доло'й
  TO CUT AND RUN
  00
  Со свое'й колоко'льни (смотре'ть)
  TO TAKE A ONE-SIDED VIEW OF (SOMETHING)
КОЛО'МЕНСКИЙ
  00
  $Коло'менская верста'<с коло'менскую версту'$
  [ABOUT A VERY TALL MAN]
КОЛО'СС
  14
  Коло'сс на гли'няных нога'х
  AN IMAGE WITH FEET OF CLAY
КОЛО'ТЬ
  00
  Коло'ть глаза' [кому']
  TO THROW (SOMETHING) IN (SOMEONE'S) TEETH; TO DISGUST (SOMEONE)
  1. Суро'вая, углова'тая худоба' те.ти Лучи'чкой
  коло'ла ему' глаза': он не мог ви'деть ее. дли'нной ше'и,
  обтя'нутой же.лтой ко'жей. 2. —Коло'ть беспреста'нно
  мне глаза' цыга'нской жи'знью и'ли глу'по и'ли
  безжа'лостно.
  00
  Пра'вда глаза' ко'лет
  THE TRUTH HURTS
  00
  (Темно',) хоть глаз коли' R вы'колоть
КОЛПА'К
  00
  Держа'ть под стекля'нным колпако'м
  [TO SHELTER (SOMEONE) (E.G. A CHILD) FROM THE REALITIES OF
  LIFE]; TO KEEP (SOMEONE) UNDER ONE'S WING
  Роди'тели лиша'ют дете'й о'пыта, держа' их под
  стекля'нным колпако'м: они' вступа'ют в жизнь с
  превра'тным представле'нием о ней.
КОЛЫБЕ'ЛЬ
  00
  $С<от$ колыбе'ли
  FROM THE CRADLE
  —Уж об твое.м ли не раде'ли Об воспита'ньи! с колыбе'ли!
КОЛЬ
  61
  Коль ско'ро
  AS SOON AS; AS
  Скажи', что я ни копе'йки не бу'ду ему' дава'ть, коль
  ско'ро он не переста'нет мота'ть.
КОЛЬЦО'
  00
  Гнуть спи'ну в кольцо'
  TO GROVEL BEFORE (SOMEONE); TO KOWTOW TO (SOMEONE)
  —Прости'те, что мои' сужде'нья бы'ли же.стки .... Но
  льстить не ма'стер я и спи'ну гнуть в кольцо'.
  00
  Сгиба'ться кольцо'м
  TO GROVEL BEFORE (SOMEONE); TO KOWTOW TO (SOMEONE)

117

КОЛЬЦО' CONT'D.
   -Чуть ни'зко поклони'сь, согни'сь-ка кто кольцо'м Хоть
   пред мона'ршиим лицо'м, Так назове.т он подлецо'м.
КОМ
   00
   Ком $подступи'л/подкати'лся/ETC$ к го'рлу R клубо'к
   00
   Пе'рвый блин ко'мом R блин
   00
   $Сжа'ться/сье.житься/сверну'ться$ $в ком<ко'мом$ R
   клубо'к
КОМА'НДА
   00
   Как по кома'нде
   SIMULTANEOUSLY; AS IF BY COMMAND
   За'навес подня'лся, и, как по кома'нде, воцари'лась
   тишина'.
КОМА'Р
   00
   Кома'р $но'са<но'су$ не подто'чит
   DONE TO A T; PERFECT; JUST RIGHT
   -У меня', зна'ешь, так де'ло поста'влено, что кома'р
   но'су не подто'чит.
КОМБИНА'ЦИЯ
   65
   Комбина'ция из тре.х па'льцев
   A FIG
   Показа'ть кому'-либо комбина'цию из тре.х па'льцев
   зна'чит оскорби'ть то лицо'.
КОМЕ'ДИЯ
   00
   $Разы'грывать/лома'ть/игра'ть/ETC$ коме'дию
   TO PLAY A ROLE; TO DISSEMBLE
КОММЕНТА'РИЙ
   00
   Коммента'рии изли'шни
   NO EXPLANATION IS NECESSARY
КОММЕ'РЦИЯ
   42
   Поддержа'ть комме'рцию
   TO PATRONIZE (SOMEONE'S) BUSINESS ESTABLISHMENT
   -У тебя' уже' есть га'лстук, подо'бный э'тому!- -Я
   купи'л его', что'бы поддержа'ть комме'рцию.-
КОММУНИСТИ'ЧЕСКИЙ
   00
   С (коммунисти'ческим) приве'том R приве'т
КОМО'К
   00
   Комо'к в го'рле =стои'т/застря'л/ETC= R клубо'к
   00
   Комо'к $подступи'л/подкати'лся/ETC$ к го'рлу R
   клубо'к
   00
   $Сверну'ться/сжа'ться/сье.житься/ETC$ $в
   комо'к<комко'м$ R клубо'к
КОМПА'НИЯ
   00
   Води'ть компа'нию [с кем]
   TO ASSOCIATE WITH (SOMEONE); TO KEEP COMPANY WITH (SOMEONE)
   Приезжа'я домо'й на кани'кулы, он по-пре'жнему води'л
   компа'нию с друзья'ми де'тства.
   00
   $За компа'нию<для компа'нии$
   FOR COMPANY
   -Пойти', что ли, покури'ть. -Пойде.мте за компа'нию.
   00
   Не компа'ния [кто+кому']
   TO BE NO COMPANY FOR (SOMEONE)
   Он тебе' не компа'ния.
   00
   Поддержа'ть компа'нию
   TO FOLLOW THE GROUP
   Что'бы поддержа'ть компа'нию, он то'же игра'л в ка'рты,
   но то'лько в подкидно'го дурака'.
   00
   Те.плая компа'ния R те.плый
   00
   Честна'я компа'ния R честно'й

КОН
   00
   Поста'вить на' кон
   TO EXPOSE TO DANGER; TO RISK
   Покида'я ро'дину, он поста'вил на' кон жизнь семьи'.
   00
   $Стоя'ть/быть$ на кону' R стоя'ть
КОНДРА'ШКА
   00
   Кондра'шка $сту'кнул/хвати'л/приши'б/ETC$
   TO HAVE A SEISURE (OF APOPLEXY);
КОНЕ.К
   00
   Оседла'ть своего' конька'
   TO ENTER ONTO ONE'S FAVORITE TOPIC; TO PURSUE ONE'S
   FAVORITE SUBJECT
   Прия'тели засиде'лись допоздна' в оживле.нной бесе'де,
   оседла'в своего' конька' - поли'тику.
   00
   $Сесть/взобра'ться/ETC$ на своего' конька'
   TO ENTER ONTO ONE'S FAVORITE TOPIC; TO PURSUE ONE'S
   FAVORITE SUBJECT
   Старики' подо'лгу бесе'довали о про'шлом, сев на своего'
   конька' - до'брое ста'рое вре'мя.
КОНЕ'Ц
   00
   Без конца'
   ENDLESSLY; WITH NO END TO IT
   Мо'жно бы'ло спо'рить без конца'.
   00
   В конце' концо'в
   AT LAST; IN THE LAST/FINAL ANALYSIS
   1. Кашта'нка отли'чно по'мнила, как она' провела' день
   и как, в конце' концо'в, попа'ла на э'тот незнако'мый
   тротуа'р. 2. В конце' концо'в они' [офице'ры] взя'ли
   сто'рону команди'ра.
   00
   В о'ба конца'
   THERE AND BACK
   Ве'село пробежа'ли ло'шади верст два'дцать в о'ба конца'
   и ... сно'ва подкати'ли полко'вника к крыльцу'.
   00
   Во все концы'
   ON ALL SIDES; EVERYWHERE
   Разда'лся ди'кий клик пого'ни Верхо'м - и ска'чут
   молодцы' Во весь опо'р во все концы'.
   00
   До конца'
   COMPLETELY; TO THE FULL EXTENT; TOTALLY
   До конца' вы'полнить свой долг.
   00
   До конца' ногте'й R но'готь
   00
   До побе'дного конца' R побе'дный
   00
   $Едва'/е'ле/ко'е-ка'к$ своди'ть концы' с конца'ми
   TO BARELY MAKE ENDS MEET; TO BARELY KEEP BODY AND SOUL
   TOGETHER
   -Зна'ю, что сам ты едва' концы' с конца'ми сво'дишь и
   акри'дами пита'ешься.
   00
   (И) де'ло с концо'м R де'ло
   00
   (И) де'лу коне'ц R де'ло
   00
   Ка'зовый коне'ц R ка'зовый
   00
   $Конца'-кра'ю<конца'-кра'я$ нет [чему']
   THERE'S NO END TO (SOMETHING); IT GOES ON AND ON
   Конца' кра'ю нет твое'й бе'дности!
   00
   Концо'в не найти'
   (THE CASE) IS HOPELESS; IT'S A MUDDLE; ONE CAN'T MAKE
   HEADS OR TAILS OF IT; ONE CAN'T GET ANYWHERE WITH (IT)
   Де'ло так запу'тано, что и концо'в не найти'.
   00
   Концы' в во'ду
   THERE IS NO TRACE LEFT; THERE ARE NO CLUES [REFERRING TO

КОНЕ'Ц CONT'D.
    MISDEEDS OR CRIMINAL ACTS]
    Вряд ли живы'х отпу'стят; потому' им гла'вное: кончы' в
    во'ду.
    00
    Найти' (себе') коне'ц R найти'
    00
    На $тот<э'тот$ коне'ц
    TO THAT/THIS END; FOR THAT/THIS PURPOSE
    Тепе'рь вы'годно покупа'ть зе'млю; де'сять ты'сяч
    рубле'й на'до име'ть на э'тот коне'ц.
    00
    На худо'й коне'ц
    AT (THE) WORST; IF WORST COMES TO WORST; AT LEAST
    [За ружье.], на худо'й коне'ц, ру'бликов пятьдеся'т
    да'дено.
    00
    Не с того' конца' [V]
    THE WRONG WAY OF (DOING SOMETHING)
    И захоте'лось ему' ... разбогате'ть, да то'лько
    принялся' он за э'то де'ло не с того' конца'.
    00
    Нет конца' [чему']
    THERE IS NO END TO (SOMETHING); WITHOUT NUMBER; COUNTLESS
    Зате'ям у него' так, пра'во, нет конца'.
    00
    Ни конца', ни $кра'ю<кра'я$ нет [чему']
    THERE IS NO END TO (SOMETHING); IT GOES ON AND ON
    Бла'го ма'тери Мане'фы нет в оби'тели, а то сове'там,
    разгово'рам не' было б ни конца', ни кра'я.
    00
    Оди'н коне'ц
    IT'S THE ONLY WAY
    -Все. еди'но, - пропада'ть ... Пришиби' - оди'н коне'ц;
    что с го'лоду, что так - Все. еди'но.
    00
    Па'лка о двух конца'х
    A KNIFE THAT CUTS BOTH WAYS; IT'S A RISKY PROPOSITION/
    UNDERTAKING
    Брать де'ньги в долг для того' что'бы уплати'ть долг
    подо'бно па'лке о двух конца'х.
    00
    Под коне'ц
    AT THE END; AT THE FINISH; TOWARD THE END; IN THE LAST
    STAGES
    Я под коне'ц путеше'ствия почу'вствовал тоску'
    смерте'льную.
    00
    Подойти' к концу' R подойти'
    00
    Положи'ть коне'ц [чему']
    PUT AN END TO (SOMETHING)
    Что'бы положи'ть коне'ц спо'ру, оди'н из них умо'лк.
    00
    $Связа'ть/свести'/своди'ть$ концы' с конца'ми
    TO TIE THE ENDS TOGETHER; TO DISENTANGLE (SOMETHING)
    Ника'к я не мог свести' концы' с конца'ми, - все. бы'ло
    про'сто, я'сно, и что'-то бы'ло не так.
    00
    Со всех концо'в
    FROM ALL SIDES; FROM EVERYWHERE; FROM ALL PARTS [OF THE
    WORLD, COUNTRY]
    1. По'мощь пострада'вшим от урага'на и наводне'ния
    поступа'ла со всех концо'в.
    29
    $Хорони'ть/пря'тать$ концы'
    TO REMOVE EVERY TRACE OF (SOMETHING); TO COVER ONE'S TRACKS
    [ABOUT A WRONGDOER]
    Казначе'й пря'тал концы' свои'х злоупотребле'ний
    обще'ственным Фо'ндом пока' ни попа'лся.
КОНЕ'ЧНЫЙ
    00
    В $коне'чном/после'днем$ $сче.те/ито'ге$
    IN THE LAST/FINAL ANALYSIS; IN THE FINAL COUNT
    В коне'чном сче.те реша'ть бу'дет она'. Мы мо'жем
    объясни'ть, посове'товать ей, но не бо'льше.
КОНКУРЕ'НЦИЯ
    00
    Вне $конкуре'нции/ко'нкурса$

BEYOND COMPARISON; UNEXCELLED
    Наста'сья Петро'вна стоя'ла вне конкуре'нции, и друго'й
    Наста'сьи Петро'вны невозмо'жно бы'ло приду'мать.
КО'НКУРС
    00
    Вне ко'нкурса R конкуре'нция
КОНТЕ'КСТ
    00
    $Вы'рвать/вырыва'ть$ из конте'кста
    TO TAKE OUT OF CONTEXT
    Не'сколько выраже'ний, вы'рванных из конте'кста письма',
    послужи'ли основа'нием для обвине'ния писа'теля в
    отсу'тствии солида'рности дикта'торской вла'сти.
КО'НТРА
    14
    Про и ко'нтра
    PRO AND CON
    Взве'сить все. про и ко'нтра.
КОНТРО'ЛЬ
    00
    Контро'ль рубле.м R рубль
КОНЦЕ'РТ
    00
    Коша'чий конце'рт
    MEOWING OF CATS [LITERALLY AND ALSO DISAPPROVINGLY OF
    SOMEONE'S SINGING OR PLAYING]
    -Сего'дня в клу'бе выступа'ет хор люби'телей пе'ния.
    Пойде.м? -Э'то пе'ние подо'бно коша'чьему конце'рту; я
    одна'жды слу'шал их.
КО'НЧЕННЫЙ
    00
    Все. ко'нчено
    1. ALL'S SETTLED 2. IT'S LOST AND GONE FOREVER; IT'S FINISHED
    1. -Ра'зве не все. решено', не все. ко'нчено между
    на'ми? Ра'зве я не твоя' жена'? 2. Кня'зю Андре'ю
    пришло' в го'лову, что ребе.нок у'мер. ... "Все.
    ко'нчено".
    00
    И ко'нчено
    1. ALL'S LOST; EVERYTHING'S GONE; THAT'S THE END 2. AND
    THAT'S IT; AND THAT'S HOW IT WILL BE; AND THAT'S ALL
    THERE IS TO IT
    1. Ле.д начина'л выгиба'ться, и на пове'рхности его'
    появи'лась вода'. Задержи'сь кто'-нибудь хоть на
    мгнове'ние, и ко'нчено. Бы'стро бегу'щая вода' сра'зу
    затя'нет неуда'чника под ле.д. 2. -У меня' ...
    куха'рке прика'з строжа'йший: до'ма нет и ко'нчено ...
    00
    Ко'нчен бал R бал
КО'НЧЕНЫЙ
    00
    Ко'нченый челове'к
    (SOMEONE) WHO IS WASHED UP; A FAILURE OF A MAN; A HAS-BEEN
    Отбы'в второ'й срок в остро'ге, Проко'Фий ... вы'шел
    отту'да совсе'м ко'нченным челове'ком.
КО'НЧИК
    00
    До ко'нчиков ногте'й R но'готь
КО'НЧИТЬ
    00
    Ко'нчить $жизнь/век$
    TO REACH THE END OF ONE'S LIFE; TO END ONE'S LIFE
    Ба'бушка ... ко'нчила жизнь далеко' за со'тню годо'в о'т
    роду.
    00
    Ко'нчить $скве'рно/пло'хо/ду'рно$
    TO COME TO A BAD END
    Бота'ник посмотре'л на него' удивле.нными глаза'ми,
    де'скать: "а должно' быть ты, брат, скве'рно ко'нчишь".
    00
    Нача'ть за здра'вие, а ко'нчить за упоко'й R здра'вие
КОНЬ
    00
    Даре.ному коню' в зу'бы не смо'трят
    DON'T LOOK A GIFT HORSE IN THE MOUTH
    -Уезжа'я в а'рмию, брат дал мне свой автомоби'ль,
    далеко' не но'вый. -Да'ренному коню' в зу'бы не смо'трят.
    00
    Конь (еще.) не валя'лся

119

КОНЬ CONT'D.
NOTHING HAS BEEN DONE
—Аво'сь просну'лся Мерку'лов, — ... но у Мерку'лова, как говори'тся, и конь еще. не валя'лся.

00
Ломово'й конь R ломово'й
42
На' конь
TO HORSE!; MOUNT!
Лю'ди, на' конь! ... Царь к восто'ку во'йско шле.т.

00
Не в коня' корм
THAT'S MONEY DOWN THE DRAIN; THAT'S WASTING ONE'S MONEY; THAT'S WASTED ON (HIM)
Како'й дика'рь; но како'й хоро'ший дика'рь! Жаль то'лько, что не в коня' корм.

00
По ко'ням
TO HORSE!; MOUNT!
По кома'нде "По ко'ням!" вса'дники ло'вко взлете'ли на коне'й.

00
Ход коне.м
A LAST RESORT; AN EXTREME MEASURE; A DECISIVE STEP
Распрода'жа залежа'вшихся това'ров – ход коне.м, предупреди'вший банкро'тство предприя'тия.

КОНЮ'ШНЯ
00
Авги'евы коню'шни
AUGEAN STABLES

КОПА'ТЬ
00
Копа'ть моги'лу [кому'] R моги'ла

КОПА'ТЬСЯ
00
Копа'ться в гря'зном белье' [чье.м] R гря'зный

КОПЕ'ЕЧКА
00
В $копе'ечку/копе'йку$ $стать/обойти'сь/вскочи'ть/влете'ть/влезть/ETC$
TO COST A PRETTY PENNY; TO COST QUITE A BIT/LOT
В копе'йку сва'дебный стал пир.

КОПЕ'ЙКА
00
Без копе'йки (де'нег)
WITHOUT A PENNY; PENNILESS; BROKE
Ви'дите ли: я тепе'рь в долга'х и без копе'йки.

00
В копе'йку $стать/обойти'сь/вскочи'ть/влете'ть/влезть/ETC$ R копе'ечка

00
До (после'дней) копе'йки =израсхо'довать/истра'тить/ETC=
(TO SPEND MONEY) TO THE LAST PENNY; (TO SPEND) ALL THE MONEY
Сбереже.нные де'ньги бы'ли истра'чены до после'дней копе'йки.

00
$Дрожа'ть/трясти'сь$ над ка'ждой копе'йкой
TO BEGRUDGE EVERY PENNY; TO PINCH PENNIES; TO BE A MISER; TO BE STINGY
Молодо'й ку'пчик начина'л си'льно напомина'ть отца', скупо'го старика', дрожа'вшево над копе'йкой.

00
Загна'ть копе'йку R загна'ть

00
За копе'йку $уступи'ть/отда'ть$
TO SELL (SOMETHING) FOR A SONG/FOR PENNIES; TO SELL (SOMETHING) DIRT CHEAP
Торго'вец за копе'йку уступи'л све'жую ры'бу к концу' база'рного дня.

00
Как одну' копе'йку =заплати'ть/вы'ложить/истра'тить/ETC=
IN ONE LUMP SUM; IN ONE PAYMENT
А'нна Петро'вна за э'тот са'мый дом, ... двена'дцать ты'сяч, как одну' копе'йку, вы'ложила!

00
Копе'йка в копе'йку

TO THE LAST CENT; TO THE (LAST) PENNY
Су'мма де'нег по счета'м совпада'ла копе'йка в копе'йку с нали'чием их в ка'ссе.

00
На копе'йку
A PENNY'S WORTH
Никогда' не находи'лось у него' на копе'йку чу'вства ...

00
Ни копе'йки
NOT A CENT; NOT A PENNY
Шампа'нского не пришло'сь пить, так как у тра'гика в карма'не не нашло'сь ни копе'йки.

00
Ни на копе'йку (нет)
THERE ISN'T A DIME'S WORTH OF (SOMETHING)
А вот у Ка'рла Федо'рыча нет ни на копе'йку тала'нта.

00
$Поги'бнуть/пропа'сть/ETC$ ни за копе'йку
TO DIE FOR NOTHING
—Лентя'й ты, лентя'й! Пропаде.шь, брат, Илья' Ильи'ч, ни за копе'йку.

00
С копе'йками
[SO MANY DOLLARS] MORE OR LESS; [SO MANY DOLLARS] AND A FEW CENTS/PENNIES
В сберега'тельной ка'ссе накопи'лось у рабо'чего пятьсо'т рубле'й с копе'йками.

00
$Ста'вить/поста'вить$ после'днюю копе'йку ребро'м
THEY ARE WILLING TO SPEND THE LAST PENNY JUST TO KEEP UP WITH THE JONESES/JUST TO SHOW OFF
Семе'йство э'то принадлежи'т к числу' тех, кото'рые, как говори'тся, после'днюю копе'йку гото'вы ребро'м поста'вить, лишь бы себя' показа'ть.

КОПНА'
00
$Копна' воло'с<во'лосы копно'й$
A THICK HEAD OF HAIR; A MOP OF HAIR; A THATCH OF HAIR
1. Над сго'рбленною широ'кою спино'ю Андре'я Па'вловича беле'лись седы'е во'лосы копно'й. 2. Молода'я же'нщина, подня'в ру'ки, подбира'ла све'тлую ... копну' капри'зных воло'с.

КОПТИ'ТЬ
00
Не'бо копти'ть
TO WASTE TIME; TO LEAD A USELESS EXISTENCE
Ты лени'вец, да'ром хлеб ешь да не'бо копти'шь.

КОПЬЕ.
00
Ко'пья лома'ть R лома'ть

КОРА'БЛЬ
00
$Сжига'ть/жечь$ свои' корабли'
TO BURN ONE'S BRIDGES BEHIND ONE
Ему' прихо'дится и'ли покори'ться, и'ли сжечь кора'бли и зате'м поги'бнуть.

КОРЕННО'Й
00
Коренны'м о'бразом
COMPLETELY; ALL THE WAY
Измени'ть что'-либо коренны'м о'бразом.

КО'РЕНЬ
00
В ко'рне
1. BASICALLY 2. AT ALL; COMPLETELY
1. Наш друг вспы'льчив, но в ко'рне до'брый челове'к. 2. Он в ко'рне не согла'сен с тем, что хотя'т ему' навяза'ть.

00
В ко'рне пресе'чь
TO NIP (SOMETHING) IN THE BUD
На'до в ко'рне пресе'чь злосло'вие среди' люде'й, рабо'тающих вме'сте.

00
$Врасти'/прирасти'$ корня'ми
TO PUT DOWN ROOTS; TO ESTABLISH ROOTS; TO BECOME ATTACHED TO (SOMETHING)
Мы так глубоко' вросли' корня'ми у себя' до'ма, что,

120

КО'РЕНЬ CONT'D.
куда' и как надо'лго бы я ни зае'хал, я всю'ду унесу'
по'чву родно'й Обло'мовки на нога'х.
00
$Вы'рвать/уничто'жить/ETC$ с ко'рнем [что]
TO ROOT OUT (SOMETHING); TO PULL (SOMETHING) OUT BY THE ROOTS
Вот взяла' и реши'ла: вы'рву э'ту любо'вь из своего'
се'рдца, с ко'рнем вы'рву.
00
Ко'рень зла
THE ROOT OF (ALL) EVIL
Уэ'ллса трево'жила мысль о перенаселе'нии на'шей
плане'ты. Ему' каза'лось, что в э'том ко'рень зла.
00
$Красне'ть/покрасне'ть$ до корне'й воло'с R красне'ть
00
На корню'
WHILE STILL STANDING; BEFORE (IT) IS CUT DOWN [ABOUT GRAIN]
Знато'к определя'ет ка'чество зерна' на корню'.
00
$Подорва'ть/подруби'ть/подкоси'ть/ETC$ под ко'рень
TO THREATEN THE VERY CORNERSTONE OF (SOMETHING); TO ATTACK/
DAMAGE THE VERY FOUNDATION OF (SOMETHING)
Я'ков под ко'рень подорва'л разгу'льной жи'знью кре'пкое
... хозя'йство отца'.
00
$Пусти'ть/пуска'ть$ ко'рни
TO PUT DOWN ROOTS; TO BECOME ROOTED
1. В Ры'ковском ... я заста'л то'лько 39 крестья'н,
и все они' бы'ли далеки' от наме'рения пуска'ть здесь
ко'рни; все собира'лись на матери'к. 2. Привы'чка
пусти'ла во мне сли'шком глубо'кие ко'рни. Ви'деть
ежедне'вно Оле'сю ... ста'ло для меня' бо'льше чем
необходи'мостью.
00
$Смотре'ть/гляде'ть/ETC$ в ко'рень
TO GET TO THE HEART/ROOT OF (SOMETHING)
Тогда' он при'нял глубокомы'сленную по'зу челове'ка,
гляде'щего в ко'рень веще'й.
КО'РКА
29
На все ко'рки $руга'ть/разноси'ть/ETC$
TO CHEW (SOMEONE) OUT; TO CUSS (SOMEONE) OUT
Хозя'ин на все ко'рки разноси'л пекаре'й за подгоре'вший
хлеб.
00
От ко'рки до ко'рки
FROM BEGINNING TO END; FROM COVER TO COVER
Вчера' она' принесла' то'лстую тетра'дку, от ко'рки до
ко'рки испи'санную стиха'ми.
КОРМ
00
Не в коня' корм R конь
00
Подно'жный корм R подно'жный
КОРМИ'ЛЕЦ
00
Пои'лец и корми'лец R пои'лец
КОРМИ'ТЬ
29
Корми'ть $вшей/клопо'в$
TO BE FULL OF LICE; TO HAVE BEDBUGS; TO BE INFESTED WITH
LICE/BEDBUGS
Нечистопло'тные лю'ди ко'рмят вшей.
00
Корми'ть гру'дью
TO NURSE [A CHILD]
00
Корми'ть за'втраками R за'втрак
00
Корми'ть на убо'й R убо'й
00
Корми'ть обеща'ниями
TO PROMISE (SOMEONE) THE MOON; TO BE FREE WITH ONE'S
PROMISES
—Райо'нное управле'ние ко'рмит обеща'ниями осуши'ть
боло'то, а рабо'та все. еще. не начата', —говори'лось на
заседа'нии сельсове'та.
00
$Пои'ть-корми'ть<пои'ть и корми'ть$ R пои'ть
00
Хле'бом не корми' [кого'] =, то'лько дай [INF]=
(I'LL) DO ANYTHING TO [DO SOMETHING]; THERE'S NOTHING (I)
WOULD LIKE BETTER THAN TO. ...
Меня' хле'бом не корми', то'лько дай под дожде.м
побе'гать.
КОРМИ'ТЬСЯ
00
Корми'ться о'коло [кого'<чего'] R о'коло
КО'РОБ
00
С три ко'роба =наговори'ть/наобеща'ть/ETC=
QUITE A LOT (OF)
1. —Наве'рное, вам про меня' уж с три ко'роба наговори'ли.
2. —Вы им обеща'ли с три ко'роба.
00
Це'лый ко'роб =весте'й/новосте'й/ETC=
QUITE A LOT (OF)
По'здно ве'чером ... яви'лся Ко'ля с це'лым ко'робом
новосте'й.
КОРО'ВА
00
Бу'дто коро'ва языко'м слизну'ла R слизну'ть
00
Бу'дто коро'ва языко'м слиза'ла R слизну'ть
00
До'йная коро'ва R до'йный
00
Сиди'т как на коро'ве седло' R седло'
КОРО'ВКА
00
Бо'жья коро'вка R бо'жий
КОРОМЫ'СЛО
00
Дым коромы'слом R дым
КОРО'ТКИЙ
00
Быть на коро'ткой ноге' [с кем] R нога'
00
В коро'тких слова'х R сло'во
00
До'лго ли, ко'ротко ли R до'лго
00
Коро'ткая па'мять
A SHORT MEMORY
Не по'мню, голу'бчик. Хоть убе'й — не по'мню.
Па'мять-то у меня', не зна'ю с чего', кака'я-то ста'ла
коро'ткая.
00
$Коро'ткий ум<ум коро'ток$
NOT SO SMART; WEAK-MINDED
00
$Ко'ротко'<коро'че$ говоря'
IN BRIEF
—По но'вому пла'ну рабо'ты потре'буется ме'ньше люде'й;
коро'че говоря' — мно'гие из нас бу'дут без рабо'ты.—
00
Коро'че воробьи'ного но'са R воробьи'ный
00
Распра'ва коро'ткая R распра'ва
00
Ру'ки ко'ротки' [у кого']
IT'S NOT IN (SOMEONE'S) POWER TO (DO SOMETHING); NOT TO HAVE
THE STRENGTH TO (DO SOMETHING); TO BE IN NO POSITION (TO DO
SOMETHING)
00
Стать на коро'ткую но'гу [с кем] R нога'
КО'РТОЧКИ
00
$Сесть/присе'сть$ на ко'рточки
TO SIT DOWN ON ONE'S HAUNCHES
Ти'хонов сел на ко'рточки о'коло пе'чки и заду'мался.
00
(Сиде'ть) на ко'рточках
TO SIT ON ONE'S HAUNCHES

121

КО'РТОЧКИ CONT'D.
    Ната'ша сиде'ла на ко'рточках и, су'нув клю'вик уте.нка
    в рот, пои'ла его'.
КО'РЧИТЬ
    00
    $Ко'рчить/де'лать/стро'ить$ грима'сы
    TO MAKE A FACE/FACES; TO GRIMACE
    Ко'мик ко'рчил ро'жи, расска'зывая анекдо'т.
    00
    Ко'рчить дурака' R дура'к
КО'РШУН
    00
    Ко'ршуном $налете'ть/броса'ться/ETC$ [на кого']
    TO FLY AT (SOMEONE); TO POUNCE ON (SOMEONE)
    Потеря'в терпе'ние, па'рень ко'ршуном бро'сился на
    оби'дчика.
КОРЫ'ТО
    00
    Верну'ться к разби'тому коры'ту
    TO COME BACK TO ONE'S SHATTERED LIFE AND FORTUNES; TO
    COME BACK TO PICK UP THE PIECES
    Из пле'на он верну'лся к разби'тому коры'ту: дом
    разру'шен и семья' в бе'гстве.
    00
    Оказа'ться у разби'того коры'та
    TO BE LEFT TO PICK UP THE PIECES; TO BE LEFT WITH ONE'S
    LIFE'S FORTUNES SHATTERED
    Верну'вшись из пле'на, бедня'га оказа'лся у разби'того
    коры'та: во вре'мя бомбе.жки разру'шен дом и поги'бла
    семья'.
КОСА'
    00
    Нашла' коса' на ка'мень
    TO MEET ONE'S MATCH
    Он упря'м и крут, да я его' и кру'че и упря'мей!
    Нашла' коса' на ка'мень.
КО'СВЕННЫЙ
    42
    Ко'свенный $взгляд/взор$
    A SIDE GLANCE
    Стари'к покрасне'л до уше'й, бро'сил ко'свенный взгляд
    на Ли'зу и торопли'во вы'шел из ко'мнаты.
КО'СО
    00
    Гляде'ть ко'со [на кого'<на что] R гляде'ть
КОСО'Й
    00
    В косу'ю са'жень ро'стом
    TALL; MORE THAN SIX FEET IN HEIGHT
    Встре'тил нас ста'роста ..., дю'жий и ры'жий мужи'к в
    косу'ю са'жень ро'стом.
    00
    Коса'я са'жень в плеча'х
    BROAD-SHOULDERED; STALWART
    Па'рень - коса'я са'жень в плеча'х - подня'лся' во весь
    грома'дный рост.
КО'СТОЧКА
    00
    $Вы'мыть/перемыва'ть/перемы'ть$ ко'сточки [кому']
    TO GOSSIP ABOUT (SOMEONE); TO TAKE (SOMEONE) APART; TO VILIFY
    (SOMEONE)
    Одна' из деви'ч встае.т и ухо'дит. Оста'вшиеся
    начина'ют перемыва'ть ко'сточки уше'дшей.
    00
    По ко'сточкам $разобра'ть/разбира'ть/перебра'ть$
    [кого'<что]
    TO TAKE (SOMEONE) APART [I.E. CRITISE]; TO PICK AT
    (SOMETHING); TO PICK (SOMETHING) OVER
    Говори'ли о собы'тиях дня и го'да, разбира'ли по
    ко'сточкам де'йствия ра'зных лиц.
КОСТЬ
    00
    До косте'й =промо'кнуть/проме.рзнуть/прони'зывать/
    проника'ть/ETC=
    TO THE BONE, ALL THE WAY THROUGH [E.G. TO GET WET, BE
    COLD, ETC.]
    Моро'зно. Се'веро-восто'чный ве'тер прони'зывает до
    косте'й.

    00
    До мо'зга косте'й R мозг
    00
    Ко'жа да ко'сти R ко'жа
    29
    Косте'й не собра'ть
    (YOU) WON'T COME OUT ALIVE; (THEY) WILL TEAR (YOU) TO
    PIECES
    А две соба'ки? ... Су'нься то'лько ворова'ть - косте'й
    не собере.шь!
    00
    Лечь костьми'
    1. TO DIE/FALL ON THE FIELD OF BATTLE 2. EVEN IF IT KILLS
    ONE; NO MATTER HOW (YOU) TRY; TO BREAK ONE'S NECK/BACK
    [ABOUT EXTREME EFFORT IN ACCOMPLISHING SOMETHING]
    1. Диви'зия вся из новобра'нцев ... соста'влена, но
    при на'добности костьми' ля'жет, а с ме'ста не сойде.т.
    2. -Ты хоть костьми' ляг для по'льзы де'ла, а тебя'
    все. бу'дут руга'ть!
    00
    Одни' ко'сти
    ALL SKIN AND BONES
    Конь - одни' ко'сти; снача'ла на'до откорми'ть его', а
    пото'м брать в рабо'ту.
    00
    Пересчита'ть ко'сти [кому'] R пересчита'ть
    00
    $Плоть от пло'ти/кость от ко'сти$ [чьей] R плоть
    00
    $Постро'ить/возави'гнуть$ на костя'х
    TO ACCOMPLISH (SOMETHING) AT THE COST OF MANY LIVES
    Ленингра'д, бы'вший Санкт-Петербу'рг, возави'гнут на
    костя'х крепостны'х крестья'н Росси'и.
    42
    С косте'й $прочь/доло'й$
    TO TAKE OFF ONE'S ACCOUNT; TO DEDUCT (FROM ONE'S ACCOUNT)
    -Ух, ско'лько де'нег! Э'то мно'го тебе'; ... де'сять
    рубле'й с косте'й доло'й, а два'дцать де'вять получа'й.
    00
    Сложи'ть ко'сти R сложи'ть
    29
    Стоя'ть ко'стью в го'рле
    TO DISCONCERT (SOMEONE); TO PERTURB (SOMEONE); TO RUFFLE
    (SOMEONE'S) COMPOSURE; TO BE A PAIN IN THE NECK
    Непро'шенный гость стои'т ко'стью в го'рле.
    00
    Широ'кая кость
    STOCKY; BIG-BONED
    Ро'слый, широ'кой ко'сти черноголо'вый мужи'к сиде'л на
    краю' теле'ги.
    00
    Широ'к $в кости'<ко'стью$
    BIG-BONED; STOCKY
    1. Была' она' крупна', широка' в кости', плечи'ста.
    2. Ма'рья ко'стью широка', высока', статна', гладка'!
    00
    Язы'к без косте'й R язы'к
КОСТЮ'М
    00
    В костю'ме Ада'ма
    IN ONE'S BIRTHDAY SUIT [ABOUT A MAN]
    На бе'рег реки' вы'шел плове'ч в костю'ме Ада'ма и стал
    одева'ться.
    00
    В костю'ме Е'вы
    IN ONE'S BIRTHDAY SUIT [ABOUT A WOMAN]
    За поворо'том реки' купа'лись де'вушки в костю'ме Е'вы.
КОТ
    00
    Кота' в мешке' $купи'ть/покупа'ть$
    TO BUY A PIG IN A POKE
    -Ку'пим да'чу по объявле'нию? -Снача'ла на'до уви'деть,
    а не покупа'ть кота' в мешке'.
    00
    Кот напла'кал [кого'<чего'] R напла'кать
КОТЕ.Л
    00
    (Как) в котле' $кипе'ть/вари'ться$

КОТЕ.Л CONT'D.
TO FRET; TO FUSS; TO BE IN A DITHER
-Тут как в котле' кипи'шь, нет никако'го тебе' поко'ю
...!
29
$С<как$ пивно'й коте.л
AS BIG AS A JUG; AS BIG AS A PUMPKIN [ABOUT A MAN'S HEAD]
Голова' огро'мная, как говори'тся, с пивно'й коте.л.
КОТЕЛО'К
00
Котело'к ва'ри'т R вари'ть
КОТО'РЫЙ
00
С кото'рых пор R пора'
КОФЕ'ЙНЫЙ
00
Гада'ть на кофе'йной гу'ще R гада'ть
КОША'ЧИЙ
00
Коша'чий конце'рт R конце'рт
КОШЕЛЕ.К
00
$Пусто'й/то'щий/ETC$ кошеле.к
(TO BE) WITHOUT MONEY; (TO BE) BROKE; (SOMEONE'S) POCKETS ARE EMPTY
Тот, у кого' то'щий кошеле.к, у'жинает не в рестора'нах, а до'ма.
00
$То'лстый/туго'й/по'лный/ETC$ кошеле.к
(TO HAVE) A LOT OF MONEY; TO BE LOADED
Иде.т покупа'тель с туги'м кошелько'м, И вот уж торгу'ется он с паренько'м: -Коро'ву прода'шь?
-Покупа'й, коль бога'т!
КО'ШКА
00
Дра'ная ко'шка R дра'ный
00
Зна'ет ко'шка, чье. мя'со сье'ла
[A SAYING; LIT. THE CAT KNOWS WHOSE MEAT IT (STOLE AND) ATE UP]; TO LOOK SHEEPISH; TO BETRAY ONE'S GUILTY FEELING
-Она' - зна'ет уж ко'шка, чье. мя'со сье'ла: как увиде'ла меня', так и побледне'ла. "Бра'тец, ... я перед тобо'й винова'та".
00
Как ко'шка с соба'кой (живу'т)
TO GET ALONG (WITH SOMEONE) LIKE CATS AND DOGS; (TO LIVE) IN DISHARMONY/IN CONSTANT QUARRELS
Как ко'шка с соба'кой живу'т мно'гие супру'ги.
00
Как угоре'лая ко'шка =мета'ться/бе'гать/ETC=
TO RUN AROUND LIKE A CHICKEN WITHOUT ITS HEAD
Ну, что ты? к чему'? заче'м? Что за ве'тренность така'я! Вдруг вбежа'ла, как угоре'лая ко'шка.
00
$ Ко'шки скребу'т<скребе.т$ на $душе'/се'рдце$
(HE) IS DOWN-HEARTED/SICK AT HEART/ GLOOMY AND DEPRESSED; (HE) FEELS BLUE
На душе' ко'шки скребли', реве'ть хоте'лось.
00
Отолью'тся ко'шке мы'шкины сле.зки R отли'ться
00
(Че.рная) ко'шка $пробежа'ла/проскочи'ла$ [между кем]
TO HAVE A FALLING-OUT
Между ни'ми и их роди'телями че.рная ко'шка пробежа'ла
...
КРАЕУГО'ЛЬНЫЙ
00
Краеуго'льный ка'мень [чего']
A CORNERSTONE
Здоро'вье челове'ка - краеуго'льный ка'мень его' существова'ния.
КРАЙ
00
Быть на краю' $гро'ба/моги'лы$
TO BE NEAR DEATH; TO HAVE ONE FOOT IN THE GRAVE
Внеза'пно мно'ю Неду'г жесто'кой овладе'л. Я был уж на краю' моги'лы.

00
$Быть/находи'ться$ на краю' ги'бели R ги'бель
00
В $на'ших<ва'ших$ края'х
IN OUR PARTS; AROUND HERE; HEREABOUTS
Ре'дкий вы гость в на'ших края'х!
00
Из кра'я в край R коне'ц
$Конча'-кра'ю<конча'-кра'я$ нет [чему'] R коне'ц
00
Кра'ем у'ха слу'шать R у'хо
00
Кра'ем у'ха $слы'шать/услы'шать$
TO HEAR (SOMETHING) BY CHANCE/IN PASSING; (I) HAPPENED TO HEAR. ...
-Я кра'ем у'ха слы'шал, что в на'шем го'роде но'вый маслобо'йный заво'д бу'дет постро'ен, -сообщи'л сосе'д, служи'вший в городско'м сове'те.
00
$Моя'/твоя'/его'/ETC$ ха'та с кра'ю R ха'та
00
На край $све'та/земли'$
TO THE ENDS OF THE EARTH; TO THE FOUR CORNERS OF THE WORLD
-Так ты пойде.шь за мно'ю всю'ду?- -Всю'ду, на край земли'. Где ты бу'дешь, там я бу'ду.
00
На краю' $све'та/земли'$
AT THE ENDS OF THE EARTH; IN THE FOUR CORNERS OF THE WORLD
Я вообража'л себя' на краю' све'та, в уголке', пренебреже.нным просвеще.нными жи'телями.
00
Непоча'тый край [кого'<чего'] R непоча'тый
00
Ни конца' ни $кра'ю<кра'я$ нет [чему'] R коне'ц
00
Обетова'нный край R обетова'нный
00
От кра'я (и) до кра'я R коне'ц
00
$Перехвати'ть/хвати'ть$ через край
TO MAKE A BIG BLUNDER [IN SAYING SOMETHING]; TO SAY TOO MUCH; TO EXAGGERATE; TO BLOW UP (SOMETHING) OUT OF PROPORTION
Рожков действи'тельно подве'ржен был кра'йностям, не уме'л держа'ться середи'ны, хвата'л всегда' через край.
00
С кра'ю
FROM THE END
Из двора', пя'того с кра'ю, е'дет в саня'х брат Алексе'й.
00
Через край
LIMITLESS; MORE THAN ENOUGH; IN ABUNDANCE;(MORE THAN) PLENTY
1. В дому' сласте'й и вин, чего' не пожела'й: Всего' с избы'тком, через край. 2. -Хлебну'л и я го'ря через край.
00
$Через/перелива'ться/бить/ETC$ че'рез край
TO BUBBLE (OVER) WITH (JOY, HAPPINESS, ETC.); TO OVERFLOW [ABOUT EMOTION]
Весе'лье молоде.жи би'ло че'рез край: та'нцам и пе'сням, каза'лось, не бу'дет конца'.
КРА'ЙНИЙ
00
В кра'йнем слу'чае
IN AN EXTREME CASE; IF (IT) MUST BE
Ору'жие он посове'товал полу'чше спря'тать под пла'тьем. И лишь в кра'йнем слу'чае, когда' друго'го вы'хода не оста'нется, разве'дчикам разреша'лось примени'ть его'.
00
Кра'йние ме'ры
EXTREME MEASURES
Прошу' вас ... измени'ть ва'ше поведе'ние ... В проти'вном слу'чае, я до'лжен бу'ду приня'ть кра'йние ме'ры.
00
По кра'йней ме'ре

КРА'ЙНИЙ CONT'D.
AT LEAST; AT THE VERY LEAST
Ри'на была' и'ли, по кра'йней ме'ре, счита'ла себя'
передово'й же'нщиной.
КРА'ЙНОСТЬ
00
Вда'ться в кра'йности R вда'ться
00
Довести' до кра'йности
TO DRIVE (SOMEONE) TO DISTRACTION; TO DRIVE (SOMEONE) OUT OF
HIS MIND; TO BE BESIDE ONESELF [BECAUSE OF/DUE TO]
Непослуша'ние дете'й довело' отца' до кра'йности.
00
До кра'йности
EXCESSIVELY; IN EXCESS; EXTREMELY; NO END
Бопре' был до'брый ма'лый, но ве'трен и беспу'тен до
кра'йности.
29
По кра'йности
AT LEAST; AT THE VERY LEAST
Я не в приме'р лу'чше в де'вушках жила'; по кра'йности я
зна'ла, что никто' меня' оби'деть не сме'ет.
КРАПИ'ВНЫЙ
42
Крапи'вное се'мя
PETTIFOGGERS
Порфи'рий Петро'вич занима'лся хожде'нием по дела'м
тя'жебным - и ины'м. В пре'жние времена' подо'бных ему'
люде'й обзыва'ли подья'чими, крючка'ми, крапи'вным
се'менем.
КРАСА'
00
Во всей (свое'й) красе'
1. IN ALL ITS GLORY 2. IN ALL ITS GLORY (USED IRONICALLY)
1. На дворе' во всей свое'й холо'дной нелюди'мой
красе' стоя'ла ти'хая моро'зная ночь. 2. -Оте'ч
потре'бовал, что'бы я е'хал с ним. Был у нас тогда'
разгово'р - прояви'ли себя' во всей красе' - он и я.
00
Для красы'
FOR DECORATION; AS A DECORATION
На высо'кой кры'ше до'ма возвыша'лся ба'шней высо'кий
фона'рь, не для красы' и'ли для ви'дов, но для
наблюде'ния за рабо'тающими в отдале.нных поля'х.
КРАСА'ВЕЦ
00
Пи'саный краса'вец R пи'саный
КРАСА'ВИЦА
00
Пи'саная краса'вица R пи'саный
КРА'СКА
00
Вогна'ть в кра'ску R вогна'ть
00
Кра'ска $кида'ется/бро'силась/ки'нулась/уда'рила/
броса'ется$ в лицо' TO BLUSH
00
Сгусти'ть кра'ски R сгусти'ть
КРАСНЕ'ТЬ
00
$Покраснеть/красне'ть$ до $корне'й воло'с/уше'й$
TO BLUSH TO ROOTS OF ONE'S HAIR; TO TURN RED IN THE FACE
Хозя'йка красне'ла до уше'й от похва'л госте'й за
вку'сный обе'д.
КРА'СНЫЙ
00
Кра'сная $де'вица/де'вушка$ R де'вица
00
Кра'сная цена'
TOP DOLLAR; THE MOST ONE CAN GET/PAY (FOR SOMETHING)
-Я полага'ю со свое'й стороны', положа' ру'ку на'
се'рдце: по восьми' гри'вен за ду'шу - это са'мая кра'сная
цена'!
00
Красно' говори'ть
TO USE FLOWERY LANGUAGE
Студе'нт Трофи'мов (в пье'се "Вишне.вый сад") красно'
говори'т о необходи'мости рабо'тать и - безде'льничает.

00
Кра'сное словцо'
BON MOT; WITTICISM; A PITHY EXPRESSION
Он никогда' не остри'л бесце'льно, ра'ди кра'сного
словца'.
00
Кра'сной ни'тью $проходи'ть/тяну'ться$
TO RECUR; TO RUN THROUGH (SOMETHING) (E.G. THE BASIC IDEA
IN A BOOK, SPEECH ETC.)
Кни'га не дае'т о'бщего обзо'ра войны', но в ней
кра'сной ни'тью прохо'дит та мысль, что совреме'нная
война' тре'бует прекра'сного зна'ния вое'нного де'ла,
мастерско'го овладе'ния нове'йшей вое'нной те'хникой.
00
Кра'сный как рак R рак
00
Кра'сный пету'х R пету'х
00
На миру' и смерть красна' R мир(1)
42
Под кра'сную ша'пку =попа'сть/угоди'ть/ETC=
TO BE DRAFTED INTO THE ARMY; TO BE CALLED UP; TO BE SENT
INTO THE ARMY AS A RECRUIT [IN FEUDAL SOCIETIES]
Кирю'шка-столя'р принадлежи'т к числу' "закосне'лых" и
зна'ет, что ба'рыня давно' уж гото'вит его' под кра'сную
ша'пку.
00
Пусти'ть кра'сного петуха' R пету'х
КРА'ТКИЙ
00
В кра'тких слова'х R сло'во
КРА'ШЕ
00
Кра'ше в гроб кладу'т
DEATHLY PALE; LIKE DEATH WARMED OVER
Бо'же мой, бо'же мой! Узна'ть ее нельзя': кра'ше в гроб
кладу'т.
КРЕДИ'Т
00
В креди'т
AS A LOAN
Сыновья' и прика'зчики определя'ли э'тот дохо'д
приблизи'тельно в три'ста ты'сяч и говори'ли, что он был
бы ты'сяч на' сто бо'льше, е'сли бы стари'к ... не
отпуска'л в креди'т без разбо'ру.
КРЕ'НДЕЛЬ
29
Выде'лывать (нога'ми) $кренделя'<кре'ндели$
TO STAGGER; TO WEAVE ALONG [ABOUT AN INTOXICATED PERSON]
Пья'ная шере'нга, выде'лывая нога'ми кренделя', то иде.т
пря'мо, то вдруг, как от урага'на, вся посу'нется впра'во.
КРЕ'ПКИЙ
00
За'дним умо'м кре'пок R за'дний
00
Кре'пкий сон
DEEP SLEEP
Но сон мой был не кре'пок, через ка'ждые полчаса' и'ли
час я просыпа'лся.
00
Кре'пкое $сло'во/словцо'$
STRONG LANGUAGE
Клим Са'мгин смял бума'жку, чу'вствуя жела'ние
обруга'ть Люба'шу о'чень кре'пкими слова'ми.
00
Кре'пок на' ухо
HARD OF HEARING
-Говори'те гро'мче! -сказа'л мне сослужи'вец. -Я
кре'пок на' ухо.
КРЕ'ПКО
00
Кре'пко-на'крепко
VERY HARD; VERY STRONGLY; VERY STRICTLY
1. Я кре'пко-на'крепко засну'л. 2.
Кре'пко-на'крепко приказа'ть.
00
Кре'пко сбит [кто] R сби'тый
00
$Нела'дно/нескла'дно/ху'до/ETC$ скро'ен, да кре'пко

КРЕ'ПКО CONT'D.
    сшит R сши'тый
    00
    Стоя'ть на нога'х кре'пко R нога'
КРЕСТ
    59
    Вот те крест
    I SWEAR!; UPON MY HONOR!; CROSS MY HEART!
    -Э'то пра'вда? -Вот те крест, пра'вда!-
    59
    Креста' нет [на ком]
    HE IS (A MAN) WITHOUT CONSCIENCE; HE HAS NO HEART; HE HAS NO MERCY
    -А е'жели вы насче.т недои'мки сомнева'етесь, ва'ше благоро'дие, то не ве'рьте ста'росте. ... Креста' на не.м нет, на ста'росте-то.
    00
    Крест-на'крест
    CROSS-WISE; LIKE AN X
    Переписывая на'чисто свое. сочине'ние, студе'нт крест-на'крест перече.ркивал страни'цы черновика'.
    00
    Осени'ть кресто'м R осени'ть
    00
    Осени'ться кресто'м R осени'ться
    00
    $Ста'вить/поста'вить крест [на ком<на че.м]
    TO GIVE (SOMEONE) UP AS A HOPELESS CASE; TO GIVE UP ON (SOMETHING); TO KISS (SOMETHING) GOOD-BY
    Учи'тель, поста'вив крест на получе'ние ме'ста по профе'ссии, рабо'тает тепе'рь бухга'лтером.
КРЕСТИ'ТЬ
    00
    Не дете'й крести'ть [кому'+с кем]
    NOT TO GET ALONG SO WELL WITH (SOMEONE); NOT TO HIT IT OFF SO WELL WITH (SOMEONE)
    -Ска'жем пра'вду о деся'тнике; не дете'й крести'ть нам с ним, -возмуща'лись рабо'чие стро'йки.
КРЕ'СТНЫЙ
    00
    Осени'ть кре'стным зна'мением R осени'ть
    00
    Осени'ться кре'стным зна'мением R осени'ться
    59
    С на'ми кре'стная си'ла
    GOD BE WITH US!
    -С на'ми кре'стная си'ла! -ше'пчет мать, прижима'я к себе' дете'й, испу'ганных грозо'й.
КРЕСТО'ВЫЙ
    42
    Кресто'вый брат
    [ONE WITH WHOM A PERSON EXCHANGED CROSSES AS AS PROMISE OF LIFELONG FRIENDSHIP; CF. BLOOD BROTHER]
    Тут креста'ми да богатыри' побрата'лись, Назва'лись да бра'тьями кресто'выми.
КРЕЩЕ'НИЕ
    00
    Боево'е креще'ние
    BAPTISM BY FIRE
    В разве'дчиках получи'л он [полко'вник Сербиче'нко] боево'е креще'ние ...
КРЕЩЕ'НСКИЙ
    00
    Креще'нские $моро'зы/холода'$
    [SEVERE FROST OR COLD IN THE END OF JANUARY]
    -В конце' января' наста'ли креще'нские холода', и мы ра'ды те.плому углу', -писа'л оте'ц сы'ну - солда'ту.
КРИВИ'ТЬ
    00
    Криви'ть душо'й R душа'
    00
    Ро'жу криви'ть R ро'жа
КРИВО'Й
    00
    Крива'я $вы'везет/вы'несет$
    MAYBE (I'LL) BE LUCKY!; TO DEPEND ON ONE'S LUCKY STAR
    Но попро'буем: мо'жет быть, кри'вая вы'везет!
    00
    Крива'я $улы'бка/усме'шка$

A CROOKED SMILE
С криво'й улы'бкой пожа'л он ру'ку своему' сопе'рнику на вы'борную до'лжность.
    00
    Куда' крива'я $не/ни$ $вы'везет/вы'несет$
    NO MATTER WHAT HAPPENS; LUCKY OR NOT
    -Погляжу' вот, что еще. бу'дет, а то куда' кри'вая не вы'несет.
    00
    На кри'вой не объе'дешь [кого']
    NOT TO BE ABLE TO DECEIVE/TRICK (SOMEONE); (YOU) CAN'T BAMBOOZLE (HIM)!; NOT TO BE ABLE TO PULL THE WOOL OVER (SOMEONE'S) EYES
    Нет, брат, я ведь тра'вленый! меня' то'же не ско'ро на кри'вой-то не объе'дешь.
    00
    $Улыба'ться/усмеха'ться$ кри'во
    TO SMILE SARCASTICALLY; TO GIVE A CROOKED SMILE
    Я вдруг ... при'дал лицу' своему' необыкнове'нно живо'е и развя'зное выраже'ние, кри'во усмехну'лся.
КРИК
    00
    $Кри'ком<на крик$ крича'ть R крича'ть
    00
    После'дний крик мо'ды
    THE LATEST FASHION
    Молода'я же'нщина, бу'дучи дово'льно по'лной, каррикатурно вы'глядела в о'чень коро'ткой и у'зкой ю'бке - после'дним крике мо'ды.
КРИ'ТИКА
    00
    $Навести'/наводи'ть$ кри'тику [на кого'<на что]
    TO CRITICISE; TO SUBJECT TO CRITICISM
    -Наводи'ть кри'тику на'шей рабо'ты ма'ло; на'до указа'ть как ее. улу'чшить, -говори'ли чле'ны се'льско-хозя'йственного коллекти'ва.
    00
    Не выде'рживает (никако'й) кри'тики R кри'тика
    00
    Ни'же вся'кой кри'тики
    BENEATH ALL CRITICISM
    -Мане'ры молоде.жи ни'же вся'кой кри'тики, -говори'ли стару'шки, си'дя на скаме'йке в городско'м саду'.
КРИЧА'ТЬ
    00
    $В го'лос/не свои'м го'лосом$ крича'ть R го'лос
    00
    $Кри'ком<на крик$ крича'ть
    TO SCREAM; TO HOWL; TO SCREAM ONE'S HEAD OFF
    Кри'ком крича'л младе'нец в прие.мной до'ктора по де'тским боле'зням.
    00
    Крича'ть благи'м ма'том R мат
    00
    Крича'ть во все. го'рло R го'рло
    00
    Крича'ть дурны'м го'лосом R дурно'й
    00
    Крича'ть на всех перекре.стках R перекре.сток
    00
    Хоть карау'л кричи' R карау'л
КРОВА'ВЫЙ
    00
    До крова'вого по'та
    TO WORK ONE'S FINGERS TO THE BONE; TO SWEAT BLOOD
    Заключе.нные ла'геря принуди'тельных рабо'т тру'дятся до крова'вого по'та во избежа'ние суро'вого наказа'ния за невыполне'ние но'рмы.
    00
    Крова'вая месть R кро'вный
    00
    Крова'вые сле.зы
    BITTER TEARS
    00
    Крова'вый пот
    SWEATING BLOOD
КРОВА'ТЬ
    00
    Запра'вить крова'ть R запра'вить

КРОВИ'НКА
00
(Ни) крови'нки в лице' =нет<не' было/не оста'лось=
THE BLOOD DRAINED FROM (SOMEONE'S) FACE; TO TURN DEATHLY
PALE
У Еле'ны крови'нки в лице' не оста'лось, как то'лько
она' услы'шала похо'дку Инса'рова.
КРО'ВЛЯ
00
Жить под [чьей] кро'влей
TO LIVE UNDER (SOMEONE'S) ROOF
Найде.ныш, живя' под кро'влей старико'в, до'лго не знал
о свое'м про'шлом.
00
Под одно'й кро'влей [с кем]
TO LIVE UNDER THE SAME ROOF WITH (SOMEONE)
Жена'тый сын жил под одно'й кро'влей с отцо'м.
КРО'ВНЫЙ
00
Кро'вная вражда'
MORTAL ENMITY
00
$Кро'вная/крова'вая$ месть
BLOOD FEUD; VENDETTA
У жи'телей Колхи'ды сохрани'лся обы'чай кро'вной ме'сти.
00
Кро'вная оби'да
MORTAL INSULT
00
Кро'вно оби'деть
TO INSULT (SOMEONE) DEEPLY
00
Кро'вный враг
MORTAL ENEMY
Две сестры', о'бе актри'сы, ста'ли кро'вными врага'ми
по'сле того', как одно'й из них была' присужде'на пре'мия.
КРОВЬ
00
$В кровь<до' крови$ =изби'ть/разби'ть/ETC=
1. TO BEAT (SOMEONE) TO A PULP; TO BEAT SEVERELY 2. TO
INJURE ONESELF; TO HURT (ONE'S KNEE, HEAD), DRAWING BLOOD
Конькобе'жец упа'л и в кровь разби'л коле'но.
00
Войти' в плоть и кровь R плоть
00
Вы'сосать (всю) кровь [из кого'<из чего'] R вы'сосать
00
Горя'чая кровь [у кого'] R горя'чий
00
=Добы'ть/добыва'ть= по'том и кро'вью R пот
00
До после'дней ка'пли кро'ви $би'ться/боро'ться/ETC$
R ка'пля
00
Кровь говори'т [в ком]
1. TO BE HOTBLOODED; TO HAVE ONE'S BLOOD UP 2. BLOOD IS
THICKER THAN WATER; TO BE ONE'S OWN FLESH AND BLOOD
—И серди'л-то он меня', и жаль-то мне его', потому' что,
как ни говори'те, сын родно'го бра'та: э'того уж из
се'рдца не вы'рвешь — кровь говори'т.
00
Кровь за кровь
A LIFE FOR A LIFE; BLOOD VENGEANCE; AN EYE FOR AN EYE
Непи'санный зако'н, кровь за кровь, существу'ет у
примити'вных наро'дов.
00
Кровь игра'ет
TO BE FULL OF LIFE/VITALITY; TO BE VIVACIOUS
—Де'вка она' молода'я, кровь игра'ет, жить хо'чется, а
кака'я тут жизнь?
00
Кровь [кака'я<чья] тече.т $[в ком]<в [чьих] жи'лах$
(SOMEONE'S) BLOOD FLOWS IN (SOMEBODY'S) VEINS
Кровь вольнолюби'вых каза'ков тече.т в жи'лах их
пото'мков.
00
Кровь $кида'ется/бро'силась/ки'нулась/уда'рила/
броса'ется$ в $го'лову/лицо'$

BLOOD RUSHED TO (HIS) HEAD; TO BECOME DIZZY
Ка'ждое его' сло'во протекло' я'дом по всем мои'м
жи'лам. Кровь бро'силась мне в го'лову.
00
Кровь $кипи'т/гори'т/бро'дит$
1. TO BE FULL OF LIFE/VITALITY; TO BE VIVACIOUS 2. TO
HAVE ONE'S BLOOD UP; ONE'S BLOOD BOILS
1. Мно'го уже' ви'дел, мно'го узна'л пы'лкий ю'ноша;
кипи'т в не.м молода'я кровь, рву'тся нару'жу све'жие
си'лы. 2. И в беспоко'йстве непоня'тном Пыла'ю,
тле'ю, кровь гори'т.
00
Кровь [кого'+на ком]
(SOMEONE'S) BLOOD IS ON ONE'S HANDS/HEAD
Кровь расстре'лянных пле'нных всегда' на тех, кто'
осуди'л их на' смерть.
00
Кровь [кого'] паде.т [на кого']
(SOMEONE'S) BLOOD IS ON ONE'S HANDS/HEAD
Кровь неви'нных паде.т на проли'вших ее..
00
Кровь от кро'ви [чьей] R плоть
00
Кровь с молоко'м
ROSY-CHEEKED; THE VERY PICTURE OF HEALTH
Сыновья' крестья'нина ро'слы, здоро'вы — кровь с
молоко'м.
00
Кровь $сты'нет/ледене'ет/ETC$ (в жи'лах)
ONE'S BLOOD RUNS COLD; IT MAKES ONE'S BLOOD CURDLE
Кровь сты'нет в жи'лах от расска'зов о расстре'лах
ми'рных жи'телей.
00
Купа'ться в крови' R купа'ться
00
Нали'ться кро'вью R нали'ться
00
Обагри'ть ру'ки $кро'вью<в крови'$ R обагри'ть
00
Обле'чь в плоть и кровь<пло'тью и кро'вью R плоть
00
$Перепо'ртить/испо'ртить$ мно'го кро'ви [кому'] R
испо'ртить
14
Писа'ть кро'вью (се'рдца)
TO BE WRITTEN IN (ONE'S OWN) BLOOD
Самоуби'йца оста'вил письмо', пи'санное кро'вью се'рдца.
00
$Пить/соса'ть$ кровь [чью]
TO EXPLOIT (SOMEONE); TO TORMENT (SOMEONE)
00
Плоть и кровь [чья] R плоть
00
По'ртить кровь [кому']
TO AGGRAVATE (SOMEONE); TO IRRITATE/ANNOY (SOMEONE)
Вспомина'я неуда'вшееся де'ло, партне.ры то'лько
по'ртили кровь свои'м же.нам.
00
По'ртить себе' кровь
TO BECOME AGGRAVATED/ANNOYED/IRRITATED
00
По'том и кро'вью =добыва'ть/добы'ть= R пот
00
$Проли'ть/лить/пролива'ть$ (свою') кровь [за кого'<за
что]
TO SHED/SPILL ONE'S BLOOD FOR (SOMEONE/SOMETHING)
Солда'ты любо'й страны' пролива'ют кровь за свою'
ро'дину.
00
$Проли'ть/лить/пролива'ть$ кровь [чью]
TO SHED/SPILL (SOMEONE'S) BLOOD
Террори'сты льют кровь винова'тых и неви'нных.
00
Разогна'ть кровь R разогна'ть
00
Се'рдце' кро'вью облива'ется
ONE'S HEART SINKS; ONE'S HEART IS OVERFLOWING [WITH
COMPASSION, PITY]; ONE'S HEART BLEEDS

КРОВЬ CONT'D.
Се'рдце кро'вью облива'ется при воспомина'нии о разлу'ке
с доро'ги'м челове'ком.
00
Смыть кро'вью оби'ду
TO TAKE VENGENCE FOR A MORTAL INSULT
Что'бы смыть кро'вью оби'ду, офице'р вы'звал
оскорби'теля на поеди'нок.
00
У'зы кро'ви
BLOOD-TIES
-Он разори'л родно'го бра'та! -Ви'дно, жа'дность
сильне'е уз кро'ви!
00
Утопа'ть в крови' R утопа'ть
29
(Хоть) кровь и'з носу
NO MATTER WHAT!; COME WHAT MAY!
-Хоть кровь и'з носу, а на'до успе'ть сгрести' вы'сохшее
се'но в ко'пны. -говори'л крестья'нин сыновья'м.
00
Э'то в крови' [у кого']
IT'S IN (HIS) BLOOD
Де'ти трудолюби'вы как роди'тели; э'то в кро'ви у них.
КРОКОДИ'ЛОВ
00
Крокоди'ловы сле.зы
CROCODILE TEARS
Богачи' льют крокоди'ловы сле.зы, жа'луясь на ма'лые
дохо'ды.
КРО'МЕ
00
Кро'ме как ...
EXCEPT; ONLY
1. ... а тако'го о'бщества я нигде' не нахожу', кро'ме
как в ва'шем до'ме. 2. -[Мы] лю'ди сми'рные. Мы и
зла-то никому', кро'ме как медве'дям, не де'лаем.
00
Кро'ме того'
IN ADDITION TO; BESIDES THAT
[В Мани'ле] во'семь полковы'х орке'стров, и, кро'ме
того, мно'жество ча'стных.
00
Кро'ме шу'ток
(I AM) NOT JOKING; IT'S NO JOKE; SERIOUSLY
[Сосе'да] пойма'в нежда'нно за полу', Ду'шу' траге'дией
в углу', И'ли (но э'то кро'ме шу'ток), Тоско'й и
ри'фмами томи'м ... Пуга'ю ста'до ди'ких у'ток.
КРОМЕ'ШНЫЙ
00
$Кроме'шная му'ка/кроме'шный ад$
UNBEARABLE TORTURE; HELL
1. Нет ни охо'ты, ни си'лы терпе'ть Невыноси'мую
му'ку кроме'шную! ... 2. [Ива'н] ... теря'лся в тоске'
неве'дения: как ему' вы'браться из кроме'шнего а'да, в
кото'ром он живе.т?
00
$Кроме'шная тьма/кроме'шный мрак$
PITCH-DARK; PITCH-DARKNESS
1. Не'бо бы'ло о'блачно. Тьма кроме'шная оку'тывала
ме'стность. 2. Ночь вы'далась непрогля'дно те.мной, и
каза'лось непостижи'мым, как в э'таком кроме'шном мра'ке
не ста'лкивались маши'ны, лю'ди, обо'зные пово'зки.
КРО'ШКА
00
Ни кро'шки
NOT A BIT
КРУГ
00
Голова' $иде.т/пошла'$ кру'гом [у кого']
ONE'S HEAD IS SPINNING
1. От уста'лости у него' иде.т кру'гом голова', шуми'т
в уша'х. 2. -У меня' голова' кру'гом пошла' от всего',
что вы сказа'ли.
00
$Заколдо'ванный/маги'ческий$ круг R заколдо'ванный
00
Квадрату'ра кру'га R квадрату'ра

00
Круги' $перед глаза'ми<в глаза'х$ =плыву'т/стоя'т/
мелька'ют/ETC=
TO SEE SPOTS BEFORE ONE'S EYES
У страда'ющих малокро'вием круги' перед глаза'ми плыву'т.
00
Круги' под глаза'ми
CIRCLES UNDER ONE'S EYES
У нее. бы'ли круги' под глаза'ми от бессо'нницы.
00
На' круг
ON THE AVERAGE; ROUGHLY; APPROXIMATELY
Ита'к, два с че'твертью миллио'на фабри'чно-заводски'х
рабо'чих Росси'и зараба'тывали в 1908 году' в о'бщем и
сре'днем, т. е. на' круг, всего' по два'дцать рубле'й
50 копеек в ме'сяц!
00
Поро'чный круг R поро'чный
00
$Сде'лать/дать$ круг
TO MAKE A DETOUR; TO MAKE A LONGER ROUTE; TO MAKE A CIRCLE
В незнако'мой ме'стности легко' дать круг в по'исках
доро'ги.
29
Спи'ться с кру'гу
TO BECOME A DRUNKARD; TO HIT BOTTOM
Врач оста'вил пра'ктику, спи'вшись с кру'гу.
КРУ'ГЛЕНЬКИЙ
00
Кру'гленькая су'мма R кру'глый
00
Кру'гленькое состоя'ние R кру'глый
КРУ'ГЛЫЙ
00
Де'лать кру'глые глаза'
(HER) EYES GREW LARGE
Удивля'ясь чему'-либо, она' де'лала кру'глые глаза'.
00
За кру'глым столо'м =встре'ча/совеща'ние/ETC=
TO MEET/CONFER AT A ROUND TABLE; TO HAVE A ROUND TABLE
DISCUSSION
За кру'глым столо'м уделя'ется внима'ние мне'нию
ка'ждого уча'стника совеща'ния.
00
$Кру'глая/кру'гленькая$ су'мма
A CONSIDERABLE SUM
Ка'ждая война' обхо'дится в кру'глую су'мму, не говоря'
о челове'ческих же'ртвах.
00
$Кру'глое/кру'гленькое$ состоя'ние
CONSIDERABLE MEANS; A LARGE FORTUNE
У дельца' образова'лось кру'гленькое состоя'ние от
спекуля'ции ходовы'ми това'рами.
00
Кру'глые ци'фры
ROUND NUMBERS
00
Кру'глый год R год
00
$Кру'глый<кру'глая$ сирота'
AN ORPHAN (WITHOUT EITHER PARENT)
Роди'тели у'мерли оди'н за други'м, и де'ти ста'ли
кру'глыми сиро'тами.
00
$Кру'глый отли'чник/кру'глая отли'чница$
AN HONOR STUDENT
Кру'глым отли'чникам легко' держа'ть вступи'тельные
испыта'ния в университе'т.
00
Кру'глый сче.т
ROUND NUMBERS
00
Кру'глым сче.том
IN ROUND NUMBERS
00
Учи'ться на кру'глые пяте.рки
TO BE AN ALL A STUDENT; TO GET ALL A'S
Де'ти сосе'да у'чатся на кру'глые пяте.рки, помога'я

КРУ'ГЛЫЙ CONT'D.
    друг дру'гу.
КРУГОВО'Й
    00
    Кругова'я доро'га
    A ROUND-ABOUT WAY
    Что'бы не возвраща'ться кругово'й доро'гой, она' прошла'
    напрями'к.
КРУГО'М
    00
    Круго'м!
    ABOUT FACE!
    По'сле кома'нды: —"Круго'м!"— солда'ты поверну'лись.
    00
    Круго'м да о'коло R о'коло
КРУЖИ'ТЬ
    00
    Кружи'ть го'лову
    1. TO MAKE ONE'S HEAD SPIN; TO MAKE ONE DIZZY 2. TO KEEP
    (SOMEONE) FROM THINKING STRAIGHT 3. TO TURN (SOMEONE'S) HEAD
КРУЖИ'ТЬСЯ
    00
    Голова' кру'жится ([от чего']) R голова'
    00
    Кружи'ться как бе'лка в колесе' R бе'лка
КРУПА'
    00
    Как мышь на крупу' наду'лся R мышь
КРУ'ПНЫЙ
    00
    Кру'пная дрожь
    SHAKES; SHIVERS; VIOLENT SHAKING
    Кру'пной дро'жью дрожа'л сиде'вший на гря'зном полу'
    по'йнтер.
    00
    Кру'пная су'мма
    A CONSIDERABLE SUM; A LOT OF MONEY
    Ну'жно име'ть кру'пную су'мму для получе'ния вы'сшего
    образова'ния.
    00
    Кру'пно брани'ться
    TO CUSS; TO CURSE; TO USE GUTTER LANGUAGE
    [Обло'мов] позволя'л себе' иногда' кру'пно брани'ться с
    Заха'ром.
    00
    Кру'пно поговори'ть
    TO HAVE WORDS; TO EXCHANGE WORDS
    Их дру'жба прекрати'лась по'сле того', как они' кру'пно
    поговори'ли.
    00
    Кру'пные де'ньги
    LARGE BILLS; MONEY OF HIGH DENOMINATION
    1. Касси'р ба'нка разменя'л кру'пные де'ньги. 2.
    Покупа'тель плати'л кру'пными деньга'ми.
    00
    Кру'пный разгово'р
    (TO HAVE) HARSH WORDS/STRONG WORDS
    Между уча'стниками игры' произоше.л кру'пный разгово'р
    из-за ме'ченой ка'рты.
КРУТИ'ТЬ
    29
    Как (там) ни $крути'/крути'сь$
    WILLY-NILLY; NO MATTER WHAT ONE DOES
    —Прошла' мо'лодость, Лю'бка! Ничего' от нее. не
    оста'лось. С э'тим прихо'дится смири'ться, как ни крути'.
    00
    Крути'ть го'лову [кому']
    TO TURN (SOMEONE'S) HEAD
    —Е'сли ты не собира'ешься жени'ться, заче'м же крути'ть
    го'лову де'вушке? —с упре.ком говори'л он своему' дру'гу.
    00
    Крути'ть $любо'вь/рома'н$ [с кем]
    TO HAVE AN AFFAIR WITH (SOMEONE); TO ROMANCE (SOMEONE)
    00
    Крути'ть но'сом
    TO TURN UP ONE'S NOSE; TO REFUSE
    Коломе'ец, спустя' два дня, когда' я позва'л его'
    ночева'ть, стал крути'ть но'сом ... —Мне что-то не

хо'чется уходи'ть туда' на ночле'г.
    00
    Крути'ть ру'ки [кому']
    TO TWIST (SOMEONE'S) ARMS BEHIND HIS BACK
    Престу'пник, по'йманный на ме'сте, вырыва'лся; ему'
    крути'ли ру'ки.
    00
    Крути'ть шарма'нку R шарма'нка
КРУТИ'ТЬСЯ
    00
    Как (там) ни крути'сь R крути'ть
    00
    $Как/то'чно$ соро'ка на колу' крути'ться R соро'ка
КРУ'ТО
    00
    Кру'то $посоли'ть/посы'пать со'лью$
    TO HEAVILY SALT ONE'S FOOD
    00
    Кру'то прихо'дится [кому']
    IT'S NOT EASY FOR (SOMEONE); TO PAY DEARLY
КРЫЛА'ТЫЙ
    00
    Крыла'тые $слова'/выраже'ния$
    CATCHWORDS
    На'ша речь обогаща'ется крыла'тыми выраже'ниями, как:
    "медве'жья услу'га", "свинья' под ду'бом" и так да'лее.
КРЫЛО'
    00
    Как во'роново крыло' R во'ронов
    00
    Опусти'ть кры'лья
    TO BE OUT OF SPIRITS; TO HIT THE SKIDS; TO LOSE ONE'S
    WILL AND ENERGY
    Истра'тив сбереже'ния и не находя' рабо'ты, он опусти'л
    кры'лья.
    00
    $Подре'зать/обре'зать/подсе'чь/ETC$ кры'лья [кому']
    TO CLIP (SOMEONE'S) WINGS
    00
    Распра'вить кры'лья
    TO PUT (SOMEONE) ON (HIS) METTLE; TO DO ONE'S BEST
    00
    Цве'та во'ронова крыла' R во'ронов
КРЫ'ЛЫШКО
    00
    Под кры'лышком [у кого']
    TO BE UNDER (SOMEONE'S) WING
КРЫ'СА
    00
    Бе'ден как черко'вная кры'са R черко'вный
    70
    Канцеля'рская кры'са
КРЫТЬ
    00
    Крыть кры'шу
    TO ROOF [A HOUSE, ETC.]; TO PUT A ROOF ON [A HOUSE, ETC.]
    Крестья'нину пришло'сь за'ново крыть кры'шу по'сле
    урага'на.
    29
    Крыть не'чем
    THERE IS NOTHING YOU CAN SAY TO THAT; YOU CAN'T ARGUE
    WITH THAT
    —Да тебе' любо'й ска'жет – уви'ливаешь от
    отве'тственности, и тебе' крыть не'чем.
    00
    $Ши'то да кры'то<ши'то-кры'то$ R шить
КРЫ'ША
    00
    Крыть кры'шу R крыть
    00
    Под одно'й кры'шей
    UNDER ONE ROOF
    С пе'рвого сло'ва они' понима'ли друг дру'га, мно'го лет
    рабо'тая под одно'й кры'шей.
КРЮК
    00
    Дать крю'ку
    TO MAKE A DETOUR

128

КРЮК CONT'D.
    Дать крю'ку в два киломе'тра.
    00
    $Де'лать/сде'лать$ крюк
    TO MAKE A DETOUR
    Сде'лать крюк в не'сколько ве.рст.
КРЮЧО'К
    00
    Прика'зный крючо'к R прика'зный
КСТА'ТИ
    00
    Как нельзя' кста'ти
    COULDN'T BE ANY BETTER; EXTREMELY HANDY; JUST THE THING
    Разве'дка подверну'лась Ме'чику как нельзя' кста'ти.
    00
    Кста'ти сказа'ть
    MOREOVER, ...; BESIDES, ...; ..., TO MAKE AN ADDITIONAL
    COMMENT, ...
    Морско'й во'здух на'чал понемно'гу отравля'ться за'пахом
    кероси'на, кото'рым была' нагру'жена бо'льшая часть
    судо'в и кото'рый, кста'ти сказа'ть, отравля'ет во'здух
    всего' Закавка'зья.
    00
    Прийти'сь кста'ти R прийти'сь
КТО
    00
    Бог зна'ет кто R бог
    00
    Как кому'<кому' как R как
    00
    Кому' како'й R како'й
    00
    Кто бы ни
    NO MATTER WHO; WHOEVER
    Кто бы ни был прося'щий хле'ба, на'до дать ему'.
    00
    Кто где
    SOME [REFERRING TO PEOPLE] BEING HERE, OTHERS THERE
    [Илю'ша] на цы'почках убега'л от ня'ни, осма'тривал
    всех, кто где спит; ... пото'м с замира'ющим се'рдцем
    взбега'л на галере'ю.
    29
    Кто да кто?
    WHO THEN?!; TELL ME WHO!
    -А ко мне тре'тьего дня все ва'ши приходи'ли. -Кто да
    кто? -Марья'шка приходи'ла, Хавро'шка приходи'ла.
    00
    Кто его' зна'ет R знать
    00
    Кто как
    EACH IN A DIFFERENT WAY; ONE THIS WAY, ANOTHER ANOTHER WAY
    Постано'вку но'вой пье'сы встре'тили кто как: с
    приве'тствием и с осужде'нием.
    00
    Кто кого'
    WHO (WILL BE) THE VICTOR?
    -С каза'ками состяза'лись: кто кого', чья возьме.т?
    00
    $Кто-кто<кого'-кого'<кому'-кому'$, а ...
    WHO/WHOM ELSE BUT ...
    Кто-кто, а Кондра'тьев хорошо' знал, что тако'е в э'тих
    места'х ию'нь с его' зно'ем и си'ним не'бом.
    00
    Кто куда'
    ONE [IN ONE DIRECTION], THE OTHER [IN ANOTHER DIRECTION];
    ONE HERE, ONE THERE
    -Я е'здил с абре'ками отбива'ть ру'сские табуны'; нам не
    посчастли'вилось, и мы разбежа'лись кто куда'.
    00
    Кто ни на есть
    NO MATTER WHO; WHOEVER; WHOSOEVER
    Вы охо'тно допу'стите, чтоб кто ни на есть ...
    собственнору'чно в ва'шей физионо'мии симме'трию
    попра'вил.
    00
    Кто что
    EACH [DOES SOMETHING ELSE/DIFFERENT]; ONE [DOES THIS],
    ANOTHER [THAT]

    -Кто что ни ска'жет, все. не так, не по мне.
    00
    Ма'ло ли кто R ма'ло
    00
    Хоть кто R хоть
    00
    Че.рт зна'ет кто R че.рт
КУБЫ'ШКА
    00
    Класть де'ньги в кубы'шку
    TO SALT MONEY AWAY; TO STASH MONEY AWAY
    -Почему' ты ду'маешь, что он кладе.т де'ньги в кубы'шку?
    -Мно'го зараба'тывает, а расхо'дует с огля'дкой.
    00
    $Храни'ть/бере'чь/держа'ть$ де'ньги в кубы'шке
    TO KEEP MONEY UNDER ONE'S MATTRESS
КУВШИ'ННЫЙ
    29
    Кувши'нное ры'ло
    TO HAVE A PIG'S SNOUT FOR A FACE
    Вся середи'на лица' выступа'ла у него' впере'д и пошла'
    в нос, - сло'вом, э'то бы'ло то лицо', кото'рое называ'ют
    в общежи'тьи кувши'нным ры'лом.
КУДА'
    00
    Бог зна'ет куда' R бог
    00
    (Еще.) куда' ни шло R идти'
    00
    Идти', куда' ве'тер ду'ет R ве'тер
    00
    Кто куда' R кто
    00
    Куда' глаза' гляди'т R глаз
    00
    Куда' как
    HOW [NICE, HAPPY, ETC.]!
    Мы встае.м и то'тчас на коня'; ... Кру'жимся, ры'скаем
    и по'здней уж поро'й, Двух за'йцев протрави'в, явля'емся
    домо'й. Куда' как ве'село!
    00
    Куда' Мака'р теля'т не гоня'л
    THE OTHER END OF THE WORLD; FAR AWAY
    00
    Куда' ни кинь - все. клин R клин
    00
    Куда' ни кинь гла'зом R глаз
    00
    Куда' попа'ло R попа'сть
    00
    Хоть куда' R хоть
    00
    Че.рт зна'ет куда' R че.рт
КУ'КИШ
    29
    $Ку'киш/Фи'гу$ с ма'слом $получи'ть/дать$
    TO GIVE/GET NOT A THING; TO GIVE/GET ABSOLUTELY NOTHING
    - ... Мно'го ли получи'ли из обще'ственного магази'на?
    -Получи'ли мы ку'киш с ма'слом! -Неуже'ли ничего'?
    29
    (Показа'ть) ку'киш в карма'не
    TO MAKE A THREATENING GESTURE BEHIND (SOMEONE'S) BACK
    Малоду'шный челове'к дае.т согла'сие про'тив свое'й
    во'ли, пока'зывая ку'киш в карма'не.
КУ'КЛА
    29
    Че.ртова ку'кла
    [A DEVIL'S DOLL, A TERM OF ABUSE]
КУКУ'ШКА
    00
    Променя'ть куку'шку на я'стреба R променя'ть
КУЛА'К
    00
    Дать во'лю кулака'м
    TO HAVE A FISTFIGHT; TO RAIN BLOWS ON (SOMEONE) TO GIVE
    FREE REIGN TO ONE'S FISTS
    00
    Держа'ть в кулаке' [кого']

КУЛА'К CONT'D.
TO HAVE (SOMEONE) IN THE PALM OF ONE'S HAND; TO HAVE/TO BE
IN (SOMEONE'S) CLUTCHES
00
Зажа'ть в кула'к
TO HOLD/GRASP (SOMEONE/SOMETHING) IN ONE'S CLUTCHES; TO
HAVE A FIRM GRIP ON (SOMEONE/SOMETHING)
00
Не жале'ть кулако'в
TO FIGHT LIKE HELL; TO RAIN BLOWS ON (SOMEONE/EACH OTHER)
Па'рни дра'лись, не жале'я кулако'в.
00
Отве'дать кулако'в
TO LET (SOMEONE) HAVE IT
-Придержи' свой де'рзкий язы'к, не то отве'даешь
кулако'в! -пригрози'л незнако'меч насме'шнику.
29
Приня'ть в кулаки'
TO BEAT (SOMEONE) UP
00
$Свисте'ть/свиста'тьб в кула'к R свисте'ть
00
Смея'ться в кула'к
TO LAUGH IN/UP ONE'S SLEEVE
00
Собра'ть в кула'к [кого'<что]
TO MUSTER/GATHER [E.G. ONE'S STRENGTH]
КУЛА'ЧНЫЙ
00
Кула'чное пра'во
THE LAW OF THE JUNGLE; THE PRINCIPLE OF "MIGHT MAKES
RIGHT"
КУЛЕ.К
29
Из кулька' в рого'жку (попра'виться/испра'виться)
TO GO FROM BAD TO WORSE; FROM THE FRYING PAN INTO THE FIRE
КУЛИ'СА
00
За кули'сами
BEHIND THE SCENES/BEHIND THE BACKDROP/IN THE WINGS
[THEATER]; BEHIND THE SCENES
1. Медве'дев люби'л, что'бы театра'лы быва'ли за
кули'сами ... 2. За'пись, ограни'чивавшая власть
Михаи'ла, была' плодо'м негла'сной придво'рной сде'лки,
состоя'вшейся за кули'сами избира'тельного зе'мского
собо'ра.
00
За кули'сы
BEHIND THE SCENES [DIRECTION]
КУЛИ'ЧКИ
00
К $че.рту<чертя'м$ на кули'чки R че.рт
00
У че'рта на кули'чках R че.рт
КУЛУА'РЫ
00
(Бесе'ды) в кулуа'рах
DISCUSSIONS IN THE LOBBIES/CORRIDORS [I.E. UNOFFICIAL
DEALINGS/NEGOTIATIONS]
00
(Слу'хи) из кулуа'ров
THE NEWS FROM THE CORRIDORS/LOBBIES [I.E. UNOFFICIAL
INFORMATION/LEAKS/ETC.]
КУЛЬ
00
Куль со'ли сьесть [с кем] R соль
КУМИ'Р
00
Возвести' в куми'р [кого'<что]
TO IDOLIZE; TO PLACE ON A PEDESTAL
База'ров никогда' не сде'лается фана'тиком, жречо'м
нау'ки, никогда' не возведе.т ее. в куми'р...
00
$Созда'ть/сотвори'ть/ETC$ себе' куми'р
TO IDOLIZE; TO PLACE ON A PEDESTAL
Лю'бящая мать создала' себе' куми'р из еди'нственного
сы'на, не в ме'ру ба'луя его'.
КУПА'ТЬСЯ
00
Купа'ться в крови'

TO COVER ONESELF WITH BLOOD; TO BATHE IN BLOOD; TO
MASSACRE (SOMEONE)
Победи'тели купа'лись в крови', жесто'ко расправля'ясь с
повста'нцами.
КУПИ'ТЬ
00
В рассро'чку купи'ть R рассро'чка
00
За что купи'л, за то и продаю'
I'M ONLY TELLING YOU WHAT I HEARD
-Тру'дно ве'рить твое'й но'вости о разоре'нии богача'!
-За что' купи'л, за то' и продаю'!
00
Купи'ть кота' в мешке' R кот
КУПО'Н
00
Стричь купо'ны R стричь
КУР
00
Попа'сть как кур во' щи
TO BE TRAPPED; TO FALL INTO (SOMETHING); TO FALL INTO THE
SOUP
-Я попа'л, как кур во' щи, и я же ока'зываюсь винова'тым.
КУРА'Ж
29
Быть в кураже'
TO BE HIGH/IN ONE'S CUPS
Друзья' бы'ли в кура'же по'сле вы'пивки.
КУ'РИЙ
00
Избу'шка на ку'рьих но'жках
(IT'S) BUILT OF MATCH STICKS [ABOUT A FLIMSILY
CONSTRUCTED BUILDING]
Там на неве'домых доро'жках Следы' неви'данных звере'й;
Избу'шка там на ку'рьих но'жках Стои'т без о'кон, без
двере'й.
КУРИ'ЛКА
00
Жив кури'лка!
(HE'S) STILL ALIVE AND KICKING
КУРИ'НЫЙ
29
Кури'ная па'мять
A BAD MEMORY
Име'я кури'ную па'мять, не ди'во забы'ть день своего'
рожде'ния.
КУРИ'ТЬ
00
Кури'ть взятя'жку R взятя'жку
00
Кури'ть фимиа'м [кому'] R фимиа'м
КУ'РИЦА
00
Де'нег куры' не клюю'т [у кого'] R клева'ть
00
Как ку'рица с яйцо'м носи'ться [с кем<с чем] R яйцо'
00
Ку'рам на' смех
IT'S RIDICULOUS/LAUGHABLE; IT'S ENOUGH TO MAKE A CAT LAUGH
Эта мать оберега'ет дете'й от труда'; тако'е воспита'ние
ку'рам на' смех.
00
Мок'рая ку'рица
A MILKSOP; A SISSY
От рабо'чих он ... слы'шал, что его' оте'ч мо'края
ку'рица, кото'рую мать мо'жет загна'ть, куда' уго'дно.
00
Писа'ть, как ку'рица ла'пой
(HIS) WRITING IS LIKE CHICKEN TRACKS
Мно'гие пи'шут, как ку'рица ла'пой, небре'жно.

00
Слепа'я ку'рица
(YOU'RE) BLIND AS A BAT
-Он влюбле'н в тебя', а ты, слепа'я ку'рица, не ви'дишь
э'того, -говори'ли де'вушки подру'ге.
КУ'РИЧЫН
00
Ку'ричын сын R сын

КУРС
00
Быть в ку'рсе [чего']
TO BE AU COURANT/UP-TO-DATE
00
Ввести' в курс де'ла R ввести'
00
Держа'ть в ку'рсе [чего']
TO BRING (SOMEONE) UP-TO-DATE
Периоди'ческая печа'ть де'ржит пу'блику в ку'рсе совреме'нных собы'тий.
00
Держа'ть курс R держа'ть
КУ'РЫ
71
Стро'ить ку'ры [кому']
TO COURT (SOMEONE); TO PAY COURT TO (SOMEONE)
И деви'цы, и вдо'вы, молоды'е и ста'рые, стро'или ему' ку'ры, но он не захоте'л жени'ться во второ'й раз.
КУРЬЕ.З
00
$Для<ра'ди$ курье.за
JUST FOR FUN
... -Мо'жет быть, како'й-нибудь чино'вник вме'сте со свое'й фами'лией подпи'сывает, ра'ди курье.за, и э'того Федюко'ва?
29
Из курье.за
JUST FOR FUN
-Все из курье.за пойду'т посмотре'ть, как шестидесятитре.хле'тний Шуше'рин сыгра'ет восемнадцатиле'тнего не'гра.
КУРЬЕ'РСКИЙ
00
Как на курье'рских
IN A RUSH; AT FULL SPEED
Пье'сы ста'вились, как на курье'рских.
КУСА'ТЬ
00
Куса'ть (себе') ло'кти
TO CRY OVER SPILLED MILK
Е'сли упу'щен благоприя'тный моме'нт, то хоть куса'й себе' ло'кти, а его' не верну'ть.
КУСО'К
00
Жи'рный кусо'к R жи'рный
00
Кусо'к в го'рло не иде.т
(I) CAN'T EAT A THING; (I) COULDN'T TOUCH FOOD
-Поро'й кусо'к в го'рло не иде.т по'сле рабо'ты, -говори'ли шахте.ры.
00
Кусо'к хле'ба
(MY) BREAD AND BUTTER
Больно'й, без куска' хле'ба и по'мощи, пропада'л он ... где-то в нето'пленной, забы'той кону'рке.
00
Ла'комый кусо'к R ла'комый
00
Собира'ть куски'
TO BEG
Крестья'не охо'тно подава'ли безро'дному инвали'ду войны', собира'вшему куски'.
00
Стыдли'вый кусо'к R стыдли'вый
00
Урва'ть кусо'к
TO GRAB A SLICE OF THE PIE
Попечи'тель несовершенноле'тних сиро'т урва'л кусо'к их насле'дства.
КУСО'ЧЕК
00
Ла'комый кусо'чек R ла'комый
00
Стыдли'вый кусо'чек R стыдли'вый
КУСТ
11
$Спря'таться/уйти'$ в кусты'

TO GET COLD FEET; TO BACK OUT; TO SHOW THE WHITE FEATHER
-На слова'х - то ты-геро'й, а как дошло' до де'ла - ты и спря'тался в кусты', -упрека'ли рабо'чие председа'теля местко'ма.
КУТИ'ТЬ
00
Кути'ть $и<да$ мути'ть
TO STIR UP TROUBLE; TO STIR THINGS UP
1. -Сена'т-с - до него' еще. де'ло не доходи'ло. А все. еще. кутя'т да мутя'т в уе'зном суде' да в губе'рнском правле'нии. 2. В чи'стом по'ле мете'ль И кути'т и мути'т.
КУ'ЧА
00
Вали'ть все. в одну' ку'чу R вали'ть
ЛА'ВКА
00
Не се'меро по ла'вкам [у кого'] R се'меро
ЛА'ВОЧКА
29
Закрыва'ть ла'вочку
TO CLOSE SHOP
Тво'рчество должно' быть как высоко', так и разнообра'зно, ина'че закрыва'й свою' ла'вочку.
29
По пья'ной ла'вочке
DRUNK; IN ONE'S CUPS
Сестра' похва'сталась одна'жды бра'ту, бу'дто оди'н просла'вленный в ту по'ру Енге' конокра'д по пья'ной ла'вочке прослези'лся на ее. пе'сенку.
00
$(Э'то) одна'/настоя'щая/ну и$ ла'вочка
IT'S A SHADY BUSINESS; IT'S A CLIQUE
ЛАВР
00
Ла'вры [чьи] не даю'т спать
TO BE JEALOUS OF (SOMEONE ELSE'S) ACHIEVEMENTS
Ла'вры знамени'того писа'теля не даю'т спать его' посре'дственным колле'гам.
00
Пожина'ть ла'вры R пожина'ть
00
Почи'ть на ла'врах R почи'ть
ЛА'ВРО'ВЫЙ
00
Лавро'вый вено'к
LAURELS
Ура'! ты заслужи'л вено'к себе' лавро'вый И тве.рдостью души', и сме'лостью ума'.
ЛА'ГЕРЬ
00
Де'йствовать на два ла'геря
TO BE A DOUBLE-DEALER
ЛАД
00
В лад [с кем<с чем]
IN ACCORD WITH (SOMEONE/SOMETHING)
00
В $ладу'<лада'х$ =быть/жить/ETC= [с кем]
IN ACCORD; IN HARMONY
-Да мне боя'ться не'чего: я здесь со все'ми в ладу'.
00
$Идти'/пойти'$ на лад
TO GO SMOOTHLY
И'горь то'же принялся' за рабо'ту, но де'ло у него' все. не шло на лад.
00
Настро'иться на мино'рный лад R мино'рный
00
Не в лад [с кем<с чем]
AT ODDS/AT VARIANCE WITH (SOMEONE/SOMETHING)
00
Не в $ладу'<лада'х$ [с кем<с чем] =быть/жить/ETC=
(TO BE) AT ODDS/AT VARIANCE WITH (SOMEONE/SOMETHING)
00
Ни скла'ду ни ла'ду
NEITHER RHYME NOR REASON
ЛА'ДАН
00
Бежа'ть как че.рт от ла'дана [от кого'<от чего']

ЛА'ДАН CONT'D.
TO AVOID(SOMEONE/SOMETHING)LIKE THE PLAGUE
00
Боя'ться как че.рт ла'дана [кого'<чего']
TO FEAR (SOMEONE/SOMETHING)LIKE THE DEVIL FEARS HOLY WATER
00
Дыша'ть на ла'дан R дыша'ть
ЛАДО'НЬ
00
$Ви'ден<видна'<ви'дно$ $как<бу'дто$ на ладо'ни
YOU COULDN'T MISS IT; COMPLETELY VISIBLE; IN PLAIN SIGHT
С кру'глой высо'кой со'пки ... сосе'дняя ста'нция
Маши'евская была' видна' как на ладо'ни.
00
Сложи'ть ладо'ни ру'пором R ру'пор
ЛАДО'ШИ
00
$Хло'пать/ударя'ть/бить/ETC$ $в ладо'ши<ладо'шами/
ладо'шки$
TO CLAP ONE'S HANDS
1. Толпа' подхва'тывала припе'в ... и прихло'пывала в
такт ладо'шами. 2. Сто'ит хло'пнуть в ладо'ши - как
стре'лы спу'щенные с лу'ка, не каса'ясь земли', умча'тся
оле'ни. 3. ... офице'ры крича'ли "бра'во" и хло'пали в
ладо'ши.
ЛАДО'ШКИ
00
$Хло'пать/ударя'ть/бить/ETC$ в ладо'шки R ладо'ши
ЛА'ЗАРЬ
00
Ла'заря петь
TO BEMOAN ONE'S FATE, TO COMPLAIN; TO WHINE
-Не'чего Ла'заря-то петь! -Переби'ла его' фле'нушка.
-Как есть настоя'щий каза'нский сирота'!... Нет, друг
любе'зный, меня' не разжа'лобишь.
32
Наобу'м Ла'заря
AT RANDOM; BY GUESS-WORK
ЛА'КОМЫЙ
00
Ла'комый $кусо'к/кусо'чек$
A TASTY MORSEL
-Ведь е'сли, поло'жим, э'той де'вушке да прида'ть
тысячо'нок две'сти прида'ного, из нее. бы мог вы'йти
о'чень, о'чень ла'комый кусо'чек.
ЛА'ПА
00
Быть в ла'пах [у кого']
TO BE IN(SOMEONE'S) CLUTCHES
00
Запусти'ть ла'пу [во что] R запусти'ть
00
Наложи'ть ла'пу [на что] R наложи'ть
00
Писа'ть, как ку'рица ла'пой R ку'рица
00
Попа'сть в ла'пы [кому'] R
TO FALL INTO(SOMEONE'S) CLUTCHES
ЛА'ПКА
00
$Стоя'ть/ходи'ть$ на за'дних ла'пках [перед кем]
TO DANCE ATTENDANCE ON (SOMEONE); TO FAWN ON (SOMEONE)
-Мы ра'ды рабо'тать, но ходи'ть на за'дних ла'пках ни
перед кем не ста'нем! -говори'ли рабо'чие.
ЛА'ПЧАТЫЙ
29
Гусь ла'пчатый
A SLY FOX; A SHREWD CUSTOMER
ЛА'РЧИК
00
А ла'рчик про'сто открыва'лся
IT WAS EASY; THERE WAS NOTHING TO IT
ЛАСКА'ТЬ
42
Ласка'ть наде'ждой
TO FLATTER (SOMEONE) WITH HOPE
Его' патро'н-францу'з наду'л ... , заставля'я втро'е
бо'льше рабо'тать, ласка'я наде'ждой, что он его' при'мет

в това'рищи.
ЛА'СТОЧКА
00
Пе'рвая ла'сточка
THE FIRST SIGN
ЛАТАТЫ'
00
Зада'ть лататы'
TO TAKE TO ONE'S HEELS; TO TAKE OFF
-Бегу'т, бра'тцы, бегу'т! -крича'ли каза'ки. -Задаю'т
лататы'!
ЛЕБЕДИ'НЫЙ
00
Лебеди'ная $пе'сня/песнь$
A SWAN SONG
Гла'вную роль Лели'о игра'л тала'нтливый молодо'й
краса'вец Ку'рский, для кото'рого она' ста'ла лебеди'ной
пе'снью: он уе'хал из Москвы' и поги'б от ти'фа.
ЛЕ'ВЫЙ
00
Встать с ле'вой ноги' R нога'
00
Ле'вой ного'й [INF] R нога'
00
Чего' $моя'<твоя'<ETC$ (ле'вая) нога' хо'чет R нога'
ЛЕ.ГКИЙ
00
Же'нщина ле.гкого поведе'ния
A WOMAN OF EASY VIRTUE; A LOOSE WOMAN
00
Ле.гкая рука' [у кого']
(HE) BRINGS LUCK
Переса'дка дере'вьев не всегда' удае.тся, но у на'шего
де'да ле.гкая рука' - они' хорошо' принима'ются у него'.
29
$Ле.гкое<легко'$ ли де'ло
IT'S NO TRIFLE; IT'S NO MEAN THING
-И на чужо'го-то смотре'ть на беспу'тного се'рдце мре.т,
а то, ле.гкое ли де'ло, свое. де'тище!
00
$Ле.гок<ле.гкий$ на' $ногу<ноги$
LIGHT ON ONE'S FEET
Письмоно'сец ле.гок на' ноги.
00
$Ле.гок<ле.гкий$ на подъе.м R подъе.м
00
Ле.гок на поми'не
SPEAK OF THE DEVIL
-Ле.гок на поми'не, -сказа'л он, выходя' из-за стола' и
протя'гивая Воронько' ру'ку. -А я как раз о тебе'
сейча'с ду'мал.
00
С ле.гким па'ром
I HOPE YOU ENJOYED THE STEAM BATH!
00
С ле.гким се'рдцем
WITH A LIGHT HEART
00
С ле.гкой руки' [чьей]
SETTING A SUCCESSFUL EXAMPLE
ЛЕГКО'
00
Легко' сказа'ть
IT'S EASY TO SAY
-Прика'зано взять кре'пость при'ступом. -Легко'
сказа'ть! Ее. защи'тники си'льно вооружены'.
29
Ле'гче на поворо'тах!
WATCH YOUR STEP; TAKE IT EASY
00
Час о'т часу не ле'гче
THINGS JUST GET WORSE AND WORSE; THINGS GET WORSE BY THE
HOUR
ЛЕ'ГЧЕ
00
Ле'гче на поворо'тах! R легко'
00
Час о'т часу не ле'гче R легко'

ЛЕ.Д
00
Би'ться как ры'ба об ле.д R би'ться
00
Ле.д тро'нулся
IT'S BEGUN; (WE'VE) TAKEN THE FIRST STEP
00
$Разби'ть/слома'ть$ ле.д
TO BREAK THE ICE
Входя' впервы'е в дом Ни'льса, го'сти настора'живались,
но хозя'ин уме'л бы'стро разби'ть ле.д.
00
Стать на ле.д R стать
ЛЕДЕНЕ'ТЬ
00
Кровь ледене'ет (в жи'лах) R кровь
ЛЕЖА'ТЬ
00
$Душа'/се'рдце$ не лежи'т [к кому'<к чему']
(I) HAVE NO LIKING FOR (HIM/IT)
00
Лежа'ть в ле.жку R ле.жка
00
Лежа'ть в осно'ве [чего'] R осно'ва
00
Лежа'ть в разва'линах
TO LIE IN RUINS
Полови'на го'рода лежа'ла в разва'линах по'сле
бомбардиро'вки.
00
Лежа'ть ме.ртвым гру'зом R ме.ртвый
00
Лежа'ть на боку' R бок
00
Лежа'ть на $плеча'х/хребте'$ [у кого'<чьих] R плечо'
00
Лежа'ть на хребте' [у кого'/чье.м] R плечо'
00
Лежа'ть под сукно'м
TO BE SHELVED/PIGEON-HOLED
Заявле'ния лежа'ли под сукно'м, а пода'вшие их напра'сно
жда'ли отве'та.
00
Лежа'ть при' смерти R смерть
00
Лежи'т на со'вести [чьей/у кого'] R со'весть
00
На столе' (лежа'ть) R стол
00
$Пласто'м<как пласт$ лежа'ть R пласт
00
Пло'хо лежи'т
EXPOSED; IT'S JUST ASKING TO BE SWIPED
Легко' достае.тся во'ру то, что' пло'хо лежи'т.
ЛЕЖА'ЧИЙ
00
В лежа'чем положе'нии
IN A RECLINING POSITION; LYING DOWN
Углеко'пам иногда' прихо'дится рабо'тать и в лежа'чем
положе'нии.
ЛЕ'ЖЕНЬ
29
$Ле'жнем/лежмя'$ лежа'ть
TO BE LYING DOWN WITHOUT STIRRING
Не ди'во, когда' у ле'жнем лежа'чего отца', де'ти
голода'ют.
ЛЕ.ЖКА
29
Лежа'ть в ле.жку
TO BE FLAT ON ONE'S BACK; TO BE BEDRIDDEN
Старики' вспомина'ют вре'мя, когда' лежа'ли в ле.жку от
сыпняка' це'лые се'мьи.
ЛЕЖМЯ'
00
Лежмя'-лежа'ть R ле'жень
ЛЕЗТЬ
00
Глаза' на лоб ле'зут R глаз

00
Из ко'жи (вон) лезть R ко'жа
29
Лезть в буты'лку
TO FLY OFF THE HANDLE; TO BLOW ONE'S TOP; TO GET MAD
С ним нельзя' и пошути'ть, тотча'с же ле'зет в буты'лку.
00
Лезть $в глаза'<на глаза'$
TO DRAW ATTENTION TO ONESELF IN ORDER TO BE NOTICED; TO
SHOW OFF;
Подхали'м ле'зет на глаза'.
00
Лезть в го'лову
TO STICK IN ONE'S MIND; TO PREY ON ONE'S MIND
Вид па'дающего самоле.та лез в го'лову очеви'дца.
00
Лезть [в чью] ду'шу
TO PRY INTO (SOMEONE'S) AFFAIRS
00
Лезть на рожо'н R рожо'н
00
Лезть $на' стену/на сте'нку$
TO GO INTO A FRENSY; TO HIT THE CEILING; TO BE CLIMBING
THE WALLS
Тру'дно говори'ть с людьми', кото'рые ле'зут на' стену,
не зна'я су'ти де'ла.
00
Не ле'зет [что] в $го'рло/рот$
IT STICKS IN ONE'S THROAT (ABOUT FOOD); ONE CAN'T GET IT
DOWN
В еде' бы'ло мно'го говя'жьего са'ла, и оно' не ле'зло в
го'рло.
00
Не $лезть/ходи'ть$ за сло'вом в карма'н
TO HAVE A WAY WITH WORDS; TO HAVE A QUICK TOUGUE; NOT TO
LOOK FAR FOR WORDS
Нахо'дчивый докла'дчик не лез за сло'вом в карма'н,
отвеча'я на вопро'сы с ме'ста.
00
Хоть в пе'тлю лезь R пе'тля
ЛЕНЬ
00
(Все) кому' (то'лько) не лень
ANYONE WHO FEELS LIKE IT
00
Не лень $тебе'<вам<ему'$ [INF]
WHY SHOULD (YOU/HE/ETC.)(DO SOMETHING)
ЛЕ'ПЕТ
00
$Де'тский/младе'нческий$ ле'пет
CHILDISH PRATTLE
ЛЕПЕ.ШКА
29
$Разби'ться/расшиби'ться$ в лепе.шку
TO GIVE (SOMETHING) EVERYTHING ONE'S GOT; TO BREAK ONE'S
NECK TRYING (TO DO SOMETHING)
-Когда' меня' вы'брали профо'ргом, я поду'мал:
разобью'сь в лепе.шку, а отпра'влю ма'стера на куро'рт.
ЛЕС
00
$Гляде'ть/смотре'ть$ в лес
TO LOOK FOR GREENER PASTURES; TO LOOK FOR NEW HORIZONS
Тот, кто привы'к бродя'жничать, всегда' гляди'т в лес -
ему' не сиди'тся на ме'сте.
00
За дере'вьями ле'са не ви'деть R де'рево
00
Из-за дере'вьев ле'са не ви'деть R де'рево
00
$Как<сло'вно$ в те.мном лесу'
TO BE LOST [I.E. NOT TO UNDERSTAND SOMETHING]; TO BE AT
SEA
-В филосо'фских тракта'тах я как в те.мном лесу'!
-призна'лся оте'ц, люби'тель чте'ния.
00
Кто в лес, кто по дрова'
[A SAYING EXPRESSING LACK OF COORDINATION OR HARMONY]
Шко'льный хор пел нестро'йно - кто в лес, кто по дрова'.

ЛЕС CONT'D.
00
Те.мный лес [для кого']
IT'S GREEK TO (SOMEONE)
ЛЕ'СЕНКА
00
Ле'сенкой $стоя'ть/ити'/располага'ться/ETC$
TO STAND/WALK/ETC., ONE BEHIND ANOTHER IN ORDER OF SIZES
Вошли' де'ти, по ро'сту ле'сенкой, друг за дру'жкой.
ЛЕ.Т
00
$Лови'ть/хвати'ть$ на лету'
TO BE QUICK AT (SOMETHING); TO GRASP (SOMETHING) EASILY
У меня' бы'ли превосхо'дные спосо'бности, и ... я
схва'тывал предме'ты на лету', в кла'ссе, на переме'нах и
получа'л отли'чные отме'тки.
29
$Лови'ть/хвати'ть$ с ле.ту
TO BE QUICK AT (SOMETHING); TO GRASP (SOMETHING) EASILY
С ним хорошо' говори'ть, - мысль с ле.ту ло'вит ....
00
На лету'
IN FLIGHT; ON THE WING
Мой косте.р в тума'не све'тит: И'скры га'снут на лету'.
ЛЕ'ТА
00
Ка'нуть в Ле'ту
TO SINK INTO OBLIVION
ЛЕ'ТА
00
Мно'гая ле'та R мно'гий
ЛЕТА'
00
$B<во$ цве'те лет R цвет
00
В лета'х
UP IN YEARS; MIDDLE-AGED
00
Войти' в лета' R войти'
00
Во цве'те лет
IN ONE'S PRIME
Алекса'ндр Вели'кий у'мер во цве'те лет.
00
Вы'йти из лет R вы'йти
00
За вы'слугой лет R вы'слуга
00
На скло'не лет R склон
00
На ста'рости лет
IN ONE'S OLD AGE
-Да, о'чень мне ну'жно, на ста'рости лет, язы'к-то
лома'ть по-тво'ему.
00
По мо'лодости лет
DUE TO INEXPERIENCE; BECAUSE OF ONE'S YOUTH
00
С ма'лых лет R ма'лый
00
Сре'дних лет R сре'дний
ЛЕ'ТО
00
Ба'бье ле'то R ба'бий
00
Зиму' и ле'то R зима'
ЛЕ'ТОПИСЬ
00
Жива'я ле'топись
A LIVING CHRONICLE; AN EYEWITNESS TO HISTORIC EVENTS
-Как Вы запо'мнили так мно'го лиц и собы'тий?-
-Понево'ле ста'нешь живо'й ле'тописью, е'сли живе.шь в
тако'е вре'мя.
ЛЕЧЬ
00
Лечь в $гроб/моги'лу$
TO DIE
Повремени': дай лечь мне в гроб, Тогда' ступа'й себе' с

Мазе'пой Мое. насле'дие счита'ть Окрова'вленными
перста'ми.
Лечь в осно'ву [чего'] R осно'ва
00
Лечь костьми' R кость
00
Лечь под нож R нож
00
Лечь свинцо'м на $ду'шу/се'рдце/ETC$ [у кого'] R
свине'ц
ЛЕ'ШИЙ
64
Како'го ле'шего =ну'жно/прише.л/ETC=
WHY THE HELL/WHAT THE DEVIL (DID HE COME HERE FOR/DID HE
DO IT, ETC.)
64
К ле'шему =иди'/поше.л/ну тебя'/ETC=
GO TO HELL! GO TO THE DEVIL!
00
На кой ле'ший R кой
ЛЕШ
29
$Дать/подда'ть/ETC$ леща' [кому']
TO KNOCK (SOMEONE) FLAT/DOWN
Прише.л Васи'лий, мо'лча взял стару'ху за пле'чи
и толкну'л к вы'ходу, а па'рню дал леща' коле'ном со
ступе'нек.
ЛИ
00
То' ли де'ло R де'ло
00
То ли ... то ли ...
PERHAPS ... OR ... ; MAYBE [ONE THING], MAYBE [ANOTHER]
... Го'рько пла'чет о сы'не мать. То ли за мо'рем он
хоро'нится, То ли бро'шен в остро'г опя'ть.
-ЛИБО
29
Аво'сь-либо
MAYBE; PERHAPS
-Я реши'лся, Ва'ся, прое'здиться вме'сте с Па'влом
Ива'новичем по свято'й Руси'. Аво'сь-либо э'то
размы'чет хандру' мою'.
ЛИЗА'ТЬ
29
Лиза'ть $ру'ки/пя'тки/но'ги$ [кому'] [кому']
TO LICK (SOMEONE'S) BOOTS
Ру'ки, но'ги без зазре'нья Всем лиза'л как льстец И
семи' лет от рожде'нья был уж я подле'ц!
ЛИМО'Н
00
Вы'жатый лимо'н
A HAS-BEEN
-Како'й я тала'нт? Вы'жатый лимо'н, сосу'лька.
ЛИ'НИЯ
00
Вести' свою' ли'нию
TO FOLLOW ONE'S OWN LINE; TO GO ONE'S OWN WAY; TO ADHERE
TO ONE'S OWN PHILOSOPHY
На протяже'нии всей жи.зни он ве.л свою' ли'нию -
материа'льную незави'симость и свобо'ду мы'шления.
29
Гнуть $свою'/одну'/ETC$ ли'нию
TO FOLLOW ONE'S OWN LINE; TO GO ONE'S OWN WAY
-На схо'де стон стои'т! Разби'лись на па'ртии, и
ка'ждая, зна'чит, свою' ли'нию гне.т.
00
(Идти') по ли'нии [чего']
TO FOLLOW THE LINE OF (SOMETHING); TO HAVE (SOMETHING) AS THE
GUIDING PRINCIPLE
29
На ли'нии [кого']
TO BE IN LINE FOR A (CERTAIN) JOB/TITLE
-Вы предста'вьте, ведь он у меня' тепе'рь на ли'нии
дворяни'на.
00
Пойти' по ли'нии наиме'ньшего сопротивле'ния R
наиме'ньший

ЛИ'НИЯ CONT'D.

00

По ли'нии [чего'<како'й]
[TO WORK, TO BE ACTIVE, ETC.] IN (SOME) ORGANIZATION;
THROUGH THE CHANNELS [OF SOME ORGANIZATION]; IN THE NAME
OF [SOME ORGANIZATION]; [ALSO AS AN ADJECTIVE, E.G.
ADMINISTRATIVE, PARTY (REPRIMAND)]
1. Рабо'тать по профсою'зной ли'нии. 2. Я ду'маю
поста'вить э'тот вопро'с по парти'йной ли'нии. 3.
Вы'нести вы'говор по административи'вной ли'нии.

ЛИ'ПКА

29

$Ободра'ть/облупи'ть/обобра'ть$ как ли'пку
TO ROB (SOMEONE) BLIND; TO TAKE EVERYTHING (SOMEONE) HAS
[ABOUT A ROBBERY]

ЛИРИ'ЧЕСКИЙ

00

Лири'ческий беспоря'док
POETIC DISORDER

00

Лири'ческое отступле'ние
LYRICAL DIGRESSION

ЛИСА'

00

Лиса' Патрике'евна
[A FOLKLORIC NAME FOR THE FOX]; A FOXY FELLOW; A FOX
[REFERRING TO A HUMAN BEING]

29

Лисо'й $прики'дываться/верте'ться/ETC$
TO FAWN; TO CURRY FAVOR; TO BEHAVE OBSEQUIOUSLY
Вертя'сь лисо'й, он на лю'дях ока'зывал внима'ние жене',
тогда' как мно'гие зна'ли о его' изме'нах ей.

ЛИСТ

00

$Дрожа'ть/трясти'сь/ETC$ как оси'новый лист R
оси'новый

00

Как ба'нный лист =приста'ть/привяза'ться= R ба'нный

00

С листа' =петь/игра'ть/чита'ть/ETC=
WITHOUT A REHEARSAL; WITHOUT ANY PREPARATION (TO SING/
PLAY/RECITE, ETC.); TO PLAY (SOMETHING) AT SIGHT

ЛИСТО'К

00

Фи'говый листо'к R фи'говый

ЛИТЕРАТУ'РА

00

Забо'рная литерату'ра R забо'рный

ЛИТЬ

00

Лить во'ду на [чью] ме'льницу R вода'

00

Лить кровь (свою') [за кого'<за что] R кровь

00

Лить кровь [чью] R кровь

00

Лить пу'ли R пу'ля

00

Лить сле.зы
TO WEEP BITTERLY; TO SHED TEARS
Мать неуте'шно лила' сле.зы над тяжело' больны'м
младе'нцем.

00

Лье.т как из ведра' R ведро'

ЛИХВА'

00

С лихво'й
WITH INTEREST; WITH A RETURN ABOVE COST
Ню'ша с пе'рвых дней поняла', что Стре'лка [коро'ва] с
лихво'й оку'пит все., что на нее. затра'тят.

ЛИ'ХО

00

Не помина'ть ли'хом [кого']
TO THINK KINDLY OF SOMEONE

00

Узна'ть, поче.м фунт ли'ха
TO HAVE HAD ONE'S SHARE OF TROUBLE; TO GO THROUGH A LOT/A
GREAT DEAL

00

$Хвати'ть/хлебну'ть$ ли'ха
TO HAVE HAD ONE'S SHARE OF TROUBLE; TO HAVE GONE THROUGH
A LOT/A GREAT DEAL

ЛИХО'Й

00

Лиха' беда' $нача'ло/нача'ть$
THE FIRST STEP IS THE HARDEST
В любо'м де'ле лиха' беда' нача'ло.

ЛИЦО'

00

В лице' [кого']
(AS) REPRESENTED BY (SOMEONE); IN (SOMEONE) [E.G. IN ITS
PROPONETS]
Журнали'стика, в лице' свои'х дарови'тейших
представи'телей, всегда' служи'ла са'мым добросо'вестным
о'бразом у'мственным потре'бностям о'бщества.

00

В лицо' =говори'ть/брани'ть/ETC=
RIGHT TO (SOMEONE'S) FACE (TO SAY SOMETHING, TO INSULT
SOMEONE)
–Да, я всегда' говорю' в лицо' пра'вду.

00

В по'те лица' =труди'ться/добыва'ть свой хлеб/ETC= R
пот

00

В тре'тьем лице' =говори'ть/писа'ть= R тре'тий

00

Вы'тянутое лицо' R вы'тянутый

00

Де'йствующее лицо' R де'йствующий

00

Де'лать [како'е] лицо' R де'лать

00

Засма'тривать [кому'] в лицо' R засма'тривать

00

Знать в лицо' [кого']
TO KNOW (SOMEONE) BY SIGHT ONLY
Он знал в лицо' суде'й во вре'мя его' слу'жбы в поли'ции.

00

Измени'ться в лице' R измени'ться

00

Кровь $кида'ется/бро'силась/ки'нулась/уда'рила/
броса'ется$ в лицо' R кровь

00

Лица' (живо'го) $нет<не' было$ [на ком]
TO HAVE A BLANK EXPRESSION; AN EXPRESSIONLESS FACE; TO
HAVE A BORED EXPRESSION ON ONE'S FACE
Подоше.л Васи'лий совсе'м бли'зко: лица' на не.м не'ту,
бе'лый, как мел, глаза' ди'кие.

00

Лицо' вы'тянулось [у кого'] R вы'тянуться

00

Лицо'м в грязь не уда'рить
TO COME OUT (OF A SITUATION) SMELLING LIKE A ROSE; TO
LAND ON ONE'S FEET; TO ACQUIT ONESELF WELL; TO COME OUT
ON TOP
Друзья' говори'ли шахмати'сту, уезжа'вшему на
междунаро'дный турни'р: –Стара'йся лицо'м в грязь не
уда'рить!

00

Лицо'м [к кому'<к чему']
FACING (SOMEONE/SOMETHING); WITH ONE'S FACE/FRONT TOWARD
(SOMEONE/SOMETHING)
1. Сесть лицо'м к све'ту. 2. Стоя'ть на сце'не
лицо'м к зри'телям. 3. Ряды' изб, по сиби'рскому
обы'чаю, выходи'ли к реке' не лицо'м, а огоро'дами.

00

Лицо'м к лицу' =стоя'ть/встре'титься/ETC=
TO MEET (SOMEONE) FACE TO FACE/TO STAND FACE TO FACE
[Зи'на] стоя'ла бли'зко к бра'ту, лицо'м к лицу', и он
изуми'лся, что она' так краси'ва.

00

На лице' [у кого'<чье.м] напи'сано [что] R написа'ть

00

На одно' лицо'
AS LIKE AS TWO PEAS

00

Наплева'ть в лицо' R наплева'ть

135

ЛИЦО' CONT'D.

00

Не взира'я на ли'ца
WITHOUT RESPECT TO PERSONS; WITHOUT REGARD TO INDIVIDUALS
Критикова'ть не взира'я на ли'ца.

00

Не к лицу' [кому']
DOESN'T SUIT (SOMEONE); NOT BECOMING TO (SOMEONE); UNBECOMING OF A (CERTAIN) PERSON?
1. Пла'тье сиде'ло на ней хорошо', бы'ло ей к лицу' ... 2. -Запасти'сь жено'й не догада'лся ра'ньше, - так тепе'рь уж, зна'ете, и не к лицу'.

00

(Ни) крови'нки в лице' =нет<не' бы'ло/не оста'лось= R крови'нка

00

От лица' [кого']
IN (SOMEONE'S) NAME
-Э'то я говорю' от лица' всей кома'нды.

00

Перед лицо'м [кого'<чего']
IN (SOMEONE'S) PRESENCE; IN THE FACE OF (SOMETHING)
-Вопро'сы о це'нности жи'зни, о смы'сле ее. перед лицо'м неизбе'жной сме'рти ... встаю'т перед ним с насто'йчивостью небыва'лою.

00

$Поверну'ться/встать$ лицо'м [к чему']
TO DIRECT ONE'S ATTENTION TO; TO DEVOTE ONESELF TO; TO FACE (SOMETHING) SQUARELY; TO FACE UP TO (SOMETHING) [E.G. A TASK, A PROBLEM]

00

Показа'ть това'р лицо'м
TO DISPLAY/SHOW (SOMETHING) TO ITS (FULL) ADVANTAGE
Организа'торы вы'ставки автомоби'лей стара'лись показа'ть това'р лицо'м.

00

С каки'м лицо'м $яви'ться/показа'ться$ [куда']
(I) SHALL BE EMBARRASSED TO GO [SOMEWHERE]; (I) AM ASHAMED TO GO [THERE]

00

$Смотре'ть/гляде'ть$ в лицо' [чему']
TO LOOK (SOMETHING) IN THE FACE; TO FACE UP TO (SOMETHING)
-Идя' в бой, мы смо'трим в лицо' сме'рти, -говоря'т вое'нные.

00

$Смотре'ть/гляде'ть/ЕTC$ пра'вде в лицо' R пра'вда

00

Спасть с лица' R спасть
ЛИЧИ'НА

00

Наде'ть личи'ну [чью]
TO MASCARADE AS; TO ASSUME THE ROLE OF; TO PRETEND TO BE (SOMEONE OR SOMETHING);
ЛИ'ШЕК

00

С ли'шком R ли'шний
ЛИШИ'ТЬ

00

Лиши'ть жи'зни
TO DEPRIVE (SOMEONE) OF HIS LIFE; TO KILL (SOMEONE); TO TAKE (SOMEONE'S) LIFE
Кто'-то лиши'л жи'зни одного' из свиде'телей грабежа' ба'нка.

00

Лиши'ть сло'ва
TO SILENCE (SOMEONE); TO DENY (SOMEONE) THE RIGHT TO SPEAK [AT A MEETING, ASSEMBLY]

00

Не лише.н [чего']
THERE IS NO DEARTH OF; NOT TO BE DEVOID OF; TO POSSESS (SOMETHING)
[Ви'ктор] походи'л на отца', то'лько черты' его' бы'ли ме'ньше и не лишены' прия'тности.
ЛИШИ'ТЬСЯ

00

Лиши'ться $рассу'дка/ума'$ R ум
ЛИ'ШНИЙ

00

Не ли'шнее

(TO BE) USEFUL TO; IT WOULD DO NO HARM TO [DO SOMETHING]
Все. э'то Соло'ха находи'ла не ли'шним присоедини'ть к своему' хозя'йству ...

00

Не позволя'ть себе' ли'шнего
1. NOT TO INDULGE ONESELF; TO LIVE MODESTLY; TO KEEP WITHIN ONE'S BUDGET 2. TO BEHAVE MODESTLY; TO KEEP WITHIN THE LIMITS OF PROPER BEHAVIOUR
-Ты у меня' скро'мница, ли'шнего ни себе', ни ему' не позво'лишь.

00

Позво'лить себе' ли'шнее
TO PERMIT ONESELF THE LUXURY OF; TO INDULGE ONESELF; TO EXCEED ONE'S BUDGET; TO SPLURGE; TO BEHAVE IMMODESTLY; TO EXCEED THE LIMITS OF PROPER BEHAVIOR

00

$Сказа'ть/сболтну'ть$ ли'шнее
TO SAY TOO MUCH; TO LET SLIP (SOMETHING); TO LET THE CAT OUT OF THE BAG;
В припа'дке гне'ва возмо'жно сказа'ть ли'шнее.

00

С $ли'шним/ли'шком$
MORE THAN; (SOMETHING) PLUS; OVER [SOME NUMBER OR MEASURE]
1. -Плы'ли мы [на парохо'де] че'тверо су'ток с ли'шним. 2. -Мы к но'чи не поспе'ем, - со'рок верст с ли'шком тут!
ЛОБ

00

В лоб
FRONTAL(LY); HEAD- [E.G. IN: HEADWIND]
1. Атакова'ть госпо'дствующую над го'родом высоту' Преображе'нскую в лоб - зна'чило нести' изли'шние поте'ри и рискова'ть по'пусту. 2. Све'жий проти'вный ве'тер, ду'вший, как говоря'т моряки', пря'мо "в лоб" ...

00

Высо'кий лоб R высо'кий

00

Глаза' на лоб ле'зут R глаз

00

Забри'ть лоб [кому'] R забри'ть

00

Заруби'ть на лбу R заруби'ть

00

Ме'дный лоб R ме'дный

00

На лбу напи'сано [у кого'] R написа'ть

00

Откры'тый лоб R откры'тый

00

Пусти'ть (себе') пу'лю в лоб
TO BLOW ONE'S BRAINS OUT
В пани'ческом стра'хе перед аре'стом, молодо'й офице'р пусти'л себе' пу'лю в лоб.

00

Семи' $пяде'й/пяде'нь$ во лбу [кто] R пядь

00

Толоко'нный лоб R толоко'нный

29

Что в лоб, что по' лбу
IT ALL COMES TO THE SAME THING; IT MAKES NO DIFFERENCE; IT'S SIX OF ONE AND HALF A DOZEN OF THE OTHER
Посе'ять ли ове.с и'ли ячме'нь то' же: что в лоб, что по' лбу - о'ба яровы'е зла'ки.
ЛОВИ'ТЬ

00

В му'тной воде' ры'бу лови'ть
TO FISH IN TROUBLED WATERS

00

Лови'ть $взгляд/взор$ $[чей]<[чьих] глаз$
TO TRY TO CATCH (SOMEONE'S) EYE
Напра'сно лови'л он взгляд де'вушки, сиде'вшей напро'тив.

00

Лови'ть на лету' R ле.т

00

Лови'ть на себе' [чей] взгляд
TO CATCH (SOMEONE'S) EYE; TO ATTRACT (SOMEONE'S) ATTENTION; (I) COULD SENSE THAT (HE) WAS LOOKING AT (ME)
Де'вушка лови'ла на себе' взгляд незнако'мца.

136

ЛОВИ'ТЬ CONT'D.
00
Лови'ть на $сло'ве<слова'х$ [кого']
TO TAKE (SOMEONE) AT HIS WORD; 1. TO HOLD (SOMEONE) TO HIS
WORD 2. TO TRY TO CATCH (SOMEONE) UP ON EVERY WORD; TO TRY
TO TRIP (SOMEONE) UP ON EVERY WORD
1. -Да я бы, ка'жется, все съел, так проголода'лся,
-сказа'л Сае'нко. -Ловлю' на сло'ве ... 2. У нее.
была' кака'я-то страсть - лови'ть всех на сло'ве ...
00
Лови'ть с ле.ту R ле.т
ЛО'ГИКА
00
Же'нская ло'гика R же'нский
ЛО'ДЫРЬ
00
Ло'дыря гоня'ть R гоня'ть
ЛО'ЖЕ
14
Прокру'стово ло'же
PROCRUSTEAN BED
ЛО'ЖЕЧКА
00
Под ло'жечкой $боли'т/сосе.т/щеми'т/ETC$
TO HAVE PAIN IN ONE'S CHEST OR SIDE
ЛОЖИ'ТЬСЯ
00
Хоть в гроб ложи'сь R гроб
ЛО'ЖКА
00
Ло'жка $де.гтю<де.гтя$ (в бо'чке ме.да)
A FLY IN THE OINTMENT
00
Через час по (ча'йной) ло'жке
IN DROPS; FEW AND FAR BETWEEN
ЛО'ЖНЫЙ
00
В ло'жном све'те =ви'деть/представля'ть=
TO SEE (SOMETHING) IN A FALSE LIGHT; TO HAVE A DISTORTED
IMAGE OF (SOMETHING); TO HAVE A DISTORTED VIEW OF (SOMETHING)
Совреме'нники в ло'жном све'те ви'дят собы'тия
междунаро'дного хара'ктера из-за незна'ния фа'ктов.
00
Идти' по ло'жному пути'
TO BE ON THE WRONG TRACK
00
Ло'жное положе'ние
IN AN AWKWARD, AMBIGUOUS POSITION/SITUATION
Все. время до сва'дьбы он чу'вствовал себя' в ло'жном
положе'нии ... Взаи'мной любви' не' было ...
00
Ло'жный шаг
A WRONG STEP; A FALSE STEP
Он сде'лал ло'жный шаг в вы'боре профе'ссии.
00
$Стоя'ть/находи'ться$ на ло'жном пути'
TO BE ON THE WRONG TRACK
ЛО'ЗУНГ
00
Вы'бросить ло'зунг R вы'бросить
ЛО'КОТЬ
00
Ло'кти (себе') куса'ть R куса'ть
99
Чу'вство ло'ктя
[MILITARY]; 1. THE ABILITY TO KEEP THE PROPER DISTANCE IN
DRESS-RANK 2. SENSE/FEELING OF MUTUAL HELP; SENSE/FEELING
OF FELLOWSHIP
У пересе'льнцев бы'ло си'льно чу'вство ло'ктя: сообща'
постро'или они' шко'лу, це'рковь.
ЛО'МАНЫЙ
00
Ло'маного гроша' не сто'ит R грош
ЛОМА'ТЬ
00
Коме'дию лома'ть R коме'дия
00
Лома'ть го'лову [нэд чем]

TO BREAK ONE'S HEAD OVER (SOMETHING; TO RACK ONE'S BRAINS
OVER (SOMETHING)
Роди'тели лома'ли го'лову над измени'вшимся поведе'нием
сы'на.
00
Лома'ть $горб/спи'ну/хребе'т$ R гнуть
00
Лома'ть дурака' R дура'к
00
Лома'ть ко'пья
TO CROSS SWORDS [ABT. AN ARGUMENT, DISCUSSION]
29
$Лома'ть/ломи'ть$ ша'пку [пе'ред кем]
TO GROVEL BEFORE (SOMEONE); TO BOW AND SCRAPE TO (SOMEONE)
Его' бра'тья ... ша'пки перед ним и'здали лома'ли,
горди'лись им.
00
Лома'ть [на че.м] зу'бы R зуб
00
Лома'ть $ру'ки/па'льцы$
TO WRING ONE'S HANDS
Господи'н Голя'дкин лома'л ру'ки с отча'яния.
00
Лома'ть хребе'т R гнуть
00
$Слома'ть/лома'ть$ $ряды'/строй$
TO BREAK RANKS
Дома' вы'строились двумя' ряда'ми ... ни плете'нь, ни
воро'та, ни там кака'я-нибудь кали'тка не выпира'ли
впере.д и не лома'ли строй.
ЛОМИ'ТЬ
00
Ломи'ть ша'пку [перед кем] R лома'ть
ЛОМИ'ТЬСЯ
00
Ломи'ться в откры'тую дверь R дверь
ЛОМОВО'Й
00
$Ломова'я ло'шадь/ломово'й конь$
A WORKHORSE [ABT. A PERSON]
ЛОМО'ТЬ
00
Отре'занный ломо'ть R отре'зать
ЛО'НО
00
На ло'не приро'ды
IN THE BOSOM OF NATURE
Во'льно ды'шится на ло'не приро'ды.
ЛОПА'ТА
00
Борода' $лопа'той/в лопа'ту/с лопа'ту$
A FULL BEARD
У незнако'мца во'лосы не стри'жены, борода' лопа'той.
00
$Загреба'ть/грести'$ $де'ньги/серебро'$ лопа'той
TO RAKE IN MONEY
ЛОПА'ТКА
00
Во все лопа'тки =бежа'ть/гнать/ETC=
(TO RUN, RIDE, ETC.) WITH ALL ONE'S MIGHT/AT FULL SPEED
00
$Положи'ть/класть$ на (о'бе) лопа'тки [кого']
1. TO PIN (SOMEONE) DOWN (IN BOXING) 2. TO LICK (SOMEONE)
(FIGURATIVE)
[Про'хор] схвати'л Ша'пошникова за пле'чи и с хо'хотом
положи'л его' на лопа'тки.
ЛО'ПАТЬСЯ
29
Ло'паться $от<с$ жи'ру
TO BE FAT AS A PIG
00
Терпе'ние ло'пается
TO BE OUT OF PATIENCE; TO BE AT THE END OF ONE'S PATIENCE
Фрол молча'л да'же и в то вре'мя, когда' терпе'ние
вся'кого друго'го челове'ка ло'пается.
ЛО'ПНУТЬ
29
Ло'пни (мои') глаза'

137

ЛО'ПНУТЬ CONT'D.
MAY GOD STRIKE ME DEAD [LITERALLY, MAY MY EYE'S BURST]
-Бо'рону ты слома'л? -Я? Ло'пни мои' глаза',
провали'ться на ме'сте, е'жели я.
29
Ло'пнуть от $гне'ва/зло'бы/за'висти$
TO BE FILLED WITH/CONSUMED BY ANGER/SPITE/ENVY
Ко'нюх чуть не ло'пнул от зло'бы, смотря' вслед
убега'вшему жеребе.нку.
00
Ло'пнуть $со' смеху/со зло'сти$ R тре'снуть
00
Терпе'ние ло'пнуло
ONE'S PATIENCE HAS RUN OUT
29
Хоть ло'пни
FOR THE LIFE OF ME
ЛОСК
29
В лоск
COMPLETELY; FINALLY
1. Износи'ть брю'ки в лоск. 2. Кабардо', должно'
быть, пья'ный в лоск, взде.ргивая пле'чи, подскочи'л к
Плешко'.
ЛОШАДИ'НЫЙ
00
Лошади'ная до'за
A LARGE DOSE
ЛО'ШАДЬ
00
Ломова'я ло'шадь R ломово'й
ЛУ'ЖА
29
Сесть в лу'жу
TO GET INTO A FIX/A MESS
ЛУЖЕ.НЫЙ
29
Луже.ная гло'тка [у кого']
1. (HE) HAS A THROAT LIKE A TRUMPET 2. (HE) CAN HOLD (HIS)
LIQUOR
ЛУКА'ВЫЙ
00
Не му'дрствуя лука'во R му'дрствовать
ЛУ'КОВЫЙ
50
Го'ре лу'ковое
A BLUNDERER
-Да уме'ешь ли ты стреля'ть-то, го'ре лу'ковое? -ве'село
спроси'л Дани'лка.
ЛУНА'
00
Луна' на уще'рбе R уще'рб
00
Серп луны' R серп
ЛУ'ННЫЙ
00
Лу'нный серп R серп
ЛУНЬ
00
Седо'й как лунь
WHITE-HAIRED
Молодо'й уче'ный, бы'вший в ла'гере принуди'тельных
рабо'т, верну'лся седы'м, как лунь.
ЛУПИ'ТЬ
29
Лупи'ть глаза'
TO STARE AT; TO GOGGLE AT
-Что? Опя'ть глаза' лу'пишь на маши'ну? -прерыва'л его'
мы'сли Сива'шев.
00
Лупи'ть как си'дорову ко'зу R коза'
ЛУЧ
00
Расходи'ться луча'ми
TO RADIATE
От узлово'й ста'нции желе'зной доро'ги расходи'лись
луча'ми ве'тки на все сто'роны.
ЛУ'ЧШЕ
00
Как $мо'жно/нельзя'$ лу'чше
TO THE BEST OF ONE'S ABILITY; THE BEST POSSIBLE
1. О'зеров все после'дние дни жил одно'й ду'мой - как
мо'жно лу'чше подгото'вить полк к бо'ю. 2. О'ба
двора', покры'тые асфа'льтом, как нельзя' лу'чше
подходи'ли для игры' в кла'ссы.
00
Лу'чше сказа'ть R сказа'ть
00
Тем лу'чше
SO MUCH THE BETTER; ALL THE BETTER
-Заче'м мне ме'длить? чем скоре'й, тем лу'чше.
ЛУ'ЧШИЙ
29
В лу'чшем ви'де
TOP DRAWER; NUMBER ONE; TOP NOTCH
-Е'сли разреши'те, и на ва'шей сва'дьбе казачка' спляшу'
в лу'чшем ви'де.
00
В лу'чшем слу'чае
IN THE BEST/MOST FAVORABLE CIRCUMSTANCES
-Что де'лать в воскресе'нье зимо'й?- -В лу'чшем слу'чае
ката'ться на са'нках.-
00
Всего' лу'чшего
ALL THE BEST
Хозя'ева жела'ли всего' лу'чшего уезжа'вшему
квартира'нту.
00
Оставля'ет жела'ть лу'чшего R жела'ть
00
$Уйти'/пересели'ться$ в лу'чший мир R мир(1)
ЛЫ'ЖИ
29
Навостри'ть лы'жи
TO SHOW ONE'S HEELS
-Пе.тр Петро'вич, отчего' вчера' до у'жина убежа'л? Я
смотрю', где он, а он уж и лы'жи навостри'л!
29
Напра'вить лы'жи
TO TURN ONE'S STEPS TOWARD
00
Стать на лы'жи R стать
ЛЫ'КО
29
Лы'ка не вя'жет [кто]
(HE) IS INCOHERENT [FROM DRINKING]; (HE) CAN'T PUT TWO
WORDS TOGETHER
29
Лы'ком шит
ROUGH-HEWN
-Иде.т [Алексе'й] и слы'шит, как веду'т про него'
пересу'ды ... -Ишь ты! Лы'ком шит, совсе'м как есть
дереве'нщина, а то'же парохо'дчик!
00
Не вся'кое лы'ко в стро'ку
NOT EVERYTHING CAN BE BLAMED ON (SOMEONE); SOME THINGS JUST
HAPPEN
29
Не лы'ком шит
A POLISHED, CAPABLE MAN
-Коне'чно, мол, Алимпия'да Самсо'новна ба'рышня
образо'ванная, да ведь и я, Самсо'н Си'лыч, не лы'ком
шит.
00
Ста'вить вся'кое лы'ко в стро'ку
TO REPROACH (SOMEONE) FOR EVERY LITTLE THING; TO PUT ALL
THE BLAME ON (SOMEONE)
Отцы' ста'вят вся'кое лы'ко в стро'ку де'тям, забы'в
свои' оши'бки.
ЛЫ'СЫЙ
29
$Че.рта/бе'са$ лы'сого
LIKE HELL
-Че.рта лы'сого вы'растет здесь капу'ста! Ка'мень у нас
да го'лый мох.
ЛЬВИ'НЫЙ
00
Льви'ная гри'ва

ЛЬВИ'НЫЙ CONT'D.
A LION'S MANE
[Дед Матве'й] ча'ще подстрига'л свою' льви'ную гри'ву и
стара'тельно расче.сывал, хо'лил бороди'шу.
00
Льви'ная $до'ля/часть$
THE LION'S SHARE
Адвока'т получи'л льви'ную до'лю вы'суженных для
клие'нта де'нег.
ЛЬСТИТЬ
42
$Льстить себя'/льсти'ться$ наде'ждой
TO FLATTER ONESELF WITH THE HOPE THAT
Жена' льсти'ла себя' наде'ждой, что ее. муж жив в плену'.
ЛЬСТИ'ТЬСЯ
00
Льсти'ться наде'ждой R льстить
ЛЮБЕ'ЗНЫЙ
00
$Будь любе'зен<бу'дьте любе'зны$
BE SO KIND
ЛЮБИ'МЫЙ
00
Наступи'ть на (люби'мую) мозо'ль [кому'] R мозо'ль
ЛЮБИ'ТЬ
00
Люби'ть без ума' R ум
00
Люби'ть рю'мочку R рю'мочка
ЛЮ'БО
00
$Лю'бо-до'рого/лю'бо-ми'ло$
IT'S A REAL PLEASURE
ЛЮБО'ВЬ
00
Из любви' к иску'сству R иску'сство
00
Крути'ть любо'вь [с кем] R крути'ть
00
Объясне'ние в любви' R объясне'ние
00
Объясни'ться в любви' R объясни'ться
00
Сове'т да любо'вь R сове'т
ЛЮБОВЬ
00
$Возложи'ть/принести'$ [что] на алта'рь любви' R
алта'рь
ЛЮБО'Й
00
В любо'й моме'нт R моме'нт
00
Любо'й цено'й $дости'гнуть/доби'ться/ETC$ [чего'] R
цена'
00
Любы'х масте'й R масть
ЛЮ'ДИ
00
Бы'вшие лю'ди
HAVE-BEENS; CI-DEVANTS
Почти' ка'ждый день, возвраща'ясь с репорта'жа, учи'тель
приноси'л с собо'й газе'ту, и о'коло него' устра'ивалось
о'бщее собра'ние всех бы'вших люде'й ....
00
$Вы'биться/вы'йти$ в лю'ди R вы'биться
00
Вы'вести в лю'ди [кого'] R вы'вести
00
$Жить/служи'ть$ в лю'дях
TO LIVE IN [I.E. TO RESIDE AT ONE'S PLACE OF EMPLOYMENT]
00
Лю'ди до'брой во'ли R до'брый
00
Лю'ди [како'го] зака'ла R зака'л
00
Лю'ди труда' R труд
00
Молоды'е лю'ди

1. YOUNG MEN 2. YOUNG PEOPLE
С горолски'ми молоды'ми людьми' она' ви'дится то'лько на
ба'ле у отку'пщика.
00
Проби'ться в лю'ди R проби'ться
00
$Челове'к<лю'ди$ ста'рого зака'ла R ста'рый
ЛЮДСКО'Й
00
Род людско'й R род
ЛЯД
64
$Иди'/поше.л/ну тебя'$ к ля'ду
GO TO HELL; THE HELL WITH YOU
06
На кой ляд
WHAT THE HELL FOR
-"Что ж ты, говори'т, за муж тако'й, жену' не мо'жешь
содержа'ть, на кой ляд ты мне сда'лся".
ЛЯ'МКА
00
$Тяну'ть/тере'ть$ ля'мку
TO TOIL/DRUDGE
Сли'шком де'сять лет тяну'л он ля'мку столонача'льника,
не име'я в перспекти'ве никако'го повыше'ния.
ЛЯП
00
$Тяп да ляп<тяп-ляп$ R тяп
ЛЯ'СЫ
29
Ля'сы точи'ть
TO SHOOT THE BREEZE; TO CHATTER; TO WAG ONE'S TONGUE
-Тебе' то'лько все. разгова'ривать, ля'сы точи'ть; а
дела'-то де'лать, ви'дно, ты не лю'бишь!
МА'ВРЫ
14
Мавр сде'лал свое. де'ло, мавр мо'жет уйти'
THE MOOR HAS DONE HIS DUTY, LET HIM GO
МАГ
50
Маг и волше'бник
A WHIZ/A WIZARD [SOMEONE WHO DOES EVERYTHING
EXCEPTIONALLY EASILY AND ADROITLY]
МАГИ'ЧЕСКИЙ
00
Маги'ческий круг R заколдо'ванный
МАГО'Г
00
$Гог и маго'г<гог-маго'г$ R гог
МАГО'ГА
00
$Го'га и маго'га<го'га-маго'га$ R гог
МА'ЗАТЬ
00
Одни'м ми'ром ма'заны R ми'ро
МАЗЬ
29
Де'ло на мази'
IT'S GOING LIKE CLOCKWORK; THINGS ARE GOING WELL
-Начина'ю я его' ... вы'искала ему' неве'сту
из купе'чества. ... Совсе'м уж у нас де'ло ста'ло на
мази'.
МАКА'Р
00
Куда' Мака'р теля'т не гоня'л R куда'
МА'КОВ
00
Как ма'ков цвет
RED AS A BEET
Ты румя'н как ма'ков цвет, Я как смерть и тощ и бле'ден.
МА'КОВЫЙ
00
Ма'ковой роси'нки во рту' не' было R роси'нка
МАКУ'ШКА
00
С маку'шки до пя'ток<от маку'шки до пя'ток R пята'
00
У'шки на маку'шке [у кого']

МАКУ'ШКА CONT'D.
   (HE) IS ON HIS GUARD; (HE) IS READY FOR ANYTHING; (HE) IS ALL EARS
МАЛА'НЬИН
   65
   Как на Мала'ньину сва'дьбу =навари'ть/напе'чь/ETC=
   [TO PREPARE MORE FOOD THAN CAN BE CONSUMED]
   29
   Мала'ньин сче.т
   STUPIDITY; NONSENSE; MISCOUNTING; MISJUDGEMENT
МАЛЕВА'ТЬ
   00
   Не так стра'шен че.рт, как его' малю'ют
   THE DEVIL IS NOT SO bLACK AS HE IS PAINTED
МАЛЕ'ЙШИЙ
   00
   Ни в мале'йшей сте'пени R сте'пень
МА'ЛЕНЬКИЙ
   00
   $Мое.<твое.<ETC$ де'ло ма'ленькое R де'ло
   00
   По ма'леньой =вы'пить/пропусти'ть/ETC=
   (TO DRINK) JUST A DROP
   До кла'дбища они' успе'ли ра'за три забежа'ть в тракти'р и пропусти'ть за упоко'й души' по ма'ленькой.
   00
   По ма'леньой игра'ть
   TO PLAY FOR SMALL STAKES
   На'ши отцы', игра'я по ма'ленькой, сохрани'ли дру'жбу.
МАЛИ'НА
   00
   Разлюли' мали'на R разлюли'
МАЛИ'НОВЫЙ
   00
   Мали'новый звон
   MELLOW CHIME
МА'ЛО
   00
   И $го'ря/го'рюшка$ ма'ло [кому'] R го'ре
   00
   Ма'ло ка'ши ел R ка'ша
   00
   Ма'ло ли $что<кто$
   IT'S NOTHING; WHAT OF IT
   -Где же твой обе'щанный пода'рок? -Ма'ло ли что я обеща'л; в друго'й раз привезу'.
   00
   Ма'ло-ма'ло
   1. JUST BARELY 2. A TINY BIT; AT LEAST
   1. -Ходи'ть не мо'жет. Начина'ет ма'ло-ма'ло подыма'ться, да пло'хо. 2. -[Мы] дрове'ц с своего' уча'стка ма'ло-ма'ло на ты'сячу продади'м.
   29
   Ма'ло не ...
   JUST MISSED; ALMOST
   [Ду'бов] хло'пнул его' по спине' так, что моро'зкина голова' ма'ло не отдели'лась от ту'ловища.
   00
   Ма'ло того'
   MOREOVER
   -Я представля'ю ей [жене'] по'лную свобо'ду. Ма'ло того', никогда' не нару'шу ее. споко'йствия.
   00
   Ма'ло того' что ...
   BESIDES THE FACT THAT
   Ма'ло того', что сте'бель коло'лся со всех сторо'н ...., - он был так стра'шно кре'пок, что я би'лся с ним мину'т пять.
   00
   Ни ма'ло не ...
   NOT AT ALL
   -Ни ма'ло не стра'шно! -шепта'ли ма'льчики, поднима'ясь по те.мной ле'стниче на черда'к.
   00
   Ни мно'го ни ма'ло R мно'го
   00
   Нужды' ма'ло [кому'] R нужда'
МА'ЛОСТЬ
   29
   По ма'лости

LITTLE BY LITTLE
-Что уж по ма'лости-то, напасе.шься ль? У нас ведь расхо'д [вина'] большо'й.
МА'ЛЫЙ
   00
   Без ма'лого ...
   ALMOST; JUST SHY OF
   Оказа'лось, что сиро'тского капита'ла, по день сме'рти Ари'ны Петро'вны, состоя'ло без ма'лого два'дцать ты'сяч рубле'й.
   00
   До'брый ма'лый R до'брый
   00
   За ма'лым де'ло ста'ло R де'ло
   00
   $И ста'рый и ма'лый<и стар и мал$ R ста'рый
   00
   Ку'ча мала' R ку'ча
   00
   Ма'лая толи'ка R толи'ка
   00
   Мал золотни'к, да до'рог R золотни'к
   00
   Мал мала' ме'ньше
   EACH SMALLER THAN THE OTHER [ABOUT CHILDREN]
   Всех, мал мала' ме'ньше, бы'ло у де'да де'сять челове'к дете'й.
   00
   Ма'лую толи'ку R толи'ка
   00
   Ма'лый не про'мах R про'мах
   00
   От ма'ла до вели'ка R вели'кий
   00
   Са'мое ма'лое R ме'ньший
   00
   С ма'лых лет
   FROM ONE'S EARLIEST YEARS; FROM CHILDHOOD
   -Нас с ма'лых лет учи'ли уважа'ть ста'рших, -говоря'т ста'рые лю'ди.
МА'ЛЬЧИК
   00
   Ма'льчик с па'льчик
   TOM THUMB
   Ма'льчик с па'льчик - геро'й в ска'зках.
МАМА'ЕВ
   50
   Мама'ево наше'ствие
   [A HOUSEFUL OF UNEXPECTED, UNWANTED GUESTS]
   50
   Мама'ево побо'ище
   1. A DONNYBROOK 2. COMPLETE CHAOS; UTTER CONFUSION
   -Все ла'вочники от вас разбега'ются, как от чумы'; из вся'кой ма'лости вы заво'дите мама'ево побо'ище.
МА'МЕНЬКИН
   00
   $Ма'менькин сыно'к/ма'тушкин сыно'к/ма'менькина до'чка/ма'тушкина до'чка$
   1. (HE/SHE) TAKES AFTER (HIS/HER) MOTHER 2. A MAMA'S BOY; A MAMA'S GIRL
МА'МОЧКА
   29
   Ма'мочки!
   GOOD GRIEF!
   -Ма'мочки, я совсе'м забы'ла о Родио'не! ...
МАНЕ'Р
   00
   Живы'м мане'ром R живо'й
МАНЕ'РА
   00
   $Вся'кими/ра'зными$ мане'рами
   IN EVERY WAY/IN VARIOUS WAYS
   00
   На $вся'кие/ра'зные$ мане'ры
   IN EVERY WAY/IN VARIOUS WAYS
МА'НИЕ
   42
   $Ма'нием<по ма'нию$ =руки'/жезла'/ETC=

МА'НИЕ CONT'D.
WITH A WAVE (OF ONE'S HAND/STAFF)
1. Вдруг сла'бым ма'нием руки' На ру'сских дви'нул он полки'. 2. По ма'нию твое'й руки', сврага'мивврага'ми лю'тыми, как вихрь, на бой крова'вый Помча'тся гро'зные полки'.
42
По ма'нию =царя'/бо'го'в/небе'с/ЕТС=
BY THE WILL OF (THE TSAR, GOD, HEAVEN, ETC.)
Ибраги'м с любопы'тством смотре'л на новорожде.нную столи'чу, кото'рая подыма'лась из боло'та по ма'нию самодержа'вия.
МА'ННА
00
Как ма'нны небе'сной =ждать/жа'ждать/ЕТС=
LIKE MANNA FROM HEAVEN
Зва'ние пи'саря мне уже' опроти'вело и я жа'ждал свобо'ды, как ма'нны небе'сной.
50
Ма'нной небе'сной пита'ться
TO BE HALF-STARVING/UNDERFED
[Охо'тник Влади'мир] живя' ... без гроша' нали'чного, без постоя'нного заня'тия, пита'лся то'лько что не ма'нной небе'сной.
МАНОВЕ'НИЕ
00
$бу'дто/как/сло'вно/то'чно$ по манове'нию $волше'бного жезла'/волше'бной па'лочки$
SUDDENLY; IN THE TWINKLING OF AN EYE; AS IF BY MAGIC
МАРА'ТЬ
00
Мара'ть бума'гу
TO WASTE PAPER; TO SCRIBBLE [I.E. TO WRITE SOMETHING UNIMPORTANT, WORTHLESS]
Не все. напеча'танное досто'йно чте'ния; не'которые а'вторы то'лько мара'ют бума'гу.
00
Мара'ть ру'ки [об кого'<обо что] R рука'
МА'РКА
00
$Высо'кой/вы'сшей/пе'рвой$ ма'рки
HIGH GRADE; TOP QUALITY
Плут вы'сшей ма'рки.
00
$Держа'ть/выде'рживать$ ма'рку
TO WATCH ONE'S STEP; TO STICK TO THE STRAIGHT AND NARROW; TO BE ON ONE'S BEST BEHAVIOR
На шко'льном ве'чере все уча'стники выде'рживали ма'рку.
00
Под ма'ркой [чего']
UNDER THE GUISE OF
Под ма'ркой индивидуали'зма предлага'ется все. тот же бо'лее и'ли ме'нее ло'вко подде'ланный социа'льный цини'зм.
00
По'ртить ма'рку
TO RUIN (SOMEONE'S/SOMETHING'S) REPUTATION
МАРТЫ'ШКИН
00
Марты'шкин труд
CARRYING COALS TO NEWCASTLE; (IT'S) JUST WASTING TIME
Полирова'ние дров - марты'шкин труд.
МА'РШ–МА'РШ
42
$Ма'рш-ма'рш<ма'рш-ма'ршем$ =понести'сь/поскака'ть/помча'ться=
ON THE DOUBLE; VERY FAST
Вот они' уже' проскака'ли заво'дскую плоти'ну ... и ма'рш – ма'ршем понесли'сь в го'ру.
МА'СКА
00
Наде'ть (на себя') ма'ску
TO DISSEMBLE; TO MASK ONE'S TRUE FEELINGS; TO PRETEND THAT ...
00
Носи'ть ма'ску
TO DISSEMBLE; TO MASK ONE'S TRUE FEELINGS
Тру'дно распозна'ть настоя'щие чу'вства челове'ка,

нося'щего ма'ску.
00
Сбро'сить (с себя') ма'ску
TO THROW OFF THE MASK; TO SHOW ONE'S TRUE SELF
Сбро'сив с себя' ма'ску серье.зности, оте'ч от души' смея'лся над вы'вертами танцева'вшего сы'на.
00
Сорва'ть ма'ску [с кого']
TO TEAR THE MASK OFF (SOMEONE); TO SHOW (SOMEONE) FOR WHAT (HE) IS
МА'СЛО
00
$Ерунда'/чепуха'$ на по'стном ма'сле
IT'S A TRIFLE; IT'S JUST SOME NONSENSE; IT'S NOTHING
00
$Как/бу'дто$ ма'слом по се'рдцу
(THAT) WAS MUSIC TO (HIS) EARS; (THAT) DID (HIS) HEART GOOD
Обраще'ние к старику' за сове'том бы'ло как ма'слом по се'рдцу - э'то льсти'ло ему'.
00
Как по ма'слу $идти'/течь/кати'ться/ЕТС$
LIKE CUTTING BUTTER WITH A KNIFE; THINGS ARE GOING WELL/SMOOTHLY
Молоды'е супру'ги бы'ли сча'стли'вы, и жизнь их текла' как по ма'слу.
00
Как сыр в ма'сле ката'ться R сыр
00
Ка'шу ма'слом не испо'ртишь
YOU CAN'T HAVE TOO MUCH OF A GOOD THING; THE MORE THE BETTER
00
$Ку'киш/Фи'гу$ с ма'слом $получи'ть/дать$ R ку'киш
00
Ма'сло ма'сляное
VERBIAGE
00
Подё.рнуться ма'слом
TO ACQUIRE A SHEEN/SHINE; TO BECOME GLASSY (ABOUT EYES, LOOK)
00
Подли'ть ма'сла в ого'нь R подли'ть
00
Шиш с ма'слом R шиш
МА'СЛЯНЫЙ
00
Ма'сло ма'сляное R ма'сло
МА'ССА
00
В (о'бщей) ма'ссе
ON THE WHOLE; IN GENERAL; FOR THE MOST PART
МА'СТЕР
00
Ма'стер на все ру'ки
A JACK-OF-ALL-TRADES
На слу'жбе она' - нау'чный сотру'дник, а до'ма: и жена', и мать, и шофе.р, и куха'рка, и пра'чка; в о'бщем, она' - ма'стер на все ру'ки.
00
Ма'стер своего' де'ла
AN EXPERT AT HIS TRADE; A/AN OLD MASTER IN SOME FIELD; TO KNOW ONE'S STUFF
Всеце'ло отда'вшись литерату'рному труду', он стал ма'стером своего' де'ла.
МАСТЬ
29
$В масть<к ма'сти<под масть$
USEFUL; FITTING; TO THE POINT
00
$Всех/любы'х/ра'зных/ЕТС$ масте'й
OF EVERY STRIPE
29
К ма'сти $быть/приходи'ться$
TO BE FITTING; TO BE BECOMING; TO BLEND WITH (SOMETHING)
Бенни еще. в Петербу'рге изумля'ла кра'йняя невоспи'танность Нечипо'ренки, но там она' еще. приходи'лась ка'к - то к ма'сти того' кружка'.

141

МАСТЬ CONT'D.
    29
    Не $в масть<к ма'сти<под масть$
    NOT USEFUL; NOT FITTING; NOT BECOMING; NOT TO THE POINT
    29
    Не к ма'сти $бы'ть/приходи'ться$
    IT'S NOT USEFUL; IT'S NOT FITTING; IT'S NOT TO THE POINT
    -А вот щелкопе'ры - то, ... , бо'льно нам не к ма'сти.
    29
    $Одно'й/тако'й же/ETC$ ма'сти
    OF THE SAME ILK; OF THE SAME STRIPE
    -Ему' е'сли пья'ница да бродя'га, так и его' ма'сти.
    29
    Под одну' масть
    OF THE SAME KIND; OF THE SAME STRIPE; MATCHING
    В шкафу', ... , все по'лки заста'влены посу'дой ... :
    тут и ви'лки дю'жинами, и ло'жки, и ча'шки, и проч., ...
    - все. подо'брано под одну' масть.
МАТ
    29
    $Крича'ть/ора'ть/вопи'ть/ETC$ благи'м ма'том
    TO SHOUT/CRY/ETC. AT THE TOP OF ONE'S VOICE
    -[Ты в де'тстве] тако'й серди'тый был: чуть что' не по
    тебе' - и закричи'шь благи'м ма'том.
МА'ТЕРЬ
    42
    Ма'терь бо'жия!
    MOTHER OF GOD!
    -Како'й ангело'чек наш Ми'ша стал, е'сли б ты его'
    то'лько ви'дел! Ма'терь бо'жия!
МА'ТКА
    00
    Пра'вда-ма'тка R пра'вда
    00
    Пра'вду-ма'тку $ре'зать/говори'ть/ETC$ R пра'вда
МА'ТУШКА
    00
    Ма'тушки (мои')!
    MY GOD!; GOOD GRIEF!
    -Ма'тушки мои'! Я два ра'за посоли'ла суп,
    -воскли'кнула мать.
    00
    Ма'тушки све'ты!
    MY GOD!; GOOD GRIEF!
    Взгляну'в на стол, она' закрича'ла: -Ма'тушки-све'ты!
    ... ой! ... огра'били!!
    00
    По ма'тушке =обруга'ть=
    TO SHOWER (SOMEONE) WITH VULGARITIES; TO CURSE (SOMEONE) UP
    AND DOWN
    Деся'тник по ма'тушке обруга'л рабо'чего.
МА'ТУШКИН
    00
    $Ма'тушкин сыно'к/ма'тушкина до'чка$ R ма'менькин
МАТЬ
    00
    Всоса'ть с молоко'м (ма'тери) R всоса'ть
    00
    $В че.м<как$ мать родила'
    IN ONE'S BIRTHDAY SUIT; IN THE ALTOGETHER
    Пастухи', не'которые оде'тые, други'е как мать родила',
    перебега'ют от одно'й ча'сти его' [гурта'] к друго'й.
    00
    Годи'ться в ма'тери R годи'ться
    00
    Мать честна'я! R честно'й
    00
    Показа'ть ку'зькину мать R ку'зькин
МАФУСАИ'ЛОВ
    50
    $Мафусаи'лов век/Мафусаи'ловы лета'/Мафусаи'ловы
    го'ды$ жить
    TO LIVE TO A RIPE OLD AGE; TO LIVE TO BE AS OLD AS
    METHUSELAH
    -Мне ну'жно мафусаи'лов век жить, что'бы уви'деть свои'х
    пра'внуков, -шути'л дед.
MAX
    00
    Во весь мах

AT FULL SPEED; AT A GALLOP
[Ло'шадь] взвила'сь на дыбы' и во весь мах поскака'ла
вдоль табуна'.
00
Дать ма'ху
TO MISS A CHANCE; TO MAKE A BLUNDER/A MISTAKE
00
$Одни'м/еди'ным$ ма'хом
AT ONE STROKE; ALL AT ONCE; WITH ONE SWOOP; WITH ONE BLOW
[Оганеся'н] шага'л непривы'чно бы'стро и одоле'л
ле'стницу одни'м ма'хом.
00
С ($одного'/еди'ного$) ма'ху
AT ONE STROKE; ALL AT ONCE; WITH ONE SWOOP; WITH ONE BLOW
Дровосе'к с еди'ного ма'ху расколо'л бревно'.
00
$С<со всего'$ ма'ху
WITH ALL ONE'S FORCE; WITH ONE SWEEP/SWING; ON A SUDDEN
IMPULSE; WITHOUT THINKING
-Е'жели ее. [гита'ру] с ма'ху да об пе'чку, тут ей и
коне'ц.
МАХНУ'ТЬ
00
Махну'ть руко'й [на кого'<на что]
TO GIVE (SOMETHING) UP AS LOST/HOPELESS; ONE CAN KISS
(SOMETHING) GOOD-BY; TO GIVE UP ON (SOMETHING)
1. По'вар Андро'н, его' [фалале'я] дя'дя,
бескоры'стно стара'вшийся научи'ть его' ру'сской
гра'моте, давно' уже' махну'л руко'й и сложи'л а'збуку на
по'лку! 2. -Сове'тую вам поду'мать о ва'шей ма'тери,
е'сли вы махну'ли руко'й на себя'.
МАШИ'НА
00
$Как/то'чно/сло'вно$ заведе.нная маши'на R завести'
00
Стоп маши'на! R стоп
МАЯ'ЧИТЬ
29
Мая'чить жизнь
TO HAVE/TO LEAD A HARD LIFE; TO LEAD A JOYLESS LIFE; TO
LIVE FROM HAND TO MOUTH
В таку'ю - то среду' люде'й, ску'чно мая'чивших жизнь
изо дня в день, незаме'тно вто'рглось большо'е ... де'ло.
МГНОВЕ'НИЕ
00
В мгнове'ние о'ка
IN THE TWINKLING OF AN EYE
Оте'ц в мгнове'ние о'ка подхвати'л па'давшего ребе.нка.
00
В одно' мгнове'ние
IN AN INSTANT
Ло'вким движе'нием спортсме'на он в одно' мгнове'ние
бро'сил на зе'млю напа'вшего граби'теля.
00
В то же мгнове'ние
AT THE SAME TIME; SIMULTANEOUSLY; AT THAT MOMENT
Бы'ло по'зднее вре'мя - часы' пока'зывали два, и в то же
мгнове'ние разда'лись с ба'шни два уда'ра.
МЕ
00
Ни бе ни ме не $зна'ет/понима'ет/ETC$ R бе
00
Ни бе ни ме R бе
МЕ'БЕЛЬ
00
Для ме'бели =находи'ться/быть/ETC=
(HE'S) JUST FOR DECORATION [SOMEONE WHO IS USELESS, DOES NO
WORK]; (HE) IS JUST A FIFTH WHEEL!
Кора'бль ве.л шту'рман, да'же и не взгля'дывая на
Белосе'льского, отли'чно понима'я, что тот торчи'т здесь
для ме'бели.
МЕ.Д
00
Ва'шими бы уста'ми ме.д пить R уста'
00
$Ка'пля/части'ца $моего'<ва'шего<ETC$ ме.ду есть [в
че.м]
(I/HE) CONTRIBUTED TO (SOMETHING); THERE'S A PART OF (ME/

МЕ.Д CONT'D.
    HIM) IN (SOMETHING); (YOU) HAVE A PART IN IT; (YOU) HAVE A
    FINGER IN THE PIE
    00
    Ло'жка $де.гтя<де.гтю$ (в бо'чке ме.да) R ло'жка
    00
    Не ме.д
    IT'S NO PICNIC
    -С де'дом за ве'кшами по ле'су ходи'ть - то'же не ме.д!
МЕДА'ЛЬ
    00
    $Оборо'тная/друга'я$ сторона' меда'ли
    THE OTHER SIDE OF THE COIN
МЕДВЕ'ДЬ
    00
    Дели'ть шку'ру неуби'того медве'дя R дели'ть
    00
    Медве'дь на' ухо наступи'л [кому'] R наступи'ть
    00
    $Смотре'ть/гляде'ть$ медве'дем
    TO LOOK DAGGERS AT; TO SHOW ONE'S ANNOYANCE [ESPECIALLY
    AT SOMEONE'S PRESENCE, COMPANY]; TO BE MOROSE/SULLEN
    Оте'ц де'вушки гляде'л медве'дем, и подру'ги избега'ли
    быва'ть у нее..
МЕДВЕ'ЖИЙ
    42
    Медве'жий у'гол
    THE STICKS; THE BOONDOCKS; A REMOTE, LONELY PLACE
    -Пе'рвое назначе'ние бы'ло в медве'жий у'гол за
    Ура'лом, -расска'зывал учи'тель, вида'вший ви'ды.
    50
    Медве'жья боле'знь
    THE RUNS (FROM FEAR)
    00
    Медве'жья услу'га
    A CLUMSY ASSISTANCE CAUSING ONLY MORE PROBLEMS; WITH
    FRIENDS LIKE THAT WHO NEEDS ENEMIES!
МЕ'ДЛЕННЫЙ
    00
    На ме'дленном огне'
    OVER A SLOW FIRE
    Борщ ва'рят на ме'дленном огне'.
МЕ'ДНЫЙ
    00
    Гроша' ме'дного не сто'ит R грош
    00
    Ме'дный лоб
    A BLOCKHEAD; A HIDEBOUND PERSON
    Нача'льник конто'ры - ме'дный лоб: сле'дуя ста'рым
    инстру'кциям, он не допуска'ет но'вшеств, могу'щих
    улу'чшить рабо'ту.
    00
    На ме'дные де'ньги =учи'ться/быть воспи'танным= R
    де'ньги
    00
    Пройти' ого'нь и во'ду и ме'дные тру'бы R ого'нь
МЕДО'ВИЧ
    00
    Са'хар-медо'вич R са'хар
МЕЖ
    00
    Меж на'ми (говоря') R ме'жду
    00
    Меж тем как ... R ме'жду
    00
    Меж тем R ме'жду
МЕ'ЖДУ
    00
    А между тем
    AND IN THE MEANTIME; AND DURING THAT TIME
    Го'сти слу'шали игру' в четы'ре руки' на роя'ле, а между
    тем накрыва'лся стол и в во'здухе запа'хло вку'сными
    блю'дами.
    00
    Между двух сту'льев R стул
    00
    Между де'лом R де'ло
    00
    Между жи'знью и сме'ртью R жизнь

    00
    Между на'ми (говоря')
    JUST BETWEEN OURSELVES/US
    -Между на'ми говоря', больно'й не дотя'нет до весны' -
    он уже' ха'ркает кро'вью, -говори'ли сосе'ди.
    00
    Между про'чим
    BY THE WAY; AMONG OTHER THINGS; NOT REFERRING TO ANYTHING
    IN PARTICULAR
    1. Пря'ча гре'бень за зе'ркало, Ерофе'й Кузьми'ч,
    сло'вно между про'чим, промо'лвил: -Да, старе'ю,
    старе'ю! 2. Я спроси'л у него', между про'чим, не
    зна'ет ли он чего' - нибудь о капита'не.
    00
    Между тем
    MEANWHILE; DURING THAT TIME
    Она' лю'бит чита'ть и между тем де'лать вы'писки.
    00
    Между тем как ...
    WHILE; WHEREAS
МЕЖДУ
    00
    Ста'вить знак ра'венства [между кем<между чем] R
    ста'вить
МЕЛАНХО'ЛИЯ
    00
    Че.рная меланхо'лия R че.рный
МЕ'ЛКИЙ
    00
    В ме'лкие дре'безги =разби'ть/разби'ться= R дре'безги
    29
    Ме'лкая со'шка
    SMALL FRY; NONENTITY; A SMALL COG
    -[Я] така'я ме'лкая и ничто'жная со'шка, что меня'
    мо'жно вы'гнать в ше'ю!
    00
    Ме'лкие де'ньги
    SMALL CHANGE
    У'тром в ка'ссе ме'лкие де'ньги.
    00
    Ме'лким бе'сом $рассыпа'ться/верте'ться/ETC$ [перед
    кем] R бес
МЕ'ЛКО
    00
    Ме'лко пла'вать
    (HE) IS A SMALL COG (IN A BIG WHEEL); (HE) IS NOT MUCH OF
    AN EXPERT; (HE) DOES NOT KNOW MUCH ABOUT (HIS) WORK/JOB
МЕ'ЛОЧЬ
    00
    По мелоча'м
    IN SMALL QUANTITIES; IN SMALL SUMS
    Де'ньги как вода' утека'ли из рук расточи'тельной
    принце'ссы. ... Приближе.нные набира'ли для нее. взаймы'
    де'ньги по мелоча'м.
    00
    Разме'ниваться $на ме'лочи<по мелоча'м$
    TO SQUANDER ONE'S GIFTS/TALENTS ON TRIFLES; TO BOTHER
    ONESELF WITH TRIFLES; TO WASTE ONE'S TIME ON DETAILS
МЕЛЬ
    00
    Посади'ть [кого'] на мель
    TO PUT (SOMEONE) IN A STICKY SITUATION; TO PUT (SOMEONE) IN A
    TIGHT SPOT/SITUATION
    Кра'жа автомоби'ля посади'ла его' на мель: нае.м такси'
    обхо'дится до'рого, а на поку'пку но'вого не хвата'ет
    де'нег.
    00
    Сесть на мель
    TO GET INTO A STICKY SITUATION; TO GET IN A TIGHT SPOT/
    SITUATION
    00
    Сиде'ть (как рак) на мели'
    TO BE IN A TIGHT SPOT/SITUATION; TO BE UP A CREEK; TO BE
    IN A FIX
    Безрассу'дно истра'тив де'ньги, он сиде'л как рак на
    мели'.
МЕЛЬКА'ТЬ
    00
    В глаза'х мелька'ет

МЕЛЬКА'ТЬ CONT'D.
    TO SEE SPOTS BEFORE ONE'S EYES; TO BE GETTING DIZZY
    -До'ктор, ... бу'дьте до'бры, не ходи'те, как ма'ятник.
    У меня' от вас мелька'ет в глаза'х.
МЕ'ЛЬНИЦА
    00
    Лить во'ду на [чью] ме'льницу R вода'
    00
    $Сража'ться/воева'ть$ с ветряны'ми ме'льницами
    TO TILT AT WINDMILLS
МЕ'НЕЕ
    00
    Бо'лее и'ли ме'нее R бо'лее
    00
    $Ме'нее/ме'ньше$ всего'
    LEAST OF ALL; NOT AT ALL
    Росто'в прие'хал в Тильзи'т в день, ме'нее всего'
    удо'бный для хода'тайства за Дени'сова.
    00
    Не бо'лее (и) не ме'нее как ... R бо'лее
    00
    Ни бо'лее $и<,$ ни ме'нее как ... R бо'лее
    00
    Тем не ме'нее
    NONTHELESS; NEVERTHELESS
    Долг справедли'вости заставля'ет меня' упомяну'ть еще. о
    Полежа'еве, тала'нте, пра'вда, односторо'ннем, но тем не
    ме'нее и замеча'тельном.
МЕ'НЬШЕ
    00
    Мал мала' ме'ньше R ма'лый
    00
    Ме'ньше всего' R ме'нее
    00
    Не бо'льше $и<,$ не ме'ньше как ... R бо'лее
    00
    Ни бо'льше $и<,$ ни ме'ньше как ... R бо'лее
МЕ'НЬШИЙ
    00
    По ме'ньшей ме'ре
    1. NO LESS THAN 2. AT LEAST; IN ANY CASE
    1. Пе'те он [парохо'д] всегда' каза'лся чу'дом
    кораблестрое'ния, а пое'зка на не.м из Оде'ссы в
    А'ккерман представля'лась по ме'ньшей ме'ре
    путеше'ствием через Атланти'ческий океа'н. 2. -Все.
    э'то, по ме'ньшей ме'ре, стра'нно, Ива'н Васи'льевич!
    00
    Са'мое $ме'ньшее/ма'лое$
    THE VERY LEAST; AT LEAST; NO LESS THAN
    -Ско'лько лет э'тому скакуну'? -Са'мое ме'ньшее -
    четы'ре го'да.
МЕНЯ'ТЬ
    00
    У'хо на у'хо меня'ть R у'хо
МЕНЯ'ТЬСЯ
    00
    $Меня'ться/измени'ться$ в лице' R измени'ться
МЕ'РА
    00
    Без ме'ры
    1. IN GREAT QUANTITIES; WITHOUT MEASURE 2. TO A GREAT
    EXTENT; WITHOUT LIMITS
    1. С полсо'тни челове'к ... е'ли и без ме'ры пи'ли
    вино'. 2. Что гада'ть? ты влюблена' без ме'ры И
    судьбы' свое'й ты не уйде.шь.
    00
    В ме'ру
    1. AS MUCH AS NECESSARY; JUST ENOUGH 2. TO THE EXTENT OF;
    WITHIN THE LIMITS OF
    1. [Ба'бушка] была' в ме'ру строга', в ме'ру
    снисходи'тельна. 2. Рабо'тать в ме'ру свои'х сил.
    00
    Знать ме'ру R знать
    00
    Кра'йние ме'ры R кра'йний
    00
    Ме'рить $то'ю же ме'рою<в ту же ме'ру$ R ме'рить
    00
    Ни в $ко'ей<како'й$ ме'ре

IN NO WAY; NOT AT ALL
    Побе'г из ссы'лки ни в како'й ме'ре каза'лся возмо'жным.
    00
    По кра'йней ме'ре R кра'йний
    00
    По ме'ньшей ме'ре R ме'ньший
    00
    $По ме'ре/в ме'ру$ сил R си'ла
    00
    По (ме'ре) возмо'жности R возмо'жность
    00
    По ме'ре того' как ...
    WHILE
    По ме'ре того' как он ее. слу'шал, насме'шливая улы'бка
    пока'зывалась на его' губа'х.
    00
    По ме'ре [чего']
    AS/WHILE [E.G. HE WAS APPROACHING]., (HE) ...; THE (+
    COMPARATIVE) ..., THE (+ COMPARATIVE) ... [E.G. THE
    CLOSER HE CAME, THE MORE IMPATIENT HE BECAME]
    По ме'ре приближе'ния к Москве' [Росто'в] приходи'л
    все. бо'лее и бо'лее в нетерпе'ние.
    00
    $Сверх ме'ры<через ме'ру<не в ме'ру$
    EXCESSIVELY; IMMODERATELY; TOO MUCH
    1. Скребни'чей чи'стил он коня', А сам ворча'л,
    сердя'сь не в ме'ру. 2. Петро', через ме'ру
    хлебну'вший во'дки, лежа'л на арбе'.
    00
    Чу'вство ме'ры
    A SENSE OF MODERATION
МЕРЕ'ТЬ
    00
    Мрут как му'хи R му'ха
    00
    Му'хи мрут R му'ха
МЕ'РЗОСТЬ
    14
    Ме'рзость запусте'ния
    UTTER DEVASTATION
    Небольшо'й запу'щенный двор ...: не представля'л ничего'
    привлека'тельного; везде' сор и "ме'рзость запусте'ния".
МЕ'РИН
    29
    Вре.т, как си'вый ме'рин
    TO LIE IN ONE'S TEETH; TO LIE IN ONE'S THROAT
    -И поше.л, и поше.л, и вру, как си'вый ме'рин.
    29
    $Глуп<глупа'$, как си'вый ме'рин
    DUMB AS AN OX
    -Замеча'тельно по'длая! -возмуща'лся Кистуно'в, не'рвно
    взара'гивая плеча'ми. -Глупа', как си'вый ме'рин, че.рт
    бы ее. взял.
МЕ'РИТЬ
    29
    Ме'рить ве.рсты
    TO COVER LONG DISTANCES; TO WALK MILES AND MILES
    [Солда'ты] Шага'ми ве.рсты ме'рили Под гу'лкий
    бараба'н.
    00
    Ме'рить $глаза'ми/взгля'дом/взо'ром$
    TO SIZE UP; TO EYE (SOMEONE) FROM HEAD TO FOOT
    Я вскочи'л на' ноги и стал про'тив него'. И мы стоя'ли
    так до'лго, ме'ряя друг дру'га глаза'ми.
    00
    Ме'рить [кого'<что] $обыкнове'нным/о'бшим$ арши'ном R
    арши'н
    00
    Ме'рить на свой арши'н R арши'н
    14
    Ме'рить $то'ю же ме'рою<в ту же ме'ру$
    TO PAY (SOMEONE) BACK IN KIND; TO GIVE TIT FOR TAT
    Вражда' между бы'вшими друзья'ми непримири'ма: ка'ждый
    ме'рит то'ю же ме'рой.
МЕ'РКА
    00
    Снять ме'рку [с кого'] R снять
МЕРТВЕ'ЧКИ
    00
    $Мертве'чки/ме.ртво'$ $пьян<пья'ный$

144

МЕРТВЕ'ЧКИ CONT'D.
    DEAD DRUNK; STONE DRUNK
    Мертве'чки пья'ный безу'сый офице'рик буя'нил.
    00
    $Пить/напива'ться$ мертве'чки
    TO DRINK ONESELF INTO A STUPOR; TO DRINK ONESELF UNDER THE TABLE
    [Я'ков] смире'н, пье.т уме'ренно, то' есть мертве'чки не напива'ется.
    00
    $Спать/засну'ть/усну'ть$ мертве'чки R ме.ртвый
МЕРТВЕ'ЧКИЙ
    42
    Мертве'чкий поко'й
    MORTUARY
    [Городово'й] проси'л ее. неме'дленно посла'ть кого'-нибудь в мертве'чкий поко'й.
    00
    $Спать/засну'ть/усну'ть$ мертве'чким сном R ме.ртвый
МЕ.РТВО'
    00
    Ме.ртво' $пьян<пья'ный$ R мертве'чки
МЕ.РТВЫЙ
    00
    $Быть/остава'ться$ ме.ртвой бу'квой R бу'ква
    00
    Как ме.ртвому припа'рка (помо'жет) R припа'рка
    00
    Лежа'ть ме.ртвым гру'зом
    TO BE DEAD WEIGHT; TO BE UNUSED; NOT TO BE PROPERLY UTILIZED
    Зна'ния и о'пыт ча'сто лежа'т ме.ртвым гру'зом,
    00
    Ме.ртвая голова'
    A SKULL
    Носи'л он че'рное кольцо' с изображе'нием ме.ртвой головы'.
    00
    Ме.ртвая хва'тка
    1. DEATH GRIP; A HOLD LIKE THAT OF A BULLDOG 2. HOLD ON LIKE GRIM DEATH; TO LATCH ONTO (SOMETHING) WITH BULLDOG OBSTINACY
    Ме.ртвой хва'ткой бере.тся он за любо'е де'ло и не оставля'ет пока' не ко'нчит.
    00
    Ме.ртвые ду'ши R душа'
    00
    Ме.ртвые сра'му не и'мут R и'мут
    00
    Ме.ртвый час R ти'хий
    00
    На ме.ртвой то'чке
    AT A STANDSTILL
    Перегово'ры о ми'ре нахо'дятся на ме.ртвой то'чке.
    00
    Ни жив ни ме.ртв R живо'й
    00
    Пить ме.ртвую (ча'шу)
    TO DRINK HARD
    -Он опя'ть пье.т ме.ртвую! -говори'ли сосе'ди о сапо'жнике - пья'нице.
    00
    $Спать/засну'ть/усну'ть$ $ме.ртвым сном/мертве'чки/мертве'чким сном$
    TO BE SOUND ASLEEP; TO BE DEAD TO THE WORLD; TO SLEEP LIKE A LOG
    Все в до'ме спа'ли ме.ртвым сном, потруди'вшись дне.м и сы'тно поу'жинав.
МЕСИ'ТЬ
    00
    Меси'ть грязь R грязь
МЕСТЕ'ЧКО
    00
    $Те.плое/те.пленькое$ месте'чко
    A CUSHY JOB; A SINECURE
    У него' те.плое месте'чко - разъездна'я слу'жба: командиро'вочные расхо'ды опла'чиваются предприя'тием.
МЕСТИ'
    00
    Но'вая метла' чи'сто мете.т R метла'

МЕ'СТО
    00
    Бег на ме'сте R бег
    00
    Бе'лые места' R бе'лый
    00
    Больно'е ме'сто R больно'й
    00
    Глаза' на мо'кром ме'сте [у кого'] R мо'крый
    00
    Живо'го ме'ста $нет/не остае.тся$ R живо'й
    00
    Зла'чное ме'сто R зла'чный
    00
    Знать свое. ме'сто R знать
    00
    Име'ть ме'сто R име'ть
    42
    Места' не столь отдале.нные
    (INTO) EXILE; SIBERIA
    Полуя'нов был осужде.н. Его' приговори'ли к ссы'лке в не столь отдале.нные места' Сиби'ри.
    00
    Ме'сто заключе'ния
    PLACE OF CONFINEMENT
    Шлиссельбу'ргская кре'пость была' ме'стом заключе'ния царе'вича Алексе'я.
    00
    Мо'крое ме'сто<мо'крого ме'ста не оста'нется [от кого'] R мо'крый
    00
    На ме'сте преступле'ния =пойма'ть/заста'ть/накры'ть=
    IN THE ACT; UNAWARES; RED-HANDED; AT THE SCENE OF THE CRIME
    Хозя'ева до'ма заста'ли граби'теля на ме'сте преступле'ния.
    00
    На ме'сте $уложи'ть/положи'ть/уби'ть$
    TO KILL (SOMEONE) ON THE SPOT
    Ра'неный солда'т пришё.л в себя', и на ме'сте уложи'л мароде.ра.
    00
    На ме'сте [чье.м]
    IN (SOMEONE ELSE'S) PLACE; IN (SOMEONE'S) SHOES
    -Я бы уво'лил безде'льников, бу'дучи на ме'сте нача'льника стро'йки.
    00
    На (свое.м) ме'сте
    IN ONE'S RIGHT PLACE; IN A POSITION BEFITTING ONE'S ABILITIES
    -Так, говори'шь, на ме'сте Фомина'? -Говорю' по че'сти, Для до'лжности тако'й и создана'.
    00
    Наси'женное ме'сто R наси'женный
    00
    (Не) $к ме'сту<у ме'ста$
    1. [WITHOUT NEGATION] TO THE POINT; APPROPRIATE 2. BESIDE THE POINT; OUT OF PLACE; INAPPROPRIATE
    00
    Не ме'сто [кому']
    IT'S NO PLACE/NOT THE PLACE FOR (SOMEONE)
    -Поди', Пе'тя, здесь тебе' не ме'сто.
    00
    Не ме'сто [чему'<INF]
    IT'S NOT THE PLACE FOR (DOING SOMETHING); ONE DOES NOT (DO SOMETHING) HERE
    Здесь не ме'сто пить.
    00
    Не на (свое.м) ме'сте
    OUT OF PLACE
    Преподава'тель рисова'ния был не на свое.м ме'сте в шко'ле; худо'жник по призва'нию, он тяготи'лся но'вым заня'тием.
    00
    Не находи'ть (себе') ме'ста
    TO FRET; TO BE UPSET; NOT TO BE ABLE TO SIT STILL
    00
    $Нет<не до'лжно быть$ ме'ста [кому'<чему']

МЕ'СТО CONT'D.
(SOMETHING) IS UNCALLED-FOR; THERE IS NO ROOM/EXCUSE FOR
(SOMETHING)
00
Ни с ме'ста
1. DON'T MOVE!; STAND STOCKSTILL!; NOT A MOVE 2. (HE)
HASN'T BUDGED/MOVED AN INCH
1. Ни с ме'ста! Е'сли тро'нетесь, Разбо'йники!
граби'тели! На ме'сте уложу'! 2. -Пять ме'сяцев я
здесь живу', после'днее прожива'ю - а де'ло ни с ме'ста!
00
О'бщее ме'сто R о'бщий
00
Поста'вить на (свое.) ме'сто [кого']
TO PUT (SOMEONE) IN (HIS) PLACE
Но'вый сотру'дник - большо'й самохва'л; его' поста'вили
на свое. ме'сто, указа'в на оши'бки в рабо'те.
00
Поста'вить себя' на [чье.] ме'сто
TO PUT ONESELF IN (SOMEONE ELSE'S) PLACE/SHOES
00
Провали'ться на э'том (са'мом) ме'сте! R провали'ться
00
Пусто'е ме'сто R пусто'й
00
Расши'ть у'зкие места' R расши'ть
00
$Се'рдце/душа'$ не на ме'сте
TO FEEL UNEASY/RESTLESS; TO FRET; TO BE UPSET
-У меня' про'сто се'рдце не на ме'сте; так вот и жду ...
ка'ждую мину'ту ... вдруг случи'тся что' - нибудь.
00
Сла'бое ме'сто [кого'<чего'] R сла'бый
00
С ме'ста =брать/взять=
(TO TAKE OFF) FROM A STANDING POSITION; WITHOUT A RUNNING
START
Ломови'к, напря'гшись, с ме'ста взял воз.
00
С ме'ста в карье'р R карье'р
00
Ста'вить на (свое.) ме'сто [кого'] R ста'вить
00
Ста'вить на [чье.] ме'сто R ста'вить
00
$Стоя'ть/остава'ться$ на ме'сте
NOT TO BUDGE; NOT TO MOVE AN INCH; TO BE STATIC; TO
REMAIN IN A FIXED POSITION
Исто'рия никогда' не стои'т на ме'сте, она' иде.т
впере.д и во вре'мя тепе'решней войны'.
00
Топта'ться на ме'сте R топта'ться
00
У'зкое ме'сто [в че.м] R у'зкий
00
Указа'ть ме'сто [кому']
TO PUT (SOMEONE) IN HIS PLACE
00
Уступи'ть ме'сто [чему']
TO GIVE WAY TO [ABOUT EMOTIONS]; TO BE REPLACED BY
(SOMETHING)
Страх уступи'л ме'сто соверше'нно друго'му чу'вству :
все прони'клись сожале'нием к несча'стному.
00
Честь и ме'сто [кому'] R честь
МЕСТЬ
00
$Кро'вная/крова'вая$ месть R кро'вный
МЕ'СЯЦ
00
Ме'сяц народи'лся R народи'ться
00
Ме'сяц на уще'рбе R уще'рб
00
Серп ме'сяца R серп
МЕТА'ЛЛ
50
Презре'нный мета'лл

THE FILTHY STUFF [IRONICALLY ABOUT MONEY]
-Я ищу' учи'теля - и наше.л его'. -Ну, а как же
усло'вия? Де'нежные усло'вия? презре'нный мета'лл?
МЕТА'ТЬ
00
Мета'ть банк R банк
00
Мета'ть би'сер пе'ред сви'ньями R би'сер
00
Мета'ть гро'мы и мо'лнии R гром
00
Мета'ть жре'бий R броса'ть
00
Рвать и мета'ть R рвать
МЕТА'ТЬСЯ
00
Мета'ться в глаза' R броса'ться
МЕТЕ.ЛКА
29
Под мете.лку
TO THE LAST DROP/GRAIN; A CLEAN SWEEP
Как то'лько це'ны подняли'сь ... и дошли' до 50 - 60
коп. за пуд, так хлеб весь под мете.лку был про'дан.
МЕТЛА'
00
Но'вая метла' чи'сто мете.т
A NEW BROOM SWEEPS CLEAN
-Но'вый нача'льник во все. вника'ет. -Изве'стно: но'вая
метла' чи'сто мете.т!
МЕХ
50
На ры'бьем меху'
THREADBARE/FLIMSY [ABOUT CLOTHING]
-Бежи'т быва'ло [студе'нт] у'тром голо'дный, на свои'
ле'кции торо'пится. Сапоги' дра'ные, шине'ль на ры'бьем
меху'.
МЕХА'НИКА
00
$Подвести'/подстро'ить$ меха'нику
TO DO (SOMETHING) ON THE SLY; TO PLAY A DIRTY TRICK
[Его'р] грози'л подвести' и де'вушке, и ее. засту'пнику
таку'ю меха'нику, что о'ба жи'зни не бу'дут ра'ды.
МЕЧ
00
Вложи'ть меч в но'жны
TO SHEATHE ONE'S SWORD
-Тепе'рь тако'е вре'мя наступа'ет, что нам с тобо'й
до'лго меч в но'жны вложи'ть не уда'стся.
00
Дамо'клов меч R дамо'клов
00
Огне.м и мечо'м R ого'нь
00
$Подня'ть меч/обнажи'ть меч/подня'ть ору'жие$
TO TAKE UP ARMS; TO UNSHEATHE ONE'S SWORD
-Не со'вестно, Рожно'в, что на меня' ты по'днял меч?

00
Преда'ть огню' и мечу' R преда'ть
00
Скрести'ть мечи' R скрести'ть
МЕЧТА'ТЬ
29
Мечта'ть о себе' (мно'го/высо'ко/ETC)
TO HAVE A HIGH OPINION OF ONESELF; TO THINK WELL OF
ONESELF; TO OVERESTIMATE/UNDERESTIMATE ONESELF
-Ко'ли гол круго'м, так не'чего о себе' мечта'ть!
МЕША'ТЬ
00
Не $меша'ет<меша'ло бы$ [кому' + INF]
IT WOULD BE ADVISABLE; IT WOULDN'T DO ANY HARM TO ...; IT
WOULD DO YOU GOOD TO ...
1. -Поблагодари'ть меня' вам то'же не меша'ет. 2.
-С ва'шим здоро'вьем вам не меша'ло бы пожи'ть на
чи'стом во'здухе.
МЕША'ТЬСЯ
00
Меша'ться $в уме'<умо'м/в рассу'дке<рассу'дком$

146

МЕША'ТЬСЯ CONT'D.
   TO GO MAD; TO LOSE ONE'S MIND
   00
   Меша'ться под нога'ми R нога'

   00
   $Ум/рассу'док$ меша'ется [у кого']
   (SOMEONE) IS LOSING HIS MIND/GOING MAD
МЕШО'К
   00
   $Золото'й/де'нежный$ мешо'к
   A MONEYBAGS
   -Вот наприме'р полко'вник Скалозу'б: И золото'й
   мешо'к, и ме'тит в генера'лы.
   00
   Ка'менный мешо'к R ка'менный
   00
   Мешки' под глаза'ми
   BAGS UNDER ONE'S EYES
   Схо'дство между сы'ном и отцо'м, несмотря' на мешки' под
   глаза'ми у после'днего, бы'ло рази'тельное.
   00
   $Покупа'ть/купи'ть$ кота' в мешке' R кот
   00
   Сиде'ть мешко'м
   IT HANGS ON (SOMEONE) LIKE A SACK
   Костю'м, ку'пленный в магази'не, сиде'л мешко'м.
   00
   $То'чно/сло'вно$ из-за угла' мешко'м $уда'ренный/
   приби'тый$
   TO BE QUEER; TO BE TOUCHED IN THE HEAD; TO HAVE BATS IN
   ONE'S BELFRY
   -Я не идеали'ст, не утопи'ст, ... а про'сто, должно'
   быть, глуп и из-за угла' мешко'м приби'т.
МЕШО'ЧЕК
   00
   В мешо'чек
МЕШАНИ'Н
   00
   Мещани'н во дворя'нстве
   AN UPSTART; A SOCIAL CLIMBER
МИГ
   00
   В оди'н миг
   IN A FLASH; PROMPTLY
   По'сле водеви'ля, разы'гранного уча'щимися, в оди'н миг
   все сту'лья бы'ли сдви'нуты к стена'м и начали'сь та'нцы.
   00
   В тот же миг
   AT THE VERY SAME TIME; AT THAT MOMENT
   Едва' граби'тель по'днял револьве'р, в тот же миг
   разда'лся вы'стрел, и он упал за'мертво.
МИГНУ'ТЬ
   00
   Не успе'ть (и) (гла'зом) $мигну'ть/моргну'ть$
   IN THE TWINKLING OF AN EYE; BEFORE YOU COULD TURN AROUND;
   BEFORE ONE COULD SAY JACK ROBINSON
   -Мигну'ть не успе'ешь, как он тебя' обобра'л да и прочь
   отоше.л.
   00
   (Сто'ит) то'лько ...
   JUST SAY THE WORD [AND THINGS WILL BE DONE FOR YOU]; ALL
   YOU HAVE TO DO IS TO ASK
   Захо'чет ли чего' - нибудь Илья' Ильи'ч, ему' сто'ит
   то'лько мигну'ть - уж тро'е - че'тверо слуг кида'ются
   исполня'ть его' жела'ние.
МИЗИ'НЕЦ
   00
   Не сто'ить [чьего'] мизи'нца
   NOT WORTH (SOMEONE'S) LITTLE FINGER
   -Что Мурзаве'цкие! Мизи'нца ва'шего не сто'ят.
   00
   $С<на$ мизи'нец
   VERY LITTLE; A THIMBLEFUL
   -Дарова'нья у них с мизи'нец, но ло'вкость колосса'льная.
МИКИ'ТКИ
   29
   $Уда'рить/толкну'ть/ETC$ под мики'тки

TO POKE (SOMEONE) IN THE RIBS
Понома'рь вскрича'л, в свою' о'чередь уда'рил дьячка'
под мики'тки...
МИ'ЛЕНЬКИЙ
   29
   Как ми'ленький
   1. WITHOUT A WHIMPER 2. WITHOUT A HITCH
   1. -Пое'дет. Не таки'х обла'мывали. Как ми'ленький
   пое'дет. 2. -Прохо'ды [для та'нков] сде'лал?
   -Сде'лал. -На всю ширину'? -На всю. Как ми'ленькие,
   прое'дете.
   29
   Ми'ленькое де'ло
   THAT'S JUST BEAUTIFUL!; THAT'S A FINE KETTLE OF FISH!;
   WELL WHAT DO YOU KNOW!
   -Я разду'мал идти' в теа'тр. -Ми'ленькое де'ло!
   Биле'ты ведь ку'плены и ты оде'т!
МИ'ЛО
   00
   Лю'бо-ми'ло R лю'бо
МИ'ЛОВАТЬ
   42
   Бог $ми'лует<ми'ловал$
   LIKE CLOCKWORK; WITHOUT A HITCH; WITH NO TROUBLE AT ALL
   -Ну, все. же ка'к - то нас бог ми'ловал, обходи'ли все
   кордо'ны благополу'чно.
   59
   Как бог ми'лует?
   HOW IS LIFE TREATING YOU?
   -Здра'вствуйте, Пе.тр Андре'ич! Как вас бог ми'лует?
МИЛОСЕ'РДИЕ
   00
   Без милосе'рдия
   MERCILESSLY; WITHOUT MERCY
   Несмотря' на зо'нтик, со'лнце жже.т без милосе'рдия.
МИ'ЛОСТИВЫЙ
   42
   $Будь ми'лостив<бу'дьте ми'лостивы$
   BE SO KIND
   -Будь ми'лостив, проводи' до кали'тки!
   00
   Ми'лостивый госуда'рь R госуда'рь
МИ'ЛОСТЬ
   68
   $Ва'ша<твоя'<его'<ETC$ ми'лость
   YOUR GRACE
   -Что' же она' [поме'щица] де'лает? -Да что' взду'мается
   ее. ми'лости.
   00
   Вкра'сться в ми'лость R вкра'сться
   00
   Войти' в ми'лость [к кому'] R войти'
   00
   Ми'лости $про'сим<прошу'$
   IF YOU PLEASE! [ASKING GUESTS TO BE SEATED AT THE DINNER
   TABLE]; PLEASE!
   [Ма'льчик] воше.л и доложи'л, что обе'д гото'в.
   -Ми'лости про'сим, - сказа'ла хозя'йка....
   00
   Ми'лостью бо'жьей
   TO BE A BORN. ... [E.G. MECHANIC, PHILOSOPHER, ETC.]; TO
   HAVE AN INBORN TALENT FOR (SOMETHING)
   -Да ... Ле.тчик, что называ'ется, ми'лостью бо'жьей,
   -проворча'л полко'вник. - ... Не оста'нешься ли у нас
   инстру'ктором? Нам таки'х на'до.
   00
   Не оста'вить свои'ми ми'лостями [кого'] R оста'вить
   00
   По ми'лости [чьей]
   THANKS TO (SOMEONE)
   1. По ее. ми'лости он стал и одева'ться опря'тно, и
   держа'ться прили'чно. 2. У Обло'мова в кабине'те
   перело'маны и'ли переби'ты почти' все ве'щи ... - и все.
   по ми'лости Заха'ра.
   00
   Сда'ться на ми'лость победи'теля
   TO SURRENDER UNCONDITIONALLY; TO GIVE UP A STRUGGLE,
   THROWING ONESELF AT THE MERCY OF THE CONQUEROR

147

МИ'ЛОСТЬ CONT'D.
Герма'ния сдала'сь на ми'лость победи'теля.
00
$Сде'лай<сде'лайте$ ми'лость
1. PLEASE BE SO KIND; PLEASE DO (ME) THE FAVOR OF. ... 2.
PLEASE DO!; YOU ARE WELCOME TO! [IN ANSWER TO A REQUEST
FOR PERMISSION TO DO SOMETHING]
-Сде'лайте ми'лость, Пульхе'рия Андре'евна,
разузна'йте хороше'нько.
00
$Скажи'<скажи'те$ на ми'лость
1. PLEASE DO TELL ME; WOULD YOU PLEASE TELL ME ... 2. YOU
DON'T SAY
1. - ... скажи'те мне на ми'лость ... , отчего' э'ти
молоды'е лю'ди на'шего бра'та - старика' никогда'
слу'шаться не хотя'т? 2. ... скажи'те на ми'лость, за
что' же подде'рживать - то? Неуже'ли сла'бые, де'тские
отголо'ски на чужо'й мо'щный го'лос заслу'живают
одобре'ния и поощре'ния? 3. -Кому' э'то он мига'ет ... ?
-Ду'мает ла'вочник. -А, и па'льцем закива'л! И ного'й
то'пнул, скажи' на ми'лость.
00
$Смени'ть/положи'ть$ гнев на ми'лость R гнев
00
$Яви'<яви'те$ бо'жескую ми'лость R бо'жеский
МИ'ЛЫЙ
00
Вот (э'то) ми'ло!
WELL WHAT DO YOU KNOW!; ISN'T THAT SOMETHING; I'LL BE
DARNED!
-Никто' еще. не' был? -спроси'л Я'ковлев Мари'ю
Андре'евну. -Нет, -отвеча'ла она' ро'бко. -А твой
жени'х? -Вы не посыла'ли за ним. -Вот ми'ло! Что' он
за осо'ба, что'бы мне посыла'ть к нему' гонцо'в.
00
За ми'лую ду'шу R душа'
00
Лю'бо-ми'ло R лю'бо
29
Ми'лое де'ло
1. JUST THE RIGHT THING; YOU COULD NOT ASK FOR ANYTHING
BETTER 2. ISN'T THAT SOMETHING!; I'LL BE DARNED!
С рассве'том ло'дка ... должна' бу'дет уйти' на
глуби'ну. А глубина' в шторм - са'мое ми'лое де'ло: не
мота'ет, не кача'ет.
29
Мил челове'к
OLD CHAP; DEAR FELLOW; MAN [AS A FORM OF FAMILIAR ADDRESS]
-Ты что', мил челове'к, шо'рник сам? ... А'ли сапо'жник?
МИ'МО
00
Бить ми'мо це'ли R бить
00
Ми'мо рта прошло' R рот
00
Пройти' ми'мо [кого'<чего']
1. TO PASS BY (SOMEONE/SOMETHING) 2. TO BY-PASS (SOMETHING);
TO AVOID
Он проше.л ми'мо своего' до'ма, о че.м-то заду'мавшись.
00
Пропусти'ть ми'мо уше'й
TO LET (SOMETHING) GO IN ONE EAR AND OUT THE OTHER; TO PAY
NO ATTENTION TO (SOMETHING)
Он пропусти'л ми'мо уше'й замеча'ния свои'х зави'стников.
МИ'НА
00
Де'лать $весе'лую/хоро'шую$ ми'ну при плохо'й игре'
TO PUT A GOOD FACE ON THE MATTER
-Я случа'йно узна'ла, что они' бо'льше го'да не живу'т
вме'сте. -Они' скрыва'ли, де'лая хоро'шую ми'ну при
плохо'й игре'.
00
Де'лать [каку'ю] ми'ну R де'лать
00
$Подвести'/подложи'ть$ ми'ну [кому'<под кого']
TO UNDERMINE (SOMEONE'S) POSITION
МИНИАТЮ'РА
00
В миниатю'ре

IN MINIATURE
Здесь ... вся Испа'ния в миниатю'ре: разнообра'зные
костю'мы прови'нций, их наре'чия, осо'бенности, мане'ры,
физионо'мии лиц.
МИ'НИМУМ
00
Прожи'точный ми'нимум   THE MINIMUM FOR SURVIVAL
МИНИ'СТР
00
Мини'стр без портфе'ля
МИНОВА'ТЬ
00
$Сия'/)'та$ ча'ша $мину'ет<минова'ла$ [кого'] R ча'ша
МИНО'РНЫЙ
00
Настро'иться на мино'рный $лад/тон$
TO FEEL BLUE; TO BE DOWN IN THE DUMPS
Он настра'ивался на мино'рный лад по'сле слу'шания
вое'нных изве'стий.
МИНУ'ТА
50
Без пяти' мину'т [кто]
BUDDING/IN THE BUD [E.G. DOCTOR, TEACHER]; YOU WILL SOON
HAVE TO CALL HIM ... [E.G. DOCTOR, ETC.] [JOKING ABOUT A
CANDIDATE OR AN ASPIRANT FOR SOME RANK, DEGREE, ETC.]
Без пяти' мину'т инжене'р.
00
В до'брую мину'ту
WHEN (SOMEONE) IS IN A GOOD MOOD; AT AN OPPORTUNE MOMENT
[E.G. TO CATCH SOMEONE]
00
В (одну') мину'ту
IN NO TIME; IN AN INSTANT; RIGHT AWAY
На за'данный ему' вопро'с в мину'ту был гото'в отве'т.
00
В пе'рвую мину'ту
AT THE (VERY) BEGINNING; AT FIRST
Соба'ка колеба'лась в пе'рвую мину'ту, а, узна'в бы'вшую
хозя'йку, бро'силась ей навстре'чу.
00
Жить мину'той
TO LIVE FOR THE MOMENT
00
Как одна' мину'та =пройти'/пролете'ть=
THE TIME FLIES/FLEW; THE TIME GOES/WENT BY FAST
Вре'мя прошло' как одна' мину'та: друзья'м бы'ло что'
рассказа'ть друг дру'гу.
00
Мину'та в мину'ту
TO A MINUTE; RIGHT ON THE DOT
Прибы'тие по'езда бы'ло мину'та в мину'ту по расписа'нию.
00
Мину'ту внима'ния
ATTENTION, PLEASE!
-Мину'ту внима'ния, господа'!
00
(Одну') $мину'ту/мину'точку/мину'тку/секу'нду/
секу'ндочку$
ONE MOMENT; PLEASE WAIT A MINUTE; JUST A SECOND!
Ми'тя вдруг вскочи'л со сту'ла. -Одну' мину'ту,
господа' .... Я сбе'гаю к ней.
00
Сию' мину'ту R сей
00
С мину'ты на мину'ту
AT ANY MOMENT; SHORTLY; ANY MOMENT/MINUTE
Прибы'тие каре'ты ско'рой по'мощи на ме'сто
происше'ствия ожида'лось с мину'ты на мину'ту.
00
Счита'ть мину'ты R счита'ть
МИНУ'ТКА
00
(Одну') мину'тку R мину'та
МИНУ'ТНЫЙ
00
Мину'тное де'ло
IT WILL ONLY TAKE A MINUTE; THIS JOB WON'T/DOESN'T TAKE
LONG; IT'S A MOMENT'S WORK

148

МИНУ'ТНЫЙ CONT'D.
    Распознава'ние фальши'вых де'нег - мину'тное де'ло для о'пытного касси'ра.
МИНУ'ТОЧКА
    00
    (Одну') мину'точку R мину'та
МИР
    00
    Пир на весь мир R пир
МИ'РО
    00
    Одни'м ми'ром ма'заны
    TARRED WITH THE SAME BRUSH
    -Они' ча'сто ссо'рятся. -Одни'м ми'ром ма'заны - в э'том-то и де'ло!
МИРОВО'Й
    00
    Мирова'я скорбь
    WORLDWEARINESS; WELTSCHMERZ
МИР(1)
    00
    $Быть/оказа'ться$ отре'занным от ми'ра
    TO BE CUT OFF FROM THE WORLD
    Мно'гие домохозя'йки ока'зываются отре'занными от ми'ра.
    00
    (Всем) ми'ром
    ALL TOGETHER; JOINTLY
    Дня пове'стка коротка': выбира'ли лю'ди ми'ром на собра'нии Дубка' бригади'ром.
    00
    До сконча'ния ми'ра R сконча'ние
    00
    На миру' и смерть красна'
    MISERY LOVES COMPANY; COMPANY IN DISTRESS MAKES TROUBLE LESS
    Отправля'ясь в ссы'лку, он сказа'л: "Моя' до'ля — до'ля мно'гих; на миру' и смерть красна'."
    00
    Не от ми'ра сего'
    UNWORLDLY; IMPRACTICAL; NOT OF THIS WORLD
    00
    Переверну'ть весь мир R переверну'ть
    00
    Пир на весь мир R пир
    00
    $Пойти'/ходи'ть/идти'/ETC$ по' миру
    TO BECOME A BEGGAR
    Лиши'вшись семьи' и до'ма и страда'я припа'дками, бедня'га ходи'л по' миру.
    00
    Пусти'ть по' миру [кого']
    TO FORCE (SOMEONE) TO BECOME A BEGGAR; TO REDUCE (SOMEONE) TO BEGGARY; TO IMPOVERISH (SOMEONE)
    Мно'гие кредито'ры спосо'бны пусти'ть по' миру свои'х должнико'в.
    68
    $Си'льные/вели'кие$ ми'ра сего'
    THE GREAT OF THE WORLD; THE POWERS THAT BE
    74
    $Уйти'/пересели'ться$ в $лу'чший/ино'й/друго'й$ мир
    TO GO TO A BETTER WORLD
    О'браз до'брого профе'ссора, давно' пересели'вшегося в друго'й мир, воскре'с в па'мяти бы'вшего студе'нта.
МИР(2)
    00
    $Мир [кому']/мир пра'ху [кого']$
    MAY (HE)/(HIS) SOUL REST IN PEACE
    1. Уме'ршим мир! Пусть спят в поко'е В немо'й и че.рной тишине'. 2. Борцы'-печа'льники, служи'вшие наро'ду, ... мир пра'ху ва'шему ....
    71
    $Мир [кому'<чему']/мир до'му сему'$
    PEACE BE WITH YOU
    1. Кузьми'н забаси'л: -Мир до'му сему'! -Ми'лости про'сим, -в оди'н го'лос отве'тили Ага'фья и дед Фи'шка. 2. -Мир честно'й компа'нии!
    00
    С ми'ром =иди'/поезжа'й=

GO IN PEACE; PEACE BE WITH YOU
    -Стари'к, иди' же с ми'ром; Но про'клят будь, кто за тобо'й пойде.т!
    00
    С ми'ром отпусти'ть
    TO LET (SOMEONE) GO IN PEACE
МЛАДЕ'НЕЦ
    00
    Избие'ние младе'нцев R избие'ние
МЛАДЕ'НЧЕСКИЙ
    00
    Младе'нческий ле'пет R ле'пет
МЛАДО'Й
    00
    И стар и млад R ста'рый
    00
    $С<от$ млады'х ногте'й R но'готь
МНЕ'НИЕ
    00
    Быть высо'кого мне'ния [о ком<о че.м] R высо'кий
МНИТЬ
    00
    $Мно'го/высо'ко$ мнить о себе'
    TO THINK WELL OF ONESELF; TO HAVE A HIGH OPINION OF ONESELF
МНО'ГИЙ
    00
    Мно'гая ле'та
    MAY YOU HAVE A LONG LIFE; MAY YOU LIVE TO BE A HUNDRED
    00
    Оставля'ет жела'ть мно'гого R жела'ть
МНО'ГО
    00
    Мно'го воды' утекло' R вода'
    00
    Мно'го ду'мать о себе' R ду'мать
    00
    Мно'го мнить о себе' R мнить
    00
    Мно'го-мно'го
    AT THE MOST; NO MORE THAN
    [Старобе'льскому] бы'ло ... ника'к не бо'лее тридцати' пяти' и'ли, мно'го - мно'го, тридцати' семи' лет.
    00
    Мно'го не надыы'шит R надыша'ть
    00
    Мно'го со'ли съесть [с кем] R соль
    00
    Ни мно'го ни ма'ло
    EXACTLY; NO MORE NO LESS
    Де'тям ну'жно спать ни мно'го ни ма'ло, а де'сять часо'в.
    00
    По мно'гу
    MANY; A GREAT MANY
    [Иммортe'ли] лежа'т, не изменя'ясь по мно'гу лет: че'рез де'сять лет так же су'хи, я'рки цве'том и так же ниче'м не па'хнут, как и несо'рванные.
МНО'ЖЕСТВО
    00
    Вели'кое мно'жество R вели'кий
МОГИ'ЛА
    00
    Бра'тская моги'ла R бра'тский
    00
    Быть на краю' моги'лы R край
    00
    В моги'лу $гляде'ть/смотре'ть$ R гроб
    00
    До (са'мой) моги'лы
    TO DEATH; TO THE GRAVE
    00
    Лечь в моги'лу R лечь
    00
    Найти' (себе') моги'лу R найти'
    00
    $Нем<немо'й$ как моги'ла R немо'й
    00
    Одна' нога' в моги'ле R нога'

МОГИ'ЛА CONT'D.
00
$Рыть/копа'ть$ моги'лу [кому']
TO DIG A GRAVE FOR (SOMEONE); TO LAY A TRAP FOR (SOMEONE)
00
Свести' в моги'лу [кого']
TO BE THE DEATH OF (SOMEONE)
00
$Смотре'ть/гляде'ть$ в моги'лу R гроб
00
Сойти' в моги'лу
TO DIE; TO GO TO ONE'S GRAVE
Ю'ноша не знал свои'х роди'телей, ра'но соше'дших в моги'лу.
00
Спать сном моги'лы R сон
00
(Стоя'ть) одно'й ного'й в моги'ле R нога'
00
Уйти' в моги'лу R уйти'
00
Уложи'ть в моги'лу R уложи'ть
00
Унести' (с собо'й) в моги'лу [что]
TO CARRY (SOMETHING) TO ONE'S GRAVE
Та'йну о ме'сте хране'ния укра'денных де'нег он уне.с с собо'й в моги'лу.
МОГИ'ЛЬНЫЙ
00
$Спать/засну'ть/усну'ть/ETC$ моги'льным сном R сон
МО'ДА
00
Войти' в мо'ду
TO COME INTO FASHION
00
Вы'йти из мо'ды
TO GO OUT OF FASHION
00
После'дний крик мо'ды R крик
МОДЕ'ЛЬ
29
Для моде'ли
FOR APPEARANCES; FOR SHOW
МО'ДНЫЙ
00
Мо'дная карти'нка R карти'нка
МО'ЖНО
00
Как мо'жно ...
AS (MUCH/LITTLE/ETC) AS POSSIBLE
Вско'ре я то'же все'ми си'лами стреми'лся как мо'жно ча'ще ви'деть хрому'ю де'вочку.
00
Как мо'жно лу'чше R лу'чше
00
Как мо'жно R как
29
$Как (э'то)/ра'зве$ мо'жно
HOW CAN THIS BE; HOW COULD YOU DO IT; IS IT POSSIBLE
1. -Что же ты приду'мала? -Бежа'ть с Лукья'н
Лукья'нычем. -Что ты, сестри'ча! Как э'то мо'жно! 2.
[Ду'ська] пото'м сказа'ла на' ухо: "Хоро'ший ты,
Ле'ша, краси'вый ты, да ра'зве мо'жно та'к-то при всех".
00
Мо'жно сказа'ть R сказа'ть
00
По па'льцам мо'жно $пересчита'ть/перече'сть$ R па'лец
МОЗГ
29
Впра'вить мозги'
TO BRING (SOMEONE) TO HIS SENSES; TO MAKE (SOMEONE) SEE THE
LIGHT; TO SET (SOMEONE) STRAIGHT
00
До мо'зга косте'й
TO THE CORE
[Петре'нко] был агроно'мом до мо'зга косте'й, горячо'
люби'л колхо'зное де'ло и свою' профе'ссию и никогда' не
ду'мал меня'ть ее. ни на что друго'е.

00
Испо'рченный до мо'зга косте'й
ROTTEN TO THE CORE
29
Мозги' набекре'нь [у кого']
(HE'S) AN ODDBALL
29
Мозги' не ва'рят [у кого']
DULL-WITTED; SLOW
Хотя' мозги' не ва'рят у него', зато' упо'рным трудо'м
добива'ется он того', что' други'м легко' дае.тся.
00
Раски'нуть мозга'ми R раски'нуть
29
С $мо'згом<мозга'ми$
BRAINY
-Он стари'к с мо'згом! -сказа'л хохо'л ... -Мы с ним
ча'сто разгова'риваем, - хоро'ший мужи'к.
29
$Шевели'ть/раски'дывать$ мозга'ми
TO PUT ONE'S THINKING CAP ON
Раски'дывая мозга'ми, мо'жно избавиться от безнаде.жной
ску'ки.
МОЗО'ЛИТЬ
29
$Мозо'лить/намозо'лить$ глаза' [кому']
1. TO BE AN EYESORE TO (SOMEONE) 2. TO PLAGUE/ANNOY (SOMEONE)
WITH (SOMETHING)
-Я ж им [дочеря'м] недо'лго глаза' мозо'лить бу'ду. Не
за гора'ми смерть-то - за плеча'ми.
00
Мозо'лить язы'к R язы'к
МОЗО'ЛЬ
29
Наступи'ть на (люби'мую) мозо'ль [кому']
TO TOUCH A SORESPOT
МОЙ
00
$Бо'же<бог$ мой! R бог
00
К стыду' моему' R стыд
00
Мое. почте'ние R почте'ние
00
По-мо'ему
IN MY OPINION; IT SEEMS TO ME
1. Не спосо'бен я к тому', что'бы лю'ди, живу'щие со
мно'ю, жи'ли по-мо'ему, а не безусло'вно по-сво'ему. 2.
-Ну как, возьме.м со'пку, комба'т? -совсе'м ти'хо
спра'шивает Карнау'хов. -Возьме.м, -отвеча'ю я. -И
по-мо'ему, возьме.м.
00
С мое.
AS (LONG/MUCH/ETC) AS I
-Ты еще. мо'лод и ма'ло испыта'л го'ря. ... А вот ты с
мое. поживи'.
00
Унеси' ты мое. го'ре! R унести'
00
(Э'то) не по мое'й ча'сти
THAT'S NOT MY AFFAIR; IT DOESN'T CONCERN ME
-Ну, э'то не по мое'й ча'сти ... жена' хо'чет ко'е-что
подари'ть вам, я в э'то не вме'шиваюсь.
МО'КРЫЙ
00
Глаза' на мо'кром ме'сте [у кого']
(HE) CRIES OVER THE LEAST LITTLE THING; (HE) CRIES EASILY
Глаза' на мо'кром ме'сте у нее.: как от го'ря так и от
ра'дости она' спосо'бна заплака'ть.
00
Мо'края ку'рица R ку'рица
29
$Мо'крое ме'сто<мо'крого ме'ста не$ оста'нется [от кого']
(I'LL) MAKE SHORT SHRIFT OF (YOU); (I'LL) BEAT (YOU) TO A
PULP
-Не замай его', не то мо'крого ме'ста не оста'нется от
тебя'! -предупреди'ли рабо'чие новичка', с шу'ткой
обрати'вшегося к угрю'мо молча'вшему напа'рнику.

МОЛИ'ТЬ
   42
   Бо'га моли'ть [за кого']
   GOD BLESS (YOU); TO REMEMBER (SOMEONE) IN ONE'S PRAYERS
   [Алексе'й Абра'мович] ча'сто повторя'л ей [Лю'боньке],
   что она' всю жизнь обя'зана бо'га моли'ть за его' жену'
   что ей одно'й обя'зана она' всем свои'м сча'стьем.
   42
   $Заста'вь<заста'вьте$ (ве'чно) бо'га моли'ть
   FOR GOD'S SAKE; I'LL BE ETERNALLY GRATEFUL
   -До'ктор, господи'н хоро'ший! -взмоли'лся он .... Яви'
   бо'жескую ми'лость, отпусти' ты Ва'ську домо'й!
   Заста'вь ве'чно бо'га моли'ть.
МО'ЛНИЯ
   00
   Мета'ть гро'мы и мо'лнии R гром
   00
   С быстрото'й мо'лнии
   LIKE GREASED LIGHTENING; IN A FLASH
МОЛОДЕ.ЖЬ
   00
   Золота'я молоде.жь R золото'й
МО'ЛОДЕ'Ц
   00
   Мо'лоде'ц к мо'лодцу'
   EACH BETTER THAN THE OTHER; STURDY / STRONG TO A MAN
МОЛОДО'Й
   00
   Из молоды'х, да ра'нний
   STARTING EARLY; FROM AN EARLY AGE
   29
   Мо'лодо-зе'лено
   WET BEHIND THE EARS; A GREEN-HORN
   -Эх, мо'лодо-зе'лено! -сказа'л сы'ну Три'фон Лохма'тый.
   00
   Молодо'й челове'к
   YOUNG MAN
   -Я, молодо'й челове'к, ста'рше вас вдво'е и прошу' вас
   говори'ть со мно'ю без ажита'чии.
   00
   Молоды'е лю'ди R лю'ди
   00
   $С<от$ молоды'х ногте'й R но'готь
МО'ЛОДОСТЬ
   00
   Втора'я мо'лодость R второ'й
   00
   Не пе'рвой мо'лодости R пе'рвый
   00
   По мо'лодости лет R лета'
МОЛОКО'
   00
   Всоса'ть с молоко'м (ма'тери) R всоса'ть
   00
   Как от козла' молока' R козе.л
   00
   Как от козла'-ни ше'рсти, ни молока' R козе.л
   00
   Кровь с молоко'м R кровь
   00
   Молоко' на губа'х не обсо'хло [у кого'] R губа'
   00
   (То'лько) пти'чьего молока' $недостае.т/не хвата'ет$ R
   пти'чий
МО'ЛОТ
   00
   $Быть/находи'ться/ETC$ ме'жду мо'лотом и накова'льней
   BETWEEN THE DEVIL AND THE DEEP BLUE SEA
   Представи'тель профсою'за был между мо'лотом и
   накова'льней, добива'ясь от администра'чии заво'да
   усту'пок в по'льзу рабо'чих.
МОЛОТО'К
   42
   Пойти' с молотка'
   TO BE AUCTIONED OFF
   Неплате.жеспосо'бное предприя'тие пошло' с молотка'.
   42
   Прода'ть с молотка'

   TO AUCTION OFF
   Невостре'бованные посы'лки про'даны с молотка'.
МОЛО'ТЬ
   29
   Моло'ть языко'м
   TO WAG ONE'S TONGUE; TO SHOOT THE BREEZE
МОЛОЧИ'ШКО
   50
   Дети'шкам на молочи'шко =проси'ть/получи'ть/ETC=
   VERY LITTLE MONEY; THE BARE ESSENTIALS
МОЛО'ЧНЫЙ
   00
   Моло'чные ре'ки и кисе'льные берега'
   A LAND OF MILK AND HONEY
   Безземе'льных, голо'дных люде'й мани'ла мечта' о
   моло'чных ре'ках и кисе'льных берега'х.
МОЛЧАЛИ'ВЫЙ
   00
   Молчали'вые сле.зы
   SILENT WEEPING
МОЛЧА'НИЕ
   00
   Гробово'е молча'ние R гробово'й
   00
   За'говор молча'ния R за'говор
   00
   $Обойти'/пройти'$ молча'нием
   TO BE SILENT ABOUT (SOMETHING); TO KEEP STILL ABOUT
   (SOMETHING)
   00
   Сосредото'ченное молча'ние R сосредото'ченный
МОЛЧА'НКА
   29
   В молча'нку
   IN SILENCE
   Он вы'пил в молча'нку стака'нов де'сять вина'.
   29
   Игра'ть в молча'нку
   TO SIT SILENT
   Па'рень был не говорли'вого деся'тка, в молча'нку
   бо'льше люби'л игра'ть.
МОЛЧА'ТЬ
   00
   Молча'ть в тря'почку R тря'почка
   00
   Молча'ть как уби'тый R уби'тый
МОЛЬ
   00
   Тра'ченный мо'лью R тра'тить
МОМЕ'НТ
   00
   В да'нный моме'нт
   AT A GIVEN TIME
   00
   В любо'й моме'нт
   ANYTIME; ALWAYS
   Воцари'лась злове'щая тишина'; в любо'й моме'нт
   ожида'лось наступле'ние неприя'теля.
   00
   В (оди'н) моме'нт
   IN AN INSTANT
   Заме'тив бы'стро кати'вшийся ка'мень, альпини'ст в оди'н
   моме'нт отклони'лся.
МОНАСТЫ'РЬ
   29
   Подвести' под монасты'рь
   TO PUT (SOMEONE) IN A DIFFICULT POSITION; TO PUT (SOMEONE) IN
   A TIGHT SPOT; TO PUNISH (SOMEONE)
   ... -за то', что я тебя' вы'ручил, ты меня' тепе'рь под
   монасты'рь подво'дишь ...
МОНЕ'ТА
   00
   $Плати'ть/отплати'ть$ той же моне'той
   TO PAY (SOMEONE) BACK IN KIND; TO PAY (SOMEONE) BACK IN HIS
   OWN COIN
   Сосе'д спас сосе'да от пожа'ра, заме'тив и'скры из
   трубы'; тот отплати'л той же моне'той, спаса'я его' во
   вре'мя наводне'ния.

МОНЕ'ТА CONT'D.

00
Приня'ть [что] за чи'стую моне'ту
TO TAKE SOMETHING SERIOUSLY; TO TAKE SOMETHING AT FACE
VALUE
Она' не приняла' похва'л своему' уму' за чи'стую моне'ту
от незнако'мки, уга'дывая лесть.

МОРГНУ'ТЬ

00
Гла'зом не моргну'ть
TO STOP AT NOTHING

00
Не моргну'в гла'зом [V]
WITHOUT BATTING AN EYE
Вса'дник, не моргну'в гла'зом, перене.сся че'рез
широ'кую кана'ву, по'лную воды'.

00
Не успе'ть (и) гла'зом моргну'ть R мигну'ть

МО'РДА

00
Вороти'ть мо'рду [от кого'<от чего'] R вороти'ть

МОРДА'СЫ

29
$Бить/хлеста'ть/ETC$ по морда'сам
TO HIT (SOMEONE) IN THE KISSER
—Еще. немно'го и ... я не то'лько бить по морда'сам, но
и стреля'ть в люде'й бу'ду!

МО'РЕ

00
$Доста'ть со дна мо'ря/доста'ть со дна морско'го/
доста'ть из-под земли'/найти' на дне мо'ря/найти' на дне
морско'м/сыска'ть на дне мо'ря/сыска'ть на дне морско'м$
TO SEARCH (SOMETHING) OUT NO MATTER WHERE IT IS; TO GO TO
THE ENDS OF THE EARTH TO FIND (SOMETHING)
Узна'в о ре'дкой кни'ге, коллекционе'р на дне мо'ря
найде.т ее..

00
Ждать у мо'ря пого'ды
TO WAIT IN VAIN FOR (SOMETHING); YOU CAN WAIT TILL THE COWS
COME HOME

61
Жите'йское мо'ре
LIFE'S TRIALS AND TRIBULATIONS
В жите'йском мо'ре я оди'н блужда'ю.

42
$За' море<за моря'$
BEYOND THE SEA (DIRECTION)

42
$За' морем<за моря'ми$
BEYOND THE SEA (LOCATION)
Спой мне пе'сню, как сини'ца Ти'хо за' морем жила'.

00
Ка'пля в мо'ре R ка'пля

00
Мо'ре по $коле'но<коле'на$ [кому'] R коле'но

00
Разлива'нное мо'ре R разлива'нный

МОРО'З

00
Креще'нские моро'зы R креще'нский

00
Моро'з по $ко'же/спине'$ $подира'ет/дере.т/пробега'ет/
ETC$
ONE'S SKIN CRAWLS; (IT) MAKES (ME) SHIVER; (IT) GIVES (ME)
THE CREEPS
Когда' Уса'ч расска'зывал о том, что' произошло'
но'чью, у меня' моро'з подира'л по ко'же.

МОРО'ЧИТЬ

00
Моро'чить го'лову
TO FOOL (SOMEONE); TO PULL THE WOOL OVER (SOMEONE'S) EYES
Я стара' го'лову моро'чить. Обма'ном не жила' и жить не
бу'ду.

МОРСКО'Й

00
$Доста'ть со дна морско'го/найти' на дне морско'м/

сыска'ть на дне морско'м$ R мо'ре

00
Как песо'к морско'й<(что) песку' морско'го R песо'к

00
Морско'й волк R волк

МОСТОВА'Я

00
Грани'ть мостову'ю R грани'ть

МОТА'ТЬ

00
$Мота'ть/намота'ть$ (себе') на ус
TO TAKE NOTE OF (SOMETHING)
—То'лько ты слу'шай да на ус мота'й.

00
Мота'ть не'рвы [кому'] R нерв

МОХ

00
Мо'хом $обрасти'/зарасти'/покры'ться/ETC$
TO GO TO SEED; TO GO TO POT

МОЦИО'Н

00
Для $моцио'на<моцио'ну$
FOR ONE'S HEALTH; FOR EXERCISE
[Гро'мов] и'ли лежи'т на посте'ли ..., и'ли же хо'дит из
угла' в у'гол, как бы для моцио'на.

МОЧА'ЛКА

29
Жева'ть $моча'лку/моча'ло$
TO BE LIKE A BROKEN RECORD; TO GO ON AND ON ABOUT ONE
THING

МОЧА'ЛО

00
Жева'ть моча'ло R моча'лка

МО'ЧЕНЬКА

00
Мо'ченьки $нет/не ста'ло$
TO HAVE NO STRENGTH; TO BE OUT OF PATIENCE
—А-ах! —му'чилась Со'фья Са'вишна. —Всю пра'вую
сто'рону рве.т ... О-ох, мо'ченьки мое'й нет!

МОЧЬ

00
Ви'деть не $могу'<мо'жет<ETC$ R ви'деть

00
И $разгово'ра<разгово'ру$ быть не мо'жет [о че.м] R
разгово'р

00
Как живе.те-мо'жете
HOW ARE YOU?
—Здра'вствуйте, друзья'! Как живе.те - мо'жете!
—Ничего'!

00
Мавр сде'лал свое. де'ло, мавр мо'жет уйти' R ма'вры

00
$Мо'жет быть<быть мо'жет$
PERHAPS
1. Быть мо'жет, он [Кавка'з] с свои'х высо'т Приве'т
проща'льный мне пришле.т. 2. —Вы, мо'жет быть, хоти'те
верну'ться в кре'сла?

00
$Мо'жешь<мо'жете$ (себе') предста'вить R предста'вить

00
Мо'чи $нет/не ста'ло$
TO HAVE NO STRENGTH; TO BE OUT OF PATIENCE; (I) CAN'T
TAKE IT
—Мо'чи нет с прогу'льщиками! —ду'мал ма'стер, де'лая
поме'тки в цехово'м та'беле.

65
Не моги'
DON'T YOU DARE
—Эх, ба'рышня хоро'шая, не моги' ты со мной, со
стару'хой, лука'вить.

00
Не могу' знать R знать

00
(Не) могу' похвали'ться [кем<чем] R похвали'ться

00
Не мо'жет быть!
IT CAN'T BE!

МОЧЬ CONT'D.
00
Не мо'жет надыша'ться [кто+на кого'] R надыша'ться
00
Не мочь связа'ть двух слов R связа'ть
00
Сравне'ния не мо'жет быть [с кем<с чем] R сравне'ние
00
Чем могу' быть поле'зен? R поле'зный
00
Ша'гу $ступи'ть/шагну'ть$ не мо'жет [без кого'<без чего']
R шаг
МОШНА'
00
Наби'ть мошну' R наби'ть
00
$По'лная/туга'я/то'лстая/больша'я$ мошна'
(HE'S) LOADED; (HE'S) ROLLING IN DOUGH
00
Тряхну'ть мошно'й
TO OPEN ONE'S PURSE; TO LOOSEN ONE'S PURSE-STRINGS
МО'ЩИ
00
$Живы'е/ходя'чие$ мо'щи
A WALKING CORPSE
Ко'гда-то пы'шущая здоро'вьем, она' обрати'лась в
ходя'чие мо'щи, едва' вы'жив от тяже.лой боле'зни.
МРАК
00
Кроме'шный мрак R кроме'шный
МУДРЕНО'
00
Мудрено' ли
IS IT STRANGE?; IS IT SO AMAZING?
Мы теря'ли свое.: мудрено' ли, что мы горева'ли?
00
Не мудрено' (, что ...)
NO WONDER THAT ...
1. Ита'к, не мудрено', что она' скуча'ла в Тро'ичком.
2. -Я не знал, что ты так и говори'ть-то уме'ешь. -Не
мудрено', Ведь ... я с ва'ми говорю' в пе'рвый раз в
жи'зни.
МУДРЕ.НЫЙ
00
У'тро ве'чера мудрене'е
IT'S BETTER TO SLEEP ON A PROBLEM
-Не спеши' с реше'нием, а поразмы'сли! у'тро ве'чера
мудрене'е.
00
$Что мудре.ного<мудре.ного нет$
WHAT'S SO STRANGE ABOUT THAT?; THERE'S NOTHING STRANGE
ABOUT THAT
1. -[Нака'тову] сто ты'сяч дохо'ду ... эхе-хе'! да,
впро'чем, что ж мудре.ного! дурака'м всегда' сча'стье.
2. -Да [ты] не в свое.м ра'зуме? -Мудре.ного нет;
потому' как я запи'л.
МУ'ДРОСТЬ
00
Змеи'ная му'дрость R змеи'ный
00
Кла'дезь му'дрости R кла'дезь
МУ'ДРСТВОВАТЬ
00
Не му'дрствуя лука'во
SIMPLY; IN A STRAIGHTFORWARD WAY; WITHOUT UNNECESSARY
RATIONALIZATION
-Не му'дрствуя лука'во, баллоти'руйся-ка ты [брат] в
гла'сные.
МУ'ЖНИЙ
75
Му'жняя жена'
A MARRIED WOMAN
Же.ны му'жние - моло'душки К коробе'йникам иду'т.
МУЖСКО'Й
00
Мужско'й пол
MEN
Чле'ны семьи' мужско'го по'ла [у гиляко'в] равны' ме'жду

собо'й.
00
Мужско'й элеме'нт R элеме'нт
МУ'ЗЫКА
00
Блатна'я му'зыка R блатно'й
00
Класть на му'зыку R класть
50
$Му'зыка не та/друга'я му'зыка$
THAT'S A DIFFERENT STORY; THAT'S A HORSE OF A DIFFERENT
COLOR
Тепе'рь, когда' в прави'тельство вошли'
"социалисти'ческие" мини'стры, му'зыка пойде.т не та -
так уверя'ли и уверя'ют нас оборо'нцы.
МУЗЫКА'ЛЬНЫЙ
00
Музыка'льный слух
AN EAR FOR MUSIC
У тре.хлетнего ребе.нка оказа'лся музыка'льный слух.
МУ'КА
00
Кроме'шная му'ка R кроме'шный
00
Му'ка $му'ченическая/му'ченская$ R му'ченический
00
Му'ки Танта'ла R Танта'л
00
Танта'ловы му'ки R Танта'лов
00
Хожде'ние по му'кам R хожде'ние
МУКА'
00
Переме'лется - мука' бу'дет R перемоло'ться
МУРА'ШКА
00
Мура'шки $бе'гают/по'лзают/ETC$ по $спине'/те'лу/ETC$
IT GIVES (ME) THE SHIVERS
Нежда'нов да'же в темноте' почу'вствовал, что весь
побледне'л, и мура'шки забе'гали по его' щека'м.
МУТИ'ТЬ
00
Кути'ть $и<да$ мути'ть R кути'ть
00
Мути'ть во'ду
TO STIR UP TROUBLE; TO CONFUSE THINGS
Жизнь молодо'й па'ры еще. не нала'дилась: о'бе мама'ши
мути'ли во'ду.
МУ'ТНЫЙ
00
В му'тной воде' ры'бу лови'ть R лови'ть
МУ'ХА
00
Бе'лые му'хи
SNOW FLAKES
Моро'зит. Бе'лые му'хи опуска'ются на зе'млю, образу'я
пуши'стый сне'жный покро'в.
29
(Быть) $под<с$ му'хой
TO BE TIPSY
Верну'вшиеся с бе'рега матро'сы бы'ли под му'хой,
оживле.нно расска'зывая о свои'х приключе'ниях.
00
Де'лать из му'хи слона'
TO MAKE A MOUNTAIN OUT OF A MOLEHILL
-Ты де'лаешь из му'хи слона', говоря' о наводне'нии при
ви'де ручья', разли'вшегося по'сле дождя', -объясни'л он
го'стю из го'рода.
00
До бе'лых мух
TILL THE SNOW FALLS; TILL THE FROST COMES
Отко'рм гусе'й был до бе'лых мух; по'сле пе'рвого сне'га
их везли' в го'род на прода'жу.
00
(Кака'я) му'ха укуси'ла [кого']
WHAT GOT INTO HIM?
-Ты сам не свой. Кака'я му'ха тебя' укуси'ла?-
-Провали'лся на экза'мене.

153

МУ'ХА CONT'D.
00
Как со'нная му'ха R со'нный
00
Мрут как му'хи
DIE LIKE FLIES
Эпиде'мия холе'ры; лю'ди мрут как му'хи.
00
Му'хи $мрут/до'хнут$
TO BE BORED TO DEATH; TO BE CLIMBING THE WALLS FROM
BOREDOM
Жизнь на куро'рте моното'нна: му'хи мрут от ску'ки.
00
Му'хи не оби'дит
(HE) WOULDN'T HARM A FLEA
Квартира'нт - челове'к сми'рный, му'хи не оби'дит.
29
Му'ху $раздави'ть/задави'ть/зашиби'ть$
TO DRINK WINE
00
Слы'шно как му'ха пролети'т
YOU COULD HEAR A PIN DROP
В кла'ссе воцари'лась тишина', слы'шно как му'ха
пролети'т: после'дний экза'мен пе'ред вы'пуском.
00
Счита'ть мух
TO LOAF
00
(То'чно) му'ху проглоти'л
(HE) LOOKED LIKE (HE) SWALLOWED A FLY
Пассажи'р, сре'дних лет, ни ра'зу не улыбну'лся когда'
все в отделе'нии ваго'на смея'лись; он то'чно му'ху
проглоти'л.
МУ'ЧЕНИЧЕСКИЙ
00
Му'ка $му'ченическая/му'ченская$
GREAT SUFFERING
Жизнь угаса'ла; больно'й испы'тывал му'ку му'ченическую.
МУ'ЧЕНСКИЙ
00
Му'ка му'ченская R му'ченический
МУ'ШКА
00
$Брать/взять$ на му'шку [кого'<что]
TO HAVE (SOMEONE) IN ONE'S SIGHTS; TO TAKE AIM AT (SOMEONE)
Охо'тник взял на му'шку засты'вшего в во'здухе ко'ршуна.
МЧА'ТЬСЯ
00
Как угоре'лый мча'ться R угоре'лый
МЫ
00
Зна'ем мы вас R знать
00
Между на'ми (говоря') R ме'жду
00
Мы паха'ли R паха'ть
МЫ'КАТЬ
00
Го'ре мы'кать
TO LEAD A WRETCHED LIFE; TO HAVE A WRETCHED EXISTENCE; TO
LIVE IN MISERY
[Фе'ня] по'сле сме'рти ма'тери оста'лась безнадзо'рной;
мы'кала го'ре с пья'ничей отцо'м, голода'ла, ме.рзла.
00
Мы'кать $век/жизнь$
TO LEAD A HARD LIFE; TO SUFFER PRIVATIONS
Мать солда'тская мы'кала век, лиши'вшись корми'льца.
МЫ'ЛЬНЫЙ
00
Мы'льный пузы'рь
SOAP BUBBLE
Но Родио'н Анто'ныч относи'лся к э'тим случа'йным
лю'дям с досто'йным презре'нием. Что они' тако'е бы'ли
са'ми по себе'? мы'льные пузыри', не бо'льше. Всплыве.т,
покру'жится, поигра'ет и рассы'плется ра'дужной пы'лью.
МЫСЛЕ'ТЕ
00
$Писа'ть/выде'лывать/ETC$ мысле'те R вавило'ны

МЫ'СЛИМЫЙ
29
Мы'слимо ли де'ло
IS IT POSSIBLE?; CAN IT BE?
-Мы'слимо ли де'ло, что'бы челове'к от ры'бы и'ли
лягу'шки произоше.л? Чудно'.
МЫСЛЬ
00
Воспари'ть мы'слью R воспари'ть
00
Вспасть на мысль R вспасть
00
Держа'ть [что] в мы'слях R держа'ть
00
За'дняя мысль R за'дний
00
Име'ть в мы'слях [что]
TO THINK ABOUT (SOMETHING)
00
Напа'сть на мысль R напа'сть
00
Не допуска'ть мы'сли [о че.м]
NOT TO ADMIT THE THOUGHT THAT
00
Не име'ть в мы'слях [чего']
NOT TO GIVE A THOUGHT TO (SOMETHING)
Гость не име'л в мы'слях конца' о'тпуска; в после'дний
день мы помогли' ему' собра'ться в отъе'зд.
00
О'браз мы'слей
ONE'S WAY OF THINKING
О'браз мы'слей сы'на измени'лся: он стал атеи'стом.
00
Пода'ть мысль R пода'ть
00
Прийти' в мысль R прийти'
МЫТЬ
00
Рука' ру'ку мо'ет
(YOU) SCRATCH (MY) BACK, (I'LL) SCRATCH (YOURS)
МЫТЬЕ.
00
Не мытье.м, так ка'таньем R ка'танье
МЫШИ'НЫЙ
00
Мыши'ная $возня'/суета'$
A LOT OF FUSS ABOUT NOTHING
00
Мыши'ный жере'бчик R жере'бчик
МЫ'ШКА
00
Под $мы'шками<мы'шкой$
UNDER ONE'S ARM
1. Пла'тье порва'лось под мы'шками. 2. Нести' под
мы'шкой. 3. Сняв ша'пку, челове'к э'тот прижа'л ее.
под мы'шкой.
00
Под $мы'шки<мы'шку$
UNDER ONE'S ARM
... хозя'ин, ..., взял под мы'шку каку'ю-то деревя'нную
шту'ку ...
МЫ'ШКИН
00
Отолью'тся ко'шке мы'шкины сле.зки R отли'ться
МЫШЬ
00
Бе'ден как церко'вная мышь R церко'вный
00
Как мышь на крупу' наду'лся
TO BE IN A HUFF; TO HAVE AN OFFENDED LOOK
МЯ'ГКИЙ
00
Мя'гко выража'ясь
TO PUT IT MILDLY
МЯКИ'ННЫЙ
64
Мяки'нная голова'

154

МЯКИ'ННЫЙ CONT'D.
A BLOCKHEAD
МЯ'СО
00
Бе'лое мя'со R бе'лый
00
Ди'кое мя'со R ди'кий
00
Зна'ет ко'шка, чье. мя'со съе'ла R ко'шка
00
Ни ры'ба ни мя'со R ры'ба
00
Пу'шечное мя'со
CANNON-FODDER
00
С мя'сом $вы'рвать/оторва'ть$ =пу'говицу/крючо'к/ETC=
[TO REMOVE A PIECE OF THE FABRIC WHEN PULLING OFF A
BUTTON/HOOK]
На ме'сте не'скольких пу'говиц, вы'рванных с мя'сом,
бы'ли ды'ры.
НА
00
Вот тебе' (и) на R вот
00
Вот те на R вот
00
Како'й ни на есть R како'й
00
Кто ни на есть R кто
29
$На-ка (-поди')<(да и) на-поди'$
WHAT DO YOU KNOW!
1. -А он на-ко-поди', ро'вно моло'денький. 2.
-Ба'тюшки! ... на-ка, ба'рин-то знако'мый, а я, ... и не
призна'ла, на-ка!
00
Что ни на есть R что
НАБА'Т
00
$Бить<бить в/ударя'ть в$ наба'т
TO RAISE THE ALARM
1. -Вдруг слы'шу звон, уда'рили в наба'т ... 2. ...
на одно'й колоко'льне бьют наба'т. 3. - ... в наба'т я
приуда'рю, По го'роду всему' наде'лаю хлопо'т, И
оглашу' во весь наро'д.
НАБЕ'Г
00
С $набе'га<набе'гу$
WITH ONE SWOOP; AT A BOUND
НАБЕКРЕ'НЬ
00
Мозги' набекре'нь [у кого'] R мозг
НАБИ'ТЫЙ
29
$Наби'тый дура'к/наби'тая ду'ра$
A COMPLETE FOOL
Все в дере'вне счита'ли молчали'вого па'рня наби'тым
дурако'м.
НАБИ'ТЬ
00
Наби'ть битко'м R битко'м
00
Наби'ть $карма'н/мошну'$
TO FILL ONE'S POCKETS; TO GET RICH
00
Наби'ть оско'мину
1. TO MAKE ONE'S MOUTH SORE 2. TO SET (SOMEONE'S) TEETH ON
EDGE
1. Наби'ть оско'мину ки'слыми я'блоками. 2. И что
за несча'стная спосо'бность у на'ших у'мных, мы'слящих
дам говори'ть ... о том, что давно' уже' наби'ло
оско'мину да'же гимнази'стам.
00
Наби'ть ру'ку
TO BECOME A SKILLED HAND AT (SOMETHING)
-Вы наби'ли ру'ку, у вас вы'работанный стих.
00
Наби'ть себе' че'ну

TO ENHANCE ONE'S REPUTATION
Корреспонде'нт наби'л себе' че'ну упомина'нием о свои'х
"Путевы'х Заме'тках о Коре'е", неда'вно
опублико'ванных.
00
Наби'ть че'ну [на что]
TO RAISE THE PRICE; TO DRIVE UP THE PRICE
Торго'вец наби'л че'ну на това'р, бы'вший в большо'м
спро'се.
НАБИ'ТЬСЯ
00
Наби'ться битко'м R битко'м
НАБО'Р
00
Набо'р слов
VERBIAGE; NONSENSE
Э'то стихотворе'ние – набо'р слов: в не.м есть ри'фма,
но нет смы'сла.
НАБРА'ТЬ
00
Набра'ть воды' в рот R вода'
НАБРА'ТЬСЯ
00
Набра'ться ду'ху
TO SET ONE'S MIND TO (SOMETHING); TO RESOLVE TO (DO SOMETHING)
Набра'вшись ду'ху, он бро'сился в ледяну'ю во'ду.
00
Набра'ться $ума'/ра'зума$
TO GROW WISE
НАБРО'СИТЬ
00
Набро'сить покро'в [на что] R покро'в
00
Набро'сить фле.р [на что] R фле.р
НАВАЛЯ'ТЬСЯ
29
Наваля'ться в нога'х [у кого']
TO GO DOWN ON ONE'S KNEES TO (SOMEONE); TO BEG (SOMEONE)
-Трои'х жильцо'в засуди'ла, а за твои' де'рзкие слова'
ты у меня' в нога'х наваля'ешься!
НАВЕ'КИ
00
Усну'ть наве'ки R усну'ть
НАВЕРНЯКА'
00
Бить наверняка' R бить
НАВЕ'РХ
00
$Свиста'ть/свисте'ть$ всех наве'рх R свиста'ть
НАВЕСТИ'
00
Навести' кри'тику [на кого'<на что] R кри'тика
00
Навести' на $ум/ра'зум$
TO TEACH (SOMEONE); TO BRING (SOMEONE) TO REASON
00
Навести' $спра'вку<спра'вки$
TO INQUIRE ABOUT; TO MAKE INQUIRIES ABOUT
00
Навести' тень на $плете'нь/я'сный день$ R тень
НАВЗРЫ'Д
00
Пла'кать навзры'д
TO SOB CONVULSIVELY
1. [О'льга] начала' пла'кать, снача'ла тихо'нько,
пото'м навзры'д. 2. [Та'ня] отверну'лась, е'ле
сде'рживаясь, что'бы не распла'каться навзры'д.
НАВОДИ'ТЬ
00
Наводи'ть кри'тику [на кого'<на что] R кри'тика
НАВОСТРИ'ТЬ
00
Навостри'ть лы'жи R лы'жи
00
Навостри'ть у'хо<навостри'ть у'ши R у'хо
00
Навостри'ть $у'хо<у'ши$ R у'хо
НАВСЕГДА'
00
Раз (и) навсегда' R раз

НАВСЕГДА' CONT'D.
   00
      Усну'ть навсегда' R усну'ть
НАВСТРЕ'ЧУ
   00
      Идти' навстре'чу [кому'<чему']
      TO COOPERATE WITH; TO MEET HALFWAY; TO FACILITATE; TO GO
      ALONG WITH
      Я ви'дел, что каза'ки торо'пятся домо'й, и поше.л
      навстре'чу их жела'нию.
   00
      Идти' навстре'чу [чему']
      TO GO TO MEET; TO MEET (ONE'S ADVERSITIES) HEAD ON
      Идти' навстре'чу свое'й ги'бели.
НАВЫ'ВОРОТ
   00
      Ши'ворот-навы'ворот R ши'ворот
НАВЫ'КАТ
   00
      Глаза' $навы'кат/навы'кате$
      BULGING EYES
      1. Э'то был ю'ноша мои'х лет ..., с больши'ми глаза'ми
      навы'кат ... 2. В ... его' глаза'х, ..., навы'кате и
      неско'лько неподви'жных, замеча'лась не то заду'мчивость,
      не то уста'лость.
НАВЫ'КАТЕ
   00
      Глаза' навы'кате R навы'кат
НАВЫ'ТЯЖКУ
   00
      Стоя'ть навы'тяжку
      TO STAND AT ATTENTION
      Тро'е бойцо'в взво'да управле'ния стоя'ли навы'тяжку у
      стен блиндажа'.
НАВЯЗА'ТЬСЯ
   00
      Навяза'ться на $(мою') го'лову/ше'ю$
      TO BE A BURDEN TO (SOMEONE)
      1. -Заговори'ла? Аль опя'ть надула'сь? Житье. мое'!
      Уж не'чего сказа'ть! Вот ди'тятко на ше'ю навяза'лось!
      2. -Навяза'лся ты на мою' го'лову ... -Ну, ла'дно,
      пойде.м!
НАВЯ'ЗНУТЬ
   00
      Навя'зло в зуба'х R зуб
НАГЛЕЦА'
   31
      С наглецо'й
      IMPUDENTLY; INSOLENTLY
НАГНА'ТЬ
   00
      Нагна'ть це'ну
      TO DRIVE THE PRICE WAY UP
      Спекуля'нты нагна'ли це'ны на това'ры, отсу'тствовавшие
      в коoperati'вах.
НАГОВОРИ'ТЬ
   00
      С три ко'роба =наговори'ть= R ко'роб
НАГОТА'
   00
      Во всей (свое'й) наготе'
      BARE; UNADORNED
   42
      Нагота' и босота'
      DIRE POVERTY
НАГРЕ'ТЬ
   00
      Нагре'ть ру'ки
      TO LINE ONE'S POCKETS
      Переку'пщик нагре'л ру'ки при прода'же гурта' рога'того
      скота'.
НАДАВА'ТЬ
   00
      Надава'ть $по ше'е<в ше'ю<по шея'м$ R ше'я
НА'ДВОЕ
   00
      Ба'бушка на'двое сказа'ла R ба'бушка
НАДЕ'ЖДА
   00
      В наде'жде

WITH HOPE; HOPEFULLY
      Сде'лавши э'то распоряже'ние, А'нна Па'вловна
      возвраща'ется восвоя'си в наде'жде хоть на коро'ткое
      вре'мя ю'ркнуть в пуховики'.
   00
      Возлага'ть наде'жды [на кого'<на что] R возлага'ть
      Ласка'ть наде'ждой R ласка'ть
   00
      $льстить себя'/льсти'ться$ наде'ждой R льстить
   00
      Льсти'ться наде'ждой R льстить
   00
      Пита'ть $наде'жды<наде'жду$
      TO NOURISH THE HOPE
      Сын се'льского учи'теля пита'л наде'жды поступи'ть в
      столи'чный университе'т.
   00
      Подае.т наде'жды
      TO SHOW PROMISE
   00
      Смотре'ть (с наде'ждой) [на кого'<на что] R смотре'ть
НАДЕ'ТЬ
   00
      Наде'ть личи'ну [чью] R личи'на
   00
      Наде'ть (на себя') ма'ску R ма'ска
   00
      Наде'ть пе'тлю $на себя'<на ше'ю [кому']$ R пе'тля
НАДЕ'ЯТЬСЯ
   00
      Наде'яться как на ка'менную $го'ру/сте'ну$ [на кого'<на
      что] R гора'
НА'ДО
   29
      (Ведь) на'до же
      YOU DON'T SAY!; WELL, I'LL BE!
   00
      Како'го рожна' на'до [кому'] R рожо'н
   29
      На'до быть
      APPARENTLY; SURELY
      Собра'лись, на'до быть, все. Ждать бо'льше не'кого.
   00
      На'до $ду'мать/полага'ть$
      ONE WOULD THINK SO; APPARENTLY; VERY LIKELY
      Одино'ко стоя'вший дуб раско'лот уда'рившей в него'
      мо'лнией, надо полага'ть.
   00
      На'до и со'весть знать R знать
   00
      На'до и $со'весть/честь$ знать R знать
   29
      Что на'до
      THE VERY BEST; TOP-NOTCH
      -Мука' - что на'до! ... - Сло'вно пух ...
НАДОЕ'СТЬ
   00
      Ху'же го'рькой ре'дьки надое'сть R ре'дька
НАДОРВА'ТЬ
   29
      Надорва'ть $живо'т<животы'/живо'тики$ $со' смеху/от
      хо'хота$
      TO SPLIT ONE'S SIDES LAUGHING
      -Иногда' как начне.т [Печо'рин] расска'зывать, так
      живо'тики надорве.шь со' смеха.
   00
      Надорва'ть кишки' (со' смеху) R кишка'
НАДРА'ТЬ
   29
      Надра'ть у'ши
      TO PULL (SOMEONE'S) EARS
      -Не тро'гай спи'чек, не то надеру' у'ши! -пригрози'л
      оте'ц ма'льчику.
НАДРЫВА'ТЬ
   29
      Надрыва'ть $гло'тку/го'рло$
      TO SHOUT/TO SING AT THE TOP OF ONE'S VOICE

НАДРЫВА'ТЬСЯ
00
$Се'рдце/душа'$ надрыва'ется =гру'стью/тоско'й/ETC=
ONE'S HEART IS BREAKING
-Се'рдце мое., ..., надрыва'ется, Пе.тр Петро'вич; вас
мне жаль, моего' голу'бчика.
НАДСА'ЖИВАТЬ
00
Надса'живать $го'рло/грудь$
TO TALK/ARGUE/ETC LOUDLY AND HEATEDLY
Гу'барев ре'дко вме'шивался в пре'ния; зато' други'е
усе'рдно надса'живали грудь.
НАДУ'ТЬ
59
Наду'ть в у'ши [кому']
TO GOSSIP; TO TELL TALES; TO SPREAD SCANDAL
29
Наду'ть гу'бы
1. TO POUT 2. TO TAKE OFFENSE; TO SULK
Меня' оби'дели его' слова'. Он заме'тил э'то. -Ты что
гу'бы наду'л?
00
Наду'ть ще.ки
TO PUFF OUT ONE'S CHEEKS
Наду'вши ще.ки, трубачи' По всем полка'м игра'ли зо'рю.
НАДУ'ТЬСЯ
00
Наду'лся как мышь на крупу' R мышь
НАДЫША'ТЬ
29
$Мно'го не/недо'лго$ надышит
NOT LONG FOR THIS WORLD
НАДЫША'ТЬСЯ
00
Не $нады'шится/мо'жет надыша'ться$ [кто+на кого']
TO DOTE ON (SOMEONE)
Все надыша'ться не могли' на Ду'нюшку, все на рука'х
ее. носи'ли.
50
Перед сме'ртью не нады'шишься
(HE) MADE A LAST DITCH EFFORT
-Перед сме'ртью не нады'шишься! -шути'ли над собо'й
студе'нты, на'скоро просма'тривая за'писи ле'кций.
НАЖА'ТЬ
29
Нажа'ть на все $кно'пки/пружи'ны/педа'ли$
TO LEAVE NO STONE UNTURNED; TO DO (SOMETHING) BY HOOK OR BY
CROOK; TO PULL WIRES
НАЗА'Д
00
Ни ша'гу наза'д R шаг
00
Пыта'ться поверну'ть колесо' исто'рии наза'д R колесо'
00
Тому' наза'д
AGO
Проче'нко верну'лся в диви'зию совсе'м неда'вно, всего'
неде'лю тому' наза'д.
00
Туда' и наза'д R туда'
НАЗВА'НИЕ
00
Носи'ть назва'ние R носи'ть
00
$Одно'/то'лько$ назва'нье
IN NAME ONLY
-Пропа'щий челове'к ... Одно' назва'нье, что купе'ц.
Тесть-то уж два ра'за плати'л по векселя'м.
НАЗВА'ТЬ
00
Бою'сь назва'ть R боя'ться
00
В глаза' назва'ть R глаз
НАЗАРА'ВСТВОВАТЬСЯ
00
На $вся'кое чиха'ние/вся'кий чих/вся'кий чох$ не
назара'вствуешься
YOU CAN'T REACT TO EVERY TRIFLE

Еве. тут спле'тни каки'е-то распусти'ли про Ма'шеньку!
... -На вся'кое чиха'нье, суда'рыня, не
назара'вствуешься. Слу'шать-то не прихо'дится.
НА'ЗЛО'
00
На'зло' [кому'] =поступи'ть [как]/ETC= R зло
НАЗНАЧЕ'НИЕ
00
Ме'сто назначе'ния
ONE'S DESTINATION
Я приближа'лся к ме'сту моего' назначе'ния.

НАЗЫВА'ТЬ
00
Называ'ть бе'лое че.рным R че.рный
00
Называ'ть ве'щи $свои'ми/со'бственными/настоя'щими$
имена'ми R и'мя
00
Так называ'емый
SO-CALLED
1. [Ма'яков] просла'вился двумя' так называ'емыми
"коми'ческими" поэ'мами. 2. [Госпо'дствующий класс]
обеспе'чивал достиже'ние свои'х це'лей так называ'емыми
"ми'рными" сре'дствами.
НАЗЫВА'ТЬСЯ
00
Что называ'ется
KNOWN AS
-Я предпочита'ю воспита'ние суро'вое, просто'е, что
называ'ется, на ме'дные де'ньги.
НАИЛУ'ЧШИЙ
00
Всего' наилу'чшего
ALL THE BEST
... Всего' наилу'чшего! -стоя'ло в конце' письма'.
НАИМЕ'НЬШИЙ
00
Пойти' по $ли'нии/пути'$ наиме'ньшего сопротивле'ния
TO TAKE THE PATH OF LEAST RESISTANCE
НАИ'ТИЕ
14
По наи'тию (свы'ше)
BY INTUITION; INSTINCTIVELY
Предотврати'ть его' [сме'ртный слу'чай] смог бы ра'зве
како'й-нибудь гениа'льный ме'дик - по вдохнове'нию, по
наи'тию свы'ше.
НАЙТИ
00
Найти на дне морско'м R мо'ре
НАЙТИ'
00
Дне.м с огне.м не найти' R день
00
Кончо'в не найти' R коне'ц
00
Найти' вы'ход [чему'] R вы'ход
00
Найти' до'ступ к [чьему'] се'рдцу R до'ступ
00
Найти' исхо'д [чему'] R исхо'д
00
Найти' на дне мо'ря R мо'ре
00
Найти' о'бщий язы'к R о'бщий
04
Найти' (себе') $смерть/моги'лу/коне'ц/ETC$
TO MEET ONE'S DEATH/END; TO FIND ONE'S FINAL RESTING PLACE
Альпини'сты нашли' смерть под сне'жной лави'ной.
00
Найти' себя'
TO FIND ONE'S CALLING; TO FIND ONESELF
Е'сли не ста'ла [Пономаре.ва] худо'жницей, то, мо'жет
быть, хоть в прикладно'м иску'сстве суме'ет найти' себя'.
00
Найти' $след<следы'>$ [кого'<чего'] R след
00
$Наше.л/нашли'$ дурака'! R дура'к

НАЙТИ' CONT'D.
00
Нашла' коса' на ка'мень R коса'
НАКАЗА'НИЕ
00
$Вот/про'сто/су'щее$ наказа'ние
WHAT A NUISANCE/PAIN IN THE NECK
1. -Ле.в Радио'ныч иде.т с кем-то. -Ну как из
родны'х кто, вот наказа'ние-то! 2. -И жа'рко же
сего'дня, про'сто наказа'ние. То'чно Саха'ра кака'я-то!
00
Наказа'ние (мне<тебе'<ETC) [с кем]
WHAT A NUISANCE/PAIN IN THE NECK
Наказа'ние с э'той Лили ... Ве'чно у нее. что'-нибудь.
НАКАЧА'ТЬ
29
Не' было печа'ли, (так) че'рти накача'ли
EVERYTHING WAS GOING WELL, AND NOW THIS
НАКИ'НУТЬ
00
Наки'нуть пе'тлю $на себя'<на ше'ю [кому']$ R пе'тля
00
Наки'нуть фле.р [на что] R фле.р
НАКЛО'Н
00
В накло'н
WITH A BOW
Вале'жины приходи'лось пили'ть в накло'н, да'же на
коле'нях.
НАКЛО'ННЫЙ
00
Кати'ться по накло'нной пло'скости
TO GO DOWNHILL; TO HIT THE SKIDS
НАКОВА'ЛЬНЯ
00
$Быть/находи'ться/ETC$ ме'жду мо'лотом и накова'льней
R мо'лот
НАКОНЕ'Ц
00
Наконе'ц (то)!
AT LAST!
1. -Мы начина'ем но'вую жизнь ... Наконе'ц! наконе'ц!
2. Уви'дев меня', она' ра'достно вскри'кивает,
броса'ется ко мне на ше'ю и говори'т: -Наконе'ц-то!
НАКОРМИ'ТЬ
00
Накорми'ть бере.зовой ка'шей R ка'ша
НАКОРОТКЕ'
00
Накоротке' [с кем]
CLOSE TO (SOMEONE)
НА'КРЕПКО
00
Кре'пко-на'крепко R кре'пко
НА'КРЕСТ
00
Крест-на'крест R крест
НАКРУТИ'ТЬ
29
Накрути'ть хвост [кому']
TO CHEW (SOMEONE) OUT
НАКРЫ'ТЬ
00
Накры'ть $за'втракать/обе'дать/у'жинать/за'втрак/обе'д/
у'жин/ETC$
TO SET THE TABLE (FOR BREAKFAST, DINNER, SUPPER)
-Накры'ть у'жинать через час! -распоряди'лась мать.
00
Накры'ть (на) стол
TO SET THE TABLE
Хозя'йка накры'ла на стол.
НАЛЕ'ВО
00
$Напра'во-нале'во<напра'во и нале'во$ R напра'во
НАЛЕ.Т
00
С $нале.та<нале.ту$
WITH A SWOOP; AT ONCE

1. С нале.та уда'риться эбо что'-либо. 2.
По-настоя'щему темпера'ментная и одаре.нная, она'
ка'к-то с нале.та все. понима'ла и сра'зу овладева'ла
изуча'емой ро'лью. 3. Чере.мушкин и Мычко'-отча'янные
хло'пцы, де'йствовавшие всегда' реши'тельно и с нале.та.
НАЛЕТЕ'ТЬ
00
Ко'ршуном налете'ть [на кого'] R ко'ршун
НАЛИ'ТЬ
00
Голова' $как/сло'вно/то'чно$ свинцо'м налита' R свине'ц
НАЛИ'ТЬСЯ
00
Нали'ться кро'вью
TO TURN RED (FROM ANGER, EFFORT, ETC)
Коро'тенькая ше'я старика' налила'сь кро'вью, лицо'
посине'ло.
НАЛИ'ЧИЕ
00
$Быть/оказа'ться$ в $нали'чии/нали'чности$
TO BE PRESENT
Кто'-то помеша'л вора'м, пови'димому, потому' что все. в
до'ме оказа'лось в нали'чии.
НАЛИ'ЧНОСТЬ
00
$Быть/оказа'ться$ в нали'чности R нали'чие
НАЛИ'ЧНЫЙ
00
За нали'чный расче.т
FOR CASH
Автомоби'ль ку'плен за нали'чный расче.т.
00
Нали'чный расче.т
CASH
Оте'ц, по привы'чке, предпочита'ет нали'чный расче.т
упла'те в рассро'чку.
НАЛОЖИ'ТЬ
29
Наложи'ть на себя' ру'ки
TO LAY HANDS ON ONESELF
00
Наложи'ть $печа'ть<печати$ [на что]
TO PUT A SEAL ON (SOMETHING)
00
Наложи'ть $ру'ку/ла'пу$ [на что]
TO TAKE (SOMETHING) INTO ONE'S OWN HANDS
Оккупа'нты наложи'ли руку на се'льское хозя'йство
террито'рии.
00
Наложи'ть (свой) $печа'ть/отпеча'ток$ [на кого'<на что]
TO LEAVE ONE'S STAMP ON (SOMETHING)
Продолжи'тельная война' наложи'ла отпеча'ток на
эконо'мику страны'.
НАЛОМА'ТЬ
00
Налома'ть бока' R бок
29
Налома'ть дров
TO BE A COMPLETE BLUNDERER
00
Налома'ть ше'ю [кому'] R ше'я
НАМЕ'РЕНИЕ
00
Без (вся'кого) наме'рения
FOR NO REASON AT ALL
[Стари'к] машина'льно взял на'чатое письмо'. -Дя'дя,
нельзя' ... Э'то ма'ленький секре'т. -Ах, винова'т ...
Я так, без вся'кого наме'рения.
00
С наме'рением
ON PURPOSE
Э'то был челове'к высо'кий, худо'й и как бу́дто с
наме'рением скрыва'вший свой взгляд под больши'ми
зеле.ными очка'ми.
НАМЕ.Т
00
В наме.т
AT A GALLOP

158

НАМЕ.Т CONT'D.
    Рома'н пусти'л Гнедо'го в наме.т. Он люби'л скака'ть в
    степну'
НАМОЗО'ЛИТЬ
    00
    Намозо'лить глаза' [кому'] R мозо'лить
НАМОТА'ТЬ
    00
    Намота'ть (себе') на ус R мота'ть
НАМЫ'КАТЬСЯ
    29
    Намы'каться го'ря
    TO HAVE ONE'S SHARE OF TROUBLE/WOE
    —Я ведь то'же го'ря намы'калась, пока' вы'росла. Мать у
    меня' на вата'ге умерла'. А оте'ч стал пья'нствовать.
НАМЫ'ЛИТЬ
    00
    Намы'лить го'лову [кому'] R голова'
    00
    Намы'лить хо'лку [кому'] R хо'лка
    00
    Намы'лить ше'ю [кому'] R ше'я
НАМЯ'ТЬ
    00
    Намя'ть бока' R бок
    00
    Намя'ть хо'лку [кому'] R хо'лка
    00
    Намя'ть ше'ю [кому'] R ше'я
НАНЕСТИ'
    00
    Нанести' визи'т [кому']
    TO VISIT (SOMEONE)
    00
    Нанести' тума'ну (в глаза') R тума'н
НАОБЕЩА'ТЬ
    00
    С три ко'роба =наобеща'ть= R ко'роб
НАОБУ'М
    00
    Наобу'м ла'заря R ла'зарь
НАПА'СТЬ
    00
    Еду'н напа'л R еду'н
    00
    Напа'сть на $мысль/иде'ю$
    TO HIT ON AN IDEA
    Г. Ка'менский напа'л на счастли'вую иде'ю: осмея'ть в
    сатири'ческом рома'не на'ших доморо'щенных
    чайльд-га'рольдов, э'тих ба'йроновских хлестако'вых.
    00
    Напа'сть на [чей] след R след
    00
    Не на $дурака'/ду'ру$ напа'л
    YOU AREN'T DEALING WITH A FOOL; YOU DON'T GIVE (SOMEONE)
    ENOUGH CREDIT
    —Я дам де'сять рубле'й зада'тку за коня'.— —Не на
    дурака' напа'л! отда'м то'лько за нали'чный расче.т.
    00
    Не на $ро'бкого<ро'бкую$ напа'л
    YOU AREN'T DEALING WITH A BABY; YOU DON'T GIVE (SOMEONE)
    ENOUGH CREDIT
    00
    Не на $того'<ту$ напа'л
    YOU AREN'T DEALING WITH A FOOL; YOU DON'T GIVE (SOMEONE)
    ENOUGH CREDIT.
    —Поживе.м, а пото'м уви'дим: жени'ться ли нам и'ли
    забы'ть друг дру'га. —Не на ту напа'л.
НАПЕРЕ.Д
    00
    За'дом напере.д R за'дом
НАПЕ'ТЬ
    29
    Напе'ть в у'ши
    TO SPREAD RUMORS ABOUT (SOMEONE)
    Жи'телям городка' напе'ли в у'ши о, я'кобы,
    вольноду'мстве молодо'го учи'теля.
НАПЕЧАТЛЕ'ТЬ
    61
    $Запечатле'ть/напечатле'ть$ почелу'й [на че.м]

TO PLANT A KISS ON
    [Васи'лий Ива'нович] на бе'лой и гла'дкой руке' О'льги
    Ива'новны ... напечатле'л безмо'лвный почелу'й.
НАПИВА'ТЬСЯ
    00
    Напива'ться мертве'чки R мертве'чки
НАПИСА'ТЬ
    00
    Ви'лами $на воде'<по воде'$ напи'сано R ви'лы
    00
    На лбу напи'сано [у кого']
    (IT'S) WRITTEN ON (HIS) FACE
    Несча'стье на лбу напи'сано у молодо'й же'нщины, ту'по
    смотре'вшей в простра'нство.
    00
    На лице' напи'сано [у кого'<чье.м] [что]
    (IT'S) WRITTEN ON (HIS) FACE/ALL OVER (HIS) FACE
    На лице' мое'м бы'ли напи'саны у'жас и отча'яние.
    00
    На роду' напи'сано
    IT WAS PREORDAINED FOR (SOMEONE); (HE) WAS DESTINED/FATED
    FOR (SOMETHING)
    Кому' что на роду' напи'сано, того' не обойде'шь — не
    объе'дешь.
НАПИ'ТОК
    00
    Горя'чие напи'тки R горя'чий
НАПИ'ТЬСЯ
    00
    $Как сте'лька<в сте'льку$ напи'лся R сте'лька
    00
    (Напи'ться) до положе'ния риз R ри'за
НАПЛА'КАТЬ
    00
    Кот напла'кал [кого'<чего']
    ENOUGH TO PUT IN YOUR EYE; PRACTICALLY NOTHING
    Мы еще' туды'-сюды', а вот мужика'м — плохова'то. Из
    года' в год засу'ха, неурожа'и, а земли' — кот напла'кал!
НАПЛЕВА'ТЬ
    29
    Наплева'ть в $глаза'/личо'$
    TO TELL (SOMEONE) TO GO TO HELL; TO EXPRESS ONE'S CONTEMPT
    FOR (SOMEONE)
    Убе'й, убе'й изме'нничу! Злоде'я изведи'! Не то весь
    век прома'ешься, ... Поко'я не найде.шь. В глаза' твои'
    бессты'жие Сосе'ди наплюю'т!
НАПЛЯСА'ТЬСЯ
    00
    $Ты<он<вы<ETC$ (у меня') напля'шешься
    I'LL SHOW (YOU); (YOU'LL) GET IT
    Ужо' тебя' к отве'ту потя'нут, голу'бчика; вот ты ужо'
    напля'шешься.
НАПОИ'ТЬ
    00
    (Напои'ть) до положе'ния риз R ри'за
НАПРА'ВИТЬ
    00
    Напра'вить лы'жи R лы'жи
    00
    Напра'вить на $и'стинный путь/путь и'стины$ [кого'] R
    путь
    00
    $Напра'вить путь/напра'вить шаги'/напра'вить стопы'/
    обрати'ть стопы'$
    TO TURN/DIRECT ONE'S STEPS TOWARD ...; ONE'S PATH LEADS
    TOWARD ...
    Где скры'лся ты? Куда' свой та'йный путь напра'вил?
НАПРА'ВИТЬСЯ
    00
    По стопа'м [кого'] =напра'виться= R стопа'
НАПРАВЛЯ'ТЬСЯ
    00
    Под укло'н направля'ться R укло'н
НАПРА'ВО
    00
    $Напра'во-нале'во<напра'во и нале'во$
    INDISCRIMINATELY; RIGHT AND LEFT
    [Ба'бушка] была' о'чень до'брая. Жила', во все.м себя'

НАПРА'ВО CONT'D.
  ограни'чивая, и помога'ла напра'во и нале'во.
НАПРА'СНО
  00
  $Тра'тить/теря'ть/изводи'ть/ETC$ по'рох напра'сно R
  по'рох
НАПРОЛО'М
  00
  $Идти'/рва'ться/ETC$ напроло'м
  TO BE RESOLUTE; TO ACT WITH RESOLUTION
  -Е'сли уже' и'збрана цель, уж ну'жно идти' напроло'м.
НАПРОПАЛУ'Ю
  00
  Идти' напропалу'ю
  TO STOP AT NOTHING
  Глеб понима'л, что стано'вится смешны'м, но ...
  разозли'лся и реши'л идти' напропалу'ю.
НА'ПРОСТО
  00
  Про'сто-на'просто R про'сто
НАПУСТИ'ТЬ
  00
  Напусти'ть (в глаза') тума'ну R тума'н
  00
  Напусти'ть $стра'ху<страх$ [на кого']
  TO FILL (SOMEONE) WITH TERROR
  Гроза' напусти'ла стра'ху на дете'й, те'сно прижа'вшихся
  к ма'тери.
НАРАСПА'ШКУ
  00
  Душа' нараспа'шку R душа'
  00
  $Жить/жизнь/житье.$ нараспа'шку
  TO LIVE IN A GRAND STYLE; LIFE ON A GRAND STYLE
  Жил он нараспа'шку, не по состоя'нию. Име'л отли'чных
  повaро'в, ... держа'л откры'тый стол для госпо'д дворя'н.
НАРВА'ТЬ
  00
  Нарва'ть у'ши [кому'] R у'хо
НАРО'Д
  00
  На весь наро'д
  OPENLY; PUBLICLY; FOR ALL TO HEAR
  Давно' ли журна'льные крикуны' по'дняли трево'гу на весь
  наро'д, встрети'в в на'шем журна'пе не'сколько слов,
  обыкнове'нных и поня'тных для вся'кого.
  00
  На наро'де
  IN SOCIETY; AMONG PEOPLE
  00
  Просто'й наро'д
  THE SIMPLE PEOPLE; THE COMMON PEOPLE
  Макси'м Го'рький - вы'ходец из просто'го наро'да.
  42
  $Че.рный/по'длый$ наро'д
  THE SIMPLE PEOPLE; THE COMMON PEOPLE
НАРОДИ'ТЬСЯ
  29
  Ме'сяц народи'лся
  THERE IS A NEW MOON
  Ме'сяц то'лько народи'лся - но'чи еще. те.мные бы'ли.
НАРО'ЧНО
  00
  $Как/бу'дто/сло'вно/то'чно$ наро'чно
  AS ILL LUCK WOULD HAVE IT
  -Э'кая доса'да! как наро'чно, ни души'! как бу'дто бы
  вы'мерло все..
НАРУ'ЖУ
  00
  $Весь<вся$ нару'жу ([с кем])
  TO BE COMPLETELY OPEN/ABOVE BOARD WITH (SOMEONE)
  Ребе.нок уже' уме'л определи'ть свои' отноше'ния к
  ма'тери и отцу'. С после'дним она' была' как есть, вся
  нару'жу, без ута'йки, откры'та.
  00
  Все. нару'жу ([у кого'])
  TO BE COMPLETELY ABOVE BOARD; TO BE COMPLETELY OPEN
  -Чудна'я ты. Скры'тная. Загрусти'ла, а что'бы сказа'ть

почему' - э'того нет. ... Я так не уме'ю. У меня',
Ва'ря, все. нару'жу.
  00
  Вы'вести нару'жу [что] R вы'вести
  00
  Вы'йти нару'жу R вы'йти
  00
  Проси'ться нару'жу R проси'ться
НАРЯДУ'
  00
  Наряду' с э'тим
  AT THE SAME TIME
  У него' [Ро'шина-Инса'рова] была' скло'нность к
  боге'ме, а наряду' с э'тим он мог не'сколько ноче'й
  подря'д не спать, подгота'вливая каку'ю-либо но'вую роль.
НАСИ'ЖЕННЫЙ
  00
  Наси'женное $ме'сто/гнездо'$
  ONE'S HOME FOR MANY YEARS; ONE'S PLACE OF WORK FOR MANY
  YEARS
  Война' лиши'ла мно'гих люде'й наси'женных гне.зд.
НАСИ'ЛИЕ
  00
  Непротивле'ние злу (наси'лием) R непротивле'ние
НАСИ'ЛУ
  00
  Наси'лу но'ги $волочи'ть/таска'ть/тащи'ть$ R нога'
НАСИ'ЛЬСТВЕННЫЙ
  00
  Наси'льственная смерть
  VIOLENT DEATH
  Стари'к у'мер наси'льственной сме'ртью от руки'
  граби'теля.
НАСКВО'ЗЬ
  00
  $Ви'деть/знать/ETC$ [кого'] наскво'зь
  TO KNOW (SOMEONE) INSIDE OUT; TO SEE THROUGH (SOMEONE)
  Ей каза'лось, что он наскво'зь ви'дит ее. и понима'ет
  все. то нехоро'шее, что в ней де'лается.
НАСКО'К
  00
  С $наско'ка<наско'ку$
  1. AT FULL SPEED 2. WITHOUT GIVING IT A SECOND THOUGHT;
  WITHOUT A MOMENT'S HESITATION
  1. Венге'рская кавале'рия с наско'ку шла на на'шу
  ко'нницу. 2. Ины'е су'дят обо все.м с наско'ку. Для
  них не существу'ет никаки'х исключе'ний из обще'го
  пра'вила.
НАСКО'ЛЬКО
  00
  Наско'лько хвата'ет глаз R глаз
НАСЛЕ'ДСТВО
  00
  Ввести' в насле'дство R ввести'
  00
  Ввод в насле'дство R ввод
НАСМА'РКУ
  31
  $Пойти'/идти'$ насма'рку
  TO GO TO POT; TO FALL THROUGH; TO COME TO NOTHING; TO
  FALL FLAT
  Не удае.тся построе'ние усили'телей сла'бых то'ков, и
  вся рабо'та иде.т насма'рку.
НАСТА'ВИТЬ
  00
  Наста'вить [кого'] на $путь и'стины/и'стинный путь$ R
  путь
  00
  Наста'вить на $ум/ра'зум$ R ум
  00
  Наста'вить нос [кому'] R нос
  00
  Наста'вить рога' [кому'] R рог
  23
  Наста'вить самова'р
  TO START THE SAMOVAR
  Рабо'тник на траве' по'дле реки' наста'вил самова'р и,
  присе'в на ко'рточки, на'чал усе'рдно дуть в трубу'.

00
Наста'вить $у'хо<у'ши$
TO PRICK UP ONE'S EARS; TO BE ALL EARS; TO BE ATTENTIVE;
TO LEND AN EAR
Наста'вил [Опана'с] у'хо, послу'шал, как высо'кие
со'сны шумя'т.
НАСТАВЛЕ'НИЕ
00
Чита'ть наставле'ния R чита'ть
НАСТОРОЖИ'ТЬ
00
Насторожи'ть $у'ши/слух$ R у'хо
НАСТОЯ'ЩИЙ
00
Называ'ть ве'щи настоя'щими имена'ми R и'мя
00
Настоя'щая ла'вочка R ла'вочка
00
Настоя'щим о'бразом
SERIOUSLY; PROPERLY
Иде'я о том ...., что не сто'ит жить не'сколько неде'ль,
ста'ла одолева'ть меня' настоя'щим о'бразом, я ду'маю, с
ме'сяц наза'д.
НА'СТРОГО
00
Стро'го-на'строго R стро'го
НАСТРОЕ'НИЕ
00
Быть не в настрое'нии
TO BE IN A BAD MOOD; TO BE OUT OF SORTS
Муж заме'тил, что жена' была' не в настрое'нии, и не
стал беспоко'ить ее. вопро'сами.
00
Челове'к настрое'ния
A MOODY PERSON
Наш сосе'д - челове'к настрое'ния: то не в ме'ру
словоохо'тлив, то молчи'т.
00
Чемода'нное настрое'ние R чемода'нное
НАСТРО'ИТЬСЯ
00
Настро'иться на мино'рный $лад/тон$ R мино'рный
НАСТРЯ'ТЬ
29
Настря'ть в зуба'х
TO BORE; TO GET ON (SOMEONE'S) NERVES
НАСТУПА'ТЬ
00
Наступа'ть на пя'тки [кому'] R пя'тка
НАСТУПИ'ТЬ
00
$Медве'дь/слон$ на' ухо наступи'л [кому']
TO BE TONE-DEAF
00
Наступи'ть на го'рло [кому'] R го'рло
00
Наступи'ть на (люби'мую) мозо'ль [кому'] R мозо'ль
00
Наступи'ть на хвост [кому'] R хвост
НА'СУХО
00
Су'хо-на'сухо R су'хо
НАСУ'ЩНЫЙ
00
Насу'щный хлеб R хлеб
НАСЫ'ПАТЬ
00
Насы'пать со'ли на хвост [кому'] R хвост
НАТРЕПА'ТЬ
00
Натрепа'ть у'ши [кому'] R у'хо
НАТРУБИ'ТЬ
29
Натруби'ть в у'ши [кому']
TO DIN INTO (SOMEONE'S) HEAD
НА'ТУГО
00
Ту'го-на'туго R ту'го

НАТУ'РА
00
$Быть/стоя'ть$ на нату'ре
TO MODEL; TO POSE FOR AN ARTIST
Лицо' у нее. от до'лгого стоя'ния на нату'ре осу'нулось,
похуде'ло.
00
В нату'ре веще'й R приро'да
00
Втора'я нату'ра
SECOND NATURE
Привы'чка - втора'я нату'ра.
НАТЯНУ'ТЬ
00
Натяну'ть нос [кому'] R нос
НАУ'КА
00
$Возложи'ть/принести'$ [что] на алта'рь нау'ки R
алта'рь
НАУЩЕ'НИЕ
42
По науще'нию [кого']
AT (SOMEONE'S) INSTIGATION; ON (SOMEONE'S) ADVISE
Откры'лось, что по науще'нию Толсто'го Гаври'ла
покупа'ет запреще.нные кни'ги.
НАХОДИ'ТЬ
00
Находи'ть сбыт R сбыт
00
Не находи'ть (себе') ме'ста R ме'сто
00
Не находи'ть слов [для чего'] R сло'во
НАХОДИ'ТЬСЯ
00
В убы'тке находи'ться R убы'ток
00
Где-где не находи'ться R где
00
Находи'ться в дозо'ре R дозо'р
00
Находи'ться в $облака'х/эмпире'ях$ R вита'ть
00
Находи'ться в одно'й шере'нге [с кем] R шере'нга
00
Находи'ться в оппози'ции [к кому'<к чему'] R оппози'ция
00
Находи'ться в отье'зде R отье'зд
00
Находи'ться в фарва'тере [кого'<чего'] R фарва'тер
00
Находи'ться ме'жду мо'лотом и накова'льней R мо'лот
00
Находи'ться между Сци'ллой и Хари'бдой R Сци'лла
00
Находи'ться на краю' ги'бели R ги'бель
00
Находи'ться на ло'жном пути' R ло'жный
00
Находи'ться на посы'лках R посы'лка
00
Находи'ться на содержа'нии [у кого'] R содержа'ние
00
Находи'ться на у'ровне R у'ровень
00
Находи'ться под запре'том R запре'т
00
Находи'ться под ружье.м R ружье.
00
Находи'ться под сле'дствием R сле'дствие
00
Находи'ться под стра'жей R стра'жа
НАЧА'ЛО
00
Вести' нача'ло [от кого'<от чего'] R вести'
00
Под нача'лом [чьим<у кого'] =рабо'тать/служи'ть/ETC=
UNDER (SOMEONE); UNDER (SOMEONE'S) COMMAND/SUPERVISION
-Ты уме'л над Плато'ном шути'ть, так послужи' тепе'рь у

НАЧА'ЛО CONT'D.
    него' под нача'лом!
НАЧА'ТЬ
    00
    Лиха' беда' нача'ть R лихо'й
    00
    Нача'ть за здра'вие, а $ко'нчить/свести'$ за упоко'й R
    здра'вие
    00
    Нача'ть издале.ка' R издале.ка'
НАЧЕСА'ТЬ
    00
    Начеса'ть хо'лку [кому'] R хо'лка
НА'ЧИСТО
    00
    Чи'сто-на'чисто =вы'мыть/вы'чистить/ETC= R чи'сто
НАШ
    00
    В на'ших<ва'ших края'х R край
    00
    Где на'ше не пропада'ло R пропада'ть
    00
    Знай на'ших R знать
    00
    И на'шим и ва'шим R ваш
    00
    На'ша $бере.т/взяла'$ R брать
    00
    На'ша сестра' R сестра'
    00
    Наш брат R брат
    65
    На'ше вам!
    EVERYTHING WE HAVE IS YOURS!; MAKE YOURSELF AT HOME!
    "На'ше вам!" - Фамилья'рный приве'т.
    00
    На'ше де'ло
    THAT IS OUR AFFAIR
    00
    Не на'ше де'ло
    THAT DOESN'T CONCERN US
    -Не на'ше де'ло вме'шиваться в семе'йные дела' дете'й,
    -говоря'т мно'гие роди'тели.
    00
    По-на'шему
    IN OUR OPINION
НАШЕ'СТВИЕ
    00
    Мама'ево наше'ствие R мама'ев
НАШУ'ПАТЬ
    00
    Нашу'пать по'чву [для чего'] R по'чва
НЕБЕ'СНЫЙ
    00
    Жить как пти'ца небе'сная R пти'ца
    00
    Как ма'нны небе'сной =ждать/жа'ждать/ETC= R ма'нна
    00
    Ма'нной небе'сной пита'ться R ма'нна
    00
    О'лух ца'ря небе'сного R о'лух
    00
    Разве'рзлись хля'би небе'сные R хлябь
    00
    Цари'ца небе'сная
    THE MOTHER OF GOD
    -Ба'тюшки мои'! -изуми'лась О'льга .... -Цари'ца
    небе'сная!
    00
    $Ца'рство/ца'рствие$ небе'сное [кому']
    MAY (HE) DWELL IN HEAVEN
    -Ба'тюшка твой, ца'рство ему' небе'сное, был тако'й
    серье.зный, сло'ва на ве'тер не ска'жет.
    00
    $Царь/оте'ц$ небе'сный
    THE HEAVENLY FATHER
    -Царь небе'сный, влады'ка милости'вый! Не допусти' до
    че'рного сло'ва.

НЕБЛАГОДА'РНОСТЬ
    00
    Че.рная неблагода'рность R че.рный
НЕ'БО
    00
    Вита'ть между не'бом и земле.й R вита'ть
    00
    До небе'с $вознести'/превознести'$
    TO LAVISH PRAISE ON; TO PRAISE TO THE SKIES
    00
    Зве.зды с не'ба хвата'ть R звезда'
    00
    (Как) гром среди' я'сного не'ба R гром
    00
    $Как/как бу'дто/то'чно/ETC$ с не'ба $упа'л/свали'лся$
    1. TO APPEAR OUT OF THE BLUE/FROM NOWHERE 2. AS IF (HE)
    WERE BORN YESTERDAY
    1. -О'чень рад ви'деть тебя', - ... я удивле.н ... Ты
    то'чно с не'ба свали'лся. 2. Дурако'м каки'м
    прики'дывается! То'чно вчера' роди'лся, и'ли с не'ба
    упа'л.
    00
    Копти'ть не'бо R копти'ть
    00
    Между не'бом и земле.й =жить/находи'ться/ETC=
    1. TO BE HOMELESS 2. TO BE IN AN UNCERTAIN SITUATION
    00
    На седьмо'м не'бе $быть/чу'вствовать себя'$
    TO BE IN SEVENTH HEAVEN
    Кома'нда футболи'стов была' на седьмо'м не'бе от
    ра'дости по'сле побе'ды над си'льным проти'вником.
    00
    Небеса' разве'рзлись R разве'рзнуться
    00
    $Не'бо и земля'<земля' и не'бо$
    WORLDS APART
    Я делика'тно напо'мню, что они' и я - э'то ра'зница-с.
    Земля' и не'бо.
    00
    Не'бо $с<в$ овчи'нку показа'лось [кому'] R овчи'нка
    00
    Не'бу жа'рко =бу'дет/ста'нет/ETC=
    LIKE A HOUSE AFIRE; ALL HELL BROKE/BREAKS/WILL BREAK
    LOOSE; LIKE CRAZY
    Как мы шли в коле.сном гро'ме, Так, что не'бу жа'рко,
    По'мнят Га'йсин и Жито'мир, Ба'лта и Вапня'рка.
    00
    Низвести' (с неба') на зе'млю [кого'] R низвести'
    00
    (Отлича'ться) как не'бо от земли'
    THERE'S A WORLD OF DIFFERENCE BETWEEN (THEM)
    Жизнь свобо'дного наро'да отлича'ется как не'бо от
    земли' от жи'зни поднево'льного.
    00
    Под откры'тым не'бом R откры'тый
    00
    Попа'сть па'льцем в не'бо
    TO BE WIDE OF THE MARK
    00
    $Упа'сть/сойти'$ с не'ба на зе'млю
    TO HAVE A RUDE AWAKENING; TO BE DISILLUSIONED
НЕБОЛЬШО'Й
    00
    За небольши'м де'ло ста'ло R де'ло
    00
    Небольшу'ю толи'ку R толи'ка
    00
    С небольши'м
    SLIGHTLY MORE; PLUS; A LITTLE OVER
    Тре'тьей [же'нщине] бы'ло всего' лет два'дцать с
    небольши'м.
НЕВЕ'ДЕНИЕ
    00
    В блаже'нном неве'дении =быть/пребыва'ть/ETC=
    TO BE BLISSFULLY IGNORANT OF (SOMETHING)
НЕВЕ'РНЫЙ
    00
    Фома' неве'рный

162

НЕВЕ'РНЫЙ CONT'D.
    A DOUBTING THOMAS
НЕВЕРОЯ'ТИЕ
    00
    До невероя'тия R невероя'тность
НЕВЕРОЯ'ТНОСТЬ
    00
    До $невероя'тности/невероя'тия$
    INCREDIBLY
    Рассе'янный до невероя'тности, он ве'чно суети'лся,
    бе'гал, иска'л чего'-то.
НЕВЕ'СТА
    00
    Засиде'ться в неве'стах R засиде'ться
    42
    Христо'ва неве'ста
    1. A NUN 2. AN OLD MAID
НЕВЕ'СТКА
    00
    Неве'стке в отме'стку [V]
    TO PAY (SOMEONE) BACK IN KIND; TO GIVE (SOMEONE) A TASTE OF
    (HIS) OWN MEDICINE
НЕВЕ'СТЬ
    00
    Неве'сть како'й
    BIG DEAL
    [Миха'йло] сия'л таки'м дово'льством, как бу'дто и ему'
    самому' до'ждь сули'л неве'сть каки'е вы'годы.
    00
    Неве'сть кто
    A BIG WHEEL; A BIG SHOT
    Принима'я меня' неве'сть за кого', мно'гие ста'ли
    обнажа'ть го'ловы.
    00
    Неве'сть ско'лько
    GOD ONLY KNOWS HOW MUCH/MANY
    Мы тра'тим ... лу'чшие мину'ты, как бу'дто их и неве'сть
    ско'лько в запа'се.
    00
    Неве'сть что
    GOD KNOWS WHAT
    И ходи'ла она' ка'к-то задо'рно, и глаза'ми
    подми'гивала, то'чно неве'сть что сули'ла!
НЕВЗВИ'ДЕТЬ
    00
    Невзви'деть $све'та/дня$
    TO BE SCARED OUT OF ONE'S WITS; TO BE BLIND WITH RAGE
    -А вы ду'маете, что я испуга'юсь! -вскри'кнул я де'рзко
    и го'рдо, невзви'дев све'та от свое'й горя'чки,
    задыха'ясь от волне'ния.
НЕВЗИРА'Я
    00
    Невзира'я [на кого'<на что] R взира'ть
НЕ'ВИДАЛЬ
    00
    $Вот/что за/кака'я/э'кая/э'ка$ $не'видаль/невида'льщина$
    SO WHAT ELSE IS NEW?; THAT'S NOTHING/NO BIG DEAL
    -И, по'лно, кумане'к! Вот не'видаль: мыше'й! Мы
    ла'вливали и ерше'й.
НЕВИДА'ЛЬЩИНА
    00
    $Вот/что за/кака'я/э'кая/э'ка$ невида'льщина R
    не'видаль
НЕВИ'ДИМО
    00
    Ви'димо-неви'димо R ви'димо-неви'димо
НЕВИ'ННОСТЬ
    00
    Угнете.нная неви'нность R угнете.нный
НЕВОЗМО'ЖНО
    00
    Ша'гу невозмо'жно сде'лать R шаг
НЕВОЗМО'ЖНОСТЬ
    00
    До невозмо'жности
    INCREDIBLY; UNBELIEVABLY; IMPOSSIBLY
    -Он надое'л до невозмо'жности.
НЕВО'ЛЕЙ
    00
    Во'лей-нево'лей R во'лей-нево'лей

НЕВООРУЖЕ.ННЫЙ
    00
    Невооруже.нным гла'зом
    WITH THE NAKED EYE
НЕВРЕДИ'МОСТЬ
    00
    В це'лости и невреди'мости R це'лость
НЕВРЕДИ'МЫЙ
    00
    $Це'лый и невреди'мый<цел и невреди'м$ R це'лый
НЕВЫ'ГОДНЫЙ
    00
    В невы'годном $све'те/освеще'нии$
    IN A BAD LIGHT; IN AN UNFAVORABLE LIGHT
    Предста'вить де'ло в невы'годном све'те.
НЕ'ГДЕ
    00
    Дохну'ть не'где R дохну'ть
    00
    Не'где $го'лову/главу'$ приклони'ть R приклони'ть
    00
    Плю'нуть не'где R плю'нуть
НЕДАЛЕ.КИЙ
    00
    $Недале.кого/неда'льнего$ ума'
    SHORT ON BRAINS
    У люде'й недале.кого ума' обы'чно дли'нный язы'к.
НЕДАЛЕ.КО'
    00
    Недале.ко' уйти' [в че.м+от кого'] R уйти'
    00
    Недалеко' $ходи'ть/идти'$
    YOU DON'T HAVE TO GO FAR FOR (SOMETHING)
    За приме'ром ходи'ть недалеко'.
НЕДА'ЛЬНИЙ
    00
    Неда'льнего ума' R недале.кий
НЕДЕ'ЛЯ
    00
    Бе'з году неде'ля R год
    00
    Семь пя'тниц на неде'ле [у кого'] R пя'тница
НЕДО'БРЫЙ
    00
    Недо'брой па'мяти [кто<что] R па'мять
НЕДО'ЛГО
    00
    Недо'лго и до $греха'/беды'$
    ONE CAN EASILY COME TO GRIEF
    1. От безде'лья недо'лго и до греха'. 2. От игры' с
    огне.м недо'лго и до беды'.
    00
    Недо'лго нады'шит R надыша'ть
НЕДОСТАВА'ТЬ
    00
    (Еще.) $недостава'ло<недостае.т$, что'бы ...
    THAT'S ALL (I) NEED; ALL THAT REMAINS IS (FOR THAT TO
    HAPPEN)
    Еще. недостава'ло, что'бы безрабо'тному лиши'ться
    креди'та!
    00
    Не недостае.т (одно'й) кле.пки в голове' R кле.пка
    00
    (То'лько) пти'чьего молока' недостае.т R пти'чий
    00
    $Э'того/еще./то'лько$ $недостава'ло<недостае.т$
    THAT'S ALL (I) NEED; ALL THAT REMAINS IS (FOR THAT TO
    HAPPEN)
    Ми'тя, увида'в свое. запа'чканное кро'вью лицо',
    вздро'гнул и гне'вно нахму'рился. -Э, че.рт! Э'того
    недостава'ло, -пробормота'л он.
НЕДОСТА'ТОК
    00
    Нет недоста'тка [в ком<в че.м]
    THERE'S NO DEARTH OF
    Наро'ду на балу' бы'ло про'пасть, и в кавале'рах не'
    было недоста'тка.
НЕДРЕМА'ННЫЙ
    11
    Недрема'нное о'ко

    A WATCHFUL EYE (IRONICAL)
НЕ'ЖЕЛИ
    42
    Бо'лее не'жели
    VERY; EXTREMELY
    Ее. оде'жда была' бо'лее не'жели ле.гкая.
НЕ'ЖНОСТЬ
    00
    Теля'чьи не'жности R теля'чий
НЕ'ЖНЫЙ
    00
    Не'жный пол R пол(2)
НЕЗАБВЕ'ННЫЙ
    00
    Незабве'нной па'мяти R па'мять
НЕЗАВИ'СИМЫЙ
    00
    Незави'симо [от чего']
    REGARDLESS OF; DESPITE
    Лю'ди ходи'ли, сиде'ли, лежа'ли на па'лубе, а парохо'д
    ше.л да ше.л, незави'симо от жела'ний и це'ли э'тих
    люде'й.
НЕЗАВИ'СЯЩИЙ
    00
    По незави'сящим [от кого'<от чего'] обстоя'тельствам
    DUE TO CIRCUMSTANCES BEYOND ONE'S CONTROL
    По незави'сящим от меня' обстоя'тельствам я пропусти'л
    два пе'рвых представле'ния "MANO'N" Пуччи'ни.
НЕИЗВЕ'СТНОСТЬ
    00
    Покры'то мра'ком неизве'стности R мрак
НЕИМЕ'НИЕ
    00
    За неиме'нием [кого'<чего']
    DUE TO THE ABSENCE OF/LACK OF
    За неиме'нием ме'ста во фли'геле, мне отвели' ко'мнату в
    гра'фских хоро'мах.
    42
    По неиме'нию [кого'<чего']
    DUE TO THE ABSENCE OF/LACK OF
    Пое'здка, ка'жется, не состои'тся по неиме'нью еще.
    па'спорта.
НЕЙТИ'
    00
    В рот нейде.т R рот
НЕ'КОГДА
    00
    Дохну'ть не'когда R дохну'ть
НЕ'КОТОРЫЙ
    00
    В не'котором отноше'нии R отноше'ние
    00
    В не'котором ро'де R род
    50
    Не'которым о'бразом
    AS IT WERE; TO SOME EXTENT; SOMETHING OF AN ...
    Он не'которым о'бразом арти'ст.
НЕ'КУДА
    00
    Да'льше (е'хать) не'куда R да'льше
    00
    Деть не'куда R деть
    00
    Не'куда $го'лову/главу'$ приклони'ть R приклони'ть
    00
    Плю'нуть не'куда R плю'нуть
    00
    $Торопи'ться/спеши'ть$ не'куда
    TO BE IN NO HURRY; THERE'S NO RUSH
    -Впро'чем, мне еще. торопи'ться не'куда, я могу'
    вы'брать неве'сту соверше'нно по моему' жела'нию.
НЕЛА'ДНО
    00
    Нела'дно скро'ен, да $кре'пко/пло'тно$ сшит R сши'тый
НЕЛА'ДНЫЙ
    00
    Будь $он нела'ден<она' нела'дна< оно' нела'дно$

(SOMETHING) BE DAMNED; THE DEVIL TAKE (IT)
    Ру'сские проклина'ли э'ту ю'жную зи'му. -Ну и зима',
    будь ты нела'дна! -У нас зима' - моро'з, со'лнце, а тут
    э'кая грязь да сля'коть.
НЕЛЕ.ГКИЙ
    00
    Во все неле.гкие пусти'ться R пусти'ться
    00
    $де.рнула/де.рнет$ неле.гкая [кого'+INF] R де.рнуть
    29
    Неле.гкая $несе.т/принесла'/занесла'/ETC$ [кого']
    SOMEONE CAME/HAS COME AT THE WORST POSSIBLE MOMENT
    Кто-то постуча'л в дверь насто'йчиво и торопли'во.
    -Кого' еще. несе.т неле.гкая? -удиви'лся Тенте'нников.
    00
    Неле.гкая унесла' R унести'
    00
    Пусти'ться во все неле.гкие R пусти'ться
НЕ'ЛЬЗЯ
    00
    Ша'гу не'льзя сде'лать R шаг
НЕЛЬЗЯ'
    00
    Дохну'ть нельзя' R дохну'ть
    00
    Как нельзя' кста'ти R кста'ти
    00
    Как нельзя' =лу'чше/ху'же/ETC= R как
    00
    Нельзя' ли [INF]
    MAY (I)?; MAY ONE?
    Нельзя' ли доложи'ть прекра'сной Изабе'ле, что к ней
    меня' присла'л ее. несча'стный брат.
    00
    Нельзя' не [INF]
    IT'S IMPOSSIBLE NOT TO (DO SOMETHING)
    Нельзя' бы'ло не ве'рить тому', что он говори'л.
    00
    Нельзя' но'су вы'сунуть (и'з дому) R вы'сунуть
    00
    Нельзя' отня'ть [чего'+у кого'] R отня'ть
    00
    Нельзя' приступи'ться [к чему'] R при'ступ
    00
    Нельзя' приступи'ться [к кому'] R при'ступ
    00
    Нельзя' сказа'ть, что'бы ...
    ONE CAN'T SAY THAT ...
    Нельзя' сказа'ть, что'бы Наста'сья отлича'лась
    красото'й.
    00
    Продохну'ть нельзя' R продохну'ть
    00
    Шагну'ть нельзя' R шагну'ть
    00
    Ша'гу $ступи'ть/шагну'ть$ нельзя' [без кого'<без чего']
    R шаг
НЕМА'ЗАНЫЙ
    00
    Как нема'заное колесо' =скрипе'ть/ETC= R колесо'
    00
    Тако'й-сяко'й (сухо'й) нема'заный R тако'й-сяко'й
НЕМА'ЛО
    00
    Нема'ло воды' утекло' R вода'
НЕМИ'ЛОСТЬ
    00
    Впасть в неми'лость R впасть
НЕМНО'ГИЙ
    00
    За немно'гим де'ло ста'ло R де'ло
НЕМО'Й
    00
    $Нем<немо'й$ как $моги'ла/ры'ба$
    TIGHT-LIPPED
    От ма'тери, немо'й как моги'ла, не узна'ть о
    сы'не-революционе'ре.
НЕНАСЫ'ТНЫЙ
    00
    Ненасы'тная утро'ба R утро'ба

НЕПОВА'ДНО
  00
    Что'бы бы'ло непова'дно [INF+ кому']
    TO TEACH (SOMEONE) A LESSON; SO IT DOESN'T BECOME A HABIT
    WITH (HIM); SO (HE) WON'T DO IT AGAIN
    Ва'ська тве.рдо реши'л учини'ть Пе'тьке стро'гий
    допро'с и в слу'чае чего' поколоти'ть его', что'бы
    впере.д так де'лать бы'ло непова'дно.

НЕПОДМА'ЗАННЫЙ
  00
    Как неподма'занное колесо' =скрипе'ть/ETC= R колесо'

НЕПОСТИЖИ'МЫЙ
  00
    Уму' непостижи'мо
    IT'S INCONCEIVABLE/INCOMPREHENSIBLE
    -Ах! Очарова'тельно! Э'то про'сто уму' непостижи'мо!

НЕПОЧА'ТЫЙ
  00
    Непоча'тый $край/у'гол$ [кого'<чего']
    THERE'S NO END TO; THERE'S AN ENDLESS SUPPLY OF
    1. Ры'бы и пти'цы там непоча'тый край. 2. -А то
    де'нег у'гол непоча'тый лежи'т, дева'ть куда' сообрази'м.

НЕПРА'ВДА
  00
    (Все'ми) пра'вдами и непра'вдами R пра'вда

НЕПРИЯ'ТЕЛЬ
  00
    На плеча'х неприя'теля R плечо'

НЕПРОТИВЛЕ'НИЕ
  00
    Непротивле'ние злу (наси'лием)
    NON-RESISTANCE TO EVIL

НЕРВ
  00
    Де'йствовать на не'рвы [кому']
    TO GET ON (SOMEONE'S) NERVES
  00
    Игра'ть на не'рвах R игра'ть
  00
    Истрепа'ть не'рвы R истрепа'ть
  00
    $Трепа'ть/мота'ть/ETC$ не'рвы [кому']
    TO TORMENT (SOMEONE); TO MAKE (SOMEONE) NERVOUS

НЕРЕ'ЗАНЫЙ
  00
    Как соба'к (нере'заных) [кого'] R соба'ка

НЕСКЛА'ДНО
  00
    Нескла'дно скро'ен, да $кре'пко/пло'тно$ сшит R сши'тый

НЕ'СКОЛЬКО
  00
    В не'скольких слова'х R сло'во
  00
    В не'скольких шага'х R шаг

НЕСМА'ЗАННЫЙ
  00
    Как несма'занное колесо' =скрипе'ть/ETC= R колесо'

НЕСМОТРЯ'
  00
    Несмотря' ни на что
    NO MATTER WHAT
    [Алексе'я] инстинкти'вно тяну'ло к челове'ку, кото'рый
    несмотря' ни на что, уме'л по-настоя'щему жить.

НЕСО'ЛОНО
  29
    Несо'лоно хлеба'вши
    (TO GET) NOTHING FOR ONE'S PAINS; DECEIVED IN ONE'S
    EXPECTATIONS
    Упусти'ла лиси'ца пожи'ву и пошла' прочь несо'лоно
    хлеба'вши.

НЕСТИ'
  00
    $Высо'ко'/го'рдо$ нести' го'лову
    TO HOLD ONE'S HEAD HIGH
    Ру'сский челове'к до'лжен го'рдо нести' го'лову че'рез
    века' про'шлого в ве'ка бу'дущего.
  00
    Неле.гкая несе.т [кого'] R неле.гкий

  00
    Нести' отве'тственность
    TO CARRY THE RESPONSIBILITY
    Роди'тели несу'т отве'тственность за просту'пки
    несовершенноле'тних дете'й.
  00
    Хоть святы'х (вон) неси' R свято'й

НЕСТИ'СЬ
  00
    Как угоре'лый нести'сь R угоре'лый

НЕСТЬ
  00
    Несть числа' [кому'<чему']
    (IT IS/THEY ARE) INNUMERABLE

НЕСЧА'СТЬЕ
  00
    $К несча'стью<на несча'стье$
    UNFORTUNATELY
    За э'тот перехо'д все си'льно уста'ли. На несча'стье, я
    си'льно нате.р пя'тку.
  00
    Това'рищ по несча'стью R това'рищ

НЕТ
  29
    А то нет?
    RIGHT?; ISN'T THAT SO?
    -Како'й хлеб пода'ть на стол? -Надре'занный. А то нет?
  00
    И в поми'не нет [кого'<чего'] R поми'н
  00
    Нет $и<да$ нет
    THERE IS NO ... /NONE ...
    Нет и нет изве'стий от сы'на; он давно' в плену'.
  00
    Нет как нет
    NO SIGN OF; NOT A TRACE OF
    Хоте'л Куры'мушка о че.м-то спроси'ть мать, огляну'лся,
    а ее. нет как нет.
  00
    Нет-нет да и ...
    FROM TIME TO TIME
    Шу'стрый тако'й парни'шка, а вдруг чего'-то прити'х,
    заду'мался и нет-нет да и взгляне.т на меня'.
  00
    Нет (того') что'бы [V]
    NOHOW WILL (HE) DO THAT
    Спеси'ва ста'ла, Праско'вья Игна'тьевна. Нет что'бы
    посиде'ла с на'ми.
  00
    Ни да ни нет
    NEITHER YES NOR NO
    От му'жа, че'м-то расстро'енного, ни да ни нет на
    вопро'сы жены'.
  00
    Ника'к нет
    NO, SIR
  00
    Свести' на нет
    TO REDUCE TO NOTHING
    Он "све.л на нет" Все., что мы в жи'зни це'ним стро'го.
  00
    $Слов<сло'ва$ нет R сло'во
  00
    $Сойти'/свести'сь$ на нет
    TO DISAPPEAR COMPLETELY; TO BE REDUCED TO NOTHING
    1. Го'лос ди'ктора соше.л на нет. Ра'дио умо'лкло.
    2. Э'тим воспо'льзовались браконье'ры, и благо'е
    начина'ние Фудзи'нских крестья'н сошло' на нет.
  00
    Чего' (то'лько) нет
    WHAT WASN'T THERE!
    Чего' там нет? Сли'вы, ви'шни, Чере'шни.

НЕУБИ'ТЫЙ
  00
    Дели'ть шку'ру неуби'того медве'дя R дели'ть

НЕУДО'БЬ
  71
    Неудо'бь сказу'емый

НЕУДО'БЬ CONT'D.
UNMENTIONABLE
-Заверне.т весе'нний ве'тер, - и ле'зет в го'лову неудо'бь сказу'емое.
НЕУЗНАВА'ЕМОСТЬ
00
До неузнава'емости
BEYOND RECOGNITION
[Кора'бль] был обезобра'жен до неузнава'емости.
НЕЧА'ЯННОСТЬ
00
По неча'янности
ACCIDENTLY; INADVERTENTLY
Он всегда' боя'лся, как бы не сломи'ть чего'-нибудь по неча'янности.
НЕ'ЧЕГО
00
$Де'лать не'чего<не'чего де'лать$ R де'лать
00
Дели'ть не'чего [кому'] R дели'ть
00
Не'чего греха' таи'ть R грех
00
Не'чего сказа'ть R сказа'ть
00
Не'чего теря'ть [кому'] R теря'ть
00
От не'чего де'лать R де'лать
НЕЧИ'СТЫЙ
00
На' руку $нечи'ст<нечи'стый$
LIGHT-FINGERED
Продаве'ц, оказа'вшийся на' руку нечи'стым, лиши'лся хоро'шего ме'ста.
59
$Нечи'стый дух/нечи'стая си'ла$
THE EVIL SPIRIT; THE DEVIL
НЕ'ЧТО
00
Не'что сре'днее R сре'дний
НИ
00
Ни-ни
ABSOLUTELY NOT; NOT AT ALL
1. -Ну, Ва'ня, тепе'рь учи'! -таи'нственно сказа'л Си'дор, чрезвыча'йно дово'льный свое'й вы'думкой.
-То'лько ни-ни! до имени'н, смотри' не проболта'йся!
2. -Послу'шайте ... это Буке'ев проси'л вас говори'ть со мной? -Ни-ни! Ничего' похо'жего!
НИЖА'ЙШИЙ
00
С нижа'йшим почте'нием R почте'ние
НИ'ЖЕ
00
Ни'же вся'кой кри'тики R кри'тика
00
Ни'же досто'инства [чьего']
BENEATH (SOMEONE'S) DIGNITY
Уби'йство безору'жного врага' ни'же досто'инства во'ина.
00
Ни'же обыкнове'нного R обыкнове'нный
00
Ни'же сре'днего R сре'дний
00
Ти'ше воды', ни'же травы' R вода'
00
То'ном ни'же =говори'ть/сказа'ть/ETC= R тон
НИ'ЖНИЙ
00
Ни'жняя пала'та R пала'та
НИЗА'ТЬ
29
Низа'ть $глаза'ми/взгля'дом$ [кого'<что]
TO FIX ONE'S EYES ON (SOMEONE/SOMETHING)
Ни'жет он меня' глаза'ми наскво'зь, да и по'лно.
НИЗВЕСТИ'
42
Низвести' (с неба') на зе'млю [кого']

TO DESTROY (SOMEONE'S) ILLUSIONS; TO BRING (SOMEONE) BACK TO EARTH; TO SET (SOMEONE) STRAIGHT
НИ'ЗКИЙ
00
Нижа'йшее почте'ние R почте'ние
00
Ни'зкий покло'н
A LOW BOW
Прода'в мно'го ше.лку, кита'ец сно'ва увяза'л разло'женный това'р и с ни'зким покло'ном уше.л.
00
Ни'зкой про'бы R про'ба
НИКА'К
00
Как-ника'к R как
00
Ника'к нет R нет
НИКАКО'Й
29
$Без/бо'льше$ никаки'х!
AND THAT'S THAT; UNEQUIVOCALLY; NO ARGUMENTS
00
Не поддава'ться никако'му сравне'нию R сравне'ние
00
Никаки'х гвозде'й R гвоздь
НИКОГДА'
00
Когда'-никогда' R когда'
НИКО'Й
00
Нико'им о'бразом
IN NO WAY; BY NO MEANS
Городи'шко ма'ленький. Тайн никаки'х тут нет и нико'им о'бразом быть не мо'жет.
НИКТО'
00
Никого' не пропусти'ть R пропусти'ть
00
Никто' друго'й
NO ONE ELSE
00
Никто' на све'те R свет(2)
НИКУДА'
00
Никуда' не годи'ться R годи'ться
00
Никуда' не го'дный
WORTHLESS; GOOD FOR NOTHING
Он был хоро'шим и исполни'тельным чино'вником, но хозя'ином оказа'лся никуда' не го'дным.
00
Э'того никуда' не де'нешь R деть
НИРВА'НА
00
Погрузи'ться в нирва'ну
TO ACHIEVE NIRVANA
НИ'ТКА
00
Бе'лыми ни'тками ши'то
IT IS EASILY SEEN THROUGH/TRANSPARENT
-Как секре'ты-то э'той всей молоде.жи ши'ты бе'лыми ни'тками!
00
До ни'тки промо'к
SOAKED THROUGH; SOAKED TO THE SKIN
00
До (после'дней) ни'тки
COMPLETELY; ENTIRELY
Ма'рья то'чно, щедрови'та, Да хозя'йка домови'та: Все. примо'ет, прибере.т, Все. до ни'тки сбереже.т.
00
На живу'ю ни'тку R живо'й
00
(Ни одно'й) сухо'й ни'тки не оста'лось [на ком]
COMPLETELY SOAKED; SOAKED TO THE SKIN
Сухо'й ни'тки не оста'лось на вса'днике, попа'вшем под проливно'й дождь.
00
Смета'ть на живу'ю ни'тку R смета'ть

НИ'ТОЧКА
   00
   $Висе'ть/держа'ться$ на ни'точке R волосо'к
   00
   Ходи'ть (как) по ни'точке
   TO TOE THE LINE
   -Я сама' была' поме'щица; у меня' таки'е-то, как ты,
   пи'кнуть не сме'ли, по ни'точке ходи'ли.
НИТЬ
   14
   Ариа'днина нить
   ARIADNE'S THREAD
   00
   Кра'сной ни'тью $проходи'ть/тяну'ться$ R кра'сный
   00
   Путево'дная нить R путево'дный
НИЧЕГО'
   00
   Ничего' себе R себе
НИЧТО'
   00
   Всего' ничего' R всего'
   00
   Из ничего' $сде'лать/получи'ть/ETC$
   FROM NOTHING
   Како'й был у'мный мужи'к: из ничего' нажи'л сто ты'сяч.
   00
   Ничего' не быва'ло R ничу'ть
   00
   Ничего' не зна'чить R зна'чить
   00
   Ничего' не $поде'лаешь/попи'шешь$
   THERE'S NOTHING TO BE DONE
   Ничего' не поде'лаешь, а прогу'лку пришло'сь отложи'ть
   из-за дождя'.
   00
   Ничего' не ска'жешь R сказа'ть
   00
   Ничего' не сто'ит [INF] R сто'ить
   00
   Ничего' подо'бного R подо'бный
   00
   Ничто' на све'те R свет(2)
   00
   $Преврати'ться/обрати'ться$ в ничто'
   TO DISAPPEAR INTO THIN AIR; TO BE UTTERLY DESTROYED
   Мно'го строе'ний преврати'лось в ничто' по'сле
   проне.сшегося тропи'ческого урага'на.
   00
   Ро'вным сче.том ничего' R ро'вный
НИЧТО'ЖЕ
   76
   Ничто'же $сумня'ся/сумня'шеся$
   WITHOUT A MOMENT'S HESITATION; WITHOUT GIVING IT A SECOND
   THOUGHT; WITHOUT DOUBTING FOR A MOMENT
   Вы'брали пье'сы помудрене'е, кото'рые и настоя'щим-то
   арти'стам тепе'рь едва' под си'лу; ничто'же сумня'ся,
   ро'здали ро'ли.
НИЧУ'ТЬ
   00
   $Ничу'ть/ничего'$ не быва'ло
   NOT AT ALL
   Ско'лько раз чита'ли мы э'ту кни'гу - пора' бы уж бы'ло
   ей и надое'сть! ничу'ть не быва'ло: все. ста'рое в ней
   так но'во, так свежо', как бу'дто мы чита'ем ее. в
   пе'рвый раз.
НОВИ'НКА
   00
   В нови'нку
   A NOVELTY
   Пе'рвое вре'мя, ко'гда лесово'дство здесь бы'ло в
   нови'нку, ста'рые узбе'ки недове'рчиво улыба'лись.
НО'ВОСТЬ
   00
   Вот (еще./что за) $но'вость<но'вости$
   WHAT'S THIS!
   -Э'то что за но'вости? Ты пла'кать еще.! Что'бы э'тих
   сле.з не' было!

НО'ВЫЙ
   00
   (Вот еще.) но'вое де'ло!
   WELL, WHAT DO YOU KNOW!
   -Я разду'мал идти' в теа'тр. -Вот еще. но'вое де'ло!
   00
   Вписа'ть но'вую страни'чу [во что] R страни'ца
   00
   Встре'ча Но'вого го'да R встре'ча
   00
   Как бара'н на но'вые воро'та =уста'виться/смотре'ть/
   ETC= R бара'н
   00
   Но'вая метла' чи'сто мете.т R метла'
   00
   Но'вое сло'во [в че.м] R сло'во
   00
   Откры'ть но'вую страни'чу [в че.м] R страни'ца
НОГА'
   29
   Без (за'дних) ног
   WORN OUT; EXHAUSTED; TO BE FALLING OFF ONE'S FEET
   Хоро'шая хозя'йка до'ма без за'дних ног к концу' дня.
   00
   Быть на $дру'жеской/коро'ткой$ ноге' [с кем]
   TO BE ON A FRIENDLY FOOTING WITH (SOMEONE)
   Чи'жиков находи'лся уже' с А'ннушкой на коро'ткой
   прия'тельской ноге', сло'вно они' давны'м-давно' бы'ли
   знако'мы.
   00
   $Быть/стоя'ть/ETC$ на ра'вной ноге' [с кем]
   TO BE ON AN EQUAL FOOTING WITH (SOMEONE)
   Прие.мный сын был на ра'вной ноге' с родны'ми детьми'.
   00
   Вали'ть с ног
   TO WEAR (SOMEONE) OUT; TO RUN (SOMEONE) OFF HIS FEET
   До обе'да рабо'та подвига'лась сравни'тельно бы'стро, а
   к ве'черу уста'лость вали'ла с ног.
   00
   $Вали'ться/па'дать$ с ног
   TO BE WORN OUT/WEAK; TO BE FALLING OFF ONE'S FEET
   Истоще.нные военноплe'нные вали'лись с ног.
   00
   Валя'ться в нога'х R валя'ться
   00
   Вверх нога'ми R вверх
   00
   $Верте'ться/пу'таться/меша'ться/ETC$ под нога'ми
   TO BE UNDERFOOT
   00
   $Взять/дать$ но'гу
   TO KEEP IN STEP
   00
   В нога'х
   AT THE FOOT OF THE BED
   На поду'шке - спя'щий ма'льчик, в нога'х - коте.нок,
   клубко'м сверну'вшийся.
   00
   Встать $с ле'вой/не с той$ ноги'
   TO GET UP ON THE WRONG SIDE OF THE BED
   00
   Выде'лывать (нога'ми) $кренделя'<кре'ндели$ R кре'ндель
   00
   Дава'й бог но'ги
   (HE) TOOK TO (HIS) HEELS
   Вы'шла Ано'тка из избы' и дава'й бог но'ги, куда'
   глаза' гляди'т.
   00
   $Едва'/е'ле/наси'лу/ETC$ но'ги но'сят R носи'ть
   00
   $Едва'/с трудо'м$ держа'ться на нога'х R держа'ться
   00
   $Е'ле/едва'$ дотащи'ть но'ги R дотащи'ть
   00
   $Е'ле/едва'/наси'лу/ETC$ но'ги $волочи'ть/таска'ть/
   тащи'ть$
   1. TO DRAG ONE'S FEET 2. TO BE VERY WEAK OR SICK; ONE CAN
   BARELY GET AROUND

Жаль, разъезжа'ть нет мо'чи мне: Едва', едва' таска'ю но'ги.
00
$Е'ле/едва'$ но'ги унести' R унести'
00
$Е'ле/с трудо'м/ETC$ дви'гать нога'ми R дви'гать
00
Жить на $широ'кую/большу'ю/ба'рскую/ETC$ но'гу
TO LIVE ON A GRAND SCALE
Земля' гори'т под нога'ми [у кого'] R горе'ть
00
$Идти'/шага'ть/ETC$ (нога') в но'гу
1. TO WALK IN STEP 2. TO AGREE WITH (SOMEONE)
Идти' в но'гу с совреме'нностью.
00
Име'ть тве.рдую по'чву под нога'ми R стоя'ть
00
Кла'няться в но'ги [кому']
TO BOW LOW TO SOMEONE
Коло'сс на гли'няных нога'х R коло'сс
00
Ле'вой ного'й [INF]
ANYHOW; CARELESSLY
Ви'дно, ле'вой ного'й сде'лана кры'ша, что при пе'рвом дожде' протека'ет.
00
$Ле.гкий<ле.гок$ на' $ногу<ноги$ R ле.гкий
00
Лиза'ть но'ги [кому'] [кому'] R лиза'ть
00
На бо'су' но'гу R босо'й
00
Наваля'ться в нога'х [у кого'] R наваля'ться
00
На вое'нную но'гу R вое'нный
00
На нога'х
1. ON ONE'S FEET 2. ON THE MOVE
1. -Си'ла у тебя' лошади'ная, а на сон ты сла'бый. -Э'то ве'рно, -согласи'лся Звя'гинцев. -Я опя'ть могу' усну'ть на нога'х. 2. Чуть свет - уж на нога'х! 3. Перенести' грипп на нога'х.
00
Не слы'ша ног =бежа'ть/мча'ться/ETC= R слы'шать
00
Ни ного'й [к кому'<куда']
NOT TO SET FOOT (SOMEWHERE)
По'сле ссо'ры сосе'ди ни ного'й друг к дру'гу.
00
Нога' за' ногу $идти'/таши'ться/плести'сь/ETC$
TO DRAG ONE'S FEET; TO GO AT A SNAIL'S PACE; VERY SLOWLY
Снача'ла шли нога' за' ногу, загреба'я и поднима'я столбы' пы'ли по доро'ге, а пото'м взду'мали бежа'ть наперегонки'
00
Но'ги колесо'м R колесо'
00
Но'ги не де'ржат R держа'ть
00
Но'ги подка'шиваются (от уста'лости) [у кого'] R подка'шиваться
00
Но'ги подкоси'лись R подкоси'ться
00
Ноги' [чьей] не бу'дет [у кого'<где]
(HE) WILL NEVER SET FOOT (THERE)
-Ноги' мое'й не бу'дет в иго'рном до'ме! -обеща'л муж жене'.
00
Ног под собо'й не $слы'шать/чу'вствовать/чу'ять$ R слы'шать
00
Ног (под собо'й) не $слы'шать/чу'вствовать/чу'ять$ R слы'шать
00
$Ну'жен<нужна'<ну'жно$ как соба'ке пя'тая нога' R

пя'тый
00
Облома'ть но'ги R облома'ть
00
Одна' нога' здесь (а) друга'я там
LIKE A FLASH
-Мота'й жи'во на КП. ... Аава'й! Одна' нога' здесь, друга'я - там.
00
Отку'да (то'лько) но'ги взя'лись
WHERE DID (HE) GET THE STRENGTH [ABOUT RUNNING]
При ви'де строе'ний утомле.нные солда'ты уско'рили шаг, - отку'да то'лько ноги взяли'сь.
00
$Отрясти'/отряхну'ть$ прах от свои'х ног R отрясти'
00
Перемина'ться с ноги' на' ногу R перемина'ться
00
Подста'вить но'гу [кому'] R подста'вить
00
По'лзать в нога'х [у кого'] R по'лзать
00
$Поста'вить/организова'ть/ETC$ [что] на [каку'ю] но'гу
TO PLACE/ORGANIZE (SOMETHING) ON A (CERTAIN) FOOTING
Ка'фры поста'вили всю Брита'нскую Кафра'рию на вое'нную но'гу.
00
$Поста'вить/подня'ть$ на' ноги [кого']
TO SET (SOMEONE) ON HIS FEET
1. -Вы до'ктор? -До'ктор, до'ктор. ... Изво'льте почива'ть, а дня э'так че'рез два мы вас, даст бог, на' ноги поста'вим. 2. Ча'сто, по-ви'димому, отчо'м овладева'ло отча'яние, что он не смо'жет сам поста'вить на' ноги всех дете'й. 3. Ра'йский по'днял на' ноги все., профессора' при'няли уча'стие, писа'ли в Петербу'рг и вы'хлопотали ему' [Лео'нтию] жела'нное ме'сто.
00
Припада'ть к нога'м [чьим] R припада'ть
00
$Протяну'ть/вы'тянуть$ но'ги R протяну'ть
00
Рука'ми и нога'ми $отбива'ться/отма'хиваться/ETC$ R рука'
00
Сби'ться с ноги' R сби'ться
00
Сби'ться с ног R сби'ться
00
Свали'ть с ног R свали'ть
00
Связа'ть по рука'м и нога'м [кого'] R связа'ть
00
$С головы' до ног< с ног до головы'$ R пята'
00
$Ско'рый<скор$ на' $ногу<ноги$ R ско'рый
00
Слета'ть на одно'й ноге' [куда'<к кому']
TO DASH/FLY (SOMEWHERE)
Ма'льчики слета'ли на одно'й ноге' к сосе'ду за грабля'ми.
00
Соба'чья нога' R ко'зий
00
Соба'чья нога' R ко'зий
00
Со всех ног $броса'ться/кида'ться/ETC$
AT TOP SPEED, AS FAST AS ONE'S LEGS WILL CARRY ONE
Ти'тка со всех ног бро'сился в пусты'рь .... Он слы'шал позади' себя' бегу'щие шаги' и ще'лканье затво'ра винто'вки.
00
Спу'тать по рука'м и нога'м [кого'] R спу'тать
00
$(С) рука'ми и нога'ми<с рука'ми, нога'ми$ R рука'
00
$Стать/встать/подня'ться/ETC$ на' ноги
1. TO BE BACK ON ONE'S FEET (AFTER ILLNESS) 2. TO STAND

НОГА' CONT'D.
    ON ONE'S OWN FEET; TO BECOME INDEPENDENT
    Пока' он оконча'тельно не стал на но'ги, мы обя'заны
    помога'ть ему'.
    00
    Стать на $дру'жескую/коро'ткую$ но'гу [с кем]
    TO BECOME ON FRIENDLY TERMS WITH (SOMEONE)
    С приве'тливым сосе'дом легко' стать на дру'жескую но'гу.
    00
    Стоя'ть [где] тве.рдой ного'й R тве.рдый
    00
    Стоя'ть на нога'х $кре'пко/про'чно/ETC$
    TO STAND FIRMLY ON ONE'S FEET; TO HAVE A FIRM FOOTING
    Лю'ди, зна'ющие де'ло и предприи'мчивые, стоя'т кре'пко
    на нога'х.
    00
    Стоя'ть на (свои'х/со'бственных) нога'х
    TO STAND ON ONE'S OWN TWO FEET

    00
    $(Стоя'ть) одно'й ного'й<одна' нога'$ в $моги'ле/гробу'$
    TO HAVE ONE FOOT IN THE GRAVE
    Неизлечи'мо больно'й пацие'нт стоя'л одно'й ного'й в
    гробу'.
    00
    Теря'ть по'чву под нога'ми R по'чва
    00
    Тяже.лый на' ногу R тяже.лый
    00
    Упа'сть в но'ги [кому'] R упа'сть
    00
    Хрома'ть на о'бе ноги'
    1. TO LEAVE MUCH TO BE DESIRED; NOT UP TO STANDARDS 2. TO
    BE LAME IN BOTH LEGS
    Проду'кция заво'да хрома'ет на о'бе ноги': ни'зкое
    ка'чество и ма'лое коли'чество.
    00
    Чего' $моя'<твоя'<ETC$ (ле'вая) нога' хо'чет
    TO DO WHATEVER ONE FEELS LIKE; TO FOLLOW ONE'S EVERY WHIM
    00
    Че.рт но'гу $сло'мит/слома'ет$ R сломи'ть
    00
    Чтоб у меня' ру'ки и но'ги отсо'хли R отсо'хнуть
    00
    Что'бы ноги' [чьей] не' было [у кого'<где]
    (HE) MUST NOT SET FOOT (THERE)
НОГОТО'К
    00
    С $ногото'к/но'готь$
    (SOMEONE OR SOMETHING) VERY SMALL;   THE SIZE OF A
    FINGERNAIL
    Мужичо'к с ногото'к.
НО'ГОТЬ
    00
    До $ко'нчиков/конца'$ ногте'й
    TO THE CORE; THOROUGHLY
    Славянофи'лы бы'ли идеали'стами до конца' ногте'й.
    00
    $Прижа'ть к но'гтю/подобра'ть под но'готь$ [кого']
    TO HAVE (SOMEONE) UNDER ONE'S THUMB
    На'стя вла'сть лю'бит па'че ме'ры. А си'лы в ней мно'го
    - как раз му'жа под но'готь подбере.т.
    00
    С но'готь R ногото'к
    00
    $С<от$ $молоды'х/млады'х$ ногте'й
    SINCE CHILDHOOD; FROM AN EARLY AGE
НО'ЕВ
    00
    Но'ев ковче'г
    NOAH'S ARK
    Дом большо'й: ма'ло ли люде'й хо'дит в тако'й но'ев
    ковче'г, все'х не запо'мнишь.
НОЖ
    00
    Без ножа' заре'зать R заре'зать
    00
    Быть на ножа'х [с кем]

    TO BE AT SWORD'S POINTS WITH (SOMEONE); AT DAGGERS DRAWN
    Бы'вшие прия'тели бы'ли на ножа'х друг с дру'гом, став
    конкуре'нтами.
    00
    Как (ножо'м) отре'зало R отре'зать
    00
    Как ножо'м отре'зать R отре'зать
    00
    Как ножо'м по се'рдцу
    LIKE A KNIFE IN ONE'S HEART
    Да как залье.тся, пры'снет вдруг че'лой при'горшней
    сле.з мой Емелья'н ... Ба'тюшки! сло'вно ножо'м мне
    полосну'ло по се'рдцу.
    00
    Лечь под нож
    TO GO UNDER THE KNIFE
    У больно'го ра'ком не' было друго'го вы'хода, как
    то'лько лечь под нож.
    00
    Нож в спи'ну [кому'] R спина'
    00
    Нож о'стрый [кому']
    A HEAVY BLOW
    Мне э'то ее. письмо' - нож о'стрый. Не вы'держала я
    одна'жды и разрыда'лась.
    00
    Под ножо'м умере'ть
    TO DIE UNDER THE KNIFE
    Ра'неный у'мер под ножо'м хиру'рга, стара'вшегося
    спасти' его' жизнь.
    00
    С ножо'м к го'рлу приста'ть R го'рло
    00
    Точи'ть нож [на кого'] R точи'ть
НО'ЖКА
    00
    Избу'шка на ку'рьих но'жках R ку'рий
    00
    Ко'зья но'жка R ко'зий
    00
    Ко'зья но'жка R ко'зий
    00
    Оста'лись ро'жки да но'жки R рожо'к
    00
    Подста'вить но'жку [кому'] R подста'вить
    00
    По оде.жке протя'гивай но'жки R оде.жка
    00
    Соба'чья но'жка R ко'зий
    00
    Соба'чья но'жка R ко'зий
НО'ЖНЫ'
    00
    Вложи'ть меч в но'жны R меч
НОЗДРЯ'
    29
    Ноздря' в ноздрю'
    CHEEK BY JOWL
    -Бу'дем держа'ться бок о' бок, не отходя' друг от
    дру'га, и'ли, как говори'тся, ноздря' в ноздрю', -сказа'л
    Бери'дзе.
НОЛЕВО'Й
    00
    $Нолева'я/нулева'я$ стри'жка
    A SHAVEN HEAD
НОЛЬ
    29
    Ноль без па'лочки
    A NOBODY
    -Неуже'ли ты не разгляде'л ..., что я без инжене'ров и
    коллекти'ва - ноль без па'лочки?
    29
    Ноль внима'ния
    NOT THE SLIGHTEST ATTENTION; COULDN'T CARE LESS
    -Ме'дик пьян, как сапо'жник. На сче'ну - ноль
    внима'ния. Знай себе' дре'млет да но'сом клюе.т.
    00
    Ноль-ноль

169

НОЛЬ CONT'D.
    EXACTLY; ON THE DOT (ABOUT TIME)
    В пять ноль-ноль - мину'та в мину'ту бу'ду.
    00
    Стричь под $ноль/нуль$
    TO SHAVE SOMEONE'S HEAD
НО'РМА
    00
    $Войти'/прийти'$ в но'рму
    TO BECOME THE NORM
    До'лго гости'вшие ро'дственники уе'хали, и жизнь
    старико'в вошла' в но'рму.
НО'РОВ
    00
    С но'ровом
    WILLFUL; CAPRICIOUS; RESTIVE (ABOUT A HORSE)
    Ло'шадь с но'ровом.
НОС
    00
    Ве'шать нос
    TO HANG ONE'S HEAD; TO BECOME DEJECTED/DESPONDENT
    Не сле'дует ве'шать нос из-за пе'рвой неуда'чи.
    00
    Вздёрнуть нос R вздёрнуть
    00
    В нос $говори'ть/петь/ETC$
    TO TALK THROUGH ONE'S NOSE
    Пло'тник дава'л указа'ния помо'щнику, говоря' в нос.
    00
    Води'ть за' нос R води'ть
    00
    Вороти'ть нос [от кого'<от чего'] R вороти'ть
    00
    Вы'сморкать нос R вы'сморкать
    00
    Гре'ческий нос R гре'ческий
    00
    Да'льше (своего') но'са не ви'деть
    NOT ABLE TO SEE FARTHER THAN ONE'S NOSE
    00
    Дёргать но'сом R дёргать
    00
    Держа'ть нос по ве'тру R ве'тер
    29
    Драть нос
    TO BE PUFFED UP; TO GIVE ONESELF AIRS
    -Он дерёт нос оттого', что заве'дующий благоскло'нен к
    нему', -бы'ло мне'ние сотруд'ников о зано'счивом колле'ге.
    00
    $Задра'ть/вздёрнуть/подня'ть/ETC$ нос
    TO BECOME PUFFED UP; TO GIVE ONESELF AIRS
    00
    Заруби'ть на носу' R заруби'ть
    00
    Из-под (са'мого) $но'са<но'су$ [у кого']
    UNDER SOMEONE'S (VERY) NOSE
    Два ра'за сгоня'ли наро'д его' [разбо'йника] лови'ть, но
    он уходи'л из-под но'су.
    00
    Клева'ть но'сом R клева'ть
    00
    Кома'р $но'су<но'са$ не подто'чит R кома'р
    00
    Коро'че воробьи'ного но'са R воробьи'ный
    00
    Крути'ть но'сом R крути'ть
    00
    На носу'
    ON SOMEONE'S HEELS; NEAR AT HAND; AROUND THE CORNER
    Вот уж октя'брь на дворе', зима' на носу'.
    00
    $Наста'вить/натяну'ть$ нос [кому']
    TO MAKE A FOOL OF SOMEONE; TO FOOL SOMEONE
    Нельзя' но'су вы'сунуть (и'з дому) R вы'сунуть
    29
    Не по' носу [кому']
    IT DOESN'T SUIT SOMEONE; NOT TO SOMEONE'S LIKING; NOT

SOMEONE'S CUP OF TEA
-Не по' носу вам э'тот дом, ребя'та!
00
Нос карто'шкой R карто'шка
00
Нос не доро'с R дорасти'
00
$Нос<но'сом$ к но'су
FACE TO FACE; EYEBALL TO EYEBALL
Поверну'в за' угол, они' нос к но'су столкну'лись.
00
Нос пу'говкой R пу'говка
00
Но'су $каза'ть/пока'зывать$ R каза'ть
00
Но'су не пока'зывать R пока'зывать
00
Опусти'ть нос
TO BE OUT OF SPIRITS; TO SINK INTO A STATE OF DEPRESSION
Он опусти'л нос от мно'гих неуда'ч.
00
Орли'ный нос R орли'ный
00
Оста'вить с но'сом [кого']
TO MAKE A FOOL OF; LEAVE SOMEONE HOLDING THE BAG; TO FOOL
SOMEONE
Весё'лая кампа'ния уе'хала, оста'вив его', заказа'вшего
тро'йку, с но'сом.
00
Оста'ться с но'сом
TO BE FOOLED; TO BE TRICKED
Насле'дники дя'ди оста'лись с но'сом: он про'жил своё
бога'тство и оста'вил им то'лько долги'.
00
Пове'сить нос на кви'нту R кви'нта
00
По'д нос $говори'ть/бормота'ть/ETC$
TO SAY SOMETHING UNDER ONE'S BREATH
00
$Под са'мым но'сом<по'д носом$ [у кого']
UNDER SOMEONE'S VERY NOSE
На войне' никогда' ничего' не зна'ешь, кро'ме того',
что у тебя' под са'мым но'сом твори'тся.
00
Пока'зывать $нос<носы'$
TO THUMB ONE'S NOSE AT SOMEONE
Набрало'сь с обе'их сторо'н до сорока' мальчи'шек ....
Кида'лись сне'гом, пока'зывали носы'.
00
Провести' за' нос [кого'] R провести'
00
Ри'мский нос R ри'мский
00
С гу'лькин нос R гу'лькин
29
С $но'са<но'су$
PER PERSON; FROM EACH [MEMBER OF A GROUP]
Рабо'чие собра'ли по пяти' рубле'й с но'су для больно'го
това'рища.
00
Сова'ть под нос [кому'] R сова'ть
00
Сова'ться $с но'сом<со свои'м но'сом$
TO STICK ONE'S NOSE IN SOMEONE ELSE'S BUSINESS; TO BE NOSY
-Не су'йся с но'сом в чужи'е дела', когда' тебя' не
про'сят! -сове'товал стари'к.
00
$Сова'ть/ты'кать$ (свой) нос
TO STICK ONE'S NOSE IN SOMEONE ELSE'S BUSINESS; TO BE
NOSY; TO GET MIXED UP IN SOMEONE ELSE'S AFFAIRS
-Пора' тебе' с му'жем отста'ть от привы'чки сова'ть нос,
где вас не спра'шивают.
00
Ты'кать в нос [что<чем] R ты'кать
00
Ты'каться но'сом R клева'ть
00
$Ты'кать/ткнуть$ но'сом ([кого'+во что])

HOC CONT'D.
TO STICK SOMEONE'S NOSE INTO SOMETHING; TO URGENTLY CALL
SOMEONE'S ATTENTION TO SOMETHING
00
Утере'ть нос [кому']
1. TO FOOL SOMEONE 2. (I'LL) SHOW HIM!; TO GO SOMEONE ONE
BETTER
00
$Уткну'ть нос<уткну'ться но'сом$ [во что<куда']
TO BE ABSORBED IN SOMETHING; TO LOSE ONESELF IN SOMETHING
Да'лись ему' [Лео'нтию] кни'ги, уткне.т нос в них и
во'зится с ни'ми.
00
Хлю'пать но'сом R хлю'пать
00
(Хоть) кровь и'з носу R кровь
00
Шмы'гать но'сом R шмы'гать
НОСИ'ТЬ
00
$Высоко'/го'рдо$ носи'ть го'лову R нести'
00
$Едва'/е'ле/наси'лу/ETC$ но'ги но'сят
SOMEONE CAN BARELY STAY ON HIS FEET; SOMEONE CAN BARELY
GET AROUND; SOMEONE JUST DRAGS HIMSELF ALONG
Мно'го люде'й у'мерло от го'лода; пережи'вшие же его'
едва' но'ги но'сят.
00
Носи'ть $бо'роду/усы'/во'лосы$
TO WEAR ONE'S HAIR/BEARD IN A CERTAIN WAY; TO HAVE ONE'S
HAIR/BEARD DONE IN A CERTAIN WAY
1. Он еще. тогда' не носи'л усо'в, лицо' его' бы'ло
мо'лодо. 2. Те.мно-ру'сые с си'льною про'седью во'лосы
он носи'л под гребе.нку. 3. Сейча'с но'сят коро'ткие
во'лосы. 4. Высо'ких приче.сок не но'сят.
00
Носи'ть $и'мя/фами'лию/назва'ние/ETC$
TO BEAR THE NAME OF.....; TO BE CALLED ...
1. Носи'ть фами'лию му'жа. 2. Была' в до'ме
ко'мнатка, кото'рая носи'ла три назва'ния: ма'ленькая,
проходна'я и те.мная.
00
Носи'ть ма'ску R ма'ска
00
Носи'ть на рука'х [кого']
TO TEND TO SOMEONE'S EVERY NEED; TO BE AT SOMEONE'S BECK
AND CALL
Снача'ла в Москве' ее. носи'ли на рука'х, счита'ли за
осо'бенную рекоменда'цию на све'тское значе'ние е'здить к
графи'не.
00
Носи'ть ору'жие
TO BE ARMED; TO BEAR ARMS
В ту же ночь все спосо'бные носи'ть ору'жие должны'
ожида'ть неприя'теля.
00
Носи'ть $очки'/пла'тье/тра'ур/ETC$
TO WEAR EYEGLASSES/ATTIRE/ETC.
1. Пла'тье еще. мо'жно носи'ть. 2. Носи'л он
[Алексе'й Бере'стов] че.рное кольцо' с изображе'нием
ме.ртвой головы'. 3. Носи'л он тужу'рку из верблю'жьей
ше'рсти.
31
Носи'ть под се'рдцем
TO BE PREGNANT WITH. ...; TO CARRY SOMEONE (IN PREGNANCY)
Ты мно'ю боле'ла, под се'рдцем носи'ла Меня', и твои'м
молоко'м я вспое.н.
00
Носи'ть решето'м во'ду R вода'
00
Носи'ть $чин/зва'ние/ETC$
TO BEAR THE TITLE/RANK/ ETC. OF ...
1. Он мно'го учи'лся, печа'тал за грани'чей кни'жки,
но'сит уче.ную сте'пень. 2. - ... я име'ю честь носи'ть
зва'ние генера'л-адьюта'нта его' вели'чества.
НОСИ'ТЬСЯ
00
В во'здухе но'сится R во'здух

00
Как $дура'к/ду'рень$ с пи'саной то'рбой носи'ться [с
кем<с чем] R то'рба
00
Как ку'рица с яйцо'м носи'ться [с кем<с чем] R яйцо'
00
Носи'ться как с пи'саной то'рбой R то'рба
НОСОВО'Й
00
Храпе'ть во все носовы'е заве.ртки R заве.ртка
НО'ТА
00
$Брать/взять$ но'ту R брать
00
В одну' но'ту
MONOTONOUSLY
Возмуща'ется, негоду'ет и ра'дуется он ка'к-то все. в
одну' но'ту, не эффекти'вно и вя'ло.
00
Как по но'там разыгра'ть
TO ACCOMPLISH SOMETHING AS IF IT WERE CHILD'S PLAY; TO
CARRY OFF WITHOUT A HITCH
План, вы'работанный команди'ром, кре'пко ве'рящим в
себя' и в свои'х люде'й, был в тот день разы'гран, как по
но'там.
00
На одно'й но'те
MONOTONOUSLY
Стихотворе'ние, по'лное негодова'ния, проче.л он на
одно'й но'те, сло'вно оно' бы'ло сообще'нием о чье'й-то
сме'рти.
НОТА'ЦИЯ
00
Чита'ть нота'ции R чита'ть
НОЧЕВА'ТЬ
00
Днева'ть и ночева'ть R днева'ть
НОЧЛЕ'ЖНЫЙ
00
Ночле'жный дом
A FLOP HOUSE; A CHEAP HOTEL
НОЧНО'Й
00
Ночна'я тень R тень
НОЧЬ
00
Варфоломе'евская ночь
00
В одну' прекра'сную ночь R прекра'сный
00
Воробьи'ная ночь R воробьи'ный
00
$До'брой/поко'йной/споко'йной$ но'чи!
GOOD NIGHT!
-Споко'йной но'чи, де'тки! -прошепта'ла мать, прикрыва'я
дверь.
00
(И) день и ночь R день
00
На' ночь
BEFORE BEDTIME
1. Чита'ть на' ночь. 2. Умыва'ться на' ночь.
00
На' ночь гля'дя R гляде'ть
00
Не к но'чи будь $ска'зано/помя'нут$
FORGIVE MY MENTIONING (HIM/IT)[ABOUT SOMEBODY/SOMETHING
TERRIFYING, UNPLEASANT]
-Он пра'вит на'ми, как царь Ива'н (не к но'чи будь
помя'нут).
00
Тень но'чи R тень
НО'ЧНО
00
Де'нно и но'чно R де'нно
НРАВ
00
По нра'ву $быть/прийти'сь/ETC$ [кому'] R прийти'сь

НРАВОУЧЕ'НИЕ
00
Чита'ть нравоуче'ния R чита'ть

НУ
00
Ни тпру ни ну R тпру
00
Ну да! R да
00
Ну и
WHAT/WHAT A (WEATHER/PROBLEM/ETC)!
-Ну и пого'дка! -бормота'ли прохо'жие, поднима'я
воротники' шуб.
00
$Ну и ну<ай да ну$!
YOU DON'T SAY!; WELL I NEVER!
-[Лани'ловы] до'лго торгова'ли кра'деной на'нкой и
име'ли больши'е де'ньги. Когда' же не'где бы'ло
стяну'ть, нанима'лись в поде.нную рабо'ту. -ай да ну!
00
Фу-ты, ну-ты! R Фу

НУЖДА'
00
Нужды' ма'ло [кому']
TO BE NONE OF SOMEONE'S BUSINESS; NOT TO BE SOMEONE'S
PROBLEM (THAT...)
00
Нужды' нет
THAT DOESN'T MATTER; NEVER MIND
-Сосе'душка, я сыт по го'рло. -Нужды' нет, Еше.
таре'лочку.

НУ'ЖНО
00
Далеко' ходи'ть не ну'жно R далеко'
42
Куда' как ну'жно
THERE IS NO NEED TO; WHAT FOR?!
-Слу'шай ... Я с не'ю познако'млюсь. -Вот еше.! Куда'
как ну'жно! Му'жа повали'л да хо'чет погляде'ть на
вдо'вьи сле.зы. Бессо'вестный!
00
О'чень ну'жно
THERE IS NO NEED TO; WHAT FOR?!
- ... чай дожида'ться не ста'нете? -Вот еше.! О'чень
ну'жно!

НУ'ЖНЫЙ
00
Как прошлого'дний снег ну'жен R снег
00
Ну'жен<нужна'<ну'жно как соба'ке пя'тая нога' R пя'тый

НУЛЕВО'Й
00
Нулева'я стри'жка R нолево'й

НУЛЬ
00
Абсолю'тный нуль R абсолю'тный
00
Свести' к нулю' TO REDUCE TO NOTHING
00
Стричь под нуль R ноль

НУТРО'
00
Не по нутру' (быть)
NOT TO (SOMEONE'S) LIKING; NOT TO CARE FOR (SOMETHING)
Ремесло' сде'лалось их жи'зненной це'лью. Для Миха'йлы
э'то бы'ло не по нутру', про'тив ше'рсти.

НЫ'НЧЕ
00
Не ны'нче - за'втра R за'втра

НЫТЬ
00
$Душа'/се'рдце$ но'ет R боле'ть

НЮ'НИ
29
Распусти'ть ню'ни
1. TO DISSOLVE IN TEARS 2. TO LOSE HEART; TO FALL INTO
DESPAIR
1. -Что же ты пла'чешь? ... Что ты ню'ни распусти'л?

2. Он отли'чно знал, что ду'мают вот э'ти господа' про
него': оба'бился, распусти'л ню'ни, проки'с.

НЮХ
00
Ни за нюх табаку' =пропа'сть/поги'бнуть/ETC= R таба'к
00
Соба'чий нюх R соба'чий

НЮ'ХАТЬ
00
По'роху не ню'хал R по'рох

О'БА
00
За о'бе щеки' =есть/упи'сывать/ETC= R щека'
00
Обе'ими рука'ми подписа'ться [под чем] R рука'
00
Обеи'ми рука'ми ухвати'ться R рука'
00
$Смотре'ть/гляде'ть$ в о'ба (гла'за) R глаз
00
Хрома'ть на о'бе ноги' R нога'

ОБАГРИ'ТЬ
14
Обагри'ть ру'ки $кро'вью<в крови'$
TO HAVE BLOOD ON ONE'S HANDS
И'мя прави'теля страны', обагри'вшего ру'ки в крови'
неви'нных, вспомина'ется с тре'петом.

ОБВЕРТЕ'ТЬ
29
Обверте'ть (де'ло) $вокру'г/о'коло$ па'льца
TO MAKE SHORT SHRIFT OF (SOMETHING); ITS A CINCH
-Э'то де'ло мудре.ное ... о'коло па'льца не обве'ртишь.

ОБВЕСТИ'
00
Обвести' $вокру'г/круго'м$ па'льца
ITS A CINCH; IT'S NO PROBLEM; IT'S EASY
-Де'ло знако'мое, я его' в оди'н час круго'м па'льца
обведу'!

ОБГО'Н
00
В $обго'н/обго'нку$ [кого'<чего']
TO OUTSTRIP/LEAVE BEHIND
По'езд совсе'м заме'длил ход ... Стре'лочник соскочи'л
и побежа'л в обго'нку по'езда к бу'дке.

ОБГО'НКА
00
В обго'нку [кого'<чего'] R обго'н

ОБДА'ТЬ
00
$Как/сло'вно/то'чно$ ва'ром обда'ть R вар
00
Обда'ть [каки'м] взгля'дом
TO GIVE A (PUZZLED/SARCASTIC/ETC.) LOOK
-А до у'стья ... далеко' еше.? -До у'стья-то? И опя'ть
он о'бдал меня' взгля'дом ласка'ющего сожале'ния ... -До
у'стья-то не дое'хать вам ни за'втра, ни послеза'втра.
00
Обда'ть презре'нием
TO TREAT (SOMEONE) CONTEMPTUOUSLY; TO EXPRESS CONTEMPT FOR
(SOMEONE)
00
Обда'ть хо'лодом
TO TREAT (SOMEONE) CONDESCENDINGLY; TO TREAT (SOMEONE)
COLDLY; TO GIVE A COLD SHOULDER TO (SOMEONE)

ОБЕ'Д
00
Накры'ть обе'д R накры'ть

ОБЕ'ДАТЬ
00
Накры'ть обе'дать R накры'ть

ОБЕ'ДНЯ
29
Испо'ртить (всю) обе'дню [кому']
TO RUIN EVERYTHING FOR (SOMEONE); TO THROW A MONKEY WRENCH
INTO THE WORKS FOR (SOMEONE)
00
Стоя'ть обе'дню R стоя'ть

ОБЕЖА'ТЬ
00
Обежа'ть $глаза'ми/взгля'дом$

172

ОБЕЖА'ТЬ CONT'D.
TO TAKE IN (EVERYTHING) AT A GLANCE; TO GLANCE AT
Председа'тель нетерпели'во обежа'л глаза'ми това'рищей.
ОБЕРНУ'ТЬ
00
Оберну'ть $вокру'г/круго'м$ па'льца
TO WRAP (SOMEONE) AROUND ONE'S LITTLE FINGER
Все сходи'лись на том, что когда' он же'нится, жена' в два сче'та оберне.т его' вокру'г па'льца.
ОБЕССУ'ДИТЬ
59
Не $обессу'дь<обессу'дьте$
PLEASE EXCUSE/FORGIVE ME
-Сади'тесь, Михе'й Зо'тыч, -приглаша'ла хозя'йка. -Не обессу'дьте на угоще'нии.
ОБЕТОВА'ННЫЙ
14
$Обетова'нная земля'/обетова'нная страна'/обетова'нный край$
THE PROMISED LAND
-Ты не пове'ришь, как мне опосты'лели э'ти ко'мнаты ....
Я ду'маю о Воздви'женском, как об обетова'нной земле'.
ОБЕЩА'НИЕ
00
Броса'ться обеща'ниями R броса'ться
00
Корми'ть обеща'ниями R корми'ть
00
Сдержа'ть обеща'ние R сдержа'ть
ОБЕЩА'ТЬ
00
Золоты'е го'ры обеща'ть R золото'й
ОБИ'ДА
00
Быть в оби'де [на кого']
TO BE OFFENDED BY (SOMEONE)
Жена' была' в оби'де на му'жа за кри'тику ее. наря'да.
00
Кро'вная оби'да R кро'вный
00
(Не) дать в оби'ду [кого']
TO PROTECT (SOMEONE); TO SHELTER (SOMEONE)
00
(Не) да'ться [кому'] в оби'ду
(NOT) TO SUBMIT TO MISTREATMENT; (NOT) TO PERMIT ONESELF TO
BE INSULTED/MISTREATED BY (SOMEONE)
00
Смыть кро'вью оби'ду R кровь
ОБИ'ДЕТЬ
00
Кро'вно оби'деть R кро'вный
00
Му'хи не оби'дит R му'ха
ОБИНЯ'К
00
без обиняко'в
OPENLY; PLAINLY; WITHOUT BEATING AROUND THE BUSH
-Мы бу'дем говори'ть, как че'стные лю'ди, как прия'тели, без обиняко'в.
ОБЛАДА'ТЬ
42
Облада'ть собо'й
TO MAINTAIN ONE'S COMPOSURE/SELF-CONTROL
Она' была' возбуждена', а вме'сте с тем облада'ла собо'й насто'лько, что могла' наблюда'ть.
О'БЛАКО
00
До облако'в
TO HIGH HEAVEN
00
$Находи'ться/быть/вита'ть$ в облака'х R вита'ть
00
Под $облака'<облака'ми$
HIGH UP IN THE SKY
Под облака'ми, залива'я во'здух сере'бряными зву'ками, дрожа'ли жа'воронки.
00
Спусти'ться с облако'в R спусти'ться

00
Темна' вода' во о'блацех R те.мный
00
Уноси'ться в облака'
TO LIVE IN A DREAM-WORLD
Мечта'тели уно'сятся в облака'.
О'БЛАСТЬ
00
Отойти' в о'бласть $преда'ния/воспомина'ний/ETC$
TO BELONG TO THE PAST; TO BECOME HISTORY
Про'шлое челове'ка отошло' в о'бласть преда'ния.
ОБЛЕ'ЧЬ
00
Обле'чь $в плоть и кровь<пло'тью и кро'вью$ R плоть
00
Обле'чь дове'рием
TO AUTHORIZE/EMPOWER SOMEONE TO (DO SOMETHING)
ОБЛЕ'ЧЬСЯ
00
Обле'чься $в плоть и кровь<пло'тью и кро'вью$ R плоть
ОБЛИВА'ТЬСЯ
00
Облива'ться слеза'ми
TO WEEP BITTERLY
Де'вушка облива'лась слеза'ми от оби'ды.
00
Се'рдце кро'вью облива'ется R кровь
ОБЛИЗА'ТЬ
00
Па'льчики $обли'жешь<обли'жете$
YOU'LL LICK YOUR FINGERS
1. -Но зато' како'й ухо'й из нали'мьей пече.нки угощу'
... А зате'м пиро'г на четы're угла' - па'льчики
обли'жете. 2. А я вам ... вы'пишу актри'су настоя'щую;
и собо'й (разво'дит рука'ми) уж, мое. почте'ние!
Па'льчики обли'жете.
ОБЛИ'ТЬ
00
Обли'ть $гря'зью/помо'ями$
TO DRAG (SOMEONE'S) NAME THROUGH THE MUD
00
Обли'ть презре'нием
TO HEAP CONTEMPT ON (SOMEONE)
00
Обли'ть холо'дной водо'й R вода'
ОБЛОМА'ТЬ
29
Зу'бы облома'ть [обо что]
TO COME TO GRIEF
29
Облома'ть $бока'/ру'ки/но'ги$
TO BEAT UP (SOMEONE); TO THRASH (SOMEONE); TO BEAT THE HELL
OUT OF (SOMEONE)
29
Облома'ть $де'ло<дела'$
TO MANAGE TO (DO SOMETHING); TO FIND A WAY OF (DOING
SOMETHING)
-Я ба'ба огнева'я, я облома'ю де'ло; то'лько бы'ло бы
ва'ше согла'сие.
00
Облома'ть ко'гти [кому'] R ко'готь
00
Облома'ть рога' [кому'] R рог
ОБЛУПИ'ТЬ
00
Облупи'ть как ли'пку R ли'пка
ОБЛУ'ПЛЕННЫЙ
29
Знать как облу'пленного
TO KNOW VERY WELL
-Он с Вербово'го ху'тора, я их зна'ю, как облу'пленных.
ОБМА'Н
00
Вда'ться в обма'н R вда'ться
ОБМО'ЛВИТЬСЯ
00
Не обмо'лвиться (ни еди'ным) сло'вом
NOT TO SAY A SINGLE WORD ABOUT (SOMETHING); TO BE SILENT/TO

ОБМО'ЛВИТЬСЯ CONT'D.
KEEP MUM ABOUT (SOMETHING)
Стари'к никому' и сло'вом не обмо'лвился, что на
комбина'те рабо'тает его' сын.
О'БМОРОК
00
Па'дать в о'бморок
TO LOSE CONSCIOUSNESS; TO FAINT
ОБНАЖИ'ТЬ
00
Обнажи'ть меч R меч
ОБНАРУ'ЖИТЬ
00
Обнару'жить $след<следы'$ [кого'<чего'] R след
ОБОБРА'ТЬ
00
Обобра'ть как ли'пку R ли'пка
ОБОДРА'ТЬ
00
Ободра'ть как ли'пку R ли'пка
ОБО'З
00
$Тяну'ться/быть/плести'сь$ в обо'зе
TO BRING UP THE REAR; TO BE ALWAYS LAST IN (SOMETHING)
ОБОЙТИ'
00
Обойти' молча'нием R молча'ние
ОБОЙТИ'СЬ
00
В $копе'ечку/копе'йку$ обойти'сь R копе'ечка
00
Да'ром не обойде.тся [что+кому'] R да'ром
ОБОРВА'ЛО'СЬ
00
Се'рдце оборва'ло'сь [у кого'] R се'рдце
ОБОРВА'ТЬ
00
Оборва'ть у'ши [кому'] R у'хо
ОБОРВА'ТЬСЯ
00
$Оборва'ло'сь/оторва'ло'сь$ $в се'рдце/в груди'/внутри'$
[у кого']
(HIS) HEART SANK; IT BROKE (HIS) HEART
В груди' оторва'лось у жоке'я, когда' он уви'дел
больно'го Ара'бчика, призову'ю ло'шадь.
ОБОРОНИ'ТЬ
00
Оборони' $бог/бо'же/госпо'дь/го'споди$ R бог
ОБОРО'Т
00
$Брать/взять$ в $оборо'т/перепле.т$
TO UPBRAID (SOMEONE); TO TAKE (SOMEONE) TO TASK
Оте'ц взял в оборо'т сынове'й за небре'жное хране'ние
ружья'.
00
Пусти'ть в оборо'т R пусти'ть
ОБОРО'ТНЫЙ
00
Оборо'тная сторона'
THE OTHER SIDE OF (SOMETHING); THE REVERSE
Когда' она' [же'нщина] представля'ется в надзве.здных
высо'тах, со'зданной из луче'й - то, разуме'ется,
оборо'тная сторона' же'нской нату'ры воспринима'ется с
боле'зненной чу'ткостью.
00
Оборо'тная сторона' меда'ли R меда'ль
ОБРАБО'ТКА
00
$Брать/взять$ в обрабо'тку
TO PUT PRESSURE ON (SOMEONE); TO WORK ON (SOMEONE) (IN ORDER
TO INFLUENCE HIM)
Ю'ноши взя'ли в обрабо'тку засте'нчивого дру'га,
склоня'я его' к уча'стию в вечери'нке.
О'БРАЗ
00
В о'бразе [кого']
IN THE FORM OF; IN THE SHAPE OF; IN THE PERSON OF
У двери' в камо'рку гармони'ста его' жда'ло ма'ленькое

разочарова'ние в о'бразе Се'ньки Чи'жика.
00
Гла'вным о'бразом R гла'вный
00
Есте'ственным о'бразом R есте'ственный
00
Коренны'м о'бразом R коренно'й
00
Настоя'щим о'бразом R настоя'щий
00
Не'которым о'бразом R не'который
00
Нико'им о'бразом R нико'й
00
О'браз мы'слей R мысль
71
По о'бразу и подо'бию [чьему']
FOLLOWING (SOMEONE'S) EXAMPLE; IN THE IMAGE OF; (TO BE)
JUST LIKE (SOMEONE)
Де'ти бы'ли по о'бразу и подо'бию свои'х роди'телей:
че'стные, трудолюби'вые и предприи'мчивые.
00
По о'бразу пе'шего хожде'ния R хожде'ние
00
Ра'вным о'бразом R ра'вный
00
Ры'царь печа'льного о'браза R ры'царь
00
Таки'м о'бразом R тако'й
00
$Утра'тить/потеря'ть$ о'браз челове'ческий
TO CEASE TO BE HUMAN; TO BEHAVE LIKE AN ANIMAL
ОБРАСТИ'
00
Мо'хом обрасти' R мох
ОБРАТИ'ТЬ
00
Обрати'ть в бе'гство
TO PUT TO FLIGHT; TO ROUT
Ра'но верну'вшиеся хозя'ева обрати'ли в бе'гство воро'в.
00
Обрати'ть внима'ние [кого'] [на кого'<на что] R
внима'ние
00
Обрати'ть внима'ние [на кого'<на что] R внима'ние
00
Обрати'ть в пе'пел R пе'пел
00
Обрати'ть [кого'] на $путь и'стины/и'стинный путь$ R
путь
00
Обрати'ть на себя' внима'ние R внима'ние
ОБРАТИ'ТЬСЯ
00
Обрати'ться в бе'гство
TO BE PUT TO FLIGHT; TO BE ROUTED
Неприя'тель, не ожида'вший си'льного сопротивле'ния,
обрати'лся в бе'гство.
00
Обрати'ться в ничто' R ничто'
00
Обрати'ться в пе'пел R пе'пел
00
Обрати'ться в слух R слух
ОБРА'ТНО
00
$Взять/брать$ свои' слова' обра'тно R сло'во
00
Туда' и обра'тно R туда'
ОБРЕ'З
00
В обре'з
JUST ENOUGH; NONE TO SPARE
-Вре'мени у меня' ... в обре'з: че'рез не'сколько часо'в
на'до вылета'ть обра'тно.
ОБРЕ'ЗАТЬ
00
Обре'зать кры'лья [кому'] R крыло'

ОБСЕ'ВОК
00
(Не) обсе'вок в по'ле
(I AM) NO WORSE THAN (SOMEONE ELSE); (I AM) JUST AS GOOD
AS (SOMEONE ELSE)
-Я не обсе'вок в по'ле, Тако'й же гость, а ты меня' обно'сишь!

ОБСО'ХНУТЬ
00
Молоко' на губа'х не обсо'хло [у кого'] R губа'

ОБСТОЯ'ТЕЛЬСТВО
00
По незави'сящим [от кого'<от чего'] обстоя'тельствам R незави'сящий
00
$Смотря'/гля'дя$ по обстоя'тельствам
DEPENDING ON CIRCUMSTANCES
-Зна'чит, ... ты же'нишься. Но любопы'тно, как ты э'то устро'ишь. -Ну, как - я еще. не зна'ю, гля'дя' по обстоя'тельствам.
00
Стече'ние обстоя'тельств
(DUE TO) CIRCUMSTANCES; THE OVERALL SITUATION; THE WAY THINGS CAME OUT
Стари'к про'дал большо'й дом всле'дствие стече'ния обстоя'тельств: семья' уме'ньшилась с жени'тьбой сынове'й, к тому' же он переше.л на пе'нсию.

ОБСТРЕ'ЛЯННЫЙ
00
Обстре'лянная пти'ца R стре'ляный

ОБТЯ'ЖКА
00
В обтя'жку
TIGHTLY; LIKE A GLOVE
Пла'тье сиде'ло на ней в обтя'жку.

О'БУ'Х
00
$Как<то'чно<бу'дто$ о'бухом по голове'
AS IF STRUCK BY LIGHTNING; LIKE A BOLT OF LIGHTNING
Непредви'денное увольне'ние с рабо'ты всегда' де'йствует как о'бухом по голове'.

ОБХО'Д
00
В обхо'д
(TO GO) AROUND; BY-PASS
[Ка'тя] сверну'ла с просе.лка и пошла' по'лем в обхо'д дере'вни ...

ОБХОДИ'ТЬ
00
Обходи'ть дозо'ром R дозо'р

ОБХО'ДНЫЙ
00
Обхо'дным путе.м R путь

ОБЧЕ'СТЬСЯ
00
$Раз, два/оди'н, друго'й$ и обче.лся
VERY FEW/LITTLE; NO MORE THAN ONE OR TWO; (IT) CAN BE
COUNTED ON THE FINGERS OF ONE HAND
-Как поду'маешь о весне' - хоть пла'кать впо'ру! Кормово'й севооборо'т введи', па'стбище улучша'й ... , а люде'й - раз, два и обче.лся.

ОБЩЕ'СТВЕННЫЙ
00
Обще'ственное порица'ние
PUBLIC DISGRACE/REPRIMAND

О'БЩИЙ
00
В (о'бщей) ма'ссе R ма'сса
00
В о'бщей сло'жности
IN TOTALITY; TOTALLY; FULLY
Убы'тки по'сле землетрясе'ния еще. не исчи'слены в о'бщей сло'жности.
00
В о'бщем
IN THE LAST ANALYSIS; IN GENERAL; GENERALLY SPEAKING
Разруше'ния, произведе.нные урага'ном, в о'бщем допо'лнили карти'ну кра'йней бе'дности населе'ния э'той

ча'сти страны'.
00
В о'бщем и це'лом
IN GENERAL; GENERALLY SPEAKING
Сего'дня Л. был у меня'. О'чень хвали'л [карти'ну]. Сде'лал не'сколько замеча'ний относи'тельно ра'зных мелоче'й, но в о'бщем о'чень хвали'л.
00
Ме'рить [кого'<что] о'бщим арши'ном R арши'н
00
Места' о'бщего по'льзования R ме'сто
00
Найти' о'бщий язы'к
TO FIND A COMMON LANGUAGE
Молоды'е супру'ги нашли' о'бщий язы'к, и их жизнь приняла' прия'тный оборо'т.
00
$Нет/не име'ть$ ничего' о'бщего [с кем<с чем]
TO HAVE NOTHING IN COMMON WITH (SOMEONE/SOMETHING)
00
О'бщее ме'сто
COMMON KNOWLEDGE; A FACT; A TRUISM
Кто' раз солга'л тому' не ве'рят - и'стина, ста'вшая о'бщим ме'стом.
00
Привести' к о'бщему знамена'телю R знамена'тель

ОБЪЕ'СТЬСЯ
00
Белены' объе'лся R белена'

ОБЪЕ'ХАТЬ
00
На козе' не объе'дешь [кого'] R коза'
00
На криво'й не объе'дешь [кого'] R криво'й

ОБЪЯСНЕ'НИЕ
00
Объясне'ние в любви'
A CONFESSION OF LOVE; A DECLARATION OF LOVE

ОБЪЯСНИ'ТЬСЯ
00
Объясни'ться в любви'
TO CONFESS ONE'S LOVE; TO DECLARE ONE'S LOVE
Ста'рый холостя'к до'лго не реша'лся объясни'ться в любви' молодо'й вдове'.

ОБЪЯ'ТИЕ
00
Души'ть в объя'тиях R души'ть
00
$Откры'ть/раскры'ть/распростере'ть$ объя'тия [кому']
TO EMBRACE; TO OPEN ONE'S ARMS TO (SOMEONE)
Родня' распросте.рла объя'тия молодо'му солда'ту, уцеле'вшему в войне'.
00
$Приня'ть/встре'тить$ с распросте.ртыми объя'тиями [кого']
TO WELCOME/RECEIVE (SOMEONE) WITH OPEN ARMS
Друзья' встре'тили с распросте.ртыми объя'тиями победи'теля на олимпиа'де.
00
Схвати'ть в объя'тия R схвати'ть

ОБЫКНОВЕ'НИЕ
00
По обыкнове'нию
AS USUAL; AS ACCUSTOMED
[Фе'нечка] сиде'ла на скаме'йке, наки'нув по обыкнове'нию бе'лый плато'к на го'лову.
00
Про'тив обыкнове'ния
CONTRARY TO ONE'S HABIT/CUSTOM; EXCEPTIONALLY
Илья' Ильи'ч просну'лся, про'тив обыкнове'ния, о'чень ра'но, часо'в в во'семь.

ОБЫКНОВЕ'ННЫЙ
00
$Быстре'е/гро'мче/ни'же/ETC$ обыкнове'нного
(FASTER/LOUDER/ETC.) THAN USUAL
1. Мы оту'жинали мо'лча и вста'ли из-за стола' скоре'е обыкнове'нного. 2. Она' [Зи'на] была' бледне'е обыкнове'нного.

00
Ме'рить [кого'<что] обыкнове'нным арши'ном R арши'н
ОБЫ'ЧАЙ
00
В обы'чае [кого'<чего']
TO BE CUSTOMARY FOR (SOMEONE); TO BE THE PRACTICE OF (SOMEONE)
Таки'е дале.кие путеше'ствия бы'ли вообще' не в обы'чае семьи'.
ОБЫ'ЧНЫЙ
00
Обы'чная исто'рия R исто'рия
00
$Си'льнее/ча'ще/ETC$ обы'чного
(MORE/FASTER/ETC.) THAN USUAL
Пульс у ребе.нка би'лся ча'ще обы'чного.
ОБЬЕЗЖА'ТЬ
00
Объезжа'ть дозо'ром R дозо'р
ОБЯ'ЗАННОСТЬ
00
Вмени'ть в обя'занность R вмени'ть
ОВЕ'ЧИЙ
00
Волк в ове'чьей шку'ре R волк
00
Отолью'тся во'лку ове'чьи сле.зки R отли'ться
ОВЛАДЕ'ТЬ
00
Овладе'ть собо'й
TO CONTROL ONESELF; TO GAIN CONTROL OF ONESELF
Неодобри'тельные ре'плики с ме'ста прерва'ли речь ора'тора, но он то'тчас же овладе'л собо'й и продолжа'л говори'ть.
ОВЦА'
00
Заблу'дшая овца' R заблу'дший
ОВЧИ'НКА
00
Не'бо $с<в$ овчи'нку показа'лось [кому']
(HE) THOUGHT THAT THIS WAS THE END FOR (HIM); (HE) THOUGHT THAT (HIS) NUMBER WAS UP
Не'бо с овчи'нку показа'лось охо'тнику при ви'де шипя'щей змеи' на тропи'нке.
00
Овчи'нка вы'делки не сто'ит
IT ISN'T WORTH THE TROUBLE
Переде'лывать ста'рое на но'вое - овчи'нка вы'делки не сто'ит.
ОГЛО'БЛЯ
29
Поверну'ть огло'бли
TO TURN BACK
ОГЛУШИ'ТЬ
00
Как гро'мом оглуши'ть R гром
ОГЛЯ'ДКА
00
Без огля'дки =бежа'ть/мча'ться/ETC=
RECKLESSLY; HEADLONG; WITH ABANDON
1. До'лго еще. бежа'л он без огля'дки между каза'чким та'бором и пото'м далеко' по всему' чи'стому по'лю. 2. -Я без огля'дки де'ла не сде'лаю. 3. [Дон-Кихо'т] ве'рит кре'пко и без огля'дки. Оттого' он бесстра'шен, терпели'в. 4. -Мы, цыга'нки горяче'е вас се'рдцем: люби'ть, так люби'ть без огля'дки.
00
С огля'дкой
WITH ONE'S EYES PEELED; CAREFULLY
-Това'рищей выбира'й себе' с огля'дкой, потому' что есть лю'ди, кото'рые зара'зны, как боле'знь.
ОГЛЯНУ'ТЬСЯ
00
Не $успе'ешь<успе'л$ огляну'ться, как ...
SOMETHING WILL BE UPON (YOU) SOONER THAN (YOU) THINK; BEFORE YOU KNOW IT
Попрыгу'нья Стрекоза' Ле'то кра'сное пропе'ла; Огляну'ться не успе'ла, Как зима' кати'т в глаза'.

ОГОНЕ.К
00
$Зайти'/забежа'ть/ETC$ на огоне.к
[TO DROP IN ON (SOMEONE), SEEING BY THE LIGHT IN THE WINDOWS THAT SOMEONE IS HOME]
Врач заше.л на огоне.к к учи'телю, возвраща'ясь по'здно от больно'го.
ОГО'НЬ
00
Боя'ться как огня'
TO BE DEATHLY AFRAID OF
00
В огне'
1. ON FIRE; 2. IN BATTLE; UNDER FIRE
1. -Я, ка'жется, больна', И голова' в огне' ... , Дай ру'ку - чу'вствуешь, как вся гори'т она'? 2. -Захвора'ла [мать], в огне' вся лежи'т. 3. Э'то был Не'вский полк, це'лый день бы'вший в огне' и возвраща'вшийся в ла'герь, так как он расстреля'л все патро'ны.
00
В ого'нь и в во'ду =гото'в/пойду'/ETC=
TO BE READY TO GIVE ONE'S RIGHT ARM FOR (SOMEONE); TO BE READY TO DO ANYTHING FOR (SOMEONE); TO GO THROUGH FIRE AND WATER FOR (SOMEONE)
-Она' за тебя' и в ого'нь и в во'ду гото'ва. Она' сейча'с за тебя' хоте'ла поже'ртвовать всем свои'м состоя'нием.
00
Вы'дуть ого'нь R вы'дуть
00
$Вы'сечь/вы'рубить$ ого'нь R вы'сечь
00
Дне.м с огне.м не $найти'/сыска'ть$ R дне.м
00
Дне.м с огне.м не $найти'/сыска'ть$ R день
00
Ды'ма без огня' не быва'ет R дым
00
Из огня' да в по'лымя
FROM THE FRYING PAN INTO THE FIRE
00
Между двух огне'й
BETWEEN TWO FIRES
00
На ме'дленном огне' R ме'дленный
00
Нет ды'ма без огня' R дым
00
Огне.м и мечо'м
(TO WAGE) TOTAL WAR; WITHOUT MERCY; BY ANY MEANS
00
Подли'ть ма'сла в ого'нь R подли'ть
00
Преда'ть огню' и мечу' R преда'ть
00
Таска'ть кашта'ны из огня' [для кого'] R таска'ть
00
Шути'ть с огне.м R шути'ть
ОГОРО'Д
00
$Ка'мешки<ка'мешек$ в [чей] огоро'д =броса'ть/кида'ть= R ка'мешек
00
Огоро'д городи'ть R городи'ть
00
Пусти'ть козла' в огоро'д R козе.л
ОДЕ.ЖКА
00
По оде.жке протя'гивай но'жки
TO LIVE WITHIN ONE'S MEANS; TO CUT ONE'S COAT ACCORDING TO ONE'S CLOTH
ОДЕРЖА'ТЬ
00
Одержа'ть $верх/побе'ду$
TO EMERGE VICTORIOUS; TO GET THE UPPER HAND
Изве'стный шахмати'ст одержа'л очередну'ю побе'ду на междунаро'дном турни'ре.

ОДЕРЖИ'МЫЙ
    42
    Одержи'мый бе'сом
    ONE POSSESSED; A MANIAC
ОДЕ'ТЫЙ
    00
    $Оде'т<оде'тый$ по карти'нке R карти'нка
ОДИ'Н
    00
    Вали'ть все. в одну' ку'чу R вали'ть
    00
    В оди'н след R след
    00
    В одно' мгнове'ние R мгнове'ние
    00
    В одно' сло'во R сло'во
    00
    В одну' но'ту R но'та
    00
    (Все) в оди'н го'лос R го'лос
    00
    Все до одного' R весь
    00
    (Все) как оди'н
    UNANIMOUSLY; AS ONE; TOGETHER
    Сосе'ди, все как оди'н, помогли' семье', пострада'вшей
    от пожа'ра.
    00
    (Все) на одну' коло'дку сши'ты R коло'дка
    00
    Все. одно' R весь
    00
    $За<в$ оди'н присе'ст R присе'ст
    00
    Как одну' копе'йку R копе'йка
    00
    $На оди'н покро'й<одного' покро'я$ [кто<что] R покро'й
    00
    На одно'й но'те R но'та
    00
    На одно' лицо' R лицо'
    00
    Ни в одно'м $глазу'<гла'зе$ R глаз
    00
    Оди'н, друго'й и обче.лся R обче'ться
    00
    Оди'н-еди'нственный R еди'нственный
    00
    Оди'н за други'м
    ONE AFTER ANOTHER; ONE BY ONE
    Оди'н за други'м к угаса'ющему костру' подходи'ли ко'ни.
    00
    Оди'н как перст R перст
    00
    $Оди'н к одному'<одна' к одно'й<одно' к одному'$
    ONE LIKE THE OTHER
    1. –Лес-то како'й! дере'вья одно' к одному', сло'вно
    солда'ты, стоя'т! 2. Сыновья' – оди'н к одному',
    кре'пкие ребя'та.
    00
    Оди'н коне'ч R коне'ч
    00
    Оди'н на оди'н
    1. TETE-A-TETE; PRIVATELY; BETWEEN US; JUST THE TWO OF
    US; 2. ONE AGAINST THE OTHER; IN SINGLE COMBAT
    1. –Зна'ете, что' я вам, господи'н писа'тель, ...
    оди'н на оди'н скажу'? все ны'нче сочу'вствуют вам,
    революционе'рам! 2. Долгопо'лова же и Чапча'кчи,
    оди'н на оди'н, игра'ли в городки

    00
    Оди'н шаг [от чего'<до чего'] R шаг
    00
    Одна' ла'вочка R ла'вочка
    00
    Одна' нога' здесь, (а) друга'я там R нога'
    00
    Одни' ко'сти R кость

    00
    Одни'м ду'хом R дух
    00
    $Одни'м ма'хом<с одного' ма'ху$ R мах
    00
    Одни'м пы'хом R пых
    00
    $Одни'м сло'вом<одно' сло'во$ R сло'во
    00
    Одно' вре'мя R вре'мя
    00
    Одно' зва'нье R зва'ние
    00
    Одно'й ма'сти R масть
    00
    Одно' к одному'
    ONE AFTER ANOTHER; ONE FOLLOWING THE OTHER
    Одно' к одному' сложи'лось у бе'дного наро'да: тайфу'н,
    гражда'нская война' и эпиде'мия холе'ры.
    00
    Одному' бо'гу изве'стно R бог
    00
    Одному' че.рту изве'стно R че.рт
    00
    (Одну') $мину'ту/секу'нду/секу'ндочку/мину'точку/
    мину'тку$ R мину'та
    00
    Под одно'й кро'влей [с кем] R кро'вля
    00
    Под одно'й кры'шей R кры'ша
    00
    Под одну' масть R масть
    00
    По одному'
    EACH IN TURN; ONE AFTER THE OTHER
    –Вся родня' по одному' прости'лась со мной, –сказа'л
    оди'н из солда'т, сиде'вших в око'пе.
    00
    Привести' к одному' знамена'телю R знамена'тель
    00
    $Смотре'ть/гляде'ть$ в одну' то'чку R то'чка
    00
    Сна ни в одно'м глазу' (нет) R сон
    00
    С (одного') ма'ху R мах
    00
    С одно'й стороны' ... , с друго'й стороны' ... R сторона'
    00
    Ста'вить на одну' до'ску [с кем]
    TO PLACE ON THE SAME LEVEL WITH SOMEONE; TO COMPARE WITH
    SOMEONE
    00
    Стать на одну' до'ску [с кем]
    TO BE SOMEONE'S EQUAL; TO BE ON A PAR WITH SOMEONE; TO BE
    JUST LIKE SOMEONE
    00
    $(Стоя'ть) одно'й ного'й<одна' нога'$ в $моги'ле/гробу'$
    R нога'
    00
    Стричь (всех) под одну' гребе.нку R гребе.нка
    00
    Улыба'ться (одни'ми) глаза'ми R улыба'ться
    00
    (Хоть) одни'м глазко'м =взгляну'ть/посмотре'ть/ETC=
    R глазо'к
ОДИ'Н-ЕДИ'НСТВЕННЫЙ
    00
    Оди'н-еди'нственный R еди'нственный
ОДИНО'ЧКА
    00
    В одино'чку
    1. INDIVIDUALLY; ONE BY ONE; SEPARATELY 2. BY ONESELF; ON
    ONE'S OWN; AS AN INDIVIDUAL
    1. [Хиба'рки] стоя'ли в одино'чку, далеко' друг от
    дру'га. 2. Не'мцы гру'ппами и в одино'чку бежа'ли по

ОДИНО'ЧКА CONT'D.
    сте'пи. 3. Капита'н предпочита'л де'йствовать в
    одино'чку.
ОДНОЧА'СЬЕ
    23
    В одноча'сье
    1. INSTANTLY; IN THE TWINKLING OF AN EYE 2. ONE RIGHT
    AFTER THE OTHER; ONE FOLLOWING THE OTHER
    1. Дере'вня сгоре'ла дотла'. ... Мужики' в одноча'сье
    потеря'ли все. и сде'лались ни'щими. 2. Умерла' она' в
    одноча'сье. Се'ла по'сле у'жина за пря'лку, поверну'лась
    нело'вко, о'йкнула и упа'ла за'мертво. 3. А тут и
    бог, вдоба'вок, уби'л: жена' молода'я да сыни'шко в
    одноча'сье по'мерли.
ОДОЛЕ'ТЬ
    42
    Одоле'ть себя'
    TO GET HOLD OF ONESELF; TO RESTRAIN ONESELF
    У молодо'й же'нщины слегка' заде.ргались гу'бы – и она'
    поднесла' к ним ру'ку. Каза'лось, она' собира'лась
    запла'кать ... одна'ко одоле'ла себя'.
ОДОЛЖЕ'НИЕ
    42
    $Сде'лай<сде'лайте$ одолже'ние
    BE SO KIND; PLEASE (DO); IF YOU WOULD
    1. –Марты'н Проко'фьич, сде'лайте одолже'ние,
    поищи'те Петра' Его'рыча ... . 2. –Прика'жете
    у'дочку снаряди'ть? –Сде'лайте одолже'ние.
ОДР
    00
    На сме'ртном одре'
    ON ONE'S DEATHBED
    –Э'тот несча'стный тепе'рь на сме'ртном одре'; говоря'т,
    он в чахо'тке.
ОЗНАМЕНОВА'НИЕ
    00
    В ознаменова'ние [чего']
    IN MEMORY OF ...
ОКАЗА'ТЬСЯ
    00
    Оказа'ться в $нали'чии/нали'чности$ R нали'чие
    00
    Оказа'ться в пе'тле R пе'тля
    00
    Оказа'ться на высоте' =положе'ния/тре'бований/ETC= R
    высота'
    00
    Оказа'ться отре'занным от ми'ра R мир(1)
    00
    Оказа'ться при пи'ковом интере'се R пи'ковый
    00
    Оказа'ться у разби'того коры'та R коры'то
ОКАТИ'ТЬ
    00
    Окати'ть холо'дной водо'й R вода'
ОКЕАНИ'ЧЕСКИЙ
    00
    Океани'ческий кли'мат R морско'й
ОКИ'НУТЬ
    00
    Оки'нуть $взгля'дом/взо'ром/глаза'ми$
    TO GLANCE AT; TO LOOK (SOMEONE/SOMETHING) OVER
    1. [Во'рон] Оки'нул ста'до жа'дным взгля'дом. 2.
    Стару'шка оки'нула его' глаза'ми, не переста́ва'я чита'ть.
ОКЛАДНО'Й
    23
    Окладно'й дождь
    INCESSANT RAIN
    Не'бо покро'ется му'тными облака'ми, лени'во засе'ет
    окладно'й дождь.
ОКНО'
    00
    Слухово'е окно' R слухово'й
    00
    То'лько и $све'ту<све'та$ в окне' R свет(1)
О'КО
    00
    $Бере'чь/храни'ть$ как зени'цу о'ка R зени'ца

00
В мгнове'ние о'ка R мгнове'ние
00
Клони'ть о'чи R клони'ть
00
Недрема'нное о'ко R недрема'нный
00
Не спуска'ть оче'й [с кого'<с чего'] R спуска'ть
00
О'ко за о'ко, зуб за' зуб
AN EYE FOR AN EYE AND A TOOTH FOR A TOOTH
00
$Опусти'ть/поту'пить$ о'чи до'лу R до'лу
00
Свет [чьих] оче'й R свет(1)
ОКО'ВЫ
    00
    Све'ргнуть око'вы [чего'] R све'ргнуть
ОКОЛИ'ЧНОСТИ
    00
    Без околи'чностей
    WITHOUT BEATING AROUND THE BUSH; DIRECTLY; OPENLY
    [Б.] сказа'л без околи'чностей, что де'нег ему' не даст,
    потому' что он их пропье.т.
ОКОЛИ'ЧНОСТЬ
    00
    Без да'льних/ли'шних околи'чностей R разгово'р
О'КОЛО
    00
    $Вокру'г/круго'м$ да о'коло
    INDIRECTLY; HINTING; BEATING AROUND THE BUSH (TO SPEAK/
    ETC.)
    00
    $Корми'ться/пита'ться$ о'коло [кого'<чего']
    TO MOOCH OFF (SOMEONE); TO LIVE OFF (SOMEONE'S) HANDOUTS
    Дня два-три я шля'лся по на'бережной, пита'ясь о'коло
    доброду'шных крю'чников.
ОКО'ЛЬНЫЙ
    00
    Око'льным путе.м R путь
ОКО'ШКО
    00
    То'лько и $све'ту<све'та$ в око'шке R свет(1)
ОКРУГЛИ'ТЬ
    00
    Округли'ть ру'ки
    TO SPREAD ONE'S ARMS SOMEWHAT
    [Викен'тьев] сде'лал сла'дкую ми'ну, ко'рпус наклони'л
    немно'го впере.д, ру'ки округли'л, шля'пу взял под мы'шку.
ОКРУЖЕ'НИЕ
    00
    В окруже'ние [кого'<чего']
    IN (SOMEONE'S) PRESENCE/COMPANY; WITH (SOMEONE ELSE) (BEING)
    AROUND
ОКУНУ'ТЬСЯ
    00
    С голово'й окуну'ться [во что] R голова'
ОКУ'ТАТЬ
    00
    Оку'танный та'йной
    TO BE SURROUNDED BY SECRECY; TO BE SHROUDED IN SECRECY
    Происхожде'ние Анто'ся бы'ло для нас оку'тано та'йной.
О'ЛУХ
    29
    О'лух царя' небе'сного
    A DUMBBELL; A DOLT
ОМЕ'ГА
    00
    $А'льфа и оме'га<от а'льфы до оме'ги$ R а'льфа
О'МУТ
    00
    В ти'хом о'муте че'рти во'дятся
    STILL WATERS RUN DEEP
ОН
    00
    Вот я его' R вот
    00
    Кто его' зна'ет R знать

178

OH CONT'D.
00
Не так стра'шен че.рт, как его' малю'ют R малева'ть
00
$Пусть/пуска'й$ его' ([V])
WHAT'S IT TO ME (THAT...); LET HIM!; SO WHAT!
—Князь уе'хал? Уж не рассерди'лся ли он? —Да пуска'й его' се'рдится!
00
Так его'<ее.<их! R так
00
Христо'с с ним<ни'ми R Христо'с
00
Я его' R я
ОНА'
00
Так $его'<ее.<их$! R так
ОНЕ.РЫ
42
Со все'ми оне.рами
WITH ALL THE TRIMMINGS; IN DETAIL; WITH ALL THE DETAILS
1. —Како'й э'то пикни'к? —Весе'лый, со все'ми оне.рами, с да'мами. 2. —[Я] рассказа'л ей исто'рию Со'фьи Семе.новны, да'же со все'ми оне.рами, ничего' не скрыва'я.
ОНИ'
00
Так $его'<ее.<их$! R так
00
Христо'с с $ним<ни'ми$ R Христо'с
00
Я их R я
ОНО'
00
Вон оно' $что/как$! R вон
00
Вот оно' $что/как$! R вот
00
(Вот) то'-то и оно' R то'-то
00
То-то и оно' R то-то
О'НЫЙ
42
$Во вре'мя о'но<во времена' о'ны$
AT THAT TIME; AT ONE TIME; THEN; IN THOSE DAYS
В семина'рии, во времена' о'ны, он слыл за пе'рвого силача' ....
00
В о'ны $дни/го'ды$
IN THOSE DAYS; THEN
—В о'ны го'ды пра'вили на'ми князья' да цари', —расска'зывал престаре'лый дед вну'ку.
ОПА'СНОСТЬ
00
Гляде'ть опа'сности в глаза' R смотре'ть
00
$Смотре'ть/гляде'ть$ опа'сности в глаза' R смотре'ть
О'ПЕРА
62
$Из друго'й/не из той$ о'перы
THAT'S ANOTHER STORY; ON ANOTHER SUBJECT
Бесе'ду роди'телей с сы'ном, ветера'ном войны', сестре.нка прерыва'ла вопро'сами из друго'й о'перы.
ОПИСА'ТЬ
00
Ни взду'мать, ни взгада'ть, ни перо'м описа'ть R взгада'ть
00
Ни в ска'зке сказа'ть, ни перо'м описа'ть R ска'зка
ОПЛА'ТА
00
Знак почто'вой опла'ты R знак
ОПЛЕВА'ТЬ
00
Как опле.ванный
HUMILIATED; LIKE A WET HEN
Его' мать и сестра' сиде'ли в стороне', как опле.ванные, а Наста'сья Фили'пповна да'же и позабы'ла, ка'жется,

что они' в одно'й с не'ю ко'мнате.
ОППОЗИ'ЦИЯ
00
$Быть/стоя'ть/находи'ться/ETC$ в оппози'ции [к кому'<к чему']
TO BE OPPOSED TO; TO STAND IN OPPOSITION TO
[Лангово'й] знал, что у него', ... стоя'щего в оппози'ции к госпо'дствующим в кра'е сепарати'стским круга'м, нет про'чной подде'ржки среди' непосре'дственного над ним кома'ндования.
ОПРОКИ'НУТЬ
00
Вверх $торма'шками/торма'шки$ =опроки'нуть= R торма'шки
ОПУСКА'ТЬСЯ
00
Опуска'ться вниз R вниз
ОПУСТИ'ТЬ
00
$Как/бу'дто/сло'вно$ в во'ду опу'щенный R вода'
00
Опусти'ть $глаза'/о'чи$ до'лу R до'лу
00
Опусти'ть кры'лья R крыло'
00
Опусти'ть нос R нос
00
Опусти'ть ру'ки R рука'
00
Опусти'ть хвост R хвост
ОПУСТИ'ТЬСЯ
00
Опусти'ться на дно
TO BECOME A SOCIAL OUTCAST; TO HIT BOTTOM
00
Ру'ки $опусти'лись/отня'лись$ [у кого'] R рука'
О'ПЫТ
00
Го'рьким о'пытом прийти' [к чему'] R го'рький
00
Го'рьким о'пытом $узна'ть [что]/ETC$ R го'рький
00
Искуше.нный о'пытом R искуше.нный
ОПЯ'ТЬ
00
Опя'ть-таки
1. ONCE AGAIN; ..., TO REPEAT, ...; 2. THEN AGAIN; ON THE OTHER HAND
1. —Я вам опя'ть-таки до'лжен повтори'ть, что я вас не зна'ю. 2. —Не сто'ило бы дава'ть Вла'су коро'ву. Он в хозя'йство копе'йки не вложи'л. Но опя'ть-таки он не чужо'й челове'к, сын родно'й.
ОРАНЖЕРЕ'ЙНЫЙ
11
Оранжере'йное расте'ние
A HOTHOUSE FLOWER
ОРА'ТЬ
00
Благи'м ма'том ора'ть R мат
ОРГАНИЗОВА'ТЬ
00
Организова'ть [что] на [каку'ю] но'гу R нога'
ОРЕ'Х
00
На оре'хи =бу'дет/доста'нется=
(HE'S) GOING TO GET IT/CATCH HELL
00
$Разде'лать/отде'лать$ под оре'х [кого']
TO RAKE (SOMEONE) OVER THE COALS; TO CHEW (SOMEONE) OUT
ОРЛИ'НЫЙ
00
Орли'ный нос
AN AQUILINE NOSE
Орли'ный нос и сму'глая ко'жа придава'ли восто'чный хара'ктер лицу' лихо'го нае'здника.
ОРУ'ЖИЕ
00
Броса'ть ору'жие R броса'ть
00
Бряча'ть ору'жием R бряча'ть

ОРУ'ЖИЕ CONT'D.
  00
  Класть ору'жие R класть
  00
  Носи'ть ору'жие R носи'ть
  00
  Подня'ть ору'жие R меч
  00
  Сдать ору'жие R сдать
  00
  Сложи'ть ору'жие R сложи'ть
ОСА'ННА
  61
  $Петь/восклица'ть$ оса'нну [кому']
  TO SING (SOMEONE'S) PRAISES
ОСВЕЩЕ'НИЕ
  00
  В вы'годном освеще'нии R вы'годный
  00
  В невы'годном освеще'нии R невы'годный
ОСЕДЛА'ТЬ
  00
  Оседла'ть своего' конька' R коне.к
ОСЕНИ'ТЬ
  00
  Осени'ть $кре'стным зна'мением/кресто'м$
  TO MAKE THE SIGN OF THE CROSS OVER (SOMEONE); TO BLESS
  Свяще'нник осени'л кре'стным зна'мением наро'д, стоя'вший у па'перти.
ОСЕНИ'ТЬСЯ
  00
  Осени'ться $кре'стным зна'мением/кресто'м$
  TO CROSS ONESELF; TO BLESS ONESELF
   Старики' осени'лись кресто'м, проходя' мимо це'ркви.
О'СЕНЬ
  00
  Золота'я о'сень R золото'й
ОСИ'НОВЫЙ
  00
  Вбить оси'новый кол R кол
  00
  $Дрожа'ть/трясти'сь/ETC$ как оси'новый лист
  TO SHAKE LIKE A LEAF
  В при'ступе лихора'дки больно'й тря'сся как оси'новый лист.
ОСИ'НЫЙ
  00
  Оси'ная та'лия
  WASP WAIST; AN HOURGLASS FIGURE
  00
  Оси'ное гнездо'
  A HORNETS NEST
ОСКА'ЛИТЬ
  29
  Оска'лить зу'бы
  1. TO BARE ONE'S TEETH; 2. TO GRIN
  [Его'рка] начне.т выде'лывать таку'ю ми'мику, что де'вка бро'сится бежа'ть, а он вслед оска'лит зу'бы и'ли сви'стнет.
ОСКО'МИНА
  00
  Наби'ть оско'мину [кому'] R наби'ть
ОСКОРБИ'ТЕЛЬНОСТЬ
  00
  До оскорби'тельности
  TO THE EXTREME; BEYOND ONE'S TOLERANCE
  Оте'ч его' [гра'фа] не жа'ловал и обраща'лся с ним до оскорби'тельности ве'жливо.
ОСКОРБИ'ТЬ
  00
  Оскорби'ть де'йствием
  TO STRIKE/HIT (SOMEONE)
  Офице'р привлече.н к отве'тственности за то', что оскорби'л де'йствием ордина'рца.
  00
  Оскорби'ть $[чей] слух/[чье.] зре'ние/[чей] взор$
  TO OFFEND (SOMEONE'S) EARS/EYES
ОСЛИ'ЦА
  00
  Валаа'мова осли'ца (заговори'ла) R валаа'мов

ОСНО'ВА
  00
  Заложи'ть осно'ву [чего'] R заложи'ть
  00
  Класть в осно'ву
  TO MAKE (SOMETHING) THE BASIS (OF ONE'S ACTIONS); TO MAKE (SOMETHING) THE MOST IMPORTANT CONSIDERATION
  $Лежа'ть в осно'ве [чего']<лечь в осно'ву [чего']$
  TO BE THE BASIS/FOUNDATION; TO BE THE CRUX (OF THE MATTER)
  00
  На осно'ве [чего']
  ON THE BASIS OF ...
  Она' в душе' горди'лась, что воспита'ла сы'на на осно'ве взаи'много уваже'ния.
ОСНОВА'НИЕ
  00
  До основа'ния
  TO THE FOUNDATIONS; DEEPLY
  Потрясе.нный до основа'ния, я оста'лся на ме'сте.
  00
  На основа'нии [чего']
  ON THE BASIS OF; BASING ONESELF (ON)
  Я не в состоя'нии отказа'ть челове'ку на основа'нии одни'х то'лько предположе'ний.
ОСНОВНО'Й
  00
  В основно'м
  MAINLY; BASICALLY
  По'весть в основно'м зако'нчена за исключе'нием не'скольких попра'вок.
ОСО'БЕННО
  00
  Не осо'бенно
  NOT PARTICULARLY; NOT ESPECIALLY
  Не осо'бенно прия'тно.
ОСО'БЕННОСТЬ
  00
  В осо'бенности
  ESPECIALLY; PARTICULARLY; ABOVE ALL
  -Во вся'ком слу'чае, сын отцу' не судья', в осо'бенности я.
ОСО'БИЦА
  59
  $В<на$ осо'бицу
  SEPARATELY; SPECIFICALLY
  1. -Тут сня'ли фату', неве'ста всем поклони'лась по уста'ву кня'зю-мо'лодцу в осо'бицу. 2. У Соба'кина ... была' сла'бость сде'лать де'ло, не как други'е де'лают, а на осо'бицу.
ОСО'БЫЙ
  00
  Удели'ть (осо'бое) внима'ние R внима'ние
ОСО'БЬ
  31
  Осо'бь статья'
  SOMETHING DISTINCT
  -Я'ша, тебе' все. одно', где ни быть ... , а у нас осо'бь статья': у нас хозя'йство, забо'та.
ОСТАВА'ТЬСЯ
  00
  Остава'ться ме.ртвой бу'квой R бу'ква
  00
  Остава'ться на ме'сте R ме'сто
  00
  Счастли'во (остава'ться)! R счастли'вый
ОСТА'ВИТЬ
  00
  Ка'мня на ка'мне не оста'вить R ка'мень
  00
  На произво'л судьбы' оста'вить R произво'л
  42
  Не оста'вить $свои'ми ми'лостями/свои'м покрови'тельством$ [кого']
  NOT TO FORSAKE; TO KEEP UNDER ONE'S PROTECTION
  Ве'рующий, избежа'вший опа'сности, всегда' ска'жет: -Бог не оста'вил меня' свои'м покрови'тельством!-
  00
  Оста'вить без внима'ния R внима'ние

ОСТА'ВИТЬ CONT'D.
00
Оста'вить без после'дствий R после'дствие
00
Оста'вить $в дурака'х<дурако'м$ R дура'к
00
Оста'вить в одно'й руба'шке R руба'шка
00
Оста'вить в поко'е
TO LEAVE (SOMEONE) IN PEACE; NOT TO BOTHER (SOMEONE)
00
Оста'вить $за собо'й<позади' себя'$ [кого'<что]
TO LEAVE (SOMEONE) BEHIND [LITERALLY AND FIGURATIVELY]; TO OVERTAKE/OUTDISTANCE (SOMEONE)
1. Стра'нник и Ники'та оста'вили за собо'ю дере'вню и шли по сте'пи. 2. Аристо'тель не то'лько далеко' оста'вил за собо'ю гре'ков, но и почти' всех но'вых фило'софов.
00
Оста'вить с но'сом [кого'] R нос
ОСТАВЛЯ'ТЬ
00
Оставля'ет жела'ть $мно'гого/лу'чшего$ R жела'ть
00
Оставля'ть в тени' [что] R тень
ОСТАЛЬНО'Й
00
Остально'е прило'жится R приложи'ться
ОСТАНОВИ'ТЬ
00
На полусло'ве останови'ть R полусло'во
ОСТАНОВИ'ТЬСЯ
00
На полусло'ве останови'ться R полусло'во
00
Ни перед чем не останови'ться
TO STOP AT NOTHING
Мать ни перед чем не остано'вится, что'бы спасти' своё. дитя'.
ОСТАНО'ВКА
00
Остано'вка [за кем<за чем]
ONLY ... IS LACKING; THE ONLY THING THAT IS MISSING IS ....
-Уже' все. есть у нас - и теа'тр, и акте.ры, остано'вка то'лько за пье'сой.
ОСТА'ТОК
00
Без оста'тка
COMPLETELY; THE WHOLE....
-Нау'ка тре'бует челове'ка всего', без оста'тка.
ОСТА'ТЬСЯ
00
Живо'го ме'ста не остае.тся R живо'й
00
За' бортом оста'ться R борт
00
$Мо'крое ме'сто<мо'крого ме'ста не$ оста'нется [от кого'] R мо'крый
00
Не оста'ться в долгу' [у кого'<перед кем] R долг
00
(Ни одно'й) сухо'й ни'тки не оста'лось [на ком] R ни'тка
00
Ни с чем оста'ться R что(1)
00
(Одна') тень оста'лась [от кого'] R тень
00
Оста'лись ро'жки да но'жки R рожо'к
00
Оста'ться в де'вках R де'вка
00
Оста'ться $в дурака'х<дурако'м$ R дура'к
00
Оста'ться в живы'х R живо'й
00
Оста'ться в одно'й руба'шке R руба'шка

00
Оста'ться в строю' R строй
00
Оста'ться [за кем]
1. TO COME INTO (SOMEONE'S) POSSESSION; TO KEEP (SOMETHING) IN ONE'S POSSESSION; TO REMAIN IN (SOMEONE'S) POSSESSION 2. TO OWE (SOMETHING); TO BE CHARGED WITH (SOMETHING)
1. Име'нье оста'лось за ним [Евге'нием], заво'д поше.л, вы'ход свеклови'чы был прекра'сный. 2. За ним оста'лось два'дцать рубле'й.
00
Оста'ться за фла'гом R флаг
00
Оста'ться на боба'х R боб
00
Оста'ться на бума'ге R бума'га
00
Оста'ться ни при че.м
TO BE LEFT EMPTY HANDED; TO GET NOTHING
00
Оста'ться ни с чем
TO LOSE EVERYTHING; TO BE LEFT WITH NOTHING
А'кции предприя'тия па'ли, и их владе'льцы оста'лись ни с чем.
00
Оста'ться при пи'ковом интере'се R пи'ковый
00
Оста'ться при свои'х R свой
00
Оста'ться с но'сом R нос
ОСТЕРВЕНЕ'НИЕ
00
С остервене'нием
WITH ABANDON; IN A FRENZY; BEING FULLY ABSORBED/ENGROSSED
Шу'бин рабо'тал с остервене'нием.
О'СТРЫЙ
00
Нож о'стрый [кому'] R нож
00
$О'стрый<осте.р$ на язы'к
TO BE SHARP-TONGUED; TO HAVE A SHARP TONGUE
00
О'стрый язы'к [у кого']
TO HAVE A SHARP TONGUE
-Ах, он невыноси'м, невозмо'жен! У него' о'стрый и злой язы'к.
00
$Сгла'дить/стере'ть/ETC$ (о'стрые) углы' R у'гол
ОСУДИ'ТЬ
42
Не $осуди'<осуди'те$
DON'T TAKE IT WRONG; PARDON MY...!
ОСУШИ'ТЬ
00
Осуши'ть глаза'
TO DRY ONE'S EYES; TO STOP CRYING
Пла'кавший ребе.нок осуши'л сле.зы, уви'дев мать.
00
Осуши'ть сле.зы [кому']
TO DRY (SOMEONE'S) TEARS; TO MAKE (SOMEONE) STOP CRYING
ОТБАВЛЯ'ТЬ
00
Хоть отбавля'й
MORE THAN ENOUGH; VAST
Самолю'бия у Ма'мочкина бы'ло хоть отбавля'й.
ОТБИВА'ТЬ
42
Отбива'ть покло'ны
TO GENUFLECT
Прогне'вается [оте'ц] на како'го-нибудь ... верзи'лу [лаке'я], да и ... прика'жет до конца' обе'да земны'е покло'ны отбива'ть.
00
Отбива'ть $такт<та'кты$ R такт
00
Отбива'ть хлеб [у кого'] R хлеб
00
Отбива'ть шаг R шаг

ОТБИВА'ТЬСЯ
  00
  Рука'ми и нога'ми отбива'ться R рука'
ОТБИ'ТЬСЯ
  00
  Отби'ться от до'ма
  TO LOSE INTEREST IN ONE'S DOMESTIC MATTERS; TO LEAVE HOME
  00
  Отби'ться от рук
  TO GET OUT OF HAND; TO GET OUT OF CONTROL
  00
  Отби'ться от (своего') ста'да R ста'до
ОТБО'Й
  00
  Бить отбо'й
  TO BACK DOWN; TO CHANGE ONE'S MIND
  00
  $Отбо'ю<отбо'я$ нет [от кого'<от чего']
  THERE'S NO LACK OF; THERE'S PLENTY OF; TO BE AS THICK AS FLIES
  У Кароли'ны не' было отбо'я от женихо'в.
ОТВА'Л
  00
  До $отва'ла<отва'лу$ =нае'сться/накорми'ть=
  TO FEED (SOMEONE) TO SATIETY; TO STUFF (SOMEONE)
ОТВЕ'ДАТЬ
  00
  Отве'дать кулако'в R кула'к
ОТВЕ'СИТЬ
  00
  Отве'сить покло'н
  TO BOW LOW
ОТВЕСТИ'
  00
  Отвести' глаза' [кому']
  TO DISTRACT (SOMEONE); TO PULL THE WOOL OVER (SOMEONE'S) EYES; TO TAKE (SOMEONE) IN
  -Когда' молода'я же'нщина запу'тается, так поучи'ть ее., как из беды' вы'нырнуть, му'жу глаза' отвести'.
  00
  Отвести' ду'шу R душа'
ОТВЕ'Т
  00
  (быть) в отве'те
  TO BE ANSWERABLE FOR (SOMETHING)
  -А вдруг все. э'то [де'ло] обнару'жится и'ли стороно'й дойде.т до нача'льства? Кто в отве'те?
  00
  В отве'т
  IN RESPONSE
  1. -Что за гора'? -спроси'л я ... и услы'шал в отве'т: -Э'то Арара'т.
  00
  Держа'ть отве'т R держа'ть
  00
  Клеща'ми тащи'ть =отве'т= [из кого'] R кле'щи
  00
  Не доби'ться отве'та R доби'ться
  00
  Ни отве'та ни приве'та
  (TO RECEIVE) NO RESPONSE; NOT (TO HEAR) A WORD FROM (SOMEONE)[IN RESPONSE TO ONE'S LETTER]
  От му'жа не' было ни отве'та ни приве'та: он был в плену'.
ОТВЕ'ТСТВЕННОСТЬ
  00
  Возлага'ть отве'тственность [на кого'<на что] R возлага'ть
  00
  Нести' отве'тственность R нести'
ОТВЕЧА'ТЬ
  00
  Отвеча'ть голово'й [за кого'<за что] R голова'
ОТВО'Д
  00
  Для отво'да глаз
  IN ORDER TO DISTRACT; PRETENDING; FOR APPEARANCES' SAKE
  Секрета'рша веде.т ли'чную перепи'ску попу'тно со

служе'бной, для отво'да глаз, де'лая вид занято'й.
ОТВОРИ'ТЬ
  00
  Отвори'ть кровь [кому'] R кровь
ОТДАВА'ТЬ
  00
  Не отдава'я себе' отче.та R отче.т
ОТДАЛЕ'НИЕ
  00
  В $отдале'нии<отдале'нье$
  IN THE DISTANCE; FROM AFAR
  Колоко'льчик ... звене'л где'-то в отдале'нии.
  00
  На отдале'нии
  AT A DISTANCE; FROM AFAR
  Э'тот за'пах [цвето'в ли'пы] слы'шен то'лько на отдале'нии.
ОТДАЛЕ.ННЫЙ
  00
  Места' не столь отдале.нные R ме'сто
ОТДА'ТЬ
  00
  В тре'тьи ру'ки =отда'ть= R тре'тий
  00
  До'рого отда'ть свою' жизнь R до'рого
  00
  За копе'йку отда'ть R копе'йка
  00
  Ни пя'ди (земли' не отда'ть) R пядь
  00
  Отда'ть бо'гу ду'шу R душа'
  00
  Отда'ть визи'т
  TO PAY A RETURN VISIT
  Старики' отда'ли визи'т бы'вшему сосе'ду, гости'вшему у них.
  42
  Отда'ть вину'
  TO EXCUSE/FORGIVE
  00
  Отда'ть дань [кому'<чему'] R дань
  00
  Отда'ть $до'лжное/справедли'вость$ [кому'<чему']
  TO DO JUSTICE TO; TO FULLY APPRECIATE
  00
  Отда'ть жизнь [за кого'<за что] R жизнь
  00
  Отда'ть за'муж [за кого'] R за'муж
  00
  Отда'ть на' руки [кому'] R рука'
  00
  Отда'ть под суд [кого']
  TO TAKE (SOMEONE) TO COURT; TO SUE (SOMEONE)
  00
  Отда'ть после'дний долг [кому'] R долг
  00
  Отда'ть себе' отче.т [в че.м] R отче.т
  00
  Отда'ть честь [кому'] R честь
  00
  Отда'ть шпа'гу R шпа'га
ОТДА'ТЬСЯ
  00
  Отда'ться $вла'сти/во вла'сть$ [кого'<чего'] R власть
ОТДА'ЧА
  00
  Без отда'чи
  FOR GOOD; WITHOUT INTENDING TO RETURN WHAT ONE HAS TAKEN
  [Анато'ль], очеви'дно без отда'чи, занима'л [де'ньги] у встре'чного и попере'чного.
ОТДЕ'ЛАТЬ
  00
  Отде'лать под оре'х [кого'] R оре'х
ОТДЕ'ЛАТЬСЯ
  00
  Де.шево отде'латься R де.шево
ОТДЕ'ЛЬНОСТЬ
  00
  В отде'льности

ОТДЕ'ЛЬНОСТЬ CONT'D.
    SEPARATELY; INDIVIDUALLY; POINT BY BY POINT
    —Са'мое лу'чшее, по-мо'ему, — э'то объясня'ть ка'ждый
    слу'чай в отде'льности, не пыта'ясь обобща'ть.
ОТДОХНУ'ТЬ
    00
    Отдохну'ть $душо'й/се'рдцем$
    TO EASE ONE'S ANXIETY; TO RELAX; TO SET ONE'S HEART AT
    REST;
    Пишу' к Вам на'скоро, ... что'бы отдохну'ть немно'жко
    душо'ю, ду'мая об Вас.
ОТДУВА'ТЬ
    00
    Отдува'ть ше.ки
    TO PUFF OUT ONE'S CHEEKS
    —Чего' вы смее.тесь? —вы'молвил Нака'тов, выпрямля'ясь
    и отдува'я ше.ки.
ОТДУВА'ТЬСЯ
    00
    Отдува'ться свои'ми бока'ми R бок
О'ТДЫХ
    00
    Без о'тдыха
    WITHOUT A BREAK; WITHOUT REST; WITHOUT A BREATHER
    —Снача'ла, изве'стно, [тя'тенька] два часа' руга'л без
    о'тдыха.
    00
    Не знать о'тдыха R знать
    00
    Ни о'тдыху, ни сро'ку не дава'ть [кому']
    NOT TO GIVE (SOMEONE) A MOMENT'S REST
    Подру'чный в ку'знице обду'мывал затае.нное жела'ние
    стать на свои' но'ги, ни о'тдыху, ни сро'ку не дава'я
    себе'.
ОТЕ'Ц
    00
    Годи'ться в отцы' R годи'ться
    00
    Оте'ц небе'сный R небе'сный
    00
    Отцы' и де'ды R дед
ОТЕ'ЦКИЙ
    18
    $Оте'цкий сын/оте'цкая дочь$
    THE SON/DAUGHTER OF A RESPECTED, WEALTHY MAN; THE SON/
    DAUGHTER OF A WELL-TO-DO FAMILY;
ОТЕ'ЧЕСТВО
    00
    $Возложи'ть/принести'$ [что] на алта'рь оте'чества R
    алта'рь
ОТЗВОНИ'ТЬ
    00
    Отзвони'л и с колоко'льни доло'й R колоко'льня
ОТКА'З
    00
    $Де'йствовать/рабо'тать$ без отка'за
    TO WORK WITHOUT STOPPING; TO BE IN GOOD REPAIR; TO
    PERFORM RELIABLY
    00
    До отка'за
    TO THE BRINK; TO OVERFLOWING; TO SATIETY; AS FAR AS IT
    WILL GO; TO THE LIMIT
    На гале.рке, наби'той до отка'за, бы'ло ду'шно и шу'мно.
ОТКАЗА'ТЬ
    00
    Не $откажи'<откажи'те$ [в чо.м<INF]
    BE SO KIND AS; DO ME THE FAVOR AS TO. ...
    —Бо'га ра'ди не откажи'те пое'хать сейча'с со мной.
    00
    Отказа'ть от $до'ма<до'му$ [кому'] R дом
ОТКАЗА'ТЬСЯ
    00
    Не $откажу'сь<отказа'лся бы$ [INF]
    I WOULDN'T REFUSE; I WOULD BE GLAD TO; I'LL (DO
    SOMETHING) WITH PLEASURE
    Не откажу'сь вы'пить ча'шечку ча'я.
ОТКО'С
    00
    Пусти'ть по'езд под отко'с

TO DERAIL A TRAIN
ОТКРЫВА'ТЬСЯ
    00
    А ла'рчик про'сто открыва'лся R ла'рчик
ОТКРЫ'ТЫЙ
    00
    В откры'тую [V]
    TO (DO SOMETHING) OPENLY; MAKING NO BONES ABOUT IT
    Держа'л он това'ры в зимо'вье под поло'м. Но ско'ро
    осмеле'л и на'чал сбыва'ть в откры'тую все., что
    привози'л Ники'фор.
    00
    Жить откры'то
    TO KEEP OPEN HOUSE
    Семья' жила' откры'то, устра'ивая вечера' ра'ди
    взро'слых дочере'й.
    00
    $Ломи'ться/стуча'ться$ в откры'тую дверь R дверь
    00
    На (откры'том) во'здухе =быть/находи'ться/ETC= R
    во'здух
    00
    Откры'тая ра'на
    AN OPEN WOUND
    00
    Откры'тое письмо'
    1. A POSTCARD 2. AN OPEN LETTER
    В областно'й газе'те появи'лись откры'тые пи'сьма
    Фрезеро'вщиков, то'карей и лека'льщиков други'х заво'дов
    кра'я.
    00
    Откры'тый вопро'с
    AN OPEN QUESTION; A MOOT POINT
    00
    Откры'тый лоб
    A HIGH FOREHEAD
    Гла'дко заче.санные во'лосы обрамля'ли откры'тый лоб
    ю'ноши.
    00
    Под откры'тым не'бом
    OUTDOORS; UNDER THE OPEN SKY; IN THE OPEN
    —Ча'сто по нача'м его' выта'лкивали и'з дому, и ему'
    приходи'лось ночева'ть под откры'тым не'бом.
    00
    При откры'тых дверя'х R дверь
    00
    С откры'тым забра'лом R забра'ло
    00
    С откры'тыми глаза'ми
    TO (DO SOMETHING) WITH ONE'S EYES OPEN/KNOWINGLY
    00
    С откры'тым се'рдцем R се'рдце
    00
    Стуча'ться в откры'тую дверь R дверь
ОТКРЫ'ТЬ
    00
    Не сметь рта откры'ть R рот
    11
    Откры'ть Аме'рику
    TO DISCOVER AMERICA; [TO SAY/EXPLAIN SOMETHING THAT IS
    ALREADY WELL KNOWN]
    00
    Откры'ть дверь [куда'] R дверь
    00
    Откры'ть ду'шу R душа'
    00
    Откры'ть но'вую страни'цу [в че.м] R страни'ца
    00
    Откры'ть объя'тия [кому'] R объя'тие
    00
    $Откры'ть/раскры'ть$ глаза' [кому'] [на кого'<на что]
    TO OPEN (SOMEONE'S) EYES TO (SOMETHING)
    —Па'влов откры'л мне глаза' на вас: всю э'ту клевету' не
    он вы'думал, а вы — из ре'вности!
    00
    Откры'ть рот R рот
    00
    Откры'ть свои' ка'рты R ка'рта

ОТКРЫ'ТЬСЯ
00
Глаза' откры'лись [у кого']
(SOMEONE'S) EYES WERE OPENED (TO SOMETHING)
-Ты то'лько пойми', до како'й сте'пени мелка' и
унизи'тельна на'ша жизнь. У меня' откры'лись глаза', я
тепе'рь все. ви'жу.
ОТКУ'ДА
00
Отку'да ни возьми'сь R взя'ться
О'ТКУП
00
$Брать/взять$ на о'ткуп
TO ACQUIRE EXCLUSIVE RIGHTS TO (SOMETHING)
ОТЛЕ.Т
00
Держа'ть [что] на $отле.те<отле.т$
TO HOLD SOMETHING IN AN OUTSTRETCHED HAND; TO HOLD
(SOMETHING) IN ONE'S HAND AS IF THE ITEM WERE SUSPENDED IN
THE AIR
Купе'ч встре'тил ее. с покло'нами и с улы'бкой, держа'
шля'пу на отле.те...
00
На отле.те
TO THE SIDE; AT SOME DISTANCE AWAY; AS IF SUSPENDED IN
THE AIR
[Помо'шник] кури'л, держа' папиро'ску на отле.т.
ОТЛЕ'ЧЬ
00
Отлегло' от се'рдца R се'рдце
ОТЛИВА'ТЬ
00
Отлива'ть пу'ли R пу'ля
ОТЛИ'ТЬ
00
Отли'ть пу'лю R пу'ля
ОТЛИ'ТЬСЯ
00
Отолью'тся $во'лку ове'чьи/ко'шке мы'шкины$ сле.зки
(SOMEONE) WILL GET/CATCH IT; (SOMEONE) WILL PAY FOR IT
00
Отолью'тся [чьи] $сле.зы/сле.зки$ [кому']
(SOMEONE) WILL GET/CATCH IT; (SOMEONE) WILL PAY FOR IT
-Ну, да уж в Сиби'рь пойду', а тебя' докона'ю.
Отолью'тся тебе' мои' сле.зы.
ОТЛИЧА'ТЬСЯ
00
$(Отлича'ться) как не'бо от земли'<не'бо и земля'$ R
не'бо
ОТЛИ'ЧИЕ
00
В отли'чие [от кого'<от чего']
IN DISTINCTION TO SOMEONE/SOMETHING; IN CONTRAST TO
SOMEONE/SOMETHING; DIFFERING FROM; AS OPPOSED TO
ОТЛИ'ЧНИК
00
Кру'глый отли'чник R кру'глый
ОТЛИ'ЧНИЦА
00
Кру'глая отли'чница R кру'глый
ОТЛОЖИ'ТЬ
00
Отложи'ть в до'лгий я'шик R до'лгий
00
Отложи'ть до гре'ческих кале'нд R кале'нды
42
Отложи'ть попече'ние [о ком<о че.м]
TO STOP WORRYING ABOUT (SOMEONE/SOMETHING); NOT TO CARE
ABOUT (SOMEONE/SOMETHING) ANYMORE; TO NEGLECT
Хозя'ин отложи'л попече'ние о до'ме: кры'ша тече.т,
ста'вни переко'шены.
ОТМА'ХИВАТЬСЯ
00
Рука'ми и нога'ми отма'хиваться R рука'
ОТМЕ'НА
00
В отме'ну [чего']
IN PLACE OF

Генера'л Ги'нце, как бы в отме'ну
генера'л-губерна'торского предписа'ния, разреши'л ...
чино'вникам брать себе' в прислу'ги ссы'льно-ка'торжных
же'нщин.
ОТМЕ'СТКА
00
В отме'стку
IN REVENGE; AS A REVENGE
Валенти'на Гео'ргиевна шла, ... все. сильне'е
подозрева'я Непейво'ду в то'м, что он посла'л ее.
мо'кнуть под дожде.м в отме'стку за неприя'зненное к
нему' отноше'ние.
00
Неве'стке в отме'стку [V] R неве'стка
ОТМЕ'ТИТЬ
00
Отме'тить в ско'бках R ско'бка
ОТМЕ'ТКА
00
Вы'вести [каку'ю] отме'тку R вы'вести
ОТНЕСТИ'
00
Отнести' $за сче.т<на сче.т$ [кого'<чего'] R сче.т
ОТНОШЕ'НИЕ
00
Бли'зкие отноше'ния R бли'зкий
00
В $не'котором/э'том/ETC$ отноше'нии
IN (A CERTAIN) RELATION; FROM (A CERTAIN) POINT OF VIEW;
IN (A CERTAIN) RESPECT
-Но'вая кварти'ра та'к же далека' от ме'ста рабо'ты? -В
э'том отноше'нии лу'чше.
00
Во всех отноше'ниях
FROM EVERY POINT OF VIEW; IN ALL RESPECTS; IN ALL
ASPECTS; IN EVERY RESPECT
Рабо'та нра'вилась ему' во всех отноше'ниях: была'
интере'сной, хорошо' опла'чивалась и окруже'ние бы'ло
прия'тным.
00
В отноше'нии [кого'<чего']
IN REGARD TO (SOMEONE/SOMETHING); IN RELATION TO (SOMEONE/
SOMETHING)
00
По отноше'нию [к кому'<к чему']
IN REGARD TO (SOMEONE/SOMETHING); IN RELATION TO (SOMEONE/
SOMETHING)
-Он член о'бщества и наруша'ть свои'х обя'занностей по
отноше'нию к кружку', к кото'рому он принадлежи'т, не
до'лжен.
ОТНЯ'ТЬ
00
Нельзя' отня'ть [чего'+у кого']
ONE CANNOT DENY (SOMEONE'S) [E.G. QUALITY,
CHARACTERISTIC]
-И доса'дней всего', что она' [Кручи'нина]
притворя'ется; скро'мность на себя' напуска'ет ...
-Скро'мности у ней отня'ть нельзя'.
00
Отня'ть от груди'
TO WEAN
Младе'нец, о'тнятый от груди', го'рько пла'кал.
ОТНЯ'ТЬСЯ
00
Ру'ки отня'лись [у кого'] R рука'
ОТОГРЕ'ТЬ
00
Змею' на груди' отогре'ть R змея'
ОТОЙТИ'
00
Отойти' в ве'чность
TO DIE; TO BE GONE FOREVER
1. -Одну' да'му, по'мню, спроси'л я об здоро'вье
му'жа, а почте'нный ... [муж ее.], ме'жду тем, с неде'лю
то'лько что отоше'л в ве'чность. 2. Бежа'ли года',
собы'тия сменя'лись, XVIII столе'тие отошло' в
ве'чность.
00
Отойти' в о'бласть $преда'ния/воспомина'ний/ETC$ R

184

ОТОЙТИ' CONT'D.
о'бласть
00
Отойти' в про'шлое R про'шлое
00
Отойти' ко сну R сон
42
Отойти' на во'лю
TO BECOME A FREE MAN; TO CEASE BEING A SERF; TO BECOME
EMANCIPATED
Немно'го крестья'н отошло' на во'лю путе.м о'ткупа до
отме'ны крепостно'го пра'ва в Росси'и.
42
Отойти' от госпо'д (на во'лю)
TO BECOME EMANCIPATED; TO CEASE BEING A SERF; TO BECOME A
FREE MAN
Ме'сто, что он [У'стин] вы'брал себе', отойдя' от
госпо'д, бы'ло безлю'дное.
00
$Се'рдце<от се'рдца$ $отойде.т<отошло'$
TO CALM DOWN; TO COOL OFF; ONE'S ANGER PASSED AWAY
[Ра'йский] останови'лся: у него' вдруг отошло' от
се'рдца. Он засмея'лся доброду'шно, не то над ней, не то
над собо'й.
ОТОРВА'ТЬ
00
Оторва'ть от себя'
TO SACRIFICE (SOMETHING) [FOR SOMEONE ELSE]; TO DEPRIVE
ONESELF OF (SOMETHING); TO GIVE UP (SOMETHING) [FOR SOMEONE
ELSE]
00
С мя'сом оторва'ть =пу'говицу/крючо'к/ETC= R мя'со
29
С рука'ми оторва'ть
TO GRAB (SOMETHING)
-Как иде.т мо'дный това'р? -Покупа'тели гото'вы с
рука'ми оторва'ть.
ОТОРВА'ТЬСЯ
00
Оторва'лось $в се'рдце/в груди'/внутри'$ [у кого'] R
оборва'ться
00
Се'рдце оторва'лось [у кого'] R се'рдце
ОТОСЛА'ТЬ
00
Отосла'ть к пра'отцам R пра'отец
ОТПЕЧА'ТОК
00
Наложи'ть (свой) отпеча'ток [на кого'<на что] R
наложи'ть
ОТПЛАТИ'ТЬ
00
Отплати'ть той же моне'той R моне'та
ОТПРА'ВИТЬ
00
Отпра'вить в рот
TO PUT (SOMETHING) IN ONE'S MOUTH; TO CONSUME [ABOUT FOOD]
-Вку'сен ли мясно'й пиро'г? -Я отпра'вил в рот два
куска'.
00
Отпра'вить к пра'отцам R пра'отец
00
Отпра'вить на дно R дно
00
Отпра'вить на тот свет
TO SEND (SOMEONE) TO HIS DEATH

Конокра'д был самосу'дом отпра'влен на тот свет.
ОТПРА'ВИТЬСЯ
00
Отпра'виться на бокову'ю R боково'й
50
Отпра'виться $на тот свет/к пре'дкам/к пра'отцам$
TO DIE; TO JOIN ONE'S ANCESTORS

-Бро'сьте, друг мой, игра'ть со сме'ртью ... В
коне'чном сче.те вы всегда' оста'нетесь в про'игрыше и
ра'ньше вре'мени отпра'витесь к пра'отцам.

ОТПРАВЛЕ'НИЕ
14
То'чка отправле'ния
POINT OF DEPARTURE; THE STARTING POINT
Успе'х торго'вого де'ла зави'сит от то'чки отправле'ния
- капиталовложе'ния.
ОТПРАВЛЯ'ТЬСЯ
00
Отправля'ться на все четы'ре сто'роны R сторона'
ОТПУСТИ'ТЬ
00
Отпусти'ть ду'шу на покая'ние R душа'
00
Отпусти'ть пилю'лю R пилю'ля
00
С ми'ром отпусти'ть R мир(2)
ОТПУШЕ'НИЕ
00
Козе.л отпуше'ния R козе.л
ОТРЕ'ЗАТЬ
00
$Быть/оказа'ться$ отре'занным от ми'ра R мир(1)
00
Как (ножо'м) отре'зало
CUT SHORT; SUDDENLY; (AND THEN) NOTHING!
До зимы' 1905 Васи'лий аккура'тно писа'л отцу'. Но
пото'м - как отре'зало. Це'лых полго'да напра'сно ходи'л
стари'к к поселко'вому атама'ну справля'ться о пи'сьмах.
00
Как ножо'м отре'зать
TO SPEAK SHARPLY; TO REFUSE POINT-BLANK; TO REFUSE
CATEGORICALLY
00
Отре'занный ломо'ть
A LONER; A LONE WOLF
ОТРЕ'ЧЬСЯ
00
Отре'чься от престо'ла
TO ABDICATE THE THRONE
ОТРЫ'В
00
Без отры'ва от произво'дства
WHILE CONTINUING ONE'S WORK; WITHOUT STOPPAGE OF
PRODUCTION
Учи'ться без отры'ва от произво'дства.
00
В отры'ве [от чего']
IN ISOLATION FROM; SEPARATED FROM; BEING (FAR) FROM
Он грубова'то труни'л над ни'ми, изоблича'л их в
ка'стовой за'мкнутости, в рути'ности, в отры'ве от
действи'тельности.
ОТРЯСТИ'
14
$Отрясти'/отряхну'ть$ прах от свои'х ног
TO SHAKE THE DUST FROM ONE'S FEET; TO CATEGORICALLY SEVER
FORMER RELATIONS/CONNECTIONS
-Вы по пре'жнему расхо'дитесь во взгля'де на семе'йную
жизнь? -Мы не встреча'емся; я отряхну'л прах от свои'х
ног.
ОТРЯХНУ'ТЬ
00
Отряхну'ть прах от свои'х ног R отрясти'
ОТСЕЧЕ'НИЕ
00
$Дать/дава'ть$ го'лову на отсече'ние R голова'
00
Дать ру'ку на отсече'ние R рука'
ОТСО'ХНУТЬ
29
Отсо'хни у меня' $язы'к/рука'$
EVEN IF YOU WOULD CUT MY TONGUE OUT ...
-Да отсо'хни у меня' язы'к, е'сли я у него' попрошу'
хоть копе'йку!
29
Чтоб у меня' ру'ки и но'ги отсо'хли
MAY GOD BE MY WITNESS!
-Чтоб у меня' ру'ки и но'ги отсо'хли, е'сли я уве.л
жеребца'! -уверя'л ко'нюх.

185

ОТСТА'ВКА
00
Вы'йти в отста'вку R вы'йти
00
Чи'стая отста'вка R чи'стый
ОТСТАВНО'Й
00
Отставно'й козы' бараба'нщик R бараба'нщик
ОТСТУПЛЕ'НИЕ
00
Лири'ческое отступле'ние R лири'ческий
ОТСУ'ТСТВИЕ
00
Блиста'ть отсу'тствием R блиста'ть
00
В отсу'тствие [чье.]
IN (SOMEONE'S) ABSCENCE
А'нна жа'дно огля'дывала его'; она' ви'дела, как он вы'рос и перемени'лся в ее. отсу'тствие.
50
Отсу'тствие вся'кого прису'тствия [у кого']
COMPLETELY OFF ONE'S ROCKER; TO LOSE ONE'S MARBLES
ОТТЯНУ'ТЬ
00
Оттяну'ть вре'мя
TO GAIN TIME; TO PROCRASTINATE
[Финоге'нов] закури'л и стал глубоко' и с расстано'вкой затя'гиваться, чтоб еще. хоть немно'го оттяну'ть вре'мя.
ОТХЛЕСТА'ТЬ
00
Отхлеста'ть по щека'м
TO SLAP (SOMEONE'S) FACE
Мать отхлеста'ла по щека'м де'рзкого мальчи'шку.
ОТЧЕ.Т
00
$Взять/получи'ть/ETC$ под отче.т
TO TAKE/RECEIVE MONEY IN TRUST
00
$Дать/отда'ть$ себе' отче.т [в че.м]
TO BE AWARE OF; TO REALIZE; TO UNDERSTAND; TO ACCOUNT TO ONESELF FOR (SOMETHING)
[Литви'нов] не мог отда'ть себе' я'сного отче.та в том, что он ощуша'л: и сты'дно ему' бы'ло, и да'же стра'шно.
00
Не отдава'я себе' отче.та
UNCONSCIOUSLY; NOT REALIZING
Мне вдруг почу'дилось, что э'то Ли'да моя' стои'т у окна'. И нево'льно, не отдава'я себе' отче.та, я сде'лал шаг по направле'нию к ней.
ОТЪЕ'ЗД
00
$Быть/находи'ться$ в отъе'зде
TO BE OUT; TO BE ABSENT; TO BE OUT OF TOWN
-Я постоя'нно быва'ю в отъе'зде.
ОТЪЕ'ЗЖИЙ
42
Отъе'жее по'ле
THE BACK FORTY
Сосе'д мой поспеша'ет в отъе'зжие поля' с охо'тою свое'й.
ОХА'ПКА
00
В $оха'пку<оха'пке$
IN ONE'S ARMS; IN ONE'S EMBRACE
1. Крича'л он [Балала'йкин] до тех пор, поку'да Глу'мов не схвати'л его' в оха'пку и не вы'нес на ле'стницу. 2. Фельдшери'ца ... верну'лась, держа' в оха'пке ку'чу оде.жи.
ОХВАТИ'ТЬ
00
Охвати'ть $взгля'дом/взо'ром$
TO SURVEY; TO LOOK OVER
Го'стья охвати'ла взгля'дом гости'ную.
ОХО'ТА
29
В охо'ту
GLADLY; TO ONE'S PLEASURE/SATISFACTION
1. -А как суббо'та на исхо'де, тут ра'доваться на'до,

спи, отдыха'й в охо'ту ... 2. -И тебе' как в охо'ту дразни'ть ...!
00
Охо'та $тебе'/вам/ему'$ [INF]
WHY SHOULD (YOU) BE (DOING SOMETHING)?; FOR WHAT REASON WOULD (YOU) (DO SOMETHING)?
-Да отпусти' ты его' ... Охо'та тебе' его' держа'ть.
00
Что за охо'та?
FOR WHAT REASON?; WHY SHOULD (YOU) BE (DOING SOMETHING)?
-Что за охо'та спо'рить? Ведь никогда' оди'н не убеди'т друго'го.
ОХО'ТКА
29
В охо'тку
WILLINGLY; GLADLY; (IT) IS A PLEASURE
1. Па'рень стоскова'лся по маши'не и рабо'тал в охо'тку. 2. Солда'ты дру'жно приняли'сь за де'ло. Как ви'дно, рабо'та была' им в охо'тку.
О'ХТИ'
29
О'хти' мне!
PITY ME!; MERCY UPON ME!
-Охти' мне! ча'сто влады'ку небе'сного Я искуша'ла грехо'м.
ОХУ'ЛКА
29
Оху'лки на' $руки<руку$ не $класть/положи'ть$
TO KNOW WHAT'S WHAT; NOT TO YIELD ONE'S ADVANTAGE; TO UTILIZE (SOMEBODY ELSE'S) HANDICAPS
[Саве'льчев] был нечи'ст на' руку. Встреча'лись, коне'чно, и други'е, кото'рые в э'том смы'сле не кла'ли оху'лки на' руку.
ОЧЕНИ'ТЬ
00
Очени'ть по досто'инству [кого'<что] R досто'инство
ОЧА'Г
00
$Дома'шний/родно'й/семе'йный$ оча'г
HOME; THE FAMILY HEARTH
1. -Нет у меня' то'лько одного' - своего' дома'шнего очага' и подру'ги жи'зни. 2. Те.мные о'кна в дома'х засвети'лись, маня' тепло'м и ую'тностью семе'йного очага'. 3. По'сле десятиле'тне'го стра'нствования по чужи'м моря'м он верну'лся к родно'му очагу'.
О'ЧЕРЕДЬ
00
$Быть/стоя'ть$ на о'череди
TO DEMAND IMMEDIATE ATTENTION; TO BE NEXT IN LINE
Пересмо'тр уче'бной програ'ммы сре'дней шко'лы стои'т на о'череди.
00
В пе'рвую о'чередь
IN THE FIRST PLACE; FIRST OF ALL
-Не'сколько строк бы'ло обведено' цветны'м карандашо'м. Да'ша, ..., в пе'рвую о'чередь ста'ла чита'ть э'то ме'сто.
00
В свой чере.д
IN ONE'S/ITS TURN; FOR ONE'S PART; IN RETURN
00
В свою' о'чередь
IN ONE'S/ITS TURN; FOR ONE'S PART; IN RETURN
Зи'на вста'ла и горячо' поцелова'ла мать. -На'до, де'тки, мя'гче относи'ться друг к дру'гу, -говори'ла мать, целу'я в свою' о'чередь дочь.
00
Жива'я о'чередь R живо'й
00
По о'череди
1. IN TURN 2. IN ORDER; ONE AFTER THE OTHER; ONE SPELLING THE OTHER
1. [До'ктор] выклика'л больны'х по о'череди. 2. Ведь спать приде.тся по о'череди: оди'н бу'дет спать, а друго'й дежу'рить во'зле пеше'ры.
00
Поста'вить на о'чередь
TO INCLUDE ON A WAITING LIST

О'ЧЕРЕДЬ CONT'D.
    Сотру'дники учрежде'ния поста'влены на о'чередь для
    получе'ния о'тпуска.
    00
    Стать на о'чередь
    TO GET IN LINE; TO WAIT ONE'S TURN
    00
    Стоя'ть на о'череди
    TO BE IN LINE; TO STAND IN A QUEUE; TO WAIT ONE'S TURN
О'ЧЕРТИ'ТЬ
    00
    Очертя' го'лову
    THOUGHTLESSLY; RASHLY; RECKLESSLY; WITHOUT THINKING
    —Ах, ма'менька! ма'менька! и как э'то вы ... очертя'
    го'лову, де'йствовали!
ОЧИ'СТКА
    00
    Для $очи'стки/очище'ния$ со'вести
    IN ORDER TO HAVE A CLEAR CONSCIENCE; IN ORDER TO ALLAY
    ONE'S CONSCIENCE
    Я уже' поду'мал, что напра'сно прише.л сюда', но для
    очи'стки со'вести реши'л покарау'лить [Фи'лина] еще.
    мину'т два'дцать.
ОЧИЩЕ'НИЕ
    00
    Для очище'ния со'вести R очи'стка
ОЧКИ'
    00
    Втере'ть очки' [кому'] R втере'ть
    00
    Сквозь ро'зовые очки' смотре'ть [на кого'<на что] R
    ро'зовый
ОЧКО'
    00
    Втере'ть очки' [кому'] R втере'ть
    00
    Дать $де'сять/два'дцать/ETC$ очко'в впере.д
    TO SURPASS/OUTSTRIP (SOMEONE/SOMETHING); TO BEAT (SOMEONE) BY
    (A NUMBER) OF POINTS; TO GIVE (SOMEONE) (A NUMBER OF)
    POINTS ADVANTAGE
    —А вы ра'зве ста'рая? ... Одно' то'лько зва'ние, что
    вдова', а вы любо'й деви'це мо'жете де'сять очко'в
    впере.д дать.
О'ЧНЫЙ
    00
    О'чная ста'вка
    A CONFRONTATION
    Устро'ить о'чную ста'вку. Потре'бовать о'чную ста'вку с
    ке'м-либо.
ОЧУТИ'ТЬСЯ
    00
    Очути'ться в пе'тле R пе'тля
    00
    Очути'ться в [чьей] шку'ре R шку'ра
ОШЕЛОМИ'ТЬ
    00
    Как гро'мом ошеломи'ть R гром
О'ЩУПЬ
    00
    На о'щупь
    BY TOUCH; TO THE TOUCH
    В скве'рах на серебри'стой масли'не в ию'не появля'лись
    ма'ленькие, шерша'вые на о'щупь плоды'.
ПА'ВА
    00
    Ни па'ва ни воро'на
    NEITHER FISH NOR FOWL
ПАВЛИ'НИЙ
    00
    Воро'на в павли'ньих пе'рьях R воро'на
ПА'ДАТЬ
    00
    А'кции [чьи] па'дают R а'кция
    00
    Ка'мнем па'дать R ка'мень
    00
    Па'дать в о'бморок R о'бморок
    00
    Па'дать $от смо'ха<со' смеху$

TO BE HELPLESS WITH LAUGHTER; TO DIE LAUGHING
    Пу'блика па'дала со' смеху, слу'шая ко'мика.
    00
    Па'дать с ног R нога'
    00
    Се'рдце па'дает [у кого'] R се'рдце
    00
    Тень па'дает [на кого'<на что] R тень
ПА'ЗУХА
    00
    Держа'ть ка'мень за па'зухой [на кого'<про'тив кого']
    R ка'мень
    00
    Как у Христа' за па'зухой =жить=
    TO LIVE WITHOUT A CARE IN THE WORLD; TO LIVE WITHOUT A
    CARE OR WORRY
ПАЙ
    00
    На пая'х
    JOINTLY
    29
    На [чей] пай
    TO ONE'S PART/LOT
    —Пришло'сь на мой пай у'голье обжига'ть.
ПАЛА'ТА
    00
    Ума' пала'та [у кого']
    AS WISE AS SOLOMON; (HE) HAS BRAINS
ПА'ЛЕЦ
    00
    Безымя'нный па'лец R безымя'нный
    00
    Вы'сосать из па'льца [что] R вы'сосать
    00
    Как по па'льцам =объясни'ть/рассказа'ть/ETC=
    SMOOTHLY; CLEARLY; IN DETAIL; DOWN TO THE LAST DETAIL
    00
    Как свои' пять па'льцев (знать)
    TO KNOW (SOMETHING) LIKE THE PALM OF ONE'S HAND; TO KNOW
    (SOMETHING) THOROUGHLY
    Как свои' пять па'льцев знал он исто'рию родно'й
    о'бласти.
    00
    Комбина'ция из тре.х па'льцев R комбина'ция
    00
    Лома'ть па'льцы R лома'ть
    00
    Обверте'ть де'ло $вокру'г<о'коло$ па'льца R обверте'ть
    00
    Обвести' $вокру'г<круго'м$ па'льца R обвести'
    00
    Оберну'ть $вокру'г<круго'м$ па'льца R оберну'ть
    00
    Па'лец о па'лец не уда'рить
    NOT TO LIFT A FINGER; TO BE IDLE
    От ску'ки мо'жно умере'ть, е'сли жить па'лец о па'лец не
    уда'рив.
    00
    Па'льца в рот не клади' [кому']
    BE ON YOUR GUARD WITH (SOMEONE); (SOMEONE) IS NOT TO BE
    TRIFLED WITH; WATCH YOUR STEP WITH (HIM)!
    Па'льца в рот не клади' э'тому пройдо'хе. Не одного'
    пу'стил он по' миру.
    00
    Па'льцем $дви'нуть/шевельну'ть$
    TO DO AS LITTLE AS POSSIBLE; TO MAKE A SLIGHT EFFORT
    Лень дви'нуть па'льцем.
    00
    Па'льцем не $дви'нуть/шевельну'ть$
    NOT TO LIFT A FINGER
    Иногда' о'бщество и томи'тся каки'м-то сму'тным
    жела'нием, но оно' никогда' не шевельне.т па'льцем,
    что'бы привести' его' в исполне'ние.
    00
    Па'льцем не тро'нуть [кого'<что]
    NOT TO LIFT A FINGER AGAINST (SOMEONE); NOT TO HARM
    (SOMEONE); (HE) DID NOT EVEN TOUCH (ME)
    О'тчим па'льцем не тро'нул дете'й.

ПА'ЛЕЦ CONT'D.

00

$Па'льцем<па'льцами$ $пока'зывать/ты'кать$ [на кого'<на что]
TO POINT THE FINGER OF GUILT AT ...

00

Плыть сквозь па'льцы R плыть

00

По па'льцам мо'жно $пересчита'ть/перече'сть$
YOU CAN COUNT (THEM) ON YOUR FINGERS; (YOU) COULD COUNT
(THEM) ON THE FINGERS OF ONE HAND
Собра'ние не состоя'лось, – прише'дших по па'льцам
мо'жно бы'ло пересчита'ть.

00

Попа'сть па'льцем в не'бо R не'бо

00

$Смотре'ть/гляде'ть$ [на что] сквозь па'льцы
TO LOOK THE OTHER WAY; TO PRETEND NOT TO SEE (SOMETHING)

ПАЛИ'ТЬ

00

Из пу'шки по воробья'м (пали'ть) R пу'шка

ПА'ЛКА

00

$Вставля'ть/ста'вить/броса'ть$ па'лки $в<под$ коле.са
[кому'<кого']
TO THROW A MONKEYWRENCH INTO (SOMEONE'S) PLANS
Успе'ху в жи'зни он обя'зан то'лько себе'; не'которые
да'же вставля'ли па'лки в коле.са.

00

Из-под па'лки
UNDER COMPULSION; FORCEFUL

00

Как па'лка
LIKE A STICK; SKINNY AS A RAIL
Во вне'шности супру'гов была' кра'йняя
противополо'жность: жена' – ма'ленькая, кру'гленькая, а
муж – как па'лка.

00

Па'лка о двух конца'х R коне'ц

00

Па'лка пла'чет [по ком] R пла'кать

00

Перегну'ть па'лку R перегну'ть

ПА'ЛОЧКА

00

$Бу'дто/как/сло'вно/то'чно$ по манове'нию волше'бной
па'лочки R манове'ние

00

Ноль без па'лочки R ноль

ПА'ЛЬМА

00

Па'льма пе'рвенства
FIRST PLACE; LAURELS
Хотя' все акте.ры выполня'ли свои' ро'ли прекра'сно, но
па'льма пе'рвенства принадлежа'ла Ряза'нцеву. Э'то был
замеча'тельный арти'ст, краса' и го'рдость на'шей сце'ны.

ПА'ЛЬЧИК

00

Ма'льчик с па'льчик R ма'льчик

00

Па'льчики $обли'жешь<обли'жете$ R облиза'ть

ПА'МЯТЬ

00

Без па'мяти
TO DISTRACTION; MADLY
1. [Ка'тя] дове'рчиво посма'тривала вокру'г себя', и
мо'жно бы'ло заме'тить, что Никола'й Петро'вич успе'л
уже' полюби'ть ее. без па'мяти. 2. –Поговори' с ним о
его' заслу'гах, о зна'тности, и он бу'дет от тебя' без
па'мяти.

42

$Блаже'нной/све'тлой/незабве'нной/ETC$ па'мяти
OF BLESSED MEMORY

00

Ве'чная па'мять [кому']
ETERNAL MEMORY; BE (HE) REMEMBERED FOREVER!

00

В знак па'мяти R знак

00

$Вы'бросить/вы'кинуть$ из па'мяти R вы'бросить

00

Вы'жить из па'мяти R вы'жить

00

Вы'йти из па'мяти R вы'йти

00

Вы'лететь из па'мяти R вы'лететь

00

Вы'пустить из па'мяти R вы'пустить

00

Вы'скочить из па'мяти R вы'скочить

00

Вы'черкнуть из па'мяти R вы'черкнуть

00

Дай бог $па'мять<па'мяти$

00

Де'вичья па'мять R де'вичий

00

Дыря'вая па'мять R дыря'вый

00

Завяза'ть узело'к (на па'мять) R узело'к

00

Заруби'ть в па'мяти [что] R заруби'ть

00

Захлестну'ло па'мять<в па'мяти R захлестну'ть

00

Звуча'ть в па'мяти R звуча'ть

00

Изгла'дить из па'мяти R изгла'дить

00

Изгла'диться из па'мяти R изгла'диться

00

Из па'мяти вон R вон

00

Коро'ткая па'мять R коро'ткий

00

Кури'ная па'мять R кури'ный

00

На па'мяти [чьей]
WITHIN (SOMEONE'S) MEMORY; WITHIN (SOMEONE'S) LIFETIME
На па'мяти ма'тери три револю'чии, гражда'нская война' и
две мировы'х войны'.

00

На па'мять =дать/подари'ть/взять/получи'ть/ETC=
IN MEMORY OF; AS A SOUVENIR; AS A MOMENTO
Он взял на па'мять горсть земли', покида'я ро'дину.

00

$На па'мять<по па'мяти$ =говори'ть/расска'зывать/знать/
ETC=
BY MEMORY; BY ROTE
Он знал на па'мять произведе'ния люби'мого поэ'та.

00

На све'жую па'мять R све'жий

00

$Печа'льной/недо'брой/ETC$ па'мяти
OF (SAD, ETC.) MEMORY

00

Поры'ться в па'мяти R поры'ться

00

По ста'рой па'мяти
ACCORDING TO THE OLD WAYS; IN THE TRADITIONAL WAY
По ста'рой па'мяти пра'здновались имени'ны всех чле'нов
семьи'.

00

Прийти' на па'мять
TO COME TO MIND
Собы'тия мину'вших дней пришли' на па'мять и друзья'
допоздна' засиде'лись.

ПАН

00

Жить па'ном R ба'рин

00

$Ли'бо пан, ли'бо пропа'л<пан и'ли пропа'л$
ALL OR NOTHING; WIN OR LOSE; TO MAKE A DESPERATE ATTEMPT
–Ли'бо пан, ли'бо пропа'л, а на'до прорва'ться че'рез
окруже'ние! –ду'мал команди'р ро'ты.

ПАНДА'Н

58

В панда'н [к кому'<к чему']

188

ПАНДА'Н CONT'D.
    PENDANT TO ...
    Э'то ... нарисо'ван челове'к. ... В панда'н к э'тому
    рису'нку прило'жен друго'й.
ПАНТАЛЫ'К
    00
    Сбить с панталы'ку
    TO THROW INTO CONFUSION; TO CONFUSE; TO THROW OFF; TO
    MISLEAD
    1. -Вообрази'те, то был во'все не Пры'ждин! ...
    Дли'нная ры'жая борода' меня' с панталы'ку сби'ла. 2.
    Как же случи'лось, что боево'го комсомо'льца сби'ли с
    панталы'ку зна'харские бре'дни.
    00
    Сби'ться с панталы'ку
    TO BE THROWN INTO CONFUSION; TO BE CONFUSED; TO BE MISLED
    1. Что'бы не сби'ться с панталы'ку, бу'ду писа'ть по
    пу'нктам. 2. Никто' бы не поду'мал ..., что на'божная
    стро'гая вдови'ча сби'лась с панталы'ку.
ПАР
    00
    Зада'ть па'ру [кому'] R зада'ть
    00
    На всех пара'х
    AT FULL SPEED
    1. К ста'нции, стреми'тельно вы'скочив из-за
    поворо'та, подлете'л на всех пара'х э'тот по'езд. 2.
    [На'стя] тут все. реши'ла, все то'чки над "и" поста'вила
    и пошла' на всех пара'х в откры'тую.
    00
    Подда'ть па'ру R подда'ть
    00
    Подня'ть пары' R подня'ть
    00
    Под пара'ми UNDER STEAM
    00
    С ле.гким па'ром R ле.гкий
ПА'РА
    00
    $В па'ре<на па'ру$
    TOGETHER; AS A PAIR
    На те'ннисных ко'ртах уже' бы'ло мно'го наро'ду.
    Воло'дя и Ни'на игра'ли в па'ре.
    00
    В па'ры =постро'ить/встать/ETC=
    IN PAIRS; IN TWO'S
    Дете'й вы'строили в па'ры и повели' в класс.
    00
    Вся'кой тва'ри по па'ре R тварь
    00
    Два сапога' па'ра
    THEY MAKE A PAIR; THEY'RE WELL MATCHED; THEY DESERVE EACH
    OTHER
    Э'ти супру'ги - два сапога' па'ра, - о'ба неусту'пчивы.
    29
    Па'ра пустяко'в
    A MERE TRIFLE
    -До го'рода не так далеко', пять-шесть киломе'тров. Для
    ста'рых, о'пытных путеше'ственников э'то па'ра пустяко'в.
    00
    Сказа'ть па'ру те.плых слов R те.плый
ПАРА'Д
    00
    $В по'лном/во все.м§ пара'де
    IN FULL DRESS; IN FULL CEREMONIAL ATTIRE
    Фе.дор Васи'льевич был, как называ'ется, в по'лном
    пара'де. Но'венькая гимнасте.рка, брю'ки с ка'нтом,
    щегольски'е хро'мовые сапоги'.
ПА'РЕНЫЙ
    29
    Деше'вле па'реной ре'пы
    DIRT-CHEAP
    29
    Про'ще па'реной ре'пы
    EASY AS PIE
    Объясня'я спо'соб приготовле'ния со'ли, Пе'тин сказа'л:
    -Э'то же так про'сто! Тут же про'ще па'реной ре'пы.
ПА'РЕНЬ
    00
    Па'рень не про'мах R про'мах

    00
    Руба'ха-па'рень R руба'ха
    00
    У'хо-па'рень R у'хо
ПАРИ'
    00
    $Вы'играть/проигра'ть/заключи'ть/держа'ть$ пари'
    TO WIN A BET; TO LOSE A BET; TO BET; TO MAKE A BET
    Зри'тели держа'ли пари' на пе'рвенство одного' из
    бегуно'в.
    00
    Держу' пари', что ...
    I'M WILLING TO BET THAT ....; I BET YOU THAT ....
    -Пари' держу', что ему' и'менно от э'того и пришла' в
    го'лову мысль взять тебя' в учи'тели.
ПА'РТИЯ
    42
    $Сде'лать/соста'вить$ $вы'годную/хоро'шую/ETC$ па'ртию
    TO MAKE A GOOD MARRIAGE; TO MAKE A GOOD MATCH
    Полко'вник челове'к холосто'й, но не прочь жени'ться.
    ... Он жела'ет сде'лать па'ртию во всех отноше'ниях
    блестя'шую.
    00
    Соста'вить па'ртию =в ка'рты/в ша'хматы/в ша'шки/ETC=
    TO SET UP A CARD GAME/A CHESS GAME/ETC.
    По'сле у'жина го'сти соста'вили па'ртию в ка'рты.
ПА'РУС
    00
    На всех паруса'х =нести'сь/лете'ть/ETC=
    TO PROCEED/RUN UNDER FULL SAIL
    [Кварта'льный надзира'тель] стал поспе'шно надева'ть на
    себя' пальто', чтоб на всех паруса'х лете'ть на база'р.
ПАСТЬ
    00
    Кровь [кого'] паде.т [на кого'] R кровь
    00
    Пасть ду'хом R дух
    00
    Пасть же'ртвой [чего'] R же'ртва
    00
    Пасть сме'ртью хра'брых R смерть
ПАТРИОТИ'ЗМ
    00
    Квасно'й патриоти'зм R квасно'й
ПА'УЗА
    00
    Вы'держать па'узу R вы'держать
ПАХА'ТЬ
    11
    (И) мы паха'ли
    AND WE PLOUGHED [ABOUT SOMEONE WHO REFERS TO HIMSELF AS A
    MAJOR PARTICIPANT IN PERFORMING A CERTAIN TASK, ALTHOUGH
    HIS CONTRIBUTION WAS INSIGNIFICANT]
ПА'ХНУТЬ
    00
    Па'хнет по'рохом
    THERE'S A SMELL OF GUNPOWDER IN THE AIR; THERE'S A THREAT
    OF WAR
    Все.-таки па'хнет по'рохом на Бли'жнем Восто'ке, хотя'
    и заключено' переми'рие.
    59
    Что'бы $ду'хом [чьим]<ду'ху [чьего']$ не па'хло
    (I) WISH THAT (HE) WERE GONE
    Я э'того бра'ка не жела'ю, а потому' ты и должна',
    за'втра же, при пе'рвом сло'ве, Лу'жину отказа'ть, чтоб
    и ду'ху его' не па'хло.
ПА'ЧЕ
    00
    Па'че того'
    WHAT'S MORE; EVEN BETTER
    Я же, несмотря' на многочи'сленные превра'тности,
    никогда' не знал ни несча'стья, - па'че того' - ску'ки.
    00
    Па'че ча'яния R ча'яние
    00
    Тем па'че
    WHAT'S MORE; ESPECIALLY
    Его' нельзя' бы'ло приня'ть ни за студе'нта, ни за

ПА'ЧЕ CONT'D.
торго'вого челове'ка, ни тем па'че за рабо'чего.
ПА'ЧКАТЬ
00
Па'чкать $репута'цию [чью]/и'мя [чье.]$
TO SULLY (SOMEONE'S) REPUTATION/NAME
00
Па'чкать ру'ки [об кого'<обо что] R рука'
ПЕДА'ЛЬ
00
Нажа'ть на все педа'ли R нажа'ть
ПЕЛЕНА'
42
$0т<с$ пеле.н
FROM THE CRADLE; SINCE EARLY CHILDHOOD
1. -Не тот ли вы, к кому' меня' еще. с пеле.н, Для за'мыслов каки'х-то непоня'тных, Дите.й вози'ли на покло'н? 2. Жизнь от пеле.н ему' улыба'лась.
00
(Сло'вно/то'чно) пелена' (с глаз) $упа'ла/спа'ла$
AS IF A VEIL HAD FALLEN FROM ONE'S EYES
ПЕЛЕ.НКА
00
Вы'йти из пеле.нок
TO GROW UP; TO BE ON ONE'S OWN
00
$0т<с$ пеле.нок
FROM THE CRADLE; SINCE EARLY CHILDHOOD
ПЕ'НА
00
С пе'ной у рта
FOAMING AT THE MOUTH; HEATEDLY; EXCITEDLY
Га'рин с пе'ной у рта дока'зывал, что несправедли'во разлуча'ть двух сла'вных и лю'бящих друг дру'га люде'й.
ПЕНА'ТЫ
00
К $дома'шним/родны'м/свои'м/ETC$ пена'там
TO ONE'S HEARTH AND HOME
По'сле до'лгого стра'нствования по све'ту он, наконе'ц, верну'лся к родны'м пена'там.
ПЕ'НКА
00
Снима'ть пе'нки
TO SKIM THE CREAM; TO PROFIT BY (SOMEBODY ELSE'S) LABOR
ПЕ'НСИЯ
00
Вы'йти на пе'нсию R вы'йти
ПЕНЬ
00
(Вали'ть) через пень коло'ду R коло'да
00
Как $пень<пне.м$ =стоя'ть/сиде'ть/ETC=
(TO SIT/STAND) AS IF ROOTED TO THE GROUND; TO SIT LIKE A BUMP ON A LOG
Нельзя' же сиде'ть в гостя'х, как пень, и хло'пать глаза'ми.
42
Ста'вить в пень
TO BEWILDER (SOMEONE); TO DRIVE (SOMEONE) TO DISTRACTION
Безда'рность актри'сы ста'вила режиссе.ра в пень.
42
Стать в пень
TO BE THROWN INTO CONFUSION; TO BE DRIVEN TO DISTRACTION
Слу'шая разгово'р зага'дками, нево'льно ста'нешь в пень.
ПЕНЯ'ТЬ
00
$Пеня'й<пусть пеня'ет$ на себя'
YOU HAVE NO ONE TO BLAME BUT YOURSELF; IT'S YOUR OWN FAULT
ПЕ'ПЕЛ
00
Обрати'ть в пе'пел
TO REDUCE TO ASHES
Отступа'я, неприя'тель обраща'л в пе'пел селе'ния.
00
Обрати'ться в пе'пел
TO BE REDUCED TO ASHES; TO BURN UP
На ме'сте, обрати'вшегося в пе'пел, до'ма лежа'ли обу'глившиеся бре.вна и одино'ко стоя'ла дымова'я труба'.

00
Подня'ть из пе'пла
TO RAISE (SOMETHING) FROM THE ASHES
По'сле войны' мно'гие города' по'дняты из пе'пла.
60
Посы'пать пе'плом главу'
TO BE IN SACKCLOTH AND ASHES
ПЕ'РВЕНСТВО
00
Па'льма пе'рвенства R па'льма
ПЕРВИ'НКА
00
В перви'нку [кому'<чему'+что<INF]
AT FIRST; INITIALLY
ПЕРВОЗДА'ННЫЙ
11
Первозда'нный хао'с
COMPLETE CHAOS; BEDLAM
ПЕ'РВЫЙ
00
(В) пе'рвое вре'мя R вре'мя
00
В пе'рвую го'лову R голова'
00
В пе'рвую мину'ту R мину'та
00
В пе'рвую о'чередь R о'чередь
00
В пе'рвых ряда'х R ряд
00
Игра'ть пе'рвую скри'пку R игра'ть
00
Из пе'рвых рук =узна'ть/получи'ть=
TO LEARN/FIND OUT AT FIRST HAND; TO LEARN/FIND OUT DIRECTLY; (I) HAVE IT FROM THE HORSE'S MOUTH
Он узна'л из пе'рвых рук, что его' брат не прогоре'л, а вступи'л в компа'нию.
00
Из пе'рвых уст $узна'ть/услы'шать$ R уста'
00
На пе'рвый взгляд R взгляд
00
На пе'рвый слу'чай R слу'чай
00
На пе'рвых пора'х R пора'
00
Не пе'рвой мо'лодости
MIDDLE-AGED; PAST ONE'S PRIME
Муж ее., не пе'рвой мо'лодости, был добр.
00
Не пе'рвой све'жести R све'жесть
00
Пе'рвая ла'сточка R ла'сточка
29
Пе'рвое де'ло
1. FIRST OF ALL 2. THAT'S GOOD; THAT'S A GOOD THING
-Лицо' тако'е, зна'ете, снисходи'тельное. ... Э'то, ма'менька, для нас пе'рвое де'ло.
00
Пе'рвое сло'во [в че.м] R сло'во
00
Пе'рвой ма'рки R ма'рка
00
$Пе'рвые шаги'<пе'рвый шаг$ R шаг
00
Пе'рвый блин ко'мом R блин
00
Пе'рвый встре'чный R встре'чный
00
Пе'рвый попа'вшийся R попа'сться
00
Пе'рвый сорт R сорт
00
Пе'рвый среди' ра'вных
FIRST AMONG EQUALS
Молоде.жь люби'ла устра'ивать дома'шние спекта'кли под руково'дством молодо'го учи'теля - пе'рвого среди' ра'вных.

00
Пе'рвым де'лом R де'ло
00
Пе'рвым до'лгом R долг
29
По пе'рвое число'
A SCOLDING; A PIECE OF ONE'S MIND; I'LL GIVE IT TO YOU!
Дойдя' до крыльца', он предупреди'л: —Вытира'йте но'ги
как сле'дует. А то Лю'бка зада'ст вам по пе'рвое число'.
00
По сче.ту пе'рвый R сче.т
00
При пе'рвой возмо'жности R возмо'жность
00
$C пе'рвого а'буга<по пе'рвому а'бугу$ R а'буг
00
C пе'рвого взгля'да R взгляд
00
C пе'рвого знако'мства R знако'мство
00
C пе'рвого сло'ва R сло'во
00
C пе'рвого ша'гу R шаг
ПЕРЕБЕЖА'ТЬ
00
Перебежа'ть доро'гу R доро'га
ПЕРЕБИВА'ТЬСЯ
00
Перебива'ться с хле'ба на квас R хлеб
00
Христо'вым и'менем перебива'ться R Христо'в
ПЕРЕБИ'ТЬ
00
Переби'ть доро'гу R доро'га
42
Переби'ть це'ну
TO CUT THE PRICE
ПЕРЕБОЛЕ'ТЬ
00
Переболе'ть $душо'й/се'рдцем$
TO SUFFER; TO SUFFER A HEARTBREAK; TO BE IN ANGUISH/SORROW
Же.ны и ма'тери нема'ло переболе'ли душо'й об уше'дших
на войну'.
ПЕРЕБРА'ТЬ
00
Перебра'ть по ко'сточкам [кого'<что] R ко'сточка
ПЕРЕВА'ЛЕЦ
00
С перева'льцем =идти'/ходи'ть/ETC=
STAGGERING; WEAVING
ПЕРЕВА'РИВАТЬ
00
Не перева'ривать [кого'<чего']
(I) CAN'T STAND/TOLERATE (HIM)
ПЕРЕВЕРНУ'ТЬ
00
Переверну'ть весь $мир/свет$
TO ACCOMPLISH THE IMPOSSIBLE; TO ACCOMPLISH A FEAT
ПЕРЕВЕРНУ'ТЬСЯ
00
$Душа' переверну'лась/душа' повороти'лась/се'рдце
переверну'лось/се'рдце повороти'лось$ [у кого'<в ком]
ONE'S HEART IS BREAKING; ONE'S HEART IS BLEEDING
На'стенька зарыда'ла так, что во мне се'рдце
переверну'лось от э'тих рыда'ний.
00
$Переверне.тся<переверну'лся бы$ в гробу' [кто]
(HE) WOULD TURN IN (HIS) GRAVE
ПЕРЕВЕСТИ'
00
Перевести' $дух/дыха'ние$
TO TAKE A DEEP BREATH; TO CATCH ONE'S BREATH
ПЕРЕВО'Д
00
Нет $перево'ду<перево'да$ [кому'<чему']
TO BE IN ABUNDANCE; THERE IS NO LACK OF (SOMETHING)
—Дупеля'м, бека'сам, да кро'ншпилям перево'ду не' было.

ПЕРЕВОДИ'ТЬ
00
Не переводя' дыха'ния
IMMEDIATELY; LOSING NO TIME; RIGHT AWAY
По'сле прода'жи до'ма, не переводя' дыха'ния, был
ку'плен друго'й.
ПЕРЕВОРОТИ'ТЬСЯ
00
$Душа' повороти'лась/се'рдце повороти'лось$ [у
кого'<в ком] R переверну'ться
ПЕРЕГНУ'ТЬ
00
Перегну'ть па'лку
TO GO TO THE EXTREME; TO OVERDO (SOMETHING)
В свое'й бережли'вости он перегну'л па'лку, став
скупцо'м.
ПЕРЕДА'ТЬ
00
В тре'тьи ру'ки =переда'ть= R тре'тий
ПЕРЕЖЕ.ВЫВАТЬ
00
Переже.вывать жва'чку R жва'чка
ПЕРЕЖИВА'ТЬ
00
Пережива'ть хо'лод и го'лод R хо'лод
ПЕРЕЖИ'ТЬ
00
Пережи'ть (самого') себя'
1. NOT TO BE FORGOTTEN; TO LIVE ON [IN THE MEMORY OF
OTHERS] 2. TO OUTLIVE ONESELF; TO BE A HAS-BEEN
1. Кто, служа' вели'ким це'лям ве'ка, Жизнь свою'
всеце'ло отдае.т На борьбу' за бра'та челове'ка,
То'лько тот себя' пережиае.т. 2. Он [Полево'й]
отста'л от ве'ка .... Ужа'сное несча'стье пережи'ть
самого' себя'.
ПЕРЕЙТИ'
00
В тре'тьи ру'ки =перейти'= R тре'тий
00
Перейти' доро'гу R доро'га
00
Перейти' Рубико'н R Рубико'н
ПЕРЕКА'ТНЫЙ
42
Голь перека'тная
THE POOR
Жил он где-то во'зле Жи'лкинской горы', где юти'лась в
то вре'мя ирку'тская голь перека'тная.
ПЕРЕКРЕ.СТОК
00
$Крича'ть/говори'ть/ETC$ на всех перекре.стках
TO BRAG ABOUT (SOMETHING); TO TRUMPET (SOMETHING); TO TALK
CONSTANTLY ABOUT (SOMETHING)
ПЕРЕЛИВА'ТЬ
00
Перелива'ть из пусто'го в поро'жнее R поро'жний
ПЕРЕЛИВА'ТЬСЯ
00
Перелива'ться че'рез край R край
ПЕРЕЛОМИ'ТЬ
00
Переломи'ть себя'
1. TO CHANGE DRASTICALLY [IN ONE'S CHARACTER, ETC.] 2. TO
OVERCOME ONESELF/(SOMETHING) IN ONESELF; TO SUPPRESS
(SOMETHING)
1. Но уж е'сли я что реши'л, переломи'ть себя' не
могу'. 2. [Суса'нна] хоте'ла переломи'ть себя', но с
потряса'ющею си'лой хлы'нули из глаз ее. сле.зы — и
рыда'ния .... огласи'ли ко'мнату.
ПЕРЕМЕ'НА
00
Переме'на декора'ций R декора'ция
ПЕРЕМЕНИ'ТЬ
00
Перемени'ть фронт R фронт
ПЕРЕМЕНИ'ТЬСЯ
00
Декора'ции перемени'лись R декора'ция

ПЕРЕМЕ.ТНЫЙ
   27
   Сума' переме.тная
   A WEATHER VANE [SAID OF A PERSON WHO EASILY CHANGES SIDES/
   HIS CONVICTIONS]
ПЕРЕМИНА'ТЬСЯ
   00
   Перемина'ться с ноги' на' ногу
   TO SHUFFLE ONE'S FEET [WHILE STANDING, EXPRESSING
   INDECISION, EMBARRASMENT]; TO STEP FROM FOOT TO FOOT, TO
   STAMP ONE'S FEET [IN ORDER TO WARM UP]
   Пассажи'ры перемина'лись с ноги' на' ногу от хо'лода,
   ожида'я авто'буса.
ПЕРЕМОЛО'ТЬСЯ
   00
   Переме'лется – мука' бу'дет
   ALL THIS TROUBLE WILL PASS AWAY
ПЕРЕМЫВА'ТЬ
   00
   Перемыва'ть ко'сточки [кому'] R ко'сточка
ПЕРЕМЫ'ТЬ
   00
   Перемы'ть ко'сточки [кому'] R ко'сточка
ПЕРЕНОСИ'ТЬ
   00
   Не переноси'ть [кого'<чего']
   NOT TO BE ABLE TO TOLERATE (SOMEONE/SOMETHING); TO DISLIKE
   (SOMEONE/SOMETHING); (I) CAN'T BEAR (HIM)/(IT)
ПЕРЕПЛЕ.Т
   00
   $Брать/взять$ з перепле.т R оборо'т
ПЕРЕПО'Й
   29
   $С перепо'я<с перепо'о$
   FROM HAVING GOTTEN DRUNK; FROM A HANGOVER
   –Здра'вия жела'ю, –прохрипе'л бле'дно-зеле.ный с
   перепо'ю солда'т.
ПЕРЕПО'ЛНИТЬ
   00
   Перепо'лнить ча'шу (терпе'ния) R ча'ша
ПЕРЕПО'ЛНИТЬСЯ
   00
   Ча'ша (терпе'ния) перепо'лнилась R ча'ша
ПЕРЕПО'РТИТЬ
   00
   Перепо'ртить мно'го кро'ви [кому']
ПЕРЕПУ'ТЬЕ
   00
   На перепу'тье
   TO BE AT A LOSS WHICH DIRECTION TO FOLLOW [AT A
   CROSSROADS, ETC.]
ПЕРЕСЕЛИ'ТЬСЯ
   00
   Пересели'ться в $лу'чший/ино'й/друго'й$ мир R мир(1)
ПЕРЕСТУПИ'ТЬ
   00
   Переступи'ть через [чей] труп R труп
ПЕРЕСУ'Д
   00
   Су'ды $и/да$ пересу'ды R суд
ПЕРЕСЧИТА'ТЬ
   29
   Пересчита'ть $ко'сти/ре.бра$ [кому']
   TO GIVE (SOMEONE) A SHELLACKING; TO BEAT THE HECK OUT OF
   (SOMEONE)
   00
   По па'льцам мо'жно пересчита'ть R па'лец
ПЕРЕСЫ'ЛКА
   00
   По пересы'лке R эта'п
ПЕРЕСЫПА'ТЬ
   00
   Пересыпа'ть из пусто'го в поро'жнее R поро'жний
ПЕРЕ'ТЬ
   00
   Пере'ть на рожо'н R рожо'н
   00
   Про'тив рожна' пере'ть R рожо'н

ПЕРЕХВАТИ'ТЬ
   00
   Перехвати'ть че'рез край R край
ПЕ'РЕЧ
   00
   Зада'ть пе'рчу [кому'] R зада'ть
ПЕРЕЧЕ'СТЬ
   00
   По па'льцам мо'жно перече'сть R па'лец
ПЕРЕШАГНУ'ТЬ
   00
   Перешагну'ть через [чей] труп R труп
ПЕРЕШИБИ'ТЬ
   00
   Сопле.й перешибе.шь [кого'] R сопля'
ПЕРЛ
   42
   Возвести' в перл созда'ния
   TO BRING (SOMEONE/SOMETHING) TO PERFECTION; TO RICHLY ENDOW
   (SOMEONE/SOMETHING) [WITH BEAUTY/QUALITIES]
ПЕРО'
   00
   Бо'йкое перо' [у кого'] R бо'йкий
   00
   Владе'ть перо'м R вла'деть
   00
   Воро'на в павли'ньих пе'рьях R воро'на
   00
   Вы'йти из-под пера' R вы'йти
   00
   Ни взду'мать, ни взгада'ть, ни перо'м описа'ть R
   взгада'ть
   00
   Ни в ска'зке сказа'ть, ни перо'м описа'ть R ска'зка
   00
   Ни пу'ха ни пера' R пух
   00
   (Одни'м) $ро'счерком/по'черком$ пера' [V] R ро'счерк
   00
   Про'ба пера' R про'ба
ПЕРСПЕКТИ'ВА
   00
   В перспекти'ве
   [TO BE] BEFORE (SOMEONE); AHEAD; EXPECTING (SOMETHING)
   [USED TEMPORALY, REFERRING TO EXPECTED EVENTS]
   Закуси'в так, как заку'сывает челове'к, у кото'рого в
   перспекти'ве бога'тый зва'ный обе'д, ... господи'н
   Голя'дкин усе'лся в кре'слах.
ПЕРСТ
   00
   Оди'н как перст
   ALL BY ONESELF; KINLESS; HAVING NO KINFOLK
   Стари'к был оди'н как перст.
   61
   Перст $судьбы'/провиде'ния/ро'ка$
   DESTINY; FATE
ПЕРЧА'ТКА
   00
   Броса'ть перча'тку R броса'ть
   00
   Подня'ть перча'тку R подня'ть
ПЕ.С
   00
   Пе.с $его'<ее.<их<ETC$ зна'ет R знать
   00
   Псу под хвост R хвост
ПЕ'СЕНКА
   00
   $Пе'сенка/пе'сня$ [чья] спе'та
   TO SING ONE'S SWAN SONG; TO BE NEAR ONE'S END; ONE'S
   SANDS ARE RUNNING OUT
ПЕСНЬ
   00
   Лебеди'ная песнь R лебеди'ный
   00
   Песнь пе'сней
ПЕ'СНЯ
   00
   До'лгая пе'сня R до'лгий

ПЕ'СНЯ CONT'D.
00
Игра'ть пе'сни R игра'ть
00
Лебеди'ная пе'сня R лебеди'ный
00
Пе'сня спе'та [чья] R пе'сенка
00
$Ста'рая<стара'$ пе'сня
AN OLD SONG; (I) HEARD (IT) BEFORE; THAT'S NOTHING NEW
Вражда' между свекро'вью и неве'сткой - ста'рая пе'сня.
00
$Тяну'ть/петь$ одну' и ту же пе'сню
TO SAY THE SAME THING OVER AND OVER; TO HARP ON/UPON
(SOMETHING);
ПЕСО'К
00
Как $песо'к морско'й<(что) песку' морско'го$
LIKE GRAINS OF SAND; NUMEROUS; PLENTIFUL
50
Песо'к сы'плется [у кого'<из кого']
(HIS) SAND'S ARE RUNNING OUT
У де'да песо'к сы'плется, а он чита'ет без очко'в и не
лиши'лся зубо'в.
00
Протере'ть с песко'м [кого'] R протере'ть
00
Стро'ить на песке'
TO BUILD (SOMETHING) ON SAND; TO HAVE NO FOUNDATION FOR
(SOMETHING)
ПЕСО'ЧЕК
00
Протере'ть с песо'чком [кого'] R протере'ть
ПЕ'ТЛЯ
00
$Влезть/попа'сть/ETC$ в пе'тлю
TO BE TRAPPED; TO HAVE A NOOSE AROUND ONE'S NECK;
-Что'бы не попа'сть в пе'тлю, рабо'тай по возмо'жности и
не влеза'й в долги'! -говори'л оте'ц сы'ну.
00
$Наде'ть/наки'нуть$ пе'тлю $на себя'<на ше'ю [кому']$
TO PUT A NOOSE AROUND ONE'S OWN NECK
00
$Очути'ться/оказа'ться/ETC$ в пе'тле
TO BECOME TRAPPED; TO FALL IN A TRAP
Очути'вшись в пе'тле, вое'нный отря'д проби'лся.
00
Пе'тля $затя'гивается/сжима'ется/ETC$
THE NOOSE IS TIGHTENING
Пе'тля затя'гивалась, и положе'ние с ча'су на час
де'лалось безвы'ходнее.
00
Сова'ть го'лову в пе'тлю R сова'ть
00
Хоть в пе'тлю лезь; (I'M) AT MY WITS END; (I'LL) SHOOT MYSELF IF ...
-Рабо'ты не найти'! Хоть в пе'тлю лезь! -жа'ловался
безрабо'тный.
ПЕТУ'Х
00
До вторы'х петухо'в =проговори'ть/просиде'ть= R второ'й
00
До тре'тьих петухо'в R тре'тий
00
Кра'сный пету'х
A FIRE
Семья' с тоско'й смотре'ла на тле'ющие разва'лины
до'мика, ста'вшего же'ртвой кра'сного петуха'.
00
Пусти'ть (кра'сного) петуха'
TO SET FIRE TO (SOMETHING); TO START A FIRE
Стог се'на до тла сгоре'л; кто'-то пусти'л кра'сного
петуха'.
00
Пусти'ть петуха'
TO SING FALSETTO
00
С тре'тьими петуха'ми R тре'тий

ПЕ'ТЫЙ
59
$Пе'тый дура'к/пе'тая ду'ра$
A COMPLETE FOOL
1. -Удиви'лся, знаете, безме'рно, что уж да'же и
пе'тый дура'к, и тот на безлю'дье жа'луется. 2. -Не
болта'л бы чепухи' девчо'нке, ничего' бы худо'го не
случи'лось. И я-то, ду'ра пе'тая, смотре'ла,
потво'рствовала.
ПЕТЬ
00
В нос петь R нос
00
Козло'м петь R козе.л
00
Не в тон =петь= R тон
00
Петь в унисо'н R унисо'н
00
Петь в у'ши [кому'] R у'хо
00
Петь дифира'мбы R дифирамб
00
Петь одну' и ту же пе'сню R пе'сня
00
Петь оса'нну [кому'] R оса'нна
00
Петь сла'ву [кому'<чему'] R сла'ва
00
Петь соловье.м R соловье'й
ПЕЧА'ЛЬ
00
$Мне<тебе'<вам<ETC$ $кака'я<что за$ печа'ль
WHAT'S IT TO (ME)
-У сосе'да укра'ден автомоби'ль. -Кака'я печа'ль нам от
э'того?!
00
Не' было печа'ли, (так) че'рти накача'ли R накача'ть
00
Не [чья] печа'ль
ПЕЧА'ЛЬНЫЙ
00
Печа'льной па'мяти R па'мять
00
Ры'царь печа'льного о'браза R ры'царь
ПЕЧА'ТАТЬ
00
Печа'тать шаг R шаг
ПЕЧА'ТНЫЙ
00
Печа'тное сло'во
THE PRINTED WORD
ПЕЧА'ТЬ
00
В печа'ти =чита'ть/знако'миться/ETC=
TO READ/ETC. (SOMETHING) IN PRINT
В печа'ти мы чита'ем о страда'ниях поднево'льных
наро'дов.
00
$Глубо'кая/ра'дикальная$ печа'ть R глубо'кий
00
Гражда'нская печа'ть R гражда'нский
00
Ка'инова печа'ть R ка'инов
00
Кни'га за семью' печа'тями R кни'га
00
Наложи'ть печа'ть<печа'ти [на что] R наложи'ть
00
Наложи'ть (свой) печа'ть [на кого'<на что] R наложи'ть
00
Пло'ская печа'ть R пло'ский
00
$Появи'ться в печа'ти/вы'йти из печа'ти$
TO BE PUBLISHED; TO GO INTO PRINT
Из печа'ти вы'шло тре'тье изда'ние неда'вно запре'тной
кни'ги.
ПЕЧЕ.НКА
29
Все'ми пече.нками =хоте'ть/ненави'деть/ETC=

ПЕЧЕ.НКА CONT'D.
    (TO WANT/HATE/ETC.) BADLY/DESPERATELY/VISCERALLY
Портни'ха .... все'ми пече.нками ненави'девшая О'льгу
Вячесла'вовну, называ'ла ее. "клейме.ная".
29
Сиде'ть в пече.нках [у кого']
TO AGGRAVATE (SOMEONE); TO DISGUST (SOMEONE)
Ефроси'нья сиде'ла у него' [Петра'] в пече.нках. Е'сли
Але.шу она' еще. ко'е-как слу'шалась, то Петру'
пере'чила на ка'ждом сло'ве.
ПЕ'ЧКА
    00
Танцева'ть от пе'чки
TO START AT THE BEGINNING
Чужезе'мцам не'редко прихо'дится начина'ть жизнь
за'ново, что называ'ется, танцева'ть от пе'чки.
ПЕЧЬ
    00
До'менная печь R до'менный
    00
Лежа'ть на печи' R лежа'ть
    00
Марте'новская печь R марте'новский
    00
Печь как блины' R блин
ПЕ'ШИЙ
    00
Пе'шим хо'дом
ON FOOT
Тяже.лый воз завя'з в грязи'; пришло'сь возни'че пе'шим
хо'дом добира'ться до бли'жнего посе.лка.
    00
По о'бразу пе'шего хожде'ния R хожде'ние
ПИВНО'Й
    00
$С<как$ пивно'й коте.л R коте.л
ПИ'ВО
    00
Пи'ва не сва'ришь [с кем] R свари'ть
ПИ'КА
    00
В пи'ку [кому'+INF]
TO DO (SOMETHING) TO PIQUE (SOMEONE)
ПИ'КОВЫЙ
    00
$Оста'ться/оказа'ться$ при пи'ковом интере'се
TO GET NOTHING FOR ONE'S PAINS
Зри'тели оста'лись при пи'ковом интере'се, не досмотре'в
карти'ны: грозо'й был повреждe.н электри'ческий
трансформа'тор.
ПИЛЮ'ЛЯ
    00
Го'рькая пилю'ля
A BITTER PILL TO SWALLOW
Успе'х одни'х неpe'дко быва'ет го'рькой пилю'лей для
други'х.
    00
$Поднести'/преподнести'/отпусти'ть$ пилю'лю
TO GIVE (SOMEONE) A BITTER PILL
    00
$Позолоти'ть/золоти'ть$ пилю'лю
TO GILD/SUGAR THE PILL
    00
Проглоти'ть пилю'лю
TO SWALLOW A BITTER PILL
    00
Съесть пилю'лю R съесть
ПИОНЕ'РСКИЙ
    00
Пионе'рский костe.р R костe.р
ПИР
    00
В чужо'м пиру' похме'лье R похме'лье
    00
Пир горо'й R гора'
    00
Пир на весь мир
A SUMPTUOUS FEAST

1. У славя'н сва'дебный пир - пир на весь мир. 2.
Выдава'я за'муж дочь, роди'тели зада'ли пир на весь мир.
    00
Пирова'ть пир R пирова'ть
ПИРОВА'ТЬ
    18
Пирова'ть пир
TO FEAST; TO BANQUET
Мы пиру'ем пир весе.лый И за ро'дину мы пьe.м.
ПИ'РРОВ
    00
Пи'ррова побе'да R побе'да
ПИ'САНЫЙ
    00
Как $дура'к/ду'рень$ с пи'саной то'рбой носи'ться [с
кем/с чем] R то'рба
    00
$Как<сло'вно$ по-пи'саному
SMOOTHLY; GLIBLY; AS IF READING FROM A BOOK
    00
$Пи'саный краса'вец/пи'саная краса'вица$
AS PRETTY AS A PICTURE; VERY HANDSOME
1. Пи'саной краса'вице и без прида'ного легко' найти'
жениха'. 2. Его' сыновья' не то'лько умны', но и
пи'саные краса'вцы.
ПИСА'ТЬ
    00
Ви'лами $на воде'<по воде'$ пи'сано R ви'лы
    00
В тре'тьем лице' =писа'ть= R тре'тий
    00
Зако'н не пи'сан [для кого'<кому'] R зако'н
    29
Не про $меня'<тебя'<нас<ETC$ напи'сано
IT'S BEYOND ME; IT'S NOT MEANT FOR ME
    00
От руки' писа'ть R рука'

    00
Писа'ть $вензеля'/вавило'ны/мысле'те/ETC$
TO STAGGER; TO WEAVE; TO REEL

    00
Писа'ть, как ку'рица ла'пой R ку'рица
    00
Писа'ть кро'вью (се'рдца) R кровь
    00
Писа'ть мысле'те R вавило'ны
    00
Пиши' пропа'ло R пропа'сть
    00
Пошла' писа'ть губе'рния R губе'рния
ПИСЬМО'
    00
Откры'тое письмо' R откры'тый
ПИТА'ТЕЛЬНЫЙ
    00
Пита'тельная среда'
SOURCE OF NOURISHMENT
ПИТА'ТЬ
    00
Пита'ть $наде'жды<наде'жду$ R наде'жда
ПИТА'ТЬСЯ
    00
Ма'нной небе'сной пита'ться R ма'нна
    00
Пита'ться всухомя'тку R всухомя'тку
    00
Пита'ться о'коло [кого'<чего'] R о'коло
ПИТЬ
    00
Ва'шими бы уста'ми ме.д пить R уста'
    29
Дать пить
1. TO PUNISH (SOMEONE); TO GIVE IT TO (SOMEONE) 2. TO CAUSE
A LOT OF TROUBLE

194

ПИТЬ CONT'D.

   1. -Кто ж тепе'рь столы' к обе'ду накро'ет, де'вушки? Ой, даст нам пить Серафи'ма Васи'льевна! 2. Самоле.ты оди'н за други'м пошли' в пи'ке .... -Тепе'рь даду'т пить, -беспоко'йно озира'ясь, сказа'л Жу'ков.

   00

   Как пить $дать<даду'т$
   FOR SURE; WITHOUT FAIL; AS SURE AS THE WORLD

   00

   Пить впригля'дку =чай/ко'фе/ETC= R впригля'дку

   00

   Пить вприку'ску =чай/ко'фе/ETC= R вприку'ску

   00

   Пить го'рькую R го'рький

   00

   Пить го'рькую R го'рький

   00

   Пить го'рькую ча'шу [чего'] R ча'ша

   00

   Пить как бо'чка R бо'чка

   00

   Пить кровь [чью] R кровь

   00

   Пить мертве'чки R мертве'чки

   00

   Пить ме.ртвую (ча'шу) R ме.ртвый

   00

   Пить (на) брудерша'фт [с кем] R брудерша'фт

ПИ'ША

   00

   Гру'бая пи'ша R гру'бый

   14

   Дава'ть пи'шу [чему'<для чего']
   TO NOURISH (SOMETHING); TO GIVE FOOD FOR ...

   50

   На пи'ше свято'го Анто'ния
   GOING HUNGRY
   Живя' на пи'ше свято'го Анто'ния, мо'жно наверняка' преврати'ться в живы'е мо'ши.

ПЛА'ВАТЬ

   00

   Ме'лко пла'вать R ме'лко

ПЛА'КАТЬ

   00

   $В го'лос/не свои'м го'лосом$ пла'кать R го'лос

   00

   В три ручья' =пла'кать= R три

   00

   Па'лка пла'чет [по ком]
   (HE) IS ASKING FOR IT; (HE) DESERVES PUNISHMENT; WHAT (HE) NEEDS IS A THRASHING

   00

   Пла'кали [чьи] де'нежки R де'нежки

   00

   Пла'кать в жиле'тку R пла'каться

   00

   Пла'кать навзры'д R навзры'д

   00

   Тюрьма' пла'чет [по ком]
   (HE) SHOULD BE IN JAIL/LOCKED UP
   Тюрьма' пла'чет по вора'м и уби'йцам.

ПЛА'КАТЬСЯ

   11

   $Пла'кать/пла'каться$ в жиле'тку
   TO CRY ON (SOMEONE'S) SHOULDER

ПЛАН

   00

   Смеша'ть [чьи] пла'ны R смеша'ть

   00

   $Уйти'/отступи'ть$ на за'дний план

ПЛАСТ

   00

   $Пласто'м<как пласт$ лежа'ть
   TO BE FLAT ON ONE'S BACK

ПЛАСТУ'НСКИЙ

   00

   Ползти' по-пласту'нски
   TO CRAWL ON ONE'S STOMACH

   Он полз по-пласту'нски, опира'ясь на ло'кти и подтя'гивая те'ло.

ПЛА'ТА

   00

   За'работная пла'та R за'работный

ПЛАТЕ.Ж

   00

   Нало'женный плате.ж R нало'женный

ПЛАТИ'ТЬ

   00

   Плати'ть дань R дань

   00

   Плати'ть той же моне'той R моне'та

ПЛАТФО'РМА

   00

   Стоя'ть на платфо'рме [чего']
   TO STAND ON A (CERTAIN) PLATFORM; TO BE A SUPPORTER OF (SOMETHING)

ПЛЕВА'ТЬ

   00

   Плева'ть в потоло'к
   TO DO NOTHING; TO TWIDDLE ONE'S THUMBS
   Изо дня в день в потоло'к плева'ть - не жить, а отжива'ть.

   00

   Плева'ть $хочу'<хо'чешь<ETC$
   (I) DON'T CARE A RAP ABOUT ...; (I) DON'T GIVE A DAMN ABOUT ...; (I) COULDN'T CARE LESS ABOUT ...

ПЛЕВО'К

   00

   Плевка' не сто'ит [кто<что]
   (HE/IT) ISN'T WORTH BOTHERING ABOUT; (HE/IT) ISN'T WORTH A TINKER'S DAMN

ПЛЕ'МЯ

   00

   $Без ро'ду и пле'мени<без ро'ду, без пле'мени<ни ро'ду ни пле'мени$ R род

ПЛЕСТИ'СЬ

   00

   Нога' за' ногу плести'сь R нога'

   00

   Плести'сь в обо'зе R обо'з

   00

   Плести'сь в хвосте' R хвост

ПЛЕТЕ'НЬ

   00

   Навести' тень на плете'нь R тень

ПЛЕЧО'

   00

   $Взвали'ть/положи'ть$ на плечи' [чьи]
   TO PLACE A BURDEN/A RESPONSIBILITY ON (SOMEONE ELSE'S) SHOULDERS
   Внеза'пная смерть ма'тери всецело' взвали'ла на пле'чи отца' забо'ты о де'тях.

   00

   Взде.рнуть плеча'ми R взде.рнуть

   00

   $Вы'везти на свои'х плеча'х/вы'нести на своих плеча'х/вы'везти на себе'$
   TO TAKE THE BURDEN/THE RESPONSIBILITY ON ONE'S OWN SHOULDERS

   00

   Гора' с плеч (свали'лась) R гора'

   00

   (Есть) голова' на плеча'х R голова'

   00

   За плеча'ми =быть/стоя'ть/име'ть/ETC=
   TO BE BEHIND (SOMEONE)/IN THE PAST
   За плеча'ми у него' го'ды разгу'льной жи'зни.

   00

   Име'ть го'лову на плеча'х
   TO HAVE A HEAD ON ONE'S SHOULDERS

   00

   Коса'я са'жень в плеча'х R косо'й

   $Лежа'ть/быть$ на $плеча'х/хребте'$ [у кого'<чьих]
   TO REST ON (SOMEONE'S) SHOULDERS
   Все забо'ты о семье' лежа'ли на плеча'х Га'врика.

   00

   На плеча'х $проти'вника/неприя'теля/ETC$

ПЛЕЧУ' CONT'D.
TO BE HARD ON THE ENEMY'S HEELS; TO BE RIGHT BEHIND THE RETREATING ENEMY
Полк вступи'л на плеча'х ослабе'вшего неприя'теля.
00
$Плечо'<плечо'м$ к плечу'
SHOULDER TO SHOULDER
1. Доро'га у'зкая, темно', мы иде.м плечо' к плечу' и, когда' запне.мся за корневи'ще, толка'ем друг дру'га. 2. [Молоде.жь] реши'ла вступи'ть в ряды' Кра'сной А'рмии и би'ться с на'ми вме'сте, плечо'м к плечу', про'тив бе'лой сво'ры.
00
Пожа'ть плеча'ми R пожа'ть
00
По плечу' [кому']
ACCORDING TO ONE'S STRENGTH/ABILITIES
00
Свали'ться с плеч R свали'ться
00
Спихну'ть с плеч R спихну'ть
00
С плеча'
1. STRAIGHT FROM THE SHOULDER 2. WITHOUT GIVING IT A THOUGHT
1. Уда'рить с плеча'. 2. Я дра'мы ката'л с плеча' и ду'мал, что я сла'вный сочини'тель.
00
С плеч доло'й R доло'й
00
С плеч $сбро'сить/стряхну'ть/ETC$
TO UNBURDEN ONESELF
00
С чужо'го плеча'
HAND-ME-DOWN; SECOND-HAND
Шубе.нка у него' ста'ренькая и не по ро'сту, ви'дно, с чужо'го плеча'.
00
С [чьего'] плеча'
HAND-ME-DOWN [LITERALLY: FROM (SOMEONE'S) BACK]
Чемода'н внесли' ку'чер Селифа'н ... и лаке'й Петру'шка, ма'лый лет тридцати', в просто'рном поде'ржанном сюртуке', как ви'дно с ба'рского плеча'.
00
Язы'к на плече' [у кого'] R язы'к
ПЛОД
00
Вкуша'ть плоды' [чего'] R вкуша'ть
00
Запре'тный плод R запре'тный
ПЛО'СКОСТЬ
00
Кати'ться по накло'нной пло'скости R накло'нный
ПЛО'ТНО
00
$Не ла'дно/нескла'дно/ху'до/ETC$ скро'ен, да пло'тно сшит R сши'тый
00
Пло'тно сбит [кто] R сби'тый
ПЛОТЬ
00
Войти' в плоть и кровь
TO BE COMPLETELY ASSIMILATED BY (SOMEONE/SOMETHING); TO BECOME A PART OF (SOMEONE/SOMETHING); TO BECOME SECOND NATURE TO (SOMEONE)
14
Во плоти'
IN THE FLESH
Когда' он ви'дел ее. пред собо'ю не в па'мяти, а во плоти', в не.м возника'л почти' враждеб'ный интере'с к ней.
00
Обле'чь $в плоть и кровь<пло'тью и кро'вью$
TO EMBODY; TO GIVE MATERIAL FORM TO
00
Обле'чься $в плоть и кровь<пло'тью и кро'вью$
TO BE EMBODIED; TO BE INCARNATE; TO BE INVESTED WITH BODILY FORM
00
Плоть и кровь [чья]

1. ONE'S OWN FLESH AND BLOOD 2. (IT'S) ALMOST A PART OF (ME); (HE'S) AS CLOSE AS A (BROTHER) TO (ME)
-В сапо'жники, а ведь он сын колле'жского асе'ссора, благоро'дной кро'ви ... Он плоть и кровь моя'.
00
$Плоть от пло'ти/кость от ко'сти/кровь от кро'ви$ [чьей]
1. ONE'S OWN FLESH AND BLOOD 2. (IT'S) ALMOST A PART OF (ME); (HE'S) AS CLOSE AS A (BROTHER) TO (ME)
[Давы'дов] был плоть от пло'ти свои'х вели'ких учителе'й, могика'н ру'сской сце'ны.
ПЛО'ХО
00
Из рук вон пло'хо R рука'
00
Ко'нчить пло'хо R ко'нчить
00
Пло'хо лежи'т R лежа'ть
29
Пло'хо-пло'хо
AT LEAST; AT THE VERY LEAST
-Зерна' не мно'го, но пло'хо-пло'хо до но'вого урожа'я ста'нет! -ду'мал крестья'нин.
ПЛОХО'Й
00
Де'лать $весе.лую/хоро'шую$ ми'ну при плохо'й игре' R ми'на
00
Пойти' по $плохо'й доро'ге/плохо'му пути'/дурно'й доро'ге/дурно'му пути'$
TO GO ASTRAY
00
Стоя'ть на плохо'й доро'ге R стоя'ть
00
Стоя'ть на плохо'м пути' R стоя'ть
00
Шу'тки плохи [с кем<с чем]
(SOMEONE/SOMETHING) IS NOT TO BE TRIFLED WITH
ПЛЫТЬ
00
Плыть в ру'ки
TO FALL INTO (SOMEONE'S) HANDS; (IT'S) A WINDFALL; EASY AS PIE
В хорошо' организо'ванном предприя'тии де'ньги плыву'т в ру'ки.
00
Плыть в фарва'тере [кого'<чего'] R фарва'тер
00
Плыть по тече'нию
TO SWIM WITH THE CURRENT/THE TIDE
Всегда' бы'ли и бу'дут лю'ди, гото'вые плыть по тече'нию, а не име'ть со'бственного мне'ния.
00
Плыть про'тив тече'ния
TO GO AGAINST THE CURRENT/THE TIDE
00
Плыть сквозь па'льцы
TO SLIP THROUGH ONE'S FINGERS
ПЛЮ'НУТЬ
00
Плю'нуть да растере'ть R растере'ть
29
Плю'нуть $не'куда/не'где$
THERE ISN'T ROOM TO TURN AROUND
-На том берегу' плю'нуть не'где, под ка'ждым кусто'м пу'шка.
29
Раз плю'нуть [кому']
IT'S EASY FOR (SOMEONE); IT'S LIKE FALLING OFF A LOG FOR (SOMEONE); IT'S A SNAP FOR (SOMEONE)
Часовщику' раз плю'нуть испра'вить буди'льник.
ПЛЯСА'ТЬ
00
Пляса'ть пе'ред [кем]
TO FAWN ON (SOMEONE); TO CURRY FAVOR WITH (SOMEONE); TO DANCE ATTENDANCE ON (SOMEONE)
00
Пляса'ть $под [чью] ду'дку<по [чьей] ду'дке$ R ду'дка
ПО
00
По мне

ПО CONT'D.
    IN MY OPINION; FROM MY POINT OF VIEW; AS FAR AS I'M
    CONCERNED
    А я скажу': по мне уж лу'чше пей, Да де'ло разуме'й.
ПОБЕГУ'ШКИ
    00
    Быть на побегу'шках
    1. TO RUN ERRANDS FOR (SOMEONE) 2. TO BE AT (SOMEONE'S) BECK
    AND CALL
    -Го'да два был на побегу'шках, ра'зные коми'ссии
    исправля'л: и за во'дкой-то бе'гал, и за пирога'ми, и за
    ква'сом.
ПОБЕ'ДА
    00
    Одержа'ть побе'ду R одержа'ть
    00
    Пи'ррова побе'да
    A PYRRHIC VICTORY
    00
    Пра'здновать побе'ду R пра'здновать
ПОБЕДИ'ТЕЛЬ
    00
    Сда'ться на ми'лость победи'теля R ми'лость
ПОБЕ'ДНЫЙ
    00
    До побе'дного конца'
    TO A COMPLETE VICTORY; TO A SUCCESSFUL FINISH
    Многоле'тняя война' до побе'дного конца' привела'
    проти'вников к взаи'мным усту'пкам.
ПОБИ'ТЬ
    29
    Побе'й (меня') бог
    MAY GOD STRIKE ME DEAD
    -Ну, побе'й бог, не знал я, что ты тако'й.
ПОБИ'ТЬСЯ
    00
    Поби'ться об закла'д R закла'д
ПОБЛЕДНЕ'ТЬ
    00
    Как смерть побледне'ть R смерть
ПОБО'ИЩЕ
    00
    Мама'ево побо'ище R мама'ев
ПОБОРО'ТЬ
    00
    Поборо'ть себя'
    TO OVERCOME ONESELF; TO GET CONTROL OF ONESELF
ПОБОЯ'ТЬСЯ
    00
    $Побо'яся<побо'ятесь$ бо'га R бог
ПОБРА'ТЬ
    00
    Прах $тебя'/его'/ETC$ побери'! R прах
    00
    Че.рт ([кого'<что]) побери' R че.рт
ПОБРЕ'ЗГАТЬ
    29
    Не $побре'згай<побре'згайте/побре'згуй<побре'згуйте$
    PLEASE ACCEPT ...; PLEASE DON'T DISDAIN ...
    -Не побре'згай, оте'ч наш, хле'бом и со'лью.
ПОБРЕ'ЗГОВАТЬ
    00
    Не $побре'згуй<побре'згуйте$ R побре'згать
ПОВА'ДНО
    00
    Что'бы не' было пова'дно
    SO THAT IT DOESN'T BECOME A HABIT
ПОВАЛИ'ТЬСЯ
    00
    Как сноп повали'ться R сноп
ПОВА'ПЛЕННЫЙ
    42
    Гроб пова'пленный
    WHITED SEPULCHRE
    -Четве.ртую, са'мую мла'дшую дочь ожида'ла та же
    у'часть, то' есть лет шестна'дцати вы'йти за
    како'й-нибудь гроб пова'пленный.
ПОВЕДЕ'НИЕ
    00
    Же'нщина ле.гкого поведе'ния R ле.гкий

ПОВЕ'РГНУТЬ
    00
    Пове'ргнуть в прах R прах
ПОВЕ'РЕННЫЙ
    00
    Ча'стный пове'ренный R ча'стный
ПОВЕ'РКА
    00
    На пове'рку
    IN REALITY
    -Мо'жет, поумне'ла от стра'ха, а то'лько, на пове'рку,
    вы'шло, что она' хитре'й всех.
ПОВЕРНУ'ТЬ
    00
    Поверну'ть огло'бли R огло'бля
    00
    Поверну'ть спи'ну [к кому'<к чему'] R спина'
    00
    Пыта'ться поверну'ть колесо' исто'рии $вспять/наза'д$
    R колесо'
ПОВЕРНУ'ТЬСЯ
    00
    Поверну'ться лицо'м [к чему'] R лицо'
    00
    Поверну'ться спино'й [к кому'<к чему'] R спина'
    00
    Язы'к $поверну'лся<поверне.тся$ [у кого']
    (HE) HAS THE NERVE TO SAY (SOMETHING)
ПОВЕ'РХНОСТЬ
    00
    Скользи'ть по пове'рхности [чего']
    TO SKIM THE SURFACE OF (SOMETHING)
ПОВЕ'СИТЬ
    00
    Пове'сить го'лову R голова'
    00
    Пове'сить нос на кви'нту R кви'нта
ПОВЕСТИ'
    00
    (И) $гла'зом/бро'вью$ не повести'
    NOT TO BAT AN EYE; NOT TO RAISE AN EYEBROW; NOT TO PAY
    THE SLIGHTEST ATTENTION
    -Мари'на, Мари'на, поди' сюда', по'длая! -зашипе'ла на
    печи' стару'ха. Но де'вушка и гла'зом не повела'.
ПОВЕ'СТКА
    00
    $На пове'стке<на пове'стку$ дня
    ON THE AGENDA
    И когда' встал на пове'стку дня коренно'й крестья'нский
    вопро'с - коллективиза'ция, - тру'дности для мно'гих
    каза'лись непреодоли'мыми.
    00
    Пове'стка дня R день
ПОВИ'ННЫЙ
    00
    $Прийти'/яви'ться$ с пови'нной (голово'й)
    TO ACKNOWLEDGE ONE'S GUILT; WITH ONE'S HEAD BOWED IN SHAME
    Блу'дный сын с пови'нной голово'й верну'лся в родну'ю
    семью'.
    00
    Принести' пови'нную
    TO ACKNOWLEDGE ONE'S GUILT; TO CONFESS
ПОВИ'СНУТЬ
    00
    Пови'снуть в во'здухе
    1. TO HANG IN THE AIR; TO FREEZE IN A (CERTAIN) POSITION 2.
    TO HANG POISED IN MID-AIR (ABOUT BIRDS, INSECTS)
    3. TO BE LEFT HANGING; TO BE LEFT UP IN THE AIR
    1. Капита'н зане.с ру'ку над ладье.й, ... но забы'л
    опусти'ть ру'ку, и рука' пови'сла в во'здухе. 2.
    [Жа'воронок] пови'с в во'здухе на одно'м ме'сте и
    зали'лся, то'чно в исте'рике. 3. Заму'чили невралги'и
    и отсу'тствие телефо'на: останови'лись все мои' дела'.
    Пое'здка в Москву' пови'сла в во'здухе.
ПО'ВОД
    00
    Быть на поводу' [у кого']
    TO BE LED BY (SOMEONE)

    То'лько ты име'й в виду', Дом покн'ну, а не бу'ду у
тебя' на поводу'.
    00
    $Дать/пода'ть$ по'вод [кому']
    TO GIVE (SOMEONE) CAUSE/OCCASION TO (DO SOMETHING)
    Вы'холенные ру'ки даю'т по'вод любо'му поду'мать, что их
владе'лец не знал физи'ческого труда'.
    00
    По по'воду [чего']
    APROPOS OF (SOMETHING); IN REGARD TO (SOMETHING)
    -Романти'зм - э'то от стра'ха взгляну'ть пра'вде в
глаза', -сказа'л он ... по по'воду стихо'в Ба'льмонта.
ПОВОДО'К
    00
    Дать поводо'к R дать
ПОВОЛО'КА
    00
    Глаза' с поволо'кой
    LANGUISHING/WISTFUL EYES
    Порази'тельны ... бы'ли ее. глаза', и'счерна-се'рые, с
зеленова'тыми отли'вами, с поволо'кой.
ПОВОРО'Т
    00
    Ле'гче на поворо'тах R легко'
    65
    От воро'т поворо'т =получи'ть/указа'ть/ETC=
    TO GET/GIVE A FLAT DENIAL/REJECTION; TO HAVE THE DOOR
    SLAMMED IN ONE'S FACE; TO SLAM THE DOOR IN (SOMEONE'S) FACE
    -Наше.л рабо'ту? -Всю'ду указа'ли от воро'т поворо'т!
ПОВРЕДИ'ТЬСЯ
    00
    Повреди'ться в уме' R ум
ПОВЫ'СИТЬ
    00
    Повы'сить $го'лос/тон$
    TO RAISE ONE'S VOICE
    Повы'сив го'лос, учи'тель успоко'ил расшуме'вшихся
ученико'в.
ПОВЫША'ТЬСЯ
    00
    А'кции [чьи] повыша'ются R а'кция
ПОГИ'БЕЛЬ
    00
    Гнуть в три поги'бели R гнуть
    00
    Согну'ться в три поги'бели R согну'ться
ПОГИ'БНУТЬ
    00
    Ни за $поню'шку/нюх/поню'х$ табаку' =поги'бнуть= R
таба'к
    00
    Поги'бнуть ни за копе'йку R копе'йка
ПОГЛЯДЕ'ТЬ
    00
    Как (я) погляжу'
    AS I SEE IT
ПОГНА'ТЬСЯ
    00
    Погна'ться за двумя' за'йцами R за'яц
ПОГОВОРИ'ТЬ
    00
    Кру'пно поговори'ть R кру'пный
ПОГО'ДА
    00
    Де'лать пого'ду
    TO CREATE THE CLIMATE ...; TO SET THE STAGE FOR ...
    Иску'сство диплома'тов де'лает пого'ду на междунаро'дной
аре'не.
    00
    Ждать у мо'ря пого'ды R мо'ре
ПОГОДИ'ТЬ
    00
    Немно'го погодя'
    A LITTLE LATER; AFTER A WHILE
    Погодя' немно'го Я'ков спроси'л меня', здоро'в ли я.
ПОГРУЗИ'ТЬСЯ
    00
    Погрузи'ться в нирва'ну R нирва'на

    00
    По' уши погрузи'ться R у'хо
    00
    С голово'й погрузи'ться [во что] R голова'
ПОДАВА'ТЬ
    00
    Подава'ть при'знаки жи'зни
    TO SHOW SIGNS OF LIFE
    Ра'неный подава'л при'знаки жи'зни.
    00
    Подае.т наде'жды R наде'жда
ПОДА'ЛЬШЕ
    00
    От греха' пода'льше R грех
ПОДА'ТЬ
    00
    Не пода'ть ви'ду R вид
    00
    Пода'ть го'лос
    TO CALL OUT; TO GIVE A CALL
    На зов ма'тери дочь подала' го'лос из са'да.
    00
    Пода'ть го'лос ([за кого'])
    TO VOTE FOR (SOMEONE)
    На перевы'борах местко'ма большинство' чле'нов по'дало
го'лос за пре'жнего председа'теля.
    00
    Пода'ть знак R знак
    00
    Пода'ть мысль
    TO SUGGEST/GIVE AN IDEA
    Вид оста'тков краси'вых тка'ней по'дал мысль
рукоде'льнице.
    00
    $Пода'ть/показа'ть$ приме'р
    00
    $Подать/показа'ть$ приме'р
    TO SERVE AS AN EXAMPLE
    Роди'тели подаю'т приме'р де'тям.
    00
    Пода'ть ру'ку
    TO GIVE ONE'S HAND/ARM; TO EXTEND ONE'S HAND IN GREETING

    Дойдя' до середи'ны ко'мнаты, она' пошатну'лась; я
вскочи'л, по'дал ей ру'ку и дове'л ее. до кре'сла.
    00
    Пода'ть ру'ку по'мощи [кому'] R рука'
    00
    Руко'й пода'ть R рука'
ПОДБИ'ТЬ
    00
    Подби'тый ветерко'м R ветеро'к
    00
    Подби'тый ве'тром R ве'тер
ПОДБО'Р
    00
    (Как) на подбо'р
    ALIKE; AS IF MATCHED
    Все краса'вцы молоды'е, Велика'ны удалы'е, Все равны',
как на подбо'р.
ПОДВЕРНУ'ТЬ
    00
    Подверну'ть хвост R хвост
ПОДВЕРНУ'ТЬСЯ
    00
    Подверну'ться по'д руку [кому'] R рука'
ПОДВЕ'СИТЬ
    00
    Язы'к хорошо' подве'шен [у кого'] R язы'к
ПОДВЕСТИ'
    00
    $Живо'т/желу'док$ подвело'
    FAMISHED; VERY HUNGRY
    Запа'с провиа'нта истоще.н; у солда'та желу'док подвело'.
    00
    Подвести' меха'нику R меха'ника
    00
    Подвести' ми'ну [кому'<под кого'] R ми'на

ПОДВЕСТИ' CONT'D.
00
Подвести' под монасты'рь R монасты'рь
00
Подвести' часы'
TO SET ONE'S WATCH/CLOCK
Перед сном он подве.л часы'.
00
Под оди'н ранжи'р подвести' R ранжи'р
ПО'ДВИГ
00
Препоя'саться на по'двиг R препоя'саться
ПОДВО'ДНЫЙ
00
Подво'дный $ка'мень/ка'мешек$
A STUMBLING BLOCK
-Я зна'ю все ка'верзы, все подво'дные ка'мешки, каки'е ждут меня'.
ПОДДАВА'ТЬСЯ
00
Не поддава'ться никако'му сравне'нию R сравне'ние
ПОДДА'ТЬ
29
Подда'ть $жа'ру/па'ру$
TO ADD FUEL TO; TO GIVE INCENTIVE TO
00
Подда'ть киселя' [кому'] R кисе'ль
00
Подда'ть леша' [кому'] R леш
ПОДДА'ТЬСЯ
00
Подда'ться на у'дочку R у'дочка
ПОДДЕРЖА'ТЬ
00
Поддержа'ть комме'рцию R комме'рция
00
Поддержа'ть компа'нию R компа'ния
ПОДДЕ'ТЬ
00
Подде'ть на у'дочку R у'дочка
00
Подде'ть на Фуфу' R Фуфу'
ПОДЕ'ЛАТЬ
00
Ничего' не поде'лаешь R ничто'
00
Ничего' не $поде'лать<поде'лаешь<попи'шешь$
THERE'S NOTHING YOU CAN DO; NOTHING CAN BE DONE ABOUT IT
Ло'дка, еще. задо'лго до того', как приста'ть, сади'тся на мель. Тогда' ничего' не поде'лаешь, на'до разу'ться и, войдя' в соверше'нно те.плую во'ду по коле'но, вы'тянуть ло'ку.
00
Ничего' не $поде'лать<поде'лаешь$ [с кем<с чем]
YOU CAN'T DO ANYTHING WITH (SOMEONE/SOMETHING); NOTHING CAN BE DONE WITH (SOMEONE/SOMETHING)
[Аксю'тка] вдруг прекраща'л занима'ться, поддра'знивая учи'теля назло'. Его' секли', но ничего' не могли' поде'лать с ним.
00
Что (же) $поде'лать<поде'лаешь$
WHAT CAN YOU DO!
-Ви'дно, за'суха погу'бит урожа'й! -Что' же поде'лаешь?!
ПОДЕРЖА'НИЕ
00
На подержа'ние
AS A LOAN; ON LOAN
Виммунди'р взят им у кого'-то на подержа'ние на ма'лое вре'мя.
ПОДЕ.РНУТЬСЯ
00
Подё.рнуться ма'слом R ма'сло
ПОДЖА'ТЬ
00
Поджа'ть хвост R хвост
ПОДЖИ'ЛКИ
00
Поджи'лки трясу'тся [у кого']

(HE) IS SHAKING IN HIS BOOTS
А прика'зы э'ти бы'ли насто'лько ре'зки, что у мно'гих от них поджи'лки трясли'сь.
ПОДИ'
00
(Вот) поди' (ж) ты R вот
ПОДИРА'ТЬ
00
Моро'з по $ко'же/спи'не$ подира'ет R моро'з
ПОДКАТИ'ТЬ
00
Подкати'ть глаза' R закати'ть
ПОДКАТИ'ТЬСЯ
00
$Клубо'к/комо'к/ком$ подкати'лся к го'рлу R клубо'к
ПОДКА'ШИВАТЬСЯ
00
Но'ги подка'шиваются (от уста'лости) [у кого']
(MY) LEGS ARE GIVING OUT (FROM FATIGUE)
У ка'меньщика но'ги подка'шиваются от уста'лости.
ПОДКОЛО'ДНЫЙ
67
Змея' подколо'дная
A SNAKE IN THE GRASS
-Э'то все. ты! Ты, змея' подколо'дная! Ты наговори'ла! Сжить нас со' свету хо'чешь!
ПОДКОСИ'ТЬ
00
Подкоси'ть под ко'рень R ко'рень
ПОДКОСИ'ТЬСЯ
00
Но'ги подкоси'лись
(I) BECAME WEAK IN THE KNEES
1. Ра'дость произвела' в больно'м сли'шком си'льное потрясе'ние, он ослабе'л, но'ги под ним подкоси'лись, и он бы упа'л, е'сли бы сын не поддержа'л его'. 2. -И вдруг она' изменя'ет. У меня' оборва'лось се'рдце, подкоси'лись но'ги, мне жизнь не мила'.
ПОДКРУТИ'ТЬ
00
Подкрути'ть $га'йку<га'йки$ R га'йка
ПОДЛЕЖА'ТЬ
00
Не подлежи'т сомне'нию
(IT'S) BEYOND DOUBT
Что она' ... несча'стна - э'то для меня' не подлежи'т сомне'нию.
ПОДЛИ'ТЬ
00
Подли'ть ма'сла в ого'нь
TO POUR OIL ON THE FLAMES
ПОДЛОЖИ'ТЬ
00
Подложи'ть ми'ну [кому'<под кого'] R ми'на
00
Подложи'ть свинью' [кому'] R свинья'
ПО'ДЛЫЙ
00
По'длый наро'д R наро'д
ПОДМА'ЗАТЬ
59
Подма'зать коле.са
TO OIL THE WHEELS; TO BRIBE; TO GREASE (SOMEONE'S) PALM
ПОДМЕ.ТКА
00
В подме.тки не $годи'тся/ста'нет$ [кто+кому']
(HE) CAN'T HOLD A CANDLE TO (SOMEONE)
ПОДНЕСТИ'
00
Поднести' пилю'лю R пилю'ля
ПОДНИМА'ТЬ
00
Поднима'й вы'ше R подыма'ть
00
Поднима'ть бока'л [за кого'<за что] R бока'л
ПОДНИМА'ТЬСЯ
00
В го'ру поднима'ться R гора'

ПОДНИМА'ТЬСЯ CONT'D.
00
Рука' не поднима'ется [у кого'+INF] R рука'
ПОДНО'ЖНЫЙ
00
Подно'жный корм
1. GRAZING LAND FOR CATTLE 2. FREE-LOADING
1. О'коло полу'дня де'лался большо'й прива'л.
Лошаде'й разнъю'чивали и пуска'ли на подно'жный корм.
2. Попа'л я на подно'жный корм и могу' тепе'рь
отдохну'ть и собра'ться с си'лами.
ПО'ДНЯТЫЙ
00
С по'днятым забра'лом R забра'ло
ПОДНЯ'ТЬ
00
Подня'ть в гало'п =коня'/ло'шадь= R гало'п
00
Подня'ть $глаза'/взор$
TO RAISE ONE'S EYES (TO SOMEONE/SOMETHING)
Оте'ч по'днял глаза' от газе'ты на подоше'дшую дочь.
00
Подня'ть го'лову
TO TAKE HEART
00
Подня'ть го'лос
TO SPEAK UP
Сыновья' спо'рили, не приходя' к реше'нию, пока' оте'ч
не по'днял го'лоса.
00
Подня'ть зна'мя [чье.<чего'] R зна'мя
00
Подня'ть из пе'пла R пе'пел
00
Подня'ть $меч/ору'жие$ R меч
00
Подня'ть на во'здух
TO EXPLODE; TO BLOW UP; TO BLOW (SOMETHING) SKY-HIGH
Укрепле'ние проти'вника по'днято на во'здух.
00
Подня'ть на' ноги [кого'] R нога'
00
Подня'ть на' смех [кого']
TO HOLD (SOMEONE) UP TO RIDICULE; TO MAKE A LAUGHING-STOCK
OF (SOMEONE)
00
Подня'ть на фуфу' R фуфу'
00
Подня'ть на щит [кого'<что] R щит
00
Подня'ть нос R нос
00
Подня'ть пары'
TO GET UP/RAISE STEAM
Кочега'р по'днял пары', что'бы вы'вести парово'з из
депо'.
00
Подня'ть перча'тку
TO TAKE UP THE GLOVE
М. Ю. Ле'рмонтов по'днял перча'тку и поги'б.
00
Подня'ть ру'ку [на кого'<на что] R рука'
00
Подня'ть $стяг<стя'ги$ на [кого'<что] R стяг
00
Подня'ть шерсть
TO BRISTLE [AN ANIMAL'S FUR]
Ко'шка подняла' шерсть при приближе'нии соба'ки.
ПОДНЯ'ТЬСЯ
00
Подня'ться на' ноги R нога'
ПОДО'БИЕ
00
По о'бразу и подо'бию [чьему'] R о'браз
ПОДО'БНО
00
Сме'ху подо'бно R смех
ПОДО'БНЫЙ
00
$И тому' подо'бное<и т. п.$

ET CETERA; ETC.
На' зиму заготовля'ются о'вощи: карто'фель, капу'ста,
лук и т.п.
00
Ничего' подо'бного
NOTHING OF THE KIND
-Почему' ты говори'л о рабо'чих так ... раздраже.нно?
... -Ничего' подо'бного! Отку'да ты э'то взяла'?
ПОДОБРА'ТЬ
00
Подобра'ть к рука'м R рука'
00
Подобра'ть под но'готь [кого'] R но'готь
ПОДОБРУ'
00
Подобру'-поздоро'ву =убира'йся/уходи'/ETC=
WHILE (YOU'RE) STILL IN ONE PIECE; (GET OUT) BEFORE (I)
BLOW MY STACK/DO YOU IN
ПОДОЗРЕ'НИЕ
00
Быть $под подозре'нием<на подозре'нии$
TO BE UNDER SUSPICION
Поджига'тели наро'дного волне'ния бы'ли давно' под
подозре'нием.
ПОДОЙТИ'
00
Подойти' к концу'
TO COME TO AN END
00
Подойти' к ру'чке R ру'чка
ПОДОКО'НЬЕ
23
$Ходи'ть/таска'ться/ETC$ по подо'конью
TO GO BEGGING FROM DOOR TO DOOR
ПОДОРВА'ТЬ
00
Подорва'ть под ко'рень R ко'рень
ПОДПИСА'ТЬ
00
Решено' и подпи'сано R реши'ть
ПОДПИСА'ТЬСЯ
00
Обе'ими рука'ми подписа'ться [под чем] R рука'
ПОДПУСТИ'ТЬ
00
Иго'лки не подпусти'ть R иго'лка
00
Подпусти'ть туру'сы (на коле.сах) R туру'сы
ПОДРА'ТЬ
00
Че.рт ([кого'<что]) подери' R че.рт
ПОДРЕ'ЗАТЬ
00
Подре'зать кры'лья [кому'] R крыло'
ПОДРО'БНОСТЬ
00
Вда'ться в подро'бности R вда'ться
00
Войти' в подро'бности R войти'
ПОДРУБИ'ТЬ
00
Подруби'ть под ко'рень R ко'рень
ПОДРУ'ГА
00
Подру'га жи'зни R жизнь
ПОДРЯ'Д
00
Снять подря'д [на что] R снять
ПОДСЕ'ЧЬ
00
Подсе'чь кры'лья [кому'] R крыло'
ПОДСТА'ВИТЬ
00
Подста'вить $но'гу/но'жку$ [кому']
1. TO TRIP (SOMEONE) 2. TO TRIP (SOMEONE) UP
1. [Сабу'ров] упа'л то'лько тогда', когда' кто'-то
подста'вил ему' но'гу. 2. Они' никого' не тро'гают до
поры', пока' и'ли не предста'вится возмо'жность

ПОДСТА'ВИТЬ CONT'D.
    безопа'сно и безотве'тственно подста'вить но'жку
    бли'жнему и'ли положи'ть ка'мень на пути' его'.
ПОДСТРО'ИТЬ
    00
    Подстро'ить меха'нику R меха'ника
ПО'ДСТУП
    00
    По'дступа нет [к кому']
    (HE) IS UNAPPROACHABLE/INACCESSIBLE
ПОДСТУПИ'ТЬ
    00
    $Клубо'к/комо'к/ком$ подступи'л к го'рлу R клубо'к
    00
    $Сле.зы/рыда'ния$ подступи'ли к го'рлу R го'рло
ПОДСУДИ'МЫЙ
    00
    $Сесть/попа'сть$ на скамью' подсуди'мых R скамья'
ПОДТОЧИ'ТЬ
    00
    Иго'лки не подточи'ть R иго'лка
    00
    Кома'р $но'су<но'са$ не подто'чит R кома'р
ПОДУ'МАТЬ
    00
    И не поду'мать [INF]
    I WOULDN'T THINK OF (DOING IT)
    Прие'хавши, он и не поду'мал попроси'ть умы'ться.
    00
    Поду'мать то'лько! R то'лько
ПОДХО'Д
    00
    С подхо'да =стреля'ть/бить/ETC=
    ON THE MOVE
ПОДЧЕПИ'ТЬ
    00
    Подчепи'ть на у'дочку R у'дочка
ПОДЬЕ.М
    00
    $Ле.гок<ле.гкий$ на подье.м
    LIGHT ON ONE'S FEET; AGILE; NIMBLE
    00
    $Тяже.л<тяже.лый$ на подье.м
    SLOW-MOVING; SLUGGISH
    Для переселе'ния старики' тяжелы' на подье.м.
ПОДЬЕ'ХАТЬ
    00
    На козе' не подье'дешь [к кому'] R коза'
ПОДЫМА'ТЬ
    00
    Подыма'й вы'ше!
    DON'T UNDERESTIMATE/UNDERRATE (IT)!
ПОЕДО'М
    00
    Поедо'м есть [кого']
    1. TO DEVOUR (SOMEONE); TO EAT SOMEONE UP (ABOUT INSECTS)
    2. TO BE CONTINUALLY AFTER (SOMEONE); TO BE CONSTANTLY
    NAGGING (SOMEONE)
    1. -Развяжи'те нас, пожа'луйста ... Кома'р поедо'м
    ест. 2. -Быва'ло, верну'сь но'чью домо'й из клу'ба
    пья'ный, злой и дава'й твою' поко'йницу мать попрека'ть
    за расхо'ды. Це'лую ночь ем ее. поедо'м.
ПО'ЕЗД
    00
    Пусти'ть по'езд под отко'с R отко'с
ПОЕ'ХАТЬ
    00
    В го'сти пое'хать R гость
ПОЖА'ЛОВАТЬ
    00
    Добро' пожа'ловать R добро'
    00
    Пожа'луйте ру'чку R ру'чка
ПОЖА'ЛУЙСТА
    00
    $Скажи'<скажи'те$, пожа'луйста
    FOR HEAVEN'S SAKE!; DON'T TELL ME!
    -Скажи'те пожа'луйста, нельзя' и сло'ва пророни'ть,

    когда' ты виси'шь на телефо'не! -заме'тил брат сестре'.
ПОЖА'Р
    00
    Как на пожа'р =бежа'ть/лете'ть/ETC=
    AS IF GOING TO A FIRE
    Жи'тели городка' как на пожа'р бежа'ли смотре'ть
    пара'дом проходи'вший цирк.
    29
    Не на пожа'р
    WHAT'S THE HURRY!
ПОЖА'РНЫЙ
    50
    В пожа'рном поря'дке
    HELTER-SKELTER
    Перее'зд на да'чу происходи'л в пожа'рном поря'дке, и
    всегда' что'-нибудь забыва'лось.
    50
    На вся'кий пожа'рный слу'чай
    TO MAKE SURE; TO BE ON THE SAFE SIDE
ПОЖА'ТЬ
    00
    Пожа'ть плеча'ми
    TO SHRUG ONE'S SHOULDERS
ПОЖДА'ТЬ
    18
    Ждать-пожда'ть
    TO WAIT A WHILE/A LONG TIME
ПОЖИВА'ТЬ
    18
    Жить-пожива'ть
    TO LIVE A LONG TIME
    Жить-пожива'ть да добра' нажива'ть.
ПОЖИ'ЗНЕННОСТЬ
    42
    В пожи'зненность
    FOR A LIFE-TIME; FOR LIFE
    Е'му ж в пожи'зненность я бла'га ми'ра дал.
ПОЖИНА'ТЬ
    00
    Пожина'ть ла'вры
    TO WIN ONE'S LAURELS
ПОЖИРА'ТЬ
    00
    Пожира'ть $глаза'ми/взгля'дом/ETC$
    TO DEVOUR WITH ONE'S EYES
    Ю'ноши пожира'ли глаза'ми спорти'вную автомаши'ну.
    00
    Пожира'ть $кни'ги/журна'лы/ETC$
    TO DEVOUR BOOKS/JOURNALS/ETC.
    Его' дед в ку'рсе совреме'нности; он, как говори'тся,
    пожира'ет газе'ты, журна'лы, кни'ги.
ПОЖИ'ТЬ
    00
    Поживе.м-уви'дим R уви'деть
ПО'ЗА
    00
    $Встать/стать$ в по'зу [кого']
    TO POSE AS (SOMEONE); TO ASSUME A (CERTAIN) POSE
    00
    Приня'ть по'зу [кого'<каку'ю]
    TO POSE AS (SOMEONE); TO ASSUME A (CERTAIN) POSE
    Боре'ц мгнове'нно при'нял наступа'тельную по'зу.
ПОЗАДИ'
    00
    Оста'вить позади' себя' [кого'<что] R оста'вить
ПОЗВОЛЕ'НИЕ
    00
    С позволе'ния сказа'ть
    1. IF YOU WILL EXCUSE MY MENTIONING (IT) 2. IF YOU CAN
    CALL (IT) THAT
    1. А ведь, что за голь, что за голь-то была'! про'сто,
    с позволе'ния сказа'ть, в одно'й руба'шке ха'живал. 2.
    -А како'й у вас вкус, с позволе'ния сказа'ть? вы в
    изя'щном смы'слите сто'лько ..., ско'лько смы'слит,
    наприме'р, хоть бык в говя'дине.
ПОЗВО'ЛИТЬ
    00
    Позво'лить себе' ли'шнее R ли'шний

ПОЗВО'ЛИТЬ CONT'D.
00
Позво'лить (себе') ро'скошь [INF] R ро'скошь
00
Позво'лить себе' [что]
1. TO VENTURE (SOMETHING); TO PERMIT ONESELF (SOMETHING) 2. TO BE ABLE TO AFFORD (SOMETHING); TO BE IN A POSITION TO (DO SOMETHING)
Позво'лить себе' пое'здку на куро'рт. Я не могу' себе' э'того позво'лить.
ПОЗВОЛЯ'ТЬ
00
Не позволя'ть себе' ли'шнего R ли'шний
ПО'ЗДНО
00
Ра'но и'ли по'здно R ра'но
ПОЗИ'ЦИЯ
00
$Занима'ть/име'ть$ си'льные пози'ции [где] R си'льный
ПОЗОЛОТИ'ТЬ
00
Позолоти'ть пилю'лю R пилю'ля
ПОЗО'Р
00
На $позо'р/позо'рище$ =вы'ставить/отда'ть/ETC=
TO HOLD UP TO SHAME/DISGRACE
-Сообща'я вам исто'рию жи'зни мое'й, не на позо'рище себя' выставля'ть хочу' перед си'ми празднолю'бцами, ... а чувстви'тельного и образо'ванно челове'ка ищу'.
00
Покры'ть позо'ром [кого'<что] R покры'ть
ПОЗО'РИЩЕ
00
На позо'рище =вы'ставить/отда'ть/ETC= R позо'р
ПОЗО'РНЫЙ
00
Пригвозди'ть к позо'рному столбу' [кого']
TO PILLORY (SOMEONE)
Обще'ственное мне'ние пригвозди'ло изме'нника к позо'рному столбу'.
ПОИ'ЛЕЦ
69
Пои'лец и корми'лец
A BREAD-WINNER; PROVIDER
ПОИМЕ'ТЬ
29
Поиме'ть в виду'
1. TO HAVE IN VIEW 2. TO HAVE IN MIND
1. Зачина'я но'вый журна'л, поиме'ли бы Вы в виду' Тренё'ва: ... - челове'к у'мный и мо'жет быть прекра'сным рабо'тником. 2. Твой сове'т изучи'ть францу'зский язы'к в ме'сяц поиме'ю в виду'.
ПОИ'ТЬ
00
$Пои'ть-корми'ть<пои'ть и корми'ть$
TO SUPPORT; TO BE THE BREADWINNER
Говори'т, что я забы'ла ее. хлеб-соль, ... что она' нас пои'ла-корми'ла.
00
Поить на убо'й R убо'й
ПОЙМА'ТЬ
00
Пойма'ть в свои' се'ти R сеть
00
Пойма'ть на у'дочку R у'дочка
ПОЙТИ'
00
В го'сти пойти' R гость
00
Врозь пошло' [что] R врозь
00
Голова' пошла' кру'гом [у кого'] R круг
00
Дале.ко' пойти' R дале.ко'
00
Де'ло пошло' в ход R ход
00
Е'сли (уж) на то пошло' R е'сли

00
На у'быль пойти' R у'быль
00
Пойти' ва-ба'нк R ва-ба'нк
00
Пойти' в де'ло R де'ло
00
Пойти' в рост R рост
00
Пойти' в ход R ход
00
Пойти' за'муж [за кого'] R за'муж
00
Пойти' на лад R лад
00
Пойти' на при'быль R при'быль
00
Пойти' насма'рку R насма'рку
00
Пойти' на у'дочку R у'дочка
00
Пойти' на фуфу' R фуфу'
00
Пойти' по $ли'нии/пути'$ наиме'ньшего сопротивле'ния R наиме'ньший
00
Пойти' по' миру R мир(1)
00
Пойти' по $плохо'й доро'ге/плохо'му пути'/дурно'й доро'ге/дурно'му пути'$ R плохо'й
00
Пойти' пра'хом R прах
00
Пойти' с молотка' R молото'к
00
По стопа'м [кого'] =пойти'= R стопа'
00
Поше.л к ля'ду R ляд
00
Пошла' писа'ть губе'рния R губе'рния
00
$Пошла'<пойде.т$ поте'ха R поте'ха
00
Хи'нью пойде.т R хинь
00
Ходуно'м пойти' R ходу'н
ПОКА'
29
(Ну) пока'
SEE YOU LATER; SO LONG
-Ну пока'! Встре'тимся в избе' - чита'льне, -проговори'л секрета'рь сове'та.
00
Пока' что
IN THE MEANWHILE
-Пока' что мы всем обеспе'чены! -утеша'ла жена' му'жа, лиши'вшегося ме'ста.
ПОКАЗА'НИЕ
00
Снять показа'ния R снять
ПОКАЗА'ТЬ
00
Не показа'ть ви'ду R вид
00
Показа'ть вид
TO GIVE THE APPEARANCE OF; TO PRETEND THAT
Ора'тор показа'л вид, что не слы'шит ре'плик, продолжа'я свою' речь.
00
Показа'ть, где ра'ки зиму'ют R рак
00
Показа'ть ку'зькину мать R ку'зькин
00
(Показа'ть) ку'киш в карма'не R ку'киш
00
Показа'ть лицо'м R лицо'
00
Показа'ть на дверь [кому'] R дверь

ПОКАЗА'ТЬ CONT'D.
    00
    Показа'ть нос [куда'<где]
    TO SHOW ONE'S FACE (SOMEWHERE)
    Промота'вшийся бога'ч не пока'зывал но'са в о'бществе.
    00
    Показа'ть приме'р R пода'ть
    00
    Показа'ть пя'тки R пя'тка
    00
    Показа'ть (свои') $ко'гти/коготки'$ R ко'готь
    00
    Показа'ть себя'
    TO SHOW ONESELF/ITSELF
    Влади'мир Семе.ныч ве'ровал, что ра'но или по'здно ему'
    уда'стся пристро'иться в то'лстом журна'ле, где он
    разверне.тся и пока'жет себя'.
    00
    Показа'ть спи'ну
    TO TURN ONE'S BACK ON
    00
    Показа'ть това'р лицо'м R лицо'
    00
    Показа'ть фе'феру R фе'фер
    00
    Показа'ть хвост R хвост
    00
    Показа'ть язы'к
    TO STICK OUT ONE'S TONGUE
    Прока'зник показа'л язы'к.
ПОКАЗА'ТЬСЯ
    00
    Не'бо $с<в$ овчи'нку показа'лось [кому'] R овчи'нка
    00
    С каки'ми глаза'ми показа'ться [куда'] R глаз
    00
    С каки'м лицо'м показа'ться [куда'] R лицо'
ПОКА'ЗЫВАТЬ
    00
    $Глаз/но'су$ не пока'зывать R каза'ть
    00
    $Па'льцем<па'льцами$ пока'зывать [на кого'<на что] R
    па'лец
    00
    Пока'зывать зу'бы R зуб
    00
    Пока'зывать $нос<носы'$ R нос
ПОКА'ЗЫВАТЬСЯ
    00
    На глаза' пока'зываться R глаз
ПОКАТИ'ТЬ
    00
    Хоть шаро'м покати' R шар
ПОКАТИ'ТЬСЯ
    00
    $Покати'ться/пока'тываться$ со' смеху
    TO ROLL WITH LAUGHTER
    Зри'тели покати'лись со' смеху, гля'дя на уве.ртки
    кло'уна.
ПОКА'ТЫВАТЬСЯ
    00
    Пока'тываться со' смеху R покати'ться
ПОКАЯ'НИЕ
    00
    Отпусти'ть ду'шу на покая'ние R душа'
ПОКИ'НУТЬ
    00
    Поки'нуть на произво'л судьбы' R произво'л
ПОКЛАДА'Я
    00
    Не поклада'я рук
    VERY HARD; LIKE A HORSE; TIRELESSLY
    -Всю жизнь труди'лся Илья' не поклада'я рук.
ПОКЛО'Н
    00
    Бить покло'ны R бить
    00
    Глубо'кий покло'н R глубо'кий

    00
    Земно'й покло'н R земно'й
    00
    $Идти'/е'хать/ETC$ на покло'н<с покло'ном$ [к кому']
    1. TO GO (SOMEWHERE) WITH HAT IN HAND 2. TO GO BEGGING TO
    (SOMEONE)
    1. Тепе'рь ему' со всех сторо'н Уда'ча: Что' даст
    обе'д, что' схо'дит на покло'н, - Иль чин, иль ме'сто
    схва'тит он. 2. - ... уда'стся нам задержа'ть
    тра'нспорт еще. неде'льки на' две? -Пойду' на покло'н к
    полко'внику, -сказа'л Доро'нин. -Наде'юсь, что не
    отка'жет.
    00
    Класть (земны'е) покло'ны R класть
    00
    Ни'зкий покло'н R ни'зкий
    00
    Отбива'ть покло'ны R отбива'ть
    00
    Отве'сить покло'н R отве'сить
    00
    Поясно'й покло'н R поясно'й
ПОКО'Й
    00
    Ве'чный $поко'й/споко'й$
    ETERNAL REST; DEATH
    Кла'дбище - ме'сто ве'чного поко'я.
    42
    $Жить/быть/ETC$ на $поко'е/споко'е$
    TO BE RETIRED
    ... он отказа'лся от чте'ния ле'кций в университе'те и
    тепе'рь скро'мно жил на поко'е...
    00
    Мертве'цкий поко'й R мертве'цкий
    00
    Не дава'ть $поко'я/споко'я$ [кому']
    NOT TO GIVE (SOMEONE) ANY PEACE
    00
    Не знать поко'я R знать
    00
    Оста'вить в поко'е R оста'вить
    00
    $Удали'ться/уйти'/ETC$ на $поко'й/споко'й$
    TO GO INTO RETIREMENT
    Заслу'женный арти'ст удали'лся на поко'й и пи'шет
    мемуа'ры.
ПОКО'ЙНЫЙ
    00
    Бу'дьте поко'йны
    REST ASSURED; DON'T WORRY
    -Напо'йте коня' по'сле того' как он осты'нет! -Бу'дьте
    поко'йны!
    00
    Поко'йной но'чи! R ночь
ПОКОЛЕ'НИЕ
    00
    Из поколе'ния в поколе'ние
    FROM GENERATION TO GENERATION
    Наро'дные обы'чам передаю'тся из поколе'ния в поколе'ние.
    00
    Тре'тье поколе'ние R тре'тий
ПОКО'НЧИТЬ
    00
    Поко'нчить жизнь самоуби'йством
    TO END ONE'S LIFE; TO COMMIT SUICIDE
    00
    Поко'нчить с $собо'й/жи'знью$
    TO END ONE'S LIFE; TO COMMIT SUICIDE
    Изве'стный писа'тель поко'нчил с собо'й.
    00
    Поко'нчить сче.ты [с кем<с чем] R сче.т
ПОКОРИ'ТЕЛЬ
    50
    Покори'тель серде'ц
    A LADY KILLER
    Он, покори'тель серде'ц, жени'лся к ста'рости.
ПОКОРИ'ТЕЛЬНИЦА
    50
    Покори'тельница серде'ц

ПОКОРИ'ТЕЛЬНИЦА CONT'D.
    FEMME FATALE
    Следы' было'й красоты' говори'ли, что она' была'
    покори'тельничей серде'ч.
ПОКОРИ'ТЬ
    50
    Покори'ть се'рдце [чье.]
    TO WIN (SOMEONE'S) HEART
    Ла'сковый беспризо'рный покори'л се'рдце приюти'вших
    его' старико'в.
ПОКО'РНЕЙШЕ
    42
    Поко'рнейше $благодарю'/прошу'$
    I HUMBLY THANK YOU; I HUMBLY ASK YOU
    1. - ... Пе.тр Ипполи'тович, ... прошу' вас
    поко'рнейше пойти' и пригласи'ть сейча'с сюда' ко мне
    А'нну Андре'евну для перегово'ров. 2. Дью'пин еще. в
    тро'пиках наде'л их [чулки'] и, встре'тив меня', стал
    благодари'ть. -Благодарю' поко'рнейше, ...: тепе'рь
    хорошо', тепло'.-
ПОКО'РНО
    68
    Благодарю' поко'рно
    I BEG YOUR PARDON [USED TO INDICATE DISAGREEMENT WITH
    SOMETHING]
    -Еше. оди'н ма'ленький шаг, и мы преврати'мся в
    настоя'щих тракти'рных геро'ев. .. Нет, благодарю'
    поко'рно! Не согла'сен.
    42
    Поко'рно $благодарю'/прошу'$
    I HUMBLY THANK YOU; I HUMBLY ASK YOU
    1. -Попье.м чайку' вме'сте?- -Спаси'бо! Поко'рно
    благодари'м. 2. -Ну, господа', прошу' поко'рно
    закуси'ть!- 3. -Кто же тебе' подари'л [герба'рий]?
    -Вот тебе' раз: подари'л! прошу' поко'рно! ... Я купи'л.
ПОКО'РНЫЙ
    42
    Ваш поко'рный слуга'
    YOUR HUMBLE SERVANT
    1. -Не' были бы вы жи'вы - ваш поко'рный слуга' не
    име'л бы удово'льствия вас здесь ви'деть и бесе'довать с
    ва'ми! 2. С соверше'нным почте'нием к вам име'ю честь
    быть Ваш поко'рный слуга'.
    11
    Слуга' поко'рный
    NO THANK YOU!; I WANT NO PART OF IT
    -Сиде'ли б вы себе' споко'йно там. -Слуга' поко'рный! я
    едва'-едва'! Не у'мер там со ску'ки.
ПОКРАСНЕ'ТЬ
    00
    Покрасне'ть как рак R рак
ПОКРАСНЕТЬ
    00
    Покраснеть до $корне'й воло'с/уше'й$ R красне'ть
ПОКРО'В
    00
    Набро'сить покро'в [на что]
    TO COVER UP (SOMETHING)
    00
    Под покро'вом [чего']
    UNDER THE COVER OF (SOMETHING)
    Они' вошли' в село' под покро'вом темноты'.
    00
    $Снять покро'в<снять покро'вы/сорва'ть покро'в<сорва'ть
    покро'вы/сорва'ть заве'су$ [с чего']
    TO TAKE THE WRAPS OFF (SOMETHING); TO UNMASK
ПОКРОВИ'ТЕЛЬСТВО
    00
    Не оста'вить свои'м покрови'тельством [кого'] R
    оста'вить
ПОКРО'Й
    00
    Покро'я [како'го]
    OF A (CERTAIN) TYPE/CHARACTER/STYLE
    Ермола'й принадлежа'л одному' из мои'х сосе'дей,
    поме'щику стари'нного покро'я.
ПОКРЫ'ТЬ
    00
    Покры'то мра'ком неизве'стности R мрак

    14
    Покры'то та'йной
    SHROUDED IN SECRECY
    Исчезнове'ние подво'дной ло'дки покры'то та'йной.
    00
    Покры'ть аплодисме'нтами [что]
    TO APPLAUD (SOMETHING)
    Пе'ние знамени'того барито'на покры'то аплодисме'нтами.
    14
    Покры'ть $позо'ром/презре'нием/стыдо'м/ETC$ [кого'<что]
    TO HEAP SHAME/DISGRACE/CONTEMPT ON (SOMEONE/SOMETHING)
    00
    Покры'ть поцелу'ями
    TO COVER WITH KISSES
    Мать покры'ла поцелу'ями уши'бленную ру'чку ребе.нка.
    14
    Покры'ть сла'вой [кого'<что]
    TO COVER (SOMEONE/SOMETHING) WITH GLORY
    Геро'и войны' покры'ты сла'вой.
ПОКРЫ'ТЬСЯ
    00
    Мо'хом покры'ться R мох
ПОКРЫ'ШКА
    00
    Ни дна ни покры'шки [кому'] R дно
ПОКУПА'ТЬ
    00
    Кота' в мешке' покупа'ть R кот
ПОЛА'
    00
    Из-под полы'
    ON THE SLY; COVERTLY; ILLEGALLY
    Торгова'ть из-под полы'. Покупа'ть из-под полы'.
    29
    Из полы' в полу' =отда'ть/переда'ть=
    FROM HAND TO HAND
ПОЛАГА'ТЬ
    00
    До'лжно полага'ть R до'лжен
    00
    На'до полага'ть R на'до
ПОЛАГА'ТЬСЯ
    00
    Полага'ется по шта'ту R штат
ПО'ЛДЕНЬ
    00
    За' полдень
    IN THE AFTERNOON
ПОЛДОРО'ГИ
    00
    На полдоро'ге =останови'ть/останови'ться/ETC=
    (TO STOP/ETC) IN MIDSTREAM/HALF-WAY
    Когда' Галактио'н принялся' излага'ть подро'бно свою'
    ми'ссию, Про'хоров останови'л его' на полдоро'ге. -Э'то
    нас не каса'ется, ми'лый челове'к.
ПО'ЛЕ
    00
    $Ищи'/догоня'й$ ве'тра в по'ле R ве'тер
    00
    На по'ле бра'ни R брань
    00
    $На'шего/одного'/своего'$ по'ля я'года R я'года
    00
    (Не) обсе'вок в по'ле R обсе'вок
    00
    Отье'зжее по'ле R отье'зжий
    14
    По'ле $бо'я/би'твы/сраже'ния/ETC$
    THE FIELD OF BATTLE
    Мно'го сыно'в ро'дины поги'бло на по'ле бо'я.
    42
    По'ле бра'ни
    THE FIELD OF BATTLE
    00
    По'ле зре'ния R зре'ние
    43
    По'ле сме'рти
    THE FIELD OF BATTLE

ПО'ЛЕ CONT'D.
   По'ле би'твы — по'ле сме'рти.
   00
   По'ле че'сти R честь
ПОЛЕ'ЗНЫЙ
   00
   Чем могу' быть поле'зен?
   WHAT CAN I DO FOR YOU?; HOW CAN I HELP?
ПОЛЕ.Т
   00
   (Высоты') пти'чьего поле.та
   (TO HAVE) A BIRD'S EYE VIEW
   00
   Пти'ча $высо'кого/вы'сшего$ поле.та
   A BIG WHEEL; A BIG SHOT; A BIGWIG
   —Он тепе'рь пти'ча высо'кого поле.та —член
   прави'тельства, —сказа'л адвока'т о бы'вшем однокур'снике.
ПОЛЕТЕ'ТЬ
   00
   Вверх $торма'шками/торма'шки$ =полете'ть= R торма'шки
   00
   Ту'рманом полете'ть R ту'рман
ПО'ЛЗАТЬ
   00
   Мура'шки по'лзают по $спине'/те'лу$ R мура'шка
   00
   По'лзать в нога'х [у кого']
   TO CRAWL ON ONE'S KNEES BEFORE (SOMEONE)
   00
   По'лзать на брю'хе [пе'ред кем] R брю'хо
ПОЛЗТИ'
   00
   Ползти' по-пласту'нски R пласту'нский
   00
   Ползти' ра'ком R рак
   00
   Ползти' ужо'м R уж
ПОЛИ'ЧНОЕ
   00
   С поли'чным
   RED-HANDED
   1. Попа'ться с поли'чным. 2. ... Хозя'ин пойма'л
   его' с поли'чным ...
ПОЛИШИНЕ'ЛЬ
   00
   Секре'т полишине'ля
   AN OPEN SECRET
ПОЛК
   00
   $На'шего полку'<в на'шем полку'$ при'было
   OUR NUMBERS HAVE INCREASED
ПО'ЛКА
   00
   Зу'бы на по'лку (класть) R зуб
ПО'ЛНО
   58
   Да и по'лно
   AND THAT'S THAT; THAT'S ALL THERE IS TO IT
   —А вот у хрыча' Черевика' нет со'вести ... Ну, его' и
   вини'ть не'чего, он пень, да и по'лно.
ПОЛНО'
   00
   Полны'м-полно' R по'лный
ПО'ЛНОСТЬЮ
   00
   Целико'м и по'лностью
   COMPLETELY; ENTIRELY; WHOLLY
ПОЛНОТА'
   00
   $Со всей полното'й<во всей полноте'$
   FULLY; IN ITS ENTIRETY
   Загово'рщики аресто'ваны; план захва'та вла'сти и'ми
   раскры'т во всей полноте'.
ПО'ЛНОЧЬ
   00
   За' полночь
   AFTER MIDNIGHT
   По'сле до'лгой разлу'ки друзья' засиде'лись за' полночь.

ПО'ЛНЫЙ
   00
   Быть в по'лном рассу'дке R рассу'док
   00
   В по'лном пара'де R пара'д
   00
   В по'лном смы'сле сло'ва R смысл
   00
   В (по'лном) соку' R сок
   00
   На по'лном $га'зе<газу'$ R газ
   00
   По'лная мошна' R мошна'
   00
   По'лная ча'ша
   AFFLUENCE
   00
   По'лном скаку' R скаку'
   00
   По'лный карма'н R карма'н
   00
   По'лный кошеле.к R кошеле.к
   00
   По'лный ход! R ход
   00
   По'лным го'лосом =сказа'ть [что]/заяви'ть [что]=
   TO SAY/DECLARE (SOMETHING) OUT LOUD/ALOUD/OUTRIGHT/OPENLY
   00
   По'лными при'го'ршнями =сы'пать/дава'ть/хвата'ть/ETC=
   R при'го'ршня
   00
   Полны'м-полно'
   A LOT OF; A GREAT MANY; FULL OF; THICK WITH
   В клу'бе полны'м-полно' наро'ду.
   00
   $Полны'м-по'лон<полны'м-полна'<полны'м-полно'$
   FULL OF; THICK WITH; FILLED WITH; PACKED WITH
   Стадио'н полны'м-по'лон зри'телей всех во'зрастов.
   00
   Хлопо'т по'лон рот R рот
ПОЛОВИ'НА
   00
   Дража'йшая полови'на R дража'йший
   50
   $Моя'<твоя'<ETC$ полови'на
   (MY) BETTER HALF
   00
   $Середи'нка/середи'на/сере.дка$ на $полови'ну<полови'не$
   R середи'нка
ПОЛОВИ'НКА
   00
   $Середи'нка/середи'на/сере.дка$ на
   $полови'нку<полови'нке$ R середи'нка
ПОЛОЖЕ'НИЕ
   00
   Бамбу'ковое положе'ние R бамбу'ковый
   00
   $Быть/оказа'ться$ на высоте' положе'ния R высота'
   00
   В интере'сном положе'нии R интере'сный
   00
   В лежа'чем положе'нии R лежа'чий
   00
   Войти' в положе'ние [кого'] R войти'
   00
   В стоя'чем положе'нии R стоя'чий
   00
   Вы'йти из положе'ния R вы'йти
   00
   До положе'ния риз (напи'ться/напои'ть/ETC) R ри'за
   00
   Жена'тое положе'ние R жена'тый
   00
   Ло'жное положе'ние R ло'жный
   00
   Положе'ние ху'же губерна'торского R губерна'торский
   00
   Сидя'чее положе'ние R сидя'чий

ПОЛОЖЕ'НИЕ CONT'D.
00
Спасти' положе'ние R спасти'
00
$Хозя'ин/господи'н$ положе'ния
THE MASTER OF A SITUATION
ПОЛОЖИ'ТЬ
00
Вынь да поло'жь R вы'нуть
00
Как бог на' душу поло'жит R бог
00
Оху'лки на' $руки<руку$ не положи'ть R оху'лка
00
Под спуд положи'ть R спуд
00
Положа' ру'ку на' сердце =сказа'ть=
TO SAY (SOMETHING) FRANKLY/OPEN-HEARTEDLY; CROSS (MY) HEART
—Положа' ру'ку на' сердце, скажу', что самохва'лов не
люблю'! —замети'л он.
00
Поло'жено по..шта'ту R штат
00
Положи'ть в карма'н R карма'н
00
Положи'ть гнев на ми'лость R гнев
00
Положи'ть ду'шу [за кого'<за что] R душа'
00
Положи'ть ду'шу [на что] R душа'
00
Положи'ть жизнь [за кого'<за что] R жизнь
00
Положи'ть коне'ц [чему'] R коне'ц
00
Положи'ть на ме'сте R ме'сто
00
Положи'ть на (о'бе) лопа'тки [кого'] R лопа'тка
00
Положи'ть на плечи' [чьи] R плечо'
42
Положи'ть себе' $за пра'вило<пра'вилом$
TO MAKE IT A RULE TO (DO SOMETHING)
Она' положи'ла себе' пра'вилом чте'ние пе'ред сном.
00
Разжева'ть и в рот положи'ть R рот
ПОЛОЖИ'ТЬСЯ
00
Как на ка'менную сте'ну положи'ться R гора'
00
Положи'ться как на ка'менную $го'ру/сте'ну$ R гора'
ПОЛОСА'
00
Полоса' отво'да R отво'д
ПОЛО'СКА
00
В поло'ску
STRIPED
ПОЛПУТИ'
00
На полпути' =бро'сить/останови'ть/останови'ться/ETC=
TO DROP (SOMETHING); TO QUIT/TO STOP HALF-WAY/IN THE MIDDLE
Сипя'гин попыта'лся рассказа'ть ... анекдо'т, но так и
бро'сил его' на полпути'.
ПОЛСЛО'ВА
00
На полсло'ва
[TO HAVE] A WORD [WITH SOMEONE]
ПОЛТИ'НА
00
С полти'ной
AND FIFTY COPECKS
Во'семь с полти'ной.
ПОЛТОРА'
00
Ни два ни полтора' R два
50
Полтора' челове'ка

A HANDFUL OF PEOPLE; HARDLY ANYONE
Пье'са не понра'вилась пу'блике; полтора' челове'ка
досмотре'ло ее..
ПОЛУСЛО'ВО
00
На полусло'ве $замолча'ть/останови'ться/ETC$
TO STOP IN MID-SENTENCE
Заме'тив, что проговори'лся, ю'ноша на полусло'ве
замолча'л.
00
На полусло'ве $прерва'ть/останови'ть/ETC$
TO CUT (SOMEONE) SHORT; NOT TO LET (SOMEONE) FINISH SPEAKING
Нетерпели'вый собесе'дник на полусло'ве прерва'л
говори'вшего.
00
С полусло'ва (поня'ть)
TO GRASP (SOMETHING) IMMEDIATELY; TO CATCH THE MEANING AT
ONCE
ПОЛУСМЕ'РТЬ
00
До полусме'рти
HALF TO DEATH; WITHIN AN INCH OF ONE'S LIFE
1. Испуга'ть до полусме'рти. 2. Изби'ть до
полусме'рти.
ПОЛУЧИ'ТЬ
00
Из ничего' получи'ть R ничто'
00
$Ку'киш/фи'гу$ с ма'слом получи'ть R ку'киш
00
На' руки получи'ть [что] R рука'
00
Получи'ть под отче.т R отче.т
00
Получи'ть по ша'пке R ша'пка
00
Получи'ть $права'<пра'во$ гражда'нства R гражда'нство
00
Шиш с ма'слом получи'ть R шиш
ПОЛУ'ШКА
00
Ни полу'шки
NOT A PENNY
ПОЛ(1)
00
На полу' не валя'ется [что] R валя'ться
ПОЛ(2)
00
Же'нский пол R же'нский
00
Мужско'й пол R мужско'й
50
$Прекра'сный/сла'бый/не'жный/ETC$ пол
THE FAIR/WEAKER/GENTLE SEX
Давно' разрешено' сомне'нье, Что любопы'тен не'жный
пол. Ула'н большо'е впечатле'нье На казначе'йшу
произве.л.
50
Си'льный пол
THE STRONGER SEX
ПО'ЛЫМЯ
00
Из огня' да в по'лымя R ого'нь
ПО'ЛЬЗА
00
В по'льзу [кого'<чего']
FOR (SOMEONE'S) BENEFIT/ADVANTAGE; FOR THE GOOD/SAKE OF
(SOMEONE/SOMETHING)
1. Я реши'л поже'ртвовать в по'льзу голода'ющих пять
ты'сяч рубле'й серебро'м. 2. Никола'й ... заме'тил ...
Нели'дову ... и в ее. по'льзу реши'л сравне'ние с
вчера'шней деви'чей.
00
$Говори'ть/свиде'тельствовать/ETC$ в по'льзу
[кого'<чего']
1. TO SPEAK IN (SOMEONE'S) FAVOR; TO SPEAK IN FAVOR OF
(SOMETHING); TO SPEAK WELL OF (SOMEONE/SOMETHING) 2. (IT) IS
TO (SOMEONE'S) CREDIT; (IT) SPEAKS WELL OF (SOMEONE/SOMETHING)

ПО'ЛЬЗА CONT'D.
1. -Пусть кто'-нибудь осме'лился б при мне Жену'
чужу'ю соблазни'ть! Пусть сло'во не в по'льзу б
инквизи'чии сказа'л! 2. Беспоко'йная ла'сковость
взгля'да И подде'льная Кра'ска лани'т, И убо'гая
ро'скошь наря'да - Все. не в по'льзу ее. говори'т.
00
Идти' на по'льзу
TO BE AN ADVANTAGE; TO BE USEFUL
При нужде' зна'ние любо'го ремесла' иде.т на по'льзу.
ПО'ЛЬЗОВАТЬСЯ
00
По'льзоваться фаво'ром R фаво'р
ПОМА'ЗАТЬ
00
По губа'м пома'зать R губа'
ПОМА'ЛКИВАТЬ
00
Пома'лкивать в тря'почку R тря'почка
ПОМЕША'ТЬСЯ
00
Помеша'ться в уме' R ум
ПОМЕЩЕ'НИЕ
00
В закры'том помеще'нии R закры'тый
ПОМИ'Н
00
И в поми'не нет [кого'<чего']
THERE IS NO TRACE OF (SOMEONE/SOMETHING)
В давни'шнее вре'мя е.лочных украше'ний не' было и в
поми'не и все. приходи'лось де'лать самому'.
00
И $поми'на<поми'ну$ нет [о ком<о че.м]
1. THERE IS NO MENTION/MEMORY OF (SOMEONE/SOMETHING) 2.
THERE IS NO TRACE OF (SOMEONE/SOMETHING)
1. За обе'дом и поми'ну не' было об литерату'ре ....
2. О вентиля'чии не' было и поми'на, и во'здух
освежа'лся то'лько во вре'мя то'пки пече'й.
00
Ле.гок на поми'не R ле.гкий
ПОМИНА'ТЬ
00
Не помина'ть ли'хом [кого'] R ли'хо
00
Помина'й как зва'ли
(HE/IT) DISAPPEARED WITHOUT A TRACE; (HE/IT) VANISHED
INTO THIN AIR; (WE) HAVE SEEN THE LAST OF (HIM/IT)
00
Помина'ть $добро'м/до'брым сло'вом$
TO SPEAK WELL OF (SOMEONE); TO HAVE A GOOD WORD FOR (SOMEONE)
ПОМИРА'ТЬ
00
Помира'ть со' смеху
TO DIE LAUGHING
Пу'блика помира'ла со' смеху, слу'шая ко'мика.
ПО'МНИТЬ
00
Не по'мнить себя' ([от чего'])
TO BE BESIDE ONESELF (WITH ANGER, FEAR, ETC.)
1. Не по'мнить себя' от гне'ва. 2. Не по'мня себя',
я схвати'л па'лочку Луко'ни ... и со всего' разма'ху
уда'рил Ива'нку по спине'.
00
Не по'мнящий родства' R родство'
00
По'мнить себя'
TO HAVE MEMORIES OF ONESELF; TO BE AWARE OF ONE'S
EXISTENCE
Я начала' себя' по'мнить о'чень по'здно, то'лько с
девя'того го'да ...
ПОМО'И
00
Обли'ть помо'ями R обли'ть
ПОМОЛЧА'ТЬ
00
Помолча'ть в тря'почку R тря'почка
ПО'МОЧИ
00
$Быть/ходи'ть$ на по'мочах [у кого']

TO BE IN LEADING STRINGS
Бесхара'ктерный муж хо'дит на помоча'х у жены'.
00
Води'ть на помоча'х [кого']
TO KEEP (SOMEONE) IN LEADING STRINGS; TO KEEP (SOMEONE) ON A
STRING
ПО'МОЧЬ
66
Бог по'мочь
GOOD LUCK!
ПОМО'ЧЬ
00
Как ме.ртвому припа'рка (помо'жет) R припа'рка
00
$Помо'чь/пособи'ть$ $го'рю/беде'$
TO COME TO THE RESCUE; TO HELP (SOMEONE) OUT OF A BAD
SITUATION
-На'до помо'чь беде'! -говори'л сосе'д, кро'я за'ново
дом сосе'да.
ПО'МОЩЬ
00
$Пода'ть/протяну'ть$ ру'ку по'мощи [кому'] R рука'
00
Прийти' на по'мощь R прийти'
00
$С по'мощью<при по'мощи$ [чего']
BY MEANS OF (SOMETHING); WITH THE HELP OF (SOMETHING)
Игру'шечный самоле.т приво'дится в движе'ние при по'мощи
заводно'го ключа'.
ПОМРАЧЕ'НИЕ
00
$Ума'<уму'$ помраче'нье
IT'S ASTONISHING; IT'S WONDERFUL
Вишне.вый сад в цвету' - пре'лесть, уму' помраче'нье.
ПОМРАЧИ'ТЬ
00
Помрачи'ть $ум/рассу'док$
TO CLOUD/DULL (SOMEONE'S) MIND/REASONING; TO KEEP (SOMEONE)
FROM THINKING STRAIGHT
У'жас, овладе'вший им, соверше'нно помрачи'л его'
рассу'док.
ПОМРАЧИ'ТЬСЯ
00
$Ум/рассу'док$ помрачи'лся
(HE) IS NOT ABLE TO THINK STRAIGHT
-Я без вас потеря'лся совсе'м; помрачи'лся ум.
ПОМЯНУ'ТЬ
00
Не к но'чи будь помя'нут R ночь
00
Не тем будь помя'нут
WHAT A THING TO BE REMEMBERED BY!
-Крутова'т был поко'йник, не тем будь помя'нут!
-говори'ли в дере'вне о бога'том крестья'нине.
00
$Помяни'<помяни'те$ мое. сло'во
MARK MY WORDS
-Уж ты помяни' мое. сло'во, что э'та гроза' да'ром не
пройде.т.
ПОМЯ'ТЬ
29
Помя'ть бока' [кому']
TO BEAT (SOMEONE); TO GIVE (SOMEONE) A THRASHING; TO WORK
(SOMEONE) OVER
ПОНАПРА'СНУ
00
Тра'тить слова' понапра'сну R сло'во
ПОНЕМНО'ЖКУ
00
Хоро'шенького понемно'жку R хоро'шенький
ПОНИ'ЗИТЬ
00
Пони'зить $го'лос/тон$ R тон
ПОНИ'КНУТЬ
00
Пони'кнуть ду'хом
TO SINK INTO DESPAIR
Ту'т-то уви'дел Ака'кий Ака'киевич, что без но'вой

ПОНИ'КНУТЬ CONT'D.
шине'ли нельзя' обойти'сь, и пони'к соверше'нно ду'хом.
ПОНИМА'ТЬ
00
(Вот) э'то я понима'ю!
THAT'S FINE; VERY GOOD; QUITE RIGHT
—Ля'дя! Никто' ино'й как то'лько я, ста'рший сын,
возьме.т на свое. попече'ние овдове'вшую мать. —Вот э'то
я понима'ю!
00
Как свинья' в апельси'нах понима'ть [в че.м] R свинья'
00
Ни аза' (в глаза') не понима'ть R аз
00
Ни бе ни ме не понима'ет R бе
00
$Понима'ешь/понима'ете$ (ли)
DO YOU SEE?; DO YOU UNDERSTAND?
—Мои' обя'занности состоя'т в сортиро'вке
корреспонде'нции по отде'лам департа'мента и направле'нии
ее., понима'ете, по назначе'нию, —расска'зывал сын до'ма.
00
Понима'ть толк [в че.м] R толк
ПОНЮ'Х
00
Ни за поню'х табаку' =пропа'сть/поги'бнуть/ETC= R
таба'к
ПОНЮ'ХАТЬ
00
И поню'хать не дать
NOT EVEN A WHIFF
Им так понра'вилась нали'вка, что они' вы'просили, что
оста'лось в буты'лке, для гребцо'в бу'дто бы, но я
уве'рен, что они' им и поню'хать не' дали.
ПОНЮ'ШКА
00
Ни за поню'шку табаку' =пропа'сть/поги'бнуть/ETC= R
таба'к
ПОНЯ'ТИЕ
00
Дать поня'тие [о ком<о че.м]
TO GIVE AN IDEA OF (SOMEONE/SOMETHING)
ПОНЯ'ТНЫЙ
00
$Поня'тное де'ло/поня'тная вещь$
OF COURSE; UNDERSTANDABLY; NATURALLY
—Я промахну'лся, и лиса', поня'тное де'ло, скры'лась из
ви'ду, —расска'зывал охо'тник о свое'й неуда'че.
ПОНЯ'ТЬ
00
Дать поня'ть
TO GIVE (SOMEONE) TO UNDERSTAND
00
С полусло'ва (поня'ть) R полусло'во
ПОП
29
На попа' =поста'вить/стать=
TO STAND (SOMETHING) ON END
Со'тни бре.вен напира'ют све'рху, стано'вятся на попа'.
ПОПАДА'НИЕ
00
Прямо'е попада'ние R прямо'й
ПОПАДА'ТЬ
00
Зуб на' зуб не попада'ет R зуб
ПОПАДА'ТЬСЯ
00
На глаза' попада'ться R глаз
ПОПА'СТЬ
00
Вожжа' под хвост попа'ла [кому'] R во'жжи
00
Где попа'ло
ANYWHERE; IT DOESN'T MATTER WHERE; IN DISORDER
В избе' бы'ло те'сно и со'рно, где попа'ло валя'лась
посу'да.
00
Как попа'ло

ANYHOW; HELTER-SKELTER; ANY OLD WAY; HIT OR MISS
1. Руга'я беспе'чных во'зчиков, кото'рые свали'ли
дрова' как попа'ло, ... ба'бка начала' укла'дывать
поле'нницу. 2. —Я ведь не учи'лась; я так пою', как
попа'ло.
00
Куда' попа'ло
ANYWHERE; IN ANY OLD PLACE
Де'душку разбира'ла така'я зло'ба, что он раз де'сять
остана'вливался и плева'л с я'ростью куда' попа'ло.
00
Попа'сть в жи'лку R жи'лка
00
Попа'сть в ко'гти [к кому'] R ко'готь
00
Попа'сть в ла'пы [кому'] R ла'па
00
Попа'сть в пе'тлю R пе'тля
00
Попа'сть впроса'к R впроса'к
00
Попа'сть в ру'ки [чьи<кому'<к кому'] R рука'
00
Попа'сть в (са'мую) то'чку R то'чка
00
Попа'сть в се'ти [чьи] R сеть
00
Попа'сть в слу'чай R слу'чай
00
Попа'сть в тон R тон
00
Попа'сть в фаво'р R фаво'р
00
Попа'сть в честь [кому'] R честь
00
Попа'сть в [чью] шку'ру R шку'ра
00
Попа'сть как кур во' щи R кур
00
Попа'сть на глаза'
TO CATCH (SOMEONE'S) EYE; ONE'S GAZE FALLS ON (SOMETHING)
Ру'копись исключи'тельной це'нности попа'лась на глаза'
исто'рику, заше'дшему в антиква'рный магази'н.
00
Попа'сть на замеча'ние R замеча'ние
00
Попа'сть на зубо'к [кому'] R зубо'к
00
Попа'сть на скамью' подсуди'мых R скамья'
00
Попа'сть па'льцем в не'бо R не'бо
00
Попа'сть по'д руку [кому'] R рука'
00
Смеши'нка в рот попа'ла [кому'] R смеши'нка
29
Чем (ни) попадя'
WITH WHATEVER IS HANDY
Чем ни попадя' броса'л па'рень в зло'го пса и тем
отби'лся от него'.
ПОПА'СТЬСЯ
00
Пе'рвый попа'вшийся
1. THE FIRST ...; THE FIRST ... ONE COMES ACROSS 2. THE
FIRST HANDY ...; THE FIRST ... TO COME TO MIND 3. THE
FIRST PERSON ONE MEETS
1. Мы добрели' до посе'лка и останови'лись в пе'рвой
попа'вшейся гости'нице. 2. Я гро'мко заговори'л с
во'зчиком, называ'я его' пе'рвым попа'вшимся и'менем.
00
Попа'сться впроса'к R впроса'к
00
Попа'сться в ру'ки [чьи<кому'<к кому'] R рука'
00
Попа'сться на глаза' [кому']
TO CATCH (SOMEONE'S) EYE
Заблуди'вшийся ребе.нок попа'лся на глаза' до'брому
прохо'жему, кото'рый помо'г ему' найти' родно'й дом.

ПОПА'СТЬСЯ CONT'D.
00
Попа'сться на у'дочку R у'дочка
00
Попа'сться по'д руку [кому'] R рука'
ПОПЕРЕ.К
00
Вдоль и попере.к R вдоль
00
Попере.к го'рла $стать/встать$ [кому'] R го'рло
00
Попере.к себя' то'лше R то'лстый
00
$Стать/стоя'ть$ попере.к $доро'ги/пути'$ [кому'] R доро'га
ПОПЕРЕ'ЧНЫЙ
00
Встре'чный и попере'чный R встре'чный
ПОПЕЧЕ'НИЕ
00
Отложи'ть попече'ние [о ком<о че.м] R отложи'ть
ПОПИСА'ТЬ
00
Ничего' не попи'шешь R поде'лать
ПОПЛЯСА'ТЬ
00
$Ты у меня' попля'шешь<он у меня' попля'шет<ETC$
(I'LL) GIVE IT TO (YOU)! (YOU'LL) GET/CATCH IT
-Я у вас отобью' охо'ту к грабежу', вы у меня' сего'дня попля'шете!
ПОПОЛА'М
00
С го'рем попола'м R го'ре
00
С грехо'м попола'м R грех
ПОПО'МНИТЬ
00
$Попо'мни<попо'мните$ $мое. сло'во/меня'$
MARK MY WORDS
1. -Вот попо'мни ты мое. сло'во, что бу'дет у вас ны'нче же кака'я-нибудь неприя'тность. 2. -Вот попо'мните меня': засу'дят Матю'шку с дя'дей.
ПОПРА'ВИТЬСЯ
00
Из кулька' в рого'жку (попра'виться) R куле.к
ПО-ПУСТО'МУ
00
$Тра'тить/теря'ть/изводи'ть/ETC$ по'рох по-пусто'му R по'рох
ПО'ПУСТУ
00
Пропа'сть по'пусту R пропа'сть
00
Тра'тить слова' по'пусту R сло'во
ПОПЫТА'ТЬ
00
Попыта'ть $сча'стья<сча'стье$
TO TRY ONE'S LUCK
Крестья'не попыта'ли сча'стья, пересели'вшись на чели'нные зе'мли, и никогда' не сожале'ли об э'том.
ПОПЯ'ТНЫЙ
29
Идти' на $попя'тный<попя'тную/попя'тный двор$
TO GO BACK ON ONE'S WORD; TO RETRACT
-Вот уж нече'стно с твое'й стороны': сло'во дал, да и на попя'тный двор.
ПОРА'
00
В (са'мой) поре'
IN ONE'S PRIME; IN THE PRIME OF ONE'S LIFE
00
В (са'мую) по'ру
JUST AT THE RIGHT TIME
А'вгуст был с те.плыми до'ждиками ... с до'ждиками в са'мую по'ру, в среди'не ме'сяца.
23
В те' поры
THEN; AT THAT TIME

00
В ту по'ру
THEN; AT THAT TIME
Во мно'гих дома'х городка' размести'лся неприя'тель; в ту по'ру ме'стный врач умира'л от чахо'тки, и его' дом был обойде.н.
00
В э'ту по'ру
NOW; AT THIS TIME
-В э'ту по'ру по'езд до'лжен быть на ста'нции, а не на пути' к ней, -сказа'л оди'н из пассажи'ров купэ', взгляну'в на часы'.
00
Глуха'я пора R глухо'й
00
До $каки'х/кото'рых$ пор
UNTIL WHEN?; UNTIL WHAT TIME?; HOW LONG?
00
До поры', до вре'мени R вре'мя
00
$До сих по'р<до' сих пор$
1. UNTIL NOW; HITHERTO 2. UP TO HERE; UP TO THIS POINT
00
До тех пор
UNTIL THAT TIME; UNTIL THEN; UNTIL THAT MOMENT
Обстоя'тельства жи'зни меня'ются и пробужда'ют в лю'дях спосо'бности, до тех пор дрема'вшие в них.
00
На пе'рвых пора'х
AT FIRST; IN THE BEGINNING
В полумра'ке пусто'го това'рного ваго'на он на пе'рвых пора'х не заме'тил челове'ка, пови'димому, то'же скрыва'вшегося.
00
На ту по'ру
AT THAT TIME
В стране' был го'лод от неурожа'я; на ту по'ру налете'л тайфу'н и повреди'л но'вый посе'в.
29
Об э'ту по'ру
NOW; AT THIS TIME
-У нас на равни'не со'лнце еще. высоко' на не'бе об э'ту по'ру, а в гора'х оно' уже' зашло', -заме'тил оди'н из пу'тников.
42
О сю по'ру
UNTIL NOW; UNTIL THIS MOMENT
00
Пора' идти' на споко'й R споко'й
00
Пора' и со'весть знать R знать
00
Пора' и $со'весть/честь$ знать R знать
00
Пора' на бокову'ю R боково'й
00
С да'вних пор
FOR A LONG TIME; FOR AGES
С да'вних пор позна'л он, что на'до полага'ться на свои', а не чужи'е, си'лы.
00
С $каки'х/кото'рых$ пор
FOR HOW LONG?; SINCE WHEN?
-Я все. э'то вре'мя плати'л поме'сячно ..., не по'мню то'лько, с кото'рых пор.
00
С не'которых пор
FOR SOME TIME
Беззабо'тный ю'ноша стал заду'мчив с не'которых пор.
00
С $той поры'<тех пор$
FROM THAT TIME/MOMENT
00
С э'тих пор
HENCEFORTH; FROM NOW ON; SINCE THAT TIME; SINCE THEN
Впервы'е встре'тились де'вушки в до'ме о'бщей знако'мой; они' подружи'лись с э'тих пор.
ПОРАЗИ'ТЬ
00
Как гро'мом порази'ть R гром

ПОРАСКИ'НУТЬ
00
Пораски'нуть умо'м
TO THINK (SOMETHING) OVER; TO GIVE IT SOME THOUGHT
-Поруга'л меня' ны'нче Петро'вич, я сперва' оби'делся на него', а как послу'шал ле'ктора, пораски'нул умо'м и по'нял: ни к чему' мне обижа'ться!
ПОРАСТИ'
00
$Былье.м/траво'й$ поросло' R былье.
00
Траво'й поросло' R былье.
ПОРЕШИ'ТЬ
42
Пореши'ть де'ло
TO FINISH (SOMETHING); TO BRING (SOMETHING) TO A CONCLUSION; TO COME TO A DECISION ABOUT (SOMETHING)
ПОРИЦА'НИЕ
00
Обще'ственное порица'ние R обще'ственный
ПОРО'Г
00
За поро'г
FROM HOME; AWAY FROM HOME [DIRECTION]
00
За поро'гом
OUTSIDE THE HOME [LOCATION]
За поро'гом скули'л щено'к, забы'тый детьми'.
00
На поро'ге
ON THE THRESHOLD; VERY CLOSE
... -Весна' на поро'ге!
00
На поро'ге [чего']
ON THE THRESHOLD OF (SOMETHING)
Теря'я созна'ние, уже' на поро'ге сме'рти, я тяжело' застона'л.
На поро'г не пуска'ть [кого']
NOT TO ALLOW (SOMEONE) IN ONE'S HOME
00
Оби'ть (все) поро'ги R оби'ть
00
Стоя'ть у поро'га R стоя'ть
00
У поро'га
1. AT THE DOOR; IN THE ENTRANCE 2. ON THE THRESHOLD; VERY CLOSE
Ми'тя воше.л в ко'мнату и, уви'дев меня', останови'лся у поро'га.
ПОРО'ЖНИЙ
00
$Перелива'ть/пересыпа'ть$ из пусто'го в поро'жнее
TO WASTE ONE'S TIME ON (SOMETHING) USELESS; TO ENGAGE IN IDLE CHATTER
ПОРО'ТЬ
00
Ни шье.т ни по'рет R шить
00
Поро'ть горя'чку R горя'чка
00
Поро'ть $чепуху'/чушь/дичь/вздор/ETC$
TO TALK NONSENSE
ПО'РОХ
00
Держа'ть по'рох сухи'м
TO KEEP ONE'S POWDER DRY
На'до держа'ть по'рох сухи'м осо'бенно тепе'рь, когда' весь мир в трево'ге.
00
Есть еще. по'рох в пороховни'чах R пороховни'ца
00
Не хвата'ет по'роху
(HE) LACKS THE ENERGY/STRENGTH TO (DO SOMETHING); (IT) IS BEYOND (HIM)
42
(Ни) синь по'роха =нет/не оста'нется/ETC=
NOTHING/NOT A TRACE REMAINS/WILL REMAIN

... Запа'с весь как есть пригоре'л, синь по'роха не оста'лось.
00
Па'хнет по'рохом R па'хнуть
00
$По'роха<по'роху$ не вы'думает R вы'думать
00
По'роху не ню'хал
NOT TO KNOW THE SMELL OF POWDER; NOT TO HAVE BEEN IN WARFARE
О хра'брости на по'ле би'твы то'му легко' говори'ть, кто по'роху не ню'хал.
$Тра'тить/теря'ть/изводи'ть/ETC$ по'рох $да'ром/напра'сно/по-пусто'му/ETC$
TO (DO SOMETHING) IN VAIN; TO WASTE ONE'S TIME TRYING TO (DO SOMETHING); TO WASTE ONE'S BREATH; TO WASTE ONE'S FIRE
ПОРОХОВНИ'ЦА
00
Есть еще. по'рох в пороховни'цах
WE'RE NOT LICKED YET
ПОРО'ЧНЫЙ
00
Поро'чный круг
A VICIOUS CIRCLE
ПОРОШО'К
00
$Стере'ть/растере'ть/истере'ть/ETC$ в порошо'к [кого']
TO MAKE MINCEMEAT OF (SOMEONE); TO PULVERIZE (SOMEONE)
ПО'РТИТЬ
00
По'ртить кровь [кому'] R кровь
00
По'ртить ма'рку R ма'рка
00
По'ртить себе' кровь R кровь
ПОРТРЕ'Т
00
Живо'й портре'т [чей] R живо'й
ПОРУ'КА
00
На пору'ки =отда'ть/взять/ETC=
TO PAROLE; TO ASSUME/IMPOSE RESPONSIBILITY
ПОРЫ'ТЬСЯ
00
Поры'ться в па'мяти
TO SEARCH ONE'S MEMORY; TO TRY TO REMEMBER
Поры'вшись в па'мяти, учи'тель опозна'л в молодо'м инжене'ре бы'вшего ученика'!
ПОРЯ'ДОК
00
В пожа'рном поря'дке R пожа'рный
00
В поря'дке
IN ORDER
1. Тетра'дки ее. бы'ли в поря'дке; кни'жки чи'сты и не запя'тнаны. 2. Су'дно гото'во к отхо'ду, пого'да чуде'сная, все. в поря'дке.
00
В поря'дке веще'й
NORMALLY; ORDINARILY; IN THE ORDER OF THINGS
00
Для $поря'дка<поря'дку$
1. TO KEEP/MAINTAIN ORDER 2. AS A FORMALITY; FOR FORM'S SAKE
1. -Для поря'дка игры' и счето'в прошу' вас поста'вить де'ньги на ка'рту. 2. В алле'йке, бо'льше для поря'дка, чем для освеще'ния, стоя'ли три и'ли четы'ре фонаря'.
00
Поря'док дня R день
00
Привести' к поря'дку [кого'] R привести'
00
Призва'ть к поря'дку [кого'] R призва'ть
00
Свои'м поря'дком
BY ITS REGULAR COURSE; AS IT SHOULD; IN ITS OWN GOOD TIME
00
Я'вочным поря'дком R я'вочный

ПОСАДИ'ТЬ
00
Посади'ть в кало'шу [кого'] R кало'ша
00
Посади'ть [кого'] на зе'млю
TO GET (SOMEONE) TO LEAD A SETTLED WAY OF LIFE
00
Посади'ть [кого'] на мель R мель
00
Посади'ть на' кол R кол
00
Посади'ть на ше'ю [кому'] R ше'я
00
Посади'ть под карау'л R карау'л
ПОСЛА'ТЬ
42
Бог посла'л
IT'S A GIFT FROM HEAVEN
-У тебя' гроша' не' было и вдруг де'нежный знак в сто
рубле'й! -Бог посла'л. Поутру' подогна'ло его' ве'тром
мне навстре'чу.
42
Чем бог посла'л =угости'ть/покорми'ть/ETC=
TO SHARE WHAT ONE HAS
До'брые хозя'ева покорми'ли пу'тников чем бог посла'л.
ПОСЛЕ'ДНЕГО
00
До после'днего $дыха'ния/издыха'ния$ R дыха'ние
ПОСЛЕ'ДНИЙ
00
(В) после'днее вре'мя R вре'мя
00
В после'днем гра'дусе R гра'дус
00
В после'днем $сче.те/ито'ге$ R коне'чный
00
До после'днего
WITH ONE'S LAST OUNCE OF STRENGTH
1. До после'днего отста'ивая за'нятую пози'цию, отря'д
дожда'лся подкрепле'ния. 2. Ло'шадь до после'днего
напрягла'сь и вы'тянула воз.
00
До после'дней возмо'жности R возмо'жность
00
До после'дней ка'пли R ка'пля
00
До после'дней ка'пли кро'ви =би'ться/боро'ться= R
ка'пля
00
До (после'дней) ни'тки R ни'тка
00
Испусти'ть после'дний вздох R испусти'ть
00
Отда'ть после'дний долг [кому'] R долг
00
После'днее прости' $сказа'ть/посла'ть$ R прости'ть
00
После'днее сло'во [чего'] R сло'во
00
После'дние времена' =наста'ли/наступи'ли=
HARD TIMES ARE UPON US
Пессими'сты говоря'т, что наста'ли после'дние времена'.
00
После'дние изве'стия R изве'стие
00
После'дний крик мо'ды R крик
00
После'дний путь R путь
00
После'дний час R час
00
После'дняя ка'рта R ка'рта
00
После'дняя спи'ца в колесни'це R спи'ца
00
При после'днем издыха'нии R издыха'ние
00
$Спать/засну'ть/усну'ть/ETC$ после'дним сном R сон

00
$Ста'вить/поста'вить$ после'днюю копе'йку ребро'м R
копе'йка
ПОСЛО'ВИЦА
00
Войти' в посло'вицу R войти'
ПОСО'БИЕ
00
Выходно'е посо'бие R выходно'й
ПОСОБИ'ТЬ
00
Пособи'ть $го'рю/беде'$ R помо'чь
ПОСОЛИ'ТЬ
00
Кру'то посоли'ть R кру'то
ПОСРЕ'ДСТВО
00
$При посре'дстве<через посре'дство$ [кого'<чего']
WITH THE HELP OF (SOMEONE/SOMETHING); BY MEANS OF
1. Получи'в через посре'дство гра'фа значи'тельное
ме'сто ..., он отпра'вился за грани'цу. 2. Прохо'р
все. стара'лся во'ду в ба'ню провести' при посре'дстве
архиме'дова винта' ...
ПОСТ
00
На посту'
AT ONE'S POST; ON DUTY
00
$Стоя'ть/быть/ETC$ на (свое.м) посту'
TO REMAIN AT ONE'S POST; TO FULFILL ONE'S DUTY
Генера'л был на свое.м посту', нанеся' реши'тельный
уда'р неприя'телю, бли'зкому к побе'де.
ПОСТА'ВИТЬ
00
Вверх $торма'шками/торма'шки$ =поста'вить= R торма'шки
00
На ре'льсы поста'вить [что] R рельс
00
После'днюю копе'йку поста'вить ребро'м R копе'йка
00
Поста'вить $в<на$ сче.т [кому'] R сче.т
00
Поста'вить вопро'с ребро'м R ребро'
00
Поста'вить за честь [что] R честь
00
Поста'вить [кого'] на коле'ни R коле'но
00
Поста'вить крест R крест
00
Поста'вить на' кон R кон
00
Поста'вить на' ноги [кого'] R нога'
00
Поста'вить на о'чередь R о'чередь
00
Поста'вить на ре'льсы [что] R рельс
00
Поста'вить на (свое.) ме'сто [кого'] R ме'сто
00
Поста'вить $ру'жья/винто'вки$ в ко'злы R ко'злы
00
Поста'вить себя' на [чье.] ме'сто R ме'сто
00
Поста'вить [что] на [каку'ю] но'гу R нога'
00
Поста'вить [что] на слу'жбу [чему'] R слу'жба
ПО'СТНЫЙ
00
$Ерунда'/чепуха'$ на по'стном ма'сле R ма'сло
ПОСТРО'ИТЬ
00
Постро'ить на костя'х R кость
ПОСТУПА'ТЬ
00
Поступа'ть про'тив (свое'й) со'вести R со'весть
ПОСЫЛА'ТЬ
00
Посыла'ть на убо'й R убо'й

ПОСЫЛА'ТЬ CONT'D.
>00
(То'лько) за сме'ртью посыла'ть [кого'] R смерть
ПОСЫ'ЛКА
>00
$Быть/находи'ться/ETC$ на посы'лках
TO RUN ERRANDS FOR (SOMEONE); TO BE (SOMEONE'S) ERRAND BOY
Бу'дучи в ученика'х у сапо'жника, ма'льчик, ничему' не
уча'сь, был у всех на посы'лках.
ПОСЫ'ПАТЬ
>00
Кру'то посы'пать со'лью R кру'то
>00
Посы'пать пе'плом главу' R пе'пел
ПОСЫ'ПАТЬСЯ
>00
И'скры из глаз посы'пались R и'скра
ПОТ
>00
Вогна'ть в пот R вогна'ть
>42
В по'те лица' =труди'ться/добыва'ть свой хлеб/ETC=
TO WORK/EARN ONE'S BREAD IN THE SWEAT OF ONE'S BROW
Тот, кто в по'те лица' добыва'ет свой хлеб, че'нит труд
друго'го.
>00
До крова'вого по'та R крова'вый
>00
До $седьмо'го/деся'того$ $по'та<по'ту$ =рабо'тать/
труди'ться/ETC=
TO WORK TO THE POINT OF EXHAUSTION
Шахте.ры рабо'тали до деся'того по'та, отка'пывая
засы'панных взры'вом това'рищей.
>00
Крова'вый пот R крова'вый
>00
По'том и кро'вью =добыва'ть/добы'ть=
TO ACHIEVE (SOMETHING) BY BLOOD AND SWEAT
-По'том и кро'вью добы'ли мы на'ше добро'! -говори'ли
пересале'нцы дале.кого кра'я.
>00
Семь пото'в сошло' [с кого']
(HE) SWEAT BLOOD [I.E. HE EXERTED HIMSELF TO THE FULLEST
TO ACCOMPLISH SOMETHING]
>00
Согна'ть семь пото'в [с кого']
TO WORK (SOMEONE) TO EXHAUSTION
Соревнова'ние на пе'рвенство согна'ло семь пото'в с
бегуна'.
>42
Цыга'нский пот
A COLD SWEAT; A CHILL
ПОТЕ.МКИ
>00
Броди'ть в поте.мках R броди'ть
>00
В поте.мках =быть/находи'ться/ETC=
TO BE IN THE DARK (ABOUT SOMETHING)
ПОТЕ'РЯ
>00
До поте'ри созна'ния [V] R созна'ние
ПОТЕРЯ'ТЬ
>00
Потеря'ть го'лову R голова'
>00
Потеря'ть о'браз челове'ческий R о'браз
>00
Потеря'ть сче.т [кому'<чему'] R сче.т
ПОТЕ'ХА
>00
$Пошла'<пойде.т$ поте'ха
AND THEN THE FUN BEGAN/WILL BEGIN; AND THEN THINGS REALLY
STARTED/WILL START HOPPING
Через две мину'ты уж в са'кле был ужа'сный гвалт. ...
Все вы'скочили, схвати'лись за ру'жья - и пошла' поте'ха!
ПОТЕ'ЧЬ
>00
Слю'нки потекли' R слю'нки

ПОТО'К
>14
На пото'к и разграбле'ние =отда'ть [что]=
TO TURN (SOMETHING) OVER TO (SOMEONE) TO PILLAGE AND PLUNDER
Вся Росси'я отдана' на пото'к и разграбле'ние ша'йке
прогоре'вших дворя'нчиков в вое'нных мунди'рах.
ПОТОЛО'К
>00
Плева'ть в потоло'к R плева'ть
>00
С потолка' =взять/сказа'ть/ETC=
TO TALK THROUGH ONE'S HAT; TO MAKE (SOMETHING) UP
ПОТО'П
>72
До пото'па
ANTIQUATED; OBSOLETE; ANTEDILUVIAN
ПОТОЧИ'ТЬ
>29
Язы'к поточи'ть
TO WAG ONE'S TONGUE; TO SHOOT THE BREEZE
-Де'ла не реши'ли, а язы'к поточи'ли, -недово'льно
говори'ли рабо'чие, покида'я собра'ние.
ПОТРОХА'
>29
Вы'пустить потроха' [кому']
TO KILL (SOMEONE) WITH A KNIFE
Слегка' раненый разбо'йник грози'л вы'пустить потроха'
тому', кто прибли'зится к нему'.
>29
Со все'ми потроха'ми
COMPLETELY
-"Выбира'йся, говори'т, из ха'ты в два'дцать четы'ре
часа' со все'ми свои'ми потроха'ми".
ПОТУ'ПИТЬ
>00
Поту'пить $взор/глаза' в зе'млю$
TO LOWER ONE'S GAZE TO THE GROUND
Флор угрю'мо вы'шел из дворца' с поту'пленными от стыда'
глаза'ми.
>00
Поту'пить $глаза'/о'чи$ до'лу R до'лу
ПО-ТУРЕ'ЦКИ
>00
Сиде'ть по-туре'цки R туре'цкий
ПОХВАЛИ'ТЬСЯ
>00
(Не) могу' $похвали'ться/похва'статься$ [кем<чем]
I CAN (NOT) APPROVE OF (SOMEONE/SOMETHING); I CAN (NOT)
SPEAK WELL OF (SOMEONE/SOMETHING)
ПОХВА'СТАТЬСЯ
>00
(Не) могу' похва'статься [кем<чем] R похвали'ться
ПОХМЕ'ЛЬЕ
>00
В чужо'м пиру' похме'лье
TO SUFFER FOR (SOMEONE ELSE'S) SINS/MISTAKES
ПОХО'ЖИЙ
>00
Как две ка'пли похо'ж [на кого'] R ка'пля
>00
$На кого'<на что$ похо'ж (стал)
(YOU) LOOK TERRIBLE!; JUST LOOK AT (YOURSELF); (YOU) ARE
A SIGHT!
-На что' ты похо'ж стал?! Под глаза'ми синяки', ще.ки
втяну'ло, худо'й, как скеле'т!
>00
На что (э'то) похо'же?
WHAT IS IT GOOD FOR?; SHAME ON YOU!; HOW IS IT POSSIBLE!
>00
(Не) похо'же [на кого']
(THAT'S) NOT LIKE (HIM)
Меня' удиви'ла усту'пчивость ма'тери. Э'то бы'ло не
похо'же на нее..
>00
Ни на что не похо'же
THAT'S VERY BAD; THAT'S A SHAME
>00
Похо'же (на то), что

ПОХО'ЖИЙ CONT'D.
  IT SEEMS; APPARENTLY
ПОХОРОНИ'ТЬ
  00
  За'живо похорони'ть себя' R за'живо
ПОЦЕЛУ'Й
  00
  Возду'шный поцелу'й R возду'шный
  00
  Души'ть поцелу'ями R души'ть
  00
  Запечатле'ть поцелу'й [на че.м] R напечатле'ть
  00
  Напечатле'ть поцелу'й [на че.м] R напечатле'ть
  00
  Покры'ть поцелу'ями R покры'ть
  00
  Поцелу'й Иу'ды
  A JUDAS KISS; A BETRAYAL
ПО'ЧВА
  00
  Зонди'ровать по'чву R зонди'ровать
  00
  Име'ть тве.рдую по'чву под нога'ми R стоя'ть
  00
  $На [како'й] по'чве<на по'чве [чего']$
  ON THE GROUNDS THAT; ON (CERTAIN) GROUNDS
  00
  По'чва ушла' из-под ног R уйти'
  00
  $Прощу'пать/нащу'пать$ по'чву [для чего']
  TO SEE GROUNDS FOR (SOMETHING)
  Несча'стный на ро'дине, он нащу'пал по'чву для
  переселе'ния в другу'ю страну'.
  00
  Станови'ться на по'чву [чего']
  TO TAKE A (CERTAIN) STAND [ON AN ISSUE]; TO SUPPORT A
  (CERTAIN) POINT OF VIEW; TO BE ON THE SIDE OF ...
  00
  Стоя'ть на по'чве [чего']
  TO SUPPORT A (CERTAIN) POINT OF VIEW; TO BE ON THE SIDE OF
  ...
  Стоя'ть на по'чве равнопра'вия всех гра'ждан страны',
  то'лько говоря' об э'том, - недоста'точно; ну'жно
  осуществи'ть э'то.
  00
  Стоя'ть на $реа'льной/тве.рдой$ по'чве R стоя'ть
  00
  Теря'ть по'чву под нога'ми
  TO LOSE ONE'S BEARINGS; TO GO UNDER
  Акти'вные лю'ди, вы'нужденные безде'йствовать, нере'дко
  теря'ют по'чву под нога'ми.
ПОЧЕ.М
  29
  Поче.м знать
  HOW SHOULD I KNOW!; WHO KNOWS!
  -Как же нам бы'ть-то, А'гничка? -Поче.м я зна'ю! Что'
  я на све'те ви'дела!
  00
  Поче.м зря R зря
  00
  Узна'ть, поче.м фунт ли'ха R ли'хо
ПО'ЧЕРК
  00
  Би'серный по'черк R би'серный
  00
  (Одни'м) по'черком пера' [V] R ро'счерк
ПОЧЕ.Т
  00
  (Не) в поче.те =быть=
  (NOT) TO BE HELD IN ESTEEM; (NOT) TO ENJOY MUCH POPULARITY
  29
  Поче.т и уваже'ние!
  MY REGARDS!; MY COMPLIMENTS!
  -Поче.т и уваже'ние! -сказа'л зять, на'стежь открыва'я
  воро'та въезжа'вшему те'стю.
ПОЧИ'ТЬ
  00
  Почи'ть на ла'врах

  TO REST ON ONE'S LAURELS
ПОЧТЕ'НИЕ
  42
  $Быть/яви'ться/ETC$ с почте'нием
  TO PAY ONE'S COMPLIMENTS
  1. Прие'зжий отпра'вился де'лать визи'ты всем
  городски'м сано'вникам. Был с почте'нием у губерна'тора.
  2. Я принужде.н был е'здить к те.ткам с почте'нием.
  00
  ($Мое.<на'ше$) почте'ние [кому']
  MY/OUR REGARDS/COMPLIMENTS TO (YOU)
  -На'ше почте'ние Вам! -говори'ли крестья'не учи'телю,
  сиде'вшему на крыльце' своего' до'ма.
  00
  Мое. почте'ние
  THAT'S SIMPLY GREAT!; I TAKE MY HAT OFF TO YOU
  -Призна'юсь, не люблю' я та'кже винто'вок черке'сских
  ... - прикла'д ма'ленький, того' и гляди' нос обожже.т
  ... зато' уж ша'шки у них - про'сто мое. почте'ние!
  00
  $Свидете'льствовать/засвиде'тельствовать$ [кому']
  почте'ние R свиде'тельствовать
  42
  С $соверше'нным/глубо'ким/нижа'йшим/ETC$ почте'нием
  WITH DEEPEST REGARDS [A FORMAL CLOSING OF A LETTER]
  "С соверше'нным почте'нием" стоя'ло в конце' письма' с
  неразбо'рчивой по'дписью а'втора.
ПОЧТИ'ТЕЛЬНЫЙ
  00
  Держа'ть [кого'] на почти'тельном расстоя'нии R
  расстоя'ние
ПОЧТО'ВЫЙ
  00
  Знак почто'вой опла'ты R знак
ПОЧУ'ВСТВОВАТЬ
  00
  Почу'вствовать на $свое'й/со'бственной$ шку'ре [что] R
  шку'ра
ПОШЕВЕЛЬНУ'ТЬСЯ
  00
  Не пошевельну'ться
  NOT TO STIR/BUDGE
ПОЩАДИ'ТЬ
  00
  Пощади'ть у'ши [чьи] R у'хо
ПОЭТИ'ЧЕСКИЙ
  50
  Поэти'ческий беспоря'док
  POETIC DISORDER
ПОЯВИ'ТЬСЯ
  00
  Появи'ться в печа'ти R печа'ть
  00
  Появи'ться на свет R свет(2)
  00
  Появи'ться на сце'ну R сце'на
  00
  Появи'ться на [чье.м] горизо'нте R горизо'нт
  00
  С каки'ми глаза'ми появи'ться [куда'] R глаз
ПО'ЯС
  00
  В по'яс =кла'няться/раскла'ниваться/ETC=
  TO BOW FROM THE WAIST
  Ермола'ю Григо'рьичу она' поклони'лась ни'зко, в по'яс.
  00
  Заткну'ть за по'яс R заткну'ть
ПОЯСНО'Й
  00
  Поясно'й покло'н
  A BOW FROM THE WAIST
ПРА'ВДА
  00
  Ве'рой и пра'вдой =служи'ть= R ве'ра
  00
  (Все'ми) пра'вдами и непра'вдами
  BY ANY MEANS; BY HOOK OR BY CROOK
  00
  По пра'вде =жить/поступа'ть/ETC=

ПРА'ВДА CONT'D.
    TO LIVE/ACT HONORABLY
    У того' со'весть чиста', кто' по пра'вде поступа'ет.
    00
    $По пра'вде<пра'вду$ $говоря'/сказа'ть$
    TO TELL THE TRUTH; FRANKLY
    00
    Пра'вда глаза' ко'лет R коло'ть
    00
    Пра'вда-ма'тка
    GOD'S TRUTH; THE GOSPEL TRUTH
    29
    Пра'вду-ма'тку $ре'зать/говори'ть/ETC$
    TO TELL THE WHOLE TRUTH
    Ва'ря ни перед кем не робе'ла, пра'вду-ма'тку в глаза'
    ре'зала.
    00
    $Смотре'ть/гляде'ть/ETC$ пра'вде в $глаза'/лицо'$
    TO FACE UP TO REALITY; TO FACE THE TRUTH
    Ничто' не стра'шно тому', кто' привы'к смотре'ть пра'вде
    в лицо'.
    00
    Что пра'вда, то пра'вда
    WHAT'S RIGHT IS RIGHT
ПРА'ВЕДНИК
    00
    Спать сном пра'ведника R сон
ПРА'ВЕДНЫЙ
    50
    По'сле трудо'в пра'ведных
    AFTER HONEST LABOR; AFTER HARD WORK
    Сон кре'пок по'сле трудо'в пра'ведных.
    00
    Спать сном пра'ведных R сон
ПРА'ВИЛО
    00
    Как пра'вило
    AS A RULE; USUALLY
    00
    По всем пра'вилам
    ACCORDING TO ALL THE RULES
    11
    По всем пра'вилам иску'сства
    THOROUGHLY; OBSERVING ALL THE RULES AND REGULATIONS
    Пи'ща для пра'здничного стола' всегда' гото'вится по
    всем пра'вилам иску'сства.
    00
    Положи'ть себе' $за пра'вило<пра'вилом$ R положи'ть
ПРА'ВИЛЬНЫЙ
    00
    Стоя'ть на пра'вильном пути' R стоя'ть
    00
    Стоя'ть на пра'вильной доро'ге R стоя'ть
ПРА'ВИТЬ
    00
    Чин пра'вить R чин
ПРАВЛЕ'НИЕ
    00
    Бразды' правле'ния R бразды'
ПРА'ВО
    00
    В пра'ве [INF]
    TO BE ENTITLED TO (DO SOMETHING); (HE) IS WITHIN (HIS)
    RIGHTS TO DO (IT)
    00
    Вступи'ть в свои' права' R вступи'ть
    00
    Дать $права'<пра'во$ гражда'нства R гражда'нство
    00
    Кула'чное пра'во R кула'чный
    00
    На права'х [кого'<чего']
    IN THE CAPICITY OF (SOMEONE/SOMETHING); EXERCISING THE
    RIGHTS OF (SOMEONE/SOMETHING)
    Ю'рий по-пре'жнему приходи'л в дом на права'х жениха'.
    00
    На пти'чьих права'х=быть/жить/ETC= R пти'чий
    00
    На ра'вных права'х

    HAVING EQUAL RIGHTS
    Организо'ваны арте'ли реме'сленников на ра'вных права'х
    для уча'стников.
    00
    $Получи'ть/приобрести'/ETC$ $права'<пра'во$
    гражда'нства R гражда'нство
    00
    По пра'ву
    BY RIGHTS
    00
    По пра'ву [кого'<чего']
    BY RIGHT OF (SOMEONE/SOMETHING)
    00
    Пра'во жи'зни и сме'рти R жизнь
    00
    Пра'во сло'во
    WORD OF HONOR
    - ... Зна'ешь, чего' они' там визжа'ли? Я зна'ю, пра'во
    сло'во, зна'ю!
ПРА'ВЫЙ
    00
    Пра'вая рука' [чья]
    (SOMEONE'S) RIGHT HAND/RIGHT-HAND MAN
    Ста'ршая дочь была' пра'вой руко'й ма'тери по'сле
    сме'рти отца'.
ПРА'ДЕД
    00
    Де'ды и пра'деды R дед
ПРА'ЗДНИК
    00
    Бу'дет и на [чьей] у'лице пра'здник
    OUR DAY WILL COME; EVERY DOG HAS HIS DAY
ПРА'ЗДНОВАТЬ
    00
    Пра'здновать побе'ду
    TO CELEBRATE A VICTORY
    По'сле вы'игранной би'твы еще. ра'но пра'здновать
    побе'ду.
    00
    $Тру'су<тру'са$ пра'здновать R трус
ПРА'ОТЕЦ
    50
    $Отпра'вить/отосла'ть$ к пра'отцам
    TO SEND (SOMEONE) TO KINGDOM COME
    00
    Отпра'виться к пра'отцам R отпра'виться
    00
    Уйти' к пра'отцам R уйти'
ПРАХ
    00
    В пух и прах R пух
    00
    Мир пра'ху [кого'] R мир(2)
    29
    На кой прах?
    WHY?; WHAT FOR? [ABOUT SOMETHING COMPLETELY USELESS]
    -На кой прах лю'дям ум перед поги'белью-то? Пропада'ть
    и без вся'кого ума' мо'жно.
    $Отрясти'/отряхну'ть$ прах от свои'х ног R отрясти'
    00
    $Пове'ргнуть/разби'ть/преврати'ть/ETC$ в прах
    TO DESTROY COMPLETELY; TO GRIND INTO DUST; TO REDUCE TO
    ASHES
    Неприя'тель разби'т в прах: его' аванга'рд попа'л в
    окруже'ние, други'е ча'сти во'йска ста'ли отступа'ть,
    терпя' пораже'ние.
    00
    $Пойти'/рассы'паться/разлете'ться/ETC$ пра'хом
    TO PERISH; TO CRUMBLE INTO DUST
    29
    Прах $меня'/тебя'/ETC$ $зна'ет/разбере.т$ $кто/что/
    како'й/ETC$
    WHO KNOWS WHAT/WHAT KIND OF/WHO/ETC.?
    -Так прах же тебя' разбере.т, кто же ты тако'й?
    29
    Прах с $тобо'й/ней/ним/ETC$
    ALL RIGHT; AGREED; LET IT BE SO

ПРАХ CONT'D.

-Ну, ну, зови', прах с ним, глаза' б мои' на него' не
гляде'ли. Я его' в дверь вы'гнала, а он в окно' ле'зет.

64

Прах $тебя'/его'/ETC$ $возьми'/побери'$!
THE HELL WITH (HIM)!

-И так далеко' идти'-то! Чтоб его'! ... За реку' ведь!
С час прохо'дишь, прах его' побери'!

00

Разоде'ться в пух и прах R пух

ПРЕВЗОЙТИ'

14

Превзойти' (самого') себя'
TO SURPASS ONESELF; TO OUTDO ONESELF

ПРЕВОЗМО'ЧЬ

00

Превозмо'чь себя'
TO CONTROL ONESELF; TO GET HOLD OF ONESELF; TO GET A GRIP
ON ONESELF TO FORCE ONESELF TO (DO SOMETHING)

ПРЕВОЗНЕСТИ'

00

Превознести' до небе'с R не'бо

ПРЕВРАТИ'ТЬ

00

Преврати'ть в прах R прах

ПРЕВРАТИ'ТЬСЯ

00

Преврати'ться в ничто' R ничто'

00

Преврати'ться в слух R слух

ПРЕВЫ'ШЕ

00

Превы'ше всего'
ABOVE ALL; MOST IMPORTANTLY
Защища'ть интере'сы своего' оте'чества - э'то для него'
превы'ше всего'.

ПРЕДА'НИЕ

00

Живо'е преда'ние
A LIVING LEGEND

00

Отойти' в о'бласть преда'ния R о'бласть

ПРЕДА'ТЬ

00

За три'дцать сре'бреников преда'ть R сре'бреник

00

Преда'ть ана'феме R ана'фема

00

Преда'ть гла'сности R гла'сность

00

Преда'ть забве'нию [что] R забве'ние

00

Преда'ть земле' [кого']
TO COMMIT (SOMEONE) TO THE EARTH; TO BURY (SOMEONE)
Отби'в неприя'теля, отря'д преда'л земле' уби'тых.

00

Преда'ть огню' и мечу'
TO PUT TO THE SWORD
Враг грози'л преда'ть огню' и мечу' э'ту страну', но сам
едва' но'ги уне.с, нача'в войну'.

ПРЕДА'ТЬСЯ

00

Преда'ться $вла'сти/во вла'сть$ [кого'<чего'] R власть

ПРЕДВОДИ'ТЕЛЬСТВО

00

Под предводи'тельством [кого']
UNDER THE LEADERSHIP/COMMAND OF (SOMEONE)

ПРЕДЕ'Л

00

Вы'йти за преде'лы [чего'] R вы'йти

00

Вы'йти из преде'лов [чего'] R вы'йти

ПРЕДЕРЖА'ЩИЙ

68

$Предержа'щая власть/предержа'щие вла'сти$
THE POWERS THAT BE
... Предержа'щая власть да'же снисходи'тельно
заи'грывала с протестова'вшими эле'ментами.

ПРЕДИСЛО'ВИЕ

00

Без предисло'вий
WITHOUT BEATING AROUND THE BUSH
1. Не хо'чется мне расска'зывать, а гла'вное не могу'
я ничего' сказа'ть без дура'цких предисло'вий. 2. -В
после'дний раз я спра'шиваю, и отвеча'йте, пожа'луйста,
без предисло'вий ...

ПРЕДЛОЖЕ'НИЕ

00

Внести' предложе'ние R внести'

00

Де'лать предложе'ние
TO PROPOSE MARRIAGE
Молодо'й челове'к лю'бит де'вушку и, бу'дучи уве'ренным
во взаи'мности, де'лает предложе'ние.

ПРЕДЛОЖИ'ТЬ

00

Была' бы честь предло'жена R честь

42

Предложи'ть ру'ку (и се'рдце) [кому']
TO PROPOSE MARRIAGE; TO OFFER ONE'S HAND IN MARRIAGE
Офице'р, вы'здоровевший от ране'ния, предложи'л ру'ку и
се'рдце медици'нской сестре', уха'живавшей за ним.

00

Предложи'ть тост
TO PROPOSE/RAISE A TOAST
Оди'н из госте'й предложи'л тост за здоро'вье хозя'ина.

ПРЕДМЕ'Т

42

Быть в предме'те [у кого']
TO HAVE (SOMEONE/SOMETHING) IN VIEW
-У други'х на све'те Наде'жд и че'лей миллио'н, у
одного' бога'тство есть в предме'те, Друго'й в нау'ки
погруже.н.

42

Име'ть в предме'те [кого'<что]
TO HAVE (SOMEONE/SOMETHING) IN VIEW
Чле'ны профсою'за име'ли в предме'те откры'тие я'слей и
площа'ки для дете'й, ма'тери кото'рых рабо'тают на
произво'дстве.

00

На како'й предме'т?
FOR WHAT REASON?; WHY?

00

На предме'т [чего']
FOR THE PURPOSE OF (SOMETHING)
Ме'сто несча'стного происше'ствия огороди'ть и на
предме'т охра'ны поста'вить бу'дочника.

00

На $э'тот/тот/сей/ETC$ предме'т
IN THAT/THIS/ETC. CASE
Выра'щивать инлюша'т не так про'сто, как друту'ю
дома'шнюю пти'цу; на э'тот предме'т есть осо'бый спо'соб
их корме.жки.

ПРЕДМЕ'ТНЫЙ

00

Предме'тный уро'к
AN OBJECT LESSON

ПРЕ'ДОК

00

Отпра'виться к пре'дкам R отпра'виться

ПРЕДОСТА'ВИТЬ

00

Предоста'вить $самому'/сами'м$ себе'
1. TO LEAVE (SOMEONE) TO HIS OWN DEVICES 2. TO CEASE
LOOKING AFTER (SOMEONE)
1. -... э'тот молодо'й челове'к предоста'влен был
самому' себе', и тепе'рь в Петербу'рге, говоря'т, он
таки'е у'жасы наде'лал, что его' с поли'цией вы'слали
отту'да. 2. В пыли' гли'няных доро'жек копоша'тся
де'ти. Они' предоста'влены сами'м себе' ...

00

Предоста'вить сло'во [кому']
TO GIVE (SOMEONE) THE FLOOR
Ка'ждому делега'ту бы'ло предоста'влено сло'во на
съе'зде национа'льностей большо'й страны'.

ПРЕДСЕДА'ТЕЛЬСТВО

00

Под председа'тельством [кого']

ПРЕДСЕДА'ТЕЛЬСТВО CONT'D.
   UNDER THE LEADERSHIP/COMMAND OF (SOMEONE)
   В Москве' состэ'вилось о'бщество бога'тых игроко'в под
   председа'тельством сла'вного Чекали'нского, прове'дшего
   весь век за ка'ртами.
ПРЕДСТА'ВИТЬ
   00
   $Мо'жешь<мо'жете$ (себе') предста'вить
   CAN YOU IMAGINE!
   -Она' за'мужем была', овдове'ла и - мо'жешь
   предста'вить? - ханжо'й ста'ла ...
   00
   $Предста'вь<предста'вьте$ (себе')
   JUST IMAGINE!
ПРЕДСТАВЛЕ'НИЕ
   00
   Дать представле'ние [о че.м]
   TO GIVE AN IDEA ABOUT (SOMETHING)
   Археологи'ческие нахо'дки даю'т представле'ние о
   первобы'тной культу'ре.
ПРЕДСТАВЛЯ'ТЬ
   00
   В ро'зовом $све'те/цве'те$ представля'ть [кого'<что] R
   ро'зовый
   00
   Представля'ть в ра'дужном све'те R ра'дужный
ПРЕДЪЯВИ'ТЬ
   00
   Предъяви'ть сче.т [кому'<чему'] R сче.т
ПРЕ'ЖДЕ
   00
   Пре'жде всего'
   1. ABOVE ALL 2. IN THE FIRST PLACE
   1. До'ля наро'да, Сча'стье его', Свет и свобо'да
   Пре'жде всего'! 2. Те'хника литерату'рной рабо'ты
   сво'дится - пре'жде всего' - к изуче'нию языка',
   основно'го материа'ла вся'кой кни'ги.
ПРЕЗРЕ'НИЕ
   00
   Обда'ть презре'нием R обда'ть
   00
   Обли'ть презре'нием R обли'ть
   00
   Покры'ть презре'нием [кого'<что] R покры'ть
ПРЕЗРЕ'ННЫЙ
   00
   Презре'нный мета'лл R мета'лл
ПРЕИМУ'ЩЕСТВО
   00
   По преиму'ществу
   PRIMARILY; MAINLY
ПРЕКЛОНИ'ТЬ
   40
   Преклони'ть $коле'на<коле'ни$
   TO KNEEL
ПРЕКОСЛО'ВИЕ
   00
   Без (вся'кого) прекосло'вия
   IMPLICITLY; UNQUESTIONINGLY; WITHOUT CONTRADICTION
ПРЕКРА'СНЫЙ
   00
   В $оди'н прекра'сный ве'чер/одну' прекра'сную ночь/одно'
   прекра'сное у'тро$
   ONE FINE EVENING/NIGHT/MORNING
   00
   В $оди'н прекра'сный день/одно' прекра'сное вре'мя$
   ONE FINE DAY
   00
   Прекра'сный пол R пол(2)
   00
   $Ра'ди прекра'сных глаз<за прекра'сные глаза'$ [V]
   FOR (SOMEONE'S) BABY BLUE EYES
ПРЕМУ'ДРОСТЬ
   00
   Бе'здна прему'дрости R бе'здна
   00
   Кла'дезь прему'дрости R кла'дезь
ПРЕПОДНЕСТИ'
   00
   Преподнести' пилю'лю R пилю'ля

ПРЕПОЯ'САТЬ
   61
   Препоя'сать свои' чре'сла
   TO PREPARE FOR A JOURNEY
ПРЕПОЯ'САТЬСЯ
   61
   Препоя'саться на $брань/по'двиг/ETC$
   TO GIRD ONESELF FOR BATTLE
ПРЕРВА'ТЬ
   00
   На полусло'ве прерва'ть R полусло'во
ПРЕСЕ'ЧЬ
   00
   В ко'рне пресе'чь R ко'рень
ПРЕСТАВЛЕ'НИЕ
   00
   Све'та преставле'ние
   DOOMSDAY
   Говоря'т, ему виде'ние Все. мере'щилось в бреду':
   Ви'дел све'та преставле'ние, Ви'дел гре'шников в аду'.
ПРЕСТО'Л
   00
   Возвести' на престо'л R возвести'
   00
   Вступи'ть на престо'л R вступи'ть
   00
   Отре'чься от престо'ла R отре'чься
   00
   Свести' с престо'ла R свести'
ПРЕСТУПЛЕ'НИЕ
   00
   На ме'сте преступле'ния =пойма'ть/заста'ть/накры'ть= R
   ме'сто
ПРЕТЕ'НЗИЯ
   00
   Быть в прете'нзии [на кого'<на что]
   TO BEAR A GRUDGE AGAINST (SOMEONE/SOMETHING)
   -Наде'юсь, вы не в прете'нзии на меня' за не'которую
   ре'зкость то'на?
ПРЕТКНОВЕ'НИЕ
   14
   Ка'мень преткнове'ния
   A STUMBLING BLOCK
   И иску'сство име'ет свой преде'л. Есть ка'мень
   преткнове'ния, кото'рый реши'тельно не бере.т ни смычо'к,
   ни кисть, ни резе'ц.
ПРИБА'ВКА
   00
   В приба'вку
   IN ADDITION
   Пропи'л он и прогуля'л все., всем задолжа'л на Се'чи и,
   в приба'вку к тому', прокра'лся.
ПРИБАВЛЕ'НИЕ
   00
   Прибавле'ние семе'йства
   AN ADDITION TO THE FAMILY (A BIRTH)
ПРИБИ'ТЫЙ
   00
   $То'чно/сло'вно$ из-за угла' мешко'м приби'тый R мешо'к
ПРИБРА'ТЬ
   29
   Бог прибра'л [кого']
   (HE) WAS TAKEN BY GOD; (HE) DIED
   -Твои'х, брат, никого' не'ту, всех бог прибра'л! Все
   по'мерли.
   00
   Прибра'ть во'жжи к рука'м R во'жжи
   00
   Прибра'ть к рука'м R рука'
ПРИ'БЫЛЬ
   00
   Пойти' на при'быль
   TO BE ON THE RISE; TO WAX
   1. День поше.л на при'быль. 2. Вода' пошла' на
   при'быль, и Фрега'т встал.
ПРИБЫ'ТЬ
   00
   $На'шего полку'<в на'шем полку'$ при'было R полк

ПРИВЕ'СИТЬ
00
Язы'к хорошо' приве'шен [у кого'] R язы'к
ПРИВЕСТИ'
00
В христиа'нский вид привести' [кого'<что] R
христиа'нский
00
Не приведе.т к $добру'/чему' хоро'шему$
(IT) WILL LEAD TO NO GOOD; (IT) WILL END BADLY
Плато'н по'нял, что злость сы'на не приведе.т к добру'.
00
Не приведи' $бог/бо'же/госпо'дь/го'споди$ R бог
00
Приведе.т $бог/госпо'дь$
GOD WILLS
-Здоро'во, Макси'м! Вот приве.л бог где уви'деться!
00
Приведе.т $судьба'/слу'чай$
FATE WILLS
-Мо'жет быть, приведе.т еше. судьба' - встре'тимся.
00
Привести' в изве'стность
TO MAKE KNOWN; TO MAKE CLEAR
Собра'ние бы'ло приведено' в изве'стность о
литерату'рном кружке' при библиоте'ке.
00
Привести' в себя'
TO REVIVE (SOMEONE); TO BRING (SOMEONE) AROUND
1. Алексе'й на мгнове'ние потеря'л созна'ние, но ...
ошуше'ние бли'зкой опа'сности привело' его' в себя'.
00
Привести' к $одному'/о'бщему$ знамена'телю R
знамена'тель
00
Привести' к поря'дку [кого']
TO BRING (SOMEONE) BACK IN LINE
ПРИВЕ'Т
00
Ни отве'та ни приве'та R отве'т
29
Приве'т!
GREETINGS!
00
С (коммунисти'ческим/това'рищеским/дру'жеским/ETC)
приве'том
COMRADELY/FRIENDLY GREETINGS
ПРИВЫКА'ТЬ
00
Не привыка'ть (стать) [кому']
IT'S NOTHING NEW TO (HIM)
Нам не стать привыка'ть, - пусть моро'з твой трещи'т:
На'ша ру'сская кровь на моро'зе гори'т!
ПРИ'ВЯЗЬ
00
Держа'ть язы'к на при'вязи R язы'к
00
$Как/бу'дто/сло'вно$ с при'вязи сорва'лся R сорва'ться
ПРИГВОЗДИ'ТЬ
00
Пригвозди'ть [кого'] к позо'рному столбу' R позо'рный
ПРИГЛАСИ'ТЬ
00
Пригласи'ть [кого'] в свиде'тели R свиде'тель
ПРИГОВОРИ'ТЬ
00
Приговори'ть к сме'рти [кого']
1. TO CONDEMN TO DEATH 2. TO CONSIDER (SOMEONE) INCURABLY
ILL
1. -Влади'мирчева суди'л наро'дный трибуна'л и
приговори'л к сме'рти 2. ... челове'к едва' ли
тридцати' лет о'т роду, но уже' приговоре.нный к бли'зкой
сме'рти.
ПРИ'ГО'РШНЯ
00
По'лными при'го'ршнями =сы'пать/дава'ть/хвата'ть/ETC=
IN HANDFULS; IN LARGE QUANTITIES;
Счастли'вые крестья'не по'лными при'горшнями хвата'ли

зе.рна пшени'цы и, любу'ясь и'ми, ме'дленно сы'пали в
мешки'.
ПРИГРЕСТИ'
00
Пригрести' к рука'м R рука'
ПРИГРЕ'ТЬ
00
Пригре'ть змею' на груди' R змея'
ПРИДА'ТЬ
00
Христиа'нский вид прида'ть [кому'<чему'] R
христиа'нский
ПРИДА'ЧА
00
$В<на$ прида'чу
IN ADDITION
Поче.тного зва'ния губе'рнского предводи'теля в то
вре'мя добива'лся не'кто Орбасса'нов, пусто'й крику'н,
да еше. и взя'точник в прида'чу.
ПРИДЕРЖА'ТЬ
00
Придержа'ть язы'к R язы'к
ПРИДЕ'РЖИВАТЬСЯ
00
Приде'рживаться $рю'мочки<стака'нчика$
TO BE INCLINED TO DRINK
ПРИ'ДУРЬ
00
С при'дурью
1. A BIT FOOLISH 2. STRANGE, ECCENTRIC 3. RESTIVE [ABOUT
HORSES]
1. -Рехну'лась, ма'тушка! Не изво'льте гне'ваться,
ва'ше превосходи'тельство: она' немно'го с при'дурью.
2. -Ано'сиха с мо'лодости взба'лмошная, с при'дурью.
ПРИЕ'ХАТЬ
00
Прие'хать с визи'том R визи'т
ПРИЖА'ТЬ
00
Прижа'ть в у'гол [кого'] R у'гол
00
Прижа'ть к но'гтю [кого'] R но'готь
00
$Прижа'ть/припере'ть$ к $стене'/сте'нке$ [кого']
TO BACK (SOMEONE) AGAINST THE WALL
ПРИЗВА'ТЬ
00
Призва'ть [кого'] в свиде'тели R свиде'тель
00
Призва'ть к поря'дку [кого']
TO CALL (SOMEONE) TO ORDER
- ... Но по пра'ву ста'рших това'рищей мы обя'заны
призва'ть к поря'дку молодо'го, еше. нео'пытного
рабо'тника.
00
Призва'ть под ружье. R ружье.
ПРИ'ЗМА
00
Сквозь при'зму [чего'] =смотре'ть/наблюда'ть/ETC=
TO LOOK AT/OBSERVE (SOMETHING) THROUGH THE PRISM OF ...
Никола'й в я'рких кра'сках изобрази'л ей дереве'нскую
жизнь. ... Разуме'ется, изобрази'л свои'ми слова'ми и
сквозь при'зму своего' понима'ния и настрое'ния.
ПРИ'ЗНАК
00
Подава'ть при'знаки жи'зни R подава'ть
ПРИЗНА'НИЕ
00
Клеша'ми тащи'ть =призна'ние= [из кого'] R клеши
ПРИЗНА'ТЬСЯ
00
Призна'ться сказа'ть
TO TELL THE TRUTH; I MUST ADMIT
-Я, призна'ться сказа'ть, не охо'тник до ча'ю.
ПРИЗЫ'В
00
Вы'бросить призы'в R вы'бросить
ПРИЙТИ'
00
Го'рьким о'пытом прийти' [к чему'] R го'рький

ПРИЙТИ' CONT'D.
00
Из госте'й прийти' R гость
00
Прийти' $а го'лову/в ум<на ум$ [кому'+что<INF] R ум
00
Прийти' в движе'ние
TO GO INTO MOTION
Пассажи'ры, сиде'вшие в за'ле ожида'ния, пришли' в
движе'ние по'сле объявле'ния поса'дки на по'езд.
42
$Прийти' в мысль/войти' в го'лову$
TO DAWN ON (SOMEONE); TO OCCUR TO (SOMEONE); TO SUDDENLY
STRIKE (SOMEONE);
00
Прийти' в но'рму R но'рма
00
Прийти' в раж R раж
00
Прийти' в себя'
1. TO RECOVER; TO REGAIN CONSCIOUSNESS 2. NOT TO GET OVER
(SOMETHING); NOT TO CALM DOWN
1. За'литый кро'вью Пта'ха шевельну'лся. Он прише.л
в себя'. 2. Оте'ч не мо'жет прийти' в себя' от
неожи'данности и негодова'ния.
00
Прийти' в $чу'вство/созна'ние$
1. TO COME AROUND; TU REGAIN CONSCIOUSNESS
Кри'зис минова'л; больно'й прише.л в созна'ние, но
ненадо'лго, и погрузи'лся в сон.
00
Прийти' к ша'почному разбо'ру R ша'почный
00
Прийти' $на<в$ ум [кому'] +[что<INF] R ум
00
Прийти' на па'мять R па'мять
00
Прийти' на по'мощь
TO COME TO (SOMEONE'S) AID
Она' всегда' гото'ва прийти' на по'мощь нужда'ющимся в
ней.
00
Прийти' с визи'том R визи'т
00
Прийти' с пови'нной (голово'й) R пови'нный
00
С пусты'ми рука'ми прийти' R пусто'й
ПРИЙТИ'СЬ
00
К сло'ву прийти'сь R сло'во
00
$Прийти'сь/быть$ [кому'] по $вку'су/се'рдцу/нра'ву/душе'$
TO SUIT (SOMEONE); TO BE TO (SOMEONE'S) TASTE/LIKING; TO BE
(SOMETHING) AFTER ONE'S OWN HEART
Вы'шивка кресто'м пришла'сь молодо'й же'нщине по вку'су.
00
Прийти'сь ко двору' R двор
00
Прийти'сь кста'ти
TO BE TIMELY; TO BE APROPOS; TO BE WELCOME
Прие'зд ро'дственника, учи'теля, прише.лся кста'ти: он
подтяну'л успева'емость дете'й в семье'.
00
Прийти'сь не ко двору' R двор
00
Со'лоно прийти'сь R со'лоно
ПРИКАЗА'ТЬ
42
Как прика'жете
AS YOU WISH
00
Приказа'ть до'лго жить R жить
42
Что прика'жете?
WHAT'S YOUR PLEASURE?; WHAT WOULD YOU LIKE?
ПРИКА'ЗНЫЙ
42
$Прика'зная строка'/прика'зный крючо'к$

A SCRIBBLER (CLERK, SCRIBE)
ПРИКИ'ДЫВАТЬСЯ
00
Лисо'й прики'дываться R лиса'
ПРИКЛОНИ'ТЬ
00
$Го'лову/главу'$ приклони'ть [где<куда']
TO LAY ONE'S HEAD (SOMEWHERE)
У старико'в, лиши'вшихся сынове'й и иму'щества во вре'мя
войны', нет где го'лову приклони'ть.
00
$Не'где/не'куда/ETC$ $го'лову/главу'$ приклони'ть
TO HAVE NOWHERE TO LAY ONE'S HEAD
61
Приклони'ть $слух/у'хо$
TO BE ALL EARS; TO LEND AN EAR
К на'шим ска'зкам, ми'лый ры'чарь, Приклони'те слух.
ПРИКЛЮЧЕ'НИЕ
00
Иска'тель приключе'ний R иска'тель
ПРИКУСИ'ТЬ
00
Прикуси'ть язы'к
TO HOLD ONE'S TONGUE; TO KEEP SILENT; TO BITE ONE'S TONGUE
ПРИЛИ'К
73
Для $прили'ку/прили'ки$
FOR APPEARANCE'S SAKE; TO KEEP UP APPEARANCES
1. –Изве'стно, для прили'ку ну'жно снача'ла об
че.м-нибудь об друго'м поговори'ть. 2. Ты начина'й с
соба'к: оста'вь их для прили'ки, Но то'лько ты на все'х
намо'рдники наде'нь.
ПРИЛИ'КА
00
Для прили'ки R прили'к
ПРИЛИ'ПНУТЬ
00
Язы'к прили'п к горта'ни [у кого'] R язы'к
ПРИЛИ'ЧИЕ
00
Держа'ть себя' в ра'мках (прили'чия) R ра'мка
ПРИЛОЖИ'ТЬ
00
Приложи'ть $ру'ки<ру'ку$ [к чему'<под чем] R рука'
00
Ума' не приложу' R ум
ПРИЛОЖИ'ТЬСЯ
00
$Остально'е/все./про'чее/ETC$ прило'жится
EVERYTHING WILL WORK OUT; ALL IN GOOD TIME; EVERYTHING IN
ITS OWN TIME
ПРИМЕ'Р
00
$Брать/взять$ приме'р [с кого']
TO FOLLOW (SOMEONE'S) EXAMPLE
00
Для приме'ра
AS AN EXAMPLE
И приказа'ли управи'телю еще. раз меня' вы'сечь с
оглаше'нием для всео'бщего приме'ра и пото'м на обро'к
пусти'ть.
00
К приме'ру ($сказа'ть/говоря'$)
FOR EXAMPLE
00
Не в приме'р
BY FAR
–Мне мальчи'шек бо'льше не на'до, ... Де'вочка не в
приме'р лу'чше.
00
Не в приме'р [кому'<чему']
UNLIKE (SOMEONE/SOMETHING)
Хотя', не в приме'р вчера'шнему дню, стоя'ла жара', в
полуте.мной ку'хоньке ... бы'ло на ре'дкость прохла'дно.
00
$Пода'ть/показа'ть$ приме'р R пода'ть
00
Пода'ть приме'р R пода'ть

218

ПРИМЕ'Р CONT'D.
   00
   Показа'ть приме'р R пода'ть
ПРИМЕ'ТА
   00
   На приме'те =быть/име'ться= [у кого']
   TO HAVE (SOMEONE/SOMETHING) IN MIND; TO HAVE ONE'S EYE ON
   (SOMEONE/SOMETHING)
   -А есть у тебя' кто'-нибудь на приме'те, ... жени'х
   како'й-нибудь?
   На приме'те $име'ть/держа'ть$ [кого'<что]
   TO HAVE (SOMEONE/SOMETHING) IN MIND; TO HAVE ONE'S EYE ON
   (SOMEONE/SOMETHING)
   Тот, кто име'ет лега'вую да хоро'шие лесны'е места' на
   приме'те, отправля'ется с откры'тием сезо'на за
   тетерева'ми.
ПРИМЕ'ТИТЬ
   00
   Слона' не приме'тить R слон
ПРИМИРИ'ТЬСЯ
   00
   Примири'ться со свое'й со'вестью R со'весть
ПРИНАДЛЕЖА'ТЬ
   00
   Принадлежи'т честь =введе'ния/откры'тия/созда'ния/
   ETC=[кому'] R честь
ПРИНАДЛЕ'ЖНОСТЬ
   00
   По принадле'жности =отпра'вить/переда'ть/ETC=
   TO THE PROPER QUARTER/PARTY
ПРИНЕСТИ'
   00
   $Куда'/отку'да$ че.рт прине.с R че.рт
   00
   Неле.гкая принесла' [кого'] R неле.гкий
   00
   Принести' в же'ртву [что] R же'ртва
   00
   Принести' же'ртву [чему'] R же'ртва
   00
   Принести' пови'нную R пови'нный
   00
   Принести' [что] на алта'рь $оте'чества/иску'сства/нау'ки/
   любви'/ETC$ R алта'рь
   00
   Соро'ка на хвосте' принесла' R соро'ка
   00
   Че.рт прине.с [кого'] R че.рт
ПРИНИМА'ТЬ
   00
   Душа' не принима'ет R душа'
   00
   Принима'ть бе'лое за че'рное R бе'лый
   00
   Принима'ть уча'стие [в че.м] R уча'стие
   00
   Принима'ть уча'стие [в ком] R уча'стие
ПРИ'НЦИП
   00
   В при'нципе
   IN PRINCIPLE; THEORETICALLY
   00
   Из при'нципа
   ON PRINCIPLE; OUT OF PRINCIPLE
ПРИНЯ'ТЬ
   00
   Приня'ть (бли'зко) к се'рдцу [что] R се'рдце
   00
   Приня'ть $бой/сраже'ние/уда'р$
   TO TAKE UP THE CHALLANGE; TO ACCEPT BATTLE
   Осажде.нная кре'пость приняла' уда'р, но не сдала'сь.
   00
   Приня'ть в до'лю R до'ля
   00
   Приня'ть в кулаки' R кула'к
   00
   Приня'ть во внима'ние R внима'ние

   00
   Приня'ть в расче.т [кого'<что] R расче.т
   00
   Приня'ть в соображе'ние R соображе'ние
   00
   Приня'ть в штыки' [кого'<что] R штык
   00
   Приня'ть зако'н R зако'н
   00
   Приня'ть на ве'ру R ве'ра
   00
   Приня'ть на себя' труд [INF] R труд
   00
   Приня'ть на себя' [что] R себя'
   00
   Приня'ть по'зу [кого'<каку'ю] R по'за
   00
   Приня'ть с распросте.ртыми объя'тиями [кого'] R
   объя'тие
   00
   Приня'ть сто'рону [чью] R сторона'
   00
   Приня'ть [что] за чи'стую моне'ту R моне'та
   00
   Приня'ть [что] $на' душу/на свою' душу'$ R душа'
   00
   Приня'ть [что] на свой сче.т R сче.т
   00
   Приня'ть эстафе'ту [у кого'] R эстафе'та
ПРИОБРЕСТИ'
   00
   Приобрести' $права'<пра'во$ гражда'нства R гражда'нство
ПРИОТКРЫ'ТЬ
   00
   Приоткры'ть заве'су R заве'са
ПРИПАДА'ТЬ
   59
   Припада'ть здоро'вьем
   TO BE ILL/UNWELL; TO BE IN FAILING HEALTH
   -Как Пота'п Пота'пыч стал здоро'вьем припада'ть, так
   ино'й день и до'ма посиди'т; а пре'жде по бу'дням я его'
   дне.м-то и не вида'ла.
   61
   Припада'ть к $нога'м/стопа'м$ [чьим]
   TO BE AT (SOMEONE'S) FEET
   -Госуда'рыня А'нна Ефре'мовна! Мы, еще. при жи'зни
   поко'йного ба'рина на'шего, всегда' к стопа'м ва'шим
   припада'ли.
ПРИПА'РКА
   00
   Как ме.ртвому припа'рка (помо'жет)
   (HE) NEEDS IT LIKE (HE) NEEDS A HOLE IN THE HEAD
ПРИПЕВА'ЮЧИ
   29
   Жить припева'ючи
   TO HAVE IT MADE; TO BE IN CLOVER
   Жил Бучи'нский на при'исках припева'ючи, ел по четы'ре
   ра'за в день, а в хоро'шую пого'ду люби'л броди'ть по
   при'иску.
ПРИПЕ.КА
   00
   Сбо'ку припе.ка
   SUPERFLUOUS
   -При Миха'йле Илларио'новиче импера'торская гла'вная
   кварти'ра, штаб его' вели'чества бы'ли сбо'ку припе.ка,
   все. де'лалось в шта'бе главнокома'ндующего.
ПРИПЕРЕ'ТЬ
   00
   Припере'ть в у'гол [кого'] R у'гол
   00
   Припере'ть к $стене'/сте'нке$ [кого'] R прижа'ть
ПРИПОДНЯ'ТЬ
   00
   Приподня'ть заве'су R заве'са
ПРИРАСТИ'
   00
   Прирасти' корня'ми R ко'рень
ПРИРО'ДА
   00
   В $приро'де/нату'ре$ веще'й

ПРИРО'ДА CONT'D.
IN THE NATURE OF THINGS
00
Дитя' приро'ды R дитя'
00
Игра' приро'ды R игра'
00
На ло'не приро'ды R ло'но
00
От приро'ды
BY NATURE; FROM BIRTH
Ушако'в был от приро'ды остроу'мен...
ПРИСЕ'СТ
00
$В<за$ оди'н присе'ст
AT A STRETCH; AT ONE SITTING
... мо'жет ли челове'к за оди'н присе'ст сье'сть пятна'дцать фу'нтов че.рного хле'ба.
ПРИСЕ'СТЬ
00
Присе'сть на ко'рточки R ко'рточки
ПРИСКО'РБИЕ
14
К (глубо'кому) приско'рбию
REGRETFULLY
14
С (глубо'ким/серде'чным) приско'рбием
WITH DEEP REGRET
ПРИСТА'ТЬ
00
Как ба'нный лист приста'ть R ба'нный
00
С ножо'м к го'рлу приста'ть R го'рло
ПРИСТРА'СТИЕ
00
Допро'с с пристра'стием
THE THIRD DEGREE [I.E. AN INTENSE INTERROGATION]
Испра'вник, допра'шивая воро'в, надева'л на них ... желе'зный оше'йник, ... подо'бные допро'сы называ'ются допро'сами с пристра'стием...
00
С пристра'стием
WITH PARTIALITY
ПРИ'СТУП
00
$При'ступу нет/не присту'пишься/нельзя' приступи'ться$ [к чему']
(IT) IS OUT OF ONE'S REACH; (I) CAN'T AFFORD (IT)
00
$При'ступу нет/не присту'пишься/нельзя' приступи'ться$ [к кому']
(HE) IS INACCESSIBLE
Муж хо'чет извини'ться за ре'зкие слова', но к жене' при'ступу нет.
ПРИСТУПИ'ТЬСЯ
00
Нельзя' приступи'ться [к кому'] R при'ступ
00
Не присту'пишься [к кому'] R при'ступ
00
$Не присту'пишься/нельзя' приступи'ться$ [к чему'] R при'ступ
ПРИСУ'ТСТВИЕ
00
Отсу'тствие вся'кого прису'тствия [у кого'] R отсу'тствие
00
Прису'тствие ду'ха
PRESENCE OF MIND
Оте'ц спас семью' во вре'мя пожа'ра благодаря' прису'тствию ду'ха.
ПРИТАИ'ТЬ
00
Притаи'ть дыха'ние
TO HOLD ONE'S BREATH
Разве'дчик притаи'л дыха'ние, услы'шав хруст сухи'х ве'ток под чьи'ми-то шага'ми.
ПРИ'ТЧА
00
При'тча во язы'цех

IT'S ON EVERYONE'S TONGUE/LIPS
ПРИТЯНУ'ТЬ
00
Притяну'ть за' $во'лосы/уши$ [что]
TO JUST DRAG (SOMETHING) IN
[фолькло'р] хоро'ш быва'ет тогда', когда' враста'ет в произведе'ние органи'чески, когда' он не "притя'нут за' во'лосы"...
ПРИХОДИ'ТЬ
00
Приходи'ть $на ум<в ум/в го'лову$ [кому'+что<INF] R ум
ПРИХОДИ'ТЬСЯ
00
Год на' год не прихо'дится R год
00
Далеко' $ходи'ть/иска'ть$ не прихо'дится R далеко'
00
К ма'сти приходи'ться R масть
00
Кру'то прихо'дится [кому'] R кру'то
00
Не к ма'сти приходи'ться R масть
00
Раз на раз не прихо'дится R раз
ПРИЧЕ'Л
00
$Брать/взять$ на приче'л [кого'<что]
TO AIM AT; TO SET ONE'S SIGHTS ON
1. Бере.т тот ку'стик на приче'л, Припа'в к ружью', наво'дчик. 2. -Он мне сего'дня сло'во дал хорошо' занима'ться. Возьми'те-ка и вы его' на свой комсомо'льский приче'л.
ПРИЧЕ'ЛИТЬСЯ
00
Приче'литься $гла'зом/взгля'дом/ETC$
TO SET ONE'S SIGHTS ON
Вори'шка приче'лился взгля'дом на оттопы'ренный карма'н пассажи'ра, стоя'вшего в прохо'де перепо'лненного авто'буса.
ПРИЧИ'НА
42
По причи'не [чего']
DUE TO; AS A RESULT OF
Наконе'ц на'чало бить Фрега'т, по причи'не переме'нной при'были и у'были воды', об дно, о свои' якоря'.
00
По той (просто'й) причи'не, ...
FOR THE SIMPLE REASON THAT
ПРИЧИ'СЛИТЬ
00
Причи'слить к со'нму [кого'] R сонм
ПРИШЕ'СТВИЕ
11
Второ'е прише'ствие
DOOMSDAY
-А что ж, самова'р у тебя' ко второ'му прише'ствию посне'ет?-
ПРИШИБИ'ТЬ
00
Кондра'шка приши'б R кондра'шка
ПРИШИ'ТЬ
00
(Не) прише'й кобы'ле хвост R хвост
ПРИШУ'Р
00
$Взгляну'ть/гляде'ть/ETC$ с пришу'ром
TO SQUINT AT (SOMETHING)
Покупа'тель гляде'л с пришу'ром на коня', оце'нивая его' досто'инства.
00
Глаза' с пришу'ром
SQUINTING EYES
ПРИШУ'РКА
29
Взгляд с пришу'ркой
A SQUINT
У сосе'да взгляд с пришу'ркой - он пло'хо ви'дит.

ПРИЩУ'РКА CONT'D.
   29
   $Взгляну'ть/гляде'ть/ETC$ с прищу'ркой
   TO SQUINT AT (SOMETHING)
ПРИЯ'ТНЫЙ
   00
   Прия'тного сна R сон
ПРО
   00
   Ни за что' ни про что' R что
   00
   Про запа'с R запа'с
   00
   Про и ко'нтра R ко'нтра
   00
   Про себя' R себя'
ПРО'БА
   00
   $Вы'сшей/высо'кой$ про'бы
   TOP QUALITY; HIGHEST QUALITY; HIGH TEST
   Для него' я'сно бы'ло, что тепе'рь он созерца'ет
   настоя'щего дельца', дельца' вы'сшей про'бы.
   00
   На про'бу =взять/дать=
   AS A TEST; FOR PRACTICE; TO TEST
   В Ста'ро-Алекса'ндровском ры'нке ей да'ли на про'бу
   сшить полдю'жины руба'шек.
   00
   Ни'зкой про'бы
   LOWEST GRADE
   Отвеча'ть газе'тчикам ни'зкой про'бы - не ста'ну, а тем
   па'че - писа'телям "Но'вого вре'мени".
   00
   Про'ба пера'
   A FIRST.ATTEMPT (IN WRITING)
   Литерату'рные кри'тики благоприя'тно отозва'лись на
   про'бу пера' - расска'з.
ПРОБЕГА'ТЬ
   00
   Моро'з по $ко'же/спине'$ пробега'ет R моро'з
ПРОБЕЖА'ТЬ
   00
   Че.рная ко'шка пробежа'ла между [кем] R ко'шка
ПРОБИ'РНЫЙ
   00
   Проби'рный ка'мень R про'бный
ПРОБИ'ТЬ
   00
   Проби'ть брешь R брешь
   00
   Проби'ть $доро'гу/путь$
   TO BLAZE A TRAIL; TO OPEN THE WAY
   00
   Проби'ть себе' $доро'гу/путь$
   TO MAKE A NAME FOR ONESELF (IN A CERTAIN FIELD)
   Ломоно'сов проби'л себе' путь к нау'кам,
   00
   $Пу'шкой<из пу'шки$ не пробье.шь R пу'шка
   00
   Час проби'л!
   THE TIME HAS COME!; THE HOUR HAS STRUCK!
ПРОБИ'ТЬСЯ
   00
   Проби'ться в лю'ди
   TO BECOME SOMEBODY; TO ARRIVE; TO MAKE IT
   Адвока'т проби'лся в лю'ди, став чле'ном прави'тельства.
ПРО'БКА
   00
   Глуп как про'бка
   TO BE A BLOCKHEAD
   Ночно'й сто'рож глуп как про'бка, но с ним всегда'
   неме'цкая овча'рка.
ПРО'БНЫЙ
   00
   $Проби'рный/про'бный$ ка'мень
   A TOUCHSTONE; THE ACID TEST
   -Ведь жени'тьба де'ло ва'жное, про'бный ка'мень всего'
   челове'ка.

   00
   Про'бный шар
   TRIAL BALLOON
ПРО'БОВАТЬ
   00
   Про'бовать си'лы [в че.м] R си'ла
ПРОВАЛИ'ТЬСЯ
   00
   $Как/то'чно$ сквозь зе'млю провали'лся
   DISAPPEARED INTO THIN AIR; AS IF THE EARTH HAD SWALLOWED
   (IT) UP
   Нече'стный игро'к был так проу'чен, что бо'льше не
   появля'лся в городке', то'чно сквозь зе'млю провали'лся.
   29
   Провали'сь я!
   HONEST!; I'M NOT KIDDING!
   29
   Провали'ться на э'том (са'мом) ме'сте!
   MAY I DROP DEAD!
   -Кто-то подкра'дывался к скла'ду: я слы'шал шо'пот и
   шо'рох шаго'в. Провали'ться на э'том ме'сте! -уверя'л
   солда'т, бы'вший на посту'.
   00
   С тре'ском провали'ться R треск
   00
   $Хоть/гото'в (сквозь зе'млю)$ провали'ться
   (I) WISH THE GROUND WOULD OPEN UNDER (ME)
   Ю'ноша гото'в сквозь зе'млю провали'ться от стыда',
   солга'в дове'рчивым роди'телям.
ПРОВЕСТИ'
   00
   Провести' в жизнь [что]
   TO BRING TO LIFE; TO MAKE (SOMETHING) A REALITY
   00
   Провести' за' нос [кого']
   TO LEAD (SOMEONE) BY THE NOSE
ПРОВИДЕ'НИЕ
   00
   Перст провиде'ния R перст
ПРОВОДИ'ТЬ
   00
   Проводи'ть $глаза'ми/взгля'дом/взо'ром$
   TO FOLLOW (SOMEONE/SOMETHING) WITH ONE'S EYES
   Оста'вшиеся на земле' проводи'ли глаза'ми подня'вшийся
   самоле.т.
ПРОГЛОТИ'ТЬ.
   00
   $Как/сло'вно/бу'дто$ арши'н проглоти'л R арши'н
   00
   Проглоти'ть пилю'лю R пилю'ля
   00
   Проглоти'ть язы'к
   TO KEEP QUIET; TO HOLD ONE'S TONGUE; TO LOSE ONE'S
   TONGUE; TO BE TONGUE-TIED
   Он реши'л проглоти'ть язы'к и молча'л до са'мой
   больни'цы.
   00
   (То'чно) му'ху проглоти'л R му'ха
   00
   Язы'к прогло'тишь
   IT'S DELICIOUS; IT'LL MELT IN YOUR MOUTH
   Ма'рья на у'жин состря'пала таки'е пельме'ни, что язы'к
   прогло'тишь.
ПРОГЛЯДЕ'ТЬ
   00
   (Все) глаза' прогляде'ть R просмотре'ть
   29
   Прогляде'ть глаза'
   TO RUIN ONE'S EYES
   -Бу'дет вам чита'ть. Глаза' прогляди'те, спать на'до.
ПРОГНА'ТЬ
   00
   В толчки' =прогна'ть= R толчо'к
ПРОГНЕ'ВАТЬСЯ
   00
   Не $прогне'вайся<прогне'вайтесь$
   I BEG YOUR PARDON
   1. -Уж не прогне'вайтесь на меня', стару'ху; ... мне

ПРОГНЕ'ВАТЬСЯ CONT'D.
    не до еды'; а вы отку'шайте одни'.
ПРОГУДЕ'ТЬ
    00
    Прогуде'ть у'ши [кому'] R у'хо
ПРОДАВА'ТЬ
    00
    За что купи'л, за то и продаю' R купи'ть
    00
    С рук продава'ть R рука'
ПРОДА'ТЬ
    00
    В рассро'чку прода'ть R рассро'чка
    00
    До'рого прода'ть свою' жизнь R до'рого
    00
    За три'дцать сре'бреников прода'ть R сре'бреник
    00
    На' сторону =прода'ть= R сторона'
    00
    Прода'ть с молотка' R молото'к
    00
    Прода'ть шпа'гу R шпа'га
ПРОДА'ТЬСЯ
    00
    Прода'ться за чечеви'чную похле.бку R чечеви'чный
ПРОДОЛЖЕ'НИЕ
    00
    В продолже'ние [чего']
    DURING THE COURSE OF
    В продолже'ние у'жина Грушни'цкий шепта'лся ... с
    драгу'нским капита'ном.
ПРОДОХНУ'ТЬ
    00
    $Не продохне.шь<не продохну'ть/продохну'ть нельзя'$
    IT'S HARD TO BREATH
    1. ... В ваго'не нельзя' бы'ло продохну'ть. 2.
    -Приду'т мужчи'ны, наку'рят так, что не продохне.шь.
ПРОДРА'ТЬ
    29
    Продра'ть глаза'
    TO OPEN ONE'S EYES; TO AWAKEN
    -Не успе'л продра'ть глаза' как вчера'шняя пропа'жа
    та'беля в мастерско'й пришла' на па'мять, -говори'л оди'н
    из слесаре'й.
ПРОДУВНО'Й
    00
    Продувна'я бе'стия
    A SLY FOX; A DEEP ONE
ПРОЕ'ЗД
    00
    Ни $прохо'да<прохо'ду$, ни $прое'зда<прое'зду$ R
    прохо'д
ПРОЕ'СТЬ
    00
    Зу'бы прое'сть [на че.м] R зуб
ПРОЕ'ХАТЬСЯ
    00
    Прое'хаться на [чей] сче.т R пройти'сь
    00
    Прое'хаться по а'дресу [кого'<чьему'] R пройти'сь
ПРОЖИГА'ТЕЛЬ
    00
    Прожига'тель жи'зни
    ONE WHO LIVES FAST
    Он был я'ростным прожига'телем жи'зни, броса'вшим
    де'ньги на цыга'н...
ПРОЖИГА'ТЬ
    00
    Прожига'ть жизнь R жизнь
ПРОЖИ'ТИЕ
    00
    На $прожи'тие/прожи'ток$
    FOR LIVING EXPENSES
    ... Э'тих де'нег ему' хвати'ло на прожи'тие.
ПРОЖИ'ТОК
    00
    На прожи'ток R прожи'тие

ПРОЖИ'ТОЧНЫЙ
    00
    Прожи'точный ми'нимум R ми'нимум
ПРОЖУЖЖА'ТЬ
    00
    Прожужжа'ть у'ши [кому'] R у'хо
ПРОЗАКЛА'ДЫВАТЬ
    00
    Го'лову $прозакла'дываю/гото'в прозакла'дывать$
    I'LL STAKE MY LIFE ON IT
    -Го'лову прозакла'дываю, что "Ре'звый" возьме.т приз,
    -сказа'л оди'н из зри'телей на ипподро'ме.
ПРОИГРА'ТЬ
    00
    Проигра'ть пари' R пари'
ПРОИЗВЕСТИ'
    00
    Произвести' на свет
    TO BRING INTO THE WORLD
    У ка'ждого ребе.нка по приро'де веще'й одна' мать, - та
    мать, кото'рая его' вы'носила и произвела' на свет.
ПРОИЗВОДИ'ТЬ
    00
    Свет не производи'л [кого']
    THE LIKES OF (HIM) WERE NEVER SEEN BEFORE
    - ... Э'то [купцы'] таки'е моше'нники, каки'х свет не
    производи'л.
ПРОИЗВО'ДСТВО
    00
    Без отры'ва от произво'дства R отры'в
ПРОИЗВО'Л
    00
    $Оста'вить/бро'сить/поки'нуть/ETC$ на произво'л судьбы'
    TO ABANDON; TO LEAVE (SOMEONE) HIGH AND DRY
ПРОИЗНЕСТИ'
    00
    В сто'рону =произнести'= R сторона'
ПРОЙТИ'
    00
    Да'ром не пройде.т [что+кому'] R да'ром
    00
    Ми'мо рта прошло' R рот
    00
    Пройти' в жизнь
    TO BECOME A REALITY
    Мечты' ю'ности прошли' в жизнь - он соверши'л
    кругосве'тное путеше'ствие.
    00
    Пройти' между рук R рука'
    00
    Пройти' ми'мо [кого'<чего'] R ми'мо
    00
    Пройти' молча'нием R молча'ние
    00
    Пройти' ого'нь и во'ду (и ме'дные тру'бы) R ого'нь
    00
    Пройти' с аншла'гом R аншла'г
    00
    Пройти' Фу'ксом R Фукс
ПРОЙТИ'СЬ
    00
    $Пройти'сь/прое'хаться$ $на [чей] сче.т/по а'дресу
    [кого'<чьему']$
    TO MAKE A SNIDE REMARK ABOUT (SOMEONE); TO MAKE FUN OF
    (SOMEONE)
ПРОК
    00
    Знать прок [в че.м] R знать
ПРОКАТИ'ТЬ
    00
    Прокати'ть на вороны'х R вороно'й
ПРОКЛЯ'СТЬ
    00
    Будь (ты) $про'клят<про'клята$!
    DAMN YOU!
    -Са'шка! Погуби'л ты меня' ... по'мни. Будь про'клят,
    ры'жий че.рт!
ПРОКЛЯ'ТЫЙ
    42
    Прокля'тый вопро'с

ПРОКРИЧА'ТЬ
    00
    Прокрича'ть у'ши [кому'] R у'хо
ПРОКРУ'СТОВ
    00
    Прокру'стово ло'же R ло'же
ПРОЛЕТЕ'ТЬ
    00
    Слы'шно, как му'ха пролети'т R му'ха
ПРОЛИВА'ТЬ
    00
    Пролива'ть кровь [чью] R кровь
    00
    Пролива'ть (свою') кровь [за кого'<за что] R кровь
ПРОЛИ'ТЬ
    00
    Проли'ть бальза'м [на что] R бальза'м
    00
    Проли'ть кровь [чью] R кровь
    00
    Проли'ть свет [на что] R свет(1)
    00
    Проли'ть (свою') кровь [за кого'<за что] R кровь
    00
    Проли'ть слезу' R слеза'
ПРОЛОЖИ'ТЬ
    00
    Гру'дью проложи'ть себе' доро'гу R грудь
    00
    Проложи'ть $доро'гу/путь$ [куда'<к чему'<чему']
    TO PAVE THE WAY
    00
    Проложи'ть себе' доро'гу
    TO MAKE ONE'S WAY; TO MAKE IT
ПРО'МАХ
    00
    Дать про'мах
    TO BLUNDER; TO SLIP UP
    -Тот сва'тался - успе'л, а тот дал про'мах.
    29
    $Ма'лый/па'рень/ETC$ не про'мах
    A SHARP FELLOW; (HE) KNOWS WHAT'S WHAT
    Я сам ма'лый не про'мах. Еще. кто кого' проведе.т.
    Посмо'трим.
ПРОМЕНЯ'ТЬ
    00
    Променя'ть куку'шку на я'стреба
    TO JUMP FROM THE FRYING PAN INTO THE FIRE
    00
    Променя'ть на чечеви'чную похле.бку R чечеви'чный
ПРОМО'КНУТЬ
    00
    До ни'тки промо'к R ни'тка
ПРОМОЧИ'ТЬ
    00
    Промочи'ть го'рло R го'рло
ПРОНЗИ'ТЬ
    00
    Пронзи'ть взгля'дом
    TO LOOK PIERCINGLY AT (SOMEONE); TO TRANSFIX (SOMEONE)
    Ма'льчик, пронзе.нный взгля'дом отца', призна'лся в
    проде'лках в шко'ле.
    00
    Пронзи'ть $ду'шу/се'рдце$
    TO BREAK (SOMEONE'S) HEART
    Весть о преждевре'менной сме'рти дру'га пронзи'ла мое.
    се'рдце.
ПРОПАДА'ТЬ
    00
    Где на'ше не пропада'ло!
    WE'LL TRY IT, COME WHAT MAY!; WELL, HERE GOES
    -Где на'ше не пропада'ло! -говори'ли охо'тники,
    осторо'жно ступа'я по то'нкому льду на ре'чке.
ПРО'ПАДОМ
    29
    Пропади' про'падом!

THE DEVIL TAKE (HIM/IT!); THE HELL WITH (HIM/IT)!
    -Кота' не ви'дно.- -Пропади' он про'падом! Спа'су нет
    от мыше'й!-
ПРО'ПАСТЬ
    29
    Про'пасти нет [на кого'<на что]
    DAMN (HIM/IT)
    -В ста'де недостае.т ягне.нка!- -Про'пасти нет на
    волко'в!-
    00
    Толка'ть в про'пасть [кого'] R толка'ть
ПРОПА'СТЬ
    00
    (И) след пропа'л R след
    00
    Ли'бо пан, ли'бо пропа'л R пан
    00
    Ни за $поню'шку/нюх/поню'х$ табаку' =пропа'сть= R
    таба'к
    00
    Пан или пропа'л R пан
    00
    Пиши' пропа'ло
    THERE'S NO HOPE; IT'S AS GOOD AS LOST
    -Пиши' пропа'ло! -говори'ли с гру'стью крестья'не,
    гля'дя на ози'мые всхо'ды, заме.рзшие без сне'жного
    покро'ва.
    00
    Пропади' про'падом! R про'падом
    00
    Пропа'сть без ве'сти R весть
    00
    Пропа'сть $да'ром/по'пусту$
    TO GO TO WASTE; TO HAVE COME TO NOTHING; TO HAVE BEEN FOR
    NOTHING
    00
    Пропа'сть ни за копе'йку R копе'йка
ПРОПИСА'ТЬ
    00
    Прописа'ть [кому'] и'жицу R и'жица
ПРОПЛА'КАТЬ
    00
    Пропла'кать (все) глаза'
    TO CRY ONE'S EYES OUT
    Де'ти пропла'кали все глаза' в по'исках пропа'вшей
    Жу'чки.
ПРОПО'Й
    71
    На пропо'й души'
    CAROUSING
ПРОПУСТИ'ТЬ
    00
    Никого' не пропусти'ть
    TO LEAVE NO ONE IN PEACE; NOT TO GIVE ANYONE ANY PEACE
    00
    Пропусти'ть ми'мо уше'й R ми'мо
    00
    Пропусти'ть рю'мочку R рю'мочка
ПРОРОНИ'ТЬ
    00
    Не пророни'ть (ни) слези'нки
    00
    Не пророни'ть (ни) $слезы'/слези'нки$
    NOT TO SHED A TEAR; NOT TO GIVE WAY TO TEARS
ПРОСИ'ТЬ
    00
    Есть про'сит R есть
    00
    Ми'лости $про'сим<прошу'$ R ми'лость
    00
    Поко'рнейше прошу' R поко'рнейше
    00
    Проси'ть руки' R рука'
    00
    Проси'ть че'стью R честь
    00
    Про'сят ка'ши $сапоги'/боти'нки/ETC$ R ка'ша
    00
    Прошу' (вас)

ПРОСИ'ТЬ CONT'D.
I BEG OF YOU; IF YOU PLEASE
-Ах, здра'вствуйте! -ла'сково сказа'л он и распахну'л дверь еще. ши're. -Прошу'!
00
Прошу' поко'рно R поко'рно
00
Прошу' проше'нья R проше'ние
ПРОСИ'ТЬСЯ
00
Проси'ться $нару'жу/из души'$
(IT) WANTS OUT [ABOUT EMOTION]
1. -Чу'вство, дя'дюшка, про'сится нару'жу, тре'бует поры'ва, излия'ния. 2. -Благода'рность ... ведь э'то тако'е чу'вство, что его' не уде'ржишь, оно' из души' про'сится.
ПРОСКОЧИ'ТЬ
00
Че.рная ко'шка проскочи'ла между [кем] R ко'шка
ПРОСМОТРЕ'ТЬ
00
(Все) глаза' $просмотре'ть/прогляде'ть$
TO STRAIN ONE'S EYES [WHILE LOOKING OUT FOR SOMEONE]

Семья' все глаза' просмотре'ла, ища' де'вочку, тре.хлетку, а она' спала' под я'блоней, обня'в ку'клу.
ПРОСТИ'ТЬ
14
После'днее прости' $сказа'ть/посла'ть$
TO MAKE A FINAL FAREWELL; TO PART FOREVER
00
Прости' го'споди R госпо'дь
18
Прости'-проща'й
FAREWELL
Ты прости'-проща'й, Сыр-дрему'чий бор, С ле'тней во'лею, С зи'мней вью'гою!
ПРО'СТО
00
А ла'рчик про'сто открыва'лся R ла'рчик
42
Про'сто-за'просто
ABSOLUTELY; SIMPLY
00
Про'сто наказа'ние R наказа'ние
00
Про'сто-на'просто
ABSOLUTELY; SIMPLY
00
Про'сто смерть R смерть
00
Про'сто смех R смех
00
Про'сто так
1. ORDINARILY 2. FOR NO PARTICULAR REASON
1. - ... Вчера' они' с Седы'х поссо'рились. Как карто'шку гото'вить. Седы'х хоте'л про'сто так, в мунди'рах вари'ть... 2. Чери'мов проше.лся по двору' ..., простоя'л про'сто так посреди' двора' ... посвиста'л.
ПРОСТО'Й
42
Из просты'х
FROM THE PEOPLE
Ломоно'сов, знамени'тый ру'сский уче.ный, был из просты'х - сын рыбака'.
00
По той (просто'й) причи'не, ... R причи'на
00
Просто'й наро'д R наро'д
00
Просты'м гла'зом
WITH THE NAKED EYE
Вся я'рость пулеме.тного и руже'йного огня' ... напра'вилась на про'секу, на люде'й у ору'дия, ви'дных без бино'кля, просты'м гла'зом.
00
Про'ще сказа'ть R сказа'ть
ПРОСТОТА'
00
В простоте' душе'вной

FROM NAIVETE; TRUSTINGLY
В простоте' душе'вной рабо'чий откры'л туго'й кошеле.к, распла'чиваясь за пи'во; вы'йдя из пивно'й, он обнару'жил пропа'жу кошелька'.
00
По простоте' $душе'вной/серде'чной$
FROM NAIVETE; TRUSTINGLY
00
Свята'я простота'
A SIMPLE SOUL
Мой друг - свята'я простота': дове'рчив, добролу'шен.
ПРОСТРА'НСТВО
00
Вне вре'мени и простра'нства R вне
ПРОСТЫ'ТЬ
00
(И) след простыл R след
ПРО'СЫ'П
00
Без $про'сы'пу<про'сы'па$
1. SOUNDLY; WITHOUT WAKING 2. WITHOUT EVER SOBERING UP
1. -Ко'нчим войну', и спать завалю'сь на все' пе'рвые три дня по ми'рному положе'нию и бу'ду спать без про'сы'пу. 2. Я знал друго'го станово'го приста'ва, кото'рый до'лгое вре'мя пил без про'сы'па...
ПРО'СЬБА
00
Класть под сукно' =про'сьбу= R сукно'
ПРОТЕРЕ'ТЬ
00
Протере'ть $глаза'/гла'зки$
1. TO WAKE UP 2. TO REGAIN CONSCIOUSNESS; TO REGAIN ONE'S SENSES
29
Протере'ть $глаза'/гла'зки$ [чему']
TO SQUANDER (SOMETHING)
-Как по'мер мой оте'ц, - доста'лись мне де'ньги, уж и проте.р же я им гла'зки!
29
Протере'ть с $песко'м/песо'чком$ [кого']
TO TELL (SOMEONE) OFF; TO GIVE (SOMEONE) A PIECE OF ONE'S MIND
Ма'стер проте.р с песо'чком всех в це'хе, ука'зывая на недоста'тки.
ПРО'ТИВ
00
Ничего' не име'ть про'тив [чего'] R име'ть
00
Про'тив вся'кого ча'яния R ча'яние
ПРОТИ'ВНИК
00
На плеча'х проти'вника R плечо'
ПРОТИ'ВНОСТЬ
00
В проти'вность [кому'<чему'] R противополо'жность
42
В проти'вность [чему']
IN SPITE OF; IN DEFIANCE OF
В сатири'ческих журна'лах мно'го е'сть заме'ток, облича'ющих плу'тни, бы'вшие при рекру'тских набо'рах в проти'вность зако'нам.
ПРОТИ'ВНЫЙ
00
В проти'вном слу'чае
IN THE REVERSE SITUATION
Через неде'лю я, вероя'тно, сам прие'ду в Петербу'рг, а в проти'вном слу'чае попрошу' В. П. Петро'ва заня'ться постано'вкой.
ПРОТИВОВЕ'С
00
В противове'с [кому'<чему'] R противополо'жность
ПРОТИВОПОЛО'ЖНОСТЬ
00
В $противополо'жность/проти'вность/противове'с$ [кому'<чему']
IN DISTINCTION TO
1. Рот, в проти'вность но'су, был огро'мен и представля'л собо'ю бесфо'рменную ще'ль. 2. В противове'с э'тим неблагоприя'тным мне'ниям,

ПРОТИВОПОЛО'ЖНОСТЬ CONT'D.
Кравчи'нский и ... Шишко' ста'ли реши'тельно за меня'.
ПРОТИВОРЕ'ЧИЕ
00
Власть в противоре'чие R впасть
ПРОТОРЕ.ННЫЙ
00
По проторе.нной доро'жке =идти'/ЕТС=
ON THE BEATEN TRACK
ПРОТРУБИ'ТЬ
00
Протруби'ть у'ши [кому'] R у'хо
ПРОТЯ'ГИВАТЬ
00
По оде.жке протя'гивай но'жки R оде.жка
ПРОТЯЖЕ'НИЕ
00
На протяже'нии [чего']
IN THE COURSE OF
ПРОТЯНУ'ТЬ
29
$Протяну'ть/вы'тянуть$ но'ги
TO DIE; TO KICK THE BUCKET; TO TURN UP ONE'S TOES
00
Протяну'ть ру'ку по'мощи [кому'] R рука'
ПРОХЛА'ДЕЦ
00
С $прохла'дцем/прохла'дцей$
COOLLY; TAKING ONE'S TIME; LISTLESSLY
1. Фельдма'ршал Шереме'тев ве.л оса'ду Ю'рьева с прохла'дцей... 2. ... Его'ру показа'лось, что бра'тья относи'лись друг к дру'гу с прохла'дцей.
ПРОХЛА'ДЦА
00
С прохла'дцей R прохла'дец
ПРОХО'Д
00
Ни $прохо'да<прохо'ду$, ни $прое'зда<прое'зду$
NO PASSAGE
00
$Прохо'да<прохо'ду$ не дава'ть
TO HOUND (SOMEONE)
При пе'рвом сне'ге де'ти прохо'да не дава'ли отцу', обеща'вшему ката'нье на саня'х.
00
$Прохо'да<прохо'ду$ нет [от кого'<от чего']
THERE'S NO REFUGE FROM (SOMEONE/SOMETHING)
ПРОХОДИ'ТЬ
00
Кра'сной ни'тью проходи'ть R кра'сный
ПРОЦЕ'НТ
00
На (все) сто проце'нтов
ONE HUNDRED PERCENT; COMPLETELY
План сда'чи урожа'я госуда'рству вы'полнен на сто проце'нтов.
ПРОЦЕ'СС
00
В проце'ссе [чего']
IN THE PROCESS OF
ПРО'ЧИЙ
00
И все. тако'е (про'чее) R тако'й
42
И про'чая
ET CETERA; ETC.
00
И $про'чее<пр<прочь$
ET CETERA; ETC.
Позади' до'мика на гря'дках поспе'ли о'вощи: сала'т, капу'ста, помидо'ры, реди'ска, лук и про'чее.
00
Ме'жду про'чим R ме'жду
00
Про'чее приложи'тся R приложи'ться
ПРО'ЧНО
00
Стоя'ть на нога'х про'чно R нога'

ПРОЧЬ
00
Не прочь [INF]
(HE) IS NOT OPPOSED TO DOING (IT); (HE) AGREES/IS PREPARED TO DO (IT)
Макси'м Луки'ч начина'л испы'тывать голо'дную зево'ту и не прочь был перекуси'ть.
42
Не прочь [от чего']
NOT OPPOSED TO (SOMETHING)
Ива'н Ники'форович был весьма' не прочь от примире'ния.
00
Ру'ки прочь [от кого'<от чего'] R рука'
00
С косте'й прочь R кость
00
Шу'тки прочь R шу'тка
ПРОШЕ'СТВИЕ
14
По проше'ствии [чего']
AFTER THE PASSAGE OF ...; AFTER THE LAPSE OF ...
-Ну-с, по проше'ствии вре'мени, у стару'шки отняли'сь но'ги...
ПРОШИБИ'ТЬ
00
$Пу'шкой<из пу'шки$ не прошибе.шь R пу'шка
ПРОШЛОГО'ДНИЙ
00
Как прошлого'дний снег $ну'жен/интересу'ет$ R снег
ПРО'ШЛЫЙ
00
Де'ло про'шлое
THAT'S ANCIENT HISTORY; THAT'S A THING OF THE PAST
Де'ло про'шлое; он был зано'счив, тщесла'вен; жизнь сгла'дила э'ти черты' его' хара'ктера.
00
Ка'нуть в про'шлое R ка'нуть
00
Отойти' в про'шлое
TO BE IN THE PAST; TO BE OVER; TO BE A THING OF THE PAST
Обы'чай сватовства' отоше.л в про'шлое.
ПРОЩА'НИЕ
00
На проща'ние
AT PARTING
... она' обняла' меня' на проща'ние...
ПРОЩА'ТЬ
00
Прости'-проща'й R прости'ть
ПРО'ЩЕ
00
Про'ще па'реной ре'пы R па'реный
ПРОЩЕ'НИЕ
00
Прошу' проще'нья
I BEG YOUR PARDON
-Прошу' проще'ния! -говори'л он сидя'щим в нача'ле ря'да сту'льев, продвига'ясь к своему'.
ПРОЩУ'ПАТЬ
00
Прощу'пать по'чву [для чего'] R по'чва
ПРОЯВИ'ТЬ
00
Прояви'ть себя'
TO SHOW ONE'S WORTH; TO PROVE TO BE ...
Писа'тель ра'но прояви'л себя'.
ПРУД
00
Хоть пруд пруди' [кого'<чего'] R пруди'ть
ПРУДИ'ТЬ
00
Хоть пруд пруди' [кого'<чего']
BUCKET LOADS; THERE IS PLENTY OF
ПРУЖИ'НА
00
Как на пружи'нах =встава'ть/дви'гаться/ЕТС=
VERY QUICKLY; ENERGETICALLY; AS IF WOUND UP
00
Нажа'ть на все пружи'ны R нажа'ть

ПРЫТЬ
    00
    Во всю прыть
    AT FULL SPEED; WITH FULL POWER
    Ма'льчики во всю прыть несли'сь за убега'ющим
    жеребе.нком.
    00
    Отку'да прыть взяла'сь
    WITH UNEXPECTED VIGOR
    Старики' бы'стро пригото'вили, отку'да прыть взяла'сь,
    ко'мнату сы'на, верну'вшегося с войны'.
ПРЯ'ДАТЬ
    00
    $Пря'дать/прясть$ уша'ми
    TO TWITCH ONES EARS
    ... ве'тки шекота'ли бока' ло'шади, она' пугли'во
    пря'дала уша'ми, кача'ла голово'й и коси'лась...
ПРЯ'МО
    00
    Пря'мо смех R смех
    00
    Пря'мо-таки
    COMPLETELY; FULLY; SIMPLY
    У'тром, е'сли подморо'зит, то доро'га пря'мо-таки
    отли'чная...
    00
    $Смотре'ть/гляде'ть$ пря'мо в глаза' [чему'] R глаз
ПРЯМО'Й
    00
    В прямо'м смы'сле сло'ва
    LITERALLY; IN THE LITERAL MEANING OF THE WORD
    Архите'ктор оказа'лся дельцо'м в прямо'м смы'сле сло'ва.
    00
    $Пряма'я доро'га/прямо'й путь$
    THE DIRECT PATH/ROUTE
    00
    Прямо'е попада'ние
    A DIRECT HIT
ПРЯСТЬ
    00
    Прясть уша'ми R пря'дать
ПРЯ'ТАТЬ
    00
    Пря'тать $глаза'/взгляд$
    TO AVERT ONE'S EYES
    00
    Пря'тать концы' R коне'ц
ПРЯ'ТАТЬСЯ
    00
    Пря'таться в свою' скорлупу' R скорлупа'
    00
    Пря'таться за [чью] спи'ну R спина'
ПРЯ'ТКИ
    00
    Игра'ть в пря'тки
    TO CONCEAL (SOMETHING)
ПТЕНЕ'Ц
    00
    Желторо'тый птене'ц
    AN INEXPERIENCED, NAIVE YOUNG PERSON; A GREENHORN;
    (SOMEONE) WET BEHIND THE EARS
ПТИ'ЦА
    00
    Во'льная пти'ца R во'льный
    00
    Жить как пти'ца небе'сная
    TO BE FREE AS A BIRD; NOT TO HAVE A CARE IN THE WORLD
    Сам он жил как пти'ца небе'сная: у'тром не знал, что
    бу'дет е'сть в по'лдень.
    00
    Пти'ца $высо'кого/вы'сшего$ поле.та R поле.т
    00
    $Ста'рая/обстре'лянная/стре'ляная$ пти'ца R стре'ляный
    00
    Стре'ляная пти'ца R стре'ляный
ПТИ'ЧИЙ
    50
    На пти'чьих права'х =быть/жить/ETC=

TO LIVE IN INSECURITY
    Лиши'вшись семьи', ю'ноша был на пти'чьих права'х у
    свои'х ро'дственников, неподо'лгу живя' у ка'ждого из них.
    00
    Пти'чий база'р R база'р
    00
    С (высоты') пти'чьего поле.та R поле.т
    00
    (То'лько) пти'чьего молока' $недостае.т/не хвата'ет$
    (THEY) HAVE EVERYTHING; YOU NAME IT, (THEY'VE) GOT IT
    Всего' у них в изоби'лии, то'лько пти'чьего молока' не
    хвата'ет, а сча'стья нет.
ПУ'ГОВКА
    50
    Нос пу'говкой
    A BUTTON NOSE
    Серье.зное выраже'ние лица' де'вушки как-то не вяза'лось
    с но'сом пу'говкой.
ПУД
    00
    Пуд со'ли съесть [с кем] R соль
ПУЗЫ'РЬ
    00
    Мы'льный пузы'рь R мы'льный
    50
    Пуска'ть пузыри'
    TO BE IN A FIX
ПУ'ЛЯ
    00
    Вы'лететь пу'лей R вы'лететь
    00
    Вы'пустить пу'лю R вы'пустить
    29
    $Отлива'ть/лить$ пу'ли
    TO SPIN YARNS; TO TELL TALL TALES
    00
    Пусти'ть (себе') пу'лю в лоб R лоб
ПУНКТ
    00
    По пу'нктам
    IN ORDER; POINT BY POINT; THOROUGHLY
    Вопро'сы по докла'ду бы'ли по пу'нктам.
    00
    Пункт за пу'нктом
    IN ORDER; POINT BY POINT; THOROUGHLY
    Защи'тник пункт за пу'нктом доказа'л неви'нность
    подсуди'мого.
ПУП
    29
    Пуп земли'
    THE HUB OF THE UNIVERSE; (SOMEONE) WHO CONSIDERS HIMSELF
    THE MOST IMPORTANT PERSON
ПУСКА'Й
    00
    Пуска'й разрази'т $бог/госпо'дь$ [кого'] R разрази'ть
ПУСКА'ТЬ
    00
    На поро'г не пуска'ть [кого'] R поро'г
    00
    Пуска'й его' ([V]) R он
    00
    Пуска'ть ко'рни R ко'рень
    00
    Пуска'ть пузыри' R пузы'рь
ПУСТИ'ТЬ
    00
    Пусти'ть в де'ло R де'ло
    00
    Пусти'ть в оборо'т
    TO PUT TO USE
    Ра'зве из пла'тья что'-нибудь пусти'ть в оборо'т?
    Штаны', что ли, прода'ть?
    00
    Пусти'ть в расхо'д [кого'] R расхо'д
    00
    Пусти'ть в трубу' [кого'] R труба'
    00
    Пусти'ть в ход R ход

ПУСТИ'ТЬ CONT'D.
  00
  Пусти'ть козла' в огоро'д R козе.л
  00
  Пусти'ть ко'рни R ко'рень
  00
  Пусти'ть кра'сного петуха' R пету'х
  00
  Пусти'ть на дно R дно
  00
  Пусти'ть петуха' R пету'х
  00
  Пусти'ть по'езд под отко'с R отко'с
  00
  Пусти'ть по' миру [кого'] R мир(1)
  00
  Пусти'ть (себе') пу'лю в лоб R лоб
  00
  Пусти'ть слезу' R слеза'
  00
  Пусть его' ([V]) R он
  00
  Пыль в глаза' пусти'ть R пыль
ПУСТИ'ТЬСЯ
  00
  Пусти'ться во $все тя'жкие<вся тя'жкая/все неле.гкие$
  TO LET ONESELF GO; TO BARGE AHEAD
  Молодо'й насле'дник пусти'лся во все неле.гкие и вско'ре
  оказа'лся без де'нег и друзе'й.
ПУ'СТО
  00
  $Ра'зом гу'сто, ра'зом пу'сто/то гу'сто, то пу'сто$
  FEAST OR FAMINE
  00
  Чтоб $тебе'/ему'/вам/им$ пу'сто бы'ло
  DAMN (HIM)
  -Ах ты, ..., как перепуга'л, окая'нный! Все. се'рдце
  оторва'лось. Чтоб тебе' пу'сто бы'ло!
ПУСТО'Й
  00
  Звук пусто'й R звук
  00
  $Перелива'ть/пересыпа'ть$ из пусто'го в поро'жнее R
  поро'жний
  00
  Пусто'е ме'сто
  A NOBODY
  В свое'й семье' он - пусто'е ме'сто: ни жена', ни
  сыновья' не счита'ются с его' мне'нием.
  00
  Пусто'й карма'н R карма'н
  00
  Пусто'й кошеле.к R кошеле.к
  00
  С пусты'ми рука'ми $прийти'/яви'ться/уйти'/ETC$
  TO COME/APPEAR/LEAVE/ETC WITH EMPTY HANDS/EMPTY-HANDED
  За рабо'ту принялся' я не с пусты'ми рука'ми:
  пересмотре'л, перебра'л, перечита'л мно'гие деся'тки книг.
ПУСТОТА'
  00
  Торриче'ллиева пустота' R торриче'ллиев
ПУСТЫ'НЯ
  00
  Глас вопию'щего в пусты'не R глас
ПУСТЬ
  00
  Пусть $его'<ее.<их$
  LET (HIM/HER/THEM/IT)
  -Не пора' ли де'тям в дом? -Пусть их еще. побе'гают.
  00
  Пусть разрази'т $бог/госпо'дь$ [кого'] R разрази'ть
  00
  Пусть $себе'$
  LET (HIM/HER/THEM/IT)
  Краб не заинтересова'л ма'льчика. Пусть себе' ползе.т,
  не велика' ре'дкость.
  00
  Пусть так

SO BE IT
  -Ты возьме.шь меня': вдвое.м мы сде'лаем все.. Оди'н ты
  не суме'ешь, не захо'чешь! -Пусть так.
ПУСТЯ'К
  00
  Па'ра пустяко'в R па'ра
ПУ'ТАТЬ
  00
  Пу'тать следы'
  TO COVER ONE'S TRACKS
  Лиса', пу'тая следы', скры'лась в ча'ще ле'са.
ПУ'ТАТЬСЯ
  00
  Пу'таться под нога'ми R нога'
ПУТЕ.ВКА
  00
  Путе.вка в жизнь
  A START IN LIFE
ПУТЕВО'ДНЫЙ
  00
  Путево'дная звезда'
  A GUIDING STAR; LODESTAR
  Я счастли'в, Мариа'нна, тем, что я начина'ю э'ту но'вую
  жизнь с тобо'й вме'сте! Ты бу'дешь мое'й путево'дной
  звездо'й, мое'й подде'ржкой.
  00
  Путево'дная нить
  THE GUIDING THREAD
  По тому' инстинкти'вному чу'вству, ... кото'рое слу'жит
  путево'дною ни'тью разгово'ра, Ка'тенька поняла', что
  мне бо'льно ее. равноду'шие.
ПУТЬ
  29
  Без пути'
  AIMLESSLY/TO NO PURPOSE/IN VAIN
  00
  Быть на пути' [к чему']
  TO BE ON THE ROAD TO (SOMETHING); TO BE WELL ON THE WAY TO
  (SOMETHING)
  Быть на пути' к успе'ху.
  00
  $Встать/стать$ на путь [чего'<како'й] R встать
  00
  Вступи'ть на путь [чего'] R вступи'ть
  00
  Вы'вести на путь R вы'вести
  00
  Держа'ть путь R держа'ть
  00
  Жи'зненный путь
  LIFE
  Го'рький был вели'ким де'ятелем ру'сской культу'ры.
  Его' жи'зненный путь - сам по себе' произведе'ние
  необыча'йной си'лы и значе'ния.
  00
  Забы'ть путь [куда'] R забы'ть
  00
  Заказа'ть [кому'] путь [куда'] R заказа'ть
  00
  Идти' по ло'жному пути' R ло'жный
  00
  Идти' свои'м путе.м R свой
  00
  $Напра'вить/наста'вить/обрати'ть$ [кого'] на $путь
  и'стины/и'стинный путь$
  TO PUT (SOMEONE) ON THE RIGHT TRACK
  Здесь предстоя'л а'втору прекра'сный слу'чай изобрази'ть
  тро'гательную сце'ну ... примире'ния враго'в и обраще'ния
  на путь и'стинный заблу'дшего челове'ка.
  00
  Напра'вить путь R напра'вить
  00
  На пути' [к чему']
  ON THE ROAD TO (SOMETHING)
  00
  Не по пути' [с кем]
  HAVING DIFFERENT GOALS/ASPIRATIONS; GOING SEPARATE WAYS
  Тру'женникам не по пути' с ло'дырями.

227

ПУТЬ CONT'D.
    00
    $Око'льным/обхо'дным$ путе.м
    IN A ROUND-ABOUT WAY
    От дове'рчивых люде'й нетру'дно око'льным путе.м
    вы'ведать та'йны.
    00
    Пойти' по дурно'му пути' R плохо'й
    00
    Пойти' по плохо'му пути' R плохо'й
    00
    Пойти' по пути' наиме'ньшего сопротивле'ния R
    наиме'ньший
    00
    По пути'
    1. IN PASSING; ON ONE'S WAY 2. ON THE WAY [I.E., LOCATED
    ON THE WAY TO SOMEWHERE]
    1. По пути' зашли' в дере'вню, где стоя'ла Ва'нина
    изба'. 2. -Я живу' там недалеко' от нее., нам по
    пути', я вас провожу'.
    00
    По пути' [чего']
    ON THE ROAD TO (SOMETHING)
    По пути' ми'рного строи'тельства.
    00
    После'дний путь
    ONE'S FINAL JOURNEY [ABOUT A FUNERAL]
    Колле'ги и студе'нты в после'дний путь проводи'ли
    профе'ссора, внеза'пно уме'ршего.
    00
    Проби'ть путь R проби'ть
    00
    Проби'ть себе' путь R проби'ть
    00
    Проложи'ть путь [куда'<к чему'<чему'] R проложи'ть
    00
    Прямо'й путь R прямо'й
    00
    $Сбить/совле'чь$ с пути' R сбить
    00
    Сби'ться с пути' R сби'ться
    00
    Совле'чь с пути' R сбить
    00
    Соврати'ть с пути' (и'стинного) R соврати'ть
    00
    Соврати'ться с пути' (и'стинного) R соврати'ться
    00
    Сойти' $с/со своего'$ пути' R сойти'
    00
    $Стать/стоя'ть$ $на пути' [чье.м]<попере.к пути'
    [кому']$ R доро'га
    00
    Стоя'ть на дурно'м пути' R стоя'ть
    00
    Стоя'ть на плохо'м пути' R стоя'ть
    00
    $Стоя'ть/находи'ться$ на ло'жном пути' R ло'жный
    00
    Стоя'ть на $хоро'шем/пра'вильном$ пути' R стоя'ть
    00
    Сухи'м путе.м R сухо'й
    00
    $Счастли'вый путь!<счастли'вого пути'!$
    HAVE A GOOD TRIP!
    -Счастли'вого пути'! -пожела'ли да'чники уезжа'вшим
    гостя'м.
    00
    Я'вочным путе.м R я'вочный
ПУХ
    00
    В пух (и прах)
    ABSOLUTELY; COMPLETELY
    1. Разби'ть неприя'теля в пух. 2. [Воронцо'в]
    потира'ет ру'ки в ожида'нии, когда' он разобье.т Вас в
    пух и прах в литерату'рном спо'ре. 3. При таки'х
    широ'ких разма'хах жи'зни князь, каза'лось, да'вно бы
    до'лжен был промота'ться в пух.

    00
    Ни пу'ха ни пера'
    GOOD LUCK!
    -Ступа'й, Алексе'й ... Ни пу'ха тебе', ни пера'.
    По'лной уда'чи.
    00
    Разоде'ться в пух и прах
    TO PUT ON ALL ONE'S FINERY; TO DRESS UP
    [Ама'лия Ива'новна] была' вся разоде'та хоть и в
    тра'ур, но во все. но'вое, в ше.лковое, в пух и прах, и
    горди'лась э'тим.
    00
    Ры'льце в пуху'
    (HE'S) INVOLVED IN A SHADY BUSINESS
    Те.ркин погляде'л на него' при'стально и поду'мал:
    "наверняка' и у тебя' ры'льце в пуху'!"
ПУ'ХНУТЬ
    00
    Голова' пу'хнет
    ONE'S HEAD SPINS (FROM HAVING THOUGHT DEEPLY FOR A LONG
    TIME OR FROM HAVING WITNESSED A LOT)
    Го'ловы солда'т пу'хли от кри'ка ...
ПУ'ШЕЧНЫЙ
    00
    Пу'шечное мя'со R мя'со
ПУ'ШКА
    29
    Взять на пу'шку
    TO DECEIVE; TO PULL THE WOOL OVER (SOMEONE'S) EYES
    А вы ду'маете, у них действи'тельно ко'нчился бензи'н?
    Они' про'сто хоте'ли взять нас на пу'шку!
    00
    Из пу'шки по воробья'м (стреля'ть/пали'ть/бить/ETC)
    TO BREAK A BUTTERFLY ON A WHEEL
    00
    Как из пу'шки
    ON THE DOT; RIGHT ON TIME
    [Председа'тель колхо'за] зако'нчил так: -В пять часо'в
    утра' всем быть на по'ле, как из пу'шки.
    00
    $Пу'шкой<из пу'шки$ не $прошибе.шь/пробье.шь$
    1. THE PEOPLE WERE PACKED IN LIKE SARDINES 2. YOU CAN'T
    BUDGE (HIM); YOU CAN'T INFLUENCE (HIM)
    Вдруг во'льницы весе.лый свист и то'пот: Наро'ду -
    пу'шкой не пробье.шь!
ПУ'ШЕ
    00
    Бере'чь пу'ше гла'за
    TO GUARD (SOMETHING) MORE CAREFULLY THAN ONE'S LIFE
    Старики' пу'ше гла'за берегли' ма'ленького вну'ка.
ПУ'ШИЙ
    00
    Для пу'шей ва'жности
    FOR GREATER SHOW
    Разбогате'вший деле'ч на'нял постоя'нного шофе.ра, для
    пу'шей ва'жности.
ПЫЛ
    00
    В пылу' $сраже'ния/би'твы/спо'ра/ETC$
    IN THE HEAT OF BATTLE/AN ARGUMENT/ETC.
    1. В пылу' спо'ра познаю'тся хара'ктеры люде'й. 2.
    Он растеря'л в пылу' сраже'нья Винто'вку, ша'шку - и
    бежи'т!
    00
    С пы'лу, с жа'ру
    PIPING HOT
    Лишь была' б она' [пи'ща] с нава'ром, Да была' бы с
    пы'лу, с жа'ру - Подобре'й, погоряче'й.
ПЫЛЬ
    00
    Пыль в глаза' пусти'ть
    TO THROW DUST IN (SOMEONE'S) EYES; TO MAKE A FALSE IMPRESSION
    И'зредка, в больши'е пра'здники, люби'л Серге'й
    Плато'нович пусти'ть пыль в глаза': созыва'л госте'й и
    угоща'л дороги'ми ви'нами, све'жей осетро'вой икро'й.
ПЫТА'ТЬСЯ
    00
    Пыта'ться поверну'ть колесо' исто'рии $вспять/наза'д$

ПЫТА'ТЬСЯ CONT'D.
   R колесо'
ПЫХ
   29
   Одни'м пы'хом
   IN A FLASH
   -Одни'м пы'хом, ..., -проговори'л Ники'та и ...
   побежа'л во двор и в рабо'чую избу'.
ПЬЕДЕСТА'Л
   00
   Свести' с пьедеста'ла [кого'<что] R свести'
ПЬЯ'НИЦА
   00
   $Го'рький<го'рькая$ пья'ница R го'рький
ПЬЯ'НЫЙ
   00
   $Как сте'лька<в сте'льку$ пьян R сте'лька
   00
   $Мертве'цки/ме.ртво'$ $пьян<пья'ный$ R мертве'цки
   00
   Ме.ртво' $пьян<пья'ный$ R мертве'цки
   29
   Под пья'ную ру'ку
   WHILE DRUNK
   Не томи'л я ее. безуста'нной рабо'той ... А слышь,
   бить - так почти' не бива'л, Ра'зве то'лько под пья'ную
   ру'ку.
   00
   По пья'ной ла'вочке R ла'вочка
   29
   По пья'ному де'лу
   WHILE DRUNK
   -Куда' моя' ша'пка запропасти'лась? -Не ина'че по
   пья'ному де'лу ты потеря'л ее..
   29
   С пья'ных глаз
   WHILE DRUNK
   С пья'ных глаз лю'ди говоря'т о свои'х та'йнах.
   00
   С пья'ных глаз R глаз
ПЯДЕ'НЬ
   00
   Семи' пяде'нь во лбу [кто] R пядь
ПЯДЬ
   00
   Ни пя'ди (земли' не отда'ть/не уступи'ть)
   NOT TO GIVE/YIELD AN INCH
   Королю' ни пя'ди Не уступи'ли ру'сской мы земли'.
   00
   Семи' $пяде'й/пяде'нь$ во лбу [кто]
   AS WISE AS SOLOMON
   Будь ты семи' пяде'й во лбу, а где'-нибудь прома'жешь.
ПЯ'ЛИТЬ
   29
   Пя'лить глаза' [на кого'<на что]
   TO STARE AT
   Не дели'чье э'то де'ло на чужи'х мужико'в глаза' пя'лить.
ПЯТА'
   00
   Ахилле'сова пята' R ахилле'сов
   00
   До пят
   ANKLE-LENGTH
   00
   Под пято'й
   UNDER (SOMEONE'S) HEEL; IN (SOMEONE'S) POWER
   Но большинство' крестья'н бы'ло бе'дное, существова'ло
   впро'голодь ... и всеце'ло находи'лось под пято'й у
   богате'ев.
   00
   По пята'м =ходи'ть/гна'ться/ETC=
   TO BE CLOSE ON (SOMEONE'S) HEELS; TO PURSUE RELENTLESSLY
   За'йцу все. каза'лось, что волк го'нится по пята'м и
   вот-во'т схва'тит его' свои'ми зуба'ми.
   00
   $С головы' до пят<от головы' до пят/с головы' до ног<с
   ног до головы'<от головы' до ног/с маку'шки до пя'ток<от
   маку'шки до пя'ток$

FROM HEAD TO TOE; COMPLETELY
   Мать с головы' до пят осмотре'ла дочь в подвене'чном
   наря'де.
ПЯТЕ.РКА
   00
   Учи'ться на кру'глые пяте.рки R кру'глый
ПЯ'ТКА
   00
   Душа' $ушла'/ухо'дит$ в пя'тки R душа'
   00
   Лиза'ть пя'тки [кому'] R лиза'ть
   00
   Наступа'ть на пя'тки [кому']
   TO BE CLOSE ON (SOMEONE'S) HEELS; TO BE CLOSE BEHIND; TO BE
   CLOSING THE GAP; TO BREATHE DOWN (SOMEONE'S) NECK
   Ко'нники, ви'дно, хоте'ли насти'гнуть его' еще. у
   грани'цы, наступи'ть ему' на пя'тки.
   00
   Показа'ть пя'тки
   TO SHOW ONE'S HEELS; TO SHOW A CLEAN PAIR OF HEELS
   Прока'зники, дразни'вшие соба'ку, показа'ли пя'тки,
   уви'дев ее. хозя'ина.
   00
   $С<от$ маку'шки до пя'ток R пята'
   00
   То'лько пя'тки сверка'ют R сверка'ть
ПЯ'ТНИЦА
   00
   Семь пя'тниц на неде'ле [у кого']
   (HE) KEEPS CHANGING (HIS) MIND
   У ее. ма'тери семь пя'тниц на неде'ле: сего'дня
   пожале'ет, приласка'ет, а за'втра була'вки втыка'ть
   начне.т.
ПЯТНО'
   00
   Бе'лые пя'тна R бе'лый
   00
   Класть пятно' [на кого'<на что] R класть
   00
   Роди'мое пятно' [чего'] R роди'мый
   00
   $Те.мное/че.рное$ пятно' R те.мный
ПЯ'ТЫЙ
   00
   $Из пя'того в деся'тое<с пя'того на деся'тое<пя'тое
   че'рез деся'тое$ =говори'ть/расска'зывать/ETC= R
   деся'тый
   29
   $Ну'жен<нужна'<ну'жно$ как соба'ке пя'тая нога'
   (HE) NEEDS IT LIKE A HOLE IN THE HEAD
   -И на кой мне че.рт вас в ро'ту присла'ли? Нужны' вы
   мне как соба'ке пя'тая нога'.
   00
   Пя'тая коло'нна R коло'нна
   00
   Пя'тая спи'ца в колесни'це R спи'ца
   00
   Пя'тое-деся'тое
   ONE THING AND ANOTHER
   У хозя'йки до'ма мно'го де'ла: воспита'ние дете'й,
   содержа'ние до'ма в поря'дке, пя'тое - деся'тое.
   00
   Пя'тое колесо' в теле'ге R колесо'
ПЯТЬ
   00
   Без пяти' мину'т [кто] R мину'та
   00
   Знать как свои' пять па'льцев R па'лец
РАБ
   42
   Раб бо'жий
   SERVANT OF GOD
   -Пото'м, ..., при всей честно'й компа'нии взя'ли меня',
   раба' бо'жия, под ру'чки, - пря'мо меня' в пово'зку.
РАБО'ТА
   00
   $Брать/взять$ в рабо'ту
   TO TAKE (SOMEONE) IN HAND

РАБО'ТА CONT'D.
00
Еги'петская рабо'та R еги'петский
00
Рабо'та гори'т в рука'х [у кого'] R горе'ть
00
Сизи'фова рабо'та R сизи'фов
РАБО'ТАТЬ
00
Рабо'тать без отка'за R отка'з
00
Рабо'тать как вол R вол
00
Рабо'тать над собо'й
TO IMPROVE ONESELF; TO PERFECT ONE'S ABILITY TO (DO SOMETHING)
Ше'пкин в по'лной зре'лости своего' тала'нта, рабо'тая над собо'й букза'льно день и ночь, с ка'ждым дне.м шел впере.д и приводи'л всех нас в восхище'ние.
РАВНО'
00
Все. равно' R весь
РАВНОВЕ'СИЕ
00
Вы'вести из равнове'сия
TO DISTURB THE EQUILIBRIUM; TO UPSET THE BALANCE
Ва'йман был побежде.н, и э'то вы'вело флегмати'чного эсто'нца из равнове'сия.
РА'ВНЫЙ
00
$Быть/стоя'ть/ETC$ на ра'вной ноге' [с кем] R нога'
00
На ра'вных права'х R пра'во
00
Пе'рвый среди' ра'вных R пе'рвый
00
Ра'вным о'бразом
EQUALLY; AS WELL AS; LIKEWISE
Ра'вным о'бразом ни я, ни Ду'ня ни полсло'ва еще. не говори'ли с ним о кре'пкой наде'жде на'шей, что он помо'жет нам.
РАД
00
Жи'зни не рад R жизнь
00
И не рад
I AM SORRY; I REGRET IT
-И не рад, что зате'ял соревнова'ние в пла'вании: оди'н из нас едва' не утону'л, -проговори'л член экску'рсии.
00
(И) сам не рад
I AM SORRY; I REGRET IT
Рукоде'льница сама' не ра'да свое'й обно'вке: подру'ги ста'ли вяза'ть то'чно таки'е же ко'фточки.
00
Рад ви'деть (вас) R ви'деть
00
Рад (и'ли) не рад
WHETHER ONE LIKES IT OR NOT
Рад и'ли не рад, а прихо'дится ждать пока' засиде'вшийся гость сам догада'ется уйти'.
00
Рад-раде.хонек R раде.хонек
00
Рад-раде.шенек R раде.хонек
00
$Рад<ра'ды$ стара'ться!
(I'M) GLAD TO DO IT
Прошу' Вас вы'брать меня' в свои' пове'ренные, а мы ра'ды стара'ться.
00
Хоть рад, хоть не рад
WHETHER ONE LIKES IT OR NOT
-Хоть рад, хоть не рад, а на'до идти' на зва'ный обе'д у те.щи, -поду'мал зять.
00
Чем бога'ты, тем и ра'ды R бога'тый
РАДЕ.ХОНЕК
00
$Рад-раде.хонек/рад-раде.шенек$

VERY HAPPY
1. Бе'льтов был рад-раде.хонек познако'миться с поря'дочным челове'ком. 2. Живе.шь в э'той Сиби'ри, так челове'ку образо'ванному рад-раде.шенек.
РАДЕ.ШЕНЕК
00
Рад-раде.шенек R раде.хонек
РА'ДИ
00
Для-ра'ди R для
00
Ра'ди бо'га R бог
00
Сме'ха ра'ди R смех
00
$Христа' ради'<ради' Христа'$ R Христо'с
РА'ДОСТЬ
00
На ра'достях
FOR JOY
-А, ну что, Мари'нушка: ско'ро ли позове.шь в кумовья'? Я все. жду, вот бы вы'пил на ра'достях.
00
Не в ра'дость
UNHAPPY; JOYLESS
Нам, де'тям, жизнь была' не в ра'дость.
29
С како'й ра'дости?
WHY?; FOR WHAT REASON?
-Мно'го напечено' и нава'рено. С како'й ра'дости?
-За'втра деся'тая годовщи'на на'шей сва'дьбы.
00
С ра'достью
WITH PLEASURE; WILLINGLY
Студе'нты с ра'достью собира'лись в экску'рсию.
РА'ДУЖНЫЙ
00
$Ви'деть/представля'ть/ETC$ в ра'дужном све'те
TO LOOK AT/PRESENT (SOMETHING) ON THE BRIGHT SIDE; TO PAINT (SOMETHING) IN GLOWING COLORS
РАЖ
00
$Войти'/прийти'$ в раж
TO FLY INTO A RAGE
Всегда' сде'ржанный, муж воше.л в раж от неимове'рных расхо'дов жены' на наря'ды.
РАЗ
00
Вот те ра'з! R вот
00
В са'мый раз
1. THE MOST APPROPRIATE TIME; ON TIME 2. FITTING; JUST THE THING
1. -В са'мый раз тепе'рь спать, потому' у'тром встае.м с петуха'ми. 2. -Вишь, в са'мый раз, -пригова'ривал Плато'н ....
00
В тако'м ра'зе R тако'й
29
Дать раза'
TO STRIKE; TO HIT
Он хоте'л приласка'ть ее. и уже' размахну'лся, что'бы дать ей раза' в спи'ну ...
00
Два'дцать раз =говори'ть/де'лать/ETC= R два'дцать
00
Друго'й раз R друго'й
00
Ино'й раз R ино'й
00
Как раз R как
00
Не раз
OFTEN; NOT JUST ONCE
Смени'т не раз млада'я де'ва Мечта'ми ле.гкие мечты'.
00
Ни в ко'ем ра'зе R кой
00
Ни ра'зу не ...

NEVER; NOT ONCE
[Мере'сьеву] не доводи'лось ви'деть возду'шный бой с
земли' ни ра'зу.
00
Раз-два и гото'во
IT CAN BE DONE IN A JIFFY
-Раз - два и гото'во! -проговори'л матро'с, сде'лав
морско'й у'зел.
00
Раз, два и обче'лся R обче'ться
00
Раз-друго'й
A FEW TIMES
Бро'дишь по алле'ям Ста'рого бульва'ра, ... и вдруг
мелькне.т перед глаза'ми кори'чневая ши'шка, упаде.т с
ве'тки, подпры'гнет раз-друго'й по гра'виевой доро'жке.
00
Раз за ра'зом
REGULARLY; TIME AFTER TIME; TIME AND AGAIN
Скры'тое ору'дие ... раз за ра'зом ста'ло бить в то
ме'сто за мо'сто'м, где притаи'лись в гне.здах пулеме.ты.
00
Раз (и) навсегда'
ONCE AND FOR ALL
И с э'той мину'ты [помпаду'р] реши'лся раз навсегда'
никаки'х дел не чита'ть.
00
Раз на раз не прихо'дится
IT WON'T ALWAYS BE THAT WAY; IT WON'T ALWAYS BE THE SAME
00
Раз о'т разу
EVERY TIME; WITH EVERY (E.G. TRY)
Хрома'вший больно'й раз о'т разу ступа'л уве'реннее и,
наконе'ч, оста'вил косты'ль.
00
Раз плю'нуть [кому'] R плю'нуть
42
Раз что ...
IF; SINCE
-Вот у нас де'вушки рабо'тают в мастерско'й - ра'зве я
могу' призна'ть в них това'рищей, раз что у них нет ни
го'рдости, ни ума', ни стыда'?
РАЗБЕ'Г
00
С $разбе'га<разбе'гу$
AT A RUN; WITH A RUNNING START
Макси'м побежа'л по борту' при'стани и с разбе'гу
пры'гнул на корму' парохо'да.
РАЗБЕЖА'ТЬСЯ
00
Глаза' разбежа'лись
TO BE DAZZLED (BY THE SIGHT OF SO MANY THINGS); TO BE
UNABLE TO CONCENTRATE ON ONE THING
У подли'повцев глаза' разбежа'лись: чего'-то нет на
ры'нке!
РАЗБИРА'ТЬ
00
По ко'сточкам разбира'ть [кого'<что] R ко'сточка
00
Прах $меня'/тебя'/ETC$ разбере.т $кто/что/како'й/
ETC$ R прах
РАЗБИРА'ТЬСЯ
00
Как свинья' в апельси'нах разбира'ться [в че.м] R
свинья'
РАЗБИ'ТЫЙ
00
Верну'ться к разби'тому коры'ту R коры'то
00
Оказа'ться у разби'того коры'та R коры'то
РАЗБИ'ТЬ
00
Разби'ть в прах R прах
00
Разби'ть ле.д R ле.д
00
Разби'ть се'рдце [чье.] R се'рдце

РАЗБИ'ТЬСЯ
00
Разби'ться в лепе.шку R лепе.шка
РАЗБО'Р
00
К ша'почному разбо'ру $прийти'/яви'ться/ETC$ R
ша'почный
РАЗВА'ЛЕЦ
00
С $разва'льцем/разва'льцей$
1. WITH A WADDLING GAIT 2. UNHURRIEDLY; LAZILY
-Уме'ет ли она', как ле'бедь, пла'вно, Неслы'шными
шага'ми выступа'ть, Не колыха'ясь? -Нет! С разва'льцем
хо'дит, Кача'ется по сторона'м она' Лего'нечко.
РАЗВА'ЛИНА
00
Лежа'ть в разва'линах R лежа'ть
РАЗВА'ЛЬЦА
00
С разва'льцей R разва'лец
РА'ЗВЕ
00
Ра'зве мо'жно R мо'жно
РАЗВЕ'РЗНУТЬСЯ
00
Небеса' разве'рзлись
THE HEAVENS OPENED
00
Разве'рзлись хля'би небе'сные R хлябь
РАЗВЕРНУ'ТЬСЯ
00
Разверну'ться во всю ширь R ширь
РАЗВЕ'СИТЬ
11
Разве'сить у'ши
TO SWALLOW EVERYTHING ONE IS TOLD
-[Ру'дин] то'тчас же пусти'лся вразумля'ть меня',
толкова'ть мне всю ва'жность моего' но'вого положе'ния.
Я у'ши разве'сил ... Ну, да ведь вы зна'ете, как он
уме'ет говори'ть.
РАЗВЕСТИ'
00
Развести' рука'ми
TO THROW UP ONE'S HANDS
Когда' он спроси'л врача', как он тут оказа'лся, тот
то'лько разве.л рука'ми: -Верне.тесь в часть, узна'ете.
Что' же я вам могу' сказа'ть.
РАЗВОДИ'ТЬ
00
Бобы' разводи'ть R боб
00
Разводи'ть $антимо'нии<антимо'нию$ R антимо'ния
00
Разводи'ть каните'ль R каните'ль
00
Разводи'ть туру'сы (на коле.сах) R туру'сы
РАЗВЯЗА'ТЬ
00
Развяза'ть войну'
TO BEGIN A WAR
00
Развяза'ть ру'ки [кому']
TO UNTIE (SOMEONE'S) HANDS; TO LEAVE (SOMEONE) FREE TO ACT
-Ива'н Васи'льев - отдава'й па'дчерицу за Я'кова, а?
И себе' развя'жешь ру'ки не'сколько, и мне бы по'льза
была'.
00
Развяза'ть $языки<язы'к$
1. TO LOOSEN (SOMEONE'S) TONGUE 2. TO BEGIN TO TALK A LOT
1. Я на'чал расспра'шивать о на'шем го'роде, и,
воспомина'ния о до'ме развяза'ли языки'. На'чались
расска'зы. 2. Дед неожи'данно для всех прикри'кнул на
отца': -Поговори' у меня'! Ишь, язы'к развяза'л ...
молокосо'с!
РАЗВЯЗА'ТЬСЯ
00
Язы'к $развяза'лся<развя'жется$ [у кого']
(HE) OPENED UP; (HE) FINALLY BEGAN TO TALK

РАЗВЯЗА'ТЬСЯ CONT'D.
От кре'пкого вина' язы'к развя'жется да'же у
молчали'вого челове'ка.
РАЗГИБА'ТЬ
   00
   Не разгиба'я спины' =рабо'тать/труди'ться/ETC= R
   спина'
РАЗГОВО'Р
   00
   Без да'льних/ли'шних $разгово'ров/слов/околи'чностей$
   WITHOUT FURTHER ADO; WITHOUT ANOTHER WORD
   Хоро'ший учи'тель му'зыки тре'бователен: без ли'шних
   разгово'ров он отка'зывает лени'вым и неспосо'бным.
И $разгово'ра<разгово'ру$ $быть не мо'жет [о че.м]/нет [о че.м]$
   1. IT'S COMPLETELY OUT OF THE QUESTION 2. THERE'S NO
   DOUBT ABOUT IT; IT'S BEYOND DISPUTE
   00
   Кру'пный разгово'р R кру'пный
РАЗГО'Н
   00
   В разго'не
   (TO BE) OUT/ON AN ERRAND
   00
   С $разго'на<разго'ну$
   AT A RUN; WITH A RUNNING START
   Разбежа'вшиеся ло'шади с разго'ну понесли' на го'ру так
   же бы'стро, как с горы'.
РАЗГОРЕ'ТЬСЯ
   00
   $Глаза' (и зу'бы)/зу'бы$ разгоре'лись [на что]
   WANTING (SOMETHING) SO MUCH, ONE CAN ALMOST TASTE IT
   1. Голо'дная кума' Лиса' зале'зла в сад; В не.м
   виногра'ду ки'сти рде'лись. У ку'мушки глаза' и зу'бы
   разгоре'лись. 2. Зу'бы у де'вок, у баб разгоре'лись.
РАЗГРАБЛЕ'НИЕ
   00
   На пото'к и разграбле'ние =отда'ть [что]= R пото'к
РАЗДАВИ'ТЬ
   00
   Му'ху раздави'ть R му'ха
РАЗДЕ'ЛАТЬ
   00
   Разде'лать под оре'х [кого'] R оре'х
РАЗДО'Р
   00
   Я'блоко раздо'ра R я'блоко
РАЗДУВА'ТЬ
   00
   Раздува'ть кади'ло R кади'ло
РАЗДУ'ТЬ
   00
   Разду'ть кади'ло R кади'ло
РАЗЖЕВА'ТЬ
   00
   Разжева'ть и в рот положи'ть R рот
РАЗИ'НУТЬ
   00
   Не сметь рта рази'нуть R рот
   00
   Рази'нуть рот
   TO SAY (SOMETHING); TO OPEN ONE'S MOUTH; TO GAPE
   1. -Кто там смел рот рази'нуть, -сказа'л гро'зно
   испра'вник. 2. -Митро'ха, ... подсоби'! Чего'
   стои'шь, рот-то рази'нул?- 3. -К тому' же [Фома']
   пи'шет стихи'. ... Ма'неньке к имени'нам таку'ю раче'ю
   сооруди'л, что мы то'лько рты рази'нули: и из мифоло'гии
   там у него', и му'зы лета'ют.
РАЗЛЕТЕ'ТЬСЯ
   00
   Разлете'ться пра'хом R прах
РАЗЛИВА'ННЫЙ
   00
   Разлива'нное мо'ре
   THE LIQUOR FLOWS LIKE WATER
   -У них там пир горо'й, разлива'нное мо'ре.
РАЗЛИВА'ТЬСЯ
   00
   Разлива'ться реко'й

TO SHED A RIVER OF TEARS
   Молода'я вдова' разлива'лась реко'й над те'лом му'жа.
   00
   Разлива'ться соловье.м R солове'й
РАЗЛИ'ТЬ
   00
   Водо'й не $разли'ть<разолье.шь$ [кого'] R вода'
РАЗЛИ'ЧИЕ
   00
   Без разли'чия
   INDISCRIMINATELY
   Никола'й Плато'ныч говори'л "ты" всем арти'стам без
   разли'чия.
РАЗЛЮЛИ'
   29
   Разлюли' мали'на
   (TO BE) IN CLOVER; (TO HAVE IT) GOOD
   -А ты, Па'шка, остава'йся ... У меня', брат, хорошо',
   разлюли' мали'на!
РАЗМА'Х
   00
   Со всего' $разма'ха<разма'ху$
   1. WITH ALL ONE'S MIGHT; FULL FORCE 2. AT A RUN; WITH A
   RUNNING START
   Пры'гнул оле'нь со всего' разма'ха в во'ду, окуну'лся,
   вы'нырнул и поплы'л на о'стров.
   00
   С $разма'ха<разма'ху$
   1. WITH ALL ONE'S MIGHT; FULL FORCE 2. AT A RUN; WITH A
   RUNNING START
   [Мальчи'шки] собира'ют по бе'регу пло'ские ка'мешки и с
   разма'ху пуска'ют их по воде'.
РАЗМЕ'НИВАТЬСЯ
   00
   Разме'ниваться $на ме'лочи<по мелоча'м$ R ме'лочь
РА'ЗНИЦА
   00
   Больша'я ра'зница
   (THAT'S) ALTOGETHER DIFFERENT
   Больша'я ра'зница, е'сли я име'ние свое. отдаю', кому'
   хочу', и'ли е'сли меня' принужда'ют отда'ть о'ное тому',
   кто мне ненави'стен.
   00
   Кака'я ра'зница?
   WHAT'S THE DIFFERENCE?
РАЗНООБРА'ЗИЕ
   00
   Для разнообра'зия
   FOR VARIETY; FOR A CHANGE
   Те.тушка Ма'гда настоя'ла на том, что'бы пойти' для
   разнообра'зия в конце'рт.
РАЗНОСИ'ТЬ
   00
   На все ко'рки разноси'ть R ко'рка
РА'ЗНОСТЬ
   00
   Ра'зные ра'зности
   A GREAT VARIETY
   1. Он ча'сто объясня'ет мне значе'ние ... часте'й
   маши'н, котло'в и ра'зных ра'зностей, вы'груженных с
   парохо'да на бе'рег. 2. -У меня' ребе.нок больно'й, и
   по ноча'м я ма'ло сплю, а все. ду'маю о ра'зных
   ра'зностях.
РА'ЗНЫЙ
   00
   На ра'зные мане'ры R мане'ра
   00
   Под ра'зными со'усами R со'ус
   00
   Ра'зные ра'зности R ра'зность
   00
   Ра'зными мане'рами R мане'ра
   00
   Ра'зных масте'й R масть
РАЗОБРА'ТЬ
   00
   По ко'сточкам разобра'ть [кого'<что] R ко'сточка
РАЗОГНА'ТЬ
   00
   Разогна'ть кровь

РАЗОГНА'ТЬ CONT'D.
TO MAKE ONE'S BLOOD RUN FASTER
[Пе.тр Васи'льевич] сде'лал не'сколько упражне'ний
у'тренней заря'дки. Разогна'в таки'м о'бразом кровь, он
прислони'лся к слухово'му окну' ....
РАЗОДЕ'ТЬСЯ
00
Разоде'ться в пух и прах R пух
РАЗОДРА'ТЬ
00
Разодра'ть (на себе') ри'зы R ри'за
РА'ЗОМ
00
Ра'зом гу'сто, ра'зом пу'сто R пу'сто
РАЗОРВА'ТЬ
64
Чтоб тебя' $разорва'ло<ро'зорвало$
THE HELL WITH YOU!; DAMN YOU!
РАЗОРВА'ТЬСЯ
00
Хоть разорви'сь!
IT'S IMPOSSIBLE TO GET IT ALL DONE
То'-то наказа'л госпо'дь-ба'тюшка ду'рой неоте.санной!
... Хоть попола'м разорви'сь.
РАЗРАЗИ'ТЬ
59
$Пусть/пуска'й/да$ разрази'т $бог/госпо'дь$ [кого']
MAY I DROP DEAD (IF I'M NOT TELLING THE TRUTH)
[Дуня'ша] сова'лась к ка'ждому с жа'ркими увере'ниями,
что пуска'й ее. бог разрази'т на э'том ме'сте, е'сли она'
хоть кра'ешком у'ха что'-нибудь слы'шала о тапе.ре.
59
Разрази' $гром/бог$ [кого']
MAY I DROP DEAD (IF I'M NOT TELLING THE TRUTH)
—Разрази' меня' гром, а э'того челове'ка я при жи'зни в
глаза' не вида'л! —кля'лся слуга' гости'ничы.
РАЗРЕ'3
00
В разре'зе [чего']
IN CONNECTION WITH (SOMETHING)
Ме'льница дава'ла нам не то'лько пла'ту за помо'л ...
Ме'льница име'ла значе'ние и в друго'м разре'зе: она
ста'вила нас в но'вые отноше'ния ко всему' окре'стному
селя'нству.
00
Разре'з глаз
THE SHAPE OF ONE'S EYES
Лю'ди, занима'вшиеся есте'ственными нау'ками, уве'рили
меня', что фо'рма разре'за глаз определя'ется Форма'циею
косте'й.
РАЗРЕШЕ'НИЕ
00
С ва'шего разреше'ния
WITH YOUR PERMISSION
—С Ва'шего разреше'ния, —проговори'ла медици'нская
сестра', вскрыва'я письмо' для больно'го.
РАЗРЕШИ'ТЬСЯ
42
Разреши'ться от бре'мени
TO GIVE BIRTH
Испа'нская короле'ва разреши'лась от бре'мени до'черью.
РАЗРУБИ'ТЬ
00
Разруби'ть го'рдиев у'зел R го'рдиев
РАЗРЫВА'ТЬСЯ
00
$Душа'/се'рдце$ разрыва'ется
TO FEEL GREAT PITY/COMPASSION; ONE'S HEART BLEEDS FOR
(SOMEONE)
Душа' разрыва'ется при ви'де молоды'х люде'й,
изуве'ченных войно'й.
00
Разрыва'ться на ча'сти R часть
РА'ЗУМ
00
Жить свои'м ра'зумом R жить
00
Набра'ться ра'зума R набра'ться

00
Навести' на ра'зум R навести'
00
Наста'вить на ра'зум R ум
00
Ум за ра'зум $заше.л/захо'дит$ [у кого'] R ум
00
Уму'-ра'зуму учи'ть R ум
РАЗУМЕ'ТЬСЯ
00
Само' собо'й разуме'ется R сам
РАЗЫГРА'ТЬ
00
Как по но'там разыгра'ть R но'та
00
Разыгра'ть дурака'
TO PLAY THE FOOL
И'ли вы наро'чно пришли' дурака' разы'грывать, что я вам
не могу' вдолби'ть в го'лову, что тепе'рь, сию' мину'ту,
у меня' де'нег нет.
00
Разыгра'ть роль [кого'<каку'ю] R роль
РАЗЫ'ГРЫВАТЬ
00
Разы'грывать коме'дию R коме'дия
РАЙ
00
$3емно'й рай<рай земно'й$
PARADISE ON EARTH
Зе'мство обя'зывалось сде'лать из прови'нции не'что
вро'де ма'ленького земно'го ра'я ...
РАК
00
Знать, где ра'ки зиму'ют
TO KNOW THE SCORE; TO KNOW ONE'S WAY AROUND; TO BE SHREWD
AND CLEVER
Богачи' вы'годно купи'ли лу'чшие зе'мли у госуда'рства;
они' зна'ют, где ра'ки зиму'ют.
29
Когда' рак сви'стнет
WHO KNOWS WHEN; WHEN HELL FREEZES OVER
00
$Кра'сный/покрасне'ть$ как рак
RED AS A BEET
Ю'ноша как рак покрасне'л от смуще'ния.
00
Показа'ть, где ра'ки зиму'ют
TO GIVE IT TO (SOMEONE) [USED AS A THREAT]
Наве'рно, Е'горка приплете.тся, так я ему' покажу', где
ра'ки зиму'ют.
00
Сиде'ть как рак на мели' R мель
00
$Стоя'ть/ползти$ ра'ком
TO BE/CRAWL ON ALL FOURS
Ка'ждый из игра'вших поочере.дно стоя'л ра'ком, а
други'е перепры'гивали.
РА'МКА
00
Держа'ть себя' в ра'мках (прили'чия)
TO KEEP WITHIN THE LIMITS OF PROPRIETY; TO KEEP ONESELF
WITHIN BOUNDS
РА'НА
00
Жива'я ра'на R живо'й
00
Откры'тая ра'на R откры'тый
РАНГ
00
Та'бель о ра'нгах R та'бель
РАНЖИ'Р
00
Под оди'н ранжи'р подвести'
TO GROUP (SOMETHING) ALL TOGETHER
00
По ранжи'ру
1. ACCORDING TO HEIGHT/SIZE 2. IN ORDER OF SIGNIFICANCE/
IMPORTANCE

РАНЖИ'Р CONT'D.

В коридо'ре, в ряд по ранжи'ру, стоя'ли тро'е ма'льчиков
и де'вочка.

РА'ННИЙ

00

Из молоды'х, да ра'нний R молодо'й

РА'НО

00

Ра'но и'ли по'здно
SOONER OR LATER

Ибраги'м чу'вствовал, что судьба' его' должна'
перемени'ться, и что связь его' ра'но и'ли по'здно могла'
дойти' до све'дения гра'фа D.

00

Ра'ным-ра'но
EARLY IN THE MORNING

Встав ра'ным - ра'но, мо'жно не спеша' мно'го сде'лать
за' день.

РА'НЬШЕ

00

Ра'ньше вре'мени R вре'мя

00

Ра'ньше чем R чем

РАСКИ'ДЫВАТЬ

00

Раски'дывать мозга'ми R мозг

РАСКИ'НУТЬ

00

Раски'нуть $умо'м/мозга'ми$
TO CONSIDER; TO THINK OVER

На'до раски'нуть умо'м пре'жде чем предприня'ть
реши'тельный шаг.

РАСКРЫ'ТЬ

00

Не сметь рта раскры'ть R рот

00

Раскры'ть глаза' [кому'] [на кого'<на что] R откры'ть

00

Раскры'ть объя'тия [кому'] R объя'тие

00

Раскры'ть рот R рот

00

Раскры'ть свои' ка'рты R ка'рта

00

Раскры'ть [чью] игру'
TO UNCOVER (SOMEONE'S) SECRET PLANS

Донесе'ния разве'дчиков помогли' раскры'ть игру'
проти'вника.

РАСПОЛАГА'ТЬСЯ

00

Ле'сенкой располага'ться R ле'сенка

РАСПОЛОЖЕ'НИЕ

00

Расположе'ние ду'ха R дух

РАСПОРЯЖЕ'НИЕ

00

В распоряже'ние [кого'<чего']
FOR (SOMEONE'S) DISPOSAL/USE

Давы'дов вы'делил наибо'лее работоспосо'бных
колхо'зников в распоряже'ние полево'дов.

00

В распоряже'нии [кого'<чего']
AT (SOMEONE'S) DISPOSAL

Име'ющиеся в распоряже'нии прави'тельства вое'нные
лазаре'ты не смо'гут вмести'ть всего' коли'чества
ра'неных.

РАСПРА'ВА

00

Распра'ва коро'ткая
SHORT SHRIFT; SWIFT JUSTICE

-А с тобо'й распра'ва коро'ткая! Сейча'с же собира'йся
на ско'тную, инде'ек пасти'!

РАСПРА'ВИТЬ

00

Распра'вить кры'лья R крыло'

РАСПРОСТЕРЕ'ТЬ

00

Распростере'ть объя'тия [кому'] R объя'тие

РАСПРОСТЕ.РТЫЙ

00

$Приня'ть/встре'тить$ с распросте.ртыми объя'тиями
[кого'] R объя'тие

РАСПУСКА'ТЬ

00

Со'пли распуска'ть R сопля'

РАСПУСТИ'ТЬ

06

Распусти'ть $го'рло/гло'тку$
TO BEGIN TO SCREAM AT THE TOP OF ONE'S VOICE

-Ты чего' оре.шь? Но'чью в го'роде пожа'р был, три
до'ма сгоре'ло, лю'ди в слеза'х, а ты распусти'л гло'тку.

00

Распусти'ть ню'ни R ню'ни

00

Распусти'ть слю'ни R слю'ни

29

Распусти'ть язы'к
TO WAG ONE'S TONGUE

Пря'мо на у'лице, пожа'луй, не суме'ет вы'сказаться, а
чуть зашли' за у'гол - и распусти'ли язы'к.

РАСПУ'ТЬЕ

00

На распу'тье =быть/стоя'ть/ETC=
TO STAND AT THE CROSS-ROAD [I.E. TO BE IN DOUBT AS TO HOW
TO ACT]

-Меня' ма'нит скро'мная семе'йная жизнь ... Вы ви'дите,
я стою' на распу'тье ....

РАССЕ'ЧЬ

00

Рассе'чь го'рдиев у'зел R го'рдиев

РАССКАЗА'ТЬ

00

(Рассказа'ть) свои'ми слова'ми R свой

РАССМА'ТРИВАТЬ

00

Рассма'тривать на свет [что] R свет(1)

РАССРО'ЧКА

00

В рассро'чку $купи'ть/прода'ть$
TO BUY/SELL ON THE INSTALLMENT PLAN

Дом ку'плен в рассро'чку.

РАССТАВЛЯ'ТЬ

00

Расставля'ть се'ти [кому'] R сеть

РАССТОЯ'НИЕ

00

Держа'ть [кого'] на $изве'стном/почти'тельном$
расстоя'нии
TO KEEP (SOMEONE) AT ARM'S LENGTH; TO KEEP ALOOF FROM
(SOMEONE)

Вам бы'ло прия'тно мое. поклоне'ние ... Да ... Вы -
у'мница, держа'ли меня' на большо'м расстоя'нии от себя'.

РАССУ'ДОК

00

Быть в по'лном рассу'дке
TO BE IN FULL POSSESSION OF ONE'S FACULTIES; TO BE OF
SOUND MIND

Завеща'ние подпи'сано старико'м, бы'вшим в по'лном
рассу'дке.

00

Лиши'ться рассу'дка R лиши'ться

00

Меша'ться $в рассу'дке<рассу'дком$ R меша'ться

00

Помрачи'ть рассу'док R помрачи'ть

00

Рассу'док меша'ется [у кого'] R меша'ться

00

Рассу'док помрачи'лся R помрачи'ться

РАССУЖДЕ'НИЕ

42

В рассужде'нии [кого'<чего']
AS CONCERNS (SOMEONE/SOMETHING); IN RELATION TO (SOMEONE/
SOMETHING)

За у'жином вы'пил он стака'на два шампа'нского -
сре'дство ... не ду'рно де'йствующее в рассужде'нии

РАССУЖДЕ'НИЕ CONT'D.
   весе.лости.
   42
   В рассужде'нии сего'
   AS A CONSEQUENCE OF THIS; FOR THIS REASON
РАССЫ'ПАТЬСЯ
   00
   Рассы'паться пра'хом R прах
РАССЫПА'ТЬСЯ
   00
   Рассыпа'ться горо'хом R горо'х
   00
   Рассыпа'ться ме'лким бе'сом [пе'ред кем] R бес
РАСТЕ'НИЕ
   00
   Оранжере'йное расте'ние R оранжере'йный
   00
   Тепли'чное расте'ние R тепли'чный
РАСТЕРЕ'ТЬ
   06
   Плю'нуть да растере'ть
   IT'S NOTHING; IT'S NOT WORTH BOTHERING ABOUT
   -На про'игрыш со'тни рубле'й хозя'ин плю'нет и
   разотре.т; у него' их ты'сячи, -говори'ли рабо'чие
   заво'да.
   00
   Растере'ть в порошо'к [кого'] R порошо'к
РАСТИ'
   00
   Расти' как грибы' (после дождя') R гриб
   00
   Хоть трава' не расти' R трава'
РАСТИ'ТЕЛЬНЫЙ
   00
   Расти'тельная жизнь
   A VEGETATIVE EXISTANCE
   Живя', на'до твори'ть, а не жить расти'тельной жи'знью:
   есть, пить и спать.
РАСТРЕ.ПАННЫЙ
   65
   В растре.панных чу'вствах
   TROUBLED; CONFUSED; VERY UPSET; DISCONCERTED
   Юноша был в растре.панных чу'вствах: де'вушка отклони'ла
   его' предложе'ние о бра'ке.
РАСХЛЕ.БЫВАТЬ
   00
   Расхле.бывать ка'шу R ка'ша
РАСХО'Д
   00
   Ввести' в расхо'д
   TO SET (SOMEONE) BACK; TO CAUSE (SOMEONE) CONSIDERABLE EXPENSE
   Пра'здничные пода'рки ввели' в расхо'д семью'.
   29
   $Вы'вести/пусти'ть$ в расхо'д [кого']
   TO SHOOT SOMEONE
   Кара'тельный отря'д пусти'л в расхо'д жи'телей селе'ния,
   я'кобы, за соуча'стие с партиза'нами.
   00
   Карма'нные расхо'ды R карма'нный
   00
   Списа'ть в расхо'д
   TO WRITE OFF
РАСХОДИ'ТЬСЯ
   00
   Расходи'ться луча'ми R луч
РАСЧЕ.Т
   00
   В расче.те [кто+с кем]
   TO BE QUITS/EVEN WITH (SOMEONE)
   Расти', ско'лько в тебе' ро'сту хва'тит. Дал тебе'
   жизнь, даю' хлеб. Вот и в расче.те, пожа'луйста!
   00
   За нали'чный расче.т R нали'чный
   00
   Из расче.та
   CONSIDERING; TAKING INTO CONSIDERATION
   00
   Нали'чный расче.т R нали'чный

   00
   $Приня'ть/взять$ в расче.т [кого'<что]
   TO CONSIDER (SOMEONE/SOMETHING); TO TAKE (SOMEONE/SOMETHING)
   INTO ACCOUNT
   00
   Спу'тать расче.ты R спу'тать
РАСШИБИ'ТЬСЯ
   00
   Расшиби'ться в лепе.шку R лепе.шка
РАСШИ'ТЬ
   29
   Расши'ть /'зкие места'
   TO REMOVE THE DIFFICULTIES; TO SMOOTH OUT THE ROUGH SPOTS
РА'ЧИЙ
   00
   Ра'чьи глаза'
   GOGGLE EYES
   Благодаря' свои'м вы'катившимся ра'чьим глаза'м он
   всегда' име'л не'сколько ошале'лый вид.
РВАТЬ
   00
   Рвать $го'рло/гло'тку$ R драть
   00
   Рвать и мета'ть
   TO BE IN A RAGE; TO RANT AND RAVE
   Ваш племя'нничек ... рве.т и ме'чет - со мной чуть не
   подра'лся с отцо'вским прокля'тием но'сится, как медве'дь
   с чурба'ном.
   00
   Рвать на себе' во'лосы R во'лос
   00
   Рвать на ча'сти [кого'] R часть
РВА'ТЬСЯ
   00
   Рва'ться напроло'м R напроло'м
РЕА'КЦИЯ
   00
   Цепна'я реа'кция R цепно'й
РЕА'ЛЬНЫЙ
   00
   Стоя'ть на реа'льной по'чве R стоя'ть
РЕБРО'
   00
   Пересчита'ть ре.бра [кому'] R пересчита'ть
   00
   После'днюю копе'йку поста'вить ребро'м R копе'йка
   00
   $Ста'вить/поста'вить$ вопро'с ребро'м
   TO PUT A QUESTION POINT-BLANK; TO POSE A PROBLEM/QUESTION
   DIRECTLY/OPENLY
   Матве'й Ива'нович счита'л, что с молоды'м челове'ком
   бы'ло посту'плено несправедли'во и жесто'ко, и поста'вил
   вопро'с ребро'м, прося' измени'ть реше'ние.
РЕВЕ'ТЬ
   00
   Реве'ть белу'гой R белу'га
   00
   Ре.вма реве'ть R ре.вма
   00
   Ревмя' реве'ть R ревмя'
РЕ.ВМА
   23
   Ре.вма реве'ть
   TO WAIL/HOWL
   Домо'й-то без ма'тушки Го'рько верну'ться: доро'гой
   ребя'тушки Ре.вма реве'ли.
РЕВМЯ'
   29
   Ревмя' реве'ть
   TO WAIL/HOWL
   Ревмя' реве.т, свали'вшись в кана'ву, Ка'тькина
   сестре.нка.
РЕ'ДКО
   00
   Ре'дко-когда' R когда'
РЕ'ДКОСТЬ
   00
   На ре'дкость [како'й]

РЕ'ДКОСТЬ CONT'D.
    EXCLUSIVELY; VERY; RARE
    День вы'дался на ре'дкость хоро'ший: бы'ло ти'хо,
    све'тло и в ме'ру хо'лодно.
РЕ'ДЬКА
    00
    Хрен ре'дьки не сла'ще R хрен
    00
    Ху'же го'рькой ре'дьки надое'сть
    TO BE SICK AND TIRED OF (SOMETHING); TO BE BORED TO DEATH
    WITH (SOMETHING)
    Стрельца'м ху'же ре'дьки надое'ла тяже.лая слу'жба.
РЕ'ЗАТЬ
    00
    По живо'му ре'зать R живо'й
    00
    Пра'вду-ма'тку ре'зать R пра'вда
    00
    Ре'зать $глаза'<глаз$
    TO KEEP ONE'S EYES PEELED; TO BE ON THE LOOK-OUT
    Безвку'сица в оде'жде и неря'шливый вид люде'й ре'жут
    глаза'.
    00
    $У'хо<у'ши$ ре'жет R у'хо
РЕЗУЛЬТА'Т
    00
    В результа'те
    AS A RESULT; CONSEQUENTLY
    Родио'н Анто'ныч то'же стреля'л, и его' Заре'з
    [соба'ка] рабо'тала на сла'ву; в результа'те оказа'лось,
    что он уби'л [дупеле'й] бо'льше всех.
    00
    В результа'те [чего']
    AS A RESULT OF (SOMETHING); OWING TO (SOMETHING)
    В результа'те перестре'лки кора'бль взорва'лся ...
РЕКА'
    00
    Моло'чные ре'ки и кисе'льные берега' R моло'чный
    00
    Разлива'ться реко'й R разлива'ться
    00
    Река' забве'ния R забве'ние
РЕКО'РД
    00
    Ста'вить реко'рд R ста'вить
РЕЛЬС
    00
    На рельс [чего'] =стать/перейти'/перевести'/ETC=
    ON A (CERTAIN) TRACK; IN A (CERTAIN) DIRECTION
    00
    На ре'льсы поста'вить [что]
    TO GET (SOMETHING) GOING; TO LAUNCH (SOMETHING)
    По'сле капита'льного ремо'нта заво'д сно'ва поста'влен
    на ре'льсы.
РЕ'ПА
    00
    Деше'вле па'реной ре'пы R па'реный
    00
    Про'ще па'реной ре'пы R па'реный
РЕПУТА'ЦИЯ
    00
    Па'чкать репута'цию [чью] R па'чкать
РЕЧИТАТИ'В
    00
    $Говори'ть/чита'ть/ETC$ речитати'вом
    IN A SING-SONG MANNER
    1. [Протодья'кон] опя'ть разверну'л кни'гу и на'чал
    чита'ть речитати'вом, разме'ренно отчека'нивая слова'.
    2. Ли'рники почти' никогда' не пе'ли. Они' говори'ли
    певу'чим речитати'вом свои' ду'мки, "псальмы'" и пе'сни.
РЕЧЬ
    00
    Вести' речь [к чему'] R вести'
    00
    Дар ре'чи R дар
    00
    Держа'ть речь R держа'ть
    00
    Пряма'я речь R прямо'й

    00
    Речь иде.т [о ком<о че.м] R идти'
    00
    Суко'нная речь R суко'нный
    00
    Ча'сти ре'чи R часть
РЕШЕ.ТКА
    00
    За реше.ткой (сиде'ть/оказа'ться/ETC)
    TO BE BEHIND BARS
    Чему' вы удивля'етесь? Вот таки'е-то лю'ди и
    ока'зываются за реше.ткой.
    00
    За реше.тку (сесть/посади'ть/ETC)
    TO GO BEHIND BARS
    Вот ведь неда'вно', полчаса' каки'х-нибудь, был я
    че'стный чино'вник; хоть бе'дный ...., а тепе'рь за
    желе'зную реше.тку ...
РЕШЕТО'
    00
    Голова' как решето'
    A MIND LIKE A SIEVE
    Вот ста'рая голова', как решето', ничего' не де'ржит.
    00
    Носи'ть решето'м во'ду R вода'
    00
    Чудеса' в решете'
    WILL WONDERS NEVER CEASE; IT'S AMAZING
    У нас творя'тся чудеса' в решете': ме'рины превраща'ются
    в жеребцо'в, и кобы'лы ... у'тром явля'ются жеребца'ми.
РЕШИ'ТЬ
    61
    Власть реши'ть и вяза'ть
    ABSOLUTE AUTHORITY
    -Вам [прися'жным] дана' необъя'тная власть, власть
    вяза'ть и реши'ть.
    00
    До то'чки =реши'ть= R то'чка
    00
    Решено' и подпи'сано
    THAT'S FINAL
    -Я сейча'с уе'ду к себе'. Решено' и подпи'сано.
    29
    Реши'ть жи'зни
    TO KILL
    -Меня' прия'тель твой застраща'л, что жи'зни реши'т,
    коли' я тебя' не вы'правлю.
    00
    Реши'ть $судьбу'/у'часть$ [чего']
    TO SEAL THE FATE OF (SOMETHING); TO DECIDE THE OUTCOME OF
    (SOMETHING)
    То'лько что мы се'ли, как я соверше'нно споко'йно
    начала' говори'ть то, что должно' бы'ло реши'ть у'часть
    мое'й любви.
    00
    Реши'ть [чью] $судьбу'/у'часть$
    TO SEAL (SOMEONE'S) FATE
    -Ита'к, судьба' моя' решена' .... По'сле того', что
    случи'лось, я уже' не могу' возврати'ться туда'.
РЕШИ'ТЬСЯ
    29
    Реши'ться жи'зни
    TO DIE
    [Писаре.к] скла'дно говори'л о том, как он ее. лю'бит и
    гото'в из-за нее. реши'ться жи'зни.
    00
    Реши'ться ума' R ум
РЕШПЕ'КТ
    42
    Держа'ть в решпе'кте [кого'<что]
    TO HAVE (SOMEONE'S) RESPECT
    Его' дом, вы'строенный на приго'рке, госпо'дствовал над
    село'м и держа'л в решпе'кте живу'щих в не.м.
РИ'ЗА
    42
    До положе'ния риз
    COMPLETELY; ONCE AND FOR ALL
    -Ах, Арка'дий! сде'лай одолже'ние, поссо'римся раз

РИ'ЗА CONT'D.
хороше'нько - до положе'ния риз, до истребле'ния.
00
До положе'ния риз (напи'ться/напои'ть/ETC)
TO DRINK ONESELF INTO A STUPOR
[Миха'йла Макси'мович] пил мно'го, но никогда' не
напива'лся до положе'ния риз.
14
Разодра'ть (на себе') ри'зы
TO BE IN COMPLETE DESPAIR
РИ'МСКИЙ
00
Ри'мский нос
AQUILINE NOSE
РИСК
00
$На<за$ свой (страх и) риск R страх
РИСОВА'ТЬ
00
От руки' рисова'ть R рука'
РО'БКИЙ
00
Не на ро'бкого<ро'бкую напа'л R напа'сть
00
Не ро'бкого деся'тка R деся'ток
РО'ВНЫЙ
29
$Ро'вен<рове.н$ час
AT ANY TIME; SUDDENLY
-Не застуди'тесь, Илья' Петро'вич! Не ро'вен час,
грудь проду'ет.
00
Ро'вный сче.т
ROUND NUMBERS
Домохозя'йка сравни'ла сто'имость поку'пок, в ро'вном
сче.те, с деньга'ми в кошельке'.
00
Ро'вным сче.том ничего'
ABSOLUTELY NOTHING; NOT A THING
-Степа'н Феофа'нович про'сто-на'просто ничего' не
бу'дет знать! Ро'вным сче.том ничего'!
РОГ
00
$Брать/взять$ быка' за рога' R брать
00
$Гнуть/согну'ть/скрути'ть$ в бара'ний рог R гнуть
00
Как из ро'га изоби'лия
IN ABUNDANCE
Де'ньги посы'пались в конто'ру, как из ро'га изоби'лия.
00
К $че.рту<чертя'м$ на рога' R че.рт
00
Наста'вить рога' [кому']
1. TO BETRAY ONE'S HUSBAND 2. TO CUCKOLD (SOMEONE)
-Я женю'сь, а Ива'нов рога' бу'дет наставля'ть мне.
00
$Облома'ть/слома'ть$ рога' [кому']
TO TRIM (SOMEONE'S) SAILS; TO CUT (SOMEONE) DOWN TO SIZE; TO
HUMILIATE (SOMEONE)
Я и с отцо'м твои'м спра'вился, я и ему' рога' сломи'л,
тебе' приме'р, смотри'!
42
$Сломи'ть/стере'ть$ рог [кому']
TO FORCE (SOMEONE) TO SUBMIT
-Како'е Мне по'прище откро'ется, когда' Он [царь]
сло'мит рог боя'рству родово'му!
00
У че.рта на рога'х R че.рт
РОГО'ЖКА
00
Из кулька' в рого'жку (попра'виться/испра'виться) R
куле.к
РОД
00
$Без ро'ду и пле'мени<без ро'ду, без пле'мени<ни ро'ду
ни пле'мени$
WITHOUT KITH OR KIN

Мно'го дете'й, без ро'ду и пле'мени, воспи'тано в
трудовы'х коло'ниях.
00
Вести' свой род [от кого'] R вести'
00
В не'котором ро'де
TO SOME DEGREE; SOMEWHAT
Учи'тель до'лжен быть в не'котором ро'де арти'стом.
00
В свое.м ро'де
IN A CERTAIN RESPECT; IN A WAY; IN ONE'S OWN WAY
До'ктор ... - замеча'тельный челове'к в свое.м ро'де.
00
В $э'том/тако'м$ ро'де
OF THAT KIND
Бесе'да охо'тников была' о ви'дах ружья', о пова'дках
птиц и звере'й; сло'вом, обо все.м в э'том ро'де.
00
На роду' напи'сано R написа'ть
00
О'т роду
FROM BIRTH
О'т роду ему' бы'ло в то вре'мя лет со'рок, и всю жизнь
свою', чуть не с шестна'дцати лет, он про'был в гуса'рах.
00
Род $людско'й/челове'ческий$
THE HUMAN RACE
Княжна' име'ла вид челове'ка, вдруг разочарова'вшегося
во все.м челове'ческом ро'де ...
00
Своего' ро'да
TO A CERTAIN DEGREE; IN A WAY
В ней [Со'фье] ... была' своего' ро'да ... пре'лесть
прямоду'шия, че'стной и'скренности и чистоты' душе'вной.
00
Тако'го ро'да
OF THAT TYPE
Рабо'та здесь тако'го ро'да, что зева'ть не прихо'дится
...
РОДИ'МЫЙ
25
Роди'мое пятно' [чего']
A SURVIVAL OF (SOMETHING)
-Я бы разде'лал э'того Мишуко'ва под оре'х, а пото'м
заду'мался над тем, каки'е еще. роди'мые пя'тна
капитали'зма име'ются в на'шей среде'.
РОДИ'ТЬ
00
$В че.м<как$ мать родила' R мать
РОДИ'ТЬСЯ
00
$Роди'лся<родила'сь$ в $руба'шке/соро'чке$
TO BE BORN WITH A SILVER SPOON IN ONE'S MOUTH
Он, ви'дно, в руба'шке роди'лся: все. удае.тся ему'.
00
Роди'ться под счастли'вой звездо'й R звезда'
РОДНО'Й
00
К родны'м пена'там R пена'ты
00
Родно'й оча'г R оча'г
РОДСТВО'
00
Не по'мнящий родства'
UPROOTED; DENYING ONE'S ROOTS, ORIGINS
00
Сте'пень родстаа' R сте'пень
РО'ЖА
29
$Ко'рчить/де'лать/стро'ить$ $ро'жу<ро'жи$
TO MAKE A FACE
-Посмотри'те, каки'е ро'жи де'лает э'тот кана'лья
Свеже'вский
29
$Ро'жей/ры'лом$ не вы'шел
AN UGLY MUG
29
Ро'жу криви'ть

РО'ЖА CONT'D.
    TO MAKE A FACE EXPRESSING DISGUST/COMTEMPT; TO TURN UP
    ONE'S NOSE
    -Не'чего ро'жу криви'ть! Наше.лся дура'к, бере.т тебя'
    за'муж - иди'!
РОЖДЕ'НИЕ
    00
    По рожде'нию
    BY BIRTH
    Я не петербу'ржец по рожде'нию, но жил в Петербу'рге с
    ра'ннего де'тства.
РОЖО'К
    00
    Оста'лись ро'жки да но'жки
    THERE WAS HARDLY ANY LEFT
    Лю'ди устреми'лись на За'пад по'сле откры'тия там
    ро'ссыпей зо'лота; от населе'ния городка' оста'лись
    ро'жки да но'жки.
РОЖО'Н
    29
    Како'го рожна'
    WHAT FOR? WHY?
    -Где же неприя'тель? Како'го же рожна' он не иде.т? ...
    Тру'сит?
    29
    Како'го рожна' $на'до/не хвата'ет/ETC$ [кому']
    WHAT ELSE DO (YOU) NEED
    -В око'пе су'хо, пу'шки умо'лкли. Како'го рожна' тебе'
    на'до?
    29
    $Лезть/пере'ть/ETC$ на рожо'н
    TO ASK FOR TROUBLE; TO KICK AGAINST THE PRICKS
    29
    Про'тив рожна' пере'ть
    TO ASK FOR TROUBLE; TO KICK AGAINST THE PRICKS
РО'ЗНИЦА
    00
    В ро'зницу =продава'ть/покупа'ть/ETC=
    BY THE PIECE; IN SMALL QUANTITIES
РО'ЗОВЫЙ
    00
    В ро'зовом $све'те/цве'те$ $ви'деть/представля'ть/ETC$
    [кого'<что]
    TO SEE/PRESENT (SOMEONE/SOMETHING) IN A FAVORABLE LIGHT
    00
    Сквозь ро'зовые очки' смотре'ть [на кого'<на что]
    TO LOOK AT (SOMEONE/SOMETHING) THROUGH ROSE-COLORED GLASSES
    Материа'льно обеспе'ченные лю'ди смо'трят на бу'дущее
    сквозь ро'зовые очки'.
РОК
    00
    Перст ро'ка R перст
РОЛЬ
    00
    Войти' в роль
    TO ENTER INTO ONE'S ROLE
    Как измени'лася Татья'на! Как тве.рдо в роль свою'
    вошла'!...
    00
    В ро'ли [кого'] =быть/выступа'ть/явля'ться/ETC=
    IN THE ROLE OF; IN THE CAPACITY OF
    Пришло'сь замота'ть ру'ку тря'пкой, Дыбо'к впервы'е
    выступа'л в ро'ли санита'ра.
    00
    Вы'держать роль R вы'держать
    00
    Вы'йти из ро'ли
    TO DEPART FROM ONE'S USUAL MODE OF BEHAVIOR; TO ABANDON
    ONE'S ROLE
    Княжне' та'кже не раз хоте'лось похохота'ть, но она
    уде'рживалась, что'бы не вы'йти из при'нятой ро'ли:...
    00
    $Игра'ть/разыгра'ть$ роль [кого'<каку'ю]
    TO PLAY A ROLE; TO DISSEMBLE
    Ей я'вно хоте'лось разыгра'ть передо мно'ю но'вую роль -
    роль прили'чной и благовоспи'танной ба'рышни.
    00
    Игра'ть роль

TO TAKE PART IN (SOMETHING); TO EXERT INFLUENCE
Ю'льку зна'ет вся шко'ла, она' игра'ет там роль: ее.
тиму'ровская кома'нда са'мая передова'я.
00
Игра'ть роль [кого'<чего'<каку'ю]
1. TO PLAY A ROLE; TO EXERT A (CERTAIN KIND OF) INFLUENCE
2. TO BE (SOMEONE/SOMETHING)
1. По да'нным Чека', он игра'л нема'лую роль в бе'лом
за'говоре. 2. Команди'ршею в до'ме была' ма'тушка;
золо'вки бы'ли доведены' до безмо'лвия и игра'ли роль
прижива'лок.
00
Роль [чья] сы'грана R сыгра'ть
РОМА'Н
    00
    Крути'ть рома'н [с кем] R крути'ть
РОНИ'ТЬ
    18
    Рони'ть сле.зы
    TO SHED TEARS
    Де'вушка рони'ла сле.зы, держа' откры'тое письмо'.
    18
    Рони'ть сло'во
    TO SAY (SOMETHING); TO UTTER (SOMETHING)
    Слу'шая после'дние но'вости, он по времена'м рони'л
    сло'во.
РОНЯ'ТЬ
    00
    Роня'ть сле.зы
    TO SHED TEARS
    Матро'сы слу'шают ее. [пе'сню], пони'кнув голова'ми и
    роня'я соле.ные кру'пные сле.зы.
РОСИ'НКА
    00
    $Ма'ковой/ни$ роси'нки во рту' не' было
    (HE) HADN'T HAD A THING TO EAT OR DRINK
    -... у меня' ны'нче с утра' во рту' ма'ковой роси'нки не'
    было.
РО'СКОШЬ
    00
    Позво'лить (себе') ро'скошь [INF]
    TO PERMIT ONESELF THE LUXURY OF (DOING SOMETHING); TO
    INDULGE ONESELF
    Рабо'чий позво'лил себе' ро'скошь, купи'в но'вый
    автомоби'ль.
РОСТ
    00
    Боле'зни ро'ста R боле'знь
    00
    В косу'ю са'жень ро'стом R косо'й
    00
    Во весь рост
    1. UPRIGHT 2. FULL-LENGTH [A PORTRAIT, PHOTOGRAPH] 3.
    FULL SIZE; FULL MEASURE
    1. На бру'ствере транше'и во весь рост стоя'л челове'к
    и смотре'л на восто'чный бе'рег в бино'кль. 2. За
    кре'слами висе'л в золото'й ра'ме я'ркий портре'т во весь
    рост генера'ла в мунди're и ле'нте. 3. Подня'лся во
    весь рост огро'мной ва'жности вопро'с о полити'ческом
    просвеще'нии о'бласти.
    00
    В рост =отдава'ть/пуска'ть/ETC=
    AT INTEREST
    У него' уже' лежи'т в ба'нке о'коло двух ты'сяч, и он
    та'йно отдае.т их в рост това'рищам под зве'рские
    проце'нты.
    00
    На рост =шить/покупа'ть/ETC=
    ALLOWING FOR GROWTH
    На рост шить оде'жду де'тям практи'чно.
    00
    $Пойти'/тро'нуться$ в рост
    TO BEGIN TO GROW [ABOUT PLANTS]
    Во'время пропо'лотые подсо'лнухи пошли' в рост.
    00
    По ро'сту
    THE RIGHT SIZE
    Хала'т ему' да'ли не по ро'сту, о'чень большо'й.

РО'СЧЕРК
00
(Одни'м) $ро'счерком/по'черком$ пера' [V]
TO (DO SOMETHING) WITH A SINGLE STROKE OF THE PEN
Одни'м ро'счерком пера' посыла'ть на казнь и'ли
ми'ловать бы'ло во вла'сти абсолю'тных мона'рхов.
РОТ
00
Во весь рот =крича'ть/ора'ть/ETC=
AT THE TOP OF ONE'S VOICE
Ма'льчик во весь рот крича'л, сзыва'я свои'х друзе'й.
00
В рот не брать [чего']
NOT TO TOUCH A (CERTAIN) DISH OR DRINK
Он в рот не брал спиртно'го.
00
В рот не возьме.шь
IT TASTES TERRIBLE; YOU COULDN'T GET IT DOWN
Суп пересо'лен - в рот не возьме.шь.
00
В рот нейде.т
(I) COULDN'T EAT ANOTHER BITE
29
$Зажа'ть рот/зама'зать рот/заткну'ть рот/заткну'ть
го'рло/заткну'ть гло'тку$ [кому']
TO SILENCE (SOMEONE); TO STOP (SOMEONE'S) MOUTH
Ма'льчик хоте'л что'-то сказа'ть, но взгляд отца' зажа'л
ему' рот.
00
Закры'ть рот [кому'] R закры'ть
00
Ка'пли в рот не брать R ка'пля
00
Ка'ша во рту [у кого'] R ка'ша
00
Класть в рот [кому'] R класть
00
$Ма'ковой/ни$ роси'нки во рту' не' было R роси'нка
00
Ми'мо рта прошло'
(HE) FAILED TO GET (SOMETHING); (IT) SLIPPED (HIM) BY
00
Набра'ть воды' в рот R вода'
00
Не ле'зет [что] в рот R лезть
00
Не сметь рта $разя'нуть/откры'ть/раскры'ть$
NOT TO DARE TO OPEN ONE'S MOUTH
Никто' не смел рта откры'ть когда' незнако'мец доста'л
нага'н.
00
Отправ'ить в рот R отправ'ить
00
Па'льца в рот не клади' [кому'] R па'лец
00
Разжева'ть и в рот положи'ть
TO EXPLAIN (SOMETHING) IN DETAIL
-Он, что называ'ется, разжуе.т и в рот поло'жит!
-говори'ли ученики' о но'вом матема'тике.
00
Разя'нуть рот R разя'нуть
00
$Раскры'ть/откры'ть$ рот
1. TO START TALKING; TO TELL EVERYTHING 2. TO OPEN ONE'S
MOUTH IN AMAZEMENT
Воспи'танни свои'х улянде'кова де'ржит стро'го, под
замко'м. Е'сли она' осме'лятся раскры'ть рот, то она'
говори'т им вот что: "я не люблю', когда' рассужда'ют".
00
Смеши'нка в рот попа'ла [кому'] R смеши'нка
00
$Смотре'ть/гляде'ть$ в рот [кому']
1. TO WATCH (SOMEONE) EAT WHILE BEING HUNGRY ONESELF 2. TO
FAWN ON (SOMEONE)
1. Незнако'мец дал кусо'к бу'лки оборва'нцу,
смотре'вшему ему' в рот. 2. Бу'дучи всегда' без
де'нег, она' гляде'ла му'жу в рот ра'ди ме'лочных
поку'пок.

00
С пе'ной у рта R пе'на
00
(Так и) та'ет во рту R та'ять
00
Хлопо'т по'лон рот
TO HAVE ONE'S HANDS FULL
Перед головы'м пра'здником у хозя'ек хлопо'т по'лон рот.
РО'ТА
00
Золота'я ро'та R золото'й
РОЯ'ЛЬ
00
Игра'ть в четы'ре руки' (на роя'ле) R рука'
РУБА'ХА
29
Руба'ха-па'рень
A SIMPLE, STRAIGHTFORWARD MAN; A REGULAR GUY
РУБА'ШКА
00
Оста'вить в одно'й руба'шке
TO FINANCIALLY RUIN (SOMEONE); TO LEAVE (SOMEONE) WITH
NOTHING BUT THE SHIRT ON HIS BACK
Компаньо'ны и кредито'ры оста'вили предпринима'теля в
одно'й руба'шке.
00
Оста'ться в одно'й руба'шке
TO BE FINANCIALLY RUINED; TO BE LEFT WITH NOTHING BUT THE
SHIRT ON ONE'S BACK
Разори'вшийся торго'вец оста'лся в одно'й руба'шке.
00
$Роди'лся<роди'ла'сь$ в руба'шке R роди'ться
РУБЕ'Ж
00
За рубежо'м
ABROAD
РУБИКО'Н
14
Перейти' Рубико'н
TO CROSS THE RUBICON
РУБЛЬ
00
Дли'нный рубль R дли'нный
00
Контро'ль рубле.м
CONTROL OF THE PURSE STRINGS
РУ'ГАНЬ
00
Забо'рная ру'гань R забо'рный
РУГА'ТЕЛЬСКИЙ
00
Руга'тельски $руга'ть/руга'ться$
TO CURSE A BLUE STREAK
РУГА'ТЬ
00
На все ко'рки руга'ть R ко'рка
00
На че.м свет стои'т =руга'ть= R свет(2)
00
Руга'тельски руга'ть R руга'тельский
РУГА'ТЬСЯ
00
Руга'тельски руга'ться R руга'тельский
РУЖЬЕ.
00
$Быть/находи'ться$ под ружье.м
1. TO BE UNDER ARMS 2. TO BEAR ARMS; TO SERVE IN THE
MILITARY
Все мужчи'ны его' кру'га бы'ли под ружье.м,
мобилизо'ванные в пе'рвую о'чередь.
00
Взять ружье. на изгото'вку R изгото'вка
00
В ружье.!
TO ARMS!
00
Изгото'вить ружье. R изгото'вка
00
Призва'ть под ружье.

РУЖЬЕ. CONT'D.
    TO CALL UP FOR MILITARY SERVICE
Во вре'мя всео'бщей мобилиза'ции был при'зван под
ружье. и тот, кто был в запа'се.
00
$Соста'вить/поста'вить$ ру'жья в ко'злы R ко'злы
РУКА'
    00
$Бить/ударя'ть/ETC$ по рука'м
TO STRIKE A BARGAIN; TO MAKE A DEAL
Я'рмарка была' в по'лном разга'ре; здесь и там продавцы'
и покупа'тели би'ли по рука'м.
00
Большо'й руки' [что]
LARGE SCALE
Марты'шка к ста'рости слаба' глаза'ми ста'ла; А у
люде'й она' слыха'ла, Что э'то зло не так большо'й руки'
...
00
$Брать/взять$ го'лыми рука'ми R го'лый
00
$Брать/взять$ себя' в ру'ки
TO TAKE ONESELF IN HAND; TO RESTRAIN ONESELF; TO PULL
ONESELF TOGETHER
00
Вали'ться из рук R вали'ться
00
Вести' по'д руки
TO LEAD (SOMEONE), SUPPORTING HIM UNDER BOTH ARMS
Ра'неного вели' по'д руки това'рищи.
00
Взять в ру'ки [кого']
TO TAKE (SOMEONE) IN HAND
00
В $на'ших<ва'ших<их<его'<ETC$ рука'х
IN OUR/YOUR/THEIR/ETC HANDS/POWER
Судьба' челове'ка в его' рука'х, в большинстве' слу'чаев.
00
В одни' ру'ки =прода'ть/отпусти'ть/ETC=
TO ONE PERSON; INTO ONE PERSON'S HANDS
Дом и ме'бель в не.м про'даны в одни' ру'ки.
00
В одни'х рука'х =быть/находи'ться/ETC=
IN ONE PERSON'S HANDS
00
В рука'х [чьих<у кого'] =быть/находи'ться=
1. IN (SOMEONE'S) HANDS; DEPENDENT ON (SOMEONE) 2. UNDER
(SOMEONE'S) COMMAND 3. IN (SOMEONE'S) HANDS; IN (SOMEONE'S)
POWER
1. -Ты в мои'х рука'х - все. откры'то - все. зна'ю -
ты пропа'л! 2. Почти' весь перево'з через Во'лгу был
у него' в рука'х. 3. Миро'новка была' в рука'х у
не'мцев.
00
В со'бственные ру'ки =отда'ть/вручи'ть/ETC= R
со'бственный
00
Всплесну'ть рука'ми R всплесну'ть
00
В тре'тьи ру'ки =отда'ть/переда'ть/перейти'/ETC= R
тре'тий
00
В чужи'е ру'ки =попада'ть/дава'ть/ETC= R чужо'й
00
Вы'дать на' руки [что+кому']
TO HAND (SOMETHING) OVER TO SOMEONE; TO PUT (SOMETHING)
DIRECTLY INTO (SOMEONE'S) HANDS
00
Вы'носить на свои'х рука'х R вы'носить
00
Вы'пустить из рук R вы'пустить
00
Го'лыми рука'ми R го'лый
00
Греть ру'ки R греть
00
Дать во'лю рука'м R во'ля
00
Дать по рука'м [кому']

TO GIVE (SOMEONE) A WARNING; TO PUNISH (SOMEONE) TO PREVENT
HIM FROM (DOING SOMETHING)
00
Дать ру'ку на отсече'ние
TO SWEAR TO (SOMETHING)
00
$Де'ло/рабо'та/ETC$ гори'т в рука'х [у кого'] R
горе'ть
00
Де'ло рук [чьих]
(SOMEONE'S) DOING
00
Держа'ть во'жжи в рука'х R во'жжи
00
Держа'ть [кого'] в рука'х
Партиза'ны держа'ли ме'стное населе'ние в рука'х.
00
Держа'ть [кого'] в рука'х R держа'ть
00
Держа'ть ру'ку [чью] R держа'ть
00
Держа'ть себя' в рука'х R держа'ть
00
Живо'й руко'й R живо'й
00
Забра'ть в ру'ки R забра'ть
00
Заломи'ть ру'ки R заломи'ть
00
Запусти'ть ру'ку [во что] R запусти'ть
00
Золоты'е ру'ки [у кого'] R золото'й
00
Игра'ть в четы'ре руки' (на роя'ле)
TO PLAY A DUET ON THE PIANO
Се.стры игра'ли в четы'ре руки' на роя'ле.
00
Игра'ть на' руку [кому'] R игра'ть
00
Из вторы'х рук R второ'й
00
Из пе'рвых рук =узна'ть/получи'ть= R пе'рвый
00
Из рук вон (пло'хо)
VERY BAD; BENEATH CRITICISM
На восто'чном фро'нте из рук вон пло'хо: часть неме'цкой
а'рмии окружена', друга'я - отступа'ет.
00
$Из рук в ру'ки<с рук на' руки$ =переда'ть/перейти'=
DIRECTLY FROM ONE PERSON TO ANOTHER
Докуме'нт о ку'пле - прода'же переше.л из рук в ру'ки.
00
Из тре'тьих рук =узна'ть/услы'шать/ETC= R тре'тий
00
И кни'ги в ру'ки [кому'] R кни'га
00
$Име'ть/держа'ть$ в (свои'х) рука'х [что]
TO HAVE (SOMETHING) IN ONE'S HANDS; TO POSSESS (SOMETHING)
Энерги'чная вдова' держа'ла в свои'х рука'х
предприя'тие, осно'ванное му'жем.
00
Име'ть ру'ку [где]
TO HAVE A HAND IN (SOMETHING)
00
Име'ть си'льную ру'ку [где] R си'льный
00
Иска'ть [чьей] руки' R иска'ть
00
Как без рук [без кого'<без чего']
TO FEEL HELPLESS WITHOUT (SOMEONE/SOMETHING); TO BE LOST
WITHOUT (SOMEONE)
00
Как руко'й сня'ло [что] R снять
00
Ка'рты в ру'ки [кому'] R ка'рта
00
Крути'ть ру'ки [кому'] R крути'ть
00
Ле.гкая рука' [у кого'] R ле.гкий

РУКА' CONT'D.
   00
   Лиза'ть ру'ки [кому'] R лиза'ть
   00
   Лома'ть ру'ки R лома'ть
   29
   $Мара'ть/па'чкать$ ру'ки [об кого'<обо что]
   TO SULLY ONE'S HANDS WITH (SOMEONE/SOMETHING); TO TAKE PART
   IN A QUESTIONABLE UNDERTAKING
   1. ... -Ну вот, ста'ну я ру'ки мара'ть об э'такую
   дрянь! 2. -Пусть ска'жет спаси'бо, что ему' тогда' не
   попа'ло. ... Не хоте'лось рук мара'ть.
   00
   Ма'стер на все ру'ки R ма'стер
   00
   Махну'ть руко'й [на кого'<на что] R махну'ть
   00
   Наби'ть ру'ку R наби'ть
   00
   Нагре'ть ру'ки R нагре'ть
   00
   На живу'ю ру'ку R живо'й
   00
   Наложи'ть на себя' ру'ки R наложи'ть
   00
   Наложи'ть ру'ку [на что] R наложи'ть
   00
   На рука'х [у кого'] =быть/име'ться=
   TO BE AVAILABLE TO (SOMEONE)
   Но да'же и э'тих де'нег на рука'х у нас еще. не' было.
   00
   На рука'х [чьих<у кого'] =быть/находи'ться=
   TO BE ON (SOMEONE'S) HANDS; TO BE IN (SOMEONE'S) KEEPING
   00
   На рука'х [чьих] умере'ть
   TO DIE IN (SOMEONE'S) ARMS; TO DIE ON (SOMEONE)
   Малю'тка умерла' на рука'х ма'тери.
   00
   На' руку!
   TO ARMS!
   -На' руку! -разда'лся ре'зкий крик впереди'. В во'здухе
   изви'листо качну'лись штыки', упа'ли и вы'тянулись
   навстре'чу зна'мени.
   00
   На' руку [кому']
   HANDY FOR (SOMEONE); TO (SOMEONE'S) ADVANTAGE; SUITING (SOMEONE)
   00
   На' руку $нечи'ст<нечи'стый$ R нечи'стый
   00
   На ско'рую ру'ку R ско'рый
   00
   Не знать, куда' ру'ки деть R деть
   00
   Не поклада'я рук R поклада'я
   00
   Не рука' [кому']
   NOT HANDY FOR (SOMEONE); NOT TO (SOMEONE'S) ADVANTAGE; NOT
   SUITING (SOMEONE)
   00
   Носи'ть на рука'х [кого'] R носи'ть
   00
   Обагри'ть ру'ки $кро'вью<в крови'$ R обагри'ть
   00
   Обе'ими рука'ми подписа'ться [под чем]
   TO WILLINGLY AGREE TO (SOMETHING)
   Чле'ны собра'ния, как говоря'тся, обе'ими рука'ми
   подписа'лись под резолю'цией о по'мощи же'ртвам
   наводне'ния.
   00
   Обе'ими рука'ми ухвати'ться
   TO SEIZE AN OPPORTUNITY; TO LATCH ON TO WITH BOTH HANDS;
   TO JUMP AT A CHANCE
   Безрабо'тный обе'ими рука'ми ухвати'лся за долгожда'нную
   рабо'ту.
   00
   Облома'ть ру'ки [о кого']
   TO BEAT (SOMEONE); TO GIVE (SOMEONE) A THRASHING
   00
   Облома'ть ру'ки R облома'ть

   00
   Округли'ть ру'ки R округли'ть
   00
   Опусти'ть ру'ки
   TO THROW UP ONE'S HANDS
   От неуда'ч опусти'лись ру'ки у бедня'ги.
   00
   Отби'ться от рук R отби'ться
   00
   Отда'ть на' руки [кому']
   TO PUT INTO (SOMEONE'S) KEEPING
   С пятиле'тнего во'зраста о'тдан я был на' руки
   стремянно'му Саве'льичу.
   00
   От руки' $писа'ть/рисова'ть$
   TO WRITE/DRAW BY HAND/FREEHAND
   Поздравле'ние бы'ло пи'сано от руки', а не
   изгото'вленное кем-то и напеча'танное маши'ной.
   00
   Отсо'хни у меня' рука' R отсо'хнуть
   00
   Оху'лки на' $руки<руку$ не $класть/положи'ть$ R оху'лка
   00
   Плыть в ру'ки R плыть
   00
   $Пода'ть/протяну'ть$ ру'ку (по'мощи) [кому']
   TO EXTEND A HELPING HAND TO (SOMEONE); TO LEND A HAND
   До'брый челове'к протя'нет ру'ку по'мощи нужда'ющемуся.
   00
   Пода'ть ру'ку R пода'ть
   00
   Под горя'чую ру'ку =попа'сть/подверну'ться/ETC= R
   горя'чий
   00
   Подня'ть ру'ку [на кого'<на что]
   TO RAISE A HAND AGAINST (SOMEONE/SOMETHING)
   00
   Под пья'ную ру'ку R пья'ный
   00
   Под $руко'й<рука'ми$ =име'ть/быть/находи'ться/ETC=
   TO BE CLOSE AT HAND/HANDY
   Шесты' бы'ли поло'жены по сторона'м [ло'дки], что'бы они
   во вся'кую мину'ту бы'ли под рука'ми.
   42
   Под руко'ю
   UNDERHANDEDLY
   Под руко'ю он выве'дывал о де'ле, пору'ченном Шумко'ву.
   00
   По'д руку =идти'/ETC=
   BY THE ARM
   Ма'ша взяла' Ники'тина по'д руку и пошла' с ним в
   за'городный сад.
   00
   По'д руку =сказа'ть/сде'лать/ETC=
   TO SAY (SOMETHING) AT THE WRONG TIME; TO DISTURB (SOMEONE)
   WHEN HE'S BUSY
   -Есть ли кле.в? -спроси'л стари'к Костяко'ва. -Како'й
   кле.в, когда' по'д руку говоря'т,- отвеча'л тот серди'то.
   00
   Под серди'тую ру'ку =сказа'ть/сде'лать/ETC= R
   серди'тый
   00
   Положа' ру'ку на' сердце =сказа'ть= R положи'ть
   00
   Получи'ть на' руки [что]
   TO RECEIVE (SOMETHING) PERSONALLY
   Адреса'ты получа'ют на' руки пи'сьма и посы'лки до
   востре'бования.
   00
   $Попа'сть/попа'сться$ в ру'ки [чьи<кому'<к кому']
   1. TO COME INTO (SOMEONE'S) POSSESSION; TO FALL INTO
   (SOMEONE'S) HANDS 2. TO FALL INTO (SOMEONE'S) POWER; TO
   BECOME COMPLETELY DEPENDENT ON (SOMEONE)
   1. Запи'ска лейтена'нта О'тса на и'мя А'нны
   О'Неиль попа'ла в ру'ки ру'сского матро'са Васи'лия
   Седы'х. 2. Он большо'й де'спот. Беда' попа'сться
   ему' в ру'ки!
   00
   $Попа'сться/попа'сть/подверну'ться$ по'д руку [кому']

241

РУКА' CONT'D.

TO COME ACROSS; TO HAPPEN UPON
Я на'чала чте'ние без разбо'ра, с пе'рвой попа'вшейся
мне по'д руку кни'ги.
OO

По рука'м!
IT'S AGREED!
-По рука'м! -сказа'ли они, заключи'в сде'лку.
OO

По рука'м $ходи'ть/гуля'ть/ETC$
TO CIRCULATE; TO PASS FROM HAND TO HAND
Э'та ру'копись хо'дит по рука'м, ее. чита'ют и
перечи'тывают.
OO

По руке'
TO FIT ONE'S HAND
Перча'тка не по руке'.
OO

Пра'вая рука' [чья] R пра'вый
OO

Предложи'ть ру'ку (и се'рдце) [кому'] R предложи'ть
OO

Прибра'ть во'жжи к рука'м R во'жжи
OO

$Прибра'ть/подобра'ть/пригрести'/ETC$ к рука'м
TO LAY ONE'S HANDS ON (SOMETHING); TO APPROPRIATE (SOMETHING)
Племя'нники прибра'ли к рука'м иму'щество одино'кого
дя'дюшки.
OO

Приложи'ть $ру'ки<ру'ку$ [к чему']
TO HAVE A HAND IN (SOMETHING); TO TAKE PART IN (SOMETHING)
К де'лу на'до приложи'ть ру'ки, а не то'лько говори'ть.
OO

Приложи'ть ру'ку [к чему'<под чем]
TO PUT ONE'S HAND TO (SOMETHING); TO SIGN (SOMETHING)
Не хоте'лось им ... распи'сываться, а все. же тому' и
друго'му пришло'сь приложи'ть ру'ку под прика'зом.
OO

Пройти' между рук
TO BE FRITTERED AWAY
У непракти'чного ю'ноши де'ньги прошли' между рук, и он
вско'ре оказа'лся в долгу'.
OO

Проси'ть руки'
TO ASK FOR (SOMEONE'S) HAND IN MARRIAGE
OO

Рабо'та гори'т в рука'х [у кого'] R горе'ть
OO

Развести' рука'ми R развести'
OO

Развяза'ть ру'ки [кому'] R развяза'ть
OO

Рука' в ру'ку =идти'/ETC=
1. TO WALK HAND IN HAND 2. TOGETHER; HAND IN HAND
1. Степа'н Миха'йлыч поше.л впере.д; за ним сле'довал
Алексе'й Степа'ныч с жено'ю, рука' в ру'ку. 2. -Я
еше. не име'л вре'мени познако'миться с Ряза'нцевым,
-сказал Соколо'вский. -Но ... убежде.н: Мы пойде.м с
ним рука' в ру'ку.
OO

Рука'ми и нога'ми $отбива'ться/отма'хиваться/ETC$
TO BE COMPLETELY OPPOSED TO (SOMETHING); TO RESIST
(SOMETHING) WITH ALL ONE'S STRENGTH
OO

Рука' не дро'гнет [у кого'+INF]
TO (DO SOMETHING) WITHOUT BATTING AN EYE
OO

Рука' не поднима'ется [у кого'+INF]
(HE) CAN'T BRING HIMSELF TO DO (IT)
OO

Рука' о'б руку
TOGETHER; IN A FRIENDLY WAY; HAND IN HAND
Супру'ги рука' о'б руку про'жили век.
OO

Рука' ру'ку мо'ет R мыть
42
Рука' с руко'й
HAND IN HAND; ARM IN ARM

... Чето'й Иду'т за стол рука' с руко'й.
OO

Ру'ки вверх!
HANDS UP!
-Ру'ки вверх! -скома'ндовал банди'т.
OO

Ру'ки ко'ротки' [у кого'] R коро'ткий
OO

Ру'ки не дохо'дят
THERE'S NO TIME
OO

Ру'ки не $дошли'/дохо'дят$ R дойти'
OO

Ру'ки $опусти'лись<отня'лись$ [у кого']
(HE) DOESN'T HAVE THE STRENGTH/WILL TO (DO SOMETHING); (HE)
DOESN'T FEEL LIKE (DOING SOMETHING)
OO

Ру'ки по швам =держа'ть/стоя'ть/ETC= R шов
OO

Ру'ки прочь [от кого'<от чего']
HANDS OFF!
Ру'ки прочь от чужо'й со'бственности!
OO

Ру'ки че'шутся [у кого'+на кого']
(I'D) LIKE TO GET (MY) HANDS ON (HIM)
-Уж о'чень у меня' на э'того Попуга'йчикова ру'ки
че'шутся; потому', подле'ч, вся'кую со'весть потеря'л.
OO

Ру'ки че'шутся [у кого'+INF]
ONE'S HANDS ITCH TO (DO SOMETHING)
Эй! возьми' меня' в рабо'тники, Порабо'тать ру'ки
че'шутся!
OO

Руко'й не $доста'ть<доста'нешь$
(IT) IS OUT OF REACH
-Вме'сте учи'лись и прока'зничали, а тепе'рь руко'й не
доста'нешь его': он - посо'л.
OO

Руко'й пода'ть
RIGHT NEXT TO; VERY CLOSE; A STONE'S THROW AWAY
От нас до городско'го па'рка руко'й пода'ть.
OO

Свобо'да рук R свобо'да
OO

Своя' рука' влады'ка
ONE'S OWN MASTER
Ка'ждый челове'к - своя' рука' влады'ка в чу'вствах.
OO

Связа'ть по рука'м и нога'м [кого'] R связа'ть
OO

Связа'ть $ру'ки [кому']<по рука'м и нога'м [кого']$ R
связа'ть
OO

Связа'ть ру'ки [кому'] R связа'ть
OO

Си'льная рука' R си'льный
OO

$Ско'рый<скор$ на' руку R ско'рый
OO

С ле.гкой руки' [чьей] R ле.гкий
OO

Сложа' ру'ки сиде'ть R сложи'ть
OO

Сложи'ть ру'ки R сложи'ть
OO

Сложи'ть ру'ки ру'пором R ру'пор
OO

$Смотре'ть/гляде'ть$ из [чьих] рук
TO BE COMPLETELY DEPENDENT ON (SOMEONE)
Во все.м на'до бу'дет из ее. ... рук смотре'ть, не сметь
вы'ступить из во'ли ее..
OO

Сон в ру'ку R сон
OO

Спихну'ть с рук R спихну'ть
OO

Сплесну'ть рука'ми R всплесну'ть
OO

С пусты'ми рука'ми $прийти'/яви'ться/уйти'/ETC$ R

РУКА' CONT'D.
    пусто'й
        00
        Спу'тать по рука'м и нога'м [кого'] R спу'тать
        00
        $(C) рука'ми и нога'ми<с рука'ми, нога'ми$
        1. WILLINGLY; WITH PLEASURE 2. TOTALLY; COMPLETELY
        -Хоти'те поступи'ть конто'рщиком в "Ю'жную звезду'"?
        -Поми'луйте, с рука'ми, нога'ми!
        00
        С рука'ми оторва'ть R оторва'ть
        00
        С рук доло'й R доло'й
        00
        С руки' [кому']
        CONVENIENT; HANDY; IT SUITS (SOMEONE)
        -Пойде.мте вме'сте. -Ну нет, я бего'м, вам со мно'й не
        с руки'.
        00
        С рук продава'ть
        TO PEDDLE
        Лю'ди с рук продава'ли вся'кий това'р на толку'чем
        ры'нке.
        00
        С рук $сбыть/спусти'ть$
        TO GET (SOMETHING/SOMEONE) OFF ONE'S HANDS
        -Ты поду'мал бы лу'чше, как пшени'цу с рук сбыть.
        00
        С рук сойти'
        TO ESCAPE UNPUNISHED; TO GET AWAY WITH (SOMETHING)
        00
        Тре'тьей руки' R тре'тий
        00
        Тяже.лая рука' [у кого'] R тяже.лый
        00
        $Тяже.лый<тяже.л$ на' руку R тяже.лый
        00
        Тяну'ть [чью] ру'ку R тяну'ть
        00
        Умы'ть ру'ки
        TO WASH ONE'S HANDS OF (SOMETHING)
        00
        Чтоб у меня' ру'ки и но'ги отсо'хли R отсо'хнуть
        00
        Чужи'ми рука'ми жар загреба'ть R жар
        00
        Чужи'ми рука'ми [V] R чужо'й
        00
        Широ'кой руко'й R широ'кий
        00
        Ще'дрою руко'ю R ще'дрый
РУКА'В
        00
        Спустя' рукава' [V] R спусти'ть
РУКАВИ'ЦЫ
        00
        Держа'ть [кого'] в ежо'вых рукави'цах R ежо'вый
РУЛЬ
        00
        Без руля' и без ветри'л
        WITHOUT ANY SENSE OF DIRECTION
РУ'ПОР
        00
        Сложи'ть $ладо'ни/ру'ки$ ру'пором
        TO CUP ONE'S HANDS AROUND ONE'S MOUTH
        Сложи'в ладо'ни ру'пором, ма'льчик сзыва'л собира'телей
        грибо'в.
РУ'СЛО
        00
        Войти' в ру'сло R войти'
РУ'ССКИЙ
        00
        Ру'сским языко'м $говори'ть/сказа'ть$
        TO SPEAK PLAINLY
        -Вам говоря'т ру'сским языко'м, име'ние ва'ше
        продае.тся, а вы то'чно не понима'ете.
РУЧА'ТЬСЯ
        00
        Руча'ться голово'й [за кого'< за что] R голова'

РУЧЕ'Й
        00
        В три ручья' =пла'кать/рыда'ть/ETC= R три
РУ'ЧКА
        29
        До ру'чки =дойти'/довести'=
        TO PUT (SOMEONE)/TO BE PUT IN A DESPERATE SITUATION; TO BE
        IN DESPERATE STRAITS
        42
        Подойти' к ру'чке
        TO KISS (SOMEONE'S) HAND
        00
        Под ру'чку =идти'/ETC=
        42
        Пожа'луйте ру'чку
        MAY I KISS YOUR HAND
РЫ'БА
        00
        Би'ться как ры'ба об ле.д R би'ться
        00
        В му'тной воде' ры'бу лови'ть R лови'ть
        00
        Как ры'ба в воде'
        LIKE A FISH IN WATER; WELL; EASILY
        Студе'нт был как ры'ба в воде' на экза'мене по
        матема'тике, люби'мом предме'те.
        00
        $Нем<немо'й$ как ры'ба R немо'й
        00
        Ни ры'ба ни мя'со
        NEITHER FISH NOR FOWL
РЫ'БИЙ
        00
        На ры'бьем меху' R мех
РЫДА'НИЕ
        00
        Рыда'ния подступи'ли к го'рлу R го'рло
РЫДА'ТЬ
        00
        В три ручья' =рыда'ть= R три
РЫ'ЛО
        00
        Вороти'ть ры'ло [от кого'<от чего'] R вороти'ть
        00
        Кувши'нное ры'ло R кувши'нный
        29
        Ни у'ха ни ры'ла (не смы'слить)
        TO HAVE NO UNDERSTANDING OF (SOMETHING); NOT TO MAKE HEAD
        OR TAIL OF (SOMETHING)
        -Помо'щники из го'рода ни у'ха ни ры'ла не смы'слят в
        на'шем де'ле, -говори'ли колхо'зники.
        00
        Ры'лом не вы'шел R ро'жа
РЫ'ЛЬЕ
        00
        Ры'льце в пуху' R пух
РЫТЬ
        00
        Зе'млю ро'ет!
        TO CHOMP AT THE BIT
        00
        Рыть моги'лу [кому'] R моги'ла
        00
        Рыть я'му [кому'] R я'ма
РЫ'ТЬСЯ
        00
        Ры'ться в гря'зном белье' [чье.м] R гря'зный
РЫ'ЦАРЬ
        14
        Ры'царь без стра'ха и упре.ка
        A BRAVE MAN ABOVE REPROACH
        00
        Ры'царь печа'льного о'браза
        THE KNIGHT OF THE SAD COUNTENANCE
РЮ'МОЧКА
        00
        Люби'ть рю'мочку
        HE IS OVERLY FOND OF WINE

РЮ'МОЧКА CONT'D.
    Пья'ничей он не' был, любя' рю'мочку.
    00
    Приде'рживаться рю'мочки<стака'нчика R приде'рживаться
    50
    Пропусти'ть рю'мочку
    TO HAVE A DRINK OF WINE
    00
    Та'лия $рю'мочкой<в рю'мочку$
    A SLENDER WAIST
РЯБИ'ТЬ
    00
    В глаза'х ряби'т
    TO BE DAZZLED [BY BRIGHT LIGHTS AND COLORS]
    1. Перед ле.тками у'льев ряби'ли в глаза'х ...
    игра'ющие пче.лы и тру'тни. 2. В глаза'х его' ряби'ло,
    мозги' пу'тались, во рту' пересо'хло, и на лбу' вы'ступил
    холо'дный пот.
РЯД
    00
    В пе'рвых ряда'х
    IN THE FIRST RANK; AHEAD OF EVERYONE
    00
    В ряду' [кого'<чего']
    IN THE RANKS OF; AMONG
    Чернозе.м Украи'ны наибо'лее плодоро'ден в ряду' почв.
    00
    Из ря'да вон (выходя'щий)
    EXCEPTIONAL; PROMINENT
    Вы'садка на луну' и возвраще'ние на зе'млю - достиже'ние
    техноло'гии, из ря'да вон выходя'щее.
    00
    $Лома'ть/слома'ть$ ряды' R лома'ть
    00
    Сомкну'ть ряды' R сомкну'ть
РЯДИ'ТЬ
    00
    Суди'ть $и/да$ ряди'ть R суди'ть
РЯДИ'ТЬСЯ
    00
    Ряди'ться в то'гу [кого'<чего'] R то'га
РЯ'ДОМ
    00
    Сплошь $и/да$ ря'дом R сплошь
РЯ'ЖЕНЫЙ
    00
    Су'женый-ря'женый R су'женый
СА'БЛЯ
    00
    Го'лая са'бля R го'лый
САВРА'С
    42
    Савра'с без узды'
    A REVELER; A MADCAP
САДО'ВЫЙ
    02
    Голова' садо'вая
    A DULL-WITTED PERSON; A DIMWIT
СА'ЖА
    50
    Дела'-как са'жа бела'
    BUSINESS IS VERY BAD; THINGS ARE GOING BADLY
    Дела' - как са'жа бела': засто'й в промы'шленности и
    торго'вле.
САЖА'ТЬ
    00
    Сажа'ть на ца'рство
    TO ASCEND THE THRONE
    В 20-ом ве'ке все. ре'же и ре'же сажа'ют мона'рхов на
    ца'рство; демокра'тия взяла' переве'с.
СА'ЖЕ'НЬ
    00
    В косу'ю са'жень ро'стом R косо'й
    00
    Коса'я са'жень в плеча'х R косо'й
САЛА'ЗКИ
    00
    Загну'ть сала'зки [кому'] R загну'ть

СAM
    00
    Быть сами'м собо'й R себя'
    00
    (И) сам не рад R рад
    00
    Сам большо'й R большо'й
    00
    $Сам за себя' говори'т<сама' за себя' говори'т<само' за
    себя' говори'т<са'ми за себя' говоря'т$
    HE/SHE/IT SPEAKS FOR HIMSELF/HERSELF/ITSELF; THEY SPEAK
    FOR THEMSELVES
    00
    Са'ми с уса'ми R усы'
    00
    $Сам не свой<сама' не своя'$ R свой
    00
    Само' собо'й (разуме'ется)
    IT'S CLEAR; IT'S OBVIOUS; IT GOES WITHOUT SAYING
    1. ... Само' собо'й, е'сли случи'тся что, то да'йте
    знать - прие'ду. 2. -Уж наве'рное и вас приглася'т.
    -Само' собо'й, как же мо'жно без меня'!
    00
    $Сам<сама'$ зна'ю R знать
    00
    $Сам<сама'<само'<са'ми$ собо'й
    INVOLUNTARILY
    Глаза' закрыва'лись са'ми собо'й.
    00
    $Сам<сама'<само'<са'ми$ по себе'
    1. INDEPENDENTLY; BY ONESELF 2. TAKEN SEPARATELY
    1. Мать моя', фельдшери'ца, всегда' была' занята', и я
    рос сам по себе'. 2. Земля' сама' по себе' не име'ет
    це'нности ... 3. -Любо'вь - сама' по себе', а
    сре'дства жи'зненные - са'ми по себе'.
    00
    Сам себе' $голова'/хозя'ин/господи'н/ETC$
    ONE'S OWN MASTER; A FREE AGENT
САМОВА'Р
    00
    Наста'вить самова'р R наста'вить
    00
    Ста'вить самова'р R ста'вить
САМОУБИ'ЙСТВО
    00
    Поко'нчить жизнь самоуби'йством R поко'нчить
СА'МЫЙ
    00
    В са'мом де'ле
    1. IN REALITY 2. REALLY; PRECISELY; TRUTHFULLY
    1. Одни' почита'ют меня' ху'же, други'е лу'чше, чем я в
    са'мом де'ле. 2. Да что ты, в са'мом де'ле, учи'ть
    меня' стал! 3. Кого' ты, говори'шь, ви'дел?
    -Печери'цу! -В са'мом де'ле? -В са'мом де'ле. 4. В
    са'мом де'ле, Бальза'к привлека'л к себе' ка'ждого из
    люде'й, спосо'бных цени'ть ... до'брое и прямо'е се'рдце.
    00
    В (са'мом) соку' R сок
    00
    В са'мый раз R раз
    00
    На са'мом де'ле
    IN REALITY
    То, что и'здали каза'лось у'зкой поло'ской су'ши, на
    са'мом де'ле представля'ло собо'й дли'нную цепь со'пок.
    00
    Са'мое бо'льшее R бо'льший
    00
    Са'мое вре'мя R вре'мя
    00
    Са'мое $ме'ньшее/ма'лое$ R ме'ньший
СА'НИ
    00
    Не в свои' са'ни сесть
    TO BE OUT OF ONE'S DEPTH
СА'ПА
    00
    Ти'хой'са'пой

СА'ПА CONT'D.
  IMPERCEPTIBLY; STEALTHILY; ON THE SLY
САПОГИ'
  59
  В $сапога'х/сапожка'х$ хо'дит
  EXPENSIVE; RARE
  -А то еще. сва'ху ищи'? Де'ньги ей плати', а де'ньги
  ны'нче в сапога'х хо'дят.
  00
  Два сапога' па'ра R па'ра
  00
  Под сапого'м =быть/находи'ться/ETC=
  UNDER (SOMEONE'S) HEEL
  00
  Сапоги' всмя'тку R всмя'тку
  00
  Сапоги' ка'ши про'сят R ка'ша
САПОЖКИ'
  00
  В сапожка'х хо'дит R сапоги'
САПО'ЖНИК
  29
  Как сапо'жник [V]
  TO DO (SOMETHING) CLUMSILY/UNSKILLFULLY
  -Моряки' лю'бят ката'ться верхо'м, хоть и е'здят как
  сапо'жники.
СА'ХАР
  00
  Не са'хар [кому']
  IT'S NO PLEASURE/PICNIC FOR (HIM)
  -Я ста'рый, дря'хлый ... -ду'мал Григо'рий Семе.ныч.
  -ей не са'хар со мно'й.
  00
  Са'хар-медо'вич
  A SWEET-TALKER
СБА'ВИТЬ
  00
  Сба'вить газ R газ
  00
  Сба'вить $тон/го'лос$ R тон
СБИ'ТЫЙ
  00
  $Пло'тно/кре'пко$ сбит [кто]
  (HE) HAS A STRONG/STURDY BUILD
  Ка'меньщик невели'к, да пло'тно сбит.
СБИТЬ
  00
  $Сбить/совле'чь$ с пути'
  TO LEAD (SOMFONE) ASTRAY
  00
  Сбить с панталы'ку R панталы'к
  00
  Сбить с то'лку R толк
  00
  $Сбить/сшиби'ть$ $спесь/го'нор/форс/ETC$ [с кого']
  TO TAKE (SOMEBODY) DOWN A PEG; TO CUT (SOMEONE) DOWN TO SIZE
СБИ'ТЬСЯ
  00
  Сби'ться с ног
  TO BE WORN OUT WITH CARE
  Де'ти сби'лись с ног в по'исках щенка'.
  00
  Сби'ться с ноги'
  TO BE RUN OFF ONE'S LEGS/FEET
  Солда'т, сби'вшись с ноги', оказа'лся вне ря'да.
  00
  Сби'ться с панталы'ку R панталы'к
  00
  Сби'ться с пути'
  TO GO ASTRAY
  00
  Сби'ться с то'лку R толк
  00
  Сби'ться с ша'га R шаг
СБО'КУ
  00
  Сбо'ку припе.ка R припе.ка
СБОЛТНУ'ТЬ
  00
  Сболтну'ть ли'шнее R ли'шний

СБОР
  00
  В сбо'ре
  IN SESSION; ASSEMBLED
  Часо'в в семь утра' Давы'дов, придя' в сельсове'т,
  заста'л уже' в сбо'ре четы'рнадцать челове'к
  гремя'ченской бедноты'.
СБРЕ'НДИТЬ
  00
  Сбре'ндить с ума' R ум
СБРЕСТИ'
  00
  Сбрести' с ума' R ум
СБРО'СИТЬ
  00
  Сбро'сить $жиро'к/жир$
  TO LOSE WEIGHT
  Пла'тья бы'ли су'жены по'сле того', как она' сбро'сила
  жиро'к.
  00
  Сбро'сить со $счето'в<сче.та$ [кого'<что] R сче.т
  00
  Сбро'сить с плеч R плечо'
  00
  Сбро'сить (с себя') ма'ску R ма'ска
СБЫТ
  00
  $Име'ть/находи'ть$ сбыт
  TO FIND A READY MARKET
  Зна'ете - табачо'к, спи'чки, хле'б, огурцы' и так да'лее
  ... Все. э'то бу'дет име'ть хоро'ший сбыт.
СБЫ'ТОЧНЫЙ
  29
  Сбы'точное ли (э'то) де'ло?
  IS IT POSSIBLE
СБЫТЬ
  00
  На' сторону =сбыть= R сторона'
  00
  Сбыть с рук R рука'
СВА'ДЬБА
  50
  До сва'дьбы заживе.т
  (HE'LL) SURVIVE
  00
  Игра'ть сва'дьбу R игра'ть
  00
  Как на Мала'ньину сва'дьбу =навари'ть/напе'чь/ETC=
  R Мала'ньин
СВАЛИ'ТЬ
  00
  Свали'ть с больно'й головы' на здоро'вую R больно'й
  00
  Свали'ть с ног
  TO KNOCK (SOMEONE) OFF HIS FEET
  1. Си'льный уда'р свали'л Ва'ню с ног. 2. Весть о
  сме'рти сы'на свали'ла с ног стару'ху-мать...
  00
  Свали'ть с плеч R плечо'
СВАЛИ'ТЬСЯ
  00
  Гора' с плеч свали'лась R гора'
  00
  $Как/бу'дто/то'чно/ETC$ с не'ба свали'лся R не'бо
  00
  Свали'ться с плеч
  COMPLETELY WORN OUT (ABOUT CLOTHING)
  Изно'шенная шубе.нка свали'лась с плеч ни'чего.
СВАЛЯ'ТЬ
  00
  Сваля'ть дурака' R дура'к
СВАРИ'ТЬ
  00
  $Ка'ши/пи'ва$ не сва'ришь [с кем]
  YOU WON'T GET ANYWHERE WITH (HIM)
СВЕ'ДЕНИЕ
  00
  Довести' до све'дения R довести'

СВЕ'ДЕНИЕ CONT'D.
00
Дойти' до све'дения [кого'] R дойти'
00
К ва'шему све'дению
FOR YOUR INFORMATION
-Я давно' не пору'чик, к ва'шему све'дению, никако'й не
пору'чик!
СВЕ'ЖЕСТЬ
00
Не пе'рвой све'жести
1. NOT VERY FRESH 2. NOT VERY PURE/CLEAN
1. Мя'со не пе'рвой све'жести. 2. Лы'ков смуще.нно
спря'тал плато'к обра'тно - он был далеко' не пе'рвой
све'жести.
СВЕ'ЖИЙ
00
Вы'вести на све'жую во'ду [кого'] R вода'
00
На све'жую го'лову R голова'
00
На све'жую па'мять
WHILE IT'S FRESH IN ONE'S MIND
Заме'тки де'лаются на све'жую па'мять.
СВЕ'РГНУТЬ
00
Све'ргнуть $бре'мя/и'го/око'вы$ [чего']
TO CAST OFF ONE'S FETTERS/BURDEN
СВЕРКА'ТЬ
00
То'лько пя'тки сверка'ют
TO TAKE TO ONE'S HEELS; TO TAKE OFF LIKE A FLASH
Подобра'л Ахме'т свои' пожи'тки да дава'й бог но'ги,
как за'яц от го'нчих, то'лько пя'тки сверка'ют.
СВЕРКНУ'ТЬ
00
Сверкну'ть глаза'ми
TO FLASH AN ANGRY LOOK AT (SOMEONE)
СВЕРНУ'ТЬ
00
Сверну'ть $го'лову/ше'ю/ETC$ себе'
TO GET ONESELF KILLED
... -проща'йте, е'ду на фронт, мо'жет, го'лову сверну',
не уви'димся.
00
Сверну'ть $го'лову/ше'ю/ETC$ [кому']
TO WRING (SOMEONE'S) NECK
... -Варва'ра, уйми' своего' щенка', а то я е'му башку'
сверну'!
СВЕРНУ'ТЬСЯ
00
$В клубо'к<клубко'м/в ком<ко'мом/в комо'к<комко'м$
сверну'ться R клубо'к
СВЕРХ
00
Сверх вся'кого вероя'тия R вероя'тие
00
Сверх ча'яния R ча'яние
СВЕ'РХУ
00
Све'рху вниз смотре'ть [на кого']
TO LOOK DOWN ON (SOMEONE)
00
Све'рху до'низу
FROM TOP TO BOTTOM; COMPLETELY
Я протяну'л ему' командиро'вочное предписа'ние. Он
прочита'л все. све'рху до'низу, вплоть до назва'ния
типогра'фии.
СВЕСТИ'
00
Нача'ть за здра'вие, а свести' за упоко'й R здра'вие
00
Свести' в гроб R гроб
00
Свести' в моги'лу [кого'] R моги'ла
00
Свести' к нулю' R нуль
00
Свести' концы' с конца'ми R коне'ц

00
Свести' на нет R нет
00
Свести' с престо'ла
TO UNTHRONE
00
Свести' с $пьедеста'ла/высоты'/ETC$ [кого'<что]
TO UNTHRONE
00
Свести' с ума' [кого'] R ум
00
Свести' сче.ты [с кем]
TO SQUARE ACCOUNTS WITH (SOMEONE); TO SETTLE A SCORE WITH
(SOMEONE)
СВЕСТИ'СЬ
00
Свести'сь на нет R нет
СВЕТ
00
$Ви'деть/представля'ть/ETC$ в ра'дужном све'те R
ра'дужный
СВЕТИ'ЛО
00
Восходя'щее свети'ло R восходя'щий
14
Дневно'е свети'ло/свети'ло дня$
THE SUN
14
Ночно'е свети'ло/свети'ло но'чи$
THE MOON
14
Ночны'е свети'ла/свети'ла но'чи$
THE STARS
СВЕ'ТЛЫЙ
00
Све'тлой па'мяти R па'мять
СВЕТ(1)
00
Ба'тюшки све'ты! R ба'тюшка
00
В вы'годном све'те R вы'годный
00
В ло'жном све'те =ви'деть/представля'ть= R ло'жный
00
В невы'годном све'те R невы'годный
00
В ро'зовом све'те $ви'деть/представля'ть/ETC$
[кого'<что] R ро'зовый
00
В све'те [чего']
IN THE LIGHT OF (SOMETHING)
Лубенцо'в взгляну'л на ка'ждого бойца' в све'те его'
про'шлой профе'ссии.
00
Дать свет R дать
00
Ма'тушки све'ты! R ма'тушка
00
Невзви'деть све'та R невзви'деть
00
Не ви'деть све'та (во'льного) R ви'деть
00
Ни свет ни заря'
AT THE CRACK OF DAWN
Крестья'нин ни свет ни заря' выезжа'ет в по'ле.
00
$Проли'ть/бро'сить$ свет [на что]
TO SHED LIGHT ON (SOMETHING)
00
Свет [чьей] жи'зни
THE LIGHT OF ONE'S LIFE; SOMEONE VERY DEAR
Еди'нственный сын, свет жи'зни ма'тери, был у посте'ли
до после'днего ее. дыха'ния.
00
Свет [чьих] оче'й
THE LIGHT OF ONE'S EYES; SOMEONE VERY DEAR
Пе'рвенец - свет оче'й молоды'х супру'гов.
00
$Смотре'ть/рассма'тривать$ на свет [что]

СВЕТ(1) CONT'D.
   TO HOLD (SOMETHING) UP TO THE LIGHT
   Фото'граф смотре'л негати'вы на свет.
   00
   То'лько и $све'ту<све'та$ в $окне'/око'шке$
   ONE'S ONLY JOY; ONE'S ONLY COMFORT
   -Одна' ведь она' у меня', как перст ... То'лько и
   све'ту в окне'.
   00
   $Чем/чуть$ свет
   AT THE CRACK OF DAWN
   На'до подня'ться чуть свет, что'бы успе'ть к ра'ннему
   по'езду.
СВЕТ(2)
   00
   Бе'лый свет R бе'лый
   00
   Бо'жий свет
   THE WORLD
   00
   Большо'й свет R большо'й
   00
   $Все./никто'/ничто'/ETC$ на све'те
   EVERYTHING/NO ONE/NOTHING IN THE WORLD
   Се'рые глаза' ее. бы'ли равноду'шны ко всему' на све'те.
   00
   Вы'везти в свет R вы'везти
   00
   Выйти в свет
   TO BE PUBLISHED; TO COME OUT
   После'днее произведе'ние знамени'того писа'теля вы'шло в
   свет по'сле его' сме'рти.
   00
   Вы'пустить в свет [что] R вы'пустить
   00
   Извле'чь на (бо'жий) свет
   TO BRING TO LIGHT
   00
   На край све'та R край
   00
   На краю' све'та R край
   00
   На свет не гляде'л бы R гляде'ть
   00
   На че.м свет стои'т =руга'ть/брани'ть/ETC=
   TO CHEW (SOMEONE) OUT; TO REALLY GIVE IT TO (SOMEONE); (HE)
   SWORE FOR ALL (HE) WAS WORTH
   Оте'ц на че.м свет брани'л взро'слого сы'на за
   небре'жность со спи'чками, уви'дя их в рука'х дете'й.
   29
   Не бли'жний свет
   FAR AWAY
   От дере'вни до го'рода не бли'жний свет: за' день
   пешко'м добра'ться.
   29
   Не $бли'зкий<бли'зок$ свет
   FAR AWAY
   -Так ведь мне не бли'зкий свет домо'й-то идти'.
   00
   Не жиле'ц (на бе'лом све'те) R жиле'ц
   00
   Нет на све'те [кого']
   NOT AMONG THE LIVING; NO LONGER WITH US
   У одино'кого старика' нет на све'те бли'зких родны'х.
   00
   Отпра'вить на тот свет R отпра'вить
   00
   Отпра'виться на тот свет R отпра'виться
   00
   Переверну'ть весь свет R переверну'ть
   00
   Произвести' на свет R произвести'
   00
   Све'та преставле'ние R преставле'ние
   00
   Свет не кли'ном соше.лся ([на ком<на че.м]) R клин
   00
   Свет не производи'л [кого'] R производи'ть

   00
   $Сжить/согна'ть$ [кого'] $со' света<со све'та<со'
   свету<со све'ту$
   TO WIPE (SOMEONE) OFF THE FACE OF THE EARTH
   00
   Тот свет
   THE NEXT WORLD; THE AFTERLIFE
   Начала' бы'ла печа'литься о том, что она' не
   христиа'нка, и что на том све'те душа' ее. никогда' не
   встре'тится с душо'ю Григо'рья Алекса'ндровича.
   00
   Уви'деть свет
   TO BE PUBLISHED; TO APPEAR
   "До'ктор Жива'го" Б. Пастерна'ка уви'дел свет за
   грани'цей.
   00
   Э'тот свет
   THIS WORLD [I.E. EARTHLY EXISTENCE]
   -Я бу'ду по'мнить, что на э'том све'те нельзя' ждать
   награ'ды, что на э'том све'те нет ни че'сти, ни
   справедли'вости.
   00
   $Яви'ться/появи'ться$ на свет
   1. TO BE BORN; TO COME INTO THE WORLD 2. TO APPEAR
   Яви'вшись на свет хи'лым, ребе.нок окре'п.
СВЕЧА'
   00
   Игра' не сто'ит свеч R игра'
СВИДА'НИЕ
   00
   До (ско'рого) свида'ния
   GOOD-BY; SO-LONG!; SEE YOU SOON!
   -Проща'й! -До ско'рого свида'ния!
СВИДЕ'ТЕЛЬ
   11
   Благоро'дный свиде'тель
   AN OBSERVER; A WITNESS WHO REFUSES TO TESTIFY, NOT
   WISHING TO GET INVOLVED
   Столкнове'ние двух автомоби'лей ви'дели мно'гие, но
   оста'лись благоро'дными свиде'телями, удали'вшись от
   сце'ны.
   00
   $Быть/ служи'ть/ETC$ живы'м свиде'телем [чего']
   TO BEAR WITNESS TO (SOMETHING)
   Пе'сня оста'лась живы'м свиде'телем старины'.
   00
   $Призва'ть/пригласи'ть/взять$ [кого'] в свиде'тели
   TO CALL UPON (SOMEONE) TO BE A WITNESS
   Води'тель авто'буса призва'л пассажи'ров в свиде'тели.
СВИДЕ'ТЕЛЬСТВОВАТЬ
   00
   Свиде'тельствовать в по'льзу [кого'<чего'] R по'льза
   42
   $Свидете'льстовать/засвиде'тельствовать$ [кому']
   $почте'ние/уваже'ние/благода'рность/ETC$
   TO DECLARE ONE'S RESPECT FOR (SOMEONE)/GRATITUDE TOWARD
   (SOMEONE); TO RENDER ONE'S THANKS; TO SHOW ONE'S RESPECT/
   GRATITUDE
   Наро'д свиде'тельствовал уваже'ние геро'ям войны'.
СВИНЕ'Ц
   00
   Голова' $как/сло'вно/то'чно$ свинцо'м налита'
   MY HEAD FEELS HEAVY
   Голова' как свинцо'м нали'та от переутомле'ния.
   00
   Лечь свинцо'м на $ду'шу/се'рдце/ETC$ [у кого']
   TO WEIGH HEAVILY ON ONE'S HEART
   Размо'лвка легла' свинцо'м на ду'шу у друзе'й де'тства.
   00
   Свине'ц на $душе'/се'рдце/ETC$ [у кого']
   TO HAVE (SOMETHING) WEIGHING HEAVILY ON ONE'S HEART; TO BE
   HEAVY AT HEART
СВИНЬЯ'
   00
   Как свинья' в апельси'нах $разбира'ться/смы'слить/
   понима'ть/ETC$ [в че.м]
   NOT TO HAVE THE SLIGHTEST IDEA ABOUT (SOMETHING; TO HAVE
   NO UNDERSTANDING OF (SOMETHING)

СВИНЬЯ' CONT'D.
   -Вы разбира'етесь в междунаро'дных отноше'ниях как
   свинья' в апельси'нах! -заме'тил он спо'рящим.
   00
   Мета'ть би'сер пе'ред сви'ньями R би'сер
   00
   Подложи'ть [кому'] свинью'
   TO PLAY A MEAN TRICK ON (SOMEONE)
СВИСТА'ТЬ
   29
   Ищи' свищи'
   IT'S USELESS TO LOOK FOR (SOMETHING/SOMEONE); ONE WILL
   NEVER FIND (IT); ONE CAN WHISTLE FOR (IT)
   Волк унес обчу', а пото'м ищи' свищи'.
   00
   Свиста'ть в кула'к R свисте'ть
   00
   $Свиста'ть/свисте'ть$ всех наве'рх
   TO SUMMON ON DECK; TO CALL TO BATTLE STATIONS
СВИСТЕ'ТЬ
   00
   Ве'тер свисти'т в карма'нах R ве'тер
   00
   Свисте'ть всех наве'рх R свиста'ть
   29
   $Свисте'ть/свиста'ть$ в кула'к
   TO HAVE SQUANDERED ALL ONE'S MONEY; TO BE PENNILESS; TO
   BE BROKE
   Лю'ди по-ра'зному живу'т: у одни'х всего' в избы'тке, а
   други'е свистя'т в кула'к.
СВИ'СТНУТЬ
   00
   Когда' рак сви'стнет R рак
СВИТЬ
   00
   Свить (себе') гнездо' R гнездо'
СВИХНУ'ТЬ
   00
   Свихну'ть (себе') ше'ю
   1. TO BREAK ONE'S NECK 2. TO COME TO GRIEF;
   TO PERISH
   00
   Свихну'ть с ума' R ум
СВИХНУ'ТЬСЯ
   00
   Свихну'ться с ума'
   TO GO OUT OF ONE'S MIND; TO LOSE ONE'S MIND
   Оте'ц свихну'лся с ума' по'сле траги'ческой сме'рти
   жены' и дете'й.
СВОБО'ДА
   00
   Дарова'ть свобо'ду R дарова'ть
   00
   Дать свобо'ду [кому'<чему'] R во'ля
   00
   На свобо'де
   IN ONE'S FREE TIME; AT LEISURE
   С ра'достью ду'маешь о це'лом ча'се о'тдыха, когда'
   мо'жно развью'читься, вскипяти'ть во'ду в котелке' и
   полежа'ть на свобо'де, попива'я горя'чий чай.
   00
   Свобо'да рук
   A FREE HAND
   Револю'ция в Кита'е положи'ла коне'ц свобо'де рук
   иностра'нцев.
СВОБО'ДНЫЙ
   00
   $Вздохну'ть/дыша'ть$ $свобо'дно/свобо'днее$
   TO BREATHE EASY; TO HAVE A LOAD OFF ONE'S MIND
   По'сле сме'рти дикта'тора ста'ло свобо'днее дыша'ть
   большинству' населе'ния.
СВОДИ'ТЬ
   00
   $Едва'/е'ле/ко'е-ка'к$ своди'ть концы' с конца'ми R
   коне'ц
   00
   Не своди'ть глаз [с кого'<с чего']
   NOT TO TAKE ONE'S EYES OFF (SOMEONE/SOMETHING)

   Де'вочка не своди'ла глаз с рук ма'тери, иску'ссной
   вяза'льщицы.
   00
   Своди'ть концы' с конца'ми R коне'ц
СВОЗ
   00
   На своз
   TO BE TRANSPLANTED/MOVED SOMEWHERE ELSE
   Ма'рья Гаври'ловна купи'ла в сосе'днем городке' на своз
   деревя'нный дом.
СВОЙ
   00
   $Брать/взять$ свое.
   TO GET ONE'S OWN WAY; TO GET THE DESIRED RESULTS
   Сын взял свое., вы'брав профе'ссию по своему' жела'нию,
   а не настоя'нию отца'.
   00
   Быть не в свое'й таре'лке R таре'лка
   00
   В свое. вре'мя R вре'мя
   00
   В свое'м ро'де R род
   00
   В свое. удово'льствие R удово'льствие
   00
   В свой час R час
   00
   В свою' о'чередь R о'чередь
   00
   Знать свое. ме'сто R знать
   00
   Идти' $свое'й доро'гой/свои'м путе.м$
   TO GO ONE'S OWN WAY
   Сын ше.л свои'м путе.м по'сле сме'рти отца'.
   00
   Идти' $свои'м чередо'м/свое'й чередо'й$ R чере.д
   00
   $Идти'/сле'довать/ETC$ свои'м хо'дом R ход
   00
   Испыта'ть на свое'м горбу' R горб
   00
   К свои'м пена'там R пена'ты
   00
   К стыду' своему' R стыд
   00
   Ма'стер своего' де'ла R ма'стер
   00
   $На<за$ свой страх (и риск) R страх
   00
   Называ'ть ве'щи свои'ми имена'ми R и'мя
   00
   На свои'х (на) двои'х R дво'е
   00
   На свою' го'лову R голова'
   00
   Не ве'рить свои'м уша'м R ве'рить
   00
   Не вида'ть как свои'х уше'й [кого'<чего'] R у'хо
   00
   (Не) в свое.м уме' R ум
   00
   Не в свои' са'ни сесть R са'ни
   00
   (Не) на свое.м ме'сте R ме'сто
   00
   Не свои'м го'лосом $крича'ть/пла'кать/ETC$ R го'лос
   00
   Оста'ться при свои'х
   TO BREAK EVEN; NEITHER TO WIN NOR TO LOSE
   Друзья' оста'лись при свои'х, игра'я в дурака'.
   00
   По-сво'ему
   IN ONE'S OWN WAY; AS ONE WISHES; IN ONE'S OWN NATIVE
   TONGUE
   1. -Тебе' хо'чется жить по-сво'ему, и други'м
   хо'чется. 2. Меня' он, ка'жется, по-сво'ему лю'бит.
   3. Казби'ч привста'л на стремена'х, крикну'л что-то
   по-сво'ему, погрози'л нага'йкой - и был тако'в.

СВОЙ CONT'D.
   00
   Поста'вить на свое. ме'сто [кого'] R ме'сто
   00
   (Рассказа'ть) свои'ми слова'ми
   TO RELATE (SOMETHING) IN ONE'S OWN WORDS
   Учени'к рассказа'л свои'ми слова'ми содержа'ние коме'дии.
   00
   $Сам не свой<сама' не своя'$
   HE ISN'T HIMSELF; SHE ISN'T HERSELF
   Жена' ви'дит, что он сам не свой, что происше'ствие-то
   его' потрясло' соверше'нно.
   00
   Своего' по'ля я'года R я'года
   00
   Своего' ро'да R род
   00
   Свои'м горбо'м =зараба'тывать/добыва'ть/ETC= R горб
   00
   Свои'м поря'дком R поря'док
   00
   Свои'х не $узна'ешь<узна'ет<ETC$
   I'LL GIVE IT TO YOU!; YOUR OWN MOTHER WON'T RECOGNIZE
   YOU!
   -Попади'сь то'лько то так проучу', что своих не
   узна'ешь! -грози'л торго'вец вори'шке.
   00
   Сэой брат R брат
   00
   Своя' рука' влады'ка R рука'
   00
   Сказа'ть свое. сло'во
   TO PLAY A PART IN (SOMETHING)
   Руководи'тель переселе'нцев сказа'л свое. сло'во,
   объедини'в их в трудово'й коллекти'в.
   00
   Слы'шать свои'ми уша'ми R у'хо
   00
   Стоя'ть на (свое.м) посту' R пост
   00
   Стоя'ть на (свои'х) нога'х R нога'
   00
   Умере'ть не свое'й сме'ртью
   TO DIE A VIOLENT DEATH; TO DIE AN UNNATURAL DEATH
   Ви'дный госуда'рственный де'ятель у'мер не свое'й
   сме'ртью, а поги'б от руки' уби'йцы.
   00
   Умере'ть свое'й сме'ртью
   TO DIE A NATURAL DEATH
   Сбежа'вший из тюрьмы' уби'йца жил до ста'рости и у'мер
   свое'й сме'ртью.
СВОРОТИ'ТЬ
   00
   Го'ру свороти'ть R гора'
   00
   Свороти'ть с ума' R ум
СВЫ'ШЕ
   00
   По наи'тию (свы'ше) R наи'тие
СВЯЗА'ТЬ
   00
   Не $мочь/уме'ть$ связа'ть двух слов
   TO BE INCOHERENT; TO BABBLE
   От испу'га де'ти не могли' связа'ть двух слов.
   00
   Связа'ть концы' с конца'ми R коне'ц
   Связа'ть по рука'м и нога'м [кого']
   TO TIE (SOMEONE) HAND AND FOOT; TO HOGTIE (SOMEONE)
   Мно'гие же.ны свя'заны по рука'м и нога'м, зави'ся от
   во'ли му'жа.
   00
   Связа'ть ру'ки [кому']
   TO TIE (SOMEONE'S) HANDS
   Зада'ток при поку'пке до'ма связа'л ру'ки покупа'телю.
   00
   Связа'ть $узло'м<в у'зел$ [кого'] R у'зел
   00
   Связа'ть язы'к [кому']

   TO SILENCE (SOMEONE); TO SHUT (SOMEONE) UP
СВЯЗЬ
   00
   В связи' [с чем]
   IN CONNECTION WITH (SOMETHING); IN VIEW OF (SOMETHING)
   00
   Жива'я связь R живо'й
СВЯТИ'ТЕЛЬ
   42
   Святи'тели (уго'дники)!
   MY GOD!; GOOD HEAVENS!
   -Ба'тюшки мои', э'то я вме'сто во'дки кероси'ну вы'пил!
   -ужасну'лся он. -Святи'тели уго'дники!
СВЯТО'Й
   29
   Как бог свят
   FOR SURE; WITHOUT A DOUBT
   Сын обеща'л, как бог свят, во'-время верну'ться с
   вече'рней прогу'лки.
   00
   На пи'ще свято'го Анто'ния R пи'ща
   00
   Свята'я простота' R простота'
   00
   Свята'я святы'х
   HOLY OF HOLIES
   1. -Приходи' в перевя'зочную, я попро'бую тебя'
   учи'ть. Возме.шь хала'т у Кла'вы. И вот Ва'ська
   вошла' в свята'я святы'х ваго'на-апте'ки. 2. -Как
   хоти'те, а пе'рвые де'тские впечатле'ния - э'то свята'я
   святы'х челове'ческой души'.
   00
   Святы'м ду'хом (узна'ть) R дух
   42
   Хоть святы'х (вон) $неси'/выноси'$
   TOO TERRIBLE TO WATCH/LISTEN TO; UNBEARABLE [TO WATCH OR
   HEAR]
   -Как начне.т [эконо'мка] на кого' крича'ть, как
   подни'мет визг, так хоть святы'х выноси'.
СГИБА'ТЬСЯ
   00
   Сгиба'ться кольцо'м R кольцо'
СГЛА'ДИТЬ
   00
   Сгла'дить (о'стрые) углы' R у'гол
СГУСТИ'ТЬ
   00
   Сгусти'ть атмосфе'ру [где]
   TO CREATE A TENSE ATMOSPHERE
   00
   Сгусти'ть кра'ски
   TO EXAGGERATE; TO LAY IT ON THICK
   Спле'тники обы'чно сгуша'ют кра'ски.
СГУСТИ'ТЬСЯ
   00
   Атмосфе'ра сгусти'лась [где] THE ATMOSPHERE BECAME TENSE
   00
   Ту'чи сгусти'лись [над кем<над чем] R ту'ча
СДАТЬ
   00
   Сдать в архи'в [кого'<что] R архи'в
   00
   Сдать ору'жие
   TO SURRENDER; TO LAY DOWN ONE'S ARMS
   Неприя'тель сдал ору'жие; война' око'нчена.
СДА'ТЬСЯ
   00
   Сда'ться на ми'лость победи'теля R ми'лость
СДВИ'НУТЬ
   00
   Го'ру сдви'нуть R гора'
СДВОИ'ТЬ
   00
   Сдвои'ть след
   TO DOUBLE BACK
СДЕ'ЛАТЬ
   00
   Де'ло сде'лано

СДЕ'ЛАТЬ CONT'D.
   WHAT'S DONE IS DONE
   Продаве'ц и покупа'тель до'ма заключи'ли контра'кт;
   де'ло сде'лано.
   00
   Из ничего' сде'лать R ничто'
   00
   На сча'стье =сде'лать= R сча'стье
   00
   $Сде'лай<сде'лайте$ ми'лость R ми'лость
   00
   $Сде'лай<сде'лайте$ одолже'ние R одолже'ние
   00
   Сде'лать бо'льно [кому'] R бо'льно
   00
   Сде'лать $вы'годную/хоро'шую/ETC$ па'ртию R па'ртия
   00
   Сде'лать круг R круг
   00
   Сде'лать крюк R крюк
   00
   Сде'лать на карау'л R карау'л
   00
   Сде'лать под козыре.к R козыре.к
   00
   Сде'лать стра'шные глаза' R стра'шный
   00
   Сде'лать широ'кий жест R широ'кий
   00
   $Ша'гу (ли'шнего<ли'шний)/ни ша'гу$ не сде'лать [для
   кого'<для чего'] R шаг
   00
   Ша'гу $не'льзя/невозмо'жно$ сде'лать R шаг
   00
   Ша'гу сде'лать не даю'т R шаг
СДЕ'ЛАТЬСЯ
   00
   Сде'латься ба'сней R ба'сня
   00
   Сде'латься ска'зкой [чего'] R ска'зка
   00
   Сде'латься те'нью [кого'] R тень
СДЕ'ЛКА
   00
   Сде'лка с со'вестью
   A COMPROMISE WITH ONE'S CONSCIENCE
СДЕРЖА'ТЬ
   00
   Сдержа'ть себя'
   TO HOLD ONESELF IN CHECK; TO RESTRAIN ONESELF
   О'льга Миха'йловна де'лала уси'лия, что'бы сдержа'ть
   себя', но рыда'ния с ка'ждою мину'той станови'лись все
   гро'мче и гро'мче.
   00
   Сдержа'ть $сло'во/обеща'ние/кля'тву$
   TO KEEP ONE'S WORD/PROMISE/OATH
   Ле'гче дать сло'во, чем сдержа'ть его'.
СДУТЬ
   00
   $То'чно/сло'вно/как/ETC$ ве'тром сду'ло
   AS IF THE WIND BLEW (IT) AWAY; (IT) JUST DISAPPEARED; TO
   DISAPPEAR WITHOUT A TRACE
   Лье.т как из ведра'; люде'й сло'вно ве'тром сду'ло.
СЕ.
   00
   Ни с того' ни с сего' R тот
   00
   То да се. R тот
   00
   То'-се. R тот
СЕБЕ
   00
   Ничего' себе
   JUST SO-SO; NOTHING SPECIAL
   Учи'телю живе.тся ничего' себе: не бе'дно, но и не
   бога'то.
   00
   Так себе R так

СЕБЯ'
   00
   $Брать/взять$ на себя' сме'лость R сме'лость
   00
   $Брать/взять/приня'ть/ETC$ на себя' [что]
   TO ASSUME RESPONSIBILITY FOR (SOMETHING); TO TAKE (SOMETHING)
   UPON ONESELF
   1. —Мне каза'лось, что он, э'тот уби'йца, взял на
   себя' чужу'ю вину'. 2. Горкуно'в при'нял на себя'
   войскову'ю разве'дку.
   00
   $Брать/взять$ себя' в ру'ки R рука'
   00
   Быть сами'м собо'й
   TO BE ONESELF; TO BE TRUE TO ONESELF
   Оди'н из друзе'й был сами'м собо'й всю жизнь, тогда' как
   други'е приспоса'бливались к окружа'ющим.
   00
   Вести' себя' как ... R вести'
   00
   $Взять/приня'ть$ на себя' труд [INF] R труд
   00
   Владе'ть собо'й R владе'ть
   00
   Вне себя' R вне
   00
   Вы'везти на себе' R плечо'
   00
   Вы'вести из себя' R вы'вести
   00
   Вы'дать себя' R вы'дать
   00
   Вы'йти из себя' R вы'йти
   00
   Держа'ть себя' R держа'ть
   00
   Довле'ть себе' R довле'ть
   00
   Замкну'ться в себе' R замкну'ться
   00
   Знай себе R знать
   00
   Знать про себя' R знать
   00
   Изжи'ть себя' R изжи'ть
   00
   Измени'ть себе' R измени'ть
   29
   Из себя'
   IN APPEARANCE
   Неве'ста из себя' пи'саная кра'ля была'.
   00
   $Како'й/како'в$ из себя'<собо'й R како'й
   00
   К себе'
   HOME; TO ONE'S ROOM
   Де'вушка постоя'ла и пошла' к себе' - за перегоро'дкой у
   нее. был отде'льный у'гол.
   00
   Найти' себя' R найти'
   00
   Не в себе' [кто]
   TO BE BESIDE ONESELF
   00
   Не по'мнить себя' ([от чего']) R по'мнить
   00
   Не по себе' [кому']
   1. NOT FEELING WELL 2. AWKWARD; UNCOMFORTABLE
   1. ..Определе.нной боле'зни он не замеча'л, ему' бы'ло
   про'сто не по себе'. 2. Обе'д весь великоле'пен, но у
   метрдоте'лей таки'е ва'жные мо'рды, что стано'вится не по
   себе'.
   $Ног/земли'$ под собо'й не слы'шать R слы'шать
   00
   Облада'ть собо'й R облада'ть
   00
   Овладе'ть собо'й R овладе'ть

СЕБЯ' CONT'D.
00
Одоле'ть себя' R одоле'ть
00
От себя'
ON ONE'S OWN; ONE'S OWN
00
Пережи'ть (самого') себя' R пережи'ть
00
Переломи'ть себя' R переломи'ть
00
Поборо'ть себя' R поборо'ть
00
Показа'ть себя' R показа'ть
00
Поко'нчить с собо'й R поко'нчить
00
Положи'ть себе' $за пра'вило<пра'вилом$ R положи'ть
00
По'мнить себя' R по'мнить
00
Попере.к себя' то'лще R то'лстый
00
По'ртить себе' кровь R кровь
00
По себе'
1. TO ONE'S TASTE; SUITABLE TO ONE'S NEEDS/STRENGTH 2. AFTER ONESELF; BEHIND ONESELF
1. Найти' рабо'ту по себе'. 2. Оста'вить по себе' до'брую па'мять.
00
Превзойти' (самого') себя' R превзойти'
00
Превозмо'чь себя' R превозмо'чь
00
Привести' в себя' R привести'
00
Прийти' в себя' R прийти'
00
Про себя'
1. QUIETLY; HARDLY AUDIBLE; TO ONESELF 2. UNSPOKEN; IN ONE'S MIND
1. Когда' я сча'стли'в, я непреме'нно мурлы'каю что'-нибудь про себя'. 2. Сапо'жник снача'ла почеса'л в заты'лке, поду'мав про себя': -Эх, пропа'ли мои' де'нежки!
00
Прояви'ть себя' R прояви'ть
00
Рабо'тать над собо'й R рабо'тать
00
$Сам за себя' говори'т<сама' за себя' говори'т<само' за собя' говори'т<са'ми за себя' говоря'т$ R сам
00
Само' собо'й разуме'ется R сам
00
$Сам<сама'<само'<са'ми$ по себе' R сам
00
$Сам<сама'<само'<са'ми$ собо'й R сам
00
Себе' доро'же (сто'ит) R до'рого
00
Себе' на уме' [кто]
CRAFTY; SLY
В кружке' друзе'й горячо' обсужда'лись но'вые иде'и, пла'ны, но он, себе' на уме', то'лько внима'тельно слу'шал и обду'мывал их примене'ние.
00
Себя' не забы'ть R забы'ть
00
$Следи'ть/смотре'ть$ за собо'й R следи'ть
00
Собо'й
IN APPEARANCE
Она' была' о'чень хороша' собо'й и умна'.
00
Совлада'ть с собо'й R совлада'ть
00
Сознава'ть себя' R сознава'ть

00
Спра'виться с собо'й R спра'виться
00
Стро'ить из себя' [кого'] R стро'ить
00
Углуби'ться в себя' R углуби'ться
00
Уйти' в себя' R углуби'ться
00
У себя'
AT HOME
Старики' отдыха'ли у себя', верну'вшись из пое'здки.
СЕГО'ДНЯ
00
Не сего'дня-за'втра R за'втра
СЕГО'ДНЯШНИЙ
00
Жить сего'дняшним дне.м
1. NOT TO LIVE IN THE PAST; TO KEEP UP WITH THE TIMES 2. TO LIVE FOR THE PRESENT/FOR TODAY
На'до жить сего'дняшним дне.м, что'бы не отста'ть.
СЕДИНА'
00
Дожи'ть до седи'н
TO LIVE TO A RIPE OLD AGE
00
Убеле.нный $седино'й<седи'нами$ R убели'ть
СЕДЛО'
00
$Вы'бить/вы'шибить$ из седла' [кого']
29
Иде.т как (к) коро'ве седло'
(HE) LOOKS A SIGHT [I.E. IN THOSE CLOTHES]
29
Сиди'т как на коро'ве седло'
[ILL-FITTING CLOTHES]
00
(Ходи'ть) под седло'м
SADDLE HORSE
Конь, приу'ченный ходи'ть под седло'м, не приго'ден в упря'жке.
СЕДО'Й
00
До седы'х воло'с (дожи'ть) R во'лос
00
Седа'я старина'
TIME IMMEMORIAL; DISTANT PAST
00
Седо'й как лунь R лунь
СЕДЬМО'Й
00
До седьмо'го $по'та<по'ту$ =рабо'тать/труди'ться/ETC= R пот
00
На седьмо'м не'бе $быть/чу'вствовать себя'$ R не'бо
00
Седьма'я вода' на киселе' R вода'
СЕЗО'Н
00
Ба'рхатный сезо'н R ба'рхатный
СЕЙ
00
(И) то и се. R тот
00
Не от ми'ра сего' R мир
00
Ни с того' ни с сего' R тот
00
Ни то' ни се. R тот
50
От сих до сих
FORM HERE TO HERE [REFERRING TO THE BOUNDARIES OF ASSIGNED READING, LINES TO BE MEMORIZED, ETC.]
На'до бы'ло наизу'сть заучи'ть от сих до сих отры'вок из поэ'мы.
00
Сию' $мину'ту/секу'нду$
RIGHT THIS MINUTE!

СЕЙ CONT'D.
  -Сию' мину'ту сади'сь занима'ться!
  00
  То' да се. R тот
  00
  То'-се. R тот
СЕКРЕ'Т
  00
  Не де'лать секре'та [из чего']
  NOT TO MAKE A SECRET OUT OF (SOMETHING)
  00
  Не секре'т [для кого']
  IT'S NO SECRET FOR (SOMEONE); IT IS WELL KNOWN TO (SOMEONE)
  00
  $По секре'ту<под секре'том$ =сказа'ть/рассказа'ть/ETC=
  IN SECRET; UNDER THE PLEDGE OF SECRECY (TO TELL SOMETHING)
  00
  Секре'т полишине'ля R полишине'ль
СЕКУ'НДА
  00
  В (одну') секу'нду
  RIGHT AWAY; IN A SECOND; IMMEDIATELY
  00
  (Одну') секу'нду R мину'та
  00
  Секу'нда в секу'нду
  1. RIGHT ON THE DOT; EXACTLY ON TIME 2. SIMULTANEOUSLY;
  AT ONE AND THE SAME TIME
  О'ба жеребца' прохо'дят призовы'е столбы' секу'нда в
  секу'нду.
  00
  Сию' секу'нду R сей
СЕКУ'НДОЧКА
  00
  (Одну') секу'ндочку R мину'та
СЕЛО'
  00
  Ни к селу' ни к го'роду R го'род
СЕЛЬДЬ
  00
  Как се'льди в бо'чке
  LIKE SARDINES [ABOUT A CROWD OF PEOPLE]
СЕМЕ'ЙНЫЙ
  00
  Семе'йный оча'г R оча'г
СЕМЕ'ЙСТВО
  00
  Прибавле'ние семе'йства R прибавле'ние
СЕ'МЕРО
  29
  Не се'меро по ла'вкам [у кого']
  THERE ARE NOT TOO MANY OF (THEM); (HIS) FAMILY IS NOT LARGE
  Не се'меро по ла'вкам у ме'льника: то'лько он да жена'.
СЕМИМИ'ЛЬНЫЙ
  00
  Семими'льными шага'ми $идти'/дви'гаться/ETC$ впере.д
  R шаг
СЕМЬ
  00
  За семь ве.рст киселя' хлеба'ть R кисе'ль
  00
  За семью' замка'ми R замо'к
  00
  Кни'га за семью' печа'тями R кни'га
  00
  Семи' $пяде'й/пяде'нь$ во лбу [кто] R пядь
  00
  Семь пото'в сошло' [с кого'] R пот
  00
  Семь пя'тниц на неде'ле [у кого'] R пя'тница
  00
  Согна'ть семь пото'в [с кого'] R пот
СЕ'МЯ
  00
  Зарони'ть се'мя [чего'] R зарони'ть
  00
  Крапи'вное се'мя R крапи'вный
СЕ'НО
  00
  Как иго'лка в стогу' се'на =исче'знуть/затеря'ться= R

иго'лка
  00
  (Как) соба'ка на се'не R соба'ка
СЕНТЯ'БРЬ
  50
  Смотре'ть сентябре.м
  TO LOOK GLOOMY/MOROSE
  -Со свои'ми он приве'тлив, а с чужи'ми смо'трит
  сентябре.м, -сказа'л дя'дя о племя'ннике.
СЕНЬ
  84
  Под се'нью [чего']
  1. UNDER COVER OF (SOMETHING) 2. UNDER THE PROTECTION OF
  (SOMETHING)
  1. Как хорошо', как споко'йно ей здесь ... , под
  се'нию э'тих ми'рных стен! 2. Таи'тесь вы под се'нию
  зако'на, Пред ва'ми суд и пра'вда - все. молчи'!
СЕ'НЬКА
  00
  По Се'ньке ша'пка R ша'пка
СЕРДЕ'ЧКО
  00
  Гу'бы серде'чком
  HEART-SHAPED LIPS
СЕРДЕ'ЧНЫЙ
  00
  По простоте' серде'чной R простота'
  00
  С (серде'чным) приско'рбием R приско'рбие
СЕРДИ'ТЫЙ
  00
  Де.шево и серди'то R де.шево
  00
  Под серди'тую ру'ку =сказа'ть/сде'лать/ETC=
  IN ANGER; IN A FIT OF ANGER
  Оте'ч под серди'тую ру'ку наказа'л ма'льчика за
  ша'лость, а пото'м сожале'л.
СЕ'РДЦЕ
  00
  Боле'ть се'рдцем R боле'ть
  00
  Большо'е се'рдце [у кого']
  TO BE BIG-HEARTED; TO HAVE ONE'S HEART IN THE RIGHT PLACE
  У того' большо'е се'рдце, кто, бу'дучи в беде',
  помога'ет други'м.
  00
  $Брать/взять/хвата'ть$ за' сердце R брать
  00
  $В глубине'/на дне$ се'рдца R глубина'
  00
  Взыгра'ло се'рдце R взыгра'ть
  00
  Всем се'рдцем
  WITH ONE'S WHOLE HEART; WITH ALL ONE'S HEART
  00
  В сердца'х
  IN ANGER; ANGRY; IN A FIT OF ANGER; ANGRILY
  Лю'ди в сердца'х обижа'ют друг дру'га из-за пустяко'в.
  00
  $Вы'бросить/вы'кинуть$ из се'рдца R вы'бросить
  00
  Вы'нуть се'рдце R вы'нуть
  00
  Вы'рвать из се'рдца [кого'<что] R вы'рвать
  00
  Да'ма се'рдца R да'ма
  00
  $Держа'ть/име'ть$ се'рдце [на кого']
  TO BE ANGRY WITH (SOMEONE); TO HOLD A GRUDGE AGAINST (SOMEONE)
  Жена' име'ла се'рдце на му'жа за его' невнима'ние к ней.
  00
  $До глубины'<от глубины'$ се'рдца R глубина'
  00
  Звуча'ть в се'рдце R звуча'ть
  00
  $Как/бу'дто$ ма'слом по се'рдцу R ма'сло
  00
  Как ножо'м по се'рдцу R нож

СЕ'РДЦЕ CONT'D.
    00
    Ко'шки скребу'т на се'рдце R ко'шка
    00
    Лечь свинцо'м на се'рдце [у кого'] R свине'ц
    00
    Найти' до'ступ к [чьему'] се'рдцу R до'ступ
    00
    Носи'ть под се'рдцем R носи'ть
    00
    $Оборва'ло'сь/оторва'ло'сь$ в се'рдце [у кого'] R
    оборва'ться
    00
    От $всего'/чи'стого/ETC$ се'рдца
    SINCERELY; FROM THE BOTTOM OF ONE'S HEART; WHOLE-HEARTEDLY
    Друзья' от всего' се'рдца угова'ривали его' сно'ва
    взя'ться за кисть.
    00
    Отдохну'ть се'рдцем R отдохну'ть
    00
    Отлегло' от се'рдца
    TO HAVE A LOAD OFF ONE'S MIND; TO FEEL RELIEVED
    00
    От полноты' се'рдца R полнота'
    00
    Переболе'ть се'рдцем R переболе'ть
    00
    Писа'ть кро'вью (се'рдца) R кровь
    00
    Покори'тельница серде'ц R покори'тельница
    00
    Покори'тель серде'ц R покори'тель
    00
    Покори'ть се'рдце [чье.] R покори'ть
    00
    Положа' ру'ку на' сердце (сказа'ть) R положи'ть
    00
    По' се'рдцу [кому']
    TO ONE'S TASTE; AFTER ONE'S HEART; TO ONE'S LIKING
    Но'вый дом по се'рдцу всем чле'нам семьи'.
    00
    Предложи'ть ру'ку и се'рдце [кому'] R предложи'ть
    00
    $Прийти'сь/быть$ [кому'] по се'рдцу R прийти'сь
    00
    Приня'ть (бли'зко) к се'рдцу [что]
    TO TAKE (SOMETHING) TO HEART; TO FEEL VERY SYMPATHETIC
    TOWARD (SOMETHING); TO BE CUT DEEPLY BY (SOMETHING) [REFERS
    TO EMOTIONS]
    Преждевре'мнную смерть де'вушки родны'е и бли'зкие
    приняли' к се'рдцу.
    00
    Пронзи'ть се'рдце R пронзи'ть
    00
    Разби'ть се'рдце [чье.]
    TO BREAK (SOMEONE'S) HEART
    Смерть сы'на разби'ла се'рдце роди'телей.
    00
    Свине'ц на се'рдце [у кого'] R свине'ц
    00
    Се'дце переверну'лось [у кого'<в ком] R переверну'ться
    00
    Се'рдце $боли'т/щеми'т/но'ет/сжа'лось/ETC$ R боле'ть
    00
    Се'рдце взыгра'ло R взыгра'ть
    00
    Се'рдце гори'т R горе'ть
    00
    Се'рдце зашло'сь R зайти'сь
    00
    Се'рдце кро'вью облива'ется R кровь
    00
    Се'рдце мое.
    DEAR HEART
    Дорога'я, хоро'шая, се'рдце мое.!
    00
    Се'рдце надрыва'ется =гру'стью/тоско'й/ETC= R
    надрыва'ться

    00
    Се'рдце не лежи'т [к кому'<к чему'] R лежа'ть
    00
    Се'рдце не на ме'сте R ме'сто
    00
    Се'рдце но'ет R боле'ть
    00
    $Се'рдце<от се'рдца$ $отойде.т<отошло'$ R отойти'
    00
    Се'рдце $па'дает/оборва'ло'сь/оторва'лось/дро'гнуло$ [у
    кого']
    ONE'S HEART STOPPED; ONE'S HEART SKIPPED A BEAT [FROM
    FEAR, ANXIETY]
    00
    Се'рдце переверну'лось [у кого'<в ком] R переверну'ться
    00
    Се'рдце повороти'лось [у кого'<в ком] R
    переверну'ться
    00
    Се'рдце разрыва'ется R разрыва'ться
    00
    С замира'нием се'рдца R замира'ние
    00
    Скребе.т на се'рдце R скрести'
    00
    Скрепя' се'рдце R скрепи'ть
    00
    С ле.гким се'рдцем R ле.гкий
    00
    Сорва'ть се'рдце [на ком<на че.м]
    TO VENT ONE'S WRATH ON (SOMEONE)<TO TAKE IT OUT ON (SOMEONE)
    С $откры'тым/чи'стым$ се'рдцем
    OPENLY; SINCERELY; FRANKLY
    00
    С тяже.лым се'рдцем R тяже.лый
    00
    Чита'ть в сердца'х R чита'ть
СЕРЕБРО'
    00
    $Загреба'ть/грести'$ лопа'той серебро' R лопа'та
СЕРЕДИ'НА
    00
    В середи'не
    IN THE MIDDLE
    Через мину'ту они' уже' сиде'ли на меньшо'вской
    ла'вочке. Рома'н в середи'не, де'вушки по края'м.
    00
    Золота'я середи'на R золото'й
    00
    Середи'на на $полови'ну<полови'не/полови'нке<полови'нку$
    R середи'нка
СЕРЕДИ'НКА
    00
    $Середи'нка/середи'на/сере.дка$ на $полови'ну<полови'не/
    полови'нке<полови'нку$
    1. NEITHER ONE THING NOR THE OTHER 2. NEITHER GOOD NOR
    BAD; AVERAGE
    Вкус у нее. посре'дственный, что называ'ется, –
    середи'нка на полови'нку.
СЕРЕ.ДКА
    00
    Сере.дка на $полови'не/полови'нке/полови'нку$ R
    середи'нка
СЕРП
    00
    Лу'нный серп
    CRESCENT MOON
    00
    Серп $луны'/ме'сяца$
    CRESCENT MOON
    Ту'чи закры'ли серп луны', и ста'ло совсе'м темно'.
СЕРЬЕ.3
    29
    На (по'лном) серье.зе
    IN ALL SERIOUSNESS
    –Мы тепе'рь на серье.зе разгово'р ... веде.м.
СЕСТРА'
    00
    Ва'ша сестра'

253

СЕСТРА' CONT'D.
    THE LIKES OF YOU [REFERRING ONLY TO WOMEN]; YOUR KIND OF
    WOMAN
    -Сама' дога'дывайся, заче'м ва'шу сестру' тра'вят свои'
    же ба'бы.
    00
    Назва'ная сестра' [чья] R назва'ный
    00
    На'ша сестра'
    THE LIKES OF US
    -Вот та'к-то и ги'бнет на'ша' сестра'-то.
СЕСТЬ
    00
    Не в свои' са'ни сесть R са'ни
    00
    Ни стать, ни сесть не уме'ет [кто] R стать
    00
    Сесть в кало'шу R кало'ши
    00
    Сесть в лу'жу R лу'жа
    00
    Сесть за реше.тку R реше.тка
    00
    Сесть на' голову [кому']
    TO MAKE A SUBORDINATE OF (SOMEONE); TO USE (SOMEONE) TO ONE'S
    ADVANTAGE
    Фавори'т администра'тора сел на' голову други'м
    сотру'дникам, переложи'в часть свои'х обя'занностей на их
    пле'чи.
    00
    Сесть на ко'рточки R ко'рточки
    00
    Сесть на мель R мель
    00
    Сесть на своего' конька' R коне.к
    00
    Сесть на скамью' подсуди'мых R скамья'
    00
    Сесть на ца'рство
    TO ASCEND TO THE THRONE
    Михаи'л Рома'нов сел на ца'рство по'сле Сму'тного
    вре'мени.
    00
    Сесть на ше'ю [кому'] R ше'я
    00
    Сесть на я'йца
    TO START/BEGIN HATCHING [ABOUT BIRDS]
СЕТЬ
    00
    Пойма'ть в свои' се'ти
    1. TO MAKE SOMEONE FALL IN LOVE WITH A PERSON [E.G. SHE
    MADE HIM FALL IN LOVE WITH HER.]; 2. TO ENMESH/ENTANGLE
    (SOMEONE)
    00
    Попа'сть в се'ти [чьи]
    1. TO FALL IN LOVE WITH (SOMEONE) 2. TO BE ENTANGLED/
    ENSNARLED/ENMESHED [IN SOME CONSPIRACY] BY (SOMEONE)
    00
    Расставля'ть се'ти [кому']
    TO SET A TRAP FOR SOMEONE
СЕЧЕ'НИЕ
    00
    Золото'е сече'ние R золото'й
СЕ'ЯТЬ
    00
    Се'ять сму'ту R сму'та
СЖА'ТЬСЯ
    00
    $В клубо'к<клубко'м/в ком<ко'мом/в комо'к<комко'м$
    сжа'ться R клубо'к
СЖИГА'ТЬ
    00
    Сжига'ть свои' корабли' R кора'бль
СЖИМА'ТЬСЯ
    00
    Пе'тля сжима'ется R пе'тля
СЖИТЬ
    00
    Сжить [кого'] $со' света<со' свету<со све'та<со све'ту$

R свет(2)
СИ'ВЫЙ
    00
    Вре.т как си'вый ме'рин R ме'рин
    00
    $Глуп<глупа'$ как си'вый ме'рин R ме'рин
СИ'ДЕНЬ
    $Си'днем/си'дмя'$ сиде'ть
    1. TO SIT FOR A LONG TIME WITHOUT RISING; TO KEEP ON
    SITTING 2. NOT TO STIR FROM A PLACE; NOT TO BUDGE
    1. Она' не сме'ла шевельну'ться с ме'ста и должна'
    была' си'днем сиде'ть за пря'жею и шпу'лями. 2.
    Бо'льше десяти' лет сиди'т си'днем де'душка в свое.м
    до'мике, никуда' не выезжа'ет и не выхо'дит.
СИДЕ'ТЬ
    00
    Бирюко'м сиде'ть R бирю'к
    00
    Воротни'к (сиди'т) хомуто'м R хому'т
    00
    Вот где сиди'т [кто<что]
    TO HAVE HAD (SOMETHING/SOMEONE) UP TO HERE [POINTING TO
    ONE'S THROAT, THUS INDICATING ONE'S UNWILLINGNESS TO
    CONTINUE SOMETHING OR BE FURTHER INVOLVED IN SOMETHING]
    -Не люблю' я, ба'тюшка, уче.ную часть; вот она' у меня'
    где сиди'т!
    00
    $Как/сло'вно/то'чно$ влито'й (сиди'т) R влито'й
    00
    Сиде'ть ба'рином R ба'рин
    00
    Сиде'ть в де'вках R де'вка
    00
    Сиде'ть в долга'х $по' уши/по го'рло$ R долг
    00
    Сиде'ть в пече.нках [у кого'] R пече.нка
    00
    Сиде'ть в четыре'х стена'х R стена'
    00
    Сиде'ть гвозде.м R гвоздь
    00
    Сиде'ть го'лодом R го'лод
    00
    Сиде'ть за реше.ткой R реше.тка
    00
    Сиде'ть за $[чьей] спино'й/[чьим] хребто'м$ R спина'
    00
    Сиде'ть и'долом R и'дол
    00
    Сиде'ть $истука'ном<как истука'н$ R истука'н
    00
    Сиде'ть как имени'нник R имени'нник
    00
    Сиде'ть как на иго'лках R иго'лка
    00
    Сиде'ть (как рак) на мели' R мель
    00
    Сиде'ть между двух сту'льев R стул
    00
    Сиде'ть мешко'м R мешо'к
    00
    Сиде'ть на боба'х R боб
    00
    Сиде'ть на ко'рточках R ко'рточки
    00
    Сиде'ть на чемода'нах R чемода'н
    00
    Сиде'ть на ше'е [у кого'] R ше'я
    00
    Сиде'ть на шко'льной скамье' R скамья'
    00
    Сиде'ть на $я'йцах/гне.здах$
    TO BE HATCHING [EGGS]
    00
    Сиде'ть по-туре'цки R туре'цкий
    00
    Сиде'ть сложа' ру'ки R сложи'ть

СИДЕ'ТЬ CONT'D.
00
Сиди'т как на коро'ве седло' R седло'
00
Си'дмя' сиде'ть R си'день
00
Си'днем сиде'ть R си'день
00
$Сычо'м<как сыч$ сиде'ть R сыч
00
$Быть/сиде'ть/ETC$ на ца'рстве
TO SIT ON THE THRONE; TO RULE
Дом Рома'новых сиде'л на ца'рстве в Росси'и бо'лее
тре.хсот лет.
СИ'ДМЯ'
00
Си'дмя' сиде'ть R си'день
СИ'ДОРОВ
00
$Драть/лупи'ть/ETC$ как си'дорову ко'зу R коза'
СИДЯ'ЧИЙ
00
Сидя'чее положе'ние
A SITTING POSITION
Поли'ция нашла' уби'того в сидя'чем положе'нии за
пи'сьменным столо'м.
СИЗИ'ФОВ
00
$Сизи'фов труд/сизи'фова рабо'та$
SISYPHEAN TOIL
СИ'ЛА
00
(Быть) в $си'лах<си'ле$ [INF]
TO HAVE THE STRENGTH TO (DO SOMETHING); TO BE IN CONDITION
TO (DO SOMETHING)
Ра'неный пило'т был в си'лах вести' самоле.т на поса'дку.
00
(Быть) в си'ле
1. TO BE IN FULL POSSESSION OF ALL ONE'S FACULTIES; TO BE
ABLE TO WORK 2. TO BE IN POWER; TO BE INFLUENTIAL 3. TO
BE IN FULL SWING; TO BE GOING STRONG
1. -Еще. в си'ле челове'к, без де'ла сиде'ть оби'дно.
2. Был тогда' вельмо'жа э'тот в си'ле, Затева'л
грома'дные дела'. 3. -Игра' уж в са'мой си'ле.
00
$В<во$ цве'те сил R цвет
00
$Взять/войти' в$ си'лу
TO GATHER STRENGTH; TO REGAIN ONE'S STRENGTH; TO RECOVER
-Вот то'лько бы попра'виться. Друго'й раз ... но'женьки
не де'ржат. -В си'лу еще. не вошла', оттого' и не
де'ржат.
00
$В ме'ру<по ме'ре$ сил
ACCORDING TO ONE'S STRENGTH
Выздора'вливающий больно'й по ме'ре сил передвига'лся.
00
Войти' в си'лу R войти'
00
Все'ми си'лами
WITH ALL ONE'S STRENGTH; AT FULL STRENGTH; WITH ALL ONE'S
EFFORT
59
В си'лу
WITH DIFFICULTY; HARDLY; BARELY
1. В си'лу, в си'лу перетащи'лись они' ... на балко'н.
2. -В си'лу со'лнышка дожда'лся.
00
$В си'лу<си'лою$ [чего']
DUE TO; BY FORCE OF
1. Я вы'шел во двор и бессозна'тельно, в си'лу
старода'вней привы'чки, напра'вился к тому' са'мому
це'ху, в кото'ром прове.л не оди'н год. 2. И ско'ро
си'лою веще'й Мы очути'лися в Пари'же.
00
Вступи'ть в (зако'нную) си'лу R вступи'ть
00
Вы'биться из сил R вы'биться

00
Вы'ше [чьих] сил [что]
BEYOND ONE'S STRENGTH/ENDURANCE
00
Забра'ть си'лу R забра'ть
00
Не жале'я сил =рабо'тать/труди'ться= R жале'ть
00
Нечи'стая си'ла R нечи'стый
00
От си'лы
AT THE MOST
00
Под си'лу [кому']
WITHIN (SOMEONE'S) POWER; ABLE TO (DO SOMETHING)
Не под си'лу бы'ло ма'льчикам тащи'ть без доро'ги по
сне'жной целине' челове'ка.
29
По си'ле возмо'жности
AS MUCH AS POSSIBLE; AS MUCH AS (I) CAN
-Сходи'-ка ко мне в огоро'д гря'дку вскопа'ть. ... А я
тебя', по си'ле возмо'жности, награжу'.
00
Про'бовать си'лы [в че.м]
TO TEST ONE'S STRENGTH IN (SOMETHING); TO TEST ONE'S
ABILITY IN (SOMETHING)
29
Сил нет, $как<до чего'$
VERY; EXTREMELY; IT'S BEYOND TELLING HOW MUCH ...
Сил нет, до чего' нра'вилась Бори'су Петро'вичу э'та
... де'вушка.
00
Си'лою [во что<до чего'<от чего'+до чего']
OF [SO MANY ITEMS] IN STRENGTH
Отря'д си'лою в 100 са'бель.
00
С на'ми кре'стная си'ла R кре'стный
00
С си'лой =говори'ть/петь/игра'ть/ETC=
TO SPEAK/SING/PLAY/ETC. WITH EMOTION/ENTHUSIASM
Певе'ц, с си'лой пою'щий, очень популя'рен.
00
Через си'лу
FORCEFULLY; WITH EFFORT; FORCING ONESELF
Стару'хи бы'ли сы'ты ... , а потому' е'ли тепе'рь через
си'лу.
00
Что $есть<бы'ло$ $си'лы<сил$
WITH ALL ONE'S MIGHT; AS MUCH AS ONE CAN
Напря'гшись, что бы'ло си'лы, муж сдви'нул холоди'льник.
СИ'ЛЬНО
00
Си'льно $сказа'ть/вы'разиться$
TO EXAGGERATE; TO PUT (SOMETHING) TOO STRONGLY [ABOUT A
TERM/STATEMENT]
-Он мой любо'вник. ... Я немно'го си'льно вы'разилась.
Он действи'тельно влюбле.н в меня'.
СИ'ЛЬНЫЙ
00
$Занима'ть/име'ть$ си'льные пози'ции [где]
TO OCCUPY A POSITION OF STRENGTH; TO BE POWERFUL/
INFLUENTIAL
На разби'вшемся самоле.те бы'ли ли'ца, занима'вшие
си'льные пози'ции в прави'тельстве.
00
Име'ть си'льную ру'ку [где]
TO HAVE FRIENDS IN HIGH PLACES; TO HAVE CONNECTIONS
Инжене'р, констру'ктор по машиностро'е'нию, получи'л
ме'сто в иссле'довательском институ'те, име'я там
си'льную ру'ку.
00
Си'льная сторона' [кого'<чего']
THE POSITIVE SIDE OF (SOMETHING/SOMEONE); THE STRONG POINT
OF (SOMETHING/SOMEONE)
00
Си'льнее обы'чного R обы'чный
00
Си'льные ми'ра сего' R мир(1)

СИ'ЛЬНЫЙ CONT'D.
00
Си'льные $слова'/выраже'ния$
ROUGH LANGUAGE; CUSSWORDS; A CURSE
Варва'ра Никола'евна рассерди'лась и произнесла' по
моему' а'дресу не'сколько слов насто'лько си'льных, что
у'ши мои' налили'сь кро'вью.
00
Си'льный пол R пол(2)
СИНЕВА'
00
Синева' под глаза'ми
SHADOWS UNDER ONE'S EYES; A BLACK EYE
Синева' под глаза'ми у студе'нта от переутомле'ния и
недосыпа'ния перед экза'менами.
СИ'НИЙ
00
(Ни) синь по'роха =нет/не оста'нется/ETC= R по'рох
00
Си'ний чуло'к
A BLUESTOCKING
СИНЯ'К
00
Синяки' под глаза'ми
SHADOWS UNDER ONE'S EYES
СИРОТА'
00
$Каза'нский<каза'нская$ сирота' R каза'нский
00
$Кру'глый<кру'глая$ сирота' R кру'глый
СИРО'ТСКИЙ
00
Сиро'тская зима'
A MILD WINTER
Снег та'ял, едва' упа'в на зе'млю, а о моро'зах и ре'чи
не' было; коро'че говоря': то была' сиро'тская зима'.
СИ'ТНЫЙ
29
Друг си'тный
MY FRIEND; OLD FRIEND [TERM OF ADDRESS]
СКАЗ
29
Вот (тебе') и весь сказ
AND THAT'S THE WHOLE STORY; AND THAT'S HOW IT IS; AND
THAT'S IT
Зада'ние на'до вы'полнить в срок — вот и весь сказ.
СКАЗА'ТЬ
00
Ба'бушка на'двое сказа'ла R ба'бушка
00
Бою'сь сказа'ть R боя'ться
00
В глаза'сказа'ть R глаз
00
Вообще' сказа'ть R вообще'
00
В сто'рону =сказа'ть= R сторона'
00
В тон =сказа'ть= R тон
00
(Да) и то' сказа'ть R тот
00
Как сказа'ть
SO TO SAY/SPEAK; HOW TO SAY IT
-Неу'жто меня' не оси'лишь? -спроси'л Евте'й.
Илларио'н ... поду'мал. -Э'то как сказа'ть ... Мо'жет,
и оси'лю.
00
К приме'ру (сказа'ть) R приме'р
00
К сло'ву (сказа'ть) R сло'во
00
Кста'ти сказа'ть R кста'ти
00
Легко' сказа'ть R легко'
00
$Лу'чше/верне'е/про'чше/точне'е/ETC$ сказа'ть
RATHER; MORE PRECISELY; BETTER TO SAY

Мно'го прекра'сного в живо'й действи'тельности, и'ли,
лу'чше сказа'ть, все. прекра'сное заключа'ется то'лько в
живо'й действи'тельности.
00
Мо'жно сказа'ть
ONE CAN SAY
-Как она' пое.т, князь! Она', мо'жно сказа'ть,
виртуо'зка, настоя'щая виртуо'зка!
00
На сча'стье =сказа'ть= R сча'стье
00
На' ухо сказа'ть R у'хо
00
Не во гнев будь ска'зано R гнев
00
Не в уко'р (будь) ска'зано [кому'] R уко'р
00
Не в упре.к [кому'] (будь ска'зано) R уко'р
00
Не к но'чи будь ска'зано R ночь
00
Нельзя' сказа'ть, что'бы ... R нельзя'
00
Не'чего сказа'ть
1. REALLY; CERTAINLY 2. THERE IS NOTHING TO IT ; WHAT
CAN ONE SAY ABOUT IT?!
1.Ариста'рх Фе.дорович, не'чего сказа'ть, был
хлебосо'л и уме'л угоща'ть на сла'ву. 2. Мы прие'хали
в Пари'ж в 2 часа' пополу'дни. Ну, уж го'род, не'чего
сказа'ть! - шум, толкотня', суета' ужа'сные.
00
Ни в ска'зке сказа'ть, ни перо'м описа'ть R ска'зка
00
Ничего' не ска'жешь
TO BE SURE; FOR SURE; RIGHT YOU ARE
-Зака'з сро'чный. Поторопи'тесь! -Ничего' не ска'жешь!
00
Положа' ру'ку на' сердце =сказа'ть= R положи'ть
00
$По пра'вде<пра'вду$ сказа'ть R пра'вда
00
После'днее прости' сказа'ть R прости'ть
00
По со'вести сказа'ть R со'весть
00
Призна'ться сказа'ть R призна'ться
00
Ру'сским языко'м сказа'ть R ру'сский
00
Си'льно сказа'ть R си'льно
00
Скажи'<скажи'те на ми'лость R ми'лость
00
$Скажи'<скажи'те$, пожа'луйста R пожа'луйста
00
Сказа'ть в ско'бках R ско'бка
00
Сказа'ть ли'шнее R ли'шний
00
Сказа'ть па'ру те.плых слов R те.плый
00
Сказа'ть по че'сти R честь
00
Сказа'ть свое. сло'во R свой
00
Сло'вом сказа'ть R сло'во
00
С позволе'ния сказа'ть R позволе'ние
00
Так сказа'ть
SO TO SPEAK; IF ONE CAN SAY SO
-Лае'вский сего'дня не в норма'льном состоя'нии, так
сказа'ть, не в свое.м уме' и жа'лок.
00
То'ном вы'ше =сказа'ть= R тон
00
Что'бы не сказа'ть ...
TO PUT IT MILDLY

СКАЗА'ТЬ CONT'D.
    -То'лько все. э'то все.-таки стра'нно ... что'бы не
    сказа'ть бо'льше, -проговори'л он.
    00
    Шу'тка (ли) сказа'ть R шу'тка
СКА'ЗКА
    00
    Ба'бьи ска'зки R ба'бий
    18
    Ни в ска'зке сказа'ть, ни перо'м описа'ть
    OUT OF THIS WORLD; LIKE NOTHING YOU'VE EVER SEEN; WORDS
    CAN'T DESCRIBE IT; BEYOND DESCRIPTION
    00
    Ска'зка про бе'лого бычка'
    AN OFTEN REPEATED STORY
    Ску'чно слу'шать ска'зки про бе'лого бычка': о было'м
    бога'тстве, свя'зях, влия'нии.
    00
    $Стать/сде'латься$ ска'зкой [чего']
    TO BE ON EVERYONE'S LIPS; TO BECOME THE TOPIC OF
    CONVERSATION; TO BECOME THE TALK OF THE TOWN
СКАЗУ'ЕМЫЙ
    00
    Неудо'бь сказу'емый R неудо'бь
СКАКА'ТЬ
    00
    Стре'мя в стре'мя =скака'ть= R стре'мя
СКАКУ'
    00
    $На скаку' и на все.м/по'лном скаку'$
СКА'ЛИТЬ
    00
    Ска'лить зу'бы
    1. TO BARE ONE'S TEETH; TO SHOW ONE'S TEETH 2. TO GRIN
СКАМЬЯ'
    00
    $Сесть/попа'сть/ETC$ на скамью' подсуди'мых
    TO BE HAULED TO COURT; TO BE A SUBJECT OF A LAWSUIT; TO
    BE TRIED
    Спекуля'нт наркоти'ческими сре'дствами попа'л на скамью'
    подсуди'мых.
    00
    $Сиде'ть/быть/ETC$ на шко'льной скамье'
    TO BE IN SCHOOL; TO ATTEND SCHOOL
    Подро'сток прояви'л поэти'ческий тала'нт, еще. бу'дучи
    на шко'льной скамье'.
    00
    $Со шко'льной/с университе'тской/ETC$ скамьи'
    SINCE ONE'S SCHOOL DAYS
    Интере'с к археоло'гии возни'к у него' с
    университе'тской скамьи'.
СКА'ТЕРТЬ
    00
    Ска'терть самобра'нная R самобра'нка
    00
    Ска'терть-самобра'нка R самобра'нка
    00
    Ска'тертью доро'га
    GOOD RIDDANCE!; NOBODY IS KEEPING YOU!; (I) WON'T MISS
    YOU!
    Вслед неприя'тному сосе'ду пассажи'р поду'мал:
    -Ска'тертью доро'га!
СКАТИ'ТЬСЯ
    00
    Ту'рманом скати'ться R ту'рман
СКВЕ'РНО
    00
    Ко'нчить скве'рно R ко'нчить
СКВИТА'ТЬ
    00
    Сквита'ть сче.т
    TO TIE THE SCORE; TO EVEN THE SCORE
СКВОЗЬ
    00
    ($Как/то'чно/бу'дто$) сквозь сон R сон
    00
    $Как/то'чно$ сквозь зе'млю провали'лся R провали'ться
    00
    Прогна'ть сквозь строй R прогна'ть

    00
    Сквозь зу'бы R зуб
    00
    Сквозь при'зму [чего'] R при'зма
    00
    $Смотре'ть/гляде'ть$ [на что] сквозь па'льцы R па'лец
    00
    Смотре'ть [на кого'<на что] сквозь ро'зовые очки' R
    ро'зовый
СКИ'НУТЬ
    00
    Ски'нуть со $сче.та<счето'в$ [кого'<что] R сче.т
СКИ'ПЕТР
    00
    Под ски'петром [чьим] =быть/находи'ться/ETC=
    UNDER THE SCEPTER OF; UNDER THE CROWN OF; UNDER THE RULE
    OF
СКЛАД
    00
    Ни скла'ду ни ла'ду R лад
СКЛА'ДКА
    00
    Заложи'ть скла'дку<скла'ки R заложи'ть
СКЛАДЫ'
    00
    По склада'м =чита'ть/разбира'ть/ETC=
    TO SPELL (SOMETHING) OUT; TO READ WITH DIFFICULTY
СКЛОН
    00
    На скло'не $лет/дней/жи'зни$
    IN ONE'S DECLINING YEARS
    Мно'гие пи'шут мемуа'ры на скло'не лет.
СКЛОНИ'ТЬ
    61
    Склони'ть $взор/взгляд$
    1. TO LOWER ONE'S EYES 2. TO LOOK FAVORABLY ON (SOMEONE/
    SOMETHING)
    1. Посту'пком сим оби'женный не ма'ло, Я взор
    склони'л, досто'инство храня'. 2. На сей листо'к
    склони' свой взор.
    04
    Склони'ть $го'лову/зна'мя$
    TO BOW TO (SOMETHING/SOMEONE); TO SURRENDER TO (SOMETHING/
    SOMEONE); TO STRIKE THE FLAG
    Проти'вник склони'л зна'мя; война' зако'нчена.
    14
    Склони'ть коле'ни[пе'ред кем]
    TO GO DOWN ON ONE'S KNEES BEFORE (SOMEONE)
    61
    Склони'ть слух
    TO LEND AN EAR
    И встал тогда' сыно'в Аммона Военача'льник Ахио'р И ре.к -
    и Олофе'рн со тро'на Склони'л к нему' и слух и взор.
СКОБА'
    00
    В скобу' =стричь/стри'чься= R ско'бка
СКО'БКА
    00
    В ско'бку =стричь/стри'чься=
    TO CUT ONE'S HAIR EVEN ALL AROUND THE HEAD; TO CUT ONE'S
    HAIR IN A MIKADO
    00
    Вы'нести за ско'бки R вы'нести
    00
    Закры'ть ско'бки R закры'ть
    00
    $Сказа'ть/заме'тить/отме'тить/ETC$ в ско'бках
    TO MENTION IN PASSING; TO MAKE A PARENTHETIC REMARK
СКОК
    00
    Во весь скок
    AT A FULL GALLOP
    Конь не.ссЯ во весь скок.
СКОЛЬ
    00
    Сколь ни R ско'лько
СКОЛЬЗИ'ТЬ
    00
    Скользи'ть по пове'рхности [чего'] R пове'рхность

СКО'ЛЬКО
00
Не сто'лько ..., ско'лько ...
NOT SO MUCH ... AS ...
Не сто'лько саму' жару', ско'лько вла'жность в во'здухе тру'дно переноси'ть с непривы'чки.
00
Ско'лько душе' уго'дно R душа'
00
Ско'лько лет, ско'лько зим! R ле'то
00
$Ско'лько ни/сколь ни$
NO MATTER HOW ...; NO MATTER HOW MUCH ...
00
Ско'лько $уго'дно/вле'зет/ETC$
TO ONE'S HEART'S CONTENT; AS MUCH AS ONE LIKES
В стране' изоби'лия всего' ско'лько уго'дно.
00
Сто'лько ..., ско'лько и ...
NOT ONLY ..., BUT ALSO ...
СКОНЧА'НИЕ
00
До сконча'ния $ми'ра/ве'ка$
TO THE END OF TIME
СКОП
00
Всем ско'пом
ALL TOGETHER; IN UNISON
Рабо'чие всем ско'пом оста'вили заво'д из солида'рности к уво'ленному.
СКОРБЬ
00
Мирова'я скорбь R мирово'й
СКОРЕ'Е
00
Скоре'е всего'
MOST PROBABLY; MOST LIKELY
Я письмо' перечту', я на па'льцах еще. погада'ю, — Отправля'ть и'ли нет? И скоре'е всего' не пошлю'.
СКОРЛУПА'
00
$Замыка'ться/пря'таться/уходи'ть/ETC$ в свою' скорлупу'
TO RETREAT INTO ONE'S SHELL
Одни' лю'ди в го'ре отво'дят ду'шу, говоря' о не.м, други'е — замыка'ются в свою' скорлупу'.
СКО'РО
00
Как ско'ро R как
00
Коль ско'ро R коль
СКО'РОСТЬ
00
Коро'бка скоросте'й R коро'бка
СКО'РЫЙ
00
В ско'ром вре'мени R вре'мя
00
До (ско'рого) свида'ния R свида'ние
00
На ско'рую ру'ку
QUICKLY; HURRIEDLY
Поу'жинав на ско'рую ру'ку, все ра'но улегли'сь спать.
29
$Ско'рый<скор$ на' $ногу/ноги$
QUICK ON ONE'S FEET; NIMBLE
Де'вушка, ско'рая на' ногу, пригото'вила сала'т из то'лько-что со'рванных помидо'ров.
29
$Ско'рый<скор$ на' руку
1. HAVING NIMBLE HANDS; A FAST WORKER 2. TO BE QUICK TO USE ONE'S FISTS; TO BE WILLING TO FIGHT AT THE DROP OF A HAT
Ма'стер э'тот был скор на' руку: избива'л ста'рых и ма'лых.
СКРЕ'ЖЕТ
00
$Скре'жет зубо'вный<со скре'жетом зубо'вным$ R зубо'вный

СКРЕПИ'ТЬ
00
Скрепя' се'рдце
RELUCTANTLY; GRUDGINGLY
Оте'ц, скрепя' се'рдце, дал согла'сие на заму'жество до'чери.
СКРЕСТИ'
00
Ко'шки скребу'т на $душе'/се'рдце$ R ко'шка
00
Скребе.т на $душе'/се'рдце$
TO BE SICK AT HEART; TO BE DOWNHEARTED
Скребе.т на се'рдце у больно'й ма'тери: что ста'нется с детьми'?
СКРЕСТИ'ТЬ
00
Скрести'ть $взгля'ды/взо'ры$
TO LOOK DAGGERS AT; TO GLARE AT (SOMEONE)
Проти'вники скрести'ли взгля'ды перед тем, как пусти'ть в ход кулаки'.
00
Скрести'ть $шпа'ги/мечи'$
TO CROSS/MEASURE SWORDS
СКРИП
29
Со скри'пом [V]
TO DO (SOMETHING) WITH DIFFICULTY/RELUCTANTLY/VERY SLOWLY
СКРИПЕ'ТЬ
00
Как $нема'заное/несма'занное/неподма'занное$ колесо' скрипе'ть R колесо'
СКРИ'ПКА
00
Игра'ть $пе'рвую/втору'ю$ скри'пку R игра'ть
СКРОИ'ТЬ
00
(Все) на одну' коло'дку скро'ены R коло'дка
00
$Нела'дно/нескла'дно/ху'до/ETC$ скро'ен, да $кре'пко/пло'тно$ сшит R сши'тый
СКРУТИ'ТЬ
00
Скрути'ть в бара'ний рог R бара'ний
СКРЫВА'ТЬСЯ
00
Скрыва'ться под [чьим] и'менем
TO HIDE ONE'S IDENTITY BEHIND A FALSE NAME; TO LIVE INCOGNITO; TO HIDE UNDER AN ASSUMED NAME
Шпио'н скрыва'лся под и'менем тури'ста.
СКУДЕ'ЛЬНЫЙ
00
Сосу'д скуде'льный
A FRAIL VESSEL [SAID ABOUT MAN]
СКУ'КА
00
Ску'ка зеле.ная R зеле.ный
СЛА'БЫЙ
00
Га'йка слаба' [у кого'] R га'йка
00
$Сла'бая сторона'/сла'бое ме'сто$ [кого'<чего']
A FLAW IN (SOMEONE/SOMETHING); THE WEAK SIDE OF (SOMETHING/SOMEONE); A DEFICIENCY IN (SOMEONE/SOMETHING)
Рассе'янность — сла'бая сторона' не'которых люде'й у'мственного труда'.
00
Сла'бая $струна'/стру'нка$ [кого']
(SOMEONE'S) WEAK SPOT; (SOMEONE'S) WEAK POINT; THE MOST VULNERABLE ASPECT OF (SOMEONE'S) CHARACTER; (HE) HAS A SOFT SPOT
29
Сла'бый на язы'к
TALKATIVE
00
Сла'бый пол R пол(2)
СЛА'ВА
00
Во сла'ву [кого'<чего']
TO/FOR THE GLORY OF (SOMEONE/SOMETHING)

СЛА'ВА CONT'D.
   00
   На сла'ву
   VERY WELL; EXCELLENTLY
   Но'вую шине'ль уж я вам сошью' на сла'ву.
   00
   Петь сла'ву [кому'<чему']
   TO SING (SOMEONE'S/SOMETHING'S) PRAISES; TO SING (SOMEONE'S/
   SOMETHING'S) GLORY; TO GLORIFY
   00
   Покры'ть сла'вой [кого'<что] R покры'ть
   00
   Сла'ва (тебе') $бо'гу/го'споди$ R бог
   00
   Схвати'ть за хвост сла'ву R хвост
   29
   То'лько (одна') сла'ва, что ...
   IN NAME ONLY
   —Како'й наш го'род! ... Сла'ва то'лько, что го'род ...
   Ху'же дере'вни!
   00
   Увенча'ть сла'вой R увенча'ть
СЛА'ВНЫЙ
   00
   Сла'вны бу'бны за гора'ми
   THE GRASS IS GREENER ON THE OTHER SIDE OF THE FENCE
СЛА'ЩЕ
   00
   Хрен ре'дьки не сла'ще R хрен
СЛЕД
   00
   Без следа' =пройти'/исче'знуть/ETC=
   (TO DISAPPEAR) WITHOUT A TRACE
   Печа'ли и ра'дости без следа' прохо'дят у бессерде'чных
   люде'й.
   00
   В оди'н след
   (TO FOLLOW) IN THE FOOTPRINTS (OF THE PRECEDING PERSON)
   Охо'тники в оди'н след перешли' ручей' по пло'ским
   камня'м.
   00
   Замести' $след<следы'$ R замести'
   00
   Идти' по [чьим] следа'м
   TO FOLLOW IN (SOMEONE'S) FOOTSTEPS
   00
   (И) след $просты'л/пропа'л$
   THERE'S NOT A TRACE OF (SOMEONE/SOMETHING)
   След пропа'л его' в родны'х места'х, то'лько дурна'я
   сла'ва оста'лась.
   42
   (Как) след
   IT FOLLOWS; AS IT SHOULD BE
   1. —Неуже'ли ж я и э'того не добью'сь? ... В тако'м
   слу'чае мне и след оста'ться в уе'здном го'роде .... 2.
   —Вот Порфи'ша: и приласка'лся, и пожале'л - все. как
   след до'брому сы'ну сде'лал.
   00
   $Найти'/обнару'жить/ETC$ $след<следы'$ [кого'<чего']
   TO FIND TRACES OF; TO COME ACROSS (SOMETHING)
   Обнару'жить следы' ура'на.
   00
   Напа'сть на [чей] след
   TO FIND TRACES OF; TO COME ACROSS (SOMETHING)
   В Ке'льне я напа'л на след Га'гиных; я узна'л, что
   они' пое'хали в Ло'ндон.
   29
   Не след
   (IT) DOESN'T FOLLOW; (IT) SHOULDN'T BE
   —Како'й ты ку'чер? Не след тебе' быть ку'чером, а будь
   у меня' рыболо'вом.
   00
   По $горя'чим следа'м<горя'чему сле'ду$ R горя'чий
   00
   Пу'тать следы' R пу'тать
   00
   Сдвои'ть след R сдвои'ть
   00
   $След<сле'дом$ в след

(ONE FOLLOWING) IN THE FOOTPRINTS (OF ANOTHER)
   Подро'сток ше.л след в след за отцо'м по глубо'кому
   сне'гу.
СЛЕДИ'ТЬ
   00
   $Следи'ть/смотре'ть$ за собо'й
   TO TAKE CARE OF ONESELF; TO LOOK AFTER ONESELF
   Следя' за собо'й, она' надо'лго сохрани'ла очарова'ние
   мо'лодости.
СЛЕ'ДОВАТЬ
   00
   Как сле'дует
   WELL; PROPERLY; TO THE FULL EXTENT; FULLY
   Пре'жде чем сде'лать реши'тельный шаг в жи'зни ну'жно
   как сле'дует обду'мать его'.
   00
   Свои'м хо'дом сле'довать R ход
   00
   Сле'довать [за кем] как тень R тень
   00
   Сле'довать свои'м хо'дом R ход
СЛЕ'ДСТВИЕ
   00
   $Быть/находи'ться$ под сле'дствием
   TO BE UNDER INVESTIGATION
СЛЕЗА'
   00
   (Быть) в слеза'х
   TO BE IN TEARS; TO BE CRYING
   Де'вочка отста'ла от свои'х и, потеря'вшись в толпе',
   была' в слеза'х.
   00
   Глота'ть сле'зы R глота'ть
   00
   Крова'вые сле.зы R крова'вый
   00
   Крокоди'ловы сле.зы R крокоди'лов
   00
   Лить сле.зы R лить
   00
   Молчали'вые сле.зы R молчали'вый
   00
   Не пророни'ть (ни) слезы' R пророни'ть
   00
   Облива'ться слеза'ми R облива'ться
   00
   Осуши'ть сле.зы [кому'] R осуши'ть
   00
   Отолью'тся [чьи] сле.зы [кому'] R отли'ться
   50
   $Проли'ть/пусти'ть$ слезу'
   TO SHED TEARS
   00
   Рони'ть сле.зы R рони'ть
   00
   Слеза' шиба'ет R шиба'ть
   00
   Сле.зы кипя'т R кипе'ть
   00
   Сле.зы подступи'ли к го'рлу R го'рло
   00
   Утопа'ть в слеза'х R утопа'ть
СЛЕЗИ'НКА
   00
   Не пророни'ть (ни) слези'нки R пророни'ть
СЛЕ.ЗКА
   00
   Отолью'тся $во'лку ове'чьи/ко'шке мы'шкины$ сле.зки R
   отли'ться
   00
   Отолью'тся [чьи] сле.зки [кому'] R отли'ться
СЛЕПО'Й
   00
   Слепа'я ку'рица R ку'рица
   00
   Слепо'й дождь
   SPRINKLES
СЛЕТА'ТЬ
   00
   Слета'ть на одно'й ноге' [куда'<к кому'] R нога'

СЛИ'ВКИ
00
Снима'ть сли'вки
TO TAKE THE CREAM OF THE CROP
СЛИЗА'ТЬ
00
Бу'дто коро'ва языко'м слиза'ла R слизну'ть
СЛИЗНУ'ТЬ
00
$Бу'дто коро'ва языко'м слизну'ла/как языко'м слизну'ло/
будто коро'ва языко'м слиза'ла$
VANISHED/DISAPPEARED INTO THIN AIR; DISAPPEARED WITHOUT A
TRACE
Но'вое седло' как языко'м слизну'ло из коню'шни; оно',
ви'дно, и во'ру понра'вилось.
СЛИПА'ТЬСЯ
00
Глаза' слипа'ются
(HIS) EYES ARE CLOSING; (HIS) EYELIDS ARE DROOPING
Але.хину си'льно хоте'лось спать; он встал по хозя'йству
ра'но, в тре'тьем часу' утра', и тепе'рь у него'
слипа'лись глаза'.
СЛИ'ШКОМ
00
Э'то (уж) сли'шком
THAT'S TOO MUCH; THAT'S GOING TOO FAR
-Э'то уж сли'шком! -поду'мал он, слу'шая бесчеремо'нного
самохва'ла.
СЛОВЕ'ЧКО
00
$Заки'нуть/запусти'ть$ слове'чко R заки'нуть
00
Замо'лвить слове'чко [у кого'<перед кем] [за кого'<о ком]
 R замо'лвить
СЛО'ВО
00
Без $да'льних/ли'шних$ слов R разгово'р
00
Броса'ть слова' на ве'тер R ве'тер
00
Броса'ться слова'ми R броса'ться
00
Быть $господи'ном/хозя'ином$ $своего' сло'ва<своему'
сло'ву$
TO BE A MAN OF ONE'S WORD
На того' мо'жно положи'ться в жи'зни, кто' всегда' был
господи'ном своего' сло'ва.
00
В $двух/кра'тких/коро'тких/не'скольких/ETC$ слова'х
IN A FEW WORDS; BRIEFLY
00
Ве'рить на' слово R ве'рить
00
$Взять/брать$ свои' слова' обра'тно
TO TAKE BACK ONE'S WORDS; TO RECANT; TO RETRACT
Не найдя' колле'кции ба'бочек на обы'чном ме'сте, он
сгоряча' обвини'л сы'на, студе'нта, но вско'ре взял свои'
слова' обра'тно, вспо'мнив, что забы'л ее. в гости'ной.
00
$Висе'ть/держа'ться/ETC$ на че'стном сло'ве R
че'стный
00
В одно' сло'во
[TO THINK OF SOMETHING OR SAY SOMETHING AT THE SAME TIME
AS SOMEONE ELSE]; YOU TOOK THE WORDS OUT OF MY MOUTH!
-А что' ду'маю? война' с ту'рками бу'дет. -В одно'
сло'во! я сам то'же ду'мал.
00
В по'лном смы'сле сло'ва R смысл
00
В прямо'м смы'сле сло'ва R прямо'й
00
Глота'ть слова' R глота'ть
00
Дар сло'ва R дар
00
Дать сло'во R дать
00
Держа'ть (свое.) сло'во R держа'ть

00
Други'ми слова'ми R друго'й
00
Жа'лкие слова' R жа'лкий
00
Живо'го сло'ва не услы'шишь R живо'й
00
Живо'е сло'во R живо'й
00
Замо'лвить сло'во [у кого'<перед кем] [за кого'<о ком]
R замо'лвить
71
Знать (тако'е) сло'во
TO KNOW THE MAGIC WORD [BY WHICH TO SUCCEED IN SOMETHING]
Э'тот мужчи'на, не пе'рвой мо'лодости, зна'ет,
пови'димому, тако'е сло'во, что приво'дит в восто'рг
же'нский пол.
00
Игра' слов R игра'
00
Игра'ть слова'ми R игра'ть
00
Клеща'ми тащи'ть =сло'во= [из кого'] R кле'щи
00
Кре'пкое сло'во R кре'пкий
00
Крыла'тые слова' R крыла'тый
00
К сло'ву (прийти'сь)
(SOMEONE) HAPPENED TO MENTION (IT); THE CONVERSATION
TOUCHED UPON (IT)
-Я упомяну'ла о свое.м состоя'нии то'лько потому', что к
сло'ву пришло'сь.
00
К сло'ву (сказа'ть)
BY THE WAY; IN CONNECTION WITH THAT; APROPOS OF THAT;
SPEAKING OF THAT
К сло'ву сказа'ть, она' была' хоро'шей музыка'нтшей.
00
Лиши'ть сло'ва R лиши'ть
00
Лови'ть на $сло'ве<слова'х$ [кого'] R лови'ть
00
Набо'р слов R набо'р
00
На слова'х
BY WORD OF MOUTH; ORALLY; IN WORDS ONLY
1. -Дал он мне э'ту запи'ску и веле'л на слова'х тебе'
сказа'ть, ба'тько, что зае'дет на возвра'тном пути' к нам
пообе'дать. 2. Вы гро'зны на слова'х - попро'буйте на
де'ле!
00
Не говоря' $худо'го/дурно'го$ сло'ва R говори'ть
00
Не доби'ться сло'ва R доби'ться
00
Не $лезть/ходи'ть$ за сло'вом в карма'н R лезть
00
Не $мочь/уме'ть$ связа'ть двух слов R связа'ть
00
Не находи'ть слов [для чего']
TO BE SPEECHLESS; TO BE AT A LOSS FOR WORDS; TO FIND NO
WORDS TO EXPRESS (SOMETHING)
-Когда' о не.м лишь заводи'ли речь, Ты слов не
находи'ла порича'ть Его' двули'чный и кова'рный нрав.
00
Не обмо'лвиться (ни еди'ным) сло'вом R обмо'лвиться
00
Нет слов, как ...
THERE ARE NO WORDS TO EXPRESS; ONE CAN'T EXPRESS IN WORDS
HOW ...
-Нет слов, как отре'зало! -ду'мал студе'нт, не находя'
отве'та.
00
Но'вое сло'во [в че.м]
IT'S THE LAST WORD (IN SOMETHING)
Переса'дка се'рдца - но'вое сло'во в медици'не.
00
$Одни'м сло'вом<одно' сло'во$

IN BRIEF; TO SAY IT IN ONE WORD; IN SO MANY WORDS
1. Дрова', пригото'вленные в пе'чку] бы'ли сло'жены в углу'; со стола' сте.рто; ча'йник вы'чищен; одни'м сло'вом, Еле'на хозя'йничала. 2. Зато' на Да'рьюшку то'чно, что мо'жно залюбова'ться бы'ло. И высо'кая-то, и по'лная-то, и глаза' больши'е навы'кате .... Одно' сло'во, отда'й все. да и ма'ло.
00
(От сло'ва) до сло'ва
FROM BEGINNING TO END; EVERYTHING
1. Ра'йский сказа'л ему' [учи'телю] от сло'ва до сло'ва, что' он говори'л. 2. Широ'ков и Ка'тя прошли' ми'мо .... Зи'нка хоте'ла ки'нуться за ни'ми, подсмотре'ть, до сло'ва запо'мнить их ре'чи.
00
От сло'ва к сло'ву
JUDGING BY (SOMEONE'S) WORDS; AS THE CONVERSATION PROGRESSED; FROM WHAT WAS SAID
Грач от сло'ва к сло'ву убежда'лся, что э'то и'менно тот челове'к, кото'рый ну'жен для руково'дства.
00
Пе'рвое сло'во [в че.м]
1. THE FIRST STEP; THE INITIAL STAGE 2. THE MAIN THING; THE ESSENCE
1. [Самоле.т] "Ру'сский ви'тязь" – э'то бы'ло пе'рвое сло'во в созда'нии тяже.лых бомбардиро'вшиков. 2. Значе'ние челове'ческого се'рдца, ... ведь э'то и пе'рвое сло'во в характери'стике ка'ждого из тех писа'телей, творе'ния кото'рых с удивле'нием перечи'тываются на'ми.
00
Печа'тное сло'во R печа'тный
00
Помина'ть до'брым сло'вом R помина'ть
00
$Помяни'<помяни'те$ мое. сло'во R помяну'ть
00
$Попо'мни<попо'мните$ мое. сло'во R попо'мнить
00
После'днее сло'во [чего']
[SO FAR] THE HIGHEST ACCOMPLISHMENT; THE LATEST [IN SOME FIELD OF SCIENCE, ETC.]
Межплане'тный кора'бль – после'днее сло'во те'хники.
00
По слова'м [чьим]
ACCORDING TO (SOMEONE); AS (SOMEONE) SAYS; IN ORDER TO QUOTE (SOMEONE). ...
По слова'м на'ших проводнико'в, река' ча'сто выхо'дит из берего'в и затопля'ет лес.
00
Пра'во сло'во R пра'во
00
Предоста'вить сло'во [кому'] R предоста'вить
00
Рони'ть сло'во R рони'ть
00
Свои'ми слова'ми (рассказа'ть) R свой
00
Сдержа'ть сло'во R сдержа'ть
00
Си'льные слова' R си'льный
00
Сказа'ть па'ру те.плых слов R те.плый
00
Сказа'ть свое. сло'во R свой
00
Слов [для чего'] не хвата'ет
THERE ARE NO WORDS TO EXPRESS (SOMETHING); WORDS CANNOT EXPRESS (SOMETHING)
00
Сло'во в сло'во
WORD FOR WORD
–Повтори'те мне, ма'менька, все., что она' вам сказа'ла; то'лько, прошу' вас, сло'во в сло'во, не изменя'йте и не прибавля'йте ничего'.
00
Сло'во за' слово
WORD BY WORD; GRADUALLY; LITTLE BY LITTLE [ABOUT A

CONVERSATION]
Сло'во за' слово завяза'лся оживле.нный разгово'р ме'жду пассажи'рами купе'.
29
Сло'вом сказа'ть
IN BRIEF; IN SO MANY WORDS
Когда'-то кре'пкое хозя'йство пришло' в упа'док, сло'вом сказа'ть: сыновья' отби'лись от него', рабо'тая на фа'брике, а сам хозя'ин стар.
00
$Слов<сло'ва$ нет
OF COURSE; INDISPUTABLY; IT GOES WITHOUT SAYING; THERE IS NO DISPUTE (THAT). ...
Слов нет – она' краси'ва, но умо'м не бле'щет.
00
Сорва'ло'сь (сло'во) с языка' R язы'к
00
Со слов [чьих]
1. ACCORDING TO WHAT (HE) SAYS; ACCORDING TO (SOMEONE'S) STORY; FROM (SOMEONE'S) WORDS; BASED ON WHAT (SOMEONE) SAYS 2. BY EAR; BY LISTENING TO (SOMEONE)
1. Мы ли'чно и о'чень ко'ротко знако'мы с господи'ном, нося'шим про'звище Карася', и э'ту правди'вую исто'рию пи'шем с его' слов. 2. Он учи'лся чита'ть и писа'ть и наизу'сть, со слов бра'та, выу'чивал все за'данные уро'ки.
00
С пе'рвого сло'ва
IMMEDIATELY; QUICKLY; RIGHT AWAY
00
С чужи'х слов
SECOND-HAND; BASED ON WHAT (SOMEONE) ELSE HAS SAID; ACCORDING TO (SOMEONE ELSE'S) STORY
Его' приключе'ния в столи'це бы'ли с чужи'х слов: он никогда' не покида'л родно'го городка'.
29
То'лько сло'во, что ...
THEY JUST SAY SO/THAT ... ; IN NAME ONLY
То'лько сло'во, что освободи'ли крестья'н от поме'щиков, а земли'-то не да'ли.
00
Тра'тить слова' $понапра'сну/по'пусту/зря/ETC$
IT'S A WASTE OF TIME TALKING ABOUT(SOMETHING); IT'S NO USE TALKING ABOUT(SOMETHING); TO WASTE ONE'S BREATH
00
Че.рное сло'во R че.рный
00
Че'стное сло'во R че'стный
СЛОВЦО'
00
Кра'сное словцо' R кра'сный
00
Кре'пкое словцо' R кре'пкий
СЛОЖИ'ТЬ
00
Сложа' ру'ки сиде'ть
TO BE IDLE; TO DO NOTHING; TO TWIDDLE ONE'S THUMBS
00
Сложи'ть $го'лову/ко'сти$
TO PERISH; TO DIE; TO FALL ON THE FIELD OF BATTLE
1. Неприя'тель сложи'л го'лову под Сталингра'дом. 2. Нема'ло шве'дов сложи'ло ко'сти под Полта'вой.
00
Сложи'ть $ладо'ни/ру'ки$ ру'пором R ру'пор
00
Сложи'ть ору'жие
TO LAY DOWN ONE'S ARMS; TO YIELD; TO GIVE UP
Неприя'тельские войска' сложи'ли ору'жие, сда'вшись на ми'лость победи'телей.
00
Сложи'ть ру'ки
TO STOP WORKING
При пе'рвом сигна'ле забасто'вки рабо'чие сложи'ли ру'ки.
СЛО'ЖНОСТЬ
00
В о'бщей сло'жности R о'бщий
СЛОМА'ТЬ
00
Слома'ть го'лову

СЛОМА'ТЬ CONT'D.
TO RACK ONE'S BRAINS; TO BEAT ONE'S BRAINS OUT
00
Слома'ть зу'бы [на че.м]
TO FAIL IN(SOMETHING); TO HAVE TRIED AND FAILED
00
Слома'ть ле.д R ле.д
00
Слома'ть рога' [кому'] R рог
00
Слома'ть $ряды'/строй$ R лома'ть
00
$Слома'ть/сломи'ть$ (себе') $ше'ю/го'лову$
TO BREAK ONE'S NECK
00
Че.рт но'гу слома'ет R сломи'ть
00
Язы'к слома'ешь
(YOU) CAN BREAK/TWIST (YOUR) TONGUE
Скоровово'ркой: "От то'пота копы'т пыль по' полю несе.тся" язы'к слома'ешь.
СЛОМИ'ТЬ
00
Сломи'ть рог [кому'] R рог
00
Сломи'ть (себе') $ше'ю/го'лову$ R слома'ть
00
Сломя' го'лову =бежа'ть/мча'ться/ETC=
(TO RUN, ETC.) AT BREAK-NECK SPEED
Бегу'н, сломя' го'лову, мча'лся, опережа'я сопе'рников в состяза'нии.
.00
Че.рт но'гу $сло'мит/слома'ет$
THERE'S UTTER CHAOS/A COMPLETE MESS IN SOMETHING
Че.рт но'гу сло'мит в прихо'де - расхо'дных за'писях молодо'й хозя'йки.
СЛОН
00
Де'лать из му'хи слона' R му'ха
11
Слона' не приме'тить
(HE) CAN'T SEE IT; (HE) CAN'T GET IT; (HE) CAN'T SEE THE POINT
00
Слон на' ухо наступи'л [кому'] R наступи'ть
СЛОНЫ'
00
Слоны' слоня'ть R слоня'ть
СЛОНЯ'ТЬ
29
Слоны' слоня'ть
TO LOAF; TO STROLL AROUND AIMLESSLY; TO WANDER AROUND
-Эй, ба'рин! Чего' зря бро'дишь, слоны' слоня'ешь?
СЛУГА'
00
$Ваш поко'рный слуга'<слуга' поко'рный$ R поко'рный
СЛУ'ЖБА
00
Дви'гаться по слу'жбе R дви'гаться
00
Не в слу'жбу, а в дру'жбу
FOR OLD TIME'S SAKE; AS A FAVOR; OUT OF FRIENDSHIP
-Пожа'луйста, не в слу'жбу, а в дру'жбу скажи' мои'м старика'м, передава'я письмо', что ско'ро я сам прие'ду, -говори'л больно'й студе'нт своему' дру'гу.
00
Поста'вить [что] на слу'жбу [чему']
TO PLACE (SOMETHING) AT THE DISPOSAL OF (SOMEONE/SOMETHING); TO PLACE (SOMETHING) AT (SOMEONE'S) SERVICE
00
Сослужи'ть слу'жбу [кому'] R сослужи'ть
СЛУЖИ'ТЕЛЬ
00
Служи'тель Феми'ды R Феми'да
СЛУЖИ'ТЬ
00
Служи'ть в лю'дях R лю'ди
00
Служи'ть двум господа'м R господи'н

00
Служи'ть живы'м свиде'телем [чего'] R свиде'тель
СЛУХ
00
Музыка'льный слух R музыка'льный
00
На слух
BY EAR; BY LISTENING
Габу'ния прислу'шался. Он хоте'л определи'ть на слух, не стиха'ет ли ли'вень.
00
Насторожи'ть слух R у'хо
00
Насторожи'ть слух R у'хо
00
Ни слу'ху ни ду'ху [о ком<о че.м] R дух
00
$Обрати'ться/преврати'ться$ в слух
TO BE ALL EARS; TO PRICK UP ONE'S EARS
Де'ти обрати'лись в слух, следя' за хо'дом собы'тий в ска'зке.
00
Оскорби'ть [чей] слух R оскорби'ть
00
Приклони'ть слух R приклони'ть
00
Склони'ть слух R склони'ть
СЛУ'ЧАЙ
42
$Быть в слу'чае/попа'сть в слу'чай$
TO BE IN (SOMEONE'S) GOOD GRACES; TO GET INTO (SOMEONE'S) GOOD GRACES
Исполни'тельный сотру'дник был в слу'чае у нача'льства.
00
В кра'йнем слу'чае R кра'йний
00
В лу'чшем слу'чае R лу'чший
00
Во вся'ком слу'чае R вся'кий
00
В проти'вном слу'чае R проти'вный
00
В слу'чае чего'
IN CASE SOMETHING UNFORSEEN HAPPENS; IN CASE OF SOMETHING UNPLEASANT/DANGEROUS; JUST IN CASE
-В слу'чае чего' отсю'да [из кабака'] мо'жно дать тя'гу?
00
В слу'чае [чего']
IN CASE OF (SOMETHING)
Фоме' Фомичу' приказа'ли яви'ться, угрожа'я си'лою в слу'чае отка'за.
00
В тако'м слу'чае R тако'й
00
В $тако'м/э'том$ $слу'чае/ра'зе$
IN THAT CASE; IN SUCH A CASE
Быва'ли у нас и нежда'нные го'сти; в тако'м слу'чае и они' не уходи'ли без угоще'ния.
00
В (том) слу'чае, е'сли ...
IN CASE IT HAPPENS THAT; SHOULD IT HAPPEN THAT; IN THE EVENT THAT
В слу'чае, е'сли мать заболе'ет, ста'ршая дочь бу'дет вести' хозя'йство и забо'титься о мла'дших де'тях.
00
Игра' слу'чая R игра'
00
На вся'кий пожа'рный слу'чай R пожа'рный
00
На вся'кий слу'чай R вся'кий
00
На пе'рвый слу'чай
TO BEGIN WITH; FOR THE FIRST TIME
42
На слу'чай
1. IN CASE OF 2. INCIDENTALLY; UNEXPECTEDLY; SHOULD IT HAPPEN THAT. ...
1. Еще. дне.м я заме'тил окре'стности свое'й

    гости'ницы на слу'чай побе'га. 2. -Так сде'лайте
    ми'лость, Ива'н Кузьми'ч: е'сли на слу'чай попаде.тся
    жа'лоба и'ли донесе'ние, то, без вся'ких рассужде'ний,
    заде'рживайте.
    00
    Ни в ко'ем слу'чае R кой
    00
    От слу'чая к слу'чаю
    FROM TIME TO TIME
    Учи'тель, вы'йдя на пе'нсию, от слу'чая к слу'чаю дава'л
    уро'ки на дому'.
    00
    По слу'чаю =купи'ть/приобрести'/ETC=
    BY CHANCE
    Доста'в из чемода'на кни'гу, по слу'чаю ку'пленную во
    Владивосто'ке у букини'ста, он раскры'л ее..
    00
    По слу'чаю [чего']
    AS A RESULT OF; DUE TO
    По слу'чаю волне'ния на мо'ре, парохо'д прише.л по'здно.
    00
    Приведе.т слу'чай R привести'
    00
    При слу'чае
    WHEN NECESSARY; ON OCCASION; OCCASSIONALLY
    1. Мы не име'ем си'лы, на кото'рую могли' бы
    наде'яться, а при слу'чае - опере'ться. 2. А'нна
    Андре'евна о'чень любопы'тна и при слу'чае выка'зывает
    тщесла'вие.

СЛУ'ШАТЬ
    00
    Во все у'ши слу'шать R у'хо
    00
    $Кра'ем у'ха/в пол-у'ха$ слу'шать R у'хо

СЛЫХА'ТЬ
    00
    Где (э'то) слы'хано ...
    IT'S UNHEARD OF; WHO EVER HEARD OF
    -Где слы'хано, чтоб звать на у'жин Пред тем, чтоб
    вы'звать на дуэ'ль?
    29
    $Слы'ханное<слы'хано$ ли де'ло
    IT'S UNHEARD OF; WHO EVER HEARD OF
    -Да ви'дано ли, слы'хано ли де'ло, Чтоб за'йцы шли
    войно'ю на соба'к?

СЛЫ'ХИВАТЬ
    00
    Слы'хом не слы'хивать R слы'хом

СЛЫ'ХОМ
    29
    Слы'хом не $слыха'ть<слы'хано/слы'хивать$
    1. WHO EVER HEARD OF ... /THAT ... 2. THERE IS NO TRACE
    OF (SOMEONE)
    1. Слы'хом не слы'хано бы'ло, что'бы у кого'-нибудь
    ло'шадь укра'ли среди' бе'ла дня. 2. -Верну'лись мы на
    захо'де со'лнца к ре'чке - паро'м у того' бе'рега на
    прико'ле, а де'да на'шего и слы'хом не слыха'ть.

СЛЫ'ШАТЬ
    00
    Земли' под собо'й не слы'шать R слы'шать
    00
    (И) слы'шать не хо'чет
    (HE) WON'T (EVEN) HEAR OF (SOMETHING); (HE) WON'T EVEN
    LISTEN
    Насто'йчивая, властолюби'вая, она' и слы'шать не хоте'ла
    о заму'жестве.
    00
    Кра'ем у'ха слы'шать R край
    29
    Не слы'ша ног =бежа'ть/мча'ться/ETC=
    (TO RUN) VERY FAST
    Ма'льчики не слы'ша ног бежа'ли на перегонки'.

    29
    $Ног/земли'$ (под собо'й) не $слы'шать/чу'вствовать/
    чу'ять$
    1. (TO RUN VERY) FAST 2. (TO BE) OUT OF BREATH; (TO BE)
    WORN OUT 3. TO BE ON A CLOUD; TO BE IN SEVENTH HEAVEN
    1. Побежа'л Аре'фа се'бе в
    Слу'жнюю слобо́ду', а сам ног под собо'й не слы'шит. 2.
    -Про'сто ног под собо'й не слы'шу, забе'галась. 3.
    -Ишь, ду'ра-то, за воево'ду до'чку Просва'тала и
    ду'мает, что то'же Боя'рыня; иде.т и ног не слы'шит.
    00
    Слы'шать свои'ми уша'ми R у'хо

СЛЫ'ШНО,
    00
    Слы'шно, как му'ха пролети'т R му'ха

СЛЫ'ШНЫЙ
    00
    Что слы'шно [о ком<о че.м<про кого'<про что]
    WHAT'S THE NEWS ABOUT (SOMEONE /SOMETHING)?; DID YOU HEAR
    ANYTHING NEW ABOUT (HIM)?
    -А что' слы'шно про Дубро'вского?

СЛЮ'НИ
    00
    Глота'ть слю'ни R глота'ть
    29
    Распусти'ть слю'ни
    1. TO BURST INTO TEARS 2. TO WAVER; TO BE INDECISIVE 3.
    TO BE MOVED; TO BE DEEPLY TOUCHED; TO SWOON (AT THE SIGHT
    OF SOMEONE)
    1. Его'рушка го'рько запла'кал ... -Ну, не отреве'лся
    еще., ре.ва! -сказа'л Кузьмичо'в. -Опя'ть, баловни'к,
    слю'ни распусти'л! 2. И к чему', поду'маешь, э'ти
    дура'чие восто'рги: увида'ла краси'вого па'рня и
    распусти'ла слю'ни.

СЛЮ'НКИ
    00
    Глота'ть слю'нки R глота'ть
    00
    Слю'нки $теку'т/потекли'$
    IT MAKES ONE'S MOUTH WATER
    1. -Па'хнет у вас вку'сно, аж слю'нки теку'т!
    -заме'тил Гусако'в и переше.л в ко'мнату, без стесне'ния
    разгля'дывая заку'ски. 2. У Хи'ны потекли' слю'нки от
    одно'й мы'сли, что все э'ти безделу'шки мо'жно бу'дет
    приобрести' за бесце'нок.

СМЕ'ЛО
    00
    $Смотре'ть/гляде'ть$ сме'ло в глаза' [чему'] R глаз

СМЕ'ЛОСТЬ
    00
    $Брать/взять$ на себя' сме'лость [INF]
    TO PICK UP THE COURAGE TO (DO SOMETHING)
    Сын взял на себя' сме'лость сказа'ть отцу', что он
    та'кже счита'ется с авторите'том ма'тери

СМЕ'НА
    00
    Идти' на сме'ну [кому'<чему'] R идти'
    00
    На сме'ну [кому'<чему']
    TAKING (SOMEONE'S/SOMETHING'S) PLACE; AS A REPLACEMENT
    На сме'ну бу'рной но'чи пришло' споко'йное у'тро.

СМЕНИ'ТЬ
    00
    Смени'ть гнев на ми'лость R гнев

СМЕРТЕ'ЛЬНЫЙ
    00
    Смерте'льная вражда'
    MORTAL ENMITY
    00
    $Смерте'льный/сме'ртный$ враг
    MORTAL ENEMY

СМЕ'РТНЫЙ
    00
    $Ду'рен<дурна'<ду'рно$ как сме'ртный грех R грех
    00
    На сме'ртном одре' R одр
    00
    Сме'ртная кля'тва

СМЕ'РТНЫЙ CONT'D.
AN OATH TO (DO SOMETHING) OR TO DIE
—Мы, балти'йские моряки', дае.м сме'ртную кля'тву —
победи'ть под сте'нами Пи'тера.
00
Сме'ртный враг R смерте'льный
00
Сме'ртный грех
A MORTAL SIN
00
Сме'ртный час R час
СМЕРТЬ
00
$Быть/лежа'ть$ при' смерти
TO BE NEAR DEATH
В отде'льной пала'те больно'й ра'ком лежа'л при' смерти.
00
Вопро'с жи'зни и'ли сме'рти R вопро'с
00
Гляде'ть сме'рти в глаза' R смотре'ть
00
До' смерти
TO DEATH; EXTREMELY
—Мне ску'чно до' смерти! Оте'ц уе'хал и оста'вил меня'
одну', и я не зна'ю, что' мне де'лать в э'том го'роде.
59
Казни'ть сме'ртью [кого']
TO EXECUTE (SOMEONE)

Злоде'й око'ван, обличе.н, И ско'ро сме'ртию казне.н.
00
Как смерть бле'дный
AS PALE AS DEATH; DEATHLY PALE
Больно'й вы'здоровел, но был как смерть бле'дный.
00
Как смерть побледне'ть
TO TURN PALE AS DEATH
Молодо'й офице'р как смерть побледне'л, узна'в в уби'том
своего' дру'га.
00
Между жи'знью и сме'ртью R жизнь
00
Найти' смерть R найти'
00
На миру' и смерть красна' R мир(1)
00
Наси'льственная смерть R наси'льственный
00
Не на живо'т, а $на' смерть<на смерть$ R жизнь
00
Не на жизнь, а $на смерть<на' смерть$ R жизнь
04
Пасть сме'ртью хра'брых
TO DIE A HERO'S DEATH
00
Перед сме'ртью не нады'шишься R надыша'ться.
00
По'ле сме'рти R по'ле.
00
Пра'во жи'зни и сме'рти R жизнь
00
Приговори'ть к сме'рти [кого'] R приговори'ть
29
$Про'сто смерть/смерть да и то'лько$
IT'S SIMPLY TERRIBLE
—Перед непого'дой все ко'сти так ло'мит, что жи'зни не
рад, смерть да и то'лько! —жа'ловался стари'к.
00
$Смотре'ть/гляде'ть$ сме'рти в глаза' R смотре'ть
50
(То'лько) за сме'ртью посыла'ть [кого']
(HE) IS AS SLOW AS MOLASSES
Бра'тья составля'ют кра'йнюю противополо'жность: одного'
то'лько за сме'ртью посыла'ть, а друго'й растороп'ный.
00
Умере'ть не свое'й сме'ртью R свой
00
Умере'ть свое'й сме'ртью R свой

СМЕСТИ'
00
Смести' [кого'] с лица' земли' R стере'ть
СМЕ'ТА
29
Сме'ты нет
THERE'S NO END TO; WITHOUT NUMBER; BEYOND NUMBER; THERE
IS AN INNUMERABLE QUANTITY OF (SOMETHING)
1. Сокро'виш у него' нет сме'ты. 2. —Под са'мый
го'род каза'чьи ла'вы — сме'ты им нет! — подходи'ли.
СМЕТА'ТЬ
29
Смета'ть на живу'ю ни'тку
1. TO BASTE (SOMETHING); TO SEW (SOMETHING) QUICKLY/
CARELESSLY; TO STITCH (SOMETHING) TOGETHER 2. TO DO
(SOMETHING)/ORGANIZE (SOMETHING) QUICKLY/HURRIEDLY/IN A
SLIP-SHOD MANNER; TO THROW (SOMETHING) TOGETHER
1. Ната'ша, наде'в сме.танный на живу'ю ни'тку еше.
без рукаво'в лиф и загиба'я го'лову, гляде'ла в зе'ркало.
2. Он не устава'л с утра' до но'чи ме'рить ...
сме.танное еше. на живу'ю ни'тку хозя'йство колхо'за.
СМЕТЬ
00
Не $смей<сме'йте$ [INF]
DON'T YOU DARE TO (DO SOMETHING)!
—Ты у меня' не сме'й остри'ть, когда' я серье.зно
разгова'риваю.
00
Не сметь дохну'ть R дохну'ть
00
Не сметь рта $рази'нуть/откры'ть/раскры'ть$ R рот
00
Сме'ю вас уве'рить R уве'рить
00
Ша'гу $ступи'ть/шагну'ть$ не сме'ет [без кого'<без чего']
R шаг
СМЕХ
00
Без сме'ху
SERIOUSLY; IN EARNEST
Без сме'ху говорю', возьми'сь за де'ло!
00
Гомери'ческий смех R гомери'ческий
00
(И) смех и $го'ре/грех$
ONE DOESN'T KNOW WHETHER TO LAUGH OR TO CRY; TO LAUGH
THROUGH ONE'S TEARS
Наш автомоби'ль ме'дленно дви'гался по гря'зной и
вя'зкой доро'ге, попада'я в уха'бы, така'я езда' — смех и
го'ре.
00
(Как) $на' смех<на смех$
AS IF FOR A JOKE; AS IF OUT OF SPITE
Увесели'тельная пое'здка за' город не удала'сь: как на
смех поли'л слепо'й дождь.
00
Ката'ться со' смеху R ката'ться
00
Ку'рам на смех R ку'рица
00
$Ло'пнуть/тре'снуть$ со' смеху R тре'снуть
00
Надорва'ть $живо'т<животы'/живо'тики$ со' смеху R
надорва'ть
00
Надорва'ть кишки' (со' смеху) R кишка'
00
Не до $сме'ха<сме'ху$ [кому']
THERE'S NO TIME FOR JOKING; ONE ISN'T IN THE MOOD FOR
JOKING/HAVING FUN; IT'S NO LAUGHING MATTER ... ; ONE DOES
NOT FEEL LIKE LAUGHING
Не до сме'ха тому', кто' в нужде' и не нахо'дит вы'хода
из нее..
00
Па'дать от сме'ха<со' смеху R па'дать
00
Подня'ть на' смех [кого'] R подня'ть
00
Помира'ть со' смеху R помира'ть

CMEX CONT'D.
```
     00
     $Про'сто/пря'мо$ смех
     IT'S SIMPLY HILARIOUS; IT JUST MAKES YOU LAUGH
     Ве'село бы'ло на сва'дьбе: да'же отцы' новобра'чных
     пусти'лись в присл'дку. Пря'мо смех!
     00
     Сме'ха ра'ди
     IN JEST; JUST FOR FUN
     Притвори'вшись пла'чущим, оте'ц сме'ха ра'ди стал
     собира'ть в ладо'нь неви'димые сле.зы.
     29
     Сме'хом
     JOKINGLY; NOT SERIOUSLY; IN JEST
     Сме'хом обеща'л он привезти' с я'рмарки игру'шку —
     самохо'д; тепе'рь де'ти не даю'т отцу' прохо'ду.
     00
     $Смех/смехота'$ да и то'лько
     IT'S SIMPLY HILARIOUS; IT JUST MAKES YOU LAUGH
     Смех да и то'лько смотре'ть на не'которых мо'дниц, не
     учи'тывающих ни осо'бенностей форм своего' те'ла, ни
     своего' во'зраста.
     00
     Сме'ху $бы'ло<бу'дет$
     IT WILL BE A LAUGH; IT WAS FUNNY; ONE HAD TO
     LAUGH
     00
     Сме'ху подо'бно
     (IT) IS RIDICULOUS; (IT) IS ABSURD
CMEXOTA'
     00
     Смехота' да и то'лько R смех
CMEШA'Tb
     00
     Смеша'ть с гря'зью R грязь
     00
     Смеша'ть [чьи] $ка'рты/пла'ны$
     TO THWART (SOMEONE'S) PLANS; TO THROW A MONKEY WRENCH INTO
     (SOMEONE'S) PLANS
     Уменьше'ние за'работка смеша'ло пла'ны семьи': поку'пка
     до'ма отло'жена.
     00
     Смеша'ть [чьи] ка'рты R ка'рта
CMEШИ'HKA
     00
     Смеши'нка в рот попа'ла [кому']
     TO HAVE A FIT OF LAUGHTER
     Очеви'дно, смеши'нка в рот попа'ла де'вушкам,
     смея'вшимся по мале'йшему по'воду.
CMEШHO'Й
     00
     До смешно'го
     TO THE POINT OF ABSURDITY; TO A RIDICULOUS DEGREE
     Бухга'лтер, ста'рый холостя'к, был до смешно'го ве'жлив.
CMEЯ'TbCЯ
     00
     Смея'ться в бо'роду R борода'
     00
     Смея'ться в кула'к R кула'к
CMИГHУ'Tb
     00
     Не смигну'в =сказа'ть/отве'тить/ETC=
     WITHOUT A MOMENT'S HESITATION; WITHOUT BATTING AN EYE
CMOPГHУ'Tb
     00
     Не сморгну'в (гла'зом) [V]
     WITHOUT BATTING AN EYE; WITHOUT GIVING IT A SECOND THOUGHT
CMOTA'Tb
     29
     Смота'ть у'дочки
     TO TAKE TO ONE'S HEELS; TO DEPART IN HASTE
CMOTPE'Tb
     00
     Бирюко'м смотре'ть R бирю'к
     00
     Во'лком смотре'ть R волк
     00
     В упо'р смотре'ть R упо'р
```

```
     00
     Глаза' бы (мои') не смотре'ли [на кого'<на что'] R глаз
     00
     Даре.ному коню' в зу'бы не смо'трят R конь
     00
     $Как/бу'дто/сло'вно$ в во'ду смотре'л R вода'
     00
     Смотре'ть больши'ми глаза'ми R глаз
     00
     Смотре'ть $бу'кой<бу'ка-бу'кой$ R бу'ка
     00
     Смотре'ть в глаза' [кому'] R глаз
     00
     Смотре'ть в $гроб/моги'лу$ R гроб
     00
     Смотре'ть в зу'бы [кому'] R зуб
     00
     Смотре'ть в кни'гу и ви'деть фи'гу R фи'га
     00
     Смотре'ть в ко'рень R ко'рень
     00
     Смотре'ть в лес R лес
     00
     Смотре'ть в лицо' [чему'] R лицо'
     00
     Смотре'ть в о'ба R гляде'ть
     00
     Смотре'ть $во все глаза'/в о'ба (гла'за)$ R глаз
     00
     Смотре'ть в одну' то'чку R то'чка
     00
     Смотре'ть в рот [кому'] R рот
     00
     $Смотре'ть/гляде'ть$ $сме'рти/опа'сности/ги'бели$ в
     глаза'
     TO FACE DEATH/DANGER/DESTRUCTION
     Благодаря' прогре'ссу вое'нной те'хники сме'рти в глаза'
     смо'трят не то'лько сража'ющиеся на фро'нте, а и живу'щие
     в тылу'.
     00
     Смотре'ть други'ми глаза'ми R друго'й
     00
     Смотре'ть $имени'нником/женихо'м$ R имени'нник
     00
     Смотре'ть за собо'й R следи'ть
     00
     Смотре'ть зве'рем R зверь
     00
     Смотре'ть из [чьих] рук R рука'
     00
     Смотре'ть имени'нником R имени'нник
     00
     Смотре'ть медве'дем R медве'дь
     00
     Смотре'ть [на кого'] сни'зу вверх R сни'зу
     00
     Смотре'ть [на кого'] све'рху вниз R све'рху
     00
     Смотре'ть на свет [что] R свет(1)
     00
     Смотре'ть [на что] сквозь па'льцы R па'лец
     00
     Смотре'ть [на что+чьи'ми] глаза'ми R глаз
     00
     Смотре'ть не' на что
     (HE IS) NOTHING TO LOOK AT; (HE IS) HOMELY
     Невзра'чный на вид, смотре'ть не' на что, он уме'л
     зажига'ть сердца' люде'й свое'й пла'менной ре'чью.
     00
     Смотре'ть по сторона'м R сторона'
     00
     Смотре'ть пра'вде в $глаза'/лицо'$ R пра'вда
     00
     Смотре'ть $пря'мо/сме'ло$ в глаза' [чему'] R глаз
     00
     Смотре'ть сентябре.м R сентя'брь
     00
     Смотре'ть сквозь ро'зовые очки' [на кого'<на что] R
```

СМОТРЕ'ТЬ CONT'D.
  ро'зовый
  00
  Смотре'ть (с наде'ждой) [на кого'<на что]
  TO PIN ONE'S HOPES ON (SOMEONE/SOMETHING)
  По'сле ги'бели ози'мых крестья'не смотре'ли с наде'ждой
  на весе'нние всхо'ды.
  00
  Смотре'ть со'колом R со'кол
  00
  Смотря' $как/где/когда'/како'й/ETC$
  DEPENDING ON HOW/WHERE/WHEN/WHAT KIND OF/ETC.
  00
  Смотря' по обстоя'тельствам R обстоя'тельство
  00
  Смотря' [по чему']
  DEPENDING ON (SOMETHING); IN CORRESPONDENCE WITH (SOMETHING)
  Гребцо'в, смотря' по величине' ло'дки, быва'ет от 4 до
  8 и да'же до 12 челове'к.
  00
  Со свое'й колоко'льни (смотре'ть) R колоко'льня
  00
  $Сычо'м<как сыч$ смотре'ть R сыч
  00
  Того' и смотри' R гляде'ть
  00
  $Что<чего'/куда'$ смо'трит [кто]?
  HOW CAN (HE) WATCH/SEE IT AND NOT DO ANYTHING?; DOES (HE)
  NOT SEE WHAT'S GOING ON?; WHY DOESN'T (HE) DO SOMETHING?
  -А вы все. худе'ете! Отчего' не ле'читесь? ... Не
  понима'ю, что' ва'ша семья' смо'трит!
СМОЧИ'ТЬ
  29
  Смочи'ть $го'рло/гло'тку$
  TO WET ONE'S WHISTLE
  По доро'ге домо'й с рабо'ты он купи'л буты'лку во'дки,
  что'бы смочи'ть го'рло когда' захо'чется.
СМУ'ТА
  00
  Се'ять сму'ту
  TO SPREAD RUMORS; TO INCITE TO RIOT/DISORDERS
  В окре'стных се'лах появи'лись бунтари'. ... Ло'жными
  ука'зами, я'кобы от губе'рнской канцеля'рии, они' ста'ли
  се'ять сму'ту.
СМЫСЛ
  00
  В по'лном смы'сле сло'ва
  IN THE FULL/TRUE MEANING OF THE WORD
  Он был в по'лном смы'сле сло'ва богаты'рь.
  00
  В прямо'м смы'сле сло'ва R прямо'й
  00
  В смы'сле [кого'<чего']
  IN THE SENSE OF ... ; SEEN AS ...
  Я сейча'с говорю' о чита'теле не в смы'сле
  чита'теля-потреби'теля.
  00
  $В смы'сле [чего']<в [како'м] смы'сле$
  IN RELATION TO; AS FAR AS (SOMETHING) IS CONCERNED
  Мое. де'тство протека'ло среди' люде'й далеко' не
  зауря'дных ... и в смы'сле хара'ктеров весьма' си'льных.
  00
  Здра'вый смысл
  1. A SOUND MIND 2. A PRACTICAL MIND; COMMON SENSE
  1. И вот бедня'жка оконча'тельно распрости'лась с
  оста'вшейся у нее. после'дней ка'пелькой здра'вого
  смы'сла. 2. -Очеви'дно, до си'х пор у меня' не' было
  ни ка'пли здра'вого смы'сла.
СМЫ'СЛИТЬ
  00
  Как свинья' в апельси'нах смы'слить [в че.м] R свинья'
  00
  Ни бельме'са не смы'слить R бельме'с
  00
  Ни у'ха ни ры'ла не смы'слить R ры'ло
  00
  Смы'слить толк [в че.м] R толк
СМЫТЬ
  00
  Как (водо'й) смы'ло

TO DISAPPEAR INTO THIN AIR; (THERE'S) NO TRACE OF SOMEONE
-Я откры'л ка'меру, а их как водо'й смы'ло; то'лько
откры'тое окно' ука'зывало на их путь, -расска'зывал
охра'нник о сбежа'вших заключе.нных.
00
Смыть кро'вью оби'ду R кровь
СНАРЯ'Д
00
Вы'пустить снаря'д R вы'пустить
СНЕГ
00
Как прошлого'дний снег $ну'жен/интересу'ет$
(IT'S AS IMPORTANT) AS THE SNOWS OF YESTERYEAR
00
Как снег на' голову =упа'сть/свали'ться/ETC=
LIKE A BOLT OUT OF THE BLUE
Как снег на' голову свали'лся призы'в отцо'в, бы'вших в
запа'се.
СНЕСТИ'
00
Не снести' головы' [кому'] R голова'
СНИ'ЗИТЬ
00
Сни'зить тон R тон
СНИ'ЗУ
00
Сни'зу вверх смотре'ть [на кого']
TO LOOK UP TO (SOMEONE)
Шахмати'сты сни'зу вверх смотре'ли на чемпио'на,
отличи'вшегося на междунаро'дном турни'ре.
00
Сни'зу до'верху
FROM TOP TO BOTTOM; ALL THE RANKS
СНИМА'ТЬ
00
Снима'ть пе'нки R пе'нка
00
Снима'ть сли'вки R сли'вки
СНИ'ТЬСЯ
00
И (во сне) не сни'лось
IT WOULDN'T HAPPEN IN YOUR WILDEST DREAMS; ONE CAN'T
IMAGINE ...;
СНО'ВА
00
Сно'ва-здоро'во
NOT AGAIN!
Сно'ва - здоро'во: ла'мпочка перегоре'ла.
СНОП
00
Как сноп $повали'ться/упа'сть$
TO HIT THE GROUND LIKE A ROCK; TO FALL HEAVILY
TO THE GROUND
Солда'т как сноп повали'лся, простре'ленный в грудь.
СНОС
29
На сно'сях
IN THE LAST MONTH OF PREGNANCY
СНОСИ'ТЬ
00
Не сноси'ть головы' [кому'] R голова'
СНЯТЬ
00
Как руко'й сня'ло [что]
(IT) DISAPPEARED; (IT) SUDDENLY WENT AWAY [ABOUT PAIN OR
FATIGUE]
Головну'ю боль от ку'хонного уга'ра как руко'й сня'ло на
све'жем во'здухе.
00
Снять го'лову [с кого']
1. (I'LL) PIN (YOUR) EARS BACK!; (I'LL) CHOP YOUR HEAD
OFF!; 2. TO PLAY A DIRTY TRICK ON (SOMEONE)
1. -Я с вас го'лову сниму' за таки'е разгово'ры,
-же.стко сказа'л Костроми'чев. 2. -Ох, Аграфе'на,
сняла' ты с меня' го'лову! ... Растерза'ть тебя' ма'ло.
00
Снять $допро'с/показа'ния$
TO INTERROGATE; TO TAKE A STATEMENT

СНЯТЬ CONT'D.
    В поли'чии сня'ли показа'ния сосе'дей уби'того.
    00
    Снять ме'рку [с кого']
    TO TAKE (SOMEONE'S) MEASURE; TO MEASURE (SOMEONE)
    Портно'й снял ме'рку с зака'зчика и назна'чил день
    приме'рки.
    00
    Снять подря'д [на что]
    TO TAKE/ACCEPT AN ORDER FOR (SOMETHING)
    Ма'стер гли'няных изде'лий снял подря'д на изготовле'ние
    цвето'чных горшко'в.
    00
    Снять $покро'в<покро'вы$ [с чего'] R покро'в
    00
    Снять со $сче.та<счето'в$ [кого'<что] R сче.т
    00
    Снять с уче.та
    TO DROP FROM THE ROSTER
СНЯ'ТЬСЯ
    00
    Сня'ться с уче.та
    TO BE DROPPED FROM THE ROSTER
СОБА'КА
    00
    Ве'шать соба'к [на кого'] R ве'шать
    00
    Вот где соба'ка зары'та
    THAT'S THE CRUX OF THE MATTER; THAT'S WHERE THE PROBLEM
    LIES
    —Вот где соба'ка зары'та! —поду'мал бухга'лтер,
    обнару'жив оши'бку в кни'ге: небре'жно напи'санная
    тро'йка была' схо'жа с восьме.ркой.
    00
    Гоня'ть соба'к R гоня'ть
    29
    $Ка'ждая/вся'кая$ соба'ка
    EVERYONE; ALL; ANYONE
    —Где нахо'дится сельсове'т? —Ка'ждая соба'ка ука'жет
    Вам.
    00
    Как ко'шка с соба'кой (живу'т) R ко'шка
    00
    (Как) соба'ка на се'не
    A DOG IN THE MANGER
    В ти'хой за'води о'зера води'лись ра'ки; владе'лец
    прилега'вшего уча'стка сам не лови'л их и други'м не
    дава'л, как соба'ка на се'не.
    00
    Как соба'ка [V]
    TERRIBLY; LIKE A DOG; COMPLETELY
    Изму'чился, как соба'ка, ночева'л че.рт зна'ет где.
    29
    Как соба'к (нере'занных) [кого']
    A GREAT MANY; TOO MANY; THICK AS FLIES
    —На ста'нции скопи'лось наро'ду как соба'к нере'занных,
    —говори'ли железнодоро'жники о бе'женцах.
    29
    Ни одна' соба'ка
    NO ONE; NOT A SOUL
    —Ни одна' соба'ка не перешла' той тряси'ны, что в глуби'
    ле'са, —предупрежда'л лесни'к охо'тников.
    00
    $Ну'жен<нужна'<ну'жно$ как соба'ке пя'тая нога' R
    пя'тый
    00
    Соба'ку съесть [в че.м<на че.м<ETC]
    TO BE AN EXPERT IN (SOMETHING); TO KNOW THE ROPES; TO KNOW
    (SOMETHING) INSIDE OUT
    Рыбаки' Прика'спия соба'ку съе'ли на ло'вле осетро'вых.
    00
    С соба'ками не сы'щешь [кого']
    IT'S VERY HARD TO FIND (SOMEONE)
    Случа'ется, что в захолу'стьи с соба'ками не сы'щешь
    меха'ника по ремо'нту автомоби'лей.
СОБА'ЧИЙ
    00
    Соба'чий нюх

TO HAVE A NOSE (FOR SOMETHING)
    Сме'нщик я'вится, непреме'нно ута'щит во'дку; уж у него'
    нюх на э'тот сче.т соба'чий.
    00
    Соба'чий сын R сын
    00
    Соба'чий хо'лод
    EXTREME COLD
    Из-за соба'чьего хо'лода охо'та была' отло'жена до
    потепле'ния.
    00
    Соба'чья $нога'/но'жка$ R ко'зий
СОБИРА'ТЬ
    00
    Собира'ть куски' R кусо'к
СОБРА'ТЬ
    00
    Косте'й не собра'ть R кость
    00
    Собра'ть в кула'к [кого'<что] R кула'к
СОБРА'ТЬСЯ
    00
    Собра'лись ту'чи [над кем<над чем] R ту'ча
    00
    Собра'ться с ду'хом
    TO MUSTER ONE'S COURAGE
    Собра'вшись с ду'хом, студе'нт уве'ренно отвеча'л на
    вопро'сы экзамена'торов.
СО'БСТВЕННО
    00
    Со'бственно говоря'
    ESSENTIALLY; STRICTLY SPEAKING
СО'БСТВЕННЫЙ
    00
    Вари'ться в со'бственном соку' R вари'ться
    00
    В со'бственные ру'ки =отда'ть/вручи'ть/ETC=
    INTO (SOMEONE'S) OWN HANDS; DIRECTLY INTO (SOMEONE'S) HANDS
    Посы'лка была' вручена' в со'бственные ру'ки адреса'та.
    00
    Жить на со'бственный сче.т
    TO SUPPORT ONESELF [FINANCIALLY]
    Ю'ноша учи'лся в университе'те, живя' на со'бственный
    сче.т: дава'л ча'стные уро'ки и'ли рабо'тал по нока'м в
    рестора'нах.
    00
    Испыта'ть на со'бственном горбу' R горб
    00
    $Испыта'ть/почу'вствовать/ETC$ на со'бственной шку'ре
    [что] R шку'ра
    00
    Называ'ть ве'щи со'бственными имена'ми R и'мя
    00
    На со'бственной спине' =испыта'ть/почу'вствовать/ETC=
    R спина'
    62
    Свое'й со'бственной $персо'ной/осо'бой$
    IN PERSON; PERSONALLY
    00
    Со'бственным горбо'м =зараба'тывать/добыва'ть/ETC= R
    горб
    00
    Стоя'ть на со'бственных нога'х R нога'
СОВА'ТЬ
    00
    Сова'ть го'лову в пе'тлю
    TO STICK ONE'S NECK OUT; TO PUT ONE'S NECK IN A NOOSE; TO
    RISK EVERYTHING
    00
    Сова'ть под нос [кому']
    TO SHOVE (SOMETHING) UNDER (SOMEONE'S) NOSE;
    00
    Сова'ть (свой) нос R нос
СОВА'ТЬСЯ
    00
    Сова'ться $с/со свои'м$ но'сом R нос
СОВЕРШЕ'ННЫЙ
    00
    С соверше'нным почте'нием R почте'ние

СОВЕРШИ'ТЬСЯ
00
Ста'вить перед (соверши'вшимся) фа'ктом [кого'] R факт
СО'ВЕСТЬ
00
Без зазре'ния со'вести
IN AN UNINHIBITED WAY; SHAMELESSLY
00
Для $очи'стки/очище'ния$ со'вести R очи'стка
00
Знать со'весть R знать
00
$Идти'/поступа'ть$ про'тив (свое'й) со'вести
TO ACT AGAINST ONE'S CONSCIENCE; TO GO AGAINST ONE'S
PRINCIPLES
00
Лежи'т на со'вести [чьей<у кого']
TO BE ON (SOMEONE'S) CONSCIENCE
Мы полага'ли, что на со'вести его' лежа'ла кака'я-нибудь
несча'стная же'ртва.
00
$На'до/пора'$ и со'весть знать R знать
00
На со'весть [V]
1. TO (DO SOMETHING) WITH A WILL/CONSCIENCIOUSLY 2. TO (DO
SOMETHING) RELYING ON (SOMEONE'S) HONOR
1. Бойцы' сража'лись на со'весть. 2. Ве.л он свои'
дела' по-стари'нному, на со'весть, на че'стное сло'во,
без векселе'й и распи'сок.
00
Не за страх, а за со'весть [V]
NOT FROM FEAR, BUT FROM THE DICTATES OF ONE'S CONSCIENCE;
CONSCIENCIOUSLY
00
По со'вести $сказа'ть/говоря'$
TO TELL THE TRUTH; FRANKLY
По со'вести сказа'ть, я ожида'л, что зде'сь бу'дет
горя'чий бой.
29
По (чи'стой) со'вести =жить/поступа'ть/ETC=
TO FOLLOW ONE'S CONSCIENCE; TO LIVE/ACT ACCORDING TO
ONE'S PRINCIPLES; TO BE GUIDED BY ONE'S CONSCIENCE
00
Примири'ться со свое'й со'вестью
TO EASE ONE'S CONSCIENCE
Свиде'тель не мог примири'ться со свое'й со'вестью, и
призна'лся в ло'жности свои'х показа'ний.
00
Сде'лка с со'вестью R сде'лка
29
Со'вести хвати'ло [у кого']
HAVE (YOU) NO SHAME?; HAVE (YOU) NO CONSCIENCE?
—И больну'ю стару'ху-то не пощади'ли. Да как э'то у них
... со'вести хвати'ло?
00
Со споко'йной со'вестью
WITH A CLEAR CONSCIENCE
00
Споко'йная со'весть R споко'йный
СОВЕ'Т
00
Сове'т да любо'вь
PEACE AND HAPPINESS
В семье' учи'теля цари'ли сове'т да любо'вь.
СОВЛАДА'ТЬ
00
Совлада'ть с собо'й
TO GAIN CONTROL OF ONESELF; TO SUPPRESS ONE'S EMOTIONS;
TO GET HOLD OF ONESELF
СОВЛЕ'ЧЬ
00
Совле'чь с пути' R сбить
СОВРАТИ'ТЬ
00
Соврати'ть с пути' (и'стинного)
TO LEAD (SOMEONE) ASTRAY
—Соврати'ла она' и двою'родную ва'шу сестри'чу с пути' и
вас погуби'ла.

СОВРАТИ'ТЬСЯ
00
Соврати'ться с пути' (и'стинного)
TO GO ASTRAY
—Путь тво'й чист, не соврати'сь с него'.
СОГЛА'СИЕ
14
В согла'сии [с чем]
IN ACCORDANCE WITH (SOMETHING); IN AGREEMENT WITH (SOMETHING)
СОГЛА'СНО
00
Согла'сно [с чем]
IN ACCORDANCE WITH (SOMETHING)
Живя' согла'сно с стро'гою мора'лью, я никому' не
сде'лал в жи'зни зла.
СОГНА'ТЬ
00
Согна'ть вес
TO LOSE WEIGHT BY DIETING AND EXERCISE
00
Согна'ть [кого'] $со' света<со све'та<со' свету<со
све'ту$ R свет(2)
00
Согна'ть семь пото'в [с кого'] R пот
СОГНУ'ТЬ
00
Согну'ть в бара'ний рог R бара'ний
00
Согну'ть в $дугу'/три дуги'/три$ R гнуть<поги'бели$
00
Согну'ть го'лову[пе'ред кем]
TO BOW TO (SOMEONE'S) WILL; TO SUBMIT TO (SOMEONE)
СОГНУ'ТЬСЯ
00
Согну'ться в $дугу'/три дуги'/три поги'бели$
1. TO BOW LOW; TO DOUBLE UP 2. TO BUCKLE UNDER
СОДЕРЖА'НИЕ
00
$Жить/быть/находи'ться/ETC$ на содержа'нии [у кого']
TO BE A KEPT MAN; TO BE A KEPT WOMAN
СОДЕРЖА'ТЬСЯ
00
Содержа'ться под стра'жей R стра'жа
СОДО'М
42
Содо'м и гомо'рра
SODOM AND GOMORRAH
СОДРА'ТЬ
29
Содра'ть (по) $две/ETC$ шку'ры
TO FLEECE (SOMEONE)
29
Содра'ть шку'ру
TO FLEECE (SOMEONE)
СОЖАЛЕ'НИЕ
00
К (вели'кому/глубо'кому/ETC) сожале'нию
UNFORTUNATELY; TO ONE'S REGRET
СОЗДА'НИЕ
00
Возвести' в перл созда'ния R перл
СОЗДА'ТЬ
00
Быть со'зданными друг для дру'га
TO BE MADE FOR EACH OTHER
Супру'ги, прожи'в полстоле'тия, бы'ли со'зданы друг для
дру'га.
00
Созда'ть себе' куми'р R куми'р
СОЗНАВА'ТЬ
42
Сознава'ть себя'
TO BE CONSCIOUS
По лицу' больно'й бы'ло ви'дно, что она' сознава'ла
себя'.
СОЗНА'НИЕ
00
До поте'ри созна'ния [V]

СОЗНА'НИЕ CONT'D.
    TO(DO SOMETHING) TO THE POINT OF COLLAPSING
    00
    Жить в созна'нии [чье.м]
    TO REMAIN/TO LIVE IN(SOMEONE'S) MEMORY; TO BE ON(SOMEONE'S)
    MIND
    Эпизо'ды войны' жи'ли в созна'нии ветера'на.
    00
    Прийти' в созна'ние R прийти'
    00
    Уложи'ться в созна'нии R уложи'ться
СОЙТИ'
    00
    Семь пото'в сошло' [с кого'] R пот
    00
    Сойти' в моги'лу R моги'ла
    00
    Сойти' на нет R нет
    00
    Сойти' на фуфу' R фуфу'
    00
    Сойти' с диста'нции R диста'нция
    00
    Сойти' с не'ба на зе'млю R не'бо
    00
    Сойти' со сце'ны R сце'на
    00
    Сойти' с рук R рука'
    00
    Сойти' $с/со своего'$ пути'
    TO CHANGE ONE'S OBJECTIVES
    Молодо'й челове'к соше.л со своего' пути', взяв свою'
    до'лю из торго'вого де'ла и вложи'в ее. в промы'шленное.
    00
    Сойти' с ума' R ум
СОЙТИ'СЬ
    00
    Земля' не кли'ном сошла'сь [на ком<на че.м] R клин
    00
    Свет не кли'ном соше.лся [на ком<на че.м] R клин
СОК
    00
    Вари'ться в со'бственном соку' R вари'ться
    00
    В (са'мом/по'лном) соку'
    IN THE PRIME OF LIFE
    Медици'нскую по'мощь жи'телям ау'лов организова'л
    изве'стный врач, немолодо'й, но, как говори'тся, в
    по'лном соку'.
    00
    $Выжима'ть/жать/тяну'ть/соса'ть/ETC$ $сок<со'ки$ [из
    кого']
    TO SAP (SOMEONE'S) STRENGTH; TO EXPLOIT(SOMEONE); TO DRAIN
    (SOMEONE'S) ENERGY
    00
    Вы'сосать все со'ки [из кого'<из чего'] R вы'сосать
СО'КОЛ
    00
    Гол как соко'л
    AS POOR AS A CHURCH MOUSE
    00
    Смотре'ть со'колом
    TO HAVE THE LOOK OF A BRAVE YOUNG LAD
    00
    (Я'сный) со'кол R я'сный
СОКО'ЛИК
    00
    (Я'сный) соко'лик R я'сный
СОКРО'ВИЩЕ
    00
    Ни за каки'е сокро'вища
    UNDER NO CONDITIONS; NOT FOR ANYTHING; NOT FOR LOVE OR
    MONEY
СОЛДА'Т
    00
    В солда'тах =быть/служи'ть/ETC=
    TO BE A SOLDIER; TO BE IN THE SERVICE
    00
    В солда'ты =брать/идти'/ETC=

    TO BECOME A SOLDIER; TO ENLIST; TO DRAFT(SOMEONE)
    Два неразлу'чных дру'га пошли' в солда'ты, не ожида'я
    призы'ва.
СО'ЛНЦЕ
    00
    До со'лнца
    TILL SUNRISE; BEFORE SUNRISE
    Крестья'нин до со'лнца выезжа'ет в по'ле.
    00
    По со'лнцу =идти'/дви'гаться=
    TO TRAVEL/WALK TOWARDS THE SUN; IN THE DIRECTION OF THE
    SUN
СОЛОВЕ'Й
    00
    $Зали'ться/петь/залива'ться/разлива'ться$ соловье.м
    TO BOAST ABOUT (SOMETHING); TO SING THE PRAISES OF
    (SOMETHING); TO BE CARRIED AWAY BY ONE'S OWN TALK
СОЛО'МЕННЫЙ
    50
    Соло'менная вдова'
    GRASS WIDOW
СОЛО'МИНКА
    00
    Хвата'ться за соло'минку
    TO CLUTCH/GRASP AT A STRAW/AT STRAWS
СО'ЛОНО
    00
    Со'лоно $прийти'сь/доста'ться/ETC$
    (HE) HAS/HAD (HIS) SHARE OF TROUBLES; TO HAVE IT ROUGH
СОЛЬ
    00
    Атти'ческая соль R атти'ческий
    00
    Води'ть хлеб-соль [с кем] R хлеб
    00
    Забы'ть [чью<каку'ю] хлеб-соль R забы'ть
    00
    Кру'то посы'пать со'лью R кру'то
    00
    $Мно'го/пуд/куль/ETC$ со'ли съесть [с кем]
    TO LIVE WITH(SOMEONE)/TO KNOW (SOMEONE) FOR A LONG TIME; TO
    KNOW (SOMEONE) INSIDE OUT
    Что'бы положи'ться на кого'-либо, на'до мно'го со'ли
    съесть с ним.
    00
    Насы'пать со'ли на хвост [кому'] R хвост
    00
    Соль земли'
    THE SALT OF THE EARTH
    00
    Хлеб $да/и$ соль R хлеб
    00
    Хлеб-соль R хлеб
СОМКНУ'ТЬ
    00
    Не сомкну'ть глаз
    NOT TO SLEEP A WINK
    Заключе.нный не сомкну'л глаз перед реши'тельным дне.м
    суда'.
    00
    Сомкну'ть ряды'
    TO CLOSE RANKS
    Солда'ты по кома'нде сомкну'ли ряды'.
СОМКНУ'ТЬСЯ
    00
    Сомкни'сь! CLOSE RANKS!
СОМНЕВА'ТЬСЯ
    29
    Не $сомнева'йся<сомнева'йтесь$
    DON'T WORRY; NEVER FEAR; DON'T YOU DOUBT IT FOR A MINUTE
    -Да я, дя'денька, цел бу'ду, не сомнева'йтесь, -отвеча'л
    молодо'й солда'т.
СОМНЕ'НИЕ
    00
    $Без (вся'кого) сомне'ния<вне (вся'кого) сомне'ния<вне
    (вся'ких) сомне'ний$
    WITHOUT A DOUBT
    Вся'кий, без сомне'ния, заме'тил, как пусте'ют ны'нче

СОМНЕ'НИЕ CONT'D.
    уса'дьбы.
    00
    $Брать/взять$ под сомне'ние [что]
    TO HAVE DOUBTS ABOUT (SOMETHING)
    Мать повела' дочь к врачу', взяв под сомне'ние ее.
    повы'шенную температу'ру и сухо'й ка'шель.
    00
    Не подлежи'т сомне'нию R подлежа'ть
СОН
    00
    Богаты'рский сон R богаты'рский
    00
    Вкуша'ть сон R вкуша'ть
    42
    $Восста'ть/воспря'нуть$ $ото сна<от сна$
    TO GET UP; TO GET OUT OF BED; TO JUMP OUT OF BED
    00
    И (во сне) не сни'лось R сни'ться
    00
    Как во сне =ходи'ть/жить/ETC=
    TO WALK WITH ONE'S HEAD IN THE CLOUDS; TO LIVE IN A DREAM WORLD
    00
    $Как/то'чно/бу'дто$ сквозь сон =по'мнить/представля'ть/ETC=
    TO REMEMBER HAZILY; TO RECALL (SOMETHING) AS IF IN A DREAM; TO HAVE A HAZY RECOLLECTION;
    00
    Кре'пкий сон R кре'пкий
    00
    Летарги'ческий сон R летарги'ческий
    00
    На сон гряду'щий R гряду'щий
    00
    Не ве'рить ни в чох, ни в сон R чох
    00
    Не знать сна R знать
    00
    Ни сном ни ду'хом не винова'т [в че'м]
    TO BE COMPLETELY INNOCENT OF (SOMETHING)
    00
    Ни сном ни ду'хом не $знать/ве'дать$ [чего']
    (I) NEVER DREAMED THAT ...; TO HAVE NO KNOWLEDGE OF (SOMETHING); TO HAVE NO IDEA THAT ...
    42
    Отойти' ко сну
    TO GO TO SLEEP
    Старики' и ма'лые де'ти отошли' уже' ко сну, а молоды'е хозя'ева до по'лночи заседе'лись с гостя'ми.
    00
    Прия'тного сна
    PLEASANT DREAMS
    Расходя'сь по спа'льням, все пожела'ли друг дру'гу прия'тного сна.
    00
    Сквозь сон =слы'шать/чу'вствовать=
    TO HEAR/FEEL (SOMETHING) IN ONE'S SLEEP
    Ко'мнатная соба'чка, сквозь сон слы'ша шо'рох на крыльце', просну'лась и зала'яла.
    00
    Сна ни в одно'м глазу' (нет)
    TO BE WIDE AWAKE; (I) CAN'T SLEEP
    50
    Сон в ру'ку
    A DREAM COME TRUE
    00
    Со сна'
    HALF AWAKE
    Зева'я и потя'гиваясь, он со сна' не попада'л в рукава' хала'та.
    00
    $Спать/засну'ть/усну'ть/ETC$ $ве'чным/после'дним/моги'льным/ETC$ сном
    TO BE DEAD; TO GO TO ONE'S ETERNAL REST
    00
    $Спать/засну'ть/усну'ть$ $ме.ртвым/мертве'чким$ сном R ме.ртвый

    00
    Спать и (во сне) ви'деть R спать
    00
    Спать сном моги'лы
    TO BE DEAD; TO HAVE GONE TO ONE'S ETERNAL REST
    00
    Спать сном $пра'ведника/пра'ведных$
    TO SLEEP THE SLEEP OF THE RIGHTEOUS
    00
    То'нкий сон R то'нкий
    00
    Чу'ткий сон R чу'ткий
СОНМ
    14
    Причи'слить к со'нму [кого']
    TO INCLUDE (SOMEONE)
СО'ННЫЙ
    00
    Как со'нная му'ха
    LIKE A SNAIL
    Но'вая секрета'рша была' как со'нная му'ха, и вско'ре накопи'лось сто'лько корреспонде'нции, что пона'добилась по'мощь ей.
СООБРАЖЕ'НИЕ
    00
    $Приня'ть/взять$ в соображе'ние
    TO TAKE INTO CONSIDERATION
    Принима'я в соображе'ние ле'тнее вре'мя, ... они' вы'брали ко'лнаты, выходи'вшие в сад ....
СООБРА'ЗНО
    00
    Сообра'зно [с чем]
    CORRESPONDING TO
    Он де'йствует сообра'зно со свои'ми интере'сами.
СООБРА'ЗНЫЙ
    00
    Ни с чем не сообра'зный
    IT MAKES NO SENSE; IT'S NONSENSICAL
    -В Але.ше все. в вы'сшей сте'пени ни с чем не сообра'зно, он хо'чет и на той жени'ться и тебя' люби'ть.
СООБЩЕ'НИЕ
    00
    $Ход<ходы'$ сообще'ния R ход
СОО'БЩЕСТВО
    14
    В соо'бществе [с кем]
    JOINTLY; TOGETHER WITH; IN COOPERATION WITH
СООТВЕ'ТСТВЕННО
    00
    Соотве'тственно [с чем]
    CORRESPONDING TO; CONFORMING TO
    Он огляде'л меня' с ног до головы', прищу'ривая то оди'н глаз, то друго'й, и соотве'тственно с э'тим усы' его' приподнима'лись и опуска'лись.
СООТВЕ'ТСТВИЕ
    00
    В соотве'тствии [с чем] =де'йствовать/поступа'ть/ETC=
    TO ACT/PROCEED ACCORDING TO/IN CORRESPONDENCE WITH/IN COMPLIANCE WITH
    Кома'ндование Ю'жного фро'нта разрабо'тало, в соотве'тствии с указа'нием главко'ма, план контрнаступле'ния.
СОПЛЯ'
    06
    Сопле.й перешибе.шь [кого']
    (HE) IS AS WEAK AS A FLY
    29
    Со'пли распуска'ть
    1. TO SNIVEL 2. TO BE CHICKEN-HEARTED; TO BE A SNOT
    -Держи'сь поаккура'тней, Зинаи'да: уже'ли так и на'до распуска'ть со'пли? -Ми'тревна прово'рно ... уте.рла нос пятиле'тней Зинаи'де.
СОПРИКОСНОВЕ'НИЕ
    00
    То'чки соприкоснове'ния
    POINTS OF CONTACT; A MEETING POINT
    Пассажи'ры отделе'ния по'езда да'льнего сле'дования нашли' то'чки соприкоснове'ния: охо'ту и ры'бную ло'влю.

СОПРОВОЖДЕ'НИЕ
00
В сопровожде'нии [кого'<чего']
IN THE COMPANY OF; ESCORTED BY; ACCOMPANIED BY
1. На поро'ге две'ри появи'лась Ле'ночка в
сопровожде'нии го'рничной. 2. Хор в сопровожде'нии
орке'стра.
СОПРОТИВЛЕ'НИЕ
00
Пойти' по $ли'нии/пути'$ наиме'ньшего сопротивле'ния R
наиме'ньший
СОР
00
$Выноси'ть/вы'нести$ сор из избы'
TO WASH ONE'S DIRTY LINEN IN PUBLIC
СОРВА'ТЬ
00
Сорва'ть банк
TO BREAK THE BANK
29
Сорва'ть го'лову [с кого']
TO PIN (SOMEONE'S) EARS BACK; TO CHEW (SOMEONE) OUT
00
Сорва'ть $го'лос/го'рло/гло'тку$
TO LOSE ONE'S VOICE
00
Сорва'ть заве'су [с чего'] R покро'в
00
Сорва'ть зло [на ком]
TO TAKE IT OUT ON (SOMEONE)
Оте'ч сорва'л зло на де'тях, наказа'в их не по заслу'гам.
00
Сорва'ть ма'ску [с кого'] R ма'ска
00
Сорва'ть покро'в<сорва'ть покро'вы [с чего'] R покро'в
00
Сорва'ть се'рдце [на ком<на че.м] R се'рдце
СОРВА'ТЬСЯ
00
Го'лос сорва'лся
1. TO LOSE ONE'S VOICE 2. ONE'S VOICE BROKE
1. Го'лос Ами'ны сорва'лся. Она' захлебну'лась
со'бственным кри'ком. 2. У него' сорва'лся го'лос, он
"пусти'л петуха'", но ничу'ть не смути'лся.
00
$Как/бу'дто/сло'вно$ с $че'пи/при'вязи$ сорва'лся
TO BE RAVING; TO LOSE CONTROL OF ONESELF
Размо'лвка перешла' в ссо'ру: ю'ноша сло'вно с при'вязи
сорва'лся, упрека'я друзе'й в за'висти и
недоброжела'тельности.
00
Сорва'ло'сь (сло'во) с языка' R язы'к
СОРИ'ТЬ
00
$Сори'ть/сы'пать$ деньга'ми
TO SQUANDER MONEY; TO THROW MONEY AROUND
Быва'ло, прие'дет [Курга'нов] к ним на я'рмарку и
начне.т сори'ть деньга'ми: того' ему' купи', за э'тим
сбе'гай.
СО'РОК
42
Со'рок сороко'в
GREAT MANY; A LARGE NUMBER OF
1. Го'тфрид Кинке'ль был оди'н из глав сорока'
сороко'в ло'ндонских неме'чких раско'лов. 2. Все
со'рок сороко'в моско'вских заби'ли наба'т.
СОРО'КА
00
Зала'дила соро'ка Я'кова (одно' про вся'кого)
(YOU) ARE LIKE A BROKEN RECORD; (YOU) KEEP REPEATING
(YOURSELF); (YOU) KEEP SAYING THE SAME THING OVER AND OVER
-Зала'дила соро'ка Я'кова одно' про вся'кого: не пей с
друзья'ми, не игра'й в ка'рты. Сам зна'ю, заче'м
повторя'ешь? -с доса'дой сказа'л муж.
00
$Как/то'чно$ соро'ка на колу' $верте'ться/крути'ться/
ETC$
AS IF (HE) HAD ANTS IN (HIS) PANTS; TO SQUIRM

Соро'ка на хвосте' принесла'
A LITTLE BIRD TOLD (ME); TO LEARN OF SOMETHING VIA THE
GRAPEVINE/SCUTTLEBUTT
-И Да'ренка плыве.т [на ба'рке Саво'ськи] -Зна'о,
зна'ю ... Соро'ка на хвосте' принесла'.
СОРО'ЧКА
00
$Роди'лся<родила'сь$ в соро'чке R роди'ться
СОРТ
00
Пе'рвый сорт
FIRST CLASS; TOP QUALITY
-Пшени'ча в э'том году' пе'рвый сорт, -хвали'ли
крестья'не урожа'й.
СОСА'ТЬ
00
Под ло'жечкой сосе.т R ло'жечка
00
Соса'ть кровь [чью] R кровь
00
Соса'ть $сок<со'ки$ [из кого'] R сок
00
Червь сосе.т [кого']
(HE) IS EATING (HIS) HEART OUT
Мака'ра начина'ет соса'ть червь. А'вторское самолю'бие
- э'то боль, э'то ката'р души'.
СО'СЕНКА
00
С бо'ру да с со'сенки R бор
СОСЛО'ВИЕ
50
$Же'нское/да'мское/ба'бье$ сосло'вие
WOMEN; WOMENFOLK
Набра'ли э'того са'мого же'нского сосло'вия - там его'
ви'димо-неви'димо - угоща'ть ста'ли.
СОСНА'
00
Заблуди'ться в тре.х со'снах R заблуди'ться
СОСРЕДОТО'ЧЕННЫЙ
00
Сосредото'ченное молча'ние
PROFOUND SILENCE; DEEP SILENCE
Часы' про'били де'сять, дома'шние разошли'сь по угла'м,
и в до'ме водвори'лось глубо'кое, сосредото'ченное
молча'ние.
СОСТА'В
00
В соста'ве
COMPOSED OF; NUMBERING
Прези'диум в соста'ве пяти' челове'к.
СОСТА'ВИТЬ
00
Соста'вить $вы'годную/хоро'шую/ETC$ па'ртию R па'ртия
00
Соста'вить па'ртию =в ка'рты/в ша'хматы/в ша'шки/ETC=
R па'ртия
00
Соста'вить $ру'жья/винто'вки$ в ко'злы R ко'злы
СОСТОЯ'НИЕ
00
Быть в состоя'нии [INF]
TO BE IN A POSITION TO (DO SOMETHING); TO BE ABLE TO (DO
SOMETHING)
Он был в состоя'нии проста'ивать че'лые часы' на одно'м
ме'сте, не шевеля'сь и гляда' в одну' то'чку.
00
$Кру'глое/кру'гленькое$ состоя'ние R кру'глый
00
Состоя'ние ду'ха R дух
СОСТОЯ'ТЬ
00
Состоя'ть в зако'не R зако'н
00
Состоя'ть на уче.те R уче.т
СОСУ'Д
00
Сосу'д скуде'льный R скуде'льный

271

СОТВОРИ'ТЬ
00
Сотвори'ть себе' куми'р R куми'р
СО'УС
00
Ни под каки'м со'усом
NOT UNDER ANY CIRCUMSTANCES; BY NO MEANS
Дополни'тельного пла'на тебе' не бу'дет. Ни под каки'м
со'усом.
00
Под $ра'зными/вся'кими$ со'усами
IN VARIOUS GUISES; BY HOOK OR BY CROOK
На'ши выступле'ния бы'ли под ра'зными со'усами по'даны
чита'телю.
СОХРАНИ'ТЬ
00
Сохрани' $бог/бо'же/госпо'дь/го'споди$ R бог
СОХРА'ННОСТЬ
00
В це'лости и сохра'нности R це'лость
СО'ШКА
00
Ме'лкая со'шка R ме'лкий
СПАС
42
Спа'се!
СПАСЕ'НИЕ
00
Я'корь спасе'ния R я'корь
СПАСИ'БО
00
За (одно') спаси'бо [V]
TO (DO SOMETHING) FOR NOTHING/FREE OF CHARGE
Нере'дко случа'ется, что сосе'д сосе'ду помога'ет за
одно' спаси'бо.
СПАСТИ'
00
Спасти' положе'ние
TO SAVE THE SITUATION; TO COME IN HANDY
Кероси'новые ла'мпы и стеари'новые све'чи спаса'ют
положе'ние, когда' нет электри'ческого све'та.
СПАСТЬ
00
(Сло'вно/то'чно) пелена' (с глаз) спа'ла R пелена'
00
Спа'ла заве'са R заве'са
59
Спасть с $го'лоса<го'лосу$
TO LOSE ONE'S SINGING VOICE
Капчо'в вида'л э'того спа'вшего с го'лоса те'нора, он
дава'л тепе'рь уро'ки пе'ния в ра'зных шко'лах.
29
Спасть $с лица'/с те'ла<в те'ле$
TO LOSE WEIGHT
Забо'ты так одоле'ли толстяка', что он да'же в те'ле
спал.
СПАТЬ
00
Ла'вры [чьи] не даю'т спать R лавр
00
Спать $ве'чным/после'дним/моги'льным/ETC$ сном R сон
00
Спать и (во сне) ви'деть
TO LONG FOR (SOMETHING); TO DREAM ABOUT (SOMETHING)
Заключе.нный спал и во сне ви'дел жизнь, на'чатую
по-друго'му.
00
Спать как уби'тый R уби'тый
00
Спать мертве'цки R ме.ртвый
00
Спать $ме.ртвым сном/мертве'цки/мертве'цким сном$ R
ме.ртвый
00
Спать сном моги'лы R сон
00
Спать сном $пра'ведника/пра'ведных$ R сон
СПЕРЕ'ТЬ
59
$Дыха'ние/дух$ спе.рло

TO HOLD ONE'S BREATH; TO BE BREATHLESS; ONE'S HEART
SKIPPED A BEAT; (IT) TOOK HIS BREATH AWAY
00
Дыха'ние спе.рлось
TO BE OUT OF BREATH/BREATHLESS
От бы'строго бе'га дыха'ние спе.рлось у ма'льчика.
СПЕРЕ'ТЬСЯ
00
Дыха'ние спе.рлось R спере'ть
СПЕСЬ
00
$Сбить/сшиби'ть$ спесь [с кого'] R сбить
СПЕТЬ
00
$Пе'сенка/пе'сня$ спе'та [чья] R пе'сенка
СПЕХ
00
(Не) к спе'ху
THERE'S NO HURRY; (THE MATTER) IS NOT URGENT
-Не торопи'тесь, ведь де'ло не к спе'ху.
СПЕШИ'ТЬ
00
Не спеша'
SLOWLY; UNHURRIEDLY
Стари'к не спеша' чита'л письмо', по времена'м кача'я
голово'й.
00
Спеши'ть не'куда R не'куда
СПИНА'
00
$Выезжа'ть/е'здить$ на [чьей] спине'
TO EXPLOIT (SOMEONE)
00
Гнуть спи'ну в кольцо' R кольцо'
00
Гнуть спи'ну [перед кем] R гнуть
00
Гнуть спи'ну R гнуть
00
$Жить/сиде'ть/быть/ETC$ за $[чьей] спино'й/[чьим]
хребто'м$
TO BE DEPENDENT ON (SOMEONE); TO LIVE OFF (SOMEONE)
За спино'й предприи'мчивого переселе'нца жила' вся его'
родня'
00
За спино'й [кого'<чего'] =оста'ться/оста'вить/ETC=
TO BE LEFT BEHIND; (TO BE) IN THE PAST
00
За спино'й [у кого'+V]
BEHIND ONE'S BACK; SECRETLY
За спино'й у главаря' разбо'йников гото'вилась изме'на.
00
Клони'ть спи'ну R клони'ть
00
Лома'ть спи'ну R гнуть
00
Моро'з по спине' $подира'ет/дере.т/пробега'ет/ETC$ R
моро'з
00
Мура'шки $бе'гают/по'лзают/ETC$ по спине' R мура'шка
00
На со'бственной спине' =испыта'ть/почу'вствовать/ETC=
PERSONALLY; IN ONE'S OWN LIFE; ONESELF
Украи'нские же крестья'не ... испро'бовали на свое'й
спине' все у'жасы неме'цких грабеже'й ...
00
Не разгиба'я спины' =рабо'тать/труди'ться/ETC=
DILIGENTLY; WITHOUT SPARING ONESELF
Я не разгиба'л спины' над конто'рскими кни'гами.
00
Нож в спи'ну [кому']
A KNIFE IN (SOMEONE'S) BACK; A BETRAYAL
00
$Поверну'ть спи'ну/поверну'ться спино'й$ [к кому'<к
чему']
1. TO TURN AWAY FROM (SOMEONE); TO FORSAKE (SOMEONE) 2. TO
TURN ONE'S BACK ON (SOMEONE); TO IGNORE (SOMEONE)
-Они' ста'ли оты'грываться тогда', когда' сча'стье

272

СПИНА' CONT'D.
    поверну'лось к ним спино'й.
    00
    Показа'ть спи'ну R показа'ть
    00
    Пря'таться за [чью] спи'ну
    TO HIDE BEHIND (SOMEONE'S) BACK
    00
    Стоя'ть за спино'й [чьей<у кого'] R стоя'ть
СПИСА'ТЬ
    00
    Списа'ть в расхо'д R расхо'д
СПИ'ТЬСЯ
    00
    Спи'ться с кру'гу R круг
СПИХНУ'ТЬ
    29
    Спихну'ть [кому'] $на' руки/на ше'ю/на пле'чи
    TO UNLOAD (SOMEONE/SOMETHING) ONTO (SOMEBODY ELSE)
    Обобра'ли племя'нники те.тушку, а зате'м спихну'ли
    знако'мым на ше'ю.
    29
    Спихну'ть с $рук/ше'и/плеч$
    TO GET RID OF (SOMEONE/SOMETHING)
    Навяза'лось на меня' прокля'тое тя'жебное де'ло, да вот
    седьмо'й год и с ше'и не могу' спихну'ть.
СПИ'ЦА
    00
    $Пя'тая/после'дняя$ спи'ца в колесни'це
    A FIFTH WHEEL; A COG IN A MACHINE
    Зажи'вшиеся старики' ча'сто быва'ют после'дней спи'цей в
    колесни'це в свои'х се'мьях.
СПИ'ЧКА
    00
    Как спи'чка
    THIN AS A TOOTHPICK
    Ста'ршая де'вочка, лет девяти', высоко'нькая и
    то'ненькая, как спи'чка, ... стоя'ла в углу' по'дле
    ма'ленького бра'та.
СПЛЕСНУ'ТЬ
    00
    Сплесну'ть рука'ми R всплеснуть
СПЛОШЬ
    00
    Сплошь $и/да$ ря'дом
    VERY FREQUENTLY; ALMOST ALWAYS
    Апа'тии, ле'ни то'же нет: зачи'тываюсь ведь сплошь и
    ря'дом до четыре.х-пяти' часо'в утра'.
СПЛЫ'ТЬ
    00
    $Был да сплыл<была' да сплыла'<бы'ло да сплы'ло$
    (IT'S) GONE FOR GOOD/FOREVER
    О том, что бы'ло да сплы'ло, не сле'дует всю жизнь
    горева'ть.
СПОКО'Й
    00
    Ве'чный споко'й R поко'й
    00
    $Жить/быть/ETC$ на споко'е R поко'й
    00
    Не дава'ть споко'я [кому'] R поко'й
    29
    $Пора'/вре'мя$ идти' на споко'й
    IT'S TIME FOR BED; IT'S TIME TO GO TO SLEEP
    -Пора' идти' на споко'й! -позва'л оте'ц дете'й со двора'.
    00
    $Удали'ться/уйти'/ETC$ на споко'й R поко'й
СПОКО'ЙНЫЙ
    00
    Со споко'йной со'вестью R со'весть
    00
    Споко'йная со'весть
    A CLEAR CONSCIENCE
    00
    Споко'йной но'чи! R ночь
СПОКО'Н
    00
    Споко'н $ве'ку<веко'в$ R испоко'н

СПОР
    00
    Вне спо'ра
    OBVIOUS(LY); BEYOND DISPUTE; FOR SURE
    Вы, несомне'нно, челове'к тала'нтливый, Ва'ша
    спосо'бность к литерату'ре - вне спо'ра.
    00
    В пылу' спо'ра R пыл
    00
    На спор
    AS A WAGER; AS A BET
    Подро'стки на спор переплыва'ли реку'.
    00
    Спо'ру нет
    UNQUESTIONABLY; (THERE IS) NO DOUBT
    -Ты спосо'бна, спо'ру нет, но учи'ть уро'ки ну'жно,
    -сказа'ла мать до'чери.
СПОРТИ'ВНЫЙ
    00
    Из спорти'вного интере'са [V]
    FOR FUN; (JUST) TO PROVE (SOMETHING)
    Же'нщина стреля'ла по мише'ни из спорти'вного интере'са.
СПРАВЕДЛИ'ВОСТЬ
    00
    Отда'ть справедли'вость [кому'<чему'] R отда'ть
СПРА'ВИТЬСЯ
    00
    Не спра'вился с деньга'ми
    THERE WASN'T ENOUGH MONEY; (HE) COULD NOT MAKE IT [DUE TO
    A LACK OF MONEY]
    Он отложи'л поку'пку до'ма - не спра'вился с деньга'ми.
    00
    Спра'виться с собо'й
    TO REGAIN CONTROL OF ONESELF
    Чекмарев пошатну'лся. каза'лось, он вот-во'т гро'хнется
    на пол. Но он спра'вился с собо'й.
СПРА'ВКА
    00
    Навести' $спра'вку<спра'вки$ R навести'
СПРОС
    00
    Без $спро'са<спро'су$
    WITHOUT PERMISSION
    Как ты сме'ла, Да'шка, вы'дать на ку'хню ны'нешний день
    2 ку'рицы - и без моего' спро'су?
СПРЯ'ТАТЬСЯ
    00
    Спря'таться в кусты' R куст
СПУД
    00
    Из-под спу'да $извле'чь/вы'нуть/ETC$
    TO SET (SOMETHING) IN MOTION; TO APPLY ONE'S HIDDEN
    RESOURCES; TO BRING (SOMETHING) OUT OF HIDING
    Э'ту пье'су я ненави'жу ... Для меня' бы'ло бы
    и'стинным уда'ром, е'сли бы каки'е-нибудь си'лы извлекли'
    ее. из-под спу'да и заста'вили жить.
    00
    Под спу'дом =лежа'ть/держа'ть/остава'ться/ETC=
    TO REMAIN IN OBLIVION/INACTIVE/UNUSED
    Пла'ны разли'чных рома'нов и повесте'й лежа'ли пока' под
    спу'дом.
    00
    Под спуд $положи'ть/класть/ETC$
    TO BE UNUSED; TO LIE FALLOW
    Когда' госпо'дствует посре'дственность, тала'нт под спуд
    поло'жен.
СПУСК
    00
    Не $дава'ть/дать$ $спу'ска<спу'ску$ [кому']
    TO GIVE (SOMEONE) NO QUARTER; TO CONSTANTLY FIND FAULT WITH
    (SOMEONE); NOT TO LET UP ON (SOMEONE); TO BE CONSTANTLY AFTER
    (SOMEONE)
    Сын мой поря'дочный шалопа'й. Не дава'йте ему' спу'ску.
СПУСКА'ТЬ
    00
    Не спуска'ть $глаз/оче'й/взо'ра$ [с кого'<с чего']
    1. NOT TO TAKE ONE'S EYES OFF (SOMEONE/SOMETHING); 2. NOT
    TO LOSE SIGHT OF (SOMEONE/SOMETHING); TO KEEP AN EYE ON

(SOMEONE)
1. Он не спуска'л глаз с Лу'ши, кото'рая не'сколько
раз загора'лась горя'чим румя'нцем под э'тим при'стальным
взгля'дом. 2. -Хоро'ш [Васи'лий]! А пока' не
набере.тся о'пыта, глаз с него' спуска'ть нельзя'.
00
Не спуска'ть [кого'<что] с глаз
NOT TO LET (SOMEONE/SOMETHING) OUT OF ONE'S SIGHT
Грушни'цкий следи'л за не'ю, как хи'щный зверь, и не
спуска'л ее. с глаз.
СПУСТИ'ТЬ
00
Вверх $торма'шками/торма'шки$ =спусти'ть= R торма'шки
29
Спусти'ть $жир<жиры'$
TO TAKE OFF WEIGHT
00
Спусти'ть с рук R рука'
29
Спусти'ть шку'ру [с кого']
TO GIVE (SOMEONE) A THRASHING
Е'сли ста'нет пить, шку'ру с него' спущу'.
00
Спустя' рукава' [V]
TO (DO SOMETHING) CARELESSLY/ANY OLD WAY/IN A SLIPSHOD WAY
Укоря'л он меня' всю доро'гу за то, что мы ... ничего'
не де'лаем, рабо'таем спустя' рукава'.
СПУСТИ'ТЬСЯ
00
Спусти'ться с облако'в
TO FACE REALITY; TO COME DOWN TO EARTH
Она' спусти'лась с облако'в, случа'йно обнару'жив
притво'рство свое'й прия'тельницы.
СПУ'ТАТЬ
00
Спу'тать по рука'м и нога'м [кого']
TO TIE (SOMEONE) HAND AND FOOT; TO DEPRIVE (SOMEONE) OF HIS
FREEDOM OF ACTION
00
Спу'тать расче.ты
TO MISCALCULATE
00
Спу'тать [чьи] ка'рты R ка'рта
СПЯ'ТИТЬ
00
Спя'тить с ума' R ум
СРАВНЕ'НИЕ
00
$В сравне'нии<по сравне'нию$ [с кем<с чем]
IN COMPARISON WITH (SOMEONE/SOMETHING); COMPARED TO (SOMEONE/
SOMETHING)
-Мои' неприя'тности - э'то ка'пля по сравне'нию с мо'рем
твои'х.
00
Не иде.т $ни в како'е<в$ сравне'ние [с кем<с чем]
THERE'S NO COMPARISON WITH (SOMEONE/SOMETHING); (IT) CAN'T
BE COMPARED WITH
"Грамма'тика" Калайдо'вича не то'лько не мо'жет идти'
ни в како'е сравне'ние с грамма'тикою г. Восто'кова, но
да'же гора'здо ни'же грамма'тики г. Гре'ча.
00
Не поддава'ться никако'му сравне'нию
(IT'S) BEYOND COMPARE
00
Не поддава'ться никако'му сравне'нию R сравне'ние
00
Сравне'ния $нет/не мо'жет быть$ [с кем<с чем]
THERE'S NO COMPARISON WITH (SOMEONE/SOMETHING); THERE'S A
WORLD OF DIFFERENCE BETWEEN (SOME THINGS)
Сравне'ния не мо'жет э'того работоспосо'бного
сотру'дника с его' предше'ственником.
СРАВНИ'ТЕЛЬНО
00
Сравни'тельно [с кем<с чем]
AS COMPARED WITH (SOMEONE/SOMETHING)
-Паралле'льно со мной жи'ли и де'лали свою' карье'ру
лю'ди сравни'тельно со мной пусты'е, ничто'жные и да'же

дрянны'е.
СРАЖА'ТЬСЯ
00
Сража'ться с ветряны'ми ме'льницами R ме'льница
СРАЖЕ'НИЕ
00
В пылу' сраже'ния R пыл
00
По'ле сраже'ния R по'ле
00
Приня'ть сраже'ние R приня'ть
СРАМ
00
Ме.ртвые сра'му не и'мут R и'мут
СРЕ'БРЕНИК
00
За три'дцать сре'бреников $прода'ть/преда'ть$
TO BETRAY (SOMEONE) FOR A PRICE; TO SELL/BETRAY (SOMEONE) FOR
THIRTY PIECES OF SILVER
СРЕДА'
00
Пита'тельная среда' R пита'тельный
СРЕДИ'
00
Среди' бе'ла дня R бе'лый
СРЕ'ДНИЙ
00
В сре'днем
ON THE AVERAGE; AVERAGE
Неде'льный за'работок в сре'днем до'лжен покрыва'ть
гла'вные расхо'ды за ме'сяц.
00
Вы'ше сре'днего
ABOVE AVERAGE
Незнако'мец был не высо'кого, а вы'ше сре'днего ро'ста.
00
Не'что сре'днее
SOMETHING IN-BETWEEN
... э'то бы'ло не'что сре'днее ме'жду речитати'вом и
ме'дленною импровиза'циео.
00
Ни'же сре'днего
BELOW AVERAGE
Урожа'й пшени'цы был ни'же сре'днего.
00
Сре'дних лет
MIDDLE-AGED
Но'вый учи'тель был сре'дних лет с моложа'вым лицо'м и
ле.гкой седино'й на виска'х.
СРЕДЬ
00
Средь бе'ла дня R бе'лый
СРОВНЯ'ТЬ
00
Сровня'ть с земле.й
TO LEVEL WITH THE GROUND
Значи'тельная часть го'рода была' сро'внена с земле.й
бомбардиро'вкой с самоле.тов.
СРОК
00
$Дай<да'йте$ срок
BE PATIENT; WAIT A WHILE; GIVE IT TIME!
-Уже' мо'жно ката'ться на конька'х на о'зере? -Да'йте
срок! Ле.д еще. то'нок.
00
На срок
FOR A TIME; FOR A CERTAIN TIME PERIOD
Кни'ги в библиоте'ках на срок даю'тся.
00
Ни о'тдыху, ни сро'ку не дава'ть [кому'] R о'тдых
СРЫВА'ТЬ
11
Срыва'ть цветы' удово'льствия
TO INDULGE IN THE PLEASURES OF LIFE; TO BE A BON VIVANT
СТА'ВИТЬ
00
Ни в грош не ста'вить [кого'<что] R грош
00
Ни во что не ста'вить [кого'] R что(1)

СТА'ВИТЬ CONT'D.
    00
    Ста'вить в изве'стность [кого']
    TO INFORM (SOMEONE); TO NOTIFY (SOMEONE)
    О поги'бших на войне' прави'тельство ста'вит в изве'стность их родны'х.
    00
    Ста'вить вопро'с ребро'м R ребро'
    00
    Ста'вить в пень R пень
    00
    Ста'вить вся'кое лы'ко в стро'ку R лы'ко
    00
    Ста'вить в тупи'к R тупи'к
    00
    Ста'вить в у'гол R у'гол
    00
    Ста'вить в уко'р [кому'+что] R уко'р
    00
    Ста'вить в упре.к [кому'+что] R упре.к
    00
    Ста'вить знак ра'венства [между кем<между чем]
    TO EQUATE (CERTAIN PEOPLE/CERTAIN THINGS)
    Я зна'ю, что между Влади'миром Ле'ниным и да'же крупне'йшими людьми' его' па'ртии невозмо'жно поста'вить знак ра'венства ...
    00
    Ста'вить к сте'нке [кого'] R сте'нка
    00
    Ста'вить на вид [кому'] R вид
    00
    Ста'вить на ка'рту [что] R ка'рта
    00
    Ста'вить на одну' до'ску [с кем] R оди'н
    00
    Ста'вить на (свое.) ме'сто [кого']
    TO PUT (SOMEONE) IN HIS PLACE
    Молодоже.ны ста'вят на свое. ме'сто роди'телей, не допуска'я их вмеша'тельства в свою' семе'йную жизнь.
    00
    Ста'вить на [чье.] ме'сто
    TO PUT ONESELF IN (SOMEONE ELSE'S) SHOES
    Пре'жде чем суди'ть своего' бли'жнего, ставь себя' на его' ме'сто.
    00
    Ста'вить па'лки $в<подь коле.са [кому'<кого'] R па'лка
    00
    Ста'вить перед (соверши'вшимся) фа'ктом [кого'] R факт
    00
    Ста'вить под вопро'с [что] R вопро'с
    00
    Ста'вить под уда'р [кого'<что] R уда'р
    00
    Ста'вить реко'рд
    TO SET A RECORD
    Кита'йцы ста'вят реко'рд в пинг-понг.
    00
    Ста'вить самова'р
    TO START THE SAMOVAR
    Одна' дочь ста'вила самова'р на крыльце', а друга'я накрыва'ла стол для чаепи'тия.
    00
    Ста'вить то'чку ([на ком<на че.м]) R то'чка
    00
    Ста'вить $то'чку<то'чки$ $над/на$ "И" R то'чка
    00
    Ста'вить [что] во главу' угла' R глава'
СТА'ВКА
    00
    Бить ста'вку R бить
    00
    О'чная ста'вкэ R о'чный
СТА'ДО
    29
    Отби'ться от (своего') ста'да
    TO LOSE TOUCH WITH ONE'S OWN PEOPLE/TIME
    Э'то не любо'вь, е'жели от своего' ста'да де'вка отбива'ется. Э'то безу'мство!

    00
    Ста'до бара'нов R бара'н
СТАКА'Н
    00
    Бу'ря в стака'не воды' R бу'ря
СТАКА'НЧИК
    00
    Приде'рживаться $рю'мочки/стака'нчика$ R приде'рживаться
СТАНОВИ'ТЬСЯ
    00
    Во'лосы ды'бом стано'вятся R ды'бом
    00
    Станови'ться на по'чву [чего'] R по'чва
СТАНОВО'Й
    00
    $Станово'й хребе'т/станова'я жи'ла$
    1. THE BACKBONE; THE SPINAL COLUMN 2. THE MAINSTAY; THE BASIC THING
    1. [фе'льдшер] так хвати'л его' по станово'й жи'ле, что ... у Македо'на Елистра'тыча и'скры из глаз посы'пались. 2 -База'рный дохо'д - станова'я жи'ла колхо'за ...
СТАРА'ТЬСЯ
    00
    $Рад<ра'ды$ стара'ться! R рад
СТАРИ'К
    00
    Глубо'кий стари'к R глубо'кий
СТАРИНА'
    00
    По старине'
    IN THE OLD/TRADITIONAL WAY
    По старине' живе.м: от по'здней обе'дни все к пирогу' да ко щам, а пото'м, по'сле хле'ба-со'ли, семь часо'в о'тдых.
    00
    Седа'я старина' R седо'й
    00
    Тряхну'ть старино'й
    TO (DO SOMETHING) IN THE TRADITIONAL WAY/THE OLD-FASHIONED WAY
    Сам Корж не утерпе'л, гля'дя' на молоды'х, что'бы не тряхну'ть старино'й.
СТАРИ'НКА
    00
    По стари'нке
    IN THE OLD/TRADITIONAL WAY
    1. -Ду'нька, а вожжа'ми?- по стари'нке пригрози'л Аверья'н. 2. -Два то'каря стоя'т ря'дом, оди'н обраба'тывает дета'ль скоростны'м ме'тодом, друго'й - по стари'нке.
СТА'РОСТЬ
    00
    На ста'рости лет R лета'
СТАРУ'ХА
    00
    Глубо'кая стару'ха R глубо'кий
СТА'РЫЙ
    00
    $И ста'рый и ма'лый<и стар и мал/и стар и млад$
    YOUNG AND OLD
    И стар и млад лю'бят я'рмарки.
    00
    По ста'рой па'мяти R па'мять
    00
    Ста'рая де'ва R де'ва
    00
    $Ста'рая<стара'$ пе'сня R пе'сня
    00
    Ста'рый холостя'к R холостя'к
    00
    Ста'рый хрен R хрен
    00
    $Стре'ляный/ста'рый$ воробе'й R стре'ляный
    00
    $Челове'к<лю'ди$ ста'рого зака'ла
    OLD-FASHIONED MAN/PEOPLE; A MAN OF THE OLD SCHOOL; A TRADITIONALIST

СТА'РЫЙ CONT'D.
Э'то был челове'к ста'рого зака'ла, не разделя'вший
нове'йших воззре'ний.

СТА'ТОЧНЫЙ
29
Ста'точное ли де'ло?
CAN IT BE?; HOW COULD THAT BE?!
-А вы у ней [ба'рыни] в гостя'х бы'ли? -спроси'л Ва'дя.
-Ста'точное ли де'ло-с? -сказа'л Арсе'нич -Я, су'дарь,
холо'п просто'й.

СТА'ТУЯ
00
Как ста'туя =стоя'ть/сиде'ть=
TO STAND/SIT STOCK-STILL/MOTIONLESS/LIKE A STATUE
Лаке'й, как ста'туя, стоя'л у две'ри, ожида'я
приказа'ний.

СТАТЬ
00
Во'лосы ды'бом ста'ли R ды'бом
00
Во что бы то ни ста'ло
NO MATTER WHAT; AT ALL COSTS
Во что' бы то' ни ста'ло на'до добра'ться до жилья' во
вре'мя мете'ли.
00
В подме.тки не ста'нет [кто+кому] R подме.тка
00
Де'ло не ста'нет [за кем<за чем] R де'ло
00
Де'ло ста'ло [за кем<за чем] R де'ло
00
За $ма'лым/небольши'м/немно'гим$ де'ло ста'ло R де'ло
00
Мо'ченьки не ста'ло R мо'ченька
00
Мо'чи не ста'ло R мочь
00
$На кого'<на что$ похо'ж (стал) R похо'жий
00
Не привыка'ть (стать) [кому'] R привыка'ть
00
Ни стать, ни сесть не уме'ет [кто]
(SOMEONE) DOESN'T KNOW HOW TO BEHAVE
Не беда', что крестья'нин ни стать, ни сесть не уме'ет,
зато' он уме.н.
00
Под стать [кому'<чему']
CORRESPONDING TO (SOMEONE/SOMETHING)
Настрое'ние мои'х мы'слей приходи'лось как раз под стать
споко'йной приро'де того' кра'я.
00
Под стать [чему']
LIKE (SOMETHING); SIMILAR TO (SOMETHING)
Испыта'ло нас вре'мя свинцо'м и огне.м. Ста'ли не'рвы
желе'зу под стать.
00
С како'й ста'ти?
FOR WHAT REASON?
-С како'й ста'ти смени'л ты языкове'дение на
лесово'дство? -Лес - моя' пе'рвая любо'вь.
00
Ста'ло быть
IT MEANS; IT FOLLOWS; APPARENTLY
Вот я от вас письмецо' сейча'с получи'л, все. слеза'ми
зака'панное. Ста'ло быть, вам не хо'чется е'хать.
29
Ста'нет [с кого'<от кого']
YOU CAN EXPECT ANYTHING FROM (SOMEONE); (SOMEONE) IS CAPABLE
OF ANYTHING
-Да где ж он меня' ви'дел? ... -Бог его' зна'ет!
Мо'жет быть в ва'шей ко'мнате, во вре'мя ва'шего сна: от
него' ста'нет.
00
Стать ба'сней R ба'сня
00
Стать в $копе'ечку/копе'йку$ R копе'ечка
00
Стать во главе' [чего']

TO PLACE ONESELF AT THE HEAD OF (SOMETHING); TO ASSUME
LEADERSHIP OF (SOMETHING)
00
Стать во $фронт/фрунт$ R фронт
00
Стать в пень R пень
00
Стать в по'зу [кого'] R по'за
00
Стать в строй R строй
00
Стать в тупи'к R тупи'к
00
Стать гру'дью R грудь
00
Стать между [кем]
TO COME BETWEEN (TWO PEOPLE)
Гость из го'рода стал между друзья'ми: они' ре'же
встреча'лись.
00
Стать $на доро'ге [чьей]<попере.к доро'ги [кому']/на
пути' [чье.м]<попере.к пути' [кому']$ R доро'га
00
Стать на $дру'жескую/коро'ткую$ но'гу [с кем] R нога'
00
Стать на кварти'ру [к кому'] R встать
00
Стать на ле.д
TO GO SKATING
Пруд заме.рз, и детвора' ста'ла на ле.д.
00
Стать на лы'жи
TO GO SKIING
Наста'л сезо'н стать на лы'жи.
00
Стать на' ноги R нога'
00
Стать на одну' до'ску [с кем] R оди'н
00
Стать на о'чередь R о'чередь
00
Стать на путь [чего'<како'й] R встать
00
Стать на ре'льсы [чего'] R рельс
00
Стать на уче.т R уче.т
00
Стать под $зна'мя<знаме.на$ [кого'<чего'<чье.] R зна'мя
00
Стать попере.к го'рла [кому'] R го'рло
00
Стать ска'зкой [чего'] R ска'зка
00
Стать стено'й R стена'
00
Стать у вла'сти
TO COME TO POWER; TO ASSUME POWER
Рабо'чий класс и крестья'нство Росси'и ста'ли у вла'сти
по'сле Октя'брьской револю'ции.

СТА'ТЬСЯ
00
Должно' ста'ться R до'лжен
00
Мо'жет ста'ться
PERHAPS; POSSIBLY
Там не стиха'ет все. еще. пальба'. Там, мо'жет
ста'ться, ги'бнет мой това'рищ.
00
Ста'нется [с кем<с кого'<от кого']
YOU CAN EXPECT ANYTHING FROM (SOMEONE); (SOMEONE) IS CAPABLE
OF ANYTHING
От тебя' ста'нется, что ты для госте'й-то оде'нешься не
лу'чше го'рничной де'вки.

СТАТЬЯ'
00
Осо'бь статья' R осо'бь
29
$По всем статья'м<во всех статья'х$

СТАТЬЯ' CONT'D.
    IN EVERYTHING; IN ALL RESPECTS
    Колхо'зник он по всем статья'м приме'тный.
СТЕ.КЛЫШКО
    00
    Как сте.клышко
    1. VERY CLEAN; SPIC-AND-SPAN 2. COMPLETELY SOBER
    Сюда' [к ручью'] бойцы' бе'гали ве'чером мыть сапоги',
    чтоб к у'тренней пове'рке сапоги' бы'ли "как сте.клышко".
СТЕКЛЯ'ННЫЙ
    00
    Держа'ть под стекля'нным колпако'м R колпа'к
СТЕ'ЛЬКА
    29
    $Как сте'лька<в сте'льку$ $пьян/напи'лся/ETC$
    DRUNK AS A COBBLER; DRUNK AS A LORD
    Не'которые го'сти на сва'дьбе бы'ли как сте'лька пьяны'.
СТЕНА'
    00
    $Встать/стать$ стено'й
    TO ACT/STAND AS ONE
    На защи'ту обвиня'емого стено'й вста'ли его' друзья',
    приведя' неопровержи'мые доказа'тельства его'
    невино'вности.
    00
    В четыре.х стена'х $сиде'ть/жить/ETC$
    1. NOT TO LEAVE THE HOUSE 2. TO BE A STAY-AT-HOME; NOT TO
    ASSOCIATE WITH ANYONE
    1. ... На у'лице пра'здник, у вся'кого в до'ме
    пра'здник, а ты сиди' в четыре.х стена'х! 2. [Че'хов]
    всегда' говори'л, что писа'телю нельзя' сиде'ть в
    четыре.х стена'х и вытя'гивать из себя' свои'
    произведе'ния.
    00
    Го'лые сте'ны R го'лый
    00
    (И) у стен есть у'ши R у'хо
    00
    Как за ка'менной стено'й =быть/находи'ться/ETC=
    TO BE WELL PROTECTED; TO BE VERY SECURE
    Неожи'данно осироте'вшие де'ти бы'ли как за ка'менной
    стено'й у своего' де'да.
    00
    Как на ка'менную сте'ну $положи'ться/наде'яться/ETC$
    R гора'
    00
    Как $об сте'ну<о'б стену<в сте'ну<от стены'$ горо'х R
    горо'х
    00
    Кита'йская стена' R кита'йский
    00
    Лезть на' стену R лезть
    00
    Прижа'ть к стене' [кого'] R прижа'ть
    00
    Припере'ть к стене' [кого'] R прижа'ть
    00
    $Стена' в сте'ну<стена' об сте'ну/сте'нка в сте'нку/
    сте'нка об сте'нку$
    1. SIDE BY SIDE 2. NEXT DOOR; IN NEIGHBORING ROOMS;
    ADJACENT
    1. Ря'дом с монастыре.м, стена' в сте'ну, стоя'л дом с
    гости'ницей. 2. -Со'фья Семе.новна живе.т со мной
    стена' об сте'ну.
    00
    Стена' на' стену R сте'нка
СТЕ'НКА
    00
    Как $об сте'нку<в сте'нку<от сте'нки$ горо'х R горо'х
    00
    Лезть на сте'нку R лезть
    00
    Прижа'ть к сте'нке [кого'] R прижа'ть
    00
    Припере'ть к сте'нке [кого'] R прижа'ть
    29
    Ста'вить к сте'нке [кого']
    TO SHOOT (SOMEONE); TO PUT (SOMEONE) AGAINST THE WALL

Осужде.нных вое'нным трибуна'лом не броса'ли в тю'рьмы,
а ста'вили к сте'нке.
    00
    Сте'нка $в<об$ сте'нку R стена'
    00
    $Сте'нка на сте'нку/стена' на' стену$
    SHOULDER TO SHOULDER [TO STAND WITH SOMEONE IN A FIGHT
    AGAINST SOMEBODY ELSE]
    -Там, где тепе'рь трактора', станови'лись мы стена' на'
    стену, - расска'зывал дед, уча'стник кула'чных бое.в.
СТЕ'ПЕНЬ
    00
    В вы'сшей сте'пени
    TO THE HIGHEST DEGREE; COMPLETELY
    1. Он чу'вствовал себя' в вы'сшей сте'пени несча'стным
    челове'ком. 2. Наплева'ть мне, това'рищи, в вы'сшей
    сте'пени на де'ньги, на сла'ву и на про'чую муру'!
    00
    $До<в$ изве'стной сте'пени
    TO SOME DEGREE; TO A CERTAIN EXTENT
    00
    До тако'й сте'пени R тако'й
    00
    Ни в $како'й/мале'йшей$ сте'пени
    NOT AT ALL; COMPLETELY (NOT)
    Карти'на, ку'пленная на аукцио'не, ни в како'й сте'пени
    не рожда'ла сомне'ния в свое'й по'длинности.
    00
    Сте'пень родства'
    THE DEGREE/LEVEL OF KINSHIP
    Я про'жил здесь уже' два ме'сяца с ли'шком, зна'ю всех
    хозя'ев, все исто'рии, свя'зи, сте'пени родства'.
СТЕРЕ'ТЬ
    00
    Стере'ть в порошо'к [кого'] R порошо'к
    00
    Стере'ть (о'стрые) углы' R у'гол
    00
    Стере'ть рог [кому'] R рог
    00
    $Стере'ть/смести'$ с лица' земли'
    TO WIPE FROM THE FACE OF THE EARTH
    Я истреблю' э'того волоки'ту! ... Я сотру' его' с лица'
    земли'.
СТЕЧЕ'НИЕ
    00
    Стече'ние обстоя'тельств R обстоя'тельство
СТИЛЬ
    00
    $В сти'ле [кого'<чего']<в [како'м] сти'ле$
    IN THE STYLE OF (SOMEONE; IN A (CERTAIN) STYLE
    Э'то бы'ло о'чень изя'щное и ми'ленькое созда'ние,
    почти' краса'вица, в сти'ле неме'цкой Гре'тхен.
СТИ'СНУТЬ
    00
    Сти'снув зу'бы
    WITH CLENCHED TEETH
    Возму'сь за де'ло, сти'снув зу'бы, да и велю' себе'
    молча'ть.
    00
    Сти'снуть в объя'тиях
    TO SQUEEZE IN AN EMBRACE
СТО
    00
    На (все) сто проце'нтов R проце'нт
СТОГ
    00
    Как иго'лка в стогу' се'на =исче'знуть/затеря'ться= R
    иго'лка
СТОЕРО'СОВЫЙ
    00
    $Дуби'на стоеро'совая/дура'к стоеро'совый/болва'н
    стоеро'совый$
    A COMPLETE FOOL; A BLOCKHEAD
    1. -Дуби'на стоеро'совая! -сказа'л он, су'зив стро'гие
    глаза'. -Понима'ешь, что натвори'л? 2. -Дураки'
    стоеро'совые! Силачи'! Ума' не хвати'ло, чтоб
    догада'ться.

277

СТО'ИТЬ
00
Вы'еденного яйца' не сто'ит R вы'есть
00
Гроша' $ме'дного/ло'маного$ не сто'ит R грош
00
Де'нег сто'ит [кто<что]
(IT) COSTS MONEY; YOU HAVE TO PAY FOR (IT)
1. Поку'пка сто'ит де'нег. 2. -Все. сто'ит де'нег!
... Да'ром не роди'шься, не умре'шь.
00
Де.шево сто'ить R де.шево
00
Игра' не сто'ит свеч R игра'
00
Не сто'ить [чьего'] мизи'нца R мизи'нец
00
Ничего' не сто'ит [INF]
IT IS EASY TO (DO SOMETHING); IT REQUIRES NO EFFORT TO (DO
SOMETHING); IT IS A CINCH TO (DO SOMETHING)
-В таку'ю те.мную ночь ничего' не сто'ит скры'ться от
проти'вника.
00
Овчи'нка вы'делки не сто'ит R овчи'нка
00
Плевка' не сто'ит [кто<что] R плево'к
00
Себе' доро'же сто'ит R до'рого
00
(Сто'ит) то'лько ...R мигну'ть
00
Чего' сто'ит
WHAT/WHAT A ...! DOES (HE) HAVE ...(PRIDE/PREJUDICE/ETC.)!
IS (HE) ... (PROUD/PREJUDICED/ETC.)!
-Да ра'зве с ним сговори'шь! Го'рдость-то его' одна'
чего' сто'ит.
СТОЛ
00
За кру'глым столо'м =встре'ча/совеща'ние/ETC= R
кру'глый
00
Ка'рты на стол R ка'рта
00
Накры'ть (на) стол R накры'ть
00
На столе' (лежа'ть)
TO BE LAID OUT [ABOUT A DECEASED PERSON]
СТОЛБ
00
Геркуле'совы столбы' R геркуле'сов
00
Дойти' до геркуле'совых столбо'в R геркуле'сов
00
Дым столбо'м R дым
00
Пригвозди'ть к позо'рному столбу' [кого] R позо'рный
00
Стоя'ть $столбо'м<как столб$
TO STAND MOTIONLESS WITH AN EXPRESSIONLESS FACE; TO STAND
PETRIFIED
-Ну, иди' ... Чего' же ты ста'ла, как столб.
СТОЛБЕ'Ц
00
На столбца'х $газе'т/журна'лов/ETC$
IN PRINT; IN THE PAGES OF NEWSPAPERS
Трево'жные сигна'лы войны' появи'лись на столбца'х
газе'т.
СТОЛБОВО'Й
00
Столбова'я доро'га
1. A HIGHWAY; A TRUNKLINE 2. THE MAIN LINE OF DEVELOPMENT
СТОЛКНУ'ТЬСЯ
00
Столкну'ться на у'зкой $доро'ге/доро'жке$ R у'зкий
СТОЛП
00
Геркуле'совы столпы' R геркуле'сов
00
Дойти' до геркуле'совых столпо'в R геркуле'сов

СТОЛПОТВОРЕ'НИЕ
00
Вавило'нское столпотворе'ние
THE TOWER OF BABEL; BABEL [ABOUT A NOISY CONFUSION,
CONVERSATION]
-Что' э'то тако'е: где я был? то'чно сумасше'дший дом.
.. Столпотворе'ние како'е-то вавило'нское!
СТО'ЛЬКО
00
Не сто'лько ..., ско'лько ... R ско'лько
00
Сто'лько воды' утекло' R вода'
00
Сто'лько ..., ско'лько и ... R ско'лько
СТОН
00
Стон $стои'т/иде.т$
1. THERE IS CRYING AND GNASHING OF TEETH; THERE IS CRYING
AND MOANING TO BE HEARD EVERYWHERE 2. THERE IS A
CONTINOUS NOISE
По крестья'нским посе.лкам стон стоя'л неумо'лчный:
бе'лые ча'сти вели' себя' победи'телями, чини'ли
распра'вы, издева'лись, мсти'ли.
СТОП
00
Стоп маши'на
TO STOP; TO COME TO A HALT
-Ты чего'-то мне.шься. Тако'й говорли'вый был, а
сейча'с стоп маши'на.
СТОПА'
00
$Напра'вить/обрати'ть$ стопы' R напра'вить
00
По стопа'м [кого'] =пойти'/напра'виться/ETC=
00
Припада'ть к стопа'м [чьим] R припада'ть
СТОРОНА'
00
Быть на стороне' [чьей]
1. TO BE ON THE SIDE OF (SOMEONE) [ABOUT RIGHTS, PROPERTY,
ETC.] 2. TO SIDE WITH (SOMEONE); TO BE FOR (SOMEONE)
00
Быть на стороне' [чьей]
TO SIDE WITH (SOMEONE); TO SUPPORT (SOMEONE); TO BE IN
(SOMEONE'S) CORNER
В Чите' гарнизо'н на стороне' рабо'чих.
00
Встать на [чью] сто'рону
TO SIDE WITH (SOMEONE); TO SUPPORT (SOMEONE); TO COME TO
(SOMEONE'S) SUPPORT
Ма'ло кто встал на сто'рону оккупа'нтов.
00
В стороне' [от кого']
ON (SOMEONE'S) SIDE; TO BE IN (SOMEONE'S) FAVOR
00
В сто'рону
1. TO DENY ONE'S RESPONSIBILITY; TO DENY ONE'S
INVOLVEMENT IN (SOMETHING) 2. IT'S BESIDE THE POINT; THAT'S
NOT THE POINT
1. -А как ста'ли де'ло-то разбира'ть, он-то в
сто'рону, а меня' и потяну'ли. 2. -Жи'знию без че'ли
Не до'лжно рискова'ть. ... Но э'то в сто'рону - ведь я
об ва'жном с ва'ми Хоте'л поговори'ть.
00
В сто'рону =сказа'ть/произнести'=
TO SAY (SOMETHING) OUT THE CORNER OF ONE'S MOUTH; TO MAKE
AN ASIDE
До'ктор сказа'л что'-то в сто'рону, и все поки'нули
ко'мнату, в кото'рой лежа'л внеза'пно заболе'вший гость.
00
В сто'рону [чего']
IN THE DIRECTION OF...; TOWARDS
Положе'ние больно'го измени'лось в сто'рону улучше'ния.
00
Держа'ть сто'рону [чью] R держа'ть
00
$Идти'/отправля'ться/убира'ться/ETC$ на все четы're
сто'роны

278

СТОРОНА' CONT'D.
    TO GO/DEPART WHEREVER ONE WANTS; (YOU) CAN GO TO THE DEVIL
    —Иди', сдай ору'жие начхо'зу, ... и мо'жешь убира'ться
    на все четы'ре сто'роны.
    00
    $Мое./твое./ETC$ де'ло сторона' R де'ло
    00
    На' сторону =сбыть/прода'ть/ETC=
    TO SELL ON THE SLY; TO SELL ON THE BLACK MARKET; TO SELL
    UNDER THE COUNTER
    00
    $Оборо'тная/друга'я$ сторона' меда'ли R меда'ль
    00
    Оборо'тная сторона' R оборо'тный
    00
    $Приня'ть/держа'ть/брать/взять/ETC$ сто'рону [чью]
    TO TAKE (SOMEONE'S) SIDE; TO SIDE WITH (SOMEONE)
    00
    Си'льная сторона' [кого'<чего'] R си'льный
    00
    Сла'бая сторона' [кого'<чего'] R сла'бый
    00
    $Смотре'ть/гляде'ть/ETC$ по сторона'м
    TO LOOK AROUND
    Смотря' по сторона'м, незнако'мец уви'дел поджида'вший
    его' автомоби'ль.
    00
    С одно'й ... ..., с друго'й стороны' ...
    ON THE ONE HAND, ... AND ON THE OTHER HAND
    Э'то и есть сове'тская педаго'гика, осно'ванная, с
    одно'й стороны', на безграни'чном дове'рии к челове'ку, а
    с друго'й стороны', на бесконе'чном к нему' тре'бовании.
    00
    $Со стороны' [чего']<с [како'й] стороны'$
    FROM A (CERTAIN) POINT OF VIEW
    Ва'ша пье'са тре'бует переде'лок с двух сторо'н: со
    стороны' цензу'рной и со стороны' худо'жественной.
    00
    Со стороны' [чьей]
    1. ON (SOMEONE'S) PART 2. IN A LINE OF DESCENT; ON (ONE'S
    FATHER'S) SIDE
    1. —Э'то о'чень великоду'шно с твое'й стороны'! 2.
    Дя'дя со стороны' отца'.
    00
    Тенева'я сторона' [чего'] R тенево'й
    00
    Тяну'ть [чью] сто'рону R тяну'ть
    00
    Шу'тки в сто'рону R шу'тка
СТОЯ'ТЬ
    00
    $В глаза'х<пе'ред глаза'ми$ стоя'ть R глаз
    00
    Коло'м стоя'ть R кол
    00
    Ле'сенкой стоя'ть R ле'сенка
    00
    На че.м свет стои'т =руга'ть/брани'ть/ETC= R
    свет(2)
    00
    Стон стои'т R стон
    00
    Стоя'ть бли'зко [к кому'<о'коло кого']
    TO BE CLOSE TO (SOMEONE); TO HAVE CLOSE TIES WITH (SOMEONE);
    TO BE IN (SOMEONE'S) INNER CIRCLE
    1. Невозмо'жный челове'к! Благосве'тлов ..., а
    все.-таки я зави'дую, что вы бли'зко о'коло него' стои'те
    ... 2. [Сте.па] старла'ется что'-нибудь испо'ртить тем
    лю'дям, кото'рые к нача'льству стоя'т бли'же.
    00
    Стоя'ть $в<на$ карау'ле R карау'л
    00
    Стоя'ть во главе' [кого'<чего']
    TO STAND AT THE HEAD OF; TO HEAD
    1. Стоя'ть во главе' коло'нны. 2. Стоя'ть во главе'
    прави'тельства.
    00
    Стоя'ть в одно'й шере'нге [с кем] R шере'нга

    00
    Стоя'ть в оппози'ции [к кому'<к чему'] R оппози'ция
    00
    Стоя'ть в тени' R тень
    00
    Стоя'ть вы'ше [кого']
    TO BE ABOVE (SOMEONE) IN (SOMETHING); TO BE SUPERIOR TO
    (SOMEONE); TO SURPASS (SOMEONE)
    Молодо'й инжене'р вско'ре уви'дел, что те'хник с
    многоле'тним о'пытом стои'т вы'ше его'.
    00
    Стоя'ть вы'ше [чего']
    TO BE ABOVE (SOMETHING)
    00
    Стоя'ть [где] тве.рдой ного'й R тве.рдый
    00
    (Стоя'ть) горо'й [за кого'<за что] R гора'
    00
    Стоя'ть гру'дью R грудь
    00
    Стоя'ть $[за кем]/за спино'й [чьей<у кого']$
    1. (SOMETHING) IS BEHIND (ME); (SOMETHING) IS IN (SOMEONE'S)
    PAST/BACKGROUND 2. TO OPERATE IN THE BACKGROUND; TO
    OPERATE AS A GRAY EMINENCE; TO WIELD POWER THROUGH
    ANOTHER PERSON
    1. —Смо'лоду сли'шком зарабо'тался, не до жи'зни
    бы'ло, а когда' жить захоте'лось — огляну'лся, то за
    мое'й спино'й уж пятьдеся'т лет стоя'ло. 2. —За
    ста'ростью стои'т грома'дный о'пыт. 3. —А — не
    ка'жется вам, что э'тот поп [Гапо'н] и его' прокля'тая
    зате'я — отве'т че'ркви вам, атеи'стам ... Что за попо'м
    стои'т епи'скопы?
    00
    Стоя'ть и'долом R и'дол
    00
    Стоя'ть $истука'ном<как истука'н$ R истука'н
    00
    Стоя'ть коло'м в го'рле R кол
    00
    Стоя'ть ко'стью в го'рле R кость
    00
    Стоя'ть навы'тяжку R навы'тяжку
    00
    Стоя'ть $на доро'ге [чьей]<попере.к доро'ги [кому']/на
    пути' [чье.м]<попере.к пути' [кому']$ R доро'га
    00
    Стоя'ть над $[чьей] душо'й<[кем]$
    TO HARASS/PLAGUE/WORRY (SOMEONE); TO LOOK OVER (SOMEONE'S)
    SHOULDER; TO BUG (SOMEONE) [WITH QUESTIONS,ETC.]
    Он был дово'лен усло'виями рабо'ты: никто' не стоя'л над
    его' душо'й.
    00
    Стоя'ть над [чьей] душо'й R душа'
    00
    Стоя'ть на за'дних ла'пках [перед кем] R ла'пка
    00
    Стоя'ть на ка'рте R ка'рта
    00
    $Стоя'ть на ка'рте/стоя'ть на кону'/быть на кону'$
    TO BE AT STAKE
    Удержа'лись ли на'ши Там на Сре'днем Дону'? Э'тот
    ме'сяц был стра'шен, бы'ло все. на кону'.
    00
    Стоя'ть на ло'жном пути' R ло'жный
    00
    Стоя'ть на ме'сте R ме'сто
    00
    Стоя'ть на нату'ре R нату'ра
    00
    Стоя'ть на нога'х $кре'пко/про'чно/ETC$ R нога'
    00
    Стоя'ть на о'череди R о'чередь
    00
    Стоя'ть на платфо'рме [чего'] R платфо'рма
    00
    Стоя'ть на $плохо'й доро'ге/дурно'й доро'ге/плохо'м
    пути'/дурно'м пути'/ETC$
    TO GO WRONG; TO BE A SHADY CHARACTER

СТОЯ'ТЬ CONT'D.

Хозя'йка случа'йно откры'ла, что но'вый квартира'нт
стоя'л на дурно'м пути', продава'я контраба'ндный това'р.

00

Стоя'ть на по'чве [чего'] R по'чва

00

Стоя'ть на ра'вной ноге' [с кем] R нога'

00

Стоя'ть на $реа'льной/тве.рдой$ по'чве
TO STAND ON FIRM GROUND; TO HAVE A FIRM FOOTING
Для достиже'ния це'ли на'до стоя'ть на реа'льной по'чве.

00

Стоя'ть на (свое.м) посту' R пост

00

Стоя'ть на $свои'х/со'бственных$ нога'х R нога'

00

Стоя'ть на стра'же [чего'] R стра'жа

00

Стоя'ть на $хоро'шей доро'ге/хоро'шем пути'/пра'вильной
доро'ге/пра'вильном пути'$
TO BE ON THE RIGHT ROAD

00

Стоя'ть $обе'дню/зау'треню/ETC$
TO GO TO MASS; TO GO TO CHURCH
Старики' стоя'ли зау'треню; молоды'е жда'ли их к
за'втраку, реши'в стоя'ть вече'рню.

00

$(Стоять) одно'й ного'й$одна' нога'$ в $моги'ле/гробу'$
R нога'

00

Стоя'ть под ружье.м R ружье.

00

Стоя'ть попере.к го'рла R го'рло

00

Стоя'ть ра'ком R рак

00

Стоя'ть $столбо'м$как столб$ R столб

00

Стоя'ть у вла'сти
TO BE IN POWER
Фаши'сты недо'лго стоя'ли у вла'сти в Ита'лии и
Герма'нии.

00

Стоя'ть у $воро'т/поро'га$
TO BE APPROACHING; TO BE ON THE THRESHOLD/AT THE GATE; TO
IMPEND
Весна' на поро'ге.

00

Фе'ртом стоя'ть R ферт

СТОЯ'ЧИЙ

00

В стоя'чем положе'нии
IN A STANDING POSITION
Слон спит в стоя'чем положе'нии.

СТРА'ЖА

00

$Быть/находи'ться/содержа'ться$ под стра'жей
TO BE UNDER ARREST
Пья'ный буя'н находи'лся под стра'жей.

04

$Быть/стоя'ть$ на стра'же [чего']
TO STAND GUARD OVER (SOMETHING); TO PRESERVE AND PROTECT
(SOMETHING)

00

$Взять/заключи'ть$ под стра'жу
TO ARREST; TO PLACE UNDER GUARD
Когда' в Го'лом Мысу' был уби'т поселе'нец, то бы'ло
заподо'зрено и взя'то под стра'жу четы'ре челове'ка ...

04

Встать на стра'жу [чего']
TO BECOME THE GUARDIAN/PROTECTOR OF (SOMETHING) [FIGURATIVE]
Проф$сою'зы вста'ли на стра'жу интере'сов трудя'щихся.

00

На стра'же
ON GUARD
Глаза' и у'ши его' всегда' на стра'же.

СТРАНА'

00

Обетова'нная страна' R обетова'нный

СТРАНИ'ЦА

00

Вписа'ть но'вую страни'цу [во что]
TO WRITE A NEW PAGE IN [A CERTAIN FIELD]
Изобре'тение динами'та вписа'ло но'вую страни'цу в
разви'тие промы'шленности.

00

На страни'цах $кни'ги/газе'ты/журна'ла/ETC$
IN THE PAGES OF A BOOK/NEWSPAPER/JOURNAL/ETC.; IN THE
PRESS
Кри'тика систе'мы образова'ния уси'лилась на страни'цах
журна'лов.

00

Откры'ть но'вую страни'цу [в че.м]
TO BE OF HISTORICAL IMPORTANCE; TO BEGIN A NEW ERA
Вы'садка лета'тельных аппара'тов на луне' откры'ла
но'вую страни'цу в те'хнике.

СТРА'ННЫЙ

00

Стра'нное де'ло
IT'S AMAZING; STRANGELY
Стра'нное де'ло, ма'льчики совсе'м не испы'тывали
стра'ха.

СТРАХ

00

В стра'хе (бо'жием) =держа'ть/воспита'ть/ETC=
TO FRIGHTEN; TO KEEP (SOMEONE) IN FEAR
Ненаде.жность земляно'й плоти'ны на реке' держа'ла в
стра'хе жи'телей села' во вре'мя ли'вней.

00

$На/за$ свой страх (и риск)
AT ONE'S OWN RISK
В уби'йстве вели'кого кня'зя я не заме'шан, Каля'ев
де'йствовал на свой страх и риск.

00

Напусти'ть $стра'ху$страх$ [на кого'] R напусти'ть

00

Не за страх, а за со'весть [V] R со'весть

00

Под стра'хом [чего']
UNDER THE THREAT OF (SOMETHING); ON PAIN OF (SOMETHING); IN
FEAR OF (SOMETHING)
Бы'ло запрещено' под стра'хом сме'рти подходи'ть к
основа'нию ба'шни.

00

Ры'царь без стра'ха и упре.ка R ры'царь

СТРА'ШНЫЙ

00

Не так стра'шен че.рт, как его' малю'ют R малева'ть

00

Сде'лать стра'шные глаза'
TO HAVE A FRIGHTENED LOOK; FEAR SHOWED IN (HIS) EYES;
(HIS) EYES WARN(ED) (SOMEONE) [NOT TO DO SOMETHING, ETC.]
Я смотрю' на Са'ню — вы'дать и'ли нет, но он де'лает
стра'шные глаза', и я не говорю' ни сло'ва.

СТРЕКА'Ч

00

$Дать/зада'ть$ стрекача'
TO TAKE TO ONE'S HEELS
[За'яц-хвасту'н] зада'л тако'го стрекача', что,
ка'жется, гото'в был вы'скочить из со'бственной ко'жи.

СТРЕЛА'

00

Вы'лететь стрело'й R вы'лететь

СТРЕ'ЛОЧНИК

11

(Всегда') винова'т стре'лочник
[REFERS TO SITUATIONS IN WHICH AN UNDERLING IS BLAMED AND
BECOMES THE SCAPEGOAT]

СТРЕ'ЛЯНЫЙ

00

$Стре'ляный воробе'й/стре'ляный зверь/стре'ляная пти'ца/
обстре'лянная пти'ца/ста'рый воробе'й/ста'рый зверь/
ста'рая пти'ца$
AN EXPERIENCED PERSON; (SOMEONE) NOT EASILY DECEIVED; AN
OLD HAND; (HE) WAS NOT BORN YESTERDAY; TO KNOW WHAT TO DO
Я зверь стре'ляный, меня' не проведе.шь.

СТРЕЛЯ'ТЬ

00

Стреля'ть глаза'ми

СТРЕЛЯ'ТЬ CONT'D.
1. TO CAST GLANCES 2. TO MAKE EYES; TO FLIRT
Де'вушка вошла' в избу' и, и'скоса стреля'я краси'выми глаза'ми, смени'ла стару'ху у самова'ра.
00
Стреля'ть из пу'шки по воробья'м R пу'шка
СТРЕ'МЯ
00
Стре'мя в стре'мя =е'хать/скака'ть=
TO RIDE SIDE BY SIDE
СТРЕЧО'К
00
$Дать/зада'ть$ стречка'
TO TAKE TO ONE'S HEELS
[Я] беспоко'йно смотре'л то в ту', то в другу'ю, сто'рону, чтоб дать стречка'.
СТРИ'ЖКА
00
$Нолева'я/нулева'я$ стри'жка R нолево'й
00
Нулева'я стри'жка R нолево'й
СТРИЧЬ
00
Под гребе.нку стричь R гребе.нка
00
Стричь (всех) под одну' гребе.нку R гребе.нка
00
Стричь купо'ны
TO RENT
00
Стричь под $ноль/нуль$ R ноль
00
Стричь уша'ми
TO TWITCH ONE'S EARS
Конь нетерпели'во перебира'л нога'ми и стриг уша'ми под вса'дником, за'нятым разгово'ром.
СТРО'ГО
00
Стро'го говоря'
STRICTLY SPEAKING
Ь Инса'рове, стро'го говоря', нет ничего' чрезвыча'йного.
00
Стро'го-на'строго
VERY SEVERELY
СТРО'ИТЬ
00
Стро'ить возду'шные за'мки
TO BUILD CASTLES IN THE AIR
Совреме'нная молоде.жь не стро'ит возду'шных за'мков, а реалисти'чески отно'сится к жи'зни.
00
Стро'ить гла'зки [кому'] R глазо'к
00
Стро'ить грима'сы R ко'рчить
00
Стро'ить из себя' [кого']
TO MAKE ONESELF OUT TO BE (SOMETHING)
Стро'ишь из себя' либера'ла, а де'йствуешь как крепостни'к.
00
Стро'ить ку'ры [кому'] R ку'ры
00
Стро'ить на песке' R песо'к
00
Стро'ить $ро'жу<ро'жи$ R ро'жа
СТРОЙ
00
Ввести' в строй
TO PUT INTO OPERATION
С пе'рвых дней войны' в стране' введена' в строй рационализа'ция продово'льствия.
00
$Встать/вступи'ть/войти'/стать$ в строй
TO GO INTO OPERATION; TO BECOME OPERATIVE
00
Вы'вести из стро'я
TO PUT (SOMETHING) OUT OF OPERATION

У'гольная ша'хта вы'ведена из стро'я по'сле взры'ва в ней.
00
$Вы'йти/вы'быть$ из стро'я
TO GO OUT OF OPERATION
00
Оста'ться в строю'
TO REMAIN OPERATIONAL
Офице'р, легко' ра'ненный, оста'лся в строю' руководи'ть наступле'нием свое'й ча'сти.
00
$Слома'ть/лома'ть$ строй R лома'ть
СТРОКА'
00
Не вся'кое лы'ко в стро'ку R лы'ко
00
Прика'зная строка' R прика'зный
00
Ста'вить вся'кое лы'ко в стро'ку R лы'ко
00
$Строка' в стро'ку'/стро'чка в стро'чку$ =пересказа'ть/списа'ть/ETC=
LITERALLY; WORD FOR WORD
00
Чита'ть между строк
TO READ BETWEEN THE LINES
Но же'нщины уме'ют чита'ть между строк, и На'денька отли'чно понима'ла, что' де'лается у меня' на душе'.
СТРО'ЧКА
00
Стро'чка в стро'чку =пересказа'ть/списа'ть/ETC= R строка'
СТРУНА'
00
$В струну'<струно'й/в стру'нку$ =вы'тянуться/вы'прямиться/ETC=
1. TO STAND AT ATTENTION 2. WITH BODY PARALLEL TO THE GROUND [ABOUT A FAST RUNNING ANIMAL]
1. Вы'тянувшись в струну' – рука' у козырька' – стоя'л градонача'льник в пара'дном мунди'ре. 2. Запоте'вшие ло'шади рва'ли постро'мки, вытя'гиваясь в струну'.
29
Держа'ть в струне' [кого']
TO KEEP A TIGHT LEASH ON (SOMEONE); TO KEEP STRICT CONTROL OVER (SOMEONE)
–Он де'ржит в струне' свои'х сынове'й, –говори'ли лю'ди о стро'гом сосе'де.
00
Сла'бая струна' [кого'] R сла'бый
00
$Тро'нуть/заде'ть/ETC$ $чувстви'тельную/больну'о/делика'тную$ струну' [кого']
TO TOUCH (SOMEONE'S) SORE SPOT
–Что'бы не заде'ть делика'тной струны' же'нщины, не спра'шивай когда' она' родила'сь.
СТРУ'НКА
00
В стру'нку =вы'тянуться/вы'прямиться/ETC= R струна'
00
По стру'нке ходи'ть [у кого'<перед кем]
TO BE AT (SOMEONE'S) BECK AND CALL
В э'той большо'й семье' де'ти хо'дят по стру'нке перед роди'телями.
00
Сла'бая стру'нка [кого'] R сла'бый
СТРУЯ'
00
$Влить/внести'$ живу'ю струю' [во что]
TO BRING/PUT LIFE INTO (SOMETHING); TO ENLIVEN
Усыновле.нный ма'льчик вне.с живу'ю струю' в моното'нную жизнь супру'гов.
00
$Кабарго'вая/кабаро'жья$ струя' R кабарго'вый
СТРЯХНУ'ТЬ
00
С плеч стряхну'ть R плечо'
СТУ'КНУТЬ
29
В го'лову сту'кнуло [кому']

СТУ'КНУТЬ CONT'D.
    THE THOUGHT SUDDENLY STRUCK (SOMEONE); IT SUDDENLY OCCURED
    TO (SOMEONE); TO HAVE A BRAINSTORM
    00
    $Во'дка/вино'/ETC$ сту'кнула в го'лову [кому']
    THE VODKA/WINE/ETC. WENT TO (SOMEONE'S) HEAD
    Ната'ша к вы'питая во'дка сту'кнула в го'лову го'стю,
    сде'лавшемуся разгово'рчивым.
    00
    Кондра'шка сту'кнул R кондра'шка
СТУЛ
    14
    Сиде'ть между двух сту'льев
    TO RUN WITH THE HARE AND HUNT WITH THE HOUNDS
    Ну, ра'зве не наи'вен э'тот Ла'рин? Тре'бует, что'бы
    оппортуни'сты бы'ли "после'довательны", что'бы они' "не
    сиде'ли между двух сту'льев"!
СТУ'ПА
    00
    Толо'чь во'ду в сту'пе R вода'
СТУПЕ'НЬ
    00
    Возвести' на ступе'нь [чего'] R возвести'
СТУПИ'ТЬ
    00
    Ша'гу ступи'ть не даю'т R шаг
    00
    Ша'гу ступи'ть $нельзя'/не мо'жет/не сме'ет$ [без
    кого'<без чего'] R шаг
СТУЧА'ТЬСЯ
    00
    Стуча'ться в дверь
    1. TO KNOCK AT THE DOOR [WITH A REQUEST; LOOKING FOR
    ASSISTANCE] 2. TO BE AT THE DOOR; TO BE CLOSE AT HAND
    1. Мне пришло'сь ... нача'ть стуча'ться в две'ри
    реда'кций в по'исках рабо'ты. 2. Ре'же в дверь мою'
    стучи'тся го'лод.
    00
    Стуча'ться в откры'тую дверь R дверь
СТЫД
    00
    К стыду' $своему'/моему'/ETC$
    TO ONE'S SHAME
    00
    Покры'ть стыдо'м [кого'<что] R покры'ть
СТЫДЛИ'ВЫЙ
    00
    Стыдли'вый $кусо'к/кусо'чек$
    THE LAST PIECE/PORTION OF FOOD [REMAINING ON A DISH AFTER
    ALL WERE SERVED]
    Никто' не реша'лся взять стыдли'вый кусо'чек - оста'ток
    вку'сного пирога'.
СТЫТЬ
    00
    Кровь сты'нет (в жи'лах) R кровь
СТЯГ
    00
    Подня'ть $стяг<стя'ги$ на [кого'<что]
    TO BEGIN HOSTILITIES AGAINST (SOMEONE); TO START A MILITARY
    CAMPAIGN AGAINST (SOMEONE)
    -Пуска'й же все поды'мут о'бщий стяг на Ту'рцию!
СУД
    00
    Идти' под суд
    TO BE BROUGHT TO COURT
    Наруши'тели зако'на иду'т под суд.
    00
    На нет (и) суда' нет
    IF YOU CAN'T GET IT, YOU CAN'T GET IT!
    У нас и литерату'ра едва' ли существу'ет; а на нет суда'
    нет, говори'т неоспори'мая посло'вица.
    00
    Отда'ть под суд [кого'] R отда'ть
    00
    Пока' суд да де'ло
    FINALLY [AT THE END OF SOME ACTION]; THERE SEEMS TO BE NO
    END TO IT
    Уто'пленника отка'чивали; пока' суд да де'ло, каре'та

    ско'рой по'мощи прибыла'.
    00
    Су'ды $и/да$ пересу'ды
    ENDLESS DISCUSSIONS; ARGUING BACK AND FORTH
    По го'роду, мо'жете себе' предста'вить, таки'е пошли'
    то'лки, су'ды да пересу'ды, что и сказа'ть не могу'.
    00
    Шемя'кин суд R шемя'кин
СУДИ'ТЬ
    29
    Суди'ть $и/да$ ряди'ть
    TO DISCUSS AND ARGUE
    На семе'йном сове'те суди'ли да ряди'ли: де'лать ли
    пристро'йку к до'му и'ли купи'ть друго'й и бо'льший.
    00
    Су'дя [по чему']
    JUDGING BY (SOMETHING)
    Су'дя по ни'зкому поле.ту ла'сточек, бу'дет дождь.
СУДЬБА'
    00
    Во'лею суде'б R во'ля
    00
    Игра' судьбы' R игра'
    00
    Иро'ния судьбы' R иро'ния
    00
    Искуша'ть судьбу' R искуша'ть
    00
    Каки'ми судьба'ми?
    WHAT A COINCIDENCE!; WHAT BRINGS YOU HERE?
    00
    На произво'л судьбы' $оста'вить/бро'сить/поки'нуть/
    ETC$ R произво'л
    00
    Не судьба' [кому'+INF<чему'+INF]
    (HE) IS NOT DESTINED TO DO (IT); (IT) IS NOT TO BE; (IT)
    IS NOT IN THE CARDS
    00
    Перст судьбы' R перст
    00
    Приведе.т судьба' R привести'
    00
    Реши'ть судьбу' [чего'] R реши'ть
    00
    Реши'ть [чью] судьбу' R реши'ть
СУДЬЯ'
    00
    Бог $вам<тебе'<ему'<ETC$ судья'
    IT'S NOT FOR ME TO JUDGE (YOU/HIM/ETC)
    -Бога'тому все. ма'ло! -Бог ему' судья'. Лишь бы от
    бе'дных не брал.
СУЕТА'
    00
    Мыши'ная суета' R мыши'ный
    61
    Суета' сует
    VANITY
    В ваго'не все. вре'мя, пока' он е'хал, его' не покида'ли
    гру'стные, серье.зные мы'сли о бли'зкой сме'рти, о суете'
    сует, о бре'нности всего' земно'го.
СУ'ЖЕНЫЙ
    78
    Су'женый-ря'женый
    A FIANCE
СУ'КИН
    00
    Су'кин сын R сын
СУКНО'
    00
    Класть под сукно' =заявле'ние/про'сьбу/делову'ю бума'гу/
    ETC=
    TO PIGEONHOLE A REQUEST/AN OFFICIAL PAPER/ETC.
    00
    Лежа'ть под сукно'м R лежа'ть
СУКО'ННЫЙ
    00
    $Суко'нный язы'к/суко'нная речь$
    CLICHE LANGUAGE; CLUMSY LANGUAGE

    Расска'з, напи'санный суко'нным языко'м, возвраще.н
    а'втору.
СУЛИ'ТЬ
    00
    Сули'ть золоты'е го'ры R золото'й
СУМА'
    00
    Сума' переме.тная R переме.тный
СУМАСШЕ'СТВИЕ
    00
    До сумасше'ствия
    EXTREMELY; MADLY
СУ'ММА
    00
    $Кру'глая/кру'гленькая$ су'мма R кру'глый
    00
    Кру'пная су'мма R кру'пный
СУМНЯ'СЯ
    00
    Ничто'же сумня'ся R ничто'же
СУМНЯ'ШЕСЯ
    00
    Ничто'же сумня'шеся R ничто'же
СУПРЯ'ГА
    23
    В супря'ге [с кем]
    TOGETHER WITH (SOMEONE)
    Пантеле'й Проко'фьич коси'л в супря'ге с Анику'шкиной
    жено'й.
СУРДИ'НКА
    00
    $Под сурди'нку<под сурди'нкой$
    1. QUIETLY; MUFFLED 2. STEALTHILY; ON THE SLY
    1. Да'же трамва'и звене'ли как-то под сурди'нку. 2.
    Под сурди'нку уе'зжали из Ка'менской каза'ки, не
    жела'вшие войны'.
СУТЬ
    00
    Ввести' в суть вопро'са R ввести'
    00
    Не суть ва'жно
    NOT ESSENTIAL; (IT) IS INSIGNIFICANCE
    00
    По су'ти де'ла
    IN ESSENCE; ESSENTIALLY
СУ'ХО
    00
    Су'хо-на'сухо
    VERY DRY; BONE DRY
СУХО'Й
    00
    Вы'йти сухи'м из воды' R вода'
    00
    Держа'ть по'рох сухи'м R по'рох
    00
    (Ни одно'й) сухо'й ни'тки не оста'лось [на ком] R
    ни'тка
    00
    Сухи'м путе.м
    ON LAND
    От Нью-Ио'рка до Сан-Франци'ско сухи'м путе.м бли'же
    чем морски'м.
    00
    Тако'й-сяко'й (сухо'й) нема'заный R тако'й-сяко'й
СУЧО'К
    00
    $(Без сучка',) без задо'ринки<ни сучка', ни задо'ринки$
    R задо'ринка
СУЩЕСТВО'
    00
    Говори'ть по существу'
    TO SPEAK TO THE POINT
    -Говори' по существу'! -восклм'кнули голоса', когда'
    вы'ступивший перед собра'нием уклони'лся от те'мы
    обсужде'ния.
    00
    По существу' (говоря') R су'щность

СУЩЕСТВОВА'НИЕ
    00
    Цыга'нское существова'ние R цыга'нский
СУ'ЩИЙ
    00
    Су'щее наказа'ние R наказа'ние
СУ'ЩНОСТЬ
    00
    $В су'щности/по существу'$ (говоря')
    ESSENTIALLY; IN ESSENCE
    -Вся их [заводски'х ребя'т] жизнь, вся судьба'
    скла'дывается, по существу', на заво'де.
СХВАТИ'ТЬ
    00
    Схвати'ть в объя'тия
    TO EMBRACE (SOMEONE)
    00
    Схвати'ть за бока' R бок
    00
    Схвати'ть за' ворот R во'рот
    00
    Схвати'ть за $го'рло/гло'тку$ R го'рло
    00
    Схвати'ть за хвост иде'ю R хвост
    00
    Схвати'ть за хвост сла'ву R хвост
СХВАТИ'ТЬСЯ
    00
    Схвати'ться за' голову
    TO TEAR ONE'S HAIR
    00
    Схвати'ться за ум R ум
СХОДИ'ТЬ
    00
    Не сходи'ть с $языка'/уст$
    (IT) IS CONTINUALLY ON (HIS) LIPS
СЦЕ'НА
    00
    Игра'ть на сце'не
    TO PLAY ON THE STAGE
    В печа'ти появи'лись мемуа'ры арти'ста, мно'го лет
    игра'вшего на сце'не.
    00
    Сойти' со сце'ны
    TO LEAVE THE SCENE
    Народопра'вцы ... сошли' всле'дствие э'того о'чень
    бы'стро со сце'ны.
    00
    $Яви'ться/появи'ться$ на сце'ну
    TO APPEAR ON THE SCENE
    Пото'м яви'лся на сце'ну чай со сли'вками.
СЦИ'ЛЛА
    00
    $Быть/находи'ться$ между Сци'ллой и Хари'бдой
    TO BE BETWEEN SCYLLA AND CHARYBDIS
СЧАСТЛИ'ВЫЙ
    00
    Роди'ться под счастли'вой звездо'й R звезда'
    00
    Счастли'во (остава'ться)!
    GOOD LUCK!; ALL THE BEST!
    -Счастли'вого путеше'ствия! -Счастли'во остава'ться!
    00
    $Счастли'вый путь!<счастли'вого пути'!$ R путь
СЧА'СТЬЕ
    00
    Име'ть сча'стье [INF]
    TO HAVE THE HONOR OF (DOING SOMETHING)
    -Я да'же име'л сча'стье интересова'ть вас мои'ми
    сужде'ниями.
    00
    Колесо' сча'стья R колесо'
    00
    $К сча'стью<на сча'стье<по сча'стью$
    FORTUNATELY
    1. По сча'стию, сою'зники не ду'мали о шту'рме. 2.
    На сча'стье, не пришло'сь и развора'чивать танк: он и
    без того' смотре'л пу'шкой вле'во.

СЧА'СТЬЕ CONT'D.
00
На сча'стье =дать/сде'лать/сказа'ть/ETC=
FOR GOOD LUCK
Эмигра'нт храни'л моне'ту, на сча'стье да'нную.
00
Попыта'ть $сча'стья<сча'стье$ R попыта'ть
СЧЕСТЬ
00
Дни [чьи] сочтены' R день
00
Не $счесть<сочте.шь$ [кого'<чего']
MORE THAN YOU CAN COUNT
Не счесть я'блок на земле' по'сле бу'ри.
СЧЕ.Т
00
Без сче.ту
WITHOUT NUMBER
На одино'ком островке' бы'ло без сче.ту ча'ек.
00
(Быть) на [каком] счету'
TO HAVE A (CERTAIN) REPUTATION
Валенти'на Миха'йловна была' на виду' и на хоро'шем счету', потому' что приле'жно учи'лась и приме'рно вела' себя'.
00
(Быть) на счету'
TO BE KEPT TRACK OF; TO COUNT [E.G. EVERY MINUTE COUNTS]
1. Чу'вствовалось, что она' скупа'я, все. у нее. на счету'. 2. На счету' Ива'на и Мико'лы бы'ло уже' шесть подби'тых фаши'стских та'нков.
00
В два сче.та R два
00
В $коне'чном/после'днем$ сче.те R коне'чный
00
В сче.т [чего']
1. TO (HIS) CREDIT 2. FROM/INTO A (CERTAIN) ACCOUNT 3. ACCORDING TO A PLAN/COMMITMENT
1. Пре'мия в сче.т дире'кторского фо'нда. 2. Поста'вки в сче.т креди'тных соглаше'ний. 3. Лите'йщик Афиноге'нов рабо'тал уже' в сче.т бу'дущего го'да.
00
Жить на со'бственный сче.т R со'бственный
00
Закры'ть сче.т R закры'ть
00
За сче.т [чего']
AT THE EXPENSE OF (SOMETHING)
Больша'я ко'мната - прие.мная ба'рского до'ма: ее. увели'чили за сче.т друго'й ко'мнаты, вы'ломав сте'ну.
00
Знать сче.т деньга'м
TO KNOW THE VALUE OF MONEY; NOT TO WASTE MONEY
Тот, кто зна'ет сче.т деньга'м, всегда' с деньга'ми.
00
Кру'глый сче.т R кру'глый
00
Кру'глым сче.том R кру'глый
00
Мала'ньин сче.т R Мала'ньин
00
$На/за$ [чей/како'й] сче.т
AT (SOMEONE'S) EXPENSE
1. Ремо'нт кварти'ры за сче.т домоуправле'ния. 2. Ая'нов име'л двена'дцати лет дочь, воспи'тывающуюся на казе.нный сче.т в институ'те.
00
На [чей] сче.т
IN REGARD TO (SOMEONE)
Злы'е языки' да'же распуска'ли в уе'зде на ее. сче.т дово'льно не отра'дные для супру'га ее. слу'хи.
00
На э'тот сче.т
IN THIS REGARD
На э'тот сче.т поступи'ло друго'е предложе'ние: на освободи'вшееся ме'сто заве'дующего департа'ментом

назна'чить его' замести'теля, как наибо'лее све'дующего.
00
Не (идти') в сче.т
NOT TO BE TAKEN INTO ACCOUNT; NOT TO BE CONSIDERED
00
Откры'ть сче.т R откры'ть
00
Отнести' $за<на$ сче.т [кого'<чего']
TO CALL (SOMEONE) TO ACCOUNT
Изде'ржки по ремо'нту автомоби'ля отнесены' на сче.т вино'вника.
00
Поко'нчить сче.ты [с кем<с чем]
TO SETTLE ACCOUNTS WITH (SOMEONE); TO PART WITH (SOMEONE/SOMETHING)
00
Поста'вить $в<на$ сче.т [кому']
TO PUT THE BLAME ON (SOMEONE)
00
По сче.ту $пе'рвый/второ'й/тре'тий/ETC$
THE FIRST/SECOND/ETC. IN SUCCESSION
00
Потеря'ть сче.т [кому'<чему']
TO LOSE COUNT OF (SOMEONE/SOMETHING)
00
Предъяви'ть сче.т [кому'<чему']
TO PRESENT ONE'S DEMANDS TO (SOMEONE)
Молоде.жь предъяви'ла сче.т ста'ршему поколе'нию: усто'и жи'зни не соотве'тствуют усло'виям совреме'нности.
00
Приня'ть [что] на свой сче.т
TO ACCEPT (SOMETHING) AS REFERRING TO ONESELF
Оши'бка по недоразуме'нию была' при'нята одни'м сотру'дником на свой сче.т
00
$Пройти'сь/прое'хаться$ на [чей] сче.т R пройти'сь
00
Ро'вный сче.т R ро'вный
00
Ро'вным сче.том ничего' R ровный
00
$Сбро'сить/ски'нуть/снять$ со $сче.та<счето'в$ [кого'<что']
TO NO LONGER TAKE (SOMEONE/SOMETHING) INTO ACCOUNT
00
Свести' сче.ты [с кем] R свести'
00
Сквита'ть сче.т R сквита'ть
00
[Сче.та<сче.ту] нет [кому'<чему']
THERE'S NO END TO (IT/THEM); THERE ARE INNUMERABLE ...
00
Сче.том
1. TAKING INTO ACCOUNT 2. IF ONE TAKES INTO ACCOUNT
За'втра дежу'рные нас обойду'т, Са'ваном ме.ртвых накро'ют, Сче.том в мертве'цкий поко'й отнесу'т, Сче.том в моги'лу заро'ют.
00
Что за сче.ты
WHY COUNT (SOMETHING); WHY CONSIDER (SOMETHING)
-Не зна'ю как отблагодари'ть за Ва'шу по'мощь! -Что за сче.ты!
СЧИ'ТАННЫЙ
00
Счи'танные дни R день
СЧИТА'ТЬ
00
Не счита'ть $де'нег/казны'/ETC$
TO HAVE PLENTY OF MONEY; TO BE LOADED
00
Ни во что' не счита'ть [кого'] R что(1)
00
Ни за что' счита'ть [кого'] R что(1)
00
Счита'ть воро'н R воро'на
00
Счита'ть га'лок R га'лка
00
Счита'ть $дни/часы'/мину'ты/ETC$

СЧИТА'ТЬ CONT'D.
    TO COUNT THE DAYS/HOURS/MINUTES/ETC
    До о'тпуска оста'лись счи'танные дни, а молодоже.ны все.
    еше. не реши'ли куда' пое'хать.
    00
    Счита'ть за честь [что] R честь
    00
    Счита'ть зве.зды
    1. TO BE A DREAMER 2. TO LOAF AROUND; TO FRITTER AWAY
    ONE'S TIME
    00
    Счита'ть мух R му'ха
СШИБИ'ТЬ
    00
    Сшиби'ть $спесь/форс/го'нор/ETC$ [с кого'] R сбить
СШИ'ТЫЙ
    00
    (Все) на одну' коло'дку сши'ты R коло'дка
    00
    $Нела'дно/нескла'дно/ху'до/ETC$ скро'ен, да $кре'пко/
    пло'тно$ сшит
    TO BE CLUMSY BUT POWERFUL
    Лесору'б был нескла'дно скро'ен, да пло'тно сшит:
    тяже.лый топо'р каза'лся игру'шкой в его' рука'х.
СШИТЬ
    00
    Шу'бы не сошье.шь R шу'ба
СЪЕ.ЖИТЬСЯ
    00
    $В клубо'к<клубко'м/в ком<ко'мом/в комо'к<комко'м$
    съе.житься R клубо'к
СЪЕ'ЗДИТЬ
    00
    Сье'здить в у'хо [кому'] R у'хо
СЪЕСТЬ
    00
    Зу'бы съесть [на че.м] R зуб
    00
    $Много/пуд/куль/ETC$ со'ли съесть [с кем] R соль
    00
    Соба'ку съесть [в че.м<на че.м<ETC] R соба'ка
    00
    Съесть пилю'лю
    TO SWALLOW AN INSULT
СЫГРА'ТЬ
    00
    $Игра'/роль$ [чья] сы'грана
    ONE'S PART IS PLAYED
    Роль чемпио'на сы'грана - он побежде.н.
    06
    Сыгра'ть в я'шик
    TO KICK THE BUCKET
    00
    Сыгра'ть $шу'тку/шту'ку$
    TO PLAY A JOKE ON (SOMEONE)
    Де'ти сыгра'ли шу'тку над ма'терью, спря'тавшись под
    крова'ть.
СЫН
    00
    Блу'дный сын R блу'дный
    00
    Годи'ться в сыновья' R годи'ться
    00
    Оте'чкий сын R оте'чкий
    02
    $Су'кин/соба'чий/че.ртов/ку'рицын/ETC$ сын
    SON OF A BITCH
СЫНО'К
    00
    $Ма'менькин/ма'тушкин$ сыно'к R ма'менькин
СЫ'ПАТЬ
    00
    Горо'хом сы'пать R горо'х
    00
    Сы'пать деньга'ми R сори'ть
СЫ'ПАТЬСЯ
    00
    Песо'к сы'плется [у кого'<из кого'] R песо'к

СЫР
    00
    Как сыр в ма'сле ката'ться
    TO LIVE HIGH OFF THE HOG
СЫРО'Й
    00
    Сыр-бо'р $загоре'лся/гори'т$ ([отку'да<из-за чего']) R
    бор
СЫСКА'ТЬ
    00
    Дне.м с огне.м не сыска'ть R дне.м
    00
    С соба'ками не сы'шешь [кого'] R соба'ка
    00
    Сыска'ть на дне морско'м R мо'ре
    00
    Сыска'ть на дне мо'ря R мо'ре
СЫ'ТЫЙ
    00
    Сыт по го'рло [чем] R го'рло
СЫЧ
    00
    $Сычо'м<как сыч$ $гляде'ть/смотре'ть/сиде'ть$
    TO MAINTAIN A GLOOMY SILENCE
    Това'рищи увлекли' па'рня, как сыч сиде'вшего в
    стороне', в круг танцу'юших.
    00
    $Сычо'м<как сыч$ $сиде'ть/жить$
    TO LIVE LIKE A HERMIT
    Ста'рый холостя'к сычо'м жил: никто' к нему' и он ни к
    кому' не ходи'л.
СЮДА'
    00
    $(И) туда' и сюда'<туда'-сюда'<ни туда' ни сюда'<то
    туда' то сюда'$ R туда'
СЯК
    00
    $(И) так и сяк<то так, то сяк<та'к-ся'к$ R так
СЯМ
    00
    $Там и сям<та'м-ся'м<то там, то сям$ R там
ТА
    00
    В той ча'сти R часть
ТАБА'К
    29
    Де'ло таба'к
    THE SITUATION IS BAD/HOPELESS
    Генера'л кивну'л: -Поня'тно! Де'ло с о'тпуском -
    таба'к.
    00
    Ни за $поню'шку/ноx/поню'х$ табаку' =пропа'сть/
    поги'бнуть/ETC=
    (TO PERISH, ETC.) FOR NOTHING/IN VAIN
    -Эх, Сидо'ркин, а ведь и жа'лко мне тебя', - несноси'ть
    тебе' головы', пропаде.шь ни за поню'х табаку'.
ТАИ'ТЬ
    00
    $Что/не'чего$ греха' таи'ть R грех
ТА'ЙНА
    00
    Не та'йна ([для кого'])
    IT'S NO SECRET TO (SOMEONE)
    Ско'рая смерть неизлечи'мо больно'го - не та'йна для
    его' бли'зких.
    00
    Оку'танный та'йной R оку'тать
    00
    Покры'то та'йной R покры'ть
    00
    Храни'ть в та'йне [что] R храни'ть
ТАК
    00
    Быть так R быть
    00
    Во'т так ... R вот
    00
    Вот так та'к! R вот

TAK CONT'D.
00
Вот так фунт! R фунт
00
Давно бы так R давно
29
За так
FOR FREE
-За свинью' я заплати'л, а поросе.нка получи'л за так, -говори'л дово'льный покупа'тель.
00
И ...
AS IT IS/WAS
Бы'ло и так темно', а тут еще. на низи'ну ле.г тума'н.
00
И так да'лее R да'лее
00
$(И) так и сяк<та'к-ся'к$
SO-SO
1. У крестья'нина три сы'на: Ста'рший у'мный был дети'на, Сре'дний сын и так и сяк, Мла'дший во'все был дура'к. 2. Рома'ну Бори'совичу хоте'лось бы вы'пить с хо'лоду ча'рку калга'нной, закуси'ть чесноко'м. ... Во'дки еще. так-сяк, но чесноку' не даду'т.
$(И) так и так/(и) так и сяк/(и) так и э'так/то так, то сяк/то так, то э'так$
SO-SO
1. Хлопо'т Марты'шке по'лон рот: Чурба'н она' то понесе.т, То так, то сяк его' обхва'тит. 2. -Како'во торгу'ет ва'ша ми'лость? -спроси'л Адриа'н. -э-хе-хе, -отвеча'л Шульц, -и так и сяк.
00
Как (бы) не так R как
00
Не так что'бы ...
NOT VERY; NOT TOO
-Что, тяжело' ра'нили? -Да не так что'бы о'чень тяжело'.
00
Про'сто так R про'сто
00
Так $его'<ее.<их$!
LET (HIM) HAVE IT; GIVE IT TO (HIM)
00
Так и ...
JUST; SIMPLY; JUST SO; SO
1. Снег так и вали'л. 2. Так я и знал 3. Я так и ду'мал. 4. Лейтена'нт до'лго звони'л по телефо'ну на ба'зу, но так и не дозвони'лся. 5. Ишь ты, еще. пуга'ть вы'думал! Так его' и побоя'лись!
00
Так и быть R быть
00
Так и есть!
SURE ENOUGH!
-Потеря'л ключ? Нет ли дыры' в карма'не? -Так и есть!
00
Так и $знай<зна'йте$
YOU CAN BE SURE OF THAT!
00
Так и'ли и'наче R и'наче
00
Так и так (мол)
AND THEN HE SAYS ...
-Вдруг говоря'т госуда'рю импера'тору по прямо'му про'воду, что, мол, так и так, наро'д в Петербу'рге бунту'ется ...
00
Так называ'емый R называ'ть
29
Так на так
1. AS A SWAP; ONE FOR THE OTHER 2. EQUALLY
Взять муку' и са'хар так на так.
00
Так нет
BUT NO
Ду'мал, торгова'ться [пассажи'р] бу'дет, так нет.
00
Так себе'

1. NOT BAD; SO-SO 2. NOTHING SPECIAL 3. SIMPLY 4. WELL; YOU KN
1. Он сыгра'л каку'ю-то пье'су. Игра'л он не бог зна'ет как, но так себе', пожа'луй, и неду'рно. 2. Он - так себе': ни хара'ктер, ни бесхара'ктерность ... 3. Из госте'й одни' рассужда'ли о недода'че де'нег ..., други'е пляса'ли, тре'тьи так себе' сиде'ли. 4. Я не знал, что э'то Бен-Аки'ба. Я ду'мал: так себе', старичо'к.
00
Так сказа'ть R сказа'ть
00
Так-то (вот)
THAT'S HOW IT IS
1. -Где ты пропада'ла? -спро'сит Мужене.к. -Где была', там не'ту! Так-то мил дружо'к! 2. Я и жу'ликов уважа'ю, по-мо'ему, ни одна' блоха' - не плоха': все - че.рненькие, все пры'гают ... так-то.
00
Та'к то'лько
JUST
-Дире'ктор та'к то'лько для чи'на поста'влен, а все дела' о'н де'лает, Ива'н Кузьми'ч Подколе.син.
00
Так-то та'к, $но/а/да$ ...
THAT'S TRUE, BUT
-А ты забу'дь свое. го'ре на вре'мя-то, пока' я с тобо'й! -так-то так, да все. ра'дости-то ма'ло.
ТАКИ
00
Опя'ть-таки R опя'ть
00
Пря'мо-таки R пря'мо
ТАКОВО'Й
00
(И) был тако'в
AND HE WAS GONE; HE DISAPPEARED
Одича'лый кот схвати'л цыпле.нка и был тако'в.
14
Как таково'й
TAKEN BY ITSELF
-Возгоре'лся спор об обря'дах вообще', - допусти'мы ли обря'ды, как таковы'е, не пита'ют ли они' суеве'рия и предрассу'дков.
ТАКО'Й
$В тако'м ро'де<тако'го ро'да$ R род
90
В тако'м $слу'чае/ра'зе$
IN THIS CASE; IN SUCH INSTANCES
00
До тако'й сте'пени
TO SUCH A DEGREE; TO SUCH AN EXTENT
Испу'г де'вушки был до тако'й сте'пени, что она' едва' держа'лась на нога'х.
00
Есть тако'е де'ло R есть
29
И все. тако'е (про'чее)
AND THE LIKE; AND SO FORTH
Для экску'рсии на'до име'ть доста'точно де'нег, разно'шенную о'бувь, удо'бную оде'жду и все. тако'е про'чее.
00
Така'я<таку'ю даль R даль
00
Таки'м о'бразом
1. IN THIS WAY; THUS 2. AND SO; CONSEQUENTLY
1. Таки'м о'бразом стари'к с ма'льчиком и соба'кой обошли' весь да'чный посе.лок. 2. Геро'й наш расплати'лся с изво'зчиком и, таки'м о'бразом, изба'вился, наконе'ц, от своего' экипа'жа.
00
Тако'й же ма'сти R масть
00
Что $же<ж$ $тако'е<тако'го$?
WHAT OF IT?
-Что ж тако'е, что я акте.р? Вся'кий обя'зан де'лать, что уме'ет.

ТАКО'Й CONT'D.
00
Что тако'е [что<кто]?
WHO IS THAT?/WHAT IS THAT?
-Скажи' ты мне, пожа'луйста: что тако'е канализа'ция?
ТАКО'Й-СЯКО'Й
29
Тако'й-сяко'й (сухо'й) нема'заный
YOU OLD SO-AND-SO
Рассе'рженный хозя'ин сказа'л лени'вому рабо'тнику:
-Ах, ты тако'й-сяко'й нема'заный! Уво'лю!
ТАКТ
00
В такт
IN TIME WITH
-Э'двард глубоко' дыша'л, и в такт его' дыха'нию
ше.лковая соро'чка вздыма'лась на широ'кой волоса'той
груди'.
00
Выбива'ть такт
TO BEAT TIME
Кто'-то отча'янно огля'сывал, выбива'я такт каблука'ми.
00
Отбива'ть $такт<та'кты$
TO BEAT TIME
Маши'на ча'сто и гро'мко отбива'ла та'кты. Винт
бура'вил во'ду.
ТАЛА'НТ
00
$Зары'ть/закопа'ть$ тала'нт (в зе'млю)
TO WASTE ONE'S ABILITY; TO HIDE ONE'S TALENT IN THE EARTH
ТА'ЛИЯ
00
Без та'лии
UNFITTED; LOOSELY FITTED
00
В та'лию
FITTED
00
Оси'ная та'лия R оси'ный
00
Та'лия $рю'мочкой<в рю'мочку$ R рю'мочка
ТАМ
00
Одна' нога' здесь, (а) друга'я там R нога'
00
$Там и тут<тут и там/там-ся'м<там и сям$
HERE AND THERE; EVERYWHERE
1. Уже' темне'ло, и на не'бе пока'зывались там и сам
зве.зды. 2. На поля'не там и тут черне'ли
распла'станные на снегу' челове'ческие фигу'ры.
00
$То тут,то там/то там, то тут/то там, то сям$
NOW HERE, NOW THERE
Лиси'ца не набра'сывается на свою' же'ртву, не рве.т ее.
на куски', а до'лгое вре'мя полего'ньку то там, то тут
поку'сывает.
00
$Что<чего'$ $там/тут$
WHAT OF IT?; SO WHAT
-Одна'ко есть ве'щи, кото'рые нельзя' проща'ть и
же'нщине! - ... Ну, что там? Мы одни' ... никто' нас не
слы'шит.
ТАНТА'Л
00
Му'ки Танта'ла
THE TORMENTS OF TANTALUS
ТАНТА'ЛОВ
00
Танта'ловы му'ки
THE TORMENTS OF TANTALUS
ТАНЦЕВА'ТЬ
00
Танцева'ть от пе'чки R пе'чка
ТАРАБА'РСКИЙ
00
Тараба'рская гра'мота
SOMETHING INCOMPREHENSIBLE; A MYSTERY

Фре'ски Ми'кель-А'нджело в Сиксти'нской капе'ле то'же
переста'ли быть для меня' тараба'рской гра'мотой.
ТАРЕ'ЛКА
00
Быть не в свое'й таре'лке
NOT TO BE ONESELF; TO BE OUT OF SORTS
-Что с ним? Он не в свое'й таре'лке! -Он предупрежде.н
об увольне'нии с рабо'ты.
ТАСКА'ТЬ
00
$Е'ле/едва'/наси'лу/ETC$ но'ги таска'ть R нога'
00
Таска'ть кашта'ны из огня' [для кого']
TO PULL CHESTNUTS FROM THE FIRE FOR (SOMEONE)
ТАСКА'ТЬСЯ
00
Таска'ться по подо'конью R подоко'нье
ТАЩИ'ТЬ
00
$Е'ле/едва'/наси'лу/ETC$ но'ги тащи'ть R нога'
00
За' уши тащи'ть [кого'] R у'хо
00
Клеща'ми тащи'ть =сло'во/отве'т/призна'ние/ETC= [из
кого'] R кле'щи
ТАЩИ'ТЬСЯ
00
Нога' за' ногу тащи'ться R нога'
ТА'ЯТЬ
00
(Так и) та'ет во рту
IT MELTS IN YOUR MOUTH
Све'жее пече'нье так и та'ет во рту, и де'ти прося'т
еще..
ТВАРЬ
00
Вся'кой тва'ри по па'ре
A MOTLEY GROUP OF PEOPLE; A GROUP COMPOSED OF MANY TYPES
OF PEOPLE
На необжи'тые места' вблизи' золоты'х при'исков нае'хало
вся'кого лю'да, что называ'ется: вся'кой тва'ри по па'ре.
ТВЕ.РДОСТЬ
00
Вооружи'ться тве.рдостью R вооружи'ться
ТВЕ.РДЫЙ
00
Име'ть тве.рдую по'чву под нога'ми R стоя'ть
00
Стоя'ть [где] тве.рдой ного'й
TO STAND FIRM
00
Стоя'ть на тве.рдой по'чве R стоя'ть
ТВОЙ
00
Не твое. де'ло
IT'S NONE OF YOUR BUSINESS
00
По-тво'ему
1. JUST AS YOU; IN THE SAME MANNER AS YOU ... 2. YOUR WAY
3. IN YOUR OPINION
Любви' безу'мными мечта'ми И я по-тво'ему кипе'л.
00
Твое. де'ло
YOUR BUSINESS
00
Твоя' $бере.т/взяла'$ R брать
29
Что $твой<твоя'<ETC$ [кто<что]
JUST LIKE (SOMEONE/SOMETHING)
Пого'да стоя'ла я'сная и суха'я, доро'га - что твое.
шоссе', то'лько коле.са посту'кивают.
ТВОРЕ'Ц
42
Творе'ц!
GOOD GRIEF!; GOD!
Вдруг две'ри на'стежь. Ле'нский вхо'дит И с ним
Оне'гин. -Ах, творе'ц! -Кричи'т хозя'йка, -наконе'ц!
ТЕ.К
29
Дать те.ку

ТЕ.К CONT'D.
    TO TAKE TO ONE'S HEELS; TO DISAPPEAR
    Каза'ки постреля'ли то'лько для остра'стки и да'ли
    те.ку, не оказа'в сопротивле'нья.
ТЕЛЕ'ГА
    00
    Пя'тое колесо' в теле'ге R колесо'
ТЕЛЕ.НОК
    00
    Куда' Мака'р теля'т не гоня'л R куда'
ТЕЛЕФО'Н
    00
    Висе'ть на телефо'не R висе'ть
ТЕЛЕ'Ц
    14
    $Золото'й/злато'й$ теле'ц
    WEALTH; RICHES; THE POWER OF WEALTH; THE GOLDEN CALF
ТЕ'ЛО
    00
    Держа'ть [кого'] в че.рном те'ле
    TO KEEP (SOMEONE) UNDER ONE'S THUMB; TO MISTREAT (SOMEONE)
    Владе'льцы планта'ций держа'ли рабо'в в че.рном те'ле,
    безме'рно эксплуати'руя их.
    00
    Душо'й и те'лом R душа'
    00
    Е'ле-е'ле душа' в те'ле R е'ле
    00
    Иноро'дное те'ло R иноро'дный
    00
    Мура'шки $бе'гают/по'лзают/ETC$ по те'лу R мура'шка
    00
    Ни душо'й, ни те'лом =не винова'т= R душа'
    00
    Спасть с те'ла<в те'ле R спасть
ТЕЛЯ'ЧИЙ
    11
    Теля'чий восто'рг
    EXCESSIVE ENTHUSIASM; POINTLESS ENTHUSIASM
    Покло'нницы тала'нта молодо'го певца' бы'ли в теля'чьем
    восто'рге по'сле его' выступле'ния.
    11
    Теля'чьи не'жности
    MAUDLIN ENDEARMENTS
ТЕМ
    00
    Тем бо'лее, ...
    ESPECIALLY BECAUSE
    Прейн предложи'л идти' пешко'м, тем бо'лее, что день был
    великоле'пный.
ТЕМНЕ'ТЬ
    00
    В глаза'х темне'ет
    EVERYTHING GOES DARK BEFORE (MY) EYES
    Больно'й ме'дленно поправля'ется: по времена'м в глаза'х
    темне'ет.
ТЕМНО'
    00
    (Темно',) хоть глаз $вы'коли/коли'$ R вы'колоть
ТЕМНО',
    00
    (Темно',) хоть глаз вы'коли R вы'колоть
ТЕ.МНЫЙ
    00
    $Как/сло'вно$ в те.мном лесу' R лес
    29
    $С<от$ темна' до темна'
    FROM SUNUP TO SUNSET; FROM DAWN TO DUSK
    Ра'нней весно'й вся семья' рабо'тала с темна' до темна'
    в саду' и огоро'де.
    82
    Темна' вода' во о'блачех
    (IT) IS UNEXPLAINABLE
    00
    $Те.мное/че.рное$ пятно'
    A BLOT
    00
    Те.мный лес [для кого'] R лес

    00
    Темны'м-темно'; PITCH-DARK
    VERY DARK
    Луна' скры'лась за ту'чей, и ста'ло темны'м - темно'.
ТЕМП
    29
    В те'мпе [V]
    ENERGETICALLY; BRISKLY
ТЕМПЕРА'МЕНТ
    00
    С темпера'ментом [V]
    EXCITEDLY; RECKLESSLY; HEATEDLY
ТЕНЕВО'Й
    00
    Тенева'я сторона' [чего']
    THE DARK/SHADY SIDE OF (SOMETHING)
ТЕНЬ
    $Броса'ть/кида'ть$ тень [на кого'<на что]
    TO CAST A SHADOW ON (SOMEONE/SOMETHING)
    00
    $Быть/сде'латься$ те'нью [кого']
    TO FOLLOW (SOMEONE) LIKE A SHADOW; TO BE (SOMEONE'S) SHADOW
    1. На виду' у всех Цвету'хин сде'лался те'нью
    А'ночки. 2. —У него' и мне'ния своего' нет ... э'то
    тень и го'лос Вата'гина.
    00
    $Держа'ться/быть/стоя'ть/ETC$ в тени'
    TO STAY IN THE BACKGROUND; TO REMAIN IN THE SHADOW
    У'мный и образо'ванный, он держа'лся в тени' среди'
    кичли'вых ро'дственников.
    Навести' тень на $плете'нь/я'сный день$
    TO CONFUSE THE ISSUE
    00
    $Ночна'я тень/вече'рняя тень/тень но'чи$
    TWILIGHT; DUSK
    День ко'нчился. На зе'млю спусти'лась ночна'я тень.
    00
    (Одна') тень оста'лась [от кого']
    (HE'S) ONLY A SHADOW OF (HIS) FORMER SELF
    Одна' тень оста'лась от больно'го, перене.сшего сыпно'й
    тиф.
    00
    Оставля'ть в тени' [что]
    TO KEEP (SOMETHING) IN THE DARK
    00
    Те'ни $под глаза'ми<вокру'г глаз$ [у кого']
    (HE) HAS CIRCLES UNDER (HIS) EYES
    Те'ни под глаза'ми у люде'й образу'ются от бессо'нных
    ноче'й и'ли боле'зней.
    00
    Тень па'дает [на кого'<на что]
    A SHADOW OF SUSPICION HAS FALLEN ON (SOMEONE/SOMETHING)
    00
    $Ходи'ть/идти'/сле'довать/ETC$ [за кем] как тень
    TO FOLLOW (SOMEONE) LIKE A SHADOW
    Овча'рка сле'довала как тень за но'вым хозя'ином,
    спа'сшим ее..
ТЕ.ПЛЕНЬКИЙ
    00
    Те.пленькое месте'чко R месте'чко
ТЕПЛИ'ЧНЫЙ
    00
    $Тепли'чное расте'ние/тепли'чный цвето'к$
    A HOT-HOUSE FLOWER [SOMEONE WHO HAS BEEN OVER-PROTECTED]
ТЕПЛО'
    00
    Ни тепло' ни хо'лодно [кому+от чего'] R хо'лодно
ТЕ.ПЛЫЙ
    00
    Те.плая компа'ния
    A CLOSELY-KNIT GROUP
    Студе'нт прове'л ле'тние кани'кулы в те.плой компа'нии
    ро'дственников и знако'мых.
    00
    Те.плое месте'чко R месте'чко
ТЕРЕ'ТЬ
    00
    Тере'ть ля'мку R ля'мка

ТЕРНО'ВЫЙ
    14
    Терно'вый вене'ц
    A CROWN OF THORNS
    Гениа'льным худо'жникам ча'сто достае.тся в уде'л вене'ц терно'вый.
ТЕРПЕ'НИЕ
    00
    Вооружи'ться терпе'нием R вооружи'ться
    00
    Вы'вести из терпе'ния R вы'вести
    00
    Запасти'сь терпе'нием R запасти'сь
    00
    $Перепо'лнить ча'шу терпе'ния/ча'ша терпе'ния перепо'лнилась$ R ча'ша
    00
    Терпе'ние ло'пается R ло'паться
    00
    Терпе'ние ло'пнуло R ло'пнуть
ТЕРПЕ'ТЬ
    00
    Бума'га все. те'рпит
    YOU CAN WRITE ANYTHING YOU PLEASE; YOU CAN'T BELIEVE
    EVERYTHING YOU READ
    00
    $Вре'мя/де'ло$ не те'рпит
    THIS IS AN URGENT BUSINESS; THERE'S NO TIME TO LOSE
    Вре'мя не те'рпит при пожа'ре.
    00
    $Вре'мя/де'ло$ те'рпит
    THIS BUSINESS CAN WAIT
    00
    Терпе'ть хо'лод и го'лод R хо'лод
ТЕ.РТЫЙ
    00
    Те.ртый кала'ч R кала'ч
ТЕРЯ'ТЬ
    00
    Золото'е вре'мя теря'ть R золото'й
    00
    Не'чего теря'ть [кому']
    (HE) HAS NOTHING TO LOSE
    00
    Теря'ть власть над собо'й R власть
    00
    Теря'ть из ви'ду R вид
    00
    Теря'ть по'рох $да'ром/напра'сно/по-пусто'му/ETC$ R по'рох
    00
    $Теря'ть/потеря'ть$ го'лову R голова'
    00
    Теря'ть по'чву под нога'ми R по'чва
    00
    Теря'ть управле'ние R управле'ние
ТЕРЯ'ТЬСЯ
    00
    Теря'ться в дога'дках R дога'дка
ТЕСА'ТЬ
    00
    Хоть кол на голове' теши' [кому'] R кол
ТЕ'СТО
    00
    Из $друго'го/ра'зного$ те'ста [кто+с кем]
    CUT FROM A DIFFERENT CLOTH
    00
    Из одного' те'ста [кто+с кем]
    TWO OF A KIND; CUT FROM THE SAME CLOTH
    Секрета'рша с машини'сткой из одного' те'ста: о'бе лени'вы.
ТЕЧЕ'НИЕ
    00
    В тече'ние
    IN THE COURSE OF
    1. В тече'ние не'скольких секу'нд он стоя'л с припо'днятым кве'рху и просветле'вшим лицо'м. 2. Ли'за не вы'молвила ни одного' сло'ва в тече'ние спо'ра между

    Лавре'чким и Па'ншиным.
    00
    Плыть по тече'нию R плыть
    00
    Плыть про'тив тече'ния R плыть
    00
    С тече'нием вре'мени R вре'мя
ТЕЧЬ
    00
    Как по ма'слу течь R ма'сло
    00
    Кровь [кака'я<чья] тече.т в $[ком]<[чьих] жи'лах$ R кровь
    00
    Слю'нки теку'т R слю'нки
ТИПУ'Н
    00
    Типу'н на язы'к [кому']
    MAY (YOUR) TONGUE FALL OUT FOR SAYING THAT
    -Сосе'дка - щеголи'ха, ви'дно, высма'тривает дружка'! -Типу'н тебе' на язы'к! Хорошо' одева'ться всегда' бы'ло в ее. вкусе.
ТИРА'Ж
    00
    Вы'йти в тира'ж
    TO BECOME OBSOLETE/OUT-OF-DATE
ТИСКИ'
    00
    $Заха'ть/взять$ в тиски'
    TO SQUEEZE TIGHTLY; TO GRIP IN A VICE
    Он просну'лся от хо'лода, взя'вшего в тиски' се'рдце.
ТИТ НИ'КОНЫЧ] ВЫ'ШЕЛ В ОТСТА
    00
    Голова' /кружи'лась ([от чего'])кру'жится/закружи'лась$ R голова'
ТИ'ХИЙ
    00
    В ти'хом о'муте че'рти во'дятся R о'мут
    00
    $Ти'хий/ме.ртвый$ час
    AN AFTERNOON NAP
    00
    Ти'хой са'пой R са'па
ТИ'ШЕ
    00
    Ти'ше воды', ни'же травы' R вода'
ТИШИНА'
    00
    Гробова'я тишина' R гробово'й
ТИШЬ
    00
    В тиши'
    1. IN PEACE; IN SILENCE 2. IN A PEACEFUL PLACE
    1. Все. спит ... Оди'н свире'пый рок Чужд ми'ра и поко'я, И сто'лько ж стра'шен и жесто'к В тиши', как в ви'хре бо'я. 2. -Не тако'й э'то враг, что'бы сра'зу на штыки' лезть. ... Ду'мает отсиде'ться где'-нибудь в тиши'.
    00
    Тишь да гладь R гладь
ТКНУТЬ
    00
    Ткнуть но'сом ([кого'+во что]) R нос
ТО
    00
    А (не) то R а
    00
    А то нет? R нет
    00
    (Да) и то ...
    AT THAT
    1. Вино' подава'лось у нас то'лько за обе'дом, и то по рю'мочке. 2. Ло'йко Зоба'р люби'л то'лько коне'й и ничего' бо'льше, и то не до'лго - пое'здит, да и прода'ст.
    00
    Не то ...
    OTHERWISE; OR ELSE
    -Смотри'те же, чтоб не' было глу'постей и чтоб вела'

TO CONT'D.
    она' себя' благоразу'мно. Не то ей бу'дет пло'хо, о'чень
    пло'хо.

TOBA'P
    00
    Показа'ть това'р лицо'м R лицо'

TOBA'PИШ
    50
    Това'рищ по несча'стью
    FELLOW-SUFFERER
    Безрабо'тные по нево'ле - това'рищи по несча'стью.

TOBA'PИШЕСКИЙ
    00
    С (това'рищеским) приве'том R приве'т

TO'ГA
    14
    Ряди'ться в то'гу [кого'<чего']
    TO CLOTHE ONESELF IN THE MANTLE OF (SOMEONE/SOMETHING)
    Интеллиге'нция охо'тно ряди'лась в то'гу
    социа'л-демократи'зма.

ТОГДА'
    00
    Тогда' как ...
    1. ON THE CONTRARY; WHILE 2. ALTHOUGH
    1. Сарди'нка ... име'ет вкус пре'сный и потому' ско'ро
    приеда'ется, тогда' как ки'лька, сдо'бренная пе'рчем и
    лавро'вым листо'м, - никогда'! 2. Э'ти статьи' ...
    на'званы полеми'ческими, тогда' как в них нет и те'ни
    поле'мики.

ТОЛИ'КА
    00
    $Ма'лую/небольшу'ю$ толи'ку
    A LITTLE BIT
    Он не мог никогда' удержа'ться, что'бы не привра'ть
    ма'лую толи'ку.

ТОЛК
    00
    Бе'з толку
    SENSELESSLY; TO NO PURPOSE
    Есть лю'ди, кото'рые говоря'т мно'го, но бе'з толку.
    00
    Взять в толк
    TO UNDERSTAND; TO MAKE SENSE OF (SOMETHING)
    Продаве'ц сра'зу взял в толк чего' хоте'л покупа'тель.
    00
    Доби'ться то'лку
    TO GET A REASONABLE EXPLANATION; TO GET POSITIVE RESULTS
    Оте'ц споко'йно доби'лся то'лку о причи'не огорче'ния
    сы'на.
    00
    $Знать/понима'ть$ толк [в че.м]
    TO BE A GOOD JUDGE OF (SOMETHING); TO BE AN EXPERT IN
    (SOMETHING)
    00
    Знать толк [в че.м] R знать
    00
    Не доби'ться то'лку R доби'ться
    00
    Сбить с то'лку
    TO CONFUSE; TO BAFFLE
    Опеча'тка в зада'че сби'ла с то'лку реша'вшего ее..
    00
    Сби'ться с то'лку
    TO BECOME CONFUSED; TO BECOME BAFFLED
    Перебе'жчики па'ртий сбива'ют с то'лку избира'телей.
    00
    Смы'слить толк [в че.м]
    TO MAKE SENSE OF (SOMETHING)
    00
    С то'лком
    SENSIBLY; INTELLIGENTLY

ТОЛКА'ТЬ
    00
    Толка'ть в про'пасть [кого']
    TO UNDO (SOMEONE); TO PUSH (SOMEONE) OVER THE BRINK
    00
    Толка'ть $в ше'ю/в три ше'и/вза'шей$ R ше'я

ТОЛКНУ'ТЬ
    00
    Ни в зуб (толкну'ть) R зуб

    00
    Толкну'ть под мики'тки R мики'тки

ТОЛКОВА'ТЬ
    00
    Что и толкова'ть
    OF COURSE; TRULY; CORRECTLY
    -Ва'жно ты пое.шь пе'сни, Его'рка ... -Уж что и
    толкова'ть. Он у нас на все ру'ки.

ТОЛОКО'ННЫЙ
    23
    Толоко'нный лоб
    A NUMBSKULL
    Жил-был поп, толоко'нный лоб.

ТОЛО'ЧЬ
    00
    Толо'чь во'ду (в сту'пе) R вода'

ТО'ЛСТЫЙ
    29
    Попере.к себя' то'лще
    VERY FAT; AS WIDE AS (HE) IS HIGH
    Друзья' де'тства с пе'рвого взгля'да не узна'ли друг
    дру'га: оди'н - попере.к себя' то'лще, друго'й же -
    худо'й.
    00
    Попере.к себя' то'лще R то'лстый
    00
    То'лстая мошна' R мошна'
    00
    То'лстый карма'н R карма'н
    00
    То'лстый кошеле.к R кошеле.к

ТОЛЧО'К
    42
    В толчки' =вы'гнать/прогна'ть/ETC=
    TO PUSH (SOMEONE) OUT

ТО'ЛЬКО
    00
    Да и то'лько R да
    00
    Поду'мать то'лько!
    JUST THINK!
    00
    Та'к то'лько R так
    00
    То'лько держи'сь! R держа'ться
    00
    То'лько и
    ONLY
    Нача'льствующие ли'ца то'лько и говори'ли, что
    отступле'ния не бу'дет.
    00
    То'лько и ви'дели [кого'] R ви'деть
    00
    $То'лько и всего'/и то'лько$
    THAT'S ALL; NOTHING MORE; AND THAT'S IT
    Уезжа'я в о'тпуск на юг, он всегда' брал ма'ленький
    чемода'н - то'лько и всего'.
    00
    То'лько и есть
    JUST A LITTLE/FEW
    00
    То'лько и ... , что R что(2)
    00
    То'лько-то'лько
    JUST; JUST BARELY; HARDLY
    То'лько-то'лько успе'ли мы притаи'ться за куста'ми, как
    внизу' показа'лось сра'зу пя'теро вса'дников.
    00
    То'лько что
    JUST
    Со'лнце то'лько что се'ло: на не'бе высоко' стоя'ли
    дли'нные кра'сные облака'.
    00
    То'лько что не ...
    1. ALMOST 2. ONLY; THE ONLY THING LACKING
    1. ... уви'дел я и'здали горо'ховую шине'ль и пусти'лся
    за не'ю по Не'вскому проспе'кту то'лько что не бего'м.
    2. -На'ши лю'ди то'лько что не обстре'ляны, но э'то,

ТО'ЛЬКО CONT'D.
   господа', до пе'рвого бо'я.
ТОН
   00
   В тон
   IN THE SAME SHADE
   Портье'ры в тон ме'бели.
   00
   В тон =говори'ть/сказа'ть=
   IN THE SAME TONE
   За ча'шкой ча'я да'мы в тон говори'ли об однообра'зии
   жи'зни хозя'йки до'ма.
   42
   Задава'ть тон
   TO PUT ON AIRS
   —Челове'к он, по-мо'ему, дрянь; вы'служился ...,
   жени'вшись на чье'й-то побо'чной до'чери, и зава'жничал.
   Тон задае.т.
   00
   $Зада'ть/дать$ тон
   TO SET THE TONE
   1. [Ре'гент] то'нким го'лосом, бе'режно, то'чно
   сообща'я хо'ру каку'ю-то не'жную та'йну, за'дал тон. 2.
   Перед тем как предоста'вить Пе'тьке сло'во, Алексе'й
   реши'л дать тон собра'нию. 3. Кремле.в нево'льно
   возвраща'лся мы'слями к шко'ле ... "Че'тверть зако'нчили
   не пло'хо, тон задаю'т комсомо'льцы."
   00
   Настро'иться на мино'рный тон R мино'рный
   00
   Не в тон =петь/игра'ть/ETC=
   OUT OF TUNE
   Хори'сты пе'ли не в тон; ви'дно, одно'й спе'вки
   недоста'точно.
   00
   Повы'сить тон R повы'сить
   00
   Под тон
   IN TUNE WITH
   Терра'са проста'я, сколо'ченная из ле'са, под тон всей
   остально'й просто'й и деревя'нной сиби'рской архитекту'ре.
   00
   Пони'зить тон R тон
   00
   Попа'сть в тон
   TO STRIKE THE RIGHT TONE
   00
   $Сба'вить/сни'зить/пони'зить$ $тон/го'лос$
   TO LOWER ONE'S TONE OF VOICE
   Ви'дя невозмути'мость ма'тери, де'вушка пони'зила тон
   своего' расска'за и уже' споко'йно око'нчила его'.
   00
   То'ном вы'ше =говори'ть/сказа'ть/ETC=
   TO RAISE ONE'S VOICE
   Мать говори'ла то'ном вы'ше о беспоря'дке в ко'мнате
   до'чери.
   00
   То'ном ни'же =говори'ть/сказа'ть/ETC=
   TO LOWER ONE'S VOICE
ТО'НКИЙ
   00
   Кишка' тонка' [у кого'] R кишка'
   00
   То'нкий сон
   A LIGHT SLEEP
   У ма'тери то'нкий сон: не плач младе'нца, а то'лько его'
   движе'ния в колыбе'ли бу'дят ее..
ТО'НКОСТЬ
   00
   $До то'нкости<в то'нкости$
   IN MINUTE DETAIL
   Электроте'хник до то'нкости объясни'л как по'льзоваться
   сло'жным аппара'том.
ТОНУ'ТЬ
   00
   То'нет в крови' [кто<что]
   TO BE DROWNING IN BLOOD
ТОПО'Р
   29
   (Хоть) топо'р ве'шай

   IT'S STUFFY/STIFFLING
ТОПТА'ТЬ
   00
   Топта'ть в грязь [кого'] R грязь
ТОПТА'ТЬСЯ
   00
   Топта'ться на ме'сте
   TO MAKE NO HEADWAY
   Ме'стные вла'сти то'пчутся на ме'сте в вопро'се рефо'рмы
   школ, занима'ясь то'лько исследо'ваниями и резолю'циями.
ТО'РБА
   00
   Как $дура'к/ду'рень$ с пи'саной то'рбой носи'ться [с
   кем<с чем]
   TO FUSS OVER (SOMETHING); TO BE LIKE A CHILD WITH A NEW TOY
ТОРИЧЕ'ЛЛИЕВ
   00
   Ториче'ллиева пустота'
   COMPLETE ABSENCE OF (SOMETHING)
ТОРМА'ШКИ
   00
   Вверх $торма'шками/торма'шки$ =поста'вить/опроки'нуть/
   ETC=
   TOPSY-TURVY
   Е'сли б Мака'ру дать власть, что' бы он мог наде'лать?
   Он бы со свое'й ухва'ткой всю жизнь вверх торма'шками
   поста'вил!
   00
   Вверх $торма'шками/торма'шки$ =полете'ть/спусти'ть/ETC=
   HEAD OVER HEELS
   Лягу'шка полете'ла вверх торма'шками на зе'млю.
ТО'РНЫЙ
   00
   То'рная доро'га
   THE BEATEN TRACK
ТОРОПИ'ТЬСЯ
   00
   Не торопя'сь
   UNHURRIEDLY; TAKING ONE'S TIME
   00
   Торопи'ться не'куда R не'куда
ТОРЧА'ТЬ
   00
   Торча'ть над [чьей] душо'й R душа'
ТОРЧКО'М
   00
   =Стоя'ть= торчко'м
   TO STAND UPRIGHT/ON END/ERECT
   1. Кот Васи'лий Васи'льевич, задра'в торчко'м хвост,
   так и ходи'л, так и кружи'л о'коло ко'жаного кре'сла.
   2. Шерсть по всему' те'лу [ло'шади], хотя' и
   коро'ткая, стоя'ла торчко'м.

ТОСКА'
   00
   Зали'ть тоску' R зали'ть
   00
   Зеле.ная тоска' R зеле.ный
ТОСТ
   00
   Предложи'ть тост R предложи'ть
ТОТ
   00
   $Бо'льше того'/бо'лее того'/тем бо'лее$ R бо'лее
   00
   Во что бы то' ни ста'ло R стать
   00
   Встать не с той ноги' R нога'
   00
   (Да) и то сказа'ть
   AND INDEED; AND IT'S TRUE
   —Ямщи'к проси'л о'чень мно'го — це'лых сто рубле'й. Да
   и то сказа'ть: доро'га и на са'мом де'ле была' не
   бли'жняя.
   00
   До того'
   TO SUCH AN EXTENT; SO MUCH

ТОТ CONT'D.

Оте'ц до того' был погруже'н в размышле'ния, что не
расслы'шал вопро'са сы'на.

00

Е'сли (уж) на то' пошло' R е'сли

00

(И) без того'
AS IT IS; EVEN WITHOUT THAT

29

И то
THAT'S RIGHT; FOR SURE

–Иду'т сюда'! –не свои'м го'лосом шепта'ла А'вгарь ....
–И то иду'т, –согласи'лся Коно'н.

00

И тому' подо'бное R подо'бный

00

И тот и друго'й R друго'й

00

Му'зыка не та R му'зыка

00

Не без того' (что'бы) R без

00

Не на [того'<ту] напа'л R напа'сть

00

Не тем будь помя'нут R помяну'ть

00

Не то что ..., а ...
NOT ONLY ..., BUT ALSO ...

–За копе'йку он не то что брате'льника, а самого' бо'га
обшельму'ет.

00

Не то $что/чтоб<что'бы$ ..., а ...
NOT SO MUCH ..., AS ...; IT IS NOT THAT ..., BUT ...

В семе'йстве на'шем ца'рствовала не то, что'бы
ску'пость, а како'е-то упо'рное скопидо'мство.

00

Не то, $что/что'бы$ ...
NOT VERY; NOT COMPLETELY

Поко'йный дед был челове'к не то, что'бы из трусли'вого
деся'тка.

00

Нет того' что'бы [INF] R нет

00

Ни с того' ни с сего'
FOR NO REASON; OUT OF THE BLUE

00

Ни то ни се.
NEITHER FISH NOR FOWL; NEITHER ONE THING NOR ANOTHER

1. ... Есть род люде'й, изве'стных под и'менем: лю'ди
так себе', ни то ни се..

00

Па'че того' R па'че

00

$При все'м том<со всем тем$ R весь

00

Тем бо'лее R бо'лее

00

Тем не ме'нее R ме'нее

00

Тем па'че R па'че

00

Того' и $гляди'/смотри'$ R гляде'ть

00

Того' и жди R ждать

00

То и де'ло R де'ло

00

То и знай R знать

00

То ли де'ло R де'ло

00

Тому' наза'д R наза'д

00

$То'-се./то' да се./(и) то' и се.$
THIS AND THAT

1. –И сто'лько я о вас слыха'л того'-сего', что
познако'миться давны'м-давно' жела'ю. 2. Пока' иска'ли
ва'режку, пока' то' да се., наступи'ли су'мерки.

00

Тот и'ли $друго'й/ино'й$
SOMETHING OR OTHER; SOMEONE OR OTHER

00

Тот свет R свет(2)

ТО'-ТО

00

(Вот) то'-то и $оно'/есть$
THE FACT IS; YOU SEE; REALLY

–До друго'го бе'рега руко'й пода'ть на паро'ме. –Вот
то'-то и оно', что нет его'.

ТОЧИ'ТЬ

00

Точи'ть баля'сы R баля'сы

00

Точи'ть $зуб<зу'бы$ [на что'] R зуб

00

Точи'ть $зуб<зу'бы$ [на кого'] R зуб

00

Точи'ть ля'сы R ля'сы

00

Точи'ть нож [на кого']
TO HAVE IT IN FOR (SOMEONE)

00

Червь то'чит [кого']
(SOMETHING'S) EATING (HIM); (SOMETHING'S) PREYING ON (HIS)
MIND; TO BROOD

ТО'ЧКА

00

Бить в (одну') то'чку R бить

00

До то'чки =дойти'/довести'=
TO PUSH TO THE LIMITS/TO THE WALL; TO BE AT THE END OF
ONE'S ROPE; TO BE IN DESPAIR

00

До то'чки =знать/ви'деть/реши'ть/ETC=
COMPLETELY; FULLY; TO THE LAST DETAIL

00

$Ме.ртвая то'чка<на ме.ртвой то'чке$ R ме.ртвый

00

На то'чке замерза'ния R замерза'ние

00

Попа'сть в (са'мую) то'чку
1. TO HIT THE BULLS-EYE/THE MARK 2. TO HIT THE NAIL ON
THE HEAD

1. Я не смел ве'рить, но показа'лось – цель поражена'.
–В то'чку! –сказа'л Кухтаре'нко, опуска'я бино'кль.
2. Чува'ев попа'л в то'чку. Он в двух слова'х
исче'рпал то, что други'е собира'лись вырази'ть в
дли'нных реча'х.

00

$Смотре'ть/гляде'ть$ в одну' то'чку
TO STARE INTO SPACE; TO HAVE A FARAWAY LOOK

00

Ста'вить то'чку
TO FINISH; TO QUIT

О'пытный предпринима'тель во'время ста'вит то'чку, не
предви'дя успе'ха.

00

Ста'вить то'чку [на ком<на че.м]
TO BREAK OFF WITH (SOMEONE); TO PUT AN END TO (SOMETHING);
NOT TO GO ANY FURTHER; TO FORGET ABOUT (SOMETHING)

Предприи'мчивый челове'к ста'вит то'чку на неуда'вшемся
де'ле и бере.тся за друго'е.

00

Ста'вить $то'чку<то'чки$ $над/на$ "и"
TO DOT ONE'S "I'S" AND CROSS ONE'S "T'S"; TO PUT THE
FINISHING TOUCHES TO (SOMETHING)

–Пора' ста'вить то'чку над "и", обсуди'в план перее'зда
на да'чу, –сказа'л оте'ц.

00

С то'чки зре'ния [како'й<кого'] R зре'ние

00

То'чка в то'чку
POINT FOR POINT; EXACTLY

–Карти'на великоле'пна – она' то'чка в то'чку с мои'м
оригина'лом, –сказа'л коллекционе'р.

00

То'чка зре'ния R зре'ние

292

TO'ЧКА CONT'D.
00
То'чка отправле'ния R отправле'ние
00
То'чки соприкоснове'ния R соприкоснове'ние
ТО'ЧНО
00
Точне'е сказа'ть R сказа'ть
ТО'ЧНОСТЬ
00
В то'чности
EXACTLY; PRECISELY
Прика'з был испо'лнен в то'чности.
29
До то'чности
TO THE LETTER; THOROUGHLY
-Торго'вое де'ло вы'знал я ... до то'чности.
ТО'ЩИЙ
00
На то'щий желу'док
ON AN EMPTY STOMACH
00
То'щий карма'н R карма'н
00
То'щий кошеле.к R кошеле.к
ТПРУ
29
Ни тпру ни ну
(I) CAN'T BUDGE/MAKE A MOVE
-А когда' мне ну'жно сме'ту утвержда'ть, я без Семе.на
Семе.новича ни тпру ни ну.
ТРАВА'
00
Ти'ше воды', ни'же травы' R вода'
00
$Трава' траво'й/как трава'$
(IT'S) TASTELESS [ABOUT FOOD]
Ра'нние я'блоки - трава' траво'й: в них нет сла'дости и
их осо'бого вку'са.
00
Траво'й пapocло' R былье.
29
Хоть трава' не расти'
IT'S ALL THE SAME TO (HIM); (HE) COULDN'T CARE LESS
Хозя'йство в упа'дке: жене' не по си'лам оно', а му'жу -
хоть трава' не расти'.
ТРА'ВЛЕНЫЙ
00
Тра'вленый $волк/зверь$
AN EXPERIENCED PERSON; (HE'S) BEEN AROUND
О'пытного челове'ка, тра'вленного во'лка, тру'дно
провести'.
ТРАГЕ'ДИЯ
00
Де'лать траге'дию [из чего']
TO MAKE A TRAGEDY OUT OF (SOMETHING)
Не уве'ренные в себе' лю'ди де'лают траге'дию из
мале'йшей неуда'чи.
ТРА'ТИТЬ
00
Тра'тить по'рох $да'ром/напра'сно/по-пусто'му/ETC$ R
по'рох
00
Тра'тить слова' $понапра'сну/по'пусту/зря/ETC$ R
сло'во
42
Тра'ченный мо'лью
MOTH-EATEN
-Продае.тся ста'рый фрак, тра'ченный мо'лью.
ТРЕВО'ГА
00
Бить трево'гу
TO SOUND THE ALARM
ТРЕВО'ЖИТЬ
00
Трево'жить воображе'ние [чье.]
TO FASCINATE (SOMEONE); TO CAPTURE (SOMEONE'S) IMAGINATION
ТРЕЗВО'Н
00
Зада'ть $трезво'н<трезво'ну$ [кому']

TO SCOLD (SOMEONE); TO GIVE (SOMEONE) A DRESSING-DOWN
00
Трезво'н в уша'х [у кого']
THERE'S A RINGING IN (MY) EARS
-Перед о'бмороком у меня' был трезво'н в уша'х,
-сказа'ла больна'я.
ТРЕПА'ТЬ
00
Трепа'ть не'рвы [кому'] R нерв
00
Трепа'ть языко'м R язы'к
ТРЕСК
00
С тре'ском провали'ться
TO BE A COMPLETE FLOP; TO BE AN IGNOMINOUS FAILURE
ТРЕ'СНУТЬ
29
$Ло'пнуть/тре'снуть$ $со' смеху/со зло'сти/ETC$
TO SPLIT ONE'S SIDES LAUGHING; TO BE FURIOUS
29
Хоть тре'сни
FOR THE LIFE OF ME
ТРЕ'ТИЙ
00
В тре'тьем году'
THE YEAR BEFORE LAST
00
В тре'тьем лице' =говори'ть/писа'ть=
(TO SPEAK/WRITE/ETC.) IN THE THIRD PERSON
Солда'т говори'л в тре'тьем лице' о пережи'том на войне'
00
В тре'тьи ру'ки =отда'ть/переда'ть/перейти'/ETC=
(TO GIVE/PASS) TO A THIRD PARTY
Дом переше.л в тре'тьи ру'ки в тече'ние десяти' лет.
00
До тре'тьих петухо'в
UNTIL DAWN
Весе'лье в се'льском клу'бе дли'лось до тре'тьих
-петухо'в.
00
Из тре'тьих $рук/уст$ =узна'ть/услы'шать/ETC= R уста'
00
Из тре'тьих уст =узна'ть/услы'шать= R уста'
00
По сче.ту тре'тий R сче.т
00
С тре'тьими петуха'ми
AT DAWN
Крестья'нин вы'ехал в по'ле с тре'тьими петуха'ми.
00
Тре'тьего дня R день
00
Тре'тьей руки'
THIRDHAND
Костю'м тре'тьей руки' был мешкова'т.
00
Тре'тье поколе'ние
GRANDCHILDREN
Тре'тье поколе'ние окружа'ло счастли'вого старика'.
ТРЕЩА'ТЬ
00
За уша'ми трещи'т [у кого'] R у'хо
29
Карма'н трещи'т [у кого']
(HE) IS BROKE
00
Треща'ть по всем швам R шов
ТРИ
00
В тре.х шага'х R шаг
00
В три ручья' =пла'кать/рыда'ть/ETC=
TO CRY/SOB BITTERLY; THE TEARS STREAMED DOWN (HIS) FACE
Де'вочка в три ручья' пла'кала, держа' искале'ченную
ку'клу.
00
$Гнать/толка'ть/выта'лкивать/ETC$ в три ше'и R ше'я
00
$Гнуть/согну'ть/скрути'ть$ в три поги'бели R гнуть

ТРИ CONT'D.

00
$Гну'ть/согну'ть/скрути'ть$ в три дуги' R гнуть

00
$Два-три<две-три/ETC$ R два

00
Заблуди'ться в тре.х со'снах R заблуди'ться

00
Комбина'ция из тре.х па'льчев R комбина'ция

00
Согну'ться в три $дуги'/поги'бели$ R согну'ться

00
С три ко'роба =наговори'ть/наобеща'ть/ETC= R ко'роб

ТРИДЕВЯ'ТЫЙ

79
Тридевя'тое $ца'рство/госуда'рство$
A DISTANT COUNTRY
1. Поло'жим, наприме'р, существу'ет канцеля'рия, не здесь, а в тридевя'том госуда'рстве. 2. Полете'л оре.л с мужико'м за мо're в тридевя'тое ца'рство.

ТРИ'ДЕВЯТЬ

79
За три'девять земе'ль
ON THE OTHER SIDE OF THE WORLD; FAR, FAR AWAY
Жил-был за три'девять земе'ль в тридча'том кня'жестве отсе'ль Вели'кий и прему'дрый царь.

ТРИДЕСЯ'ТЫЙ

79
Тридеся'тое $ца'рство/госуда'рство$
A DISTANT COUNTRY
Вот и собира'ется тот купе'ц по свои'м торго'вым дела'м за мо're, за три'девять земе'ль, в тридевя'тое ца'рство, в тридеся'тое госуда'рство.

ТРИ'ДЦАТЬ

00
За три'дцать сре'бреников $прода'ть/преда'ть$ R сре'бреник

ТРИ'ШКИН

00
Три'шкин кафта'н
MAKING BRICKS WITHOUT STRAW

ТРОИ'ТЬ

00
В глаза'х трои'т
TO SEE TRIPLE
В глаза'х трои'т от мига'ния догора'ющей свечи'.

ТРОИ'ТЬСЯ

00
Трои'тся в глаза'х
TO SEE TRIPLE
В глаза'х трои'тся от утомле'ния и одолева'ющего сна.

ТРОН

00
Возвести' на трон R возвести'

ТРО'НУТЬ

00
Не тро'нуть волоска' [у кого'] R волосо'к

00
Па'льцем не тро'нуть [кого'<что] R па'лец

00
Тро'нуть $чувстви'тельную/больну'ю/делика'тную$ струну' [кого'] R струна'

ТРО'НУТЬСЯ

00
Ле.д тро'нулся R ле.д

00
Тро'нуться в рост R рост

ТРУБА'

00
Вы'лететь в трубу' R вы'лететь

29
Де'ло труба'
THINGS ARE BAD; THE SITUATION IS BAD
Колесо' слома'лось, и тяжело' нагру'женный воз переверну'лся, – де'ло труба'.

00
Иерихо'нская труба' R иерихо'нский

29
Нетолче.ная труба'
SARDINES IN A CAN [ABOUT A CROWD OF PEOPLE]

00
Пройти' ого'нь и во'ду (и ме'дные тру'бы) R ого'нь

00
$Пусти'ть/вы'пустить$ в трубу' [что]
TO SQUANDER/RUIN (SOMETHING)
Не зна'я цены' деньга'м, он пусти'л в трубу' нежда'нное насле'дство.

00
$Пусти'ть/вы'пустить$ в трубу' [кого']
TO RUIN (SOMEONE)

00
Труби'ть $в тру'бы<во все тру'бы$ R труби'ть

29
Хвост трубо'й
(HE) JUST TURNED AND WALKED OUT

ТРУБИ'ТЬ

00
$В тру'бы<во все тру'бы$ труби'ть
TO BROADCAST (SOMETHING); TO SPREAD THE NEWS ALL OVER
Пре'сса во все тру'бы труби'т о сканда'лах, каса'ющихся люде'й с положе'нием.

ТРУД

00
Без труда'
WITHOUT DIFFICULTY

00
$Взять/приня'ть$ на себя' труд [INF]
TO SHOULDER THE BURDEN OF (DOING SOMETHING); TO TAKE IT ON ONESELF TO (DO SOMETHING)
Дед при'нял на себя' труд помога'ть вну'кам в уче'бных заня'тиях.

00
Дать себе' труд R дать

00
Еги'петский труд R еги'петский

00
$Лю'ди/а'рмия$ труда'
WORKERS
Ветера'ны войны' увели'чивают а'рмию труда'.

00
По'сле трудо'в пра'ведных R пра'ведный

00
Сизи'фов труд R сизи'фов

00
С трудо'м
WITH DIFFICULTY
Сби'тый с ног боксе.р с трудо'м подня'лся.

00
С трудо'м дви'гать нога'ми R дви'гать

00
С трудо'м держа'ться на нога'х R держа'ться

ТРУДИ'ТЬСЯ

00
Труди'ться как вол R вол

ТРУП

00
$Переступи'ть/перешагну'ть$ через [чей] труп
TO STEP OVER (SOMEONE'S) CORPSE [TO GET SOMETHING]; TO DESTROY (SOMEONE) [TO ACHIEVE ONE'S GOAL]
Для достиже'ния вла'сти дикта'тор переступи'л через труп оппоне'нта.

00
То'лько через мой труп
OVER MY DEAD BODY

ТРУС

00
$Тру'су<тру'са$ пра'здновать
TO SHOW THE WHITE FEATHER; TO GET SCARED; TO BE A COWARD

ТРУСЛИ'ВЫЙ

00
Не трусли'вого деся'тка R деся'ток

ТРЯ'ПОЧКА

00
$Молча'ть/помолча'ть/пома'лкивать$ в тря'почку
TO KEEP MUM

ТРЯ'СКА

29
Зада'ть тря'ску [кому']

ТРЯ'СКА CONT'D.
    TO REALLY GIVE IT TO (SOMEONE); TO THRASH (SOMEONE)
ТРЯСТИ'СЬ
    00
    Поджи'лки трясу'тся [у кого'] R поджи'лки
    00
    Трясти'сь как оси'новый лист R оси'новый
    00
    Трясти'сь над ка'ждой копе'йкой R копе'йка
ТРЯХНУ'ТЬ
    00
    Тряхну'ть мошно'й R мошна'
    00
    Тряхну'ть старино'й R старина'
ТУ'ГО
    00
    Ту'го-на'туго
    VERY TIGHT
ТУГО'Й
    00
    Туга'я мошна' R мошна'
    00
    Туго'й карма'н R карма'н
    00
    Туго'й кошеле.к R кошеле.к
    00
    Туго'й на' ухо
    HARD OF HEARING
    Кузне'ц, туго'й на' ухо, продолжа'л бить по накова'льне,
    не замеча'я подходи'вшего сосе'да.
ТУДА'
    00
    Туда' же!
    "ME TOO"
    -Ах ты, молокосо'с! Да'вно ли был ты свинопа'сом - то?
    Туда' же, учи'ть.
    00
    Туда' и доро'га [кому'] R доро'га
    00
    Туда' и $обра'тно/наза'д$
    THERE AND BACK
    -У меня' отли'чные ло'шади, до'ктор! Даю' вам че'стное
    сло'во, что доста'влю вас туда' и обра'тно в оди'н час.
    00
    $Туда'-сюда'<(и) туда' и сюда'<то туда', то сюда'<ни
    туда' ни сюда'$
    HERE AND THERE; THIS WAY AND THAT
    1. -Хо'дишь по земле' туда'-сюда', ви'дишь города',
    дере'вни. 2. -Хва'тится мужи'к ло'шади ..., а ее. и
    не'ту ... Туда'-сюда' - нет лоша'дки! 3. -Я ...
    роди'тельскою вла'стью жела'ю, чтоб вы его' вы'секли!
    -Мо'жно, -говори'т городни'чий, -эй, ва'хтер, ро'зог!
    -Я бы'ло туда'-сюда': за что, мол?
ТУМА'Н
    00
    (Как) в тума'не =ви'деть/по'мнить/ETC=
    TO SEE/REMEMBER (SOMETHING) AS IF THROUGH A FOG
    Все., что произошло' вслед за э'тим, представля'лось
    ему' впосле'дствии, то'чно в тума'не.
    00
    (Как) в тума'не =жить/ходи'ть/ETC=
    TO WALK AROUND IN A FOG/HAZE
    Мы ходи'ли о'ба как бу'дто в чаду', тума'не, как бу'дто
    са'ми не зна'ли, что с на'ми де'лается.
    00
    $Напусти'ть/нанести'$ тума'ну (в глаза')
    TO OBSCURE/BEFOG (SOMETHING); TO THROW UP A SMOKE SCREEN
    00
    Тума'н в глаза'х [у кого']
    THERE'S A MIST BEFORE (MY) EYES
    00
    Тума'н в голове' [у кого']
    TO BE IN A FOG/HAZE
ТУПИ'К
    00
    Зайти' в тупи'к
    TO BE IN A BLIND ALLEY
    00
    Ста'вить в тупи'к

    TO BEWILDER (SOMEONE); TO NONPLUS (SOMEONE)
    00
    Стать в тупи'к
    TO BE BEWILDERED/NONPLUSSED
    Вла'сти городка' ста'ли в тупи'к по'сле мно'жества
    пожа'ров.
ТУРЕ'ЦКИЙ
    00
    Сиде'ть по-туре'цки
    TO SIT INDIAN STYLE/CROSS-LEGGED
ТУ'РМАН
    50
    Ту'рманом $полете'ть/скати'ться/ETC$
    TO FALL HEAD OVER HEELS
    Оступи'вшись на ве'рхней ступе'ньке ле'стницы, ма'льчик
    турма'ном скати'лся вниз.
ТУРУ'СЫ
    00
    $Подпусти'ть/разводи'ть$ туру'сы (на коле.сах)
    TO TALK NONSENSE
    1. Па'рубки рассы'пались перед ни'ми [молоди'цами]
    ме'лким бе'сом и поапуска'ли туру'сы. 2. -Да ты что
    туру'сы-то на коле.сах разво'дишь! Пра'вду говори'!
ТУТ
    00
    (Да) и все. тут
    AND THAT'S THAT; AND THAT'S ALL
    00
    Не ту'т-то бы'ло
    BUT IT WASN'T LIKE THAT AT ALL; FAR FROM IT; NOTHING OF
    THE SORT
    Шу'ка гото'вилась схвати'ть карася', да не тут-то бы'ло:
    в му'тной воде' сама' попа'ла в сеть.
    00
    $То тут, то там<то там, то тут$ R там
    00
    Тут же
    ON THE SPOT; AT ONCE
    Поше.л мо'крый, дово'льно густо'й снег. Едва' каса'ясь
    земли', он тут же та'ял.
    00
    $Тут и там<там и тут$ R там
    00
    Тут как тут
    HERE (HE) IS; (HE) IS RIGHT THERE
    Ра'неный зверь еще. боре.лся со сме'ртью, а ко'ршуны уже'
    тут как тут над ним.
    00
    $Что<чего'$ тут R там
ТУ'ЧА
    00
    $Сгусти'лись/собра'лись/ETC$ ту'чи [над кем<над чем]
    CLOUDS GATHERED OVER (SOMEONE/SOMETHING)
    Собра'лись ту'чи над наро'дом, бо'рющемся за свою'
    незави'симость.
    00
    Ту'ча ту'чей
    GLOOMY; SULLEN
    -Ну что? Как он ны'нче? -И-и-и-и ... ту'ча ту'чей!
ТЫ
    00
    $Быть [с кем] на ты/говори'ть [кому'] ты$
    TO BE ON FAMILIAR TERMS WITH (SOMEONE); TUTOYER
    -Они' на ты друг с дру'гом?! -Дру'жба со шко'льной
    скамьи'.
    00
    Ви'шь ты R вишь
    00
    (Вот) поди' (ж) ты R вот

    00
    Вот тебе' (и) на' R вот
    00
    Вот тебе' и ... R вот
    00
    Во'т тебе! R вот
    00
    Вот те крест R крест

ТЫ CONT'D.
    00
    Вот те на R вот
    00
    Вот те раз! R вот
    00
    Во'т я тебя' R вот
    00
    Вы'пить на ты
    TO DRINK BRUDERSCHAFT
    00
    И'шь ты R ишь
    00
    На' тебе'!
    WHAT DO YOU KNOW!; HOW ABOUT THAT!
    00
    Ну' тебя!
    CUT IT OUT
    Да ну тебя', дя'д ... Хоть бы когда'-нибудь пришё.л к нам в
    теа'тр.
    00
    Унеси' ты мое. го'ре! R унести'
    00
    $Фу-ты<фу-ты, ну-ты$ R фу
    00
    Христо'с с тобо'й R христо'с
    00
    Что ты! R что(1)
    00
    Я тебя' R я
ТЫ'КАТЬ
    00
    Ты'кать в $глаза'/нос$ [что<чем]
    TO CAST/THROW (SOMETHING) IN (SOMEONE'S) TEETH
    Хозя'ин ты'чет в глаза' рабо'тнику, что из ми'лости
    на'нял его'.
    00
    Ты'кать но'сом ([кого'+во что]) R нос
    00
    Ты'кать $па'льцем<па'льцами$ [на кого'<на что] R па'лец
    00
    Ты'кать (свой) нос R нос
ТЫ'КАТЬСЯ
    00
    Ты'каться но'сом R клева'ть
ТЫЛ
    00
    В тыл =уда'рить/зайти'/ETC=
    IN THE REAR; FROM BEHIND
ТЫЧО'К
    00
    На тычке'
    1. IN A SMALL, ELEVATED PLACE 2. IN A NOISY, BUSY PLACE
    1. Прокати'ла гало'пом двуко'лка, по'лная мешко'в; на
    верху' же на тычке', вы'тянув, расста'вив в кра'сных
    лампа'сах но'ги, че.ртом силе'л молодо'й каза'к. 2.
    -Что у вас де'лается, слы'шу, - неда'ром на тычке' живу'!
    29
    С тычка'
    WITH A SLIGHT BLOW WITH THE FIST
ТЬМА
    00
    $Тьма еги'петская<еги'петская тьма$ R еги'петский
    00
    Тьма кроме'шная R кроме'шный
    29
    Тьма-тьму'щая
    A VAST NUMBER; A MULTITUDE
    Знако'мых у меня' тьма-тьму'щая
    14
    $Тьма<тьмы$ тем
    A HUNDRED THOUSAND; A MULTITUDE
    Тьмы тем злых пожела'ний и прокля'тий лете'ли сюда' на
    э'ти зву'ки.
ТЮРЬМА'
    00
    Тюрьма' пла'чет [по ком] R пла'кать
ТЮ'ТЕЛЬКА
    29
    Тю'телька в тю'тельку

TO A T/A HAIR
    -Допу'стим да'же, мы сдае.м э'ти са'мые пятьсо'т
    че'нтнеров тю'телька в тю'тельку.
ТЯГ
    29
    $Дать/зада'ть$ тя'гу
    TO TAKE TO ONE'S HEELS
    Бро'сив добы'чу, вор зада'л тя'гу.
ТЯ'ГОСТЬ
    00
    Быть в тя'гость [кому']
    TO WEIGH ON (SOMEONE); TO BE A BURDEN ON (SOMEONE)
    Старики' жи'ли отде'льно от сы'на, не жела'я быть в
    тя'гость ему'.
ТЯЖЕ.ЛЫЙ
    00
    С тяже.лым се'рдцем
    WITH A HEAVY HEART
    С тяже.лым се'рдцем поки'нули лю'ди ро'дину.
    00
    Тяже.лая голова' [у кого']
    (HIS) HEAD FEELS HEAVY
    Второ'й день тяже.лая голова' у ма'тери, - не слегла' бы!
    00
    Тяже.лая рука' [у кого']
    (HE'S) HEAVY-HANDED
    00
    $Тяже.л<тяже.лый$ на подье.м R подье.м
    00
    Тяже.лый день
    A SAD DAY; AN UNLUCKY DAY
    Суеве'рные лю'ди счита'ют пя'тницу тяже.лым дне.м.
    00
    Тяже.лый на' ногу
    HEAVY-FOOTED
    00
    $Тяже.лый<тяже.л$ на' руку
    (HE'S) HEAVY-HANDED
    00
    Тяже.лый ум
    (HE'S) DULL/SLOW
ТЯ'ЖЕСТЬ
    00
    Центр тя'жести
    THE ESSENCE/BASIS OF (SOMETHING)
ТЯ'ЖКИЙ
    00
    Пусти'ться во все тя'жкие<вся тя'жкая R пусти'ться
ТЯНУ'ТЬ
    00
    $Е'ле/едва'$ но'ги тяну'ть R волочи'ть
    00
    Кто тебя' за язы'к тяну'л?
    WHAT POSSESSED YOU TO SAY THAT?
    00
    Тяну'ть вре'мя
    TO WASTE TIME; TO PROCRASTINATE; TO DRAG (SOMETHING) OUT
    00
    Тяну'ть жи'лы [из кого']
    TO PRESS (SOMEONE) VERY HARD
    00
    Тяну'ть $за' душу<ду'шу$ [из кого']
    1. TO TORMENT (SOMEONE); TO POISON (SOMEONE'S) LIFE 2. TO
    BADGER (SOMEONE)
    00
    Тяну'ть за' уши [кого'] R у'хо
    00
    Тяну'ть за язы'к [кого']
    TO DRAG (SOMETHING) OUT OF (SOMEONE); TO MAKE (SOMEONE) SAY
    (SOMETHING)
    00
    Тяну'ть каните'ль R каните'ль
    00
    Тяну'ть ля'мку R ля'мка
    00
    Тяну'ть одну' и ту же пе'сню R пе'сня
    00
    Тяну'ть $сок<со'ки$ [из кого'<из чего'] R сок

ТЯНУ'ТЬ CONT'D.
00
Тяну'ть [чью] $ру'ку/сто'рону$
TO TAKE (SOMEONE'S) SIDE; TO SUPPORT (SOMEONE)
ТЯНУ'ТЬСЯ
00
Тяну'ться в обо'зе R обо'з
00
Тяну'ться кра'сной ни'тью R кра'сный
ТЯП
00
$Тяп да ляп<тяп-ляп$
IN A SLIPSHOD WAY
ТЯ'ПНУТЬ
29
Тя'пнуть $го'ря<го'ре$
(HE) HAD (HIS) SHARE OF SUFFERING
У
00
Не у дел R де'ло
00
(Не) у ме'ста R ме'сто
00
У ковра' =рабо'тать/выступа'ть/ETC= R кове.р
УБЕЛИ'ТЬ
00
Убеле.нный $седино'й<седи'нами$
GRAY-HAIRED
Гля'дя' на э'то ста'рческое, откры'тое и убеле.нное
благообра'зной сединой лицо', мо'жно бы'ло умили'ться.
УБИВА'ТЬ
29
Убива'ть себя'
TO KILL ONESELF/TO KNOCK ONESELF OUT (DOING SOMETHING)
Крестья'нки убива'ли себя' над рабо'той в по'ле и до'ма.
УБИРА'ТЬСЯ
00
Убира'ться на все четы're сто'роны R сторона'
УБИ'ТЫЙ
00
Бо'гом $уби'тый<уби'тая$
WEAK-MINDED
00
Молча'ть как уби'тый
TO KEEP SILENT; NOT TO SAY A WORD
00
Спать как уби'тый
TO SLEEP LIKE THE DEAD
По'сле игры' футболи'сты спа'ли как уби'тые.
УБИ'ТЬ
00
Ка'рта уби'та [чья] R ка'рта
00
На ме'сте уби'ть R ме'сто
00
Уби'ть бобра' R бобр
00
Уби'ть вре'мя
TO KILL TIME
Что'бы уби'ть вре'мя, друзья' игра'ли в лото'.
00
Уби'ть двух за'йцев
TO KILL TWO BIRDS WITH ONE STONE
00
(Хоть) убе'й
FOR THE LIFE OF ME
УБО'Й
00
$Корми'ть/пои'ть$ на убо'й
TO STUFF WITH FOOD; TO FATTEN
-Они' ко'рмлены как на убо'й, -говори'ли ку'мушки об
упи'танных и румя'ных де'тях сосе'дки.
00
Посыла'ть на убо'й
TO SEND (SOMEONE) TO HIS DEATH
УБО'Р
00
Головно'й убо'р

HEADGEAR
У'БЫЛЬ
00
На у'быль $иди'/пойти'$
TO RECEDE; TO SUBSIDE; TO WANE
Вода' иде.т на у'быль, и река' ско'ро войде.т в свои'
берега'.
УБЫ'ТОК
00
В убы'тке $быть/находи'ться/ETC$
TO LOSE; TO INCUR LOSSES
Торго'вец не вы'держал конкуре'нции, и был в убы'тке.
УБЫ'ТЬ
29
Не убу'дет [кого']
THERE'S NO HARM IN IT FOR (US); IT WON'T HURT (US)
-Что он говори'т: Кабы' вы послу'шали! -А тебе' что!
Пуска'й говори'т. От его' слов тебя' не убу'дет.
УВАЖЕ'НИЕ
00
Поче.т и уваже'ние! R поче.т
00
$Свиде'тельствовать/засвиде'тельствовать$ [кому']
уваже'ние R свиде'тельствовать
УВЕНЧА'ТЬ
00
Увенча'ть сла'вой
TO GLORIFY
УВЕ'РЕННЫЙ
00
$Будь уве'рен<бу'дьте уве'рены$
BE ASSURED; YOU CAN BE SURE
-Вы'ключи свет перед сном! -Будь уве'рен!
УВЕ'РИТЬ
00
Сме'ю вас уве'рить
I ASSURE YOU
-Конь - ара'б чи'стой кро'ви, сме'ю вас уве'рить.
УВИ'ДЕТЬ
00
Уви'деть свет R свет(2)
00
$Уви'дим/поживе.м-уви'дим$
WE'LL SEE
УВО'З
42
Жени'ться уво'зом
TO KIDNAP A WIFE
УВЫ'
50
Увы' и ах
ALAS
Увы' и ах! В Пи'тере я становлю'сь мо'дным, как На'на.
УВЯ'ЗНУТЬ
00
По' уши увя'знуть R у'хо
УГЛУБИ'ТЬСЯ
00
$Углуби'ться/уйти'$ в себя'
TO WITHDRAW; TO BECOME WITHDRAWN
Он до того' углуби'лся в себя' и уедини'лся от всех, что
боя'лся да'же вся'кой встре'чи, не то'лько встре'чи с
хозя'йкой.
УГНЕТЕ.ННЫЙ
50
Угнете.нная неви'нность
OPPRESSED INNOCENCE [IRONIC]
УГОДИ'ТЬ
00
Угоди'ть на [чей] вкус
TO PLEASE (SOMEONE'S) TASTE
Го'сти угоди'ли на вкус имени'нницы свои'ми пода'рками.
УГО'ДНИК
00
Да'мский уго'дник R да'мский
00
Святи'тели (уго'дники)! R святи'тель
УГО'ДНО
00
Е'сли уго'дно

УГО'ДНО. CONT'D.
   PERHAPS; VERY LIKELY
   00
   Не уго'дно ли
   WOULDN'T YOU LIKE ...
   -Не уго'дно ли, дороги'е го'сти, перейти' в мой кабине'т?! -пригласи'л хозя'ин до'ма.
   00
   Ско'лько душе' уго'дно R душа'
   00
   Ско'лько уго'дно R ско'лько
У'ГОЛ
   Из-за угла' =уби'ть/напа'сть/нанести' уда'р/ETC= UNDERHANDEDLY
   00
   Из угла' в у'гол $ходи'ть/шага'ть/ETC$
   TO PACE BACK AND FORTH
   Взволно'ванный оте'ц ходи'л из угла' в у'гол.
   00
   Медве'жий у'гол R медве'жий
   00
   Непоча'тый у'гол [кого'<чего'] R непоча'тый
   00
   Под угло'м
   AT AN ANGLE
   00
   Под угло'м зре'ния [каки'м] R зре'ние
   00
   По угла'м $говори'ть/шепта'ться/ETC$
   TO SPEAK SECRETLY/IN WHISPERS
   Лю'ди по угла'м шепта'лись, недово'льные хо'дом собра'ния.
   00
   $Прижа'ть/припере'ть$ в у'гол [кого']
   TO BACK (SOMEONE) INTO A CORNER
   00
   $Сгла'дить/стере'ть/ETC$ (о'стрые) углы'
   TO SMOOTH THE ROUGH EDGES
   00
   Ста'вить в у'гол
   TO STAND (SOMEONE) IN THE CORNER
   00
   Ста'вить [что] во главу' угла' R глава'
   00
   $То'чно/сло'вно$ из-за угла' мешко'м $уда'ренный/приби'тый$ R мешо'к
У'ГОЛЬ
   00
   Как на $у'гольях/у'гля'х$ =быть/сиде'ть/находи'ться=
   TO BE SITTING ON PINS AND NEEDLES; TO BE ON TENTERHOOKS
УГО'Н
   23
   В уго'н
   AFTER ...; IN PURSUIT OF ...
УГОРЕ'ЛЫЙ
   00
   Как угоре'лая ко'шка =мета'ться/бе'гать/ETC= R ко'шка
   00
   Как угоре'лый $бежа'ть/нести'сь/мча'ться/ETC$
   TO RUN/RUSH LIKE MAD
УДАЛИ'ТЬСЯ
   00
   Удали'ться на $поко'й/споко'й$ R поко'й
   00
   Удали'ться на спокой R поко'й
УДА'Р
   00
   В уда'ре =быть=
   TO BE AT ONE'S BEST/IN GOOD FORM
   Певе'ц был в уда'ре; гром аплодисме'нтов разда'лся вслед.
   00
   Под уда'ром =быть/находи'ться=
   TO BE IN A VULNERABLE POSITION
   00
   Приня'ть уда'р R приня'ть
   00
   Ста'вить под уда'р [кого'<что]

TO PUT (SOMEONE) IN A DANGEROUS POSITION; TO JEOPARDIZE (SOMETHING)
УДА'РИТЬ
   00
   В =пот/жар/ETC= уда'рило
   TO BREAK INTO A SWEAT; TO BECOME FEVERISH
   1. Пришё'л домо'й, уда'рило в жар, но'чью бре'дил ... На у'тро да'же похуде'л от по'ту. 2. Пе'рвым де'лом ложи'сь, пото'м вы'пей коньяку' с ча'ем, чтоб в пот уда'рило.
   00
   Кра'ска уда'рила в лицо' R кра'ска
   00
   Кровь уда'рила в $го'лову/лицо'$ R кровь
   00
   Лицо'м в грязь не уда'рить R лицо'
   00
   Па'лец о па'лец не уда'рить R па'лец
   00
   =Парали'ч/кондра'шка/ETC= уда'рил
   TO BE SUDDENLY STRUCK BY ...
   1. Больно'й приподня'лся ... и вдруг упа'л. Сын бро'сился к нему', стари'к лежа'л без чувств и без дыха'ния, парали'ч его' уда'рил. 2. Изве'стие о сме'рти Андре'я Ива'ныча Я'ковлева в оди'н час облете'ло весь го'род ... То'лки шли ра'зные: одни' говори'ли, что он сгоре'л с вина'; други'е - что его' уда'рил кондра'шка.
   29
   Уда'рить во все колокола'
   TO BROADCAST; TO SPREAD THE NEWS
   Газе'ты уда'рили во все колокола' о небыва'лом урожа'е.
   00
   Уда'рить под мики'тки R мики'тки
   00
   Уда'рить по карма'ну
   TO HIT (SOMEONE) IN THE POCKETBOOK
   Повыше'ние тамо'женной по'шлины уда'рило по карма'ну торго'вцев.
   00
   Уда'рить по рука'м R рука'
   00
   Уда'рить чело'м [кому'] R чело'
УДА'РИТЬСЯ
   00
   Уда'риться в амби'цию R амби'ция
   00
   Уда'риться =в бе'гство/бежа'ть=
   TO DASH
   1. Анто'шка как уда'рится бежа'ть ми'мо мужика', мимо' плетня', да в воро'та и исче'з. 2. Конь уда'рился через шлях по направле'нию к ху'тору стреми'тельным гу'лким наме.том.
   00
   Уда'риться об закла'д R закла'д
УДАРЯ'ТЬ
   00
   Ударя'ть $в ладо'ши<ладо'шами/ладо'шки$ R ладо'ши
   00
   Ударя'ть в ладо'шки R ладо'ши
   00
   Ударя'ть в наба'т R наба'т
   00
   Ударя'ть по рука'м R рука'
УДЕЛИ'ТЬ
   00
   Удели'ть (осо'бое) внима'ние R внима'ние
У'ДЕРЖ
   00
   Без у'держу
   UNRESTRAINED
   00
   Не знать у'держу
   TO KNOW NO RESTRAINT
   Рассерди'вшись, она', как все сумасше'дшие, не зна'ла никако'го у'держу: руга'лась, драла'сь, куса'лась и выки'дывала са'мые неприли'чные шту'ки.
   00
   Нет у'держу [кому'<на кого']

У'ДЕРЖ CONT'D.
    TO BE UNRESTRAINED; THERE ARE NO RESTRAINTS ON (HIM)
УДИВЛЕ'НИЕ
    00
    На удивле'ние ([кому'])
    TO (SOMEONE'S) SURPRISE/AMAZEMENT
    -Танцева'ла На'стенька преле'стно ..., всем на удивле'нье.
УДИЛА'
    00
    Закуси'ть удила' R закуси'ть
УДОВО'ЛЬСТВИЕ
    00
    В свое. удово'льствие [V]
    TO (DO SOMETHING) TO ONE'S SATISFACTION/TO ONE'S HEART'S CONTENT; FOR ONE'S OWN PLEASURE
    В свобо'дное вре'мя автомеха'ник в свое. удово'льствие рису'ет с нату'ры.
    00
    Жить в свое. удово'льствие
    TO ENJOY LIFE
    До жени'тьбы он жил в свое. удово'льствие.
    00
    Срыва'ть цветы' удово'льствия R срыва'ть
УДОСТО'ИТЬ
    00
    Удосто'ить че'сти [кого']
    TO HONOR (SOMEONE)
    -Дворя'нство зде'шнее удосто'ило меня' че'сти избра'ния в предводи'тели.
УДОСТО'ИТЬСЯ
    11
    Удосто'иться че'сти
    TO MERIT AN HONOR [IRONIC]
У'ДОЧКА
    00
    $Заки'нуть/запусти'ть$ у'дочку R заки'нуть
    00
    $Идти'/попа'сться/пойти'/подда'ться/ETC$ на у'дочку
    TO SWALLOW THE BAIT
    00
    $Пойма'ть/подде'ть/подцепи'ть/ETC$ на у'дочку
    TO CATCH; TO HOOK; TO OUTWIT
    00
    Смота'ть у'дочки R смота'ть
УДРА'ТЬ
    29
    Удра'ть шту'ку
    TO PLAY A TRICK
УЕ'ХАТЬ
    00
    Дале.ко' не уе'дешь [с чем<на че.м] R дале.ко'
УЖ
    00
    $Ползти'/извива'ться$ ужо'м
    TO BE A SNAKE IN THE GRASS
УЖА'ЛИТЬ
    00
    Как ужа'ленный =вскочи'л/вскри'кнул/ETC=
    SWIFTLY; AS IF STUNG
    Я отскочи'л от стены', как ужа'ленный. Я испуга'лся.
У'ЖАС
    90
    До у'жаса
    TERRIBLY
    00
    У'жас что тако'е
    THAT'S TERRIBLE
    -Тако'е неве'жество! Вы не мо'жете себе' предста'вить! Э'то у'жас что тако'е!
У'ЖИН
    00
    Накры'ть у'жин R накры'ть
У'ЖИНАТЬ
    00
    Накры'ть у'жинать R накры'ть
УЗДА'
    00
    Держа'ть в узде' [кого'<что]

TO HOLD (SOMEONE) IN CHECK; TO HAVE A LEASH ON (SOMEONE)
    00
    Савра'с без узды' R савра'с
УЗДЦЫ'
    00
    Под уздцы'
    BY THE BRIDLE
    У крыльца' коменда'нтского до'ма каза'к держа'л под уздцы' прекра'сную бе'лую ло'шадь кирги'зской поро'ды.
У'ЗЕЛ
    00
    Го'рдиев у'зел R го'рдиев
    00
    $Завяза'ть/связа'ть$ $узло'м<в у'зел$ [кого']
    TO SUBJUGATE (SOMEONE); TO HAVE (SOMEONE) UNDER ONE'S THUMB
    00
    $Рассе'чь/разруби'ть$ го'рдиев у'зел R го'рдиев
УЗЕЛО'К
    00
    Завяза'ть узело'к (на па'мять)
    TO TIE A STRING AROUND ONE'S FINGER
У'ЗКИЙ
    00
    $Встре'титься/столкну'ться$ на у'зкой $доро'ге/доро'жке$
    TO COME INTO COLLISION
    Я его' то'же не люблю': я чу'вствую, что мы когда'-нибудь с ним столкне.мся на у'зкой доро'ге, и одному' из нас не сдоброва'ть.
    00
    В шагу' узки' R шаг
    00
    Расши'ть у'зкие места' R расши'ть
    00
    У'зкое ме'сто [в че.м]
    A WEAK SPOT IN (SOMETHING)
УЗНА'ТЬ
    00
    Го'рьким о'пытом узна'ть [что] R го'рький
    00
    Из пе'рвых уст узна'ть R уста'
    00
    Из тре'тьих $рук/уст$ =узна'ть= R уста'
    00
    Из уст [чьих] узна'ть R уста'
    00
    Свои'х не $узна'ешь<узна'ет<ETC$ R свой
    00
    Святы'м ду'хом (узна'ть) R дух
У'ЗЫ
    00
    У'зы кро'ви R кровь
УЙМ
    29
    $У'йму нет [кому'<на кого']/не знать у'йму$
    THERE'S NO CONSOLING (HIM)
    Раскипяти'тся, быва'ло, на что - у'йму нет на него', бли'зко не подходи'.
УЙТИ'
    00
    Дале.ко' не уйде.шь [с чем<на че.м] R дале.ко'
    00
    Дале.ко' уйти' [в че.м+от кого']
    TO LEAVE (SOMEONE) FAR BEHIND [IN SOME FIELD]; TO EXCEL/OUTDO (SOMEONE); TO GO FAR BEYOND (SOMEONE) IN (SOMETHING)
    Бе'дная де'вушка далеко' ушла' в нау'ках от свои'х све'рстниц, став врачо'м.
    00
    Душа' ушла' в пя'тки R душа'
    00
    Мавр сде'лал свое. де'ло, мавр мо'жет уйти' R ма'вры
    00
    Недале.ко' уйти' [в че.м+от кого']
    NOT TO GO FAR BEYOND (SOMEONE) IN (SOMETHING)
    00
    Ни с чем уйти' R что(1)
    00
    С голово'й уйти' [во что] R голова'
    00
    С пусты'ми рука'ми уйти' R пусто'й

  00
  Уйти' в кусты' R куст
  00
  Уйти' в $лу'чший/ино'й/друго'й$ мир R мир(1)
  00
  Уйти' впере.д
  TO GO FORWARD; TO ADVANCE
  Инжене'р, изобрета'тель, уше.л впере.д свои'х колле'г.
  00
  Уйти' в себя' R углуби'ться
  00
  Уйти' $из жи'зни/в зе'млю/в моги'лу/к пра'отцам/ETC$
  TO DEPART FROM THIS LIFE/WORLD
  00
  Уйти' на дно
  TO GO TO THE BOTTOM
  Мно'гие бро'сились в во'ду ... большинство' ушло' на дно.
  00
  Уйти' на поко'й R поко'й
  00
  Уйти' на споко'й R поко'й
УКА'З
  00
  Не $ука'з/ука'зка$ [кому']
  (IT'S) NO AUTHORITY FOR (ME)
  1. Самоду'р все. си'лится доказа'ть, что ему' никто'
  не ука'з, и что он - что хо'чет, то и сде'лает. 2.
  -О'ба мои' холо'пы! Прикажу' бить их без поша'ды ...
  Мне царь - не ука'зка!
УКАЗА'ТЬ
  00
  Указа'ть ме'сто [кому'] R ме'сто
  00
  Указа'ть на дверь [кому'] R дверь
УКА'ЗКА
  00
  Не ука'зка [кому'] R ука'з
УКЛО'Н
  00
  Под укло'н $идти'/направля'ться/ETC$
  TO GO AT AN INCLINE/DOWNHILL
УКО'Р
  00
  Живо'й уко'р R живо'й
  00
  Не в $уко'р/упре.к$ (будь) ска'зано [кому']
  (IT'S) NOT MEANT AS A REPROACH; DON'T TAKE IT PERSONALLY;
  DON'T TAKE IT THE WRONG WAY
  00
  Ста'вить в уко'р [кому'+что]
  TO REPROACH (SOMEONE) FOR (SOMETHING)
УКОРОТИ'ТЬ
  29
  Укороти'ть хвост [кому']
  TO GET (SOMEONE) BACK IN LINE
  29
  Укороти'ть язы'к [кому']
  TO SHUT (SOMEONE) UP
  -Ты напра'шиваешься, что'бы тебе' укороти'ли язы'к!
  -заме'тил он на де'рзость сы'на.
УКУСИ'ТЬ
  00
  (Кака'я) му'ха укуси'ла [кого'] R му'ха
У'ЛИЦА
  00
  Бу'дет и на $на'шей/мое'й/твое'й/ETC$ у'лице пра'здник
  R пра'здник
  00
  $Вы'бросить/вы'кинуть$ на у'лицу [кого'] R вы'бросить
  00
  Зеле.ная у'лица R зеле.ный
  00
  На у'лице =быть/оказа'ться/очути'ться=
  TO BE OUT ON THE STREET [I.E. HOMELESS, WITHOUT WORK]
  1. Дом сгоре'л дотла', и семья' оказа'лась на у'лице.
  2. Без семьи' и без за'работка, ю'ноша оказа'лся на
  у'лице.

  00
  $На у'лице<на у'лицу<с у'лицы$
  ON THE STREET; OUTSIDE
  1. Мину'ты через четы'ре сно'ва отвори'лась дверь;
  среди' холо'дного па'ра, ворва'вшегося с у'лицы в
  ко'мнату, показа'лись четы'ре солда'тские фигу'ры. 2.
  На у'лице бы'ло темно' и хо'лодно; ..., а в фа'нзе бы'ло
  ую'тно и тепло'.
  00
  На у'лице не валя'ется [что] R валя'ться
  00
  С у'лицы
  A MAN FROM THE STREET; AN OUTSIDER
  Взял как-то мальчи'шку с у'лицы, воспита'ть ду'мал, а он
  скрал у меня' часы' и - удра'л!
У'ЛИЧНЫЙ
  00
  У'личная де'вка R де'вка
УЛОЖИ'ТЬ
  00
  На ме'сте уложи'ть R ме'сто
  00
  Уложи'ть в $гроб/моги'лу$
  TO DRIVE (SOMEONE) TO HIS GRAVE
  Безуте'шное го'ре уложи'ло мать в гроб.
УЛОЖИ'ТЬСЯ
  00
  Уложи'ться в $голове'/созна'нии$
  TO GRASP (SOMETHING); TO TAKE (SOMETHING) IN
УЛЫБА'ТЬСЯ
  00
  Улыба'ться кри'во R криво'й
  00
  Улыба'ться (одни'ми) глаза'ми
  TO SMILE WITH ONE'S EYES
  Гля'дя на молоду'ю мать с младе'нцем на рука'х,
  незнако'мка улыба'лась одни'ми глаза'ми.
УЛЫ'БКА
  00
  Крива'я улы'бка R криво'й
УМ
  00
  Без ума' (быть) [от кого'<от чего']
  TO BE WILD/CRAZY ABOUT (SOMEONE/SOMETHING)
  Молоде.жь без ума' от неблагозву'чной му'зыки.
  00
  $Бра'ться/взя'ться/схвати'ться$ за ум
  TO COME TO ONE'S SENSES
  00
  В $свое.м/здра'вом$ уме'
  IN ONE'S RIGHT MIND; OF SOUND MIND
  Завеща'ние сде'лано отцо'м в здра'вом уме'.
  00
  Вскружи'тся ум R вскружи'ться
  00
  Вспасть на ум R вспасть
  00
  В уме'
  IN ONE'S HEAD [I.E. NOT WRITTEN DOWN]
  Не'которые да'ты на'шей жи'зни сохраня'ются в уме'.
  00
  Вы'жить из ума' R вы'жить
  00
  Вы'йти из ума' R вы'йти
  00
  Держа'ть [что] в уме' R держа'ть
  00
  Живо'й ум R живо'й
  00
  Жить свои'м умо'м R жить
  00
  За'дним умо'м кре'пок R за'дний
  00
  И в уме' $нет<не' было$
  (IT) DIDN'T ENTER (HIS) HEAD
  00
  Из ума' вон R вон
  00
  Из ума' не $выходи'ть/идти'$ R выходи'ть

УМ CONT'D.
    00
    $Коро'ткий ум<ум коро'ток$ R коро'ткий
    00
    $Лиши'ться ума'/лиши'ться рассу'дка/реши'ться ума'$
    TO LOSE ONE'S MIND
    00
    Люби'ть без ума'
    TO LOVE TO DISTRACTION/MADLY
    Лю'бящие без ума' обы'чно о'чень ревни'вы.
    00
    Меша'ться $в уме'<умо'м$ R меша'ться
    00
    Набра'ться ума' R набра'ться
    00
    Навести' на ум R навести'
    00
    $На/в$ уме' быть
    TO BE ON ONE'S MIND
    42
    Наста'вить на $ум/ра'зум$
    TO ADMONISH
    00
    На ум не иде.т [кому'+что] R идти'
    00
    Не в свое.м уме'
    NOT IN ONE'S RIGHT MIND
    00
    $Недале.кого/неда'льнего$ ума' R недале.кий
    00
    Не $моего'/твоего'/на'шего/ETC$ ума' де'ло
    (I) KNOW NOTHING ABOUT (THAT)
    -Ремо'нт автомоби'ля - не твоего' ума' де'ло, -сказа'л
    оте'ц сы'ну.
    10
    $От<с$ большо'го ума' [V]
    FROM STUPIDITY
    От большо'го ума' стал он ве'чным студе'нтом.
    00
    $Помеша'ться/повреди'ться$ в уме'
    TO GO CRAZY/MAD
    Наркома'н помеша'лся в уме'.
    00
    Помрачи'ть ум R помрачи'ть
    00
    $Приходи'ть/прийти'/взбрести'$ $на ум<в ум/в го'лову$
    [кому'+что<INF]
    (IT) OCCURRED TO (HIM)
    Постепе'нно одна' за друго'ю прихо'дят на ум давно'
    забы'тые го'рести.
    00
    Раски'нуть умо'м R раски'нуть
    00
    $Сбрести'/сбре'ндить/свороти'ть/сойти'/спя'тить/
    свихну'ть/ETC$ с ума'
    TO GO CRAZY/MAD
    1. -Глу'пые де'вки, с ума' вы сбрели', Что вам за
    ра'дость ау'каться? 2. В конце' а'вгуста, ра'но
    у'тром, яви'лась неумы'тая, непричё.санная Лю'ба
    Кло'ун; - она' сказа'ла: -Скоре'е иди'те к нам,
    скоре'е - ма'ма сошла' с ума'. 3. -Охо'та тебе',
    ба'тька, с ним спо'рить! ... ра'зве не ви'дишь, что он с
    ума' сбре'ндил! 4. -Глу'пые де'вки, с ума' вы сбре'ли,
    Что вам за ра'дость ау'каться?
    00
    Свести' с ума' [кого']
    TO DRIVE (SOMEONE) CRAZY/OUT OF HIS MIND
    Одно'й нару'жности, одного' живо'го и весе.лого ума' её.
    доста'точно бы'ло, что'бы свести' с ума' челове'ка.
    00
    Свихну'ться с ума' R свихну'ться
    00
    Себе' на уме' [кто] R себя'
    00
    Тяже.лый ум R тяже.лый
    00
    Ума' не приложу'
    I JUST DON'T KNOW; I'M AT A LOSS

    -И ума' не приложу', что с детьми' де'лать.
    00
    Ума' пала'та [у кого'] R пала'та
    00
    $Ума'<уму'$ помраче'нье R помраче'ние
    00
    Ум за ра'зум $заше.л/захо'дит$ [у кого']
    (I'M) AT MY WITS END; (I) CAN'T THINK STRAIGHT
    00
    Ум меша'ется [у кого'] R меша'ться
    00
    Ум помрачи'лся R помрачи'ться
    00
    Уму' непостижи'мо R непостижи'мый
    00
    Уму'-ра'зуму учи'ть
    TO TEACH (SOMEONE) SOME SENSE
    00
    Хвата'ться за ум R хвата'ться
УМА'ЛЧИВАТЬ
    00
    Исто'рия ума'лчивает [о че.м] R исто'рия
УМЕРЕ'ТЬ
    00
    На рука'х [чьих] умере'ть R рука'
    00
    Под ножо'м умере'ть R нож
    00
    Умере'ть не свое'й сме'ртью R свой
    00
    Умере'ть свое'й сме'ртью R свой
    00
    Хоть умри'
    EVEN IF IT KILLS ME; NO MATTER WHAT
    -Е'сли все но'сят тако'е пла'тье, так я хоть умри', а
    надева'й.
УМЕ'ТЬ
    00
    Не уме'ть связа'ть двух слов R связа'ть
У'МНЫЙ
    00
    У'мная голова'
    A SMART FELLOW
У'МОЛК
    00
    Без у'молку
    (TO TALK) WITHOUT STOPPING
    За обе'дом он болта'л без у'молку, был чрезвыча'йно
    ве'сел, остри'л, каламбу'рил, расска'зывал анекдо'ты.
УМОЛЧА'НИЕ
    60
    Фигу'ра умолча'ния
    A SECRET
УМОПОМРАЧЕ'НИЕ
    00
    До умопомраче'ния
    TO DISTRACTION; MADLY
УМЫ'ТЬ
    00
    Умы'ть ру'ки R рука'
УНЕСТИ'
    00
    $Е'ле/едва'$ но'ги унести'
    TO HAVE A NARROW ESCAPE
    Одино'кий пешехо'д едва' но'ги унё.с от напа'вшего на
    него' граби'теля.
    00
    Унеси' ты мое. го'ре!
    OH, NO!; THAT'S TERRIBLE!
    00
    Унести' (с собо'й) в моги'лу [что] R моги'ла
    29
    $Че.рт унё.с/неле.гкая унесла'/унесло'/ETC$
    (HE) DASHED OFF, GOD ONLY KNOWS WHY
    1. -Сла'ва бо'гу, че.рт их унё.с! -сказа'л Чартко'в,
    когда' услы'шал затвори'вшуюся в пере'дней дверь. 2.
    -Ма'мку в райо'н унесло', а когда' вернё.тся, домово'й
    не зна'ет.

УНИВЕРСИТЕ'ТСКИЙ
  00
  С университе'тской скамьи' R скамья'
УНИСО'Н
  00
  В унисо'н
  IN CONCORD
  Маркло'вский почу'вствовал, что и се'рдце Зо'и бье.тся в унисо'н с его' се'рдцем.
  00
  Петь в унисо'н
  TO SING IN UNISON
  Шко'льники пе'ли в унисо'н.
УНИЧТО'ЖИТЬ
  00
  Уничто'жить с ко'рнем [что] R ко'рень
УНОСИ'ТЬСЯ
  00
  Уноси'ться в облака' R о'блако
УПА'Д
  00
  До $упа'да<упа'ду$ [V]
  TILL (I) DROP
  1. Пляса'ть до упа'ду. 2. Никола'й Плато'ныч спо'рил до упа'ду с встре'чным и попере'чным о му'зыке и свои'х произведе'ниях. 3. Дья'кон смея'лся от ка'ждого пустяка' до ко'лотья в боку', до упа'да.
УПАСТИ'
  00
  Упаси' $бог/бо'же/госпо'дь/го'споди$ R бог
  00
  Упаси' $бог/бо'же$ R бог
УПА'СТЬ
  00
  $Как/как бу'дто/то'чно/ETC$ с не'ба упа'л R не'бо
  00
  Как сноп упа'сть R сноп
  00
  Ка'мнем упа'сть R ка'мень
  00
  $Сло'вно/то'чно$ пелена' (с глаз) упа'ла R пелена'
  00
  Упа'ла заве'са R заве'са
  42
  Упа'сть в но'ги [кому']
  TO FALL ON ONE'S KNEES BEFORE (SOMEONE)
  00
  Упа'сть с не'ба на зе'млю R не'бо
  00
  Я'блоку не'где упа'сть R я'блоко
УПЕРЕ'ТЬСЯ
  29
  Упе.рся как $бык/бара'н$
  STUBBORN AS A MULE; (HE) IS DEAD SET AGAINST IT
УПИ'СЫВАТЬ
  00
  За о'бе щеки' упи'сывать R щека'
УПЛЕТА'ТЬ
  00
  За о'бе щеки' уплета'ть R щека'
УПОКО'Й
  00
  За упоко'й
  FOR THE PEACE OF (SOMEONE'S) SOUL
  1. -Мы вме'сте помо'лимся за упоко'й ее. души'. 2. -Поже'ртвуйте, лю'ди ... за упоко'й души' неви'нно уби'енного о'трока Васи'лия.
  00
  Нача'ть за здра'вие, а $ко'нчить/свести'$ за упоко'й R здра'вие
УПОЛНОМО'ЧИЕ
  00
  По уполномо'чию [кого'<чего']
  UPON SOMEONE'S AUTHORIZATION
УПО'Р
  00
  В упо'р =вы'стрелить/стреля'ть/уби'ть/ETC=
  TO SHOOT (SOMEONE) POINT-BLANK

  00
  В упо'р $смотре'ть/гляде'ть/ETC$
  TO LOOK (SOMEONE) STRAIGHT IN THE FACE
  Учи'тель в упо'р гляде'л на зачи'нщиков шу'ма, и все прит'ихли в кл'ассе.
  00
  В упо'р =спроси'ть/сказа'ть/ETC=
  TO SPEAK PLAIN; TO ASK (SOMEONE) POINT-BLANK
  00
  В упо'р =столкну'ться/подойти'/встре'титься/ETC=
  FACE TO FACE; HEAD-ON
  00
  Упо'р де'лать [на кого'<на что<на ком<на че.м]
  TO EMPHASIZE (SOMEONE/SOMETHING); TO LAY PARTICULAR STRESS ON (SOMEONE/SOMETHING)
УПОТРЕБИ'ТЬ
  00
  Употреби'ть во зло R зло
УПРАВЛЕ'НИЕ
  00
  Теря'ть управле'ние
  TO GET OUT OF CONTROL
  Ра'неный ле.тчик нере'дко теря'ет управле'ние самоле.том.
УПРЕ.К
  42
  Без упре.ка =че'стный/рабо'тающий/оде'тый/ETC=
  IRREPROACHABLY; FAULTLESSLY
  00
  Бро'сить упре.к [кому']
  TO REPROACH (SOMEONE); TO HURL A REPROACH AT (SOMEONE)
  Жена' бро'сила упре.к му'жу в недоста'точном внима'нии к де'тям.
  00
  Не в упре.к [кому'] (будь ска'зано) R уко'р
  00
  Ры'царь без стра'ха и упре.ка R ры'царь
  00
  Ста'вить в упре.к [кому'+что]
  TO PLACE THE BLAME FOR (SOMETHING) ON (SOMEONE)
УПРЯ'ЖКА
  00
  $Быть/ходи'ть$ в упря'жке
  TO SERVE AS A DRAUGHT-HORSE
  Кавалери'йской ло'шади бы'ло непривы'чно ходи'ть в упря'жке.
УПУСКА'ТЬ
  00
  Золото'е вре'мя упуска'ть R золото'й
УПУСТИ'ТЬ
  00
  Упусти'ть из ви'ду R вид
УРА'
  00
  На ура'
  1. BY STORM 2. WITHOUT ANY PLAN; TRUSTING TO LUCK
  1. -Возьме.м [кре'пость] шту'рмом ... ... -На ура' возьме.м. 2. -Тебе' не посторо'нними дела'ми занима'ться на'до, а гото'виться [к экза'менам]. Ты ду'маешь, так, на ура' проско'чишь?
УРВА'ТЬ
  00
  Урва'ть кусо'к R кусо'к
У'РОВЕНЬ
  00
  $Быть/находи'ться$ на у'ровне
  TO MEET THE DEMANDS; TO BE UP TO THE MARK
  Ка'чество и коли'чество пита'ния должны' быть на у'ровне потре'бностей здоро'вого органи'зма.
  00
  В у'ровень [с чем]
  1. ON THE SAME LEVEL WITH (SOMETHING) 2. IN COMPLETE CONFORMITY WITH (SOMETHING)
  1. Спра'ва от нас, в стене', почти' в у'ровень с на'шими голова'ми бы'ло окно'. 2. Молода'я, жива'я часть о'бщества ... постоя'нно стара'лась идти' в у'ровень с совреме'нными тре'бованиями.
УРО'К
  00
  Брать уро'ки [чего']

УРО'К CONT'D.
  TO TAKE LESSONS IN (SOMETHING)
  00
  Дава'ть уро'ки
  TO GIVE LESSONS
  Репети'тор, сам еще. студе'нт, дава'л уро'ки на дому'.
  00
  Дать уро'к [кому']
  TO TEACH (SOMEONE) A LESSON
  42
  Жить на уро'ке
  TO LIVE IN AS A TUTOR/TEACHER
  00
  Предме'тный уро'к R предме'тный
УС
  00
  $Мота'ть/намота'ть$ (себе') на ус R мота'ть
УСКАКА'ТЬ
  00
  Дале.ко' не уска'чешь [на че.м<с чем] R дале.ко'
УСЛУ'ГА
  00
  Гото'вый к услу'гам R гото'вый
  00
  К $ва'шим<твои'м$ услу'гам
  AT YOUR SERVICE
  -Я всегда' к ва'шим услу'гам! -подчеркну'л дя'дя.
  00
  К $его'<на'шим<их<ETC$ услу'гам
  AT HIS/OUR/THEIR/ETC. DISPOSAL
  Пассажи'р сказа'л а'дрес шофе.ру, гото'вому к его' услу'гам.
  00
  Медве'жья услу'га R медве'жий
УСЛЫ'ШАТЬ
  00
  Живо'го сло'ва не услы'шишь R живо'й
  00
  Из пе'рвых уст услы'шать R уста'
  00
  Из тре'тьих $рук/уст$ =услы'шать= R тре'тий
  00
  Из уст [чьих] услы'шать R уста'
  00
  Кра'ем у'ха услы'шать R край
УСМЕХА'ТЬСЯ
  00
  Усмеха'ться кри'во R криво'й
УСМЕ'ШКА
  00
  Крива'я усме'шка R криво'й
УСНУ'ТЬ
  00
  Усну'ть $ве'чным/после'дним/моги'льным/ETC$ сном R сон
  00
  Усну'ть $ме.ртвым сном/мертве'цки/мертве'цким сном$ R мо.ртвый
  00
  Усну'ть $наве'ки/навсегда'/ETC$
  TO DIE; TO SLEEP FOREVER
УСПЕ'ТЬ
  00
  Не $успе'ешь<успе'л$ огляну'ться, как, ... R огляну'ться
  00
  Не успе'ть (и) гла'зом моргну'ть R мигну'ть
  00
  Не успе'ть (и) (гла'зом) мигну'ть R мигну'ть
УСПЕ'Х
  00
  С (каки'м) успе'хом
  WITH SUCCESS; EASILY; WITHOUT DIFFICULTY
  00
  С $тем/таки'м$ же успе'хом
  EQUALLY WELL; WITH THE SAME RESULT
  У'стные и пи'сьменные экза'мены прошли' с тем же успе'хом для студе'нтов и преподава'телей.

УСТА'
  00
  Ва'шими бы уста'ми ме.д пить
  IF ONLY IT WERE SO; IT'S TOO GOOD TO BE TRUE
  -Ва'шими бы уста'ми ме.д пить! -говоря'т мно'гие, слу'шая ре'чи о бли'зком конце' продолжи'тельной войны'.
  00
  Вложи'ть в уста' [чьи] =мы'сли/слова'/ETC= R вложи'ть
  00
  В уста'х [чьих] =звуча'ть/быть/ETC=
  IN (SOMEONE'S) OWN WORDS/LANGUAGE
  00
  Из $вторы'х/тре'тьих$ $уст/рук$ =узна'ть/услы'шать=
  TO HEAR (SOMETHING) SECONDHAND
  00
  Из пе'рвых уст $узна'ть/услы'шать$
  TO GET (SOMETHING) STRAIGHT FROM THE HORSE'S MOUTH
  00
  Из уст в уста'
  FROM ONE TO ANOTHER; BY WORD OF MOUTH
  Наро'дные ска'зки передава'лись из уст в уста'.
  00
  Из уст [чьих] $узна'ть/услы'шать$
  TO FIND OUT FROM (SOMEONE)
  Обще'ственность ми'ра узна'ла из уст очеви'дцев об у'жасах жи'зни на их ро'дине: тайфу'н, наводне'ние, ма'ссовое избие'ние и наси'лие.
  00
  На уста'х у всех [что]
  (IT'S) ON EVERYONE'S LIPS
  00
  Не сходи'ть с уст R сходи'ть
  00
  Уста'ми [чьи'ми] $говори'ть/изрека'ть/ETC$
  TO SAY (SOMETHING) IN (SOMEONE'S) OWN WORDS
УСТАВА'ТЬ
  00
  Не устава'я [V]
  WITHOUT STOPPING; CONTINUOUSLY
  Он не устава'я смея'лся че'лый ве'чер.
УСТА'ЛОСТЬ
  00
  Но'ги подка'шиваются (от уста'лости) [у кого'] R подка'шиваться
У'СТАЛЬ
  00
  Без у'стали
  TIRELESSLY; WITHOUT STOPPING
  00
  Не знать у'стали
  TO WORK CONTINUOUSLY; TO WORK WITHOUT A BREAK
  Уче.ный не знал у'стали, увлече.нный иссле'дованием.
УСТОЯ'ТЬ
  29
  Не устоя'ть [про'тив кого'<про'тив чего']
  (HE) CAN'T HOLD A CANDLE TO (SOMEONE/SOMETHING)
УСТРО'ИТЬ
  00
  Устро'ить бенефи'с [кому'] R бенефи'с
УСТУПИ'ТЬ
  00
  За копе'йку уступи'ть R копе'йка
  00
  Ни пя'ди (не уступи'ть) R пядь
  00
  Уступи'ть доро'гу [кому'] R доро'га
  00
  Уступи'ть ме'сто [чему'] R ме'сто
УСЫ'
  00
  И в ус (себе') не дуть R дуть
  00
  Кито'вый ус R кито'вый
  00
  Мота'ть (себе') на ус R мота'ть
  29
  Са'ми с уса'ми
  NO WORSE THAN

УТЕРЕ'ТЬ
00
   Утере'ть нос [кому'] R нос
УТЕ'ЧЬ
00
   $Мно'го/нема'ло/сто'лько/ETC$ воды' утекло' R вода'
УТКНУ'ТЬ
00
   Уткну'ть нос [во что<куда'] R нос
УТКНУ'ТЬСЯ
00
   Уткну'ться но'сом [во что<куда'] R нос
УТОПА'ТЬ
00
   Утопа'ть в крови'
   TO BE GUILTY OF MANY MURDERS; TO HAVE THE BLOOD OF MANY
   ON ONE'S HANDS
   Беспоща'дно уничтожа'я восста'вшую часть населе'ния,
   власть иму'щие утопа'ют в крови'.
00
   Утопа'ть в слеза'х
   TO DROWN IN TEARS
Она' заперла'сь в свое'й спа'льне, утопа'я в го'рьких слеза'х ...
УТО'ПЛЕННИК
   50
   Везе'т как уто'пленнику [кому']
   (HE) HAS ALL THE WORST LUCK; IT ALWAYS HAPPENS TO (HIM)
У'ТОЧКА
   00
   Ходи'ть у'точкой
   TO WADDLE LIKE A DUCK
УТРА'ТИТЬ
   00
   Утра'тить о'браз челове'ческий R о'браз
У'ТРО
   00
   В одно' прекра'сное у'тро R прекра'сный
   00
   На у'тро
   IN THE MORNING
   Оконча'тельное реше'ние отло'жено на у'тро.
   00
   $С до'брым у'тром<до'брое у'тро$
   GOOD MORNING!
   Не'которые пассажи'ры, входя' в авто'бус, говоря'т
   води'телю: -До'брое у'тро!
   00
   У'тро ве'чера мудрене'е R мудре.ный
УТРО'БА
   64
   Ненасы'тная утро'ба
   A GLUTTON
   -Вот-то ненасы'тная утро'ба! -удивля'лась куха'рка,
   отгоня'я кота'. -Ско'лько вчера' ты одно'й печо'нки съел?
УХА'
   00
   Демья'нова уха'
   TO OVERFEED A GUEST; OVERDONE HOSPITALITY
УХВАТИ'ТЬСЯ
   00
   Зуба'ми ухвати'ться [за что] R зуб
   00
   Обе'ими рука'ми ухвати'ться R рука'
У'ХО
   00
   В долга'х по' уши $быть/сиде'ть/ETC$ R долг
   00
   Во все у'ши слу'шать
   TO BE ALL EARS; TO LISTEN ATTENTIVELY
   00
   В одно' у'хо $вхо'дит, в друго'е выхо'дит/вошло', в
   друго'е вы'шло$ [у кого']
   IT GOES IN ONE EAR AND OUT THE OTHER
   $В уша'х звени'т<в у'хе звени'т/в уша'х шуми'т<в у'хе
   шуми'т/шум в уша'х$ [у кого']
   THERE'S A RINGING IN (MY) EARS
   29
   $Дать/съе'здить/зае'хать/ETC$ в у'хо [кому']

TO BOX (SOMEONE'S) EAR
00
Держа'ть у'хо востро' R востро'
00
Дойти' до [чьих] уше'й
TO REACH (SOMEONE'S) EARS
00
$Дуть/петь$ в у'ши [кому']
TO BEND (SOMEONE'S) EAR; TO GOSSIP TO (SOMEONE)
00
За уша'ми трещи'т [у кого']
TO EAT GREEDILY; TO WOLF (SOMETHING) DOWN
Еда' необыча'йно вку'сная, и проголода'вшиеся лесору'бы
едя'т так, что за уша'ми трещи'т у них.
00
За' уши $тащи'ть/тяну'ть$ [кого']
TO PROD (SOMEONE)
00
Звуча'ть в уша'х R звуча'ть
00
$И/да'же$ у'хом не вести'
NOT TO PAY THE LEAST ATTENTION
00
(И) у стен есть у'ши
EVEN THE WALLS HAVE EARS
Зна'я, что у стен есть у'ши, друзья' вы'шли в са'д
секре'тничать.
00
$Кра'ем у'ха/в пол-у'ха$ слу'шать
TO LISTEN WITH HALF AN EAR
Ду'мая о че.м-то, муж кра'ем у'ха слу'шал но'вости жены'.
00
Кра'ем у'ха $слы'шать/услы'шать$ R край
00
Кре'пок на' ухо R кре'пкий
00
$Медве'дь/слон$ на' ухо наступи'л [кому'] R наступи'ть
00
$Навостри'ть у'хо<навостри'ть у'ши/насторожи'ть
у'хо<насторожи'ть у'ши/насторожи'ть слух$
TO LISTEN ATTENTIVELY; TO PRICK UP ONE'S EARS
1. Вдру'г ло'шади по'дняли го'ловы и насторожи'ли
у'ши; пото'м они' успоко'ились и опя'ть ста'ли дрема'ть.
2. -Ну, Андре'ев, каки'е но'вости! -На'чал
неожи'данно бори'сов. Андре'ев насторожи'л слух.
00
Надра'ть у'ши R надра'ть
00
Наду'ть в у'ши [кому'] R наду'ть
00
Над у'хом =звене'ть/крича'ть/говори'ть/ETC=
TO RING/SHOUT/SPEAK/ETC. RIGHT IN (SOMEONE'S) EAR
Над у'хом звене'вший буди'льник по'днял спя'щего.
00
Напе'ть в у'ши R напе'ть
29
$Нарва'ть/натрепа'ть/оборва'ть/ETC$ у'ши [кому']
TO PULL (SOMEONE'S) EARS
00
Наста'вить у'хо<у'ши R наста'вить
00
Натруби'ть в у'ши [кому'] R натруби'ть
00
На' ухо $говори'ть/сказа'ть/шепта'ть/ETC$
TO WHISPER (SOMETHING) IN (SOMEONE'S) EAR
Де'вушки хихи'кали, шепча' друг дру'гу на' ухо.
00
Не ве'рить свои'м уша'м R ве'рить
00
Не вида'ть как свои'х уше'й [кого'<чего']
YOU WON'T SEE HIDE NOR HAIR OF (SOMEONE/SOMETHING)
00
Не для [чьих] уше'й [что]
(IT) IS NOT FOR (HIS) EARS
Ссо'ры роди'телей не для уше'й дете'й.
00
Ни $у'ха/ры'ла$ (не смы'слить) R ры'ло
00
$Покрасне'ть/Красне'ть$ до уше'й R красне'ть

У'ХО CONT'D.
00
По' уши $влюби'ться/вре'заться/ETC$
TO FALL IN LOVE HEAD OVER HEELS
Студе'нт по' уши влюби'лся в хоро'шенькую однокy'рсницу.
00
По' уши $погрузи'ться/увя'знуть/ETC$
TO BE UP TO ONE'S EARS IN SOME ACTIVITY; TO BE IN
(SOMETHING) OVER ONE'S HEAD
00
$Щади'ть/пощади'ть$ у'ши [чьи]
TO KEEP SILENT ABOUT (SOMETHING) IN (SOMEONE'S) PRESENCE
-Пощади' мои' у'ши! -взмоли'лся оте'ц, обраща'ясь к
бараба'нившей на роя'ле до'чери.
00
Приклони'ть у'хо R приклони'ть
00
Притяну'ть за' уши [что] R притяну'ть
00
$Прожужжа'ть/прогуде'ть/прокрича'ть/протруби'ть/ETC$
у'ши [кому']
TO TALK (SOMEONE'S) EARS OFF ABOUT (SOMETHING)
00
Пропусти'ть ми'мо уше'й R ми'мо
00
$Пря'дать/прясть$ уша'ми R пря'дать
00
Разве'сить у'ши R разве'сить
00
Слы'шать свои'ми уша'ми
TO HEAR WITH ONE'S OWN EARS
00
Стричь уша'ми R стричь
00
Трезво'н в уша'х [у кого'] R трезво'н
00
Туго'й на' ухо R туго'й
00
У'хо $в у'хо<к у'ху$ $идти'/бежа'ть/е'хать$ [с кем]
TO WALK/RIDE SIDE BY SIDE WITH (SOMEONE)
Два скакуна' бежа'ли у'хо к у'ху, но к фи'нишу оди'н
опереди'л.
42
У'хо на у'хо меня'ть
TO EXCHANGE; TO TRADE
59
$У'хо-па'рень/у'хо-де'вка$
QUITE A GUY; A SWINGER
1. Кум-худо'жник на проща'нье шепну'л ей про Петра'
Петро'вича, что он - "у'хо-па'рень, кото'рому па'льца в
рот не клади'." 2. -У'хо-де'вка ... при'мется
пляса'ть, петь, а то наки'нет на себя' о'браз смире'ния,
в монасты'рь начне.т проси'ться.
00
$У'хо<у'ши$ $ре'жет/дере.т$
IT'S GRATING ON ONE'S EARS
00
У'ши вя'нут R вя'нуть
00
Хло'пать уша'ми R хло'пать
УХОДИ'ТЬ
00
Душа' ухо'дит в пя'тки R душа'
00
Уходи'ть в свою' скорлупу' R скорлупа'
УЧА'СТИЕ
00
Принима'ть уча'стие [в че.м]
TO TAKE PART IN (SOMETHING)
-Ко'е-когда' приходи'лось наезжа'ть в го'род и
принима'ть уча'стие в заседа'ниях съе'зда.
00
Принима'ть уча'стие [в ком]
TO COMMISERATE WITH (SOMEONE); TO HELP (SOMEONE); TO WORRY
ABOUT (SOMEONE); TO SHOW AN INTEREST IN (SOMEONE)
Я принима'ю серде'чное уча'стие в Горшко'ве, родна'я
моя', соболезну'ю ему'.
У'ЧАСТЬ
00
Реши'ть у'часть [чего'] R реши'ть

00
Реши'ть [чью] у'часть R реши'ть
УЧЕ.НОСТЬ
00
Кла'дезь уче.ности R кла'дезь
УЧЕ.Т
00
Снять с уче.та R снять
00
Сня'ться с уче.та R сня'ться
00
Состоя'ть на уче.те
TO JOIN AN ORGANIZATION
УЧИ'ТЬ
00
Уму'-ра'зуму учи'ть R ум
УЧИ'ТЬСЯ
00
Учи'ться на кру'глые пяте.рки R кру'глый
У'ШКО
00
У'шки на маку'шке [у кого'] R маку'шка
УЩЕ'РБ
00
В уще'рб [кому'<чему']
TO (SOMEBODY'S) DETRIMENT; TO THE DETRIMENT OF (SOMETHING)
00
$Луна'/ме'сяц$ на уще'рбе
УЯЗВИ'МЫЙ
00
Уязви'мое ме'сто [чье./у кого']
(SOMEONE'S) WEAK POINT
ФАВО'Р
00
Быть в фаво'ре
TO BE IN FAVOR
00
Не в фаво'ре [кто<что+у кого']
(SOMEONE/SOMETHING) IS NOT IN (SOMEONE'S) FAVOR
Ли'дия не в фаво'ре то'же и у те.тки ...
00
По'льзоваться фаво'ром
TO ENJOY FAVOR
Когда' заме'тили в го'роде, каки'м фаво'ром она'
по'льзовалась у губерна'торши, с ней переста'ли
обраща'ться небре'жно.
00
Попа'сть в фаво'р
TO COME INTO FAVOR/(SOMEONE'S) GOOD GRACES
Попа'сть в фаво'р к жене' Сте'сселя - э'то зна'чит
заручи'ться лу'чшей у нас проте'кцией.
ФАКТ
00
Ста'вить перед соверши'вшимся фа'ктом [кого']
TO CONFRONT (SOMEONE) WITH A FAIT ACCOMPLI
00
Фа'кты вопию'т R вопия'ть
ФАМИ'ЛИЯ
00
Носи'ть фами'лию R носи'ть
ФАРВА'ТЕР
00
$Плыть/идти'/находи'ться/быть/ETC$ в фарва'тере
[кого'<чего']
TO HOLD TO ... ; TO STAY IN THE MAIN STREAM
Насле'дник ше.л в фарва'тере тради'ций своего' ро'да
промы'шленников.
ФАС
00
$В фас<фа'сом$
FACE TO FACE
ФАСО'Н
29
Держа'ть фасо'н
TO KEEP IN FASHION
29
Не фасо'н
IT'S NOT THE THING TO DO

305

ФЕМИ'ДА
60
Служи'тель Феми'ды
A JUDGE
Я очути'лся в помеще'нии скро'много служи'теля Феми'ды.
ФЕРТ
00
Фе'ртом стоя'ть
TO STAND WITH ONE'S ARMS AKIMBO
Гру'зчик упе.рся ладо'нями в бе.дра и, стоя Фе'ртом, стал рассма'тривать Са'мгина.
00
Фе'ртом $ходи'ть/гляде'ть/вы'глядеть/ETC$
TO STRUT; TO LOOK LIKE A FOP
Ры'жиков Фе'ртом ходи'л по коло'нии: куда' тебе' - знамени'тый лите'йщик!
ФЕ'ФЕР
29
$Зада'ть/показа'ть$ Фе'феру
TO REPRIMAND (SOMEONE); TO HAUL (SOMEONE) OVER THE COALS; TO GIVE (SOMEONE) A DRESSING-DOWN
1. -А ты у меня' поговори' еще.! .. Я тебе' покажу' Фе'феру. 2. -Е'сли бы не любо'вь, то, не будь я акте.р, за'дал бы ей Фе'феру.
ФИ'ГА
00
$Гляде'ть/смотре'ть$ в кни'гу и ви'деть Фи'гу
NOT TO UNDERSTAND A THING
-Ты, пови'димому, смотре'л в кни'гу и ви'дел Фи'гу! -серди'то заме'тила мать сы'ну, не зна'вшему уро'ка.
00
$Получи'ть/дать$ Фи'гу (с ма'слом) R ку'киш
ФИ'ГОВЫЙ
00
Фи'говый листо'к
A FIG LEAF
На пе'рвых пора'х америка'нцы прикрыва'ли неблагови'дные наме'рения в отноше'нии Исла'ндии Фи'говым листко'м свое'й исключи'тельно комме'рческой заинтересо'ванности.
ФИГУ'РА
00
Фигу'ра умолча'ния R умолча'ние
ФИЗИОНО'МИЯ
00
Вы'тянутая физионо'мия R вы'тянутый
00
Де'лать [каку'ю] физионо'мию R де'лать
00
Физионо'мия вы'тянулась [у кого'] R вы'тянуться
ФИМИА'М
14
$Кури'ть/воскуря'ть/жечь$ Фимиа'м [кому']
TO PRAISE TO THE SKIES
ФИНТИФА'НТЫ
00
=Выде'лывать/выки'дывать= Финтифа'нты
TO PLAY PRANKS
1. Поведе.т игру' Фе.дор Дми'триевич на свое'й гита'ре - про'сто заслу'шаешься, таки'е Финтифа'нты выде'лывает, что про'сто всем на удивле'ние. 2. Друго'й на его' ме'сте непреме'нно стал бы и обрыва'ть, и козыря'ть, и Финтифа'нты выки'дывать.
ФЛАГ
00
Вы'кинуть Флаг
TO UNFURL THE FLAG
00
Оста'ться за Фла'гом
TO LOSE; TO FAIL
-Мо'жет быть о'чень большо'й напли'в на ку'рсы, ... и ты риску'ешь оста'ться за Фла'гом, е'сли по'здно пое'дешь.
00
Под Фла'гом [каки'м<чего']
UNDER THE FLAG OF
ФЛЕ.Р
00
$Наки'нуть/набро'сить$ Фле.р [на что]
TO COVER WITH A VEIL OF SECRECY

ФО'КУС
00
В то'м-то и Фо'кус
THAT'S THE POINT; THERE'S THE RUB
ФОМА'
00
Фома' неве'рный R неве'рный
ФОН
50
Фон-баро'н
A BIG WHEEL
ФОНД
00
Золото'й Фонд R золото'й
ФОНТА'Н
00
Бить Фонта'ном
TO GUSH OUT LIKE A FOUNTAIN
Вода' би'ла фонта'ном из ло'пнувшей трубы' водопрово'да.
ФО'РА
00
Дать Фо'ру
TO GIVE ODDS; TO GIVE (SOMEONE) A START
-Да зна'ете ли вы, что е'сли он пу'стится бежа'ть, то он всех побье.т на како'й уго'дно диста'нции, да'же е'сли даст Фо'ру.
ФО'РМА
00
В Фо'рме [кто]
(HE) IS IN FORM
Футболи'сты бы'ли в Фо'рме, отдохну'в перед ма'тчем.
00
$По всей Фо'рме<во всей Фо'рме$
1. IN GOOD FORM; PROPER 2. COMPLETELY; TO THE HIGHEST DEGREE; REALLY
1. -Хо'чешь сде'лать у себя' ве'чер, позови' музыка'нтов, что'бы э'то бы'ло во всей Фо'рме. 2. -Ах, бра'тец, како'й преми'лый челове'к! вот уж, мо'жно сказа'ть, во всей Фо'рме кути'ла.
ФОРС
00
$Сбить/сшиби'ть$ Форс [с кого'] R сбить
ФОРТУ'НА
00
Колесо' Форту'ны R колесо'
ФРА'ЗА
00
Зво'нкая Фра'за R зво'нкий
ФРОНТ
00
На два Фро'нта
ON TWO FRONTS
00
Перемени'ть Фронт
TO CHANGE FRONTS
00
$Стать/вы'тянуться$ во $Фронт/Фрунт$
TO STAND AT ATTENTION
Ордина'рец стал во Фронт перед команди'ром.
00
Широ'ким Фро'нтом R широ'кий
ФРУНТ
00
$Стать/вы'тянуться$ во Фрунт R Фронт
ФУ
00
Фу-ты (, ну-ты)
WOW
Ва'льтера Ско'тта чита'ю запо'ем: Фу-ты, како'й пы'шный.
ФУКС
00
$Пройти'/вы'йти$ Фу'ксом
ACCIDENTALLY; FOR NO REASON
ФУНДА'МЕНТ
00
Заложи'ть Фунда'мент [чего'] R заложи'ть
ФУ'НКЦИЯ
00
Выступа'ть в Фу'нкции [кого'<чего']

ФУ'НКЦИЯ CONT'D.
    TO FUNCTION AS (SOMEONE/SOMETHING)
ФУНТ
    00
    Вот $так/тебе'$ фунт!
    THAT'S A FINE HOW-DO-YOU-DO!
    Вот так фунт: и та сестра' реве.т и э'та реве.т.
    00
    Не фунт изю'му R изю'м
    00
    Узна'ть, поче.м фунт ли'ха R ли'хо
ФУТЛЯ'Р
    00
    Челове'к в футля'ре
    (SOMEONE) IN A SHELL/IN AN IVORY TOWER
    Он стар не те'лом, а ду'хом, всеце'ло погрузи'вшись в
    ме'лочи повседне'вной жи'зни и чужда'ясь но'вшеств; стал,
    как говори'тся, челове'ком в футля'ре.
ФУФУ'
    00
    На фуфу'
    CARELESSLY; NEGLIGENTLY; WITHOUT GROUNDS; ANY OLD WAY
    -Тепе'решнее наступле'ние Колчака' на Во'лгу -
    веде.тся оно' без соли'дной подгото'вки, на фуфу'.
    00
    $Подня'ть/подде'ть/ETC$ на фуфу'
    TO CHEAT (SOMEONE); TO PUT (SOMEONE) ON; TO MAKE A FOOL OF
    (SOMEONE)
    -Вы пре'жде подни'мете всем э'тим на фуфу'
    предводи'теля, и пока' он бу'дет почита'ть вас богачо'м,
    вы же'нитесь на его' до'чери.
    00
    $Пойти'/сойти'/ETC$ на фуфу'
    TO FALL THROUGH; TO COME TO NOTHING; (IT) NEVER CAME OFF
    -И ко'нчено, и все. ко'нчено! Сва'дьба пошла' на фуфу'-то;
    от э'того прокля'того миллио'на остае.тся дым како'й-то,
    чад, похме'лье и злость.
ХАЛИ'Ф
    11
    Хали'ф на час
    KING FOR A DAY
ХАО'С
    00
    Первозда'нный хао'с R первозда'нный
ХАРА'КТЕР
    00
    В хара'ктере [чье.м]
    IN CHARACTER; TYPICAL OF (SOMEONE)
    Ра'доваться чужо'й беде' в хара'ктере зло'го челове'ка.
    00
    Вы'держать хара'ктер R вы'держать
ХАРИ'БДА
    00
    $Быть/находи'ться$ ме'жду Сци'ллой и Хари'бдой R
    Сци'лла
ХА'ТА
    00
    $Моя'/твоя'/его'/ETC$ ха'та с кра'ю
    IT'S NOT MY/YOUR/HIS/ETC. BUSINESS
    Свиде'тель столкнове'ния автомоби'лей поспе'шно
    удали'лся, ду'мая: -Моя' ха'та с кра'ю, ничего' не зна'ю.
ХВАТА'ТЬ
    00
    $Ви'нтиков<ви'нтика$ не хвата'ет (в голове') [у кого']
    R ви'нтик
    00
    Закле.пок не хвата'ет [у кого'] R закле.пка
    00
    Зве.зды с не'ба хвата'ть R звезда'
    00
    Како'го рожна' не хвата'ет [кому'] R рожо'н
    00
    Наско'лько хвата'ет глаз R глаз
    00
    Не хвата'ет (одно'й) кле.пки в голове' R кле.пка
    00
    Не хвата'ет по'роху R по'рох
    00
    Слов [для чего'] не хвата'ет R сло'во

    00
    (То'лько) пти'чьего молока' не хвата'ет R пти'чий
    00
    Хвата'ть во'здух
    TO GASP FOR BREATH
    Врач скони'лся над больны'м, жа'дно хвата'ющим во'здух.
    00
    Хвата'ть $за' сердце/за' душу/за живо'е$ R брать
    00
    Хвата'ть на лету' R ле.т
    00
    Э'того еще. не хвата'ло!
    THAT'S THE LIMIT; THAT DOES IT
    -Что э'то наро'д собра'лся - уби'ли кого'? -На Марс
    сейча'с полетя'т. -Вот тебе' до'жили, э'того еще. не
    хвата'ло!
ХВАТА'ТЬСЯ
    00
    Хвата'ться за соло'минку R соло'минка
    00
    Хвата'ться за ум
    TO TAKE ONESELF IN HAND
ХВАТИ'ТЬ
    00
    Кондра'шка хвати'л R кондра'шка
    00
    Со'вести хвати'ло [у кого'] R со'весть
    00
    Хвати'ть го'ря R го'ре
    00
    Хвати'ть греха' на' душу
    TO COMMIT A SIN
    00
    Хвати'ть ли'ха R ли'хо
    00
    Хвати'ть на лету' R ле.т
    00
    Хвати'ть с ле.ту R ле.т
    00
    Хвати'ть через край R край
ХВА'ТКА
    00
    Ме.ртвая хва'тка R ме.ртвый
ХВАТЬ
    29
    Хвать-похва'ть
    TO MISS (SOMEONE); TO NOTICE (SOMEONE'S) ABSENCE
    -Мы уж и в це'рковь собра'лись - хвать-похва'ть, где
    жени'х? Нет Культя'пки.
ХВОСТ
    00
    $Быть/висе'ть$ на хвосте' [кого']
    TO BE HARD ON (SOMEONE'S) HEELS
    Пого'ня висе'ла уже' на хвосте'. Слы'шен был то'пот
    приближа'вшейся бе'шеной ска'чки.
    00
    $Быть/идти'/плести'сь/ETC$ в хвосте'
    TO BE AT THE TAIL END; TO BRING UP THE REAR
    00
    Верте'ть хвосто'м R верте'ть
    00
    Виля'ть хвосто'м R виля'ть
    00
    Вожжа' под хвост попа'ла [кому'] R во'жжи
    29
    Задра'ть хвост
    TO BE ARROGANT; TO SHOW OFF
    29
    (И) в хвост и в гри'ву =гнать/бить/погоня'ть/ETC=
    TO STRIKE FRONT AND AFT/HIP AND THIGH
    -Това'рищи бойцы', бе'йте враго'в на'ших в хвост и в
    гри'ву.
    00
    Накрути'ть хвост [кому'] R накрути'ть
    29
    Наступи'ть на хвост [кому']
    TO STEP ON (SOMEONE'S) TOES; TO STEP ON (SOMEONE); TO OFFEND
    (SOMEONE)

29
Насы'пать со'ли на хвост [кому']
TO PUT SALT ON (SOMEONE'S) TAIL
06
(Не) прише'й кобы'ле хвост
(IT'S) BESIDE THE POINT
29
$Поджа'ть/опусти'ть/подверну'ть$ хвост
TO PUT ONE'S TAIL BETWEEN ONE'S LEGS
буя'н поджа'л хвост по'сле то'го, как был проу'чен.
29
Показа'ть хвост
TO TURN TAIL AND RUN
06
Псу под хвост
IT'S USELESS; IT WAS A WASTE
00
Соро'ка на хвосте' принесла' R соро'ка
00
Схвати'ть за хвост иде'ю
TO STUMBLE ONTO A SOLUTION
00
Схвати'ть за хвост сла'ву
TO STUMBLE ONTO FAME
00
Укороти'ть хвост [кому'] R укороти'ть
00
Хвост трубо'й R труба'
ХВО'СТИК
00
С хво'стиком
PLUS; AND THEN SOME
-Каки'е еще. мои' года', всего' пятьдеся'т с хво'стиком.
ХИНЬ
59
Хи'нью $иде.т/пойде.т$
IT WAS ALL FOR NOTHING; IT SERVED NO PURPOSE
-А вот де'душка ваш ... и пала'ты себе' поста'вил
ка'менные, а добра' не на'жил; все. у них пошло' хи'нью.
ХИ'ТРОСТЬ
00
Не $велика'/больша'я$ хи'трость [INF]
IT'S NOT DIFFICULT
ХЛЕБ
29
Води'ть хлеб-соль [с кем]
TO BE ON FRIENDLY TERMS WITH (SOMEONE)
Се'льский учи'тель води'л хлеб - соль с агроно'мом и
зооте'хником.
00
Есть чужо'й хлеб R есть
00
Жить на хлеба'х [у кого']
TO RECEIVE ROOM AND BOARD AS PAYMENT
Жи'ли мы тогда' в прихо'де Пантелеймо'на, близ
Соляно'го Городка', на хлеба'х у одно'й почте'нной
не'мки, платя' за все. по 50 рубле'й на ассигна'чии в
ме'сяц.
00
Забы'ть [чью<каку'о] хлеб-соль R забы'ть
00
Ити' на хлеба' [к кому']
TO BEGIN TO LIVE OFF (SOMEONE); TO BEGIN TO LIVE AT (SOMEONE ELSE'S) EXPENSE
Молодо'й инвали'д, идя' на хлеба' к роди'телям, был не
рад жи'зни.
00
Кусо'к хле'ба R кусо'к
00
Насу'щный хлеб
DAILY BREAD
50
Отбива'ть хлеб [у кого']
TO TAKE THE BREAD OUT OF (SOMEONE'S) MOUTH
00
С хле'ба на квас перебива'ться
TO LIVE FROM HAND TO MOUTH

С хле'ба на квас перебива'ются пересели'нцы до пе'рвого
урожа'я.
00
Хле'бом не корми' [кого'] =, то'лько дай [INF]= R
корми'ть
00
Хлеб-соль
1. HOSPITALITY; QUITE A SPREAD 2. NURTURE
[пота'п Макси'мыч] по'тчует госте'й, сам пригова'ривает:
-Не побре'згуйте, Дани'ло Ти'хоныч, дереве'нской
хле'бом-со'лью.
00
$Хлеб-соль<хлеб да соль<хлеб и соль$
GOOD APPETITE!
-Хлеб да соль! -проговори'л хозя'ин, принима'ясь за еду'.
ХЛЕБА'ТЬ
00
За' семь ве.рст киселя' хлеба'ть R кисе'ль
00
Несо'лоно хлеба'вши R несо'лоно
ХЛЕБНУ'ТЬ
00
Хлебну'ть го'ря R го'ре
00
Хлебну'ть ли'ха R ли'хо
ХЛЕСТА'ТЬ
00
Хлеста'ть по морда'сам R морда'сы
ХЛО'ПАТЬ
00
Хло'пать $в ладо'ши<ладо'шами/ладо'шки$ R ладо'ши
00
Хло'пать в ладо'шки R ладо'ши
00
Хло'пать глаза'ми
TO HAVE A BLANK LOOK
29
Хло'пать уша'ми
TO LISTEN WITHOUT UNDERSTANDING
ХЛО'ПОТЫ
00
Хлопо'т по'лон рот R рот
ХЛОРОФИ'ЛЬНЫЙ
00
Хлорофи'льные зе.рна R хлорофи'лловый
ХЛЮ'ПАТЬ
00
Хлю'пать но'сом
TO SNIFFLE
Мать осуши'ла сле.зы у до'чери, а она' все. еще.
хлю'пала но'сом.
ХЛЯБЬ
50
Разве'рзлись хля'би небе'сные
IT'S RAINING CATS AND DOGS
По'сле пе'рвых кру'пных ка'пель дождя' уча'стники
экску'рсии едва' на'шли укры'тие, как разве'рзлись хля'би
небе'сные.
ХМЕЛЕ.К
00
Под $хмелько'м/хме'лем$
TO BE HIGH/IN ONE'S CUPS
ХМЕЛЬ
00
Под хме'лем R хмеле.к
00
Хмель $броса'ется/кида'ется$ в го'лову R броса'ться
ХНЫ
29
Хоть бы хны [кому'<кто]
IT'S ALL THE SAME TO (HIM)
ХОД
00
Дать ход [чему']
TO SET INTO MOTION; TO GET (SOMETHING) GOING
1. Шофе.р дал ход. Маши'на рвану'лась вверх по
у'лице, к апте'ке. 2. Он дока'зывал, что завеща'ние
бы'ло вы'манено наси'льно; и обеща'лся предста'вить

ХОД CONT'D.

свиде'телей своему' обвине'нию. ... Разуме'ется, де'лу да'ли ход.
00
Де'ло пошло' в ход
(IT) GOT GOING; THINGS STARTED MOVING
Ремо'нт мастерско'й за'нял немно'го вре'мени, и де'ло пошло' в ход.
00
Знать все хо'ды' и вы'ходы R вы'ход
00
На ходу'
ON THE RUN; QUICKLY; WHILE IN MOTION; WHILE WORKING
[Команди'ры] явля'лись ко мне пря'мо с разве'дки и докла'дывали у'стно все., что' удава'лось разузна'ть интере'сного; я на ходу' де'лал заме'тки, задава'л вопро'сы.
00
Не дать хо'ду [кому']
NOT TO GIVE (SOMEONE) A CHANCE
-Он в свое'м прису'тственном ме'сте в заго'не, то есть не даю'т хо'ду.
00
Пе'шим хо'дом R пе'ший
00
Пойти' в ход
TO COME INTO DEMAND
Купцы' изуми'лись, уви'дя, как не'сколько куско'в мате'рий ... , не сходи'вших с рук по причи'не цены', показа'вшейся высо'кою, пошли' вдруг в ход и бы'ли раску'плены нарасхва'т.
00
По'лный ход!
ON THE DOUBLE!
-По'лный ход! -раздало'сь с капита'нского мо'стика.
00
Пусти'ть в ход
TO PUT TO USE; TO SET INTO MOTION
00
Свои'м хо'дом $идти'/сле'довать/ETC$
TO GO/FOLLOW AT ONE'S OWN PACE
Де'ло иде.т свои'м хо'дом.
00
Ход коне.м R конь
29
Хо'дом =идти'/е'хать/ETC=
HURRIEDLY; QUICKLY
Ма'льчики хо'дом шли за отца'ми, торопи'вшимися на собра'ние на церко'вной пло'щади.
00
Хо'ду (дать)
QUICKLY; RUNNING; TO QUICKEN ONE'S STEPS
Молоды'е ти'гры смотре'ли, смотре'ли, пото'м поджа'ли хвосты' - и хо'ду.

ХОДИ'ТЬ
00
В $сапога'х<сапожка'х$ хо'дит R сапоги'
00
(Все) под бо'гом хо'дим
ONE CAN'T ESCAPE HIS FATE
00
Далеко' ходи'ть не $ну'жно/прихо'дится/ETC$ R далеко'
00
Из угла' в у'гол ходи'ть R у'гол
00
Недалеко' ходи'ть R недалеко'
00
Не ходи'ть за сло'вом в карма'н R лезть
00
По' миру ходи'ть R мир(1)
00
По пята'м ходи'ть R пята'
00
По рука'м ходи'ть R рука'
00
По стру'нке ходи'ть [у кого'<перед кем] R стру'нка
00
Фе'ртом ходи'ть R ферт

00
Ходи'ть в зо'лоте
TO LIVE IN LUXURY; TO BE WELL-HEELED
-Заме'тили ли Вы но'вое ожере'лье из же'мчуга на ней?
-И пла'тье после'дней мо'ды? Все. э'то досту'пно ей, ходя'щей в зо'лоте.
00
Ходи'ть в упря'жке R упря'жка
00
Ходи'ть го'голем R го'голь
00
Ходи'ть [за кем] как тень R тень
00
Ходи'ть =из рук в ру'ки/по рука'м=
TO GO FROM HAND TO HAND
1. И письмо' пошло' ходи'ть из рук в ру'ки. Начали'сь то'лки и дога'дки: от кого' и о че.м оно' могло' быть?
2. Ходи'ли ча'ши по рука'м В рожде'ние Оска'ра.
00
Ходи'ть (как) по ни'точке R ни'точка
00
Ходи'ть ко'зырем R ко'зырь
00
Ходи'ть колесо'м R колесо'
00
Ходи'ть на голове' R голова'
00
Ходи'ть на за'дних ла'пках [перед кем] R ла'пка
00
Ходи'ть на помоча'х [у кого'] R по'мочи
42
Ходи'ть по дела'м
TO BE(SOMEONE'S) MOUTHPIECE
00
(Ходи'ть) под седло'м R седло'
00
Ходи'ть по подо'конью R подоко'нье
00
Ходи'ть с кистене.м R кисте'нь
00
Ходи'ть у'точкой R у'точка
00
Ходи'ть ходуно'м R ходу'н
00
Ходуно'м хо'дит [кто] R ходу'н

ХОДУ'Н
00
Ходуно'м хо'дит [кто]
1. TO TREMBLE ALL OVER 2. UNABLE TO SIT STILL (FROM NERVOUSNESS)
00
Ходуно'м $ходи'ть/идти'/пойти'$
1. TO SHAKE/TREMBLE VIOLENTLY 2. A SITUATION IS IN COMPLETE DISORDER/CHAOS
1. Через мину'ту вся па'луба ходи'ла ходуно'м под деся'тками пля'шущих ног. 2. В посе.лке Первома'йском все. ходуно'м ходи'ло Навстре'чу у'ле несли'сь подво'ды, бежа'ли це'лые се'мьи.

ХОДЯ'ЧИЙ
00
Ходя'чая газе'та R газе'та
00
Ходя'чая энциклопе'дия R энциклопе'дия
00
Ходя'чие мо'щи R мо'щи

ХОЖДЕ'НИЕ
14
Име'ть хожде'ние
TO BE IN USE
50
По о'бразу пе'шего хожде'ния
BY SHANKS' MARE
00
Хожде'ние по му'кам
THE ROAD TO CALVARY
Жизнь бе'женцев из Восто'чного Пакиста'на - хожде'ние по му'кам.

ХОЗЯ'ИН
00
Быть хозя'ином $своего' сло'ва<своему' сло'ву$ R сло'во

ХОЗЯ'ИН CONT'D.
   00
     Сам себе' хозя'ин R сам
   00
     Хозя'ин положе'ния R положе'ние
ХОЗЯ'ЙСКИЙ
   00
     Де'ло хозя'йское
     DO AS YOU WISH
ХОЗЯ'ЙСТВО
   00
     Благода'ть в хозя'йстве R благода'ть
ХО'ЛКА
   29
     $Намы'лить/намя'ть/начеса'ть/ETC$ хо'лку [кому']
     TO CHEW (SOMEONE) OUT; TO LET (SOMEONE) HAVE IT
ХО'ЛОД
   00
     Креще'нские холода' R креще'нский
   00
     Обда'ть хо'лодом R обда'ть
   00
     Соба'чий хо'лод R соба'чий
   00
     $Терпе'ть/испыта'ть/пережива'ть/ETC$ хо'лод и го'лод
     TO SUFFER EXTREME DEPRIVATION; TO BE COLD AND HUNGRY
     Не легко' дае.тся жизнь мно'гим лю'дям: они' те'рпят
     хо'лод и го'лод пока' добью'тся доста'тка.
ХОЛОДА'ТЬ
   00
     Холода'ть и голода'ть
     TO SUFFER EXTREME DEPRIVATION; TO BE COLD AND HUNGRY
ХОЛОДЕ'ТЬ
   00
     Кровь холоде'ет (в жи'лах) R кровь
ХО'ЛОДНО
   00
     Ни $жа'рко/тепло'$ ни хо'лодно [кому'+от чего']
     (IT'S) NO SKIN OFF (MY) BACK/NOSE; (IT) MAKES NO
     DIFFERENCE TO (ME)
     -Мне ни жа'рко ни хо'лодно от твоего' успе'ха! -ду'мал
     он, равноду'шно слу'шая восто'рженного дру'га.
ХОЛО'ДНЫЙ
   00
     Холо'дной водо'й $окати'ть/обли'ть$ R вода'
ХОЛОСТЯ'К
   00
     Ста'рый холостя'к
     AN OLD BACHELOR
Ста'рый холостя'к, он давно' уже' махну'л руко'й на то, что не свил
своего' гнезда', не со'зда'л семьи', не зна'ет ра'достей отцо'вства.
ХОМУ'Т
   00
     Ве'шать (себе') на ше'ю хому'т
     TO HANG A YOKE ON ONE'S NECK; TO BURDEN ONESELF WITH
     (SOMETHING)
   00
     Воротни'к (сиди'т) хомуто'м
     [A BADLY FITTING COLLAR]
ХОРОВО'Д
   00
     Води'ть хорово'ды R води'ть
ХОРОНИ'ТЬ
   00
     Хорони'ть концы' R коне'ц
   00
     Хорони'ть себя' [в че.м<где]
     TO BURY ONESELF IN (SOMETHING/SOMEWHERE)
     Уче.ный, разочаро'ванный в семе'йной жи'зни, хорони'л
     себя' в иссле'довательской рабо'те.
ХОРО'ШЕНЬКИЙ
   94
     Хоро'шенького понемно'жку
     THAT'S ENOUGH; THAT WILL DO
ХОРО'ШИЙ
   00
     Быть на хоро'шем замеча'нии [у кого'] R замеча'ние
   00
     Всего' хоро'шего R весь

   00
     Де'лать хоро'шую ми'ну при плохо'й игре' R ми'на
   00
     Мой хоро'ший
     MY DEAR ...
     1. -Вы не мо'жете да'же предста'вить себе', как мно'го
     вы сде'лали для меня', мой хоро'ший Са'ша! 2. Нет уж,
     мой хоро'ший! Я тебя' не бро'шу, - Ра'неному дру'гу
     отвеча'л моря'к.
   00
     Не приведе.т к чему' хоро'шему R привести'
   00
     По-хоро'шему
     1. WELL; PROPERLY 2. PEACEFULLY; WITHOUT ABUSE
     1. -Кабы' полюби'ла меня' э'та са'мая Фекли'нья ... .
     И пить бы переста'л, и все. бы у меня' по-хоро'шему
     пошло', и заведе'ньице бы откры'л. 2. Раз про'сят
     по-хоро'шему - пожа'луйста.
   00
     $Сде'лать/соста'вить$ хоро'шую па'ртию R па'ртия
   00
     Стоя'ть на $хоро'шей доро'ге/хоро'шем пути'$ R стоя'ть
   11
     Хоро'шее де'ло
     1. A GOOD THING 2. (IRONICALLY) THAT'S FINE; THAT'S JUST
     GREAT
     1. Коне'чно, пи'сьма хоро'шее де'ло; все. не так
     ску'чно. 2. -Что' у тебя' с па'льцем? ... -Да вот,
     сту'кнул неча'янно, - сказа'л я о'чень небре'жно.
     -Хоро'шее де'ло - сту'кнул! Он распу'х у тебя'.
   00
     Хоро'ш собо'ю
     GOOD-LOOKING; ENCHANTING; CHARMING
     Он был замеча'тельно хоро'ш собо'ю, с прекра'сными
     те.мными глаза'ми, те.мно-рус, ро'стом вы'ше сре'днего,
     то'нок и стро'ен.
ХОРОШО'
   00
     Язы'к хорошо' $подве'шен/приве'шен$ [у кого'] R язы'к
ХОТЕ'ТЬ
   00
     Е'сли $хоти'те<хо'чешь$ R е'сли
   00
     Ешь-не хочу' R есть
   00
     (И) слы'шать не хо'чет R слы'шать
   00
     Как $хо'чешь<хоти'те$
     1. AS YOU WISH 2. NO MATTER WHAT; YOU CAN DO AS YOU LIKE,
     BUT I ...
     1. -Но, впро'чем, суди'те, как хоти'те, я весь тут-с:
     а ва'шу до'чку полюби'л душо'ю-с. 2. -Я ему' пря'мо
     скажу': как хоти'те, я не могу' жить без Петербу'рга.
   00
     Не хочу' ...
     A LOT; A LOT OF
     -Тепе'рь на'ша во'ля ... Гуля'й - не хочу!
   00
     Плева'ть $хочу'<хо'чешь<ETC$ R плева'ть
   00
     $Хоть како'й<како'й хоти'те<како'й хо'чешь$ R како'й
   00
     Хо'чешь не хо'чешь
     WHETHER YOU WANT IT OR NOT; WILLY-NILLY
     -Да что, ба'тюшка, де'лать, вот как э'ти пта'шки
     подрасту'т ... -она' ука'зывала на деви'ч, -хо'чешь не
     хо'чешь, на'до женихо'в иска'ть.
   29
     Хошь не хошь
     WHETHER YOU WANT IT OR NOT; WILLY-NILLY
     -Хошь не хошь, а сапну'ю ло'шадь на'до пристрели'ть,
     -говоря'т в наро'де.
   00
     Чего' $моя'<твоя'<ETC$ (ле'вая) нога' хо'чет R нога'
   00
     $Что/ско'лько/где/ETC$ хо'чешь
     ANYTHING/AS MUCH AS YOU LIKE/ANYWHERE/ETC.
     1. Бу'лка но'вая, те.плая, дров ско'лько хо'чешь. 2.

XOTE'Tb CONT'D.
    Иму'щество для тебя' я собра'л, а е'сли еще. на'до,
    бери' чего' хо'чешь.
ХОТЬ
00
    Хоть $брось/отбавля'й/тре'сни/убе'й/умри'/глаз вы'коли/
    пруд пруди'/шаро'м покати'$
    (I) COULD HAVE JUMPED OUT THE WINDOW/KILLED MYSELF/ETC.
    1. -Прия'телей, друзе'й завело'сь, хоть пруд пруди'!
    2. Самолю'бия у Ма'мочкина бы'ло хоть отбавля'й.
00
    Хоть бы хны [кому'<кто] R хны
00
    Хоть бы что R что(1)
00
    Хоть $како'й-нибудь/где'-нибудь$
    NO MATTER WHAT KIND; NO MATTER WHERE
    Ску'ка бы'ла в дере'вне стра'шная, и Ави'лов постоя'нно
    и уси'ленно иска'л хоть како'го-нибудь развлече'ния.
00
    Хоть како'й-нибудь R како'й-нибудь
29
    Хоть $кто/что'/где/куда'/ETC$
    ANYONE/ANYTHING/ANYWHERE/ETC.
    Ты'сячи сорто'в шля'пок, пла'тьев, платко'в пе.стрых,
    ле.гких ... ослепя'т хоть кого' на Не'вском проспе'кте.
00
    Хоть куда' R куда'
00
    $Хоть/хотя'$ бы
    1. ALTHOUGH 2. EVEN IF 3. IF ONLY
    1. С утра' уйде.т, приде.т по'здней но'чью, и в две
    неде'ли хоть бы сло'во како'е я от него' услыха'л. 2.
    -Хоть бы отдохну'ть где'-нибудь в поря'дочном тракти'ре,
    ... меня' так растрясло', что все ко'сти так и ло'мит.
00
    $Хоть/хотя'$ бы и так
    EVEN IF IT WERE SO
    -Не пригласи'ть ли квартира'нта на наш пра'здник? -Хоть
    бы и так!
23
    Хошь бы
    1. ALTHOUGH 2. EVEN IF 3. IF ONLY
    -Что' хозя'ин де'лает? -Спит поку'да. Да хошь бы и не
    спал, не съест он тебя'.
ХОТЯ'
00
    Хотя' бы и так R хоть
00
    Хотя' бы R хоть
ХО'ХОТ
00
    Гомери'ческий хо'хот R гомери'ческий
00
    Надорва'ть $живо'т<животы'/живо'тики$ от хо'хота R
    надорва'ть
ХРА'БРЫЙ
00
    Не из хра'брого деся'тка
    A COWARD
00
    Пасть сме'ртью хра'брых R смерть
ХРАНИ'ТЕЛЬ
00
    А'нгел-храни'тель
    A GUARDIAN ANGEL
ХРАНИ'ТЬ
00
    Храни'ть в та'йне [что]
    TO KEEP (SOMETHING) A SECRET
    Ю'ноша писа'л стихи', но храни'л э'то в та'йне, боя'сь
    кри'тики.
00
    Храни'ть де'ньги в кубы'шке R кубы'шка
00
    Храни'ть как зени'цу о'ка R зени'ца
ХРАПЕ'ТЬ
00
    Храпе'ть во все носовы'е заве.ртки R заве.ртка

ХРАПОВИ'ЦКИЙ
29
    Зада'ть храпови'цкого
    TO SLEEP SOUNDLY; TO SLEEP LIKE A LOG
    - ... я ля'гу сейча'с на по'лку и зада'м храпови'цкого.
ХРЕБЕ'Т
00
    $Гнуть/лома'ть$ хребе'т R гнуть
00
    Гнуть хребе'т [перед кем] R гнуть
00
    $Жить/сиде'ть/быть/ETC$ за [чьим] хребто'м R спина'
00
    $Лежа'ть/быть$ на хребте' [у кого'/чье.м] R плечо'
00
    Станово'й хребе'т R станово'й
ХРЕН
64
    Ста'рый хрен
    AN OLD BASTARD
00
    Хрен ре'дьки не сла'ще
    SIX OF ONE, HALF A DOZEN OF THE OTHER
ХРИСТИА'НСКИЙ
50
    В христиа'нский вид привести' [кого'<что]
    TO CIVILIZE
    Парикма'хер приве.л в христиа'нский вид ю'ношу,
    обро'сшего волоса'ми.
50
    Христиа'нский вид придать [кому'<чему']
    TO CIVILIZE
    По'сле ухо'да бу'йных госте'й ба'ру был при'дан
    христиа'нский вид.
ХРИСТО'В
00
    Христо'ва неве'ста R неве'ста
00
    Христо'в челове'к R челове'к
42
    Христо'вым и'менем $жить/перебива'ться/ETC$
    TO LIVE BY BEGGING
ХРИСТО'С
59
    Вот $тебе'<те$ Христо'с
    IT'S THE GOSPEL TRUTH
    -Ле.гкое ли де'ло! -ду'мал он иногда' про себя', -с
    губерна'тором говори'т, пря'мо в глаза' смо'трит ...
    вот-те Христо'с, так и смо'трит!
59
    Жить Хри'ста ра'ди
    1. TO LIVE BY BEGGING; TO LIVE ON CHARITY 2. TO LIVE ON
    (SOMEONE'S) CHARITY
    Кро'ме Митрофа'на с его' семье.й да ста'рого глухо'го
    кти'тора Гера'сима, прожива'вшего Христа' ра'ди в
    камо'рочке у криво'й солда'тки, ни одного' дворово'го
    челове'ка не оста'лось в Шуми'хине.
00
    Как у Христа' за па'зухой [жить] R па'зуха
29
    $Христа' ра'ди<ра'ди Христа'$
    1. [SAID IN REQUEST OF CHARITY] 2. PLEASE; FOR CHRIST'S
    SAKE
    1. -Эй ты! Мы не тро'нем тебя', - дай нам то'лько
    хле'ба - есть? Дай, брат, Христа' ра'ди! 2. Дьячо'к
    заторопи'лся, наде'л шля'пу, сказа'л: -Спаси'бо,
    Константи'н Палы'ч, за чай, за са'хар, извини'те,
    Христа' ра'ди.
42
    Христо'с с $ним<ни'ми$
    ALRIGHT; LET (HIM)
42
    Христо'с с тобо'й
    WHAT DO YOU MEAN?; CAN IT BE?
ХРОМА'ТЬ
00
    Хрома'ть на о'бе ноги' R нога'
ХУ'ДО
29
    Ху'до-бе'дно

   THE VERY SMALLEST; AT THE VERY LEAST
   00
   Ху'до скро'ен, да $кре'пко/пло'тно$ сшит R сши'тый
   00
   Ху'же го'рькой ре'дьки R ре'дька
ХУДО'ЖЕСТВЕННЫЙ
   00
   Худо'жественный беспоря'док
   POETIC DISORDER
   Све'тлые гарди'ны, хруста'льные ва'зы с цвета'ми и
   пе.стрые поду'шки придава'ли гости'ной худо'жественный
   беспоря'док.
ХУДО'Й
   00
   На худо'й коне'ц R коне'ц
   00
   Не говоря' худо'го сло'ва R говори'ть
ХУ'ЖЕ
   00
   Положе'ние ху'же губерна'торского R губерна'торский
   00
   Ху'же го'рькой ре'дьки надое'сть R ре'дька
ЦАРИ'ЦА
   00
   Цари'ца небе'сная R небе'сный
ЦА'РСТВИЕ
   00
   Ца'рствие небе'сное [кому'] R небе'сный
ЦА'РСТВО
   00
   $Быть/сиде'ть/ETC$ на ца'рстве R сиде'ть
   00
   Венча'ть на ца'рство R венча'ть
   00
   Венча'ться на ца'рство R венча'ться
   00
   Сажа'ть на ца'рство R сажа'ть
   00
   Сесть на ца'рство R сесть
   00
   Тридевя'тое ца'рство R тридевя'тый
   00
   Тридеся'тое ца'рство R тридеся'тый
   00
   Ца'рство небе'сное [кому'] R небе'сный
ЦАРЬ
   00
   Без царя' в голове' [кто]
   DIM-WITTED; UNINTELLIGENT
   Бы'ло у них два сы'на: смышле.нный ра'но у'мер, а
   друго'й, без царя' в голове', до'жил до седы'х воло'с.
   00
   Нет царя' в голове' [у кого']
   DIM-WITTED; UNINTELLIGENT
   -Ви'дно, у тебя' нет царя' в голове': ведь ты неиму'щий
   и ничему' не уче.н, а заду'мал жени'ться, -говори'л
   пло'тник своему' помо'щнику.
   00
   О'лух царя' небе'сного R о'лух
   00
   При царе' Горо'хе R горо'х
   00
   Царь небе'сный R небе'сный
ЦВЕТ
   00
   $В<во$ цве'те $лет/сил$
   IN ONE'S PRIME; IN THE FLOWER OF ONE'S YOUTH
   М.Ю. Ле'рмонтов поги'б во цве'те лет.
   00
   Во цве'те лет R лета'
   00
   В ро'зовом цве'те $ви'деть/представля'ть$ [кого'<что]
   R ро'зовый
   00
   Дать цвет
   TO BLOOM; TO BLOSSOM
   -Э'то вот гря'дка - огу'рчики. Цвет уж да'ли,

   зве.здочками горя'т.
   00
   Живы'е цветы' R живо'й
   00
   Как ма'ков цвет R ма'ков
   00
   Срыва'ть цветы' удово'льствия R срыва'ть
   00
   Цве'та во'ронова крыла' R во'ронов
ЦВЕТО'К
   00
   Тепли'чный цвето'к R тепли'чный
ЦВЕТО'ЧЕК
   00
   Э'то $то'лько/еще.$ цвето'чки
   THAT'S ONLY THE BEGINNING; THE WORST IS YET TO COME
   Непослуша'ние малоле'тних дете'й - э'то еще. цвето'чки;
   ху'же бу'дет, когда' они' подрасту'т.
ЦЕЛИКО'М
   00
   Целико'м и по'лностью R по'лностью
ЦЕЛОВА'НИЕ
   42
   После'днее целова'ние
   ONE'S LAST RESPECTS TO THE DEAD
ЦЕ'ЛОСТЬ
   00
   В це'лости и $сохра'нности/невреди'мости$
   SAFE AND SOUND
ЦЕ'ЛЫЙ
   00
   В о'бщем и це'лом R о'бщий
   00
   Це'лая ве'чность R ве'чность
   00
   $Це'лый и невреди'мый<цел и невреди'м$
   SAFE AND SOUND
   Сын - солда'т, чи'слившийся бе'з вести пропа'вшим,
   верну'лся цел и невриди'м.
   00
   Це'лый ко'роб =весте'й/новосте'й/ETC= R ко'роб
ЦЕЛЬ
   00
   Бить $в цель<ми'мо це'ли$ R бить
   00
   Име'ть $це'лью<цель$ R име'ть
   00
   $С це'лью<в це'лях$ [чего']
   FOR THE PURPOSE OF; WITH A VIEW TO
   00
   С це'лью [INF]
   IN ORDER TO; IN ORDER THAT
   [Я] начина'л мно'го раз свой дневни'к с це'лью заноси'ть
   в него' ка'ждую ме'лочь.
ЦЕНА'
   00
   В цене'
   VERY EXPENSIVE; HIGHLY PRICED
   Зо'лото и драгоце'нные ка'мни всегда' в цене'.
   00
   Грош цена' [кому'<чему'] R грош
   00
   Дорого'й цено'й R дорого'й
   00
   Знать це'ну' [кому'<чему'] R знать
   00
   Кра'сная цена' R кра'сный
   00
   $Любо'й/како'й бы то ни' было$ цено'й $дости'гнуть/
   доби'ться/ETC$ [чего']
   TO ACHIEVE SOMETHING BY ANY AVAILABLE MEANS/NO MATTER
   WHAT/BY HOOK OR BY CROOK
   00
   Наби'ть себе' це'ну R наби'ть
   00
   Наби'ть це'ну [на что] R наби'ть
   00
   Нагна'ть це'ну R нагна'ть

ЦЕНА' CONT'D.
00
Переби'ть це'ну R переби'ть
00
Цены' нет [чему'<кому']
1.(SOMETHING) IS PRICELESS 2.(SOMEONE) IS INVALUABLE
-Оста'лся бы ты, Ани'сим, до'ма, при де'ле, -сказа'л он, -цены' бы тебе' не' было! Я бы тебя', озолоти'л с головы' до ног.
ЦЕНТР
00
Быть в це'нтре внима'ния R внима'ние
00
Центр тя'жести R тя'жесть
ЦЕПНО'Й
00
Цепна'я реа'кция
CHAIN REACTION
ЦЕПЬ
00
$Как/бу'дто/сло'вно$ с цепи' сорва'лся R сорва'ться
ЦЕРЕМО'НИЯ
00
Кита'йские церемо'нии R кита'йский
ЦЕРКО'ВНЫЙ
00
Бе'ден как церко'вная $мышь/кры'са$
POOR AS A CHURCH MOUSE
ЦИ'ФРА
00
Астрономи'ческие ци'фры R астрономи'ческий
00
Кру'глые ци'фры R кру'глый
ЦЫГА'НСКИЙ
00
$Цыга'нская жизнь/цыга'нское существова'ние$
GYPSY LIFE
Бе'женцы из Пакиста'на ведут цыга'нскую жизнь, лиши'вшись жили'щ.
00
Цыга'нский пот R пот
ЧАЕ.К
00
На чае.к $дава'ть/брать/ETC$ R чай
ЧАЙ
29
Гоня'ть чаи'
TO SIT OVER TEA FOR A LONG TIME
00
За $ча'ем/ча'шкой ча'я$
OVER TEA
За ча'ем друзья' говори'ли о собы'тиях теку'щего моме'нта.
00
На $чай/чае.к$ $дава'ть/брать/ETC$
TO TIP
Официа'нты, обы'чно, получа'ют чаевы'е от посети'телей.
00
На $чай/ча'шку ча'я$ =приглаша'ть/звать/ETC=
TO INVITE (SOMEONE) TO TEA
Ро'дственницы поочере.дно зва'ли друг дру'га на ча'шку ча'я.
ЧА'ЙНЫЙ
00
Через час по (ча'йной) ло'жке R ло'жка
ЧАС
00
Адмира'льский час R адмира'льский
00
Би'тый час R би'тый
00
В до'брый час!
GOOD LUCK!
-Получи'л рабо'ту, наконе'ц! -В до'брый час!
00
В свой час
IN GOOD TIME; AT THE RIGHT TIME
00
До $э'того/сего'$ ча'са

UP TILL NOW; UNTIL NOW
00
Кали'ф на час R кали'ф
00
Не по дням, а по часа'м =расти'/возраста'ть/ETC= R день
00
Не $ро'вен<рове.н$ час R ро'вный
00
$После'дний/сме'ртный$ час
DEATH; ONE'S FINAL HOUR
Больно'й сознава'л, что сме'ртный час бли'зок.
00
По часа'м
AT FIXED INTERVALS
Лека'рства по часа'м даю'тся больны'м.
00
Сей же час
RIGHT NOW; IMMEDIATELY
Офице'р сей же час вы'звал оби'дчика на дуэ'ль.
00
С ча'су на час
1. EVERY HOUR 2. ANY MINUTE; ANY TIME
1. Во'йско его' с ча'су на час умножа'лось неимове'рно. 2. Вся семь'я Короле'вых, с ча'су на час поджида'вшая своего' Воло'дю, бро'силась к о'кнам.
00
Счита'ть часы' R счита'ть
42
Тем ча'сом
AT THE SAME TIME
Тру'дно жило'сь крестья'нам в старину'; тем ча'сом быва'ли бунты'.
00
$Ти'хий/ме.ртвый$ час R ти'хий
00
Тот же час
INSTANTLY; AT ONCE
1. Больно'й с при'знаками отравле'ния был тот же час отпра'влен в больни'цу. 2. Отве'т на письмо' тот же час напи'сан и по'слан.
00
Хали'ф на час R хали'ф
00
Час в час
EXACTLY; RIGHT ON TIME
Конце'рт начался' час в час.
00
Час о'т часу
HOUR BY HOUR; GRADUALLY
00
Час о'т часу не ле'гче R легко'
00
Час проби'л! R проби'ть
00
Через час по (ча'йной) ло'жке R ло'жка
ЧАСТИ'ЦА
00
Части'ца $моего'<ва'шего<ETC$ ме.ду есть [в че.м] R ме.д
ЧА'СТНОСТЬ
00
В ча'стности
PARTICULARLY; NAMELY; SPECIFICALLY
Но'вый управля'ющий гла'вное внима'ние обраща'л больше' всего' на форма'льную сто'рону де'ла, в ча'стности - на канцеля'рские то'нкости.
ЧАСТЬ
68
Благу'ю часть избра'ть
TO MAKE THE WISEST DECISION
00
$Бо'льшей ча'стью<по бо'льшей ча'сти$ R бо'льший
59
Быть в ча'сти [с кем]
TO WORK WITH (SOMEONE)
Жена' писа'теля была' в ча'сти с ним, помога'я собира'ть материа'л для по'вести.

ЧАСТЬ CONT'D.
59
$Войти'/вступи'ть$ в часть [с кем]
TO GO IN BUSINESS WITH (SOMEONE)
Подро'сшие сыновья' вошли' в часть с отцо'м - ску'пщиком пушни'ны.
00
В той ча'сти
TO THAT EXTENT; TO THAT DEGREE
00
Льви'ная часть R льви'ный
00
$По ча'сти<в ча'сти$ [чего'<како'й]
IN RELATION TO (SOMETHING)
Схвати'лись мы по ча'сти вы'пивки с каки'ми-то интенда'нтскими чино'вниками.
00
По ча'сти [чьей]
SOMEONE'S PART
Чита'ть бы'ло не по его' ча'сти.
00
Разрыва'ться на ча'сти
TO HAVE A LOT TO DO; TO BE PULLED IN MANY DIRECTIONS AT ONCE
00
Рвать на ча'сти [кого']
TO HARASS (SOMEONE); NOT TO GIVE (SOMEONE) ANY PEACE
00
(Э'то) не по мое'й ча'сти R мой
ЧАСЫ'
00
Как часы' =рабо'тать/де'йствовать/ETC=
TO GO LIKE CLOCKWORK
00
Подвести' часы' R подвести'
ЧАХО'ТКА
50
Карма'нная чахо'тка
TO BE BROKE
ЧА'ША
14
$Вы'пить/испи'ть/пить/ETC$ го'рькую ча'шу [чего']
TO DRINK THE CUP OF (GRIEF, ETC.) TO THE DREGS
00
Кругова'я ча'ша R кругово'й
00
Перепо'лнить ча'шу (терпе'ния)
TO BRING (SOMEONE) TO THE END OF HIS ENDURANCE/PATIENCE; TO EXASPERATE (SOMEONE)
00
Пить ме.ртвую ча'шу R ме.ртвый
00
По'лная ча'ша R по'лный
14
$Сия'/э'та$ ча'ша $мину'ет<минова'ла$ [кого']
THAT CUP PASSED FROM (HIM)
00
Ча'ша (терпе'ния) перепо'лнилась
(I) CAN'T TAKE ANY MORE; (I'M) AT THE END OF MY PATIENCE
ЧА'ШКА
00
$За ча'шкой ча'я/за ча'ем$ R чай
00
На ча'шку ча'я =приглаша'ть/звать/ETC= R чай
ЧА'ШЕ
00
Ча'ше обы'чного R обы'чный
ЧА'ЯНИЕ
14
$Па'че/сверх/про'тив вся'кого$ ча'яния
UNEXPECTEDLY; BEYOND EXPECTATION
Охо'та в де'вственном лесу' опа'сна: мо'жно, сверх ча'яния, заблуди'ться в не.м.
ЧА'ЯТЬ
00
Не ча'ять души' [в ком] R душа'
00
Ча'ющие движе'ния воды'
A STIRRING OF THE WATERS
ЧЕЙ
00
Чей бы то ни' был
NO MATTER WHOSE
Утопа'ющему все. равно': чья бы то ни' была рука', кото'рая спасе.т его'.
00
Чья $взяла'<возьме.т$
WHOSE SIDE WON/WILL WIN
В нача'ле турни'ра шахмати'стов неизве'стно чья возьме.т.
ЧЕКА'НИТЬ
00
Чека'нить шаг R шаг
ЧЕЛО'
68
$Бить/уда'рить$ чело'м [кому']
1. TO BOW LOW TO (SOMEONE); TO RESPECTFULLY GREET (SOMEONE)
2. TO HUMBLY REQUEST OF (SOMEONE) 3. TO THANK PROFUSELY
1. [Казаки'] ока'зывали ему' [Пугаче.ву] нару'жное почте'ние, при наро'де ходи'ли за ним без ша'пок и би'ли ему' чело'м; но наедине' обходи'лись с ним как с това'рищем. 2. В Но'вгороде наконе'ц сде'лался го'лод, и они' пореши'ли бить чело'м госуда'рю, что'бы он при'нял Но'вгород на всю свою' во'лю 3. Дорого'й Алекса'ндр Валенти'нович, бью чело'м Вам за Ва'ше ми'лое письмо' и за о'бе реце'нзии.
42
В челе' [чего'] =быть/находи'ться=
TO BE AT THE HEAD OF (SOMETHING)
С Литви'новым произошли' две-три дово'льно любопы'тные встре'чи. На одно'й ста'нции он заста'л мирово'й съезд и в челе' его' Пища'лкина.
ЧЕЛОВЕ'К
78
$Бо'жий/христо'в$ челове'к
A HOLY FOOL; A GOOD MAN
00
Гре'шный челове'к R гре'шный
00
Ко'нченый челове'к R ко'нченый
00
Мил челове'к R ми'лый
00
Молодо'й челове'к R молодо'й
00
Полтора' челове'ка R полтора'
00
Челове'к в футля'ре R футля'р
00
Челове'к до'лга R долг
00
Челове'к [како'го] зака'ла R зака'л
00
Челове'к<лю'ди ста'рого зака'ла R ста'рый
00
Челове'к настрое'ния R настрое'ние
ЧЕЛОВЕ'ЧЕСКИЙ
00
Род челове'ческий R род
00
$Утра'тить/потеря'ть$ о'браз челове'ческий R о'браз
ЧЕМ
00
Пре'жде чем R пре'жде
00
Ра'ньше чем
BEFORE
Ра'ньше чем мы пое'дем в го'сти, мы зайде.м к но'вым сосе'дям.
00
Чем свет R свет(1)
ЧЕМОДА'Н
00
Сиде'ть на чемода'нах
TO HAVE ONE'S BAGS PACKED
Семья' посла' сиде'ла на чемода'нах, гото'вая к отъе'зду в любо'й моме'нт.

ЧЕМОДА'ННОЕ
    50
    Чемода'нное настрое'ние
    A MOOD TO TRAVEL; WANDERLUST
    У пассажи'ров чемода'нное настрое'ние: взгля'ды их
    напра'влены в сто'рону ожида'емого по'езда.
ЧЕПУХА'
    00
    Поро'ть чепуху' R поро'ть
    00
    Чепуха' на по'стном ма'сле R ма'сло
ЧЕРВЬ
    00
    Червь сосе.т [кого'] R соса'ть
ЧЕРВЯ'К
    00
    Замори'ть червяка' R замори'ть
ЧЕРВЯЧО'К
    00
    Замори'ть червячка' R замори'ть
ЧЕРЕ.Д
    00
    В свой чере.д R о'чередь
    00
    Идти' $свои'м чередо'м/свое'й чередо'й$
    TO FOLLOW ITS OWN COURSE; TO TAKE ITS NORMAL COURSE
    Жизнь семьи', лише.нной отца', шла свои'м чередо'м:
    де'ти учи'лись, а мать по-пре'жнему рабо'тала.
ЧЕРЕДА'
    00
    Идти' свое'й чередо'й R чере.д
ЧЕРЕЗ
    00
    Через край R край
ЧЕРЕПА'ХА
    00
    $Как черепа'ха/черепа'хой$ =е'хать/идти'/ETC=
    TO GO AT A SNAIL'S PACE
ЧЕРЕПА'ШИЙ
    00
    Черепа'шьим ша'гом $идти'/дви'гаться$ впере.д R шаг
ЧЕРНИ'ЛЬНЫЙ
    00
    Черни'льная душа' R душа'
ЧЕРНОТА'
    00
    Чернота' под глаза'ми
    CIRCLES UNDER ONE'S EYES
    По черноте' под глаза'ми ви'дно бы'ло, что он прове.л
    бессо'нную ночь.
ЧЕ.РНЫЙ
    00
    Держа'ть [кого'] в че.рном те'ле R те'ло
    00
    Называ'ть бе'лое че.рным
    TO SEE JUST THE OPPOSITE; TO HAVE IT ALL BACKWARDS
    00
    Принима'ть бе'лое за че.рное R бе'лый
    00
    Че.рная ко'шка $пробежа'ла/проскочи'ла$ между [кем] R
    ко'шка
    00
    Че.рная меланхо'лия
    DEEP MELANCHOLY; THE BLUES
    00
    Че.рная неблагода'рность
    BLACK INGRATITUDE
    Отде'льные ли'ца, обя'занные ему' всем, прояви'ли са'мую
    че.рную неблагода'рность.
    00
    Че.рное пятно' R те.мный
    23
    Че.рное сло'во
    A CURSE WORD; SWEARING
    [Ефи'м] че.рным сло'вом весь век не руга'лся, и челове'к
    был стро'гий.
    00
    Че.рный день R день

00
    Че.рный наро'д R наро'д
    00
    Че.рным по бе'лому =напи'сано=
    IN BLACK AND WHITE
ЧЕ.РТ
    00
    Бежа'ть как че.рт от ла'дана [от кого'<чего'] R ла'дан
    00
    Боя'ться как че.рт ла'дана [кого'<чего'] R ла'дан
    00
    В ти'хом о'муте черти' во'дятся R о'мут
    64
    (Для) како'го че.рта
    WHAT THE DEVIL/HELL FOR
    29
    До че.рта
    1. LIKE HELL 2. A HELL OF A LOT
    1. Уста'л до че.рта. 2. И ди'чи здесь, бра'тец, до
    че.рта, Сама' так под по'рох и пре.т.
    64
    За $каки'м/ко'им$ че.ртом
    WHAT THE HELL FOR
    За каки'м че.ртом выезжа'ть в по'ле, когда' гроза'
    надвига'ется!!
    00
    Кой че.рт R кой
    29
    $Куда'/отку'да$ че.рт принес
    WHAT THE HELL IS (HE) DOING HERE!; WHAT A TIME FOR (HIM)
    TO SHOW UP
    Отку'да че.рт принес го'стя в по'здний час!?
    00
    $К че.рту<к чертя'м/ко всем чертя'м$
    1. AWAY; EVERY WHICH WAY 2. ALL TO HELL; SKY HIGH 3. WHAT THE
    HELL (KIND OF)
    1. Дире'ктор и че'тверо инжене'ров полете'ли со свои'х
    мест к че.рту. 2. Разда'лся взрыв, ко'лба и полови'на
    мое'й лаборато'рии разлете'лись к че.рту. 3. Ну,
    скажи', како'й я к че.рту стра'нник. 4. В твои' го'ды
    и мне то'же хоте'лось бежа'ть ко всем чертя'м.
    29
    К $че.рту<чертя'м$ на $рога'/кули'чки$
    TO THE STICKS; TO THE BOONDOCKS
    -Е'дем к че.рту на кули'чки да еще. се'мьи та'щим.
    00
    На кой че.рт R кой
    00
    Не' было печа'ли (так) черти' накача'ли R накача'ть
    00
    Не так стра'шен че.рт, как его' малю'ют R малева'ть
    00
    Ни к че.рту =не годи'тся=
    NOT AT ALL
    -Ни к че.рту не годи'тся! -думал архите'ктор, ко'мкая
    черте.ж.
    29
    $Ни оди'н/сам$ че.рт =не разбере.т/не сде'лает/ETC=
    NO ONE
    Уж лет пять по э'той доро'ге ни оди'н че.рт не езди'л.
    29
    Ни черта'
    NOTHING; NOT A THING
    -Что слы'шно от родны'х? -Ни черта'! Не пи'шут.
    00
    Одному' че.рту изве'стно
    THE DEVIL ONLY KNOWS
    -Когда' по'езд сно'ва пойде.т? -Одному' че.рту
    изве'стно! Пути' занесло' сне'гом.
    29
    У че.рта на $рога'х/кули'чках$
    IN THE STICKS; IN THE BOONDOCKS
    -Мы их [каза'ков] до са'мой зари' гна'ли, они' тепе'рь у
    че.рта на кали'чках.
    00
    Чем че.рт не шу'тит! R шути'ть
    00
    Че.рта лы'сого R лы'сый

ЧЕ.РТ CONT'D.
00
Че.рта с два! R два
00
Че.рт $де.рнул<де.рнет$ [кого'+INF] R де.рнуть
00
Че.рт де.рнул за язы'к [кого'] R де.рнуть
29
Че.рт зна'ет $кто/что/како'й/куда'/ETC$
1. THE DEVIL KNOWS WHO/WHAT KIND OF/WHERE/ETC. 2. A HELL OF A ...
1. Че.рт зна'ет на что расхо'довался ум воспи'танника!
2. Матве'й Матве'ич спроси'л Леони'да, далеко' ли он е'дет. -В Малмы'ж, -отвеча'л тот хму'ро. -Че.рт зна'ет како'е сообще'ние - на лошадя'х!
00
Че.рт ([кого'<что]) $возьми'/дери'/побери'/подери'/ETC$
THE DEVIL TAKE (HIM); TO HELL WITH(SOMEONE/SOMETHING)
-Че.рт подери' сверхуро'чную рабо'ту! И без нее. ма'ло вре'мени для о'тдыха.
29
Че.рт ли [в ком<в че.м]
DO (WE) REALLY NEED ...?
Че.рт ли в э'тих транше'ях за' городом? Ведь неприя'тель мо'жет яви'ться с друго'й стороны'!
00
Че.рт не брат [кому'] R брат
00
Че.рт но'гу $сло'мит<слома'ет$ R сломи'ть
00
Че.рт прине.с [кого']
WHAT THE HELL IS (HE) DOING HERE!; WHAT A TIME FOR (HIM) TO SHOW UP
00
Че.рт [с кем<с чем]
THE HELL WITH (SOMEONE/SOMETHING)
00
Че.рт-те $что/где/ETC$
THE DEVIL KNOWS WHAT/WHERE
[Васи'лий] гляде'л жене' на лоб ..., на те.мно-си'ние глаза', блужда'ющие че.рт-те где.
00
Че.рт унес.с R унести'
29
$Чертя'м<че.рту$ то'шно
IT'S DISGUSTING/SICKENING
00
Что за че.рт!
WHAT THE HELL!
-Что за че.рт! Ключ не вхо'дит в замо'чную сква'жину. -Ты оши'бся две'рью!
ЧЕРТЕ.НОК
00
Чертеня'та в глаза'х [у кого']
(HE) HAS A MISCHEVIOUS/DEVILISH LOOK IN (HIS) EYE
У расска'зчика анекдо'та лука'вые чертеня'та в глаза'х.
ЧЕ.РТИК
00
Допи'ться до че.ртиков
TO DRINK ONESELF UNDER THE TABLE
ЧЕ.РТОВ
00
Че.ртова дю'жина R дю'жина
00
Че.ртова ко'жа R ко'жа
00
Че.ртова ку'кла R ку'кла
00
Че.ртов сын R сын
ЧЕ.С
06
Зада'ть че.су [кому']
1. TO REALLY GIVE IT TO (SOMEONE) 2. TO TAKE OFF; TO RUN AWAY
ЧЕСА'ТЬ
00
Чеса'ть $заты'лок<в заты'лке$
TO SCRATCH ONE'S HEAD

00
Чеса'ть зу'бы R зуб
00
Чеса'ть $язы'к<языко'м$ R язы'к
ЧЕСА'ТЬСЯ
00
Ру'ки че'шутся [у кого'] R рука'
00
Язы'к че'шется [у кого'] R язы'к
ЧЕ.СКА
00
Зада'ть че.ску [кому'] R че.с
ЧЕСТНО'Й
29
Мать честна'я!
GOOD LORD!; OH MY GOD!; HEAVENS!
11
Честна'я компа'ния
ILLUSTRIOUS GATHERING (IRONIC)
Одна' честна'я компа'ния в биллиа'рдной, а друга'я - за ка'рточным столо'м.
ЧЕ.СТНЫЙ
50
$Висе'ть/держа'ться/ETC$ на че'стном сло'ве
TO BARELY HANG ON; TO HANG BY A THREAD
Обеща'ние де'вушки прийти' на свида'ние де'ржится на че'стном сло'ве.
00
Че'стное сло'во
WORD OF HONOR
-Че'стное сло'во, отда'м долг как то'лько получу' зарпла'ту!
ЧЕСТЬ
00
Была' бы честь предло'жена
IT'S ALL THE SAME TO ME; IT'S UP TO YOU [TO ACCEPT MY PROPOSAL]
-Отка'зываешься идти' в кино'? Была' бы честь предло'жена, а там как знаешь.
42
$Ва'ша/твоя'/его'/их$ честь
YOUR HONOR
00
В честь [кого'<чего']
IN HONOR OF (SOMEONE/SOMETHING)
Ребе.нку дано' и'мя в честь поги'бшего геро'я.
00
Вы'йти с че'стью [из чего']
TO COME OUT OF A SITUATION WITH HONOR/WITH FLYING COLORS
Фи'нны вы'шли с че'стью из междунаро'дного состяза'ния на лы'жах.
00
Де'лать честь [кому'] R де'лать
42
Из че'сти
FOR THE HONOR OF IT
[Бата'] приба'вил, что ему' до'роги не де'ньги, а он из че'сти гото'в служи'ть Хаджи'-Мура'ту.
42
Име'ть честь [INF]
TO HAVE THE HONOR OF (DOING SOMETHING)
Населе'ние городка' име'ло честь приве'тствовать астрона'вта, бы'вшего своего' жи'теля.
00
К че'сти [чьей]
TO (SOMEONE'S) CREDIT
Хоро'шее воспита'ние дете'й на'до отнести' к че'сти роди'телей.
00
$На'до/пора'$ и честь знать R знать
42
(Не) в чести'
IN ESTEEM; NOT IN ESTEEM
Класси'ческое образова'ние все. бо'лее не в чести'.
00
Отда'ть честь [кому']
1. TO SALUTE (SOMEONE) 2. TO SALUTE (SOMEONE), I.E. TO SHOW ONE'S RESPECT TO (SOMEONE)

ЧЕСТЬ CONT'D.
    1. [Квартирме'йстер] бы'стро приложи'л ру'ку к голове'
    .... -Как сме'ешь отдава'ть честь без фура'жки?
    -закрича'л команди'р. 2. Отпра'вились в по'ле, где
    бы'ли расстре'ляны това'рищи, о'тдали честь, после'дний
    долг, похорони'ли их в бра'тской моги'ле.
    50
    Отда'ть честь [чему']
    TO GIVE (SOMETHING) ONE'S COMPLETE ATTENTION
    Из Францу'зской ку'хни о'тдал он то'лько че'сть
    руа'нской у'тке.
    74
    По'ле че'сти
    THE FIELD OF BATTLE
    Инвали'д, ветера'н войны', утра'тил здоро'вье на по'ле
    че'сти.
    00
    Попа'сть в честь [кому']
    TO GAIN (SOMEONE'S) FAVOR; TO COME INTO (SOMEONE'S) GOOD
    GRACES
    00
    По че'сти
    HONORABLY
    42
    По че'сти (сказа'ть)
    TO TELL THE TRUTH; TRUTHFULLY
    [Князь:] -Вы избега'ете призна'тельность мою'.
    [Арбе'нин:] -По че'сти вам сказа'ть, ее. я не терплю'.
    00
    Принадлежи'т честь =введе'ния/откры'тия/созда'ния/
    ETC=[кому']
    THE HONOR OF (SOMETHING)   BELONGS TO (SOMEONE)
    00
    Проси'ть че'стью
    TO RESPECTFULLY REQUEST
    00
    С че'стью [V]
    WITH HONOR
    Студе'нт с че'стью защити'л дипло'мную рабо'ту.
    00
    $Счита'ть/поста'вить/ETC$ за честь [что]
    TO CONSIDER (SOMETHING) AN HONOR
    Ста'рый учи'тель счита'ет за честь уча'стие в
    иссле'довательской рабо'те при университе'те.
    00
    Удосто'иться че'сти R удосто'иться
    00
    Удосто'ить че'сти [кого'] R удосто'ить
    42
    Честь и ме'сто [кому']
    WE ARE HONORED BY (YOUR) PRESENCE
    00
    Честь име'ю кла'няться R кла'няться
    00
    Честь $че'стью/по че'сти$
    HONORABLY; PROPERLY
ЧЕТА'
    00
    Не чета' [кому']
    NOT (SOMEONE'S) EQUAL/MATCH; NOT (SOMEONE'S) TYPE
ЧЕТВЕ'РГ
    00
    По'сле до'ждичка в четве'рг R до'ждичек
ЧЕТВЕРЕ'НЬКИ
    00
    На четвере'ньках =идти'/ползти'/тащи'ться/ETC=
    TO GO ON ALL FOURS
    [Мужи'к] стал на четвере'ньки и так, на четвере'ньках,
    куда'-то попо'лз.
    00
    На четвере'ньки =стать/поста'вить/опусти'ться/ETC=
    (TO STAND) ON ALL FOURS
ЧЕТЫ'РЕ
    00
    В четыре.х стена'х $сиде'ть/жить$ R стена'
    00
    Игра'ть в четы'ре руки' (на роя'ле) R рука'
    00
    $Идти'/отправля'ться/убира'ться/ETC$ на все четы'ре

    сто'роны R сторона'
    00
    Как два'жды два (четы'ре) R два'жды
ЧЕЧЕВИ'ЧНЫЙ
    00
    $Променя'ть на/прода'ться за$ чечеви'чную похле.бку
    TO SELL ONE'S BIRTHRIGHT FOR A MESS OF POTTAGE
ЧИК
    29
    Чик-в-чик
    EXACTLY
    -Не' было ль у нее. борода'вки вот на э'том ме'сте?
    -Была', была' ... -весь загоре'лся бродя'га. -Как есть
    тут ... Чик-в-чик.
ЧИН
    42
    Без чино'в
    WITHOUT CEREMONY
    Собра'ние по по'воду оконча'ния войны' бы'ло без
    форма'льностей, без чино'в: генера'лы сиде'ли впереме'жку
    с офице'рами.
    00
    В чина'х быть
    TO HAVE A HIGH OFFICIAL POSITION
    О'ба сы'на в чина'х бы'ли: оди'н - мини'стр, а друго'й -
    посо'л.
    00
    Носи'ть чин R носи'ть
    00
    По чи'ну
    ACCORDING TO ONE'S RANK
    Го'сти губерна'тора по чи'ну за'няли места' за
    пра'зничным столо'м.
    42
    Чин $держа'ть/пра'вить$
    TO BE IN CHARGE OF A CEREMONY
    00
    Чин $чи'ном<по чи'ну$
    PROPERLY
    Кни'ги чин чи'ном расста'влены на по'лках.
ЧИСЛО'
    00
    Астрономи'ческие чи'сла R астрономи'ческий
    00
    Без числа'
    WITHOUT NUMBER
    Без числа' наро'ду на пло'щади.
    00
    За'дним число'м R за'дний
    00
    Несть числа' [кому'<чему'] R несть
    00
    $Нет/несть$ числа' [кому'<чему']
    (THEY) ARE INNUMERABLE
    Нет числа' ла'сточкам в ста'е, летя'щей на юг.
    00
    По пе'рвое число' R пе'рвый
ЧИСТИ'ЛИЩЕ
    00
    Пройти' черезчерез<сквозь$ чисти'лище [чего']
    TO GO THROUGH PURGATORY
    Произведе'ния писа'теля прошли' через чисти'лище
    цензу'ры.
ЧИ'СТО
    00
    Но'вая метла' чи'сто мете.т R метла'
    00
    Чисто-на'чисто =вы'мыть/вы'чистить/ETC=
    CLEAN AS A WHISTLE
    Полы' в ку'хне чи'сто-на'чисто вы'мыты.
ЧИ'СТЫЙ
    00
    Вы'вести на чи'стую во'ду [кого'] R вы'вести
    29
    $За чи'стые де'ньги<чи'стыми деньга'ми$
    FOR CASH
    Дом ку'плен за чи'стые де'ньги, а не в рассро'чку.
    00
    На чи'стом во'здухе

317

ЧИ'СТЫЙ CONT'D.
    IN THE OUT-OF-DOORS
    Кре'пок сон по'сле прогу'лки на чи'стом во'здухе.
    00
    От чи'стого се'рдца R се'рдце
    00
    По чи'стой со'вести =жить/поступа'ть/ETC= R со'весть
    00
    Приня'ть [что] за чи'стую моне'ту R моне'та
    00
    С чи'стым се'рдцем R се'рдце
    42
    Чи'стая отста'вка
    FINAL DISMISSAL
    00
    $Чи'стой<чисте'йшей$ воды' [кто<что] R вода'
ЧИТА'ТЬ
    00
    Чита'ть в $сердца'х/душе'$
    TO READ (SOMEONE'S) MIND; TO SEE INTO (SOMEONE'S) HEART
    Чу'ткий челове'к чита'ет в душе' друго'го.
    00
    Чита'ть ме'жду строк R строка'
    00
    Чита'ть $наставле'ния/нравоуче'ния/нота'чии/ETC$
    TO READ THE RIOT ACT TO (SOMEONE); TO GIVE (SOMEONE) A PIECE
    OF ONE'S MIND
    00
    Чита'ть речитати'вом R речитати'в
ЧИХ
    00
    На вся'кий чих не наздра'вствуешься R
    наздра'вствоваться
ЧИХА'НЬЕ
    00
    На вся'кое чиха'нье не наздра'вствуешься R
    наздра'вствоваться
ЧОХ
    00
    На вся'кий чох не наздра'вствуешься R
    наздра'вствоваться
    00
    Не ве'рить ни в чох, ни в сон
    TO BELIEVE IN NOTHING; NOT SUPERSTITIOUS
ЧРЕЗВЫЧА'ЙНОСТЬ
    00
    До чрезвыча'йности
    TO AN EXTREME
ЧРЕ'СЛА
    00
    Препоя'сать свои' чре'сла R препоя'сать
ЧТО'
    00
    Хоть что' R хоть
ЧТО'БЫ
    00
    Не так что'бы R так
    00
    Не то $чтоб<что'бы$ ..., а ... R тот
    00
    Не то, $чтоб<что'бы$ ... R тот
ЧТО(1)
    00
    А что?
    WHAT ABOUT IT?
    -Неу'жто ты влюбле'н в ме'ньшую? -А что? -Я вы'брал бы
    другу'ю, Когда' б я был, как ты, поэ'т.
    00
    Во'н (оно') что! R вон
    00
    Во'т (оно') что! R вот
    00
    Во что' бы то ни ста'ло R стать
    00
    В слу'чае чего' R слу'чай
    00
    В че'м де'ло R де'ло
    00
    Гляде'ть не' на что R гляде'ть

00
До чего' ...
VERY; EXTREMELY
До чего' хоро'ш!
00
До чего' [V]
TO WHAT [E.G. WHAT HAVE YOU BROUGHT ME TO]
-Ах, Алекса'ндр! До чего' ты меня' дове'л! Что
тепе'рь со мно'ю бу'дет?
Как ни в че'м не быва'ло R быва'ть
00
Кто что R кто
00
К чему'?
FOR WHAT?; WHAT DOES IT MEAN?
1. Ну, к чему' таки'е пра'здные вопро'сы, пусто'й ты
челове'к? 2. -За'втра сюда' прибу'дет из Москвы'
коми'ссия инспекцио'нного хара'ктера. -Из Москвы'? Ой,
к чему' бы э'то?
00
Ма'ло ли что R ма'ло
00
На че'м свет стои'т =руга'ть/брани'ть/ETC= R свет
00
Не' к чему
THERE'S NO REASON; IT'S POINTLESS
Поступа'ть на ме'сто бы'ло не к чему', ско'ро на'до
бы'ло роди'ть.
00
Не то что ..., а ... R тот
00
Ни во что' не $ста'вить/счита'ть$ [кого']
TO THINK LITTLE OF (SOMEONE); TO HAVE A LOW OPINION OF
(SOMEONE)
Сло'вом, я ви'дел я'сно, что дя'дю в его' же до'ме
счита'ли ро'вно ни во что'.
00
Ни за что'
FOR NOTHING
Вы, ка'жется, наме'рены прости'ть мне долг? Ни за что'!
Ка'рточный долг - долг че'сти.
00
Ни за что' (ни про что')
FOR NOTHING
Так ни за что' ни про что' поги'б наш Ле'вка.
00
Ни за что' счита'ть [кого']
TO THINK LITTLE OF (SOMEONE); TO HAVE A LOW OPINION OF
(SOMEONE)
00
Ни к чему'
TO BE UNNECESSARY
-Тебе' бы, Семе'н, в го'род уйти', а здесь ты ни к
чему'.
00
Ни при че'м (быть)
TO BE UNINVOLVED/NOT A PART OF (SOMETHING)
Они' говоря'т, что я тут ни при че'м, что про'сто
несча'стный слу'чай.
00
Ни при че'м оста'ться R оста'ться
00
Ни с чем $уйти'/оста'ться/верну'ться/ETC$
TO LEAVE/REMAIN/RETURN EMPTY-HANDED
-Да ведь э'то ребя'чество! продержа'ть генера'ла в
гора'х тро'е су'ток, обеща'ть е'хать по всем заво'дам и
верну'ться ни с чем.
00
(Ну) что' $ж<же$
WELL, WHAT CAN YOU DO?; THAT'S HOW IT IS
-Что' ж, ва'ше превосходи'тельство, не'чего де'лать,
пое'демте наза'д! -сказа'л полко'вник.
00
Пока' что R пока'
00
Почти' что R почти'
00
С чего'

ЧТО(1) CONT'D.

WHY; FOR WHAT REASON
Га'ня горячо' вы'сказал свое. мне'ние, что кня'зя
весьма' стра'нно и бог зна'ет с чего' назва'ли идио'том.
00
То'лько что не ... R то'лько
00
То'лько что R то'лько
00
(Уж) на что
TO WHAT EXTENT
-Твой ба'тюшка поко'йный, извини', уж на что' был
взадо'рный, а хорошо' сде'лал, что швейца'рца тебе' на'нял.
00
Хоть бы что
IT'S ALL THE SAME TO (HIM); IT DOESN'T AFFECT (HIM)
Оте'ч-то кре.стный - боле'ет, а тебе' хоть бы что'.
00
Чего' до'брого R до'брый
00
Чего' сто'ит R сто'ить
00
Чем не [кто<что']
(SOMEONE/SOMETHING) SEEMS ALL RIGHT/SUITABLE
Чем не звезда' экра'на молода'я актри'са, затемни'вшая
свою' предше'ственницу в э'той ро'ли!
00
Че.рт зна'ет что R че.рт
00
Че.рт-те что R че.рт
00
Что бы ...
IF ONLY
-Что бы вам ны'нче у себя' ве'чер устро'ить с хоро'шим
у'жином.
00
Что' бы ни ...
ANY; NO MATTER WHAT
00
Что $вы/ты$!
WHY!
-Я хочу' откры'то разойти'сь с му'жем. -Что вы, что вы!
Ведь это позо'р!
00
Что говори'ть
REALLY; THAT'S ALL THERE IS TO IT
-Челове'к он недурно'й, я его' ско'лько лет зна'ю. Вот
вы'пить - охо'тник, что говори'ть!
00
Что греха' таи'ть R грех
00
Что до [кого'<чего'] R до
00
Что, е'сли (бы) ...? R е'сли
00
Что' $же<ж$ $тако'е<тако'го$ R тако'й
00
Что' за че.рт! R че.рт
00
Что каса'ется [кого'<чего'<до кого'<до чего'], то ...
R каса'ться
00
Что $ли<ль$
CAN IT BE?; PERHAPS
-Отчего' ж ты пешко'м? Лошаде'й, что ли, у вас нет?
00
Что на'до R на'до
00
Что называ'ется R называ'ться
00
Что ни (на) е'сть
WHATEVER THERE IS
Де'ньги теря'ют це'ну; на'до покупа'ть все. что ни на
е'сть.
00
Что ни шаг R шаг
00
$Что<чего'$ там R там

00
$Что<чего'$ тут R там
00
$Что-что<чего'-чего'<чему'-чему'$, а ...
WHATEVER ELSE MAY BE TRUE ...; THAT MAY BE, BUT, ...
-Пе'тька-то, бес, жени'ться взду'мал. -Да что ты?
-Гла'зынки ло'пни ... Алексе'й да'же приостанови'лся.
Уж чего'-чего', а э'того от Пе'тьки не ожида'л.
00
Что (э'то) за ...
WHAT; WHAT KIND OF
1. Макси'м Макси'мыч, ... а что э'то за бума'ги вам
оста'вил Печо'рин. 2. Вчера' - нена'стье, А сего'дня
- что за день! Со'лнце, пти'цы! ...
00
Чуть что' R чуть
ЧТО(2)
00
Не то что ..., а ... R тот
00
Не то, что ... R тот
00
Раз что ... R раз
00
То'лько и......., что
EXCLUSIVELY; ONLY
При безрабо'тице то'лько и оста'лось, что иска'ть како'й
уго'дно рабо'ты и где попа'ло.
ЧУВСТВИ'ТЕЛЬНО
00
Чувстви'тельно благодари'ть [кого'] R чувстви'тельный
ЧУВСТВИ'ТЕЛЬНЫЙ
00
$Тро'нуть/заде'ть/ETC$ чувстви'тельную струну' [кого']
R струна'
42
Чувстви'тельно благодари'ть [кого']
TO THANK (SOMEONE) FROM THE BOTTOM OF ONE'S HEART
Роди'тели чувстви'тельно благодари'ли друзе'й сы'на за
пересы'лку его' пи'сем.
ЧУ'ВСТВО
00
В растре.панных чу'вствах R растре.панный
00
Прийти' в чу'вство R прийти'
00
Чу'вство ло'ктя R ло'коть
00
Чу'вство ме'ры R ме'ра
00
Шесто'е чу'вство R шесто'й
ЧУ'ВСТВОВАТЬ
00
Дава'ть себя' чу'вствовать
TO MAKE ONESELF FELT
К восьми' часа'м у'тра жара' уже' дае.т себя' заме'тно
чу'вствовать.
00
Дава'ть чу'вствовать [кому']
TO MAKE (SOMEONE) FEEL
Зинаи'да подча'с с осо'бенным, злора'дным удово'льствием
дава'ла ему' чу'вствовать, что и он у ней в рука'х.
00
Как себя' $чу'вствуешь<чу'вствуете$?
HOW ARE YOU FEELING?
-Как себя' чу'вствуете? -спроси'л врач больно'го.
00
На седьмо'м не'бе чу'вствовать себя' R не'бо
00
$Ног/земли'$ под собо'й не чу'вствовать R слы'шать
00
Чу'вствовать себя' [как<кем]
TO FEEL ONESELF TO BE ...
Слу'шая недомо'лвки говоря'щих, любо'й челове'к
чу'вствует себя' ли'шним.
ЧУ'ВСТВОВАТЬСЯ
00
В во'здухе чу'вствуется R во'здух

ЧУДНО'Й
  29
  Чудно'е де'ло
  IT'S AMAZING; IT'S A STRANGE THING
  —Чудно'е де'ло! Ка'ждого после'днего пи'саря зна'ешь, а
  чтоб Посу'дина не знать!
ЧУ'ДО
  00
  Не чу'до
  IT'S NOT SURPRISING
  Не чу'до провали'ться на экза'мене, не подгото'вившись к
  нему'.
  00
  Чудеса' в решете' R решето'
  00
  Чу'до как ...
  AMAZINGLY; VERY; ASTONISHINGLY
  Его' че.рный сюрту'к, ры'жая боро'дка и золоты'е очки'
  бы'ли чу'до как хороши'.
ЧУЖО'Й
  00
  В чужи'е ру'ки =попада'ть/дава'ть/ETC=
  TO FALL INTO SOMEONE ELSE'S HANDS
  Секре'тные докуме'нты исче'зли, попа'в в чужи'е ру'ки.
  00
  В чужо'м пиру' похме'лье R похме'лье
  00
  Есть чужо'й хлеб R есть
  00
  С чужи'х слов R сло'во
  00
  С чужо'го го'лоса говори'ть R го'лос
  00
  С чужо'го плеча' R плечо'
  00
  Чужи'ми рука'ми жар загреба'ть R жар
  00
  Чужи'ми рука'ми [V]
  WITH SOMEONE ELSE'S HELP
ЧУЛКИ'
  00
  Си'ний чуло'к R си'ний
ЧУ'ТКИЙ
  00
  $Чу'ткий сон/чу'ткая дремо'та/чу'ткое забытье.$
  LIGHT SLEEP; TROUBLED SLEEP
ЧУТЬ
  00
  Чуть бы'ло ...
  ALMOST; JUST MISSED
  Шофе.р сел в маши'ну и захло'пнул две'рцу так, что чуть
  бы'ло не вы'скочило стекло'.
  00
  Чуть дыша'ть R дыша'ть
  00
  Чуть (ли) не ...
  ALMOST; PRACTICALLY
  К Песо'чким ча'сто, чуть ли не ка'ждый день, приезжа'ли
  ба'рышни-сосе'дки.
  00
  Чуть свет R свет(1)
  00
  Чуть что'
  AT EVERY OPPORTUNITY; AT EVERY LITTLE TRIFLE
  —Ва'ренька все. пое.т малоросси'йские рома'нсы и
  хохо'чет Чуть что', так и зальё.тся голоси'стым сме'хом.
  29
  Чуть что'
  NEARLY
  —Комсомо'льцы нас здо'рово выруча'ют, но и те — на
  о'череди, на фронт. ... Остаю'тся чуть что' не одни'
  инвали'ды.
ЧУ'ЧЕЛО
  00
  Чу'чело горо'ховое R горо'ховый
ЧУШЬ
  00
  Поро'ть чушь R поро'ть

ЧУ'ЯТЬ
  00
  $Ног/земли'$ под собо'й не чу'ять R слы'шать
ШАБЕ.Р
  23
  Жить в шабра'х
  TO BE NEIGHBORS
ШАГ
  00
  В $не'скольких/двух/тре.х$ шага'х
  RIGHT NEXT TO; VERY CLOSE; A FEW STEPS AWAY
  Руче'й протека'л в не'скольких шага'х от лесно'й
  тропи'нки.
  00
  В шагу' узки'
  TIGHTLY FITTING
  Брю'ки в шагу' узки', и не годя'тся для рабо'ты.
  00
  Вы'ровнять шаг R вы'ровнять
  00
  Гига'нтские шаги' R гига'нтский
  00
  $Гига'нтскими/семими'льными$ шага'ми $идти'/дви'гаться$
  впере.д
  TO TAKE GREAT STRIDES FORWARD
  Индустриализа'ция страны' гига'нтскими шага'ми
  дви'гается впере.д.
  00
  $Идти'/шага'ть$ шаг в шаг [с кем]
  TO WALK IN STEP WITH (SOMEONE)
  00
  Ло'жный шаг R ло'жный
  00
  $На ка'ждом шагу'/на вся'ком шагу'/что' ни шаг$
  AT EVERY STEP
  —Что ни шаг встреча'ются знако'мые ли'ца! —ра'достно
  воскли'кнул солда'т, верну'вшийся в родно'й го'род.
  00
  Напра'вить шаги' R напра'вить
  00
  Ни на шаг =не продви'нуться=
  NOT TO BUDGE AN INCH; NOT TO MAKE ANY HEADWAY
  Прое'кт осуше'ния заболо'ченной ме'стности ни на шаг не
  продви'нулся из-за отсу'тствия де'нег.
  00
  $Ни на шаг<ни ша'гу$ [без кого'<без чего']
  NOT TO MOVE AN INCH WITHOUT (SOMEONE/SOMETHING)
  Слепо'й не сде'лает ни ша'гу без своего' води'теля —
  неме'чкой овча'рки.
  00
  $Ни на шаг<ни ша'гу$ =не отходи'ть/не отступа'ть= [от
  кого'<от чего']
  NOT TO STIR FROM (SOMEONE'S) SIDE/FROM (SOMETHING)
  Кома'ндующий эска'дрой ни на шаг не отступа'л от
  реше'ния победи'ть врага' в э'той би'тве.
  00
  Ни ша'гу $наза'д/да'льше/впере.д/ETC$
  DON'T MOVE AN INCH; DON'T BUDGE
  —Ни ша'гу впере.д! —поду'мал охо'тник, замере'в на
  ме'сте при ви'де змеи' на тропи'нке.
  00
  $Оди'н шаг/на шаг$ [от чего'<до чего']
  JUST A STEP AWAY FROM (SOMETHING)
  Две си'льные страны' бы'ли на шаг от войны'.
  00
  $Отбива'ть/печа'тать/чека'нить/ETC$ шаг
  TO MARCH IN STEP
  Солда'ты мо'лча прошли' ми'мо, ме'рно отбива'я шаг по
  пы'льной доро'ге.
  00
  $Пе'рвые шаги'<пе'рвый шаг$
  THE FIRST STEPS/STEP
  00
  Сби'ться с ша'га
  TO GET OUT OF STEP
  Новобра'нец, сби'вшись с ша'га, оказа'лся вне ря'да.
  42
  С пе'рвого ша'гу

ШАГ CONT'D.

FROM THE FIRST STEP; FROM THE VERY BEGINNING
Правле'ние Никола'я I бы'ло с пе'рвого ша'гу
реакцио'нное.
00
Черепа'шьим ша'гом $идти'/дви'гаться$ впере.д
TO ADVANCE AT A SNAIL'S PACE; TO MAKE LITTLE PROGRESS
Механиза'ция се'льского хозя'йства черепа'шьим ша'гом
иде.т впере.д.
00
Шаг впере.д R впере.д
42
Шаг за шаг
1. STEP BY STEP; SLOWLY; BARELY; GRADUALLY
00
Шаг за ша'гом
1. STEP BY STEP; SLOWLY; BARELY; GRADUALLY
00
Ша'гом марш R марш
00
$Ша'гу (ли'шнего<ли'шний)/ни ша'гу$ не сде'лать [для
кого'<для чего']
NOT TO GO OUT OF ONE'S WAY FOR (SOMEONE/SOMETHING); NOT TO
DO A THING FOR (SOMEONE/SOMETHING)
00
Ша'гу $не'льзя/невозмо'жно$ сде'лать
ONE CAN'T MAKE A MOVE
Бе'дному челове'ку, не име'ющему профе'ссии, ша'гу
невозмо'жно сде'лать.
00
Ша'гу $сде'лать/ступи'ть$ не даю'т
ONE CAN'T MAKE A MOVE/STIR
Произведе'ния писа'теля, кото'рому ша'гу сде'лать не
даю'т на ро'дине, напеча'таны за грани'чей.
00
Ша'гу $ступи'ть/шагну'ть$ $нельзя'/не мо'жет/не сме'ет$
[без кого'<без чего']
(HE) CAN'T/DOESN'T DARE STIR/MAKE A MOVE WITHOUT (SOMEONE/
SOMETHING)
В старину' жена' не сме'ла ша'гу ступи'ть без
разреше'ния му'жа.
ШАГА'ТЬ
00
Из угла' в у'гол шага'ть R у'гол
00
Шага'ть (нога') в но'гу R нога'
00
Шага'ть шаг в шаг [с кем] R шаг
ШАГНУ'ТЬ
00
Шагну'ть $нельзя'/не даю'т$
ONE CAN'T MAKE A MOVE/STIR
00
Ша'гу шагну'ть $нельзя'/не мо'жет/не сме'ет$ [без
кого'<без чего'] R шаг
ШАЛЬНО'Й
00
Шальна'я голова'
A MADCAP
00
Шальны'е де'ньги
EASY MONEY; A FAST BUCK
ША'ПКА
29
Дать по ша'пке [кому']
1. TO STRIKE (SOMEONE) 2. TO GIVE (SOMEONE) HIS WALKING
PAPERS; TO TURN (SOMEONE) OUT
—А ребяти'шек чем корми'ть, е'сли тебе' по ша'пке даду'т
с заво'да, об э'том молодцы' э'ти ду'мают а'ли нет?
00
Заломи'ть ша'пку R заломи'ть
00
$Лома'ть/ломи'ть$ ша'пку [пе'ред кем] R лома'ть
00
На во'ре ша'пка гори'т
(IT'S) WRITTEN ALL OVER (HIM); (HE) CAN'T HIDE (HIS) GUILT
—Та'йна вы'дана! —Не мной ли ду'маешь? —На во'ре
ша'пка гори'т: то'лько ты знал ее.

00
Под кра'сную ша'пку =попа'сть/угоди'ть/ETC= R
кра'сный
29
Получи'ть по ша'пке
1. TO BE STRUCK; TO GET HIT 2. TO BE FIRED/DISMISSED; TO
GET IT IN THE NECK
00
По Се'ньке ша'пка
(HE) HAS JUST WHAT (HE) DESERVES
29
По ша'пке [кого'<что]
AWAY WITH
—Легко' ты реши'л зада'чу: жизнь — под сукно',
тво'рчество — по ша'пке.
00
Ша'пками закида'ть
TO BOAST OF AN EASY VICTORY
Ру'сские грози'ли ша'пками закида'ть япо'нцев в 1905
году', а оказа'лись са'ми побежде.нными.
ША'ПОЧНЫЙ
00
К ша'почному разбо'ру $прийти'/яви'ться/ETC$
TO COME TO THE END OF (SOMETHING)
00
Ша'почное знако'мство
A NODDING ACQUAINTANCE
Геро'я поздравля'ли с высо'кой награ'дой родны'е,
бли'зкие и лю'ди, с кем у него' бы'ло то'лько ша'почное
знако'мство.
00
Ша'почный знако'мый
A NODDING ACQUAINTANCE
—Он — твой друг? —Нет, то'лько ша'почный знако'мый.
ШАР
06
Зали'ть шары'
TO GET DRUNK
00
Про'бный шар R про'бный
00
Хоть шаро'м покати'
THERE'S NOTHING; (IT'S) EMPTY
ША'РИТЬ
00
Ша'рить $глаза'ми/взо'ром$
TO TAKE IN EVERYTHING WITH ONE'S EYES/AT A GLANCE
Чита'тель ша'рит глаза'ми по по'лке в по'исках жела'емой
кни'ги.
ШАРМА'НКА
29
$Завести'/крути'ть/ETC$ шарма'нку
TO GO OVER AND OVER [A CERTAIN TOPIC OF CONVERSATION]
—Заме'сто крути'ть шарма'нку: больша'я семья', бе'дность
и так да'лее, —бери'сь за де'ло! —сказа'л сосе'д сосе'ду.
ША'ТКИЙ
00
Ни ша'тко ни ва'лко R ва'лкий
ША'ШКА
00
Го'лая ша'шка R го'лый
ШВЕЦ
00
(И) швец, и жнец, и в дуду' игре'ц R игре'ц
ШВЫРЯ'ТЬ
00
Швыря'ть де'ньги на ве'тер R ве'тер
00
$Швыря'ть де'ньги/швыря'ть деньга'ми/швыря'ться
деньга'ми$
TO THROW MONEY AROUND
ШВЫРЯ'ТЬСЯ
00
Швыря'ться деньга'ми R швыря'ть
ШЕВЕЛИ'ТЬ
00
Шевели'ть мозга'ми R мозг
ШЕВЕЛИ'ТЬСЯ
42
Шевеля'тся $де'ньги/капита'л$ [у кого']

321

ШЕВЕЛИ'ТЬСЯ CONT'D.
(HE) HAS MONEY; (HE'S) WELL-HEELED
У него' все,-таки был в рука'х кру'гленький капита'льчик ты'сяч в сто, и друзья'-прия'тели утеша'ли его', что горева'ть еще. не о че.м, когда' тако'й капита'л шеве'лится в карма'не.
ШЕВЕЛЬНУ'ТЬ
00
Бро'вью не шевельну'ть
NOT TO BAT AN EYE
Нежда'нов вопроси'тельно посмотре'л на Остроду'мова, но тот сиде'л как истука'н и да'же бро'вью не шевельну'л.
00
Па'льцем не шевельну'ть R па'лец
00
Па'льцем шевельну'ть R па'лец
ШЕМЯ'КИН
00
Шемя'кин суд
AN UNJUST TRIAL
ШЕПТА'ТЬ
00
На' ухо шепта'ть R у'хо
ШЕПТА'ТЬСЯ
00
По угла'м шепта'ться R у'гол
ШЕРЕ'НГА
00
$Быть/находи'ться/стоя'ть$ в одно'й шере'нге [с кем]
1. TO WORK WITH (SOMEONE) 2. TO HAVE THE SAME RANK AS (SOMEONE)
По си'ле своего' акте.рского дарова'ния он уже' стоя'л в одно'й шере'нге со старе'йшинами теа'тра.
ШЕРСТЬ
00
Гла'дить про'тив ше'рсти R гла'дить
00
Как от козла'-ни ше'рсти, ни молока' R козе.л
00
Подня'ть шерсть R подня'ть
ШЕСТО'Й
00
Шесто'е чу'вство
A SIXTH SENSE
ШЕ'Я
00
Ве'шать (себе') на ше'ю хому'т R хому'т
00
$Ве'шаться/кида'ться/броса'ться$ на ше'ю [кому']
1. TO THROW ONE'S ARMS AROUND (SOMEONE'S) NECK 2. TO THROW ONESELF AT (SOMEONE)
1. -Ита'к, ты оставля'ешь мать свою'! -воскли'кнула Ма'рья Алекса'ндровна, еще. раз броса'ясь на ше'ю до'чери. 2. Пре'жде, он был ве'треником. да и не мог не быть: све'тские да'мы ве'шались ему' на ше'ю.
00
$Ви'снуть/висе'ть$ на ше'е [у кого']
1. TO THROW ONE'S ARMS AROUND (SOMEONE'S) NECK 2. TO THROW ONESELF AT (SOMEONE)
00
Воло'вья ше'я R воло'вий
29
$Гнать/толка'ть/выта'лкивать$ $в ше'ю/в три ше'и/взаше'й$
TO GIVE IT TO (SOMEONE) IN THE NECK; TO THROW (SOMEONE) OUT
-Како'в рабо'тник? -Лени'в. -Гони' его' в три ше'и!
00
Гнуть ше'ю [перед кем] R гнуть
29
$Дать/надава'ть$ $по ше'е/в ше'ю/по шея'м$
1. TO BEAT (SOMEONE) UP 2. TO GIVE IT TO SOMEONE INTHE NECK; TO THROW (SOMEONE) OUT
00
Клони'ть ше'ю R клони'ть
00
Навяза'ться на ше'ю R навяза'ться
00
$Наде'ть/наки'нуть/ETC$ пе'тлю на ше'ю R пе'тля
29
$Налома'ть/намя'ть/ETC$ ше'ю [кому']

TO BEAT (SOMEONE) UP
29
Намы'лить ше'ю [кому']
TO CHEW (SOMEONE) OUT; TO LET (SOMEONE) HAVE IT
00
$На свою' ше'ю<себе' на ше'ю$
ON ONE'S OWN NECK; TO ONE'S OWN DETRIMENT
-Вот мы ... расска'зывали стари'чкому воево'де ска'зку про козу' косма'тую, да на свою' ше'ю: коза'-то, вишь, вы'шла сама' воево'дша, так он нас со двора' и веле'л согна'ть.
00
Посади'ть на ше'ю [кому']
TO BE ON (SOMEONE'S) HANDS; TO BE A BURDEN TO (SOMEONE)
00
Сверну'ть ше'ю [кому'] R сверну'ть
00
Сверну'ть ше'ю себе' R сверну'ть
00
Свихну'ть (себе') ше'ю R свихну'ть
00
Сесть на ше'ю [кому']
TO BECOME DEPENDENT ON (SOMEONE); TO BECOME A BURDEN TO (SOMEONE)
00
$Сиде'ть/быть/жить/ETC$ на ше'е [у кого']
TO BE ON (SOMEONE'S) HANDS; TO BE A BURDEN TO (SOMEONE)
Безро'дная стару'шка не жила' на ше'е у приюти'вшей ее. вдовы', а помога'ла в хозя'йстве.
00
$Слома'ть/сломи'ть$ (себе') ше'ю R слома'ть
00
Сломи'ть (себе') ше'ю R слома'ть
00
Спихну'ть с ше'и R спихну'ть
ШИБА'ТЬ
29
Слеза' шиба'ет
(HE) SHED A FEW TEARS
Слеза' шиба'ет у де'да: внук народи'лся.
ШИ'ВОРОТ
00
За ши'ворот
UNDER THE COLLAR;   BY THE COLLAR
1. -Ну тепе'рь уж не на что' рассчи'тывать, -сказа'л Пал Па'лыч, е.жась от попада'вшего за ши'ворот сне'га.
2. Верзила выта'скивал за ши'ворот из фурго'на одну' соба'ку за друго'й.
00
Ши'ворот-навы'ворот
BACKWARDS; INSIDE-OUT; TOPSY-TURVY
1. О зерка'льное окно', на кото'ром ши'ворот-навы'ворот стоя'ло: "Пи'во Сте'нька Ра'зин", звене'ли му'хи. 2. Сто'ит ему' то'лько уйти' с при'исков, как все. там пойде'т ши'ворот-навы'ворот.
ШИК
29
Задава'ть $шик<ши'ку$
TO BE IN STYLE
ШИ'РЕ
00
Держи' карма'н (ши'ре) R держа'ть
ШИРО'КИЙ
00
Держи' карма'н (ши'ре) R держа'ть
00
На широ'кую но'гу R нога'
00
Сде'лать широ'кий жест
TO MAKE A FINE GESTURE
00
$Широ'кая кость<широ'к ко'стью<широ'к в ко'сти$ R кость
00
Широ'ким фро'нтом
ON A BROAD FRONT
Освободи'тельное движе'ние же'нщин разверну'лось широ'ким фро'нтом.
42
Широ'кой руко'й

322

ШИРО'КИЙ CONT'D.
    ON A GRAND SCALE
    Сва'дебное пи'ршество оте'ц оплати'л ще'дрой руко'й.
ШИРЬ
    00
    Во всю ширь =откры'ть/разверну'ть/ETC=
    WIDE; FULLY; TO ITS FULLEST EXTENT
    00
    Разверну'ться во всю ширь
    TO DEVELOP TO (ITS) FULLEST EXTENT
ШИТЬ
    00
    Бе'лыми ни'тками ши'то R ни'тка
    00
    Лы'ком шит R лы'ко
    00
    Не лы'ком шит R лы'ко
    00
    Не шу'бу шить [из чего'] R шу'ба
    00
    Ни шье'т ни по'рет
    TO DELAY; TO RESIST TAKING ACTION
    00
    $Ши'то да кры'то<ши'то-кры'то$
    QUIETLY; ON THE SLY; UNDER COVER
    Рассле'дование де'ятельности престу'пных элеме'нтов веде.тся ши'то-кры'то.
    00
    Шить на вы'рост R вы'рост
ШИШ
    06
    На каки'е шиши' =жить/покупа'ть/приобрета'ть/ETC=
    HOW?
    -На каки'е шиши' жить? -ду'мал сезо'нник.
    06
    Ни шиша' =нет/не име'ется/ETC=
    NOT A THING
    06
    Шиш с ма'слом $получи'ть/дать$
    TO GET/GIVE NOTHING/NOT A THING
ШИ'ШКА
    00
    Все ши'шки ва'лятся [на кого']
    EVERYTHING HAPPENS TO (HIM); (HE) HAS ALL THE WORST LUCK
    Что' бы де'ти ни разби'ли и'ли слома'ли, а все ши'шки ва'лятся на ста'ршего из них.
ШКО'ЛЬНЫЙ
    00
    $Сиде'ть/быть/ETC$ на шко'льной скамье' R скамья'
    00
    Со шко'льной скамьи' R скамья'
ШКУ'РА
    00
    $Быть/очути'ться$ в [чьей] шку'ре
    TO BE IN (SOMEONE ELSE'S) SKIN/SHOES
    00
    $Влезть/попа'сть$ в [чью] шку'ру
    TO BE IN (SOMEONE ELSE'S) SKIN/SHOES
    00
    Волк в ове'чьей шку'ре R волк
    00
    Дели'ть шку'ру неуби'того медве'дя R дели'ть
    00
    Драть (по) $две/три/ETC$ шку'ры R драть
    00
    Драть шку'ру R драть
    29
    $Испыта'ть/почу'вствовать/ETC$ на $свое'й/со'бственной$ шку'ре [что]
    TO HAVE FELT (SOMETHING) ON ONE'S OWN BACK; TO KNOW (SOMETHING) FIRST-HAND
    Мно'гие эмигра'нты испыта'ли на со'бственной шку'ре бе'дствия войны'.
    00
    Спусти'ть шку'ру [с кого'] R спусти'ть
    29
    Шку'ра бараба'нная
    AN OLD CAMPAIGNER

    -Адмира'лу Чу'хнину на'до сказа'ть спаси'бо, бараба'нной шку'ре, - через него' я огло'х.
ШЛЯ'ПА
    00
    Де'ло в шля'пе R де'ло
ШМЫ'ГАТЬ
    00
    Шмы'гать глаза'ми R шныря'ть
    00
    Шмы'гать но'сом
    TO SNIFF
    Ма'льчик шмы'гал но'сом, сде'рживая сле'зы.
ШНЫРЯ'ТЬ
    29
    $Шныря'ть/шмы'гать$ глаза'ми
    TO DART ONE'S EYES AROUND
ШОВ
    00
    Ру'ки по швам =держа'ть/стоя'ть/ETC=
    TO STAND AT ATTENTION
    По кама'нде: -Сми'рно! -солда'ты вы'тянулись, держа' ру'ки по швам.
    00
    Треща'ть по всем швам
    TO FALL APART AT THE SEAMS; TO BURST AT THE SEAMS; TO BE GOING TO PIECES
    Совреме'нные се'мьи, как говори'тся, треща'т по швам из-за отсу'тствия еди'нства в них.
ШО'РЫ
    00
    $Взять в шо'ры/держа'ть в шо'рах$ [кого']
    TO KEEP (SOMEONE) ON A SHORT LEASH
ШПА'ГА
    42
    Взять на шпа'гу
    TO TAKE BY THE SWORD
    42
    Отда'ть шпа'гу
    TO SURRENDER ONE'S SWORD
    42
    Прода'ть шпа'гу
    TO SELL OUT; TO TURN TRAITOR; TO GO OVER TO THE ENEMY
    00
    Скрести'ть шпа'ги R скрести'ть
ШПО'РА
    00
    Дать шпо'ры R дать
ШТАТ
    00
    Оста'ться за шта'том
    TO BE SUPERFLUOUS/UNNECESSARY
    -Там у А'нны Па'вловны се'ли в винт, а я, как оста'ющийся за шта'том ... да, кроме того', интере'сующийся сеа'нсом, вот явля'юсь к вам.
    00
    $Полага'ется/поло'жено$ по шта'ту
    ACCORDING TO ONE'S STATUS/DESERTS/RANK
ШТУ'КА
    00
    Вот так шту'ка!
    WHAT DO YOU KNOW!; HOW ABOUT THAT
    00
    Не шту'ка
    THAT'S NO PROBLEM
    Балда мы'слит: -Э'того провести' не шту'ка!
    00
    Сыгра'ть шту'ку R сыгра'ть
    00
    Удра'ть шту'ку R удра'ть
ШТЫК
    00
    $Встре'тить/приня'ть/ETC$ в штыки' [кого'<что']
    TO GIVE A HOSTILE RECEPTION TO (SOMEONE/SOMETHING); TO MEET WITH BAYONETS
ШУ'БА
    50
    Не шу'бу шить [из чего']
    IT'S NO GOOD FOR ANYTHING

ШУ'БА CONT'D.
50
Шу'бы не сошье.шь
NOTHING WILL COME OF IT
-Пра'вда говори'тся: из благоро'дства да из чино'в шу'бы себе' не сошье.шь.
ШУМ
00
Шум в голове' R шуме'ть
00
Шум в уша'х R у'хо
ШУМЕ'ТЬ
00
В $уша'х<у'хе$ шуми'т R у'хо
00
$Шуми'т/шум$ в голове' [у кого']
(MY) HEAD FEELS HEAVY; (MY) HEAD ACHES
ШУМО'К
00
Под шумо'к
ON THE SLY; UNDER COVER
ШУТ
02
На кой шут
WHAT FOR?
-На кой шут он ну'жен, дво'рник?
00
Шут горо'ховый R горо'ховый
02
Шут его' зна'ет
THE DEVIL KNOWS
-Шут его' зна'ет, что' он за челове'к.
02
Шут с ним
THE HELL WITH HIM
-А шут с ним, он мне и так надое'л.
ШУТИ'ТЬ
00
Чем че.рт не шу'тит!
ANYTHING CAN HAPPEN
-Приме'рные супру'ги разошли'сь. -Чем че.рт не шу'тит!
00
Шути'ть с огне.м
TO PLAY WITH FIRE
00
$Шу'тки<шу'тку$ шути'ть
TO PLAY TRICKS
ШУ'ТКА
00
В шу'тку
JOKINGLY
00
Кроме шу'ток R кроме
00
Не $на<в$ шу'тку
IN ALL SERIOUSNESS
Вы'бор профе'ссии на'до де'лать не на шу'тку.
00
Не шу'тка
(IT'S) NO JOKE
Держа'ть бюдже'т в здоро'вом бала'нсе - не шу'тка.
00
Сыгра'ть шу'тку R сыгра'ть
00
Шу'тка $ли/(ли) сказа'ть$
IT'S NO JOKE
00
$Шу'тка шу'ткой<шу'тки шу'тками$
ONE WAY OR ANOTHER; EVEN SO
Шу'тка шу'ткой, а на'до останови'ть кровь из ра'нки от поре'за.
00
Шу'тки $в сто'рону/прочь$
ALL KIDDING ASIDE
-Шу'тки в сто'рону, сын. Почему' из отли'чника ты стал посре'дственным ученико'м?
00
Шу'тки пло'хи [с кем<с чем] R плохо'й

00
$Шу'тки<шу'тку$ шути'ть R шути'ть
ШУТЯ'
00
Не шутя'
NO KIDDING; SERIOUSLY
ЩЕДРО'ТЫ
68
От (свои'х) щедро'т
OUT OF ONE'S OWN POCKET
ЩЕ'ДРЫЙ
00
Ще'дрою руко'ю
WITH AN OPEN HAND; UNSTINTINGLY
На ка'ждой ста'нции сама' Выхо'дит пу'тница: -Скоре'й Перепряга'йте лошаде'й! И сы'плет ще'дрою руко'й Черво'нцы че'ляди ямско'й.
ЩЕКА'
00
За о'бе щеки' $уплета'ть/упи'сывать/ETC$
TO EAT HEARTILY
Чле'ны семьи' за о'бе щеки' уплета'ли мясно'й пиро'г.
00
Наду'ть ще.ки R наду'ть
00
Отдува'ть ще.ки R отдува'ть
00
Отхлеста'ть по щека'м R отхлеста'ть
ЩЕ.ЛКАТЬ
00
Ще.лкать зуба'ми
TO BE DESTITUTE; TO GO HUNGRY
ЩЕМИ'ТЬ
00
$Душа'/се'рдце$ щеми'т R боле'ть
00
Под ло'жечкой щеми'т R ло'жечка
ЩИ
00
Попа'сть как кур во' щи R кур
ЩИТ
00
На щите' верну'ться
TO RETURN ON ONE'S SHIELD; TO SUFFER DEFEAT
Шве'ды, Франу'зы и не'мцы на щите' верну'лись из Росси'и.
00
Подня'ть на щит [кого'<что']
TO PRAISE TO THE SKIES; TO MAKE (SOMEONE) A HERO
00
Со щито'м верну'ться
TO BE VICTORIOUS
Кома'нда футболи'стов со щито'м верну'лась с поля'; она' не щади'ла себя' для побе'ды.
ЩУ'ПАТЬ
00
Щу'пать $глаза'ми/взо'ром$ [кого'<что]
TO FIX ONE'S EYES/GAZE ON (SOMEONE/SOMETHING)
ЩУ'ЧИЙ
00
(Как) по щу'чьему веле'нью
AS IF BY MAGIC
ЭЗО'ПОВ
00
Эзо'пов язы'к
AESOPIAN LANGUAGE
ЭКЗА'МЕН
00
Держа'ть экза'мен R держа'ть
Э'КИЙ
00
Э'ка ва'жность R вели'кий
ЭЛЕМЕ'НТ
00
Же'нский элеме'нт
WOMEN
В осо'бенности замеча'тельно в нем [го'роде С.] преоблада'ние же'нского элеме'нта над мужски'м.

ЭЛЕМЕ'НТ CONT'D.
00
Мужско'й элеме'нт
MEN
ЭМПИРЕ'Й
00
$Вита'ть/быть/находи'ться/ETC$ в эмпире'ях R вита'ть
ЭНЦИКЛОПЕ'ДИЯ
50
Ходя'чая энциклопе'дия
A WALKING ENCYCLOPEDIA
Дед был ходя'чей энциклопе'дией для свои'х
любозна'тельных вну'ков.
ЭСТАФЕ'ТА
00
Приня'ть эстафе'ту [у кого']
TO TAKE UP THE TORCH
Э'ТАК
00
(И) так и э'так R так
00
То так, то э'так R так
Э'ТОТ
00
На э'тот сче.т R сче.т
00
При э'том
IN ADDITION; APROPOS OF THAT
1. Мать проводи'ла дете'й в шко'лу и при э'том еще.
раз оки'нула их взгля'дом. 2. Друзья' горячо'
спо'рили, стара'ясь при э'том не оби'деть друг дру'га.
00
Э'того еще. не хвата'ло! R хвата'ть
00
Э'тот свет R свет(2)
ЭФФЕ'КТ
00
С эффе'ктом
VERY EXPRESSIVELY
Арка'дий произне.с после'дние слова' тве.рдо, да'же с
эффе'ктом.
Ю'БКА
50
В ю'бке
IN A SKIRT; IN FEMALE FORM
-Ско'ро оказа'лось, что она' ревни'ва, как Оте'лло в
ю'бке.
50
Держа'ться за ю'бку [чью]
TO BE TIED TO (SOMEONE'S) APRON STRINGS
Мужчи'на, в по'лном смы'сле слова', ни за чью ю'бку не
де'ржится, хотя' и прислу'шивается к мне'нию же'нщин.
Ю'ДО
00
Чу'до-ю'до R чу'до
Ю'МОР
11
Ю'мор ви'сельника
GALLOWS HUMOR
ЮР
00
На юру'
1. IN AN OPEN, EXPOSED PLACE 2. IN A BUSY, CROWDED PLACE
1. Дом госпо'дский стоя'л одино'чкой на юру', то есть
на возвыше'нии, откры'том всем ве'трам, каки'м то'лько
взду'мается поду'ть. 2. -Каба'к же, на'добно тебе'
сказа'ть, стоя'л на юру', ро'вно среди' у'лицы.
Ю'РЬЕВ
00
Вот тебе', ба'бушка, (и) Ю'рьев день
EVERYTHING IS LOST; THERE'S NO HOPE
-Вот тебе', ба'бушка, Ю'рьев день! Куда' ты тепе'рь,
Гаври'лка, де'нешься! Куда' ни су'нься, ска'жут, за
воровство' прогна'ли.
Я
00
По мне
AS FAR AS I'M CONCERNED; IN MY OPINION; AS I SEE IT

Моськина, по мне, прекра'сна. ...
00
По мне R по
00
$Попо'мни<попо'мните$ меня' R попо'мнить
00
$Ты у меня' попля'шешь<он у меня' попля'шет<ETC$ R
попляса'ть
00
Я ду'маю! R ду'мать
00
Я не я
IT HAS NOTHING TO DO WITH ME; I KNOW NOTHING ABOUT IT
00
(Я) не я бу'ду R бу'ду
00
Я $тебя'/его'/вас/их$
I'LL SHOW (YOU/HIM/THEM)
Я'БЛОКО
00
В я'блоках
DAPPLED
14
Я'блоко раздо'ра
THE APPLE OF DISCORD; THE BONE OF DISSENSION
00
Я'блоку не'где упа'сть
THERE'S NO ROOM TO TURN AROUND; PACKED IN LIKE SARDINES
Авто'бус был перепо'лнен, - я'блоку не'где упа'сть.
ЯВИ'ТЬ
00
$Яви'<яви'те$ бо'жескую ми'лость R бо'жеский
ЯВИ'ТЬСЯ
00
К ша'почному разбо'ру яви'ться R ша'почный
00
С каки'м лицо'м яви'ться [куда'] R лицо'
00
С пусты'ми рука'ми яви'ться R пусто'й
00
Яви'ться на свет R свет(2)
00
Яви'ться на сце'ну R сце'на
00
Яви'ться с пови'нной (голово'й) R пови'нный
00
Яви'ться с почте'нием R почте'ние
ЯВЛЕ'НИЕ
00
Бытово'е явле'ние R бытово'й
Я'ВОЧНЫЙ
00
Я'вочным $поря'дком/путе.м$
ON ONE'S OWN; WITHOUT PERMISSION
Прие.м больны'х в амбулато'рии происхо'дит я'вочным
поря'дком.
Я'ГОДА
00
$На'шего/одного'/своего'/ETC$ по'ля я'года
ONE OF OUR KIND
ЯЗЫ'К
00
$Бо'йкий<бо'ек$ на язы'к R бо'йкий
29
$Болта'ть языко'м/трепа'ть языко'м/чеса'ть язы'к/чеса'ть
языко'м$
TO WAG ONE'S TONGUE; TO SHOOT THE BREEZE
-На собра'нии мно'го трепа'ли языко'м, а ничего' не
реши'ли, -недово'льно говори'ли рабо'чие.
00
Бу'дто коро'ва языко'м слизну'ла R слизну'ть
00
Ве'ртится на языке' R верте'ться
00
$Вы'сунув<вы'суня$ язы'к =бежа'ть= R вы'сунуть
00
Держа'ть язы'к $за зуба'ми/на при'вязи$
TO KEEP SILENT ABOUT (SOMETHING); TO HOLD ONE'S TONGUE

ЯЗЫ'К CONT'D.
Держа'ть язы'к на при'вязи поро'ю быва'ет лу'чше чем вы'сказаться.
00
Де'рзкий на язы'к
(HE) IS IMPUDENT
00
Де.рнуло за язы'к [кого'] R де.рнуть
00
Дли'нный язы'к [у кого'] R дли'нный
00
Закуси'ть язы'к R закуси'ть
00
Злы'е языки' R злой
00
Как языко'м слизну'ло R слизну'ть
00
Кто тебя' за язы'к тяну'л? R тяну'ть
00
Моло'ть языко'м R моло'ть
00
Найти' о'бщий язы'к R о'бщий
00
Не сходи'ть с языка' R сходи'ть
00
$О'стрый<осте.р$ на язы'к R о'стрый
00
О'стрый язы'к [у кого'] R о'стрый
00
Отсо'хни у меня' язы'к R отсо'хнуть
00
Показа'ть язы'к R показа'ть
00
Придержа'ть язы'к
TO KEEP SILENT; TO HOLD ONE'S TONGUE; TO HOLD (SOMETHING) BACK
00
Прикуси'ть язы'к R прикуси'ть
00
При'тча во язы'цех R при'тча
00
$Проглоти'ть язы'к<язы'к прогло'тишь$ R проглоти'ть
00
Развяза'ть $язы'к<языки'$ R развяза'ть
00
Распусти'ть язы'к R распусти'ть
00
Ру'сским языко'м $говори'ть/сказа'ть$ R ру'сский
00
Связа'ть язы'к [кому'] R связа'ть
00
Сла'бый на язы'к R сла'бый
00
Сорва'ло'сь (сло'во) с языка'
TO LET (SOMETHING) SLIP; TO MAKE A SLIP OF THE TONGUE
—Сорвало'сь с языка', и нет бо'льше та'йны! —ду'мал проболта'вшийся ю'ноша.
00
Суко'нный язы'к R суко'нный
00
Типу'н на язы'к [кому'] R типу'н
00
Тяну'ть за язы'к [кого'] R тяну'ть
00
Укороти'ть язы'к [кому'] R укороти'ть
29
$Чеса'ть/мозо'лить/ETC$ язы'к
TO WAG ONE'S TONGUE; TO SHOOT THE BREEZE
Спле'тничи неутоми'мо че'шут языки'.
00
$Чеса'ть язы'к/чеса'ть языко'м/мозо'лить язы'к$
00
Эзо'пов язы'к R эзо'пов
00
Язы'к без косте'й [у кого']
A LOOSE TONGUE
У болтуна' язы'к без косте'й.
00
Язы'к на плече' [у кого']

TO BE SO TIRED ONE'S TONGUE IS HANGING OUT
Уже' язы'к на плече' у ка'ждого из спо'ршиков, а реше'ния вопро'са все. еше. нет.
00
Язы'к $поверну'лся<поверне.тся$ [у кого'] R поверну'ться
00
Язы'к поточи'ть R поточи'ть
00
Язы'к прили'п к горта'ни [у кого']
THE CAT HAS (HIS) TONGUE; TONGUE-TIED
00
Язы'к $развяза'лся<развя'жется$ [у кого'] R развяза'ться
00
Язы'к слома'ешь R слома'ть
00
Язы'к хорошо' $подве'шен/приве'шен$ [у кого']
A SMOOTH TALKER
00
Язы'к че'шется [у кого']
TO BE ITCHING TO SAY (SOMETHING)
ЯЗЫ'ЧЫ
00
При'тча во язы'чех R при'тча
ЯЙЦО'
00
Вы'еденного яйца' не сто'ит R вы'есть
00
Как ку'рица с яйцо'м носи'ться [с кем<с чем]
TO BE LIKE A MOTHER HEN WITH (SOMEONE/SOMETHING)
00
Сесть на я'йца R сесть
00
Сиде'ть на я'йцах R сиде'ть
Я'КОВ
00
Зала'дила соро'ка Я'кова (одно' про вся'кого) R соро'ка
Я'КОРЬ
00
Ме.ртвый я'корь R ме.ртвый
00
Я'корь спасе'ния
THE LAST HOPE; SHEET ANCHOR
Я'МА
00
Рыть я'му [кому']
TO PREPARE A PITFALL FOR (SOMEONE); TO SET A TRAP FOR (SOMEONE)
Я'РОСТЬ
00
С я'ростью
WITH ABANDON
ЯСНЕ'Е
00
Ясне'е я'сного R я'сный
Я'СНО
00
Я'сно как бо'жий день R бо'жий
Я'СНОСТЬ
00
Внести' я'сность =в де'ло/ETC= R внести'
Я'СНЫЙ
00
(Как) гром среди' я'сного не'ба R гром
00
Навести' тень на я'сный день R тень
00
Ясне'е я'сного
PLAIN AS DAY
00
Я'сное де'ло
OF COURSE
Недоче.т в ка'ссе, я'сное де'ло, покры'т сами'м касси'ром.
18
(Я'сный) $со'кол/соко'лик$

326

Я'СНЫЙ CONT'D.
    PROUD AS AN EAGLE; PROUD EAGLE
    1. -проща'й, Ма'рья Ива'новна, моя' голу'бушка!
    Проща'йте, Пе.тр Андре'ич, со'кол наш я'сный!
    -говори'ла до'брая попздья'. 2. ... Ты поду'май, как я
    без тебя'-то бу'ду? Ведь люблю' я тебя', соко'лика.
Я'СТРЕБ
    00
    Променя'ть куку'шку на я'стреба R променя'ть
ЯТЬ
    29
    На ять [кто<что']
    PERFECT; JUST RIGHT
    - ... Вы краси'вая, у'мная, как говори'тся
    интеллектуа'льно разви'тзя. Вообще' же'нщина на ять.
    29
    На ять [V]
    TO A T
    Рабо'та агитацио'нная была' проде'лана на ять, - она'
    сло'вно дверь распахну'ла к той гига'нтской рабо'те, что
    за го'ды гражда'нской войны' разверну'ли
    ива'ново-вознесе'нцы.
Я'ЩИК
    00
    Отложи'ть в до'лгий я'щик R до'лгий
    00
    Сыгра'ть в я'щик R сыгра'ть

For ten years a member of the Wayne State University faculty, Alexander J. Vitek was associate professor of Slavic languages and associate language analyst at the time of his death in 1972. Results of his research in linguistics have been published in both the United States and Europe.

Harry H. Josselson has recently retired as chairman of the department of Slavic languages, Wayne State University, a post he has held since 1959. He is the author of *Russian Word Count* (Wayne State University Press, 1953) and of many articles dealing with quantitative and computational linguistics.

The book was designed by Julie Paul. The typeface for the text is Modern 8A and the body of the material is IBM computer printout from a special Russian language chain.

The text is printed on Nicolet Natural paper and the book is bound in Columbia Mills' Colonial Vellum over binders' boards. Manufactured in the United States of America.